國家社會科學基金一般項目優秀成果

張覺述作集

潛夫論彙校集注

張覺 撰

岳麓書社・長沙

内容提要

本書《潛夫論》原文據各種善本及古籍引文與異文進行勘定。其校記將現存最重要的七種版本之文字異同全部呈現於讀者面前。其集注廣採前賢之説（除了全部録入湖海樓本之汪氏箋，還録入了汪繼培、王紹蘭等稿本之校箋），同時又以經史諸子會考的方法進一步考釋原文中的疑難之處，對《潛夫論》作了兼具學術性與通俗性的注釋，力求辨明書中所記史事之原貌，補正前人之疏誤。每篇的提要有助於讀者把握其要領。書末的附録都取自第一手材料，爲研究者提供了豐富而可靠的參考資料，有利於糾正以往校釋本輾轉相抄、以訛傳訛的現象。

責任編輯：陳文韜　陶嶒玲　曾　倩　劉書喬　周家琛　肖　航
述作集題簽：張　覺

圖書在版編目（CIP）數據

潛夫論彙校集注 / 張覺撰．—長沙：岳麓書社，2023.6
ISBN 978-7-5538-1818-4

Ⅰ．①潛…　Ⅱ．①張…　Ⅲ．①《潛夫論》—注釋　Ⅳ．①B234.934

中國國家版本館 CIP 數據核字（2023）第 060162 號

張覺述作集
潛夫論彙校集注
QIANFULUN HUIJIAO JIZHU
張　覺　撰

出版發行：岳麓書社
地　　址：湖南省長沙市愛民路 47 號
郵　　編：410006
版　　次：2023 年 6 月第 1 版第 1 次印刷
承　　印：長沙鴻發印務實業有限公司
開　　本：710 mm × 1000 mm　1/16
印　　張：54
字　　數：1380 千字
定　　價：198.00 圓
書　　號：ISBN 978-7-5538-1818-4

如有印裝質量問題，請與本社印務部聯繫
電話：0731-88884129

張覺二〇〇九年四月十一日於長沙嶽麓書院（貢貴訓攝）

張覺教授簡介

張覺：1949年3月生於江蘇省太倉縣茜涇鎮（今太倉市瀏家港），1962年考入太倉縣瀏河中學，1965年考入江蘇省蘇州高級中學，1969年下鄉務農，1977年底考入南京大學中文系漢語言文學專業，畢業後考入復旦大學中文系古代漢語專業師從張世禄、周斌武先生攻讀漢語史，1984年底畢業，獲文學碩士學位。1985年起任空軍政治學院中文教員，1995年轉業至上海財經大學，歷任講師（1995—）、副教授（1996—）、教授（2003—）、碩士研究生導師（2004—）、博士研究生導師（2009—），並於2006年、2010年先後建立了中國古典文獻學專業碩士點和中國語言文學一級學科碩士點，2008年、2011年被上海財經大學連續聘爲國家四級崗教授，2014年退休。

張覺教授主要研究中國古典文獻與傳統文化、漢語言文字學，已由26家出版社出版著作53種，主要有《韓非子導讀》(1990)、《白話搜神記》(1991)、《韓非子全譯》(1992)、《商君書全譯》(1993)、《吴越春秋全譯》(1993)、《〈論語〉〈孟子〉精華譯評》(1993)、《荀子譯注》(1995)、《曾鞏散文精選》(1998)、《潛夫論全譯》(1999)、《常用成語詞典》(2000)、《〈孟子〉句式變换釋例》(2001)、《現代漢語規範指南》(2002)、《〈韓非子〉選評》(2004)、《韓非子譯注》(2007)、《商君書導讀》(2009)、《韓非子：帝王的法術》(2009)、《韓非子校疏》(2010)、《張覺述作集》(已出書目見封底)。其中《韓非子校疏》於2011年獲第十四屆華東地區古籍優秀圖書獎一等獎，《吴越春秋校證注疏》(增訂本)於2020年獲第五屆湖湘優秀出版物獎，《荀子譯注》(上海古籍出版社版)、《韓非子》(國家圖書館出版社版)爲全國古籍整理出版規劃領導小組辦公室2021年首批向全國推薦的經典古籍優秀整理版本。

此外，已在137種刊物上發文336篇，並完成了省部級以上項目9項：國家社會科學基金一般項目“《韓非子》微觀研究”(批准號：04BZX031)、《吴越春秋校證注疏》(批准號：13BZW092)、《〈潛夫論〉彙校集注》(批准号：17BZW014)，國家社會科學基金後期資助項目《韓非子書録考論》(合作，批准號：18FTQ008)，全國高等院校古籍整理研究工作委員會重點科研項目《韓非子校疏》(批准編號：0314)、《商君書校疏》(批准編號：0863)，教育部人文社會科學研究規劃基金項目《韓非子考論》(批准號：10YJA720041)，上海市教育委員會科研創新重點項目《吴越春秋校證注疏》(批准號：13ZS058)、《潛夫論校箋注疏》(批准號：14ZS079)。

電子郵箱：zj200433@126.com

目　録

述作集自序

人活在世界上，有的地位甚高，身價不菲，但終其一生，其價值仍然可以用單一的經濟尺度去衡量——一輩子賺了多少錢；有些人的人生價值就不是單用金錢所能衡量的，這就是古人所謂的“不朽”。據《左傳·襄公二十四年》記載，范宣子問叔孫豹曰：“古人有言曰：‘死而不朽。’何謂也？”叔孫豹回答說：“魯有先大夫曰臧文仲，既没，其言立。其是之謂乎！豹聞之：‘大上有立德，其次有立功，其次有立言。’雖久不廢，此之謂不朽。若夫保姓受氏，以守宗祊，世不絶祀，無國無之，禄之大者，不可謂不朽。”① 由此看來，人的政治生命與其生理生命同樣脆弱。從政者即使能顯赫一時，但隨着其心臟停止跳動，其政治生命也往往就此結束而不可能不朽。誠然，就是在古人心目中處於領先地位的“立德”“立功”，我看其對後世的作用也有限。據杜預、孔穎達的注疏，所謂“立德”，是指黄帝、堯、舜之類的聖人“創制垂法，博施濟衆，聖德立於上代，惠澤被於無窮”；所謂“立功”，是指禹、稷之類的賢人“拯厄除難，功濟於時”②。這些聖賢，雖然因功德而名垂青史，但其功德也不過是讓人緬懷而已。由於時代的變遷，他們創製的東西早已不再有什麼實際的效用了。這種情況猶如司馬遷所感歎的那樣：“天下君王至于賢人衆矣，當時則榮，没則已焉。”③ 至於一般人，其結局就更是“没則已焉”——“已焉”了。2021年4月8日，我在“蘇高中68屆一班”羣裏看到同學陳漢中轉發的《一個獨居老知青的慘淡人生》，説老人過世不久，旅居國外的子女就把他的住房遥控出售了。其遺物中有老人珍藏的相冊、獎章、高級工程師證、日記等，記載着他的一生：當知青，恢復高考後考上大學，進國企後從技術員做到副總工，下崗後出去打拼，在異地安家，把一雙兒女培養成才送到國外，老伴走後，他孤獨地度過了最後的六年。買房者叫其子女來收拾老人珍藏的這些遺物，其子女卻説“你們都扔了吧”，因而令買房者唏嘘不已。我想，這應該是絶大多數人的結局吧，衹要看看你自己保留了多少祖上以及父母的遺物，面對這殘酷的現實可能也就見怪不怪了。承載着個人“德”“功”的獎章、高級工程師證等在其子女眼中已毫無價值，在社會上就更微不足道了。其實，即使是天下認可的各種大獎或證書，能不被歷史淘汰的又能有多少？在我們這一代衹能生一個子女的歷史背景下，生了兒子還能

①② 《左傳·襄公二十四年》，中華書局1980年影印本《十三經注疏》，第1979頁。
③ 司馬遷：《史記·孔子世家》，世界書局1935年影印本《四史》，第333頁。

給祖上留下個姓，生了女兒若没有入贅女婿就衹能背負着“不孝有三，無後爲大”的道德枷鎖化爲烏有而愧對祖先了①。

在我看來，最有不朽效用的應該是“立言”。因爲即使你生了兒子，如果兒孫不成材，其實也是身外之物，至多衹是給祖上留了個姓；如果你能“立言”於世，你的傳世之作就是你的身内之物和不朽的豐碑，它永遠署你的名而永遠屬於你，即使子女把你的遺物棄之如敝屣，没人上你的墳來紀念你，後人也會從你的著作中獲益而永遠懷念你。誠如魏文帝曹丕之《典論·論文》所説：“蓋文章，經國之大業，不朽之盛事。年壽有時而盡，榮樂止乎其身，二者必至之常期，未若文章之無窮。是以古之作者，寄身於翰墨，見意於篇籍，不假良史之辭，不託飛馳之勢，而聲名自傳於後。故西伯幽而演《易》，周旦顯而制《禮》，不以隱約而弗務，不以康樂而加思。夫然則古人賤尺璧而重寸陰，懼乎時之過已。而人多不強力，貧賤則懾於飢寒，富貴則流於逸樂，遂營目前之務，而遺千載之功，日月逝於上，體貌衰於下，忽然與萬物遷化，斯志士之大痛也。”②

的確，人在世上走一回，唯有給社會留下一些不朽之作（視野再開闊一些，應該説給社會留下一些永遠值得後人利用的東西），其生命纔有意義；否則，其存在與否也就無足輕重了。因爲一個人壽命再長也終有盡頭，其生前的工作即使十分輝煌而取得了莫大的榮譽，賺的錢、積累的財富即使無與倫比而惠及子孫或他人，到時候也會被歷史滌蕩殆盡，而至多衹讓後人感歎一聲“浪淘盡、千古風流人物”③而已；一個人唯有留下一些能不斷重印的傳世之作，纔能做到老子所説的“死而不亡者壽”④。回顧我1969年下鄉務農以來這五十多年間的奔忙，除了現在還在重印的著作外，其他的辛勞，如種地、做工、教書乃至某些科研工作，都兑换成了統一的人民幣而已經或即將化爲泡影乃至不留絲毫痕跡。再回眸歷史，除了那些流傳不衰的著作之外，芸芸衆生和諸多物質文明也大都被大浪淘盡。於是我深深地體會到，社會的交换

①《孟子·離婁上》：“孟子曰：‘不孝有三，無後爲大。’”赵岐注：“於禮有不孝者三事，謂阿意曲從，陷親不義，一不孝也；家窮親老，不爲禄仕，二不孝也；不娶無子，絶先祖祀，三不孝也。三者之中，無後爲大。”見中華書局1980年影印本《十三經注疏》，第2723頁。没有子息，使祖先斷了香火，所以是最大的不孝。

② 曹丕：《典論·論文》，中華書局1977年影印本《文選》，第720頁。

③ 蘇軾：《念奴嬌·赤壁懷古》，上海古籍出版社1962年版《宋詞選》，第75頁。

④《老子·第三十三章》，文物出版社、上海書店、天津古籍出版社1988年縮印本《道藏》第11册，第484頁。

與歷史的無情是如何在不斷地摧毀個體的人生價值而使你灰飛煙滅，衹有文化、經典之中藴涵的精神方面的東西纔具有強大的不朽的生命力，而軀體、財富等物質的東西是多麼地微不足道而相形見絀，如果借用以往的學説名稱，這應該是一種科學的“神不滅論”和“靈魂不死論”吧。正是受到這種傳統思想的影響，我纔“賤尺璧而重寸陰”，身處貧賤而仍加務於著述。

但是，曹丕所説的寫文章也好，今人所説的著書立説也好，與“立言”誠然是不能畫等號的。試看今日之世界，文章浩瀚如海，圖書堆積如山，其作者都能算作“立言者”而不朽嗎？顯然不能。因爲如今大量的文章與圖書不過是印刷垃圾而已。歷史是最公正無私的評判者。衹有通過歷史的沖刷而流傳不衰反復重印的著作纔是不朽之作，衹有貢獻了傳世之作的人纔能永遠活在人間。正是基於這樣的認識，我纔甘心久坐冷板凳，常泡圖書館，長年累月孜孜矻矻，不遺餘力精益求精，其目的無非是想使拙著贏得讀者的青睞而久傳於世。

據孔穎達的説法，“立言謂言得其要，理足可傳”，“老、莊、荀、孟、管、晏、楊、墨、孫、吴之徒制作子書，屈原、宋玉、賈逵、楊雄、馬遷、班固以後撰集史傳及制作文章，使後世學習，皆是立言者也”[①]。如此，則我雖然努力於著述，卻又離立言者甚遠。因此，我不敢將自己的作品集名爲“文集”，而用了一個前人未曾用過的名稱“述作集”。

孔子曰：“述而不作，信而好古，竊比於我老彭。”[②]我將自己的作品集命名爲“述作集”，即源於此。不同的是，我雖然好古，卻信疑參半，所以於“述”之外又不免有所“作”。換言之，即既欲有所繼承以集前賢之大成，又欲有所發明以成一家之説。竊以爲唯其如此，方能使自己的作品受人青睞而不朽於世。誠如孔子所言：“學而不思則罔，思而不學則殆。”[③]治學不能不有所思考，有所創新，但思索卻又必須以學習與繼承爲基礎。所以，無“述”則學無根底，無“作”則學無所成。我之追求“述”而又“作”，即基於這樣的認識。當然，我的這一追求也與自己的才智有關。如今很多能人名流都是天才的創新發明家，所以他們能够“不述而作”，完成一個又一個重大課題，獲得一個又一個大獎，這是我無法企及的。

---

① 《左傳·襄公二十四年》“其次有立言”孔穎達疏，中華書局1980年影印本《十三經注疏》，第1979頁。

② 《論語·述而》，中華書局1980年影印本《十三經注疏》，第2481頁。

③ 《論語·爲政》，中華書局1980年影印本《十三經注疏》，第2462頁。

出版文集往往是大家的事。現在我出版自己的述作集，其實並不意味着要以大家自居。我出身貧寒，命運坎坷，一生貧賤，出版述作集本是連做夢也没有想到的事。

1949 年 3 月 9 日（農曆二月初十）夜，我出生於江蘇省太倉縣茜涇鎮東街的倪家，這是當時我家借住的房子。平民百姓無家譜，所以大都不知道自己的老祖宗是誰，我家也一樣。據我父親的記憶，衹知道我的曾祖叫張燕亭（1881—1944）。由於我父親外出工作，我的童年是在祖父母的撫育下度過的，因此也受到了叔父的啓蒙教育。正因爲如此，我入學後成績一直名列前茅，但我父親 1961 年 9 月響應政府號召下放務農後，家庭的貧困使我差一點輟學。禍不單行，我 1965 年考取蘇州高級中學後纔一年，原本穩上大學的前途又一下子被“無産階級文化大革命”改變了，“一片紅”使我不得不帶病回鄉務農，十年青春也就在勞累和貧病交加的掙扎中耗掉了。如果要總結這十年的收穫，恐怕衹有兩點：一是在勞我筋骨、餓我體膚的鍛煉中增強了我的體質，雖然高考體檢時我 1.68 米的身高衹有 99 斤，卻也頗能吃苦耐勞；二是在苦我心志、空我家財的磨練中養成了我頑強的毅力和艱苦奮鬥的拼搏精神。不知這是否是孟子所説的上天的安排[①]。

1977 年恢復高考，我考入南京大學，接着又考入復旦大學攻讀碩士學位，但由於老家已分田到户，我還得花不少時間回家種地。爲了潛心治學，我 1985 年初畢業後放棄了在重點大學任教的機會，到了空軍政治學院任教。哪知好景不長，1989 年學院首長安排我轉業到太倉縣中學教書。爲了利用上海的文獻資料從事古籍整理與研究，我衹好辭不赴命而下崗待業在家。在下崗待業尚未成爲社會普遍現象的當時，作爲一家之長，我所承受的經濟壓力、精神壓力與種種坎坷恐怕是一般人所難以想象與忍受的。

爲此，我窮而發憤，夜以繼日，賣文爲生，在待業的六年中，發表了一百多篇文章，還撰寫出版了《商君書・韓非子》（岳麓書社 1990 年版）、《白話搜神記》（岳麓書社 1991 年版）、《韓非子全譯》（貴州人民出版社 1992 年版）、《商君書全譯》（貴州人民出版社 1993 年版）、《吴越春秋全譯》（貴州人

---

① 《孟子・告子下》（中華書局 1980 年影印本《十三經注疏》第 2762 頁）：“孟子曰：舜發於畎畝之中，傅説舉於版築之間，膠鬲舉於魚鹽之中，管夷吾舉於士，孫叔敖舉於海，百里奚舉於市。故天將降大任於是人也，必先苦其心志，勞其筋骨，餓其體膚，空乏其身行，拂亂其所爲，所以動心忍性，曾益其所不能。”“空乏其身行”即“空其身、乏其行”，是使其身無分文、出行無資費的意思。傳統將“行”屬下讀，誤。參見拙文《〈孟子〉句讀探討一例》，載《語文學習》1986 年第 6 期。

民出版社 1993 年版)、《〈論語〉〈孟子〉精華譯評》(中國旅遊出版社 1993 年版)、《〈韓非子〉精華譯評》(中國旅遊出版社 1993 年版)、《白話商君書》(岳麓書社 1994 年版)、《荀子譯注》(上海古籍出版社 1995 年版)。這些成果,雖然凝結着我身處逆境時的頑強、勤奮與心血,但我更要説的是,它們離不開出版界同仁的熱情幫助與大力支持。岳麓書社梅季坤先生等滿懷古道熱腸而鼎力相助的動人場景,一直浮現在我的眼前。正是他們的雪中送炭,點燃了我熬過嚴冬的希望,使我身處鐵屋之寂寞而仍然不覺得孤獨,從而支撑着我艱難而順利地度過了那黑暗而冷酷的六年待業時期,同時又奠定了我的學術研究基礎。這不能不令我感慨萬千而要在此深情地寫下這濃重的一筆,以便使他們的恩德能隨着拙著的流傳而永遠被銘記。

1995 年,在空軍政治學院石柏年政委的幫助下,我終於結束了待業生涯而轉業至上海財經大學基礎教學部任講師,並於 1996 年任副教授。此後雖然忙於教學工作,但寫書之興趣與動力猶存,故丹黄仍不絶於手,於是又有《曾鞏散文精選》(東方出版中心 1998 年版)、《潛夫論全譯》(貴州人民出版社 1999 年版)等新作問世,還完成了《老子古本探賾正解》的初稿。

人的希望或欲望大概總會隨着適合其發展的條件而不斷發展。在 1986 年,發表一篇文章就已令我高興萬分。1990 年,出版一本書會令我激動好一陣子。在那個時候,哪會萌生出版論文集或著作集的奢望呢?然而,書寫得多了,也就有出版著述集的基礎與願望了。1998 年開始,我將出版《張覺述作集》的計劃寄給了不少出版社,但均未成功。這究竟是什麼原因,我一時也不清楚。直到我歷經磨難於 2002 年又一次申報教授職稱受挫後,纔稍微有所了悟——我非常珍視自己的著作,不過是犯了曹丕在《典論·論文》中所説的毛病:“夫人善於自見……家有弊帚,享之千金。”[①] 這些古籍譯注之作在很多學者眼中其實算不了什麼學術成果。

聽説當時某評委認爲我不够教授資格,理由主要有三條:一是我的古籍譯注之作根本不能算學術成果,二是我出那麼多書不正常,三是我的論著涉及各個學科而所申報的漢語言文字學方面的成果不突出。

没想到我摒棄一切娱樂生活而夜以繼日地拼搏,衹换到了一個否定。

當然,這種觀念也並非某評委所獨有。

在一些學者眼中,搞古籍譯注根本算不上學術研究,如今的社會科學課題或評獎中大多没有古籍譯注的一席之地,即反映了這一學術觀念。有一位

---

① 曹丕:《典論·論文》,中華書局 1977 年影印本《文選》,第 720 頁。

好心的老師曾勸我説："你還是去搞一點學術研究，别把精力浪費在這上面。"由此我深深地感悟到古代將文字訓詁之學稱爲"小學"的道理——這種既够不上"學術"又算不上"研究"的工作，何以不"小"呢？

至於著作多不正常，中國社科院鄧尉先生也説過："深圳有位學界朋友告訴筆者，一個40歲的人來求職，如果拿出三本專著來，你就趕緊打發他，肯定是騙子；如果拿出兩本專著來，你要懷疑；如果衹拿出一本書，還可以看一看。——當然，他説的專著是有自己心得的研究成果。這話雖然有點極端，也不無道理。"[①] 量多者其質必不佳，而無須細看其内容。某評委大概也是以此"學術標準"來評判拙著的，他没有把我當作騙子，已是够幸運的了。

再者，在我們這個學科分類越來越細的"專家"時代，教授應該是某一研究領域的專家，文史哲兼顧衹只能被認爲是雜而不專，這也已經是評委們普遍認可的評審準則而不再是笑話了，所以我研究面太廣而受非議也在情理之中。

當然，在職稱評審時，我没有申訴的權利；即使有申訴的權利，也是"道不同，不相爲謀"[②]，有什麼可説的呢！我的大部分著作，從其雅俗共賞的基調中就可以看出，它們本來就是爲廣大讀者寫的，而並不是爲少數學界名流寫的，非要這些專家認可幹嗎？誠如王家範先生所説："一個以科研爲生命樂趣的人，在人文學科中尋求自身價值的人，大可以領悟禪家的態度，不必把這些看得太重。須知，參透了，必要别人承認何爲？"[③]

孔子曰："邦有道，貧且賤焉，恥也；邦無道，富且貴焉，恥也。"[④] 生活在一個"尊重知識、尊重人才"的時代，我則永遠處於"窮而後工"的寫作逆境之中而始終未"富且貴"，當然要忍受這恥辱而不能全怪罪上司。但是，我還是執"迷"不悟，仍然埋頭於古籍彙校注疏之中而不去逢迎領導以獵取名利，因爲阿諛逢迎趨炎附勢雖然可獲得現時之大利，但從總體上來考量，我還不如保持自己固有的正直品性、寫出一些必傳之作更能實現自己的人生價值。一個人總要爲自己的所愛付出代價，所以我坦然接受種種冷酷而

① 鄧尉：《怪現象：70個教師68個教授》，載《社會科學報》2001年10月25日，第6版。

② 《論語·衛靈公》，中華書局1980年影印本《十三經注疏》，第2518頁。

③ 王家範：《專家成見也可無意"殺人"》，載《社會科學報》2001年10月25日，第6版。

④ 《論語·泰伯》，中華書局1980年影印本《十三經注疏》，第2487頁。

毫無悔意。對於注重精神世界的知識分子來説，最值得告慰的應該是歷史的評判——世界上最無情而又最公正的審判。歷史絶不會向權貴諂媚，它既不會因爲你從社會上得到了什麽就瞻仰你，也不會因爲你失去了什麽而鄙視你，而衹會因爲你給社會貢獻了有價值的東西而尊重你。正是在這樣的觀念中，我纔能從容面對單位領導的冷落與鄙夷。貶低我的學術成果和學術貢獻而將我置於末級教授之列又能説明什麽呢？正如盧梭所説："真正的公益和真正的正義總爲一種莫名其妙的表面秩序所犧牲，而這種表面秩序實際上是破壞一切秩序的，只不過對弱者的受壓迫和強者的不義的官方權力予以認可而已。"[①]我想，千古自有公論。敝帚自珍也罷，自尊自重也罷，我堅信我的著作絶不會像那些通過錢權交易而發表的"權威成果"那樣曇花一現，它們是有生命力的，它們終究會贏得社會的認可而久傳不衰，除非中國的傳統文化被徹底消滅了。荀子説過："好士而榮。"[②]反言之，則"不好士者辱"。隨着拙著的流傳，榮或辱自會分配給那些肯定或否定我學術貢獻的人。

慶幸的是，我的古籍譯注之作也並非没有肯定者，它們也曾受到廣大讀者乃至一些專家的青睞與讚賞，因而往往一版再版。拙著在大陸與臺灣出版後，各地讀者紛紛來信，認爲它們具有很高的學術價值，不同於一般的古籍譯注本，爲研究古代哲學、史學乃至文學者所必讀。南京大學一級教授兼全國古籍整理出版規劃領導小組顧問程千帆先生曾來信説："清人治韓非者少，故尊譯可憑藉者亦少，譯注雅見功力，可寶也。"[③]挪威科學院院士、奥斯陸大學東歐東亞系教授何莫邪（Christoph Harbsmeier）認爲《韓非子全譯》是所有《韓非子》注譯本中最好的一種，因而將它用作英譯《韓非子》的底本。湖南人民出版社、商務印書館肯定了《荀子譯注》《韓非子全譯》的成就而將其中校定的原文及譯文收入了《大中華文庫》，分别於 1999 年、2015 年出版了漢英對照本《荀子》《韓非子》，此後多家出版社還在此基礎上出版了多個語種的《大中華文庫》本。2021 年 3 月 3 日，全國古籍整理出版規劃領導小組辦公室公佈了首批向全國推薦的四十種經典古籍的優秀整理版本，我撰寫的《荀子譯注》（上海古籍出版社版）、《韓非子》（國家圖書館出版社版）也名列其中。截至 2023 年 2 月，以古籍譯注爲主的拙著，累計印數已達 587020

① 盧梭：《懺悔録》，人民文學出版社 1992 年第 1 版，2008 年 6 月第 1 次印刷《名著名譯插圖本》精華版，第 309 頁。

② 《荀子·君道篇》，中華書局 1988 年版《荀子集解》，第 236 頁。

③ 張覺：《程千帆師書信三札》，載《中國社會科學報》2010 年 7 月 22 日，第 17 版。

部，這充分説明拙著還是有讀者的。由此可見，塞翁失焉，焉知非福？從這種意義上來説，在某一方面的不得志其實也能造就人，司馬遷所説的發憤著書，韓愈所説的不平之鳴，歐陽修所説的窮而後工[①]何嘗不是如此？我在工作單位得不到認可，他們令我“窮”，令我“不平”，令我走上了韓愈所説的“窮餓其身、思愁其心腸而使自鳴其不幸”[②]的道路，使我產生一種强烈的使命感與源源不斷的動力去發著書，去追求社會的認可、歷史的認可，以此來彰示有司之不公，歷史竟然如此不斷地重復其驚人的相似之處！有跳槽的人説，外面的世界很精彩，外面的世界又很無奈。我要説，我在單位很無奈，還是外面的世界更精彩，得到外部世界的認可，相比單位的認可其實更有價值啊。

即使從學術的角度來考察，我以爲我的工作也不乏學術價值。由於古今語言與文物典章等方面的差異，因而要使中國古代燦爛輝煌的文化典籍不再死躺在藏書室之中而能“活着”流傳下去，使它成爲當今乃至將來中華文化建設的豐富資源，就必須首先做好其校點譯注工作。古人將文字訓詁之學稱爲“小學”，其雖“小”卻還是一門“學”，而治此“學”者也還有不少被稱爲“大師”的，可見這“小”之“學還”中也自有大學問，認爲它不是學術研究實爲一種偏見。就是對古籍今譯提出過嚴厲批評的高嚴先生也曾説：“古文今譯是一門大學問，非淺識末學者所能勝任。在一定意義上説，它是古籍整理研究的最高形式，衹有當版本、目録、音韻、訓詁、校勘、考訂、語法、斷句、標點的功夫都用到之後，方可談今譯；不僅如此，它還要求譯者有相當好的現代語文水平，如果讀者對象是兒童，還要掌握兒童語言的特點。正是如此，即使飽學之士，在古文今譯任務面前，尚‘戰戰兢兢，如履薄冰’。魯迅先生在《且介亭雜文二集·題未定草》曾這樣説過：‘我向來總以爲翻譯比創作容易，因爲至少是無須構想。但到真的一譯，就會遇到難關，譬如一個名詞或動詞，寫不出，創作時候可以回避，翻譯上卻不成，也還得想，一直弄到頭昏眼花……’這段話既適用外文翻譯，也適用古文今譯，充分説明，這是一項不好對付的學問，如果學無根底，是不可草率從事的！”[③]高嚴先生與那些一味鄙視古籍譯注的學界名流相比，其學術眼光恐怕要高明一大截。因爲高先生雖然嚴厲地指責“今譯十弊”，但對今譯工作並無偏見，而能實事

---

① 分別見班固《漢書·司馬遷傳》、韓愈《送孟東野序》、歐陽修《〈梅聖俞詩集〉序》，知識產權出版社 2013 版《中國古代文學》第 133 頁，第 247 頁，第 338 頁。

② 韓愈《送孟東野序》，知識產權出版社 2013 年版《中國古代文學》第 250 頁。

③ 高嚴：《今譯十弊》，載《光明日報》1992 年 4 月 26 日，第 3 版。

求是地肯定它的學術地位。誠然，清代學者杭世駿早就説過："作者不易，箋疏家尤難。何也？作者以才爲主，而輔之以學，興到筆隨，第抽其平日之腹笥，而縱横曼衍，以極其所至，不必沾沾獺祭也。爲之箋與疏者，必語語核其指歸，而意象乃明；必字字還其根據，而證佐乃確。才不必言，夫必有什倍於作者之卷軸，而後可以從事焉。"① 這些言論，實在應該讓那些對古籍譯注不屑一顧的學界名流好好看看。

可惜的是，古籍譯注之作如今在一些學術部門中不算學術成果，於是一些專家教授因其是件吃力不討好的事而不屑爲，而一些"學無根底"的人也不把它當作學術研究來從事，衹是以混稿費的態度去搞古籍譯注，結果也就産生出品質低劣的古籍譯注本而爲衆人所指責。對此，高嚴先生曾指出"今譯十弊"："出版無統籌，一書有數譯，一弊；版本不求善，率爾而操觚，二弊；考校不用功，將錯而譯錯，三弊；學問不到家，譯錯不知錯，四弊；主編不統稿，前後相矛盾，五弊；選譯無標準，避難而趨易，六弊；文字素養差，生澀又費解，七弊；翻譯不到位，半白夾半文，八弊；風格不統一，忠實原著難，九弊；不求信達雅，外行充内行，十弊。"② 這種種弊端，敗壞了古籍譯注的聲譽，使古籍譯注名聲掃地，從而玷汙了其中的佳作。這是一件很可悲的事。

另一件可悲的事，則是人們所説的：現在已進入了讀圖時代，青少年喜歡看的是配圖的"文化快餐"。如果真是這樣，則長此以往，中國古代豐富的文化寶藏將被埋没而無人問津，或衹能任憑那些學術騙子信口開河，嘩衆取寵。這種學風實在令人擔憂，但願將來會有所改觀。

出於信念與愛好，我並没有因爲學界對古籍譯注的鄙視與某些評委對拙著的否定以及青少年學風的轉向而有所動摇，而仍然潛心於我所鍾愛的古籍彙校注疏工作。

張之洞説："讀書不知要領，勞而無功；知某書宜讀而不得精校精注本，事倍功半。"③ 綜觀當今流行之典籍，精校之本不多。如陳奇猷的《韓非子集

① 杭世駿：《道古堂文集》卷八《李太白集輯注序》，上海古籍出版社 2002 年版《續修四庫全書》1426 册，第 278 頁。

② 高嚴：《今譯十弊》，載《光明日報》1992 年 4 月 26 日，第 3 版。

③ 張之洞：《書目答問·略例》，中華書局 1963 年版《書目答問補正》，第 3 頁。

釋》[①]與《韓非子新校注》[②]，朱師轍的《商君書解詁》[③]，高亨的《商君書注譯》[④]，周生春的《吴越春秋輯校彙考》[⑤]，均利用第二手乃至第三手材料編著而成，以致以訛傳訛，貽誤無窮。有鑒於此，我立志重振古籍譯注之學術風範，注重學術考校，寫出帶有學術研究味道的、嚴謹而又具有較高質量的古籍彙校注疏本。我想，做到了這一點，就一定能獲得廣大讀者的普遍認可，從而使自己的著作流傳不衰。因此，我一直沒去迎合當代專家評委們根據其癖好所擬定的“課題指南”寫一些不能流傳於世的“專著”以獵取名利，而仍然堅持不懈，決定傾注更大的精力與財力，將以往的著作，特别是古籍譯注之作，作一次全面詳盡的考校修訂，在以往譯注的基礎上進一步彙校善本，以便使拙著成爲兼具資料性、權威性、學術性、通俗性的經典，並彙編爲《述作集》逐漸推出，供認可拙著的讀者使用。

我出版《述作集》的總體目標是：弘揚求真務實的漢學傳統，力求內容形式的博雅完美，打造一絲不苟的文化經典和傳世精品，以便使拙著成爲今後研究《韓非子》《商君書》《吴越春秋》《潛夫論》《老子》《論語》《孟子》《搜神記》等傳統經典及其他相關領域（如語言文字學、文學等）時不可不讀的權威典籍而經久不衰。《周易·繫辭下》曰：“《易》，窮則變，變則通，通則久。”[⑥]我在單位常不遇可謂之“窮”，轉而致力於著述可謂之“變”，研究時涉獵多個領域可謂之“通”，著述歷經三十年而流傳之勢不減可謂之“久”，正可謂窮則思變變而通，通則久傳有何窮？拙著既合《易》道，亦當如《易》而久傳，這是我的心願，也是令我頗感欣慰的地方。我堅信，撰寫出版這些彙校注疏之作，對於弘揚中華文化與便利廣大讀者來説，會像《十三經注疏》那樣具有永久性的學術價值。當然，學術乃天下之公器，真正的學術成果要經得起歷史的考驗，真正的學術評判也要經得起歷史的檢驗。拙著的優劣，我學術水平的高下，乃至評審專家與領導們對我學術成就褒貶的是非得失，

---

① 該書於 1958 年由中華書局上海編輯所出版。

② 該書於 2000 年由上海古籍出版社出版。

③ 該書於 1921 年由上海廣益書局刊行。後來作者重加增訂，改名爲《商君書解詁定本》，在 1948 年納入《國立中山大學叢書》由中山大學出版組出版，1956 年古籍出版社又據廣州本重排出版。

④ 該書於 1974 年由中華書局出版。

⑤ 該書於 1997 年由上海古籍出版社出版。

⑥ 《周易·繫辭下》，中華書局 1980 年影印本《十三經注疏》，第 86 頁。

最終還得由廣大讀者乃至後代子孫説了算①。

從 2011 年 2 月 22 日我在江宜玲女士的鼎力支持下與知識産權出版社簽訂《韓非子校疏析論》出版合同起，出版《張覺述作集》的夙願開始成爲現實，這當然是值得慶倖的。在此，我首先要向此前慷慨解囊而購置拙著的五十餘萬讀者致以衷心的謝意，並希望繼續得到更多讀者的青睞與支持，因爲經驗告訴我，我這種沒有權勢支撑而處於“學術圈”之外的“草根學者”的學術生命②，在過去或現在，主要還是靠廣大讀者維持着，而不可能依靠單位的經濟實力去支撑。在將來，應該也是如此。這《述作集》的出版，如果沒有廣大讀者的熱愛支持與慷慨解囊，也將會難以爲繼。

當然，我也永遠不會忘記我祖父張瑞良（1902-02-28—1972-06-14）、祖母俞秀英（1909-03-19—1989-02-09）、父親張永泉（1930-09-12—2023-01-02）、母親林月娥（1929-10-04—）、叔父張永奎（1939-03-15—2022-06-22）的養育啓蒙之恩與程千帆（1913—2000）、周斌武（1924—2014）等教授的精心栽培之德，如果沒有他們的培養，就沒有我的才學與成果。同樣，我也不會忘記章培恒、嚴佐之等教授對我古籍整理工作的熱情支持，不會忘記梅季坤（岳麓書社）、李立樸（貴州人民出版社）、倪臘松（貴州人民出版社）、李大鈞（中國旅遊出版社）、金良年（上海古籍出版社）、褚贛生（東方出版中心）、宋啓發（黄山書社）、徐文堪（漢語大詞典出版社）、吕健（上海古籍出版社）、曾德明（岳麓書社）、鄭明寶（上海古籍出版社）、江宜玲（知識産權出版社）、馬美著（岳麓書社）、劉文（岳麓書社）、陳文韜（岳麓書社）、陳麗娟（上海古籍出版社）、李亭（南京大學出版社）、周陽（長江文藝出版社）、李豔麗（崇文書局）等出版界朋友先後傾注的厚愛之情以及吴格、劉一萍、郭立暄、龔潔榮、羊凱江、李文濤等先生在圖書資料方面的相助之力，如果沒有他們的熱情幫助，我也不可能有這麼多逐步積累而内容豐富的著作問世。還有，我也不會忘記我校科研處陳正良、干春暉、劉月波、靳玉

---

① 張覺:《學術評判標準隨感録》，載《中國社會科學報》2014 年 5 月 7 日，第 A05 版。

② 羅時進在《去除競争性科研的幻影光圈》一文中說：“當學術權力得到部分回歸後，用學術思維、學術方式、學術標準管理科研的期待並不能完全實現，某些具有學術影響力者以‘熟人社會’的處世行事態度介入各種學術性活動，包括科研立項，經費分配，成果驗收，評獎鑒定，無不施其影響，如此則部分學科和學者資源累進，利益疊加，而弱勢科研群體，即使具有精英素質，其學術表達和發展的空間也被大大壓縮。”（羅文載《社會科學報》2012 年 12 月 6 日第 5 版）我所謂的“草根學者”，恐怕是“弱勢科研群體”中的主要組成部分。

英、趙赫等老師先後在科研資助和項目申報方面的鼎力支持，不會忘記教育部教育考試院陳睿、邢博特和我校姚玲珍、朱君萍等領導在工作方面的分外照顧以及朋友姜漢椿先生的熱情幫助。

此外，我的同事龔敏，博士研究生黄吉輝，碩士研究生馬静、尤婷婷、付雲鵬、吕佳、鄭興蘭、張曉曄等也曾參與過部分工作，特此説明。

總之，我謹將這《述作集》奉獻給一切愛我的讀者、親人、師長、朋友、領導、學生，並借此機會向他們致以由衷的感謝與誠摯的祝福。

但願拙著因品質之有益於讀者而流傳久遠，從而使我的感謝與祝福也與日俱增，使後人能永遠銘記愛我者的恩德，這便是我最大的幸福了。

在十年的《述作集》出版過程中，我漸漸認識到，過去熔考校注譯於一爐的編著原則實不利於《述作集》的流布。因爲一般讀者祇需瞭解古代典籍的大致内容，篇幅甚大的彙校與學術考辨祇適合研究者而不適合爲數衆多的一般讀者，所以過去銷售量較大的拙著主要還是古籍譯注之作，而注重考校的古籍校注之作這種以往的常銷書在當今已成爲所謂“有學術價值而無出版價值”的冷門書，因而連一些專門出版古籍的出版社也不願意出版。爲了使《述作集》擁有更多的讀者以利出版，我必須調整編著原則與出版書目，在注重學術性的前提下，將有助於學術研究的彙校考辨之作與有助於典籍普及的譯注之作分别出版。如將《韓非子校疏析論》分爲繁體字本《韓非子彙校集解》（將由上海古籍出版社出版）與簡體字本《韓非子譯注評》，將《商君書校疏》分爲繁體字本《商君書彙校集解》（將由上海古籍出版社出版）與簡體字本《商君書譯注》（將由上海古籍出版社出版），將《吴越春秋校證注疏》分爲繁體字本《吴越春秋校注輯證》與簡體字本《吴越春秋全譯》，如此等等。這樣，既能滿足學術研究者和一般讀者的不同需要，又能用譯注之作的收益來支撑彙校考辨之作的出版。同時，爲了加快《述作集》的出版速度，我必須改變過去由一家出版社出版的思路，應該争取與多家出版社合作。幸天不喪斯文，在知識産權出版社的出版告一段落之後，我又得到了岳麓書社、南京大學出版社和崇文書局的熱情支持。我想，進入二十一世紀二十年代後，《述作集》的出版應該能别開生面而進入一個新的發展階段，但願我編著原則的調整和出版思路的改變能爲《述作集》的擴展産生成效。

書稿殺青，流行的做法是請名家作序，以此來提升其品位，但我從來不這樣做。這並不是因爲我與當代的名家没有來往，而是因爲有這樣的想法：請名家寫序，無非是要他們爲自己説好話。如果自己的著作的確好，則必“下自成蹊”，再去打擾忙得不可開交的名家，實爲不仁；如果自己的著作不好，卻硬要名家説你好，實爲不義。雖然別人請名家作序並非都是不仁不義之舉，但我不忍爲此行。《韓非子·解老》云：“夫君子取情而去貌，好質而惡飾。夫恃貌而論情者，其情惡也；須飾而論質者，其質衰也。”我將永遠以此爲座右銘，故僅作此自序以明吾志。

如果説，我三十年前下崗待業後賣文爲生是“文化搭臺，經濟唱戲”的話，那麼現在專心著述便可以説是“經濟搭臺，文化唱戲”了。前者的目標是經濟，是利用文化以獲取經濟利益；後者的目標則是文化，是利用已有的經濟基礎打造文化精品。目標不同，結果也往往會不一樣。當時我爲了生計而欲求賣文不已，所以也曾盡力製作精品以便招徠讀者而不斷獲取稿酬，但畢竟没有像現在這樣衣食無憂，以至於不求稿酬而衹求拙著傳世，乃至不惜工本地投入大量的精力、物力而從容著述。在當時，爲了維持經濟生活而寫書雖然也在情理之中，但現在看來，財富等物質的東西與文化相比是多麼地微不足道，衹有打造經典纔能使自已具有不朽的生命力。然學無止境，每一個時代對某一事物的認識與解釋總是有局限的而不可能是窮盡的，故書中不當之處恐難避免。在此，我懇切地希望海内外有識之士不吝賜教，以使拙著不斷完善而成爲學習與研究中國文化者所必備的要籍。

最後，附自題二首[①]，以與同道者共勉。

早年心慕高校潔，豈料身陷净土黑。自古聖賢盡貧賤，何況我輩孤且直。
貧而無諂常落寞，窮且發憤勤述作。笑看有司皆走肉，傾心拙著寄寥廓。

是爲序。

① 我在臺灣古籍出版社 1996 年出版的《韓非子》之後記中説：“憶及魯迅有《自嘲》詩云：‘運交華蓋欲何求，未敢翻身已碰頭。破帽遮顔過鬧市，漏船載酒泛中流。横眉冷對千夫指，俯首甘爲孺子牛。躲進小樓成一統，管它冬夏與春秋。’甚似爲僕爲之。”但仔細一想，並不十分貼切，故於 2012 年 1 月 15 日另作此二首，詩成於松江泖港鎮黄橋村浦江源温泉農莊。該詩最初發表於知識產權出版社 2012 年 8 月出版的《商君書校疏》。此後我即使退休了，每年也都有著作出版，而《張覺述作集》的出版品種也在不斷增加。2022 年，在崇文書局的熱情支持下，《張覺述作集》又出版兩種，在頗感欣慰之際，又覺得退休人生雖然步入初冬時節，但只要老當益壯，繼續努力，仍然會有秋收之獲，而蘇軾的《贈劉景文》甚似爲僕爲之，今不妨附於此以明吾景況。其詩云：“荷盡已無擎雨蓋，菊殘猶有傲霜枝。一年好景君須記，最是橙黄橘緑時。”（見中華書局 1982 年版《蘇軾詩集》第 1713 頁）

張覺

1998 年 5 月 29 日初稿於滬上五角場寓所
2008 年 6 月 23 日再稿於滬上四平路金軒
2011 年 9 月 21 日三稿於南翔芳林路院邸
2020 年 9 月 25 日四稿於密雲區溪翁山莊
2022 年 1 月 13 日五稿於太倉茜涇村寒舍
2023 年 3 月 11 日修改於南翔芳林路院邸

前　言

要研究中國文化，必須閱讀中國古代的重要著作。《潛夫論》作爲一部流傳近兩千年的名著，當然也是研究中國文化者，特别是研究中國古代文學、史學、哲學的學者必須閱讀的要籍。

張之洞説過："讀書不知要領，勞而無功；知某書宜讀而不得精校精注本，事倍功半。"①《潛夫論》固然是研究中國文化者必須閱讀的要籍，但綜觀當今的《潛夫論》通行本，卻尚無精校精注之作。

現代爲學術界所重而較具權威性的校注著作主要是湖海樓嘉慶己卯（1819年）刻成的《潛夫論汪氏箋》（汪繼培撰，以下簡稱"湖海樓本"）和中華書局1985年出版的汪繼培箋、彭鐸校正的《潛夫論箋校正》（以下簡稱《校正》，中華書局1979年版名《潛夫論箋》，1985年版稍有剜改）。

汪繼培根據古書文句、類書引文以及上下文義移正了舊刻本中錯亂的原文，又廣採各種典籍對原文作了箋注，其《潛夫論箋》的確是《潛夫論》詮釋史上一部里程碑式的權威著作。彭鐸的整理，除給湖海樓本加了標點，還訂正了不少錯誤，如將《遏利》"勝、跪伐其身"汪箋中的"公孫勝、羊詭"改正爲"公孫詭、羊勝"，將《明闇》"天下魚爛"汪箋中的"僖廿九年《公羊傳》"改正爲"僖十九年《公羊傳》"，將《考績》"官長不考功"汪箋中的"綱紀人倫"改正爲"紀綱人倫"，將《思賢》"以爲不若菽麥糠糟欲清者"汪箋中的"耐清涼些"改正爲"酎清涼些"，將《愛日》"不遑將父"汪箋中的"《皇皇者華》"改正爲"《四牡》"。

但是，由於古籍整理是件十分繁難的工作，故汪繼培、彭鐸的校理尚有待完善。

即以《潛夫論》原文的校正來説，《遏利》的"弗勸以詐"，應據《四庫全書》本改爲"弗勸以邪"。《本政》的"以選爲本"，汪繼培衹説"'以選'上脱二字"，其實應據邵孟遴校本補爲"臣以選爲本"。《夢列》"故先有差忒者，謂之精"，汪繼培衹引王説云："'謂之精'上有脱文。下云'凡此十者，占夢之大畧'，而文止言其八，必有解釋直、象二夢，而今佚之。"其實，此文可據《夢占逸旨》引文補正爲："故先有所夢，後無差忒者，謂之直。比擬相肖，謂之象。凝念注神，謂之精。"《夢列》"人對計事"，彭鐸按："'對'字無義，

① 張之洞：《書目答問·略例》，見范希曾編《書目答問補正》，中華書局1963年版，第3頁。

疑當作‘討’。《説文》:‘討，治也。’與‘計’義相近，故連言。”其實，此文可據《夢占逸旨》引文補正爲“人相對計事”。對於《夢列》“而説者不能連類傳觀”，汪、彭均無説，其實應據《夢占逸旨》引文改爲“而説者不能連類博觀”。

至於湖海樓本的錯誤，彭鐸尚未全部校正；而湖海樓本未誤的，《校正》又有所失誤。[①]

尤其應該指出的是，無論是湖海樓本還是《校正》，都未彙校善本來徹底訂正《潛夫論》中的訛誤，而當今學者之校勘，也大多衹利用《四部叢刊》本。其實，《四部叢刊》影印的衹是一種影抄本，而該影抄本之底本是上海圖書館所藏的有抄配的明仿宋刻本。國家圖書館藏有完整的明仿宋刻本，但至今尚未有全面反映該善本文字的整理著作問世。其他如《兩京遺編》本、《漢魏叢書》本、《四庫全書》本、邵孟邁校本也都值得進行全面的校勘，以便在釐定《潛夫論》原文時採摭，但這種工作也一直無人顧問。

更值得關注的是上海圖書館所藏的汪繼培《潛夫論箋》稿本。該稿本中有很多文字可用來訂正湖海樓本及其翻印本在刊刻中産生的訛誤（包括正文的訛誤和箋注的訛誤），而汪繼培在該稿之天頭、地腳、行間所增加的箋注還有很多由於謄稿的寫手漏抄而漏刻了，這些漏刻致使某些箋注文斷義絶而不可思議[②]，但這一具有珍貴資料價值的稿本一直未被今之校注者利用。至於頗具學術價值的王紹蘭的稿本《潛夫論校記》（今藏臺灣“中央”圖書館），《校正》也付諸闕如。

由上述種種可知，在《潛夫論》的善本彙校和集注方面，如今仍有很多工作要做。爲了彌補湖海樓本和《校正》之缺憾，我在 2017 年申請了國家社會科學基金重點項目《潛夫論彙校集注》。雖然該課題最終被降級立爲一般項目，但爲了有功於學界，我還是按照原定方案開展研究工作，完成了這部一百多萬字的著作。

我一向認爲，要使中國古代燦爛輝煌的文化典籍能“真正活着”流傳下去，使它成爲當今乃至將來中華文化建設的豐富資源，首先應該做好其“存古喻今”的工作，或者説，應該做好這些典籍的校釋評論工作。若無“存古”，則會造成新書出而古籍亡的嚴重後果；若無“喻今”，則古代的典籍衹能死躺於書櫃之中。衹有這一艱巨而又偉大的基礎工程完成了，我國的古籍纔能

---

① 詳見本書附録七。

② 參見本書附録三關於汪繼培稿本的介紹。

流布日廣而大放異彩，中華民族的優秀傳統文化纔能傳承不絶而煥發出新的活力。

我所説的存古，與張之洞所説的“精校”相類，是指在印行古籍時要完好地保存古代的珍本文字。其主要的工作就是逐一將每部典籍的現存古本進行一次科學的梳理，辨明其源流，將其中最有價值的善本來一次彙校；然後覈定原文，寫成定本，複製出版以廣其傳；同時將彙校所得的善本異同寫入校勘記隨書印行，以便利更多的研究者取資。顯然，我所説的存古，衹是一個相對的概念。要做到絶對意義上的存古，那就衹能搞《中華再造善本》之類的大工程了，但那樣做，顯然不適合大部分讀者而難廣其傳，而且，讀者也難以從中一下子瞭解衆多版本之異同。

我所説的喻今，與張之洞所説的“精注”與“知要領”相類，也就是要幫助今人明白古代典籍的内容。其主要的工作就是在校定原籍文本的基礎上，廣泛吸取古今學者的研究成果，做好實事求是而又準確通俗的注疏工作，使人們正確地理解其原文；同時，還應該對其内容進行概括扼要而又深入精到的剖析與融會貫通且聯繫實際的評論，使人們深刻地領會其内涵，把握其要領，瞭解其精華與糟粕，借鑒其中具有普遍意義與實用價值的人類智慧結晶。

然而，這種既具精校精注之功力又具提綱挈領之功能的宜讀之書實在太少見了。即使是我國古代最基本的要籍，也很少能見到這種既存古又喻今的著作出現。

言及存古，從我研究過的《韓非子》《商君書》《吴越春秋》等典籍來看，其校注者或以後世之俗本爲古本，或轉抄第二手乃至第三手材料來敷衍了事，説得嚴重一點，則非屬弄虚作假、欺世盗名之舉，必屬學無根底而不知校讎爲何物者也。如此“校勘”，何以存古？

談到喻今，則不能不提古籍譯注。應該説，“衹有當版本、目録、音韻、訓詁、校勘、考訂、語法、斷句、標點的功夫都用到之後，方可談今譯”[①]，但由於古籍譯注之作在如今諸多學術部門中不被認可，於是一些專家教授因其是件吃力不討好的事而不屑爲，結果就衹能讓很多“學無根底”的人去“草率從事”，因而出現了不少毛病：“版本不求善，率爾而操觚”，“考校不用功，將錯而譯錯”，“主編不統稿，前後相矛盾”，“文字素養差，生澀又費解”，“翻譯不到位，半白夾半文”，“不求信達雅，外行充内行”[②]。更有甚者，有些譯注

① 高嚴：《今譯十弊》，載《光明日報》1992 年 4 月 26 日，第 3 版。

② 同上。

之作竟一字不差地剽竊他人的譯文[①]，或將他人的譯注稍加改寫後作爲自己的著作出版。如此粗製濫造，當然衹能使古籍譯注名聲掃地。至於喻今者中評論古人思想的，則隨意大談個人心得而不求古本真意似乎已經成爲當今的學術風範與通則，故其成果雖似繁榮，卻往往有失本之弊，到頭來衹能是曇花一現而已。

之所以會出現上述種種現象，大概是因爲當今之學風過於浮躁、治學不求嚴謹、學問不求扎實的緣故吧。所以，我們在具備現代意識的同時，似乎還應該繼續弘揚漢學精神。

誠然，隨着時代的進步，現代的學術研究條件比過去要好得多。即以最基本的古籍校勘而論，舊時之古籍善本往往散落於民間而難以查訪，現在則多集中於各大圖書館而便於尋檢，所以，現在進行善本彙校的條件比古代要好得多。衹要我們不惜工本，這一工作是完全可以做好的。如果説，當代的學術評價標準並不利於善本彙校工作的展開，是因爲從事這項工作，不但枯燥乏味、需要有坐冷板凳的能耐，而且需要奔波於南北各大圖書館、投入大量的時間、精力與財力，其成果又可能因爲缺乏當今所推崇的創新性而不被學術界認可，但無論如何，作爲一個有責任心的學者，是絶對不應該急功近利、馬虎了事的。在我看來，既然古代有《十三經注疏》之類的扛鼎之作不朽於世，那麽，我們生活在條件優越的現代社會，理應拿出超越前人而能體現當代國學水準的古籍校釋評論之作。唯其如此，纔能使我們不愧對創造了光輝燦爛的華夏文明的祖先。

基於這樣的認識，我一直在朝這一方向努力。然而，我過去所撰寫的著作，爲了能順利出版，不得不屈從於出版社的體例限制，而根本不能將“存古而喻今”的設想付諸實施。即以研究《潛夫論》而論，過去出版的《潛夫論全譯》《潛夫論校注》也都是如此，它們雖然已經受到了讀者的青睞，但其實未足爲典要。

要使自己的古籍校注之作成爲典要，我想首先應該把善本彙校工作做好。如果其原文校定有誤，則其注疏必隨之而誤，其評論也往往會不切本義。但是，我這嚮往良久的善本彙校工作一直没有條件付諸實施。2003 年，我有

---

① 華齡出版社 2002 年 9 月出版的《中國歷代文化叢書》中的《韓非子》《搜神記》即如此。其《韓非子》全部剽竊了我的《韓非子全譯》（貴州人民出版社 1992 年版）；《搜神記》在抄襲我翻譯的《全本搜神記評譯》（學林出版社 1994 年版）大致十段以後，再抄襲兩段劉琦翻譯的《搜神記搜神後記譯注》（吉林文史出版社 1997 年版）與兩段黄滌明譯注的《搜神記全譯》（貴州人民出版社 1991 年版），如此循環抄襲而成全書。

幸得到全國高等院校古籍整理研究工作委員會秘書處的指點，申報了古委會直接資助項目《韓非子校疏》並獲得批准，我的善本彙校工作纔得以展開。2004年，我申請國家社會科學基金項目“《韓非子》微觀研究”而獲得批准，我的“存古喻今”設想纔得以全面付諸實施。2007年9月，“《韓非子》微觀研究”的最終研究成果《韓非子校疏析論》殺青，這可謂是一本全面體現我“存古喻今”設想的樣板書，它雖然在2008年5月通過專家鑒定而結項了，其出版卻遇到了困難。其間我雖然多方求援，包括向上海市學術著作出版資助評審委員會申請出版資助，但均未獲得支持。這倒也應驗了人們的非議，即所謂的“課題做完便‘刀槍入庫、馬放南山’”，“是一種很大的國力浪費”①。直到2010年底，此書終於得到了上海財經大學科研處的資助，並在2011年得到了知識産權出版社江宜玲女士的支持纔得以出版。

爲了進一步圓我的“存古喻今”之夢，我又繼續申請了一些項目（包括2012年申請的國家社會科學基金一般項目《潛夫論校疏析論》），但屢屢失利。這樣，熔善本彙校、注疏提要、分析評論於一爐的做法衹得告一段落。不過，除了分析評論外，善本彙校、注疏提要等仍可在我申請到的2008年度全國高等院校古籍整理研究工作委員會重點科研項目《商君書校疏》、2014年度上海市教育委員會科研創新重點項目《潛夫論校箋注疏》、2017年度國家社會科學基金一般項目《潛夫論彙校集注》中付諸實施。可以説，完成了《韓非子校疏析論》《商君書校疏》，《潛夫論》的彙校注疏就可以“漢承秦制”似的開展了。具體地説，也就是將我以往對《潛夫論》的各種研究來一次清理、總結與提高——集其精華，删其贅疣，正其謬誤，補其缺漏，從而使本書成爲一部來自第一手材料的精到可靠而兼具權威性、資料性、學術性、通俗性的集大成之作，使之成爲今後通行之善本而不朽於世。

由於《潛夫論》在中國傳統文化中具有重要的地位，是我們必須重點研究的一流要籍，而無論從哪個角度去研究《潛夫論》，校正勘定其原文都是首先要做好的最重要的基礎性工作。鑒於當今流行的各種《潛夫論》校注本對其原文的校訂都不甚理想，爲了使讀者避免以訛傳訛之弊，我首先在《潛夫論》原文的彙校方面下了大功夫。爲了不折不扣地貫徹我的存古原則，我決定將如今國内各大圖書館珍藏的能反映現存《潛夫論》原文所有源頭的七種版本作爲全息彙校的材料，而且儘量保留其異體字，以便嚴謹而全面地體現

① 見童中賢《成果崇拜、成果異化與學術危機》，載《社會科學報》2006年7月27日第1版。

善本面貌，使讀者充分瞭解各重要版本之間的文字異同。這種工作在《潛夫論》研究領域中尚屬首創，雖然具有極大的開拓性，卻也耗費了我大量的精力和財力，但願本書的校勘記能給今後的《潛夫論》研究者提供極大的便利。

要對《潛夫論》進行細緻入微的研究，除了校正勘定其原文外，還必須做好其注疏工作。如果對其原文都有所不解或誤解，則無論是利用其文史資料，還是評析其思想内容，都會發生錯誤。所以，我又在校定原文的基礎上，廣泛擇取古今學者的考證詮釋成果，包括發掘整理新材料以搶救歷史文化遺産（如收入從未公之於世的汪繼培《潛夫論箋》稿本中的材料，王紹蘭的稿本《潛夫論校記》等），並以經史諸子會考、以本書前後之文互證等方法進一步考釋《潛夫論》中的疑難之處，力求探明其本旨。由於《潛夫論》一書所記史事豐富又駁雜，所以注釋中有關史事的考釋佔用了很多篇幅，而我所花的時間與精力也極多，希望它能在正確詮釋《潛夫論》方面發揮應有的作用。當然，由於《潛夫論》之内容不但涉及哲學、政治、經濟、邊防、教化、修養等方面，而且涉及很難理解的卜筮、巫祝、看相、占夢以及難以詳考的古代帝系、姓氏源流，所以要全面深入地進行考證並準確地進行解釋具有極大的難度，但爲了便利讀者，我没有採取一般校釋者避難闕疑的方法，而下了極大的功夫，盡最大努力進行了探討。其結論雖“未必獲正，然罕可以浮游博觀，共求厥真”（《潛夫論・五德志》）。

爲了有利於讀者把握每篇要領，我在注解原文的基礎上，爲各篇撰寫了提要，對其内容作了概括述評。同時，提要中還兼及寫作年代的考證，如考定《勸將》寫於公元 111 年，《救邊》寫於公元 115 年，《邊議》《實邊》寫於公元 116 年，《考績》寫成於公元 122 年，《志氏姓》寫成於公元 126 年以後，《叙録》寫成於公元 141 年以後，這就爲確定《潛夫論》全書的寫作年代提供了科學而確鑿的證據。

張之洞說的“精校精注”工作固然非常重要，但無論是從“小學是經學的附庸”這一傳統觀念來看，還是從古爲今用或揚棄創新的現代觀念來看，古籍的校注考證都不過是其基礎工程而已，如果對《潛夫論》的研究僅僅停留在這一層面，顯然是不够的。所以，我們還應該對其思想内容進行深入精到的剖析與融會貫通且聯繫實際的評論，以便使讀者能更深刻地領會其内涵，把握其要領，瞭解其精華與糟粕，借鑒其中具有普遍意義與實用價值的人類智慧結晶。但是，由於這一内容已超出了《潛夫論校箋注疏》和《潛夫論彙校集注》的研究範疇，所以祇能以待來日。

爲了便利讀者的閱讀研究，我還精心設計了各種附録。其中所收録的研究資料，不但在收羅範圍方面遠遠超過了以往的校注之作，而且都用第一手材料進行了認真的校勘，並詳明其出處，以便讀者查考與引用。附録三對《潛夫論》版本的考述，不但是各大圖書館所藏珍貴文獻的經眼録，而且也作了全面深入的研討，以免讀者爲汪繼培《潛夫論箋·序》、黄丕烈跋、彭鐸《潛夫論箋校正·凡例》、上海圖書館所編《中國叢書綜録》、陽海清主編《中國古籍總目》、中國社會科學院歷史研究所文化研究室古風所撰《〈漢魏叢書〉的編纂與增訂》中的諸多誤説所誤。附録七對中華書局版《潛夫論箋校正》的勘誤是爲了使讀者更好地利用該書而避免以訛傳訛之弊。附録八、附録九所編制的人名、族名、地名、國名、朝代名索引，是爲了充分發揮《潛夫論》特别是其中《五德志》《志氏姓》等篇的資料價值。

當然，本書可以看作我2013年《潛夫論校箋注疏》立項以來這八年多所做課題的一個最終成果，但如果没有1994年以來的種種研究，僅靠這八年時間，本書内容肯定會遜色得多。所以，本書實際上是我二十七年來研究《潛夫論》的一個最終成果。或者説，本書有不少内容利用了我的舊著《潛夫論全譯》（貴州人民出版社1999年版），但我在申請國家項目結項前所作的學術規範檢測結果卻顯示這些内容涉嫌剽竊，而實際情況是：這些内容大多是"知網"中的文獻剽竊了我的《潛夫論全譯》，尤其是我在《潛夫論全譯》中原創的各篇提要，檢測結果也多呈紅色而被當作複製了他人的成果，殊不知這恰恰説明我的舊著被肆意剽竊了（我其他譯注之作也普遍存在這種情況）。其他類似之處實也一言難盡。21世紀的中國知識分子如此做學問，真令人無語，但换個視角來看，《潛夫論全譯》的社會影響和效益已經如此，則本書的社會影響和效益會更大。

由於當今部分圖書可通過資助而出版，因此我國很多部門在評價學術成果時祇看重權威期刊的論文與省部級以上課題及所獲大奬，我校也無非如此。殊不知學術腐敗無孔不入，所以這樣的評價方法使很多學者大搞公關而無所不用其極，以便在權威期刊上發論文，拿課題，得大奬。我則不屑於那一套，因爲這不但有違於我的爲人之道，而且在我看來，你就是能買通國内的這些主編、評委而獲取當前之大利，但没有被你買通的廣大讀者、境外專家乃至後代子孫可不會買你的賬。真正的學術成果，應該靠自己的學術品質去取勝，唯其如此，纔能得到廣大專家、讀者的青睞，纔會不受空間與時間的限制而傳之久遠。因此，我還是堅守老老實實做人、踏踏實實治學的原則。雖然這樣做使我付出了代價——著作被認定爲低質量成果，教授一職姗姗來遲而又被聘爲末級，但我還是甘居寂寞而不願去迎合那時代潮流。我堅信，歷史是不會向權貴諂媚的，它不會瞻仰你從社會上得到了什麽，而衹會欽佩你給社會貢獻了什麽。

我的不屑爲使我的學術研究步入了與摩登學者不同的道路，以至於我獲准課題立項後令有些人感到意外。其實，如果以現在的學術界還没有完全腐敗的眼光來看問題，那麽此事也就不會不可思議了。

儘管如此，在當前的學術背景下，我還是難以抑制自己的感激之情，要向那些與我素昧平生的項目評審專家致以衷心的謝意，因爲如果没有他們的支持，我就不可能花費這麽多的精力與財力去從事這項工作，這部以善本彙校爲基礎的集大成之作也就不會誕生了。我想，讀者們在享用拙著的時候，應該永遠銘記項目評審專家的功德。

如果説，1819 年刊成的《潛夫論汪氏箋》是十九世紀《潛夫論》校注工作的一塊里程碑，1979 年出版的彭鐸對《潛夫論箋》的校正以及 1999 年出版的《潛夫論全譯》代表了二十世紀《潛夫論》基礎研究的水準，那麽時至二十一世紀，我們理應拿出更加完善的成果來讓新時代的讀者享用。本書的撰寫，當然應該以此爲目標。長期以來我之所以孜孜矻矻，不遺餘力，奮鬥不息，無非是想打造傳世之作，爲學術界貢獻一部來自第一手材料而可靠地反映《潛夫論》各重要版本之異同、前賢之校釋以及本人之考證注疏的《潛夫論》彙校注疏本，使它成爲《潛夫論》的通行善本而久傳不衰。然而，我的努力目標是如此，實際上做得怎麽樣，還得由廣大讀者來評判。

學無止境，每一個時代對某一事物的認識與解釋總是有局限的而不可能是窮盡的，加之我設計的體例多屬初創，而校勘煩雜難免紕漏，一得之愚更易失誤，故尚祈讀者不吝指正，以便使拙著不斷完善而爲中華傳統文化的研究發揮更大更好的作用。

是爲序。

張覺

2021 年 8 月 28 日於南翔芳林路院邸

凡　例

一、原文部分的校正勘定是研究《潜夫論》的基礎。由於現在通行的《潜夫論》校注本文多訛誤，故本書校勘注重權威性與資料性，即切實地利用國内各大圖書館所珍藏的善本和重要版本進行彙校，以充分顯示《潜夫論》早期文本的情況與本書原文之所自出。湖海樓所刊《潜夫論汪氏箋》（陳本）雖然晚出，但對舊刻的校訂頗有可取，一向被視爲善本，所以也取作爲校正原文的依據。

二、本書彙校分爲兩類：一類是全息彙校，其結果是把《潜夫論》一書現存的七種重要版本（仿宋本、馮本、魁本、程本、四庫本、邵本、陳本）的文字差異全部寫入校勘記，至於其相同的文字以及祇有點畫之差而無音義之别的俗字、楷化古字、避諱缺筆字以及真正的異體字則一般不寫入校勘記，而僅在附録二中以舉例的方式説明本書的處理方法。校勘記旨在以繁見全而詳明各本之異文，附録二則旨在以簡馭繁而會通各本之異體。另一類可稱爲古籍非全息彙校，其結果是僅僅把某些《潜夫論》版本以及古籍引文與異文中有助於校訂《潜夫論》原文的文字差異寫入校勘記，其他的文字異同則一般不加載録。

三、本書原文，不專主一本，擇善而從。【校記】中所謂“同”者，爲本書所認可而取資的版本；其後所列異文，爲本書所不取者。所有原文文字，必有古籍作爲依據。對於可能有誤而無版本及古籍異文作爲根據的地方，即使有確鑿的論證，也一律不加改動，而僅在注釋中説明前人或自己的研究成果，以免妄改古書之弊。

四、原文之校勘記列入【校記】，篇題之文字差異則納入【提要】以與其中的題解相配。校勘記中使用簡稱，其詳情可參見本書附録二。由於本書採用了全息彙校之法，所以即使其文字取捨有失誤之處，讀者也可依據本書校勘記所提供的異文對《潜夫論》原文略作調整。

五、爲便於閲讀，並便於在注釋中使用參見法以節約篇幅（注釋中之參見也是爲了釋義之互證），本書除了給原文加上標點符號外，還將原文分了節，並加了篇、節號。

六、本書原文、目録、卷第、子目、篇題以及附録所録序跋題識等舊文，今仿照較早的明刻本字樣而用楷體，以與本書其他文字相區别。

七、各篇之前的【提要】包括題解、本篇内容述評，有時兼及篇題的校勘與本篇寫作年代的考證。其寫作年代考證部分可與本書附録五互相參閲。

八、汪繼培的箋一向爲人所重，故今全部收入【箋注】。汪箋所採王宗炎之説題“王先生云”，所採王紹蘭之説題“王侍郎云”“王方伯云”（稿本題“王廉訪云”），今一仍其舊。應該説明的是，上海圖書館藏有汪繼培《潛夫論箋》稿本，其中有不少汪繼培的箋注和王宗炎、王紹蘭加在天頭上的案語從未刊出，而陳春所刊《湖海樓叢書》中的《潛夫論汪氏箋》（陳本）及其翻印本也有不少地方值得據此稿本進行補充和校正（參見附録三），所以，本書所録汪繼培之箋，乃綜合其稿本與陳本而成，力求全面地反映汪繼培的研究成果。爲了顯示本書所載汪箋與陳本所載汪箋之區别，除了對個别文字之差異加按語説明外，一般都於其前加標“▲”以提示之。至於所引稿本中王宗炎、王紹蘭之案語而不見於陳本者，則按照集釋慣例題以“王宗炎曰”與“王紹蘭曰”。此外，汪箋或陳本中的訛誤，今加括號予以注明，以免讀者引用時以訛傳訛（至於陳本“玄”作“元”、“曆”作“歷”之類，蓋避清帝之諱而改，故一仍其舊而不視爲誤字）。汪繼培的箋注原以雙行小字夾注於原文之中，今除其篇題之校注列於【提要】，其他一律列入【箋注】。由於移位，致使某些句中之箋注難以理解，今一律在原文中上標“●”以揭示其箋注原來的位置，以便讀者理解與尋檢。

九、本書注釋，注重資料性、學術性、周詳性與通俗性，儘量吸收前人成果，所以除了全部收入汪繼培的箋注，又全部收入王紹蘭《潛夫論校記》、俞樾《讀潛夫論》、孫詒讓《札迻》中的校注以及汪繼培《潛夫論箋》稿本中從未刊出的王宗炎、王紹蘭按語，同時擇取現代學者的校釋，並進行學術研討，對前人誤解、未解或解釋艱深之處，盡可能補正之。爲了不埋没諸家對《潛夫論》詮釋所作出的貢獻，並便於讀者查考原書，故引用諸説時一般都注明作者姓名或文獻簡稱，其詳情見本書附録十。我的考釋或糾駁則標以“覺按”，但如果位於注條之首，則不標“覺按”以省篇幅。

十、【附録】旨在爲讀者的閲讀研究提供可靠的參考資料，徹底糾正以往《潛夫論》校釋本附録中的訛誤，故都取自第一手材料，並詳明其出處，以便讀者查考與引用。

十一、撰寫本書時，我對《潛夫論全譯》《潛夫論校注》等舊作中的錯誤作了清理，故本書内容若與我以前的著作有牴牾之處，一律以本書爲準。

潜夫論彙校集注

潛夫論目録[1]

【校記】

【1】潛夫論目録：程本同，仿宋本、馮本、魁本無此目録（故此下不再涉及），何本、邵本作“潛夫論總目”，陳本作“潛夫論目録”，四庫本作“潛夫論目録　儒家類”。

【2】程本、陳本之卷次作“第一卷”“第二卷”……，何本、四庫本、邵本作“卷一”“卷二”……，以下不再贅述卷次序號方面的歧異。

【3】程本、四庫本、陳本都有“第一”“第二”等篇次序號，何本、邵本均無此篇次序號，以下不再贅述篇次序號方面的歧異。

【4】巫：陳本同，程本、何本、四庫本、邵本作“正”。

【5】五德志：陳本同，程本作“五德”，何本、邵本作“五美志”，四庫本作“五德志”。

【6】此後何本、邵本有“目録終”一行，四庫本有提要（其文見本書附録三），程本、陳本無字。

潛夫論卷第一[1]　　王符[2]

【校記】

【1】卷第一：仿宋本、馮本、魁本、程本、陳本同，何本、四庫本、邵本作“卷一”。

【2】王符：仿宋本、馮本、魁本同，程本、何本、四庫本、邵本、陳本此行下端無字。

【3】仿宋本、馮本、魁本有此五行子目，程本無此子目而有“漢　安定王符著”“明新安程榮校”兩行字，何本無此子目而有“漢　安定王符著　黄嘉惠閲”一行字，四庫本無此子目而有“漢　王符　撰”一行字，邵本無此子目而有“漢　安定王符著　都昌邵孟邃校”一行字，陳本無此子目而有“蕭山汪繼培箋”一行字。

讚學第一

【提要】

讚學：讚美學習。它是一篇讚美學習的功效而勸人勤奮學習的文章。

作者在文中首先強調了學習的重要性：“天地之所貴者人也，聖人之所尚者義也，德義之所成者智也，明智之所求者學問也。”天地之間最寶貴的是人，人最看重的是義，義得依靠智慧，而智慧來自學問。歸根結底，學問乃是做人的開端，是天地之間最重要的事情。即使是“上聖”，“猶待學問，其智乃博，其德乃碩，而況於凡人乎？”所以，人是不能不學習的。君子若有“良朋”“明師”，認真學習經典，就能有所成就而“顯父母”。

接着，作者指出了學習的原則：“夫道成於學而藏於書，學進於振而廢於窮。”要有所成就，就必須勤奮刻苦、持之以恒地學習“先聖之典經”，憑藉“道”來增進自己的明智。如果像當世的“學士”那樣，“其富者則以賄玷精，貧者則以乏易計，或以喪亂朞其年歲”，那就一定不會有所成就。

總而言之，“凡欲顯勳績、揚光烈者，莫良於學”，而學習必須勤奮，有恒心，學習的内容則是先聖的經典。這就是本文的主旨。

學習十分重要以及學習必須勤奮的觀點無疑是顛撲不破的。至於主張學習先聖的經典，雖然不免帶有作者的時代局限性，但先聖的經典也的確是人類智慧的結晶，其中也的確有很多洞察社會政治、道破世道人情、指示立身行事的至理名言。這些精華不但使這些典籍能具有强大的生命力而經久不衰，同時也使中國傳統文化能保持旺盛的活力而光耀千古。因此，作者的這一觀點，對於弘揚傳統文化來説，仍然具有重要的意義。

1.1

天地之所貴者人也●〔1〕，聖人之所尚者義也●〔2〕，德義之所成者智也〔3〕，明智之所求者學問也●〔4〕。雖有至聖〔5〕，不生而智●【1】〔6〕；雖有至材，不生而能●〔7〕。故志曰〔8〕：黄帝師風后●〔9〕，顓頊師老彭〔10〕，帝嚳師祝融●〔11〕，堯師務成●〔12〕，舜師紀后〔13〕，禹師墨如●〔14〕，湯師伊尹●〔15〕，文、武師姜尚●〔16〕，周公師庶秀〔17〕，孔子師老聃●〔18〕。若此言之而信，則人不可以不就師矣●〔19〕。夫此十一君者〔20〕，皆上聖也，猶待學問，其智乃博，其德乃碩●〔21〕，而况於凡人乎●〔22〕？

【校記】

【1】智：仿宋本、馮本、魁本、程本、四庫本、邵本、汪稿同，陳本作“知”。

【箋注】

〔1〕汪繼培曰：“《孝經》：‘子曰：“天地之性人爲貴。”’《春秋繁露・人副天數篇》云：‘天地之精所以生物者，莫貴於人。’《荀子・王制篇》云：‘水火有氣而無生，草木有生而無知，禽獸有知而無義。人有氣，有生，有知，亦且有義，故最爲天下貴也。’”

〔2〕汪繼培曰：“《論語》：‘子曰：“君子義以爲上。”’‘尚’與‘上’通。”〇覺按：見《論語・陽貨》。

〔3〕所：相當於“所以”。參見8.1注〔5〕、11.4注〔5〕、19.3注〔9〕、23.8注〔6〕、36.1注〔3〕。德義之所成者：相當於“德義之所以成者”或“所以成德義者”。

〔4〕汪繼培曰：“▲《説苑・建本篇》吴子曰：‘智不明，何以見正？多聞而擇焉，所以明智也。’《漢書・董仲舒傳》云：‘彊勉學問，則聞見博而知益明。’‘知’與‘智’通。”〇覺按：這句句式與上句同，“明智之所求者”相當於“所以求明智者”。求：取得。《孟子・公孫丑上》“勿求於心”趙岐注：“求者，取也。”《淮南子・説山訓》“若爲土龍以求雨”高誘注：“求，猶得也。”問：詢問，請教。

〔5〕至聖：指孔子之類的人。

〔6〕汪繼培曰：“《論語》：‘子曰：“我非生而知之者，好古、敏以求之者也。”’”〇覺按：“智”通“知”。

〔7〕汪繼培曰：“《説苑・建本篇》：‘子思曰：“學所以益才也。”’”

〔8〕彭鐸曰：“《國語・楚語上》：‘教之故志。’高注：‘故志，謂所記前世成敗之書。’”

〇覺按：故志：古時的記載，古書。如《春秋内事》之類（參見注〔9〕）。

〔9〕汪繼培曰："《史記·五帝紀》云：'黄帝舉風后。'▲《集解》：'鄭玄曰："風后，黄帝三公也。"'"〇覺按：黄帝：傳説中的遠古帝王；姓公孫，居軒轅之丘，故號軒轅氏；又居姬水，因改姓姬；國於有熊，故亦稱有熊氏。傳説他曾打敗姜姓部落首領炎帝以及九黎族首領蚩尤，從而被各部落推爲部落聯盟首領，因有土德之瑞，故號黄帝。其在位時代約在公元前26世紀初。法家説他"内行刀鋸（覺按：指刑罰），外用甲兵"（《商君書·畫策》），是一個實行法治的帝王。戰國漢初道家中的黄老學派把他與老子説成是本學派的創始人。《漢書·古今人表》將"黄帝軒轅氏"列爲我國第三位聖人（第一爲"太昊帝宓羲氏"，第二爲"炎帝神農氏"）。其事蹟可參見34.3.1及《史記·五帝本紀》。風后：相傳是黄帝的相，是古代有名的陰陽五行家。傳説黄帝曾夢見大風吹去天下的塵垢，"垢"去掉"土"就是"后"，於是他外出訪求，在海邊發現了風后，並讓他當了相。見《史記·五帝本紀》"舉風后"《正義》。又，《漢書·藝文志》於"兵書略·陰陽家"著録《風后》十三篇、圖二卷爲後世依託之作，又於"數術略·五行家"著録《風后孤虚》二十卷。《後漢書·張衡列傳》"則風后之爲也"李賢等注："《春秋内事》曰：'黄帝師於風后，風后善於伏羲氏之道，故推演陰陽之事。'"

〔10〕顓頊（Zhuānxū專須）：見34.1.2注〔2〕。老彭：《論語·述而》《大戴禮記·虞戴德》等有"老彭"，是商朝人，即使有人以爲是彭祖，也與此文之"老彭"非一人，因爲彭祖即籛鏗，他是顓頊玄孫陸終的第三子（參見《史記·楚世家》），生活在堯、舜時代（見《史記·五帝本紀》），不與顓頊同時，顓頊不可能師事他。我懷疑此文之"老彭"爲"禄圖"的音訛。《韓詩外傳》卷五第二十八章云："顓頊學乎禄圖。"《白虎通·辟雍》："帝顓頊師緑圖。"是其證。

〔11〕汪繼培曰："《鄭語》：'史伯云："黎爲高辛氏火正，以淳燿敦大天明地德，光照四海，故命之曰祝融。"'韋昭注：'高辛，帝嚳。黎，顓頊之後也。'"〇覺按：帝嚳（kù酷）：見34.1.2注〔1〕。祝融：《史記·楚世家》"帝嚳命曰祝融"《集解》："虞翻曰：'祝，大；融，明也。'""祝融"即非常光明的意思。相傳顓頊的曾孫重黎（或單稱"黎"，也作"犁"，《左傳·昭公二十九年》説他是顓頊的兒子，此據《史記·楚世家》）當帝嚳的火正（掌管五行之"火"的最高官吏，負責祭祀火星、管轄南方等事）時，能彰明天地之德，其光輝遍及天下，於是帝嚳將他命名爲"祝融"。由此可見，"祝融"原是帝嚳加給火正重黎的美稱，後來便用作火正的代稱，故《左傳·昭公二十九年》云："木正曰句芒，火正曰祝融。"重黎死後，他弟弟吴回繼承他當火正，也稱祝融。但據《國語·鄭語》《史記·楚世家》等所載事蹟，此文的"祝融"當指重黎，而非指其弟吴回。

〔12〕汪繼培曰："《白虎通·辟雍篇》云：'帝堯師務成子。'按《荀子·大略篇》云：'堯學於君疇，舜學於務成昭。'《新序·雜事五》又作'務成跗'。"〇覺按：堯：傳説中的聖君，是上古陶唐氏一朝的帝王，姓伊祁（也作"伊"或"祁"），名放勳，其在位時代約在公元前23世紀。他初居於陶丘（在今山東省菏澤市定陶區西南），封於唐（在今河北省唐縣東北），所以又稱"陶唐氏"（見《漢書·高帝紀》"陶唐氏既衰"顔師古注），歷史上習稱唐堯。至於其國都，鄭玄《詩經·唐譜》云："唐者，帝堯舊都之地，今曰太原晋陽是。堯始居此，後乃遷河東平陽。"孔穎達疏："皇甫謐云：'堯始封於唐，今中山唐縣是也。後徙晋陽。及爲天子，都平陽。'"《漢書·地理志下》"中山國·唐"顔師古注："應劭曰：'故堯國也。唐水在西。'張晏曰：'堯爲唐侯，國於此。堯山在唐東北望都界。'"可見，堯最初的封國在唐，地在今河北省唐縣東北。後來其封國遷至晋陽，在今山西省太原

市西南古晋水之北的古晋陽城，仍稱唐國，其地在周初被周成王封給了叔虞（參見《漢書·地理志上》“太原郡·晋陽”及28.2注〔3〕）。至於堯稱帝之後，則建都平陽，在今山西省臨汾市西南。《漢書·地理志上》“河東郡·平陽”顔師古注：“應劭曰：‘堯都也，在平河之陽。’”《史記·五帝本紀》將他列爲五帝（黄帝、顓頊、帝嚳、堯、舜）之一。傳説他後來將帝位禪讓給舜；但一説他到晚年因德衰而被舜囚禁，帝位也被舜所篡奪。其事蹟可參見34.2.2、《尚書·堯典》及孔安國傳和孔穎達疏、《韓非子·説疑》、《史記·五帝本紀》及三家注、《初學記》卷九、劉知幾《史通·外篇·疑古》。務成：複姓，名昭，字子附（一作“跗”），堯、舜時人，精通陰陽五行及養生術。《漢書·藝文志》於“數術略·五行家”著録《務成子災異應》十四卷，於“方技略·房中家”著録《務成子陰道》三十六卷，於“諸子略·小説家”著録《務成子》十一篇。《韓詩外傳》卷五第二十八章：“堯學乎務成子附，舜學乎尹壽。”此文與《韓詩外傳》及《白虎通》一脈相承，與《荀子》及《新序》所説不同。

〔13〕舜：傳説中的聖君，是上古有虞氏一朝的帝王，姚姓，名重華，字都君，因其初居於虞之媯汭（在今山西省永濟市西蒲州鎮），故稱帝後以有虞氏爲號，居虞城（在今山西省平陸縣北），史稱虞舜。傳説他受堯的禪讓繼位，在位五十年，其在位時代約在公元前22世紀。傳説舜曾命禹治水，並把帝位禪讓給禹，後來南巡而死於蒼梧之野，葬於九疑。一説他被禹放逐，死於蒼梧。參見5.1、34.3.2、35.6.1及《尚書·堯典》《韓非子·説疑》《史記·五帝本紀》《漢書·律曆志下》和《初學記》卷九。紀后：當爲“君壽”之音誤。《韓詩外傳》卷五及《白虎通·辟雍》都説舜所師者爲“尹壽”，可證此文之誤。尹壽，《荀子·大略篇》作“君疇”，可證“尹”“君”古相通。君壽，堯、舜時賢人，古書或記爲堯之師，或記爲舜之師。其具體事蹟不詳。

〔14〕汪繼培曰：“盧學士文弨云：‘“墨如”疑是“墨台”。’繼培按：《路史·後紀四》云：‘禹有天下，封怡以紹烈山，是爲默台。’《國名紀一》云：‘怡，一曰默怡，即墨台。禹師墨如，或云墨台。’”○覺按：禹：傳説中夏朝的帝王，姒姓，也稱夏禹、大禹、伯禹、戎禹，名文命，鯀之子。傳説禹奉舜的命令治理洪水，採取疏通河道的辦法，開掘了濟水、漯（tà榻）水、汝水、漢水、淮河、泗水等，導其水流入江、海，獲得成功，因此被舜選爲繼承人。舜死後禹稱帝天下，建立了夏王朝，以夏后爲號，都陽翟（在今河南省禹州市），其在位時代約在公元前21世紀初。一説禹奪了帝位，把舜流放到蒼梧。後來他東巡死於會稽。從他開始，實際上結束了帝位禪讓制，實行了傳子不傳賢的世襲制。其事蹟可參見34.4.2和《史記·夏本紀》。墨如：當作墨台，又作默怡、墨胎，炎帝後裔（參見35.2注〔22〕）。

〔15〕汪繼培曰：“《吕氏春秋·尊師篇》云：‘湯師小臣。’高誘注：‘小臣，謂伊尹。’《白虎通》云：‘湯師伊尹。’”○覺按：湯：子姓，名履，又名天乙，號湯，又稱武湯、成湯，原爲商族領袖，後來任用伊尹爲相，滅掉夏桀，建立了商朝。其事蹟見《史記·殷本紀》。伊尹：一名伊摯，商湯的相。據《史記·殷本紀》和《墨子·尚賢下》記載，伊尹想求得湯的任用而没有什麽途徑。湯娶有莘氏的女兒，伊尹就作爲有莘氏女兒的陪嫁之臣，當廚師來接近湯。湯發現他有才能，就任用他爲相。後來他幫助湯攻滅了夏桀。

〔16〕汪繼培曰：“《吕氏春秋》云：‘文王、武王師吕望。’《白虎通》云：‘文王師吕望，武王師尚父。’《史記·齊世家》云：‘太公望吕尚者，本姓姜氏。從其封姓，故曰吕尚。’”○覺按：文：指周文王，姬姓，名昌，約生活在公元前12世紀末，商紂時爲西伯（西方各部落的首領），又爲三公之一，因爲對商紂王殺害翼侯、鬼侯不滿而被囚禁於羑（yǒu

友）里邑（一作牖里，在今河南省湯陰縣北）的石窟中，於是以兩卦相疊而將八卦演爲六十四卦，以象徵自然現象和社會現象的發展變化，遂成《周易》。其事蹟可參見 34.1.4 和《史記・周本紀》。武：指周武王，姬姓，名發，商朝末年周族的領袖。他繼承其父周文王的遺志，聯合庸、蜀、羌等部族，打敗了商紂王，建立了周王朝。姜尚：即吕尚，姜姓，吕氏，名尚，字子牙，號太公望，俗稱姜太公。相傳他七十歲時在渭水邊釣魚，周文王按占卜的預示出獵訪得了他，於是尊他爲師。後來他輔佐周武王滅商而使周王朝一統天下，因有功而封於齊。參見《史記・齊太公世家》。

〔17〕王紹蘭曰："《韓詩外傳》：'周公學乎虢叔。'篆文'庶'作'庻'，蓋'虢'爛爲'虎'，又轉譌爲'庻'也。古文'叔'作'尗'，與篆文'秃'形近而譌。《晋語》偁文王'諮于二虢'，而《君奭篇》云'惟文王尚克修和我有夏，亦惟有若虢叔'，是虢叔尤賢。《新序・雜事篇》'武王學乎郭叔'，'郭''虢'古通用，然則周公與武王同師虢叔也。《白虎通・辟雝篇》引傳曰：'周公師虢叔。'是其明證也。"○覺按：周公：姬姓，名旦，周武王姬發之弟，因其采邑在周（位於今陝西省岐山縣東北），故稱周公。周公輔助武王滅商，有功而受封於曲阜稱魯，但他未到封地而留佐武王。武王死後，成王年幼，周公攝政，其弟管叔、蔡叔等不服，聯合武庚與東方夷族反叛，周公出師平叛。成王七年，已年長，周公便還政於成王，所以成爲歷史上有名的賢臣。接着周公又率師東伐淮夷、殘奄。其事蹟可參見《史記》的《周本紀》與《魯周公世家》。庶秀：當作"虢叔"，因爲此文與《韓詩外傳》及《白虎通》一脈相承（參見注〔12〕），不當有異。《國語・晋語四》"孝友二虢"韋昭注："二虢，文王弟虢仲、虢叔。"故周公師虢叔也在情理之中。唯《潛夫論》成於東漢，不用古文、篆文書寫，王説以古文、篆文立説，未妥。或王符所見古本以古篆書寫，其書已訛爲"庶秀"耳。

〔18〕汪繼培曰："《白虎通》云：'孔子師老聃。'▲《新序》同。"○覺按：孔子（公元前 551—公元前 479 年）：名丘，字仲尼，魯國陬（zōu 鄒）邑（今山東曲阜）人，春秋末期著名的思想家和教育家，儒家學派的創始人。他在魯國做過司寇（掌管刑獄的最高長官），不很得志，後來周遊列國，宣傳自己的政治主張，也没有得到賞識和重用。晚年回到魯國從事著述和講學，廣收弟子，從而形成了影響極大的儒家學派。其事蹟可參見《史記・孔子世家》。孔子的言行，主要記載在他的弟子或再傳弟子所編纂的《論語》一書中。他信而好古，崇尚堯、舜之道，主張恢復周禮。他的思想體系的核心是"仁"。這個"仁"主要體現在孝、悌、忠、信的道德禮教以及"君君、臣臣、父父、子子"的等級秩序上。他的學説被後世的封建統治者改造利用，成爲我國封建社會的統治思想。老聃（dān 丹）：即老子，春秋時思想家，道家學派的創始人，姓李氏，名耳，字聃，號伯陽，楚國苦縣（今河南省鹿邑縣東）人。孔子曾向他問禮。後退隱，著《老子》。參見《史記・老莊申韓列傳》。但也有人認爲老子是指老萊子，或太史儋。孔子師老聃：《禮記・曾子問》所記事蹟甚詳，可參見。

〔19〕汪繼培曰："昭十九年《穀梁傳》云：'羈貫成童，不就師傅，父之罪也。'"

〔20〕君：泛指各級統治者。古代天子、諸侯、大夫都可稱"君"。周公爲諸侯，孔子曾任魯國司寇，所以此文統稱爲"君"。

〔21〕汪繼培曰："'博''碩'韻。《淮南子・泰族訓》云：'人莫不知學之有益于己也。然而不能者，嬉戲害人也。人皆多以無用害有用。故智不博而日不足。'《詩・簡兮》云'碩人俣俣'，毛傳：'碩人，大德也。'"○覺按：碩：大。

〔22〕汪繼培曰："《吕氏春秋》云：'此十聖人、六賢者，未有不尊師者也。今尊不至

于帝，智不至于聖，而欲無尊師，奚由至哉？’《新序》云：‘此十一聖人，未遭此師，則功業不著乎天下，名號不傳乎千世。’此言‘十一君’，名與《新序》同。”

1.2

是故工欲善其事，必先利其器●〔1〕；王欲宣其義【1】，必先讀其智●【2】〔2〕。《易》曰〔3〕：“君子以多志前言往行以畜其德●【3】〔4〕。”是以人之有學也，猶物之有治也●〔5〕。故夏后之璜●〔6〕，楚和之璧●〔7〕，雖有玉璞、卞和之資●〔8〕，不琢不錯●〔9〕，不離礫石●〔10〕。夫瑚簋之器●〔11〕、朝祭之服，其始也，乃山野之木、蠶繭之絲耳●〔12〕，使巧倕●加繩墨而制之以斤斧、女工加五色而制之以機杼〔13〕，則皆成宗廟之器、黼黻之章●〔14〕，可羞於鬼神【4】，可御於王公●〔15〕。而況君子敦貞之質，察敏之才●〔16〕，攝之以良朋●〔17〕，教之以明師●〔18〕，文之以《禮》《樂》●〔19〕，導之以《詩》《書》〔20〕，贊之以《周易》【5】，明之以《春秋》●〔21〕，其有不濟乎●【6】〔22〕？

【校記】

【1】王：仿宋本、馮本、魁本、程本、何本、四庫本同，《羣書治要》引文、邵本、陳本作“士”。

【2】讀其智：仿宋本、馮本、魁本、程本、何本同，四庫本、邵本作“擴其智”，《羣書治要》引文、陳本作“讀其書”。

【3】志：仿宋本、馮本、魁本、程本、何本、陳本同，四庫本、邵本作“識”。

【4】羞：《羣書治要》引文、陳本同，仿宋本、馮本、魁本、程本、何本、四庫本、邵本作“著”。

【5】贊：四庫本同，仿宋本、馮本、魁本、程本、邵本作“讚”，陳本作“讃”。

【6】有不：仿宋本、馮本、魁本作“有”，程本、何本、四庫本、邵本、陳本作“不有”，據《羣書治要》引文改。

【箋注】

〔1〕汪繼培曰：“《論語》。”〇覺按：“工欲善其事，必先利其器”爲孔子之語，見《論語·衛靈公》。

〔2〕汪繼培改“智”爲“書”曰：“舊作‘智’，据魏徵《羣書治要》改。《孟子》云：‘誦其詩，讀其書。’《說文》云：‘讀，誦書也。’”〇王宗炎曰：“原本‘書’作‘智’，‘智’字是也，不當据《治要》改。”〇王紹蘭曰：“上云‘其智乃博’，‘讀’或‘博’之訛。”〇俞樾曰：“《詩·牆有茨篇》：‘不可讀也。’毛傳曰：‘讀，抽也。’《方言》曰：‘抽，讀也。’蓋‘讀’與‘抽’聲近而義通。‘讀其智’即‘抽其智’，謂士欲宣明其義，必先抽引其智也。《羣書治要》改作‘必先讀其書’，此不達其義而臆改，不可從也。”〇覺按：王宗炎說是。“讀”當通“續”，王紹蘭、俞樾之說未得。《周禮·春官·巾車》“歲時更續”鄭玄

注:“故書‘更續’爲‘受讀’,杜子春云:‘受’當爲‘更’,‘讀’當爲‘續’。”是“讀”“續”相通之證(參見《説文通訓定聲·需部弟八》“讀”字條)。“續”是延續、增進的意思。讀其智:即“續其智”,是“增進其明智”的意思。《周易·離》:“大人以繼明照于四方。”《韓非子·難三》:“不紹葉公之明。”《管子·七臣七主》:“周聽近遠以續明。”此文之“續智”,與“紹明”“續明”類同,可證此文當作“續其智”。上文説“德義之所成者智也”,所以此文説“王欲宣其義,必先續其智”。《羣書治要》作“士欲宣其義,必先讀其書”,汪繼培從之而將“讀”解爲“誦書”,彭鐸又進一步認爲“此篇勉人以讀書爲學”,雖似可通,恐未得其義,因爲本篇所讚之“學”,與《荀子·勸學篇》之“學”相同,是一種廣義的學習,並不局限於讀書,它還包括修身養道等等。上文“黄帝師風后”云云,此下所引《易傳》“以多志前言往行以畜其德”,下文説“進德脩業”,“庅其道而邁其德”,都可説明此文並不是衹以讀書爲學。

〔3〕《易》:古代占卦之書,有《連山》《歸藏》《周易》三種,今僅存《周易》,是儒家的重要經典。“易”是變易的意思。《周易》的内容主要是通過以象徵天、地、風、雷、水、火、山、澤八種自然現象的八卦爲基礎而推演出來的六十四卦去推測自然和人事的變化。相傳伏羲作八卦,周文王發揮爲六十四卦而成《周易》(參見1.1注〔16〕)。下面的引文見《周易·大畜·象》。

〔4〕汪繼培曰:“《大畜·象詞》。志,王弼本作‘識’。《釋文》云:‘劉作“志”。’按《周禮·保章氏》鄭康成注云:‘志,古文“識”。’”○覺按:志:記,記住。畜:通“蓄”,積。

〔5〕汪繼培曰:“《韓詩外傳》二云:‘玉不琢,不成器;人不學,不成行。家有千金之玉不知治,猶之貧也。良工宰之,則富及子孫。君子學之,則爲國用。’”

〔6〕汪繼培曰:“定四年《左傳》云:‘分魯公以夏后氏之璜。’▲疏云:‘夏后氏所寶,歷代傳之。’《淮南子·精神訓》云:‘有夏后氏之璜者,匣匱而藏之,寶之至也。’”○覺按:“故”猶“夫”(參見《古書虚字集釋》卷五“故”字條)。夏后:習稱“夏后氏”,即夏王朝,是夏禹建立的王朝,傳到桀,爲商湯所滅。夏朝的時代約當公元前21世紀初至公元前17世紀末。參見34.4.2注〔11〕。璜:一種半璧形玉器(璧是中心有孔的扁平形玉環,其邊寬倍於孔),古代用作朝聘、祭祀、徵召的禮器。夏后之璜:相傳是夏王朝傳下來的寶玉,十分珍貴。

〔7〕汪繼培曰:“《韓非子·和氏篇》云:▲‘楚人和氏得玉璞楚山中,獻之厲王。玉人相之,曰“石也”,王以爲誑而刖其左足。武王即位,又獻之,玉人又曰“石也”,王刖其右足。文王使玉人理其璞而得寶焉,遂命曰和氏之璧。’”○覺按:楚:見35.0.2注〔4〕。和:指和氏,參見注〔8〕。和氏璧是世傳的寶玉。

〔8〕汪繼培曰:“《史記·鄒陽傳》云:‘卞和獻寶。’▲事詳《韓非子·和氏篇》。”○覺按:璞:尚未雕琢加工過的玉。卞和:春秋時楚國人,相傳今湖北省南漳縣西荆山旁有石室,是卞和的住宅。資:古代既可表示資質,也可表示資助、供給。此文以“玉璞”與“卞和”爲定語而兼具二義,指“玉璞之資質”與“卞和之資助”。

〔9〕汪繼培曰:“▲《禮記·學記》云:‘玉不琢不成器,人不學不知道。’《説文》云:‘厝,厲石也。’經典多假借用‘錯’。”○覺按:錯:通“厝”,磨刀石。此文用作動詞,表示磨。

〔10〕汪繼培曰:“《楚辭·惜誓》云:‘相與貴夫礫石。’王逸注:‘小石爲礫。’”○覺按:離:分離,分別。

〔11〕汪繼培曰:“哀十一年《左傳》云:‘胡簋之事。’杜注:‘胡、簋,禮器名。夏曰胡,周曰簋。’按《禮記·明堂位》云:‘殷之六瑚,周之八簋。’”〇覺按:所謂禮器,即祭祀時所用的器具。簋(guǐ 軌)原爲陶制的食器,後用木制,且用作祭器。《韓非子·十過》:“昔者堯有天下,飯於土簋,……堯禪天下,虞舜受之,作爲食器,斬山木而財之,……舜禪天下而傳之於禹,禹作爲祭器。”所以下文説:“其始也,乃山野之木。”

〔12〕汪繼培曰:“《禮記·月令》云:‘蠶事既登,分繭稱絲效功以共郊廟之服。’《説文》云:‘繭,蠶衣也。絲,蠶所吐也。’”

〔13〕汪繼培曰:“《山海經·海内經》云:‘義均是始爲巧倕,是始作下民百巧。’《書·堯典》作‘垂’。▲《墨子·非儒篇》云:‘巧垂作舟。’”〇覺按:倕:人名,或作“垂”。《吕氏春秋·離謂》“周鼎著倕而齕其指”,高誘注:“倕,堯之巧工也,以巧聞天下。”《世本·作篇》云:“倕作(覺按:“作”指創製)規矩、準繩。垂,舜臣。”又云:“垂作耒、耜。垂作銚、耨。”又云:“垂作鐘。”斤:斧子的一種。五色:青、黄、赤、白、黑五種顏色。古代將這五種顏色作爲正色,製作禮服祇能用這五種正色,而不能用雜色(這五色相雜而成的間色,如粉紅、緑、紫等)。機杼(zhù 柱):織布機。機是轉軸的,杼是引緯綫的梭子。

〔14〕汪繼培曰:“《鹽鐵論·殊路篇》云:‘孔子曰:“觚不觚,觚哉!觚哉!”故人事加則爲宗廟器。’《淮南子·説林訓》云:‘黼黻之美,在于杼軸。’《羣書治要》載《尸子·勸學篇》云:‘夫繭,舍而不治,則腐蠹而棄;使女工繅之以爲美錦,大君服而朝之。’”〇覺按:宗廟:祭祀祖宗的廟宇。黼黻(fǔfú 甫扶):古代禮服上的花紋,黑白相間的叫黼,青黑相間的叫黻。章:有彩色花紋的紡織品。此指“章服”,即以圖案花紋爲等級標誌的禮服。

〔15〕汪繼培曰:“‘羞’舊作‘著’,据《治要》改。隱三年《左傳》云:‘可羞於王公,可薦於鬼神。’”〇王紹蘭曰:“‘著’即‘荐’之譌,‘荐’‘薦’經典多通用。”〇覺按:《左傳·隱公三年》:“筐筥錡釜之器,潢汙行潦之水,可薦於鬼神,可羞於王公。”可證成汪、王之説。然《羣書治要》引文作“羞”,則可進一步證明此“著”乃“羞”之訛誤,故汪説爲優。羞:進獻。這裏指用禮器盛用祭品來供奉。御:古代君王所用稱“御”。蔡邕《獨斷》卷上:“御者,進也。凡衣服加於身、飲食入於口、妃妾接於寢皆曰御。”王公:天子、諸侯。

〔16〕汪繼培曰:“《大戴禮·五帝德》云:‘長而敦敏。’”〇覺按:貞:言行一致,守志不移。賈誼《新書·道術》:“言行抱一謂之貞。”

〔17〕汪繼培曰:“《詩·既醉》云:‘朋友攸攝。’《常棣》云:‘每有良朋。’”〇彭鐸曰:“《既醉》毛傳以‘攝佐’連言,《經義述聞》卷七王引之曰:‘“攝”即“佐”也。’”

〔18〕汪繼培曰:“《漢書·董仲舒傳》云:‘興太學,置明師,以養天下之士。’”

〔19〕汪繼培曰:“《論語》。”〇覺按:語見《論語·憲問》。文:文采,引申指禮制。這裏用作使動詞,表示“使……有文采”,“使……有禮貌”。《禮》:《禮經》,六經(《詩》《書》《禮》《樂》《易》《春秋》)之一,是春秋、戰國時代一部分禮制的彙編。西晋以後稱爲《儀禮》。今傳十七篇,通行的有《十三經注疏》本。《樂》:《樂經》,六經之一,據説它是附於《詩經》的一種樂譜,亡於秦。

〔20〕《詩》:見18.4注〔21〕。《書》:《尚書》,漢以後又稱《書經》,是上古歷史文獻的彙編。

〔21〕汪繼培曰:“《治要》‘讚’上有‘幽’字。王先生宗炎云:‘“明”下有脱字,當

與“幽讚”對。’”〇覺按：此文“之以”上皆一字，《羣書治要》引文蓋衍“幽”字，王説非。原文“讚”當作“贊”，“贊”是輔助、輔佐的意思。《春秋》：是春秋時魯國史官記載當時史事的編年史，相傳孔子曾修訂過。孔子刪訂時，往往通過隱微精深的語言來隱喻對人事的褒貶（即所謂“春秋筆法”“微言大義”）。

〔22〕汪繼培曰：“‘有’字舊脱，▲《治要》作‘有不’，据《治要》補。程本作‘不有’。《晋語》：‘胥臣曰：“質將善而賢良贊之，則濟可竢。”’”〇覺按：汪氏謂“‘有’字舊脱”，當爲誤校，其校當云“‘不’字舊脱”。其：猶“豈”（參見《古書虚字集釋》卷五“其”字條）。濟：成。

1.3

《詩》云〔1〕：“題彼鶺鴒【1】〔2〕，載飛載鳴〔3〕。我日斯邁，而月斯征〔4〕。夙興夜寐，無忝爾所生●〔5〕。”是以君子終日乾乾進德脩業者●【2】〔6〕，非直爲博己而已也●〔7〕，蓋乃思述祖考之令問而以顯父母也●〔8〕。

【校記】

【1】題：仿宋本、馮本、魁本、程本、四庫本、陳本同，何本、邵本作“顧”。

【2】脩：仿宋本、馮本、魁本、程本同，何本、四庫本、邵本、陳本作“修”。

【箋注】

〔1〕引詩見《詩經·小雅·小宛》。

〔2〕題（dì 睇）：通“睇”，斜視。鶺鴒（jílíng 脊玲）：鳥名。今本《詩經·小雅·小宛》作“脊令”，《爾雅·釋鳥》作“鵰鴒”，大如鷃雀，巢於沙上，常在水邊覓食，吃昆蟲與小魚等。參見郝懿行《爾雅義疏》。

〔3〕載：語助詞。載飛載鳴：邊飛邊鳴，指翅膀與口都不停。這是起興，用來象徵詩人奔波不停。

〔4〕斯：語助詞。邁、征：《詩經·小雅·小宛》鄭玄箋：“邁、征，皆行也。”“邁”是大步走，“征”是遠行。

〔5〕汪繼培曰：“《小宛》。‘鶺鴒’今作‘脊令’。”〇覺按：忝（tiǎn 舔）：辱。所生：所産生的地方，指父母。爾所生：你的父母，實際上是指自己的父母，因爲《小宛》是兄弟相戒之詩。

〔6〕汪繼培曰：“《易·乾·文言》。”〇覺按：此句脱胎於《周易·乾·文言》。乾乾（qiánqián 前前）：自強不息的樣子。

〔7〕汪繼培曰：“《淮南子·精神訓》高誘注：‘直，猶但也。’‘博己’即《論語》言‘博我’。”〇覺按：《論語·子罕》之“博我”，是“使我知識淵博”的意思，用來解此句，則與上句“進德脩業”不相承，汪繼培認爲“博己”即《論語》言“博我”，似不當。此文當指擴大自己的影響。《禮記·中庸》“溥博淵泉”孔穎達疏：“博謂所及廣遠。”即其義。直：僅，衹。已：止。

〔8〕汪繼培曰：“《孝經》云：‘立身行道，揚名于後世，以顯父母。’引《大雅》云：

‘無念爾祖，聿修厥德。’按毛傳云：‘聿，述。’”〇覺按：蓋：連詞，引出原因。述：遵循。祖考：死去的祖父、父親，泛指祖先。令：善，美好。問：通“聞”，聲譽。顯：顯揚。這裏用作使動詞。

1.4

孔子曰：“吾嘗終日不食，終夜不寢，以思，無益，不如學也。”“耕也，餒在其中；學也，禄在其中矣。君子憂道不憂貧●〔1〕。”箕子陳六極●〔2〕，《國風》歌《北門》●〔3〕，故所謂“不憂貧”也〔4〕，豈好貧而弗之憂邪〔5〕？蓋志有所專，昭其重也。是故君子之求豐厚也●〔6〕，非爲嘉饌、美服、淫樂、聲色也●〔7〕，乃將以底其道●〔8〕而邁其德也●【1】〔9〕。

【校記】

【1】底：仿宋本、馮本作“庢”，魁本、程本作“庢”，何本、四庫本、邵本、陳本作“底”，汪稿作“厎”。“庢”爲“底”之俗字，今依仿宋本、馮本而改用正體字。

【箋注】

〔1〕汪繼培曰：“《論語》。”〇覺按：孔子語見《論語·衛靈公》。“餒在其中”下《論語·衛靈公》有“矣”字，語氣較足。餒在其中：挨餓就在那裏頭。

〔2〕汪繼培曰：“《書·洪範》。”〇覺按：箕子是商紂王的叔父，爲太師，封於箕（今山西省太谷東北），故稱箕子。當時紂王荒淫，他進諫不被接受，害怕遭受迫害而佯狂爲奴。紂王囚禁了他。周武王克商，命召公釋放箕子。後來，武王訪問箕子，箕子便告以“洪範九疇”（大法九類），其中有關於“六極”的話，這就是此文所説的“箕子陳六極”。箕子的這些話，經史官記録整理而編入了《尚書·洪範》。參見《史記》的《殷本紀》《周本紀》《宋微子世家》與《尚書·洪範》。陳：陳述。極：窮盡，窮困。六極：六種使人窮困的事。《尚書·洪範》：“六極：一曰凶短折（覺按：指夭折），二曰疾，三曰憂，四曰貧，五曰惡（覺按：指生得醜），六曰弱（覺按：即不強壯）。”

〔3〕汪繼培曰：“《詩·衛風》。”〇覺按：汪説誤，“衛風”當作“邶風”。《國風》是《詩經》的一部分。《詩經》分爲風、雅、頌三大類。“風”即土風，也就是帶有各地風俗色彩的民間歌謡。這些民間歌謡採自十五個地區，所以分爲十五國風。《北門》：是《詩經·邶風》中的一篇，其首章云：“出自北門，憂心殷殷。終窶且貧，莫知我艱。已焉哉，天實爲之，謂之何哉？”意思是：“我從北門走出來，憂心忡忡想不開。又是寒酸又是貧，没人瞭解我艱辛。算了吧，老天這樣來安排，説它幹嗎呢？”

〔4〕俞樾曰：“箕子陳六極，《國風》歌《北門》，非不憂貧之謂。‘故所謂不憂貧也’當作‘何故謂不憂貧也’，蓋承上文引孔子‘君子憂道不憂貧’句而言。箕子陳六極，《國風》歌《北門》，古人未嘗不以貧爲憂，何故而言憂道不憂貧邪？乃反言以起下文。今作‘故所謂’，則於義不可通矣。”〇覺按：此文不誤，俞説非。箕子陳六極，《國風》歌《北門》，都説明人們是擔憂貧窮的。這句説“不憂貧”，並不是總結上兩句而言，而是在復述孔子之語，所以此句當與下句連讀。前人多斷句於此，所以認爲此句有誤，實不當。

〔5〕弗之憂：即“弗憂之”。

〔6〕汪繼培曰：“僖廿四年《左傳》云：‘豐厚可也。’”〇覺按：厚：富。

〔7〕汪繼培曰：“《莊子·至樂篇》云：‘所樂者，身安厚味、美服、好色、音聲也。’”〇覺按：饌（zhuàn 撰）：食物。淫樂：放縱作樂。《尚書·大禹謨》：“罔遊于逸，罔淫于樂。”孔安國傳：“淫，過也。”

〔8〕汪繼培曰：“孫侍御志祖云：‘“厎”（覺按：陳本作“底”，今依汪稿）與“致”同。《論語》云：“君子學以致其道。”’”〇覺按：《廣雅·釋詁一》：“將，欲也。”厎（zhǐ 止）：通“厎”（zhǐ 止），致，取得，得到。《論語·子張》：“子夏曰：‘百工居肆以成其事，君子學以致其道。’”其：指意之所屬，即合乎理想的。

〔9〕汪繼培曰：“莊八年《左傳》：‘《夏書》曰：“皋陶邁種德。”’”〇覺按：《左傳·莊公八年》“皋陶邁種德”杜預注：“邁，勉也。”這是將“邁”看作“勱”的通假字。《尚書·大禹謨》“皋陶邁種德”孔安國傳：“邁，行。”兩説皆通。

1.5

夫道成於學而藏於書，學進於振而廢於窮●〔1〕。是故董仲舒終身不問家事●〔2〕，景君明經年不出户庭●〔3〕，得鋭精其學●而顯昭其業者〔4〕，家富也。富佚若彼而能勤精若此者●〔5〕，材子也●〔6〕。倪寬賣力於都巷●【1】〔7〕，匡衡自鬻於保徒者●〔8〕，身貧也。貧阨若彼而能進學若此者，秀士也●〔9〕。當世學士●恒以萬計〔10〕，而究塗者●無數十焉〔11〕。其故何也？其富者則以賄玷精〔12〕，貧者則以乏易計，或以喪亂朞其年歲●【2】〔13〕，此其所以逮初、喪功而反其童蒙者也●【3】〔14〕。是故無董、景之才，倪、匡之志【4】，而欲強捐家出身、曠日師門者●【5】〔15〕，必無幾矣●【6】〔16〕。夫此四子者，耳目聰明、忠信廉勇〔17〕，未必無儔也●〔18〕，而及其成名立績●〔19〕，德音令問不已●【7】〔20〕，而有所以然〔21〕。夫何故哉●〔22〕？徒以其能自託於先聖之典經●〔23〕，結心於夫子之遺訓也●〔24〕。

【校記】

【1】倪：仿宋本、馮本、魁本、程本、邵本、陳本同，四庫本作“兒”。

【2】朞：仿宋本、馮本、魁本、程本、邵本、陳本同，四庫本作“稽”。

【3】反：邵本同，仿宋本、馮本、魁本、程本、何本、四庫本、陳本作“及”。者：仿宋本、馮本、魁本、陳本同，程本、四庫本、邵本無“者”字。

【4】倪：仿宋本、馮本、魁本、程本、邵本、陳本同，四庫本作“兒”。

【5】捐家出身：仿宋本、馮本、魁本、程本、四庫本、邵本同，陳本作“捐身出家”。

【6】必：仿宋本、馮本、魁本、陳本同，程本、邵本、四庫本作“是必”。

【7】問：仿宋本、馮本、魁本、程本、何本、四庫本、陳本同，邵本作“聞”。

【箋注】

〔1〕汪繼培曰:"王侍郎紹蘭云:▲'"學進於振"之"振",依字當作"賑"。《説文·貝部》云:"賑,富也。""賑""窮"對文。下文"家富也""身貧也"是其證。"振"則"賑"之假借。'"○彭鐸曰:"或曰:王説大誤。下文明言景、匡'貧阨若彼而能進學若此',又言'富者則以賄玷精',則貧未必不能進學,而富反足以廢學矣。《説文》:'振,一云奮也。'《文選·甘泉賦》注引薛君《韓詩章句》亦曰:'振,奮也。'《禮記·儒行》:'儒有博學而不窮',注:'不窮,不止也。'《淮南子·原道訓》:'並應無窮',注:'窮,已也。'振,謂奮發自勵,即下文所謂'勤精';窮,謂惰弛自畫,即下文所謂'無倪、匡之志'。學進於振而廢於窮,猶韓愈《進學解》'業精於勤荒於嬉'耳。"○覺按:彭説是。窮:已,終止,停止。廢於窮:與《荀子·勸學篇》"學不可以已"的意思一脈相承。

〔2〕汪繼培曰:"見《漢書》。凡《史記》、兩《漢書》有列傳者,云'見某書'。▲《漢書·董仲舒傳》云:'去位歸居,終不問家産,以修學著書爲事。'"○覺按:董仲舒(公元前179—公元前104年):西漢著名的學者、思想家,廣川(今河北省景縣西南廣川鎮)人,年輕時研治《春秋公羊傳》,漢景帝時爲博士,漢武帝時曾任江都相、膠西王相。生平講學著書,推尊儒家學説,抑黜諸子百家,開創了漢代以後長達兩千多年的封建社會以儒學爲正統的局面,著有《春秋繁露》等書。參見《史記·儒林列傳》《漢書·董仲舒傳》。終身不問家事:指不經營家産而專心於學問,即《史記·儒林列傳》所説的"居家至卒,終不治産業,以修學著書爲事"。

〔3〕汪繼培曰:"《漢書》:'京房,字君明。'《賢難篇》《考績篇》並稱京房。'景''京'古通用。《急就篇》有景君明。"○覺按:景:通"京",姓。景君明:即京房(公元前77—公元前37年),西漢今文《易》學京氏學的創始人。東郡頓丘縣(今河南省清豐縣西南)人,本姓李,好音律,推律而自定爲京氏,字君明。他學《易》於焦延壽,宣揚"天人感應"的迷信思想,借自然界的災異來附會朝政,多次被他説中,因而受到漢元帝的賞識而被立爲博士,開創了漢代《易》學的一大流派。後因與中書令石顯不和而被石顯所害。其事蹟可參見《漢書·京房傳》及本書5.5。京房著書十四種,今僅存《京氏易傳》。經年:歷年,連續好幾年。户庭:門庭,家門。

〔4〕汪繼培曰:"《方言》後劉子駿《與揚雄書》云:'經年鋭精以成此書。'"

〔5〕汪繼培曰:"《漢書·董仲舒傳》云:'蓋三年不窺園,其精如此。'《吕氏春秋·博志篇》云:'蓋聞孔子、墨翟,晝日諷誦習業,夜親見文王、周公旦而問焉,用志如此其精也。'高誘注:'精,微密也。'"○覺按:佚:通"逸",安逸,安閒。

〔6〕汪繼培曰:"文十八年《左傳》云:'有才子八人。''才'與'材'通。"○覺按:材:通"才"。材子:才子。古指德才兼備的人,後世指有才華的人。

〔7〕汪繼培曰:"'巷'當作'養'。《漢書》云:'倪寬詣博士受業,貧無資用,常爲弟子都養。'顔師古注:'都,凡衆也。養,主給烹炊者也。'《一切經音義》六引蔡邕《勸學》注云:'傭,賣力也。'"○覺按:倪寬(?~公元前103年):或作"兒寬",西漢時著名學者,千乘郡千乘縣(今山東省高青縣東南高苑城北)人,開始時曾向歐陽生(伏生的弟子)學習《尚書》,精通《尚書》後,受郡中推舉而到太常博士處入學,受業於著名經學大師孔安國。據説他當時家貧無錢,就常常替同學做飯,也經常去打工來接濟衣食。他出門時常常帶着書,一休息便誦讀。元封元年(公元前110年)任御史大夫。《漢書·藝文志》於"諸子略·儒家"著録《兒寬》九篇(已亡,清馬國翰有輯本),又於"詩賦略"載其賦二篇(今亡)。其事蹟見《史記·儒林列傳》《漢書·兒寬傳》。於:猶"爲"(參見《古

書虚字集釋》卷一“於”字條），下句同。巷：當爲“養”字之誤。《史記·儒林列傳》：“兒寬貧無資用，常爲弟子都養。”是其證。都巷：當作“都養”，給衆人做飯菜的炊事員。

〔8〕汪繼培曰：“《漢書》云：‘匡衡好學，家貧，庸作以供資用。’按《欒布傳》云：‘窮困，賣庸于齊，爲酒家保。’孟康注：‘保，庸也。可保信，故謂之保。’▲《西京雜記》云：‘匡衡勤學，邑人大姓文不識家富多書，衡乃與客作而不求償。主人怪問衡，衡曰：“願得主人書遍讀之。”主人感歎，資給以書，遂成大學。’”〇覺按：匡衡：字稚圭，西漢東海郡丞（音證 zhèng，今《漢書·匡衡傳》誤爲“承”）縣（今山東省棗莊市南）人，家境貧窮，曾給人當傭工。他精通《詩經》且善於講解，當時人説：“無説《詩》，匡鼎來；匡説《詩》，解人頤。”元帝時曾爲御史大夫、丞相。參見《漢書·匡衡傳》。鬻（yù 裕）：賣。保徒：受人雇傭而服勞役的人。

〔9〕汪繼培曰：“《禮記·王制》云：‘命鄉論秀士升之司徒。’”

〔10〕汪繼培曰：“▲《周禮》：‘大胥掌學士之版。’《莊子·盜跖篇》云：‘天下學士不反其本。’《漢書·董仲舒傳》云：‘學士皆師尊之。’”

〔11〕汪繼培曰：“《爾雅·釋言》云：‘究，窮也。’究塗，言非半塗而廢也。”

〔12〕以賄玷精：因爲財物而玷汙了精神，指受到財物的誘惑而打消了堅持治學的念頭。

〔13〕汪繼培曰：“‘朞’疑‘稽’之誤。《後漢書·列女傳》：‘樂羊子妻曰：“稽廢時日（覺按：中華書局版《後漢書》“時日”作“時月”）。”’”〇俞樾曰：“‘朞’與‘綦’通。《荀子·王霸篇》：‘目欲綦色，耳欲綦聲。’楊倞注曰：‘綦，極也。’字亦通作‘期’。《議兵篇》：‘已朞三年，然後民可信也。’《宥坐篇》：‘綦三年而百姓往矣。’兩篇文義正同，是‘綦’與‘期’通也。或以喪亂朞其年歲，言窮極其年歲也。汪氏繼培箋云‘朞疑稽之誤’，非是。”〇覺按：汪説非。朞：完結。《廣雅·釋言》：“期，卒也。”即其義。

〔14〕汪繼培未將“及”改爲“反”，曰：“‘及’疑‘反’之誤。《荀子·不苟篇》云：‘獨行而不舍則濟矣。濟而材盡，長遷而不反其初，則化矣。’楊倞注：‘既濟則材性自盡。長遷不反其初，謂中道不廢也。’王先生云：‘“逮”疑“違”。’”〇覺按：王説非。逮初：及始，即抓住開始，指有開頭。童蒙：幼稚愚昧，知識低下。又，汪稿有校語云：“‘者’字据舊本補。”此乃其始校《潛夫論》時以程本爲底本，故有此校語。

〔15〕汪繼培曰：“《鹽鐵論·相刺篇》云：‘七十子之徒，去父母，捐室家，負荷而隨孔子。’▲《説文》：‘捐，棄也。’《漢書·酷吏傳》：‘郅都曰：“已背親而出身，固當奉職。”’《漢書·郊祀志》：‘谷永曰：曠日經年。’《韓信傳》云：‘曠日持久。’《後漢書·桓榮傳》：‘顯宗報書云：“去家慕鄉，求謝師門。”’”〇覺按：強（qiǎng 搶）：即《韓非子·説難》“彊以其所不能爲”之“彊”，勉強、強迫的意思。曠（kuàng 況）：長久地耗費。

〔16〕汪繼培曰：“‘幾’讀爲‘冀’。《韓非子·姦劫弑臣篇》云：‘負千鈞之重，陷於不測之淵，而求生也，必不幾矣。’”〇覺按：“幾”與“期”“冀”“覬”通，希望的意思。

〔17〕廉：方正，有節操。

〔18〕汪繼培曰：“《爾雅·釋詁》云：‘仇，匹也。’‘儔’爲‘仇’之假借，▲字亦作‘疇’。”

〔19〕汪繼培曰：“《韓非子·功名篇》云：‘明君之所以立功成名者四。’《爾雅·釋詁》云：‘績，功也。’”

〔20〕汪繼培曰：“《詩·南山有臺》云：‘德音不已。’《文王》云：‘令聞不已。’《釋文》：‘聞，音問。’《漢北海淳于長夏承碑》作‘令問不已’。▲《漢書·禮樂志》云：‘令問不忘。’

又云：‘令問在舊。’《漢書・賈山傳》云：‘功德立于後世而令聞不亡。’”〇覺按：“德音”與“令問”同義，“令問”見1.3注〔8〕。

〔21〕而：猶“此”（參見《古書虛字集釋》卷七“而”字條）。然：《廣雅・釋詁三》：“然，成也。”所以然：成爲這樣的原因。

〔22〕汪繼培曰：“《漢書・賈誼傳》云：‘誼具道所以然之故。’”

〔23〕汪繼培曰：“《禮記・文王世子》云：‘凡始立學者，必釋奠於先聖先師。’《漢書・蔡義傳》云：‘竊以聞道於先師，自託於經術也。’《後漢書・胡廣傳》云：‘稽之典經。’”〇覺按：自託：託身。自託於先聖之典經：把自己寄託給先聖的經典，指投身於先聖經典的學習研究，依靠先聖經典來立身處世。

〔24〕汪繼培曰：“▲《詩・鳲鳩》：‘心如結兮。’傳云：‘用心固。’《禮記・祭義》云：‘結諸心。’《周語》云：‘必聞於遺訓。’”〇覺按：結：凝聚。結心：集中心思，專心。夫子：指孔子。遺訓：即遺教。《楚辭・九辯》“願慕先聖之遺教”王逸注：“循行道德，遵典經也。”

1.6

是故造父疾趨〔1〕，百步而廢〔2〕，而●〔3〕託乘輿●【1】〔4〕，坐致千里；水師泛軸●〔5〕，解維則溺●〔6〕，自託舟楫，坐濟江河。是故君子者，性非絶世，善自託於物也●〔7〕。人之情性，未能相百；而其明智，有相萬也。此非其真性之材也〔8〕，必有假以致之也●〔9〕。君子之性，未必盡照●〔10〕，及學也，聰明無蔽，心智無滯，前紀帝王〔11〕，顧定百世●【2】〔12〕。此則道之明也，而君子能假之以自彰爾。

【校記】

【1】而：仿宋本、馮本、魁本、程本、四庫本同，邵本作“使”，陳本作“自”。

【2】顧：仿宋本、馮本、魁本、程本、何本、四庫本、陳本作“顾”，邵本作“預”。今從仿宋本等而用正體字“顧”。

【箋注】

〔1〕造父：季勝的曾孫，衡父之子，爲周穆王車夫，善於駕馭車馬，得到周穆王寵愛而封在趙城，成爲趙氏的始祖。見《史記・秦本紀》及35.4.14。

〔2〕廢：崩塌，衰敗。

〔3〕汪繼培改“而”爲“自”，曰：“舊作‘而’，何本改作‘使’，並誤。”〇覺按：汪改非，“而”字可通，不煩改字。

〔4〕汪繼培曰：“《孟子》云：‘今乘輿已駕矣。’”〇覺按：託：寄託，依靠。乘（shèng 剩）：泛指馬車。

〔5〕汪繼培曰：“《周語》云：‘水師監濯。’韋昭注：‘水師，掌水。’‘軸’當作‘舳’，謂舳艫也。《説文》云：‘漢律名船方長爲舳艫。’王先生云：‘軸，車軸，所以持輪者也。’”〇俞樾曰：“汪箋云：‘軸當作舳，謂舳艫也。《説文》云：“漢律名船方長爲舳艫。”’樾謹按：如此則舳即舟楫矣。‘軸’當仍讀車軸之本字。蓋車軸不可以濟水，故一解其維即沈

溺也。”〇覺按：王、俞之說非，因爲車軸不可泛。水師：水軍，水兵。泛：漂浮，即坐在船上任其隨水漂蕩。軸：通“舳”，指舳艫（zhúlú 逐盧）。船尾掌舵的地方叫“舳”，船頭安櫂的地方叫“艫”，將船尾船頭依次用大繩子連接成的一列拖船叫作舳艫。古代水戰時爲了使慣於陸戰的戰士能在較爲穩定的船上作戰，往往把船連成舳艫。如漢王粲《浮淮賦》：“軸轤千里，名卒億計。”宋蘇軾《赤壁賦》：“方其破荆州，下江陵，順流而東也，軸轤千里，旌旗蔽空。”均其例。

〔6〕汪繼培曰：“《方言》云：‘維之謂之鼎。’郭注：‘繫船爲維。’”

〔7〕汪繼培曰：“《荀子·勸學篇》云：‘假輿馬者，非利足也，而致千里；假舟檝者，非能水也，而絶江河。君子生非異也，善假於物也。’《大戴禮·勸學篇》‘生’作‘性’。《韓非子·姦劫弑臣篇》云：‘託於犀車良馬之上，則可以陸犯阪阻之患；乘舟之安，持檝之利，則可以永絶江河之難。’此‘託’字所本。”〇覺按：汪繼培所引《韓非子》之文蓋用《道藏》本或趙用賢重修本，影宋抄本作“水絶”。

〔8〕真性：本性，天性。材：通“才”。

〔9〕汪繼培曰：“《韓詩外傳》四云：‘人同材鈞，而貴賤相萬者，盡心致志也。’《説苑·建本篇》云：‘質性同倫，而學問者智。’”

〔10〕汪繼培曰：“《史記·李斯傳》云：‘陛下富於春秋，未必盡通諸事。’徐廣曰：‘“通”或宜作“照”。’”

〔11〕紀：治理，綜理。紀帝王：指對帝王的是非得失能理出頭緒。

〔12〕汪繼培曰：“《荀子·儒效篇》云：‘鄉也效門室之辨，混然曾不能決也。俄而原仁義，分是非，圖回天下於掌上而辨白黑，豈不愚而知矣哉！’《不苟篇》云：‘君子審後王之道，而論於百王之前，若端拜而議。’”〇覺按：顧：回頭。

1.7

夫是故道之於心也，猶火之於人目也●〔1〕。中穽深室，幽黑無見，及設盛燭，則百物彰矣●〔2〕。此則火之燿也，非目之光也，而目假之則爲明矣●【1】〔3〕。天地之道，神明之爲●〔4〕，不可見也；學問聖典，心思道術●〔5〕，則皆來覩矣〔6〕。此則道之材也〔7〕，非心之明也，而人假之則爲己知矣〔8〕。

【校記】

【1】明：仿宋本、馮本、魁本、程本、四庫本、邵本同，陳本作“已明”。

【箋注】

〔1〕汪繼培曰：“《墨子·經説下篇》云：‘智以目見，而目以火見。’”

〔2〕汪繼培曰：“《禮記·仲尼燕居》云：‘譬如終夜有求於幽室之中，非燭何見？’”

〔3〕汪繼培於“明”上補“己”曰：“舊脱‘己’字，依下文例補。”〇覺按：汪補非。下文對“人”而言，故有“己”；此謂“目”，故不用“己”。

〔4〕汪繼培曰：“《易·繫辭下傳》云：‘陰陽合德，而剛柔有體，以體天地之撰，以通神明之德。’”

〔5〕汪繼培曰："《荀子·哀公篇》：'孔子曰："所謂士者，雖不能盡道術，必有率也。"'《禮記·鄉飲酒義》云：'古之學術道者，將以得身也。'鄭注：'術，猶藝也。'"
〔6〕覩：看見，使動用法。來覩：前來使你看見。
〔7〕材：通"才"，才能。
〔8〕知（zhì至）：通"智"。

1.8

是故索物於夜室者，莫良於火●〔1〕；索道於當世者，莫良於典。典者，經也●〔2〕，先聖之所制。先聖得道之精者，以行其身；欲賢人自勉，以入於道。故聖人之制經以遺後賢也●〔3〕，譬猶巧倕之爲規矩准繩以遺後工也●【1】〔4〕。

【校記】

【1】准：仿宋本、馮本、魁本同，程本、四庫本、邵本、陳本作"準"。

【箋注】

〔1〕汪繼培曰："《管子·君臣上篇》云：'猶夜有求而得火也。'"
〔2〕汪繼培曰："《太平御覽》六百八引《釋名》云：'經，徑也，常典也。'"〇覺按：經：經書，指六經，參見1.2。
〔3〕汪繼培説："《漢書·翼奉傳》云：'臣聞之於師曰：天地設位，懸日月，布星辰，分陰陽，定四時，列五行，以視聖人，名之曰道。聖人見道，然後知王治之象，故畫州土，建君臣，立律歷，陳成敗，以視賢者，名之曰經。賢者見經，然後知人道之務，則《詩》《書》《易》《春秋》《禮》《樂》是也。'"
〔4〕汪繼培曰："《事物紀原》七引《尸子》云：'古者倕爲規矩準繩，使天下倣焉。'▲《一切經音義》廿五引《世本》云：'倕作規矩。'"〇覺按：規是畫圓形與測量圓形的工具，矩是畫方形與測量直角的工具，準是測量水平的工具，繩是彈畫直綫與測量曲直的工具。

1.9

昔倕之巧，目茂圓方●〔1〕，心定平直，又造規繩矩墨以誨後人〔2〕。試使奚仲、公班之徒●釋此四度而倣倕自制〔3〕，必不能也●〔4〕。凡工妄匠〔5〕，執規秉矩●【1】〔6〕，錯准引繩●【2】〔7〕，則巧同於倕也●〔8〕。是倕以心來制規矩●【3】〔9〕，後工以規矩●往合倕心也【4】〔10〕，故循度之工●【5】〔11〕，幾於倕矣●〔12〕。

【校記】

【1】執：程本、馮本、四庫本、邵本同，仿宋本、魁本作"■"，陳本作"□"。
【2】錯准：仿宋本、馮本、魁本同，程本、四庫本、陳本作"錯準"，邵本作"措準"。

【3】是倕以心：仿宋本、馮本、魁本、程本、四庫本、邵本同，陳本作“是故倕以其心”。

【4】後工以規矩：陳本同，仿宋本、馮本、魁本、程本、何本、四庫本無此五字，邵本作“規矩”。

【5】循度：邵本同，仿宋本、馮本、魁本、程本、何本、四庫本、陳本作“度”。

【箋注】

〔1〕汪繼培曰：“‘茂’當作‘成’。▲《楚辭·九歌》云：‘忽獨與余兮目成。’《禮記·仲尼燕居》云：‘目巧之室。’鄭注：‘目巧，謂但用巧目善意作室，不由法度。’《韓非子·有度篇》云：‘巧匠目意中繩。’皆‘目成圓方’之意。”〇覺按：汪説似未當。此“茂”字當通“眊”（mào 茂）。《説文·目部》：“眊，低目視也。”即向下仔細地看，指審察測度，與《韓非子·有度》“巧匠目意中繩”之“意”的意思相似，但不表示“成”。

〔2〕墨：指墨綫，與“繩”同義重複，恐誤。上文説“爲規矩准繩”，下文説“四度”，又説“執規秉矩，錯准引繩”，則此文也當作“規矩准繩”。

〔3〕汪繼培曰：“定元年《左傳》云：‘奚仲居薛以爲夏車正。’公班即《禮記·檀弓》公輸般。”〇覺按：“試”猶“若”（參見《古書虛字集釋》卷九“試”字條）。奚仲：傳説爲車之創造者，姓任，黄帝的後裔，夏代的車正（掌管車服諸事的官），先居於薛（故城在今山東省滕州市南官橋鎮至棗莊市薛城區北夏莊村一帶），後遷於邳（今江蘇省邳州市西南）。據説他製造的車子零件，方圓曲直都合乎規矩。參見《左傳·定公元年》《世本·作篇》《管子·形勢解》。公班：即公輸般，公輸氏，名般，因“般”與“班”同音，所以也作公輸班，春秋時魯國人，故又稱魯班，是著名的巧匠，曾創造攻城的雲梯和磨粉的石磨以及木作工具。舊時建築工匠尊之爲祖師。徒：類，指同一類的人。度：度量的工具。制：裁斷，判定。

〔4〕汪繼培曰：“《淮南子·修務訓》云：‘無規矩，雖奚仲不能以定方圓；無準繩，雖魯般不能以定曲直。’”

〔5〕妄：漢代人使用“妄”字常與“凡”字同義。《漢書·李廣傳》“而諸妄校尉已下”顔師古注：“張晏曰：‘妄，猶凡也。’”即其例。妄匠：與“凡工”同義。

〔6〕陳本“執”作“□”，汪繼培曰：“空格程本作‘執’，蓋以意補之。他皆倣此。”

〔7〕汪繼培曰：“《説文》云：‘措，置也。’經典多假借用‘錯’。”〇覺按：錯：通“措”，放置。引：拉。

〔8〕汪繼培曰：“▲《墨子·法儀篇》云：‘百工爲方以矩，爲圓以規，直以繩，正以縣。有巧工不巧工，皆以此五者爲法。巧者能中之，不巧者雖不能中，放依以從事，猶逾已。’《韓非子·用人篇》云：‘去規矩而妄意度，奚仲不能成一輪。廢尺寸而差短長，王爾不能半中。拙匠守規短（覺按：當作“矩”）尺寸，則萬不失矣。’”

〔9〕汪繼培將“是倕以心”改爲“是故倕以其心”曰：“舊脱‘故’字、‘其’字，依下文例補。”〇覺按：不補也可。

〔10〕汪繼培曰：“以上五字舊脱，▲盧學士文弨校增。”

〔11〕汪繼培曰：“‘度’上脱一字。王先生云：‘疑脱“信”字。《孟子》云：“工不信度。”’”〇覺按：疑原文本作“故度度之工”，後代抄書刻書者不明其義而删去了一個“度”字。“度（dù 渡）度（duó 奪）”即用度量的工具測量。因愚説尚無他證，故今姑從邵本。

〔12〕汪繼培曰：“王先生云：‘“幾”上疑脱“巧”字。’”〇覺按：此可備一説。幾（jī 機）：接近，差不多。

1.10

先聖之智，心達神明，性直道德〔1〕，又造經典以遺後人〔2〕。試使賢人君子釋於學問，抱質而行〔3〕，必弗具也。及使從師就學，按經而行〔4〕，聰達之明、德義之理亦庶矣〔5〕。是故聖人以其心來造經典【1】〔6〕，後人以經典〔7〕往合聖心也【2】〔8〕，故脩經之賢【3】〔9〕，德近於聖矣。

【校記】

【1】造：仿宋本、馮本、魁本、陳本同，程本、四庫本、邵本作"就"。

【2】後人以經典往合聖心也：陳本同，仿宋本、馮本、魁本、程本、四庫本作"往合聖心"，何本作"往合聖心"，邵本作"經典往合聖心"。

【3】脩：仿宋本、馮本、程本同，魁本作"條"，何本、四庫本、邵本、陳本作"修"。

【箋注】

〔1〕直：當。

〔2〕汪繼培曰："《漢書·孫寶傳》云：'著於經典。'"

〔3〕汪繼培曰："《淮南子·繆稱訓》云：'懷情抱質。'"〇覺按：抱：持，守着。質：資質，天性。

〔4〕汪繼培曰："《後漢書》班彪後《固傳·東都賦》云：'案六經而校德。'《李固傳》云：'俯案經典。''按'與'案'通，依也。"

〔5〕理：《禮記·祭義》"理發乎外"鄭玄注："理謂言行也。"庶：差不多。

〔6〕汪繼培曰："造，程本作'就'。"

〔7〕汪繼培曰："以上五字盧補。"

〔8〕汪繼培曰："舊脱'也'字，依上文例補。"

〔9〕汪繼培曰："《漢書·儒林傳·序》云：'諸儒始得修其經學。'"

1.11

《詩》云："高山仰止，景行行止〔1〕。""日就月將，學有緝熙于光明【1】〔2〕。"是故凡欲顯勳績、揚光烈者〔3〕，莫良於學矣。"

【校記】

【1】于：仿宋本、馮本、魁本、程本、四庫本、邵本同，陳本作"於"。

【箋注】

〔1〕汪繼培曰："《車舝》。"〇覺按：以上兩句詩見《詩經·小雅·車舝》，此文用來形容聖人德行的高大。景：大。行：前一"行"字讀 háng（航），路。後一"行"字讀 xíng（形），行走。止：語助詞。

〔2〕汪繼培曰："《敬之》。"〇覺按：以上兩句詩見《詩經·周頌·敬之》，此文用來形

容後人的學習。就:《史記·五帝本紀》"就時於負夏"《索隱》:"就時，猶逐時。"可見"就"有趨於、跟隨的意思。此文指就學，即從師學習。將:《漢書·禮樂志·郊祀歌》"九夷賓將"顔師古注:"將，猶從也。"此文"將"與"就"對文而義近，是將就、順從、隨從的意思，也指從師學習。有:猶"能"（參見《古書虛字集釋》卷二"有"字條）。緝熙:《詩經·大雅·文王》"於緝熙敬止"朱熹《詩集傳》:"緝，續；熙，明。"緝（jī 基，舊讀 qì 訖），繼續，指不斷積累。熙，光明，指洞察事物的智慧。光明：十分明亮，指洞察一切、見解非凡的聖明。

〔3〕汪繼培曰:"《書·立政》云:'以覲文王之耿光，以揚武王之大烈。'《漢書·外戚傳》班倢伃賦云:'揚光烈之翕赫兮。'"〇覺按：顯勳績：使功勳業績顯耀。揚：使……顯揚。烈：功業。揚光烈：與"顯勳績"意思相類，語本《尚書·立政》的"以覲文王之耿光，以揚武王之大烈"。

務本第二

【提要】

務本：致力於根本。文章闡述了作者的本末觀，宣揚了他崇本抑末的主張。

本末，原義爲樹根與樹梢。先秦兩漢時常用來喻指主與次，由此而生發的一種常用的特殊比喻義，以"本"指農業，以"末"指工商業。王符所謂的本末，雖然其内涵仍是指根本的重要的事與末等的不重要的事，但其外延卻較之以往古籍要豐富得多，而並非衹指農業、工商業。他所謂的"本"，包括"富民""正學""農桑""致用""通貨""道義""信順""孝悌""致養""忠正"等等；他所謂的"末"，包括"游業""巧飾""鬻奇""巧辯""詭麗""交游""華觀""媚愛"等等。在不同的範疇内，都有相對的"本"和"末"。所以，王符所説的"本""末"，已不衹是一種狹窄的經濟概念了，而是一種含義豐富的哲學概念。當然，他在闡明這些"本""末"觀念的時候，實際上也就是在闡述他的政治思想和經濟思想，如主張"富民""正學"，提倡忠孝德義、重農輕商、注重實用等等。而他之所以在"務本"的題目上大做文章，無非是爲了批判現實社會中舍本務末的弊端，文中對"今……""今……"的批判，乃是本文的主旨。文章最後强調指出，是"務本"還是"居末"，關鍵在於君主，下民對此是無能爲力的。這就爲解決"本""末"問題指出了富有成效的方法，可謂畫龍點睛之筆。

2.1

凡爲治之大體●【1】〔1〕，莫善於抑末而務本，莫不善於離本而餝末●【2】〔2〕。

【校記】

【1】治:《羣書治要》引文、陳本同，仿宋本、馮本、魁本、程本、四庫本、邵本作“人”。

【2】餝：仿宋本、馮本同，魁本、程本、邵本作“餝”，四庫本作“飭”，《羣書治要》引文、陳本作“飾”。

【箋注】

〔1〕汪繼培曰:“‘治’舊作‘人’，据《治要》改。《北堂書鈔》卅九引亦作‘治’。《韓非子》有《大體篇》。《漢書·鼂錯傳》云:‘明於國家之大體。’”〇覺按：大體：要點，原則。

〔2〕汪繼培曰:“《吕氏春秋·孝行覽》云:‘凡爲天下治國家，必務本而後末。’”〇覺按：餝（shì 飾）：同“飾”，通“飭”，整治。

2.2

夫爲國者，以富民爲本●〔1〕，以正學爲基●【1】〔2〕。民富乃可教●〔3〕，學正乃得義。民貧則背善●〔4〕，學淫則詐僞●〔5〕。入學則不亂〔6〕，得義則忠孝。故明君之法，務此二者，以爲成太平之基、致休徵之祥●〔7〕。

【校記】

【1】基：仿宋本、馮本、程本、四庫本、邵本同，魁本作“■”，陳本作“□”。

【箋注】

〔1〕汪繼培曰:“《管子·治國篇》云:‘凡治國之道，必先富民。民富則易治也，民貧則難治也。’”

〔2〕陳本“基”作“□”，汪繼培曰:“《禮記·學記》云:‘古之王者，建國君民，教學爲先。’《史記·儒林傳》:‘轅固曰:“公孫子務正學以言，無曲學以阿世。”’空格程本作‘基’。”〇王紹蘭曰:“《治要》本作‘以正學爲基’，此空格程本作‘基’是也。”〇覺按：據汪校，則其所用底本當爲魁本之底本。

〔3〕汪繼培曰:“《論語》:‘冉有曰:“既富矣，又何加焉？”子曰:“教之。”’《説苑·建本篇》:‘河間獻王曰:“管子稱‘倉廩實，知禮節；衣食足，知榮辱’。夫穀者，國家所以昌熾，士女所以姣好，禮義所以行，而人心所以安也。《尚書》五福，以富爲始。子貢問爲政，孔子曰:‘富之。既富，乃教之也。’此治國之本也。”’《漢書·食貨志》云:‘食足貨通，然後國實民富而教化成。’”

〔4〕汪繼培曰:“《鄧析子·無厚篇》云:‘凡民有穿窬爲盜者，有詐僞相迷者，此皆生

於不足，起於貧窮。'"

〔5〕汪繼培曰："《吕氏春秋・知度篇》云：'至治之世，其民不好淫學流説。'高誘注：'不學正道爲淫學。'"

〔6〕俞樾曰："上云：'民富乃可教，學正乃得義。'此承上文而言，當作'可教則不亂'。古'學'字作'斆'，故'教''學'字相近易誤。'教'誤作'學'，因臆改爲'入學'耳。"〇覺按：《尚書・盤庚上》"盤庚斆于民"孔安國傳："斆，教也。"《尚書・説命下》"惟斆學半"孔安國傳："斆，教也。"可見古代"教"字多作"斆"，而"學"字未必作"斆"，故此"學"字未必爲"教"字之誤。此文未必與上文一一對應，"入學則不亂"義自可通，俞説臆測而迂，不可從。

〔7〕汪繼培曰："《禮記・仲尼燕居》云：'天下太平。'《書・洪範》曰：'休徵。'《漢書・董仲舒傳》云：'諸福之物，可致之祥，莫不畢至。'《楚元王傳》劉向上（覺按：陳本無"上"，此據汪稿）封事云：'百異消滅，而衆祥並至，太平之基，萬世之利也。'《藝文類聚》五十二引此文'祥'作'隆'。"〇覺按：休徵：吉利的徵兆。

2.3

夫富民者，以農桑爲本〔1〕，以游業爲末●〔2〕；百工者，以致用爲本●〔3〕，以巧飾爲末●【1】〔4〕；商賈者，以通貨爲本●〔5〕，以鬻奇爲末●〔6〕。三者守本離末則民富，離本守末則民貧。貧則阨而忘善【2】，富則樂而可教。

【校記】

【1】飾：仿宋本、馮本同，魁本、程本、邵本作"餝"，四庫本、陳本作"飾"。

【2】忘：《羣書治要》引文、邵本、陳本同，仿宋本、馮本、魁本、程本、何本、四庫本作"忌"。

【箋注】

〔1〕桑：泛指種桑、養蠶、紡織等。

〔2〕汪繼培曰："《管子・五輔篇》云：'明王之務，在於强本事，去無用，然後民可使富。'《治國篇》云：'先王知衆民强兵廣地富國之必生於粟也，故禁末作，止奇巧，而利農事。'《牧民篇》云：'務五穀則食足，養桑麻、育六畜則民富。'《漢書・文帝紀》二年詔曰：'農，天下之大本也，民所恃以生也。而民或不務本而事末，故生不遂。'《昭帝紀》元平元年詔曰：'天下以農桑爲本。'▲《食貨志》賈誼云：'毆民而歸之農，皆著於本。'"〇覺按：游業：流動性的行業，指工商業。古又稱之爲"淫業"（"淫"與"游"義同，參見2.5注〔19〕)，《後漢書・班彪列傳・班固傳・兩都賦》："除工商之淫業，興農桑之上務。"義與此同。

〔3〕汪繼培曰："《易・繫辭上傳》云：'備物致用，立成器以爲天下利。'"〇覺按：致：達到，使得到。致用：達到使用的目的，使它得到使用，與"學以致用"的"致用"義同。

〔4〕汪繼培曰："《周禮・司市》：'凡市僞飾之禁，在工者十有二。'《胥師》'察其詐僞

飾行儥慝者’鄭注：‘玄謂飾行儥慝，謂使人行賣惡物於市，巧飾之，令欺誑買者。’《禮記·月令》云‘毋或作爲淫巧’，鄭注：‘淫巧，謂僞飾不如法也。’”

〔5〕汪繼培曰：“《周禮·太宰》：‘九職任萬民’（覺按：當作“以九職任萬民”），‘六曰商賈，阜通貨賄’。”

〔6〕汪繼培曰：“《類聚》‘貨’作‘乏’，‘奇’作‘貨’。按《漢書·食貨志》云：‘通財鬻貨曰商。’”

2.4

教訓者，以道義爲本，以巧辯爲末；辭語者，以信順爲本，以詭麗爲末●〔1〕；列士者●〔2〕，以孝悌爲本●〔3〕，以交游爲末●〔4〕；孝悌者，以致養爲本●〔5〕，以華觀爲末●〔6〕；人臣者，以忠正爲本●〔7〕，以媚愛爲末●〔8〕。五者守本離末，則仁義興；離本守末，則道德崩●〔9〕；愼本略末，猶可也；舍本務末，則惡矣。

【箋注】

〔1〕汪繼培曰：“《漢書·揚雄傳》云：‘諸子各以其知舛馳，大氐詆訾聖人，即爲怪迂、析辯、詭辭以撓世事，雖小辯，終破大道而或衆。’《王褒傳》云：‘辭賦大者與古詩同義，小者辯麗可喜。’”

〔2〕汪繼培曰：“《荀子·大略篇》云：‘子贛、季路，故鄙人也，被文學，服禮義，爲天下列士。’《風俗通》論士云：‘列士百不易之分。’見《意林》。”〇覺按：《荀子》之“列士”與“鄙人”相對，指有名望之人，汪繼培引以證此文，不當。此“列”字當通“烈”。“列士”即“烈士”，指看重名聲、有節操的人。2.6作“烈士”，且與“貞士”相應，可證此文“列士”之義。

〔3〕汪繼培曰：“《論語》云：‘子貢問士，子曰：“宗族稱孝焉，鄉黨稱弟焉。”’”〇覺按：孝順父母叫“孝”，敬愛兄長叫“悌”。據下文“孝悌者，以致養爲本”及2.6“孝悌於父母”和“所以爲孝也”來看，此文的“悌”乃是連類而及之詞，衹湊一個音節，無實義。這是一種古代常見的辭例，參見12.3注〔18〕以及《古書疑義舉例》卷一《兩事連類而竝稱例》、卷二《因此以及彼例》，《漢文文言修辭學》第十四章“連及”。

〔4〕汪繼培曰：“《禮記·曲禮》云：‘交遊稱其信也。’”

〔5〕汪繼培曰：“《禮記·祭義》：‘曾子曰：“衆之本教曰孝，其行曰養。”’”

〔6〕汪繼培曰：“《孟子》云：‘非直爲觀美也。’”

〔7〕汪繼培曰：“《六韜·盈虛篇》云：‘吏忠正奉法者，尊其位。’《淮南子·主術訓》云：‘人主貴正而尚忠。忠正在上位，執正營事，則讒佞姦邪無由進矣。’”

〔8〕汪繼培曰：“《晋語》云：‘其臣競諂（覺按：當作“諂”）以求媚。’《詩·假樂》云：‘媚於天子’，鄭箋：‘媚，愛也。’”

〔9〕汪繼培曰：“‘興’‘崩’韻。”

2.5

夫用天之道〔1〕，分地之利●〔2〕，六畜生於時〔3〕，百物聚於野，此富國之本也●【1】〔4〕；游業末事以收民利●〔5〕，此貧邦之原也●【2】〔6〕。忠信謹慎，此德義之基也；虛無譎詭，此亂道之根也。

故力田，所以富國也●〔7〕。今民去農桑【3】，赴游業，披采衆利【4】〔8〕，聚之一門，雖於私家有富，然公計愈貧矣●〔9〕。

百工者，所使備器也●〔10〕。器以便事爲善●〔11〕，以膠固爲上●〔12〕。今工好造彫瑑之器●〔13〕，巧僞鎊之【5】，以欺民取賄●〔14〕，雖於姦工有利，而國界愈病矣。

商賈者，所以通物也●【6】〔15〕。物以任用爲要〔16〕，以堅牢爲資●〔17〕。今商競鬻無用之貨●〔18〕，淫極侈之幣●【7】〔19〕，以惑民取産，雖於淫商有得〔20〕，然國計愈失矣●〔21〕。

此三者，外雖有勤力富家之私名●〔22〕，然内有損民貧國之公實●〔23〕。故爲政者，明督工商，勿使淫僞〔24〕；困辱游業，勿使擅利●〔25〕；寬假本農，而寵遂學士●〔26〕，則民富而國平矣。

【校記】

【1】也：《羣書治要》引文、陳本同，仿宋本、馮本、魁本、程本、四庫本、邵本無“也”字。

【2】也：《羣書治要》引文、陳本同，仿宋本、馮本、魁本、程本、四庫本、邵本無“也”字。

【3】桑：何本、四庫本、邵本、陳本同，仿宋本、馮本、程本作“桒”，魁本作“乗”。

【4】披：仿宋本、馮本、魁本、程本、何本、四庫本、陳本同，邵本作“被繡”。

【5】巧僞鎊之：仿宋本、馮本同，魁本、程本、何本作“巧僞餝之”，四庫本作“巧僞飾之”，邵本作“餝巧僞之端”，陳本作“巧僞飭之”。

【6】雖於姦工有利而國界愈病矣商賈者所以通物也：《羣書治要》引文、陳本同，仿宋本、馮本、魁本、程本、四庫本、邵本無此二十字。

【7】淫極：仿宋本、馮本、魁本、程本、何本、四庫本同，邵本作“極淫”，陳本作“淫”。幣：《羣書治要》引文、陳本同，仿宋本、馮本、魁本、程本、邵本作“弊”，四庫本作“獘”。

【箋注】

〔1〕本節是2.3一節的擴展。用：利用，因循。天之道：上天的規律，指自然界的季節變化規律。用天之道：指順應四季的變化，抓住農時，春季耕種，夏季耘田，秋季收割，冬季收藏。參見《孝經·庶人章》注疏。

〔2〕汪繼培曰：“《孝經》。”〇覺按：以上兩句用《孝經·庶人章》語。利：功用。分

地之利:《孝經·庶人章》唐玄宗注:“分別五土，視其高下，各盡所宜，此分地利也。”即分清山林、川澤、丘陵、水邊平地、低窪地等五種土地，因地制宜進行耕作。

〔3〕六畜：馬、牛、羊、雞、犬、豬。

〔4〕汪繼培曰:“《管子·立政篇》云:‘桑麻殖於野，五穀宜其地，六畜育於家，瓜瓠、葷菜、百果備具，國之富也。’”

〔5〕汪繼培曰:“昭廿六年《左傳》云:‘大夫不收公利。’《後漢書·朱暉傳》云:‘往來市珍寶，收采其利。’”〇覺按：末事：不重要的事，與“游業”同義，指工商業。“游業末事”是“以”的賓語。

〔6〕汪繼培曰:“兩‘也’字並据《治要》補。”〇覺按:“原”即古“源”字。

〔7〕汪繼培曰:“《漢書·文帝紀》十二年詔曰:‘力田，爲生之本也。’”

〔8〕披:《文選》卷第十八所載嵇康《琴賦》“披重壤以誕載兮”李善注:“披，開也。”披采：開採，深入地挖取。

〔9〕汪繼培曰:“《管子·治國篇》云:‘民舍本事而事末作，則田荒而國貧矣。’《禁藏篇》云:‘民多私利者其國貧。’”〇覺按：計：賬簿，指賬簿上所記載的錢財。公計：公家的賬簿所記載的錢財，即國家的經濟。

〔10〕汪繼培曰:“《考工記》云:‘審曲面埶，以飭五材，以辨民器，謂之百工。’”

〔11〕汪繼培曰:“《鹽鐵論·國病篇》云:‘器足以便事。’”

〔12〕汪繼培曰:“《爾雅·釋詁》云:‘膠，固也。’”

〔13〕汪繼培曰:“《漢書·王吉傳》云:‘古者，工不造琱瑑，商不通侈靡。’‘彫琢’義與‘琱瑑’同。《淮南子·齊俗訓》云:‘車輿極於雕琢，器用逐於刻鏤。’”〇覺按：彫琢：雕刻，指修飾。

〔14〕汪繼培曰:“《漢書·禮樂志》云:‘桑閒、濮上、鄭、衞、宋、趙之聲並出，巧僞因而飾之，以營亂富貴之耳目。庶人以求利，列國以相閒。’‘巧僞飭之’《治要》作‘僞飾之巧’，其義亦通，見上‘以巧飾爲末’句注。”

〔15〕王宗炎曰:“‘界’字未可据，以上文例之，亦當是‘計’字，音近而譌。”〇汪繼培曰:“以上二十字舊脱，据《治要》補。‘界’當依上下文作‘計’。‘計’‘界’聲相近。《漢書·地理志》琅邪郡‘計斤’顏師古注:‘即《春秋左傳》(覺按:“左傳”當作“左氏傳”)所謂介根也，語音有輕重。’此其比也。《白虎通·商賈篇》云:‘商之爲言商也；商其遠近，度其有亡，通四方之物，故謂之商也。賈之爲言固也；固其有用之物，以待民來，以求其利者也。’”〇覺按：王説是。

〔16〕任：堪，經得起。要:《荀子·禮論篇》“以隆殺爲要”楊倞注:“要，當也。”

〔17〕汪繼培曰:“《禮記·月令》云:‘命工師效功，必功致爲上。’《淮南子·時則訓》作‘堅致爲上’，高誘注:‘堅致，功牢也。’《鹽鐵論·力耕篇》云:‘工致牢而不僞。’”〇覺按：資：資本，牟取利益的憑藉。

〔18〕汪繼培曰:“▲《鹽鐵論·本議篇》云:‘市、商不通無用之物。’《尚書大傳》云:‘聖人在位，其商不通無用之物。’”

〔19〕汪繼培删“極”字曰:“‘淫’下舊有‘極’字，即‘淫’之駁文，据《治要》删。”〇覺按：汪删不當。《廣雅·釋言》:“淫，游也。”《禮記·曲禮上》“毋淫視”孔穎達疏:“淫謂流移也。”可見“淫”有遊移之義。此文之“淫”是使之流動、販運的意思。幣:《國語·鄭語》“乃布幣焉而策告之”韋昭注:“幣，玉帛也。”

〔20〕淫：游。淫商：游商，流動性的商販。參見2.3注〔2〕。

〔21〕汪繼培曰:“《後漢書·桓譚傳》注引《東觀漢記》載譚言云:‘賈人多通侈靡之物，羅紈綺繡，雜綵玩好，以淫人耳目，而竭盡其財，是爲下樹奢媒而置貧本也。求人之儉約富足，何可得乎?’《齊策》云:‘爲國計者過矣。’高誘注:‘過，誤失也。’”

〔22〕汪繼培曰:“《漢書·高帝紀》云:‘不能治産業，不如仲力。’服虔曰:‘力，勤力也。’《疏廣傳》云:‘令子孫勤力其中。’《易·家人·六四》:‘富家大吉。’”

〔23〕汪繼培曰:“《治要》作‘費’。”

〔24〕淫:《禮記·王制》“齊八政以防淫”孔穎達疏:“淫謂過奢侈。”

〔25〕汪繼培曰:“《史記·平準書》云:‘高祖令賈人不得衣絲乘車，重租税以困辱之。’”

〔26〕汪繼培曰:“《晋語》云:‘通商寬農。’《漢書·翟方進傳》云:‘可少寬假，使遂其功名。’此以‘寬假’‘寵遂’連言，蓋即本於彼。”〇覺按:假:大，寬容。寬假:寬大，寬容。寵:尊崇，使……榮耀。遂:《禮記·月令》“遂賢良”鄭玄注:“遂，猶進也。”即進用、提拔的意思。

2.6

夫教訓者〔1〕，所以遂道術而崇德義也〔2〕。今學問之士，好語虚無之事●〔3〕，争著彫麗之文●〔4〕，以求見異於世〔5〕。品人鮮識●〔6〕，從而高之。此傷道德之實而惑矇夫之大者也●【1】〔7〕。

詩賦者〔8〕，所以頌善醜之德●〔9〕，洩哀樂之情也，故温雅以廣文●〔10〕，興喻以盡意●〔11〕。今賦頌之徒，苟爲饒辯屈蹇之辭●〔12〕，競陳誣罔無然之事〔13〕，以索見怟於世。愚夫戇士●〔14〕，從而奇之。此悖孩童之思●〔15〕而長不誠之言者也●〔16〕。

内孝悌於父母【2】，正操行於閨門●〔17〕，所以爲烈士也●【3】〔18〕。今多務交游以結黨助，偷世竊名●〔19〕以取濟渡●〔20〕。夸末之徒，從而尚之。此逼貞士之節●〔21〕而衒世俗之心者也●【4】〔22〕。

養生順志，所以爲孝也●〔23〕。今多違志儉養，約生以待終●〔24〕，終没之後，乃崇餝喪紀以言孝●【5】〔25〕，盛饗賓旅以求名●〔26〕。誣善之徒〔27〕，從而稱之。此亂孝悌之真行而誤後生之痛者也●〔28〕。

忠正以事君，信法以理下〔29〕，所以居官也●〔30〕。今多姦諛以取媚●〔31〕，撓法以便佞●〔32〕。苟得之徒●【6】〔33〕，從而賢之。此滅貞良之行●〔34〕、●〔35〕開亂危之原者也●【7】〔36〕。

五者，外雖有振●〔37〕賢才之虚譽●〔38〕，内有傷道德之至實。

【校記】

【1】惑:《羣書治要》引文、程本、四庫本、邵本同，仿宋本、馮本、魁本、陳本作“或”。矇：仿宋本、馮本、魁本、陳本同，程本、四庫本、邵本作“曚”。

【2】内：仿宋本、馮本、魁本、程本、四庫本、邵本同，陳本作“盡”。

【3】爲:《羣書治要》引文、邵本、陳本同，四庫本作“為”，仿宋本、馮本、魁本、程本無“爲”字。烈：仿宋本、馮本、魁本、程本、四庫本、邵本同，陳本作“列”。

【4】貞：仿宋本、馮本、魁本、陳本同，程本、四庫本、邵本作“真”。衒：仿宋本、馮本、魁本、程本、何本、四庫本、邵本同，陳本作“眩”。

【5】餝：仿宋本、馮本同，魁本、程本、邵本作“餙”，四庫本作“飾”，陳本作“飭”。

【6】徒:《羣書治要》引文、四庫本、邵本、陳本同，仿宋本、馮本、魁本、程本、何本無“徒”字。

【7】貞：仿宋本、馮本、魁本、陳本同，程本、四庫本、邵本作“真”。開：仿宋本、馮本、魁本、程本、四庫本、邵本同，陳本作“而開”。者:《羣書治要》引文、陳本同，仿宋本、馮本、魁本、程本、四庫本、邵本無“者”字。

【箋注】

〔1〕本節是 2.4 一節的擴展。

〔2〕遂:《國語・晉語二》“無不遂也”韋昭注:“遂，行也。”

〔3〕汪繼培曰:“《漢書・揚雄傳・贊》:‘桓譚曰:“昔老聃著虚無之言兩篇，薄仁義，非禮學，然後世好之者，尚以爲過於五經。”’”

〔4〕汪繼培曰:“《後漢書》樊宏後《準傳》云:▲‘今學者蓋少，遠方尤甚。博士倚席不講，儒者競論浮麗。’”

〔5〕見：被。異：與衆不同，奇特，這裏用作意動詞。

〔6〕汪繼培曰:“品人，猶言‘衆人’。《晏子春秋・外篇》云:‘今品人飾禮煩事，羨樂淫民，崇死以害生。三者，聖王之所禁也。’”〇覺按：品：衆多。鮮（xiǎn 顯）：少。

〔7〕陳本“惑”作“或”，汪繼培曰:“《論衡・量知篇》云:‘人未學問曰矇。’或，與‘惑’通，程本作‘惑’。”〇覺按：實:《淮南子・泰族訓》“知械機而實衰也”高誘注:“實，質也。”矇：愚昧無知。

〔8〕賦：原意爲鋪叙，後用來指一種介於詩歌與散文之間的文體，全篇押韻，但句式像散文。它肇始於戰國時荀子的《賦篇》，漢代賦體特别盛行。

〔9〕汪繼培曰:“《周禮・太師》鄭注:‘“頌”之爲言誦也、容也。’▲頌，謂形容之。《釋名》云:‘頌，容也，叙説其成功之形容也。’”

〔10〕汪繼培曰:“《漢書・揚雄傳》云:‘司馬相如作賦，甚弘麗温雅。’”

〔11〕汪繼培曰:“《周禮・太師》注:‘興，見今之美，嫌於媚諛，取善事以喻勸之。’”〇覺按：興（xìng 幸）：起興，原意爲“開頭”。文藝評論家則用它來表述詩歌的一種表現手法，它的文學含義是：借助其他事物作爲詩歌的開頭。即詩歌開始時先歌詠其他的事物，用它來引出所要歌詠的主要内容，從而使人不覺得突兀。有的起興具有象徵意義。參見 1.3 注〔3〕。

〔12〕汪繼培曰:“‘饒’疑‘撓’之誤。《淮南子・齊俗訓》云:‘詆文者處煩撓以爲慧，争爲佹辯，久稽而不訣。’”〇覺按：汪説非。苟：隨便，不嚴肅。饒：多，指饒舌多言。辯：巧辯動聽。屈：同“曲”，曲折。蹇（jiǎn 減）：凝滯，曲折不順利，指讀起來不順口。屈蹇：佶屈聱牙。

〔13〕誣：言語不真實，欺騙。罔：欺騙。無然：不可能這樣。

〔14〕汪繼培曰："《説文》云：'戇，愚也。'《淮南子·氾論訓》云：'愚夫惷婦。'高誘注：'惷，亦愚，無知之貌也。''惷'與'戇'通。"〇覺按：戇（zhuàng 狀）：因幼稚耿直而形成的愚蠢。

〔15〕汪繼培曰："《説文》云：'誖，亂也。'或从心作'悖'。《孟子》云：'孩提之童。'"〇覺按：悖（bèi 倍）：惑亂，使糊塗。

〔16〕汪繼培曰："《韓非子·難二》云：'言語辨、聽之説、不度於義者，必不誠之言也。'《史記·高祖紀》云：'人乃以嫗爲不誠。'"

〔17〕汪繼培改"内"爲"盡"曰："'盡'舊作'内'，据《治要》改。《鹽鐵論·孝養篇》云：'閨門之内盡孝焉，閨門之外盡悌焉。'"〇覺按：汪改未當。《説文·入部》："内，入也。""内孝悌於父母"脱胎於《論語·學而》的"弟子入則孝"，故"内"字不誤。此文之"孝悌"衹指"孝"，"悌"字無義，參見2.4注〔3〕。

〔18〕汪繼培改"烈"爲"列"曰："舊脱'爲'字，'列'作'烈'，据《治要》補、改。"〇覺按：汪改"烈"爲"列"，不當，參見2.4注〔2〕。

〔19〕汪繼培曰："世，《治要》作'勢'。按《管子·牧民篇》云：'偷取一世。'《韓非子·詭使篇》云：'巧言利辭，行姦軌以倖偷世者數御。''世'字似不誤。"

〔20〕汪繼培曰："'濟渡'以涉水爲喻。《詩·匏有苦葉》毛傳：'舟子，舟人，主濟渡。'"〇覺按：濟渡：渡水而到達彼岸，喻指達到目的，成功。

〔21〕汪繼培曰："《漢書·匈奴傳·贊》云：'城郭之固，無以異於貞士之約。'王先生云：''逼'疑'違'。'"〇覺按：王説非。逼：威脅。以上的行爲搞亂了"貞""烈"的真正含義，所以説"逼"。它與《韓非子·外儲説左下》的"其侈偪上""其儉偪下"的"偪"用法相同。貞：見1.2注〔16〕。

〔22〕汪繼培改"衒"爲"眩"曰："眩，舊作'衒'，据《治要》改。《淮南子·原道訓》高誘注：'眩，惑也。'"〇覺按：衒（xuàn 渲）：通"眩"，迷惑。不煩改字。

〔23〕汪繼培曰："《禮記·内則》：'曾子曰："孝子之養老也，樂其心，不違其志，樂其耳目，安其寢處，以其飲食忠養之。"'《孟子》云：'曾子養曾晳，必有酒肉，將徹，必請所與，問有餘，必曰"有"。若曾子則可謂養志也。'"

〔24〕汪繼培曰："《韓詩外傳》一：'曾子曰："窘其身而約其親者，不可與語孝。"'"〇覺按：待：《國語·晋語八》"厚箴戒圖以待之"韋昭注："待，備也。"即預備的意思。約生以待終：《羣書治要》引崔寔《政論》云："念親將終，無以奉遣，乃約其供養，豫修亡歿之備。"與此文意同。

〔25〕汪繼培曰："《禮記·月令》云：'飭喪紀。'《文王世子》鄭注：'紀，猶事也。'"

〔26〕汪繼培曰："《晋語》云：'禮賓旅。'韋昭注：'旅，客也。'"

〔27〕誣：《國語·晋語八》"且夫欒氏之誣晋國久也"韋昭注："誣，罔也。以惡取善曰誣。"即欺騙、不顧實際地胡亂編造的意思。

〔28〕汪繼培曰："《鹽鐵論·散不足篇》云：'古者事生盡愛，送死盡哀，故聖人爲制節，非虚加之。今生不能致其愛敬，死以奢侈相高，雖無哀戚之心，而厚葬重幣者則稱以爲孝，顯名立於世，光榮著於俗。故黎民相慕效，至於發屋賣業。'《羣書治要》載崔寔（覺按：陳本作"實"，此依汪稿）《政論》云：'送終之家，亦無法度，至用檽梓黄腸，多藏寶貨，烹牛作倡，高墳大寢。是可忍也，孰不可忍？而俗人多之，咸曰健子，天下跂慕，耻不相逮。念親將終，無以奉遣，乃約其供養，豫修亡殁之備，老親之飢寒，以事淫

泆（覺按：陳本作“佚”，此依汪稿）之華稱。竭家盡業，甘心而不恨。'《後漢書·趙咨傳》云：'廢事生而營（覺按：陳本作“榮”，此依汪稿）終亡，替所養而爲厚葬，豈云聖人制禮之意乎？'意與此同。”〇覺按：此“孝悌”衹指“孝”而言，見2.4注〔3〕。行：德行。

〔29〕信（shēn伸）：通“伸”，伸展，伸張，指普遍施行。

〔30〕汪繼培曰：“《魯語》：'臧文仲曰：“居官者當事不避難。”'”

〔31〕汪繼培曰：“昭七年《左傳》云：'從政有所反之，以取媚也。'”

〔32〕汪繼培曰：“《漢書·酷吏·甯成傳》云：'所愛者撓法活之，所憎者曲法滅之。'《論語》云：'友便佞。'《治要》作'玩法以便己'。”〇覺按：撓：通“橈”，彎曲。撓法：與上文“信法”相對，等於説“枉法”。便佞（piánnìng駢寧）：花言巧語，阿諛逢迎。

〔33〕汪繼培曰：“舊脱'徒'字，▲据《治要》補。《淮南子·人閒訓》云：'忠臣事君也，計功而受賞，不爲苟得。'《繆稱訓》云：'小人之從事也曰苟得，君子曰苟義。'”

〔34〕汪繼培曰：“《史記·秦始皇紀》琅邪臺刻石辭云：'姦邪不容，皆務貞良。'”

〔35〕汪繼培於此補“而”曰：“舊脱。”〇覺按：“而”字不必補。

〔36〕汪繼培曰：“舊脱'者'字，据《治要》補。”

〔37〕汪繼培曰：“與'震'同。”〇覺按：振：舉也。汪説非。

〔38〕汪繼培曰：“《管子·明法解》云：'羣臣以虚譽進其黨。'”

2.7

凡此八者〔1〕，皆衰世之務，而闇君之所固也●〔2〕。雖未即於篡弑，然亦亂道之漸來也〔3〕。

【箋注】

〔1〕八者：指2.5與2.6所陳述的當代（“今”）的八種情況。

〔2〕汪繼培曰：“《荀子·王霸篇》云：'闇君必將急逐樂而緩治國。'孔安國《論語》注：'固，蔽也。'”〇覺按：汪説未必當，“固”即固守之意。

〔3〕亂道：造反作亂的思想學説，指違背正統思想的異端邪説。

2.8

夫本末消息之爭●〔1〕，皆在於君，非下民之所能移也。夫民，固隨君之好●〔2〕、從利以生者也●【1】〔3〕。是故務本，則雖虛僞之人皆歸本〔4〕；居末，則雖篤敬之人●皆就末〔5〕。且凍餒之所在，民不得不去也；温飽之所在，民不得不居也●〔6〕。故衰闇之世，本末之人【2】，未必賢不肖也【3】，禍福之所●勢不得無然爾【4】〔7〕。故明君涖國●〔8〕，必崇本抑末●【5】〔9〕，以遏亂危之萌。此誠治危之漸●【6】〔10〕，不可不察也。

【校記】

【1】此句下仿宋本、馮本、魁本、程本、四庫本、邵本有“故君子曰……乾坤之愆矣”一段，今依陳本移入下篇 3.4—3.5。參見 3.4 校記【1】。

【2】本：仿宋本、馮本、魁本、程本、何本、四庫本、陳本同，邵本作“務”。

【3】賢：仿宋本、馮本、魁本、程本、何本、四庫本、陳本同，邵本作“皆”。

【4】所勢：仿宋本、馮本、魁本、程本、何本、四庫本、陳本同，邵本作“勢所”。

【5】崇：仿宋本、馮本、魁本、程本、四庫本、陳本同，何本、邵本作“從”。

【6】治危之：四庫本同，仿宋本、馮本、魁本、程本、何本、陳本作“治之危”，邵本作“爲治之”。

【箋注】

〔1〕汪繼培曰：“《易·豐·彖》曰：‘與時消息。’‘争’疑‘事’。”〇彭鐸曰：“‘争’猶‘辨’。襄二十九年《左傳》：‘辯而不德。’杜注：‘“辯”猶“争”也。’‘辯’與‘辨’同。”〇覺按：消息：消長，減少與增長。争：《吕氏春秋·順民》“以與吴王争一旦之死”高誘注：“争，決。”即決定的意思。汪説非，彭説更誤，因爲“争”衹可表示“辯”，但從不表示“辨”。

〔2〕汪繼培曰：“《管子·法法篇》云：‘凡民從上也，不從口之所言，從情之所好者也。’”

〔3〕汪繼培曰：“《商子·君臣篇》云：‘臣聞道民之門，在上所先。故民可令農戰，可令游宦，可令學問，在上所與。上以功勞與則民戰，上以《詩》《書》與則民學問。民之於利也，若水於下也，四旁無擇也。民徒可以得利而爲之者。’此下舊有‘故君子曰’一段，凡二百卅七字，今考定入《遏利篇》。”〇覺按：“故君子曰”一段今依陳本移入 3.4—3.5，然此段仿宋本系列爲二百三十六字，唯程本系列爲二百三十七字，故汪氏此處所謂舊本，乃指程本而言，這是因爲汪氏始校《潛夫論》時以程本爲底本的緣故。

〔4〕虚僞之人：指上文“好語虚無之事”的文人及“巧僞飭之以欺民取賄”的手工業者。

〔5〕汪繼培曰：“《論語》云：‘行篤敬。’”

〔6〕汪繼培曰：“《論語》云：‘富與貴，是人之所欲也；不以其道得之，不處也。貧與賤，是人之所惡也；不以其道得之，不去也。’《鹽鐵論·褒賢篇》、《論衡·問孔篇、刺孟篇》、高誘注《吕氏春秋·有度篇》、《後漢書·陳蕃傳》‘處’並作‘居’。《漢書·敍傳·幽通賦》云：‘物有欲而不居兮，亦有惡而不避。’用《論語》文。《抱朴子·博喻篇》亦云：‘不以其道，則富貴不足居。’”

〔7〕汪繼培曰：“下有脱字。”〇俞樾曰：“‘人’字乃‘失’字之誤，‘賢’字乃‘皆’字之誤。言衰闇之世，本末之所以失者，未必皆不肖之故，乃爲禍福所迫，不得不然也。”〇覺按：“所”下未必有脱文。《左傳·襄公二十三年》“不患無所”杜預注：“所，位處。”又，此文“人”字兼容“本末”與“賢不肖”，不當爲“失”字之誤；“賢”與“福”相應，若作“皆”，則“福”字無所承；而謂‘本末之失’乃爲福所迫，亦不合邏輯。俞説顯爲臆測，非是。

〔8〕汪繼培曰：“《晏子春秋·諫下》云：‘莅國子民。’”

〔9〕汪繼培曰：“《鹽鐵論·本議篇》云：‘王者崇本退末。’”

〔10〕陳本作“治之危漸”，汪繼培曰：“當作‘治亂之漸’。‘危’‘亂’字形相近，又誤倒‘之’字於上也。”〇覺按：“危”承上句而言，指“亂危”，未必是“亂”之形訛。漸：

《公羊傳·隱公元年》“漸進也”何休注:“漸者，物事之端先見之辭。”引申指開端。

遏利第三

【提要】

遏利：遏止財利。文章的主旨在於貶抑物質利益，倡導德行道義。

作者認爲，人們發議論的時候，“靡不貴廉讓而賤財利焉”，但實際上卻“多釋廉甘利”。這的確揭示了人之常情，對我們認識社會具有普遍的意義。

接着，作者嚴厲地批評了當時的求利之風，認爲人“無德而富貴”，“無功庸於民而求盈”，必“受禍”而“立顛”。可見，作者也並非一味反對追求富貴財利，而衹是認爲：要取得富貴財利，首先要有德行，要有功於民。當然，即使有了德行、功勞，作者也不主張憑此去追求富貴財利。作者理想的道德標準是:“有勳德於民而謙損。”他舉了很多古代的例子，説明“蔑有好利而不亡者、好義而不彰者”，以此來勉勵人們愛好道義而不要貪圖財利。可見，在傳統的義利之争中，作者繼承了儒家“好義”的思想。

3.1

世人之論也，靡不貴廉讓而賤財利焉；及其行也，多釋廉甘利之舉【1】。人●徒知彼之可以利我也〔1〕，而不知我之得彼，亦將爲利人也●〔2〕。知脂蠟之可明燈也●〔3〕，而不知其甚多則冥之〔4〕；知利之可娛己也，不知其稱而必有也●〔5〕。前人以病〔6〕，後人以競●〔7〕，庶民之愚而衰闇之至也●〔8〕！予故嘆曰：何不察也？願鑒于道【2】〔9〕，勿鑒于水●〔10〕。象以齒焚身〔11〕，蚌以珠剖體●【3】〔12〕；匹夫無辜，懷璧其罪●〔13〕。嗚呼！問哉●【4】〔14〕？無德而富貴者【5】，固可豫吊也●【6】〔15〕。

【校記】

【1】之舉：邵本同，仿宋本、馮本、魁本、程本、何本、陳本作“之於”，四庫本作“利之於”。

【2】于：仿宋本、馮本、魁本、程本、四庫本同，何本、邵本、陳本作“於”。下句同。

【3】蚌：仿宋本、馮本、魁本、程本、何本、四庫本、邵本、汪稿同，陳本作“蜯”。

【4】問：仿宋本、馮本、魁本、程本、何本、陳本同，四庫本、邵本作“哀”。

【5】貴者：仿宋本、馮本、程本、四庫本、邵本、陳本同，魁本作“■■”。

【6】豫吊：程本、四庫本、邵本同，仿宋本、馮本、魁本作“豫吊”，陳本作“豫弔”。

【箋注】

〔1〕陳本“人”字連上文作“多釋廉甘利之於人”，汪繼培曰：“文有脱誤。王先生云：‘疑是“多釋廉而甘利”。“釋”“舍”通。“之於”字衍，“人”字屬下句。’”〇覺按：今從邵本。

〔2〕汪繼培曰：“‘利人’疑倒。宣十四年《左傳》：‘晏桓子曰：“貪必謀人。謀人，人亦謀己。”’”〇覺按：爲：被。利：《淮南子·説山訓》“不憎人之利之也”高誘注：“利，猶取也。”爲利人：即“爲利於人”，被取於人。汪繼培認爲當作“爲人利”，也即“被人所利”，也通。

〔3〕汪繼培曰：“《説文》云：‘鐙，錠也。’徐鉉曰：‘錠中置燭，故謂之鐙。’‘鐙’‘燈’正俗字。”

〔4〕冥：暗。

〔5〕汪繼培曰：“文有脱誤。疑當作‘不知其積而必有禍也’。襄廿八年《左傳》：‘晏子曰：“利過則爲敗。”’昭十年《傳》：‘晏子謂桓子曰：“蘊利生孽。”’皆此意也。”〇覺按：“稱”當爲“禍”字之形誤。

〔6〕以：同“已”（“以”“已”篆文字形相同）。《爾雅·釋詁下》：“已，此也。”

〔7〕汪繼培曰：“僖七年《左傳》云：‘諺有之曰：“心則不競，何憚於病？”’此用其文。《楚辭·離騷》云：‘衆皆競進而貪婪兮。’”

〔8〕汪繼培曰：“《春秋繁露》云：‘民之皆趨利而不趨義也，固其所闇也。’”

〔9〕鑒：照。

〔10〕汪繼培曰：“《吴語》：‘申胥云：“王其盍亦鑒於人，無鑒於水！”’”

〔11〕焚：燒。古代往往用焚燒森林的辦法來捕獸，《韓非子·難一》：“焚林而田，偷取多獸，後必無獸。”

〔12〕汪繼培曰：“襄廿四年《左傳》云：‘象有齒以焚其身，賄也。’《淮南子·説林訓》云：‘蛖、象之病，人之寶也。’高誘注：‘蛖，大蛤，中有珠；象牙還以自疾，故人得以爲寶。’《本經訓》云：‘擿蜂（覺按：“蜂”爲“蚌”之誤）蜃。’高注：‘擿，猶開也，開以求珠也。’”

〔13〕汪繼培曰：“桓十年《左傳》。‘辠’今作‘罪’。”〇覺按：以上兩句爲周代諺語，見《左傳·桓公十年》。

〔14〕汪繼培曰：“‘問’疑‘闇’。”〇彭鐸曰：“‘問’當作‘聞’。古字‘聞’與‘問’通，《論語·公冶長篇》：‘聞一知十。’‘聞’本或作‘問’；《禮記·檀弓上篇》：‘問喪於夫子乎？’‘問’本亦作‘聞’：俱見《經典釋文》。‘聞哉’者，呼而欲人聞之，猶欲人勿忘而言‘識之哉’耳。此書‘令聞’字多作‘問’（本篇及《讃學篇》是），寫者因以意改之。若作‘闇’，則與上文‘愚而衰闇之至’相複。”。〇覺按：“問”通“聞”，參見1.3注〔8〕。

〔15〕汪繼培曰：“‘貴者’二字舊空，据程本補。《漢書·景十三王傳·贊》云：‘亡德而富貴，謂之不幸。’”〇彭鐸曰：“古謂‘死’爲‘不幸’，故曰‘可豫弔’。”〇覺按：據汪校，則其所用舊本當爲魁本之底本。

3.2

且夫利物【1】，莫不天之財也●【2】〔1〕。天之制此財也，猶國君之有府庫也。賦賞奪與〔2〕，各有衆寡，民豈得彊取多哉？故人有無德而富貴，是凶民之竊官位盜府庫者也，終必覺，覺必誅矣。盜人必誅，況乃盜天乎，得無受禍焉●〔3〕？鄧通死無簪●〔4〕，勝、跪伐其身●【3】〔5〕。是故天子不能違天富無功，諸侯不能違帝厚私勸●〔6〕。非違帝也，非違天也。帝以天爲制，天以民爲心。民之所欲，天必從之●〔7〕。是故無功庸於民而求盈者〔8〕，未嘗不立顛也●【4】〔9〕；有勳德於民而謙損者，未嘗不光榮也●〔10〕。

【校記】

【1】物：仿宋本、馮本、程本、四庫本、邵本、陳本同，魁本作"勿"。

【2】不：仿宋本、馮本、魁本、程本、何本、陳本同，四庫本、邵本作"非"。

【3】跪伐：仿宋本、馮本、魁本、程本、何本、邵本、陳本同，四庫本作"匱乏"。

【4】立：四庫本同，仿宋本、馮本、魁本、程本、邵本、陳本作"力"。

【箋注】

〔1〕汪繼培曰："'莫不'猶言'莫非'。《周語》：'芮良夫曰："夫利，百物之所生也，天地之所載也，▲而或專之，其害多矣。天地百物，皆將取焉，胡可專也？"'此文本之。"

〔2〕賦：《左傳·僖公二十七年》"賦納以言"杜預注："賦，猶取也。"

〔3〕汪繼培曰："《漢書·朱博傳》云：'得無不宜？'顔師古注：'得無，猶言"無乃"也。'"

〔4〕汪繼培曰："見《史記·佞幸傳》。"〇覺按：鄧通：西漢蜀郡南安縣（今四川省樂山市）人，得漢文帝之寵倖，官至上大夫，賞賜無數。文帝讓善於相面的許負給他相面（見27.4注〔21〕），許負説他將貧餓而死。文帝説："我能使他富有，他怎麼會貧窮呢？"於是賜給鄧通蜀郡嚴道縣（今四川省滎經縣）銅山，准許他自鑄錢幣，鄧氏錢遍於天下。後人常用他的名字比喻富有。漢景帝即位後，鄧通被免官。不久，家財全部被没收，寄食人家，貧困而死。《史記》《漢書》皆載於《佞幸傳》。死無簪：據《史記·佞幸列傳》載，鄧通免官後，有人告發他到境外鑄錢，審問後判決，把他的家産全部充公，還欠不少。景帝的姊姊賜給鄧通的財物也被没收來抵債，連一根簪子都不能别在他身上。簪（zān 贊陰平）：古代男女用來别住髮髻或把帽子别在頭髮上的一種針形首飾。

〔5〕汪繼培曰："'跪'當作'詭'，公孫勝、羊詭（覺按：當作"公孫詭、羊勝"）見《史記·梁孝王世家》。王先生云：'"伐"疑"戕"。'"〇覺按：勝：指羊勝（？—公元前148年），西漢齊郡（今山東省淄博市東北）人，公元前153年梁孝王劉武（景帝之弟）招攬四方豪傑時投奔梁孝王，爲梁孝王寵臣。跪：當作"詭"，指公孫詭（？—公元前148年），西漢齊郡（今山東省淄博市東北）人，與羊勝同時投奔梁孝王，多奇計，受到寵倖，初次拜見梁孝王時，即受賜千金，官至中尉，梁國人稱他爲"公孫將軍"。伐：砍殺，未必是"戕"字之誤。勝、跪伐其身：公元前150年，竇太后想立梁孝王爲漢景帝的繼承人，

由於袁盎及參議大臣等向景帝勸阻而未成，於是梁孝王怨恨袁盎等人，和羊勝、公孫詭密謀策劃，在公元前148年暗中派人刺殺了袁盎等人，結果被查出，朝廷要緝拿羊勝、公孫詭，梁孝王無奈，便命令兩人自殺以了結。事詳《史記·梁孝王世家》。

〔6〕汪繼培曰："王先生宗炎云：'"私勸"疑是"私歡"。'"○覺按：諸侯：指梁孝王。厚：與上句"富"同義，參見1.4注〔6〕。勸：通"歡"，參見《説文通訓定聲·乾部弟十四》"歡"字條。《韓非子·説林上》"甚歡"之"歡"通"勸"，亦兩字相通之例。

〔7〕汪繼培曰："▲《周語》單襄公引《太誓》曰：'民之所欲，天必從之。'又見《鄭語》。襄卅一年《左傳》：'《太誓》云："民之所欲，天必從之。"'"

〔8〕庸：功勞。《周禮·夏官·司勳》："王功曰勳，國功曰功，民功曰庸，事功曰勞，治功曰力，戰功曰多。"

〔9〕陳本"立"作"力"，汪繼培曰："《周禮·司勳》：'國功曰功，民功曰庸。'《晉語》：'穆子曰："無功庸者不敢居高位。"'王先生云：'"力"當作"立"。《周語》："高位實疾顛。""疾顛"即"立顛"也。'繼培按：'力'蓋'危'字之壞。《管子·宙合篇》云：'高爲其居，危顛莫之救。'《淮南子·人閒訓》云：'天下有三危：少德而多寵，一危也；才下而位高，二危也；身無大功而受厚祿，三危也。'《吕氏春秋·務大篇》云：'嘗試觀於上志，三王之佐，其名無不榮者，其實無不安者，功大故也。俗主之佐，其欲名實也與三王之佐同；其名無不辱者，其實無不危者，無功故也。'"○覺按：兩説皆通，今從四庫本改爲"立"。

〔10〕汪繼培曰："《韓詩外傳》八：'孔子曰："天道虧盈而益謙，地道變盈而流謙，鬼神害盈而福謙，人道惡盈而好謙。謙者，抑事而損者也。持盈之道，抑而損之。"'又云：'德行寬容而守之以恭者榮。'"

3.3

自古于今【1】，上以天子，下至庶人●【2】〔1〕，蔑有好利而不亡者、好義而不彰者也●〔2〕。

昔周厲王好專利●〔3〕，芮良夫諫而不入〔4〕，退賦《桑柔》之詩以諷●〔5〕，言是大風也〔6〕，必將有隧●【3】〔7〕；是貪民也，必將敗其類〔8〕。王又不悟，故遂流死于彘●【4】〔9〕。虞公屢求以失其國●〔10〕。公叔戍崇賄以爲罪●【5】〔11〕。桓魋不節飲食以見弑●【6】〔12〕。此皆以貨自亡【7】，用財自滅●〔13〕。

楚鬬子文三爲令尹而有飢色【8】，妻子凍餒，朝不及夕●〔14〕。季文子相四君，馬不餼粟，妾不衣帛●〔15〕。子罕歸玉●〔16〕。晏子歸宅●〔17〕。此皆能棄利約身●〔18〕，故無怨於人●〔19〕，世厚天祿●〔20〕，令問不止●〔21〕。

伯夷、叔齊餓于首陽●【9】〔22〕，白駒●〔23〕、介推●遯逃於山谷〔24〕，顔、原、公析●困饉於郊野【10】〔25〕，守志篤固●〔26〕，秉節不虧，寵禄不能固，威勢不能移●【11】〔27〕，雖有南面之尊●、公侯之位〔28〕，德義有殆，禮義不班●【12】〔29〕，撓志如芷〔30〕，負心若芬●〔31〕，固弗爲也。是故雖有四海之主，弗能與之方名〔32〕；列國之君〔33〕，不能與之鈞重●〔34〕。守志於一●廬之內【13】〔35〕，而義溢乎九州之外〔36〕；信立於千載之上【14】，而名傳乎百世之際●〔37〕。

【校記】

【1】于：仿宋本、馮本、魁本、程本同，何本、四庫本、邵本、陳本作“於”。

【2】至：程本、四庫本、邵本、陳本同，仿宋本、馮本、魁本作“止”。

【3】隧：四庫本、陳本同，仿宋本、馮本、魁本、程本、邵本作“遂”。

【4】于：仿宋本、馮本、魁本、程本同，何本、四庫本、邵本、陳本作“於”。

【5】戍：仿宋本、馮本、魁本、程本、四庫本、邵本同，抄補本、陳本作“戌”。

【6】桓：四庫本、邵本、陳本同，仿宋本、魁本作“桕”，抄補本作“杧”，馮本作“栢”，程本、何本作“相”。

【7】亡：陳本同，仿宋本、馮本、魁本、程本、四庫本、邵本作“止”。

【8】子文：陳本同，仿宋本、馮本、魁本、程本、四庫本、邵本作“文子”。飢：仿宋本、馮本、魁本、何本、邵本、陳本同，程本、四庫本作“饑”。

【9】于：仿宋本、馮本、魁本、程本同，何本、抄補本、四庫本、邵本、陳本作“於”。

【10】析：四庫本、邵本、陳本同，仿宋本、馮本、魁本、程本、何本作“拆”。困饉：仿宋本、馮本、魁本、何本、四庫本、邵本、汪稿同，程本作“困鑓”，陳本作“因饉”。

【11】移：仿宋本、馮本、程本、四庫本、邵本、陳本同，魁本作“移”。

【12】班：仿宋本、馮本、魁本、何本、邵本、陳本同，程本作“斑”，四庫本作“協”。

【13】一：馮本、程本、四庫本、邵本同，仿宋本、魁本作“■”，抄補本空一字，陳本作“□”。

【14】於：仿宋本、馮本、魁本、程本、四庫本、邵本同，陳本作“乎”。

【箋注】

〔1〕汪繼培曰：“‘至’舊作‘止’，据程本改。《禮記・大學》云：‘自天子以至於庶人。’”

〔2〕汪繼培曰：“《荀子・榮辱篇》云：‘先義而後利者榮，先利而後義者辱。’”○覺按：蔑：無。

〔3〕汪繼培曰：“見《周語》。”○覺按：周厲王：西周天子，姬姓，名胡。他任用榮夷公執政，實行“專利”，國人批評他，他就命令衛巫監視，殺死議論者，國人不敢言。公元前841年國人起義，攻王宫，周厲王逃奔到彘（今山西省霍州市），公元前828年死於彘。

〔4〕芮良夫：姬姓，字良夫，芮國（今陝西省大荔縣南）諸侯，伯爵，故又稱芮伯，當時爲周厲王卿士（輔助天子的執政者），參見《詩經・大雅・桑柔》“芮伯”毛傳及孔穎達疏。芮良夫勸諫周厲王的話詳見《國語・周語上》《史記・周本紀》。入：納。

〔5〕汪繼培曰："毛傳序云：'《桑柔》，芮伯刺厲王也。'"○覺按：賦：創作。《桑柔》：《詩經·大雅》中的一篇，爲芮良夫所作，内容主要是指責周厲王的暴政。諷：用含蓄的話來勸説。

〔6〕此下幾句解釋《詩經·大雅·桑柔》中的"大風有隧，貪人敗類"。大風：《詩經·大雅·桑柔》"大風有隧"鄭玄箋："西風謂之大風。"

〔7〕汪繼培曰："舊作'遂'。按《班祿篇》作'隧'，與今《詩》同。"○覺按：隧：通道，道路。

〔8〕類：《荀子·禮論篇》："先祖者，類之本也。"楊倞注："類，種。"即種族、宗族的意思。一説"類"表示善，見《詩經·大雅·桑柔》"貪人敗類"毛傳。

〔9〕汪繼培曰："《周語》。"○覺按：漢代人説"流"，不一定指放逐，也指流亡，如《鹽鐵論·執務》："賦斂省而農不失時，則百姓足而流人歸其田里。"

〔10〕汪繼培曰："桓十年《左傳》。"○覺按：虞：西周時周武王所封的諸侯國，姬姓（參見35.15注〔7〕），位於今山西省平陸縣北，公元前655年爲晋獻公所滅。虞公屢求以失其國：據《左傳·桓公十年》記載，虞公向弟弟虞叔求取玉璧，得到後又求取寶劍，虞叔認爲虞公如此貪得無厭，必將危及自己，於是在公元前702年攻打虞公，虞公出奔到共池（今山西省平陸縣西，原爲虞地，後入於晋）。

〔11〕汪繼培曰："定十三年《左傳》。"○覺按：公叔戍：衛獻公的曾孫，公叔文子的兒子，衛國大夫，家里比國君還富，衛靈公因爲他富有而憎惡他，事見《左傳·定公十三年》。崇：積聚。

〔12〕汪繼培曰："哀十四年《左傳》云：'宋桓魋之寵害於公，公使夫人驟請享焉，而將討之。''弑'當爲'討'。王先生云：▲'"見弑"不必改。《公羊·昭廿五年·傳》："昭公謂子家駒曰：'季氏爲無道，僭於公室久矣。吾欲弑之何如？'"是上殺下亦可謂之"弑"也。'"○覺按：桓魋（tuí頹）：姓向，名魋，因爲他是宋桓公的後代，所以又叫桓魋。他曾任宋國司馬（主管軍事的官），所以又稱桓司馬。他開始一直受到宋景公（公元前516—公元前469年在位）的寵愛，後來因爲不肯給景公美珠而得罪，公元前481年他發動叛亂失敗而逃到衛國、齊國等地，死於魯國。其事蹟見《左傳》定公十年及哀公十一年、十四年，《論語·述而》，《孟子·萬章上》等。不節飲食：未詳。據《左傳·哀公十四年》記載，桓魋曾去宴請宋景公，以便謀害景公，不知是否即此文所指。弑：殺。

〔13〕汪繼培曰："《老子》云：'多藏必厚亡。'《楚語》云：'積貨滋多，蓄怨滋厚，不亡何待？'"

〔14〕汪繼培曰："'子文'舊作'文子'。▲按《楚語》云：'鬬子文三舍令尹，無一日之積。'《楚策》：'莫敖子華曰："令尹子文，朝不謀夕。"'皆此文所本，今据改。"○覺按：汪改是，因爲鬬文子即鬬伯比，是鬬子文的父親，並未三爲令尹。鬬子文：鬬氏，芈（mǐ米）姓，名穀於菟（gòuwūtú構烏徒），字子文，春秋時楚國大夫，楚成王時曾三次任楚國令尹，所以習稱令尹子文。他任令尹時生活十分節儉（見《國語·楚語下》《戰國策·楚策一》），爲政公開坦率，孔子稱讚他忠誠（見《論語·公冶長》），其事蹟又可參見《左傳》莊公三十年至宣公四年。令尹：春秋戰國時楚國執掌軍政大權的最高官職，其地位相當於别國的相。三爲令尹：《論語·公冶長》與《國語·楚語下》均有此説。據《左傳》，魯莊公三十年（公元前664年）子文任令尹，魯僖公二十三年（公元前637年）讓位於子玉，其間的罷免與任命則没有記載。朝不及夕：《戰國策·楚策一》作"朝不謀夕"，《國語·楚語下》説他"無一日之積"，指他家中的糧食不够吃一天，早上不能預料晚上吃什麽。

〔15〕汪繼培曰："成十六年《左傳》云：'季孫於魯，相二君矣，妾不衣帛，馬不食粟。'杜注：'二君，宣、成。'襄五年：'季孫行父卒。'《傳》云：'季文子之忠於公室也，相三君矣，而無私積。'疏云：'行父以文六年見《經》，則爲卿久矣。宣八年仲遂卒後，始文子得政，故至今爲相三君也。'此云'四君'，蓋并文公數之。"〇覺按：季文子（？—公元前568年）：魯國的大夫季孫行父，歷仕魯國文公、宣公、成公、襄公四代。其事蹟見《左傳》文公六年至襄公五年。"馬不餼粟，妾不衣帛"兩句源於《左傳·成公十六年》的"妾不衣帛，馬不食粟"。餼（xì戲）：秣，飼料。這裏用作動詞，表示喂。

〔16〕汪繼培曰："襄十五年《左傳》。"〇覺按：子罕：即樂（yuè悦）喜，樂氏，名喜，字子罕，宋平公（公元前575—公元前532年在位）時爲司城（司城是宋國六卿之一，掌管土木建築工程），曾爲宋國執政，以賢著稱。其事蹟見《左傳》襄公六年至襄公二十七年。歸：歸還，指拒絶接受。子罕歸玉：公元前558年，宋國有個人得到一塊寶玉獻給子罕，子罕不肯接受，並説："我以不貪爲寶，爾以玉爲寶。"事見《左傳·襄公十五年》《韓非子·喻老》。

〔17〕汪繼培曰："昭三年《左傳》。按：'宅'與'夕''帛'韻。"〇覺按：晏子：即晏嬰，春秋時齊國大夫，名嬰，謚平，字仲，公元前556年其父晏弱死後，繼任齊卿，歷事齊國靈公、莊公、景公，以節儉力行重於齊。《史記》有傳。晏子歸宅：晏子的住宅很小，且靠近集市，所以齊景公想把他的家遷到豫章之圃，晏子婉言謝絶了。事見《左傳·昭公三年》《韓非子·難二》。

〔18〕汪繼培曰："《老子》云：'絶巧棄利。'《吴語》云：'身自約也。'《漢書·王莽傳》云：'克身自約。'《論語》云：'克己復禮爲仁。'馬融注：'克己，約身也。'皇侃疏云：'言能自約儉己身。'"〇覺按：約：節儉，使動用法。

〔19〕汪繼培曰："《禮記·中庸》云：'正己而不求於人，則無怨。'鄭注：'無怨，人無怨之者也。'《論語》云：'放於利而行，多怨。'"

〔20〕汪繼培曰："《論語》云：'天禄永終。'"〇覺按："厚"當爲"享"字之誤。禄：福。

〔21〕汪繼培曰："'止'疑'亡'。"〇覺按："不止"猶言"不息"，不煩改字。令問：見1.3注〔8〕。

〔22〕汪繼培曰："《論語》。"〇覺按：此語源於《論語·季氏》。伯夷、叔齊：商朝末年孤竹國（在今河北省盧龍縣南）國君的兩個兒子。開始時，孤竹君讓小兒子叔齊做自己的繼承人。孤竹君死後，叔齊把王位讓給長兄伯夷，伯夷不接受。兩人互相讓位，都不肯當君主，就投奔周文王。後來周武王起兵討伐商紂，他們竭力反對，認爲武王這樣做是不孝不仁。武王滅商，他們認爲是奇恥大辱，於是就逃避到首陽山，堅決不吃周朝的糧食，采薇而食（參見30.10），結果餓死在首陽山下。古代都把他們説成是清高廉潔的典範。其事蹟詳見《史記·伯夷列傳》。首陽：山名，即雷首山，又名首山，在今山西省永濟市南。

〔23〕汪繼培曰："《詩·小雅》。"〇覺按：白駒：白色的駿馬，喻指清高廉潔退隱山谷的賢人。《詩經·小雅·白駒》歌詠道："皎皎白駒，在彼空谷。生芻一束，其人如玉。"所以此文説白駒"遯逃於山谷"，"名傳乎百世之際"，參見9.7。

〔24〕汪繼培曰："僖廿四年《左傳》。"〇覺按：介推：又作介之推、介子推，春秋時晉國人，曾隨從晉文公流亡國外。他對文公極其忠誠，曾割下自己的腿肉給文公充飢。文公回國後賞賜隨從臣屬，卻没有賞他。他便與母親隱居綿上（今山西省介休市東南）山中。傳説文公燒山逼介子推出來，他因不願出來而被燒死。事見《左傳·僖公二十四年》《莊

子・盜跖》《吕氏春秋・介立》《史記・晋世家》《新序・節士》等。遯：逃，回避。

〔25〕汪繼培曰："顔回、原憲、公析哀也。《史記・游俠傳》云：'季次、原憲，讀書懷獨行君子之德，義不苟合當世，終身空室蓬户、褐衣，疏食不厭，死而已。'季次，哀字也。"〇覺按：顔：指顔回（公元前521—公元前490年），春秋末魯國人，名回，字子淵，孔子的學生，安貧樂道，以德行著稱。孔子稱讚他説："賢哉，回也！一簞食，一瓢飲，在陋巷，人不堪其憂，回也不改其樂。"（《論語・雍也》）其事蹟見《論語》《莊子・讓王》《史記・仲尼弟子列傳》等。原：指原憲（約公元前515—？），春秋時魯國人，一説宋國人，字子思，也稱原思、仲憲，孔子的學生。孔子死後，他隱居於衛。傳説他住破草屋、穿粗布衣、吃蔬食而不減其樂。後代多用他的名字來泛指貧士。其事蹟見《莊子・讓王》、《史記》的《仲尼弟子列傳》《游俠列傳》、《新序・節士》。析：通"晳"。公析：指公晳哀，字季次，春秋時齊國人，孔子的學生。他的德行與原憲相似。其事蹟見《史記》的《仲尼弟子列傳》《游俠列傳》。饉（jǐn 謹）：饑荒。古代五穀没有收成叫"饑"，蔬菜及野菜都吃不上叫"饉"。

〔26〕汪繼培曰："《爾雅・釋詁》云：'篤，固也。'"

〔27〕汪繼培曰："《孟子》云：'富貴不能淫，貧賤不能移，威武不能屈。''固'疑'回'之誤，'回'猶'移'也，昭卅一年《左傳》云：'不爲利回。'《逸周書・官人解》云：'深導以利，而心不移。'或云：'固'讀爲'蠱文夫人'之'蠱'，惑也。"〇彭鐸曰："作'回'是也。'回'字蓋涉上'固'字而誤。"〇覺按：汪、彭之説均不當。固：固定，牢牢束縛，指把他們固定在臣位上而聽從指使。《韓非子・八經》："其位至而任大者，以三節持之：曰'質'，曰'鎮'，曰'固'。"此文之"固"字，用法與《韓非子》相同。

〔28〕汪繼培曰："《易・説卦傳》云：'聖人南面而聽天下。'"〇覺按：南面：面向南。古代以坐北朝南爲尊位，君主見羣臣時面向南，所以"南面"指處在君位上。公侯：爵位名。古代的爵位分公、侯、伯、子、男五等。《公羊傳・隱公五年》："王者之後稱公，其餘大國稱侯，小國稱伯、子、男。"

〔29〕汪繼培曰："'班'與'辨'通。《孟子》云：'萬鍾則不辨禮義而受之。'"

〔30〕撓：通"橈"，使……屈服，使……不能伸展。芷（zhǐ 止）：白芷，一種香草。

〔31〕汪繼培曰："'負'當是'熏'。《易・艮・九三》'厲熏心'馬融注：'熏灼其心。'《漢書・路温舒傳》云：'虚美熏心。'按'熏'《説文》作'熏'。'熏''負'字形相近。▲或當作'炙'，《鳧鷖》詩云：'燔炙芬芬。'言勢位之可慕如此。《墨子・經説上》：'義，志以天下爲芬，而能能利之，不必用。'亦此意也。"〇彭鐸曰："'負心'與'撓志'相對。撓，曲也。負，背也。兩句即'撓如芷之志，負若芬之心'，倒之以使'殆'與'芷'、'班'與'芬'叶韻耳。篆書'熏'字與'負'形遠，汪説失之。"〇覺按："負"字不誤，彭説是。

〔32〕方：比。

〔33〕列國：諸侯國。

〔34〕汪繼培曰："《荀子・儒效篇》云：'彼大儒者，雖隱於窮閻漏室，無置錐之地，而王公不能與之争名。'《禮記・投壺》鄭注：'鈞，猶等也。'"〇覺按：鈞：通"均"，同等。

〔35〕陳本"一"作"□"，汪繼培曰："程本作'一'。"

〔36〕九州：大禹治水後，把中國分爲九州：冀州、兖州、青州、徐州、揚州、荆州、豫州、梁州、雍州（見《尚書・禹貢》）。周代將徐州、梁州併入雍州、青州，又從冀州分

出幽州、并州，分爲揚州、荆州、豫州、青州、兖州、雍州、幽州、冀州、并州等九州（見《周禮·夏官·職方氏》《漢書·地理志上》）。後人常用“九州”來泛指中國。

〔37〕汪繼培曰：“《孟子》云：‘奮乎百世之上。百世之下，聞者莫不興起也。’”

3.4

故君子曰●【1】〔1〕：“財賄不多，衣食不贍，聲色不妙，威勢不行〔2〕，非君子之憂也。行善不多，申道不明，節志不立，德義不彰，君子耻焉。”是以賢人智士之於子孫也●〔3〕，厲之以志〔4〕，弗厲以詐●【2】〔5〕；勸之以正，弗勸以邪【3】；示之以儉，弗示以奢●〔6〕；貽之以言，弗貽以財●〔7〕。是故董仲舒終身不問家事，而踈廣不遺賜金●〔8〕。子孫若賢，不待多富；若其不賢，則多以徵怨●〔9〕。故曰：無德而賄豐，禍之胎也〔10〕。

【校記】

【1】此句至篇末，仿宋本、馮本、魁本、程本、四庫本、邵本在2.8“從利以生者也”與“是故務本”之間，今依陳本移於此。參見2.8校記【1】。

【2】以詐：仿宋本、馮本、魁本、四庫本、陳本同，程本作“之以詐”，何本、邵本作“之以辭”。

【3】邪：四庫本同，仿宋本、馮本、魁本、程本、邵本、陳本作“詐”。

【箋注】

〔1〕汪繼培曰：“‘君’字疑誤。”〇覺按：“君子”未必有誤。

〔2〕行：《禮記·月令》“大雨時行”孔穎達疏：“行，猶通被（覺按：《十三經注疏》本“被”作“彼”作，據阮元校勘記改）也。”即普遍覆蓋、施加天下的意思。

〔3〕汪繼培曰：“《吕氏春秋·察微篇》云：‘智士賢者。’”

〔4〕厲：同“礪”，磨煉。

〔5〕汪繼培曰：“‘詐’字與下複，何本作‘辭’。按《三畧》云：‘厲之以辭。’”〇覺按：作“詐”或“辭”均可通。

〔6〕汪繼培曰：“《禮記·檀弓》：‘曾子曰：“國奢則示之以儉。”’”

〔7〕汪繼培曰：“《説苑·雜言篇》：‘晏子曰：“吾聞君子贈人以財，不若以言。”’”

〔8〕汪繼培曰：“並見《漢書》。疎，《漢書》作‘疏’。《廣韻·六（覺按：當作“九”）魚》‘疏’字注云：‘疏姓，漢有太子太傅東海疏廣，俗作“踈”。’按《晋書·束皙傳》云：‘漢太子太傅踈廣之後也。王莽末，廣曾孫孟達避難，自東海徙居沙鹿山南，因去“踈”之“足”，遂改姓焉。’是漢時已以‘疏’爲‘踈’矣。”〇覺按：董仲舒終身不問家事：見1.5注〔2〕。踈：“疏”的俗字。疏廣：字仲翁，西漢東海郡蘭陵縣（今山東省蘭陵縣西南蘭陵鎮）人，年輕時好學，精通《春秋》，家居教授，遠方的人都來就學，後徵爲博士。漢宣帝地節三年（公元前67年）爲太子太傅，在任第五年（公元前63年）稱病還鄉（歷代傳爲“功遂身退”之美談），天天和人娛樂，把金錢都花在喝酒上，不爲子孫購置田宅，

曾説："（子孫）賢而多財，則損其志；愚而多財，則益其過。且夫富者，衆人之怨也。吾既亡以教化子孫，不欲益其過而生怨。又此金者，聖主所以惠養老臣也，故樂與鄉黨宗族共饗其賜，以盡吾餘日，不亦可乎？"參見《漢書·疏廣傳》。

〔9〕汪繼培曰："《漢書·疏廣傳》云：'賢而多財，則損其志；愚而多財，則益其過。且夫富者，衆（覺按：當作"衆人"）之怨也。吾既亡以教化子孫，不欲益其過而生怨。'昭卅二年《左傳》云：'無徵怨於百姓。'杜注：'徵，召也。'"

〔10〕胎：喻指根源。《漢書·枚乘傳》："福生有基，禍生有胎。"

3.5

昔曹羈有言〔1〕："守天之聚，必施其德義。德義弗施，聚必有闕●〔2〕。"今或●〔3〕家賑而貸乏●【1】〔4〕，遺賑貧窮，恤矜疾苦●〔5〕，則必不久●〔6〕居富矣●【2】〔7〕。《易》曰："天道虧盈以益謙●【3】〔8〕。"故以仁義費於彼者【4】，天賞之於此●〔9〕；以邪取於前者，衰之於後。是以持盈之道，挹而損之●〔10〕，則亦●〔11〕可以免於亢龍之悔、乾坤之愆矣●【5】〔12〕。

【校記】

【1】或家賑而貸乏：程本、四庫本同，仿宋本、馮本作"或家賑而貸之"，魁本作"■家賑而貸乏"，邵本作"或家富而貸乏"，陳本作"□家賑而貸乏"。

【2】不久：何本、四庫本、邵本同，仿宋本、馮本、程本作"不夂"，魁本作"不■"，陳本作"不□"。

【3】益：四庫本同，仿宋本、馮本、魁本、程本、陳本作"冲"，何本、邵本作"沖"。

【4】以仁義費：邵本同，仿宋本、馮本、程本、何本作"仁以義費"，魁本作"仁以義■"，四庫本作"人以義費"，陳本作"以仁義□"。

【5】亦：邵本、陳本同，仿宋本、馮本、魁本、程本、何本作"不"，四庫本無此字。

【箋注】

〔1〕曹羈：姓僖，名負羈，春秋時曹國的大夫，故此稱曹羈。他曾屢次勸諫曹君，以賢著稱。其事蹟見《左傳·僖公二十三年、二十八年》《國語·晋語四》《韓非子·十過》。下面的引文見《國語·晋語四》，文字與今本《國語》稍異。《春秋·莊公二十四年》《公羊傳·莊公二十四年》《韓非子·難言》也有"曹羈"，與此非一人。

〔2〕汪繼培曰："▲僖負羈也。《晋語》：'僖負羈言於曹伯曰："守天之聚，將施於宜。宜而不施，聚必有闕。"'韋昭注：'宜，義也。'"

〔3〕陳本"或"作"□"，汪繼培曰："程本作'或'。"○覺按：據此，則汪繼培所用底本當爲魁本之底本。

〔4〕汪繼培曰："《爾雅·釋言》云：'賑，富也。'"○覺按：今：如果。賑（zhèn 振）：富裕。貸：借出。

〔5〕汪繼培曰："《周禮·大司徒》：'以保息六安（覺按："安"當作"養"）萬民'，'三曰振窮，四曰恤貧，五曰寬疾。'鄭注：'振窮，抍捄天民之窮者也。'昭十四年《左傳》

云：‘分貧振窮，長孤幼，養老疾。’杜注：‘振，救也。’‘振’聲誤爲‘賑’。《漢書·文帝紀》元年詔曰：‘其議所以振貸之。’顔師古注：‘振，起也。諸“振救”“振贍”，其義皆同。今流俗作字從“貝”者，非也。’”○覺按：遺（wèi 衛）：贈送。賑（zhèn 振）：救濟。

〔6〕陳本“久”作“□”，汪繼培曰：“程本作‘久’。”○覺按：據此，汪繼培所用底本當爲魁本之底本。

〔7〕汪繼培曰：“句有誤字。《説苑·雜言篇》：‘孔子曰：“夫富而能富人者，欲貧而不可得也。”’《説叢篇》云：‘賑窮救急，何患無有？’”○彭鐸曰：“‘不’疑當作‘可’。‘必可久居富’，即‘欲貧而不可得’之意。”○覺按：“不”與“可”形音不同，故彭説未當。此“不”當爲“亦”字之形誤，與下文“亦可以免於亢龍之悔”之“亦”誤爲“不”同（參見校記【5】）。

〔8〕汪繼培曰：“《謙·彖詞》。‘以冲’王弼本作‘而益’。”○覺按：引文見《周易·謙·彖》。

〔9〕陳本“費”作“□”，汪繼培曰：“空格程本作‘費’，‘以仁義’舊作‘仁以義’。按《墨子·天志中》云：‘此仁也，義也，愛人利人，順天之意，得天之賞者也。’此文本之。襄廿八年《左傳》：‘叔孫穆子曰：“善人富謂之賞。”’”○覺按：據汪校，其所用舊本當爲魁本之底本。

〔10〕汪繼培曰：“見上。‘挹’與‘抑’同。▲《説苑·謹慎篇》：‘孔子曰：“持滿之道，挹而損之。”’《韓詩外傳》三、又八‘挹’並作‘抑’。”○覺按：參見3.2注〔10〕。挹（yì 義）：通“抑”，抑制，謙退。挹而損之：《荀子·宥坐篇》：“子路曰：‘敢問持滿有道乎？’孔子曰：‘聰明聖知，守之以愚；功被天下，守之以讓；勇力撫世，守之以怯；富有四海，守之以謙。此所謂挹而損之之道也。’”

〔11〕汪繼培曰：“舊作‘不’。”

〔12〕汪繼培曰：“《乾·上九》：‘亢龍有悔。’象曰：‘亢龍有悔，盈不可久也。’‘故君子曰’至此，舊錯入《務本篇》，今移正。”○覺按：亢：高，此指至高無上而又不謙讓警惕。《周易·乾·文言》：“‘亢’之爲言也，知進而不知退，知存而不知亡，知得而不知喪。”龍：爲鱗蟲之長，故用來象徵非常之人。悔：災禍。亢龍之悔：《周易·乾》：“亢龍有悔。”該卦《象》傳説：“‘亢龍有悔’，盈不可久也。”該卦《文言》曰：“‘亢龍有悔’，窮之災也。”意思是至高無上而又不謙讓警惕的人會有災禍。乾坤：《周易》八卦中有“乾”“坤”二卦，乾屬於陽，象徵天；坤屬於陰，象徵地。愆（qiān 千）：差錯，差失。乾坤之愆：指陰陽失調。古代以陰陽（構成萬事萬物的一對正反矛盾的基本因素）來解釋世間各種事物的變化，陰陽失調則成災，如《左傳·昭公四年》所説的“愆陽”“伏陰”之類。

論榮第四

【提要】

論榮：關於榮耀的議論。文章論述了榮華富貴與德行之間的關係以及評判人、使用人的原則。

作者認爲，在現實中，榮華富貴與德行之間並不存在簡單的對應關係。

有德的君子應該榮華富貴，但卻未必榮華富貴；而榮華富貴的人也並不一定就是有德的君子，有的仍是卑鄙的小人。是否有德行，在於自己；而是否富貴，則是上天的安排。“君子未必富貴，小人未必貧賤”，所以評價一個人，不能衹根據其榮華富貴或困辱貧賤，而應該看他的德行如何。因此，即使是天子，也“不足以爲榮”。文章重點批判了當時根據家世、地位以及出身地來評判人、使用人的風尚，這無疑與作者的身世、地位以及出身地使他不能得志的境遇有關。他提出了“仁重而勢輕，位蔑而義榮”的論人標準以及“能”“德”“忠”的用人標準，主張使用“德義”“忠”“賢”之人，認爲衹要“有大美可尚於世”，則不應計較其“細行小瑕”。這裏面無疑也含有作者懷才不遇的情緒。

4.1

所謂賢人君子者，非必高位厚禄富貴榮華之謂也●〔1〕。此則君子之所宜有，而非其所以爲君子者也。所謂小人者，非必貧賤凍餒困辱阨窮之謂也●【1】〔2〕。此則小人之所宜處，而非其所以爲小人者也。奚以明之哉？夫桀、紂者〔3〕，夏、殷之君王也〔4〕；崇侯、惡來，天子之三公也●〔5〕；而猶不免於小人者，以其心行惡也。伯夷、叔齊餓夫也●〔6〕，傅説胥靡●【2】〔7〕，而井伯虞虜也●【3】〔8〕，然世猶以爲君子者，以爲志節美也●〔9〕。

【校記】

【1】困辱：馮本同，仿宋本、魁本、陳本作“辱”，程本、何本作“困”，四庫本、邵本作“困苦”。也：仿宋本、馮本、魁本、程本、何本、四庫本、陳本同，邵本無“也”字。

【2】胥：何本、四庫本、邵本、陳本同，仿宋本、馮本、魁本作“胥”，程本作“骨”。

【3】伯虞：四庫本、陳本同，仿宋本、魁本作“臼處”，馮本作“臼虡”，程本、邵本作“臼處”。

【箋注】

〔1〕汪繼培曰：“《漢書·董仲舒傳》云：‘身寵而載高位，家温而食厚禄，因乘富貴之資力，以與民争利於下。’《敘傳·答賓戲》云：‘據徼乘邪，以求一日之富貴，朝爲榮華，夕而蕉瘁。’”〇覺按：草本植物的花叫“榮”，木本植物的花叫“華”，故以“榮華”喻指榮耀光彩。

〔2〕汪繼培曰：“‘辱’上脱一字。程本‘辱’作‘困’。”〇覺按：“困”“辱”二字當兼有。

〔3〕桀：名癸，一作履癸，夏朝末代帝王，傳説中的暴君，其在位年代約在公元前

17世紀末，後被商湯打敗，流放南巢（在今安徽省巢湖市東北）而死。其事蹟可參見《左傳・昭公四年、十一年》《國語・魯語上》《尚書・仲虺之誥》《史記・夏本紀》。紂：一作"受"，名辛，也稱"帝辛""商辛"，商朝末代帝王，被周武王在牧野（在今河南省淇縣西南）打敗後自焚而死。古人都認爲他是典型的暴君。

〔4〕夏：見1.2注〔6〕。殷：朝代名，即指商。商族的祖先契（xiè 瀉）原受封於商（在今河南省商邱市睢陽區南）；其十三代孫成湯滅夏桀而建立商朝，開始都於南亳（在今河南省商邱市睢陽區西南），後遷都西亳（在今河南省偃師市西）；其後代又遷都五次，均號"商"。至第十代第十九個君主盤庚之時，把首都從奄（今山東省曲阜市東）遷到殷，所以後來又把商朝稱作"殷"；但並未改去"商"號，所以也稱"殷商"。從盤庚遷殷到紂敗於周武王而亡國，共十二帝（見《史記・三代世表》），二百餘年，一般稱爲殷代，但整個商代，也常常被稱爲殷，如《史記・殷本紀》"封紂子武庚祿父以續殷祀"《集解》引譙周曰："殷凡三十一世，六百餘年。"商朝的時代約在公元前16世紀初至公元前11世紀。參見《史記・殷本紀》及三家注、《尚書・盤庚》孔安國傳及孔穎達疏、《詩經・商頌譜》孔穎達疏。至於盤庚所遷之殷都所在地，當在今河南省安陽市（《尚書・盤庚上》"將治亳殷"孔穎達疏引《汲冢古文》云："盤庚自奄遷于殷，殷在鄴南三十里。"）；今人大多認爲在今河南省安陽市殷都區小屯村，但有人認爲小屯村是殷之墓葬區，其都應在小屯村東南之平原上；古代也有人認爲即湯都西亳（見《史記・殷本紀》"湯始居亳"《正義》），那就在今河南省偃師市西。至於商紂王之都，則在朝歌（在今河南省淇縣），即《史記・衛康叔世家》所説的"河、淇間故商墟"，也就是周武王封紂子武庚治殷餘民之國。由於商紂王之都也稱"殷"，所以今安陽市之殷都，歷史上又稱爲"北殷"（因其地在朝歌之北），參見34.5.6及《史記・殷本紀》。

〔5〕汪繼培曰："見《史記・殷本紀》。"〇覺按：崇侯：指崇侯虎。他是商代崇國（崇國在今陝西省西安市西邊渭河支流灃河西岸、鄠邑區東，即西周酆邑所在；一説在今河南省嵩縣境）的諸侯，所以稱崇侯。他曾受到商紂王的寵愛而爲輔佐大臣，在紂王面前讒害過西伯姬昌（周文王），後被西伯所滅。傳統都把他當作是讒害賢良的姦臣。其事蹟可參見《史記》的《殷本紀》《周本紀》。惡來：商紂王的大臣，秦國先祖蜚廉的兒子，善於讒害人，周武王伐紂時被殺。其事蹟參見《史記》的《殷本紀》《秦本紀》。三公：輔助君主掌管軍政大權的最高官員，各個朝代名稱不盡相同，如周代以太師、太傅、太保爲三公。秦漢時以丞相（後改稱大司徒）、御史大夫（後改稱大司空）、太尉（後改稱大司馬）爲三公。東漢以太尉、司徒、司空爲三公。參見35.16.4注〔28〕。

〔6〕汪繼培曰："《法言・淵騫篇》云：'西山之餓夫。'"

〔7〕汪繼培曰："《吕氏春秋・求人篇》云：'傅説，殷之胥靡也。'高誘注：'胥靡，刑罪之名也。'"〇覺按：傅説（yuè 悦）：商朝賢人，原爲服勞役的囚犯，在傅巖（在今山西省平陸縣東）之野從事繁重的築牆勞動，後被商王武丁（殷高宗）訪得而任爲相，治理國政，使殷王朝大治，出現了中興的局面。參見《尚書・説命》《吕氏春秋・求人》《史記・殷本紀》。胥靡：服勞役的囚犯。《莊子・庚桑楚》"胥靡登高而不懼"成玄英疏："胥靡，徒役之人也。"《釋文》："胥靡，司馬云：刑徒人也。"

〔8〕汪繼培曰："'井伯虞虜'舊作'井臼處虜'。僖五年《左傳》云：'執虞公及其大夫井伯。'《史記・晋世家》'執'作'虜'。▲《正義》引《南雍州記》云：'百里奚，字井伯，宛人也。'"〇覺按：井伯：指百里奚。《左傳・僖公五年》："（晋）遂襲虞，滅之，執虞公及其大夫井伯，以媵秦穆姬。"《史記・秦本紀》："五年，晋獻公滅虞、虢，虜虞君與

其大夫百里傒，……既虜百里傒，以爲秦穆公夫人媵於秦。”《史記・晋世家》：“（晋）還，襲滅虞，虜虞公及其大夫井伯百里奚，以媵秦穆姬。”有人認爲井伯與百里奚是兩個人（如班固《漢書・古今人表》將百里奚列爲“上下智人”，將井伯列爲“中下”；又可參見楊伯峻《春秋左傳注・僖公五年》“執虞公及其大夫井伯”注），但從《史記》及《正義》所引《南雍州記》的記載來看，“井伯”與“百里奚”當爲一人。春秋時稱呼人有先字後名的，如孔子的父親名紇、字叔梁而稱爲叔梁紇，所以《史記・晋世家》稱“井伯百里奚”。井伯他書罕見，而百里奚則以賢著稱，且常與傅説連言，如《孟子・告子下》：“傅説舉於版築之間，……百里奚舉於市。”《韓非子・難言》：“伯里子（百里奚）道乞，傅説轉鬻。”此文將“井伯”與“傅説”並稱，説他們是“志節美”的“君子”，當也是以井伯爲百里奚，而非指另一人。百里奚，春秋時宛（今河南省南陽市）人，原爲虞國大夫，公元前655年晋獻公滅虞時他被俘而成爲奴隸。後來晋獻公把女兒嫁給秦國，把他作爲陪嫁之臣。他在途中外逃，被楚國人抓住。秦穆公聽説他有才能，就用五張黑羊皮把他贖了去，並授之以國政，稱他爲五羖大夫。後來他與蹇叔、由余等共同幫助秦穆公建立了霸業。其事蹟見《史記・秦本紀》。《新唐書・宰相世系表五下》云：“虞之公族井伯奚媵伯姬于秦，受邑於百里，因號百里奚。奚生視，字孟明，古人皆先字後名，故稱爲孟明視。”此説也可供參考。

〔9〕汪繼培曰：“《漢書・云敞傳》云：‘車騎將軍王舜高其志節。’”

4.2

故論士，苟定于志行●【1】〔1〕，勿以遭命〔2〕，則雖有天下，不足以爲重；無所用，不可●以爲輕【2】〔3〕；處隸圉●〔4〕，不足以爲耻；撫四海，不足以爲榮；況乎其未能相縣若此者哉●【3】〔5〕？故曰：寵位不足以尊我●【4】〔6〕，而卑賤不足以卑己●【5】〔7〕。

【校記】

【1】于：仿宋本、馮本、魁本同，程本、四庫本、邵本、陳本作“於”。

【2】可：仿宋本、馮本、魁本、程本、邵本同，四庫本、陳本作“足”。

【3】縣：仿宋本、馮本、魁本、程本、邵本、陳本同，四庫本作“懸”。

【4】尊我：陳本同，仿宋本、程本、何本作“爲尊我”，馮本、魁本、四庫本作“為尊我”，邵本作“爲我尊”。

【5】卑己：仿宋本、馮本、魁本、程本、何本、陳本同，四庫本作“為卑已”，邵本作“爲己辱”。

【箋注】

〔1〕汪繼培曰：“《淮南子・原道訓》云：‘士有一定之論。’《管子・八觀篇》云：‘商賈之人，不論志行而有爵禄。’《荀子・榮辱篇》云：‘志行修，臨官治。’”

〔2〕王紹蘭曰：“《論衡・命禄篇》：‘凡人遇偶及遭累害，皆由命也。’《命義篇》引傳曰：‘説命有三：一曰正命，二曰隨命，三曰遭命。遭命者，行善得惡，非所冀望，逢遭於外而得凶禍，故曰遭命。’説本緯書。”○覺按：據此下“雖有天下”云云觀之，此“遭命”

與《論衡·命義篇》所説之義不同，王説不當。參見4.3注〔1〕。

〔3〕陳本“可”作“足”，汪繼培曰：“舊作‘可’。”〇覺按：汪改非。上言“重”，故用“足”；此言“輕”，則無所謂“足”，故用“可”。

〔4〕汪繼培曰：“哀二年《左傳》云：‘人臣隸圉免。’《周語》云：‘湮替隸圉。’韋昭注：‘隸，役也。圉，養馬者。’”

〔5〕汪繼培曰：“《荀子·王制篇》云：‘是其爲相縣也亦遠矣。’”〇覺按：縣（xuán玄）：“懸”之古字，懸殊，差距大。

〔6〕汪繼培曰：“‘以’下舊衍‘爲’字。”

〔7〕汪繼培曰：“《新書·大政上篇》云：‘紂自謂天王也，桀自謂天子也，已滅之後，民以相駡也。以此觀之，則位不足以爲尊，而號不足以爲榮矣。’”

4.3

夫令譽從我興，而二命自天降之●【1】〔1〕。《詩》云：“天實爲之，謂之何哉●〔2〕？”故君子未必富貴，小人未必貧賤●〔3〕，或潛龍未用〔4〕，或●〔5〕亢龍在天●【2】〔6〕，從古以然〔7〕。

【校記】

【1】二：仿宋本、馮本、魁本、程本、邵本、陳本同，四庫本無“二”字。

【2】或：仿宋本、馮本、程本、四庫本、邵本、陳本同，魁本無“或”字。

【箋注】

〔1〕汪繼培曰：“《禮記·祭法》疏引《援神契》云：‘命有三科：有受命以保慶，有遭命以謫暴，有隨命以督行。’此云二命，蓋不數受命。《卜列篇》云：‘命有遭隨。’《御覽》三百六十引《春秋元命苞》云：‘命者，天之令也。所受於帝，行正不過，得壽命——壽命，正命也，起九九八十一。有隨命——隨命者，隨行爲命也。有遭命——遭命者，行正不誤，逢世殘賊，君上逆亂，辜咎下流，災譴並發，陰陽散忤，暴氣雷至，滅日動地，絶人命，沙鹿襲邑是。’”〇俞樾曰：“上文云：‘寵位不足以尊我，而卑賤不足以卑己。’然則‘二命’即謂此二者也。下云‘故君子未必富貴，小人未必貧賤’，富貴、貧賤，此即天所降之二命。汪氏不本上下文爲説，而泛舉《援神契》之遭命、隨命以説此‘二命’，失之。”〇覺按：俞説是，汪説非。《論語·顔淵》：“子夏曰：‘商聞之矣：死生有命，富貴在天。’”此文與之一脈相承。

〔2〕汪繼培曰：“《北門》。”〇覺按：引詩見《詩經·邶風·北門》（參見1.4注〔3〕）。實：副詞，強調事情的實在。謂之何哉：説它幹嗎呢？表示無可奈何。《經傳釋詞》卷二“謂”字條引王念孫説、馬瑞辰《毛詩傳箋通釋》都把“謂”解爲“奈”，也通。

〔3〕汪繼培曰：“《論衡·命禄篇》云：‘才高行厚，未必保其必富貴；智寡德薄，未必信其必貧賤。或時才高行厚，命惡廢而不進；智寡德薄，命善興而超踰。故夫臨事知愚，操行清濁，性與才也；仕宦貴賤，治產貧富，命與時也。’”

〔4〕龍：見3.5注〔12〕。潛龍：隱藏之龍，喻指隱而未顯的聖人或被埋没的賢人。《周易·乾·文言》：“不易乎世，不成乎名，遯世无悶，不見是而世悶，樂則行之，憂則違之，確乎其不可拔，潛龍也。”

〔5〕汪繼培曰：“舊脱，据程本補。”〇覺按：據汪校，汪繼培所用舊本當爲魁本之底本。

〔6〕汪繼培曰：“《易·乾》。”〇覺按：亢龍：見3.5注〔12〕。在天：在天上，比喻在君位。《周易·乾·文言》：“‘飛龍在天’，上治也。”

〔7〕從古以然：自古而然。

4.4

今觀俗士之論也，以族舉德，以位命賢●〔1〕。兹可謂得論之一體矣〔2〕，而未獲至論之淑真也●【1】〔3〕。

堯，聖父也，而丹凶傲●〔4〕；舜，聖子也，而叟頑惡●【2】〔5〕；叔嚮【3】〔6〕，賢兄也，而鮒貪暴●〔7〕；季友〔8〕，賢弟也，而慶父淫亂●〔9〕。論若必以族〔10〕，是丹宜禪〔11〕，而舜宜誅；鮒宜賞，而友宜夷也。論之不可必以族也若是。昔祁奚有言〔12〕：“鯀殛而禹興〔13〕，管、蔡爲戮〔14〕，周公祐王●【4】〔15〕。”故《書》稱“父子兄弟不相及”也●〔16〕。

幽、厲之貴〔17〕，天子也，而又富有四海●〔18〕。顔、原之賤〔19〕，匹庶也，而又凍餧屢空●〔20〕。論若必以位，則是兩王足●〔21〕爲世士●【5】〔22〕，而二處爲愚鄙也【6】〔23〕。論之不可必以位也【7】，又若是焉●〔24〕。

【校記】

【1】真：仿宋本、馮本、魁本、陳本同，程本、四庫本、邵本作“貞”。

【2】叟：仿宋本、馮本、魁本、程本、邵本、陳本同，四庫本作“瞍”。

【3】嚮：仿宋本、馮本、魁本、程本、邵本、陳本同，四庫本作“向”。

【4】祐：仿宋本、馮本、程本、四庫本、邵本、陳本同，魁本作“祐”。

【5】王足：邵本同，仿宋本、馮本、魁本、四庫本、陳本作“王是”，程本、何本作“三是”。士：仿宋本、馮本、魁本、程本、何本、四庫本、陳本同，邵本作“師”。

【6】二處：仿宋本、馮本、魁本、程本、何本、四庫本、陳本同，邵本作“匹庶”。

【7】之：仿宋本、馮本、魁本、四庫本、邵本、陳本同，程本、何本作“出”。

【箋注】

〔1〕汪繼培曰：“仲長統《昌言》云：‘天下士有三俗：選士而論族姓閥閲，一俗。’見《意林》。”〇覺按：以族舉德：根據家族來推薦有德行的人，也就是根據各人的血緣關係來評判其德行，把有德者的親屬推薦爲有德行的人。這是一種血統論。

〔2〕兹：這。一體：指一部分。《孟子·公孫丑上》：“子夏、子游、子張皆有聖人之一體。”用法與此同。

〔3〕汪繼培曰："真，程本作'貞'，誤。《淮南子》有《俶真訓》。《説文》云：'俶，善也。'經典多通用'淑'。"〇覺按：至：極，最。至論：最高明的評論方法。

〔4〕汪繼培曰："《書·皋陶謨》。"〇覺按：丹：指丹朱，堯的兒子，名朱（一作絑），因封於丹（在今河南省淅川縣西南丹江北岸），所以叫丹朱。他傲慢荒淫，堯知其不肖，不足以授天下，於是把政權交給了舜。其事蹟可參見《尚書·益稷》、《國語·楚語上》及韋昭注、《史記·五帝本紀》。傲：傲慢，本於《尚書·益稷》所説的"丹朱傲"。

〔5〕汪繼培曰："《堯典》。"〇覺按：叟：指瞽叟，《尚書·大禹謨》《孟子·萬章上》作"瞽瞍"，舜的父親，因爲他生了眼睛卻分不清好壞，所以人們稱他叫瞽瞍（瞎子）。頑：愚妄。《尚書·堯典》："瞽子，父頑。"孔安國傳："心不則德義之經爲頑。"惡：《孟子·萬章上》《史記·五帝本紀》載有瞽叟多次謀殺舜的惡行，如讓舜修穀倉，他在下縱火；讓舜淘井，他用土填井。

〔6〕叔嚮：春秋時晉國大夫，羊舌職次子，羊舌氏，名肸（xī 希），字嚮，又字譽，食邑在楊（在今山西省洪洞縣東南范村東），又稱楊肸、叔肸、叔譽，晉悼公時爲太子彪的傅，後被晉平公彪（公元前557—公元前532年在位）任爲太傅。

〔7〕汪繼培曰："昭元年、十三年、十四年《左傳》。"〇覺按：鮒：叔嚮之弟叔魚，羊舌氏，名鮒，所以又稱羊舌鮒。鮒貪暴：據《左傳·昭公十三年》記載，公元前529年，羊舌鮒代理司馬（主管軍事）而進駐衛地，便"求貨於衛"，讓割草砍柴的人到處亂砍亂伐，叔嚮也説他"瀆貨無厭"。據《左傳·昭公十四年》《國語·晉語九》記載，公元前528年，他代理法官，貪贓枉法而被人殺死，叔嚮説他"貪以敗官"。又《左傳·昭公元年》有"樂王鮒"，樂氏，名王鮒，與羊舌鮒爲二人，汪繼培視爲一人，誤。

〔8〕季友（？—公元前644年）：春秋時魯桓公少子，魯莊公之弟，名友，號成季，故稱季友，又稱公子友。他因平慶父之難，立僖公、敗莒師有功，封汶陽之田及費邑，爲魯之上卿，專國政。其後代爲季孫氏，魯國三桓之一，世爲大夫，長期在魯國執政。其事蹟詳見《春秋》《左傳》《公羊傳》《穀梁傳》之莊公二十七年至僖公十六年。

〔9〕汪繼培曰："莊卅一年、閔二年《左傳》。"〇覺按：慶父：即仲慶父、共仲，春秋時魯桓公之子，季友之兄，魯莊公之弟（此據《公羊傳·莊公二十七年》及《史記·魯周公世家》，《春秋·莊公二年》杜預注則以爲是莊公庶兄）。魯莊公三十二年（公元前662年），莊公死，子般立，慶父派人殺子般，立閔公啓方（莊公庶子，年八歲）。魯閔公二年（公元前660年），他又派人殺閔公，因不爲國人所容而出奔莒。季友立僖公，賄賂莒國而索取慶父。莒國送還，慶父回到魯國密邑（今山東省沂水縣西南）時自縊死。其後代仲孫氏（一作孟孫氏）也是三桓之一。公元前661年齊國大夫仲孫湫曾説："不去慶父，魯難未已。"後代也常以"慶父"來指代製造內亂的禍根。其事蹟詳見《春秋》《左傳》《公羊傳》之莊公二年至僖公元年。淫：好色，姦淫。慶父曾與莊公夫人哀姜通姦（見《公羊傳·莊公二十七年》《左傳·閔公二年》）。

〔10〕必：衹。《古書虛字集釋》卷十"必"字條："'必'猶'但'也。"即此義。

〔11〕是：則。禪（shàn 善）：禪讓，把帝位讓給別人，這裏用作被動詞。下面幾句的"誅""賞""夷"都用作被動詞。

〔12〕祁奚：《史記·晉世家》作"祁傒"。春秋時晉國大夫，高梁伯之子，字黄羊，其食邑在祁（今山西省祁縣東南祁城），因而以祁爲氏。晉悼公時任中軍尉，年老請求退休時曾推薦過讎人解狐與兒子祁午，因有"外舉不隱讎，内舉不隱子"之稱，成爲古代公正推薦賢人的典範。其事蹟見《左傳·襄公三年》《國語·晉語七》。下面的話見《左傳·襄

公二十一年》。

〔13〕鯀（gǔn 滚）：上古顓頊帝的後裔，夏禹的父親，原居於石紐（在今四川省汶川縣），後封於崇（在今河南省嵩縣境），號崇伯。相傳鯀曾由四岳推舉，遵奉堯的命令治理洪水。他採取築堤防水的方法，治了九年也没有成功，因而被舜流放到羽山（在今江蘇省東海縣西北）。他投水而死，傳説變成了黄熊（三足鱉），成了羽淵之神。其事蹟見《尚書・堯典、舜典》《國語・晋語八》《史記・夏本紀》《吴越春秋・越王無余外傳》。一説他被堯殺死在羽山之郊，見《韓非子・外儲説右上》。殛（jí 及）：通“極”，流放。《尚書・舜典》“殛鯀于羽山”孔穎達疏：“殛者誅責之稱，俱是流徙。”《尚書・洪範》“鯀則殛死”孔安國傳：“放鯀至死不赦。”《釋文》：“殛，紀力反，本或作‘極’，音同。”《史記・夏本紀》“乃殛鯀於羽山以死”《正義》：“殛，音紀力反。鯀之羽山，化爲黄熊，入于羽淵。熊，音乃來反，下三點爲三足也。束晳《發蒙紀》云：‘鼈三足曰熊。’”《吴越春秋・越王無余外傳》：“觀鯀之治水無有形狀，乃殛鯀于羽山。鯀投于水，化爲黄能，因爲羽淵之神。”一般辭書都將“殛”解爲“殺”，不當。興：舉，起用。

〔14〕管、蔡：指周武王姬發的弟弟叔鮮、叔度。武王滅商後，他們分别被封於管（位於今河南省鄭州市）、蔡（位於今河南省上蔡縣西南），故史稱管叔、蔡叔。管、蔡爲戮：周武王殺紂滅商後，封紂的兒子武庚於殷（據《史記・衛康叔世家》，故商墟在河、淇間，即今河南省淇縣）治殷之餘民，以續殷祀。同時，爲了加强防範，又使其弟管叔居殷都以東之衛國（在今河南省滑縣）、蔡叔居殷都以西之鄘國（在今河南省新鄉市西南）、霍叔居殷都以北之邶國（在今河南省湯陰縣東南）監督殷民，叫作三監。武王去世後，繼位的成王年幼，由周公旦攝政，三監不服，聯合武庚與淮夷反叛。於是周公旦東征平叛，殺了武庚、管叔，把蔡叔放逐到國外的郭鄰囚禁起來，貶霍叔爲庶人。參見《尚書・蔡仲之命》，《史記》的《周本紀》《魯周公世家》《管蔡世家》。此文説蔡叔也被殺戮，不過是爲了説話方便而已，無關史實。

〔15〕汪繼培曰：“襄廿一年《左傳》。‘祐’今作‘右’。”○覺按：周公：姓姬，名旦，管叔之弟，蔡叔之兄，其事蹟見 1.1 注〔17〕。祐：通“右”（今本《左傳・襄公二十一年》所載祁奚之言作“右”），幫助，輔佐。王：指周成王，西周天子，姬姓，名誦。其父周武王死時，他年幼，故即位後由叔父周公旦攝政。周公攝政七年，成王年長，周公便歸政於他，他又當政三十年。

〔16〕汪繼培曰：“昭廿年《左傳》：‘苑何忌曰：“在《康誥》曰：父子兄弟，罪不相及。”’疏云：‘此非《康誥》之全文，引其意而言之。’”○彭鐸曰：“僖三十三年《左傳》晋臼季引《康誥》曰：‘父不慈，子不祇，兄不友，弟不共，不相及也。’《後漢書・章帝紀》元和元年詔引同。或謂《康誥》闕文。”○覺按：《書》：《尚書》，見 1.2 注〔20〕。《左傳》僖公三十三年和昭公二十年之引文均不見於今本《尚書》，臼季所引爲《尚書・康誥》逸文，苑何忌及本文所述是該段逸文的意思概括。及：涉及，牽扯。

〔17〕幽：指周幽王（？—公元前 771 年），西周最後一個天子，姬姓，名宫涅（一作宫湦），宣王之子，公元前 781—公元前 771 年在位。他寵愛褒姒，褒姒不愛笑，幽王施以千方百計也不得其笑，乃舉烽火以召諸侯，諸侯急至，而無外敵入侵，褒姒大笑。幽王遂數舉烽火戲諸侯以博得褒姒之笑。後褒姒生伯服，於是與虢石甫勾結，廢申后，逐太子宜臼（即後來的周平王）而立伯服。太子逃奔母家申國，申侯（太子宜臼的外祖父）聯合繒國、西戎等攻鎬京，幽王舉烽火，諸侯不信，救兵不至。西戎等破鎬京，殺幽王於驪山下，虜褒姒而去，西周遂亡。參見《國語・晋語一》《史記・周本紀》。厲：指周厲王，見

3.3 注〔3〕。

〔18〕汪繼培曰："《墨子・非命下篇》云：'桀、紂、幽、厲，貴爲天子，富有天下。'《新書・過秦下篇》云：'貴爲天子，富有四海。'"

〔19〕顔、原：見 3.3 注〔25〕。

〔20〕汪繼培曰："《論語》。"○覺按：屢空：經常貧窮得一無所有。《論語・先進》："回也其庶乎，屢空。"

〔21〕陳本"足"作"是"，汪繼培曰："疑衍。"○覺按：汪説非，此當從邵本作"足"。"世士"爲"重"，故用"足"，參見 4.2 注〔3〕。

〔22〕汪繼培曰："《治要》載《尸子・勸學篇》云：'使賢者教之以爲世士。'"

〔23〕處：指處士，沒有做官的讀書人。

〔24〕汪繼培曰："《莊子・盜跖篇》：'子張曰："勢爲天子，未必貴也；窮爲匹夫，未必賤也。貴賤之分，在行之美惡。"'"

4.5

故曰：仁重而勢輕，位蔑而義榮●【1】〔1〕。今之論者，多此之反，而又以九族〔2〕，或以所來，則亦遠於獲真賢矣●〔3〕。

昔自周公不求備於一人●〔4〕，況乎其德義既舉〔5〕，乃可以宅故而弗之采乎【2】？由余生於五狄〔6〕，越蒙産於八蠻●【3】〔7〕，而功施齊、秦〔8〕，德立諸夏●〔9〕，令名美譽●〔10〕，載於圖書●〔11〕，至今不滅。張儀〔12〕，中國之人也〔13〕；衛鞅〔14〕，康叔之孫也●〔15〕；而皆讒佞反覆，交亂四海●〔16〕。由斯觀之，人之善惡，不必世族；性之賢鄙，不必世俗●〔17〕。中堂生負苞●〔18〕，山野生蘭芷●〔19〕。

【校記】

【1】蔑：陳本同，仿宋本、馮本、魁本作"蔑"（"蔑"之俗字），程本、四庫本、邵本作"辱"。

【2】宅故：仿宋本、馮本、魁本、程本、邵本同，四庫本作"宅俊"，陳本作"它故"。

【3】蒙：陳本同，仿宋本、馮本、魁本、程本、四庫本、邵本作"象"。八：仿宋本、魁本、程本、四庫本、邵本、陳本同，馮本作"人"。

【箋注】

〔1〕汪繼培曰："《春秋繁露》云：'今人大有義而甚無利，雖貧與賤，尚榮其行。'《新語・本行篇》云：'賤而好德者尊，貧而有義者榮。'《詩・桑柔》鄭箋云：'蔑，猶輕也。'程本'蔑'作'辱'，誤。"

〔2〕王紹蘭曰："'九族'疑是'世族'。"○覺按：九族：漢代經學家有兩説。一説認爲是同姓親族，也就是九代之家族，即高祖、曾祖、祖父、父親、自己、兒子、孫子、曾孫、玄孫等九代之親。《尚書・堯典》"以親九族"孔安國傳："以睦高祖玄孫之親。"《釋文》："九族，上自高祖，下至玄孫，凡九族。馬、鄭同。"一説認爲包括異姓親屬，其中父

族四類，一是自己的同族，二是已出嫁的姑母及其兒子，三是已出嫁的姊妹及其兒子，四是已出嫁的女兒及其兒子；母族三類，一是外祖父一姓，二是外祖母一姓，三是已出嫁的姨媽及其兒子；妻族二類，一是岳父一姓，二是岳母一姓。參見《左傳·桓公六年》“親其九族”杜預注、孔穎達疏。本節下文説“世族”，故此文當取前一説，且偏指其先輩。王説據下文立論，也通。

〔3〕汪繼培曰：“▲‘真賢’見《説苑·君道篇》。《漢書·貢禹傳》云：‘求士不得真賢。’”〇王紹蘭曰：“‘來’疑‘乘’字之訛，‘所乘’即上文所云‘位’也。”〇覺按：王説非，下文“宅”“五狄”“八蠻”云云可證“來”字不誤。

〔4〕汪繼培曰：“《論語》。”〇覺按：周公曾告誡兒子伯禽説：“無求備於一人！”見《論語·微子》。

〔5〕既：已經。舉：行，行動。

〔6〕由余：一作繇余，春秋時人。其祖先爲晋國人，逃亡入戎。他初在戎任職，後入秦，爲秦穆公重用，任上卿，幫助秦穆公謀伐西戎，滅國十二，開地千里，使穆公稱霸西戎。其事蹟見《韓非子·十過》《史記·秦本紀》。五狄：古代對我國北部月支、濊貊、匈奴、單于、白屋等五個部族的泛稱，此文泛指我國北方的少數民族。

〔7〕汪繼培曰：“‘蒙’舊作‘象’。《史記·鄒陽傳》云：‘秦用戎人由余而霸中國，齊用越人蒙而彊威、宣。’《索隱》云：‘越人蒙未見所出。《漢書》作“子臧”，張晏曰：“子臧或是越人蒙字也。”’▲《鹽鐵論·相刺篇》云：‘越人夷吾、戎人由余，待譯而後通，而並顯齊、秦。’又云：‘不患無由余、夷吾之倫，而患無桓、穆之聽。’以越蒙爲管夷吾，與《鄒陽傳》異，葢誤。”〇覺按：越：又作“於越”，夏代至戰國時期南方的一個諸侯國，範圍包括今浙江省大部和江蘇、江西省部分地區，原都于秦望山（今浙江省紹興市南之秦望山）南麓，越王勾踐建都會稽（在今浙江省紹興市），公元前473年攻滅吴國後遷都瑯琊（在今山東省青島市黄島區膠南琅琊鎮東南），後爲楚所滅。楊伯峻《春秋左傳注·宣公八年》注曰：“越，越器者汚鐘自稱作‘戉’。《周禮·考工記》、《楚世家》、《漢書·天文志》並作‘粤’，《越世家》《索隱》引《紀年》作‘於粤’，定五年、十四年《傳》及《公羊》作‘於越’。於，發聲詞。《越世家》稱‘其先禹之苗裔而夏后帝少康之庶子也’云云，梁玉繩《史記志疑》卷二十二辨其不然，但范文瀾《中國通史簡編》云：‘甲骨文有戉國，疑即越國。《吴越春秋·越王無余外傳》載無余始受封及子孫興衰等事，似有所據。’”蒙：字子臧，戰國時越國人，他曾受到齊威王、齊宣王的重用而使齊國一度强盛，其事蹟見《史記·魯仲連鄒陽列傳》及其《索隱》。八蠻：泛指我國古代南方的少數民族，因爲其中有八個部族，所以稱爲八蠻。《周禮·夏官·職方氏》“辨其邦國、都、鄙、四夷、八蠻、七閩、九貉、五戎、六狄之人民”鄭玄注：“鄭司農云：‘東方曰夷，南方曰蠻，西方曰戎，北方曰貉狄。’玄謂閩，蠻之别也。《國語》曰：‘閩，芊（覺按：同“芈”）蠻矣。’四、八、七、九、五、六，周之所服國數也。”

〔8〕施：《漢書·蒯通傳》“秦政不施”顔師古注：“施，設也，立也。”齊：見35.2注〔7〕。秦：周代諸侯國名，嬴姓，開國君主是秦襄公，因其護送周平王東遷有功而被周平王封爲諸侯。春秋時建都於雍（在今陝西省鳳翔縣東南），佔有今陝西省中部和甘肅省東南部。秦穆公曾攻滅西戎十二國而稱霸西方。戰國初國力衰弱。秦孝公任用商鞅變法，因而國富兵強，並遷都咸陽（在今陝西省咸陽市東北），成爲戰國七雄之一。秦惠王時攻滅巴蜀，奪取楚之漢中，領土擴大到今四川省。秦昭王時不斷奪得韓、魏、趙、楚等國土地，又滅掉了周王朝。公元前221年秦王政（秦始皇）統一中國而建立秦朝。參見《史

記·秦本紀》。

〔9〕汪繼培曰："閔元年《左傳》云：'諸夏親暱。'杜注：'諸夏，中國也。'"○覺按：諸夏：指中原各國。上古時代，我國華夏族建國於黄河流域一帶，到周朝初期，又將這一帶分封爲諸多的諸侯國，所以稱之爲"諸夏"。

〔10〕汪繼培曰："襄廿四年《左傳》云：'非無賄之患，而無令名之難。'《周語》云：'爲令聞嘉譽以聲之。'"

〔11〕汪繼培曰："《韓非子·用人篇》云：'書圖著其名。'《大體篇》云：'豪傑不著名於圖書。'"

〔12〕張儀：戰國時魏國人，縱横家，相傳與蘇秦同師事鬼谷子。蘇秦遊説六國合縱以抗秦，張儀則於秦惠文王十年（公元前 328 年）任秦國相國，以連横之策説六國，使六國背縱約而事秦，是主張連横的代表人物。他曾在魏惠王後元十三年（公元前 322 年）入魏任魏相而爲秦，在秦惠文王更元八年（公元前 317 年）復任秦相，又在楚懷王十六年（公元前 313 年）入楚任楚相而爲秦，後又返秦受封爲武信君。他食言背約，所以下文説他"讒佞反覆"。秦惠文王去世後，秦武王即位，他不被信任，便於秦武王元年（公元前 310 年）入魏，爲魏相一年而卒。其事蹟可參見《史記》的《六國年表》《張儀列傳》。

〔13〕中國：指中原之國。上古時代，我國華夏族建國於黄河流域一帶，以爲居天下之中，所以把中原一帶稱爲中國，而將其周圍地區（後來也屬於我國）稱爲東夷、南蠻、西戎、北狄。此文的"中國"即與上文"五狄""八蠻"相對，其含義不同於現在的"中國"。

〔14〕衛鞅：即商鞅（約公元前 390—公元前 338 年），是戰國時傑出的政治家，法家的代表人物，公孫氏，名鞅；因是衛國國君的後裔，所以也稱衛鞅。他初爲魏相公叔痤的家臣。秦孝公元年（公元前 361 年）下令求賢，他聞令入秦，進説秦孝公。他在秦孝公的支持下，於孝公三年（公元前 359 年，一説在六年）實行變法，獎勵耕戰，廢除貴族世襲特權，制定按軍功大小給予爵位等級的制度，推行連坐法。他執法嚴格，當時太子犯了法，他也處罰了太子之傅公子虔、公子賈。秦孝公十二年，他進一步變法，合併鄉邑，廢除井田制，改革賦税制度。他的兩次變法，促成了秦國的强大。秦孝公二十二年（公元前 340 年），他因戰功封於（wū 烏，位於今河南省内鄉縣東）、商（位於今陝西省商洛市東南）十五邑，號商君，因而又稱爲商鞅。公元前 338 年，秦孝公死，太子即位爲君（秦惠文君），公子虔等誣告他謀反，他被攻殺後車裂示衆。其事蹟詳見《史記·商君列傳》。據《史記》的《秦本紀》《商君列傳》載，秦孝公二十二年（公元前 340 年），衛鞅攻魏，採取欺詐的手段而擒獲其舊友魏將公子卬，大破魏軍。因而荀況説他"掎契司詐，權謀傾覆，未免盜兵"（見《荀子·議兵篇》）。此文説他"讒佞反覆"，即承襲了荀子之説。

〔15〕汪繼培曰："並見《史記》。"○覺按：康叔：即衛康叔，周武王姬發少弟，名封，初封於康（今河南省禹州市西北），故稱康叔。周公旦滅武庚後，將殷之遺民和商故都周圍地區封給他，國號衛，所以他是衛國的始祖。其事蹟見《史記·衛康叔世家》。

〔16〕汪繼培曰："《詩·青蠅》云：'讒人罔極，交亂四國。'《史記·蘇秦傳》云：'左右賣國反覆之臣。'按《漢書·息夫躬傳》王嘉言'寵、躬皆傾覆，有佞邪材，恐必撓亂國家'，亦用《青蠅》詩義。"

〔17〕汪繼培曰："▲孫侍御云：'俗，當作"族"。'王先生云：'"族"承上"或以九族"言，"俗"承上"或以所來"言，▲不當改"俗"爲"族"。'"○王紹蘭曰："本篇皆'族''位'對文，'世俗'當作'世位'。"○覺按：王宗炎之説是，王紹蘭之説非。

〔18〕汪繼培曰："王先生云：'"堂"是"唐"之誤。"中唐"見《詩·防有鵲巢》。"苞"當爲"芻"，《爾雅》云"萯，王芻"是也，古者多言"負芻"。'" ○俞樾曰："'中堂'當作'中唐'。《詩·防有鵲巢篇》'中唐有甓'傳曰：'中，中庭也。唐，堂塗也。'此即用其語。'負'當作'萯'，《説文·艸部》：'萯，王萯也。''苞，艸也。南陽以爲麤履。'萯、苞，二草。下文'山野生蘭芷'，蘭、芷亦二草也。汪箋引王君説云：'"苞"當爲"芻"，《爾雅》曰"萯，王芻"是也，古者多云"負芻"。'按《爾雅·釋草》：'菉，王芻。'不云'萯，王芻'，王説殊誤。至《春秋》有曹伯負芻，《史記》有楚王負芻，《孟子》云：'昔沈猶有負芻之禍。'趙注云：'時有作亂者曰負芻。'則負芻自是人名，不可以説此也。" ○覺按：中堂：當作"中唐"，庭院内大門至廳堂的路。負：當作"萯"（fù 負），一種藥草。苞：一種莖很堅韌，可以編織草鞋與草席的草。

〔19〕汪繼培曰："《史記·日者傳》云：'蘭芷芎藭，棄於廣野。'"

4.6

夫和氏之璧〔1〕，出於璞石〔2〕；隋氏之珠【1】，產於蜃蛤●〔3〕。《詩》云："采葑采菲，無以下體●〔4〕！"故苟有大美可尚於世，則雖細行小瑕〔5〕，曷足以爲累乎●〔6〕？

是以用士，不患其非國士●〔7〕，而患其非忠●【2】〔8〕；世非患無臣，而患其非賢●〔9〕。蓋無羇縻●〔10〕？陳平、韓信〔11〕，楚俘也〔12〕，而高祖以爲藩輔●〔13〕，實平四海，安漢室；衛青、霍去病〔14〕，平陽之私人也●〔15〕，而武帝以爲司馬〔16〕，實攘北狄●〔17〕，郡河西〔18〕。唯其任也●【3】〔19〕，何卑遠之有？然則所難於非此土之人、非將相之世者【4】〔20〕，爲其無是能而處是位，無是德而居是貴●〔21〕，無以我尚而不秉我勢也●〔22〕。

【校記】

【1】隋：仿宋本、魁本、程本、四庫本、邵本、陳本同，馮本作"隨"。

【2】忠：陳本同，仿宋本、馮本、魁本、程本、四庫本、邵本作"中"。

【3】唯：仿宋本、馮本、魁本、程本、四庫本、邵本同，陳本作"惟"。

【4】土：邵本、陳本同，仿宋本、馮本、魁本、程本、何本、四庫本作"士"。

【箋注】

〔1〕和氏：見 1.2 注〔7〕。

〔2〕璞：含有玉的石頭。

〔3〕汪繼培曰："'隋氏'當作'隋侯'。《漢書·敘傳·答賓戲》云：'龢氏之璧，韞於荆石；隋侯之珠，藏於蜯蛤。'顔師古注：'龢，古和字。'《淮南子·覽冥訓》云：'隋侯之珠，和氏之璧。'高誘注：'隋侯，漢東之國，姬姓諸侯也。'▲《説山訓》亦云：'和氏之璧，隋侯之珠，出於山淵之精。'《太平御覽》九百四十一引《墨子》云：'申徒狄謂周公曰："賤

人何可薄耶？周之靈珪，出於土石；隋之明月，出於蚌蜃。"'" ○覺按：隋：同"隨"，西周初分封的諸侯國，姬姓，故城在今湖北省隨州市南，春秋後期成爲楚國的附庸。《淮南子·覽冥訓》"譬如隋侯之珠"高誘注："隋侯，漢東之國、姬姓諸侯也。隋侯見大蛇傷斷，以藥傅之，後蛇于江中銜大珠以報之，因曰隋侯之珠，蓋明月珠也。"《搜神記》卷二十："隋縣溠水側有斷蛇丘。隋侯出行，見大蛇被傷中斷，疑其靈異，使人以藥封之，蛇乃能走，因號其處'斷蛇丘'。歲餘，蛇銜明珠以報之。珠盈徑寸，純白，而夜有光，明如月之照，可以燭室，故謂之'隋侯珠'，亦曰'靈蛇珠'，又曰'明月珠'。"蜃（shèn 慎）：大蛤蜊，俗稱海蚌。《國語·晋語九》云："雀入于海爲蛤，雉入于淮爲蜃。"韋昭注："小曰蛤，大曰蜃，皆介物，蚌類。"

〔4〕汪繼培曰："《谷風》。"○覺按：引詩見《詩經·邶風·谷風》。采：發掘，拔取。葑（fēng 風）：蔬菜名，即蔓菁，又名蕪菁，俗稱大頭菜，塊根肉質，白色或紅色，可作蔬菜。菲（fēi 飛）：蘿蔔。無：通"毋"，别，不要。下體：在下的部分，指其可供食用的塊根，原詩喻指地位低微而賢惠的棄婦，此喻指地位低微的賢人。無以下體：指不要因爲它們的食用部分生在下面而抛棄它們。葑、菲的塊根可食，即下文所謂"大美"，但生在下，即下文所謂"細行小瑕"。歷來解《詩》者對"無以下體"的解釋各異，似都與原文字義不合，今不從。

〔5〕細行：小事，小節。

〔6〕汪繼培曰："《漢書·陳湯傳》：'劉向曰："論大功者不録小過，舉大美者不疵細瑕。"'《淮南子·氾論訓》云：'夫人之情，莫不有所短。誠其大畧是也，雖有小過，不足以爲累。'" ○覺按：《尚書·旅獒》："不矜（覺按：注重）細行，終累大德。"此文反用其意。

〔7〕汪繼培曰："成十六年《左傳》云：'伯州犂以公卒告王，苗賁皇在晋侯之側，亦以王卒告，皆曰："國士在，且厚，不可當也。"'按'國士'謂本國之士，即下所云'此土之士'也。若《吕氏春秋·忠廉篇》王子慶忌謂要離'天下之國士'，《不侵篇》豫讓曰'智氏國士畜我'，《長利篇》戎夷曰'我國士也，爲天下惜死'，▲《趙策》豫讓曰'知伯以國士遇臣'，《史記·刺客傳》豫讓曰'智伯國士遇我'，《淮陰侯傳》蕭何曰'諸將易得耳，至如信者，國士無雙'，'國士'皆謂士蓋一國者，故《漢書·韓信傳》'國士無雙'，顏師古注以'國士'爲'國家之奇士'，與《左傳》義别。後世習用'國士'以爲美稱，而於'本國'之義微矣。"

〔8〕汪繼培曰："舊作'中'。"

〔9〕汪繼培曰："王先生云：'"世非患無臣"當作"非患無世臣"，此四語亦"族""俗"分承言之。'" ○覺按：王説是。"世臣"與上"國士"相對，指在前代有功的舊臣。《禮記·曲禮下》"大夫不名世臣姪娣"鄭玄注："世臣，父時老臣。"

〔10〕汪繼培曰："未詳。《史記·司馬相如傳》云：'天子之於夷、狄也，其義羈縻勿絶而已。'王先生云：'"羇縻"當是"羇旅"，以下文"非此土之人"知之。'" ○覺按：汪繼培初稿"未詳"下有注云："《史記·高祖功臣侯年表》有絳陽侯華無害，'蓋無'或即'華無'之誤。"後來可能以爲不當而未刻入陳本，因爲"華無害"三字不可能誤爲二字。至於王宗炎之説，恐也未當。此句當承上而言且有所省略。蓋：語助詞。羇縻（jīmí 機迷）：同"羈縻"，馬籠頭與牛鼻繩，引申指束縛、控制。蓋無羇縻：承上文而言，意思是臣子衹要"忠""賢"，那麽即使不是"國士""世臣"，也能控制。

〔11〕陳平（？—公元前 178 年）：漢初陽武縣（今河南省原陽縣東南）人。陳勝起義，

他先投魏王咎，後投奔項羽，任都尉。後來怕受懲處，隻身逃出投降劉邦，先任都尉、護軍中尉，後封爲曲逆侯。惠帝時爲左丞相，吕后時爲右丞相。後與太尉周勃合力，誅殺吕産、吕禄等，迎立文帝，卒安漢朝，任丞相。其事蹟見《史記·陳丞相世家》。韓信（？—公元前196年）：秦末淮陰縣（今江蘇省清江市西南）人。初從項梁、項羽，因項羽不採用他的計謀，他便逃亡投奔劉邦，被任爲大將，屢建戰功，與劉邦一起殲滅項羽，被封爲楚王，與蕭何、張良並稱漢興三傑。後有人告他謀反，被降爲淮陰侯。後爲吕后所殺。其事蹟見《史記·淮陰侯列傳》。

〔12〕楚：指項羽一方。公元前206年秦亡後，項羽自立爲西楚霸王，都彭城（今江蘇省徐州市），轄境相當於今江蘇省、浙江省全境，河南省東南部，山東省南部，安徽省淮河以北及東南部，後爲劉邦所滅。俘：當爲“將”字之誤。

〔13〕汪繼培曰：“《史記·漢興以來諸侯年表·序》云：‘藩輔京師。’▲《三王世家》策云：‘世爲漢藩輔。’《序·荆燕世家》云：‘賈、澤以族，爲漢藩輔。’”〇覺按：高祖：漢高祖劉邦（公元前256—公元前195年），秦末沛縣（即今江蘇省沛縣）人，字季。陳勝起義，他起兵回應，號沛公。公元前206年，他率軍攻佔咸陽，滅秦，被項羽封爲漢王。公元前202年他戰勝項羽，即皇帝位，建立漢朝。其事蹟見《史記·高祖本紀》及本書34.2.3。藩：屏障，護衛。陳平曾爲高祖的參乘（陪同乘車的人）與護軍，所以説“藩”。

〔14〕衛青（？—公元前106年）：西漢河東郡平陽縣（今山西省臨汾市西南金殿）人，字仲卿，衛皇后弟。本爲平陽侯家奴，後爲漢武帝重用，官至大將軍，封長平侯。他前後七次出擊匈奴，屢建戰功。其事蹟見《史記·衛將軍驃騎列傳》。霍去病（公元前140～公元前117年）：西漢河東平陽（今山西省臨汾西南）人，衛青姊子，官至驃騎將軍，封冠軍侯。他曾六次出擊匈奴，和衛青共同擊敗了匈奴主力。其事蹟見《史記·衛將軍驃騎列傳》。

〔15〕汪繼培曰：“《詩·大東》云：‘私人之子。’毛傳：‘私人，私家人也。’《漢書·賈誼傳》云：‘自丞尉以上，偏置私人。’”〇覺按：平陽：指平陽侯曹畤（或作“壽”“時”），漢初大臣曹參的曾孫，漢武帝姊陽信長公主（史稱平陽公主）之丈夫。見《史記》之《曹相國世家》及《衛將軍驃騎列傳》“而姊衛子夫自平陽公主家得幸天子”《集解》《索隱》。據《史記·衛將軍驃騎列傳》，衛青曾爲平陽侯家人，長大後充任平陽侯家騎，常常跟隨平陽公主，但霍去病並非平陽侯家人，此文統言之，祇是出於行文方便而已，無關史實。私人：古時公卿大夫的家臣。

〔16〕武帝：即漢武帝劉徹（公元前156—公元前87年），漢景帝之子。他承文、景之業，對内改革，對外用兵，尊儒術，倡仁義，罷黜百家。他公元前141—公元前87年在位，爲西漢一代軍事、政治、經濟、文化的極盛時期。但他迷信神仙，大興土木，連年用兵，使海内虚耗，人口減半。其事蹟見《漢書·武帝紀》。司馬：掌管軍事之官，此指大司馬。據《史記·衛將軍驃騎列傳》，漢代原無大司馬，元狩四年（公元前119年），漢武帝加置大司馬，衛青、霍去病皆爲大司馬。

〔17〕汪繼培曰：“《詩·采薇》毛傳：‘玁狁，北狄也。’鄭箋云：‘北狄，今匈奴也。’《漢書·匈奴傳》：‘揚雄云：“北狄，真中國之堅敵也。”’▲《史記·衛將軍驃騎傳》云：‘大將軍、驃騎將軍皆爲大司馬。最大將軍青，凡七出擊匈奴，一與單于戰，收河南地，遂置朔方郡。最驃騎將軍去病，凡六出擊匈奴，及渾邪王以衆降數萬，遂開河西酒泉之地。’”〇覺按：攘：排斥，驅除。北狄：對我國北方少數民族的統稱。堯、舜時稱爲山戎、熏粥（yù 鬻），夏代稱淳維，商代稱鬼方，西周稱玁狁，春秋時稱北狄，秦、漢時稱爲匈奴。

參見《史記·五帝本紀》“北逐葷粥”《索隱》及《史記·匈奴列傳》。

〔18〕河西：漢代指今甘肅、青海二省黄河以西地區，即河西走廊與湟水流域一帶。元狩二年（公元前121年），霍去病等大敗匈奴貴族，控制了河西地區，打開了通往西域的道路。參見《史記·衞將軍驃騎列傳》《漢書·武帝紀》。郡河西：據《漢書·地理志下》，“自武威以西，本匈奴昆邪王、休屠王地，武帝時攘之，初置四郡，以通西域。”其四郡爲：武帝太初元年（公元前104年）開張掖郡（治所在觻得縣，在今甘肅省張掖市西北，轄十縣）、酒泉郡（治所在禄福縣，即今甘肅省酒泉市，轄九縣），太初四年（公元前101年）開武威郡（治所在姑臧縣，即今甘肅省武威市，轄十縣），後元元年（公元前88年）分酒泉郡置敦煌郡（治所在敦煌縣，在今甘肅省敦煌市西，轄六縣）。據《漢書·武帝紀》，元狩二年（公元前121年）秋，匈奴昆邪王來降，“以其地爲武威、酒泉郡”；元鼎六年（公元前111年）秋，“分武威、酒泉地置張掖、敦煌郡，徙民以實之”。與《漢書·地理志下》所記不同。

〔19〕汪繼培曰：“陳平、韓信、衞青、霍去病，並見《史記》。”○覺按：任：《莊子·秋水》“任士之所勞”《釋文》：“李云：任，能也。”即有能力、能勝任的意思。

〔20〕難：《戰國策·中山策》“陰簡難之”高誘注：“難，惡也。”即厭惡的意思，指排斥而不任用。此土之人：本國之人，即上文所謂“國士”。世：兒子繼承父親之位叫“世”，此文用作名詞，指後嗣。

〔21〕汪繼培曰：“《白虎通·京師篇》云：‘有能然後居其位，德加於人然後食其禄。’《荀子·王制篇》云：‘無德不貴，無能不官。’”

〔22〕汪繼培曰：“‘不’字疑衍。‘秉’或‘乘’之誤。《韓非子·八説篇》云：‘以智士之計，處乘勢之資，而爲其私急，則君必欺焉。’《難勢篇》云：‘乘不肖人於勢，是爲虎傅翼也。’《外儲説左下》：‘東郭牙曰：“以管仲能乘公之勢以治齊國，得無危乎？”’”○覺按：此句承上文“患其非忠”而言，似無誤字，汪説非。

賢難第五

【提要】

賢難：賢人覺得很難。文章論述了賢人感到爲難的各種事情。

作者認爲，賢人感到爲難的事，並不是自身的德才難以造就，而是小人的嫉妬、權姦的迫害、庸人的附和以及昏君的不明察，從而使自己“雖有賢材美質，然猶不得直道而行、遂成其志”，甚至“必遇患難”。作者反復強調：“妬媚之攻擊也，亦誠工矣！賢聖之居世也，亦誠危矣！”賢人成就自己的德才並不難，要避免遭受迫害纔是很難的。在這種政治氛圍中，“智士”衹得閉口不言，“俗化”衹能日下，從而使“衆小”當道、“闇君”孤立。顯然，這是對黑暗的現實政治的抨擊。這種黑暗的政治，其主要責任當然在君主，所以文章最後批評了“世主”“目見賢則不敢用”“更待羣司之所舉”的錯誤。這雖然是在爲賢者請命，但作者對“時君俗主”並不抱有什麼希望，所以衹

有“嗚呼”之歎而已。這不僅反映了作者，同時也反映了廣大賢者因懷才不遇而對昏庸的當政者極爲怨憤的情緒。

5.1

世之所以不治者，由賢難也〔1〕。所謂賢難者，非直●體聰明、服德義之謂也〔2〕。此則求賢之難得爾，非賢者之所難也。故所謂賢難者●【1】〔3〕，乃將言乎：循●善則見妬〔4〕，行賢則見嫉●【2】〔5〕，而必遇患難者也。虞舜之所以放殛●〔6〕，子胥之所以被誅●〔7〕。上聖大賢猶不能自免於嫉妬，則又況乎中世之人哉●【3】〔8〕？此秀士所以雖有賢材美質●〔9〕，然猶不得直道而行●〔10〕、遂成其志者也〔11〕。

【校記】

【1】賢難：四庫本、邵本、陳本同，仿宋本、馮本、魁本、程本、何本作“賢”。

【2】嫉：《諸子品節》引文、陳本同，仿宋本、馮本、魁本、程本、四庫本、邵本作“嫉也”。

【3】則又況：陳本同，仿宋本、馮本、魁本作“則又”，程本作“則況”，何本、邵本作“則況”，四庫本作“何況”，《諸子品節》引文作“又況”。

【箋注】

〔1〕難：意動用法，覺得很困難，感到難以應付。

〔2〕汪繼培曰：▲“《淮南子·精神訓》高誘注云：‘直，猶但也。’”〇覺按：直：衹。體：身體。服：即《楚辭·招魂》“身服義而未沬”之“服”，奉行的意思。

〔3〕汪繼培曰：“舊脱‘難’字。”

〔4〕汪繼培曰：“當作‘脩’，古書‘循’‘脩’多相亂。”

〔5〕汪繼培曰：“《楚辭·離騷》云：‘各興心而嫉妒。’‘嫉’下舊有‘也’字，据《諸子品節》刪。”

〔6〕汪繼培曰：“《孟子》云：‘舜往於田，號泣於旻天。’又云：‘父母使舜完廩，捐階，瞽叟（覺按:《孟子·萬章上》作“瞍”）焚廩。使浚井，出，從而掩（覺按:《孟子·萬章上》作“揜”）之。’‘放殛’謂此。”〇俞樾曰：“虞舜放殛，即指蒼梧之崩。其意謂舜德衰，爲禹所放，故遠狩蒼梧而死，即劉知幾《疑經》《惑古》（覺按：當作“《疑古》《惑經》”）之見也。《史通》所引囚堯、偃朱諸説，皆出《汲冢》，乃王符已有此言，則此説相傳，漢世已有之矣。汪箋引‘完廩’‘浚井’以證放殛事，恐非其旨。”〇彭鐸曰：“古書‘殛’或作‘極’，《書·洪範》‘鯀則殛死’，《多方》‘我乃其大罰殛之’，《釋文》並云：‘“殛”本作“極”。’蓋極亦流放之義，非謂殺也。汪知此句主語‘虞舜’爲受事，與下句一律，而不知‘完廩浚井’不得謂之‘放殛’，則儒家傳統之説惑之也。考‘舜偪堯，禹偪舜’，《韓非子·説疑篇》亦嘗言之，此必傳之自古。特漢崇儒術，人莫敢置疑耳。自當取《史通·疑古篇》所引《汲冢瑣語》以説此。”〇覺按：汪繼培初稿注云：“舜未嘗放殛，此語非實。”後改爲以“完廩”“浚井”釋之，非。俞説得之。殛：見4.4注〔13〕。《史通·外

篇·疑古》所引《汲冢瑣語》僅云“舜放堯於平陽”而未言禹放舜，故彭鐸引證有失。關於舜被流放之事，《史通·外篇·疑古》云：“《虞書·舜典》又云：‘五十載，陟方乃死。’注云：‘死蒼梧之野，因葬焉。’案蒼梧者，於楚則川號汨羅，在漢則邑稱零、桂。地總百越，山連五嶺。人風婐劃，地氣歊瘴。雖使百金之子，猶憚經履其途；況以萬乘之君，而堪巡幸其國？且舜必以精華既竭，形神告勞，捨兹寶位，如釋重負。何得以垂殁之年，更踐不毛之地？兼復二妃不從，怨曠生離，萬里無依，孤魂溘盡，讓王高蹈，豈其若是者乎？歷觀自古人君廢逐，若夏桀放於南巢，趙嘉遷於房陵，周王流彘，楚帝徙郴，語其艱棘，未有如斯之甚者也。斯則陟方之死，其殆文命之志乎？”

〔7〕汪繼培曰：“哀十一年《左傳》。”〇覺按：子胥：即伍子胥，名員，字子胥，春秋時楚國大夫伍奢次子。楚平王七年（公元前522年）伍奢被殺，伍子胥出逃，歷經宋、鄭等國入吴。後爲吴國大夫，幫助吴王闔閭攻破楚國，以功封於申，故又稱申胥。吴王夫差時，他曾勸夫差拒絶越國求和。公元前484年，夫差伐齊，他又以越爲心腹之患，勸勿攻齊。夫差怒，賜劍（劍名屬鏤）逼他自殺，因死。其事蹟見《左傳·昭公二十年》《史記·伍子胥列傳》。

〔8〕汪繼培曰：“‘況’字舊脱，程本有‘況’無‘又’。按本書‘則又況’數見，今補正。”〇覺按：汪繼培初稿注云：“‘則又況’舊作‘則況’，《諸子品節》作‘又況’。”可見其始校《潛夫論》時所用底本爲程本或何本，後來則改用魁本之底本。中世之人：疑當作“世之中人”，“中人”與“上聖”“大賢”相對，指平常之人。

〔9〕汪繼培曰：“《白虎通·辟雍篇》云：‘其有賢才美質知學者，足以開其心。’”〇覺按：賢：善。材：通“才”。

〔10〕汪繼培曰：“《論語》。”〇覺按：《論語·衛靈公》：“斯民也，三代之所以直道而行也。”

〔11〕遂：成就。

5.2

處士不得直其行●〔1〕，朝臣不得直其言●〔2〕，此俗化之所以敗●〔3〕、闇君之所以孤也●〔4〕。齊侯之以奪國●【1】〔5〕，魯公之以放逐●【2】〔6〕，皆敗績厭覆於不暇●【3】〔7〕，而用及治乎〔8〕？故德薄者惡聞美行，政亂者惡聞治言，此亡秦之所以誅偶語而坑術士也●【4】〔9〕。

【校記】

【1】以：仿宋本、馮本、魁本、陳本同，程本、四庫本、邵本作“所以”。
【2】以：仿宋本、馮本、魁本、陳本同，程本、四庫本、邵本作“所以”。
【3】暇：仿宋本、馮本、魁本、程本、何本、四庫本、陳本同，邵本作“暇”。
【4】坑：程本、四庫本、邵本、陳本同，仿宋本、馮本、魁本作“埦”。

【箋注】

〔1〕汪繼培曰：“《管子·問篇》云：‘處士修行，足以教人。’《荀子·非十二子篇》楊倞注：‘處士，不仕者也。’《文選·鸚鵡賦》李善注引《風俗通》云：‘處士者，隱居放言

也。’” ○覺按：直：使動用法，使……正直。

〔2〕汪繼培曰：“《管子·明法篇》云：‘國無人者，非朝臣之衰也。’《淮南子·覽冥訓》云：‘大夫隱道而不言。’高誘注：‘隱仁義之道，不正諫直言也。’《論語》云：‘國無道，危行言遜也。’”

〔3〕汪繼培曰：“《漢書·董仲舒傳》云：‘習俗化之變。’《貨殖傳》云：‘傷化敗俗。’”

〔4〕汪繼培曰：“‘闇君’見《務本篇》注。《管子·法法篇》云：‘正言直行之士危，則人主孤而毋內。人主孤而毋內，則人臣黨而成羣。’”

〔5〕汪繼培曰：“哀十四年《左傳》。”○覺按：齊侯：齊國國君爲侯爵，所以稱齊侯。此指春秋時齊簡公吕壬。他是齊悼公的兒子，吕氏，名壬。公元前 485 年，悼公被殺，他被立爲齊國國君。公元前 481 年，他不聽大夫田鞅的勸諫，結果被田常所殺。田常擁立齊平公，任相國。從此，齊國吕氏的政權完全由田氏所控制。其事蹟見《左傳·哀公十四年》和《史記》的《齊太公世家》《田敬仲完世家》。

〔6〕汪繼培曰：“謂昭公、哀公。程本‘以’上並有‘所’字，誤。下云‘三代之以覆，列國之以滅’，即其例，亦見《本訓篇》。《史記·吴世家》云‘商之以興’，蓋此例所本。”○覺按：魯公：魯國國君爲公爵，所以稱魯公。此指魯昭公或魯哀公。魯昭公，姬姓，名稠（一作裯），魯襄公之子，公元前 541—公元前 510 年在位。公元前 517 年，他攻打季平子，子家駒勸他同意讓季氏出逃，他不聽。結果叔孫氏、孟孫氏救季氏，三家聯合攻打昭公。昭公敗而逃到齊國。公元前 514 年他到晉國，公元前 510 年死於晉國乾侯邑（在今河北省成安縣東南）。事見《左傳》昭公二十五年至三十二年、《史記·魯周公世家》。魯哀公，姬姓，名蔣，魯定公之子，公元前 494—公元前 467 年在位。公元前 468 年，哀公想利用諸侯來挾制三桓，因而君臣之間不和。他曾問孟武伯自己能否善終，孟武伯不直言相告而推説不知。結果三桓攻打哀公，哀公逃到衛國、鄒國、越國。見《左傳·哀公二十七年》《史記·魯周公世家》。

〔7〕汪繼培曰：“襄卅一年《左傳》子産語。”○覺按：此語本於《左傳·襄公三十一年》子産所説的“若未嘗登車射御，則敗績厭覆是懼，何暇思獲”。敗績：潰敗。厭（yā 壓）：通“壓”，傾倒。

〔8〕用：通“庸”，猶“何”也（參見《古書虚字集釋》卷二“庸”字條）。

〔9〕汪繼培曰：“見《史記·秦始皇紀》。”○覺按：偶：對，兩人相對。偶語：人與人一起談論。術士：指儒生。誅偶語而坑術士：據《史記·秦始皇本紀》記載，秦始皇三十四年（公元前 213 年），丞相李斯建議：“有敢偶語《詩》《書》，棄市。”秦始皇批准了他的辦法。秦始王三十五年（公元前 212 年），下令御史查問製造妖言蠱惑百姓的儒生，結果有觸犯禁令的儒生“四百六十餘人，皆阬之咸陽”。《史記·儒林列傳》也説：“及至秦之季世，焚《詩》《書》，阬術士。”

5.3

今世俗之人【1】，自慢其親而憎人敬之、自簡其親而憎人愛之者不少也●〔1〕。豈獨品庶●〔2〕，賢材時有焉。鄧通幸於文帝〔3〕，盡心而不違，吮癰而無慍色●〔4〕。帝病不樂〔5〕，從容曰：“天下誰最愛朕者乎？”鄧通欲稱太子之孝〔6〕，則因對曰：“莫若太子之最愛陛下也。”及太子問疾，帝令吮癰，有難之色【2】。帝不悦而遣太子。既而聞鄧通之常吮癰也，乃慙而怨之。及嗣帝位，遂致通罪而使至於餓死●〔7〕。故鄧通行所以盡心力而無害人●【3】〔8〕，其言所以譽太子而昭孝慈也。太子自不能盡其稱，則反結怨而歸咎焉●〔9〕。稱人之長，欲彰其孝，且猶爲罪，又况明人之短、矯世者哉●〔10〕？

【校記】

【1】今：仿宋本、馮本、魁本、陳本同，程本、四庫本、邵本作“念”。

【2】有難之色：仿宋本、馮本、魁本、程本、邵本、陳本同，四庫本作“而色難之”。

【3】行：仿宋本、馮本、魁本、程本、四庫本、邵本同，陳本作“其行”。

【箋注】

〔1〕汪繼培曰：“《孝經》云：‘愛親者不敢惡於人，敬親者不敢慢於人。’”

〔2〕汪繼培曰：“《説文》云：‘品，衆庶也。’《漢書・賈誼傳・服賦》云：‘品庶每生。’《史記・伯夷傳》作‘衆庶馮生’。《説苑・反質篇》：‘墨子曰：“夫品庶非有心也，以人主爲心。”’”

〔3〕文帝：漢文帝劉恒（公元前202—公元前157年），漢高祖之子。高祖平定代地，他被立爲代王。公元前180年，吕后死，周勃、陳平等誅殺諸吕，迎立代王爲帝。他在位二十三年，實施“與民休息”的方針，減輕田租、賦役和刑獄，促進了農業的發展，使全國經濟漸次恢復，政治穩定。他與其子景帝兩代的統治，史家譽爲“文、景之治”。《史記》《漢書》均有紀，可參閲。

〔4〕汪繼培曰：“▲《一切經音義》二引《三蒼》：‘嗽，吮也。’《通俗文》云：‘含吸曰嗽。’《方言》云：‘悋，恨也。’‘悋’‘恡’正俗字。”〇覺按：恡（lìn 吝）：同“吝”，吝惜，捨不得拿出（自己的力量），爲難而不願意。

〔5〕病：感到爲難。《論語・憲問》：“脩己以安百姓，堯、舜其猶病諸！”何晏《集解》：“孔曰：‘病，猶難也。’”

〔6〕太子：即文帝的兒子劉啓，參見5.5注〔15〕。

〔7〕汪繼培曰：“見《史記・佞幸傳》。”〇覺按：致：獲致，使動用法。致通罪而使至於餓死：據《史記・佞幸列傳》記載，景帝即位後，鄧通便被罷了官。不久，便有人告他到境外鑄錢。讓司法部門查問，確有此事，於是他的全部家産被没收，還欠不少，結果窮困而死。

〔8〕陳本“行”作“其行”，汪繼培曰：“昭十九年《左傳》云：‘盡心力以事君。’‘其’字舊脱，依下文例補。”〇覺按：汪補“其”字不當，“行”上當補“之”字。

〔9〕汪繼培曰：“桓十八年《左傳》云：‘無所歸咎。’”

〔10〕汪繼培曰：“《説苑・政理篇》：‘孔子曰：“言人之善者，有所得而無所傷也；言人之惡者，無所得而有所傷也。”’《荀子・臣道篇》云：‘言其所長，不稱其所短。’《漢書・楊王孫傳》云：‘將以矯世也。’”

5.4

且凡士之所以爲賢者，且以其言與行也●【1】〔1〕。忠正之言，非徒譽人而已也，必有觸焉；孝子之行〔2〕，非徒吮癰而已也，必有駁焉●〔3〕。然則循行●〔4〕論議之士●〔5〕，得不遇於嫉妬之名●〔6〕，免於刑戮之咎者，蓋其幸者也●〔7〕。比干之所以剖心〔8〕，箕子之所以爲奴●〔9〕，伯宗之以死●〔10〕，郤宛之以亡●〔11〕。

【校記】

【1】且：仿宋本、馮本、程本、何本、四庫本、陳本同，魁本作“且”，邵本作“正”。

【箋注】

〔1〕汪繼培曰：“王先生云：‘“且”字衍。’”○覺按：王説非。“且”猶“必”（參見《古書虛字集釋》卷八“且”字條）。

〔2〕孝子之行：指上文所説的鄧通“盡心而不違，吮癰而無恡色”的行爲。

〔3〕汪繼培曰：“《韓非子·外儲説左下》云：‘雖有駁行，必得所利。’《詩·裳裳者華》云：‘裳裳者華，或黄或白。’鄭箋：‘興明王之德，時有駁而不純。’‘純’‘駁’註詳《實貢篇》。”○彭鐸曰：“《漢書·谷永傳》：‘解偏駁之愛。’注：‘駁，不周普也。’”○覺按：汪繼培之“純”“駁”注見14.5注〔1〕，但他將“駁”理解爲“駁而不純”，彭鐸繼而理解爲“不周普”，均與上文“觸”字不類，恐未當。此“駮”字與上文“觸”相對，意義當相類。《後漢書·馬援列傳》“條奏越律與漢律駮者十餘事”李賢等注：“駮，乖舛也。”可見“駮”在東漢以後可用來表示抵觸、不一致。

〔4〕汪繼培曰：“《漢書·陳湯傳》云：‘司隸奏湯無循行。’宋祁曰：‘“循”疑當作“修”。’此‘循’亦當爲‘修’。《高帝紀》：‘二年，令舉民年五十以上，有修行能帥衆爲善，置以爲三老。’行，讀如字。”○彭鐸曰：“《漢北海相景君碑陰》：‘故循行都昌台邱暹。’《金石録》云：‘案《後漢書·百官志》注，河南尹官屬有循行一百（覺按：當作“二百”）三十人，而《晉書·職官志》，州縣吏皆有循行。今此《碑陰》載故吏都昌台邱暹而下十九人，皆作脩行。他漢及晉碑數有之，亦與此《碑陰》所書同。豈循、脩字畫相近，遂致訛謬邪？’《隸續》曰：‘循、脩二字，隸法祇争一畫。書碑者好奇，所以從省借用。’然則漢官有循行，無修行，而‘行’讀去聲。”○覺按：彭説非，因爲漢代雖有循行之官（郡、縣的佐吏中居府内的辦事官員，位在書佐之下。《後漢書·百官志五》劉昭注引《漢官》，説河南尹官屬有“循行二百三十人”），但此文與“論議”連言，若視爲官名，便與“論議”（非官名）不類了。汪繼培初稿注“循”字云：“當作‘脩’。”甚是。古書之“循”往往爲“脩”字之訛（參見5.1注〔4〕），“脩”通“修”。循行：即5.1所説的“循善”和“行賢”。此文之“循行”與下句“得不遇於嫉妬之名”相應，即承5.1所説的“循善則見妬，行賢則見嫉”而言。

〔5〕汪繼培曰：“《漢書·諸葛豐傳》云：‘使論議士譏臣無補，長獲素餐之名。’按《漢書·百官公卿表》，光禄勳屬官有大夫掌論議。《龔勝傳》：‘御史中丞劾奏勝吏二千石，常位大夫，皆幸得給事中，與論議。’漢時多以‘論議’稱人，蓋功令有其文。《平當傳》：‘公卿薦當論議通明。’《師丹傳》：‘丞相方進、御史大夫孔光舉丹論議深博。’《蕭望之傳》：‘宣

帝察望之經明持重，論議有餘，材任宰相。’《楚元王》後《向傳》元帝詔：‘河東太守堪，資質淑茂，道術通明，論議正直，秉心有常。’《傅喜傳》：‘太后下詔曰：“高武侯喜姿性端慤，論議忠直。”’皆据令文言之。《息夫躬傳》云：‘論議亡所避，衆畏其口。’《王商傳》云：‘王鳳顓權，行多驕僭，商論議不能平鳳。鳳知之，亦疏商。’《京房傳》云：‘數以論議爲大臣所非。’則此所云不能免於刑戮者也。”

〔6〕汪繼培曰：“《史記·鄒陽傳》云：‘不能自免於嫉妒之人。’▲《楚辭·離騷》‘各興心而嫉妬’王逸注：‘害賢爲嫉，害色爲妬。’《九辨》云：‘何險巇之嫉妒兮！被以不慈之僞名。’或云：此‘名’當爲‘害’。”〇覺按：名：名聲，此指惡名。或以“名”爲“害”之誤，可備一説。

〔7〕汪繼培曰：“《論語》云‘免於刑戮’，又云‘幸而免’。”

〔8〕比干：商朝的賢臣，商紂王的叔父，商王文丁（太丁）的兒子，故又稱王子比干。傳説紂淫亂，比干強諫，紂怒，説：“我聽説聖人心眼多，有七個孔。”於是就剖開比干的胸腹來觀看他的心臟。事見《史記·殷本紀》。

〔9〕汪繼培曰：“《史記·殷本紀》。”〇覺按：參見 1.4 注〔2〕。

〔10〕汪繼培曰：“成十五年《左傳》。”〇覺按：伯宗：伯氏，名宗，字尊，故《穀梁傳·成公五年》稱“伯尊”，范甯注：“伯尊，《左氏》作‘伯宗’。”晋國大夫，孫伯糾的兒子（見《國語·晋語五》“以傳召伯宗”韋昭注，《世本·氏姓篇》説“晋孫伯起生伯宗”，則“糾”或爲“起”字之誤），伯州犁（見 35.11 注〔10〕）的父親。他的賢能超過了諸大夫而又好直言，受到了諸大夫的嫉妒。公元前 576 年，郤錡、郤犨、郤至説壞話誣陷他而把他殺了。其事蹟見《左傳》宣公十五年至成公十五年、《國語·晋語五》及《史記·晋世家》。

〔11〕汪繼培曰：“昭廿七年《左傳》。”〇覺按：郄（xì 隙）宛：字子惡，楚國左尹（楚國最高長官令尹之副職）。他爲人正直而温和，受到國人的喜愛，公元前 515 年被費無極諂害而自殺，並被滅族。參見《左傳·昭公二十七年》《韓非子·内儲説下》及本書 6.6 注〔4〕。

5.5

夫國不乏於妬男也，猶家不乏於妬女也。近古以來，自外及内，其争功名、妬過己者，豈希也●〔1〕？予以唯兩賢爲宜不相害乎●【1】〔2〕？然也，范雎絀●白起【2】〔3〕，公孫弘抑董仲舒●【3】〔4〕。此同朝共君寵禄争故邪●【4】〔5〕？唯殊邦異途、利害不干者爲可以免乎【5】？然也，孫臏脩能於楚●【6】〔6〕，龐涓自魏變色●【7】〔7〕，誘以刖之〔8〕；韓非明治於韓【8】〔9〕，李斯自秦作思【9】〔10〕，致而殺之●〔11〕。嗟！士之相妬，豈若此甚乎？此未達於君，故受禍邪？唯見知爲可以將信乎【10】〔12〕？然也，京房數與元帝論難〔13〕，使制考功而選守〔14〕；鼂錯雅爲景帝所知●〔15〕，使條漢法而不亂●【11】〔16〕。夫二子之於君也，可謂見知深而寵愛殊矣。然京房冤死而上曾不知〔17〕，鼂錯既斬而帝乃悔●〔18〕。此材明未足衛身●【12】〔19〕，故及難邪●〔20〕？唯大聖爲能無累乎【13】？然也，帝乙以義故囚●〔21〕，文王以仁故拘●〔22〕。夫體至，行仁義●〔23〕，據南面師尹卿士〔24〕，且猶不能無難。然則夫子削迹●〔25〕，叔嚮縲紲●【14】〔26〕，屈原放沈〔27〕，賈誼貶黜●〔28〕，鍾離廢替●〔29〕，何敞束縛●【15】〔30〕，王章抵罪●〔31〕，平阿斥逐●〔32〕，蓋其輕士者也●〔33〕。

【校記】

【1】唯：仿宋本、馮本、魁本、程本、四庫本、邵本同，陳本作“惟”。

【2】雎：仿宋本作“睢”，馮本、四庫本、邵本作“雎”，魁本、程本作“睢”，陳本作“睢”。“睢”即“雎”之俗字，今用正體字。起：仿宋本、馮本、魁本、陳本同，程本、四庫本、邵本作“公”。

【3】弘：仿宋本、馮本、魁本、程本、何本同，四庫本、陳本作“弘”，邵本作“宏”。

【4】邪：仿宋本、馮本、魁本同，程本、何本、四庫本、邵本、陳本作“耶”。

【5】唯：仿宋本、馮本、魁本、程本、四庫本、邵本同，陳本作“惟”。

【6】脩：仿宋本、馮本、魁本、程本同，何本、四庫本、邵本、陳本作“修”。

【7】色：《諸子品節》引文、四庫本、邵本、陳本同，仿宋本、馮本、魁本、程本作“免”。

【8】治：仿宋本、馮本、魁本、程本、何本、四庫本、陳本同，《諸子品節》引文、邵本作“法”。

【9】思：仿宋本、馮本、魁本、程本、邵本、陳本同，四庫本作“相”。

【10】唯：仿宋本、馮本、魁本、程本、四庫本、邵本同，陳本作“惟”。

【11】使條漢：陳本同，仿宋本、馮本、魁本、程本作“使漢”，四庫本作“使治”，《諸子品節》引文、邵本作“條漢”。

【12】足：仿宋本、馮本、魁本、陳本同，程本、四庫本、邵本作“足以”。

【13】唯：仿宋本、馮本、魁本、程本、四庫本、邵本同，陳本作“惟”。

【14】嚮：仿宋本、馮本、魁本、程本、邵本、陳本同，四庫本作“向”。紲：仿宋本、馮本、魁本、程本、四庫本、邵本同，陳本作“絏”。

【15】束：仿宋本、馮本、魁本、程本、陳本同，四庫本、邵本作“束”。

【箋注】

〔1〕汪繼培曰：“《列女傳·魯季敬姜》云：‘其所與遊者，皆過己者也。’”

〔2〕汪繼培曰：“《史記·季布傳》云：‘丁公爲項羽逐窘高祖彭城西，短兵接，高祖急，顧丁公曰：“兩賢豈相厄哉？”’”◯覺按：害：忌妒。

〔3〕汪繼培曰：“‘詘’之借。”◯覺按：汪説非。范雎（？～公元前255年）：一作“范且”（jū居），或誤作“范睢”，字叔，戰國時魏國人。在魏國時，他因事爲須賈陷害，被魏相魏齊派人打斷了肋骨，裝死得免。後化名爲張禄，靠了魏國人鄭安平的幫助，由秦國的使者王稽帶到秦國。他遊説秦昭王，驅逐了專權的秦相魏冉，於公元前266年任秦相，受封於應邑（在今河南省魯山縣東北），號應侯。公元前260年，他用反間計於趙，因而趙王命趙括替代廉頗爲將而與秦戰於長平（在今山西省高平市西北），秦將白起大勝趙軍。

他嫉妒白起之功，進言昭王，昭王迫令白起自殺。他任鄭安平爲將，王稽爲河東守，結果鄭安平被圍降趙，王稽與諸侯通而被誅。他謝病免相而死。見《史記・范雎蔡澤列傳》。絀（chù 觸）：通"黜"，廢黜，貶退。白起（？—公元前 257 年）：一稱公孫起，戰國時郿（在今陝西省眉縣東）人，爲秦將，善用兵，秦昭王時從左庶長官至大良造，屢獲戰功，奪得韓、魏、趙、楚之地七十餘城。公元前 278 年攻克楚都郢（今湖北省荆州市荆州區西北之紀南城），因功封武安君。長平之戰大勝趙軍，坑殺俘虜四十多萬人。後與范雎不和，稱病不起，被免爲士伍，不久，秦昭王迫令他自殺而死。參見《史記・白起王翦列傳》。

〔4〕汪繼培曰："並見《史記》。▲《范雎傳》云：'與武安君白起有隙，言而殺之。'《史記・公孫弘傳》云：'徙董仲舒於膠西。'程本'白起'作'白公'，▲《諸子品節》'白公'作'白起'。按白公見《史記・蔡澤傳》。"○覺按：公孫弘（公元前 200～公元前 121 年）：字季，漢初菑川國薛縣（按《漢書・地理志下》有甾川國，在今山東省壽光市西南，但僅轄三縣，無薛縣；而薛縣屬魯國，在今山東省滕州市南官橋鎮至棗莊市薛城區北夏莊村一帶，與甾川國相距甚遠。大概漢高祖時薛縣屬菑川國，就像高祖時廣陵國屬荆州一樣，所屬縣、國並非一定要相連，則其籍貫當定爲薛）人，獄吏出身，四十多歲纔學《春秋》雜説。公元前 140 年被漢武帝徵爲博士，因出使匈奴不合帝意而免。公元前 130 年，因對策第一而再拜博士。他見聞廣博，熟悉文書法律，能用儒家學説來解釋法令，不當面與皇上争論，議事常順武帝之意，故爲武帝所寵倖，公元前 126 年爲御史大夫，次年爲丞相，封平津侯。他爲人喜歡猜疑，外表寬厚而内心刻薄，凡和他有矛盾的人，他表面友善而暗中報復，殺害主父偃，把董仲舒調出爲膠西王相，都是他一手造成的。事詳《史記・平津侯主父列傳》。公孫弘抑董仲舒：公孫弘研究《春秋》不如董仲舒，但會迎合世俗而位至丞相，董仲舒視之爲阿諛奉承的小人，公孫弘因此而忌恨他，就對皇上説："衹有董仲舒可以做膠西王的相國。"於是董仲舒被調任膠西王相。見《史記・儒林列傳》。

〔5〕汪繼培曰："'争'字上下有脱字。《史記・屈原傳》云：'上官大夫與之同列，争寵而心害其能。'隱四年《左傳》：'石碏云："寵禄過也。"'"○覺按："争"字上下未必有脱字，但"寵禄争"當作"争寵禄"。

〔6〕汪繼培曰："按《史記・孫子傳》云：'臏生阿、甄（覺按：當作"鄄"，下同）之閒。'阿、甄皆齊邑，見《司馬穰苴傳》。《漢書・藝文志・兵權謀家》亦云'齊孫子'，而《吕氏春秋・不二篇》高誘注云：'孫臏，楚人，爲齊臣。'蓋别有所本。"○覺按：孫臏：齊國阿（在今山東省陽穀縣東北）人，孫武的後代，戰國時兵家。他嘗與龐涓一起學習兵法。後來龐涓爲魏惠王將軍，因妒忌孫臏的才能而把他騙至魏國，施以臏刑，斷其兩足。後來齊國使者秘密將他載回，被齊威王任爲軍師。他協助齊將田忌先後大敗魏軍於桂陵（今河南省長垣市西北，一説在今山東省菏澤市東）、馬陵（在今河南省范縣西南，一説在今河北省大名縣東南）。龐涓也在馬陵之戰中兵敗自殺。參見《史記・孫子吴起列傳》。《漢書・藝文志》於"兵書略・兵權謀家"著録"《齊孫子》八十九篇"，原已失傳。1972 年山東省臨沂銀雀山漢墓出土《孫臏兵法》殘簡四百餘枚，字數萬餘，文物出版社已出版原簡摹寫本，共整理摹寫出三百六十四簡，分三十篇。脩：通"修"，整飭。脩能於楚：孫武曾爲吴將而西破强楚，見《史記》的《孫子吴起列傳》與《吴太伯世家》，此文蓋將孫武事誤爲孫臏之事。

〔7〕汪繼培曰："▲《史記（覺按：當作"漢書"）・司馬遷傳》：'爰絲變色。'"○覺按：龐涓：戰國時魏人，曾與孫臏同學兵法而不如孫臏，後爲魏惠王將軍，曾妒忌孫臏而施之以臏刑。公元前 353 年，魏破趙都邯鄲，齊國田忌、孫臏以"圍魏救趙"之計，在桂陵

（見注〔6〕）大破魏軍，敗龐涓。公元前 341 年，齊田忌、孫臏攻魏救韓，在馬陵（見注〔6〕）大破魏軍，龐涓被圍自殺。其事蹟見《孫臏兵法・禽龐涓》《史記・孫子吴起列傳》。

〔8〕以：而。刖（yuè 獄）：把脚砍掉的酷刑。

〔9〕韓非（約公元前 295—公元前 233 年）：戰國時傑出的政治理論家，法家的代表人物。他是戰國後期韓國的宗族公子，曾與李斯一起師事荀卿，李斯自以爲不如。他曾上書韓王變法，卻不被重用，於是發憤著書十餘萬字，即今傳之《韓非子》。秦王政（秦始皇）讀到他寫的《孤憤》《五蠹》等文章，十分讚賞，欲見韓非而攻韓。韓非爲此而出使秦國，爲李斯、姚賈陷害而被迫自殺於雲陽（今陝西省淳化縣西北）獄中。事詳《史記・老莊申韓列傳》《戰國策・秦策五》。

〔10〕李斯（？—公元前 208 年）：戰國末楚國上蔡（今河南省上蔡縣西南）人，曾從荀卿學帝王之術。戰國末入秦，先爲秦相吕不韋舍人，勸説秦王政（秦始皇）兼併六國而被任爲客卿。秦統一六國後，任丞相，定郡縣制，不立諸侯王，建議焚《詩》《書》，變籀文爲小篆。秦始皇死後，他與趙高合謀立少子胡亥爲帝。後趙高誣其謀反，被腰斬滅族。見《史記・李斯列傳》。

〔11〕汪繼培曰："並見《史記》。治，《諸子品節》作'法'。▲按《史記・韓非傳》云：'非疾治國不務修明其法制。'"〇彭鐸曰："邵本亦從《品節》作'法'，是也。"〇覺按：彭説非。"韓非明治"指韓非著書而闡明治國之道。韓非的治國之道，包括法治、術治、勢治、富國強兵等方面，並不局限於法治。

〔12〕見：被。將：猶"必"（參見《古書虚字集釋》卷八"將"字條）。

〔13〕京房：見 1.5 注〔3〕。元帝：即漢元帝劉奭（公元前 76—公元前 33 年），漢宣帝之子，公元前 48—公元前 33 年在位。刘奭愛好儒術而優柔寡斷，重用宦官弘恭、石顯，開以後宦官外戚迭相爲政的局面，西漢因此由盛而衰。詳見《漢書・元帝紀》。

〔14〕考功：考核功績。此指京房制定的"考功課吏法"。《漢書・京房傳》"考功課吏法"顔師古注引晋灼曰："令丞尉治一縣，崇教化亡犯法者輒遷。有盜賊，滿三日不覺者則尉事也。令覺之，自除，二尉負其（二）〔辠〕。率相准如此法。"由此可見，"考功課吏法"的大致做法是：縣令（縣長）、縣丞（副縣長）、縣尉（主管軍事刑獄的副縣長）治理一個縣，崇尚教育感化而縣中没有人犯法的就升官。如果縣中有盜賊，滿了三天也没發現，那就是縣尉的事。縣令如果發現了，自己還可以任職，由兩個縣尉承擔其罪責。對各級官吏都仿照此法執行。選：量才授官。使制考功而選守：漢元帝曾下詔讓京房制定"考功課吏法"，後來京房又與元帝言災異，意指天變由於任用了石顯。石顯等怨恨京房，想讓他遠離朝廷，就建議用京房爲郡守，於是元帝命京房任魏郡太守，試行考功法。見《漢書・京房傳》。

〔15〕汪繼培曰："《史記・高祖紀》：'雍齒雅不欲屬沛公。'《集解》：'服虔曰："雅，故也。"蘇林曰："雅，素也。"'"〇覺按：晁錯（公元前 200—公元前 154 年）：漢潁川（今河南省禹州市）人，曾學過申不害、商鞅的法家學説，以文學爲太常掌故，還向伏生學習過《尚書》。文帝時爲太子家令，號稱"智囊"。太子劉啓即位爲景帝後，他得到重用，升遷爲御史大夫，建議削減諸侯王封地以尊崇朝廷的地位，引起諸侯王的反對。景帝三年（公元前 154 年），吴、楚等七國以"清君側"殺晁錯爲名起兵叛亂（史稱"七國之亂"），景帝聽從竇嬰、袁盎之言，斬晁錯於東市以謝七國。參見《史記・袁盎鼂錯列傳》《漢書・爰盎鼂錯傳》。雅：平素，向來。景帝：即漢景帝劉啓（公元前 188—公元前 141 年），漢文帝之子。公元前 157 年文帝死，他即位爲帝，繼續實行"與民休息"的政策，並採納晁錯

的意見，削減諸侯王勢力，接著又平定了吴、楚七國之亂，鞏固了中央集權制，與文帝一代被史家共譽爲“文景之治”。《史記》《漢書》有紀，可參見。

〔16〕汪繼培曰：“舊無‘條’字，《品節》有‘條’無‘使’。按‘使條’與‘使制’對，今補正。《漢書・刑法志》云：‘張湯、趙禹之屬條定法令。’《循吏傳》顔師古注：‘凡言條者，一一而疏舉之，若木條然。’”○覺按：使條漢法而不亂：晁錯所受到的寵倖超過了九卿，所以由他更定了原有的法令三十章，見《史記・袁盎鼂錯列傳》。

〔17〕京房寃死：公元前37年，京房出爲郡守後不久，石顯便誣以“非謗政治，歸惡天子”而將他下獄棄市。見《漢書・京房傳》。

〔18〕汪繼培曰：“並見《漢書》。”○覺按：帝乃悔：晁錯被殺後，鄧公進見景帝説：“吴王蓄意謀反已數十年，殺晁錯衹是借口而已，根本不會因晁錯被殺而罷兵。而晁錯主張削減諸侯王以尊崇朝廷，實爲萬世之利。因而殺晁錯，對内便杜絶了忠臣之口，對外反替諸侯王報了仇，實在不當。”於是景帝深感後悔。見《史記・袁盎鼂錯列傳》。

〔19〕汪繼培曰：“《詩・烝民》云：‘既明且哲，以保其身。’莊十六年《左傳》云：‘君子謂强鉏不能衛其足。’《淮南子・繆稱訓》云：‘世治則以義衛身。’”

〔20〕汪繼培曰：“閔二年《左傳》云：‘周公勿（覺按：當作“弗”）從，故及於難。’”

〔21〕汪繼培曰：“《易・乾鑿度》云：‘《易》之帝乙爲成湯，《書》之帝乙六世王，同名不害以明功。’《史記・夏本紀》云：‘夏桀不務德而武，傷百姓，百姓弗堪，乃召湯而囚之夏臺。’”○覺按：“帝乙”指商湯，見1.1注〔15〕。夏桀二十二年，商湯朝見他，卻被囚禁在夏臺（獄名，一名鈞臺，位於今河南省禹州市南），到第二年纔獲釋。見《竹書紀年》卷上、《史記・夏本紀》。

〔22〕汪繼培曰：“《淮南子・道應訓》：‘崇侯虎曰：“周伯昌行仁義而善謀，請圖之。”屈商乃拘文王於羑里。’事詳《史記・周本紀》。”○覺按：文王以仁故拘：周文王行仁積德，崇侯虎在商紂王面前説他壞話。商紂王二十三年，將他囚禁於羑（yǒu 友）里邑（一作牖里，在今河南省湯陰縣北）的石窟中，到二十九年才獲釋。見《竹書紀年》卷上、《史記・周本紀》。

〔23〕汪繼培曰：“按‘至’字疑衍。《漢書・東方朔傳・答客難》云：‘太公體行仁義。’《史記・三王世家》云：‘躬親仁義，體行聖德。’《莊子・漁父篇》云：‘孔氏者，性服忠信，身行仁義。’”○覺按：至：極。體至：指資質達到了最高的境界。此乃針對上文“材明未足衛身”而言，與上文所説的“大聖”相應。汪繼培認爲“至”是衍文，恐不當。

〔24〕南面：見3.3注〔28〕。師尹：百官之長，指地位僅次於君主的執政大臣，也稱“公”，相當於後世的丞相。卿士：古有二義，一專指王朝的執政者，一泛指在朝的衆卿，即中央政府中分管具體事務的各部門的最高長官，類似於現在的部長。此文當爲後一義。由於各個朝代所分部門不同，所以古代有“六卿”“九卿”等不同的設置，其官職名稱也不一致。

〔25〕汪繼培曰：“《莊子・盜跖篇》云：‘削跡於衛。’”○覺按：夫子：對孔子的尊稱。削迹：消滅車子輾出的痕跡，引申爲匿跡，埋没。《莊子・盜跖》：“子自謂才士聖人邪？則再逐於魯，削跡於衛，窮於齊，圍於陳、蔡，不容身於天下。”孔子在衛國不受重用的事蹟詳見《史記・孔子世家》。

〔26〕汪繼培曰：“襄廿一年《左傳》。”○覺按：縲紲（léixiè 雷泄）：捆綁犯人的大繩子。此用作動詞，表示囚禁。叔嚮縲紲：公元前552年，晉國欒盈好施捨，得士心，范宣

子士匄逐之，並殺其同黨。叔嚮之弟羊舌虎爲欒盈的黨羽而被殺，叔嚮也同時被囚禁。事見《左傳·襄公二十一年》。

〔27〕屈原（約公元前340—約公元前278年）：戰國時楚國貴族，名平，字原，又名正則，字靈均，楚懷王時任左徒、三閭大夫，主張聯齊抗秦，因上官大夫進讒而被疏遠。頃襄王時再遭令尹子蘭等讒毀，被流放於江南。他見楚國政治腐敗，無法挽救，就在五月初五投汨羅江而死。他寫有《離騷》《九歌》《九章》《天問》等詩篇（見《楚辭》），一向被人們視爲傑出的愛國詩人。其事蹟見《史記·屈原賈生列傳》。沈（chén沉）：古"沉"字。

〔28〕汪繼培曰："並見《史記》。"○覺按：賈誼（公元前200—公元前168年）：西漢洛陽（今河南省洛陽市東）人，時稱賈生。二十幾歲就因精通諸子百家之書而被任爲博士，因才能出衆，一年之内就被提拔爲太中大夫。文帝還想把他提升爲公卿，由於周勃、灌嬰等人的嫉妒譭謗，他被貶爲長沙王太傅，後又爲梁懷王太傅。因梁懷王落馬死，他也悲傷而死。其事蹟見《史記·屈原賈生列傳》《漢書·賈誼傳》。他的政論爲西漢鴻文，《漢書·藝文志》於"諸子略·儒家"著録《賈誼》五十八篇，後有散佚，今人輯爲《賈誼集》，包括《新書》十卷。

〔29〕汪繼培曰："鍾離意也。"○覺按：鍾離：指鍾離意，東漢初會稽郡山陰縣（今浙江省紹興市）人，字子阿。漢明帝即位後任尚書、尚書僕射。明帝苛察，羣臣都不敢作聲，祇有鍾離意敢諫諍，勸他"緩刑罰"。明帝心知其誠意卻不能採用他的意見，因此把他調出朝廷任魯相。見《後漢書·鍾離意列傳》。替：廢棄。

〔30〕汪繼培曰："並見《後漢書》。"○覺按：何敞：東漢右扶風平陵縣（今陝西省咸陽市西北）人，字文高，爲人公正。漢和帝時先後爲侍御史、尚書。當時竇憲爲車騎將軍、大將軍，和弟兄横行京師。何敞冒死極諫，指責諸竇罪惡。竇憲等恨之入骨，就建議把他調出，任濟南王太傅。永元十二年（公元100年），又任五官中郎將，因憤恨蔡倫而爲蔡倫所憎。元興元年（公元105年），蔡倫告他裝病不齋祠廟，被判罪，死於家中。見《後漢書·何敞列傳》。

〔31〕汪繼培曰："見《漢書》。"○覺按：王章：字仲卿，西漢泰山郡鉅平縣（今山東省泰安市南）人，剛直守節，敢於直言，元帝時爲左曹中郎將，因説了石顯的壞話而被免官。漢成帝即位，先爲諫大夫，後又爲京兆尹。當時成帝的舅父大將軍王鳳輔政，王章雖爲王鳳所提拔，卻反對王鳳的專權，勸成帝貶退王鳳，另選忠賢。成帝不忍貶退王鳳，王章便遭王鳳陷害，被判大逆之罪，死於獄中。事詳《漢書》之《王章傳》《元后傳》。

〔32〕汪繼培曰："平阿侯名仁，王莽諸父。事詳《漢書·元后傳》。"○覺按：平阿：原爲縣名，後改爲侯國，治所在今安徽省鳳臺縣東北。此文指平阿侯王仁（？—公元3年）。河平二年（公元前27年），成帝封舅父王譚爲平阿侯。譚死後，兒子王仁爲平阿侯。他雖與王莽同輩（汪繼培認爲是"王莽諸父"，誤），但爲人剛直，王莽怕他。元始三年（公元3年），王莽命大臣告他有罪，因而被遣回封地，接著又被迫自殺。事詳《漢書·元后傳》。

〔33〕汪繼培曰："疑當作'蓋是其輕者也'。《晋書·華譚傳》云：'仲舒抑於孝武，賈誼失於漢文，蓋復是其輕者耳。'用此例。"○覺按：汪説非，因爲"王章抵罪"之類不可謂之"輕者"。輕士：與上文"南面師尹卿士"相比而言，指地位較之爲低微的官員。

5.6

《詩》云:"無罪無辜,讒口敖敖●〔1〕。""彼人之心,于何不臻●【1】〔2〕?"由此觀之,妬媢之攻擊也●【2】〔3〕,亦誠工矣!賢聖之居世也,亦誠危矣!

【校記】

【1】不:仿宋本、馮本、魁本、陳本同,程本、四庫本、邵本作"其"。

【2】攻:仿宋本、馮本、程本、四庫本、邵本、陳本同,魁本作"功"。

【箋注】

〔1〕汪繼培曰:"《十月之交》。敖敖,今《詩》作'囂囂',《釋文》引《韓詩》作'謷謷'。《爾雅·釋訓》云:'敖敖,傲也。'與此合。"〇覺按:以上兩句詩見《詩經·小雅·十月之交》。敖敖:今本《詩經》作"嚻嚻"(áo 敖),均通"嗷嗷"。《漢書·楚元王傳·劉向傳》引此詩作"嗸嗸",顔師古注:"嗸嗸,衆聲也。"形容聲音很多而嘈雜的樣子。

〔2〕汪繼培曰:"《菀柳》。不,今《詩》作'其'。"〇覺按:以上兩句詩見《詩經·小雅·菀柳》。今本《詩經》"不"作"其",兩者皆通,可各隨其文。臻:至。

〔3〕汪繼培曰:"'媚'當作'媢'。《説文》云:'妒,婦妒夫也。媢,夫妒婦也。'《史記·五宗世家》:'常山憲王王后以妒媢不常侍病。'《索隱》云:'媢,鄒氏本作"媚"。''媚''媢'字形相近易誤也。《黥布傳·贊》云:'妒媢生患。'《顔氏家訓·書證篇》嘗辨之。"〇覺按:汪説是。妒媢(mào 冒):嫉妒。此文指嫉妒之人。

5.7

故所謂賢難也者,非賢難也,免則難也。彼大聖羣賢,功成名遂●〔1〕,或爵侯、伯,或位公、卿,尹據天官●〔2〕,柬在帝心●【1】〔3〕,宿夜侍宴●〔4〕,名達而猶有若此●〔5〕,則又況乎畎畝佚民、山谷隱士●〔6〕、因人乃達、時論乃信者乎●〔7〕?此智士所以鉗口結舌●〔8〕、括囊共默而已者也●〔9〕。

【校記】

【1】柬:仿宋本、馮本、魁本、陳本同,程本作"東",何本、四庫本、邵本作"簡"。

【箋注】

〔1〕汪繼培曰:"《老子》文。"

〔2〕汪繼培曰:"《漢書·李尋傳》云:'充備天官。'詳《忠貴篇》注。"〇俞樾曰:"'尹據天官'句,'尹'字無義,疑'尸'字之誤。《書序》:'康王既尸天子,遂誥諸侯。'此用'尸'字,即本《書序》文也。《明闇篇》:'尹其職而策不出於己。''尹'字亦當作'尸'。"〇覺按:俞説未必得當,因爲本書之"尸"若用於官位之前,祇表示其本義受祭

者的引申義，僅見於“素餐尸位”（見 8.6）、“尸禄素餐”（見 17.1.3），指身居官位而不做事，僅空受俸禄，就像尸（代表死者受祭的人）那樣不做事而享用祭品。《廣雅・釋詁四》：“尹，官也。”此文之“尹據”當解爲“官據”。至於《明闇篇》之“尹其職”，當解爲“官其職”或“治其職”，而不宜解爲“尸其職”。天官：官名。《周禮》分設六官，以冢宰爲天官。冢宰即太宰，居六卿之首，爲百官之長，輔佐帝王治理國家。

〔3〕汪繼培曰：“《論語》。‘柬’今作‘簡’。▲何本作‘簡’，與《論語》同。”〇覺按：柬：選擇。《十三經注疏》本《論語・堯曰》作“簡在帝心”，“簡”與“柬”義同。

〔4〕汪繼培曰：“《管子・禁藏篇》云：‘宿夜不出。’按‘宿’當作‘㐁’。《説文》云：‘夙，早敬也。㐁，亦古文夙，从人、西。宿从此。’《詩・有駜》云：‘夙夜在公，在公載燕。’《漢書・嚴助傳》云：‘助侍燕從容。’‘宴’與‘燕’通。”〇覺按：宿：通“夙”（參見《説文通訓定聲・孚部弟六》“宿”字條），早。宴：宴飲。

〔5〕汪繼培曰：“王先生云：‘“名達”下有脱字。’繼培按：《論衡・藝增篇》：‘《詩》云：“鶴鳴九臯，聲聞於天。”言鶴鳴九折之澤，聲猶聞於天，以喻君子修德窮僻，名猶達朝廷也。’‘名達’亦謂名達朝廷矣。”〇覺按：王、汪之説恐非。此“達”字當與《文選》卷第三十七所載諸葛亮《出師表》“不求聞達於諸侯”之“達”同義，表示顯達，其下並無脱文。

〔6〕汪繼培曰：“《漢書・梅福傳》云：‘隱士不顯，佚民不舉。’《莊子・刻意篇》云：‘此山谷之士。’”〇覺按：佚：通“逸”，隱退。

〔7〕汪繼培曰：“時，義與‘時其亡’之‘時’同。”〇覺按：汪説非。時：通“恃”，依賴，憑藉。信（shēn 申）：通“伸”，伸直，舒展。“時論乃信”與“因人乃達”互文見義。

〔8〕汪繼培曰：“《莊子・田子方篇》云：‘口鉗而不欲言。’《史記・袁盎傳》盎説絳侯曰：‘君今自閉鉗天下之口’，《漢書・盎傳》作‘箝’。《五行志》又云：‘臣畏刑而拑口。’‘箝’‘拑’與‘鉗’同。顔師古注並云‘籋也’。《鄧析子・轉辭篇》云：‘左右結舌。’《漢書・李尋傳》云：‘智者結舌。’《杜周傳》杜業上書云：‘尚書近臣皆結舌杜口。’”

〔9〕汪繼培曰：“《易・坤・六四》：‘括囊，無咎無譽。’‘共’讀爲‘拱’。《漢書・鮑宣傳》云：‘以拱默尸禄爲智。’《後漢書・左雄傳》云：‘方今公卿以下，類多拱默。’”〇覺按：括囊：紮住口袋，比喻藏起心智而閉口不言。《周易・坤・六四》“括囊”孔穎達疏：“括，結也。囊所以貯物，以譬心藏知也。閉其知而不用，故曰括囊。”共（gǒng 拱）：“拱”之本字。

5.8

且閭閻凡品●〔1〕，何獨識哉？苟望塵僄聲而已矣●【1】〔2〕。觀其論也，非能本閨闕之行迹●〔3〕、察臧否之虚實也●〔4〕，直以面譽我者爲智●〔5〕、諂諛己者爲仁●〔6〕、處姦利者爲行●〔7〕、竊禄位者爲賢爾●〔8〕，豈復知孝悌之原、忠正之直●〔9〕、綱紀之化●〔10〕、本途之歸哉〔11〕？此鮑焦所以立枯於道左●〔12〕、徐衍所以自沈於滄海者也●〔13〕。

【校記】

【1】僄：仿宋本、馮本、魁本、程本、四庫本、邵本同，陳本作“剽”。

【箋注】

〔1〕汪繼培曰：“《説文》云：‘閭，里門也。閻，里中門也。’《漢書・武帝子戾太子傳》云：‘江充布衣之人，閭閻之隸臣耳。’”〇覺按：“閭閻”泛指民間。品：《説文・品部》云：“品，衆庶也。”

〔2〕陳本“僄”作“剽”，汪繼培曰：“《後漢書・馬融傳》云：‘羌胡百里望塵，千里聽聲。’‘剽’舊作‘僄’。按《交際篇》云：‘苟剽聲以羣諛。’今据改。《漢書・朱博傳》云：‘耳剽日久’，顔師古注：‘剽，劫也，猶言行聽也。’”〇覺按：望塵：看車馬揚起的塵土，指看風頭氣派。僄（piào 票）：通“剽”，掠取。僄聲：取聲，指祇聽名聲。

〔3〕汪繼培曰：“‘闇’蓋‘閤’之誤。《爾雅・釋宫》云：‘宫中之門謂之闈，其小者謂之閨，小閨謂之閤。’《淮南子・主術訓》云：‘責之以閨閤之禮，奥窔之閒。’《史記・汲黯傳》云：‘黯多病，臥閨閤内，不出。’《漢書・司馬遷傳・答任安書》云：‘身直爲閨閤之臣。’《循吏・文翁傳》云：‘使傳教令，出入閨閤。’顔師古注：‘閨閤，内中小門也。’‘閨閤行迹’猶云‘門内之行’也。《漢書・嚴朱吾邱主父徐嚴終王賈傳・贊》云：‘察其行迹。’”〇覺按：本：根據。閨：當爲“闚”之音誤。“闚”與“闇”（yú 於）含義相同，均表示暗中察看或泛指觀察；又常連用，《鹽鐵論・力耕》“内怀闚闇而心不怍”張之象注：“闚闇，私視也。”即私下觀察的意思。此文之“闚闇”相當於《漢書・嚴朱吾丘主父徐嚴終王賈傳・贊》“察其行迹”之“察”，它與上文“望塵”之“望”相承。汪繼培認爲“閨闇”爲“閨閤”之誤，雖也通，恐未當。

〔4〕汪繼培曰：“《詩・抑》云：‘未知臧否。’”〇覺按：臧否（zāngpǐ 贓匹）：褒貶，即評論人物的好壞。它承上文“僄聲”之“聲”而言。

〔5〕汪繼培曰：“《大戴禮・文王官人篇》云：‘面譽者不忠。’”

〔6〕汪繼培曰：“《孟子》云：‘與讒諂（覺按：當作“諂”）面諛之人居。’”

〔7〕汪繼培曰：“《漢書・張蒼傳》云：‘蒼任人爲中候，大爲姦利。’《貢禹傳》云：‘謂居官而置富者爲雄桀，處姦而得利者爲壯士。’”〇覺按：處：居住，指一心撲在上面。行：《荀子・正名篇》：“正義而爲謂之行。”《尚書・堯典》“允恭克讓”孔穎達疏：“在身爲德，施之曰行。”

〔8〕汪繼培曰：“《周禮・太宰》：‘八則治都鄙’（覺按：當作“以八則治都鄙”），‘四曰禄位，以馭其士’。《大戴禮・曾子立事篇》云：‘無益而厚受禄，竊也。’《論語》云：‘臧文仲，其竊位者與？’《文子・上仁篇》：‘老子曰：“不以德貴，竊位也。”’《後漢書・杜詩傳》云：‘久竊禄位。’”

〔9〕汪繼培曰：“疑‘真’。”〇覺按：《廣雅・釋詁二》：“直，義也。”“忠正”爲事君之義，所以説“忠正之直”。汪説非。

〔10〕汪繼培曰：“《詩・棫樸》云：‘綱紀四方。’”〇覺按：綱紀：使社會得到治理的主要準則，儒家往往指禮制而言，並把它作爲學習的主要内容。《荀子・勸學篇》：“《禮》者，法之大分，類之綱紀也，故學至乎《禮》而止矣。”本書《讚學》也主張學《禮》，所以此文説“化”。

〔11〕本途：根本的道路，指正確的治國之道。歸：與“途”相對，即《周易・繫辭下》“天下同歸而殊塗”之“歸”，指歸宿，結局。

〔12〕汪繼培曰：“《説苑・雜言篇》云：‘鮑焦抱木而立枯。’▲《韓詩外傳》一云：‘立

槁於洛水之上。'" 〇覺按：鮑焦：周代的隱士，廉潔自守，荷擔採樵，拾橡充飢，耕田而食，穿井而飲，不臣天子，不友諸侯，子貢譏笑他，他抱木立枯而死於洛水邊。見《莊子·盜跖》"鮑焦飾行非世"成玄英疏、《韓詩外傳》卷一第二十七章。左：東邊。

〔13〕汪繼培曰："《漢書·鄒陽傳·上吴王書》云：'徐衍負石入海。'服虔曰：'周之末世人也。'" 〇覺按：徐衍：周代末年人，安分守節，因不願與朝廷的姦臣相互勾結去迷惑君主之心而爲姦臣所嫉恨，於是抱着石頭投海而死。事見《史記·魯仲連鄒陽列傳》《漢書·鄒陽傳》所載鄒陽上梁孝王書。汪繼培云"上吴王書"，誤。

5.9

諺曰："一犬吠形，百犬吠聲●〔1〕。"世之疾此，固久矣哉●〔2〕！吾傷世之不察真僞之情也【1】，故設虚義以喻其心，曰：今觀宰司之取士也〔3〕，有似於司原之佃也●〔4〕。昔有司原氏者，燎獵中野●〔5〕，鹿斯東奔●〔6〕，司原從而譟之●【2】〔7〕。西方之衆有逐豨者●〔8〕，聞司原之譟也，競舉音而和之●〔9〕。司原聞音之衆，則反【3】〔10〕，輟己之逐而往伏焉，遇夫俗惡之豨●〔11〕。司原喜，而自以獲白瑞珍禽也●【4】〔12〕，盡芻豢、單囷倉以養之●〔13〕。豕俛仰嚘咿●〔14〕，爲作容聲，司原愈益珍之。居無何●〔15〕，烈風興而澤雨作●〔16〕，灌巨豕而惡●塗渝〔17〕。豕駭懼●【5】〔18〕，真聲出，乃知是家之艾猳爾●〔19〕。此隨聲逐響之過也〔20〕。衆遇之未赴●〔21〕，信焉〔22〕。

【校記】

【1】真：魁本、何本、邵本、陳本同，仿宋本、馮本、程本、四庫本作"貞"。

【2】從而：仿宋本、馮本、魁本、程本、四庫本、邵本、陳本作"縱"，據《太平御覽》卷八百三十二引文改。

【3】反：仿宋本、馮本、魁本、四庫本、邵本、陳本同，程本、何本作"及"。

【4】獲白：仿宋本、馮本、魁本、程本、四庫本、陳本同，何本作"爲白"，邵本作"爲上"。

【5】豕：四庫本同，仿宋本、馮本、魁本、程本、何本、陳本作"逐"，邵本作"遂"。

【箋注】

〔1〕汪繼培曰："《風俗通·正失篇》言淮南王事云：'後人吠聲，遂傳行耳。'又《怪神篇》言李君神事云：'目痛小疾，亦行自愈。衆犬吠聲，因盲者得視，遠近翕赫。'《晋書·傅玄》後《咸傳》云：'一犬吠形，羣犬吠聲。'皆本此諺。"

〔2〕汪繼培曰："▲《意林》作'固已久矣'。《論語》云：'久矣哉，由之行詐也！'"

〔3〕宰司：宰相的别稱。《三國志·魏書·蔣濟傳》："臣備宰司，民所具瞻。"

〔4〕汪繼培曰："襄四年《左傳》虞箴云：'獸臣司原。'《易·繫辭下傳》云：'以佃以漁。'《釋文》引馬融注：'取獸曰佃。'" 〇覺按：司：掌管。原：原野，此與"田"的用法

相似，引申爲打獵。司原：掌管打獵。《左傳・襄公四年》有"獸臣司原"一語，所以作者借來虛擬爲打獵者的名字。

〔5〕汪繼培曰："《爾雅・釋天》云：'宵田爲獠（覺按：陳本誤作"燎"，此據汪稿）。'郭注：'即今夜獵載鑪照也。''燎'與'獠'通。"〇覺按：燎：火炬。燎獵：打着火把在夜間打獵，也叫作"獠"（liáo 燎）。中野：野中。

〔6〕汪繼培曰："《詩・小弁》云：'鹿斯之奔。'"

〔7〕汪繼培曰："《御覽》八百卌二作'從而譟之'。▲《周禮・大司馬》'車徒皆譟'鄭注：'譟，讙也。'《鄭語》云：'王使婦人不幃而譟之。'韋昭注：'譟，讙呼。'"〇覺按：從：追趕。

〔8〕汪繼培曰："《方言》云：'豬，南楚謂之豨。''狶'與'豨'同。"〇覺按：狶（xí習）：大豬。

〔9〕汪繼培曰："《楚辭・離騷》王逸注：'競，並也。'"

〔10〕反：同"返"。

〔11〕汪繼培曰："王先生云：'"俗惡"當作"浴堊"。堊，白土也。豕浴於堊則色白，故司原誤以爲白瑞。及澤雨灌豕，堊塗渝敗，乃復艾豭之本質耳。'"

〔12〕汪繼培曰："《御覽》九百十四引《白虎通》云：'禽者何？鳥獸之總名，明爲人所禽制。'"

〔13〕汪繼培曰："《楚語》云：'芻豢幾何？'韋昭注：'草養曰芻，穀養曰豢。'《吕氏春秋・仲秋紀》高誘注：'圓曰囷，方曰倉。'"〇覺按：此文"芻豢"用作名詞，指餵牲口的草與穀。單：通"殫"（dān 單），竭盡。

〔14〕汪繼培曰："《後漢書・文苑傳・趙壹賦》云：'伊優北堂上。'章懷注：'伊優，屈曲佞媚之貌。''嘎咿'與'伊優'同。"〇覺按：俛：同"俯"。嘎咿（yōuyī 憂伊）：象聲詞，描摹嬌媚的叫聲。

〔15〕汪繼培曰："▲《漢書・翟方進傳》'居亾何'顔師古注云：'無何，猶言"無幾"，謂少時。'《漢書・陳平傳》云：'居無何。'顔師古注：'無何，猶言"無幾時"。'"

〔16〕汪繼培曰："王先生云：'"澤"疑"淫"。'繼培按：《説苑・辨物篇》越裳氏譯曰：'久矣，天之無烈風淫雨！'"〇彭鐸曰："'澤雨'蓋謂山澤猝發之雨，非必字訛。"〇覺按：相較而言，王説爲優，彭説非，因爲上文云"中野"，則該地未必有山，而山中雖然多雨，但其中之澤未必會猝發大雨。淫雨：連續不停的過量的雨，此指大雨。

〔17〕汪繼培曰："當作'堊'。"〇覺按：渝：氾濫，溢出，指雨水拌着堊土漿從豬身上掉下來。

〔18〕陳本"豕"作"逐"，汪繼培曰："王先生云：'逐'當爲'豕'。"〇王宗炎曰："'灌巨豕而惡塗渝'爲句，'逐駭懼真聲出'爲句。'逐'是'豕'字之誤。"

〔19〕汪繼培曰："定十四年《左傳》云：'盍歸我艾豭？'《説文》云：'豭，牡豕也。''猳'與'豭'同。"〇覺按：艾：老。猳（jiā 加）：同"豭"，公豬。

〔20〕隨：跟。逐：追。嚮：聲。

〔21〕汪繼培曰："疑'足'。"〇彭鐸曰："《説文》：'赴，趨也。'《史記・伯夷列傳》：'趨舍有時'，朱駿聲《説文通訓定聲》謂'趨'借爲'取'。'赴信'猶言'取信'耳。"〇覺按：汪説非，但彭鐸輾轉相訓而解爲"取"，更不合"赴"字之義。遇之：即上文"遇夫俗惡之狶"，指遇到豬。赴：奔赴，指追趕。

〔22〕信：真实，指瞭解真情。焉：於之，對於豬。

5.10

今世主之於士也，目見賢則不敢用，耳聞賢則恨不及●〔1〕。雖自有知也，猶不能取，必更待羣司之所舉●〔2〕，則亦懼失麟鹿而獲艾猳●〔3〕。奈何其不分者也？未遇●〔4〕風雨●〔5〕之變者●故也【1】〔6〕。俾使一朝奇政雨集●【2】〔7〕，則險隘之徒●〔8〕，闒茸之質●〔9〕，亦將別矣。

【校記】

【1】遇風雨：陳本同，仿宋本、馮本、魁本作"過風"，程本、四庫本、邵本作"遇風"。

【2】雨：四庫本同，仿宋本、馮本、魁本、程本、邵本、陳本作"兩"。

【箋注】

〔1〕汪繼培曰："《鬼谷子·内揵篇》云：'日進前而不御，遥聞聲而相思。'"

〔2〕汪繼培曰："《漢書·韋賢傳》韋孟《諫詩》云：'明明羣司。'"〇王紹蘭曰："崔寔《政論》：'且世主莫不願得尼、軻之倫以爲輔佐，卒然獲之，未必珍也。自非題榜其面曰"魯孔某""鄒孟軻"，殆必不見敬信。'意與此同。"

〔3〕汪繼培曰："《説文》云：'麟，大牝鹿也。'"

〔4〕汪繼培曰："舊作'過'，据程本改。"

〔5〕汪繼培曰："舊脱。"

〔6〕汪繼培曰："疑衍。"〇覺按：汪説非。變：災異，指反常的自然現象。風雨之變者：指暴風雨。它語帶雙關，既指上文的"烈風興而澤雨作"，又喻指政治風暴。

〔7〕陳本"雨"作"兩"，汪繼培曰："'兩'當作'雨'。《論衡·定賢篇》云：'文墨兩集。'誤與此同。其《自紀篇》云：'筆瀧漉而雨集。''雨集'本《孟子》▲'雨集，溝澮皆盈'。"

〔8〕汪繼培曰："《楚辭·離騷》云：'惟黨人之愉樂兮，路幽昧以險隘。'"〇覺按：險隘：險惡，原指地形而言，此指人品而言。

〔9〕汪繼培曰："《史記·賈誼傳》云：'闒茸尊顯。'"〇覺按：闒茸（tàrǒng 踏冗）：低能，愚鈍。

5.11

夫衆小朋黨而固位●〔1〕，讒妒羣吠嚚賢●〔2〕，爲禍敗也豈希●〔3〕？三代之以覆，列國之以滅●〔4〕。後人猶不能革●〔5〕，此萬官所以屢失守●〔6〕，而天命數靡常者也●〔7〕。《詩》云："國既卒斬，何用不監●〔8〕？"嗚呼！時君俗主●〔9〕，不此察也。

【箋注】

〔1〕汪繼培曰："《漢書·楚元王傳》劉向封事云：'衆小在位而從邪議，歙歙相是而背君子。'又云：'朋黨比周，稱譽者登進，忤恨者誅傷。'《翟方進傳》云：'内求人主微指以

固其位。'"

〔2〕汪繼培曰："《楚辭·懷沙》云：'邑犬羣吠兮，吠所怪也。誹駿疑傑兮，固庸態也。'《晏子春秋·問上》云：'人有酤酒者，爲器甚潔清，置表甚長，而酒酸不售。問之里人其故，里人云："公之狗猛，人挈器而入，且酤公酒，狗迎而噬之，此酒所以酸而不售也。"夫國亦有猛狗,.用事者是也。有道術之士，欲干萬乘之主，而用事者迎而齕之，此亦國之猛狗也。'齕，《韓詩外傳》七作'齧'。▲《韓非子·外儲説右上》：'大臣爲猛狗而齕有道之士。''齕'與'齧'同。"

〔3〕汪繼培曰："《晋語》云：'禍敗無已。'"

〔4〕汪繼培曰："▲《史記·吴世家》'商之以興'，此文用其例。《管子·五輔篇》云：'暴王之所以失國家，危社稷，覆宗廟，滅於天下，非失人者，未之嘗聞。'"

〔5〕汪繼培曰："襄十四年《左傳》云：'失則革之。'杜注：'革，更也。'《晏子春秋·諫上》云：'行不能革。'"

〔6〕汪繼培曰："《楚語》觀射父云：'五物之官，陪屬萬，爲萬官。'又云：'失其官守。'"

〔7〕汪繼培曰："《詩·文王》云：'天命靡常。'"〇覺按：數（shuò 朔）：屢次。靡：無。

〔8〕汪繼培曰："《節南山》。"〇覺按：引詩見《詩經·小雅·節南山》。卒：盡。斬：斷絶。用：以。監：察。

〔9〕汪繼培曰："《漢書·藝文志》論諸子云：'時君世主，好惡殊方。'《吕氏春秋·異寶篇》云：'其主俗主也。'高誘注：'俗主，不肖凡君。'"

潛夫論卷第一【1】

【校記】

【1】潛夫論卷第一：仿宋本、馮本同，魁本、程本作"潛夫論卷第一終"，陳本作"潛夫論卷第一終"，何本、邵本作"卷一終"，四庫本作"潛夫論卷一"。

潛夫論卷第二[1]　　　　王符[2]

【校記】

【1】卷第二：仿宋本、馮本、魁本、程本、陳本同，何本、四庫本、邵本作“卷二”。

【2】王符：仿宋本、馮本、魁本同，程本、何本、四庫本、邵本、陳本此行下端無字。

【3】仿宋本、馮本、魁本有此五行子目，程本無此子目而有“漢　安定王符著”“明　新安程榮校”兩行字，何本、邵本無此子目，四庫本無此子目而有“漢　王符　撰”一行字，陳本無此子目而有“蕭山汪繼培箋”一行字。

明闇第六

【提要】

明闇：英明和昏亂。文章主要論述了君主兼聽則明、偏信則闇的道理。

作者認爲，國家的“治”“亂”，取決於君主的“明”“闇”；而君主是“明”還是“闇”，在於他是“兼聽”還是“偏信”。因此，君主必須聽取多方面的意見，不能衹偏聽偏信寵倖之人。作者特别强調君主應該虚心聽取卑賤之人的意見。他説：“兼聽納下，則貴臣不得誣，而遠人不得欺也；慢賤信貴，則朝廷讜言無以至，而潔士奉身伏罪於野矣。”結果就會使法治混亂、君主孤立而亡國。因此，英明的君主總是致力於“敬納卑賤”，以此來招引賢才，使“良士集于朝，下情達于君”。

文章還着重揭露了“當塗之人”“嫉正直之士”進言君主以“矯其邪”，“又耻居上位而明不及下”的心理以及“飭僞辭以障主心”、“沮之於内”以“隱賢”的現實，明確地指出，正是因爲當權的寵臣從中作梗，纔使得“思善之君、願忠之士”雖並生一世而終不得相遇。文章以此作結，作者懷才不遇之怨憤溢於言表，讀來甚有韓非《孤憤》之情調。

6.1

國之所以治者，君明也；其所以亂者，君闇也。君之所以明者，兼聽也●〔1〕；其●所以闇者【1】〔2〕，偏信也●〔3〕。是故人君通必兼聽●【2】〔4〕，則聖日廣矣；庸説偏信●〔5〕，則愚日甚矣●【3】〔6〕。《詩》云：“先民有言：詢于芻蕘●【4】〔7〕。”

【校記】

【1】其：《羣書治要》引文、陳本同，仿宋本、馮本、魁本、程本、四庫本、邵本無“其”字。

【2】必：仿宋本、馮本、魁本、程本、何本、陳本同，四庫本作“心”，邵本作“調”。

【3】愚：《羣書治要》引文、陳本同，仿宋本、馮本、魁本、程本、四庫本、邵本作“過”。

【4】于：仿宋本、馮本、魁本、程本同，何本、四庫本、邵本、陳本作“於”。

【箋注】

〔1〕汪繼培曰：“《管子·明法解》云：‘明主者兼聽獨斷。’▲《説苑·權謀篇》引傳曰：‘衆人之智，可以測天，兼聽獨斷，惟在一人。’《漢書·梅福傳》云：‘博覽兼聽，謀及疏賤，令深者不隱，遠者不塞，所謂辟四門，明四目也。’”

〔2〕汪繼培曰：“舊脱，据《治要》補。”

〔3〕汪繼培曰：“《荀子·不苟篇》云：‘公生明，偏生闇。’”

〔4〕汪繼培曰：“‘必’疑當作‘心’。僖二年《穀梁傳》云：‘宫之奇達心而懦。’《新序·善謀篇》作‘通心’。王先生云：‘“必”疑“聰”，以下“通四聰”證之。’”〇覺按：汪、王均未得此“必”字之義。必：專必（見《論語·子罕》“毋必”何晏《集解》、邢昺疏），指固執於一個方面。“通必”與“兼聽”正反爲義。《論語·子罕》：“子絶四：毋意，毋必，毋固，毋我。”意爲孔子没有四種毛病：不任意推測，不死守一方，不頑固堅持，不自以爲是。此文之“通必兼聽”，即繼承了儒家的思想。

〔5〕汪繼培曰：“《趙策》：‘馮忌曰：“言而不稱師，是庸説也。”’王先生云：‘“説”疑“讒”，以下“靖言庸回”證之。’”〇彭鐸曰：“‘説’字似不誤。《潛歎篇》：‘反徒信亂臣之説。’‘説’即‘讒言’也。”〇覺按：庸：用。説（yuè 悦）：通“悦”，喜愛，此用作名詞，即指6.6所説的“寵人”。庸説：信用寵倖之人，它與“偏信”的意義相類。汪繼培將“庸説”理解爲平庸的説法，與主語“人君”不相承，未當。彭鐸承王宗炎之思路將“説”解爲“讒言”，也不當，因爲“説”是中性詞，“亂臣之説”纔可解爲“讒言”。

〔6〕汪繼培曰：“‘愚’舊作‘過’，据《治要》改。《管子·君臣上篇》云：‘夫民别而聽之則愚，合而聽之則聖。’《史記·袁盎傳》：‘盎謂申屠嘉曰：“上日聞所不聞，明所不知，日益聖智。君今自閉鉗天下之口，而日益愚。”’亦‘聖’‘愚’並舉之證。”

〔7〕汪繼培曰：“《板》。”〇覺按：引詩見《詩經·大雅·板》。芻蕘（chúráo 除饒）：割草打柴的人。

6.2

夫堯、舜之治，闢四門〔1〕，明四目〔2〕，達四聰●【1】〔3〕，是以天下輻湊而聖無不昭●【2】〔4〕。故共、鯀之徒，弗能塞也〔5〕；靖言庸回【3】，弗能惑也●〔6〕。秦之二世〔7〕，務隱藏己●〔8〕而斷百僚●〔9〕，隔捐●〔10〕疏賤●而信趙高【4】〔11〕。是以聽塞於貴重之臣●〔12〕，明蔽於驕妬之人●〔13〕。故天下潰叛，弗得聞也●〔14〕；皆高所殺●〔15〕，莫敢言之〔16〕。周章至戲乃始駭〔17〕，閻樂進勸乃後悔〔18〕，不亦晚矣●〔19〕？故人君●兼聽納下【5】〔20〕，則貴臣不得誣，而遠人不得欺也●〔21〕；慢賤信貴，則朝廷讜言無以至●【6】〔22〕，而潔士奉身伏罪於野矣●【7】〔23〕。

【校記】

【1】達：四庫本、邵本同，仿宋本、馮本、魁本、程本作"達"，陳本作"通"。

【2】天下輻湊：仿宋本、馮本、魁本、陳本同，程本作"天干輻輳"，四庫本作"天下輻輳"，邵本作"天子輻輳"。昭：仿宋本、馮本、魁本、程本、四庫本、邵本同，《羣書治要》引文、陳本作"照"。

【3】靖：仿宋本、馮本、魁本、程本、邵本、陳本同，四庫本作"静"。回：程本、陳本同，仿宋本、馮本、魁本作"囬"，何本、邵本作"囘"，四庫本作"違"。

【4】捐：仿宋本、馮本、程本、四庫本、邵本、陳本同，魁本作"損"。

【5】君：《羣書治要》引文、陳本同，仿宋本、馮本、魁本、程本、四庫本、邵本無"君"字。

【6】言：仿宋本、馮本、程本、四庫本、邵本、陳本同，魁本作"■"。

【7】矣：仿宋本、馮本、程本、四庫本、邵本、陳本同，魁本作"■"。

【箋注】

〔1〕此下三句用《尚書·舜典》文。門：門路，指言路。《韓非子·亡徵》："聽以爵不待參驗，用一人爲門户者，可亡也。"可明此文"門"字之義。《尚書·舜典》"闢四門"孔穎達疏將"門"解爲"仕路"，也通。

〔2〕明：明白，清楚，此用作使動詞。目：看。

〔3〕汪繼培改"達"爲"通"曰："《書·堯典》。'通'舊作'達'，据《治要》改。《史記·五帝紀》述《尚書》作'通'，《漢書·王莽傳》同。《韓詩外傳》六亦云：'牧者所以開四目，通四聰。'《漢書·鼂錯傳》云：'近者獻其明，遠者通厥聰。'亦用《尚書》文。"○覺按：達：通，此用作使動詞。汪繼培依《羣書治要》引文改爲"通"，恐未當，因爲《貞觀政要·君道》承用此文時也作"達"。聰：聽清楚。《尚書·舜典》"達四聰"孔穎達疏："聰謂耳聞之也。"明四目，達四聰：《尚書·舜典》孔安國傳："廣視聽於四方，使天下無壅塞。"

〔4〕汪繼培改"昭"爲"照"曰："《管子·九守·主明》云：'目貴明，耳貴聰，心貴

智。以天下之目視，則無不見也；以天下之耳聽，則無不聞也；以天下之心慮，則無不知也。輻湊並進，則明不塞矣。'▲《任法篇》云：'羣臣修通，輻湊以事其主。''湊''輳'古今字，《説文》云：'轂，輻所湊也。''照'舊作'昭'，据《治要》改。《獨斷》云：'皇者，煌也，盛德煌煌無所不照。'"○覺按：輻湊：同"輻輳"，車輪上的輻條聚集在車轂上叫"輻輳"，比喻向中心歸聚。《韓非子・揚搉》"是非輻湊"，與此句用法同。昭：古代"昭""炤""照"同音通用。《禮記・中庸》"亦孔之昭"《釋文》："昭，本又作'炤'，同。"《穀梁傳・僖公二十七年》"齊侯昭卒"《釋文》："昭，或作'照'。"《荀子・賦篇》"幽晦登昭"楊倞注："昭，或爲'照'。"本書 18.4"昭察"即"照察"，均其例。《羣書治要》引此文作"照"，蓋依唐時用字習慣而改，汪繼培據改爲"照"，恐不合王符原著舊貌。

〔5〕共（gōng 公）：指堯的大臣共工，他和驩兜、三苗、鯀被並稱爲四凶（見《尚書・舜典》），參見 34.5.1 注〔3〕。共、鯀之徒弗能塞也：傳説堯想把帝位傳給舜，鯀勸諫曰："哪能把帝位傳給平民百姓呢？"堯不聽從他，起兵殺了他。共工又勸諫曰："哪能把帝位傳給平民百姓呢？"堯不聽從他，起兵懲處了他。孔子因此稱讚堯不因爲那些迷惑自己的話而敗壞了自己所明察的事。事詳《韓非子・外儲説右上》。

〔6〕汪繼培曰："並見《書・堯典》。靖，今《書》作'静'。《漢書・王尊傳》《論衡・恢國篇》並與此同。"○覺按："靖言庸回"語本《尚書・堯典》，今本《尚書》作"静言庸違"，孔安國傳："静，謀。言共工自爲謀言，起用行事而違背之。"《史記・五帝本紀》轉述時改作："善言，其用僻。"《左傳・文公十八年》："崇飾惡言，靖譖庸回，服讒蒐慝，以誣盛德。"杜預注："靖，安也。庸，用也。回，邪也。"可見古代已有異解。今斟酌去取，較爲正確的解釋應是：靖：通"静"，謀慮。靖言：精心謀劃過的言論，即花言巧語。庸：用，指用事，行事。回：邪僻。"違"與"回"通。

〔7〕二世：指秦朝的第二代皇帝胡亥（公元前 230—公元前 207 年）。秦朝的制度，皇帝以世次稱（參見 11.9 注〔9〕），所以稱秦二世。公元前 210 年，秦始皇死，宦官趙高與左丞相李斯合謀，矯詔賜秦始皇長子扶蘇自殺，立少子胡亥爲二世皇帝。胡亥即位後，用趙高計，屠殺大臣及諸公子，又大興徭役，旋即爆發陳勝、吴廣大起義。公元前 207 年，趙高派閻樂逼他自殺而死。事見《史記・秦始皇本紀》。

〔8〕汪繼培曰："《鄧析子・無厚篇》云：'君者藏形匿影，羣下無私。'"

〔9〕汪繼培曰："《書・臯陶謨》云：'百僚師師。'"○覺按：務隱藏已而斷百僚：趙高曾勸説二世："陛下年輕，未必通曉各種事務，若與大臣在朝廷上議事，萬一失誤，就向羣臣暴露了短處，不能顯出自己的高明。"於是二世常居宫禁中，一切事情由趙高決定，大臣很少能見到二世。見《史記》的《李斯列傳》《秦始皇本紀》。

〔10〕汪繼培曰："舊作'損'。"○俞樾曰："'損'字無義，汪箋改作'捐'，然'隔'之與'捐'義亦不倫，疑當作'限'。'隔''限'二字文義相屬。《思賢篇》曰：'限隔九州。'此云'隔限'，彼云'限隔'，其義一也。'限'與'損'字形微似，因而致誤。"○覺按：據汪校，則其所用舊本當爲魁本之底本。魁本作"損"而與他本不同，顯然爲誤字，俞氏以"損"字爲據立説，謂"限""損"字形微似而致誤，顯然不當，且《貞觀政要・君道》承用此文時也作"捐"，可見"捐"字未必非與"隔"字文義相屬，作"捐"本可通，俞説非。

〔11〕汪繼培曰："《管子・明法解》云：'疏遠鬲閉而不得聞。''鬲'即'隔'之省。"○覺按：趙高（？—公元前 207 年）：秦朝宦官，本趙國人，進秦宫管事二十餘年，任中車府令，兼行符璽令事，與胡亥親近。公元前 210 年，與李斯僞造遺詔，立胡亥爲二世皇

帝，任郎中令，控制朝政。後殺李斯，任中丞相，不久又殺二世，立子嬰爲秦王，旋爲子嬰所殺。見《史記》的《秦始皇本紀》《李斯列傳》。

〔12〕汪繼培曰："《韓非子·孤憤篇》云：'智術能法之士用，則貴重之臣必在繩之外矣。'"

〔13〕汪繼培曰："《漢書·谷永傳》云：'抑遠驕妒之寵。'"

〔14〕汪繼培曰："《漢書·賈捐之傳》云：'天下潰畔，禍卒在於二世之末。'《賈山傳》云：'天下已潰，而莫之告。'"〇覺按：潰：《左傳·文公三年》："凡民逃其上曰潰。"杜預注："潰，衆散流移，若積水之潰，自壞之象也。"天下潰叛，弗得聞也：陳勝起義後，函谷關以東起來造反而自立爲諸侯王的人多得不可勝數，使者如實報告，二世卻聽了生氣，將使者法辦。於是後來的使者便說："衹是一幫土匪，現在已全部抓到，不值得憂慮。"二世便高興了。趙高也屢次説關東之盜不能有所作爲，所以二世對天下之亂一無所知。見《史記·秦始皇本紀》。

〔15〕汪繼培曰："《治要》作'皆知高殺'，並有脱誤。"〇覺按：此文似不誤。

〔16〕皆高所殺，莫敢言之：趙高曾與二世合計，殺戮羣臣與諸公子，從此大臣不敢勸諫。後來趙高又指鹿爲馬而問左右大臣，凡説是鹿的都被趙高法辦，後來羣臣都怕他而不敢説話。見《史記·秦始皇本紀》，又可參見本書 10.5。

〔17〕周章（？—公元前 208 年）：字文，陳（今河南省周口市淮陽區）人，曾替楚將項燕占過時日，也在春申君手下做過事，陳勝起義後爲陳勝手下之將，奉命攻秦，至戲，兵至數十萬。秦將章邯以驪山服役之徒及家奴所生的兒子編成軍隊，將他打敗。他退至關外，又被章邯追擊打敗，自殺而死。見《史記·陳涉世家》。戲（xī 希）：又名戲亭，在今陝西省西安市臨潼區東北戲水西岸。周章至戲乃始駭：秦二世元年九月（公元前 209 年末，此據《史記·秦楚之際月表》。《史記·秦始皇本紀》記爲"二年冬"，秦以十月爲歲首，則與《月表》所記差一兩個月），周章軍至戲，二世"大驚"，"與羣臣謀"。見《史記·秦始皇本紀》。

〔18〕閻樂：趙高的女婿，當時爲咸陽令。公元前 207 年，趙高和閻樂合謀殺二世。閻樂率領吏卒一千多人到二世當時的住處望夷宫（見 10.5 注〔16〕），當面責問二世："您驕横放肆，殺人無數，荒淫無道，天下人一起背叛您，您還是自己想個辦法吧。"二世這纔悔悟，先請求見一下趙高，最後又請求做個平民百姓。閻樂説："我受丞相（趙高）之命，替天下人殺您。"於是二世衹好自殺。見《史記·秦始皇本紀》。

〔19〕汪繼培曰："《治要》作'乎'。事見《史記·秦始皇紀》。"〇覺按："矣"猶"乎"（參見《古書虚字集釋》卷三"矣"字條）。

〔20〕汪繼培曰："舊脱，据《治要》補。"

〔21〕汪繼培曰："《管子·明法解》云：'明主者兼聽獨斷，多其門户，羣臣之道，下得明上，賤得言貴，故姦人不敢欺。▲亂主則不然，聽無術數，斷事不以參伍，故無能之士上通，邪枉之臣專國，主明蔽而聰塞，忠臣之欲謀諫者不得進。如此者，侵主之道也。'"

〔22〕汪繼培曰："'言'字舊空，据程本補。▲《孟子·公孫丑篇》：'禹聞善言則拜。'趙岐注引《尚書》曰：'禹拜讜言。'今《書·皋陶謨》作'昌言'。▲蓋古文作'昌'，今文作'讜'。《文選》班固《東都賦》：'讜言弘説。'李善注引《字林》：'讜，美言也。'《漢書·敘傳》：'今日復聞讜言。'顔師古注：'讜言，善言也。'▲又云：'讜言訪對，爲世純儒。'師古注云：'讜，善言也。'"〇覺按：據汪校，則其所用舊本當爲魁本之底本。讜

（dàng 黨）言：正直的話。至：《吕氏春秋·當染》“理奚由至”高誘注：“至，猶得也。”

〔23〕汪繼培曰：“‘矣’字舊空，据程本補。襄廿六年《左傳》云：‘義則進，否則奉身而退。’”〇覺按：據汪校，則其所用舊本當爲魁本之底本。奉：《廣雅·釋詁三》：“奉，持也。”《吕氏春秋·慎大》“持之其難者也”高誘注：“持，猶守。”奉身：等於説“持身”或“守身”，指保持自己的節操而退隱，即6.3所説的“隱遯”。伏：承認。野：與上句“朝廷”相對，指朝廷之外，民間。

6.3

夫朝臣，所以統理●〔1〕，而多比周，則法亂●【1】〔2〕；賢人，所●以奉己【2】〔3〕，而隱遯伏野，則君孤。法亂君孤●而能存者【3】〔4〕，未之嘗有也●〔5〕。是故明君位衆●【4】〔6〕，務下言以昭外，敬納卑賤以誘賢也●〔7〕。其無距言〔8〕，未必言者之盡可用也，乃懼距無用而讓有用也●【5】〔9〕；其無慢賤，未必其人盡賢也，乃懼慢不肖而絶賢望也。是故聖王表小以厲大●【6】〔10〕，賞鄙以招賢，然後良士集于朝●【7】〔11〕，下情達于君也●〔12〕。故上無遺失之策●【8】〔13〕，官無亂法之臣。此君民之所利，而姦佞之所患也。

【校記】

【1】法：陳本同，仿宋本、馮本、魁本、程本、四庫本、邵本無“法”字。

【2】所：仿宋本、馮本、程本、四庫本、邵本、陳本同，魁本作“■”。

【3】法亂君孤：陳本同，仿宋本、馮本、魁本、程本、四庫本、邵本無此四字。

【4】位：仿宋本、馮本、魁本、程本、邵本同，《羣書治要》引文、四庫本、陳本作“莅”。

【5】乃懼距無用而讓有用也：陳本同，《羣書治要》引文作“乃懼拒無用而讓有用也”，仿宋本、馮本、魁本、程本、四庫本、邵本無此十字。

【6】表：《羣書治要》引文、陳本同，仿宋本、馮本、魁本、程本、四庫本、邵本作“責”。

【7】于：仿宋本、馮本、魁本、程本同，何本、四庫本、邵本、陳本作“於”。下句同。

【8】策：何本、四庫本、邵本、陳本同，仿宋本、馮本作“筞”，魁本作“筞”，程本作“筞”。

【箋注】

〔1〕汪繼培曰：“《漢書·孔光傳》策云：‘丞相者，朕之股肱，所與共承宗廟，統理海內。’《薛宣傳》云：‘御史大夫，内承本朝之風化，外佐丞相統理天下。’”

〔2〕汪繼培曰：“舊無‘法’字，按文義當有，下云‘官無亂法之臣’可證。《管子·任法篇》云：‘羣黨比周以立其私，請謁任舉以亂公法。’王先生云：‘多，當是“朋”字之誤，下脱“黨”字。’”〇覺按：汪補、王説皆可從。

〔3〕汪繼培曰："舊空，据程本。"〇覺按：據汪校，其所用舊本當爲魁本之底本。奉：輔助，擁戴。己：此指君主。

〔4〕汪繼培曰："以上四字舊脱。"

〔5〕汪繼培曰："《管子·明法解》云：'法廢而私行，則人主孤特而獨立，人臣羣黨而成朋，如此則主弱而臣強，此之謂亂國。'"

〔6〕汪繼培曰："《易·明夷·象》曰：'君子以莅衆。'"〇覺按：《廣雅·釋言》："位，莅也。"王念孫《廣雅疏證》云："古者'位''莅''立'三字同聲而通用。"《商君書·修權》"故堯、舜之位天下也"，《商君書·定分》"故聖人立天下而無刑死者"，"位""立"皆通"莅"。其本字當作"竦"（lì利）。《説文·立部》："竦，臨也。"即從上監視、統治的意思。

〔7〕汪繼培曰："《治要》'言'上有'之'字，'昭外'下有'也'字，疑衍。'昭'當作'照'。王先生云：'"納"字當在"務"字下，"昭"當作"招"，觀下"無距言""無慢賤"平列可見。'"〇彭鐸曰："下文又言'賞鄙以招賢'，王説是。"〇覺按："納"當在"務"字下，6.2説"納下"也可爲證。"昭"不當作"招"。此"昭"通"照"，"昭外"即6.2"天下輻湊而聖無不昭"之意，所以下文説"下情達于君"而"上無遺失之策"。若作"招"，不但與"誘賢"義複，而且也與上下文不相應了，彭説非。

〔8〕距：通"拒"。

〔9〕汪繼培曰："《晏子春秋·諫下》云：'天下者，非用一士之言也。固有受而不用，惡有拒而不受者哉？''距'與'拒'通。《新書·大政下篇》云：'古聖王君子不素距人。''乃懼'以下十字舊脱，据《治要》補。'讓'與'攘'通。《曲禮》'左右攘辟'鄭注：'攘，卻也。'▲或者，'攘'古'讓'字。"

〔10〕汪繼培曰："'表'舊作'責'，据《治要》改。《新書·大政下篇》云：'聖王選舉也，以爲表也。'"〇覺按：小：指小人，即地位低微的人。厲：通"勵"，勉勵。大：指大人，即地位尊貴的人。

〔11〕汪繼培曰："《書·秦誓》云：'番番良士。'"

〔12〕汪繼培曰："《管子·明法篇》云：'下情求不上通謂之塞。'"

〔13〕汪繼培曰："《文子·自然篇》云：'因循任下，責成而不勞，謀無失策，舉無過事。'《史記·主父偃傳》云：'謀無遺策。'"

6.4

昔張禄一見而穰侯免●〔1〕，袁絲進説而周敎黜●【1】〔2〕。是以當塗之人●【2】〔3〕，恒嫉正直之士●〔4〕得一介言於君●〔5〕以矯其邪也●〔6〕。故上●〔7〕錺僞辭以障●〔8〕主心●【3】〔9〕，下設威權以固士民●〔10〕。趙高亂政，恐惡聞上，乃預要二世曰【4】〔11〕："屢見羣臣，衆議政事，則黷〔12〕，黷且示短。不若藏己獨斷，神且尊嚴。天子稱朕〔13〕，固但聞名〔14〕。"二世於是乃深自幽隱，獨進趙高。趙高入稱好言以説主〔15〕，出倚詔令以自尊。天下魚爛●〔16〕，相帥叛秦〔17〕。趙高恐懼，歸惡於君，乃使閻樂責而殺●〔18〕。願一見高，不能而死●〔19〕。

【校記】

【1】教：仿宋本、馮本、魁本、程本、邵本、陳本同，四庫本作“勃”。

【2】塗：仿宋本、馮本、魁本、程本、何本、邵本、陳本同，四庫本作“途”。

【3】上：陳本同，仿宋本、馮本、魁本、程本、四庫本、邵本無“上”字。鎊：仿宋本、馮本同，魁本、程本、邵本作“餝”，四庫本、陳本作“飾”。障：四庫本、陳本同，仿宋本、馮本、魁本、程本、邵本作“彰”。

【4】預：仿宋本、馮本、魁本、程本、四庫本、邵本同，陳本作“豫”。

【箋注】

〔1〕汪繼培曰：“見《史記・范雎傳》。”〇覺按：張禄：范雎的化名，見5.5注〔3〕。穰（ráng 瓤）侯：即魏冉。他是秦昭王母宣太后的異父弟，在秦惠王、秦武王時就已任職用事。秦武王去世後，秦内亂，他擁立昭王。昭王時他四次任相。昭王七年（公元前300年），樗里疾死，他初次爲相。後因功封於穰邑（位於今河南省鄧州市），又加封陶邑（在今山東省菏澤市定陶區西北），號稱穰侯，富於王室。范雎入秦後，先遊説秦昭王而被任爲客卿。秦昭王四十一年（公元前266年），范雎又遊説昭王，説在秦國衹聽見有太后、穰侯而不聽説有大王，恐怕大王會被他們篡權。於是昭王改用范雎爲相，魏冉被罷免，並被驅逐至封國，死於陶。參見《史記》的《穰侯列傳》與《范雎蔡澤列傳》。

〔2〕汪繼培曰：“見《史記・袁盎傳》。‘教’與‘勃’同。”〇覺按：袁絲（？—公元前148年）：即袁盎，《漢書》作“爰盎”，西漢大臣，字絲，祖籍楚國人，父親時徙居安陵縣（今陝西省咸陽市東北），歷任齊相、吴相，景帝時御史大夫晁錯告發他收受吴王賄賂，被降爲庶人。吴、楚七國以誅晁錯爲名而叛亂，他進説景帝而殺了晁錯，平叛後任楚相。後因勸阻景帝立梁孝王爲嗣，被梁國的刺客刺殺。參見3.2注〔5〕、《史記・袁盎鼂錯列傳》。教：“勃”之俗字。周教（？—公元前169年）：漢初沛縣（今江蘇省沛縣）人，秦末從劉邦起義，以軍功爲將軍，封絳侯。劉邦説他厚重少文，但安劉氏者一定是周勃。惠帝六年（公元前189年）任太尉。吕后時，諸吕掌權，吕后侄吕産、吕禄分掌南北軍。公元前180年，吕后死，周勃與陳平等共誅諸吕，擁立文帝。文帝即位，他任右丞相。文帝三年（公元前177年）被免相。見《史記・絳侯周勃世家》。袁絲進説而周教黜：漢文帝即位，袁盎由其兄袁噲保薦而任中郎。當時周勃爲右丞相，文帝對他很恭敬，袁盎對文帝説：“吕后在世、諸吕當權時，周勃身爲太尉，掌兵權，卻不能整治。吕后死了，正好大臣們都背叛諸吕，他纔能成功。現在丞相對您有驕傲的神色，而您卻謙讓，這樣君臣都有失禮節，不可取。”於是文帝上朝時臉色威嚴，周勃害怕災禍臨頭，就請求辭職，後遂被免相。見《史記》的《袁盎鼂錯列傳》和《絳侯周勃世家》。

〔3〕汪繼培曰：“‘當塗之人’見《韓非子・孤憤篇》。《孟子》‘當路於齊’趙注云：‘得當仕路。’‘當塗’猶言‘當路’。”〇覺按：塗：通“途”，指仕途。當塗：當道，掌權。

〔4〕汪繼培曰：“《詩・小明》云：‘正直是與。’”

〔5〕汪繼培曰：“《春秋繁露・楚莊王篇》云：‘介以一言曰：王者必改制。’按‘介’之言‘間’也。《漢書》杜周後《欽傳》云：‘毋使范雎之徒得間其説。’”〇覺按：“間”（jiàn見）指間隙，機會。

〔6〕汪繼培曰：“《文選・長笛賦》李善注引《蒼頡篇》云：‘矯，正也。’”

〔7〕汪繼培曰：“舊脱。”

〔8〕汪繼培曰：“舊作‘彰’。”

〔9〕汪繼培曰：“《漢書・董仲舒傳》云：‘百官皆飾空言虚辭。’▲《六韜・上賢篇》

云：‘臣有結朋黨、蔽賢智、障主明者，傷王之權。’《三略》云：‘姦雄相稱，障蔽主明，毁譽竝興，壅塞主聰。’”〇覺按：餝（shì 飾）：同“飾”。

〔10〕汪繼培曰：“《秦策》：‘范雎曰：“臣聞善爲國者，内固其威，而外重其權。”’”

〔11〕要（yāo 腰）：攔截，阻止。

〔12〕黷（dú 讀）：輕慢，褻瀆，不尊嚴。

〔13〕朕：我。古代無論貴賤都可自稱爲“朕”，從秦始皇開始專門用作皇帝的自稱。《史記·秦始皇本紀》“天子自稱曰‘朕’”《集解》：“蔡邕曰：‘朕，我也。古者上下共稱之，貴賤不嫌，則可以同號之義也。臯陶與舜言“朕言惠可底（覺按：當作“厎”）行”，屈原曰“朕皇考”。至秦，然後天子獨以爲稱。漢因而不改。’”“朕”本來是跡象的意思，所以趙高用它來附會説：天子自稱朕，按本來的意思，也就是衹能讓别人看到一些跡象，不能和羣臣見面。《史記·秦始皇本紀》：“趙高説二世曰：‘先帝臨制天下久，故羣臣不敢爲非，進邪説。今陛下富於春秋，初即位，奈何與公卿廷決事？事即有誤，示羣臣短也。天子稱朕，固不聞聲。’於是二世常居禁中，與高決諸事。”又《李斯列傳》：“初，趙高爲郎中令，所殺及報私怨衆多，恐大臣入朝奏事毁惡之，乃説二世曰：‘天子所以貴者，但以聞聲，羣臣莫得見其面，故號曰朕。且陛下富於春秋，未必盡通諸事，今坐朝廷，譴舉有不當者，則見短於大臣，非所以示神明於天下也。且陛下深拱禁中，與臣及侍中習法者待事，事來有以揆之。如此則大臣不敢奏疑事，天下稱聖主矣。’二世用其計，乃不坐朝廷見大臣，居禁中。趙高常侍中用事，事皆決於趙高。”

〔14〕固：本來。但：衹。

〔15〕説（yuè 悦）：通“悦”，使動用法。

〔16〕汪繼培曰：“《史記·秦始皇紀》後班固論云：‘河決不可復壅，魚爛不可復全。’按‘魚爛’本僖廿九年（覺按：當作“十九年”）《公羊傳》。”〇覺按：魚爛：魚自身腐爛，比喻内亂而不可收拾。

〔17〕帥：遵循。相帥：相繼。

〔18〕汪繼培曰：“下當脱‘之’字。”

〔19〕汪繼培曰：“見《史記·秦始皇紀》及《李斯傳》。”

6.5

夫田常囚簡公●〔1〕，踔齒懸湣王●【1】〔2〕，二世亦既聞之矣，然猶復襲其敗迹者●【2】〔3〕，何也？過在於不納卿士之箴規●〔4〕，不受民氓之謡言●【3】〔5〕，自以己賢於簡、湣，而趙高賢●於二臣也【4】〔6〕。故國已亂而上不知，禍既作而下不救●【5】〔7〕。此非衆共棄君，乃君以衆命繫趙高，病自絶於民也●〔8〕。後末世之君危【6】，何知之哉●〔9〕？舜曰：“予違，汝弼。汝無面從，退有後言●〔10〕。”故治●國之道【7】〔11〕，勸之使諫，宣之使言●〔12〕，然後君明察而治情通矣。

【校記】

【1】踔齒懸湣：仿宋本、馮本、魁本、何本、邵本、陳本同，程本作“踔齒昏懸”，

四庫本作“淖齒弒湣”。

【2】迹：仿宋本、馮本、魁本、何本、四庫本、邵本、陳本同，程本作“述”。

【3】氓：仿宋本、馮本、魁本、何本、四庫本、邵本、陳本同，程本作“氓”。

【4】而趙高賢：四庫本、陳本同，仿宋本、馮本、魁本、程本作“而”，何本、邵本作“聰”。於：仿宋本、馮本、程本、邵本、陳本同，魁本作“扵”，四庫本作“于”。

【5】救：四庫本、邵本、陳本同，仿宋本、馮本、魁本、程本、何本作“殺”。

【6】末世之君：仿宋本、馮本、魁本、陳本同，程本作“求世之君”，四庫本作“二世之君”，邵本作“求世之君未”。

【7】治國：《羣書治要》引文、陳本同，仿宋本、馮本、魁本、程本、四庫本、邵本作“國”。

【箋注】

〔1〕汪繼培曰：“田常即陳恒。事見哀十四年《左傳》。”〇覺按：田常：即田成子，也作田成常、田成恒、田成、田恒、田子、陳恒、陳成子、陳成恒，“成”是他的謚號，春秋時齊國的大臣。他的祖先陳公子陳完因内亂而逃到齊國，從此將陳氏改爲田氏。田完的後代逐漸強盛。到齊悼公時，陳釐子田乞已控制了齊國大權。田乞死後，他的兒子田常代立，繼續推行他父親争取民衆的辦法，用大斗出貸，用小斗收取。齊簡公四年（公元前481年），田常殺死簡公，擁立齊平公，任相國。從此，齊國的政權完全由田氏控制。其事蹟見《史記・田敬仲完世家》。簡公：見5.2注〔5〕。囚簡公：田常在魯哀公十四年五月庚辰（公元前481年5月21日）擒簡公於舒州（見20.3注〔10〕），至甲午（6月5日）殺簡公於舒州，則簡公被囚僅十四天。見《左傳・哀公十四年》《史記・齊太公世家》。

〔2〕汪繼培曰：“《秦策》范雎云：‘淖齒管齊之權，縮閔王之筋，懸之廟梁，宿昔而死。’事詳《齊策》。‘踔’‘淖’，‘湣’‘閔’，古字俱通用。《史記・田完世家》作‘湣王’。”〇覺按：踔齒：也作“淖齒”“卓齒”。“踔”“淖”皆通“卓”，當讀爲zhuō（卓）。戰國時楚將。公元前284年，燕、秦、魏、韓、趙等五國聯合攻齊，燕將樂毅攻入齊國首都臨淄（今山東省淄博市臨淄區東北齊都），齊湣王逃到莒（在今山東省莒縣）。後來楚國派卓齒率兵救齊，卓齒便做了齊湣王的相，接着他又殺掉了湣王，與燕國瓜分掠奪到的土地和寶器。參見《荀子・王制篇》、《史記》的《六國年表》和《田敬仲完世家》。湣（mǐn敏）王：戰國時齊國國君，或作齊閔王、齊愍王，田氏，名地（一作“遂”），齊宣王之子，約公元前301—公元前284年在位。湣王元年爲公元前301年，此乃據《史記・田敬仲完世家》所記威王、宣王在位年代及“桓公卒”《索隱》所云“《紀年》：‘梁惠王十三年，當齊桓公十八年，後威王始見。’則桓公十九年而卒”推算而來；《史記・六國年表》列於周顯王四十六年（公元前323年），今人多以爲誤；沈起煒《中國歷史大事年表》定爲公元前300年，是因爲他認爲威王在位三十七年，比《史記》所記多了一年。據説卓齒抽了齊湣王的筋，把他吊在宗廟的梁上，過了一夜齊湣王就死了。見《戰國策・秦策三》所載范雎之言、《戰國策・楚策四》所載荀子之言、《韓非子・姦刼弒臣》。

〔3〕汪繼培曰：“《韓非子・南面篇》云：‘襲亂之迹。’”

〔4〕汪繼培曰：“《周語》云：‘師箴，近臣盡規。’”〇覺按：卿士：泛指執政大臣及朝廷衆卿（參見5.5注〔24〕）。箴（zhēn真）：規諫。卿士之箴規：指右丞相馮去疾、左丞相李斯、將軍馮劫等人的勸諫，見《史記・秦始皇本紀》。

〔5〕汪繼培曰：“《晋語》云：‘風聽臚言於市，辨祆祥於謡。’《後漢書・蔡邕傳》云：‘令三公謡言奏事。’章懷注引《漢官儀》曰：‘三公聽採長吏臧否、人所疾苦，條奏之，是

爲舉謡言者也。’《劉陶傳》云：‘聽民庶之謡吟。’” ○覺按：謡言：民間流傳的評議時政的歌謡、諺語。

〔6〕汪繼培曰：“以上三字舊脱。”

〔7〕汪繼培曰：“舊作‘殺’。”

〔8〕汪繼培曰：“《書・西伯戡黎》云：‘惟王淫戲用自絶。’”

〔9〕汪繼培曰：“文有脱誤。” ○覺按：其文似不誤。

〔10〕汪繼培曰：“《書・皐陶謨》。” ○覺按：舜的話今文《尚書》在《皐陶謨》的後半部分，僞古文《尚書》將《皐陶謨》後半部分分出而編爲《益稷》，故今《十三經注疏》本在《益稷》中。有（yòu 又）：通“又”。

〔11〕汪繼培曰：“舊脱，据《治要》補。”

〔12〕汪繼培曰：“《周語》：‘邵公曰：“爲民者宣之使言。”’” ○覺按：《國語・周語上》“爲民者宣之使言”韋昭注：“宣，猶放也。”即放開、使宣洩的意思。宣之：使他們發洩，讓他們暢所欲言。

6.6

且凡驕臣之好隱賢也●〔1〕，既患其正義以繩己矣●〔2〕，又耻居上位而明不及下、尹其職而策不出於己●【1】〔3〕。是以郄宛得衆，而子常殺之●〔4〕；屈原得君，而椒、蘭搆讒●【2】〔5〕；耿壽建常平〔6〕，而嚴延妬其謀●〔7〕；陳湯殺郅支〔8〕，而匡衡抹其功●【3】〔9〕。由此觀之，處位卑賤而欲効善於君，則必先與寵人爲讎矣●【4】〔10〕。恃舊寵【5】，沮之於内●〔11〕；接賤●【6】〔12〕，欲自信於外。此●思善之君【7】〔13〕、願忠之士所以雖並生一世、憂心相皦而終不得遇者也●〔14〕。

【校記】

【1】尹：仿宋本、馮本、魁本、程本、何本、四庫本、陳本同，邵本作“君”。

【2】搆：《羣書治要》引文、陳本同，仿宋本、馮本、魁本、程本、何本、四庫本、邵本作“挻”。

【3】抹：仿宋本、馮本、魁本、程本、邵本同，四庫本作“攘”，《羣書治要》引文、陳本作“抆”。

【4】矣：《羣書治要》引文、陳本同，仿宋本、馮本、魁本、程本、四庫本、邵本無“矣”字。

【5】恃：仿宋本、馮本、魁本、程本、四庫本、邵本同，陳本作“乘”。

【6】接賤：仿宋本、馮本、魁本、程本、四庫本、邵本同，《羣書治要》引文、陳本作“而己接賤”。

【7】此：《羣書治要》引文、陳本同，仿宋本、馮本、魁本、程本、四庫本、邵本無“此”字。

【箋注】

〔1〕汪繼培曰：“《漢書・谷永傳》云：‘驕臣悍妾。’《孟子》云：‘進不隱賢。’”

〔2〕汪繼培曰："▲《韓非子·孤憤篇》云：'智術能法之士用，則貴重之臣必在繩之外矣。'《史記·商君傳》云：'日繩秦之貴公子。'"〇覺按：繩：即"繩之以法"的"繩"，由原義墨線引申爲約束、糾正、制裁的意思。繩己：即6.4所説的"矯其邪"。

〔3〕汪繼培曰："▲《羣書治要》載崔寔《政論》云：'其達者或矜名嫉能，恥善策不從己出，則舞筆奮辭以破其義，寡不勝衆，遂見屏棄。'"〇王紹蘭曰："《治要》本原校云'"尹"疑"尸"'是也。"〇覺按：王説非。此"尹"字表示治理，非"尸"字之誤，參見5.7注〔2〕。

〔4〕汪繼培曰："昭廿七年《左傳》。"〇覺按：子常：名囊瓦，字子常，子囊之孫，楚平王十年（公元前519年）起任楚國令尹。見《左傳·昭公二十三年》。子常殺之：公元前515年，費無極見郄宛受到國人的喜愛，非常嫉妒，於是一方面讓子常到郄宛家飲酒，另一方面又對郄宛説："令尹喜歡兵器，在他赴宴之前你一定要把兵器陳列在門前供令尹選擇。"令尹將前往時，費無極對子常説："郄宛佈置了兵器，恐有不測之禍。"子常覈實後大怒，派鄢將師攻郄宛。郄宛自殺並被滅族。事見《左傳·昭公二十七年》《韓非子·内儲説下》。

〔5〕汪繼培曰："'搆'舊作'挻'，据《治要》改。《新序·節士篇》云：'屈原者，名平，楚之同姓大夫，有博通之知、清潔之行，懷王用之。秦欲吞滅諸侯，并兼天下，屈原爲楚東使於齊以結强黨。秦國患之，乃使張儀之楚，貨楚貴臣上官大夫、靳尚之屬，上及令尹子蘭、司馬子椒，内賂夫人鄭袖，共譖屈原。屈原遂放於外，乃作《離騷》。'《漢書·揚雄傳·反離騷》云：'靈修既信椒、蘭之唼佞兮！'蘇林曰：'椒、蘭，令尹子椒、子蘭也。'按《史記·屈原傳》不載子椒。"〇覺按：椒：子椒，戰國時楚臣，楚頃襄王時任司馬（主管軍事的官）。蘭：子蘭，楚懷王少子，楚頃襄王之弟，頃襄王即位後任令尹。見《史記·屈原賈生列傳》。搆：通"構"，羅織罪狀進行陷害，誣陷。

〔6〕耿壽：指耿壽昌，西漢理財家、曆算家。宣帝時任大司農中丞，建議在邊郡設置"常平倉"，民以爲便，宣帝賜耿壽昌爵關内侯。他也精通天文、數學，著有《月行帛圖》等（今佚），曾刪補《九章算術》。參見《漢書》之《食貨志上》《藝文志·數術略·曆譜家》、《後漢書·律曆志中》及晋劉徽《九章算術序》。常平：指常平倉。漢宣帝時，耿壽昌建議於邊郡築糧倉，穀賤時增價收進，穀貴時減價出售，以保證糧價的平穩，稱爲常平倉。漢以後也常設置這種糧倉。

〔7〕汪繼培曰："▲《漢書·酷吏·嚴延年傳》：'司農中丞耿壽昌爲常平倉，利百姓，延年曰："丞相、御史不知爲也，當避位去。壽昌安得權此？"'"〇覺按：嚴延：指嚴延年（？—公元前58年），字次卿，西漢東海郡下邳縣（今江蘇省邳州市南）人，早年學法律於丞相府，後被提拔爲侍御史，因彈劾大將軍霍光擅自廢立不道而爲朝廷所敬畏。後任涿郡太守，又任河南太守，鎮壓豪強，誅殺甚多，被稱爲"屠伯"。最後因犯誹謗政治罪而被殺。見《漢書·酷吏傳·嚴延年傳》。嚴延妬其謀：嚴延年聽府丞稱道耿壽昌搞常平倉後説："丞相、御史也不知道去搞這種倉庫，真該滚蛋了。壽昌哪能謀劃這種事呢？"意思是這種設想又不是什麼奇異之事，理該由丞相、御史等想到。現在不過是他們不稱職，壽昌纔得以謀劃此事，並没有什麼了不起的。參見《漢書·酷吏傳·嚴延年傳》。

〔8〕陳湯：字子公，西漢山陽郡瑕丘縣（今山東省濟寧市兖州區東北）人。元帝建昭三年（公元前36年），爲西域副校尉而出使西域。當時，匈奴郅支單于奴役康居人民，威脅西域。他就和西域都護甘延壽假託朝廷的命令發兵至康居，攻殺郅支單于。事後甘延壽、陳湯將此事報告朝廷。論功時，中書令石顯、丞相匡衡以爲："甘延壽、陳湯假託朝廷

之命擅自發兵，不被斬首已是僥倖的了，如果再加封爵，那麽以後出使蠻夷的人都會不顧危險惹事生非以僥倖取功，反而給國家招致災難，所以不能開這個頭。”元帝本來就讚賞甘延壽、陳湯之功，經劉向上書，元帝又詔公卿討論其封爵事。匡衡、石顯又一再勸阻。結果陳湯被賜爵關内侯，任射聲校尉。漢成帝即位，匡衡再檢舉陳湯，湯被免職。見《漢書·陳湯傳》。郅支：匈奴單于名號，匈奴呼韓邪單于之兄，名呼屠吾斯。漢宣帝五鳳元年（公元前 57 年）五單于争立，呼屠吾斯於東邊自立爲郅支骨都侯單于。甘露三年（公元前 51 年）呼韓邪入朝，郅支也遣使奉獻。元帝初，他因怨漢王朝厚待呼韓邪，叛漢，殺漢使谷吉，並西遷康居，後爲陳湯等攻殺。見《漢書·匈奴傳下》。

〔9〕汪繼培改“捄”爲“挍”曰：“見《漢書·陳湯傳》。‘挍’舊作‘捄’，据《治要》改。”〇俞樾曰：“‘捄’字無義。汪箋據《羣書治要》改作‘挍’字，義亦迂曲。疑本是‘佼’字。《淮南子·覽冥篇》：‘鳳凰之翔至德也，雷霆不作，風雨不興，川谷不澹，草木不摇，而燕雀佼之，以爲不能與之争於宇宙之閒。’‘佼’蓋輕慢之意。上文云：‘赤螭、青虬之游冀州也，蛇鱓輕之，以爲不能與之争於江海之中。’一云‘輕之’，一云‘佼之’，是‘佼’與‘輕’同。‘佼其功’即‘輕其功’也。‘挍’乃‘佼’之誤，‘捄’又‘挍’之誤耳。”〇彭鐸曰：“‘捄’‘挍’並當讀爲‘撓’。撓，屈也。撓其功，謂屈辭以減其功耳。《湯傳》云：‘匡衡以湯擅興師矯制，如復加爵土，則後奉使者争欲乘危，徼幸生事於蠻夷。爲國招難，漸不可開。’明非‘輕其功’之謂。‘撓’‘挍’古音同部，與‘捄’音亦相近。蓋求諸聲則得，求之形則遠矣。”〇覺按：俞説固非，彭説也未得當，因爲據《漢書·陳湯傳》，匡衡實直言以滅其功，而非“屈辭以減其功”。汪繼培初稿未據《羣書治要》引文改，其注曰：“捄，《治要》作‘挍’。按‘捄’謂撓屈之。《説文》云：‘撓，擾也，一曰捄也。’《漢書·陳湯傳》耿育曰：‘先帝數使尚書責問丞相，輙（覺按：當作“趣”）立其功，獨丞相匡衡排而不予。’”其説與彭説類似，大概後來以爲此説不當，故定稿時改從《羣書治要》作“挍”，然作“挍”字也難通，故後人不從其説。今按《漢書·外戚傳下·孝成趙皇后傳》“匡捄銷滅既往之過”顔師古注：“捄，古‘救’字。”《説文·攴部》：“救，止也。”此文之“捄”也當爲“救”之古字，表示“止”，相當於如今“救火”之“救”，猶言“滅”。捄其功：止其功，阻止别人承認其功勞，猶言“滅其功”。

〔10〕汪繼培曰：“据《治要》補。《韓非子·八説篇》云：‘治國是非，不以術斷而決於寵人，則臣下輕君而重於寵人矣。’”

〔11〕汪繼培改“恃”爲“乘”曰：“‘乘’舊作‘恃’，据《治要》改。按‘乘’猶‘恃’也。《考績篇》云：‘富者乘其才力。’”〇覺按：“恃”可通，不煩改字。“恃舊”上探下省主語“思善之君”。舊寵：《韓非子·孤憤》：“夫以疏遠與近愛信争，其數不勝也；以新旅與習故争，其數不勝也。”“舊寵”即韓非所説的“故”與“愛”，指交情深厚的舊臣與寵臣。沮：毀壞，詆毀。之：指上文所説的“處位卑賤而欲効善於君”的人以及下文所説的“顧忠之士”。

〔12〕汪繼培於“接賤”上補“而已”曰：“舊無‘而已’二字，据《治要》補。按‘接’當作‘疏’，‘疏’誤爲‘跡’，又轉誤爲‘接’也。《韓非子·孤憤篇》云：‘處勢卑賤，無黨孤特。夫以疏賤與近愛信争，其數不勝也。’此文本之。《漢書·趙充國傳》‘疏捕山間虜’顔師古注：‘“疏”字本作“跡”，言尋跡而捕之。’亦‘疏’‘跡’相誤之證。”〇覺按：“接賤”上探下省主語“顧忠之士”。接：接觸，接近。接賤：指“處位卑賤”者不與“驕臣”或“寵人”接觸交往。“接”與上句“恃”相對，皆動詞，不誤。汪説非。

〔13〕汪繼培曰：“据《治要》補。”

〔14〕汪繼培曰："'皦'疑'嗷'。《禮記·曲禮》鄭注：'嗷，號呼之聲也。'▲《一切經音義》四引《埤蒼》云：'皦，明也。'王先生云：'皦，明白之貌。'"○覺按："嗷"同"叫"，與"思""願"不類，汪之前一説顯然不當，但解爲"明"也難通。此"皦"當爲"邀"字之誤，是求取、希望得到的意思。

考績第七

【提要】

考績：考覈功績。文章主要論述了考覈羣臣工作實績的重要性，規勸君主注重考績，根據羣臣的政績來提拔罷免他們。

作者認爲，統治天下，最重要的事是知人善任，而考覈功績，就是"别賢愚而獲多士"、"昭賢愚而勸能否"的最便捷的方法。功績真正得到了考覈，那麼是"治"還是"亂"、是"善"還是"惡"、是"直賢"還是"佞巧"就顯示得清清楚楚。這樣，既爲君主合理任用人才提供了明確的依據而避免了官非其人的局面，又能促使羣臣百官"奉職不解"，兢兢業業做好本職工作。如果不考覈功績，"善惡無彰"，那就無以鞭策激勵人們，即使在一家之中，也會使子孫們懈怠懶惰；至於混雜在一起的羣臣百官，就更會出現"怠傲""姦宄""詐僞"的現象了。這種注重考覈官員實能實績的政治思想，無疑具有久遠的理論意義。當然，作者的旨意是面向現實的。他之所以論述這一切，是爲了抨擊當時社會由於"功不考""赦贖數"而造成的"凡在位""多非其人"、"官聽""數亂荒"的現象。他把矛頭直接指向了"不循考功而思太平"的"世主"，從而使本篇成了痛砭時弊的政論傑作。

文中説："聖漢踐祚，載祀四八。"可見此文寫於漢高祖即位（在公元前202年）後的三百二十年左右，即公元118年左右，也就是漢安帝元初五年前後。從本文所稱"有道""武猛"等科目來看，本文當寫於漢安帝建光元年（公元121年）冬十一月以後（參見7.3注〔18〕〔21〕），即寫成於公元122年。

7.1

凡南面之大務，莫急於知賢●〔1〕；知賢之近途，莫急於考功。功誠考，則治亂暴而明●〔2〕；善惡信〔3〕，則直●〔4〕賢不得見障蔽●〔5〕，而佞巧不得竄其姦矣●〔6〕。

【箋注】

〔1〕汪繼培曰："《漢書·谷永傳》云：'王事之綱紀，南面之急務。'▲《孟子·盡心篇》云：'急親賢之爲務。'《墨子·尚賢篇》云：'大人之務，將在于衆賢而已。'《墨子·親士篇》云：'見賢而不急，則緩其君矣。'"〇覺按：南面：見3.3注〔28〕。

〔2〕汪繼培曰："《谷永傳》云：'治天下者，尊賢考功則治，簡賢違功則亂。'"〇覺按：暴（pù 鋪）：同"曝"，顯露。

〔3〕信：《左傳·昭公二十五年》"信罪之有無"杜預注："信，明也。"

〔4〕汪繼培曰："疑'真'。"〇覺按：此"直"與下句"佞"相對，且與7.2"直賢"之"直"相應，不當作"真"。汪説非。

〔5〕汪繼培曰："《漢書·李尋傳》云：'忠直進，不蔽障。'"

〔6〕汪繼培曰："《吕氏春秋·審分覽》云：'諂諛詖賊巧佞之人，無所竄其姦。'高誘注：'竄，猶容也。'"〇彭鐸曰："《字林》：'竄，逃也。'此謂佞巧之人不得逃其姦耳。"〇覺按：彭説非。此"竄"字與上文"信"及"障蔽"相承，當解爲隱藏。

7.2

夫劍不試，則利鈍闇；弓不試，則勁撓誣〔1〕；鷹不試，則巧拙惑；馬不試，則良駑疑●〔2〕。此四者之有相紛也，由不考試，故得然也。今羣臣之不試也，其禍非直止於誣闇疑惑而已【1】，又必致於怠慢之節焉●〔3〕。設如家人有五子十孫，父母不察精愞【2】〔4〕，則懃力者懈弛，而惰慢者遂非也●〔5〕——耗業破家之道也●【3】〔6〕。父子兄弟，一門之計〔7〕，猶有若此，則又況乎羣臣惣猥治公事者哉●【4】〔8〕？《傳》曰："善惡無彰，何以沮勸●〔9〕？"是故大人不考功●〔10〕，則子孫惰而家破窮；官長不考功●〔11〕，則吏怠傲而姦宄興●〔12〕；帝王不考功，則直●〔13〕賢抑而詐僞勝●【5】〔14〕。故《書》曰："三載考績，黜陟幽明●〔15〕。"蓋所以昭賢愚而勸能否也〔16〕。

【校記】

【1】誣：程本、何本、四庫本、邵本、陳本同，仿宋本、馮本作"誣"，魁本作"■"。
【2】愞：四庫本、陳本同，仿宋本、馮本、魁本、程本、邵本作"愞"。
【3】破：陳本同，仿宋本、馮本、魁本、程本、四庫本、邵本無"破"字。
【4】惣：仿宋本、馮本、魁本同，程本、四庫本、邵本、陳本作"總"。
【5】詐：馮本、程本、四庫本、邵本同，仿宋本、魁本作"■"，陳本作"□"。

【箋注】

〔1〕撓：通"橈"，弱。

〔2〕汪繼培曰："《韓非子·顯學篇》云：'授車就駕而觀其末塗，則臧獲不疑駑良。'《藝文類聚》五十七引班固《擬連珠》云：'臣聞馬伏皁而不用，則駑與良而爲羣；士齊僚

而不職，則賢與愚而不分。'"

〔3〕汪繼培曰："《荀子·君道篇》云：'百吏官人無怠慢之事。'《漢書·薛宣傳》冊免宣云：'有司法君領職解嫚，開謾欺之路。'"

〔4〕愞：同"懦"。

〔5〕汪繼培曰："《漢書·疏廣傳》：'廣云："顧自有舊田廬，令子孫勤力其中，足以共衣食，與凡人齊。今復增益之以爲贏餘，但教子孫怠墮耳。"'《賈山傳》云：'臣恐朝廷之解弛，百官之墮於事也。諸侯聞之，又必怠於政矣。'顏師古注：'"解"讀曰"懈"。'《佞幸·董賢傳》哀帝策免丁明云：'將軍遂非不改。'按'也'字疑當作'此'，屬下句讀。"○覺按：遂：成。遂非：因循不對的，一錯到底。也：當從汪説作"此"而屬下句。

〔6〕汪繼培曰："舊無'破'字，不成句。按下云'子孫惰而家破窮'，今据補。《漢書·嚴助傳》云：'破家散業。'"

〔7〕一門：一家。一門之計：即"計一門"。

〔8〕汪繼培曰："《禮記·月令》云：'寒氣總至。'鄭注：'總，猶猥卒。'按'總猥'猶《離騷》言'總總'也。《詩·瞻卬》云：'婦無公事。'"○覺按：愡：同"總"，聚合。猥：衆多雜濫。

〔9〕汪繼培曰："襄廿七年《左傳》'善惡'作'賞罰'，'彰'作'章'。▲《墨子·尚賢下》云：'使天下之爲善者勸，爲暴者沮。'"○彭鐸曰："孔疏云：'罰有罪，所以止人爲惡；賞有功，所以勸人爲善。'此蓋以義易其文，非《左氏》之舊。"

〔10〕汪繼培曰："《史記·刺客傳》云：'嚴仲子奉黄金百鎰，前爲聶政母壽，曰："將爲大人麤糲之費。"'《正義》引韋昭云：'古者名男子爲丈夫，尊父嫗爲大人。《漢書·宣元六王傳》："王遇大人益解，爲大人乞骸去。"大人，憲王外祖母。《古詩》"三日斷五匹，大人故言遲"是也。'繼培按：《後漢書·黨錮傳》：'范滂白母曰："惟大人割不可忍之恩。"'亦稱母爲大人。然此本爲父母通稱，《説苑·建本篇》：'曾晳擊曾子仆地，有頃蘇，進曰："曩者參得罪於大人。"'《史記·高祖紀》：'奉玉卮，起爲太上皇壽曰："始大人常以臣無賴，不能治産業。"'《越世家》：'陶朱公長男曰："家有長子曰家督，今弟有罪，大人不遣，乃遣少弟。"'《漢書·疏廣傳》：'兄子受曰："從大人議。"即日父子俱移病。'《後漢書·馬援傳》：'援嘗有疾，梁松來候之，獨拜牀下，援不答。松去後，諸子問曰："梁伯孫，帝壻，貴重朝廷，公卿已下莫不憚之，大人奈何獨不爲禮？"'《馮緄傳》：'父煥爲幽州刺史，怨者詐作璽書譴責煥，賜以歐刀。煥欲自殺，緄止煥曰："大人在州，志欲去惡，實無他故，必是凶人妄詐。"'《朱暉傳》云：'張堪卒，暉聞其妻子貧困，乃自往候視，厚賑贍之。暉少子頡怪而問曰："大人不與堪爲友，平生未曾相聞，子孫竊怪之。"'《崔駰》後《實傳》：'實從兄烈問其子鈞曰："吾居三公，於議者何如？"鈞曰："大人少有英稱，歷位卿守，論者不謂不當爲三公。"'《傅燮傳》：'子幹進諫曰："國家昏亂，遂令大人不容於朝。"'《皇甫嵩傳》：'從子酈説嵩曰："能安危定傾者，惟大人與董卓耳。"'《列女傳》：'鮑宣妻曰："大人以先生修德守約，故使賤妾侍執巾櫛。"'是皆以'大人'稱其父及父之兄弟，非獨父嫗也。"

〔11〕汪繼培曰："▲《老子》云：'聖人用之則爲官長。'《漢書·武帝紀》元朔元年詔曰：'二千石官長綱紀（覺按：當作"紀綱"）人倫。'顏師古注：'謂郡之守尉，縣之令長。'"

〔12〕汪繼培曰："《孟子》云：'般樂怠傲。'《書·堯典》云：'寇賊姦宄。'《釋名·釋言語》云：'姦，奸也，言奸正法也。宄，佹也，佹易常正也。'"

〔13〕汪繼培曰："疑'真'。"〇覺按：汪説非，参見7.1注〔4〕。

〔14〕陳本"詐"作"□"，汪繼培曰："空格程本作'詐'。《漢書·景帝紀》後二年詔曰：'或詐僞爲吏。'臣瓚曰：'律所謂矯枉以爲吏者也。'"

〔15〕汪繼培曰："《堯典》。"〇覺按：此兩句今文《尚書》在《堯典》的後半部分，僞古文《尚書》將其後半部分從《堯典》中分出而編爲《舜典》，故今《十三經注疏》本在《舜典》中，且其"考績"下還有"三考"二字。陟（zhì治）：提升。幽：暗，昏庸。黜陟幽明：即"黜幽陟明"。

〔16〕否（pǐ痞）：鄙劣無知。

7.3

聖王之建百官也，皆以承天治地、牧養萬民者也●【1】〔1〕。是故有號者必稱於●〔2〕典●【2】〔3〕，名理者必効於實●【3】〔4〕，則官無廢職〔5〕，位無非人●〔6〕。夫守、相、令、長効在治民●【4】〔7〕，州牧、刺史在憲聰明●〔8〕，九卿分職以佐三公●〔9〕，三公愡統典和陰陽●【5】〔10〕，皆當考治以効實爲王休者也●〔11〕。侍中、大夫、博士、議郎●〔12〕，以言語爲職、諫諍爲官●〔13〕。及選茂才●〔14〕、孝廉●〔15〕、賢良方正●〔16〕、惇樸●【6】〔17〕、有道●〔18〕、明經●〔19〕、寬博●〔20〕、武猛●〔21〕、治劇●〔22〕，此皆名自命而號自定●〔23〕，羣臣所當盡情竭慮稱君詔也〔24〕。

【校記】

【1】牧：陳本同，仿宋本、馮本、魁本、程本、四庫本、邵本作"物"。
【2】於：陳本同，仿宋本、馮本、魁本、程本、四庫本、邵本無"於"。
【3】効：仿宋本、馮本、魁本、程本、四庫本、邵本同，陳本作"效"。
【4】効：仿宋本、馮本、魁本、程本、四庫本、邵本同，陳本作"效"。
【5】愡：仿宋本、馮本、魁本同，程本、四庫本、邵本、陳本作"總"。
【6】惇：程本、何本、四庫本、邵本、陳本同，仿宋本、馮本、魁本作"悙"。

【箋注】

〔1〕汪繼培曰："'牧'舊作'物'。按'牧養'本《管子·問篇》。《形勢解》云：'主牧萬民。'《漢書·宣帝紀》：本始元年，'詔郡國二千石，謹牧養民而風德化'。▲《鮑宣傳》云：'爲天牧養元元，視之當如一。'《循吏·龔遂傳》云：'選用良吏，尉安牧養焉。'《王莽傳》云：'宣明恩德（覺按：當作"宣德明恩"）以牧養民，仁之道也。'《後漢書·安帝紀》：元初六年，'詔三府選掾屬高第能惠利牧養者各五人'。皆其証。"〇覺按：古代把治理人民叫作"牧民"。養：教養。

〔2〕汪繼培曰："舊脱。"

〔3〕汪繼培曰："《春秋繁露·深察名號篇》云：'號爲天子者，宜視天如父，事天以孝道也。號爲諸侯者，宜謹視所候奉之天子也。號爲大夫者，宜厚其忠信，敦其禮義，使善

大於匹夫之義足以化也。士者，事也。民者，瞑也。士不及化，可使守事從上而已。五號自讚，各有分；分中委曲，曲有名；名衆於號，號其大全。名也者，名其别離分散也。'按'典名'二字疑倒。"〇覺按：汪説是。號：稱號，如"天子""諸侯"等。稱（chèn 趁）：相稱。典：當與下句"名"互换。"名"和下句的"實"相對，指名稱、名分、名位、職務等等（參見拙著《韓非子校疏析論》5.1 注〔10〕）。有號者必稱於名：即孔子所説的"君君、臣臣"之類（參見《論語·顔淵》）。

〔4〕汪繼培曰："《六韜·舉賢篇》：'文王曰："舉賢奈何？"太公曰："將相分職，而各以官名舉人，按名督實，選才考能，令實當其名，名當其實，則得舉賢之道也。"'▲《漢書·循吏傳·序》云：'孝宣繇仄陋而登至尊，興于閭閻，知民事之艱（覺按：當作"囏"）難。自霍光薨後始躬萬機，厲精爲治，五日一聽事，自丞相已下各奉職而進。及拜刺史守相，輒親見問，觀其所繇，退而考察所行以質其言，有名實不相應，必知其所以然。'"〇覺按：名：當與上句"典"互换。典：從事，掌管。効：獻出。於：動賓之間的助詞，無實義。効於實：即下文的"効實"，等於説"效功"或"效績"，指作出實績。《韓非子·用人》："治國之臣，效功於國以履位（給國家作出了成績纔踏上官位）。"與此文旨意相同。

〔5〕則：猶"故"。

〔6〕汪繼培曰："《漢書·成帝紀》鴻嘉二年詔曰：'古之選賢，傅納以言，明試以功，故官無廢事，下無逸民。'《翼奉傳》云：'有司各敬其事，在位莫非其人。'"〇覺按："位無非人"即《漢書·翼奉傳》所説的"在位莫非其人"，顔師古注："言所任皆得賢材也。""人"指勝任其職位的人才。

〔7〕汪繼培曰："《續漢書·百官志》云：'每郡置太守，每縣、邑、道，大者置令，其次置長。侯國令長爲相。'注云：'皆掌治民。'"〇覺按：守：郡中的最高長官，又稱郡守、太守。相：指諸侯王國内的相國，也稱丞相。漢代將列侯所食之縣改爲"國"，該縣之縣令或縣長改稱"相"，其地位與郡守相當（參見 17.3.1 注〔7〕），所以兩漢時常以"守相"並稱，如《漢書·食貨志下》："舉并兼之徒守相爲利者。"顔師古注："守，郡守也。相，諸侯相。"令、長：指縣令、縣長，是縣的最高長官。轄有萬户以上的大縣置令，萬户以下的小縣置長。効在治民：《後漢書·百官志五》："每郡置太守一人，二千石，……王國之相亦如之。……本注曰：凡郡國皆掌治民，進賢勸功，決訟檢姦。""每縣、邑、道，大者置令一人，千石；其次置長，四百石；小者置長，三百石；侯國之相，秩次亦如之。本注曰：皆掌治民，顯善勸義，禁姦罰惡，理訟平賊，恤民時務。"

〔8〕汪繼培曰："《百官志》云：'每州刺史一人。'注：'武帝初置刺史，成帝更爲牧，建武十八年復爲刺史。'《漢書·朱博傳》云：'何武爲大司空，與丞相方進共奏言："古選諸侯賢者以爲州伯，《書》曰'咨十有二牧'，所以廣聰明、燭幽隱也。今部刺史居牧伯之位，秉一州之統，選第大吏，所薦位高至九卿，所惡立退，任重職大。"'按'憲'疑'悉'之誤。《于定國傳》云：'永執綱紀，務悉聰明。'《王嘉傳》云：'公卿股肱，莫能悉心務聰明。'顔師古注：'悉，盡也。務聰明者，廣視聽也。'"〇覺按：州牧、刺史：州一級的監察官。漢武帝元封五年（公元前 106 年），除京師附近七郡外，分境内爲十三個監察區，稱爲十三部，因其中大多沿用古代州名，所以習慣上又稱爲十三州（參見 16.2 注〔26〕）。每州置刺史一人，秩六百石，掌管監督巡察其所統率的郡國，以六條問事，刺舉所部官吏非法之事，故名刺史。成帝綏和元年（公元前 8 年）改爲州牧，秩二千石。其後或稱州牧、或稱刺史，更易無常。"在"字上承上省"効"字。憲：通"顯"。《詩經·大雅·假樂》"顯顯令德"，《禮記·中庸》引作"憲憲令德"，是"憲""顯"相通之證。聰：聽力好。明：

視力好。憲聰明：顯示出聽力、視力的靈敏，指明察暗訪卓有成效。《後漢書·百官志五》："每州刺史一人，六百石。本注曰：……諸州常以八月巡行所部郡國，録囚徒，考殿最。"刺史負責覈查案子，考覈官吏，所以何武、翟方進説他們要"廣聰明、燭幽隱"（見汪箋所引《漢書·朱博傳》）。此文説"憲聰明"，與"廣聰明"意義相似。汪繼培疑"憲"爲"悉"之誤，恐不當。

〔9〕汪繼培曰："《百官志》：'太常、光禄勳、衛尉、太僕、廷尉、大鴻臚、宗正、大司農、少府，皆卿一人。太尉、司徒、司空，皆公一人。'《説苑·臣術篇》云：'九卿者，所以參三公也。'"○覺按：九卿：古代中央政府的九個高級官職。各代所設九卿不盡相同。漢代以太常、光禄勳、衛尉、太僕、廷尉、大鴻臚、宗正、大司農、少府爲九卿。九卿分職：太常掌管宗廟祭祀、禮樂及文化教育，光禄勳掌管宫門宿衛及侍從之事，衛尉掌管宫門屯衛，太僕掌管輿馬及牧畜之事，廷尉掌管司法，大鴻臚掌管少數民族的接待、交往及諸侯王入朝迎送、朝會、封授等禮儀事務，宗正掌管王室親屬，大司農掌管財政經濟，少府掌管山海池澤的税收以供養國君。三公：見4.1注〔5〕。

〔10〕汪繼培曰："《漢書·丙吉傳》云：'三公典調和陰陽。'《陳平傳》云：'宰相者，上佐天子理陰陽，順四時，下遂萬物之宜，外填撫四夷諸侯，内親附百姓，使卿大夫各得任其職也。'"○覺按：陰陽：古代思想家認爲萬事萬物的構成，都取决於一對正反矛盾的基本因素，這就是所謂的陰陽（參見32.1與25.5）。他們以陰陽來解釋各種事物的生成、變化，凡天地、日月、晝夜、男女、腑臟、氣血等各種事物都分屬於陰陽（參見28.2注〔19〕）。《尚書·周官》："兹惟三公，論道經邦，燮理陰陽。"

〔11〕汪繼培曰："《詩·江漢》云：'對揚王休。'"○俞樾曰："此言自守、相、令、長至三公，皆當考績以効實而進退之，賢則任用，不賢則罷斥。'王休'二字借用五行王相休囚之説，亦因上文言'三公典和陰陽'，故即從陰陽五行爲説也。《淮南子·地形篇》：'木壯，水老，火生，金囚，土死。'無'王休'之文。《大元·元數篇》：'五行用事者王，王所生相，故王廢。勝王囚王，所勝死。'其文有'王'無'休'。然《論衡·難歲篇》云：'立春，艮王，震相，巽胎，離没，坤死，兑囚，乾廢，坎休。'則東漢時固已有此説。自王而相，而胎，而没，而死，而囚，而廢，而休，故此文即用'王休'二字以寓進賢、退不肖之意。汪箋引《詩》'對揚王休'釋之，未得其義。《相列篇》：'五色之見，王廢有時。'彼云'王廢'，此云'王休'，其義一也。"○覺按：王休：帝王的美德。"爲王休"與下文"稱君詔"相對，可知此"王"字應爲"帝王"之意，"王休"即《詩經·大雅·江漢》"對揚王休"之"王休"。俞樾認爲"王休"是借用五行王相休囚之説，表示進賢、退不肖之意，恐不當。者：指代上述之人。

〔12〕汪繼培曰："侍中屬少府，博士屬太常，大夫、議郎屬光禄勳。"○覺按：侍中：秦始置，爲丞相屬吏，因爲往來於殿内東廂奏事，故稱侍中。兩漢沿置，因侍從皇帝左右，出入宫廷，應對顧問，所以地位甚爲貴重。大夫：官名。漢代有諫大夫、光禄大夫、太中大夫等，爲光禄勳的屬官，係中央要職和顧問。博士：秦漢時官名，西漢屬太常，主要職責是教育王公弟子，充當君主的參謀和顧問。議郎：漢代爲光禄勳所屬的郎官之一，徵賢良方正之士擔任，掌管顧問應對。

〔13〕汪繼培曰："《漢書·鮑宣傳》云：'官以諫争爲職，不敢不竭愚。'"

〔14〕汪繼培曰："《漢舊儀》云：'刺史舉民有茂才者移名丞相，丞相考召，取明經一科，明律令一科，能治劇一科。'按'茂才'本稱'秀才'，後漢避光武帝諱改之。"○覺按：茂才：即秀才，東漢時避光武帝劉秀諱，改稱爲茂才。其本義爲優秀的才能，漢代成

爲薦舉人才的科目之一。

〔15〕汪繼培曰:“《漢書·武帝紀》:‘元光元年,初令郡國舉孝廉。’”〇覺按:孝廉:本義指孝子與廉吏,漢代成爲選拔人才的科目。漢武帝元光元年(公元前134年)冬,詔令郡國從所屬吏民中推薦孝、廉各一人(見《漢書·武帝紀》,7.4也將“孝”“廉”分爲二科)。東漢時把舉孝、舉廉兩種科目合而爲一,規定地方郡國每年從二十萬人中推舉孝廉一人,邊遠郡縣每十萬人推舉一人(參見24.6)。孝廉到中央往往任郎官,爲兩漢入仕的重要途徑。

〔16〕汪繼培曰:“《文帝紀》二年詔:‘舉賢良方正能直言極諫者。’爲此科之始。”〇覺按:賢良方正:其本義爲德才兼優、正直不阿。漢文帝二年(公元前178年)詔令“舉賢良方正能直言極諫者,以匡朕之不逮”(見《漢書·文帝紀》),從此成爲漢代選拔人才的科目之一,也稱“賢良文學”,又簡稱“賢良”。

〔17〕汪繼培曰:“下作‘敦厚’。《後漢書·左周黄列傳·論》二科並列,以爲中興後所增。按《漢書·元帝紀》:‘永光元年,詔舉質樸、敦厚、遜讓、有行者,光禄歲以此科第郎、從官。’《後漢書·吴祐傳》注引《漢官議(覺按:當作“漢官儀”)》稱光禄‘四行,敦厚、質樸、遜讓、節儉’是也。《成帝紀》永始三年又云:‘舉惇樸、遜讓、有行義者。’《平帝紀》元始元年:‘舉敦厚能直言者。’《後漢書·獨行·譙玄傳》亦作‘敦樸’,則‘敦樸’‘敦厚’非有二事,且亦不始於東京矣。”〇覺按:惇(dūn 敦)樸:本義爲敦厚樸實,西漢時成爲選拔人才的科目之一。漢元帝永光元年(公元前43年),詔令丞相、御史“舉質樸、敦厚、遜讓、有行者”(見《漢書·元帝紀》)爲其濫觴。漢成帝永始三年(公元前14年),詔令“舉惇樸、遜讓、有行義者各一人”(見《漢書·成帝紀》),始合“質樸敦厚”爲“惇樸”。7.4説“敦厚”,仍取其一。

〔18〕汪繼培曰:“《後漢書·安帝紀》:建光元年,令‘舉有道之士’。按永初元年,詔‘舉賢良方正、有道術之士,明政術、達古今、能直言極諫者’。五年,詔‘舉賢良方正、有道術、達於政化、能直言極諫之士’。‘有道’即‘有道術者’。”〇覺按:有道:本義爲有道德才藝,東漢時成爲選拔人才的科目之一。據《後漢書·孝安帝紀》,漢安帝永初元年(公元107年),“詔公卿内外衆官、郡國守相,舉賢良方正、有道術之士,明政術、達古今、能直言極諫者,各一人”。所謂“有道術”即“有道”。建光元年(公元121年)夏,又詔令公卿守相等“舉有道之士各一人”,衹稱爲“有道”。

〔19〕汪繼培曰:“見上。”〇覺按:明經:本義是通曉經學。漢武帝尊崇儒術後,明經成爲察舉入仕的科目之一。如元帝時,劉向因“明經有行”而被提拔(見《漢書·楚元王傳·劉向傳》),平當“以明經爲博士”(見《漢書·平當傳》)。

〔20〕汪繼培曰:“《後漢書·章帝紀》:‘建初元年,初舉孝廉、郎中寬博有謀,任典城者,以補長、相。’”〇覺按:寬博:本義爲度量寬廣、見識廣博,東漢時成爲選舉人才的科目之一。據《後漢書·肅宗孝章帝紀》,漢章帝建初元年(公元76年)夏,“初舉孝廉、郎中寬博有謀”。

〔21〕汪繼培曰:“《後漢書·安帝紀》:‘建光元年,詔舉武猛堪將帥者。’按《漢書·武帝(覺按:當作“成帝”)紀》:‘元延元年,詔北邊二十二郡舉勇猛知兵法者。’即‘武猛’也。”〇覺按:武猛:本義爲威武勇猛,漢代成爲選舉人才的科目之一。漢成帝元延元年(公元前12年),詔令“北邊二十二郡舉勇猛知兵法者各一人”(見《漢書·成帝紀》),是其濫觴。漢安帝建光元年(公元121年)冬十一月,詔令三公等“舉武猛堪將帥者各五人”(見《後漢書·孝安帝紀》),始稱“武猛”。

〔22〕汪繼培曰："見上。"○覺按："劇"是複雜、繁難的意思，"治劇"的本義是處理繁重難辦的事務。漢代郡縣根據治理程度的難易分爲劇、平兩類，爲了鼓勵不畏困難的從政者，特别設立了這一察舉科目。被舉者一般被任用爲郡守或縣令。如成帝、哀帝時，尹賞因"能治劇"被徙爲頻陽令（見《漢書·酷吏傳·尹賞傳》），何並因"能治劇"被舉爲長陵令（見《漢書·何並傳》）。

〔23〕汪繼培曰："《史記·晋世家》：'師服曰："名，自命也；物，自定也。"'《春秋繁露》有《深察名號篇》。"○覺按：名自命而號自定：語本《韓非子·揚搉》的"使名自命、令事自定"。

〔24〕所：指代上述的科目。詔：皇帝的命令。以上所列的選舉科目，都出自皇帝的詔令，故此文云"詔"。

7.4

今則不然。令、長、守、相不思立功●〔1〕，貪殘專恣●〔2〕，不奉法令，侵寃小民●〔3〕。州司不治〔4〕，令遠詣闕上書訟訴●【1】〔5〕。尚書不以責三公●〔6〕，三公不以讓州郡●〔7〕，州郡不以討縣邑●〔8〕。是以凶惡狡猾●〔9〕，易相寃也〔10〕。侍中、博士，諫議之官，或處位歷年，終無進賢嫉惡拾遺補闕之語●〔11〕，而貶黜之憂●〔12〕。羣僚舉士者，或以頑魯應茂才●〔13〕，以桀逆應至孝●〔14〕，以貪饕應廉吏●〔15〕，以狡猾應方正，以諛諂應直言〔16〕，以輕薄應敦厚●〔17〕，以空虚應有道●〔18〕，以嚚闇應明經●〔19〕，以殘酷應寬博，以怯弱應武猛，以愚頑應治劇【2】。名實不相副●〔20〕，求貢不相稱●〔21〕。富者乘其材力●〔22〕，貴者阻其勢要●〔23〕，以錢多爲賢，以剛彊爲上●〔24〕，凡在位所以多非其人●〔25〕，而官聽所以數亂荒也●〔26〕。

【校記】

【1】訴：仿宋本、馮本、魁本、程本、四庫本、陳本同，何本、邵本作"訢"。

【2】愚頑：仿宋本、馮本、魁本、陳本同，程本、四庫本作"頑愚"，何本、邵本作"頒愚"。

【箋注】

〔1〕汪繼培曰："《漢書·郊祀志》：'《太誓》曰："正稽古立功立事，可以永年，丕天之大律。"'"

〔2〕汪繼培曰："《漢書·鮑宣傳》云：'公卿守相，貪殘成化。'《楚元王傳》劉向云：'尹氏世卿而專恣。'又云：'二世委任趙高，專權自恣。'"

〔3〕汪繼培曰："《漢書·百官公卿表》顏師古注引《漢官典職儀》云：刺史'以六條問事'，其二條云：'二千石不奉詔書，遵承典制，倍公向私，旁詔守利，侵漁百姓，聚斂爲姦。'《王莽傳》云：'州牧數存問，勿令有侵冤。'▲《續漢書·百官志》云：'諸州常以

八月巡行所部郡國，録囚徒。’注：‘胡廣曰：縣邑囚徒，皆閲録視，參考辭狀，實其真僞。有侵冤者，即時平理也。’”

〔4〕州：見16.2注〔26〕。司：《説文·司部》：“司，臣司事於外者。”即朝廷派往外地的大臣。州司：朝廷派往州中的長官，即刺史、州牧之類。《文選》卷第三十七所載李密《陳情事表》：“郡縣逼迫，催臣上道；州司臨門，急於星火。”其義與此同。

〔5〕汪繼培曰：“▲《周禮·秋官·大司寇》‘凡遠近惸獨老幼之欲有復于上’注：‘復，猶報也。報之者，若上書詣公府言事矣。’庶民上書事，《漢書·于定國傳》云：‘民多冤結，州郡不理，連上書者交於闕廷。’《後漢書·質帝紀》本初元年詔云：‘頃者，州郡輕慢憲防，競逞殘暴，造設科條，陷入無罪，至令守闕訴訟，前後不絶。’”〇覺按：詣（yì義）：到。闕：宫闕，引申指朝廷。

〔6〕汪繼培曰：“《百官志》尚書屬少府。《後漢書·虞詡傳》：‘詡謂諸尚書曰：“小人有怨，不遠千里，斷髮刻肌，詣闕告訴，而不爲理，豈臣下之義？▲君與濁長吏何親，而與怨人何仇乎？”聞者皆慙。’”〇覺按：尚書：秦時少府屬官，掌管殿中文書，職位很低。漢武帝時，地位漸重。漢成帝時設尚書五人，始分曹辦事，羣臣奏章都經過尚書，位雖不高而權很大。東漢時，光武帝架空三公實權，尚書便正式成爲協助皇帝處理政事的官員。

〔7〕汪繼培曰：“《説文》云：‘讓，相責讓。’”

〔8〕汪繼培曰：“《説文》云：‘討，治也。’”〇覺按：討：譴責，責問。邑：食邑，漢代指皇太后、皇后、公主的封地，相當於縣一級的行政單位，所以與“縣”連稱。《漢書·百官公卿表上》：“列侯所食縣曰國，皇太后、皇后、公主所食曰邑。”

〔9〕汪繼培曰：“▲《一切經音義》一引《方言》云：‘凡小兒多詐，或謂之狡猾。’《三蒼》：‘猾，黠惡也。’昭廿六年《左傳》云：‘無助狡猾。’按漢時劾（覺按：當作“劾”）奏有云‘狡猾’者，蓋律令文也。《漢書·陳湯傳》：‘弘農太守張匡坐臧百萬以上，狡猾不道。’《翟方進傳》：‘劾紅陽侯立懷姦邪，亂朝政，欲傾誤要主上，狡猾不道。’《韓延壽傳》：‘公卿皆以延壽前既無狀，後復誣愬典法大臣，欲以解罪，狡猾不道。’《王尊傳》：‘五官掾張輔繫獄，數日死，盡得其狡猾不道，百萬姦臧。’《孫寶傳》：‘劾奏立、尚懷姦罔上，狡猾不道。’宣帝子《淮陽憲王傳》：‘房漏泄省中語，博兄弟詿誤諸侯王，誹謗政治，狡猾不道。’皆其事也。”

〔10〕相：偏指性副詞，指代百姓。

〔11〕汪繼培曰：“《藝文類聚》四十八引應劭《漢官》云：‘侍中便繁左右，與帝升降，卒思近對，拾遺補闕，百僚之中，莫密於兹。’《漢書·司馬遷傳》云：‘不能拾遺補闕。’”〇覺按：拾：拾取，提出。遺：遺漏，忽略。闕：缺失，過錯。

〔12〕汪繼培曰：“《漢書·韋賢》後《玄成傳》云：‘自傷貶黜父爵。’《詩·蓼莪》鄭箋：‘之，猶是也。’”〇覺按：之：構成賓語前置句式的結構助詞。貶黜之憂：即“憂貶黜”。

〔13〕汪繼培曰：“《論衡·命禄篇》云：‘頑魯而典城。’”

〔14〕汪繼培曰：“《後漢書·安帝紀》：‘永初五年，詔舉至孝與衆卓異者。’▲桓帝延熹九年、獻帝建安五年並稱‘至孝’。《桓帝紀》延熹二年詔曰：‘桀逆梟夷。’《孔融傳》云：‘劉表桀逆放恣。’按《説文》云：‘傑，傲也。屰，不順也。’‘桀逆’即‘傑屰’假借字。”〇覺按：“以”字上承上省“或”字，下九句同。

〔15〕汪繼培曰：“《説文》云：‘饕，貪也。’《文子·上義篇》云：‘貪饕多欲之人，殘賊天下。’▲《漢書·禮樂志》‘貪饕險詖’顔師古注云：‘貪甚曰饕。’《王莽傳》：‘考覆

貪饕。'"

〔16〕直言：正直地進説。"直言"成爲選拔人才的科目，見7.3注〔16〕。

〔17〕汪繼培曰："《漢書·酷吏·尹賞傳》云：'輕薄少年。'"

〔18〕汪繼培曰："《論衡·量知篇》云：'空虛無德。'《後漢書·第五倫傳》云：'以空虛之質，當輔弼之任。'"

〔19〕汪繼培曰："'闇'當作'瘖'。《晋語》：'胥臣曰："嚚瘖不可使言。"'韋昭注：'口不道忠信之言爲嚚。瘖，不能言者。'"〇覺按：嚚（yín 淫）：愚蠢。闇：愚昧。汪繼培認爲當作"瘖"，似未當，因爲"瘖"指啞巴，其世道雖然黑暗，恐不至於讓啞巴去應明經。

〔20〕汪繼培曰："《漢書·王莽傳》云：'名實不副。'"

〔21〕汪繼培曰："《抱朴子·審舉篇》云：'靈、獻之世，臺閣失選用於上，州郡輕貢舉於下，故時人語曰："舉秀才，不知書；察孝廉，父别居。寒素清白濁如泥，高第良將怯如雞。"'觀節信所言，則非獨靈、獻時爲然矣。"

〔22〕汪繼培曰："'材'當作'財'。《漢書·貨殖傳·序》云：'以財力相君。'"

〔23〕汪繼培曰："▲隱四年《左傳》杜注云：'阻，恃也。'《吕氏春秋·誠廉篇》高誘注：'阻，依也。'"〇覺按：阻：倚仗。要：機要大權（參見拙著《韓非子校疏析論》8.1注〔9〕）。

〔24〕汪繼培曰："《漢書·貢禹傳》云：'俗皆曰："何以孝弟爲？財多而光榮。何以禮義爲？史書而仕宦。何以謹慎爲？勇猛而臨官。"故黥劓而髡鉗者，猶復攘臂爲政於世，行雖犬彘，家富埶足，目指氣使，是爲賢耳。'"〇覺按：《國語·晋語五》"然而民不能戴其上久矣"韋昭注："上，賢也，才在人上也。"

〔25〕汪繼培曰：▲"隋蕭吉《五行大義》五引《春秋感精符》云：'三公非其人，則山崩之能移；九卿非其人，則江河潰，輒星角；大夫非其人，則邱陵偃，墀少微，等有變；元士非其人，則谷阜毁，扶匡失。是以王者仰視象于天，俯察法于地，中擇賢能以任之。任得其人，則國昌民安；任非其人，則邦危民弊。'"〇覺按：其：見1.4注〔8〕。其人：指理想的人選，合適的稱職的人才。

〔26〕王紹蘭曰："'官聽'疑是'官職'。按《司馬法》云：'國中之聽，必得其情；軍旅之聽，必得其宜。''官聽'蓋謂此。《吕氏春秋·務本篇》云：'處官則荒亂。'"〇汪繼培曰："王侍郎云：'官聽疑是官職。'繼培按：作'職'是也。上云'官無廢職，位無非人'，此承其文言之。《漢書·景帝紀》後二年詔曰：'其令二千石各修其職。不事官職秏亂者，丞相以聞，請其罪。'《于定國傳》云：'二千石選舉不實，是以在位多不任職。'又云：'勉察郡國守相羣牧非其人者。'《後漢書·和帝紀》永元五年詔曰：'在位不以選舉爲憂，督察不以發覺爲負，非獨州郡也。是以庶官多非其人，下民被奸邪之傷。'《史記·夏本紀》云：'非其人居其官，是謂亂天事。'"〇覺按："聽"字恐不誤，王、汪之説非，因爲此文"在位"與上文"位"相應而不與上文"人"相應；同樣，此文"官聽"與上文"官"相應而不與"職"相應。此文"在位""多非其人"當承本節"侍中……求貢不相稱"一段而言，此文"官聽""數亂荒"當承本節"令長守相……易相冤也"一段而言。"官聽"與"在位"相對，也當爲謂詞性結構，是"官府聽（治）事"的意思，相當於《吕氏春秋·務本》"今處官則荒亂"之"處官"。數（shuò 朔）：屢次，經常。荒：田地不治而雜草叢生叫"荒"，引申指公事不治而冤獄繁多，即上文所説的"州司"、"尚書"、"三公"、"州郡""不治""訟訴"而"易相冤也"。

7.5

古者諸侯貢士，一適謂之好德〔1〕，載適謂之尚賢〔2〕，三適謂之有功，則加之賞。其不貢士也，一則黜爵，載則黜地，三黜則爵土俱畢【1】〔3〕。附下罔上者●刑【2】〔4〕，與聞國政而無益於民者斥〔5〕，在上位而不能進賢者逐●〔6〕。其受事而重選舉、審名實而取●賞罰也如此〔7〕，故能別賢愚而獲多士●〔8〕，成教化而安民氓●〔9〕。三代●於世【3】〔10〕，皆致太平。聖漢踐祚●〔11〕，載祀四八〔12〕，而猶未者●【4】〔13〕，教不假●而功不考〔14〕，賞罰稽而赦贖數也〔15〕。諺曰："曲木惡直繩【5】，重罰惡明證●〔16〕。"此羣臣所以樂惚猥而惡考功也【6】。

【校記】

【1】土：仿宋本、馮本、魁本、四庫本、邵本、陳本同，程本、何本作"上"。

【2】刑：仿宋本、馮本、魁本、程本、四庫本、邵本同，陳本作"死附上罔下者刑"。

【3】代：四庫本、陳本同，仿宋本、馮本、魁本、程本、邵本作"有"。

【4】未者：四庫本、邵本、陳本同，仿宋本、馮本、魁本、程本、何本作"者未"。

【5】木：仿宋本、魁本、程本、四庫本、邵本、陳本同，馮本作"水"。

【6】惚：仿宋本、馮本、魁本、程本、四庫本、邵本同，陳本作"總"。

【箋注】

〔1〕適：《漢書・武帝紀》"壹適謂之好德"顏師古注引服虔曰："適，得其人。"

〔2〕載：通"再"。《漢書・武帝紀》作"再"。

〔3〕三黜則爵土俱畢：當作"三則黜爵土俱畢"。《漢書・武帝紀》作"三而黜爵地畢矣"，是其證。

〔4〕汪繼培於"刑"上補"死附上罔下者"六字曰："以上六字舊脱。"〇覺按：汪繼培所補似不當，因爲雖然《漢書・武帝紀》之文作"夫附下罔上者死，附上罔下者刑"，但王符引用時已加改寫，詳文意，這六字很可能是他有意刪去的，而並非是後世的脱文。

〔5〕與（yù 預）：參與。斥：《漢書・武帝紀》"與聞國政而無益於民者斥"顏師古注："斥，謂棄逐之。"

〔6〕汪繼培曰："'古者諸侯'以下本武帝元朔元年有司奏議，見《漢書・本紀》，▲《紀》文'一'作'壹'，'載'作'再'，'尚賢'作'賢賢'，'則加之賞'作'迺加九錫'，'土'作'地'，'逐'作'退'，事詳《尚書大傳》。'附下罔上'四語，《説苑・臣術篇》以爲《泰誓》文，'斥'作'退'。"〇覺按：王紹蘭於汪繼培初稿上加案語曰："元朔元年有司奏議又本《尚書大傳》。"汪繼培因此而加注"事詳《尚書大傳》"。

〔7〕汪繼培曰："疑'嚴'。"〇覺按：據上文，"受事"與"取賞罰"的主語是"諸侯"，"重選舉"與"審名實"的主語是"天子"。汪繼培懷疑"取"是"嚴"字之誤，似不當。其：指代上文的"諸侯"。

〔8〕汪繼培曰："《詩・文王》云：'濟濟多士。'"

〔9〕汪繼培曰："《漢書・董仲舒傳》云：'古者修教訓之官，務以德善化民。今世廢而

不修，民以故棄行誼而死財利。'" ○覺按：氓（méng 萌）：外來的百姓。

〔10〕汪繼培曰："舊作'有'。"

〔11〕汪繼培曰："'祚'當作'阼'。《大戴禮》有《武王踐阼篇》。" ○覺按：聖：對皇帝的尊稱。祚（zuò 作）：通"阼"，大堂前東面的臺階。古代帝王登阼階以主持祭祀，因此以"阼"指帝位。聖漢踐祚：指漢王劉邦登上帝位，參見 4.6 注〔13〕。

〔12〕載祀（zǎisì 宰肆）：年，歲。《爾雅·釋天》："載，歲也。夏曰歲，商曰祀，周曰年，唐、虞曰載。"四八：此文指三百二十左右。這是一種罕見的特殊表數法。

〔13〕汪繼培曰："'未者'舊作'者末'。按《新書·數寧篇》云：'然又未也者'，語與此同。"

〔14〕汪繼培曰："當作'修'。" ○彭鐸曰："假，至也。亦可通。" ○覺按：假：憑藉。汪、彭之説均不當。

〔15〕稽：停留，拖延。數（shuò 朔）：屢次，頻繁。

〔16〕汪繼培曰："《鹽鐵論·鹽鐵鍼石篇》云：'語曰："五盜執一良人，枉木惡直繩。"'《申韓篇》云：'曲木惡直繩，姦邪惡正法。'《韓非子·有度篇》云：'繩直而枉木斲。'" ○覺按：墨線拉直則曲木要被砍削，故"曲木惡直繩"。

7.6

夫聖人爲天口，賢者爲聖譯●【1】〔1〕。是故聖人之言，天之心也；賢者之所説，聖人之意也。先師京君●〔2〕，科察考功●〔3〕，以遺賢俊●【2】〔4〕。太平之基，必自此始●〔5〕；無爲之化，必自此來也●〔6〕。是故世主不循考功而思太平，此猶欲舍規矩而爲方圓●〔7〕，無舟楫而欲濟大水●〔8〕，雖或云縱●〔9〕，然不知循其慮度之易且速也●〔10〕。羣寮師尹【3】〔11〕，咸有典司●〔12〕，各居其職以責其効【4】〔13〕；百郡千縣〔14〕，各因其前以謀其後〔15〕；辭言應對，各緣其文以覈●其實【5】〔16〕；則奉職不解●〔17〕，而陳言者不得誣矣●〔18〕。《書》云："賦納以言，明試以功，車服以庸。誰能不讓？誰能不敬應●〔19〕？"此堯、舜所以養黎民而致時雍也●〔20〕。

【校記】

【1】者：仿宋本、馮本、魁本同，程本、四庫本、邵本、陳本作"人"。

【2】遺：仿宋本、馮本、魁本、程本、邵本、陳本同，四庫本作"選"。

【3】寮：仿宋本、馮本、魁本同，程本、四庫本、邵本、陳本作"僚"。

【4】効：仿宋本、馮本、魁本同，程本、四庫本、邵本、陳本作"效"。

【5】覈：馮本、程本、四庫本、邵本同，仿宋本、魁本作"■"，抄補本空一字，陳本作"□"。

【箋注】

〔1〕汪繼培曰："'譯'疑當作'鐸'。《法言·學行篇》云：'天之道不在仲尼乎！仲尼，駕説者也，不在兹儒乎！如將復駕其所説，則莫若使諸儒金口而木舌。'金口木舌，鐸也。《論語》云：'天將以夫子爲木鐸。'皇疏云：'鐸用銅鐵爲之。若行武教，則用銅鐵爲舌。若行文教，則用木舌，謂之木鐸。'"〇俞樾曰："《説文·言部》：'譯，傳譯四夷之言者。'天無言而聖人代之言，故曰'爲天口'。聖人之言，人不易曉，而賢者爲通其指趣，故曰'爲聖譯'。《周易》（覺按：當作《周禮》）序官'象胥'疏曰：'譯，即易，謂換易言語使相解也。''譯'字不誤，汪箋云'疑當作鐸'，非是。"〇覺按：俞説是。

〔2〕汪繼培曰："《漢書·楚元王傳》劉歆《移書太常博士》云：'至孝武皇帝，然後鄒、魯、梁、趙頗有《詩》《禮》《春秋》先師。'顔師古注：'前學之師也。'▲《漢書·蔡義傳》云：'聞道於先師，自託於經術。'《眭孟傳》稱'先師董仲舒'，此其例也。"〇覺按：君：對人的尊稱。京君：指京房，見1.5注〔3〕。

〔3〕汪繼培曰："《漢書·京房傳》云：'房奏考功課吏法。'晋灼曰：'令、丞、尉治一縣，崇教化亡犯法者輒遷。有盜賊滿三日不覺者，則尉事也。令覺之，自除，二尉負其辠。率相准如此法。'"〇覺按：科：法律條文。科察考功：見5.5注〔14〕。

〔4〕汪繼培曰："《漢書·元帝紀》初元元年詔曰：'延登賢俊。'"

〔5〕汪繼培曰："《毛詩·南山有臺·序》云：'得賢，則能爲邦家立太平之基矣。'"

〔6〕汪繼培曰："《詩·卷阿》鄭箋云：'孔子曰："無爲而治者，其舜也與？恭己正南面而已。"言任賢故逸也。'"〇覺按：無爲：無所作爲。它的基本含義是：順應自然，排除故意的人爲因素。必須明瞭，古代各個學派常把"無爲"作爲自己政治學説的一個重要内容，但各人用此術語的政治含義是有所不同的。孔子所倡導的無爲，是指用人得當，以德政感化人民，儘量不施行刑殺。《論語·衛靈公》："子曰：'無爲而治者，其舜也與？夫何爲哉，恭己正南面而已矣。'"何晏《集解》："言任官得其人，故無爲而治。"邢昺疏："帝王之道，貴在無爲清静而民化之，然後之王者，以罕能及，故孔子曰：'無爲而天下治者，其舜也與？'所以無爲者，以其任官得人。夫舜何必有爲哉，但恭敬己身，正南面嚮明而已。案《舜典》命禹宅百揆，棄后稷，契作司徒，皋陶作士，垂共工，益作朕虞，伯夷作秩宗，夔典樂教冑子，龍作納言，并四岳十二牧，凡二十二人，皆得其人，故舜無爲而治也。"《尚書·舜典》記述舜用刑時説："象以典刑，流宥五刑，鞭作官刑，扑作教刑，金作贖刑。眚災肆赦，怙終賊刑。欽哉，欽哉，惟刑之恤哉！"參見31.9注〔4〕。韓非所謂的無爲，是指順應自然，不主觀地去幹違反客觀規律的事；一切按法辦事，不用智慧去干擾法治，君主不暴露自己的好惡以免臣下有所憑藉（參見《韓非子校疏析論》5.1注〔28〕）。王符兼採儒家、法家的學説，所以此文既説"無爲之化"，又主張"循其慮度"；31.9既説"堯、舜恭己無爲"，又主張"法術明而賞罰必"。必：見4.4注〔10〕。

〔7〕汪繼培曰："'欲'字當在'爲'上。《管子·法法篇》云：'倍法而治，是廢規矩而正方圓也。'《韓非子·姦劫弑臣篇》云：'若無規矩而欲爲方圓也，必不幾矣。'"〇覺按：汪説是。

〔8〕汪繼培曰："《管子·七法篇》云：'不明於計數而欲舉大事，猶無舟楫而欲經於水險也。'《商子·弱民篇》云：'濟大川而無船楫。'"

〔9〕汪繼培曰："疑'從'。"〇彭鐸曰："'縱''從'古字通。《小爾雅·廣言》云：'從，遂也。'"〇覺按：彭説是。云：猶"能"（參見《古書虚字集釋》卷三"云"字條）。

〔10〕汪繼培曰："'知'當作'如'。《文選》王褒《四子講德論》云：'膺騰撇波而濟

水，不如乘舟之逸也；衝蒙涉田而能致遠，未若遵塗之疾也。’此意與彼同。”〇覺按：汪説是。

〔11〕寮：通“僚”，官。師尹：見5.5注〔24〕。

〔12〕汪繼培曰：“▲《後漢書·逸民·嚴光傳》云：‘迫于典司。’《文選》班固《西都賦》云：‘各有典司。’”〇覺按：典：主管，掌管，與“司”同義。

〔13〕居：與下文“因”“緣”相對，當通“據”。《廣雅·釋言》：“居，據也。”《韓非子·主道》：“羣臣陳其言，君以其言授其事，事以責其功。功當其事，事當其言，則賞；功不當其事，事不當其言，則誅。”

〔14〕郡、縣：是古代的兩級行政區域。秦漢時郡統轄縣。各時期的郡、縣數不盡相同。據《漢書·地理志下》，至漢平帝時，郡、國（相當於郡一級的諸侯王封地）共一百零三個，縣以及相當於縣一級的邑、道、侯國共一千五百八十七個。據《後漢書·郡國志五》，至漢順帝時，郡、國共一百零五個，縣、邑、道、侯國共一千一百八十個。此文説“百郡千縣”，是指後者，並舉其整數。

〔15〕謀：與上下文的“責”“覈”相類，是審察評議的意思。《文選》卷第十五所載張衡《思玄賦》“疇克謀而從諸”李善引舊注：“謀，察也。”《廣雅·釋詁四》：“謀，議也。”《韓非子·八經》：“結能者功見而謀成敗。”與此文義同。

〔16〕陳本“覈”作“□”，汪繼培曰：“程本作‘覈’。”〇覺按：文：指發言時的文字記録。《韓非子·八經》：“是以言陳之曰（覺按：“曰”爲“日”之訛誤），必有筴籍。”即此文之意。

〔17〕汪繼培曰：“讀爲‘懈’。”〇覺按：“解”（xiè 懈）通“懈”。

〔18〕汪繼培曰：“《韓非子·主道篇》云：‘羣臣陳其言，君以其言授其事，以事責其功。功當其事，事當其言，則賞；功不當其事，事不當其言，則誅。明君之道，臣不陳言而不當。’《備内篇》云：‘偶三五之驗，以責陳言之實，執後以應前，按法以治衆，衆端以參觀。’”

〔19〕汪繼培曰：“《書·臯陶謨》。今《書》‘賦’作‘敷’，‘試’作‘庶’。僖廿七年《左傳》趙衰引《夏書》與此同。‘能’今並作‘敢’，無下‘誰’字。”〇覺按：以上引文見今本《尚書·益稷》（參見6.5注〔10〕），文字略有不同。前三句也見於《尚書·舜典》與《左傳·僖公二十七年》所引《夏書》。賦：通“敷”“普”（古代“賦”“敷”讀如“普”），普遍。以：猶“其”，參見《古書虚字集釋》卷一“以”字條及《尚書·益稷》“敷納以言”孔安國傳、孔穎達疏。試：考較。“試以功”與上文的“責其効”“謀其後”“覈其實”相應。車：車子。古代的官員因爲等級的不同而配備不同數量的車子。如《韓非子·外儲説左下》載：“晋國之法，上大夫二輿二乘（除正車外，還配備副車二輛），中大夫二輿一乘（除正車外，還配備副車一輛），下大夫專乘（衹有正車一輛），此明等級也。”服：章服，即繡有彩色圖案以顯示不同等級的官員禮服。參見16.5注〔11〕。庸：用（此採用《尚書·益稷》“車服以庸”孔安國傳。今之解《尚書》者多解爲“功勞”，今不從）。能：今《尚書·益稷》兩“能”字作“敢”，裴學海《古書虚字集釋》卷六“能”字條認爲此處之“能”猶“敢”，其説甚是。其書又以“能”“敢”互訓，於卷五“敢”字條謂“敢”猶“能”，所舉古書異文之例證也頗有説服力。古代“能”“敢”同義，然細味之，則用“敢”字語氣更强。讓：謙讓，退讓，指不去搶官做。這是“明試以功”的結果。《韓非子·外儲説左下》載：齊桓公爲“官少而索者衆”發愁，管仲曰：“因能而受（覺按：同“授”）禄，録功而與官，則莫敢索官。”可明此文之意。應：即上文所説的“應對”。《尚書·益稷》“敢

不敬應”《釋文》:“應，應對之應。”敬應：與上文“不得誣”相應。因爲要“明試以功”而“覈其實”，所以不能不敬應。

〔20〕汪繼培曰:“《書·堯典》。”〇覺按:“養黎民而致時雍”脱胎於《尚書·堯典》的“黎民於變時雍”。養：教育。雍：同“雝”，和諧。

思賢第八

【提要】

思賢：思慕賢人。文章主要強調了賢人在政治中的重要作用，希望君主任人唯賢，不要任用没有才能的親戚。

文章首先從歷史上存亡治亂的經驗教訓出發，指出“亡代”“穢（滅）國”的原因，都是因爲君主“不嗜賢”，不能任用賢人。所以，君主衹有“先亂任賢”，“尊賢任能，信忠納諫”，纔能整治“國之亂”，使國家長治久安而自己永享太平。

接着，作者進一步提出了君主必須求得“真賢”的問題。他認爲，治理國家，有孔子的學説可以利用，但如果“因之者非其人”，那麼國家的混亂局面還是不能治理好，所以治國必須訪得真正的賢人。而當今之世，“人君求賢”，臣子卻讓一些鄙陋之人濫竽充數，所以國家就更加混亂了，而君主卻以爲“賢皆無益於救亂，因廢真賢不復求進，更任俗吏”，那就勢必會走向滅亡。那麼如何獲得“真賢”呢？作者借鑒歷史的經驗，提出了一些具體的措施，如:“功加於民，德稱其位”，“人謀鬼謀，百姓與能”，“必論其材，論定而後爵之，位定然後禄之”。與此同時，作者抨擊了君主“不量其材”、讓“功不加民、澤不被下”的“親戚”當官“取佚”而“彊富之”的做法，指出這種“愛人”，實在是“傷之而已”，因爲他們“不得治民效能”，“但事淫侈”，“縣罪於惡”，最終必將“破敗”“顛隕”。

8.1

國之所以存者，治也；其所以亡者，亂也。人君莫不好治而惡亂、樂存而畏亡。然嘗觀上記●【1】〔1〕，近古已來【2】〔2〕，亡代有三，穢國不數●〔3〕。夫何故哉●【3】〔4〕？察其敗，皆由君常好其所亂而惡其所治【4】〔5〕，憎其所以存而愛其所以亡●〔6〕。是故●雖相去百世【5】〔7〕，縣年一紀●〔8〕，限隔九州●〔9〕，殊俗千里●〔10〕，然其亡徵敗迹●【6】〔11〕，若重規襲矩●〔12〕，稽節合符●〔13〕。故曰：雖有堯、舜之美〔14〕，必考於《周頌》●〔15〕；雖有桀、紂之惡，必譏於《版》《蕩》●【7】〔16〕。“殷鑒不遠，在夏后之世●〔17〕。”

【校記】

【1】嘗：陳本同，《羣書治要》引文作“甞”，仿宋本、馮本、魁本、程本、四庫本、邵本作“常”。

【2】已：仿宋本、馮本、魁本、程本同，何本、四庫本、邵本、陳本作“以”。

【3】何故：《羣書治要》引文、陳本同，仿宋本、馮本、魁本、程本、四庫本、邵本作“何”。

【4】惡：《羣書治要》引文、陳本同，仿宋本、馮本、魁本作“忘”，程本、四庫本、邵本作“亡”。

【5】故：《羣書治要》引文、陳本同，仿宋本、馮本、魁本、程本、四庫本、邵本無“故”字。

【6】亡：《羣書治要》引文、陳本同，仿宋本、馮本、魁本、程本、四庫本、邵本作“已”。

【7】版蕩：仿宋本、馮本、程本、邵本、陳本同，魁本作“版湯”，四庫本作“板蕩”。

【箋注】

〔1〕汪繼培曰：“《吕氏春秋·務本篇》云：‘嘗試觀上古記。’高誘注：‘上古記，上世古書也。’”〇覺按：嘗：試一下。嘗觀：試看，看一下。

〔2〕已：通“以”。

〔3〕汪繼培曰：“‘穢’當作‘滅’。《賢難篇》云：‘三代之以覆，列國之以滅。’‘滅’‘穢’字形相近。《漢書·食貨志》‘彭吴穿穢貊、朝鮮’，《史記·平準書》作‘彭吴賈滅朝鮮’，誤正類此。《吕氏春秋·安死篇》云：‘亡國不可勝數。’高誘注：‘不可勝數，亡國多也。’”

〔4〕汪繼培曰：“‘故’字舊脱，据《治要》補。”

〔5〕《韓非子·詭使》：“何也？夫上之所貴與其所以爲治相反也。”與此文義同。其：指代上文的“國”。所：等於説“所以”，參見1.1注〔3〕。

〔6〕汪繼培曰：“《治要》‘以’作‘與’，‘亂’‘治’上並有‘以’字。‘惡’舊作‘忘’，据《治要》改。《漢書·董仲舒傳》云：‘人君莫不欲安存而惡危亡，然而政亂國危者甚衆，所任者非其人，而所繇者非其道，是以政日以仆滅也。’”〇覺按：《韓非子·姦刼弑臣》云：“愚者固欲治而惡其所以治，皆惡危而喜其所以危者。”與此文類似。

〔7〕汪繼培曰：“据《治要》補。”

〔8〕汪繼培曰：“《續漢書·律歷志》劉昭注引《樂叶圖徵》云：‘天元以甲子朔旦冬至，日月起於牽牛之初，右行二十八宿，以考王者終始。或盡一，其歷數或不能盡一，以四千五百六十爲紀，甲寅窮。’宋均曰：‘紀，即“元”也。四千五百六十者，五行相代，一終之大數也。王者即位，或過其統，或不盡其數，故一共以四千五百六十爲甲寅之終也。王者起，必易元，故不復沿前而終言之也。’”〇覺按：縣（xuán 懸）：古“懸”字，遠距。今吴語猶稱較大的距離爲“懸空”，如“懸空一大段”。紀：古代紀年的單位。具體所指不一，有的以一世爲一紀（見《文選》卷第十四班固《幽通賦》“皇十紀而鴻漸

兮"李善注）；有的以十二年爲一紀（見《尚書·畢命》"既歷三紀"孔安國傳）；有的以一千五百年爲一紀，如《史記·天官書》云："五百載大變，三大變一紀。"此文當取第三説，因爲從上文"亡代有三，穢國不數"來看，作者是從夏代滅亡（約在公元前17世紀末）數至秦滅六國（在公元前221年）的，這一時期約一千四百多年，近於一千五百年，故云"縣年一紀"。汪繼培引《續漢書·律曆志》注以四千五百六十年爲一紀來解此文，不當。

〔9〕汪繼培曰："《新語·道基篇》云：'九州絶隔。'"○覺按：限：邊界。九州：見3.3注〔36〕。

〔10〕汪繼培曰："《晏子春秋·問上》云：'古者百里而異習，千里而殊俗。'"

〔11〕汪繼培曰："《韓非子》有《亡徵篇》。"

〔12〕汪繼培曰："《爾雅·釋山》郭璞注：'"襲"亦"重"。'"○覺按：重（chóng 蟲）：重疊。襲：重疊。重規襲矩：重疊起圓規、重疊起曲尺，指完全吻合，没有差别。

〔13〕汪繼培曰："《孟子》云：'若合符節。'▲《淮南子·主術訓》云：'以一合萬，若合符者也。'《漢書·王莽傳》：'所謂異時而興，如合符者也。'《禮記·儒行》鄭注：'稽，猶合也。'"○覺按：節：古代用作憑證的東西，用玉、角、銅、竹等製成，一般爲使臣所用，用來證明其代表的身份。符：信符，古代國君命官封爵或調兵遣將時所用的憑證，用竹、木、銅、玉等材料製成，上面刻有文字，刻好後剖成兩半，君臣雙方各執一半，驗證時將兩半相合，看是否符合，以辨真假。稽節合符：重合符節，指完全吻合，没有差别。

〔14〕有：《詩經·王風·葛藟》"亦莫我有"鄭玄箋："有，識有也。"即知道的意思。

〔15〕汪繼培曰："《荀子·非相篇》云：'欲知上世，則審周道。'《淮南子·精神訓》高誘注：'考，觀也。'"○覺按：《周頌》：《詩經》的一部分，共三十一篇，相傳作於周公攝政、成王即位之初，是"周室成功致太平德洽之詩"（見鄭玄《詩經·周頌譜》），所以要吸取成功的經驗，必須考察它。

〔16〕汪繼培曰："並《詩·大雅》。版，今作'板'，《爾雅·釋訓》作'版'。《禮記·玉藻》鄭注：'幾，猶察也。''譏'與'幾'同。"○覺按：譏（jī 機）：檢查，查看。《版》：《詩經·大雅》中的一篇，今本《詩經》作《板》，它是周代凡伯斥責暴君周厲王的詩。《蕩》：《詩經·大雅》中的一篇，它是周代召穆公哀傷周王朝衰敗而作的詩，詩中借用文王指責殷商的暴虐來警告暴君周厲王。

〔17〕汪繼培曰："《詩·蕩》。"○覺按：此上兩句是《詩經·大雅·蕩》中的末兩句。鑒：鏡子，引申指可以作爲借鑒或教訓的事。殷鑒：值得殷商借鑒的事，指夏桀暴虐而被商湯消滅的事。

8.2

"夫與死人同病者，不可生也；與亡國同行者，不可存也●〔1〕。"豈虚言哉●〔2〕？何以知人●且病也【1】〔3〕？以其不嗜食也。何以知國之將亂也？以其不嗜賢也●〔4〕。是故病家之廚●〔5〕，非無嘉饌也〔6〕，乃其人弗之能食，故遂於死也；亂國之官，非無賢人也，其君弗之能任，故遂於亡也●〔7〕。夫生餘秔粱●〔8〕，旨酒甘醪〔9〕，所以養生也●〔10〕，而病人惡之，以爲不若菽麥糠糟欲清者●【2】〔11〕，此其將死之候也。尊賢任能，信忠納諫，所以爲安也，而闇君惡之【3】，以爲不若姦佞闒茸讒諛之●〔12〕言者●【4】〔13〕，此其將亡之徵也●【5】〔14〕。《老子》曰〔15〕："夫唯病病〔16〕，是以不病。"《易》稱："其亡其亡，繫于苞桑●【6】〔17〕。"是故養壽之士，先病服藥；養世之君，先亂任賢。是以身常安而國永永也●【7】〔18〕。

【校記】

【1】人：仿宋本、馮本、魁本、程本、四庫本、邵本同，陳本作"人之"。

【2】糠糟：仿宋本、馮本、魁本、陳本同，程本、四庫本、邵本作"糟糠"。

【3】惡：程本、四庫本、邵本、陳本同，仿宋本、馮本、魁本作"恶"。

【4】之言者：陳本同，仿宋本、馮本、魁本、程本、四庫本作"言者"，邵本作"者"。

【5】也：何本、邵本、陳本同，仿宋本、馮本、魁本、程本、四庫本無"也"字。

【6】于：仿宋本、馮本、程本、陳本同，魁本作"扵"，何本、四庫本、邵本作"於"。

【7】永永：仿宋本、馮本、魁本、陳本同，程本、四庫本、邵本作"脉永"，《羣書治要》引文作"脈永"。

【箋注】

〔1〕汪繼培曰："《韓非子·孤憤篇》文。"

〔2〕汪繼培曰："《老子》云：'古之所謂曲則全者，豈虛言哉！'"

〔3〕汪繼培於"人"下補"之"字曰："舊脱。"○覺按：《羣書治要》引文和他本均無"之"字，不煩增字。

〔4〕汪繼培曰："《文子·微明篇》云：'人之將疾也，必先不甘魚肉之味；國之將亡也，必先惡忠臣之語。'"

〔5〕汪繼培曰："《説文》云：'廚，庖屋也。'"○覺按：《説文·广部》作"廚"，陳本所用之"厨"乃後世俗字。

〔6〕饌（zhuàn 撰）：食物。

〔7〕汪繼培曰："兩'於'字《治要》無。按定四年《左傳》云：'若楚之遂亡，君之土也。'《荀子·正論篇》云：'國雖不安，不至於廢易遂亡謂之君。'《説苑·建本篇》云：'民怨其上，不遂亡者，未之有也。'《齊策》：'蘇秦曰："中山，千乘之國也，而敵萬乘之國三，再戰比勝，此用兵之上節也。然而國遂亡。"'皆'遂亡'連文之證。"○覺按："於"爲助詞，無實義，"遂於亡"即"遂亡"，參見拙著《韓非子校疏析論》36.1.2 注〔3〕。

〔8〕汪繼培曰："《爾雅·釋言》《釋文》引《字林》云：'飰，飯食也。'《玉篇》以'飰'爲俗'飯'字。'生飯'未詳。《鹽鐵論·散不足篇》云：'豆羹白飯，綦膾熟肉。''生飯'或'白飯'之誤。▲《列女傳》：'孟母曰："婦人之禮，精五飯。"''生'或爲'五'之訛。或當作'干飯'，《釋名》云：'干飯，飯而暴乾之也。'《後漢書·黨錮傳》云：'羊陟常食乾飯茹菜。'《後漢書·獨行·范冉傳》云：'其明堂之奠，干飯寒水，飲食之物，勿有所下。'《墨子·耕柱篇》云：'見人之生餅，則還然竊之。''生飰'或'生餅'之誤。"○覺按：汪繼培將"生飰"視爲偏正詞組而疑其誤，恐不當。"生"與"飰""秔""粱"相並

列，也當指上等的糧食。《國語·楚語下》“能知四時之生”韋昭注：“生，嘉穀韭卵之屬。”《周禮·春官》序官“乃立春官宗伯”賈公彦疏：“云‘能知四時之生，犧牲之物’者，孔、服皆以爲生謂粢盛。”《左傳·桓公六年》“粢盛豐備”杜預注：“黍稷曰粢，在器曰盛。”由此諸説可證本文之“生”當指黍、稷等嘉穀。黍是一種黏性的穀物，去皮後北方稱黄米子；稷是一種没有黏性的穀物，即“穄（jì 稷）子”，跟黍子相似而籽實發黑不黏，也叫“糜（méi 梅）子”，雖然是比較粗劣的糧食作物，但由於是古代最早種植的一種穀物，所以古代稱爲百穀之長，穀神、農官也都名“稷”。飰（fàn 飯）：俗“飯”字。秔（jīng 京）：同“粳”，粳稻，去殼後稱粳米。粱：粟，穀子，去殼後稱小米。

〔9〕旨：味美。甘：味美，甜。醪（láo 勞）：濁酒，汁滓混合的酒。

〔10〕汪繼培曰：“《莊子》有《養生主篇》。《淮南子·泰族訓》云：‘肥肌膚，充腸腹，供嗜慾，養生之末也。’”

〔11〕汪繼培曰：“▲《莊子·人閒世篇》：‘爨無欲清之人。’《音義》云：‘言爨人爲食而不思清凉，明火微而食宜儉薄。’按《莊子》文不合此用。此‘欲’字當爲‘飲’字之誤。《楚辭·招魂》云：‘挫糟凍飲，耐（覺按：當作“酎”）清涼些。’王逸注：‘凍，冰也。’”〇覺按：菽：指豆葉。古代以此爲粗食，故常用“啜菽飲水”來形容生活清苦（見《荀子》之《富國篇》《天論篇》）。欲：當爲“欱”（hē 呵）字之形訛。《説文·欠部》：“欱，歠也。”《説文·歓部》：“歠，歓也。”“歓”同“飲”。

〔12〕汪繼培於“讒諛”下補“之”字曰：“舊脱。”

〔13〕汪繼培曰：“《漢書·李尋傳》云：‘諸闒茸佞讇，抱虚求進。’”〇覺按：闒茸：見 5.10 注〔9〕。

〔14〕汪繼培曰：“舊脱‘也’字，据何本補。《治要》載《尹文子》曰：‘凡國之將存亡有六徵。’《韓非子·亡徵篇》云：‘亡徵者，非曰必亡，言其可亡也。’”

〔15〕以下引文見《老子·第七十一章》，文字略有不同。

〔16〕夫唯病病：第一個“病”用作意動詞，第二個“病”爲名詞。“病病”即以病爲病，指認識到自己的毛病而採取辦法。“病”字含義雙關，既指毛病，又指錯誤。

〔17〕汪繼培曰：“《否》九五。”〇覺按：引文見《周易·否·九五》。其：將。苞：席草，可製席子和草鞋。苞桑：喻指軟弱而動盪不定的依靠物。繫于苞桑：《荀子·勸學篇》：“南方有鳥焉，名曰蒙鳩，以羽爲巢而編之以髮，繫之葦苕，風至苕折，卵破子死。”此文“繫于苞桑”與《荀子》“繫之葦苕”語意相似，形容岌岌可危。其言外之意是：必須認識到這危在旦夕的局面而慎重處置，纔能轉危爲安。

〔18〕汪繼培曰：“兩‘永’字有誤，程本作‘國脈永’，按‘脈’字疑非是。《素問·四氣調神大論》云：‘聖人不治已病，治未病；不治已亂，治未亂。’《淮南子·説山訓》云：‘良醫者，常治無病之病，故無病。聖人者，常治無患之患，故無患。’”〇俞樾曰：“上‘永’字不誤，下‘永’字乃‘呆’之誤。呆，古文‘保’字，見《説文》。‘身常安’而‘國永保’，兩文相對。”〇覺按：國永永：《羣書治要》引文作“國脈永”，程本蓋據其引文改。相比而言，以俞説爲優。

8.3

上醫醫國【1】〔1〕，其次下醫醫疾●〔2〕。夫人治國，固治身之象●【2】〔3〕。疾者，身之病；亂者，國之病也。身之病，待醫而愈；

國之亂，待賢而治●〔4〕。治身，有黄帝之術●〔5〕；治世，有孔子之經●〔6〕。然病不愈而亂不治者，非●〔7〕鍼石之法誤●而五經之言誣也【3】〔8〕，乃因●之者非其人〔9〕。苟非其人●〔10〕，則規不圓而矩不方，繩不直而準不平●〔11〕，鑽燧不得火●【4】〔12〕，鼓石不下金●〔13〕，驅馬不可以追速【5】，進舟不可以涉水也●【6】〔14〕。凡此八者，天之張道●〔15〕，有形見物，苟非其人，猶尚無功，則又況乎懷道術以撫民氓、乘六龍以御天心者哉●〔16〕？

【校記】

【1】毉：仿宋本、馮本、魁本、程本、四庫本同，何本、邵本、陳本作“醫”。下四字同。

【2】固：仿宋本、馮本、魁本、陳本同，程本、四庫本、邵本作“故”。

【3】非鍼石：四庫本、陳本同，仿宋本、馮本、魁本、邵本作“唯鍼石”，程本作“唯醎石”。

【4】燧：仿宋本、馮本、魁本、四庫本、陳本同，程本、邵本作“鐩”。

【5】驅：《羣書治要》引文、陳本同，仿宋本、馮本、魁本、程本、四庫本、邵本作“金”。

【6】進：《羣書治要》引文、陳本同，仿宋本、馮本、魁本、程本、四庫本、邵本作“土”。

【箋注】

〔1〕毉：同“醫”。毉國：指醫治國君身上有害於國家的思想與行爲。《國語·晋語八》“上醫醫國”韋昭注：“止其淫惑，是謂醫國。”可資參證。

〔2〕汪繼培曰：“‘下醫’二字衍。《晋語》：‘醫和曰：“上醫醫國，其次疾人。”’”

〔3〕汪繼培曰：“《吕氏春秋·審分覽》云：‘夫治身與治國，一理之術也。’《後漢書·崔駰》後《實傳·政論》云：‘爲國之法，有似理身。’”

〔4〕汪繼培曰：“《韓詩外傳》三：‘傳曰：太平之時，無瘖、癰、跛、眇、尫蹇、侏儒、折短，父不哭子，兄不哭弟，道無繦負之遺育，然各以其序終者，賢醫之用也。故安止平正，除疾之道無他焉，用賢而已矣。’”

〔5〕汪繼培曰：“《漢書·藝文志·醫經》：‘《黄帝内經》十八卷，《外經》三十七卷。’”〇覺按：相傳黄帝通醫術，他所著的醫藥書有：《黄帝内經》十八卷（一説即《鍼經》九卷與《素問》九卷，一説即《素問》九卷與《靈樞經》九卷，今殘存），《黄帝外經》三十七卷（今亡），《黄帝三王養陽方》二十卷（今亡），《黄帝雜子步引》十二卷（今亡），《黄帝岐伯按摩》十卷（今亡），《黄帝雜子芝菌》十八卷（今亡），《黄帝雜子十九家方》二十一卷（今亡），均見《漢書·藝文志·方技略》。其實，這些都是後人託名黄帝的僞作。

〔6〕汪繼培曰：“《白虎通·五經篇》云：‘孔子定五經，以行其道。’”〇覺按：五經，即《易》《書》《詩》《禮》《春秋》，詳見1.2注〔3〕〔20〕〔19〕〔21〕。漢武帝建元五年（公元前136年）置五經博士，始有“五經”之稱。

〔7〕汪繼培曰：“舊作‘唯’。”

〔8〕汪繼培曰："鍼石，《治要》作'炙（覺按：當作"灸"）鍼'。《素問·血氣形志篇》云：'形樂志苦，病生於脈，治之以炙（覺按：當作"灸"）刺。形樂志樂，病生於肉，治之以鍼石。'《八正神明論》云：'凡刺之法，必候日月星辰四時八正之氣，氣定乃刺之。'"〇覺按：鍼：金屬製成的用來鍼灸的醫療用具。此指中醫治病之術，即以金鍼刺激穴位。石：古又稱"砭石"或"砭鍼"，它是一種用玉石磨製成的石鍼。此指中醫治病之術，古又稱"砭"或"彈"，即以石鍼刺激穴位來治病，或刺破皮膚、除去膿血來治療癰疽等毒瘡。

〔9〕汪繼培曰："疑'用'。"〇覺按：汪説非。因：循用，沿用，利用。《管子·心術上》："故道貴因。因者，因其能者言所用也。"注："就能而用，故曰因也。"可證此文"因"字之義。其人：見7.4注〔25〕。

〔10〕汪繼培曰："《易·繫辭下傳》云：'苟非其人，道不虛行。'"

〔11〕汪繼培曰："《吕氏春秋·分職篇》云：'爲圓必以規，爲方必以矩，爲平直必以準繩。'"〇覺按："規""矩""繩""準"上都承上省去了"因"字。

〔12〕汪繼培曰："《説文》云：'鐩，陽鐩（覺按：當作"鐆"）也。'《論語》云：'鑽燧改火。''燧'與'鐆'同。"〇覺按：燧（suì隧）：古代用來取得火種的材料，有金屬和木材兩種，晴天用金燧（也叫"陽燧"）反射太陽光來取得火種，陰天用鑽擦木燧的方法來取得火種（參見《禮記·内則》"木燧"孔穎達疏）。古代凡言"鑽燧"，都指木燧而言。汪繼培認爲此"燧"字同"鐆"，並引《説文》之説解爲"陽鐆"，誤。古人所用的木燧，四季有所不同。《論語·陽貨》"鑽燧改火"何晏《集解》："馬曰：'《周書·月令》有更火之文。春取榆、柳之火，夏取棗、杏之火，季夏取桑、柘之火，秋取柞、楢之火，冬取槐、檀之火。'"鑽燧：即鑽木燧，它是一種通過摩擦發熱而取得火種的方法。

〔13〕汪繼培曰："《論衡·量知篇》云：'銅錫未採，在衆石之間。工師鑿掘，鑪橐鑄鑠乃成器。未更鑄橐，名曰積石。積石與彼路畔之瓦、山間之礫一實也。'昭廿九年《左傳》云：'遂賦晋國一鼓鐵，以鑄刑鼎。'杜注：'令晋國各出功力，共鼓石爲鐵。'疏云：'冶石爲鐵，用橐扇火，動橐謂之鼓。'"

〔14〕汪繼培曰："'驅馬'、'進舟'舊作'金馬'、'土舟'，据《治要》改。'鑽''鼓''驅''進'同類。"〇覺按：進：使動用法，使……前進。

〔15〕汪繼培曰："'張'謂張著。《漢書·王莽傳》云：'事勢張見。'"〇覺按：張：展開。

〔16〕汪繼培曰："《易·乾·彖》曰：'時乘六龍以御天。'"〇覺按：此句的言外之意是：天子更不能位非其人。懷：把……懷藏在胸中，胸中掌握……。乘六龍以御天心：語本《周易·乾·彖》的"時乘六龍以御天"，但此文承上下文"治世"而言，其義不同，故今隨此文釋之。乘（chéng程）：乘車駕（馬），驅（馬）拉車。龍：指駿馬。《周禮·夏官·廋人》："馬八尺以上爲龍。"六龍：指天子車駕的六匹馬。乘六龍：駕着六匹駿馬拉的車子，指當天子統治天下，與賈誼《新書·過秦上》"振長策而御宇内"的意思相似。御：侍奉。天心：天帝的心意。御天心：古人認爲，天子是天帝的兒子，是遵奉天意來進行統治的（參見3.2），所以説"御天心"。

8.4

夫治世不得真賢，譬猶治疾不得良醫也●【1】〔1〕。治疾當得●〔2〕

真人參●【2】〔3〕，反得支羅服●〔4〕；當得麥門冬【3】，反得烝穬麥●【4】〔5〕。己而不識真●〔6〕，合而服之●〔7〕，病以侵劇●〔8〕，不自知爲人所欺也，乃反謂方不誠而藥皆無益於病●【5】〔9〕，因棄後藥而弗敢飲●〔10〕，而更●求巫覡者【6】〔11〕，雖死可也●〔12〕。人君求賢，下應以鄙；與直【7】，不以枉【8】。己不引真，受猥官之●〔13〕，國以侵亂，不自知爲下所欺也，乃反謂經不信而賢皆無益於救亂，因廢真賢不復求進●【9】〔14〕，更任俗吏●〔15〕，雖滅亡可也●〔16〕。三代以下，皆以支羅服、烝穬麥合藥【10】，病日痁而遂死也●【11】〔17〕。

【校記】

【1】疾：仿宋本、馮本、魁本、程本、四庫本、陳本同，《羣書治要》引文、何本、邵本作“病”。良毉：仿宋本、馮本、魁本、程本同，何本、四庫本、邵本作“良醫”，《羣書治要》引文、陳本作“真藥”。

【2】得真：《意林》引文、陳本同，仿宋本、馮本、魁本、程本、四庫本作“真”，何本、邵本作“得”。

【3】當：仿宋本、馮本、魁本、何本、四庫本、邵本、陳本同，程本作“常”。

【4】反得：《太平御覽》卷七百三十九引文、陳本同，仿宋本、馮本、魁本、程本、四庫本、邵本作“反”。穬：《太平御覽》卷七百三十九引文、陳本同，仿宋本、馮本、魁本、程本、四庫本、邵本作“横”。

【5】病：仿宋本、馮本、魁本、程本、四庫本、邵本同，陳本作“療病”。

【6】更：七本皆作“便”，據《太平御覽》卷七百三十九引文改。

【7】直：陳本同，仿宋本、馮本、魁本、程本、四庫本、邵本作“真”。

【8】枉：程本、四庫本、邵本、陳本同，仿宋本、馮本、魁本作“抂”。

【9】賢：仿宋本、馮本、魁本、陳本同，程本、四庫本、邵本作“言”。

【10】穬：陳本同，仿宋本、馮本、程本、四庫本、邵本作“横”，魁本作“襀”。

【11】日：四庫本、陳本同，仿宋本、馮本、魁本、程本、邵本作“曰”。

【箋注】

〔1〕汪繼培將“良醫”（其底本當爲何本）改爲“真藥”後曰：“‘真藥’舊作‘良醫’，据《治要》《意林》改。《御覽》數引並同。”〇覺按：汪改不當，因爲“良毉”與“真賢”相對，明顯是指人而言，如果作“真藥”則不類；且“治疾”爲醫生之事（參見注〔9〕），下文所説的“反得支羅服”等等，表面上是“不得真藥”，其實是指“不得良毉”而爲惡醫所騙，所以下文説“爲人所欺”。《羣書治要》等編纂者不明其義而妄改原文，實不可從。

〔2〕汪繼培曰：“舊脱，据何本補。”

〔3〕汪繼培曰：“《説文》云：‘蓡，人蓡，藥艸，出上黨。’‘參’爲‘蓡’之借。”〇覺按：“蓡”（shēn 身）是表示人參的“參”的本字，今通用“參”字。人參是名貴中藥，因根如人形，故名人參。古代以上黨郡紫團山所産的爲貴，習稱黨參。明、清以來則以東北地區所産爲貴。

〔4〕汪繼培曰：“《意林》及《御覽》七百卌九、九百九十一‘羅服’字皆從艸作，無

‘支’字。《御覽》九百八十引《正論》云：‘理世不得真賢，猶治病無真藥。當用人參，反得蘿菔根。’‘支蘿菔’即‘蘿菔根’也。”○覺按：支：分支，旁支，此當指主根邊上旁生的側根，形狀較小，所以可假冒人參。羅服：即蘿蔔。古代“服”讀如“蔔”。《意林》及《太平御覽》卷九百九十一引作“蘿菔”，古字通。反得支羅服：指反得支羅服於惡醫。

〔5〕汪繼培曰：“‘得’字舊脱，据《御覽》七百卅九補。‘穬’舊作‘横’，按《證類本草》六引陶隱居云：‘根似穬麦，故名麦門冬。’今据改，下同。”○覺按：麦門冬：藥草名。麦鬚叫作虋（mén 門）。因爲這種藥草的根黄白色，呈連珠形，似穬麦之顆粒而有鬚，其葉又嚴冬不凋，故稱爲“麦虋冬”，俗間爲了便於書寫而作“麦門冬”，又稱忍冬、不死草。因其葉如韭，故又稱愛韭、羊韭、禹韭等，其根入藥。《辭源》（修訂本）“麦門冬”條將它與“天門冬”混爲一談，誤。參見《證類本草》卷六“麦門冬”、《本草綱目》卷十六“麦門冬”。烝：通“蒸”。穬（kuàng 曠）麦：大麦的一種。因爲麦門冬的藥用根與穬麦粒相似，所以惡醫用穬麦粒來冒充麦門冬的根。

〔6〕汪繼培曰：“王先生云：‘“而”字衍。’繼培按：‘而’字非衍，《勸將篇》云：‘已而不能以稱明詔。’是其例。”○覺按：王説是，汪説非，參見注〔13〕及21.9之文。

〔7〕汪繼培曰：“《墨子·非攻中篇》云：‘今有醫於此，和合其祝藥之於天下之有病者而藥之。’《周禮》：‘疾，醫以五味、五穀、五藥養其病。’鄭注：‘其治合之齊，則存乎神農、子儀之術云。’《釋文》：‘合，如字，又音閤。’”○覺按：合：調配，按一定的比例搭配後合在一起。今吴語叫作“合（音鴿）藥”。

〔8〕汪繼培曰：“《説文》云：‘侵，漸進也。’《漢書·哀帝紀·贊》云：‘即位痿痹，末年寖劇。’《王莽傳》云：‘太師王舜，自莽篡位後，病痿寖劇死。’顔師古注並云：‘寖，漸也。’‘寖’‘侵’義通。《史丹傳》云：‘上疾稍侵。’師古注：‘稍侵，言漸篤也。’又云：‘上因納，謂丹曰：“吾病寖加。”’師古注：‘寖，漸也。’《藝文志》論醫經云：‘拙者失理，以瘉爲劇。’《揚雄傳》注：‘鄭氏云：“劇，甚也。”’”○覺按：侵：通“寖”，逐漸。《太平御覽》卷七百三十九引文作“浸”，卷九百八十九引文作“寖”，音近而義通。

〔9〕汪繼培於“病”上補“療”曰：“舊脱‘療’字，据《御覽》七百卅九補。《説文》云：‘㾾，治也。或從尞作療。’▲《一切經音義》廿四引《三蒼》：‘療，治病也。’”○覺按：汪補非。因爲“藥”對“病”起作用，故曰“藥皆無益於病”。若作“療病”，則當云“醫皆無益於療病”，因爲治療乃是醫生之事。後世“醫藥”連言，“療病”連言，《太平御覽》編者不細究其中“醫”之作用在“療”、“藥”之作用在“病”，故臆補“療”字，不可從。

〔10〕汪繼培曰：“《御覽》作‘弗敢復飲’。”

〔11〕陳本“更”作“便”，汪繼培曰：“《御覽》作‘更’。”○覺按：“便”當作“更”，今據《太平御覽》卷七百三十九引文改。

〔12〕汪繼培曰：“《楚語》云：‘民之精爽不攜貳者，則明神降之，在男曰覡，在女曰巫。’《史記·扁鵲傳》云：‘信巫不信醫，六不治也。’《素問·五藏别論》云：▲‘凡治病，必察其下，適其脉，觀其志意與其病也。拘於鬼神者，不可與言至德；惡於鍼石者，不可與言至巧。病不許治者，病必不治。’《新語·資質篇》云：‘衛人有病將死者，扁鵲至其家，欲爲治之。病者之父退而不用，乃使靈巫求福請命，對扁鵲而祝，病者卒死，靈巫不能治也。’”○覺按：巫覡（xí 習）：古代自稱能見到鬼神以替人求福驅邪的人，女的叫巫，男的叫覡。

〔13〕汪繼培曰：“‘與真’以下文有脱誤。王先生云：‘大意言人君求賢與直，下應以鄙與枉，己不識真，猥受官之耳。傎倒脱誤，遂不可讀。’繼培按：此即《漢書·董仲舒

傳》所云‘賢不肖渾殽，未得其真’也。”〇王紹蘭曰：“以上文‘求賢，下應以鄙’例之，當作‘舉直，下應以枉’，‘舉’譌‘與’，‘下’譌‘不’，又奪‘應’字。”〇俞樾曰：“‘與’讀爲‘舉’，古字通用。《周官》師氏職：‘王舉則從’，故書‘舉’爲‘與’，是其證也。‘與直’即‘舉直’也。‘不’字乃‘下’字之誤，‘以’字上又脱‘應’字，當作‘與直，下應以枉’，與上句‘求賢，下應以鄙’相對成義。”俞樾又曰：“‘引’字乃‘別’字之誤。‘己不別真，受猥官之’，與上文説治疾曰‘己不識真，合而服之’文義一律。‘受猥官之’四字亦疑有誤，但莫可訂正耳。又按：上文‘己不識真’句衍‘而’字，當從王説刪。”〇彭鐸曰：“‘受’當爲‘授’，與下文‘不量其材而受之官’誤同。‘猥’即‘猥諸侯’，《續漢書·百官志》：‘舊列侯奉朝請在長安者，位次三公。中興以來，唯以功德賜位特直（覺按：“特直”當作“特進”，見中華書局版《後漢書》第三六三〇頁）者，次車騎將軍；賜位朝廷（覺按：“廷”字衍）侯，次五校尉；賜位侍祠侯，次大夫。其餘以肺腑及公主子孫奉祠（覺按：“祠”當作“墳”）墓於京都者，亦隨時見會，位在博士、議郎下。’劉昭注引胡廣《制度》曰：‘是爲猥（覺按：“猥”當作“猥”）諸侯。’字亦作‘隈’，《後漢書·鄧禹傳》章懷注引《漢官儀》云：‘其次下土小國侯，以肺腑親、公主子孫奉墳墓於京師，亦隨時朝見，是爲隈諸侯者也。’劉攽曰：‘“隈”當作“猥”，事在《獨斷》。’《賈子·制不定篇》：‘特賴其尚幼倫、猥之數也。’（建本作‘倫煖’，潭本作‘倫煨’，‘倫’字不誤。盧本作‘偷猥’，‘猥’字不誤）洪頤煊《讀書叢録》謂《漢官儀》有隈諸侯，‘猥’與‘隈’同。唐仁壽亦云：‘倫、猥即謂倫侯及猥諸侯。’孫詒讓《札迻》七破例引之，歎其至確，而劉師培《賈子新書斠補》亦引《續漢志》以證之。然則此文‘受猥官之’，正謂授猥諸侯而官之。下文云：‘皇后兄弟，主壻外孫，年雖童妙，未脱桎梏，由藉此官職，功不加民，澤不被下，而取侯。’即承此文而申述之，是其明證矣。”〇覺按：王紹蘭之説是。俞樾謂“與”通“舉”，“不以枉”當作“下應以枉”，皆是也；但認爲“引”是“別”字之誤，與上文的“識”同義，似未當，因爲“別”雖然可表示區别，但在古代它衹是表示將兩者分開的區别，是指分别，而不是指識别，“別真”也就是“將真賢分别出去”，這顯然與此文之義不符。《國語·晋語八》“引黨以封己”韋昭注：“引，取也。”此“引”字也當解爲“取”。猥：見7.2注〔8〕。《廣韻·上聲·十四賄》：“猥，鄙也。”可見“猥”在古代又有鄙陋卑劣的意思，所以鄙陋之人被稱爲“猥人”（見《顔氏家訓·風操》），劣等雜酒被稱爲“猥酒”（見《晋書·劉弘傳》）。此文之“猥”與上句“真”相對，指上文所説的“鄙”“枉”之人。“受猥”指君主接受了這些“鄙”“枉”之人，即上句所説的“不引真”。彭鐸認爲“受”當作“授”，“猥”即“猥諸侯”，與此文不合，誤。官：用作使動詞，使……做官。

〔14〕汪繼培曰：“《吕氏春秋·疑似篇》云：‘惑於似士者，而失於真士。’”

〔15〕汪繼培曰：“以上文例之，當作‘而更任俗吏者’。《漢書·賈誼傳》云：‘移風易俗，使天下回心而鄉道，類非俗吏之所能爲也。’”

〔16〕汪繼培曰：“《管子·八觀篇》云：‘離本國，徙都邑，亡也。有者異姓，滅也。’”

〔17〕汪繼培曰：“《小爾雅·廣名》云：‘疾甚謂之阽。’‘痁’與‘阽’同。”〇覺按：痁（diàn 電）：《禮記·曾子問》“不以人之親痁患”鄭玄注：“痁，病也。”即病重的意思（病情一般的古稱“疾”）。

8.5

《書》曰："人之有能，使循其行【1】，國乃其昌●〔1〕。"是故先王爲官擇人●〔2〕，必得其材●〔3〕；功加於民●【2】〔4〕，德稱其位●〔5〕；人謀鬼謀，百姓與能●〔6〕。務順以動天地如此●〔7〕，三代開國建侯●〔8〕所以能傳嗣百世●【3】〔9〕、歷載千數者也●〔10〕。

【校記】

【1】循：仿宋本、馮本、魁本、程本、邵本、陳本同，四庫本作"羞"。

【2】民：《羣書治要》引文、陳本同，仿宋本、馮本、魁本、程本、四庫本、邵本作"人"。

【3】能：七本皆無，據《羣書治要》引文補。

【箋注】

〔1〕汪繼培曰："《書·洪範》。今《書》作：'人之有能有爲，使羞其行，而邦其昌。'《史記·宋世家》'邦'亦作'國'，避高祖諱也。'循'當作'修'。'修''羞'聲相涉而誤。《藝文類聚》六十二引後漢李尤《雲臺銘》云：'人修其行，而國其昌。'其證也。"〇覺按："循"爲"脩"之訛，"脩"通"修"。

〔2〕汪繼培曰："《書·吕刑》云：'在今爾安百姓，何擇非人？'"

〔3〕汪繼培曰："《淮南子·泰族訓》云：'英俊豪傑，各以小大之材處其位，得其宜。'"〇覺按：其：見1.4注〔8〕。材：通"才"。

〔4〕汪繼培曰："舊作'人'，据《治要》改。"

〔5〕汪繼培曰："《荀子·富國篇》云：'德必稱位。'"

〔6〕汪繼培曰："《易·繫辭下傳》。▲《詩·采菽》鄭箋云：'天子賜之，神則以福禄申重之，所謂"人謀鬼謀"也。'"〇覺按：以上兩句用《周易·繫辭下》語。鬼：人死後的魂靈。謀：商量，謀劃。鬼謀：與鬼神商量，指進行占卜算卦來考察吉凶。與：通"舉"。

〔7〕汪繼培曰："《繫辭上傳》云：'言行，君子之所以動天地也。'"〇覺按："順"承上文而言，指順"人""鬼"。

〔8〕汪繼培曰："三代，《忠貴篇》作'五代'。本《傳》注云：'謂唐、虞、夏、商、周也。'《易·屯·初九》：'利建侯。'《師·上六》：'開國承家。'"〇覺按："三代"上宜有"此"字。古代諸侯的封地稱"國"，大夫的封地稱"家"。"開國建侯"指功臣始創封國而立爲諸侯。《周易·師·上六》"開國承家"孔穎達疏："若其功大，使之開國爲諸侯。"可證此文之義。

〔9〕汪繼培曰："《治要》'傳'上有'能'字。"〇覺按："傳"上當有"能"字，今據《羣書治要》引文補。嗣：子孫，後代。

〔10〕汪繼培曰："《史記·高祖功臣侯者年表·序》云：'《尚書》有唐、虞之侯伯，歷三代千有餘載，自全以蕃衛天子。'"〇覺按：載：年。歷載千數：經歷的年頭一千多。從夏代（約公元前21世紀初—公元前17世紀末）到周代（約公元前11世紀—公元前256年），有一千多年。

8.6

自春秋之後〔1〕，戰國之制〔2〕，將●權臣【1】〔3〕，必以親家●〔4〕。皇后兄弟，主壻外孫，年雖童妙●〔5〕，未脱桎梏●〔6〕，由●籍此官職【2】〔7〕。功不加民，澤不被下●〔8〕，而取侯●〔9〕，多受茅土●〔10〕，又不得治民効能以報百姓，虛食重禄●【3】〔11〕，素餐尸位●〔12〕，而但事淫侈，坐作驕奢〔13〕，破敗而不及傳世者也●〔14〕。

【校記】

【1】將：仿宋本、馮本、四庫本、邵本同，魁本、程本作"将"，陳本作"將相"。

【2】籍：仿宋本、馮本、魁本、程本、四庫本、邵本同，陳本作"藉"。

【3】食：仿宋本、馮本、魁本、四庫本、陳本同，程本、何本作"實"，邵本作"費"。

【箋注】

〔1〕春秋：東周的前期。孔子據魯國史書修訂成《春秋》，記載了魯隱公元年（公元前722年）到魯哀公十四年（公元前481年）的事蹟，古代因稱這一歷史階段爲"春秋"。現在一般以周平王東遷（公元前770年）至周敬王崩（依《左傳》，在公元前476年；依《史記·十二諸侯年表》，在公元前477年）爲春秋時代。

〔2〕戰國：東周的後期。舊史以周威烈王二十三年（公元前403年）韓、趙、魏正式列爲諸侯（《資治通鑑》記事始此，因此舊史以本年爲始年）至秦始皇二十六年（公元前221年）統一中國爲戰國時代。現在多以周元王元年（依《左傳》，在公元前475年；依《史記·六國年表》，在公元前476年）至秦統一中國（公元前221年）爲戰國時代。當時各諸侯國以攻戰爲務，被稱爲戰國，因而得名。

〔3〕汪繼培於"將"字下增"相"字曰："舊脱。"〇覺按：汪補似未當。此"將"字下當脱"軍"字。"將軍"指武將，"權臣"指文官，如丞相之類。

〔4〕汪繼培曰："《荀子·非相篇》云：'婦人莫不願得以爲夫，處女莫不願得以爲士，棄其親家而欲奔之者，比肩而起。''親'謂父母，'家'謂夫也。漢時則以'親家'爲'親戚'通稱。《後漢紀》：'明帝永平元年，東海王彊薨，詔諸王京師親家皆詣東海奔喪。'《後漢書·東海王彊傳》稱'親戚'，是其證也。《後漢書·馬皇后紀》'諸姬主朝請'，《列女傳》作'諸王親家朝請'。又《郭皇后紀》云：'后弟況遷大鴻臚，帝數幸其第，會公卿諸侯親家飲燕。'《竇皇后紀》云：'年六歲能書，親家皆奇之。'《後漢紀》：'章帝建初三年，竇憲兄弟親幸，自馬氏侯及王主親家莫不畏憚。'《續漢書·禮儀志》載上陵儀有百官四姓親家婦女。《後漢書·應奉傳》章懷注引《汝南記》云：'親家李氏。'"〇彭鐸曰："此'親家'謂族外親戚，與古以父母兄弟爲親戚者義別。箋所引《後漢紀》《後漢書》'親家'，即《續漢書·禮儀志》引《獨斷》所謂'凡與帝后有瓜葛者'。至《汝南記》所載，乃男女姻家父母相呼之稱，'親'讀去聲，不當引以説此。"〇覺按：親（qìng 慶）家：由婚姻關係結成的親戚，如母親、妻子的親族，女兒的子孫等等。

〔5〕汪繼培曰："'妙'讀爲'眇'。《書·顧命》云：'眇眇予末小子。'《魏志·陳思王植傳·上疏求自試》云：'終軍以妙年使越。''妙'亦'眇'之借。"〇覺按：妙（miǎo 眇）：通"眇"，小。

〔6〕汪繼培曰："王先生云：'《易·蒙·九二（覺按：當作"初六"）》："發蒙，利用刑人，用脱桎梏。"《周禮·大司寇》疏引鄭注："木，在手曰桎，在足曰梏。"又《大畜·九四（覺按：當作"六四"）》："童牛之告（覺按：當作"牿"）。"李氏《集解》引虞翻曰："告謂以木楅其角。"侯果曰："牿，楅也。以木爲之，横施其角，止其觗之威也。"《書·費誓》："今惟淫舍牿牛馬。"《正義》稱鄭注以"牿"爲"桎梏"之"梏"，施梏於牛馬之腳，使不得走佚。詳稽經訓，並以"桎梏"爲拘囚之具，因而凡就拘制者皆謂之"桎梏"，故學校謂之"校"，荷校亦謂之"校"，取義木囚，亦其例也。童蒙情識未定，宜用防閑，故脱桎梏則吝。此云"未脱桎梏"，正言不離童幼耳。未可以闗木之罪人槩就塾之童子也。'▲《史記·李斯傳》：'申子曰："有天下而不恣睢，命之曰以天下爲桎梏者。"'"〇彭鐸曰："此猶言'未離襁褓'耳。《漢書·王莽傳》云：'孝武皇帝裂三萬户以封衛青。青子三人，或在襁褓，皆爲通侯。'是其事。"〇覺按：桎梏（zhìgù 至固）：腳鐐手銬，引申指束縛人的事物，此指襁褓。

〔7〕汪繼培曰："字誤。"〇覺按：汪説非。由：通"猶"，還。籍：《史記·周本紀》"宣王不修籍於千畝"《集解》："瓚曰：'籍，蹈籍也。'"《荀子·正名篇》"故窮藉而無極"楊倞注："藉，踐履也。"此文的"籍官職"，相當於《韓非子·用人》所説的"履位"，是踏上崗位、獲得官職的意思。

〔8〕汪繼培曰："《毛詩·車舝·序》云：'德澤不加於民。'"

〔9〕汪繼培曰："《漢書·李廣傳》云：'諸妄校尉已下，材能不及中，以軍功取侯者數十人。'又云：'廣之軍吏及士卒，或取封侯。''而取侯'不辭，疑'侯'上脱'封'字。或云：'取侯'當爲'列侯'。"〇覺按：既然《李廣傳》有"取侯"之語，則此"取侯"未嘗"不辭"，"而取侯"與上連讀即無不辭之感，汪説非。

〔10〕汪繼培曰："《獨斷》云：'天子太社，以五色土爲壇。皇子封爲王者，受天子之社土，以所封之方色，東方受青，南方受赤，他如其方色。苴以白茅授之。各以其所封方之色歸國以立社，故謂之受茅土。漢興，以皇子封爲王者得茅土。其他功臣及鄉亭他姓公侯，各以其户數租入爲限，不受茅土，亦不立社也。'"〇覺按：皇帝祭土地神的祭壇以五色土建成，東方青色，南方赤色，西方白色，北方黑色，中央則蓋上黄土。分封諸侯王時，按其封地所在的方向取壇上相應方向的某一種顏色的土，用白茅包了施予受封者，讓他回到封地後根據這種顏色來建立祭土地神的祭壇。在漢代，衹有諸侯王纔能得到茅土，所以"受茅土"也就是被封爲諸侯王。

〔11〕汪繼培曰：▲"《續漢書·百官志》注云：'列侯，功大者食縣，小者食鄉、亭。'"〇覺按：古代的俸禄是穀米，所以説"食"。

〔12〕汪繼培曰："《白虎通·京師篇》云：'有能然後居其位，德加於人然後食其禄。'《漢書·朱雲傳》云：'今朝廷大臣，上不能匡主，下無以益民，皆尸位素餐。'《論衡·量知篇》云：'文吏空胸，無仁義之學，居位食禄，終無以效，所謂尸位素餐者也。素者，空也。空虚無德，食人之禄，故曰素餐。無道藝之業，不曉政治，默坐朝廷，不能言事，與尸無異，故曰尸位。'"〇覺按：素餐：白吃，即不勞而食，無功食禄。尸：古代祭祀時代表死者受祭的人。尸位：指身居官位而不做事，就像受祭者那樣待在位子上，衹享用祭品而不做事一樣。

〔13〕坐作：坐下與站起來，指行爲舉止。

〔14〕汪繼培曰："《史記·十二諸侯年表·序》云：'諸侯恣行，淫侈不軌。'《漢興以來諸侯年表·序》云：'諸侯或驕奢，怵（覺按：當作"忕"）邪臣計謀爲淫亂，大者叛逆，

小者不軌於法，以危其命，殞身亡國。'‘破敗’上疑脱‘此以’二字。”○覺按：此文與8.5末句相對，“破敗”上當有“所以”二字而非脱“此以”二字，汪説非。傳世：傳代，子孫世世代代傳下去。

8.7

子產有言〔1〕：“未能操刀而使之割，其傷實多●〔2〕。”是故世主●之於貴戚也【1】〔3〕，愛其嬖媚之美〔4〕，不量其材而受之官●【2】〔5〕，不使立功自託於民，而苟務高其爵位，崇其賞賜●〔6〕，令結怨於下民●〔7〕，縣罪於惡●〔8〕，積過既成〔9〕，豈有不顛隕者哉●〔10〕？此所謂“子之愛人，傷之而已”哉●〔11〕！

【校記】

【1】世：四庫本、陳本同，仿宋本、馮本、魁本、程本作“也”，何本、邵本作“人”。

【2】受：仿宋本、馮本、魁本、程本、四庫本、邵本同，陳本作“授”。

【箋注】

〔1〕子產：春秋時鄭國政治家，名僑，字子產，又字子美，謚成子。鄭穆公之孫，子國之子。公子之子稱公孫，故又稱公孫僑、公孫成子。以父字爲氏，故又稱國僑。他於鄭簡公十二年（公元前554年）任鄭國的卿，二十三年（公元前543年）執政，實行改革，整頓田地疆界和溝洫，重新制定賦税政策，發展了農業生產。公元前536年，他把“刑書”鑄在鼎上公佈，推行法治，爲法家先驅。鄭定公八年（公元前522年）卒（此卒年據《左傳·昭公二十年》;《史記》的《鄭世家》與《十二諸侯年表》都載子產卒於鄭聲公五年，即公元前496年，歷相簡公、定公、獻公、聲公四朝，與《左傳》異，恐誤）。

〔2〕汪繼培曰：“襄卅一年《左傳》。”○覺按：據《左傳·襄公三十一年》載，子皮喜愛年輕不知事的下屬尹何而想讓他任邑宰，邊學邊治，子產説：“不可。人之愛人，求利之也。今吾子愛人則以政，猶未能操刀而使割也，其傷實多。子之愛人，傷之而已，其誰敢求愛於子？……僑聞學而後入政，未聞以政學者也。若果行此，必有所害。譬如田獵，射御貫，則能獲禽；若未嘗登車射御，則敗績厭覆是懼，何暇思獲？”“割”即“割雞焉用牛刀”之“割”，指宰殺（牲口）。

〔3〕汪繼培曰：“‘世’舊作‘也’，何本作‘人’，並誤。▲‘世主’見下文。”○覺按：貴戚：君主的内外親族，因君而貴，故稱貴戚。

〔4〕嬖（bì避）媚：阿諛逢迎。語本《尚書·冏命》“無以巧言令色、便（pián駢）辟（bì避）側媚”。蔡沉《書集傳》：“便者，順人之所欲；辟者，避人之所惡；側者，姦邪；媚者，諛悦：小人也。”

〔5〕汪繼培改“受”爲“授”曰：“‘授’舊作‘受’。《漢書·董仲舒傳》云：‘量材而授官。’”○覺按：材：通“才”。受：古“授”字。汪改非。

〔6〕汪繼培曰：“《齊語》云：‘勸之以賞賜。’《趙策》：‘左師觸讋見太后曰：“今媪尊長安君之位，而封之以膏腴之地，多予之重器，而不及今令有功於國，一旦山陵崩，長安君何以自託於趙？”’此文本之。”

〔7〕汪繼培曰:“《漢書・李尋傳》云:‘爲主結怨於民。’”

〔8〕汪繼培曰:“《韓非子・亡徵篇》云:‘懸辠而弗誅。’《莊子・寓言篇》云:‘無所縣其罪。’郭注:‘縣,係也。’《漢書・陳湯傳》云:‘宜以時解縣通籍。’孟康曰:‘縣,罪未竟也,如言縣罰也。’按‘縣罪於’以下當有二字,與‘下民’對。此文大意與《忠貴篇》末段相同,彼云‘下自附於民氓,上承順於天心’,此‘惡’字蓋即‘天心’之誤。《志氏姓篇》‘於諸侯無惡’,《晋語》作‘諸侯無二心’,亦一證。”〇俞樾云:“‘縣罪於’下脱二字,當與上‘結怨於下民’相對成文。‘惡’下脱‘既’字。‘惡既積’‘過既成’亦相對成文。”〇覺按:縣(xuán 懸):“懸”的本字,掛。懸罪:指犯了罪而掛在一邊没有得到懲處。惡:罪惡,不良的行爲,即8.6所説的“但事淫侈,坐作驕奢”之類。此節與上節一一相應。汪繼培以《忠貴篇》類比而認爲“惡”是“天心”之誤,不當。此文非駢文,俞氏以對文立論而謂有脱文,未必得當。

〔9〕成:完成,圓滿無缺。積過既成:積累罪過已經登峰造極,等於説“惡貫滿盈”。

〔10〕汪繼培曰:“《後漢書・馮衍傳》云:‘社稷顛隕。’按‘隕’亦作‘殞’,《隗囂傳》云:‘妻子顛殞。’《鄧析子・轉辭篇》云:‘終顛殞乎混冥之中。’”

〔11〕汪繼培曰:“襄卅一年《左傳》。”〇覺按:見注〔2〕。

8.8

先王之制【1】,官民必論其材【2】〔1〕,論定而後爵之,位定然後禄之●〔2〕。人君也此君不察●〔3〕,而苟以親戚、邑官之人典官者●【3】〔4〕,譬猶以愛子易御僕●〔5〕,以明珠易瓦礫●〔6〕,雖有可愛好之情,然而其覆大車而殺病人也必矣【4】。《書》稱:“天工,人其代之●〔7〕。”傳曰〔8〕:“夫成天地之功者【5】,未嘗不蕃昌也●〔9〕。”由此觀之【6】,世主欲無功之人而彊富之〔10〕,則是與天鬬也。使無德況之人●與皇天鬬而欲久立〔11〕,自古以來,未之嘗有也●〔12〕。

【校記】

【1】王:仿宋本、馮本、魁本、程本、四庫本、邵本、汪稿同,陳本作“主”。

【2】論:仿宋本、馮本、魁本、程本、四庫本、陳本同,何本作“淪”,邵本作“掄”。

【3】邑官:仿宋本、馮本、魁本、程本、邵本同,四庫本作“色寵”,陳本作“色官”。

【4】必:仿宋本、馮本、魁本、陳本同,程本、邵本作“夂”,四庫本作“久”。

【5】功:陳本同,仿宋本、馮本、魁本、程本、四庫本、邵本作“力”。

【6】此:仿宋本、魁本、程本、四庫本、邵本、陳本同,馮本作“地”。

【箋注】

〔1〕論:考察,考查。《禮記・王制》“凡官民材必先論之”鄭玄注:“論,謂考其德行道藝。”

〔2〕汪繼培曰:“《禮記・王制》云:‘凡官民材,必先論之。論辨,然後使之;任事,然後爵之;位定,然後禄之。’”

〔3〕汪繼培曰:“文有脱誤。《賢難篇》云:‘時君俗主不此察也。’此蓋同於彼。或當云‘人君世主不察’。”〇王紹蘭曰:“‘此君不察’當是‘此之不察’,上‘也’字亦誤。”〇覺按:“此君不察”之“君”當爲“若”字之形訛,《韓非子·外儲説右上》“若君欲奪之”,張敦仁抄本誤爲“君君欲奪之”,與此相類。“也”爲句中語氣詞,不誤,王説非。

〔4〕汪繼培改“邑”爲“色”曰:“‘色’舊作‘邑’。按《墨子·尚賢中篇》云:‘王公大人有所愛其色而使其心,不察其知而與其愛。是故不能治百人者,使處乎千人之官;不能治千人者,使處乎萬人之官。此其故何也?曰:若處官者,爵高而禄厚,故愛其色而使之焉。’‘色官’本於彼。”〇彭鐸曰:“此‘親戚’謂子弟。《吕氏春秋·去私篇》‘内舉不避子’,《新序·雜事一》作‘内舉不回親戚’,是其證。‘色官’謂以面目姣好爲官者。典官,主官事也。”〇覺按:汪、彭之説非,因爲古代並無“色官”一詞。以:使。邑官:《漢書·百官公卿表上》:“列侯所食縣曰國,皇太后、皇后、公主所食曰邑。”《漢書·昭帝紀》“帝姊鄂邑公主”顔師古注引應劭曰:“公主所食曰邑。”此文之“親戚”承8.6的“親家”而言,“邑官”即承8.6的“皇后兄弟,主壻外孫”而言,指皇太后、皇后、公主等食邑中的官府。“邑官之人”,即其食邑中的官吏。典官:主管政府。《禮記·玉藻》“在官不俟屨”鄭玄注:“官,謂朝廷治事處也。”

〔5〕汪繼培曰:“《詩·出車》毛傳:‘僕夫,御夫也。’《正月》鄭箋:‘僕,將車者也。’”

〔6〕汪繼培曰:“《吕氏春秋·樂成篇》云:‘民聚瓦礫。’《淮南子·精神訓》云:‘視珍寶珠玉猶石礫也。’”〇王紹蘭曰:“‘瓦礫’疑‘良藥’之譌。下云‘雖有可愛好之情,然而其覆大車而殺病人也必矣’,‘可愛好’謂‘愛子’‘明珠’,‘覆大車’謂‘易御僕’,‘殺病人’謂‘易良藥’。若‘瓦礫’則與‘病人’無涉。”〇彭鐸曰:“此明珠乃以合藥者,易之以瓦礫則病不治,故曰‘殺病人’。古以珠玉治疾,《漢書·王莽傳》:‘美玉可以滅瘢。’即其證。”〇覺按:王説得此文之意而未明此“瓦礫”之義,故以爲“瓦礫”有誤,殊不知此“瓦礫”指良藥而無譌誤。彭説顯然不當,因爲此文並不是説“以瓦礫易明珠”,而是説“以明珠易瓦礫”,下句説“有可愛好之情”也可明其意;且“美玉”可治疾,也不足以證明“明珠”可治疾。此文既説“以明珠易瓦礫”會導致“殺病人”,則此“瓦礫”纔是治病之藥。“瓦”是燒過的土坯,此當指藥用的“瓦甑”“古磚”“烏古瓦”“砂鍋”之類(參見《證類本草》卷四、《本草綱目》卷七)。“礫”是小石子,此當指藥用的“石中黄子”“水中石子”“水中白石”“河沙”之類(參見《證類本草》卷三、《本草綱目》卷十)。

〔7〕汪繼培曰:“《臯陶謨》。”〇覺按:引文見《尚書·臯陶謨》。天工:《漢書·曆律志上》引作“天功”,即上天安排的工作。古人認爲,天子是上天的兒子,是上天安排他來治理天下的。同樣,所有的官職也都是上天安排的,所以稱爲“天工”。《尚書·臯陶謨》孔安國傳:“言人代天理官,不可以天官私非其才。”

〔8〕傳(zhuàn 篆):古書的記載。

〔9〕汪繼培改“力”爲“功”曰:“‘功’舊作‘力’。按《鄭語》:‘史伯曰:“夫成天地之大功者,其子孫未嘗不章。”’本書《忠貴篇》亦云:‘成天地之大功者,未嘗不蕃昌也。’閔元年《左傳》云:‘其必蕃昌。’▲《墨子·明鬼篇》云:‘國家蕃昌。’”〇覺按:蕃:通“繁”,繁榮。

〔10〕彭鐸曰:“‘彊’字當在‘欲’下。”〇覺按:彭説實爲未明此“欲”字之義而導致的誤解。《國語·楚語下》“驕有欲焉”韋昭注:“欲專寵也。”彊(qiǎng 搶):勉強。

〔11〕汪繼培曰:“▲《升庵外集》一‘況’字在‘使’上。《爾雅·釋詁》云:‘貺,賜也。’‘況’與‘貺’同。《漢書·武帝紀》元封元年詔曰:‘遭天地況施。’應劭曰:‘況,

賜也。'《管子·四時篇》云:'求有德賜布施於民者而賞之。''德況'猶言'德賜'。"○覺按:皇天:尊稱天。許慎《五經異義》引《尚書説》:"天有五號,各用所宜稱之:尊而君之,則曰皇天;元氣廣大,則稱昊天;仁覆慜下,則稱旻天;自上監下,則稱上天;據遠視之蒼蒼然,則稱蒼天。"

〔12〕汪繼培曰:"按《漢書·鮑宣傳》宣上書言:'陛下上爲皇天子,下爲黎庶父母,奈何獨私養外親與幸臣董賢,多賞賜以大萬數?非天意也。'又言:'汝昌侯傅商亡功而封。官爵乃天下之官爵,取非其官,官非其人,而望天悦民服,豈不難哉?'又言:'董賢但以令色諛言自進。賞賜亡度,竭盡府藏,豈天意與民意?天不可久負,厚之如此,反所以害之也。宜爲謝過天地,解讎海内'云云,此篇大恉與彼同。"

本政第九

【提要】

本政:推究政治的根基。文章主要論述了治國的根本問題——君主依法選拔任用賢人的問題。

作者認爲,君主治理國家,最重要的是調和陰陽,而陰陽"以天爲本","天以民爲心","民以君爲統",君以任人爲本,任人以選舉爲本,"選以法令爲本","法以君爲主"。所以,"國家存亡之本、治亂之機,在於明選而已矣",也就是君主是否能依據法令明智地選拔賢人而已。這種思想,與韓非所説的"明主使法擇臣"(《韓非子·有度》)、"任人以事,存亡治亂之機也"(《韓非子·八説》)相通,無疑是正確的,因爲要在政治上獲得成功,一定得知人善任。那麼如何來選拔任用賢人呢?作者認爲:"賢愚在心,不在貴賤;信欺在性,不在親踈。"在衰世,尊貴者反而少賢,而往往是"官益大者罪益重,位益高者罪益深",所以選拔任用人應該看他的德才而定,而不應該以"貧賤""名跡"而論。

當然,作者的論述並不是爲了建立什麼學説,而是出於對現實的不滿,所以他進一步指出,在這衰微的社會中,當權者不能明辨"賢鄙",又受到權貴的脅迫以及賄賂的誘惑,所以"正士"被埋没而"羣邪"被進用,"志彌潔者身彌賤,佞彌巧者官彌尊"。"貞士"不肯"匍匐曲躬""毁顔諂諛"去奉承權貴,就衹能"伏死巖穴之中而已"。這些話無疑飽含了作者不願同流合污以致不得進用的激憤之情。

9.1

凡人君之治,莫大於和陰陽●〔1〕。陰陽者,以天爲本:天心順〔2〕，則陰陽和；天心逆，則陰陽乖。天以民爲心：民安樂，則天心順●〔3〕；民愁苦，則天心逆。民以君爲統：君政善，則民和治；君政惡，則民冤亂。君以恤民爲本●〔4〕：臣忠良，則君政善【1】；臣姦枉，則君政惡。臣以選爲本●【2】〔5〕：選舉實，則忠賢進；選虚僞【3】，則邪黨貢。選以法令爲本：法令正，則選舉實；法令詐，則選虚僞。法以君爲主：君信法，則法順行；君欺法，則法委棄。君臣法令之功，必効於民。故君臣法令善，則民安樂；民安樂，則天心惣●【4】〔6〕；天心惣，則陰陽和；陰陽和，則五穀豐〔7〕；五穀豐，而民眉壽●〔8〕；民眉壽，則興於義〔9〕；興於義，而無姦行；無姦行，則世平而國家寧、社稷安而君尊榮矣●〔10〕。是故天心陰陽，君臣民氓，善惡相輔至而代相徵也〔11〕。

【校記】

【1】則：仿宋本、魁本、程本、四庫本、邵本、陳本同，馮本作“賜”。

【2】臣：邵本同，仿宋本、馮本、魁本、程本、何本、四庫本、陳本無“臣”字。

【3】虚：仿宋本、馮本、魁本、四庫本、陳本同，程本作“虗”，邵本作“舉”。

【4】惣：仿宋本、馮本、魁本同，程本作“慰”，何本、四庫本、邵本、陳本作“慰”。下句同。

【箋注】

〔1〕汪繼培曰：“《漢書·董仲舒傳》云：‘天道之大者在陰陽。’《魏相傳》云：‘陰陽者，王事之本，羣生之命，自古賢聖未有不繇者也。’又云：‘願陛下選明經通知陰陽者四人，各主一時。時至明言所職，以和陰陽。’《元帝紀》初元三年詔曰：‘蓋聞安民之道，本繇陰陽。’《成帝紀》陽朔二年詔曰：‘昔在帝堯，立羲、和之官，命以四時之事，令不失其序。故《書》云“黎民於蕃時雍”，明以陰陽爲本也。’”〇覺按：陰陽：見 7.3 注〔10〕。

〔2〕天心：見 8.3 注〔16〕。

〔3〕汪繼培曰：“《漢書·鮑宣傳》云：‘天人同心，人心説，則天意解矣。’”

〔4〕汪繼培曰：“‘恤民’二字疑誤，按文義當云‘得臣’，方與下合。”〇覺按：“恤民”與“得臣”形音相去甚遠，無以致誤，故汪説不當。《漢書·韋賢傳·韋玄成傳》“恤我九列”顏師古注：“恤，安也。九列，卿之位，謂少府。”可見，“恤”有安置的意思，特指委任高官。它大概與“待罪”一樣，是漢代人臣所使用的一種自謙之詞，意謂自己能力有限，因皇帝顧恤憐憫自己纔受到重用。恤民，即安置人，特指任用大臣。9.2 所説的“安其人”，即與此“恤民”相應，也可證此文之義。

〔5〕汪繼培所用底本無“臣”字，其注曰：“‘以選’上脱二字。”〇覺按：汪説非。據上文蟬聯之句式，此句乃承上文“臣忠良”“臣姦枉”而來，僅脱一“臣”字，今據邵本補。

〔6〕汪繼培改“惣”爲“慰”曰：“‘慰’舊作‘惣’，据程本改，下同。按‘惣’，俗‘總’字，見《廣韻·一董》。”〇覺按：“惣”當爲“愻”（xùn 遜）字之形訛。《説文·心

部》:“愻，順也。”“天心愻”即上文的“天心順”。程榮不明“愢”爲“愻”之形訛而改爲“恖”，汪繼培據程本改爲“慰”，皆不當。

〔7〕五穀：黍、稷、菽、麥、稻，泛指各種莊稼。

〔8〕汪繼培曰:“《詩・七月》毛傳云:‘眉壽，豪眉也。’”〇覺按：眉壽：長壽。人老了眉毛中會長出長的毫毛，所以稱長壽爲“眉壽”。

〔9〕興（xìng 幸）：喜歡。《禮記・學記》“不興其藝”鄭玄注:“興之言喜也、歆也。”

〔10〕汪繼培曰:“《漢書・魏相傳》云:‘君動静以道，奉順陰陽，則日月光明，風雨時節，寒暑調和。三者得敘，則災害不生，五穀熟，絲麻遂，屮木茂，鳥獸蕃，民不夭疾，衣食有餘。若是，則君尊民説，上下亡怨，政教不違，禮讓可興。’按相所云，大恉本於董仲舒，▲《漢書・董仲舒傳》云:‘爲人君者，正心以正朝廷，正朝廷以正百官，正百官以正萬民，正萬民以正四方。四方正，遠近莫敢不壹于正，而亡有邪氣奸其閒者。是以陰陽調而風雨時，羣生和而萬民殖，五穀孰而屮木茂，天地之間被潤澤而大豐美，四海之内聞盛德而皆徠臣，諸福之物，可致之祥，莫不畢至，而王道終矣。’《張湯》後《安世傳》:‘相上封事云:“朝廷尊榮，天下鄉風。”’”

〔11〕至:《吕氏春秋・權勳》“則大忠不至”高誘注:“至，猶成也。”代：交替，輪流。徵：招致。

9.2

夫天者，國之基也●〔1〕；君者，民之統也；臣者，治之材也。工欲善其事，必先利其器●〔2〕。是故將致太平者【1】，必先調陰陽；調陰陽者，必先順天心；順天心者，必先安其人；安其人者●〔3〕，必先審擇其人。是故國家存亡之本、治亂之機，在於明選而已矣●〔4〕。聖人知之，故以爲黜陟之首。《書》曰:“爾安百姓，何擇非人●〔5〕？”此先王致太平而發頌聲也●〔6〕。

【校記】

【1】太：魁本、程本、四庫本、邵本、陳本同，仿宋本、馮本作“大”。

【箋注】

〔1〕汪繼培曰:“‘天’當作‘民’。《述赦篇》云:‘貞良善民，惟國之基。’《救邊篇》云:‘國以民爲基。’皆其證也。《漢書・谷永傳》云:‘王者以民爲基。’”〇覺按：汪説似有斷章取義之弊而未當。據 36.9，作者撰寫此篇的主旨是“原本天人”，故此幾句主要在論述“天”“君”“臣”的重要性，而並不在强調“民”之基礎作用，而其下文也衹在强調“順天心”“安其人”而與“民”無涉。15.1 論及政治制度時説“天未事焉，君未設焉”，後來“天命聖人，使司牧之”，其文以“天”“君”相對，也可佐證此文之“天”字不誤。

〔2〕汪繼培曰:“《漢書・梅福傳》云:‘士者國之重器，得士則重，失士則輕。故爵禄束帛者，天下之砥石，高祖所以厲世摩鈍也。孔子曰:“工欲善其事，必先利其器。”’顏師古注:‘《論語》載孔子之言也。工以喻國政，利器喻賢才。’《王褒傳・聖主得賢臣頌》云:

‘夫賢者國家之器用也。所任賢，則趨舍省而功施普；器用利，則用力少而就效衆。故工人之用鈍器也，勞筋苦骨，終日砣砣。及至巧冶鑄干將之樸，清水焠其鋒，越砥斂其咢，水斷蛟龍，陸剸犀革，忽若彗氾畫塗。如此則使離婁督繩，公輸削墨，雖崇臺五增，延袤百丈而不溷者，工用相得也。’此文大恉本於彼。《治要》載桓譚《新論》亦云：‘材能德行者，治國之器也。’”○覺按：參見1.2注〔1〕。

〔3〕汪繼培曰：“二‘人’字當作‘民’。”○彭鐸曰：“此蓋後人避唐諱改。”○覺按：汪、彭之説均誤。本篇“民”字用得很多，可見並不避唐諱；而這“其人”也並不指民衆，參見7.4注〔25〕。安：安置，即9.1所説的“恤”。

〔4〕汪繼培曰：“《漢書·京房傳》云：‘任賢必治，任不肖必亂，必然之道也。’”

〔5〕汪繼培曰：“《吕刑》。”

〔6〕汪繼培曰：“鄭氏《詩譜》云：‘周頌者，周室成功致太平德洽之詩。’《漢書·楚元王傳》劉向封事云：‘欲以成太平，致《雅》《頌》。’《論衡·須頌篇》云：‘天下太平，頌聲作。’”○覺按：頌聲：歌功頌德的樂曲，如《周頌》之類（見8.1注〔15〕）。

9.3

《否》《泰》消息，陰陽不並●〔1〕。觀其所聚，而興衰之端可見也●〔2〕。稷、卨、皐陶聚而致雍熙●【1】〔3〕，皇父、蹶、踽聚而致災異●〔4〕。夫善惡之象〔5〕，千里合符，百世累迹〔6〕。

【校記】

【1】卨：仿宋本、馮本、魁本、陳本同，程本、四庫本、邵本作“禹”。

【箋注】

〔1〕汪繼培曰：“劉向封事云：‘讒邪進則衆賢退，羣枉盛則正士消，故《易》有《否》《泰》。小人道長，君子道消；君子道消，則政日亂，故爲否。否者，閉而亂也。君子道長，小人道消；小人道消，則政日治，故爲泰。泰者，通而治也。’”○覺按：《否》（pǐ痞）：《周易》中的卦名。《周易·否·彖》：“則是天地不交而萬物不通也，上下不交而天下无邦也；内陰而外陽，内柔而外剛；内小人而外君子，小人道長，君子道消也。”這是説：《否》象徵天氣與地氣閉塞不通而萬物不能順利生長，君臣上下隔閡而天下大亂、國家淪亡；陰在内而陽在外，柔順在内而剛健在外；小人在朝内而君子在野外，小人之道增長而君子之道減少。《泰》：《周易》中的卦名，其含義與《否》相反。《周易·泰·彖》：“則是天地交而萬物通也，上下交而其志同也；内陽而外陰，内健而外順；内君子而外小人，君子道長，小人道消也。”消：減少。息：增長。消息：指《周易》彖傳所説的“小人道長，君子道消”和“君子道長，小人道消”之類。並：並列，同時在一處。陰陽不並：指《周易》彖傳所説的“内陰而外陽”“内陽而外陰”。此文喻指陰暗邪惡的小人與光明正大的君子不可能同時共處於一個朝廷上。

〔2〕汪繼培曰：“《易·萃·彖》曰：‘觀其所聚，而天地萬物之情可見矣。’”

〔3〕汪繼培曰：“‘卨’即‘契’字。《後漢書·方術傳》第五倫令班固爲文薦謝夷吾曰：‘臣聞堯登稷、契，政隆太平；舜用皐陶，政致雍熙。’”○覺按：稷（jì季）：原爲農官名，此指周族的始祖棄。傳説帝嚳元妃有邰氏之女姜嫄因踩了巨人足跡而懷孕，以爲不祥，生

下後一度將他拋棄，他始終未死，姜嫄以爲神，於是收養他，給他取名爲“棄”。棄善於種植各種莊稼，曾在堯、舜時代做過農官，封於邰（tái 台，在今陝西省武功縣西南），號“后稷”（參見 34.1.3 注〔6〕），别姓姬氏。參見《詩經・大雅・生民》《史記・周本紀》《吴越春秋・吴太伯傳》及 34.1.3。卨（xiè 泄）：同“离”，也作“偰”或“契”（xiè 泄）。傳説帝嚳次妃有娀氏之女簡狄吞燕卵而懷孕生了他。堯、舜時他輔佐禹治水有功，被舜任爲司徒，掌管教化，封於商（今河南省商邱市睢陽區南），賜姓子氏，爲商族的始祖。參見《史記・殷本紀》。臯陶（yáo 摇）：一作咎繇，偃姓，曾被舜任爲掌管刑法的司法大臣，後被禹選爲繼承人，因早死而未繼位。春秋時英、六等國是其後代。參見 35.4.12、35.4.15、《尚書・舜典》、《史記》的《五帝本紀》《夏本紀》。稷、卨、臯陶聚：事見《史記・五帝本紀》。《尚書・舜典》：“禹拜稽首，讓于稷、契暨臯陶。”

〔4〕汪繼培曰：“《詩・十月之交》。踽，今《詩》作‘楀’。”○覺按：皇父、蹶（guì 貴）、踽（jǔ 矩）：都是昏君周幽王的臣子（此從《詩經・小雅・十月之交》“皇父卿士”毛傳及《漢書・古今人表》，《詩經》鄭玄箋、孔穎達疏則認爲是周厲王的臣子）。皇父爲卿士（周王朝的執政官），蹶爲趣馬（下士一級的官，掌管教養良馬及爲帝王駕御車馬），踽爲師氏（中大夫一級的官，掌管守衛宫門、保衛皇帝、教導貴族子弟）。參見《詩經・小雅・十月之交》《漢書・古今人表》。踽，今本《詩經》作“楀”，《漢書》作“萬”，古字音同通用。災異：自然災害和反常的自然現象，此指周幽王時發生的鎬京地震、三川（涇、渭、洛）枯竭、岐山崩塌以及日食等等。古人認爲這些反常現象是君臣昏庸腐敗所致，是亡國的徵兆。參見《詩經・小雅・十月之交》《史記・周本紀》。

〔5〕善惡：指 9.1 所説的“君政善”“君政惡”。

〔6〕千里合符，百世累迹：與 8.1 所論大旨相同，可參見。累（lěi 壘）：重疊，引申指重合、完全相似。累迹：意即通常所説的“歷史有驚人的相似之處”。

9.4

性相近而習相遠●〔1〕。是故賢愚在心，不在貴賤；信欺在性，不在親踈。二世所以共亡天下者，丞相、御史也●〔2〕；高祖所以共取天下者，繒肆、狗屠也●〔3〕。驪山之徒〔4〕，鉅野之盜〔5〕，皆爲名將●〔6〕。由此觀之，茍得其人，不患貧賤；茍得其材，不嫌名跡●〔7〕。

【箋注】

〔1〕汪繼培曰：“《論語》。”○覺按：此句源自孔子之言。《論語・陽貨》：“子曰：‘性相近也，習相遠也。’”

〔2〕汪繼培曰：“見《史記・秦始皇紀》。”○覺按：丞相：輔佐帝王、綜理全國政務的最高行政長官。秦始皇統一六國後，以丞相、御史大夫、太尉爲三公，協助皇帝處理全國軍政事務。當時丞相有左、右之分；由中官宦者爲丞相，則稱中丞相。此當指中丞相趙高而言，參見 6.2 注〔11〕〔16〕。御史：指御史大夫，秦置，西漢承之，地位僅次於丞相，掌管國家圖書檔案以及監察、考覈、彈劾百官。秦二世時任御史大夫的名德，見《史記・秦始皇本紀》。

〔3〕汪繼培曰：▲"'以'猶'與'也。"〇覺按：繒：絲織品。肆：市場。繒肆：絲綢市場，此指販賣絲綢出身的灌嬰。灌嬰（？—公元前176年），睢陽（今河南省商邱市睢陽區南）人，初以販賣絲綢爲業，秦末從劉邦屢建戰功，後又攻殺項羽。劉邦稱帝后，任車騎將軍，封潁陰侯。吕后死後，又和陳平、周勃等共同謀誅諸吕，迎立文帝，官至太尉、丞相。參見《史記·樊酈滕灌列傳》。狗屠：宰狗的人，此指殺狗賣狗肉出身的樊噲。樊噲（？—公元前189年），沛縣（今江蘇省沛縣）人，少以屠狗爲業。隨劉邦起義，爲其部將，以軍功封賢成君。滅秦後，項羽謀士范增擬在鴻門宴上殺劉邦，他直入軍營，斥責項羽，劉邦纔得脱身逃走。漢初，又隨劉邦屢立軍功，任左丞相，封舞陽侯。其妻吕須爲吕后妹，因得吕后信任。參見《史記·樊酈滕灌列傳》。

〔4〕驪山：山名，在今陝西省西安市臨潼區東南。古代驪戎居之，故名驪山。秦始皇時派服徒役者在山北穿山造墓，死後即葬於此。驪山之徒：驪山的囚徒，此指英布。英布（？—公元前195年），六縣（今安徽省六安市東北）人，曾犯法而受黥刑（即墨刑，用刀刺刻面額後再塗上墨），被遣送到驪山服勞役，故又稱黥布。秦末他率領驪山刑徒起義，追隨項羽，作戰常爲前鋒，封九江王。楚漢戰争中歸漢，封淮南王，從劉邦攻滅項羽於垓下（今安徽省靈璧縣東南沱河北岸）。公元前196年，他見韓信、彭越被殺，便起兵反叛。高祖親征，他戰敗後逃往江南，被長沙王誘殺。見《史記·黥布列傳》。

〔5〕鉅野：澤名，在今山東省鉅野縣北，也名大野澤。鉅野之盜：鉅野澤的强盜，指彭越。彭越（？～公元前196年），字仲，昌邑（今山東省金鄉縣西北）人。原來常在鉅野澤中捕魚做强盜。秦末聚衆起兵。楚漢戰争時帶兵三萬餘人歸劉邦，略定梁地（今河南省汝州市西南），多建奇功，與諸將一起擊滅項羽，封爲梁王。後被人告發謀反，被殺，滅族。參見《史記·魏豹彭越列傳》。

〔6〕汪繼培曰："灌嬰、樊噲、黥布、彭越也，並見《史記》。"

〔7〕汪繼培曰："《漢書·遊俠傳·序》云：'衆庶樂其名迹，覬而慕之。'"

9.5

遠迹漢元以來●〔1〕，驕貴之臣，每受罪誅●〔2〕；黨與在位●〔3〕并伏辜者●〔4〕，常十二三。由此觀之，貴寵之臣，未嘗不播授私人、進姦黨也●【1】〔5〕。是故王莽與漢公卿、牧守奪漢〔6〕，光武與漢之遺民棄士共誅〔7〕。如貴人必賢而忠●〔8〕，賤人必愚而欺，則何以若是？

【校記】

【1】不：仿宋本、馮本、魁本、程本、四庫本、邵本同，陳本無"不"字。

【箋注】

〔1〕汪繼培曰："《漢書·賈誼傳》云'竊跡前事'，顏師古注：'尋前事之蹤跡。''迹'與'跡'同。漢元，謂漢元年。《漢書·平帝紀》元始五年詔曰：'漢元至今。'《律歷志》云：'黄帝調律歷，漢元年以來用之。'"〇覺按：迹：追溯蹤跡，考察過去的事蹟。元：開始。

〔2〕汪繼培曰："《漢書·王嘉傳》云：'往者，寵臣鄧通、韓嫣驕貴失度，逸豫無厭，小人不勝情欲，卒陷罪辜。'"

〔3〕汪繼培曰："《管子·八觀篇》云：'請謁得於上，則黨與成於下。'"

〔4〕汪繼培曰："《詩·雨無正》云：'既伏其辜。'"

〔5〕汪繼培曰："《管子·明法解》云：'羣臣以虚譽進其黨。'《後漢書·仲長統傳·昌言·法誡篇》云：'權移外戚之家，寵被近習之竪，親其黨類，用其私人，内充京師，外布列郡。'"〇覺按：播：播種，引申爲安插、培植。授：授官，任命。

〔6〕王莽（公元前45—公元23年）：字巨君。原籍東平陵（今山東省濟南市東），曾祖王賀遷居魏郡元城縣（今河北省大名縣東）。其姑母王政君爲漢元帝皇后。公元前1年，漢哀帝死，平帝立，年僅九歲，元后以太皇太后臨朝稱制，王莽秉政，號安漢公。公元5年，他毒死平帝，自稱"假皇帝"。次年立年僅二歲的劉嬰爲太子，號"孺子"。公元8年，王莽宣佈即天子位，改國號爲新。大改制度，法令苛細，賦役繁重，各地農民紛紛起義，新市、平林軍擁立劉玄爲更始帝。更始兵攻入長安，王莽被商人杜吴所殺。見《漢書·王莽傳》。公卿：即三公九卿，見7.3注〔9〕。牧：即州牧，見7.3注〔8〕。守：見7.3注〔7〕。

〔7〕光武：漢光武帝劉秀（公元前6年—公元57年），字文叔，南陽郡蔡陽縣（今湖北省棗陽市西南蔡陽）人，高祖九世孫。公元22年，從其兄劉縯起兵，受命於更始帝劉玄，大破王莽軍於昆陽（今河南省葉縣）。公元25年在鄗縣（今河北省高邑縣東南）南即帝位，又定都洛陽，建立了東漢王朝。先後鎮壓了赤眉起義軍，削平了公孫述、隗囂等割據勢力，統一了全國。在位期間，精簡地方官吏，加強中央集權；興修水利，減輕賦税徭役，使經濟逐漸恢復。參見《後漢書·光武帝紀》。

〔8〕汪繼培曰："《吕氏春秋·重己篇》云'人主、貴人'，高誘注：'貴人，謂公卿大夫也。'"

9.6

自成帝以降〔1〕，至于莽【1】，公卿、列侯〔2〕，下訖令尉●〔3〕，大小之官，且十萬人〔4〕，皆自漢所謂賢明忠正貴寵之士也【2】。莽之篡位，唯安衆侯劉崇、東郡太守翟義【3】〔5〕，思事君之禮，義勇奮發●〔6〕，欲誅莽。功雖不成，志節可紀●〔7〕。夫以十萬之計【4】，其能奉國報恩●【5】〔8〕，二人而已〔9〕。由此觀之，衰世羣臣誠少賢也，其官益大者罪益重，位益高者罪益深爾●〔10〕。故曰：治世之德，衰世之惡，常與爵位自相副也。

【校記】

【1】于：仿宋本、馮本、魁本、程本同，何本、四庫本、邵本、陳本作"於"。

【2】士：仿宋本、馮本、魁本、程本、四庫本同，何本、邵本、陳本作"臣"。

【3】唯：仿宋本、馮本、魁本、程本、四庫本、邵本同，陳本作"惟"。

【4】之計：仿宋本、馮本、魁本、程本、何本、四庫本、陳本同，邵本作"計之"。

【5】國報恩：邵本同，仿宋本、魁本、程本、四庫本、陳本作“報恩”，馮本作“報悪”。

【箋注】

〔1〕成帝：漢成帝劉驁（公元前52—公元前7年），漢元帝子，公元前33—公元前7年在位。即位後，王氏開始執掌大權。後王莽篡權，實肇始於成帝。

〔2〕列侯：秦制爵位分二十級，最高一級爲徹侯。漢承秦制，後避漢武帝劉徹諱，改徹侯爲通侯，或稱列侯。參見《漢書・百官公卿表上》及17.2.2注〔1〕。

〔3〕汪繼培曰：“《續漢書・百官志》云：‘縣萬户以上爲令，不滿爲長。尉，大縣二人，小縣一人。’”〇覺按：令：見7.3注〔7〕。尉：掌管軍事刑獄的官。此文指縣尉，主管一縣的軍事、刑獄。

〔4〕王紹蘭曰：“《漢書・百官公卿表》：‘吏員自佐史至丞相，十二萬二百八十五人。’此云‘十萬人’，舉其大數，故言‘且’以槩之。”〇覺按：《戰國策・齊策三》“且天下之半”鮑彪注：“且，猶幾。”

〔5〕安衆侯劉崇：漢武帝元朔四年（公元前125年）三月始封長沙王劉發之子劉丹爲安衆侯。劉崇是劉丹的玄孫劉歎之子。王莽居攝元年（公元6年），立年僅二歲的劉嬰爲太子。劉崇認爲王莽專制朝政，必危劉氏；身爲宗族，應該率先起事。於是與張紹等百餘人起兵反莽，攻宛（南陽郡治，即今河南省南陽市），失敗而被王莽所滅。參見《漢書》之《王子侯表上》《王莽傳上》。東郡：郡名，屬兗州，西漢時轄二十二縣，東至今山東省東阿、梁山一帶，西至今河南省清豐、濮陽一帶，治所在濮陽（今河南省濮陽縣西南）。翟（zhái宅）義：字文仲，汝南郡上蔡縣（今河南省上蔡縣西南）人，故丞相翟方進之少子。二十歲即任南陽都尉，後遷弘農、河内、東郡太守。王莽居攝，翟義認爲王莽必代漢家，自己爲宰相之子，管轄大郡，父子受漢厚恩，理當爲國討賊，以安社稷。於是於王莽居攝二年（公元7年）起兵反莽，立嚴鄉侯劉信爲天子，自號大司馬柱天大將軍，聚衆十萬餘。王莽大懼，發兵鎮壓，翟義失敗被殺，夷滅三族。見《漢書》之《翟方進傳》《王莽傳上》。

〔6〕汪繼培曰：“《漢書・陳湯傳》云：‘策慮愊億，義勇奮發。’”

〔7〕汪繼培曰：“《漢書・元后傳》云：‘莽爲攝皇帝，改元稱制，宗室安衆侯劉崇及東郡太守翟義等惡之，更舉兵欲誅莽。’義見《翟方進傳》。”

〔8〕汪繼培曰：“‘奉’下脱一字。按《救邊篇》云：‘凡民之所以奉事上者，懷義恩也。’此當云‘奉上報恩’。”〇覺按：今據邵本補“國”字。奉國：以國事爲重而以身殉國。

〔9〕王紹蘭曰：“據《漢書・王莽傳》，欲誅莽者，安衆矦劉崇外，尚有徐鄉矦劉快（《王子矦表》‘快’作‘炔’）、陵鄉矦劉曾、扶恩矦劉貴。《翟方進傳》欲誅莽者，東郡太守翟義外，尚有嚴鄉矦劉信、武平矦劉璜、東平王傅蘇隆、中尉臯丹。是十萬人中能報恩者不止二人，節信特舉其最著者。”

〔10〕汪繼培曰：“《鹽鐵論・褒賢篇》云：‘其位彌高而罪彌重，禄滋厚而罪滋多。’”

9.7

孔子曰：“國有道，貧且賤焉，耻也；國無道，富且貴焉，耻也●〔1〕。”《詩》傷“皎皎白駒，在彼空谷”●〔2〕；“巧言如流，俾躬處休”●〔3〕。蓋言衰世之士，志彌潔者身彌賤，佞彌巧者官彌尊也。方以類聚，物以羣分●〔4〕；同明相見，同聽相聞；唯聖知聖【1】，唯賢知賢●〔5〕。

【校記】

【1】唯：仿宋本、馮本、魁本、程本、四庫本、邵本同，陳本作“惟”。下句同。

【箋注】

〔1〕汪繼培曰：“《論語》‘國’俱作‘邦’，此避高祖諱。《列女傳・柳下惠妻傳》亦作‘國’。”〇覺按：孔子之語見《論語・泰伯》。

〔2〕汪繼培曰：“《白駒》。”〇覺按：以上兩句見《詩經・小雅・白駒》，參見3.3注〔23〕。

〔3〕汪繼培曰：“《雨無正》。”〇覺按：以上兩句見《詩經・小雅・雨無正》。俾：使。休：喜慶安樂。處休：處於喜慶安樂，指做高官。

〔4〕汪繼培曰：“《易・繫辭上傳》。”〇覺按：方：《周易・繫辭上》“方以類聚”孔穎達疏：“方謂法術情性趣舍，故《春秋》云‘教子以義方’，注云：‘方，道也。’”，所謂“道”，指思想、學説、主張等。羣：《逸周書・周祝解》“用其則必有羣”孔晁注：“羣，類。”

〔5〕汪繼培曰：“‘分’‘聞’‘賢’韻。《韓詩外傳》五云：‘同明相見，同音相聞，同志相從，非賢者莫能用賢。’《漢書・元后傳》：‘成帝謂王章曰：“惟賢知賢，君試爲朕求可以自輔者。”’《魏志・杜襲傳》：‘襲曰：“夫惟賢知賢，惟聖知聖。”’蓋本此。”

9.8

今當塗之人●【1】〔1〕，既不能昭練賢鄙〔2〕，然又却於貴人之風指●〔3〕，脅以權勢之囑託●【2】〔4〕；請謁闐門●〔5〕，禮贄輻湊●【3】〔6〕；迫於目前之急【4】，則且先之●〔7〕。此正士之所獨蔽，而羣邪之所黨進也。

【校記】

【1】今當塗：仿宋本、馮本、陳本同，魁本、程本作“今當塗”，四庫本作“今當途”、何本、邵本作“令當塗”。

【2】囑：仿宋本、馮本、魁本、程本、四庫本、邵本同，陳本作“屬”。

【3】湊：仿宋本、馮本、魁本同，程本、四庫本、邵本、陳本作“輳”。

【4】迫：仿宋本、魁本、程本、四庫本、邵本、陳本同，馮本作“追”。

【箋注】

〔1〕汪繼培曰：▲“《孟子》‘公孫丑問曰“夫子當路于齊”’，趙注云：‘得當仕路。’‘當

塗’猶云‘當路’。‘當塗之人’見《韓非子·孤憤篇》。”〇覺按：見6.4注〔3〕。

〔2〕練：通“揀”，選擇，引申指區别。

〔3〕汪繼培曰：“‘風指’有二義。《漢書·何武傳》云‘大司空甄豐承莽風指’，顔師古注：‘風，謂風采也。指，意也。’《王莽傳》云：‘莽色厲而言之，欲有所爲，微見風采，黨與承其指意而顯奏之。’‘風’讀如字。《孔光傳》云：‘莽所欲搏擊，輒爲草，以太后指風光，令上之。’《嚴助傳》云：‘迺令嚴助諭意風指於南越。’顔氏並讀‘風’爲‘諷’。《後漢書·宦者傳》云：‘蔡倫受竇后風旨，誣陷安帝祖母宋貴人。’章帝子《清河孝王傳》云：‘使小黄門蔡倫考實之，皆承諷旨，傳（覺按：當作“傅”）致其事。’《西羌傳》云：‘王莽輔政，欲燿威德，以懷遠爲名，乃令譯諷旨諸羌，使共獻西海之地。’皆用‘諷’本字。此‘風旨’當讀如字。‘却’當爲‘劫’，‘劫’與下‘脅’字同義。《禮記·儒行》云：‘劫之以衆。’鄭注：‘劫，劫脅也。’‘劫’亦作‘刼’。‘劫’‘刼’‘却’字形相近，《莊子·田子方篇》‘盜人不得刼’，《釋文》：‘元嘉本作“却”。’誤正類此。”〇覺按：“却”爲“刧”之形訛，“刧”同“劫”。風：指説話時的聲氣神色。指：通“旨”，意思，意圖。

〔4〕汪繼培曰：“▲《晏子春秋·外篇》云：‘前臣之治東阿也，屬託不行。’《漢書·鄒陽傳》云：‘脅於位勢之貴。’《蓋寬饒傳》云：‘上無許、史之屬，下無金、張之託。’顔師古注：‘許氏、史氏有外屬之恩，金氏、張氏自託在於近狎也。屬，讀如本字。’按‘屬’‘託’同義，顔説非也。《尹翁歸傳》云：‘徵拜東海太守，過辭廷尉於（覺按：“於”當作“于”）定國。定國家在東海，欲屬託邑子兩人。’《佞幸·淳于長傳》云：‘鳳且終，以長屬託太后及帝。’《外戚傳》：‘孝武李夫人病篤。上曰：“夫人病甚，殆將不起，一見我，屬託王及兄弟。”’《後漢書·竇融傳》云：‘年老，子孫縱誕多不法，遂交通輕薄，屬托郡縣，干亂政事。’《馬援》後《嚴傳》云：‘典郡四年，坐與宗正劉軼、少府丁鴻等更相屬托，徵拜太中大夫。’《翟酺傳》云：‘權貴共誣酺及尚書令高堂芝等交通屬託。’《楊震傳》云：‘外交屬託，擾亂天下。’又云：‘屬託州郡，傾動大臣。’《白虎通·三綱六紀篇》論朋友云：‘生不屬，死不託。’分合言之，其義一也。”

〔5〕汪繼培曰：“《韓非子·八姦篇》云：‘有左右之交者，請謁以爲重。’《漢書·申屠嘉傳》云：‘門不受私謁。’《史記·汲鄭列傳·贊》云：‘始翟公爲廷尉，賓客闐門。’《漢書》作‘填’，顔師古注云：‘填，滿也。’”〇覺按：謁（yè 業）：請求。闐（tián 填）：滿。

〔6〕汪繼培曰：“《説文》云：‘轂，輻所湊也。’‘湊’‘輳’，古今字。《後漢書·郎顗傳》云：‘今選舉皆歸三司，非有周、召之才，而當則哲之重，每有選用，輒參之掾屬，公府門巷，賓客填集，送去迎來，財貨無已。其當選者，競相薦謁，各遣子弟，充塞道路。開長姦門，興致浮僞，非所謂率由舊章也。’”〇覺按：贄（zhì 志）：古代初次拜見尊長時所送的禮物。輻湊：見6.2注〔4〕。

〔7〕汪繼培曰：“《禮記·大傳》云：‘聖人南面而聽天下，所且先者五。’鄭注：‘且先，言未遑餘事。’”

9.9

周公之爲宰輔也，以謙下士，故能得真賢●〔1〕。祁奚之爲大夫也，舉讎薦子，故能得正人●〔2〕。今世得位之徒，依女妹之寵以驕士●〔3〕，藉亢龍之勢以陵賢●〔4〕，而欲使志義之士匍匐曲躬以事己、毁顔諂諛以求親，然後乃保持之●〔5〕，則貞士採薇凍餒伏死巖穴之中而已爾【1】〔6〕，豈有肯踐其闕而交其人者哉●【2】〔7〕？

【校記】

【1】貞：仿宋本、馮本、魁本、陳本同，程本、四庫本、邵本作“真”。

【2】闕：仿宋本、馮本、魁本、陳本同，程本、四庫本、邵本作“閾”。

【箋注】

〔1〕汪繼培曰：“《鹽鐵論·刺復篇》云：‘昔周公之相也，謙卑而不鄰，以勞天下之士，是以俊乂滿朝，賢智充門。’事詳《説苑·敬慎篇》及《尊賢篇》。”〇彭鐸曰：“亦見《荀子·堯問篇》《尚書大傳》《韓詩外傳》三。”〇覺按：宰輔：宰相的别稱。因宰相位居百官之上，爲天子的輔佐，故稱。下士：下於士，自抑於賢士之下，即尊重賢士，謙恭地對待賢士。

〔2〕汪繼培曰：“襄三年《左傳》。”〇覺按：參見 4.4 注〔12〕。

〔3〕汪繼培曰：“《韓非子·詭使篇》云：‘女妹私義之門，不待次而宦。’”

〔4〕汪繼培曰：“《後漢書》云：‘陰興，光烈皇后母弟也。帝欲封之，興固讓。貴人問其故。興曰：“貴人不讀書記耶？亢龍有悔。夫外戚家苦不知謙退，嫁女欲配侯王，取婦眄睨公主，愚心實不安也。”’”〇覺按：亢：高。龍：是鱗蟲之長，故用來象徵非常之人。亢龍：喻指至高無上的人，即君主。

〔5〕汪繼培曰：“《漢書·元后傳》：‘王鳳云：“御史大夫音謹敕，臣敢以死保之。”’《楚元王》後《向傳》：‘上數欲用向爲九卿，輒不爲王氏居位者及丞相、御史所持，故終不遷。’顔師古注：‘持，謂扶持佐助也。’《荀子·解蔽篇》云：‘鮑叔、甯戚、隰朋仁知且不蔽，故能持管仲，而名利福禄與管仲齊。召公、吕望仁知且不蔽，故能持周公，而名利福禄與周公齊。’楊倞注：‘持，扶翼也。’《晋書·山濤傳》云：‘時人欲危裴秀，濤正色保持之。’《石鑒傳》云：‘時大司馬汝南王亮爲太傅楊駿所疑，有告亮欲舉兵討駿，鑒以爲不然，保持之。’”

〔6〕薇：即巢菜，又名野豌豆、野蠶豆，蔓生，莖葉似小豆，可食。相傳伯夷、叔齊義不食周粟，隱居在首陽山采薇而食（參見 3.3 注〔22〕），所以後世常用“采薇”形容志節清高而甘居貧困。巖穴：山洞。古代隱士常隱居在山林巖洞之中。

〔7〕汪繼培曰：“《漢書·鄒陽傳》云：‘今欲使天下寥廓之士，籠於威重之權，脅於位勢之貴，回面汙行，以事諂諛之人，而求親近於左右，則士有伏死堀穴巖藪之中耳，安有盡忠信而趨闕下者哉？’”

潛歎第十

【提要】

潛歎：潛夫的歎息，即作者的歎息。作者自號“潛夫”，對賢人不爲世用以致君主想治好國家而國家治不好的歷史與現實發出了深深的歎息，故以“潛

歎”爲篇名。

作者認爲，君主都想治好國家而國家卻往往治不好，這是因爲君主任用的人不賢而賢人得不到任用。賢人之所以得不到任用，一是因爲“主有索賢之心而無得賢之術”，取士時“不能參聽民氓、斷之聰明，反徒信亂臣之説，獨用汚吏之言”，“眩於愛”而“唯言是從”，“既得賢人”而“反決滯於讎”。二是因爲“在位者之好蔽賢而務進黨”；忌妒的羣臣“有進賢之名而無進賢之實”；姦臣亂吏“日夜杜塞賢君義士之間”，使他們不得相遇；而“諛臣”又用“詆訾之法”“議上之刑”來迫害賢人。三是因爲賢士處於“郊野”“闕外”，不能見到君主；而他們一旦被任用，就會“不損君以奉佞，不阿衆以取容，不惰公以聽私，不撓法以吐剛，其明能照姦，而義不比黨”，“與邪枉之人不兩立之”，所以他們爲當權的姦臣所深惡痛絶。凡此種種，就造成了“賢不得用”、“道獨抑於下”、政事“敗亂”、“人君孤危”、姦臣“放佚”的危險局面。這怎能不令人悲歎呢？此篇與韓非的《孤憤》《和氏》等旨意情調十分接近，可參閲比較。

10.1

凡有國之君●者【1】〔1〕，未嘗不欲治也，而治不世見者，所任不賢故也●〔2〕。世未嘗無賢也，而賢不得用者，羣臣妬也●〔3〕。主有索賢之心，而無得賢之術；臣有進賢之名，而無進賢之實。此以人君孤危於上●【2】〔4〕，而道獨抑於下也●【3】〔5〕。

【校記】

【1】者：仿宋本、馮本、魁本、程本、四庫本、邵本同，陳本無“者”字。

【2】此以：仿宋本、馮本、魁本、程本、何本、四庫本、陳本同，邵本作“以此”。

【3】獨：《羣書治要》引文、陳本同，仿宋本、馮本、魁本、程本、四庫本、邵本作“猶”。

【箋注】

〔1〕汪繼培删“者”字曰：“‘君’下舊有‘者’字，据《治要》删。”〇覺按：“者”字不必删。

〔2〕汪繼培曰：“《漢書·京房傳》云：‘任賢必治，任不肖必亂。’”

〔3〕汪繼培曰：“《楚策》：‘蘇子曰：“人臣莫難於無妒而進賢爲主。”’”

〔4〕汪繼培曰：“《秦策》：‘范睢曰：“小者身以孤危。”’”〇覺按：此以：猶“是以”，以此。

〔5〕汪繼培曰：“‘道’下脱一字。‘獨’舊作‘猶’，据《治要》改。”〇覺按：道獨抑於下：與《韓非子·和氏》所説的“法術之士雖至死亡，道必不論矣”的意思相似。

10.2

夫國君之所以致治者，公也〔1〕。公法行，則軌亂絶●【1】〔2〕。佞臣之所以便身者，私也。私術用，則公法奪●〔3〕。列士之●所以建節者【2】〔4〕，義也。正節立，則醜類代●【3】〔5〕。此姦臣、亂吏、無法之徒●〔6〕，所謂●〔7〕日夜杜塞賢君義士之間●【4】〔8〕，咸●〔9〕使不相得者也●〔10〕。

【校記】

【1】軌：陳本同，仿宋本、魁本作"軋"，馮本作"軜"，程本、邵本作"軌"，四庫本作"宄"。

【2】之：《羣書治要》引文、陳本同，仿宋本、馮本、魁本、程本、四庫本、邵本無"之"字。

【3】代：仿宋本、馮本、魁本、程本、邵本、陳本同，四庫本作"化"。

【4】謂：仿宋本、馮本、魁本、程本、四庫本、邵本同，陳本作"爲"。間：仿宋本、馮本、魁本、程本、四庫本、邵本同，陳本作"閒"。

【箋注】

〔1〕《韓非子·飾邪》："夫令必行，禁必止，人主之公義也；必行其私，信於朋友，不可爲賞勸，不可爲罰沮，人臣之私義也。私義行則亂，公義行則治。"可疏解此文。

〔2〕汪繼培曰："軌，《治要》作'宄'，按本書皆作'宄'。"○覺按："軌"通"宄"，内亂。《左傳·成公十七年》："臣聞亂在外爲姦，在内爲軌。"

〔3〕汪繼培曰："《管子·任法篇》云：'法者，上之所以一民使下也。私者，下之所以侵法亂主也。'《韓非子·詭使篇》：'《本言》曰："所以治者，法也；所以亂者，私也。法立，則莫得爲私矣。"'"

〔4〕汪繼培曰："舊脱，据《治要》補。"○覺按：列士：見2.4注〔2〕。

〔5〕汪繼培曰："孫侍御云：'"代"疑"殆"。'王侍郎云：'"代"當作"伐"，與上（覺按：陳本無"上"字，此依汪稿）"絶""奪"爲韻。'繼培按：《説苑·政理篇》：'孔子曰："夫以不肖代賢，是爲奪也；以賢代不肖，是爲伐也。"'"○覺按：王、汪之説可資參考，但"代"表示取代，其文可通，且與"絶""奪"同屬月部而押韻，故其原文未必作"伐"，不煩改字。類：《禮記·緇衣》"行無類也"鄭玄注："類謂比式。"即法式、榜様的意思。

〔6〕汪繼培曰："無法，《治要》作'思私'。按《韓非子·定法篇》云：'臣無法則亂於下。'《人主篇》云：'大臣太貴，所謂貴者無法而擅行，操國柄而便私者也。'"

〔7〕汪繼培改"謂"爲"爲"曰："舊作'謂'，据《治要》改。"○覺按："謂"通"爲"，不煩改字。所謂：所以。

〔8〕汪繼培曰："塞，《治要》作'隔'。《管子·明法解》云：'人臣之力，能鬲君臣之閒，而使美惡之情不揚聞。'按《後漢書·申屠剛傳》云：'外戚杜隔，恩不得通。'又云：'親疎相錯，杜塞閒隙。''塞''隔'義同。"

〔9〕汪繼培曰："《治要》作'亟'。"

〔10〕汪繼培曰："《漢書·王褒傳·聖主得賢臣頌》云：'聚精會神，相得益章。'"

10.3

夫賢者之爲人臣，不損君以奉佞，不阿衆以取容●〔1〕，不惰●公以聽私【1】〔2〕，不撓法以吐剛●〔3〕，其明能照姦，而義不比黨●〔4〕。是以范武歸晋而國姦逃●〔5〕，華元反朝而魚氏亡●〔6〕。故正義之士與邪枉之人不兩立●之【2】〔7〕。夫●人君之取士也【3】〔8〕，不能參聽民氓、斷之聰明〔9〕，反徒信亂臣之説，獨用汚吏之言●〔10〕。此所謂與仇選使●、令囚擇吏者也【4】〔11〕。

【校記】

【1】惰：仿宋本、馮本、魁本、程本、四庫本、邵本同，《羣書治要》引文、陳本作“墮”。

【2】立之：仿宋本、馮本、魁本、程本、四庫本、邵本同，《羣書治要》引文、陳本作“立”。

【3】夫：仿宋本、馮本、魁本、程本、四庫本、邵本同，《羣書治要》引文、陳本作“而”。

【4】選：《羣書治要》引文、陳本同，仿宋本、馮本、程本作“遷”，魁本、何本、四庫本、邵本作“遷”。

【箋注】

〔1〕汪繼培曰：“《吕氏春秋·似順覽》云：‘夫順令以取容者，衆能之。’高誘注：‘容，悦也。’《漢書·朱建傳》云：‘義不取容。’”

〔2〕汪繼培改“惰”爲“墮”曰：“舊作‘惰’，据《治要》改。”〇覺按：《左傳·襄公三十一年》“惰而多涕”杜預注：“惰，不敬也。”“惰”字不必改。

〔3〕汪繼培曰：“《詩·烝民》云：‘剛亦不吐。’‘撓法’見《務本篇》注。”〇覺按：撓法：見 2.6 注〔32〕。吐剛：原意是嚼到了硬的東西把它吐出來，比喻害怕强暴而把他們放了。語本《詩經·大雅·烝民》：“人亦有言：‘柔則茹（覺按：吃下）之，剛則吐之。’維仲山甫，柔亦不茹，剛亦不吐，不侮（覺按：欺侮）矜（覺按：年老無妻的人）寡（覺按：年老無夫的人），不畏彊禦（覺按：强暴）。”《漢書·薛宣傳》：“執憲（覺按：法）轂下（覺按：京城），不吐剛茹柔，舉錯（覺按：通“措”）時當。”

〔4〕汪繼培曰：“《禮記·儒行》云：‘讒諂之民，有比黨而危之者。’”〇覺按：比：勾結。

〔5〕汪繼培曰：“宣十六年《左傳》。”〇覺按：范武：即范武子士會。春秋時晋國大夫，士蔿之孫，士伯缺之子。姓士，名會，字季，開始時食邑在隨（在今山西省介休市東南），後更受范地（在今山東省梁山縣西北），死後謚武，所以也稱隨會、范會、士季、隨季、隨武子、范武子。他輔佐晋文公、襄公、靈公、成公、景公。其事蹟見於《左傳》僖公二十八年至成公二年（參見 35.5）。范武歸晋而國姦逃：公元前 621 年，晋襄公死，趙盾欲立公子雍，就派先蔑、士會赴秦迎接。次年，秦兵送公子雍還晋，但趙盾卻接受了襄公夫人穆嬴的請求而立襄公之子夷皋（即晋靈公），於是派兵迎擊秦兵，先蔑、士會奔秦。公元前 614 年，晋國爲秦國任用士會而擔憂，就派魏壽餘把士會誘騙回晋國。晋靈公荒淫

無道，他曾去勸諫。晉景公七年（公元前 593 年），士會統率晉軍滅赤狄之甲氏（在今河北省永年縣東北）、留吁（在今山西省長子、屯留間）、鐸辰（今山西省長治市），回國後升爲中軍元帥，兼任太傅，執掌國政，修訂法制，於是晉國之盜都逃奔到秦國。羊舌職說："吾聞之：'禹稱（杜預注："稱，舉也。"）善人，不善人遠。'此之謂也夫。"參見《左傳》文公六年至宣公十六年、《列子·説符》。士會修明法制、公正無私之德常爲後人道及，見《左傳》成公十八年、襄公二十七年、昭公二十年。

〔6〕汪繼培曰："成十五年《左傳》。"○覺按：華（huà 化）元：春秋時宋國大夫，歷事宋文公、共公、平公，其事蹟見《春秋》《左傳》文公十六年至襄公二年。反：同"返"。魚氏：指魚石、魚府。當時魚石爲左師（宋國的執政官，地位僅次於右師），魚府爲少宰（位在太宰之下，協助太宰處理宮中事務）。亡：出逃。華元反朝而魚氏亡：公元前 611 年，華元即任右師（宋國執政官）。公元前 576 年，宋共公死，司馬蕩澤（《史記·宋微子世家》作"唐山"）殺太子肥。右師華元出奔晋，左師魚石勸阻華元於黄河邊，請求討伐蕩澤。於是華元回宋，使司徒華喜、司城公孫師率國人攻殺蕩澤。由於魚石、魚府與蕩澤都是桓族（出自宋桓公），而華元是戴族（宋戴公之後），他們怕華元討伐蕩澤時連及自己，於是出城停留於睢河邊，見華元無意挽留他們，就逃往楚國。見《左傳·成公十五年》。

〔7〕汪繼培曰："《韓非子·孤憤篇》云：'智術之士，明察聽用，且燭重人之陰情。能法之士，勁直聽用，且矯重人之姦行。故智術能法之士用，則貴重之臣必在繩之外矣。是智法之士與當塗之人不可兩存之仇也。'《淮南子·詮言訓》云：'邪與正相傷，欲與性相害，不可兩立，一置一廢。'"

〔8〕汪繼培改"之夫"爲"而"曰："'立'下舊有'之'字，'而'作'夫'，据《治要》刪改。"○覺按："之"屬上句，其義相當於"焉"（參見《古書虛字集釋》卷九"之"字條）。"夫"爲發語詞。不煩改字。

〔9〕參：並（考證見拙著《商君書校疏》15.2 注〔6〕）。聰明：聽覺靈敏視力好，此承"參聽民氓"而言，指君主藉助民衆來打聽觀察所形成的聰敏明察。《韓非子·姦刦弑臣》曰："人主者，非目若離婁乃爲明也，非耳若師曠乃爲聰也。目必不任其數，而待目以爲明，所見者少矣，非不弊之術也。耳必不因其勢，而待耳以爲聰，所聞者寡矣，非不欺之道也。明主者，使天下不得不爲己視，使天下不得不爲己聽，故身在深宮之中而明照四海之內。而天下弗能蔽弗能欺者，何也？闇亂之道廢而聰明之勢興也。"可藉以明此文"聰明"之義。

〔10〕汪繼培曰："《孟子》曰：'暴君汙吏。'"

〔11〕汪繼培曰："'選'舊作'遷'，据《治要》改。"○覺按：此文"使"與"吏"對文而義同。古人行文爲了避免重複，往往變易其字。如《論語·衛靈公》："臧文仲其竊位者與！知柳下惠之賢而不與立也。""立"與"位"音義同。《孟子·公孫丑下》："有仕於此，而子悦之，不告於王而私與之吾子之禄爵；夫士也，亦無王命而私受之於子，則可乎？""仕"與"士"音義同。《左傳·襄公三十年》："吏走問諸朝。"《釋文》："吏走，一本作'使走'。"是"使"與"吏"相通之證。此文之"使"和"吏"，即《文選》卷第四十一所載司馬遷《報任少卿書》"畫地爲牢""削木爲吏"之"吏"，指獄吏。

10.4

《書》云："謀及乃心，謀及庶人●〔1〕。"孔子曰："衆好之，必察焉；衆惡之，必察焉●〔2〕。”故聖人之施舍也●〔3〕，不必任衆〔4〕，亦不必專己●〔5〕，必察彼己之爲●〔6〕，而度之以義●〔7〕，或舍人取己●〔8〕，故舉無遺失而政●〔9〕無廢滅也●〔10〕。或君則不然●【1】〔11〕。己有所愛，則因以斷正〔12〕，不稽於衆〔13〕，不謀於心；苟眩於愛，唯言是從【2】。此政之所以敗亂，而士之所以放佚者也〔14〕。

【校記】

【1】或：仿宋本、馮本、程本、邵本、陳本同，魁本作“惑”，四庫本作“闇”。

【2】唯：仿宋本、馮本、魁本、程本、四庫本同，邵本、陳本作“惟”。

【箋注】

〔1〕汪繼培曰：“《洪範》。”〇覺按：《尚書·洪範》原文作：“汝則有大疑，謀及乃心，謀及卿士，謀及庶人，謀及卜筮。”謀：謀劃，商量。乃：你。謀及乃心：謀劃要涉及你的心。

〔2〕汪繼培曰：“《論語》。”〇彭鐸曰：“今本《論語·衛靈公篇》作‘衆惡之，必察焉；衆好之，必察焉。’王肅注：‘或衆阿黨比周，或其人特立不羣，故好惡不可不察也。’俞樾《羣經平議》云：‘阿黨比周，解“衆好必察”之意；特立不羣，解“衆惡必察”之意。是王肅所據本，“衆好”句在“衆惡”句前。《潛夫論》引同。蓋漢時舊本如此，今傳寫誤倒耳。《風俗通·正失篇》引孔子曰：“衆善焉，必察之；衆惡焉，必察之。”雖文字小異，亦“善”在“惡”前，可據正。’”〇覺按：漢代《論語》有《魯論語》《齊論語》《古文論語》等不同版本（見何晏等《論語注疏解經序》）。漢代人引文與今本有異，可能是所據版本不同，未必是今本傳寫之誤。

〔3〕汪繼培曰：“《周語》：‘王孫説曰：“故聖人之施舍也議之。”’韋昭注：‘施，予也；舍，不予。’”

〔4〕必：見4.4注〔10〕。

〔5〕汪繼培曰：“《漢書·敘傳》：‘班彪云：“主有專己之威。”’《後漢書·陳元傳》云：‘博詢可否，示不專己。’”

〔6〕汪繼培曰：“《治要》作‘謂’。”〇覺按：爲：認爲。這裏用作名詞，指看法。

〔7〕汪繼培曰：“《周語》：‘王孫説曰：“主德義而已。”’”

〔8〕汪繼培曰：“《孟子》云‘舍己從人’，此反言之。《中論·慎所從篇》云：‘夫人之所常稱曰：“明君舍己而從人，故其國治以安；闇君違人而專己，故其國亂以危。”乃一隅之偏説也，非大道之至論也。凡安危之勢，治亂之分，在乎知所從，不在乎必從人也。’意與此同。”

〔9〕汪繼培曰：“《治要》作‘功’。”

〔10〕汪繼培曰：“見《明闇篇》。”

〔11〕汪繼培曰：“‘或’與‘惑’同。《荀子·臣道篇》云‘闇主惑君’；▲《呂氏春秋·本生篇》云‘今世之惑主’，又《知化篇》云‘人主之惑者則不然’。‘惑君’猶‘惑主’也。”〇覺按：汪稿據《羣書治要》引文改“或”爲“惑”。

〔12〕斷：決斷，指審理後作出決定。正：通“政”。

〔13〕稽：《廣雅·釋詁二》：“稽，問也。”

〔14〕佚：放蕩。

10.5

昔紂好色，九侯聞之〔1〕，乃獻厥女〔2〕。紂則大喜●【1】〔3〕，以爲天下之麗莫若此也，以問妲己〔4〕。妲己懼進御而奪己愛也〔5〕，乃僞俯而泣曰："君王年即耆邪●〔6〕？明既衰邪？何貌恶之若此而覆謂之好也？"紂於是渝而以爲惡●〔7〕。妲己恐天下之愈進美女者〔8〕，因白："九侯之不道也，乃欲以此惑君王也。王而弗誅〔9〕，何以革後〔10〕？"紂則大怒，遂脯厥女而烹九侯●〔11〕。自此之後，天下之有美女者，乃皆重室晝閉●〔12〕，唯恐紂之聞也【2】。

趙高專秦，將殺二世，乃先示權於衆，獻鹿於君，以爲駿馬。二世占之曰："鹿●〔13〕。"高曰："馬也【3】。"二世收目獨視●〔14〕，曰："丞相誤邪！此鹿也。"高終對以馬。問於朝臣。朝臣或助二世而非高。高因白二世："此皆阿主惑上，不忠莫大。"乃盡殺之。自此之後，莫敢正諫●〔15〕，而高遂殺二世於望夷，竟以亡●〔16〕。

【校記】

【1】則：仿宋本、馮本、魁本、程本、四庫本、陳本同，何本、邵本作"乃"。

【2】唯：仿宋本、馮本、魁本、程本、四庫本、邵本同，陳本作"惟"。

【3】也：仿宋本、馮本、魁本、程本、邵本、陳本同，四庫本無"也"字。

【箋注】

〔1〕九侯：又作"鬼侯"（古音"鬼"讀如"九"，今吴方言猶然），殷代諸侯，其封邑相傳在今河北省臨漳縣境。據《史記·殷本紀》載，紂以西伯昌（周文王）、九侯、鄂侯爲三公。九侯有個漂亮的女兒，把她送給紂王。由於九侯之女不愛淫蕩，紂發怒把她殺了，還把九侯剁成了肉醬。此事蹟也見於《戰國策·趙策三》，但與此文不同。此文所説，與《吕氏春秋》中《行論》《過理》的高誘注大體一致，大概是東漢時的傳説，或另有所本。

〔2〕厥（jué 決）：其。

〔3〕汪繼培曰："則，何本作'乃'。按'則'字是，與下'紂則大怒'相應。"

〔4〕問：《戰國策·齊策三》"或以問孟嘗君"高誘注："問，告。"妲（dá 達）己：商紂王的寵妃。姓己，字妲，有蘇氏（己姓之國）之女。商紂王進攻有蘇氏時，有蘇氏把她進獻給紂王，因美麗而極受寵愛，她説的話紂王都聽從，致使紂王荒淫無道而亡國。參見《國語·晋語一》《史記·殷本紀》。

〔5〕御：見 1.2 注〔15〕，此指成爲妃妾來侍奉紂王。

〔6〕汪繼培曰："即者，《御覽》四百九十四作'既老'。按當作'既耆'，《曾子疾病篇》云'年既耆艾'，▲《史記·歷書》云'年耆禪舜'，《漢書·孔光傳》'年耆有疾'，《藝文

類聚》六十九引劉向《杖銘》'年耆力竭'，皆其証。" ○覺按："即"與下句之"既"字異而義同，這是古代的一種修辭法（參見 10.3 注〔11〕）。耆（qí 齊）：老。

〔7〕汪繼培曰："《詩·羔裘》毛傳：'渝，變也。'"

〔8〕彭鐸曰："'者'猶'也'，説見《經傳釋詞》卷九。"

〔9〕而：猶"如"，如果。

〔10〕革：《文選》卷第四十七《三國名臣序贊》"訓革千載"李善注引《蒼頡篇》曰："革，戒也。"即戒除、禁絶的意思。

〔11〕汪繼培曰："《淮南子·俶真訓》云：'醢鬼侯之女。'《吕氏春秋·行論篇》高誘注：'梅伯説鬼侯之女美，令紂取之。紂聽妲己之譖，曰以爲不好，故醢梅伯，脯鬼侯。'《過理篇》注同。鬼侯即九侯也。《史記·魯仲連傳》云：'九侯有子而好，獻之於紂。紂以爲惡，醢九侯。'《殷本紀》又云：'九侯女不憙淫，紂怒，殺之。'" ○覺按：脯（fǔ 甫）：乾肉，這裏用作動詞。烹：古代一種酷刑，用鼎來煮殺人。

〔12〕汪繼培曰："《禮記·月令》云：'審門閭，謹房室，必重閉。'鄭注：'重閉，外内閉也。'《淮南子·主術訓》云：'閨門重襲。'" ○覺按：重（chóng 蟲）：重疊。重室：指最裏層的房間。

〔13〕汪繼培曰："《方言》云：'凡相竊視，南楚或謂之占。'按《説文》云：'覘，窺視。'引《春秋傳》'公使覘之'。'占'即'覘'之省。" ○彭鐸曰："《説文》：'占，視兆問也。'是'占'字本有視義。《廣雅·釋詁一》：'占，視也。'王念孫《疏證》云：'"占"猶"瞻"也。'"

〔14〕王紹蘭曰："'收目'當作'抆目'。《漢書·朱博傳》：'抆拭用禁。'《説文》無'抆'，'捪'即'抆'之正字。" ○汪繼培曰："王侍郎云：'收目，當作"抆目"，"抆"即《説文》"捪"字。'王先生曰：'"獨"疑"屬"。'" ○彭鐸曰："《爾雅·釋詁》：'收，聚也。''收目'蓋謂聚集目力而視之耳。'獨'當作'屬'，讀爲'注'，《晋語》五：'則恐國人之屬耳目於我也。'韋注：'"屬"猶"注"也。'二字聲近而義同。" ○覺按："收"爲"抆"字之形訛，《韓非子·難言》"吴起收泣於岸門"之"收"爲"抆"字之誤，即其例。彭鐸把"收目"解爲"聚集目力而視"，不當，因爲古代"收視"爲"無視"之義，"收目"乃收起眼睛之意，與此文意不合。抆（wěn 吻），擦。獨：通"屬"（古代"獨"與"屬"音近，所以"屬鏤"又寫作"獨鹿"，參見拙著《吴越春秋校證注疏》5.19 注〔1〕），"屬"（zhǔ 主）通"注"。

〔15〕汪繼培曰："《説苑·正諫篇》云：'諫有五：一曰正諫。'"

〔16〕汪繼培曰："見《史記·秦始皇紀》。《新語·辨惑篇》載此事，以爲'趙高駕鹿'。" ○覺按：望夷：秦宫名，因爲它面臨涇水，可以望見北夷，故名望夷宫，故址在今陝西省咸陽市東北涇河南岸。

10.6

夫好之與惡放於目●【1】〔1〕，而鹿之與馬者●〔2〕著於形者也●〔3〕。己又定矣，還至讒如●〔4〕臣妾之錺僞言而作辭也●【2】〔5〕，則君王失己心，而人物喪我體矣。況乎逢幽隱囚人●〔6〕，而待校其信●〔7〕，不若察妖女之留意也；其辨賢不肖也，不●〔8〕若辨鹿馬之審固也●【3】〔9〕？此二物者，皆得進見於朝堂〔10〕，暴質於心臣矣●【4】〔11〕，及歡愛苟媚、佞説巧辯之惑君也【5】〔12〕，猶炫燿君目●〔13〕，變奪君心，便以好爲●醜【6】〔14〕，以鹿爲馬，而況於郊野之賢、關外之士未嘗得見者乎●〔15〕？

【校記】

【1】放：仿宋本、馮本、魁本、程本、四庫本、邵本同，陳本作“效”。

【2】餝：仿宋本、馮本、魁本同，程本作“餙”，何本、四庫本、邵本、陳本作“飾”。

【3】不：四庫本、陳本同，仿宋本、馮本、魁本、程本、邵本作“必”。

【4】心：仿宋本、馮本、魁本、陳本同，程本作“廷”，何本、四庫本、邵本作“廷”。

【5】辯：仿宋本、馮本、魁本同，程本、四庫本、邵本、陳本作“辨”

【6】爲：陳本同，四庫本作“為”，仿宋本、馮本、魁本、程本、邵本無“爲”字。

【箋注】

〔1〕汪繼培改“放”爲“效”曰：“‘效’舊作‘放’。按《禮記·曲禮》‘效馬效羊’，鄭注云：‘效，猶呈見。’”〇覺按：汪説可通，但作“放”字也通，故不煩改字。《孟子·離婁下》“放乎四海”趙岐注：“放，至也。”即來到的意思。

〔2〕汪繼培曰：“疑衍。”

〔3〕汪繼培曰：“《新語》云：‘馬鹿之異形，衆人所知也。’”

〔4〕汪繼培曰：“疑當作‘妒’，屬上讀。”〇俞樾曰：“作‘妬’是也，屬上讀非也。‘還’乃‘遝’字之誤。《方言》《廣雅》竝曰：‘遝，及也。’‘遝至’猶云‘及至’。蓋承上言‘好之與惡’‘鹿之與馬’本屬易辨，己又先有定見，及至讒妬之臣妾飾言，則又爲之奪也。自‘遝至’至‘辭也’十四字作一句讀，不當於‘妬’字絶句。”〇覺按：俞説可通，然未必當。此“還”字當通“旋”，讀爲 xuán（旋）。《漢書·董仲舒傳》“此皆可使還至而立有效者也”顔師古注：“還，讀曰旋。旋，速也。”此文之“還至”與《漢書》之“還至”當同義。“還”表示時間之短。“如”爲“妬”之形訛。“讒妬臣妾”即“讒臣與妬妾”，指趙高與妲己。

〔5〕汪繼培曰：“《易·遯·九三》：‘畜臣妾，吉。’▲《逸周書·芮良夫解》云：‘惟爾小子，飾言事王。’▲《漢書·董仲舒傳》云：‘百官皆飾空言虛辭而不顧實。’《韓非子·詭使篇》云：‘造言作辭。’”〇覺按：餝（shì 飾）：同“飾”。

〔6〕汪繼培曰：“▲《易·履·九二》：‘履道坦坦，幽人貞吉。’虞翻曰：‘訟時二在坎獄中，故稱幽人。’‘幽’‘囚’同義。《荀子·王霸篇》云‘公侯失禮則幽’，楊倞注：‘幽，囚也。’《吕氏春秋·驕恣篇》云：‘厲公游於匠麗氏，欒書、中行偃劫而幽之。’高誘注：‘幽，囚也。’《秦策》：‘姚賈曰：“管仲，南陽之弊幽，魯之免囚。”’▲高誘注：‘弊，隱也。幽潛不見升用，貧賤于南陽，故曰“南陽之弊幽”。’失其義矣。《史記·管晏列傳》管仲曰‘吾幽囚受辱’，▲《范雎傳》‘加之以幽囚’，《魏豹彭越傳·論》‘幽囚而不辭’。‘幽隱囚人’亦猶言‘幽囚’矣。”〇彭鐸曰：“幽、隱亦同義。《説文》：‘幽，隱也。’幽、囚疊韻，幽、隱雙聲。幽隱囚人，亦如桓六年《左傳》‘嘉栗旨酒’，本書《班禄篇》‘奢夸廓人’，皆疊三同義詞爲定語耳。”〇覺按：汪、彭之説皆非。《戰國策·秦策五》高誘注實得“幽”字之義。鮑彪注“南陽之弊幽”曰：“南陽，修武南陽也。仲，穎上人，嘗以貧困

隱此。敝，困。幽，隱也。”也得其義。此文之“幽隱”二字同義而連用，乃指隱居之人，與“囚人”不同。“幽隱”連用而指隱居之人，《漢書》習見，如《外戚恩澤侯表》：“會上亦興文學，進拔幽隱，公孫弘自海瀕而登宰相。”《禮樂志》：“河間獻王聘求幽隱，修興雅樂以助化。”《李尋傳》：“宜急博求幽隱，拔擢天士，任以大職。”《宣元六王傳·淮陽憲王欽傳》：“北游燕趙，欲循行郡國求幽隱之士，聞齊有騶先生者，善爲《司馬兵法》，大將之材也。”此皆可證本文“幽隱”之義。

〔7〕汪繼培曰：“《齊語》韋昭注：‘校，考合也。’”〇覺按：待：須。校（jiào 叫）：考覈。

〔8〕汪繼培曰：“舊作‘必’。”

〔9〕汪繼培曰：“《禮記·射義》云：‘持弓矢審固。’”〇覺按：審：確實，確定。

〔10〕見（xiàn 現）：同“現”。朝堂：漢代正朝左右百官治事之所，此泛指朝廷。

〔11〕汪繼培曰：“‘心臣’未詳，程本作‘廷臣’。按《後漢書·班彪》後《固傳·西都賦》云：‘左右廷中朝堂百僚之位。’‘朝堂’注詳《救邊篇》。王先生云：‘“心臣”當是“心目”，以下文“君目”“君心”定之。’”〇覺按：程本與王説似均失之一偏。此“心臣”恐不誤，它分別承10.5的“以爲”與“朝臣”而言。10.5説紂見到九侯之女後“以爲”天下美人没一個及得上她，所以這裏説“暴質於心”；10.5説“朝臣”也看到鹿，所以這裏説“暴質於臣”。暴（pù 鋪）：顯露。

〔12〕苟：苟且隨便，虚僞而不義。媚：諂媚，討好。

〔13〕汪繼培曰：“《楚辭·離騷》云‘世幽昧以昡曜兮’，王逸注：‘昡曜，惑亂貌。’《淮南子·氾論訓》云：‘嫌疑肖象者，衆人之所昡耀。’‘炫燿’‘昡曜’‘昡耀’並同。”

〔14〕汪繼培曰：“舊脱。”〇覺按：據上下文，“便”當爲“使”字之形訛。

〔15〕汪繼培曰：“《史記·魏世家》李克曰：‘臣在闕門之外。’《趙策》蘇秦説李兑曰：‘造外闕，願見於前。’”

10.7

夫在位者之好蔽賢而務進黨也●〔1〕，自古而然●〔2〕。昔唐堯之大聖也，聰明宣昭●〔3〕；虞舜之大聖也，德音發聞●〔4〕。堯爲天子，求索賢人，訪於羣后〔5〕。羣后不肯薦舜，而反稱共、鯀之徒。賴堯之聖，後乃舉舜而放四子●〔6〕。夫以古聖之質也——堯聰之明也〔7〕，舜德之彰也，君明不可欺，德彰不可蔽也，質鮮爲佞〔8〕——而位者●尚直若彼〔9〕。今夫列士之行〔10〕，其不及堯、舜乎達矣●【1】〔11〕；而俗之荒唐●〔12〕，世法滋彰●〔13〕。然則求賢之君，哀民之士，其相合也亦必不幾矣●〔14〕。文王游畋【2】，遇姜尚于渭濱【3】〔15〕，察言觀志而見其心，不諮左右，不諏羣臣【4】〔16〕，遂載反歸●〔17〕，委之以政，用能造周●〔18〕。故堯參鄉黨以得舜〔19〕，文王參己以得呂尚●〔20〕，豈若殷辛、秦政●〔21〕，既得賢人，反決滯於讎●〔22〕，誅殺正直〔23〕，而進任姦臣之黨哉?

【校記】

【1】乎達：陳本同，仿宋本、馮本、魁本作“乎達”，程本作“乎違”，何本、邵本作“乎遠”，四庫本作“也遠”。

【2】游：仿宋本、馮本、魁本、程本、四庫本、邵本同，陳本作“遊”。

【3】于：仿宋本、馮本、魁本、程本、邵本同，四庫本、陳本作“於”。

【4】諏：程本、邵本、陳本同，仿宋本、馮本、魁本作“諏”，四庫本作“詢”。

【箋注】

〔1〕汪繼培曰：“《説苑・政理篇》：‘孔子曰：“匿人之善者，是謂蔽賢也。”’《君道篇》：‘太公曰：“多黨者進，少黨者退，是以羣臣比周而蔽賢，百吏羣黨而多姦。”’《漢書・李尋傳》云：‘微言毀譽，進類蔽善。’”

〔2〕汪繼培曰：“《漢書・趙充國辛慶忌傳・贊》云：‘其風聲氣俗，自古而然。’”

〔3〕汪繼培曰：“《詩・文王》云：‘宣昭義問。’”〇覺按：宣：普遍，周遍。昭：明白。

〔4〕汪繼培曰：“《韓非子・説疑篇》云：‘衆歸而民留之，以譽盈於國，發聞於主。’”

〔5〕訪：詢問。后：君王。古代天子、諸侯都稱“后”，此指諸侯。

〔6〕汪繼培曰：“見《書・堯典》。”〇覺按：以上事蹟見今本《尚書》之《堯典》《舜典》及《史記・五帝本紀》，參見6.2注〔5〕。放四子：放逐四人，即《尚書・舜典》所説的“流共工于幽州，放驩兜于崇山，竄三苗于三危，殛鯀于羽山”。

〔7〕之：猶“而”（參見《古書虚字集釋》卷九“之”字條）。

〔8〕鮮（xiǎn 顯）：少。

〔9〕汪繼培曰：“‘位’上疑脱‘在’字。”〇覺按：直：衹。

〔10〕列士：見2.4注〔2〕。

〔11〕汪繼培曰：“‘達’當作‘遠’。”〇覺按：達：《素問・寶命全形論》“能達虚實之數者”王冰注：“達，謂明達。”即明瞭的意思。何本、邵本、四庫本改作“遠”，汪繼培認爲“達”是“遠”字之誤，也通。

〔12〕汪繼培曰：“《莊子・天下篇》云：‘荒唐之言。’”

〔13〕汪繼培曰：“《老子》云：‘法令滋彰。’”〇覺按：“世法滋彰”語本《老子・第五十七章》的“法令滋章而盜賊多有”，暗寓社會混亂之意。

〔14〕汪繼培曰：“‘幾’讀爲‘冀’。”〇覺按：參見1.5注〔16〕。

〔15〕渭：渭河，黄河支流之一，源於甘肅省渭源縣，東流入陝西省，經潼關入黄河。

〔16〕諏（zōu 鄒）：商議。

〔17〕汪繼培曰：“見《六韜》。注詳《卜列篇》。”〇覺按：見25.1注〔12〕，又可參見《史記・齊太公世家》。反：通“返”。

〔18〕汪繼培曰：“宣十五年《左傳》：‘羊舌職曰：“士伯庸中行伯，君信之，亦庸士伯，此之謂明德矣。文王所以造周，不是過也。”’”〇覺按：用：以。造：創建。周：朝代名。商紂王時，西伯姬昌（周文王）爲三公之一，已有很大的勢力，所謂三分天下有其二。相傳他按占卜的預示出獵而在渭水邊訪得姜尚，便尊之爲師。約在公元前11世紀，其子周武王姬發即位後，在姜尚的輔佐下打敗了商紂王而建立了周王朝，建都鎬京（在今陝西省

西安市長安區灃河以東），史稱西周。公元前 771 年申侯聯合犬戎攻殺周幽王。次年周平王將京都東遷至雒邑（在今河南省洛陽市王城公園一帶），史稱東周（其後又分爲春秋與戰國兩個時期）。東周時，諸侯勢力漸大，至戰國而有七雄，周天子實際上已經不能控制天下了。公元前 314 年，周天子赧王即位後遷都於西周國（在今河南省洛陽市西）。公元前 256 年，西周君背離秦國，和其他諸侯國合縱攻秦，秦昭王怒，派兵擊敗西周，西周君（西周武公）奔秦，盡獻其邑三十六。周赧王也於此年卒，其後周無天子，周王朝至此告終。參見《史記》的《周本紀》《秦本紀》《六國年表》。

〔19〕參：驗證。鄉黨："鄉"與"黨"原是古代的行政區域。《禮記·曲禮上》"故州閭鄉黨稱其孝也"鄭玄注："《周禮》：二十五家爲閭，四閭爲族，五族爲黨，五黨爲州，五州爲鄉。"後世因以"鄉黨"指鄉里。堯參鄉黨以得舜：傳説衆人向堯推薦了民間的舜之後，堯就去考驗他，把兩個女兒嫁給舜，讓女兒在舜所居的媯水灣觀察舜的德行。見《尚書·堯典》《史記·五帝本紀》。

〔20〕汪繼培曰："《説苑·尊賢篇》云：'堯、舜相見，不違桑陰。文王舉太公，不以日久。故賢聖之接也，不待久而親；能者之相見也，不待試而知矣。'"

〔21〕汪繼培曰："《晋語》云'殷辛伐有蘇'，韋昭注：'殷辛，殷紂也。'《漢書·賈山傳》云：'秦政力并萬國，富有天下。'按政，始皇名。"〇覺按：殷：即商，見 4.1 注〔4〕。秦政：即秦始皇（公元前 259—公元前 210 年），嬴姓，趙氏，名政，公元前 246—公元前 210 年在位。即位時吕不韋和太后寵信的宦官嫪毐專權。公元前 238 年親政後，鎮壓嫪毐叛亂。次年免吕不韋相職。旋即任用李斯，先後滅掉六國，建立了秦王朝，確定全國的最高統治者稱皇帝，自號始皇帝；分全國爲三十六郡；統一法律、度量衡、貨幣、文字；焚書坑儒，實行專制主義。參見《史記·秦始皇本紀》及 35.4.15 注〔4〕〔5〕。

〔22〕汪繼培曰："'決滯'猶言'去留'。《周禮·廛人》注：'鄭司農云："貨物沈滯於廛中不決。"'按決則不滯，義相覆也。或云：'決'即'沈'之誤。《周語》云'氣不沈滯'，韋昭注：'沈，伏也。滯，積也。'《後漢書·崔駰傳·達旨》云：'胡爲嘿嘿而久沈滯也？'"〇彭鐸曰："或説近是。"〇覺按：或説非。"決"是排除堵塞的東西而讓水流動，"滯"是水不流動。"決滯"用作使動詞，表示使水流動或不流動，喻指使人走或留，也就是擺佈的意思。決滯於讎：根據仇人的意見來擺佈。據《史記》的《殷本紀》與《周本紀》，商紂王得到賢人姬昌（周文王）後，又聽從其仇人崇侯虎的話而將姬昌囚於羑里。據《史記》的《秦始皇本紀》及《老莊申韓列傳》，秦始皇得到賢人韓非後，又聽信其仇人李斯、姚賈的話而將韓非囚於雲陽，結果李斯設計把韓非殺害了。

〔23〕誅：懲罰，指囚姬昌。殺：指殺韓非。

10.8

是以明聖之君於正道也〔1〕，不專驅於貴寵、惑於嬖媚〔2〕，不棄疏遠，不輕幼賤，又參而任之●〔3〕。故有周之制也，天子聽政，使三公至於列士獻詩●【1】〔4〕，良史獻書●〔5〕，師箴〔6〕，瞍賦〔7〕，矇誦〔8〕，百工諫〔9〕，庶人傳語〔10〕，近臣盡規〔11〕，親戚補察【2】〔12〕，瞽、史●教誨【3】〔13〕，耆艾脩之【4】〔14〕，而後王斟酌焉〔15〕，是以事行而無敗●也〔16〕。

【校記】

【1】詩：七本皆作“典”，據《羣書治要》引文改。

【2】瘵：仿宋本、馮本、魁本、陳本同，程本作“秦”，何本、四庫本、邵本作“奏”。

【3】史：《羣書治要》引文、陳本同，仿宋本、馮本、魁本、程本、邵本作“叟”，四庫本作“瞍”。

【4】脩：仿宋本、馮本、魁本同，程本、四庫本、邵本、陳本作“修”。

【箋注】

〔1〕正道：正確的治國原則及方法。此指掌握了正道的賢人。

〔2〕嬖（bì 避）：受寵的人。

〔3〕汪繼培曰：“《管子·七法篇》云：‘論功計勞，未嘗失法律也。便辟、左右、大族、尊貴大臣，不得增其功焉。疎遠、卑賤、隱不知之人，不忘其勞。’《漢書·翼奉傳》云：‘古者，朝廷必有同姓，以明親親，必有異姓，以明賢賢，此聖王之所以大通天下也。同姓親而易進，異姓疎而難通，故同姓一，異姓五，迺爲平均。’按此即所謂‘參而任之’也。”〇覺按：“又”猶“而”（參見《古書虚字集釋》卷二“又”字條）。

〔4〕陳本“詩”作“典”，汪繼培曰：“《治要》作‘詩’。按《周語》云：‘使公卿至於（覺按：陳本無“至於”，此依汪稿）列士獻詩，瞽獻曲。’‘曲’或誤爲‘典’。王氏所用《國語》本與韋昭不同，未敢据彼以補此也。”〇覺按：此下文字本於《國語·周語上》。三公：見 4.1 注〔5〕。列：衆多。士：官名。古代士的地位處於大夫之下，是王朝的下級官吏。士官之中又分上士、中士、下士三等。詩：指現存的《詩經》之類。詩言志，它反映了下層官吏及民衆的意見，獻詩可以使天子瞭解下情，起到諷諫的作用。

〔5〕汪繼培曰：“《周語》無‘良’字。”〇覺按：良史：優秀的史官，指不諱言邪惡、秉筆直書、忠於歷史事實的史官。書：指現存的《尚書》之類，它是記載政事的史籍，所以《荀子·勸學篇》説：“《書》者，政事之紀也。”獻書可以使天子瞭解過去的政治情況以作爲鑒戒。

〔6〕師：指太師，爲三公之一，主管教養監護太子或幼主，是輔弼天子的執政大臣。因爲他是天子所師法的人，故名“太師”。一説指小師，即掌管以樂器教瞽矇及祭祀奏樂等事的官。箴（zhēn 貞）：用箴言規勸告誡。

〔7〕瞍（sǒu 叟）：盲人。古代没有眸子而看不見東西的人叫“瞍”，此指樂工。古代樂工常由盲人擔任。賦：有節奏地朗誦（詩）。此指朗誦三公列士所獻的詩。

〔8〕矇：盲人。古代有眸子而看不見東西的人叫“矇”，此也指樂工。《周禮·春官》有“瞽矇”，是大師（主管音樂的官）所管轄的樂工，負責吹奏樂器、歌唱、諷誦詩、背誦王者世系及其德行以勸誡君王。此文的“瞍”“矇”，即相當於《周禮》的“瞽矇”。誦：没有節奏地背誦（散文）。此指背誦良史獻的書。

〔9〕百工：百官。一説指各種爲天子做事的工匠。

〔10〕庶人：羣衆。傳語：用傳遞的方式來告訴，即轉告。平民百姓地位卑賤，不可能直接向天子勸諫，對國家的政事有了意見，就衹能先告訴給官吏，讓官吏轉告天子。

〔11〕規：規劃，謀劃。

〔12〕補：彌補，補救，指補救天子的失誤。察：觀察，指觀察天子處理政事的是非

得失。當局者迷，旁觀者清，所以要讓親戚在旁觀察。《左傳·襄公十四年》:“自王以下，各有父兄子弟以補察其政。”杜預注:“補其愆過，察其得失。”

〔13〕汪繼培曰:“舊作‘叟’。”〇覺按：瞽：樂師。没有眼睛的人叫“瞽”，古代常用瞽任樂師，所以這裏指樂師。史：指太史，掌管冊命、制禄、圖籍、禮制、占卜、祭禮以及記録歷史、時令、天文、曆法等。

〔14〕耆艾：老人，指上了年紀的元老們。脩：通“修”，整理。之：指代各方面的意見。

〔15〕斟酌：原指篩酒，酒篩得少叫斟，篩得多叫酌。引申指或多或少地吸取。焉：於之，在這裏面。

〔16〕汪繼培曰:“《周語》作‘不悖’。”

10.9

末世則不然●〔1〕。徒信貴人驕妬之議，獨用苟媚●蠱惑之言〔2〕。行豐禮者蒙僁咎●【1】〔3〕，論德義者見尤惡【2】。於是諛臣●〔4〕又從以詆訾之法●〔5〕，被以議上之刑〔6〕。此賢士之姤困也●【3】〔7〕。夫詆訾之法者，伐賢之斧也；而驕妬者●〔8〕，嗑賢之狗也●〔9〕。人君内秉伐賢之斧，權嗑賢之狗●〔10〕，而外招賢●〔11〕，欲其至也●〔12〕，不亦悲乎？

【校記】

【1】豐：仿宋本、魁本、程本、邵本、陳本同，馮本作“豊”，四庫本作“仁”。

【2】義：仿宋本、馮本、魁本、程本、四庫本、邵本同，陳本作“議”。

【3】姤：七本皆作“始”，據《羣書治要》引文改。

【箋注】

〔1〕汪繼培曰:“《易·繫辭下傳》云:‘其當殷之末世。’”〇覺按：末世：末了的年代，即王朝行將滅亡的時期。

〔2〕汪繼培曰:“《治要》作‘宿媚’。按‘苟媚’亦見上文。”

〔3〕汪繼培曰:“僁，俗‘愆’字。見《廣韻·二仙》。”〇覺按:《羣書治要》引文作“愆”。“愆”與“咎”同義，是罪過、過失的意思。這裏用作動詞，表示歸罪、責怪。

〔4〕汪繼培曰:“《説苑·臣術篇》云:‘偷合苟容，與主爲樂，不顧其後害，如此者，諛臣也。’《治要》‘諛臣’下有‘佞人’二字。”

〔5〕汪繼培曰:“《漢書·哀帝紀》云:‘除誹謗詆欺法。’”〇覺按：從:《爾雅·釋詁下》:“從，重也。”即重疊、繼續加上的意思，與下句“被”的意思相似。訾（zǐ 子）：詆毁，非議。詆訾之法：據《史記·高祖本紀》，漢王元年（公元前 206 年），劉邦至霸上，召諸縣父老豪傑曰:“父老苦秦苛法久矣，誹謗者族，偶語者棄市。”於是與父老約法三章，廢除了這種秦法。據《漢書·哀帝紀》，綏和二年（公元前 7 年）曾廢除“誹謗詆欺法”。由此可見，秦朝及西漢末年均有詆訾之法。

〔6〕被：加。

〔7〕陳本“姤”作“始”，汪繼培曰：“《漢書·嚴安傳》云：‘此民之始苦也。’文與此同。《治要》‘始’作‘逅’。逅，遇也，義亦可通。”〇覺按：《治要》作“姤”不作“逅”，汪校誤。各本之“始”爲“姤”（gòu 構）之形訛。“姤”通“遘”，遭遇的意思。《周易·姤·彖》：“姤，遇也。”

〔8〕汪繼培曰：“《治要》作‘驕妒之臣’。”

〔9〕汪繼培曰：“即《賢難篇》所云‘羣犬齧賢’。《一切經音義》一引《三蒼》云：‘噬，齧也。’”〇覺按：噬（shì 氏）：咬。

〔10〕王宗炎曰：“‘權’字誤。”〇汪繼培曰：“‘權’如‘權兵’之‘權’，注見《勸將篇》。”〇俞樾曰：“‘權’字無義，疑當作‘嚾’。《廣韵·二十九换》云：‘唤，呼也。嚾，上同。’然則‘嚾’即‘唤’字，猶云‘呼噬賢之狗’耳。”〇彭鐸曰：“‘權’‘秉’互文。《文選·五等論》注引賈逵《國語》注：‘權，秉也。’《勸將篇》：‘權十萬之衆。’‘權’亦秉持之義。”〇覺按：見21.7注〔5〕，俞説非。

〔11〕汪繼培曰：“以上九字，《治要》作‘而外招噬賢之狗’。”

〔12〕汪繼培曰：“《治要》‘至’下有‘理’字，葢誤。”

潜夫論卷第二【1】

【校記】

【1】潜夫論卷第二：仿宋本、馮本同，魁本作“潜夫論卷第二終”，程本、邵本無字，陳本作“潜夫論卷第二終”，四庫本作“潛夫論卷二”。

潛夫論卷第三[1]　　王符[2]

【校記】

【1】卷第三：仿宋本、馮本、魁本、程本、陳本同，何本、四庫本、邵本作“卷三”。

【2】王符：仿宋本、馮本、魁本同，程本、何本、四庫本、邵本、陳本此行下端無字。

【3】仿宋本、馮本、魁本有此四行子目，程本無此子目而有“漢　安定王符著”“明新安程榮校”兩行字，何本、邵本無此子目，四庫本無此子目而有“漢　王符　撰”一行字，陳本無此子目而有“蕭山汪繼培箋”一行字。

忠貴第十一●〔1〕

【提要】

汪繼培曰：“《後漢書》本《傳》作‘貴忠’。”

忠貴：忠誠可貴。文章主要論述了忠臣的可貴之處，抨擊了世俗所謂的忠臣。

作者認爲，官位是上天所設的，而上天鍾愛的是人民。所以，臣子衹有“成天地之大功”而“利民”，纔能“蕃昌”；如果“誣能”而“偷天官以私己”，就一定會“破亡”。衹有“以道事君，以仁撫世，澤及草木，兼利外內，普天率土，莫不被德”的臣子纔是可貴的忠臣，纔能得到“安全”而“本枝百世”。至於“不思順天，而時主是諛”的“破敵”、“多殺”者，“雖見貴於時君”，被以爲忠誠有功，但其“上不順天心，下不得民意”，不過是“盜”“賊”而已，最後衹能是“泣血號咷，以辱終也”。總之，忠臣的可貴之處在於具備了相當的“德”、“能”、“功”。即他們能“奉遵禮法、竭精思職、推誠輔君、効功百姓、下自附於民氓、上承順於天心”。臣子如果“德不稱其任，其禍必酷；能不稱其位，其殃必大”；“無功於民氓”，就一定會“殭屍破家，覆宗滅族”。這是因爲“皇天從上鑒其姦，神明自幽照其態”，絶不會饒恕這些“竊君威德以陵下民”、“偷進苟得以自奉厚”的“竊位之人”的。

值得強調的是，作者對“竊位之人”的描述：“貧賤之時，雖有鑒明之

資、仁義之志，一旦富貴，則背親捐舊，喪其本心，皆踈骨肉而親便辟，薄知友而厚狗馬，財貨滿於僕妾，禄賜盡於猾奴，寧見朽貫千萬而不忍賜人一錢，寧積粟腐倉而不忍貸人一斗，人多驕肆，負債不償。”作者把竊位鑽營者翻臉無情、喪盡天良、阿諛奉承、貪婪慳嗇、驕縱蠻横的醜惡行徑刻畫得入木三分，具有普遍的典型意義，可作爲歷代的照妖鏡，以照見那些身居官位的小人。

11.1

世有莫盛之福〔1〕，又有莫痛之禍。處莫高之位者，不可以無莫大之功。竊亢龍之極貴者●【1】〔2〕，未嘗不破亡也；成天地之大功者，未嘗不蕃昌也●〔3〕。

【校記】

【1】者：陳本同，仿宋本、馮本、魁本、程本、四庫本、邵本無“者”字。

【箋注】

〔1〕莫：無比，極，最。

〔2〕汪繼培曰：“舊脱。”〇覺按：亢龍：見9.9注〔4〕。

〔3〕汪繼培曰：“注見《思賢篇》。”〇覺按：參見8.8注〔9〕。

11.2

帝王之所尊敬者，天也●【1】〔1〕；天之所甚愛者，民也●〔2〕。今人臣受君之重位，牧天之所甚愛●〔3〕，焉可以不安而利之、養而濟之哉●〔4〕？是以君子任職則思利民●〔5〕，達上則思進賢●〔6〕，功孰大焉？故居上而下不重也【2】，在前而後不殆也●【3】〔7〕。《書》稱：“天工，人其代之●〔8〕。”王者法天而建官●〔9〕，自公卿以下〔10〕，至于小司●【4】〔11〕，輒●非天官也【5】〔12〕？是故明主不敢以私愛【6】〔13〕，忠臣不敢以誣能●〔14〕。夫竊人之材，猶謂之盜●〔15〕，況偷天官以私己乎？以罪犯人，必加誅罰，況乃犯天，得無咎乎？

【校記】

【1】者天也：七本皆無此三字，據《後漢書》引文補。

【2】上：仿宋本、馮本、魁本、四庫本、邵本、陳本同，程本、何本作“之”。重：仿宋本、馮本、魁本、程本、何本、四庫本、陳本同，邵本作“怨”。

【3】殆：程本、四庫本、邵本、陳本同，仿宋本、馮本、魁本作“始”。
【4】于：仿宋本、馮本、魁本、程本、邵本同，四庫本、陳本作“於”。
【5】輒：何本、陳本同，仿宋本、馮本、魁本、程本作“輙”，四庫本、邵本作“莫”。
【6】主：仿宋本、馮本、魁本、四庫本、陳本同，程本、邵本作“王”。

【箋注】

〔1〕汪繼培曰：“本《傳》作‘夫帝王之所尊敬者天也’。按《春秋繁露·郊義篇》云：‘天者，百神之君也，王者之所最尊也。’”〇覺按：《後漢書·王符列傳》引文是，今據改。

〔2〕汪繼培曰：“襄十四年《左傳》：‘師曠曰：“天之愛民甚矣！”’”

〔3〕汪繼培曰：“襄十四年《左傳》：‘師曠曰：“天生民而立之君，使司牧之。”’《漢書·鮑宣傳》云：‘爲天牧養元元。’”

〔4〕汪繼培曰：“《漢書·高帝紀》十一年詔曰：‘賢人已與我共平之矣，而不與吾共安利之，可乎？’《鼂錯傳》云：‘知所以安利萬民，則海内必從矣。’《易·繫辭下傳》云：‘萬民以濟。’”

〔5〕汪繼培曰：“桓六年《左傳》云：‘上思利民，忠也。’《説苑·建本篇》云：‘賢臣之事君也，苟有可以安國家利民人者，不避其難，不憚其勞，以成其義。’《政理篇》云：‘知爲吏者，奉法利民。’”

〔6〕汪繼培曰：“《漢書·楚元王傳》劉向封事云：‘賢人在上位，則引其類而聚之於朝。’《楚策》：‘蘇子曰：“忠臣之於君也，必進賢人以輔之。”’《吕氏春秋·贊能篇》云：‘功無大乎進賢。’”

〔7〕汪繼培曰：“《文子·道德篇》：‘《老子》曰：“居上而民不重，居前而衆不害。”’”〇覺按：以上兩句本於《老子》。《老子·第六十六章》：“是以聖人欲上民，必以其言下之；欲先民，必以其身後之。是以聖人處之上而民弗重，處之前而民不害也。”

〔8〕汪繼培曰：“《臯陶謨》。”〇覺按：見8.8注〔7〕。

〔9〕汪繼培曰：“▲《後漢書·馬嚴傳》云：‘《書》曰：“無曠庶官，天工人其代之。”言王者代天官人也。’《後漢書·劉玄傳》：‘李淑云：“三公上應台宿，九卿下括河海，故天工人其代之。”’《論衡·紀妖篇》云：‘天官百二十，與地之王者無以異也。地之王者，官屬備具，法象天官，稟取制度。’桓八年《公羊傳》疏引《春秋説》云：‘立三台以爲三公，北斗九星爲九卿，二十七大夫内宿部衛之，列八十一紀以爲元士，凡百二十官焉。’”

〔10〕公卿：即三公九卿，見7.3注〔9〕。

〔11〕汪繼培曰：“按後漢時有上司、小司之稱。《中論·譴交篇》云：‘下及小司，列城墨綬，莫不相商以得人，自矜以下士。’小司，謂官職之卑者。其稱上司者，皆謂司馬。光武改司馬爲太尉，故太尉稱上司，見《後漢書·郎顗、劉愷、楊震傳》及《後漢紀》章帝元和三年。▲《藝文》五十三孔融與韋林甫書曰：‘昔伯安由幽都而登上司，子琰以豫州而取宰相。’《後漢書·郎顗傳》云：‘金精之變，責歸上司。’章懷注：‘上司謂司馬也，建武二十七年改爲太尉。’《劉愷傳》：‘陳忠上疏薦愷云：“往者孔光、師丹，近世鄧彪、張酺，皆去宰相，復序上司。誠宜簡練卓異，以猒衆望。”書奏，詔引愷拜太尉。’《楊震傳》云‘吾蒙恩居上司’，時震官太尉也。《後漢紀》章帝元和三年太尉鄭弘上書曰：‘横蒙大恩，仍登上司。’若《史弼傳》云：‘承望上司，誣陷良善。’《吴祐傳》章懷注引《陳留耆舊傳》云：‘祐處同僚，無私書之問，上司無牋檄之敬。’則皆以爲上官之通稱矣。”

〔12〕汪繼培曰：“疑‘孰’。”〇覺按：“輒”猶“則”（參見《助字辨略》卷五“輒”

字條）。

〔13〕私：《吕氏春秋·長利》“而以私其子孫”高誘注：“私，利也。”指私自給予而使之得利。

〔14〕汪繼培曰：“《管子·法法篇》云：‘明君不以禄爵私所愛，忠臣不誣能以干爵禄。’▲此文本之。”〇覺按：《大戴禮記·曾子立事》：“不能行而言之，誣也。”《吕氏春秋·務本》：“今功伐甚薄而所望厚，誣也。”高誘注：“以薄獲厚爲誣也。”“誣能”指没有才能而冒充有才能、以低能去追求與自己才能不相稱的高官。

〔15〕汪繼培曰：“僖廿四年《左傳》介之推語。”

11.3

五代建侯，開國成家【1】，傳嗣百世，歷載千數●〔1〕，皆以能當天官，功加百姓。周公東征〔2〕，後世追思●〔3〕；召公甘棠，人不忍伐●〔4〕。見愛如是，豈欲私害之者哉●〔5〕？此其後之封君多矣●〔6〕，或不終身，或不朞月〔7〕，而莫隕墜其世無者，載莫盈百〔8〕，是人何也哉●【2】〔9〕？

【校記】

【1】成：仿宋本、馮本、魁本、程本、陳本同，何本、四庫本、邵本作“承”。

【2】莫隕墜其世無者載莫盈百是人何：仿宋本、馮本、魁本、程本、邵本、陳本同，四庫本作“莫不隕墜其世無盈百載者是何故”。

【箋注】

〔1〕汪繼培曰：“注見《思賢篇》。”〇覺按：見8.5注〔8〕。

〔2〕周公東征：指周公征伐三監與武庚之事，參見1.1注〔17〕與4.4注〔14〕。

〔3〕汪繼培曰：“《詩·破斧》。”〇覺按：“後世追思”指《詩經·豳風·破斧》對此事的謳歌。其詩云：“周公東征，四國是皇（匡正）。”“周公東征，四國是吪（感化）。”“周公東征，四國是遒（穩定）。”

〔4〕汪繼培曰：“《詩·甘棠》。”〇覺按：召（shào 邵）公：又作“邵公”，也稱“召康公”，姓姬，名奭（shì 市），因封地在召（今陝西省岐山縣西南），所以稱“召公”或“召伯”。他曾幫助周武王滅商，有功而被封於燕（今北京市西南），成爲燕國的始祖。周成王時任太保，與周公旦分陝（今河南省三門峽市陝州區）而治。陝以東由周公治理，陝以西由召公治理。傳説他治理很得民心。有一次，他下鄉視察，在一棵棠梨樹下判決案件、處理政事，從侯爵、伯爵直到平民百姓都得到了相應的職業。他死後，人民懷念他的政績而同時思及這棠梨樹，不敢砍伐它，還寫了《甘棠》之詩來歌頌他。其事蹟可參見《史記·燕召公世家》。甘棠：一種落葉喬木，一名棠梨，俗稱野梨，樹似梨樹而小，春初開小白花，結實如小楝子大，酸美可食。此指召公所待過的甘棠樹。《詩經·召南·甘棠》云：“蔽芾（茂盛）甘棠，勿翦勿伐，召伯所茇（舍）。蔽芾甘棠，勿翦勿敗，召伯所憩（歇息）。蔽芾甘棠，勿翦勿拜（擘），召伯所説（舍）。”

〔5〕汪繼培曰：“《史記·商君傳》《集解》引《新序》云：‘昔周、召施善政，及其死

也，後世思之，“蔽芾甘棠”之詩是也。嘗舍於樹下，後世思其德，不忍伐其樹，况害其身乎？’今《新序》佚此文。”

〔6〕汪繼培曰：“《史記·樂書》云：‘封君世辟。’”〇覺按：裴學海認爲“此其”相當於“其”（參見《古書虚字集釋》卷八“此”字條），其實，“此其”是一個特殊的強式稱代結構，其詞彙意義雖與“其”相似，其語法意義則與“其”不盡相同。其中的“此”着重在複指上文的對象，“其”着重在強調下文的領屬關係。此文複指周公、召公。封君：領受封邑的貴族。周代大封諸侯可參見《史記·周本紀》；西漢封君更多，可參見《漢書》的《諸侯王表》《王子侯表》。

〔7〕朞（jī 基）：一周（月）。

〔8〕王紹蘭曰：“當作‘而莫不隕墜其世者，無慮盈百’。蓋上‘莫’下奪‘不’字，‘者無’二字誤倒，‘慮’‘載’形近而譌，下‘莫’字因上‘莫’下有奪文，遂複衍以足本行字數耳。”〇覺按：汪繼培初稿注云：“‘而莫’以下，文有脱誤。”於是王宗炎加案語曰：“宜云‘而隕墜其世’，‘無者’當作‘無有’，‘載莫’之‘莫’誤。”王紹蘭加案語曰：“‘載莫’之‘莫’疑是‘萬’字。”其説皆難通解此文，不當顯然。王紹蘭後來所作《潛夫論校記》之説雖然稍詳，也純爲臆測，且“慮”“載”字形不近，故亦迂而不可從。彭鐸將“而莫隕墜其世無者”讀爲“而莫隕墜，其世無者”而疑此文有脱誤，也未當。此文恐不誤。隕墜：隕落，指封爵被免去，封邑被廢除。世：朝代。隕墜其世：即“隕墜於其世”。無者：與 7.5 的“未者”類似。

〔9〕汪繼培曰：“‘而莫’以下，文有脱誤。按《漢書·高惠高后文功臣表·敍》引杜業説云：‘昔唐以萬國致時雍之政，虞、夏以之多羣后饗共己之治。湯法三聖，殷氏太平。周封八百，重繹來賀。成王察牧野之克，顧羣后之勤，知其恩結於民心，功光於王府也，故追述先父之志，録遺老之策，高其位，大其寓。至其没也，世主歎其功，無民而不思。所息之樹且猶不伐，况其廟乎？是以燕、齊之祀與周並傳，子繼弟及，歷載不墮。豈無刑辟？繇祖之竭力，故支庶賴焉。迹漢功臣，亦皆割符世爵，受山、河之誓。百餘年間，而襲封者盡，或絶失姓，或乏無主，朽骨孤於墓，苗裔流於道。以往况今，甚可悲傷。’此文自‘五代’以下，大指本於彼。‘是何也哉’見《勸將篇》，此‘人’字亦疑衍。”

11.4

五代之臣，以道事君●〔1〕，以仁撫世，澤及草木●〔2〕，兼利外内，普天率土●〔3〕，莫不被德●〔4〕。其所安全〔5〕，真天工也【1】。是以福祚流衍●〔6〕，本枝百世●〔7〕。季世之臣●〔8〕，不思順天，而時主是諛，謂破敵者爲忠、多殺者爲賢。白起、蒙恬●〔9〕，秦以爲功，天以爲賊。息夫、董賢●〔10〕，主以爲忠，天以爲盗。此等之儔，雖見貴於時君，然上不順天心，下不得民意●〔11〕，故卒泣血號咷，以辱終也●〔12〕。《易》曰：“德薄而位尊，智小而謀大，力少而任重，鮮不及矣●〔13〕。”是故德不稱其任，其禍必酷；能不稱其位，其殃必大。

【校記】

【1】真：仿宋本、魁本、陳本同，馮本作“直”，程本、四庫本、邵本作“真代”。

【箋注】

〔1〕汪繼培曰：“《論語》。”〇覺按：《論語·先進》：“所謂大臣者，以道事君，不可則止。”

〔2〕汪繼培曰：“《漢書·嚴助傳》淮南王上書云：‘恩至禽獸，澤及草木。’”

〔3〕汪繼培曰：“《後漢書·班彪》後《固傳·明堂詩》：‘普天率土，各以其職。’章懷注：‘《詩·小雅》曰：“溥天之下，莫非王土；率土之濱，莫非王臣。”“普”亦“溥”也。’”〇覺按：“普天率土”是《詩經·小雅·北山》“普天之下”“率土之濱”的略語。《孟子·萬章上》《韓非子·説林上》引《詩》均作“普”，今本《毛詩》作“溥”，古字通。普：遍。率：遵循，沿着。率土之濱：沿着陸地的水邊。古人認爲中國四周都是海，所以沿着陸地四周的海邊包抄，也就是指整個中國而言，它等於説“四海之内”，與“普天之下”同義。

〔4〕汪繼培曰：“《漢書·禮樂志》：‘董仲舒云：“德化被四海。”’”

〔5〕所：相當於“所以”，參見1.1注〔3〕。

〔6〕汪繼培曰：“《漢書·敍傳·王命論》云：‘福祚流於子孫。’”〇覺按：祚（zuò作）：福。衍（yǎn眼）：漫溢而延續下去。

〔7〕汪繼培曰：“《詩·文王》。枝，今作‘支’。莊六年《左傳》引《詩》與此同。▲張衡《南都賦·頌》、《藝文類聚》七十引後漢崔駰《鞿銘》並作‘枝’。《抱朴子·君道篇》云：‘繁本枝乎百世。’”〇覺按：本枝：樹木的主幹和枝條，喻指大宗（嫡長子一系）和小宗（嫡長子以外的庶出子孫）。本枝百世：語本《詩經·大雅·文王》：“文王孫子，本支百世。”

〔8〕汪繼培曰：“昭三年《左傳》：‘晏子曰：“此季世也。”’”〇覺按：季：末。季世：末世，見10.9注〔1〕。

〔9〕汪繼培曰：“並見《史記》。”〇覺按：蒙恬（？—公元前210年）：秦名將。秦始皇統一六國後，他曾率兵擊退匈奴，並修築長城，甚受秦始皇尊寵，與太子扶蘇駐守邊疆十餘年。始皇死，趙高等僞造聖旨賜太子扶蘇和蒙恬死，蒙恬不肯自殺而被囚，後仍爲二世所迫，吞藥自殺。見《史記》之《蒙恬列傳》和《李斯列傳》。

〔10〕汪繼培曰：“並見《漢書》。”〇覺按：息夫：複姓。此指息夫躬（？—公元前2年），字子微，西漢河内郡河陽縣（今河南省孟州市西北）人，哀帝時著名的佞臣。年輕時曾爲博士弟子，博覽羣籍。公元前3年，因與孫寵等誣告東平王劉雲謀反被信用而提拔爲光禄大夫，封爲宜陵侯。公元前2年，因丞相御史告其罪狀而免官，被遣送至封地。又有人告他心懷怨恨而詛咒天子，被逮捕，未及審問而死。見《漢書·息夫躬傳》。董賢（公元前23—公元前1年）：字聖卿，西漢雲陽（今陝西省淳化縣西北）人。哀帝時著名的佞臣。因貌美、温和、善於奉承而爲哀帝寵倖，被封爲高安侯，二十二歲時官至大司馬，操縱朝政。公元前1年，哀帝死，他被免官而自殺。見《漢書·佞幸傳·董賢傳》。

〔11〕汪繼培曰：“《漢書·元后傳》：‘王章云：“上順天心，下安百姓。”’《王莽傳》云：‘承順天心，快百姓意。’”

〔12〕汪繼培曰：“《易·屯·上六》：‘泣血漣如。’《旅·上九》：‘旅人先笑後號咷。’《淮南子·繆稱訓》云：‘小人在上位，如寢關曝纊，不得須臾寧，故《易》曰：“乘馬班如，泣血漣如。”言小人處非其位，不可長也。’”〇覺按：泣血：哭泣時雖無聲而淚湧流，就像流血一樣。形容極其悲痛。咷（táo逃）：不停的啼哭聲，引申指放聲痛哭。

〔13〕汪繼培曰:“《易·繫辭下傳》。▲智，王弼本作‘知’。少，今本作‘小’，唐石經作‘少’。按《晋書·山濤傳》云:‘德薄位高，力少任重。’《後漢書·朱馮虞鄭周列傳·贊》章懷注引《易》同。《荀子·儒效篇》:‘能小而事大，辟之，是猶力之少而任重也。’亦用《易》語。錢宫詹大昕云:‘《三國志·王脩（覺按:陳本作“修”，此依汪稿）傳》注引《魏略》:“力少任重。”《漢書·王莽傳》:“自知德薄位尊，力少任大。”今本“少”作“小”，惟北宋景祐本是“少”字。’”

11.5

且夫竊位之人●〔1〕，天奪其鑒●〔2〕，神惑其心。是故貧賤之時，雖有鑒明之資●〔3〕、仁義之志，一旦富貴，則背親捐●舊【1】〔4〕，喪其本心●〔5〕，皆踈骨肉而親便辟●〔6〕，薄知友而厚狗馬●〔7〕，財貨滿於僕妾●〔8〕，禄賜盡於猾奴●〔9〕，寧見朽貫千萬而不忍賜人一錢〔10〕，寧積粟腐倉而不忍貸人一斗●〔11〕，人多驕肆●〔12〕，負債不償●〔13〕，骨肉怨望於家●〔14〕，細民謗讟於道●〔15〕。前人以敗，後爭襲之【2】，誠可傷也!

【校記】

【1】捐:《後漢書》引文、四庫本、陳本同，仿宋本、馮本、魁本、程本、邵本作“損”。

【2】襲:仿宋本、馮本、魁本、何本、四庫本、邵本、陳本同，程本作“襲”。

【箋注】

〔1〕汪繼培曰:“注見《賢難篇》。”

〔2〕汪繼培曰:“僖二年《左傳》云:‘是天奪之鑒，而益其疾也。’”〇覺按:鑒:《國語·晋語二》“是天奪之鑒而益其疾也”韋昭注:“鑒，鏡也。鏡，所以自省察也。”“鑒”原義爲鏡子，引申指自知之明。

〔3〕汪繼培曰:“王先生云:‘鑒明，當依本《傳》作“明察”，“鑒”“察”形近而譌。’繼培按:‘鑒’蓋‘賢’之誤，《漢書·五行志》云:‘人君有賢明之材，畏天威命。’《王褒傳》云:‘世必有聖知之君，而後有賢明之臣。’”〇覺按:《左傳·僖公二年》“是天奪之鑒”杜預注:“鑒，所以自照。”鑒明:自照之明，即自知之明。王説、汪説均非。

〔4〕汪繼培曰:“舊作‘損’，据《傳》改。”

〔5〕汪繼培曰:“《孟子》云:‘此之謂失其本心。’”

〔6〕汪繼培曰:“《史記·伍子胥傳》云:‘疎骨肉之親。’‘辟’讀爲‘嬖’。《漢書·佞幸傳·贊》云:‘咎在親便嬖。’”〇覺按:“便辟”（piánbì 駢臂）又作“便嬖”，是君主左右能説會道、善於迎合而受到寵信的小臣。

〔7〕汪繼培説;“《鹽鐵論·散不足篇》云:‘百姓或短褐不完，而犬馬衣文繡。’《説苑·正諫篇》:‘咎犯曰:“民有饑色，而馬有粟秩。”’”〇覺按:《孟子·梁惠王上》:“狗彘食人食而不知檢，塗有餓莩而不知發。”“廄有肥馬，民有飢色，野有餓莩，此率獸而食人

也。”均爲“厚狗馬”之例。

〔8〕汪繼培曰：“《史記·孟嘗君傳》云：‘僕妾餘粱肉，而士不厭糟糠。’”〇覺按：“僕妾”等於説“臣妾”，供人役使的人，男的叫僕，女的叫妾。

〔9〕汪繼培曰：“《漢書·貢禹傳》云：‘禄賜愈多，家日以益富。’《一切經音義》一引《三蒼》云：‘猾，黠惡也。’《史記·貨殖傳》云：‘桀黠奴，人之所患也。’”

〔10〕貫：穿繩的繩索。

〔11〕汪繼培曰：“《史記·平準書》云：‘京師之錢累巨萬，貫朽而不可校。太倉之粟，陳陳相因，充溢露積於外，至腐敗而不可食。’《高祖紀》云：‘實不持一錢。’《田敬仲世家》云：‘田常復修釐子之政，以大斗出貸，以小斗收。’《御覽》八百四十‘一斗’作‘一升’。按此文即《墨子·尚同上篇》所云：‘腐死餘財，不以相分。’”

〔12〕汪繼培曰：“《管子·霸言篇》云；‘富而驕肆者復貧。’”

〔13〕汪繼培曰：“《説文》云：‘償，還也。’債，本書多作‘責’，‘責’‘債’，古今字。”

〔14〕汪繼培曰：“《毛詩·角弓·序》云：‘骨肉相怨。’鄭于（覺按：當作“鄭玄”）《詩》箋云：‘骨肉之親相疎遠，則以親親之望，易以生（覺按：“生”當作“成”）怨。’按‘怨’‘望’同義，《史記·陳餘傳》：‘餘怒曰：“不意君之望臣深也。”’《索隱》云：‘望，怨責也。’”〇彭鐸曰：“《説文》：‘謹，責望也。’書傳通以‘望’爲之。”〇覺按：“望”通“謹”，埋怨，責怪。

〔15〕汪繼培曰：“《晏子春秋·諫下》云：‘不顧細民。’昭元年《左傳》云：‘民無謗讟。’”〇覺按：謗：公開指責（別人的過失）。讟（dú 讀）：責怪，埋怨。

11.6

歷觀前世貴人之用心也●〔1〕，與嬰兒等●【1】〔2〕。嬰兒有常病，貴臣有常禍●【2】〔3〕；父母有常失，人君有常過【3】。嬰兒常病，傷飽也；貴臣常禍【4】，傷寵也；父母常失，在不能已於媚子●〔4〕；人君常過，在不能已於驕臣●〔5〕。哺乳太多●〔6〕，則必掣縱而生癇●〔7〕；貴富太盛，則必驕佚而生過●〔8〕。是故媚子以賊其軀者【5】，非一門也；驕臣用滅其家者，非一世也●〔9〕。或以背叛横逆不道●〔10〕，或以德薄不稱其貴。文昌奠功，司命舉過●〔11〕，觀惡深淺，稱罪降罰，或捕格斬首●【6】〔12〕，或拉髆掣胷●〔13〕。掊死深穽●〔14〕，銜刀都市●〔15〕，殭屍破家〔16〕，覆宗滅族者，皆無功於民氓者也。而後人貪權冒寵，蓄積無極●〔17〕，思登顛隕之臺●〔18〕，樂循覆車之迹●【7】〔19〕，願禪福祚●〔20〕以備員滿貫者●〔21〕，何世無之？

【校記】

【1】與嬰：仿宋本、馮本、程本、四庫本、邵本、陳本同，魁本作“■■”。

【2】臣：仿宋本、馮本、魁本、陳本同，程本、四庫本、邵本作“人”。

【3】過：仿宋本、馮本、魁本、程本、四庫本、邵本、汪稿同，陳本作“失”。
【4】臣：仿宋本、馮本、魁本、陳本同，程本、四庫本、邵本作“人”。
【5】軀：仿宋本、馮本、魁本、陳本同，程本、四庫本、邵本作“福”。
【6】挌：仿宋本、馮本、魁本、程本、四庫本、邵本同，陳本作“格”。
【7】循：程本、四庫本、邵本、陳本同，仿宋本、馮本、魁本作“偱”。

【箋注】

〔1〕汪繼培曰：▲“《吕氏春秋·重己篇》‘人主貴人’高誘注：‘貴人，謂公卿大夫也。’”

〔2〕汪繼培曰：“‘與嬰’二字舊空，据程本。《釋名·釋長幼》云：‘人始生曰嬰兒。胷前曰嬰，抱之嬰前，乳養之也。’”〇覺按：據汪校，則其所用舊本當爲魁本之底本。

〔3〕汪繼培曰：“貴臣，程本作‘貴人’。按本《傳》及《意林》並作‘貴臣’，下同。”

〔4〕汪繼培曰：“《詩·思齊》毛傳：‘媚，愛也。’”〇覺按：已：止。媚：愛，討好。

〔5〕汪繼培曰：“《後漢書·陳元傳》云：‘人君患在自驕，不患驕臣。’”

〔6〕汪繼培曰：“《漢書·賈誼傳》云‘抱哺其子’，顔師古注：‘哺，飤也。’”

〔7〕汪繼培曰：“《説文·手部》：‘瘳，引縱曰瘳。’疒部：‘瘛，小兒瘛瘲病也。’戴侗《六書故》云：‘瘛瘲謂小兒風驚，乍掣乍縱。掣，搐也；縱則掣而乍舒也。’《玉篇》云：‘癎，小兒瘨病。’按《素問·大奇論》云：‘癎瘛筋攣。’”〇覺按：掣（chè 徹）：通“瘳”（chè 徹）、“瘛”（chè 徹），也作“瘈”（chì 斥），即抽搐（chù 觸），是一種肌肉不自主地收縮的病症，多見於四肢和顔面，大多由中樞神經系統受到刺激引起。縱：通“瘲”（zòng 縱），是肌肉不自主地放鬆的病症。掣縱：即“瘛瘲”，也作“瘈瘲”，即小兒驚風。癎（xián 閑）：癲癎，俗名羊癎風、羊頭風。

〔8〕汪繼培曰：“《趙策》：‘公子牟曰：“貴不與富期而富至，富不與粱肉期而粱肉至，粱肉不與驕奢期而驕奢至，驕奢不與死亡期而死亡至。累世以前，坐此者多矣。”’成六年《左傳》云：‘國饒則民驕佚。’”

〔9〕汪繼培曰：“《春秋繁露·身之養重於義篇》云：‘忘義而殉利，去理而走邪，以賊其身，而禍其家。’‘賊軀’猶‘賊身’。《漢書·梅福傳》云：‘漢興以來，社稷三危，吕、霍、上官，皆母后之家也。親親之道，全之爲右，當與之賢師良傅，教以忠孝之道。今迺尊寵其位，授以魁柄，使之驕逆，至於夷滅，此失親親之大者也。’此文意與彼同。”

〔10〕汪繼培曰：“横逆不道，即《述赦篇》所云‘大逆不道’也。《漢書·陳湯傳》云：‘不道無正法，以所犯劇易爲罪。’大逆，不道之劇者。”〇覺按：横（hèng 衡去聲）：横行跋扈，指仗勢妄爲。逆：違背正道而行。不道：即無道，没有道德，暴虐。漢代以後“不道”常作爲一種罪名。又，此文“不道”後承上省“滅其家”，下句同。

〔11〕汪繼培曰：“《史記·天官書》云：‘斗魁戴匡六星曰文昌宫，四曰司命。’▲《索隱》：‘《孝經援神契》云：“文者精所聚，昌者揚天紀。”輔拂並居，以成天象，故曰文昌宫。’《禮記·祭法》‘司命’鄭注：‘司命主督察三命。’疏云：▲‘司命者，宫中小神。熊氏云：“非天之司命，故祭於宫中。”皇氏云：“司命者，文昌宫星。”其義非也。’《白虎通·壽命篇》云：‘隨命者，隨行爲命，欲使民務仁立義無滔天，滔天則司命舉過言，則用以弊之。’《後漢書·張衡傳》章懷注引《春秋佐助期》曰：‘司命，神名，爲滅黨，長八尺，小鼻，望羊，多髭，癯瘦，通於命運期度。’”〇覺按：文昌：原爲星名，斗魁上六星總稱文昌宫（見《史記·天官書》）。後附會爲神名，是掌管人間功名、禄位的神。奠：獻。司命：原爲星名，有兩種説法，一説指文昌宫的第四星，該星主災咎，見《史記·天官書》

“四曰司命”《索隱》；一説指三台中上台二星，主壽，見《晋書·天文志上》。司命由星名而附會爲掌管人間壽夭的神。這種神周代已流行，金文《齊侯壺》有“大嗣（司）命”，《周禮·春官·大宗伯》《韓非子·喻老》《楚辭·九歌》《禮記·祭法》中均提到過，但此文“司命”與“文昌”相對成文，27.4又説“司命班禄”，則東漢時所謂司命神，並非衹主管壽夭，同時也掌管功名禄位。

〔12〕汪繼培曰：“《後漢書·劉盆子傳》章懷注：‘相拒而殺之曰格。’按《漢書·馮奉世》後《野王傳》：‘池陽令並素行貪汙，野王部督郵掾趙都按驗，得其主守盜十金罪，收捕。並不首吏，都格殺。’顔師古注：‘不首吏，謂不伏從收捕也。’”〇覺按：《説文·手部》：“挌，擊也。”段玉裁注：“凡今用格鬥字當作此。”表示攔截並進行打擊之義，後世用“格”，《説文》作“挌”，《潛夫論》産生於東漢，其原文也當作“挌”。

〔13〕汪繼培曰：“莊元年《公羊傳》‘搚幹而殺之’，何休注：‘搚，折聲也。’《釋文》：‘“搚”亦作“拉”。’《釋名·釋姿容》云：‘掣，制也，制頓之使順己也。’《鹽鐵論·散不足篇》云：‘吏捕索掣頓，不以道理。’《續漢書·五行志》載梁冀事云：‘吏卒掣頓，折其要脊。’”〇覺按：拉：摧折，扳斷。髆：肩胛，肩膀。掣：牽引，拉，引申指撕裂。

〔14〕汪繼培曰：“《周禮·秋官（覺按：陳本無“秋官”，此依汪稿）·掌囚》：‘凡殺人者，踣諸市。’鄭注：‘踣，僵尸也。’‘掊’與‘踣’同。穽，《傳》作‘牢’。按‘穽’蓋‘窂’之誤。《廣韻》云：‘“窂”與“牢”同。’漢碑‘太牢’字多作‘窂’。《鹽鐵論·褒賢篇》云：‘身在深牢，莫知恤視。’《後漢書·黨錮傳·范滂傳·論》云：‘幽深牢，破室族。’”〇彭鐸曰：“《漢書·谷永傳》：‘又以掖庭獄大爲亂阱’，顔注：‘穿地爲坑阱以拘繫罪人也。’‘穽’與‘阱’同，今謂地牢也。”〇覺按：掊（bó 勃）：通“踣”（bó 勃），倒下去。

〔15〕汪繼培曰：“《漢書·王嘉傳》云：‘奉職負國，當伏刑都市，以示萬衆。’”〇覺按：銜刀：吃刀，即被殺頭。

〔16〕殭：同“僵”，僵硬。殭屍：用作動詞，表示使自己成爲僵硬的屍體。

〔17〕汪繼培曰：“《楚語》：‘鬬且廷見令尹子常，歸以語其弟曰：“令尹問蓄聚積實，如餓豺狼焉，殆必亡者也。”’文十八年《左傳》云：‘貪於飲食，冒於貨賄，聚斂積實，不知紀極。’杜注：‘“冒”亦“貪”也。’”〇覺按：寵：榮耀。

〔18〕汪繼培曰：“▲《鄧析子·轉辭篇》：‘終顛殞乎混冥之中。’《太玄經上》次七：‘升於顛臺。’”

〔19〕汪繼培曰：“《新書·連語》：‘周諺曰：“前車覆而後車戒。”’《韓詩外傳》五云：‘前車覆而後車不誡，是以後車覆也。’《後漢書·隗囂傳》云：‘循覆車之軌。’”

〔20〕汪繼培曰：“《詩·采菽》云‘福禄膍之’，毛傳：‘裨（覺按：當作“膍”），厚也。’‘裨’與‘膍’同。《儀禮·覲禮》鄭注：‘“裨”之爲言“埤”也。’《詩·北門》毛傳：‘埤，厚也。’”

〔21〕汪繼培曰：“▲《秦始皇紀》云：‘博士雖七十人，特備員弗用。’《史記·平原（覺按：陳本誤作“平康”，此依汪稿）君傳》云：‘秦之圍邯鄲，趙使平原君求救，合從於楚，約與食客門下二十人偕，得十九人，餘無可取者。門下有毛遂者，前，自贊於平原君曰：“願君即以遂備員而行。”’▲《史記·張丞相傳》云：‘自申屠嘉死之後，丞相皆以列侯繼嗣，娖娖廉謹，爲丞相備員而已。’‘備員’亦見《漢書·儒林傳》序。宣六年《左傳》：‘中行桓子曰：“使疾其民，以盈其貫，將可殪也。”’《韓非子·説林下》云：‘有與（覺按：陳本誤作“無”，此依汪稿）悍者鄰，欲賣宅而避之。人曰：“是其貫將滿也，子姑待之。”答曰：“吾恐其以我滿貫也。”’”〇覺按：備員：湊人數，指在其位而不謀其政，聊以充數。

滿貫：語本《尚書·泰誓上》的“商罪貫盈”。“貫”原指穿銅錢貨貝的繩索（參見《説文·毌部》“毌”字條、“貫”字條），後世暗用《尚書》之語而喻指“罪貫”，即“惡貫”，也就是穿罪惡的繩子。“滿貫”即後世所説的“惡貫滿盈”，指罪惡多得已像錢穿滿繩索一樣而達到了法紀所規定的極限，因而一定會受到懲罰。

11.7

當吕氏之貴也，太后稱制●而專政〔1〕，禄、産秉事而握權●〔2〕，擅立四王●【1】〔3〕，多封子弟〔4〕，兼據將相，外内磐結【2】〔5〕，自以雖湯、武興〔6〕，五霸作〔7〕，弗能危也，於是廢仁義而尚威虐，滅禮信而務譎詐，海内怨痛，人欲其亡，故一朝摩滅而莫之哀也●【3】〔8〕。霍氏之貴〔9〕，專相幼主〔10〕，誅滅同僚〔11〕，廢帝立帝，莫之敢違；禹繼父位，山、雲秉事【4】，諸壻專典禁兵〔12〕，婚姻本族●【5】〔13〕。王氏之貴〔14〕，九侯五將●〔15〕，朱輪二十三●〔16〕；太后專政，秉權三世；莽爲宰衡〔17〕，封安漢公，居攝假號〔18〕，身當南面〔19〕，卒以篡位，十有餘年，自以居之已久，威立恩行，永無禍敗，故遂肆心恣意，私近忘遠【6】，崇聚羣小〔20〕，重賦殫民，以奉無功，動爲姦詐，託之經義●〔21〕，迷罔百姓，欺誣天地，自以我密，人莫之知。皇天從上鑒其姦〔22〕，神明自幽照其態〔23〕，豈有誤哉●〔24〕？

【校記】

【1】王：四庫本、陳本同，仿宋本、馮本、魁本、程本、邵本作“五”。
【2】磐：仿宋本、馮本、魁本、程本、邵本、陳本同，四庫本作“盤”。
【3】摩：仿宋本、馮本、魁本、程本、邵本、陳本同，四庫本作“磨”。
【4】秉：四庫本同，仿宋本、馮本、魁本、程本、邵本作“屏”，陳本作“屛”。
【5】本：仿宋本、馮本、魁本、程本、邵本、陳本同，四庫本作“大”。
【6】遠：陳本同，仿宋本、馮本、魁本、四庫本作“逺”，程本、邵本作“違”。

【箋注】

〔1〕汪繼培曰：“▲《漢書·高后紀》‘臨朝稱制’顔師古注云：‘天子之言，一曰制書，二曰詔書。制書者，謂爲制度之命也，非皇后所得稱。今吕太后臨朝行天子事，斷決萬機，故稱制詔。’”〇覺按：吕氏：指漢惠帝的母親吕雉（公元前241—公元前180年），漢高祖劉邦之妻，曾助漢高祖殺韓信、彭越等異姓諸侯王。後來其子劉盈（惠帝）即位，她被尊爲太后，掌握實權，殺害了戚夫人及其子趙王如意。惠帝死後，她臨朝稱制，掌握朝政八年，排斥劉邦舊臣，分封諸吕爲王侯，以侄吕産、吕禄分掌南北軍。她死後，周勃、陳平等滅諸吕，擁立文帝，恢復了劉漢政權。《史記》《漢書》均有紀。制：皇帝的命令。稱制：把自己的命令稱爲“制”，指行使皇帝的權力而發號施令。

〔2〕汪繼培曰：▲"《史記·吕后本紀》：以趙王吕禄爲上將軍，吕王産爲相國。《史記·陳丞相（覺按：當作"絳侯周勃"）世家》云：'吕禄以趙王爲漢上將軍，吕産以吕王爲漢相國，秉漢權。'"〇覺按：禄：即吕禄（？—公元前180年），吕后次兄吕釋之的小兒子。漢惠帝死，吕后稱制，他被封爲胡陵侯（一作漢陽侯），後被封爲趙王。公元前180年，吕后病重，他被任命爲上將軍，掌北軍。不久，被周勃等所殺。參見《史記·吕后本紀》《漢書·外戚恩澤侯表》。産：即吕産（？—公元前180年），吕后長兄吕澤的次子，高后元年（公元前187年）被封爲郊侯（一作汶侯），後又立爲吕王、梁王，任帝太傅。公元前180年，吕后病重，他掌南軍。吕后死，遺詔以吕産爲相國。不久即被劉章所殺。參見《史記·吕后本紀》《漢書·外戚恩澤侯表》。

〔3〕汪繼培曰：▲"《漢書·高后紀》云：'立兄子吕台、産、禄、台子通四人爲王。'《史記·吕后紀》酈寄云'吕氏立三王'，謂梁王産、趙王禄、燕王通也。産本封吕，徙梁，更名梁曰吕，故寄以爲三王。《漢書·文帝紀》宋昌曰：'以吕太后之嚴，立諸吕爲三王，擅權專制。'"〇覺按：此文本自《漢書·高后紀》的"乃立兄子吕台、産、禄、台子通四人爲王"。擅立：自作主張地設立。漢高祖已定天下，曾與大臣相約："非劉氏王者，天下共擊之。"（見《史記·吕后本紀》）現吕太后違背高祖之約而立吕氏爲王，所以説"擅立"。四王：吕后當政時，所立吕氏四王爲：高后元年（公元前187年）立長兄吕澤之子吕台爲吕王。高后六年（公元前182年）立吕台之弟吕産爲吕王，次年又徙爲梁王。高后八年（公元前180年）立吕禄爲趙王，立吕台之子吕通爲燕王。見《漢書》之《外戚傳上》及《外戚恩澤侯表》。

〔4〕多封子弟：吕太后除立四王外，還無功而封吕氏子弟六人爲侯：高后元年（公元前187年）封其姊長姁的兒子吕平爲扶柳侯，其兄吕釋之的兒子吕種爲沛侯（後更改爲不其侯）；四年（公元前184年），封其侄吕勝爲贅其侯，其侄吕忿爲吕成侯；八年（公元前180年），封其侄吕瑩爲祝兹侯，封燕王吕通之弟吕莊（一作庀）爲東平侯。參見《史記》之《惠景間侯者年表》《吕后本紀》

〔5〕磐：通"盤"，盤曲，迴繞。磐結：盤繞聚結，指相互勾結得很緊密。

〔6〕湯、武：商湯、周武王。

〔7〕五霸：五個稱霸一時的人。具體所指古代有異説。春秋後期及漢代崇古者以夏代的昆吾氏、商代的大彭氏和豕韋氏、周代的齊桓公和晋文公爲五霸，見《白虎通·號》。戰國時人們往往以齊桓公、晋文公、楚莊王、吴王闔廬（Hélǘ 河驢，一作"闔閭"）、越王勾踐爲五霸，見《墨子·所染》、《荀子》的《王霸篇》《議兵篇》、《吕氏春秋·當染篇》。漢代人則又往往以齊桓公、晋文公、秦穆公、宋襄公、楚莊王或齊桓公、晋文公、秦穆公、楚莊王、吴王闔閭爲五霸，見《孟子·告子下》"五霸者"趙岐注、《白虎通·號》。此文與"湯、武"對文，當指春秋時五霸。至於王符取哪一説，則難以臆測。但若究其實，則春秋五霸應爲齊桓公、晋文公、楚莊王、吴王夫差、越王勾踐。因爲據史載，闔廬未稱霸中原而會合諸侯，祇有夫差纔會諸侯於黄池，取得了霸主的地位（參見《左傳·哀公十三年》《史記·吴太伯世家》《吴越春秋》）。至於秦穆公與宋襄公，實未成爲霸主（見《史記》的《秦本紀》《宋微子世家》《楚世家》），故漢代人的説法不足取。

〔8〕汪繼培曰："事見《漢書·高后紀》。《晋語》云：'一朝而滅，莫之哀也。'▲《漢書·楚元王傳》劉向上封事云：'漢興，諸吕無道，擅相尊王。吕産、吕禄席太后之寵，據將相之位，兼南北軍之衆，擁梁、趙王之尊，驕盈無厭，欲危劉氏。賴忠正大臣絳侯、朱虚侯等竭誠盡節以誅滅之。'按《方言》云：'摩，滅也。''摩'與'靡'通。▲《漢書·司

馬遷傳·與任安書》云：'古者富貴而名摩滅，不可勝紀。'字亦作'糜'，《賈山傳》云：'萬鈞之所壓，無不糜滅者。'"○覺按：一朝（zhāo 昭）：一個早晨。此形容時間極短，表示一下子。摩：通"磨"。摩滅：消失。

〔9〕霍氏：指霍光，西漢河東郡平陽縣（今山西省臨汾市西南）人，字子孟，霍去病（見4.6注〔14〕）異母弟。武帝時爲奉車都尉，出入宮廷二十餘年，小心謹慎，未嘗有過，甚受信任。公元前87年，武帝死，昭帝即位僅八歲，霍光被任命爲大司馬、大將軍，受遺詔與車騎將軍金日磾、左將軍上官桀、御史大夫桑弘羊等輔少主，政事全由霍光決定。公元前85年，封爲博陸侯。公元前80年，上官桀父子、桑弘羊與蓋長公主（昭帝長姊）、燕王劉旦謀殺霍光，廢昭帝，立燕王爲帝。謀洩，霍光盡誅上官桀父子、桑弘羊宗族，蓋長公主、燕王自殺。公元前74年，昭帝死，他迎立昌邑王劉賀（武帝孫）。劉賀即位後行爲淫亂，徵用昌邑官屬，立二十七日，被霍光所廢。霍光等立宣帝。自昭帝時，霍光的兒子霍禹及其兄之孫霍雲皆爲中郎將，霍雲之弟霍山爲奉車都尉。霍光的兩個女婿爲東西宮衛尉。公元前70年，霍光的女兒又被立爲皇后。公元前68年，霍光臨死前又以霍禹爲右將軍。霍光死後，宣帝親政，又封霍山爲樂平侯，領尚書事；封霍雲爲冠陽侯；霍禹繼爲博陸侯，任大司馬。其後霍氏之兵權日削。公元前66年，霍禹等陰謀廢宣帝。事洩，霍雲、霍山自殺，霍禹被腰斬，顯（霍光妻）被棄市。霍皇后被廢。參見《漢書》之《霍光傳》《昭帝紀》《宣帝紀》。

〔10〕相：輔助。幼主：幼小的君主，指漢昭帝劉弗陵（公元前94—公元前74年），武帝子，公元前87年即位時年僅八歲。

〔11〕同僚：在一起做官的人。此指上官桀、桑弘羊等。

〔12〕禁：皇宮。禁兵：守衛皇宮的軍隊。諸壻專典禁兵：霍光女婿范明友爲未央宮衛尉（九卿之一，掌管宮門屯衛），長女婿鄧廣漢爲長樂宮衛尉，次女婿任勝爲中郎將羽林監（光祿勳屬官，掌管三署郎宿衛宮殿掖門户），中女婿趙平爲散騎騎都尉（皇帝身邊的侍從官，掌管羽林騎兵）。見《漢書·霍光傳》。

〔13〕陳本"秉"作"屏"，汪繼培曰："事見《漢書·霍光傳》。'屏'當作'秉'。《魏相傳》：'相奏封事言："光死，子復爲大將軍，兄子秉樞機，昆弟諸壻據權執，在兵官。"'《張禹傳》云'總秉諸事'，亦'秉事'之證。王先生云：'"本族"疑"帝族"。'"○覺按：婚姻本族：指霍光將女兒嫁給漢宣帝。王說非。

〔14〕王氏：指元帝皇后王政君。王政君（公元前71—公元13年），王莽的姑母，原籍東平陵（今山東省濟南市東），祖父王賀遷居魏郡元城（今河北省大名縣東）。公元前54年，政君十八歲，其父王禁把她獻入宮中爲家人子（没有名號的宫人），一次偶然的機會得幸太子而於公元前51年生下成帝。公元前49年，宣帝死，太子即位爲元帝，她被立爲皇后。公元前33年，元帝死，成帝即位，尊她爲皇太后。公元前7年，成帝死，哀帝立，她爲太皇太后。公元前1年，哀帝死，平帝立，僅九歲，她以太皇太后臨朝稱制，以王莽爲大司馬，委政於王莽。公元5年，平帝死，王莽居攝，王太后不同意，但也不能禁。其後王莽自立爲真皇帝，尊她爲"新室文母太皇太后"。事詳《漢書·元后傳》。

〔15〕汪繼培曰："《漢書·王莽傳》云：'家凡九侯、五大司馬。'▲《外戚傳》言孝元王皇后'家凡十侯'，并后姊子淳于長數之，故《元后傳》云：'王氏親屬，侯者凡十人。''五將'即'五大司馬'也。《元后傳》：'解光奏："曲陽侯根宗重身尊，三世據權，五將秉政。"'《五行志》云：'五將世權。'"○覺按："九侯五將"即《漢書·王莽傳上》所說的"家凡九侯、五大司馬"。大司馬掌管軍事，往往用來加在將軍的稱號之前，所以《漢

書・元后傳》與此文説“五將”。據《漢書・元后傳》，“王氏親屬，侯者凡十人”。元帝時王皇后之父王禁被封爲陽平侯，死後長子王鳳襲陽平侯。成帝即位，王鳳爲大司馬、大將軍。其弟王崇封安成侯，其庶弟王譚爲平阿侯、王商爲成都侯、王立爲紅陽侯、王根爲曲陽侯、王逢時爲高平侯。王鳳死，堂弟王音爲大司馬、車騎將軍，封安陽侯。王譚死後，子王仁襲平阿侯。接着又追封王太后已故之弟王曼爲新都哀侯，封王曼之子王莽爲新都侯。後又封太后姊王君俠的兒子淳于長爲定陵侯（本文説“九侯”，則不包括這不姓王的定陵侯）。王音死後，王商爲大司馬、衛將軍，四年後更爲大將軍。王商死後，王根爲大司馬、驃騎將軍。王根因病免官後，王莽爲大司馬。哀帝即位後王莽被免去大司馬官，哀帝死後，王莽又爲大司馬。

〔16〕汪繼培曰：“▲《漢書・翼奉傳（覺按：當作“李尋傳”）》云：‘二十朱輪。’《楚元王傳》劉向封事云：‘王氏一姓，乘朱輪華轂者二十三人。’”〇覺按：朱輪：古代達官貴人所乘的車。因用大紅漆漆輪，故名。朱輪二十三：據《漢書》之《元后傳》及《外戚恩澤侯表》，王氏家族的達官貴人有：元帝皇后王政君，陽平侯王禁（王政君之父）、王鳳（禁之子）、王襄（鳳之子）、王岑（襄之子）、王莫（岑之子），安成侯王崇（鳳之弟）、王奉世（崇之子）、王持弓（奉世之子），平阿侯王譚（鳳之庶弟）、王仁（譚之子）、王述（仁之子），成都侯王商（鳳之庶弟）、王況（商之子）、王邑（況之弟），紅陽侯王立（鳳之庶弟）、王柱（立之子），曲陽侯王根（鳳之庶弟）、王涉（根之子），高平侯王逢時（鳳之庶弟）、王置（逢時之子），新都侯王莽（王政君之侄）、褒新侯王安（莽之子）、賞都侯王臨（莽之子），長樂衛尉王弘（禁之弟）、安陽侯王音（弘之子）、王舜（音之子）、王攝（舜之子）。其數不止二十三。此文説“二十三”，實是襲用了《漢書・楚元王傳・劉向傳》所録劉向上書中的“今王氏一姓乘朱輪華轂者二十三人”。劉向該上書在成帝時，則當不包括王岑、王莫、王持弓、王述、王邑、王柱、王涉、王安、王臨、王攝。如此，則又不足二十三。其具體所指，已難詳考。

〔17〕宰衡：周成王時周公旦爲太宰，商湯時伊尹爲阿衡。漢平帝元始四年（公元4年），給王莽加上“宰衡”的稱號，意指王莽之忠賢可與周公、伊尹媲美，其職與宰相相同，即“正百僚，平海内”。見《漢書》之《平帝紀》《王莽傳上》。

〔18〕攝：代理。居攝：處於攝政的地位，即暫居皇帝之位而代爲處理政務。假：不真，非正式。古代代理政事稱爲“假”。假號：代理執政的稱號，指王莽自稱“假皇帝”。

〔19〕南面：見3.3注〔28〕。

〔20〕崇：通“叢”，聚集。《左傳・僖公二十四年》“弃德崇姦”杜預注：“崇，聚也。”《説文・丵部》：“叢，聚也。”

〔21〕汪繼培曰：▲“《漢書・食貨志》云：‘莽性躁擾，不能無爲，每有所興造，必欲依古得經文。’”

〔22〕皇天：見8.8注〔11〕。鑒：照，洞察。

〔23〕態：通“慝”，邪惡。與上句“姦”同義。

〔24〕汪繼培曰：“事見《漢書・王莽傳》。按此言吕、霍、王氏事，大恉本劉向封事，▲見《漢書・楚元王傳》。”

11.8

夫鳥以山爲卑而橧巢其上[1]，魚以淵爲淺而穿穴其中，卒所以得之者，餌也●〔1〕。貴戚懼家之不吉而制諸令名●【2】〔2〕，懼門之不堅而爲作鐵樞●〔3〕，卒其所以敗者●【3】〔4〕，非苦禁忌少●而門樞朽也〔5〕，常苦崇財貨而行驕僭●〔6〕、虐百姓而失民心爾。

【校記】

【1】橧：仿宋本、馮本、魁本、程本、四庫本、陳本同，何本、邵本作“增”。

【2】制：七本皆作“聚”，據《後漢書》引文改。

【3】其所：仿宋本、馮本、魁本、程本、四庫本、陳本作“其”，何本、邵本作“有”，據《後漢書》引文改。

【箋注】

〔1〕汪繼培曰：“《曾子疾病篇》文。《大戴禮》‘橧’作‘曾’，‘穿’作‘暱’。《説苑·敬慎篇、談叢篇》並作‘穿’。”〇覺按：此上三句本於《荀子·法行篇》《大戴禮記·曾子疾病》。橧（zēng 增）：通“橧”。《淮南子·原道訓》：“木處榛巢，水居窟穴。”高誘注：“聚木曰榛。”橧巢：聚木築巢。

〔2〕陳本“制”作“聚”，汪繼培曰：“《史記·秦始王（覺按：當作“秦始皇”）紀》云：‘阿房宫成，欲更擇令名名之。’聚，《傳》作‘制’。按‘聚’乃‘製’之誤。《西京雜記》云：‘初修上林苑，羣臣遠方各獻名果異樹，亦有製爲美名，以標奇麗。’‘製名’亦一證。”〇覺按：汪説是。

〔3〕汪繼培曰：“《説文》云：‘樞，户樞也。’”

〔4〕陳本無“所”字，汪繼培曰：“本《傳》‘其’下有‘所’字，《天中記》十五同。”〇覺按：《太平御覽》卷一百八十三引文也有“所”字。

〔5〕汪繼培曰：“《漢書·藝文志》論陰陽家云：‘拘者爲之，則牽（覺按：陳本誤爲“摮”，此據汪稿）於禁忌。’”〇覺按：苦：被……搞苦，爲……所困。《漢書·馮奉世傳》“爲外國所苦”顔師古注：“苦謂困辱之。”

〔6〕汪繼培曰：“《漢書·禹貢（覺按，當作“貢禹”）傳》云：‘相守崇財利。’《王商傳》云：‘王鳳顓權，行多驕僭。’”〇覺按：僭（jiàn 見）：超越本分，過分。

11.9

孔子曰：“不患無位，患己不立●【1】〔1〕”。是故人臣不奉遵禮法【2】、竭精思職●〔2〕、推誠輔君、効功百姓、下自附於民氓、上承順於天心，而乃欲任其私知〔3〕、竊君威德以陵下民〔4〕，反戾天地、欺誣神明、偷進苟得以自奉厚【3】〔5〕，居累卵之危而圖泰山之安●【4】〔6〕，爲朝露之行●〔7〕而思傳世之功●〔8〕，譬猶始皇之舍德任刑而欲計一以至於萬也●〔9〕，豈不惑哉？

【校記】

【1】己不：仿宋本、馮本、魁本、程本、邵本、陳本同，四庫本作“所以”。

【2】遵：仿宋本、馮本、魁本、程本、邵本、陳本同，四庫本作“尊”。
【3】得：仿宋本、馮本、程本、四庫本、邵本、陳本同，魁本作“德”。
【4】卵：何本、四庫本、邵本、陳本同，仿宋本、馮本作“夘”，魁本作“夘”，程本作“卵”。

【箋注】

〔1〕汪繼培曰：“《論語》作‘患所以立’。”〇覺按：見《論語·里仁》。
〔2〕汪繼培曰：“《漢書·梅福傳》云：‘厲志竭精。’”
〔3〕任：憑。知：通“智”。《後漢書》引文、《太平御覽》卷一百八十三引文作“智”。
〔4〕威德：使用刑罰造成的威勢和使用獎賞造成的恩德，引申指刑賞大權。
〔5〕偷：與“苟”同義，苟且，指不義。奉：通“俸”，俸禄。
〔6〕汪繼培曰：“《漢書·枚乘傳·諫吴王書》云：‘必若所欲爲，危於絫卵，難於上天。變所欲爲，易於反掌，安於泰山。’▲《史記·范睢傳》云：‘秦王之國，危於累卵。’《正義》引《説苑》云：‘晋靈公造九層之臺，費用千金，荀息上書求見，曰：“臣能累十二博棊，加九雞子其上。”公曰：“危哉，危哉！”荀息曰：“復有危於此者。九層之臺三年不成，男不耕，女不織，國用空虚，隣國謀議將興，社稷亡滅，君欲何望？”靈公曰：“寡人之過也。”’《韓非子·十過篇》云：‘曹，小國也，而迫於晋、楚之閒，其君之危猶累卵也。’”
〔7〕汪繼培曰：“《史記·商君傳》：‘趙良曰：“君之危，如朝露。”’▲《漢書·蘇建》後《武傳》李陵曰：‘人生如朝露。’”
〔8〕汪繼培曰：“《墨子·所染篇》云：‘功名傳於後世。’《漢書·禮樂志·郊祀歌》云：‘傳世無疆。’▲《史記·司馬相如傳》云：‘名聲施於無窮，功烈著而不滅。’”
〔9〕汪繼培曰：“《漢書·賈山傳》云：‘古者聖王作謚，三四十世耳。秦皇帝曰：“死而以謚法，是父子名號有時相襲也。以一至萬，則世世不相復也。”故死而號曰始皇帝，其次曰二世皇帝者，欲以一至萬也。’▲《史記·匈奴傳》孝文帝後二年遺匈奴書云：‘世世相傳，施之無窮。’”〇覺按：計：計算，數。計一以至於萬：從一計算到萬。《史記·秦始皇本紀》所載秦始皇統一天下後的命令説：“朕聞太古有號毋謚；中古有號，死而以行爲謚。如此，則子議父、臣議君也，甚無謂，朕弗取焉。自今已來，除謚法。朕爲始皇帝，後世以計數，二世、三世至千萬世，傳之無窮。”

浮侈第十二

【提要】

浮：虚浮，遊蕩，指不踏踏實實地去從事本業——農業，而是“舍農桑，趨商賈”，“游手爲功”。侈：奢侈，指講求排場，鋪張浪費。文章主要抨擊了當時社會中棄農經商、遊手爲業、奢侈過度的歪風邪氣以及造成這種歪風邪氣的“亂政薄化”。

作者首先猛烈地抨擊了當時“舉世舍農桑，趨商賈”，“游手爲功”的風

尚，指出這種社會風氣造成了“一夫耕，百人食之；一婦桑，百人衣之”的局面，致使衣食供不應求，民衆飢寒交迫，結果導致人們爲非作歹而使國家面臨危亡。在這裏，作者特别抨擊了“習調欺以相詐紿”、“以謀姦合任爲業”、“以游敖博弈爲事”、“懷丸挾彈，攜手遨游”、“起學巫祝，鼓舞事神，以欺誣細民、熒惑百姓”之類的“虚僞游手者”。

其次，作者又嚴厲地批判了當時的奢侈之風。其筆鋒所向，上至“京師貴戚”，下至“州郡世家”、“羣司士庶”，大凡“衣服、飲食、車輿、文飾、廬舍”、宴請、喪葬等各個方面無不涉及。

最後，作者着重指出，“今天下浮侈離本”“亦已甚矣”，然而“凡諸所譏，皆非民性”，而是“亂政薄化使之然也”，所以統治者的要務，在於根據民情加強教育，移風易俗以致太平。

作者將民風之惡歸咎於政風而不歸咎於“民性”，可謂是高明的政見。而文中強調“貧生於富，弱生於彊，亂生於治，危生於安”，以及“民固不可恣”，君主“養民”時要重視教育，“慎微防萌以斷其邪”等等，也都是值得從政者注意的。

12.1

王者以四海爲一家●〔1〕，以兆民爲通計●〔2〕。一夫不耕〔3〕，天下必受其飢者【1】；一婦不織，天下必受其寒者●〔4〕。今舉世舍農桑〔5〕，趨商賈，牛馬車輿，填塞道路；游手爲功●【2】〔6〕，充盈都邑；治本者少，浮食者衆●〔7〕。“商邑翼翼，四方是極●〔8〕。”今察洛陽〔9〕●，浮末者什於農夫，虚僞游手者什於浮末。是則一夫耕，百人食之；一婦桑，百人衣之。以一奉百，孰能供之？天下百郡千縣〔10〕，市邑萬數，類皆如此〔11〕，本末何足相供？則民安得不飢寒？飢寒並至，則安能不爲非？爲非，則姦宄〔12〕。姦宄繁多，則吏安能無嚴酷？嚴酷數加，則下安能無愁怨？愁怨者多，則咎徵並臻〔13〕。下民無聊，而●上天降災【3】〔14〕，則國危矣●〔15〕。

【校記】

【1】飢：仿宋本、馮本、魁本同，程本、何本、四庫本、邵本、陳本作“饑”。下兩處同。

【2】功：仿宋本、馮本、魁本、程本、四庫本、邵本同，陳本作“巧”。

【3】而：《後漢書》引文、陳本同，仿宋本、馮本、魁本、程本、四庫本、邵本

作“則”。

【箋注】

〔1〕汪繼培曰:“《漢書·高帝紀》七年,蕭何曰:‘天子以四海爲家。’▲又十一年詔曰:‘定有天下,以爲一家。’《荀子·王制篇》云:‘四海之内若一家。’▲《韓詩外傳》四:‘四海之内,闔若一家。’”〇覺按:王者:指奉行王道而成就了帝王大業的聖王。四海:等於説“天下”。古代人以爲中國四周皆有海,所以把中國叫作“海内”或“四海之内”,把外國叫作“海外”,把天下叫作“四海”。

〔2〕汪繼培曰:“閔元年《左傳》云:‘天子曰兆民。’”〇覺按:兆:古代小數以十萬爲億,十億爲兆;大數以萬萬爲億,萬億爲兆。此文極言其多。《禮記·内則》“降德于衆兆民”鄭玄注:“萬億曰兆。天子曰兆民,諸侯曰萬民。”天子統治的區域大、人口多,所以其統治下的民衆稱兆民。

〔3〕夫:成年男子的通稱。古代男耕女織,所以此文説“一夫不耕”“一婦不織”。

〔4〕汪繼培曰:“《管子·揆度篇》云:‘農有常業,女有常事。一農不耕,民有爲之飢(覺按:陳本作“饑”,今依汪稿)者;一女不織,民有受其(覺按:“受其”當作“爲之”)寒者。’《吕氏春秋·愛類篇》云:‘神農之教曰:“士有當年而不耕者,則天下或受其饑矣;女有當年而不績者,則天下或受其寒矣。”’《新書·無蓄篇》云:‘古人曰:“一夫不耕,或爲之飢(覺按:陳本作“饑”,今依汪稿);一婦不織,或爲之寒。”’”

〔5〕桑:見2.3注〔1〕。

〔6〕陳本“功”作“巧”,汪繼培曰:“《後漢書·章帝紀》元和三年告曰:‘務盡地力,勿令游手。’按《漢書·貨殖傳》云‘童手指千’,孟康曰:‘古者無空手游口,皆有作務。作務須手指,故曰手指。’‘巧’舊作‘功’,据本《傳》改。”〇覺按:游手:讓雙手遊蕩着,指不勞動,即12.3所説的“謀姦合任”與“游敖博弈”之類。功:相當於12.3“或以謀姦合任爲業,或以游敖博弈爲事”中的“業”與“事”,指職業、工作。《小爾雅·廣詁》:“功,事也。”也可證其義。汪繼培依《後漢書·王符列傳》引文改作“巧”,失當。

〔7〕汪繼培曰:“《漢書·成帝紀》陽朔四年詔曰:‘閒者民彌惰怠,鄉本者少,趨末者衆。’《地理志》云:‘漢興,立都長安,郡國輻輳,浮食者多,民去本就末。’《治要》載崔寔《政論》云:‘世奢服僭,則無用之器貴,本務之業賤矣。農桑勤而利薄,工商逸而入厚,故農夫輟耒而雕鏤,工女投杼而刺文,躬耕者少,末作者衆。’”〇覺按:浮:虚浮。此與下文的“浮末”所指相同,指從事工商業活動。浮食:靠從事虚浮之業來混飯吃。

〔8〕汪繼培曰:“《詩·殷武》云:‘商邑翼翼,四方之極。’《漢書·匡衡傳》衡上疏引《詩》與今同,《漢紀》載衡疏作‘京邑翼翼,四方是則’。《後漢書·樊宏》後《準傳》又引云:‘京師翼翼,四方是則’,章懷注謂出《韓詩》。張衡《東京賦》:‘京邑翼翼,四方所視’,薛綜注云:‘京,大也。大邑謂洛陽也。’此文引《詩》以證洛陽,疑本作‘京邑’,後人据《毛詩》改之。▲《後漢書·魯恭傳》云:‘司隸典司京師,四方是則。’恭習《魯詩》者。左思《魏都賦》云‘翼翼京室’,亦用《詩》語。”〇覺按:這兩句引自《詩經·商頌·殷武》。商邑:商朝的首都,在今河南省商邱市睢陽區附近。翼翼:莊嚴雄偉的樣子。極:中,中正的準則。這裏用作動詞,表示“以……爲中正的準則”。是極:即“極是”,以此作爲準則。一説“極”爲“則”之借字,裴学海《古書虚字集釋》卷九“是”字條:“《殷武篇》‘四方之極’,《韓詩》《齊詩》並作‘四方是則’。‘則’,法也。‘極’爲‘則’之借字。”

〔9〕汪繼培曰:“《後漢書·光武帝紀》云:‘建武元年冬十月,車駕入洛陽,遂定都

焉。’按‘洛’當依下文作‘雒’。《漢書・地理志》‘河南郡雒陽’顔師古注：‘魚豢云：“漢火德，忌水，故去洛水而加隹。”如魚氏説，則光武以後改爲“雒”字也。’”○覺按：洛陽：東漢都城，在今河南省洛陽市東北白馬寺東。

〔10〕百郡千縣：見7.6注〔14〕。

〔11〕類：大抵，大都。

〔12〕姦宄（guǐ 軌）：《國語・晋語六》：“亂在内爲宄，在外爲姦。”即在外造反作亂叫作“姦”，在内盗竊搗亂叫作“宄”。

〔13〕臻：至，到來。

〔14〕汪繼培曰：“舊作‘則’，据《傳》改。”

〔15〕汪繼培曰：“▲《大戴禮・盛德篇》云：‘凡民之爲姦邪、竊盜、歴法、妄行者，生於不足；不足，生於無度量也；無度量，則小者偷惰，大者侈靡而不知足；故有度量則民足，民足則無爲姦邪、竊盜，歴法、妄行者。故有姦邪、竊盜、歴法、妄行之獄，則飾度量也。’《管子・八觀篇》云：‘主上無積而宫室美，氓家無積而衣服修，乘車者飾觀望，步行者雜文采，本資少而末用多者，侈國之俗也。國侈則用費，用費則民貧，民貧則姦智生，姦智生則邪巧作。姦邪之所生，生於匱不足；匱不足之所生，生於侈；侈之所生，生於毋度。故曰：審度量，節衣服，儉財用，禁侈泰，爲國之急也。’《墨子・辭過篇》云：‘其民飢（覺按：陳本作“饑”，今依汪稿）寒並至，故爲姦邪多。姦邪多則刑罰深，刑罰深則國亂。’《説苑・反質篇》：‘魏文侯問李克曰：“刑罰之源安生？”李克曰：“生於奸邪淫佚之行。凡奸邪之心，饑寒而起。淫佚者，久饑之詭也。雕文刻鏤，害農事者也。錦繡纂組，傷女工者也。農事害，則饑之本也；女工傷，則寒之原也。饑寒並至，而能不爲奸邪者，未之有也。男女飾美以相矜，而能無淫佚者，未嘗有也。故上不禁技巧，則國貧民侈。國貧窮者爲姦邪，而富足者爲淫佚，則驅民而爲邪也。民已爲邪，因以法隨誅之，不赦其罪，則是爲民設陷也。刑罰之起有原，人主不塞其本而替其末，傷國之道也。”▲文侯曰：“善。”以爲法服也。’《漢書》六十四下《嚴安傳》亦有此言。《新書・孽産子篇》云：‘百人作之，不能衣一人也，欲天下之無寒，胡可得也？一人耕之，十人聚而食之，欲天下之無飢（覺按：陳本作“饑”，今依汪稿，下同），胡可得也？飢寒切於民之肌膚，欲其無爲姦邪盜賊，不可得也。’《漢書・景帝紀》後二年詔曰：‘雕文刻鏤，傷農事者也；錦繡纂組，害女紅者也。農事傷，則飢之本也；女紅害，則寒之原也。夫飢寒並至，而能亡爲非者寡矣。’按數家所言，意恉相同，此文所從出也。”

12.2

夫貧生於富，弱生於彊，亂生於治，危生於安●〔1〕。是故明王之養民也〔2〕，憂之勞之●〔3〕，教之誨之●〔4〕，慎微防萌【1】，以斷其邪●〔5〕。故《易》美“節以制度，不傷財，不害民”●〔6〕；《七月》詩大小教之，終而復始●〔7〕。由此觀之，民固不可恣也●〔8〕。

【校記】

【1】萌：仿宋本、馮本、程本、四庫本、邵本、陳本同，魁本作“萠”。

【箋注】

〔1〕汪繼培曰："《孫子·兵勢篇》云：'亂生於治，怯生於勇，弱生於强。'"○覺按：富裕了不節制用度就會貧窮，強盛了驕傲自滿就會衰弱，太平了不勵精圖治就會動亂，安全了忘乎所以就會危險，所以説："貧生於富，弱生於彊，亂生於治，危生於安。"

〔2〕養：《孟子·盡心下》"養心莫善於寡欲"趙岐注："養，治也。"

〔3〕汪繼培曰："《漢書·董仲舒傳》云：'憂勞萬民。'《淮南子·氾論訓》云'以勞天下之民'，高誘注：'"勞"猶"憂"也。勞，讀"勞勑"之"勞"。'"○覺按：勞：憂愁。這裏用作使動詞。

〔4〕汪繼培曰："《詩·緜蠻》。"

〔5〕汪繼培曰："《説苑·雜言篇》：'孔子曰："中人之情，有餘則侈，不足則儉，無禁則淫，無度則失，縱欲則敗。飲食有量，衣服有節，宮室有度，畜聚有數，車器有限，以防亂之源也。"'《漢書·王吉傳》云：'古者衣服車馬，貴賤有章，以褒有德，而別尊卑。今上下僭差，人人自制，是以貪財誅利，不畏死亡。周之所以能致治，刑措而不用者，以其禁邪於冥冥，絶惡於未萌也。'"

〔6〕汪繼培曰："《節》彖詞。"○覺按：引文見《周易·節·彖》。孔穎達疏曰："王者以制度爲節，使用之（覺按：指財）有道，役之（覺按：指民）有時，則不傷財，不害民也。"

〔7〕汪繼培曰："《豳風》。▲《傳》'詩'上有'之'字。"○覺按：《七月》爲《詩經·豳風》中的一篇，傳説是周公所作。它詳細敘述了周代先祖生活的方方面面，大的方面如春耕、采桑、修剪桑枝、紡織、收穫、冬獵等等，小的方面如割草、搓繩、封窗、糊門等等，以此來教導農民，所以此文説它"大小教之"。終而復始：結束後又開始。指《七月》在敘事時，敘述到一年年終，又重新開始敘述第二年的事，周而復始，反復強調。詩中出現的時間詞次序如下：七月，九月，一之日（周曆正月，夏曆十一月），二之日（周曆二月），三之日，四之日，七月，九月，春日，七月，八月，蠶月（周曆五月，夏曆三月），七月，八月，四月，五月，八月，十月，一之日，二之日，五月，六月，七月，八月，九月，十月，六月，七月，八月，十月，七月，八月，九月，九月，十月，二之日，三之日，四之日，九月，十月。

〔8〕汪繼培曰："《淮南子·主術訓》云：'古之置有司也，所以禁民使不得自恣也。'"

12.3

今民奢衣服，侈飲食〔1〕，事口舌●〔2〕而習調欺●〔3〕以相詐紿●【1】〔4〕，比肩是也●〔5〕。或以謀姦合任爲業●〔6〕，或以游敖博弈爲事●【2】〔7〕。或●〔8〕丁夫世不傳犂鋤●【3】〔9〕，懷丸挾彈，携手遨游●【4】〔10〕；或取好土，作丸賣之●〔11〕。夫彈【5】〔12〕，外不可以禦寇●〔13〕，内不足以禁鼠【6】，晋靈好之以增其惡●〔14〕，未嘗聞志義之士喜操以游者也。唯無心之人【7】，羣豎小子●〔15〕，接而持之●〔16〕，妄彈鳥雀【8】，百發不得一，而反中人面目【9】。此最無用而有害也。或坐作竹簧●〔17〕，削鋭其頭，有傷害之象，傅以蠟蜜【10】，有甘舌之類●〔18〕，皆非吉祥善應〔19〕。或作泥車、瓦狗、馬騎、倡排●【11】〔20〕諸戲弄小兒之具以巧詐●〔21〕，此皆無益也【12】。

【校記】

【1】紿：仿宋本、馮本、魁本、程本、四庫本、陳本同，何本、邵本作“給”。

【2】弈：仿宋本、馮本、魁本、陳本同，程本、四庫本、邵本作“奕”。

【3】傅：七本皆作“傳”，據《太平御覽》卷三百五十引文改。

【4】游：仿宋本、馮本、陳本同，魁本作“滶”，程本作“遊”，何本、四庫本、邵本作“遊”。

【5】夫：四庫本同，仿宋本、馮本、程本、邵本、陳本作“於”，魁本作“扵”。

【6】足：仿宋本、馮本、魁本、程本、四庫本、陳本同，何本、邵本作“可”。

【7】唯：仿宋本、馮本、魁本、程本、四庫本、邵本同，陳本作“惟”。

【8】烏：仿宋本、馮本、魁本同，程本、四庫本、邵本、陳本作“鳥”。

【9】人：七本皆無“人”字，據《太平御覽》卷三百五十引文補。

【10】傅：仿宋本、魁本、程本、四庫本、邵本、陳本同，馮本作“傳”。

【11】排：仿宋本、馮本、魁本、程本、陳本同，何本、四庫本、邵本作“俳”。

【12】此皆無益也：七本皆無此五字，據《後漢書》引文補。

【箋注】

〔1〕王紹蘭曰：“《鹽鐵論·散不足篇》：‘今富者縟繡羅紈，中者素綈錦冰（覺按：宜作“冰錦”）。’即此‘奢衣服’也。又云：‘今民閒酒食，殽旅重疊，燔炙滿案，臑鼈膾腥，麑卵鶉鷃橙枸，鮐鱧醢醯，衆物雜味。’又云：‘今孰食徧列，殽施成市，作業墮怠，食必趣時，楊豚韭卵，狗䐹馬朘，煎魚切肝，羊淹雞寒。’即此‘侈飲食’也。（按‘橙枸’，《鹽鐵論》原本譌‘撜捯’，張氏敦仁説當作‘橙枸’，今據以叚正。殽施，張説當從上文作‘殽旅’，非也。《小雅·賓之初筵篇》‘殽核維旅’，毛傳云：‘殽，豆實也。核，加籩也。旅，陳也。’與此文‘孰食徧列’無涉。《内則》：‘施羊亦如之。施麋、施鹿、施麕皆如牛羊。’此‘施’字所本，較‘旅’爲長，不煩輒改。）”〇覺按：奢：奢侈。此用作使動詞。

〔2〕汪繼培曰：“《史記·蘇秦傳》云：‘兄弟嫂妹妻妾竊皆笑之曰：“周人之俗，治產業，力工商，逐什二以爲務。今子釋本而事口舌，困不亦宜乎？”’”〇覺按：口舌：説話的器官，引申指辯説。

〔3〕汪繼培曰：“《廣雅·釋詁》云：‘調，欺也。’《一切經音義》十二引《通俗文》：‘大調曰譺。’《蒼頡篇》：‘譺，欺也。’”

〔4〕汪繼培曰：“《説文》云：‘詒，相欺詒也。’‘紿’與‘詒’通。”

〔5〕汪繼培曰：“《晏子春秋·雜下》云：‘臨淄三百閭，張袂成陰，揮汗成雨，比肩繼踵而在。’”〇覺按：比：並列，緊靠。比肩：肩緊靠着肩，形容人很多。

〔6〕汪繼培曰：“本《傳》注云：‘合任，謂相合爲任俠也。’按：‘合’疑當作‘會’，詳《述赦篇》。《漢書·酷吏·尹賞傳》‘受賕報讎’，《漢紀》成帝永始三年作‘受任報讎’，‘任’即‘合任’之‘任’，疑《漢書》爲後人所改。”〇彭鐸曰：“‘合任’即‘會任’，謂并兼任俠也。《史記·貨殖列傳》：‘其在閭巷少年，攻剽椎埋，劫人作姦，掘塚鑄幣，任俠并兼，借交報仇。’即此所謂‘以謀姦合任爲業’者也。”〇覺按：據16.7之原文，則“合任”並不是指與别人相合在一起“爲任俠”，而是指糾合任俠之徒。打個比方説，“謀姦合

任者”大致相當於現代的黑社會幫會頭領，而不是指其中合夥的打手。“任”指“任俠”，但不含褒義，是中性詞，《辭源》（修訂本）“任俠”條將“任俠”解爲“抱不平，負氣仗義”，不當。《史記·季布欒布列傳》“爲氣任俠”《集解》：“孟康曰：‘信交道曰任。’如淳曰：‘相與信爲任，同是非爲俠。所謂權行州里、力折公侯者也。’”《漢書·季布傳》“爲任俠有名”顔師古注：“任謂任使其氣力。”“任”原有信任、放任之義，所以引申指講哥兒們義氣、對朋友守信用而甘願爲朋友不顧一切地出力賣命的行爲，也指有這種行爲的人。

〔7〕汪繼培曰：“《漢書·循吏·召（覺按：陳本作“名”，今依汪稿）信臣傳》云：‘府縣吏家子弟好游敖，不以田作爲事，輒斥罷之。’”○覺按：敖：古“遨”字，遊玩，遊逛。博：古代一種在設有彎曲的行棋之道的棋局上擊棋的遊戲。棋局分爲十二道，兩頭當中爲界河。其中的棋子叫“簙”，共十二枚，雙方各六枚，六白六黑，又將二枚“魚”放入界河中。二人互相擲采（骰子）行棋。棋走到了前面，便豎起來稱爲“梟”（也稱“驍棋”），即入界河食魚（也稱“牽魚”），每牽一魚獲二籌，翻一魚獲三籌，獲六籌爲大勝。雙方也爭打對方的梟棋，打倒對方的梟棋叫“殺梟”，同樣也獲勝（猶如今天象棋比賽中奪得對方的“將”或“帥”）。考詳拙著《韓非子校疏析論》32.0.3 注〔8〕。弈（yì 亦）：下圍棋。

〔8〕汪繼培曰：“疑衍。”○覺按：“或”非衍文，汪説非。

〔9〕陳本“傅”作“傳”，汪繼培曰：“傳，本《傳》作‘扶’，蓋本是‘傅’字。《尚書大傳》云：‘距冬至四十五日，始出學，傅農事。’▲《漢書·高帝紀》：‘蕭何發関中老弱未傅者悉詣軍。’服虔曰：‘傅，音附。’孟康曰：‘古者二十而傅，三年耕有一年之儲，故二十三而後役之。’如淳曰：‘律，年二十三傅之疇官，各從其父疇學之。’案‘二十三始傅’，始于昭帝，見《鹽鐵論·未通篇》。《漢書·律歷志》‘疇人子弟’，如淳曰：‘家業世世相傳爲疇。’世世相傳，亦所謂農之子恆爲農也。此文‘世’當爲‘卉’，《説文》云：‘卉，三十并也。’▲年卉而不傅犂鋤，有以見農政之不劭矣。本《傳》改‘傅’爲‘扶’，蓋未攷漢律也。”○王宗炎曰：“‘世’字疑衍。”○覺按：此文“世”字恐不誤，王、汪之説似未當。此“世”當指一生，《吕氏春秋·用民》“古昔多由布衣定一世者矣”高誘注：“終一人之身爲世。”即其義。丁：壯。丁夫：成年男子。傅：靠近，接觸。

〔10〕汪繼培曰：“《説文》云：‘彈，行丸也。’《管子·輕重丁》云：‘挾彈懷丸，遊水上，彈翡燕小鳥。’《輕重戊》云：‘衆鳥居其上，丁壯者胡丸操彈居其下，終日不歸。’《詩·北風》云：‘攜手同行。’《柏舟》云：‘以遨以遊。’《文選》王褒《四子講德論》云：‘相與結侶，攜手俱游。’按《北堂書鈔》一百廿四引《東觀漢記》詔曰：‘三輔皆好彈，一大老從旁舉身曰：“噫嘻哉！”’東京時挾彈成俗，父老歎息，王氏所言爲不虚矣。”○覺按：彈（dàn 旦）：彈弓。此非指“行丸”，汪繼培引《説文》作解，不當。

〔11〕汪繼培曰：▲“王先生云：‘取好土，當依《傳》作“好取土”。’”○覺按：《後漢書》引文有刪改，不盡可靠，此文可通，不煩改字。

〔12〕陳本“夫”作“於”，王紹蘭曰：“‘於’當作‘其’，《太平御覽》兵部引此云：‘其彈，外不可禦盗，内不足禁鼷鼠。’”○覺按：王氏之引文見《太平御覽》卷三百五十，其文無此文之“晉靈好之以增其惡”數句，可見有所刪改，不可盡據。此文既云“晉靈好之以增其惡”，則此“彈”字非指當時之“彈”甚明，作“其”字便與文義不切，故王説未當。彈（tán 壇）：用彈弓發射彈丸。

〔13〕汪繼培曰：▲“《墨子·節用上》云：‘其爲甲盾五兵何？以爲以圉寇亂盗賊。’”

〔14〕汪繼培曰：“宣二年《左傳》。”○覺按：晉靈：晉襄公的兒子晉靈公，名夷皋，公元前 620—公元前 607 年在位。他身爲國君而不遵行君道，曾從臺上用彈弓彈人，來看

底下的人怎樣逃避彈丸，以此來取樂。這成了他的一大罪惡而載於史書（見《左傳·宣公二年》），所以此文説“以增其惡”。

〔15〕汪繼培曰：“《史記·平原君傳》：‘毛遂曰：“白起，小豎子耳。”’”○覺按：豎：對人的鄙稱，等於説“小子”。

〔16〕汪繼培曰：▲“‘接’當爲‘挾’，注詳《述赦篇》。”○覺按：上文“挾彈”可證成汪説，其説詳見16.14注〔12〕。

〔17〕汪繼培曰：“‘坐’疑衍，蓋即‘作’字之駁文。《釋名·釋樂器》云：‘篪，橫也。以竹鐵作，於口橫鼓之。’”

〔18〕汪繼培曰：“《御覽》五百八十一‘傅’作‘塞’，‘甘’作‘口’。按《漢書·五行志》云：‘有口舌之痾。’傅，謂塗附之，如《漢書·佞幸傳》云‘傅脂粉也’。”○覺按：傅（fū夫）：塗。蠟：動植物分泌的脂質。此指蜂蠟，是蜜蜂腹部的蠟腺分泌的蠟質，是蜜蜂造蜂巢的材料，也可供藥用。此文稱“蠟蜜”，指“蜜”而言，“蠟”衹是連類而及之詞。這是古代一種常見的辭例，參見拙著《韓非子校疏析論》6.3注〔6〕及本書2.4注〔3〕，20.4注〔3〕〔4〕，31.9注〔4〕，32.4注〔1〕，32.6注〔16〕，35.4.14注〔8〕。甘：甜，引申指悦耳動聽。舌：舌頭，引申指言語。甘舌：使舌頭甜，引申指使言語悦耳動聽，即説一些阿諛奉承的甜言蜜語，所以説它“非吉祥善應”。類：與上文“象”對文義同。

〔19〕應（yìng硬）：《素問·六元正紀大論》“有佛之應”王冰注：“應爲先兆。”

〔20〕汪繼培曰：“排，何本作‘俳’。《説文》云：‘倡，樂也。俳，戲也。’《漢書·霍光傳》云：‘引内昌邑樂人擊鼓歌吹，作俳倡。’按‘俳’‘排’古亦通用，《莊子·在宥篇》云‘人心排下而進上’，《釋文》：‘排，崔本作“俳”。’”○覺按：倡（chāng昌）：表演歌舞的人。排：通“俳”（pái排），演滑稽戲的人。

〔21〕汪繼培曰：“《漢書·地理志》云：‘趙、中山地薄人衆，作姦巧，多弄物，爲倡優。’《成帝紀》永始二年詔曰：‘將作大匠萬年，妄爲巧詐。’《新書·瑰瑋篇》云：‘飾知巧以相詐利。’”○覺按：巧：巧妙地欺騙。《淮南子·本經訓》“設詐以巧上”高誘注：“巧欺上也。”

12.4

《詩》刺“不績其麻，女也婆娑”●【1】〔1〕。今婦人多不脩中饋●【2】〔2〕，休其蠶織●〔3〕，而起學巫祝，鼓舞事神●〔4〕，以欺誣細民、熒惑百姓●〔5〕。婦女羸弱●疾病之家〔6〕，懷憂憒憒●【3】〔7〕，皆易恐懼，至使犇走便時【4】，去離正宅●〔8〕，崎嶇路側●〔9〕，上漏下濕●〔10〕，風寒所傷●〔11〕，姦人所利，賊盜所中●〔12〕，益禍益祟●【5】〔13〕，以致重者，不可勝數〔14〕。或棄醫藥，更往事神【6】〔15〕，故至於死亡●〔16〕，不自知爲巫所欺誤，乃反恨事巫●之晚〔17〕。此熒惑細民之甚者也●〔18〕。

【校記】

【1】女：仿宋本、馮本、魁本、程本、邵本、陳本同，四庫本作“市”。

【2】婦人：七本皆無“婦人”二字，據《太平御覽》卷八百八十二引文補。脩：仿宋本、馮本、程本、四庫本同，魁本、何本、邵本、陳本作“修”。

【3】憒憒：仿宋本、馮本、魁本、何本、邵本、陳本同，程本作“憤憤”，四庫本作“積憒”。

【4】犇：仿宋本、馮本、魁本、程本同，何本、四庫本、邵本、陳本作“奔”。

【5】祟：仿宋本、魁本、程本、四庫本、邵本、陳本同，馮本作“崇”。

【6】往：何本、邵本同，仿宋本、馮本、魁本、程本、陳本作“徃”，四庫本作“信”。

【箋注】

〔1〕汪繼培曰：“《詩·東門之枌》。女，今《詩》作‘市’。按本《傳》亦作‘市’。”○覺按：績：緝（jī 基，舊讀 qì 訖）麻，把麻剖析後搓撚成綫。婆娑：疊韻聯緜詞，同“媻姍”“媻珊”“盤跚”，盤旋搖擺的樣子。這裏用來形容跳舞的樣子，指婦人跳舞來侍奉神。

〔2〕汪繼培曰：“《易·家人·六二》：‘在中饋。’”○覺按：脩：通“修”。中饋：家中飲食之事。這種事古代由婦女來承擔，現在有些地方還是這樣，因稱妻子爲“燒鍋的”。

〔3〕汪繼培曰：“《詩·瞻卬》。”

〔4〕汪繼培曰：“《説文》云：‘巫，祝也。女能事無形，以舞降神也。’《鹽鐵論·散不足篇》云：‘世俗飾僞行詐，爲民巫祝，以取釐謝，堅頟健舌，或以成業致富，故憚事之人，釋本相學。是以街巷有巫，閭里有祝。’”○覺按：巫：自稱能用舞蹈降神並爲人祈禱的人。祝：自稱能爲人求神祝福的人。

〔5〕汪繼培曰：“《史記·淮南王傳》云：‘熒惑百姓。’《漢書》作‘營’，顔師古注：‘營，謂回繞之。’按《説文》云：‘營，惑也。’‘熒’‘營’並與‘營’通。《周禮》‘凡以神仕者’，鄭注：‘《國語》曰：“古者，民之精爽不攜貳者，而又能齋肅中正，其知能上下比義，其聖能光遠宣朗，其明能光照之，其聰能聽徹之，如是則神明降之。在男曰覡，在女曰巫。是以使制神之處位次主，而爲之牲器時服。”巫既知神如此，又能居以大灋，是以聖人用之。今之巫祝，既闇其義，何明之見？何灋之行？正神不降，惑於淫厲，苟貪貨食，遂誣人神，令此道滅，痛矣！’”

〔6〕汪繼培曰：“《説文》云：‘羸，瘦也。’《漢書·匈奴傳》云：‘見其羸弱。’”○覺按：婦：《後漢書·王符列傳》引文作“妻”，義同。羸（léi 雷）：瘦弱。

〔7〕汪繼培曰：“▲憒憒，程本作‘憤憤’，何本、《傳》作‘憒憒’，今据何本。《方言》云：‘愁恚憒憒，毒而不發，謂之氐惆。’郭注：‘氐惆，猶懊憹也。’《易林·訟之升》：‘憒憒不説，憂從中出。’《大有之蒙》：‘李梅零墜，心思憒憒，懷憂少愧，亂我魂氣。’《齊策》：‘孟嘗君曰：“文倦於事，憒於憂。”’”○覺按：憒憒（kuìkuì 潰潰）：昏亂糊塗的樣子。

〔8〕汪繼培曰：“漢時有避疾之事。《漢書·游俠·原涉傳》云：‘人嘗置酒請涉。涉入里門，客有道涉所知母病避疾在里宅者，涉即往候。’《後漢書·來歙》後《歷傳》云：‘皇太子驚病不安，避幸安帝乳母野王君王聖舍。’《魯恭》後《丕傳》云：‘趙王商嘗欲避疾，便時移住學官。丕止，不聽。’按《漢書·孝平王皇后傳》顔師古注云：‘便時，取時日之便也。’▲‘便時’又見《後漢書·宋意傳》《楊震傳》《董卓傳》。”○覺按：走：跑。犇走：奔跑，爲……奔忙。便：有利，吉利。

〔9〕汪繼培曰：“▲《史記·陸賈傳》：‘崎嶇山海間。’《一切經音義》四引《埤蒼》云：

‘崎嶇，不安也。’《漢書·司馬相如傳》云：‘民人升降移徙，崎嶇而不安。’《史記》作‘陭陑’。按《説文》作‘䧢陑’。”〇覺按：崎嶇：本指山路險阻不平，因而比喻處境困難艱險。

〔10〕汪繼培曰：“《莊子·讓王篇》云：‘原憲居魯，環堵之室，上漏下濕。’”

〔11〕汪繼培曰：“《素問·玉機真藏論》云：‘風者，百病之長也。今風寒客於人，使人毫毛畢直，皮膚閉而爲熱。’《漢書·王吉傳》云：‘冬則爲風寒之所匽薄。’《匈奴傳》云：‘郅支人衆中寒道死。’顔師古注：‘中寒，傷於寒也。’《敍傳》云‘道病中風’，師古注：‘中，傷也。爲風所傷。’”〇覺按：風寒：中醫以風、熱、濕、火、燥、寒爲六氣（參見《素問·至真要大論》），六氣反常而成爲致病因素時稱爲六淫。“風寒”即其中的二淫。中醫認爲，風侵犯人體，可使人怕風、發熱、出虛汗、頭痛乃至半身不遂。此外，風還可以和其他五淫結合而成爲風寒、暑風、風濕、風燥、風火來侵犯人體，以引起各種疾病。至於寒侵犯人體時，可使人怕冷、發熱、無汗、頭痛、身痛、腰脊強直和關節疼痛等。

〔12〕汪繼培曰：▲“《淮南子·原道訓》高誘注云：‘中，傷也。’”〇覺按：賊：殺人者，强盜。中（zhòng 衆）：攻擊。

〔13〕汪繼培曰：“《説文》云：‘禍，害也。祟，神禍也。’”〇覺按：鬼神作怪而給人造成的災禍叫“祟”。

〔14〕勝：盡。

〔15〕更：改。事：侍奉，引申爲求助。

〔16〕汪繼培曰：▲“注見《思賢篇》。”〇覺按：見 8.4 注〔12〕。

〔17〕汪繼培曰：▲“《傳》作‘神’。”

〔18〕汪繼培曰：“《史記·扁鵲傳》云：‘信巫不信醫，六（覺按：陳本無“六”字，此依汪稿）不治也。’《論衡·辨祟篇》云：‘人之疾病，希有不由風濕與飲食者。當風臥濕，握錢問祟，飽飯饜食，齋精解禍，而病不治謂祟不得，命自絶謂巫不審，俗人之知也。’”

12.5

或裁好繒●【1】〔1〕，作爲疏頭〔2〕，令工采畫，雇人書祝●【2】〔3〕，虛餙巧言【3】，欲邀多福●〔4〕。或裂拆繒綵【4】〔5〕，裁廣數分，長各五寸，縫繪佩之〔6〕【5】。或紡綵絲而縻●〔7〕，斷截以繞臂。此長無益於吉凶●〔8〕，而空殘滅繒絲【6】，縈悸小民●〔9〕。或●〔10〕剋削綺轂●【7】〔11〕，寸竊八采●〔12〕，以成榆葉●〔13〕、無窮●〔14〕、水波之文●〔15〕，碎刺縫紩●〔16〕，作●爲笥囊〔17〕、裙襦、衣被●【8】〔18〕，費繒百縑●【9】〔19〕，用功十倍。此等之儔，既不助長農工女●〔20〕，無有益於世〔21〕，而坐食嘉穀●〔22〕，消費白日●〔23〕，毁敗成功，以完●爲破【10】〔24〕，以牢爲行●【11】〔25〕，以大爲小，以易爲難，皆宜禁者也●〔26〕。

【校記】

【1】繒：仿宋本、馮本、魁本、四庫本、陳本同，程本、邵本作“繪”。

【2】雇：仿宋本、馮本、魁本、陳本同，程本、四庫本、邵本作“顧”。

【3】餙：仿宋本、馮本、程本同，魁本、四庫本、陳本作“飾”，何本、邵本作“餝”。

【4】繒：仿宋本、馮本、魁本、四庫本、陳本同，程本、何本、邵本作“繪”。

【5】繪：仿宋本、馮本、魁本、程本、何本、邵本、陳本同，四庫本作“繒”。

【6】繒：仿宋本、馮本、魁本、四庫本、陳本同，程本、何本、邵本作“繪”。

【7】或：《太平御覽》卷八百十六引文、陳本同，仿宋本、馮本、魁本、程本、四庫本、邵本無“或”字。剋：仿宋本、馮本、魁本、陳本同，程本、四庫本、邵本作“尅”。

【8】作：陳本同，仿宋本、馮本、魁本、程本、四庫本、邵本作“詐”。褠：仿宋本、四庫本同，馮本、程本作“褠”，魁本作“褠”，邵本作“褠”，陳本作“禱”。

【9】繒：仿宋本、馮本、魁本、四庫本、陳本同，程本、何本、邵本作“繪”。

【10】完：邵本、陳本同，仿宋本、馮本、魁本、程本、何本、四庫本作“見”。

【11】行：仿宋本、馮本、魁本、程本、何本、陳本同，四庫本作“偽”，邵本作“朽”。

【箋注】

〔1〕汪繼培曰：“《説文》云：‘繒，帛也。’”○覺按：繒（zēng 增）：絲織品的總稱。

〔2〕疏（shù 數）：分條陳述。頭：緣起，緣由。疏頭：是一種和尚、尼姑爲信徒拜佛懺悔時焚化的祝告文書，上面分別寫明主人姓名及拜懺緣由等。

〔3〕汪繼培曰：“雇，程本作‘顧’。《漢書・鼂錯傳》顔師古注：‘顧，讎也。若今言雇賃也。’《廣韻・十一暮》：‘雇，九雇鳥也。相承借爲雇賃字。’《周禮》：‘太祝掌六祝之辭，以事鬼神示，祈福祥，求永貞。’”

〔4〕汪繼培曰：“《詩・天保》云：‘詒爾多福。’”

〔5〕綵（cǎi 彩）：彩色的絲織品。

〔6〕繪：《説文・糸部》：“繪，會五采繡也。”即用五種彩色絲綫刺成各種圖案花紋的紡織品。此指各種彩色的綢條。

〔7〕汪繼培曰：“《説文》云：‘紡，網絲也。’王先生云：‘“而”當作“爲”。’”○覺按：綵：通“彩”。而：猶“爲”（參見《古書虚字集釋》卷七“而”字條）。縻（mí 迷）：牛鼻繩，此文泛指粗繩。

〔8〕汪繼培曰：“‘長’字衍。下文云‘此無益於奉終’，即其例。”○覺按：汪説非。《廣雅・釋詁一》：“長，常也。”

〔9〕汪繼培曰：“‘縈’與‘熒’通。《漢書・酷吏・田延年傳》：‘霍光因舉手自撫心，曰：“使我至今病悸。”’韋昭云：‘心中惴息曰悸。’《御覽》廿三引《風俗通》云：‘夏至著五綵辟兵，題曰游光厲鬼，知其名者，無温疾。五綵，辟五兵也。又永建中京師大疫，云：“厲鬼字野重，游光亦但流言，無指見之者。”其後歲歲有病，人情愁怖，復增題之，冀以脱禍。今家人織新縑，皆取著後縑絹二寸許繫户上，此其驗也。’卅一引云：‘五月五日，以五綵絲繫臂者，辟兵及鬼，令人不病温。’八百十四引云：‘五月五日，賜五色續命絲，俗説益人命。’此文所云，蓋即指此類。”○覺按：“縈”通“熒”“瞀”，見 12.4 注〔5〕。悸：因害怕而心跳。

〔10〕汪繼培曰：“舊脱，据《御覽》八百十六引補。”

〔11〕汪繼培曰：“‘剋’與‘刻’通。《説文》云：‘綺，文繒也。縠，細縛也。’”○覺

按："剋"通"刻"，用刀刻。綺（qǐ 啓）：用同一種顏色的經緯絲織出各種圖案花紋的絲織品。縠（hú 胡）：縐紗，一種有皺紋的質地輕薄的絲織品。

〔12〕汪繼培曰："'寸竊'當作'刌切'。《説文》云：'切，刌也。刌，切也。'《御覽》八十引《春秋合誠圖》'面八彩'，注云：'八彩，彩色有八也。'"〇彭鐸曰："韋昭《國語解·敘》：'切不自料'，'切'即'竊'字，故此以'竊'爲'切'。寸切，蓋謂切之各長寸許耳。"〇覺按：汪、彭之説非，此"竊"字不當解爲"切"。《廣雅·釋詁三》："摼、蘢、壓、搏、飾、竊，著也。""竊"即附着的意思，與"飾"同義。

〔13〕汪繼培曰："《方言》云：'揄鋪、艦、極、帗縷、葉輸，毳也。'郭璞注：'今名短度絹爲葉輸。'輸，《玉篇》作'褕'。'榆葉'疑即'葉輸'之誤。"〇覺按：汪説僅供參考。此"榆葉"與"水波"連言，當指一種花紋，其文不誤。

〔14〕汪繼培曰："《廣雅·釋器》云：'無緄，綵也。''緄''窮'聲相近。《後漢書·馬援傳》章懷注引何承天《纂文》曰：'都致、錯履、無極，皆布名。'《隸釋·國三老袁良碑》：'孝順時拜梁相，冊云："賜玉具劍佩、書刀、繡文印衣、無極手巾各一。"''無極'亦'無窮'之義。"〇覺按：此"無窮"與"水波"連言，當指一種花紋，它大概是一種周而復始的重複形圖案，没有盡頭，故名。

〔15〕汪繼培曰："《淮南子·本經訓》云：'贏鏤雕琢，詭文回波。'高誘注：'詭文，奇異之文也。回波，若水波也。'"〇覺按：文：同"紋"。

〔16〕汪繼培曰："《説文》云：'縫，以鍼紩衣也。紩，縫也。'又云：'黹，會五采繒色。黹，鍼縷所紩衣。''刺'與'黹'通。'碎'疑當作'黹'。黹、黹、縫、紩，四字同義。"〇覺按："碎"當爲"綷"（cuì 翠）之形訛，"綷"通"黹"（cuì 翠）。"綷刺"當指刺繡，即用五彩絲綫繡成各種圖案。

〔17〕汪繼培曰："舊作'詐'。"〇覺按：笥（sì 肆）：一種盛放飯食或衣物的方形竹器。

〔18〕汪繼培改"襮"爲"襦"曰："'襦'舊作'襮'。按'襦'與'繻'同，《周禮·司服》注：'鄭司農云："衣有襦裳者爲端。"'《釋文》：'襦，本亦作"繻"。'《莊子·外物篇》云：'未解裙襦。'"〇覺按：《類篇·卷八中·衣部》："襮，伯各切，衫短袂謂之襮。"可見"襮"（bó 博）即短袖衫，與"襦"義近，原文可通，不煩改字。

〔19〕汪繼培曰："《説文》云：'縑，并絲繒也。'"〇覺按：縑（jiān 兼）：雙絲織成的微帶黄色的細絹，漢以後也用作貨幣。

〔20〕汪繼培曰："王侍郎云：'長農，當作"良農"。'繼培按：'良'字是也。桓十四年《穀梁傳》云：'國非無良農工女也。'"

〔21〕彭鐸曰："'無有'疑當作'又無'，上文'無益於吉凶'，是其例。上言'既'，故下言'又'，作'無有益於世'，則句不相承，而又累於詞矣。此書多以既、又連言，《明闇篇》：'既患其正義以繩己矣，又恥居上位而明不及下。'本篇下文：'既不生穀，又坐爲蠹賊也。'皆其證。"

〔22〕汪繼培曰："《書·吕刑》云：'農殖嘉穀。'"〇覺按：坐：坐着，指不從事農業生產。嘉穀：上好的糧食。古代以粟（小米）爲嘉穀，後成爲五穀的總稱。

〔23〕汪繼培曰："《漢書·宣帝紀》元康二年詔曰：'譬猶踐薄水（覺按："水"當作"冰"）以待白日。'按《禮記·檀弓》云：'殷人尚白，大事斂用日中。'鄭注：'日中時亦白。'凡言'白日'者義如此。"

〔24〕汪繼培曰："舊作'見'。"

〔25〕汪繼培曰："《傳》作'破牢爲僞'。按古者謂物不牢爲'行'，《治要》載崔

實《政論》云：‘器械行沽。’《周禮·司市》‘害者使亡’，鄭注：‘害，害於民，謂物行苦者。’▲‘沽’‘苦’字通。《胥師》‘察其詐僞飾行儥慝者’，疏謂‘後鄭以爲行濫’。‘行沽’‘行苦’‘行濫’，義並同。▲今時以器皿不堅緻者爲行賣貨是也。《書·舜典》‘朕聖讒説殄行’，《史記·五帝紀》作‘朕畏忌讒説殄僞’，‘行’‘僞’同訓，故《傳》易‘行’爲‘僞’。《鹽鐵論·力耕篇》亦云：‘工致牢而不僞。’”○覺按：“行”讀 háng（航）。

〔26〕汪繼培曰：“《新書·瑰瑋篇》云：‘雕文刻鏤，周用之物繁多，纖微苦窳之器日變而起，民弃完堅而務雕鏤纖巧，以相競高。作之宜一日，今十日不輕能成，用一歲，今半歲而弊。作之費日挾巧，用之易弊，不耕而多食農人之食，是天下之所以困貧而不足也。’”

12.6

山林不能給野火，江海不能灌漏卮●【1】〔1〕。孝文皇帝躬衣弋綈【2】，足履革舃，以韋帶劒，集上書囊以爲殿帷●〔2〕；盛夏苦暑，欲起一臺【3】，計直百萬【4】，以爲奢費而不作也●〔3〕。今京師貴戚，衣服、飲食、車輿、文飾、廬舍【5】，皆過王制，僭上甚矣●〔4〕。從奴僕妾，皆服葛子升越，筩中女布●〔5〕，細緻●〔6〕綺縠●〔7〕，冰紈●〔8〕錦繡●〔9〕；犀象珠玉，琥珀●瑇瑁【6】〔10〕，石山隱飾●【7】〔11〕，金銀錯鏤●〔12〕；麞麂履舃●〔13〕，文組綵褋●【8】〔14〕。驕奢僭主，轉相誇詫〔15〕。箕子所唏【9】，今在僕妾●〔16〕。富貴嫁娶，車軿各十●【10】〔17〕，騎奴●〔18〕侍僮●〔19〕夾轂節引●【11】〔20〕。富者競欲相過，貧者耻不逮及●〔21〕。是故一饗之所費，破終身之本業●〔22〕。古者必有命民，然後乃得衣繒綵而乘車馬●〔23〕。今者既不能盡復古●〔24〕，細民誠可不須●〔25〕，乃踰於古昔孝文●【12】〔26〕，衣必細緻，履必麞麂，組必文采●〔27〕，飾襪必緰此●【13】〔28〕，挍飾車馬●【14】〔29〕，多畜奴婢〔30〕。諸能若此者，既不生穀，又坐爲蠹賊也●〔31〕。

【校記】

【1】江海：仿宋本、魁本、程本、四庫本、邵本、陳本同，馮本作“工每”。
【2】弋：仿宋本、馮本、魁本、何本、四庫本、邵本、陳本同，程本作“戈”。
【3】一：仿宋本、馮本、魁本、程本、邵本、陳本同，四庫本無“一”字。
【4】萬：仿宋本、馮本、魁本、程本、邵本、陳本同，四庫本作“金”。
【5】飾：仿宋本、馮本、魁本、程本、四庫本、陳本同，何本、邵本作“餙”。
【6】琥珀：仿宋本、馮本、魁本、程本、四庫本、邵本同，陳本作“虎魄”。
【7】飾：仿宋本、馮本、魁本、四庫本、陳本同，程本、邵本作“餙”。
【8】褋：四庫本、陳本同，仿宋本作“褋”，馮本作“褋”，魁本作“袾”，程本、邵

本作“褋”。

【9】晞：四庫本、陳本同，仿宋本、馮本、魁本、程本、邵本作“睎”。

【10】軿：仿宋本、馮本、魁本、程本、四庫本、邵本同，陳本作“駢”。

【11】節：仿宋本、馮本、魁本、程本、邵本、陳本同，四庫本作“並”。

【12】文：仿宋本、魁本、陳本同，馮本、程本、四庫本、邵本作“子”。

【13】飾：仿宋本、馮本、魁本、四庫本、陳本同，程本、邵本作“餙”。襪：仿宋本作“襪”，馮本、魁本作“襪”，陳本作“襪”，均爲“襪”之俗字，今改用正字；程本、四庫本、邵本作“機”，誤。

【14】挍：仿宋本、馮本、魁本、程本、何本、四庫本、陳本同，邵本作“校”。

【箋注】

〔1〕汪繼培曰：“《淮南子·氾論訓》云：‘霤水足以溢壺榼，而江河不能實漏巵。’《鹽鐵論·本議篇》云：‘川源不能實漏巵，山海不能贍溪壑。’”〇覺按：巵（zhī 之）：古代盛酒的器皿。

〔2〕汪繼培曰：“見《漢書·東方朔傳》。按‘弋綈’，《賈誼傳》作‘皁綈’。《廣韻》云：‘黓，皁也。’‘弋’即‘黓’之省。▲《前漢書·文帝紀》注：‘如淳曰：“弋，皂也。”’‘皂’‘皁’，古今字。賈子《新書·孽産子篇》云：‘帝之身自衣皁綈。’《藝文》六十九《益部耆舊傳》曰：‘翟酺上事云：“漢文帝連上書囊以爲帳，惡聞紈素之聲。”’”〇覺按：孝文皇帝：即漢文帝（見5.3注〔3〕），“孝文”是其謚號。躬：身。弋：通“黓”（yì弋），黑色。綈（tí 提）：一種粗厚的絲織物。文帝貴爲天子而穿綈，形容其節儉。履：踩，穿（鞋）。革：《漢書·東方朔傳》“足履革舄”顔師古注：“革，生皮也。不用柔韋，言儉率也。”古代的獸皮，帶毛的叫“皮”，去掉毛而未用朴硝（通稱皮硝）處理過的生皮叫“革”，“革”經過朴硝處理後變成柔軟的熟皮叫“韋”。舄（xì 細）：鞋。古代單底的鞋叫“履”，“舄”是一種複底鞋，是在“履”之下再加上木製的鞋底而成，類似現在京劇中演員所穿的鞋。以韋帶劍：《漢書·東方朔傳》“以韋帶劍”顔師古注：“但空用韋，不加飾。”

〔3〕汪繼培曰：“▲《史記》《漢書》本紀並作‘百金’。《漢書·文帝紀·贊》云：‘嘗欲作露臺，召匠計之，直百金。上曰：“百金，中人十家之産也。吾奉先帝宫室，常恐羞之，何以臺爲？”’《王嘉傳》云：‘孝文皇帝欲起露臺，惜百金之費，克己不作。’按‘百萬’即‘百金’，隱三年《公羊傳》‘百金之魚’，何休注：‘百金，猶“百萬”也。古者以金重一斤，若今萬錢矣。’”〇覺按：“直”通“值”。

〔4〕汪繼培曰：“《漢書·食貨志》云：‘宗室有土，公卿、大夫以下争於奢侈，室廬車服，僭上亡限。’”

〔5〕汪繼培曰：“《文選》左思《吴都賦》云：‘桃笙象簟，韜於筒中。蕉葛升越，弱於羅紈。’劉淵林注：‘蕉葛，葛之細者。升越，越之細者。’按《後漢書·明德馬皇后紀》章懷注：‘白越，越布。’《越絶書·外傳記地傳》云：‘葛山者，句踐罷吴種葛，使越女織治葛布，獻於吴王夫差。’‘越布’之名起此。《華陽國志·蜀志》云：‘安漢上下朱邑出好麻黄潤細布，有羌筩盛。’▲《藝文類聚》五十七引張衡《七辯》云：‘交阯緅絺，筒中之紵。’六十一引揚雄《蜀都賦》云：‘其布則筩中黄潤，一端數金。’▲《漢書·景十三王傳·江都王傳》‘閩侯遺建荃、葛’，顔師古注云：‘“荃”字本作“絟”，蓋今南方筩布之屬。葛，即今之葛布也。’本《傳》注：‘《荆州記》曰：“秭歸縣室多幽閑，其女盡織布，至數十升。今永州俗猶呼貢布爲女子布也。”’”〇覺按：服：使用，包括穿着和佩帶。從“葛子”到“綵褋”，都是“服”的賓語。葛：一種多年生的蔓草，通稱葛麻，莖的纖維可製葛布。子：

《後漢書・王符列傳》"葛子升越"李賢等注:"子，細稱也。"葛子：布名，即一種細葛布。升:《西京雜記》卷五:"五絲爲䋓，倍䋓爲升，倍升爲緎，倍緎爲紀，倍紀爲緵，倍緵爲襚，此自少之多，自微至著也。"可見"升"是一種微小的絲綫計量單位，此文泛指其細。越：古國名，在今浙江省北部一帶（參見 4.5 注〔7〕)。此指代越地所産的葛布。據《越絶書・外傳記地傳》，越王勾踐被吴國打敗後，在葛山上種葛，使越女織成葛布獻給吴王夫差，於是越布聞名於世。升越：布名，也稱"葛越"，是一種越地所産的精細葛布。筩：同"筒"。筩中：麻布名，色黄而有光澤，故又名"黄潤"；因爲它用筩裝，所以俗稱"筩中"。它是一種産於安漢（今四川省南充市南）的名貴細麻布。女布：布名，是秭歸（今湖北省秭歸縣）一帶生産的精美麻布。

〔6〕汪繼培曰:"《釋名・釋采帛》云:'細緻，染縑爲五色，細且緻，不漏水也。'"〇覺按：細：精緻。緻：一種熟絹，因質地細密而稱爲"緻"。《廣雅・釋器》:"緻，練也。"

〔7〕汪繼培曰:"見上。"〇覺按：見 12.5 注〔11〕。

〔8〕汪繼培曰:"《漢書・地理志》云齊地'織作冰紈綺繡純麗之物'，臣瓚曰:'冰紈，紈細密堅如冰者也。'顔師古曰:'如説非也。冰，謂布帛之細，其色鮮絜如冰者也。紈，素也。'按'冰'蓋即'綾'之古文。《藝文類聚》六十九引《六韜》云:'桀、紂之時，婦女坐以文綺之席，衣以綾紈之衣。'《韓詩外傳》七:'陳饒曰:"綾紈綺縠，靡麗於堂，從風而弊。"''綾紈'即'冰紈'也。《方言》云:'東齊言布帛之細者曰綾。'《釋名》云:'綾，凌也。其文望之如冰凌之理也。'"〇覺按：冰紈（wán 丸）：一種雪白的細絹，因其明亮潔白如冰，故稱。《漢書・地理志下・齊地》:"其俗彌侈，織作冰紈綺繡純麗之物，號爲冠帶衣履天下。"

〔9〕汪繼培曰:"《説文》云:'錦，襄色織文也。繡，五采備也。'《攷工記》云:'五采備謂之繡。'"〇覺按：錦：用不同的彩色經緯絲織出各種圖案花紋的絲織品。其素地者叫素錦，朱地者叫朱錦，不用地者别名織成。繡：用不同的彩色絲綫刺成各種圖案花紋的紡織品。織彩絲爲花紋叫"錦"，刺彩絲爲花紋叫"繡"，所以"錦繡"常連言。

〔10〕汪繼培改"琥珀"爲"虎魄"曰:"虎魄，舊作'琥珀'，据《傳》改。按《漢書・西域傳》亦作'虎魄'。"〇覺按：琥珀（hǔpò 虎魄）：古書也寫作"虎魄"，一名江珠。它是松柏樹脂的化石，産於地下，呈淡黄色、褐色或紅褐色，通常將紅色的稱爲琥珀，將黄而透明的稱爲蠟珀，很脆，燃燒時有香氣，可製成飾品。瑇瑁（dàimào 代冒）：也作"玳瑁"或"蝳蝐"，一種形狀像龜的爬行動物，産於熱帶海中，其甲殼黄褐色，有黑斑，很光潤，可製成裝飾品。

〔11〕汪繼培曰:"本《傳》注云:'謂隱起爲山石之文也。'"〇覺按：隱：即曾鞏《墨池記》"有地隱然而高"之"隱"，通"陖"（即"峻"之本字，參見《説文通訓定聲・屯部弟十五》"隱"字條），形容突起高聳的樣子。《文選》卷第十《西征賦》"裁岥岮以隱嶙"李善注:"隱嶙，絶起貌。"

〔12〕汪繼培曰:"《説文》云;'錯，金涂也。'《爾雅・釋器》云:'金謂之鏤。'"〇覺按：錯：刻出文字或花紋後進行塗飾或鑲嵌。鏤（lòu 漏）：雕刻。

〔13〕汪繼培曰:"《急就篇》云:'麇、麈、麖、麀皮給履'，顔師古注:'麇，即今之麞也。'《釋名・釋衣服》云:'履，複其下曰舄。'按此文'履'當作'屨'。《周禮・履人（覺按：當作"屨人"）》鄭注:'複下曰舄，禪（覺按：當作"襌"，下同）下曰屨。古人言屨以通於複，今世言屨以通於禪。'《方言》云:'自關而西謂之屨，中有木者謂之複舄。'履，其通語也。"〇覺按：麞（zhāng 章）：即獐，一名麕，哺乳動物，形狀像鹿而較小，無角，

身體上面黄褐色，腹部白色，皮可以製革。麂（jǐ 幾）：獸名，鹿屬，雄的有短角，皮可製革，柔軟而珍貴。

〔14〕汪繼培曰："組，謂履組。《文選》陸士衡《弔魏武帝文》李善注引《晏子春秋》云：'景公爲履，黄金之綦，飾以組，連以珠。''褋'當爲'屧'，《説文》云：'屧，履中薦也。'《漢書・賈誼傳》云：'今民賣僮者，爲之繡衣絲履偏諸緣。'服虔曰：'加牙條以作履緣。''組'即'牙條'也。"〇覺按：文：花紋。組：絲帶。文組：帶有花紋的絲帶，此指鞋子的緄條。褋：通"屧"（xiè 泄），鞋墊。

〔15〕詫（chà 姹）：《後漢書・王符列傳》"轉相誇咤"李賢等注："郭景純注《子虛賦》曰：'詫，誇也。''咤'與'詫'通也。"

〔16〕汪繼培曰："《淮南子・説山訓》云：'紂爲象箸而箕子唏。'《方言》：'哀而不泣曰唏。'《鹽鐵論・散不足篇》云：'箕子之譏，始在天子，今在匹夫。'▲此文本之。"〇覺按：唏（xī 希）：哀歎。箕子所唏：指箕子對奢侈的哀歎。傳説商紂王做了象牙筷，箕子就恐懼不安了。他認爲，用了象牙筷，勢必會用犀玉之杯，吃牦牛、大象、豹子的胚胎，穿錦緞綢衣，住高房大屋，如此下去，天底下的東西都拿來也不足紂王享用了。見《韓非子・説林上》。

〔17〕汪繼培曰："《釋名・釋車》云：'軿車：軿，屏也；四面屏蔽，婦人所乘牛車也。'按'各十'謂送迎之車也。《詩・鵲巢》云'百兩御之'，毛傳：'百兩，百乘也。諸侯之子嫁於諸侯，送御皆百乘。'鄭箋：'御，迎也。家人送之，良人迎之，車皆百乘。'此'十乘'亦其比也。或云：'各十'當爲'駱驛'，▲鍥匠竄嬾，或減省筆畫也。《漢書・王莽傳》云'駱驛道路'，顔師古注：'駱驛，言不絶。'《後漢書・獨行・范冉傳》云：'車徒駱驛。'"〇覺按：車：此指男子所乘的車。軿（píng 平）：婦女所乘的四周有屏蔽的車。

〔18〕汪繼培曰："《漢書・何並傳》云：'王林卿令騎奴還至寺門，持刀剥其建鼓。'"

〔19〕汪繼培曰："按《説文》云：'僮，未冠也。童，男有辠曰奴，奴曰童。'後世多以'僮'爲'童'，以'童'爲'僮'。"

〔20〕汪繼培曰："《文選・羽獵賦》李善注引《春秋感精符》云：'黄池之會，重吴子，滕、薛夾轂。'《周禮・大馭》：'凡馭，路儀以鸞和爲節。'鄭注：'舒疾之法也。'《漢書・蕭望之傳》云：'少史冠法冠，爲妻先引。'文穎曰：'先引，謂導車前。'"〇覺按：轂（gǔ 鼓）：泛指車。"夾轂"承"騎奴"而言，"節引"承"侍僮"而言。

〔21〕汪繼培曰："《鹽鐵論・國病篇》云：'葬死殫家，遣女滿車。富者欲過，貧者欲及。富者空減，貧者稱貸。'《漢書・地理志》云：'列侯貴人，車服僭上，衆庶放效，羞不相及，嫁娶尤崇侈靡，送死過度。'《王吉傳》云：'聘妻送女無節，則貧人不及。'《漢紀》作'貧人恥不相及'。"

〔22〕汪繼培曰："《漢書・地理志》云：'好稼穡，務本業。'《後漢書・明帝紀》永平十二年詔曰：'麋（覺按：當作"糜"）破積世之業，以供終朝之費。'"

〔23〕汪繼培曰："《尚書大傳》云：'古之帝王，必有命民，民能敬長憐孤、取舍好讓、舉事力者，命於其君。得命，然後得乘飾車駢馬，衣文錦。'"〇覺按：命：指帝王給人授予官職、爵位或名號等。

〔24〕汪繼培曰："《漢書・禹貢（覺按：當作"貢禹"）傳》云：'承衰救亂，矯復古化，在於陛下。臣愚以爲盡如太古難，宜少放古以自節焉。'《荀子・王制篇》云：'衣服有制，宫室有度，人徒有數，喪祭、械用皆有等宜，聲則凡非雅聲者舉廢，色則凡非舊文者舉息，械用則凡非舊器者舉毀。夫是之謂復古。'"

〔25〕汪繼培曰："▲《漢書·賈誼傳》云：'細民鄉善。'"〇覺按：須：求。

〔26〕汪繼培曰："《大戴禮·五帝德篇》云：'女欲一日辯聞古昔之説。'《禮記·曲禮》云：'必則古昔，稱先生。'"

〔27〕汪繼培曰："上作'綵'。"

〔28〕汪繼培曰："《説文》云：'韤（覺按：當作"韈"），足衣也。''襪'與'韈'同，見《廣韻·十月》。王先生云：'"此"當作"㠿"。《急就篇》"服瑣緰㠿與繒連"，顔注："緰㠿，緆布之尤精者也。"'繼培按：《説文》云：'緰，緰貲布也。'《繫傳》本又作'緰紫'。"〇覺按："飾"字當爲衍文。"此"通"㠿"（zī 資）。緰（tóu 投）此：即"緰㠿"，一種特别精細的麻布。

〔29〕汪繼培曰："《史記·司馬相如傳》云'校飭厥文'，徐廣曰：'校，一作"祓（覺按：當作"袚"，下二字同）"，"祓"猶"拂"也。'《漢書》作'祓飾'。此'挍'字疑'文'之誤，即上所云'車輿文飾'也。《墨子·辭過篇》云：'飾車以文采。'《説苑·反質篇》侯生諫秦始皇亦云：'衣服輕煖，輿馬文飾，所以自奉，麗靡爛漫，不可勝極。'"〇彭鐸曰："作'文飾'是。"〇覺按：挍（jiào 較）：同"校"（jiào 較）。挍飾：裝飾。汪、彭以爲乃"文飾"之誤，恐不當。東漢後自有"校飾"一詞。如《宋書·禮志五》："第六品以下，加不得服金鐶、綾錦、錦繡、七緣綺、貂豽裘、金叉鐶鉺，及以金校飾器物、張絳帳。"《梁書·何敬容傳》："此寺堂宇校飾，頗爲宏麗。"

〔30〕王紹蘭曰："《鹽鐵論·散不足篇》：'今富者連車列騎，驂貳輜軿。中者微輿短轂，煩尾掌蹄。夫一馬伏櫪，當中家六口之食，亡丁男一人之事。'又云：'今庶人富者，銀黄華瑵，結綏韜杠。中者錯鑣塗采，珥靳飛軨。'又云：'今富者鞼耳銀鑷韈，黄金琅勒，罽繡弁汗。中者染韋紹系，采畫暴乾。'又云：'今縣官多畜奴婢，坐稟衣食，私作産業爲姦利。百姓無斗筲之儲，官奴累百金；黎民昏晨不釋事，奴婢垂拱敖游也。'事與此同。"

〔31〕汪繼培曰："▲《韓非子》有《五蠹篇》。《鹽鐵論·散不足篇》云：'宫室奢侈，林木之蠹也。器械雕琢，財用之蠹也。衣服靡麗，布帛之蠹也。狗馬食人之食，五穀之蠹也。口腹從恣，魚肉之蠹也。用費不節，府庫之蠹也。漏積不禁，田野之蠹也。喪祭無度，傷生之蠹也。'賊，謂螫賊。《詩·瞻卬》云'蟊賊蟊疾'，鄭箋：'其爲殘酷痛病於民，如蟊賊之害禾稼。'"〇覺按：吃禾苗根的害蟲叫"蟊"（máo 矛），吃禾苗節的害蟲叫"賊"，比喻對社會有危害的人。

12.7

子曰："古之葬者，厚衣之以薪，葬之中野，不封不樹，喪期無時。後世聖人易之以棺槨●〔1〕。"桐木爲棺〔2〕，葛采爲緘〔3〕；下不及泉，上不泄臭●〔4〕。後世以楸梓槐柏杶樗●【1】〔5〕，各取方土所出【2】，膠漆分致●【3】〔6〕，釘細要，削除鏟靡，不見際會●〔7〕，其堅足恃，其用足任，如此可矣。其後，京師貴戚，必欲江南檽●〔8〕梓豫章楩柟●〔9〕；邊遠下土●【4】〔10〕，亦競相倣傚●〔11〕。夫檽梓豫章，所出殊遠，又乃生於深山窮谷●〔12〕，經歷山岑●〔13〕，立千步之高【5】〔14〕、百丈之谿，傾倚險阻●〔15〕，崎嶇不便，求之連日然後見之，伐斫連月●〔16〕然後訖●〔17〕，會衆然後能動擔●〔18〕，牛列然後能致水●〔19〕，油漬入海●【6】〔20〕，連淮逆河●〔21〕，行數千里，然後到雒●〔22〕。工匠彫治●【7】〔23〕，積累日月。計一棺之成，功將千萬。夫既其終用，重且萬斤，非大衆不能舉，非大車不能輓。東至樂浪●〔24〕，西至燉煌●【8】〔25〕，萬里之中，相競用之。此之費功傷農●〔26〕，可爲痛心●〔27〕！

【校記】

【1】栢：仿宋本、馮本、魁本、程本、四庫本、邵本同，陳本作“柏”。杶：四庫本、陳本同，仿宋本、馮本、魁本作“杔”，程本、邵本作“杙”。樗：仿宋本、馮本、魁本、程本、邵本、陳本同，四庫本作“樗”。

【2】土：仿宋本、馮本、程本、四庫本、邵本、陳本同，魁本作“王”。

【3】分：仿宋本、馮本、魁本、程本、四庫本、邵本同，陳本作“所”。

【4】遠：陳本同，仿宋本、馮本、魁本、四庫本作“逺”，程本、邵本作“違”。

【5】步：陳本同，仿宋本、馮本、魁本作“步”，程本作“丈”，何本、四庫本、邵本作“丈”。

【6】油漬：仿宋本、馮本、魁本、程本、何本、陳本同，四庫本作“由江”，邵本作“沿江”。

【7】彫：仿宋本、馮本、魁本、程本、四庫本、邵本同，陳本作“雕”。

【8】燉：仿宋本、馮本、魁本、程本、四庫本、邵本、汪稿同，陳本作“敦”。

【箋注】

〔1〕汪繼培曰：“《易・繫辭下傳》。時，王弼本作‘數’，按《傳》亦作‘數’。”○覺按：以上用《周易・繫辭下》之文。棺槨（guǒ 裹）：古代的棺材有多層，最裏面的一層叫“棺”，套在“棺”外的各層大棺材都叫“槨”。《莊子・天下》云：“天子棺槨七重，諸侯五重，大夫三重。”

〔2〕桐：指梧桐。桐木木質疏鬆，不堪用來建造房屋，用它做棺材，形容其儉樸。《墨子・節葬下》：“禹東教乎九夷，道死，葬會稽之山，衣衾三領，桐棺三寸，葛以緘之。”

〔3〕王紹蘭曰：“《説文・糸部》‘繃’下引《墨子》曰：‘禹葬會稽，桐棺三寸，葛以繃之。’今本《墨子・節葬下篇》‘繃’作‘緘’。”○覺按：采：《後漢書・王符列傳》“葛采爲緘”李賢等注：“采，猶蔓也。”緘（jiān 堅）：捆束西的繩索。

〔4〕汪繼培曰：“《漢書・楊王孫傳》云：‘昔帝堯之葬也，窾木爲匵，葛藟爲緘，其穿下不亂泉，上不泄殠，故聖王生易尚，死易葬也。’”

〔5〕汪繼培曰：“杶，舊作‘杔’，据《傳》改。樗，《傳》作‘樗’。”○覺按：楸（qiū 秋）：落葉喬木，木材可造船建房。梓（zǐ 紫）：落葉喬木，木質輕而易割，古代常用來作琴瑟及建築材料，雕版印刷術發明後常用作印刷刻板。杶（chūn 椿）：同“椿”，即香椿。樗（huà 樺）：古“樺”字，落葉喬木或灌木，有白樺、黑樺等品種，古代常用來做杯盤等。古代“樗”字常與“樗”（chū 初，即臭椿）字混同，後代的一些字典如《康熙字典》和《辭源》（修訂本）等也將兩字一視同仁，當糾正（參見段玉裁《説文解字注・木部》“樗”字

條、“槫”字條)。又,“槫”字下承上省“爲棺”二字。

〔6〕汪繼培曰:“《新語·道基篇》云:‘傅致膠漆丹青玄黄琦瑋之色。’《詩·泮水》‘戎車孔博’,鄭箋云:‘“博”當作“傅”,甚傅緻者,言安利也。’‘致’‘緻’古通用。”○覺按:膠:用動物的角或皮製成的黏性物質。分:分配,分給,此指均匀地塗刷。致:給予,此指塗刷。膠漆分致:指把膠漆塗在木榫中。現在木工尚有這種工藝。

〔7〕汪繼培曰:“《江淹集·銅劍讚》云:‘徃古之事,棺皆不用釘,悉用細腰。其細腰之法,長七寸,廣三寸,厚二寸五分,狀如木枰,兩頭大而中央小,仍鑿棺際而安之,因普漆其外。一棺凡用細腰五十四枚。大畧如此。’按‘細腰’亦作‘小要’,《禮記·檀弓》云:‘棺束縮二横三,衽每束一。’鄭注:‘衽,今小要。’《喪大記》云:‘君蓋用漆,三衽三束。大夫蓋用漆,二衽二束。士蓋不用漆,二衽二束。’鄭注:‘用漆者,塗合牝牡之中也。衽,小要也。’《釋名·釋喪制》云:‘棺束曰緘。緘,函也。古者棺不釘也。旁際曰小要,其要約小也。又謂之衽。衽,任也;任制際會使不解也。’《魏志·文帝傳》終制云:‘棺但漆際會三過。’《周禮·夏官·弁師》鄭注:‘會,縫中也。’《藝文類聚》七十引後漢張紘《瓌材枕賦》云:‘會緻密固,絶際無閒。’《一切經音義》四引《蒼頡篇》云:‘鏟,削平也。’‘靡’當作‘磨’。”○覺按:釘(dìng定):釘進去,指把細要打入固定。細要(yāo妖):今俗稱“定榫”,是一種用來連接棺板的零件,一般用堅韌的木材製成,連接時一般從旁側嵌入。如圖:

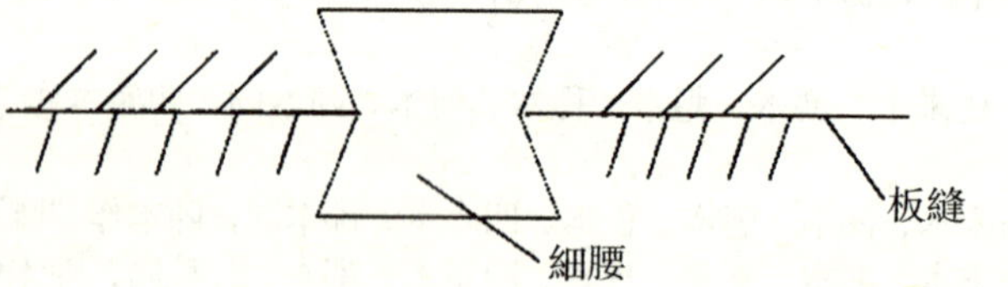

後世用來固定棺蓋的定榫也有從棺頂敲入的,它分做成三塊,先將旁邊的兩塊放入,然後敲下中間的楔子。如圖:

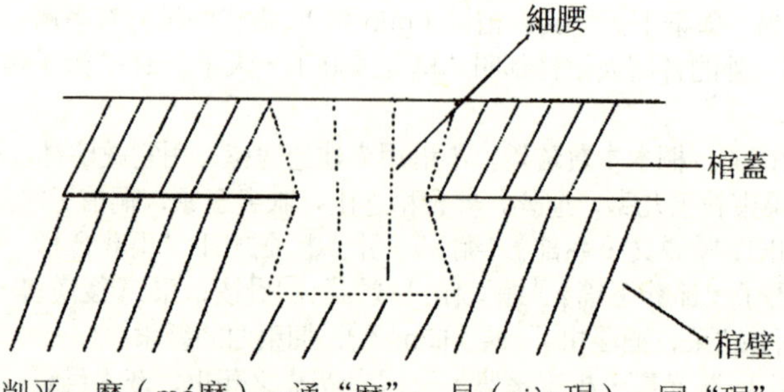

除:修整。鏟:削平。靡(mó磨):通“磨”。見(xiàn現):同“現”,顯現。際:交接,會合,與“會”同義,此指棺板及定榫的接縫。

〔8〕汪繼培曰:“當作‘樗’。”○覺按:汪説非。“樗”即臭椿,非良材。江南:泛指長江以南地區,包括今湖北省的江南部分和湖南、江西一帶。檽(nòu耨):一種樹木,皮可染紫。

〔9〕汪繼培曰:“《淮南子·修務訓》云:‘楩柟豫章之生也,七年而後知,故可以爲棺、舟。’”○覺按:豫章:即“枕(yóu尤)樟”,是兩種樟樹,其小時形狀相似,傳説要到七年以後纔能區别出來(參見《淮南子·脩務訓》與《史記·司馬相如列傳》“楩柟豫章”《正義》),木質緻密,是製作家具、舟船的良材。楩(pián駢):即黄楩木,一種優質木

材。枏（nán 南）：同“楠”，一種常緑大喬木，木質堅密芳香，是建築、造船的良材。又，“枏”下承上省“爲棺”二字。

〔10〕王紹蘭曰：“‘下土’當作‘下士’，‘邊遠下士’與‘京師貴戚’對文。”○汪繼培曰：“▲按‘下土’亦見《述赦篇》《三式篇》。《漢書・劉輔傳》云：‘新從下土來，未知朝廷體。’”○覺按：汪説是，王説非。

〔11〕汪繼培曰：“《漢書・匡衡傳》云：‘今長安，天子之都，親承聖化，然其習俗無以異於遠方。郡國來者，無所法則，或見侈靡而放效之。’▲《楊敞》後《惲傳》：‘傳相放效。’《佞幸・董賢傳》：‘放效無極。’”

〔12〕汪繼培曰：“《新書・資質篇》云：‘梗枏豫章，天下之名木也，生於深山之中，產於谿谷之傍。’《治要》‘枏’作‘梓’，《文選》劉公幹《公讌詩》注、司馬紹統《贈山濤詩》注引同。昭四年《左傳》云：‘深山窮谷。’”

〔13〕汪繼培曰：“《漢書・哀帝紀》云：‘經歷郡國。’按《廣雅・釋詁》云：‘俓、歷，過也。’‘俓’與‘經’通。《爾雅・釋山》云：‘山小而高，岑。’《釋名・釋山》云：‘岑，嶃也，嶃嶃然也。’”○覺按：經歷：一一經過。岑（cén 涔）：小而高的山。

〔14〕步：量詞，一步爲六尺。

〔15〕汪繼培曰：“成十三年《左傳》云：‘踰越險阻。’”○覺按：傾倚：也作“倚傾”，傾斜不整齊的樣子。險阻：地勢險惡不平。

〔16〕汪繼培曰：“《詩・甘棠》毛傳：‘伐，擊也。’《説文》‘伐’‘斫’並訓擊。”

〔17〕汪繼培曰：“《説文》云：‘訖，止也。’”

〔18〕汪繼培曰：“《説文》云：‘儋，何也。’‘儋’‘擔’，正俗字。《齊語》‘負任擔荷’，韋昭注：‘背曰負，肩曰擔。’《管子・八觀篇》云：‘大木不可獨伐也，大木不可獨舉也，大木不可獨運也。’”○覺按：動：行動，舉行。

〔19〕汪繼培曰：“王先生云：‘列，疑“引”，形近之誤。’繼培按：《論衡・效力篇》云：‘任車上阪，强牛引前。’”○覺按：王説非。此“牛列”與“會衆”相對，指牛排列成隊然後纔能拉動，非一匹強牛所能濟事，故此“列”字不誤而表示列隊。至於“引”字之義，則隱含於此句“致”字之中。

〔20〕汪繼培曰：“‘油’當作‘漕’。《漢書・趙充國傳》云：‘臣前部士入山伐材木，大小六萬餘枚，皆在水次，冰解漕下。’顔師古注：‘漕下，以水運木而下也。’《後漢書・班彪》後《固傳・西都賦》云：‘通溝大漕，潰渭洞河。’章懷注引《蒼頡篇》云：‘潰（覺按：陳本誤作“渭”，此據汪稿），傍決也。’”○俞樾曰：“‘油潰’疑當作‘潰油’，傳寫誤倒也。油，水名。《説文・水部》云：‘油，水出武陵孱陵西，東南入江。’‘潰’即《西都賦》‘潰渭洞河’之‘潰’。章懷《後漢書》注引《倉頡篇》曰：‘潰，傍決也。’潰油入海，蓋從油水入江而由江入海也。大木之所出多在楚、蜀，運木者必取道荊、襄。《江表傳》稱：‘劉備爲荊州牧，立營油口。’此即古油水故道，謂之油口，則其爲往來之所經歷可知。‘潰油’倒作‘油潰’，遂失其意。汪箋云‘油當作漕’，非也。”○覺按：俞説是。油：古水名，出武陵郡孱陵縣（今湖北省公安縣）西（見《説文・水部》“油”字條），向東南流至油口（在今湖北省公安縣）入長江。潰：水離開河道決堤而出叫“潰”，此指樹木漂流出油水而進入長江。

〔21〕汪繼培曰：“王先生云：‘《孟子》“從流上而亡（覺按：當作“忘”）反謂之連”，此“連淮”之訓。’”○覺按：連：逆流而上，與“逆”同義。

〔22〕汪繼培曰：“《新語・資質篇》云：‘梗枏豫章，因江河之道，而達於京師之下。’”

〔23〕汪繼培曰:“《説文》云:‘雕，琢文也。’”

〔24〕汪繼培曰:“《漢書·武帝紀》云:‘元封三年，朝鮮降，以其地爲樂浪、臨屯、玄菟、真番郡。’”〇覺按：樂浪：郡名，是漢代最東邊的郡，屬幽州。漢武帝元封三年（公元前108年），朝鮮降漢，在其地置樂浪、臨屯、玄菟、真番四郡。西漢末臨屯、真番已併入樂浪，故樂浪面積甚大，轄二十五個縣，相當於今朝鮮狼林山脈、清川江以南廣大地區，治所朝鮮縣，在今朝鮮平壤市南大同江南岸土城洞，一説即今平壤市。東漢時面積小得多，轄今清川江以南朝鮮西半部。參見《漢書》之《武帝紀》《地理志下》及《後漢書·郡國志五》。

〔25〕汪繼培曰:“▲《漢書》‘敦’不从‘火’作。《武帝紀》云:‘元鼎六年，分武威、酒泉地置張掖、敦煌郡。’”〇覺按：燉煌：郡名，是漢代最西邊的郡，屬涼州。漢武帝元鼎六年（公元前111年）分酒泉郡置（參見4.6注〔18〕），轄六縣，相當於今甘肅省疏勒河以西以南地區，東漢時同。治所敦煌縣，在今甘肅省敦煌市西。

〔26〕汪繼培曰:“《鹽鐵論·散不足篇》云:‘隳成變故傷功，工商上通傷農。’”

〔27〕汪繼培曰:“成十三年《左傳》云:‘痛心疾首。’《吕氏春秋·禁塞篇》云:‘世有興主仁士，深意念此，亦可以痛心矣。’”

12.8

古者墓而不墳，中世墳而不崇【1】。仲尼喪母，冢高四尺【2】，遇雨而墮，弟子請治之，夫子泣曰【3】:“禮不脩墓●【4】。”〔1〕鯉死〔2〕，有棺而無椁●〔3〕。文帝葬於芷陽●【5】〔4〕，明帝葬於洛南●〔5〕，皆不藏珠寶，不造廟，不起山陵●〔6〕，陵墓雖卑而聖高●【6】〔7〕。今京師貴戚、郡縣豪家●〔8〕，生不極養，死乃崇喪●〔9〕。或至刻金鏤玉●〔10〕，檽梓楩柟，良田造塋●【7】〔11〕，黄壤致藏，多埋珍寶、偶人、車馬●〔12〕，造起大冢【8】，廣種松柏【9】，廬舍祠堂，崇侈上僭●〔13〕，寵臣貴戚，州郡世家●〔14〕，每有喪葬，都官●〔15〕屬縣●〔16〕，各當遣吏齎奉●〔17〕，車馬帷帳，貸假待客之具〔18〕，競爲華觀。此無益於奉終，無增於孝行，但作煩攪擾，傷害吏民●〔19〕。

【校記】

【1】墓而不墳中世墳而不崇：七本皆作“墓而不崇”，據《後漢書》引文補六字。

【2】冢：馮本同，仿宋本、魁本作“家”，程本、四庫本、邵本作“塚”，陳本作“冢”。

【3】泣：仿宋本、馮本、魁本、程本、四庫本、邵本、汪稿同，陳本作“位”。

【4】脩：仿宋本、馮本、汪稿同，魁本、程本、四庫本、邵本、陳本作“修”。

【5】芷陽:《太平御覽》卷五百五十六引文、四庫本、陳本同，仿宋本、馮本、魁本、程本、邵本作“芒碭”。

【6】聖：仿宋本、馮本、魁本、程本、陳本同，何本、邵本作“壘”，四庫本作“德最”。

【7】田：仿宋本、馮本、魁本、陳本同，程本、四庫本、邵本作“家”。

【8】冢：仿宋本、陳本作“冡”，馮本、魁本作“冡”，程本、四庫本、邵本作“塚”，今改用正體字。

【9】栢：仿宋本、馮本、魁本、程本、四庫本、邵本同，陳本作“柏”。

【箋注】

〔1〕汪繼培曰：“《禮記·檀弓》‘崇’作‘墳’、‘隳’作‘崩’、‘禮’作‘古’。本《傳》與《記》同。”〇覺按：以上事詳《禮記·檀弓上》。古代墓葬，封土隆起的叫“墳”，平的叫“墓”。《禮記·檀弓上》“古也墓而不墳”鄭玄注：“墓謂兆域，今之封塋也。古謂殷時也。土之高者曰墳。”脩：通“修”，整修，修復。《春秋序》“非聖人孰能脩之”孔穎達疏：“脩者，治舊之名。”

〔2〕鯉：指孔鯉（公元前532—公元前483年），字伯魚，孔子之子。參見《史記·孔子世家》《孔子家語·本姓解》。

〔3〕汪繼培曰：“《論語》。”〇覺按：這是孔子的話，《論語·先進》：“顔淵死，顔路請子之車以爲之椁。子曰：‘才不才，亦各言其子也。鯉也死，有棺而無椁。吾不徒行以爲之椁。以吾從大夫之後，不可徒行也。’”孔鯉比孔子早死，所以孔子有此言。

〔4〕汪繼培曰：“舊作‘芒碭’，据《傳》改。《史記·將相名臣年表》云：‘孝文帝九年，以芷陽鄉爲霸陵。’▲《後漢書·光武帝紀》：建武二十六年，帝曰：‘古者帝王之葬，皆陶人瓦器，木車茅馬，使後世之人不知其處。太宗識終始之義，景帝能述遵孝道，遭天下反覆，而霸陵獨完受其福，豈不美哉！’”〇覺按：芷陽：縣名，漢文帝九年（公元前171年）改爲霸陵，屬京兆尹，地在今陝西省西安市東北，漢文帝死後葬於此。參見《史記·漢興以來將相名臣年表》及《漢書》之《文帝紀》《地理志上》。

〔5〕汪繼培曰：“《後漢書·章帝紀》章懷注引《帝王世紀》云：‘明帝顯節陵，故富壽亭也，西北去雒陽三十七里。’”〇覺按：明帝：漢明帝劉莊（公元28—75年），漢光武帝第四子，公元57年即位後，彰明法令，又重儒學，親臨辟雍講學。相傳曾遣使往天竺求佛經佛像，是爲佛教傳入中國之始。死後廟號爲“顯宗”。參見《後漢書》之《顯宗孝明帝紀》《西域傳》。葬於洛南：《後漢書·肅宗孝章帝紀》：“葬孝明皇帝於顯節陵。”李賢等注：“《帝王紀》曰：‘顯節陵方三百步，高八丈。其地故富壽亭也，西北去洛陽三十七里。’”

〔6〕汪繼培曰：“事見《漢書·文帝紀》《後漢書·明帝紀》。”〇覺按：山陵：帝王的高大陵墓。《水經注·卷十九·渭水》：“秦名天子冢曰山，漢曰陵，故通曰山陵矣。”《漢書·文帝紀·贊》曰：“孝文皇帝……治霸陵，皆瓦器，不得以金銀銅錫爲飾，因其山，不起墳。”《後漢書·顯宗孝明帝紀》載，“帝初作壽陵，制令流水而已”，“無得起墳”，“遺詔無起寢廟，藏主（覺按：“主”謂神主牌）於光烈皇后更衣别室”。

〔7〕汪繼培曰：“《傳》作‘德最高’。”

〔8〕汪繼培曰：“《管子·輕重甲》云：‘吾國之豪家。’《史記·吕不韋傳》云：‘子楚夫人，趙豪家女也。’”

〔9〕汪繼培曰：“即《務本篇》所云‘約生以待終’，注詳前。”

〔10〕汪繼培曰：“《後漢書·梁統》後《商傳》云：‘賜以東園朱壽之器、銀鏤、黄腸、玉匣。’章懷注：‘壽器，棺也。以朱飾之，以銀鏤之。’《續漢書·禮儀志》劉昭注引《漢舊儀》云：‘帝崩，以玉爲襦，如鎧狀，連縫之，以黄金爲縷，腰以下以玉爲札，長一尺，二寸半，爲柙，下至足，亦縫以黄金縷。’”〇覺按：此文説“刻金鏤玉”，所謂“刻”“鏤”，當指雕刻金器、玉器，而非指金縷玉衣，汪説不當。

〔11〕汪繼培曰："《禮記·檀弓》云：'公叔文子升於瑕邱，蘧伯玉從。文子曰："樂哉斯邱也！死則我欲葬焉。"伯玉曰："吾子樂之，則瑗請前。"'鄭注：'刺其欲害人良田。'又云：'孔子曰："古也墓而不墳。"'鄭注：'墓，謂兆域，今之封塋也。'"〇覺按：塋（yíng 營）：墓，墓地。

〔12〕汪繼培曰："《鹽鐵論·散不足篇》云：'古者，明器有形無實，示民不用也。及其後，則有醯醢之藏，桐馬偶人彌祭，其物不備。今厚資多藏，器用如生人。郡國繇吏，素桑楺偶車櫓輪。'《漢書·韓延壽傳》云：'賣偶車馬下里僞物。'顏師古注：'偶，謂木土爲之，象真車馬之形也。偶，對也。'"〇王紹蘭曰："《漢書·貢禹傳》：'妄多臧金銀財物，鳥獸魚鼈牛馬虎豹生禽，凡百九十物，盡瘞臧之，及衆庶葬埋，皆虛地上以實地下。'"

〔13〕汪繼培曰："《鹽鐵論·散不足篇》云：'古者不封不樹，反虞祭於寢，無壇宇之居、廟堂之位。及其後，則封之，庶人之墳半仞，其高可隱。今富者積土成山，列樹成林，臺榭連閣，集觀增樓。中者祠堂屏閤，垣闕罘罳。'"〇王紹蘭曰："《漢書·龔勝傳》：'勿隨俗動吾冢，種柏，作祠堂。'是前漢時風俗已如此。"〇覺按："上"通"尚"，崇尚，與"崇"字對文同義。

〔14〕汪繼培曰："《漢書·食貨志》云'世家子弟'，如淳曰：'世家，謂世世有禄秩家也。'"

〔15〕汪繼培曰："《後漢書·郎顗傳》云：'洛陽都官。'按《漢書·宣帝紀》顏師古注云：'中都官，凡京師諸官府也。'"

〔16〕汪繼培曰："《漢書·薛宣傳》云'歷行屬縣'。"〇覺按："都官"承"寵臣貴戚"而言，"屬縣"承"州郡世家"而言。

〔17〕汪繼培曰："《周禮·春官（覺按：陳本無"春官"，此依汪稿）·小祝》：'及葬，設道齎之奠。'注：'杜子春云："齎，當爲粢，道中祭也。《漢儀》，每街路輒祭。"'《後漢書·桓榮》後《曄傳》云：'父鸞卒，楊賜遣吏奉祠，因縣發取祠具，曄拒不受。'"〇覺按：齎（jī 基）：贈送。奉：進獻，送。

〔18〕假：與"貸"同義，借。

〔19〕汪繼培曰："▲《漢書·翟方進傳》：'坐爲京兆尹時奉喪事煩擾百姓，左遷執金吾。'《易·節·彖》曰：'不傷財，不害民。'"

12.9

今按鄗、畢之郊，無文、武之陵●【1】〔1〕；南城之壘，無曾析之冢●【2】〔2〕。周公非不忠也，曾子非不孝也〔3〕，以爲褒君顯父●不在聚財【3】〔4〕，揚名顯祖●不在車馬〔5〕。孔子曰："多貨則傷于德【4】，幣美則沒禮●【5】〔6〕。"晉靈厚賦以彫墻【6】，《春秋》以爲非君●【7】〔7〕；華元、樂呂厚葬文公【8】，《春秋》以爲不臣●〔8〕。況於羣司士庶，乃可僭侈主上、過天道乎●〔9〕？景帝時，武原侯衛不害坐葬過律奪國●【9】〔10〕；明帝時，桑民摐陽侯坐冢過制髡削●【10】〔11〕。

【校記】

【1】無：七本皆無"無"字，據《太平御覽》卷五百五十六引文補。

【2】無：七本皆無“無”字，據《太平御覽》卷五百五十六引文補。析：陳本同，仿宋本、魁本、程本、何本作“扸”，馮本作“枬”，四庫本、邵本作“晳”。冢：四庫本同，仿宋本、馮本、魁本、程本、邵本作“家”，陳本作“冡”。

【3】褒：仿宋本、馮本、魁本、陳本同，程本作“衺”，何本作“裹”，四庫本、邵本作“襃”。

【4】則：七本皆作“財”，據《儀禮·聘禮》之文改。于：仿宋本、馮本、魁本、程本、邵本同，四庫本、陳本作“於”。

【5】幣美：仿宋本、馮本、魁本、程本、邵本、陳本作“弊”，四庫本作“獘”，據《儀禮·聘禮》之文改。

【6】彫：仿宋本、馮本、魁本、程本、四庫本、邵本同，陳本作“雕”。

【7】以：仿宋本、馮本、魁本、四庫本、邵本、陳本同，程本、何本作“之”。

【8】吕：仿宋本、馮本、魁本、程本、何本、邵本、陳本同，四庫本作“舉”。

【9】武：陳本同，仿宋本、馮本、魁本、程本、四庫本、邵本無“武”字。

【10】摐：仿宋本、馮本、魁本、程本、四庫本、邵本同，陳本作“捉”。冢：仿宋本、馮本、魁本、陳本作“冡”，程本、四庫本、邵本作“塚”，今改用正體字。

【箋注】

〔1〕汪繼培曰：“《漢書·楚元王傳》：‘劉向云：“文、武、周公葬於畢。”’《史記·周本紀》《集解》引《皇覽》云：‘文王、武王、周公冢，皆在京兆長安鎬聚東社中。’《正義》引《括地志》云：‘武王墓在雍州萬年縣西南三十八里畢原上。’崔實《政論》云：‘文、武之兆，與平地齊。’”〇覺按：按：考察。鄗（hào 浩）：又作“鎬”，周武王之都，在今陝西省西安市長安區西北豐鎬村附近。畢：周武王滅商，封弟姬高於畢，史稱畢公高（見《史記·魏世家》），故地在今陝西省咸陽市西北。此當指畢原，在今陝西省咸陽市、西安市附近渭河之南北，區域很廣。其在咸陽市西北部分，又名咸陽原、咸陽北阪，爲周初王季建都之地，即後來畢公高的封地。其在今西安市西南部分，爲文王、武王、周公所葬之地。今西安市西北咸陽原上有“周陵”，傳説爲西周諸王的陵墓。但據試掘，傳説中的文王陵乃戰國墓，故其傳説不足信。陵：原義爲大土山，後又用來指帝王的高大墳墓。無文、武之陵：指文王、武王葬於其地而無高墳。《漢書·楚元王傳·劉向傳》：“文、武、周公葬於畢……皆無丘隴之處。”

〔2〕汪繼培曰：“《傳》注云：‘南城山，曾子父所葬，在今沂州費縣西南。’按《續漢書·郡國志》，泰山郡有南城縣，注：‘故屬東海。’《漢書·地理志·東海郡》作‘南成’。曾析，《論語》作‘曾晳’，孔安國曰：‘曾參父也。名點。’”〇王紹蘭曰：“《御覽·禮儀部》引作：‘畢、鄗之郊，無文、武之陵；南城之東，無曾析之墓。’當據增二‘無’字，其意乃顯。”〇覺按：王説是。南城：地名，原春秋時魯邑，又稱武城、南武城。《史記·仲尼弟子列傳》：“曾參，南武城人。”即指此。漢置南城縣（《漢書·地理志上》作“南成”），爲侯國，屬東海郡，地在今山東省費縣西南。壘：指堆砌的墳羣。《文選》卷第二十三所載張載《七哀詩》“北芒何壘壘”李善注：“壘壘，塚相次之皃。”曾（zēng 增）析：姓曾，名蒧（diǎn 點），字析，春秋時魯國南武城（今山東省費縣西南）人，曾參的父親，孔子的學生。“蒧”一作“點”，“析”又作“晳”或“晳”（析 xī）。參見《論語·先進》《史記·仲尼弟子列傳》。古代人的名和字往往有聯繫。“蒧”爲一種柴草，“析”指劈木柴，如《詩經·齊風·南山》：“析薪如之何？匪斧不克。”兩者有所聯繫，所以其字原來可能作“析”。但一般人都以爲“點”是黑點，“晳”是皮膚白，兩字相對，其名、字應是“點”、“晳”。

他的名字原來到底怎樣寫，實難考定。冢：《説文・勹部》："冢，高墳也。"

〔3〕曾子（公元前505—公元前435年）：春秋時魯國南武城（今山東省費縣西南）人，名參（shēn 身），字子輿，孔子的學生，以孝著稱。《論語》《大戴禮記》都載有他的言行，相傳《大學》是他所著，後被尊爲"宗聖"。

〔4〕汪繼培曰："《白虎通・謚篇》云：'人臣之義，莫不欲褒稱其君。'《孝經》云：'以顯父母。'"

〔5〕汪繼培曰："《禮記・祭統》云：'顯揚先祖，所以崇孝也。'"

〔6〕汪繼培曰："《儀禮・聘禮》云：'多貨則傷於德，弊美則没禮。'《荀子・大略篇》引《聘禮志》作'幣厚則傷德，財侈則殄禮'。此以爲孔子語，而文又異，或别有所本。"〇覺按：此文本於《儀禮・聘禮》，東漢時傳説孔子删定五經（見8.3注〔6〕），《儀禮》爲五經之一，所以王符將此語題爲孔子之言。究竟是不是孔子之語，尚有待考證。

〔7〕汪繼培曰："▲宣二年《左傳》云：'晉靈公不君，厚斂以彫牆。'"〇覺按：《春秋》：見1.2注〔21〕。古代對《春秋》進行闡明、解釋的主要有左氏、公羊、穀梁三家。戰國秦漢時，人們引述《左傳》《公羊傳》《穀梁傳》中的話，往往也統稱爲《春秋》。如《荀子・大略篇》説"《春秋》善胥命"，指《公羊傳》所言；《韓非子・姦劫弒臣》説"故《春秋》記之曰"，指《左傳》所記；《鹽鐵論・晁錯》説"《春秋》之法"，指《公羊傳》之言；《吴越春秋・勾踐入臣外傳》"《春秋》以多其義"，也指《公羊傳》而言；其例又可參見19.5注〔1〕。此文之《春秋》，指《左傳》而言。《左傳・宣公二年》："晉靈公不君，厚斂以彫牆。"

〔8〕汪繼培曰："事見（覺按：陳本無"事見"，此依汪稿）成二年《左傳》，'吕'作'舉'。《吕氏春秋・安死篇》高誘注引《傳》作'吕'。按文十八年、宣二年《傳》並作'吕'。"〇彭鐸曰："《魏志・文帝紀》作'樂莒'，吕、莒、舉古同聲而通用。"〇覺按：樂（yuè 悦）吕：春秋時宋國大夫，宋文公二年（公元前609年）任宋國司寇（宋國六卿之一，主管刑獄）。文公：指宋文公，名鮑，春秋時宋國國君，公元前610—公元前589年在位。《左傳・成公二年》載："八月，宋文公卒，始厚葬，用蜃炭，益車馬，始用殉，重器備，椁有四阿，棺有翰檜。君子謂華元、樂舉於是乎不臣。臣，治煩去惑者也，是以伏死而争。今二子者，君生則縱其惑，死又益其侈，是弃君於惡也，何臣之爲？"

〔9〕汪繼培曰："《漢書・貢禹傳》云：'後世争爲奢侈，轉轉益甚，臣下亦相放效，衣服履絝刀劍，亂於主上。主上時臨朝入廟，衆人不能别異，甚非其宜。然非自知奢僭也，猶魯昭公曰："吾何僭矣？"今大夫僭諸侯，諸侯僭天子，天子過天道，其日久矣。'"

〔10〕汪繼培曰："見《史記・高祖功臣侯年表》。舊脱'武'字，据表補。"〇覺按：武原：原爲縣城，後改爲侯國，其地在今江蘇省邳州市西北泇口鎮。衛不害：衛胠之孫。漢高祖七年（公元前200年），衛胠因擊韓信、陳豨、黥布軍有功而封武原侯，死後其子衛寄繼承。景帝三年（公元前154年），衛寄死，其子衛不害繼承爲武原侯。景帝後元二年（公元前142年），衛不害因爲葬禮超過了規定，被剥奪封國。見《史記・高祖功臣侯年表》《漢書・高惠高后文功臣表》。坐：因犯……罪。

〔11〕汪繼培曰："未詳。▲《漢書・地理志》鉅鹿郡'象氏'注：'侯國。''桑民'疑'象氏'之誤。又常山郡'桑中'註云：'侯國。''桑民'或是'桑中'。《周禮・冢人》鄭注：'《漢律》曰："列後（覺按："後"當作"侯"）墳高四丈，關内侯以下至庶人各有差。"'"〇覺按：桑民摐陽侯：未詳，據上句句例，當作"桑中侯摐陽"。"民"當爲"中"字之壞

誤。桑中侯國，西漢置，治所在今河北省平山縣東南，東漢廢。髡（kūn 昆）：古代一種剃去頭髮的刑罰。削：指削減封地。

12.10

今天下浮侈離本，僭奢過上，亦已甚矣〔1〕！凡諸所譏【1】，皆非民性，而競務者，亂政薄化使之然也●〔2〕。王者統世，觀民設教，乃能變風易俗以致太平●〔3〕。

【校記】

【1】凡：仿宋本、馮本、四庫本、邵本、陳本同，魁本作“几”，程本作“九”。

【箋注】

〔1〕已：太，過分。

〔2〕汪繼培曰：“崔實《政論》云：‘王政一傾，普天率土莫不奢僭者，非家至人告，乃時勢驅之使然。’《漢書·匡衡傳》云：‘此非其天性，有由然也。’▲顔師古注云：‘非其天性自惡，由上失於教化耳。’”

〔3〕汪繼培曰：“《易·觀·象》曰：‘先王以省方觀民設教。’《漢書·嚴安傳》云：‘變風易俗，化於海内。’《地理志》云：‘凡民函五常之性，而其剛柔緩急音聲不同，繫水土之風氣，故謂之風；好惡取舍動静亡常，隨君上之情欲，故謂之俗。孔子曰：“移風易俗，莫善於樂。”言聖王在上，統理人倫，必移其本而易其末。此混同天下，壹之虖中和，然後王教成也。’按此篇大恉本《鹽鐵論·散不足篇》。東、西京風俗靡敝畧同，詔告頻煩，莫爲衰止，今録兩書詔文，以明王氏之意。《漢書·成帝紀》永始四年詔曰：‘聖王明禮制以序尊卑，異車服以章有德，雖有其財而無其尊，不得踰制，故民興行，上義而下利。方今世俗奢僭罔極，靡有厭足。公卿列侯，親屬近臣，四方所則，未聞修身遵禮，同心憂國者也。或迺奢侈逸豫，務廣地（覺按：當作“第”）宅，治園池，多畜奴婢，被服綺縠，設鐘鼓，備女樂，車服嫁娶葬埋過制。吏民慕效，寖以成俗，而欲望百姓儉節，家給人足，豈不難哉？其申飭有司，以漸禁之。’《後漢書·光武帝紀》建武七年詔曰：‘世以厚葬爲德，薄終爲鄙，至於富者奢僭，貧者單財，法令不能禁，禮義不能止，倉卒乃知其咎。其布告天下，令知忠臣、孝子、慈兄、悌弟薄葬送終之義。’《明帝紀》永平十二年詔曰：‘昔曾、閔奉親，竭歡致養；仲尼葬子，有棺無椁。喪貴致哀，禮存寧儉。今百姓送終之制，競爲奢靡，生者無擔石之儲，而財力盡於墳土，伏臘無糟糠，而牲牢兼於一奠，糜破積世之業，以供終朝之費，子孫饑寒，絶命於此，豈祖考之意哉？又車服制度，恣極耳目，田荒不耕，游食者衆。有司其申明科禁宜於今者，宣下郡國。’《章帝紀》建初二年詔曰：‘比年陰陽不調，饑饉屢臻。深惟先帝憂人之本，詔書曰：“不傷財，不害民。”誠欲元元去末歸本。而今貴戚近親奢縱無度，嫁娶送終尤爲僭侈。有司廢典，莫肯舉察。今自三公，並宜明糾非法，宣振威風。其科（覺按：“科”字下脱“條”字）制度所宜施行，在事者備爲之禁，先京師而後諸夏。’《和帝紀》永元十一年詔曰：‘吏民踰僭，厚死傷生，是以舊令節之制度。頃者，貴戚近親，百僚師尹，莫肯率從，有司不舉，怠放日甚。又商賈小民，或忘法禁，奇巧靡貨，流積公行。其在位犯者，當先舉正。市道小民，但具申明憲綱，勿因科令，加虐羸弱。’《安帝紀》：永初元年‘詔三公明申舊令，禁奢侈，毋作浮巧之物，殫

財厚葬’。元初五年詔曰：‘舊令制度，各有科品，欲令百姓務崇節約。遭永初之際，人離荒戹，朝廷躬自菲薄，去絶奢飾，食不兼味，衣無二綵。比年雖獲豐穰，尚乏儲積，而小人無慮，不圖久長，嫁娶送終，紛華靡麗。至有走卒奴婢，被綺縠，著珠璣。京師尚若斯，何以示四遠？設張法禁，懇惻分明，而有司惰任，訖不奉行。秋節既立，鷙鳥將用，且復重申，以觀後效。’《桓帝紀》永興二年詔曰：‘輿服制度，有踰侈長飾者，皆宜損省。郡縣務存儉約，申明舊令，如永平故事。’”

慎微第十三

【提要】

慎微：謹慎地對待細微的事。文章主要論述了積善致福與積惡致禍的道理，勸導人們堅持不懈地行小善而去小惡。

文章指出，下自百姓，上至國君，如果“積善不怠”，“積正不倦”，“政教積德”，則“必致安泰之福”；如果“積惡不休”，“積邪不止”，“舉錯數失”，則“必致危亡之禍”。“積善多者，雖有一惡”，也不過是一種“過失”，“未足以亡”；“積惡多者，雖有一善”，也不過是一種“誤中”，“未足以存”。所以“君子”“賢聖”總是“戰戰慄慄，日慎一日，克己三省，不見是圖”，“思慎微眇，早防未萌”，致力於“積善”，而不“復行”“不善”，因而他們能使自己“當時尊顯”而“後世見思”。但是，無德之小人卻總是“以小善謂無益而不爲也，以小惡謂無傷而不去也”，最後便淪爲罪大惡極、不可赦免的壞人而遭殃。顯然，作者對“積善”“積惡”的論述，與現代哲學中“量變”“質變”的理論有某種相通之處。

文章最後巧妙地引用古人之言指出，究竟是積善，還是積惡，全都“由己”；究竟是得福，還是致禍，全在“自求”。他讚賞古人之言，概歎“可無思乎”，更使此文餘音裊裊、發人深省。

13.1

凡山陵之高，非削成而崛起也●【1】〔1〕，必步增而稍上焉【2】；川谷之卑，非截斷而顛陷也●〔2〕，必陂池而稍下焉●〔3〕。是故積上不止，必致嵩山之高●〔4〕；積下不已，必極黄泉之深●〔5〕。非獨山川也，人行亦然：有布衣●〔6〕積善不怠●〔7〕，必致顔、閔之賢●〔8〕；積惡不休，必致桀、跖之名●〔9〕。非獨布衣也，人臣亦然●〔10〕：積正不倦，必生節義之志；積邪不止，必生暴弑之心。非獨人臣也，國君亦然：政教積德●〔11〕，必致安泰之福●〔12〕；舉錯數失【3】，必致危亡之禍●〔13〕。故仲尼曰："湯、武非一善而王也，桀、紂非一惡而亡也。三代之廢興也，在其所積●〔14〕。積善多者，雖有一惡，是謂過失，未足以亡；積惡多者，雖有一善，是謂誤中〔15〕，未足以存。"人君聞此，可以悚愳●【4】〔16〕；布衣聞此，可以改容●〔17〕。

【校記】

【1】成而：陳本同，仿宋本、馮本、魁本、程本、四庫本、邵本作"而成"。

【2】稍：仿宋本、馮本、魁本、程本、邵本、陳本同，四庫本作"積"。

【3】錯：仿宋本、馮本、魁本、陳本同，程本、四庫本、邵本作"措"。

【4】愳：仿宋本、馮本、魁本、陳本同，程本、四庫本、邵本作"懼"。

【箋注】

〔1〕汪繼培曰："'成而'舊倒。《山海經·西山經》：'太華之山，削成而四方。'《漢書·敘傳》班彪《王命論》云：'未見運世無本、功德不紀而得屈起在此位者也。'《文選》作'倔起'，李善注云：'《埤蒼》曰："崛，特起也。""崛"與"倔"同。'"

〔2〕汪繼培曰："《說文》云：'陷，高下也。一曰陊也。'"

〔3〕汪繼培曰："《史記·司馬相如傳》云'陂池貏豸'，《索隱》引郭璞曰：'陂池，旁穨之貌。'按'池'讀爲'陁'。《傳》又云'罷池陂陁'，即'貏豸陂池'也。"〇覺按：陂池（pōtuó 坡駝）：疊韻聯緜詞，也作"陂陀""陂阤""陂陁"，坡度平緩的樣子。

〔4〕汪繼培曰："《釋名·釋山》云：'山大而高曰嵩。嵩，竦也，亦高稱也。'按'嵩'古作'崇'。"

〔5〕汪繼培曰："隱元年《左傳》云'不及黃泉'，▲杜預注：'地中之泉，故曰黃泉。'《史記·鄭世家》《集解》引服虔注：'天玄地黃，泉在地中，故曰黃泉。'▲《漢書·武五子傳》廣陵厲王胥歌曰：'黃泉下兮幽深。'《漢書·揚雄傳·解嘲》云：'深者入黃泉。'"〇覺按：黃泉：地下水。古人認爲黃泉在地層極深處，所以此文用來形容深。

〔6〕汪繼培曰："《鹽鐵論·散不足篇》云：'古者庶人耋老而後衣絲，其餘則麻枲而已，故命曰布衣。'王先生云：'三字不辭，疑有脱誤。'▲'有'當衍，即'布'字之複誤。"〇彭鐸曰："'有'蓋'布'之駁文，無脱字。"〇覺按："有"非衍文，汪、彭之説非。"有"爲假設之詞，可以解爲"如果有"。《韓非子·難三》"有人無術以禁下""有君以千里養其口腹"之"有"與此用法同。

〔7〕汪繼培曰："《禮記·曲禮》云：'敦善行而不怠。'"

〔8〕汪繼培曰："《論語》云：'德行：顏淵，閔子騫。'"〇覺按：顏：指顏回，見3.3注〔25〕。閔：指閔子騫（公元前536年—？），春秋時魯國人，孔子的學生，名損，字子騫，以孝行與清廉聞名。相傳他年少時，後母在冬天給自己兩個親生兒子穿棉衣，卻給他兄弟倆穿蘆花衣。他父親知道後要休掉後母，他説："母在一子單（衣服單薄），母去四子寒。"於是父親就作罷了，後母也轉變了。又傳説季氏讓他當縣長，他不食權臣之禄而推辭不幹。因此，《論語·先進》稱："德行：顏淵，閔子騫。"其事蹟可參見《論語》《史記·仲尼弟子列傳》《藝文類聚·人部·孝》。

〔9〕汪繼培曰："《荀子·榮辱篇》云：'爲桀、跖，則常危辱。'"〇覺按：跖（zhí 直）：

一作“蹠”，春秋戰國之際魯國造反者的領袖，在傳統的典籍中，他被當作貪婪的典型，被稱爲“盗跖”。

〔10〕汪繼培曰：“《趙策》：‘蘇秦曰：“天下之卿相人臣乃至布衣之士。”’”

〔11〕汪繼培曰：“王先生云：‘“德”當作“得”，與下“失”字對文。’”○覺按：“德”字可通，不煩改字。

〔12〕汪繼培曰：“《老子》云：‘往而不害，安平泰。’”

〔13〕汪繼培曰：“《易·繫辭下（覺按：“下”當作“上”）傳》云：‘舉而措之天下之民，謂之事業。’‘錯’與‘措’通。《趙策》：‘客見趙王曰：“今治天下，舉錯非也，國家爲虚戾而社稷不血食。”’《漢書·董仲舒傳》云：‘人君莫不欲安存而惡危亡。’”○覺按：數（shuò 朔）：屢次。

〔14〕汪繼培曰：“▲《淮南子·繆稱訓》云：‘壹快不足以成善，積快而爲德；壹恨不足以成非，積恨而成怨。故三代之稱，千歲之積譽也；桀、紂之謗，千歲之積毁也。’《漢書·賈誼傳》云：‘安者非一日而安也，危者非一日而危也，皆以積漸然，不可不察也。’”

〔15〕誤：失誤，不是故意，與現代漢語中“誤傷”“誤殺”之“誤”的意義相同。中：不偏不倚，做得恰到好處。

〔16〕汪繼培曰：“《漢書·董仲舒傳》云：‘積善在身，猶長日加益而人不知也；積惡在身，猶火之銷膏而人不見也。非明乎情性、察乎流俗者，孰能知之？此唐、虞之所以得令名，而桀、紂之可爲悼懼者也。’《説文》云：‘懼，恐也。古文作思。’”○覺按：悚（sǒng 聳）：恐懼。思：古“懼”字。

〔17〕汪繼培曰：“《史記·司馬相如傳·上林賦》云：‘愀然改容，超若自失。’”

13.2

是故君子戰戰慄慄，日慎一日●〔1〕，克己三省●〔2〕，不見是圖●〔3〕。孔子曰：“善不積不足以成名，惡不積不足以滅身●【1】〔4〕。小人以小善謂無益而不爲也【2】，以小惡謂無傷而不去也。是以惡積而不可掩，罪大而不可解也●〔5〕。”此蹶屬●〔6〕所以迷國而不返●【3】〔7〕，三季所以遂往而不振者也●〔8〕。

【校記】

【1】仿宋本、馮本、魁本、程本、四庫本、邵本此句下接“夫賢聖”至“胡福不除足以滅身”一段，今依陳本將“夫賢聖”至“胡福不除”一段移入13.5—13.6，并據《周易·繫辭下》之文删去其後的“足以滅身”四字（此四字乃錯簡造成的衍文）。

【2】謂：仿宋本、馮本、魁本、程本、邵本、陳本同，四庫本作“為”。下句同。

【3】屬：仿宋本、馮本、魁本、程本、四庫本、邵本同，陳本作“蹻”。

【箋注】

〔1〕汪繼培曰：“《淮南子·人間訓》云：‘《堯戒》曰：“戰戰慄栗，日慎一日，人莫蹪於山，而蹪於垤。”是故人皆輕小害、易微事以多悔，患至而後憂之，是猶病者已惓而索良醫也。’《後漢書·光武帝紀》建武二年詔曰：‘諸將業遠功大，誠欲傳於無窮，宜如臨深

淵，如履薄冰，戰戰慄慄，日甚一日。'"

〔2〕汪繼培曰："昭十二年《左傳》：'仲尼曰："古也有志，克己復禮，仁也。"'《論語》：'曾子曰："吾日三省吾身。"'"

〔3〕汪繼培曰："成十六年《左傳》：'《夏書》曰："怨豈在明？不見是圖。"'"〇覺按：見（xiàn 現）：同"現"，顯現，暴露。不見：還没有顯現出來，指細微的苗頭。是：構成賓語前置句式的指代性助詞，複指"不見"。圖：圖謀，設法對付。不見是圖：即"圖不見"，指設法對付尚未顯現出來的細小事情。《左傳·成公十六年》載單子的話説："《夏書》曰：'怨豈在明？不見是圖。'將慎其細（覺按：指小事）也。"《國語·晋語九》載智伯國的話説："《夏書》有之曰：'一人三失，怨豈在明？不見是圖。'《周書》有之曰：'怨不在大，亦不在小。'夫君子能勤小物（韋昭注："物，事也。"），故無大患。"皆可明此文之義。

〔4〕汪繼培曰："此下舊接'夫賢聖卑革'至'胡福不除'，又複'足以滅身'四字，今移正。"

〔5〕汪繼培曰："《易·繫辭下傳》。王弼本'謂'作'爲'；'不爲''不去'，'不'俱作'弗'；'是以'作'故'。按《新書·審微篇》云：'善不可謂小而無益，不善不可謂小而無傷。'又見《連語》。古《易》蓋有作'謂'者。《淮南子·繆稱訓》云：'君子不謂小善不足爲也而舍之，小善積而爲大善；不謂小不善爲無傷也而爲之，小不善積而爲大不善。是故積羽沉舟，羣輕折軸，故君子禁於微。'"〇覺按：孔子的話引自《周易·繫辭下》。謂：通"爲"。解：解脱，免除，指赦免。

〔6〕汪繼培改"屬"爲"蹶"曰："舊作'屬'，据《本政篇》改。今詩作'橘'。"〇覺按：蹶：見 9.3 注〔4〕。屬：類，輩，某一等、某一類的人。不煩改字。

〔7〕汪繼培曰："按《詩（覺按：當作"韓詩"）外傳》一云：'懷其寶而迷其國者，不可與語仁。'按'迷國'，《論語》作'迷邦'，漢人避高祖諱改。漢時劾奏大臣多用之，《漢書·王尊傳》劾奏匡衡、張譚'懷邪迷國'，《王嘉傳》孔光等劾嘉'迷國罔上不道'，《師丹傳》策免丹云'懷諼迷國'，蓋當時律令如此。"

〔8〕汪繼培曰："《晋語》：'郭偃曰："夫三季王之亡也宜。"'《漢書·敍傳》敍《天文志》云：'三季之後，厥事放紛。'顔師古注：'三季，三代之末也。'《史記·樂書》云：'流沔沈佚，遂往不反。'《司馬相如傳·上林賦》云：'恐後世靡麗，遂往而不反。'《周語》云'踣斃不振'，韋昭注：'振，救也。'"〇覺按：遂：前進。振：挽救。

13.3

夫積微成顯，積著成●【1】〔1〕。鄂譽鄂譽，鄂致存亡●〔2〕。聖人常慎其微也●〔3〕。文王小心翼翼●〔4〕，成王夙夜敬止●【2】〔5〕，思慎微眇，早防未萌●〔6〕，故能太平而傳子孫●〔7〕。

【校記】

【1】著：馮本、邵本、陳本同，仿宋本、魁本、程本、四庫本作"着"。

【2】成：仿宋本、馮本、魁本、程本、邵本、四庫本同，陳本作"武"。

【箋注】

〔1〕汪繼培曰："下脱一字。▲按《荀子·大略篇》云：'盡小者大，積微者著。'《漢

書·律歷志》云:'三微而成著,三著而成象。'《易·乾鑿度》云:'三微而成一著,三著而成一體。'" ○彭鐸曰:"'積著成'下蓋脱'象'字,與'亡'爲韻。"

〔2〕汪繼培曰:"文有脱誤。按《漢書·韋賢傳》云:'睮睮諂夫,咢咢黄髮。'如淳曰:'睮睮,自媚貌。'顔師古曰:'咢咢,直言也。'此文疑當作'鄂鄂譽譽,以致存亡'。'鄂鄂'與'咢咢'通,'譽譽'與'睮睮'通。'鄂譽致存亡',即《史記·商君傳》趙良所謂'武王諤諤以昌,殷紂墨墨以亡'也。《韓詩外傳》十云:'有諤諤争臣者,其國昌;有默默諛臣者,其國亡。'" ○覺按:鄂:通"諤"(è 鄂),直言。譽:讚譽,指阿諛奉承。爲了構成四字句,"鄂致存亡"之"鄂"字下承上省"譽"字。

〔3〕汪繼培曰:"《淮南子·人閒訓》云:'聖人敬小慎微。'《漢書·董仲舒傳》云:'衆少成多,積小致鉅,故聖人莫不以晻致明,以微致顯。是以堯發於諸侯,舜興虖深山,非一日而顯也,蓋有漸以致之矣。言出於己,不可塞也;行發於身,不可掩也。言行,治之大者,君子之所以動天地也。故盡小者大,慎微者著。'按'盡小者大'二語,本《荀子·大略篇》。"

〔4〕汪繼培曰:"《詩·大明》。" ○覺按:《詩經·大雅·大明》:"維此文王,小心翼翼。"

〔5〕陳本"成"作"武",汪繼培曰:"《詩·閔予小子》。按此爲成王詩,'武'當作'成'。" ○彭鐸曰:"匡衡以此詩爲武王畢喪。衡學《齊詩》,則是《齊詩》説也。節信引詩多本三家,'武'字必不可改。" ○覺按:仿宋本等均作"成",彭説非。《詩經·周頌·閔予小子》:"維予小子(成王自指),夙夜敬止。"敬:恭敬,謹慎。止:語助詞。

〔6〕汪繼培曰:"▲《淮南子·主術訓》云:'所以心欲小者,慮患未生,備禍未發,戒過慎微,不敢縱其欲也。'《漢書·賈誼傳》云:'禮云禮云者,貴絶惡於未萌,而起教於微眇。'"

〔7〕汪繼培曰:"《詩·閟宫》鄭箋云:'文王、武王繼太王之事,至受命致太平。'《烈文》箋云:'文王、武王以純德受命,定天位。'又云:'天之錫之以此祉福也,又長愛之,無有期竟,子孫得傳世,安而居之。'此即用詩誼,與鄭氏同。"

13.4

且夫邪之與正,猶水與火,不同原,不得並盛●〔1〕。正性勝,則遂重己不忍虧也,故伯夷餓死而不恨●〔2〕。邪性勝,則忸忕而不忍舍也●【1】〔3〕,故王莽竊位而不慙●〔4〕,積惡習之所致也。夫積惡習非久,致死亡非一也。世品人遂●〔5〕。

【校記】

【1】忸忕:陳本同,仿宋本、馮本、魁本作"忸怵",程本、四庫本作"愓怵",邵本作"愓忕"。

【箋注】

〔1〕汪繼培曰:"《淮南子·詮言訓》云:'君子行正氣,小人行邪氣。内便於性,外合於義,循理而動,不繫於物者,正氣也。重於滋味,淫於聲色,發於喜怒,不顧後患者,

邪氣也。邪與正相傷，欲與性相害，不可兩立，一置一廢，故聖人損欲而從事於性。'"

〔2〕汪繼培曰："《論語》。"〇覺按:《論語·述而》載，子貢問："伯夷、叔齊，何人也？"孔子曰："古之賢人也。"子貢問："怨乎？"孔子曰："求仁而得仁，又何怨？"所以本文説"伯夷餓死而不恨"。

〔3〕汪繼培曰："'怵'當爲'忕'。《爾雅·釋言》云:'狃，復也。'郭注:'狃忕復爲。'《後漢書·馮異傳》云'忸忕小利'，章懷注:'忸忕，猶慣習也，謂慣習前事復爲之。''狃''忸'字通。《詩·四月》疏、《蕩》《釋文》並引《説文》云:'忕，習也。'今《説文》無'忕'字。'愧'字注:'習也。''忕'當即'愧'之別體。怵，《説文》訓'恐'，與狃習義別。《漢書·武帝紀》元狩元年詔'怵於邪説'，服虔曰:'怵，音裔。'應劭曰:'忸，忕也。'如淳曰:'怵，音怵惕。'蓋服、應本作'忕'，如本作'怵'，字形之誤如此。"〇彭鐸曰："'狃忕'字本作'忕'，以'大'爲聲。大、世古音同部(如'太子'即'世子'，'大室'即'世室'，'子大叔'即'子世叔')。蓋'忕'或作'怈'(如《荀子·榮辱篇》'憍泄'即'驕汰')，故又易爲'愧'，猶'泄''枻'亦作'洩''栧'也。'忕'字桓十三年《左傳》疏、《爾雅·釋言》疏引《説文》亦有之，當據補。"〇覺按:"忸"通"狃"(niǔ 扭)，習慣。怵：當爲"忕"字之形訛。忕(shì 世)，習慣。古代"狃忕"或"忸忕"常連用，如《爾雅·釋言》:"狃，復也。"郭璞注:"狃忕復爲。"邢昺疏:"孫炎云:'狃忕，前事復爲也。'"《後漢書·馮異列傳》"忸忕小利"李賢等注:"忸忕，猶慣習也，謂慣習前事而復爲之。"汪繼培引文"忕"作"忕"，蓋其所據版本有誤。

〔4〕汪繼培曰："《漢書》。"

〔5〕汪繼培曰："'積惡習'以下，文有脱誤。《漢書·董仲舒傳》云:'暴逆不仁者，非一日而亡也，亦以漸至。'此文蓋本之。'世品人遂'下，舊接'俾爾多益'至末，今移正。然此四字下尚有脱文。"〇覺按：遂：見7.2注〔5〕。

13.5

夫賢聖卑革●【1】〔1〕，則登其福●〔2〕。慶封、伯有●【2】〔3〕，荒淫于酒【3】，沈湎無度〔4〕，以弊其家●〔5〕。晋平殆政●〔6〕，惑以喪志〔7〕，良臣弗匡〔8〕，故俱有禍●〔9〕。楚莊、齊威〔10〕，始有荒淫之行●〔11〕、削弱之敗●〔12〕，幾於亂亡，中能感悟，勤恤民事●〔13〕，勞精苦思●【4】〔14〕，孜孜不怠●〔15〕，夫出陳應，爵命管蘇●〔16〕，召即墨〔17〕，烹阿大夫●〔18〕，故能中興，彊霸諸侯，當時尊顯，後世見思，傳爲令名，載在圖籍●【5】〔19〕。由此言之，有希●人君〔20〕，其行一也。知己曰明，自勝曰彊●〔21〕。夫有不善未嘗不知，知之未嘗復行，此顔子所以稱"庶幾"也●〔22〕。

【校記】

【1】此句至13.6"胡福不除"一段，仿宋本、馮本、魁本、程本、四庫本、邵本在13.2"惡不積不足以滅身"之後，今依陳本移於此節及下節(參見13.2校記【1】)。賢聖

卑革：仿宋本、馮本、魁本、程本、邵本同，四庫本作“賢聖修德”，陳本作“聖賢卑革”。

【2】有：四庫本、陳本同，仿宋本、馮本、魁本、程本、邵本無“有”字。

【3】于：仿宋本、馮本、魁本、程本、邵本同，四庫本、陳本作“於”。

【4】精：陳本同，仿宋本、馮本、魁本、程本、四庫本、邵本作“積”。

【5】籍：仿宋本、馮本、魁本、何本、四庫本、邵本、陳本同，程本作“藉”。

【箋注】

〔1〕汪繼培曰：“‘革’疑‘恭’之誤。《後漢書·竇融傳》云：‘每召會進見，容貌辭氣，卑恭已甚。’”〇覺按：卑：謙虛。革：改，即《漢書·嚴助傳》所説的“革心易行”之意，指悔改錯誤，也就是下文所説的“中能感悟”或“自勝”之類。汪繼培認爲“革”爲“恭”字之誤，不當。

〔2〕汪繼培曰：“昭十五年《左傳》云：‘福祚之不登，叔父焉在？’”〇覺按：“登”即“得”之音轉，古音“得”屬職部，“登”屬蒸部，職部字與蒸部字屬同一類，元音相同，衹是韻尾不同，故常相轉，音韻學上叫作陰陽對轉。短促地發音爲“得”，舒緩地發音而加上鼻音即爲“登”。《公羊傳·隱公五年》“登來之也”何休注：“登，讀言‘得’。……齊人名求得爲‘得來’。作‘登來’者，其言大而急，由口授也。”也可證兩字之相通。

〔3〕汪繼培曰：“舊脱。”〇覺按：慶封：春秋時齊國大夫，字子家，又字季，故又稱慶季。齊莊公六年（公元前 548 年），崔杼殺齊莊公而擁立景公，景公以崔杼爲右相，慶封爲左相。齊景公二年（公元前 546 年），他滅掉崔氏而執政。次年，他因爲喜歡打獵喝酒，就讓兒子慶舍當政，自己與盧蒲嫳互换妻妾喝酒。欒子雅、高子尾、陳須無、鮑國等攻慶氏。慶封奔魯，接着又奔吴。公元前 538 年，楚靈王伐吴，他被擒滅族。其事蹟可參見《左傳》成公十八年至昭公四年。其“荒淫于酒”之事詳《左傳·襄公二十八年》。伯有：即春秋時鄭國大夫良霄（？—公元前 543 年），字伯有。其事蹟可參見《春秋》與《左傳》襄公十一年至襄公三十年。他喜歡喝酒，有一天夜裏在地下室中飲酒撞鐘作樂。到了上朝的時候，卿大夫來朝見他，他尚未喝罷。喝罷後朝見國君，又將讓子皙（駟氏）出使到楚國去，自己卻回家飲酒。子皙攻打他，他逃奔許國，接着又回鄭國，被駟帶所殺。見《左傳·襄公三十年》。

〔4〕沈（chén 沉）：古“沉”字。沈湎：指沉溺於酒。

〔5〕汪繼培曰：“襄廿八年、卅年《左傳》。▲‘弊’與‘敝’同，敗也。”

〔6〕汪繼培曰：“孫侍御云：‘“殆”與“怠”同。’繼培按：《新書·道術篇》云：‘志操精果謂之誠，反誠爲殆。’《詩·玄鳥》：‘受命不殆。’鄭箋云：‘受天命而行之不解殆。’是鄭讀‘殆’爲‘怠’也。《淮南子·泰族訓》：‘句踐棲於會稽，修政不殆。’《鹽鐵論·論菑篇》：‘周文、武尊賢受諫，敬戒不殆。’《方言》後劉子駿《與揚雄書》：‘收藏不殆。’並以‘殆’爲‘怠’。”〇覺按：晋平：晋平公，名彪，春秋時晋國君主，公元前 557—公元前 532 年在位。其事可參見《左傳》襄公十六年至昭公十年。殆：通“怠”。

〔7〕惑：迷惑，指迷惑於女色。惑以喪志：迷惑於女色而喪失了神志。公元前 541 年，晋平公生了病，向秦國求醫。秦景公派醫和去看病。醫和看後説：“疾不可爲（覺按：治）也，是謂近女室，疾如蠱（覺按：神志惑亂的病）。非鬼非食（覺按：不是因爲鬼神、飲食），惑以喪志。良臣將死，天命不祐。”平公説：“女不可近乎？”醫和説：“節之（覺按：女色雖可近，但要有節制）。……淫（覺按：過分）則生内熱惑蠱之疾。今君不節不時，能無及此乎？”醫和出來後，將此告訴了趙孟。趙孟説：“誰當良臣？”醫和説：“主覺按：指趙孟）是謂矣。主相晋國，於今八年，晋國無亂，諸侯無闕，可謂良矣。和聞之：國之

大臣，榮其寵禄，任其大（覺按：《十三經注疏》本“大”作“寵”，據阮元校勘記改）節。有菑禍（覺按：指平公好色）興，而無改焉（覺按：指趙孟没有改正平公之好色），必受其咎（覺按：災）。今君至於淫以生疾，將不能圖恤社稷，禍孰大焉？主不能禦（覺按：禁止），吾是以云也。”這年十二月，趙孟就死了。事詳《左傳・昭公元年》。

〔8〕良臣：指趙孟（見上注），也就是趙武（見35.5注〔37〕）。弗匡：即醫和所説的“無改”（見上注）。

〔9〕汪繼培曰：“昭元年《左傳》。”〇覺按：俱有禍：指平公生病、趙孟死。

〔10〕楚莊：即楚莊王（？—公元前591年），春秋時楚國君主，羋姓，名旅（又作“吕”或“侶”）。公元前613—公元前591年在位。傳説他即位三年，不發佈政令，左手抱鄭姬，右手抱越女，日夜放縱作樂，大臣勸諫後，他纔停止淫樂，治理朝政，殺了幾百人，進用了幾百人，大得人心。這一年（公元前611年），楚國還遭受嚴重饑荒，戎（山夷）攻其西南之阜山、大林，又攻其東南之陽丘、訾枝。庸國（在今湖北省竹山縣西南）率羣蠻叛楚。麇率百濮謀攻楚。楚國危，不敢開北境之門，並想遷到阪高（今湖北省荆門市西南）。後聽了蔿賈之言，出兵伐庸，百濮散歸。開始時楚國屢敗，後與秦、巴滅庸，於是國勢大盛。後又進攻陸渾之戎，陳兵周郊，派人詢問象徵天子權威的九鼎的輕重，暗含滅周之意。後在邲邑（今河南省滎陽市東北）大敗晉軍，又使魯、宋等國歸附，成爲霸主。參見《左傳》文公十四年至宣公十八年、《史記・楚世家》。齊威：即齊威王，戰國時齊國國君，太公田和的孫子，田氏，名因齊，一作嬰齊，公元前356—公元前321年在位（此據《史記・田敬仲完世家》所記威王在位年代及“桓公卒”《索隱》所云“《紀年》：‘梁惠王十三年，當齊桓公十八年，後威王始見。’則桓公十九年而卒”推算而來。若依《史記・六國年表》，則爲公元前378—公元前343年在位，但今人都認爲《史記》誤）。齊威王元年，三晋即來攻打靈丘（今山東省高唐縣南）。六年，魯國伐齊，攻入陽關（在今山東省泰安市東南汶水東岸）；晋國攻齊至博陵（今山東省高唐縣西南）。七年，衛國攻齊，佔領薛陵（今山東省陽穀縣東北）。九年，趙國攻齊，攻佔甄（今山東省鄄城縣北）。威王即位後，不問政事，把國事都委託給卿大夫，所以九年之間，諸侯都來侵略。於是威王召見即墨大夫，説：“你到即墨上任後，我天天聽見有關你的壞話，但我派人到即墨視察，卻治理得很好。你是没有奉承我的近臣來求得讚譽啊！”於是封給他食邑一萬户。又召見阿城大夫，説：“你鎮守阿城後，我天天聽見有人説你好，但派人去視察，竟然田野不墾、人民貧苦。趙國攻甄，你不去援助；衛國攻取薛陵，你竟不知道。你是賄賂我的近臣來博取讚譽啊。”就烹殺了阿城大夫及讚譽過他的近臣。於是齊國人大爲震驚，不敢文過飾非而竭盡忠誠，齊國大治。諸侯有二十餘年不敢攻打齊國。他任用鄒忌爲相，田忌、孫臏爲大將和軍師，國力大強，曾打敗強大的魏國，成爲諸侯中最強的國家，自稱爲王，對天下發號施令。參見《史記・田敬仲完世家》。

〔11〕汪繼培曰：“《毛詩・雞鳴・序》云：‘哀公荒淫怠慢。’”

〔12〕汪繼培曰：“《秦策》云：‘地削兵弱。’”〇覺按：汪氏初稿於“敗”字下注：“疑‘政’。”蓋後來以爲“敗”字可通，故删之。

〔13〕汪繼培曰：“《周語》云：‘勤恤民隱。’”〇覺按：勤：憂慮，擔心。恤：憂慮，顧惜。

〔14〕汪繼培曰：“‘精’舊作‘積’。《漢書・張敞傳》云：‘勞精於政事。’《論衡・命禄篇》云：‘勞精苦形。’《韓詩外傳》五云：‘勞心苦思。’”〇覺按：參見36.14注〔1〕。

〔15〕汪繼培曰：“《漢書・平當傳》云：‘聖漢受命而王，繼體成業，二百餘年，孜孜

不怠。'"

〔16〕汪繼培曰:"按《新序》一稱楚共王有疾,命令尹爵筦蘇,遣申侯伯。王薨,令尹即拜筦蘇爲上卿,逐申侯伯,出之境。《吕氏春秋·長見篇》'莞蘇'作'莧譆',《説苑·君道篇》作'筦饒',並以爲荆文王事。申侯伯即僖七年《左傳》申侯,楚文王死後出奔鄭。是二人皆在文王時,《新序》以爲共王者誤也。《漢書·古今人表》中上有陳應,在楚嚴王、箴尹克黄、五參之後,申公子培、樂伯、優孟之前,楚薳賈、申叔時、孫叔敖之下,則爲莊王時人無疑。但表列陳應於中上,必賢大夫,不應被出。且與管蘇不同時。疑此'陳應'當爲'申侯','陳''申'、'應''侯'字形皆相近,遂以致誤。然事在文王時,此以爲莊王,則又誤也。"〇覺按:夫:猶"彼",他們,指楚莊王與齊威王。陳應:據《吕氏春秋·長見》《説苑·君道》等,楚文王(公元前689—公元前677年在位)時有阿諛寵倖之臣申侯及犯顔極諫之臣莧譆、筦饒。此文述楚莊王事,則不當作"申侯""莧譆"或"筦饒"。陳應既爲楚莊王時大臣,其字當不誤。至於其爲何被出,則不可考。管蘇:疑當作"蘇從",是楚莊王時犯顔直諫的大夫,見《史記·楚世家》。

〔17〕即墨:戰國時齊邑,因爲城在墨水邊,所以稱即墨,故地在今山東省平度市東南。此"即墨"下探下省"大夫"二字,參見注〔10〕。

〔18〕汪繼培曰:"齊威王事,見《史記·田完世家》。"〇覺按:烹:古代一種用鼎來煮殺人的酷刑。阿(ē 婀):邑名,即春秋時齊國的柯邑,後改爲東阿。漢置縣,宋移縣治,故城遂廢,地在今山東省陽穀縣東北。烹阿大夫:見注〔10〕。

〔19〕汪繼培曰:"《韓非子·用人篇》云:'書圖著其名。'"

〔20〕汪繼培曰:"當作'布衣'。漢碑'布'作'𢁉',與'希'相似。"〇王紹蘭曰:"'有希'疑是'韋布'。"〇覺按:汪、王之説非。此句承上文而言,"有希人君"即"有希望的君主",指楚莊王、齊威王而言。

〔21〕汪繼培曰:"《老子》云:'自知者明,自勝者彊。'"〇覺按:《老子·第三十三章》:"知人者,智也;自知者,明也。勝人者,有力也;自勝者,彊也。"

〔22〕汪繼培曰:"《易·繫辭下傳》。"〇覺按:庶幾:差不多,指其品德修養已經達到了相當高的程度。這是孔子對顔回的稱讚。《周易·繫辭下》:"子曰:'顔氏之子,其殆庶幾乎?有不善未嘗不知,知之未嘗復行也。'"

13.6

《詩》曰:"天保●定爾【1】〔1〕,亦孔之固。俾爾亶●厚〔2〕,胡福不除●【2】〔3〕,俾爾多益【3】,以莫不庶●〔4〕。"善也【4】,此言也●〔5〕!言天保佐王者〔6〕,定其性命〔7〕,甚堅固也●〔8〕。使汝信厚,何不治?而多益之,甚庶衆焉。不●遵履五常〔9〕、順養性命以保南山之壽、松栢之茂也【5】〔10〕?

【校記】

【1】保:四庫本、陳本同,仿宋本、馮本、魁本、程本作"禄",邵本作"祿"。

【2】仿宋本、馮本、魁本、程本、四庫本、邵本此句下接"足以滅身小人以小善謂無益而不爲也"至"世品人遂"一段,今依陳本將"足以滅身"四字删去,并將該段移入

13.2—13.4（參見13.2校記【1】）。

【3】爾：何本、四庫本、邵本、陳本同，仿宋本、馮本、魁本作"尒"，程本作"尔"。

【4】善也：仿宋本、馮本、魁本、程本、四庫本、邵本同，陳本作"葢"。

【5】栢：仿宋本、馮本、魁本、程本、四庫本、邵本同，陳本作"柏"。

【箋注】

〔1〕汪繼培曰："舊作'禄'。盧學士云：'下仍以"天保"解之，當依今《詩》作"保"。'"

〔2〕汪繼培曰："今《詩》作'單'，▲毛傳云：'單，信也。'按《爾雅》以'亶'爲信。"○覺按：亶（dǎn 膽）：厚實，忠實。

〔3〕汪繼培曰："此下舊接'足以滅身。小人以小善'云云。"○覺按：除：通"余"，"余"通"予"，給予。

〔4〕汪繼培曰："《詩·天保》。"○覺按：庶：富庶。

〔5〕汪繼培改"善也"爲"蓋"曰："'蓋'舊作'善'，下有'也'字。按本書《班禄篇》引《詩》，其下亦云'蓋此言也'，今依例改之。"○覺按：原文可通，不煩改字。

〔6〕王者：見12.1注〔1〕。

〔7〕性命：品性和命運。《周易·乾·彖》："乾道變化，各正性命。"孔穎達疏："性者，天生之質，若剛柔遲速之别；命者，人所禀受，若貴賤夭壽之屬是也。"

〔8〕汪繼培曰：▲"《韓詩外傳》六：'子曰："不知命，無以爲君子。"言天之所生，皆有仁義禮智順善之心。不知天之所以命生，則無仁義禮智順善之心。無仁義禮智順善之心，謂之小人。故曰："不知命，無以爲君子。"《小雅》曰："天保定爾，亦孔之固。"言天之所以仁義禮智保定人之甚固也。《大雅》曰："天生烝民，有物有則。民之秉彝，好是懿德。"言民之秉德以則天也。不知所以則天，又焉得爲君子乎？'"

〔9〕汪繼培曰："字誤，或當作'目'。王侍郎云：'上云"甚堅固也"，"甚庶衆"下疑脱"也"字。"焉不"二字屬下讀。'"○覺按：此爲反問句，原文可通，不煩改字。五常：五種倫常，指君臣有義、父子有親、兄弟有敘、夫婦有别、朋友有信。《孟子·滕文公上》："聖人有憂之，使契爲司徒，教以人倫：父子有親，君臣有義，夫婦有别，長幼有敘，朋友有信。"趙岐注："父父子子，君君臣臣，夫夫婦婦，兄兄弟弟，朋友貴信，是爲契之所教也。"

〔10〕南山：又名終南山、中南山、周南山，屬秦嶺山脈，在今陝西省西安市南，古人常用來形容壽命之長。《詩經·小雅·天保》："如南山之壽，不騫不崩。如松栢之茂，無不爾或承。"即此文所本。

13.7

"德輶如毛●〔1〕。""爲仁由己●〔2〕。""莫與併螽【1】，自求辛螫●〔3〕。""禍福無門，唯人所召●【2】〔4〕。""天之所助者，順也；人之所尚者，信也。履信思乎順，又以尚賢〔5〕，是以'吉【3】，無不利'也●〔6〕。"亮哉，斯言●〔7〕！可無思乎？

【校記】

【1】與併𧑕：仿宋本、魁本、陳本同，抄補本、馮本作“與併𧑕”，程本、邵本作“與併𧑕”，四庫本作“予丼蜂”。

【2】唯：仿宋本、馮本、魁本、程本、四庫本、邵本同，陳本作“惟”。

【3】吉：仿宋本、馮本、程本、四庫本、邵本、陳本同，魁本作“■”。

【箋注】

〔1〕汪繼培曰：“《詩·烝民》。”〇覺按：輶（yóu 由）：輕。德輶如毛：是《詩經·大雅·烝民》中的詩句，字面意義是“道德輕得像毛髮”，指培養道德是輕而易舉的事。

〔2〕汪繼培曰：“《論語》。”〇覺按：“爲仁由己”是孔子的話，見《論語·顔淵》。

〔3〕汪繼培曰：“《詩·小毖》。‘併𧑕’今作‘丼蜂’。按‘併’當作‘拼’，《桑柔（覺按：陳本作“揉”，此依汪稿）詩》‘丼云不逮’，《釋文》云：‘丼，本或作“拼”。’”〇覺按：這兩句是《詩經·周頌·小毖》中的話。莫與併𧑕：今本《詩經》作“莫予丼蜂”，字形不同而音、義相同。與，和“求”相對，表示給予。前人没有聯繫王符此文而多把《詩經》的“予”解爲“我”，實不當。併𧑕，今本《詩經》作“丼蜂”，毛傳解爲“摩曳”。《爾雅·釋訓》作“甹夆”，解爲“掣曳”，郭璞注：“謂牽拕。”邢昺疏：“孫炎曰：‘謂相掣曳入於惡也。’……然則‘掣曳’者，從旁牽挽之言，是挽離正道使就邪僻。”後人一般都依從這些説法，恐未必妥當，因爲這些説法都是附會詩意而來，與詩中的文字所表達的意義不合。該詩共八句，此下兩句説：“肇允彼桃蟲，拚飛維鳥。”可見該詩常用動物來作比喻。這“丼蜂”與“辛螫”相對，我認爲當指一種有毒的動物。《山海經·海外西經》：“并封在巫咸東，其狀如彘，前後皆有首，黑。”又《大荒西經》：“大荒之中，有山名曰鏖鏊鉅，日月所入者。有獸，左右有首，名曰屏蓬。”併𧑕、丼蜂、甹夆、并封、屏蓬，是一個雙聲聯緜詞的不同寫法，其音、義相同，應該是指古代傳説中的一種有兩個頭的野豬似的有毒動物，此文喻指害人之物。辛：《素問·氣厥論》“則辛頞鼻淵”王冰注：“辛謂酸痛。”螫（shì 氏）：動物用有毒的牙或刺來傷害人。

〔4〕汪繼培曰：“襄廿三年《左傳》閔子馬語。”〇覺按：《淮南子·人間訓》：“夫禍之來也，人自生之；福之來也，人自成之。禍與福同門，利與害爲鄰。”與此文義相似。門：出入口，指固定的途徑。

〔5〕以：猶“能”。

〔6〕汪繼培曰：“《易·繫辭上傳》。所尚，王弼本作‘所助’，本書《巫列篇》同。”〇覺按：以上幾句是孔子解釋《周易·大有·上九》“自天祐之，吉，无不利”的話，見《周易·繫辭上》，但此文在引用時稍有刪改，參見26.6。

〔7〕汪繼培曰：“《爾雅·釋詁》云：‘亮，信也。’”〇覺按：亮：明亮，引申指明白透徹、明達事理。

實貢第十四

【提要】

實貢：誠實地推薦。文章主要批判了選舉中弄虛作假的腐敗作風和君主

“舍實聽聲”的過錯，主張如實選拔真正的賢人。

文章首先指出，人們都知道“國以賢興，以諂衰；君以忠安，以忌危”，但“衰國危君”卻“繼踵不絶”，這並不是因爲世上没有忠信賢能之士，而是因爲賢人得不到任用。而號稱國土遼闊、人口衆多、朝廷清明的“今世”，雖然“數開横選”，結果卻還是“官無直吏，位無良臣”，“賢者廢錮”，這不能不是一個“可憤”而辛辣的諷刺。究其原因，主要是政風之腐敗。在當時，“志道者少友，逐俗者多儔”，羣臣百官都拉黨結派而任用親信，不根據實際的德才而憑虚假的吹捧選舉人才。作者猛烈地批評了這種“虚張高譽，彊蔽疵瑕”的官場作風和“舍實聽聲”的君主之過，竭力主張“忠選實行”，“不遂僞舉，不責兼行”，“選賢貢士，必考覈其清素，據實而言。其有小疵，勿彊衣飾以壯虚聲”，“各以所宜，量材授任”，選舉那些“脩身慎行，敦方正直，清廉潔白，恬淡無爲”，“憂君哀民，獨覩亂原，好善嫉惡，賞罰嚴明”的賢士。如能這樣，“則庶官無曠，興功可成，太平可致”。總之，“忠良之吏，誠易得也”，關鍵在於“聖王欲之不爾”。作者對當時皇帝的批判無疑是尖鋭的，而其懷才不遇之情也洋溢於字裏行間，處處可見。

14.1

國以賢興，以諂衰；君以忠安，以忌危●【1】〔1〕。此古今之常論，而世所共知也。然衰國危君繼踵不絶者●〔2〕，豈世無忠信正直之士哉？誠苦忠信正直之道不得行爾【2】。

【校記】

【1】忌：仿宋本、馮本、魁本、程本、邵本、陳本同，《後漢書》引文、四庫本作“佞”。

【2】爾：仿宋本、馮本、魁本、程本、四庫本、邵本同，抄補本作“焉”，陳本作“耳”。

【箋注】

〔1〕汪繼培曰：“王先生云：‘忌，當依本《傳》作“佞”。’繼培按‘佞’字是也。《漢書·京房傳》云：‘房嘗宴見，問上曰：“幽、厲之君何以危？所任者何人也？”上曰：“君不明，而所任者巧佞。”’”〇覺按：汪説非。忌：嫉妒。以忌危：即《賢難》所説的賢人“見妬”“見嫉”而“必遇患難”，從而使君主“敗績厭覆於不暇”之意。《後漢書·王符列傳》引文、《太平御覽》卷四百二十八引文“忌”字作“佞”，雖也通，恐非王符原著之舊貌。

〔2〕汪繼培曰：“《尹文子·大道篇》云：‘危亡繼踵。’”〇覺按：踵（zhǒng 種）：腳後跟。繼踵：接踵，後面的人的腳尖接着前面的人的腳跟，形容多得接連不斷。絶：斷絶。

14.2

夫十步之間【1】，必有茂草；十室之邑，必有俊士●〔1〕。賢材之生，日月相屬〔2〕，未嘗乏絶。是故亂殷有三仁●〔3〕，小衛多君子●〔4〕。以漢之廣博，士民之衆多●【2】〔5〕，朝廷之清明，上下之脩治●【3】〔6〕，而官無直吏，位無良臣。此非今世之無賢也，乃賢者廢錮而不得達於聖主之朝爾●〔7〕。

【校記】

【1】間：仿宋本、馮本、魁本、程本、四庫本、邵本同，陳本作“閒”。

【2】多：仿宋本、馮本、程本、四庫本、邵本、陳本同，魁本作“■”。

【3】脩：仿宋本、馮本、魁本、程本同，何本、四庫本、邵本、陳本作“修”。

【箋注】

〔1〕汪繼培曰：“《説苑·説叢篇》云：‘十步之澤，必有香草（覺按：陳本誤爲“車”，此據汪稿）；十室之邑，必有忠士。’”

〔2〕屬（zhǔ 囑）：連接。

〔3〕汪繼培曰：“《論語》。”〇覺按：亂殷：指商紂王統治下的商朝。三仁：《論語·微子》：“微子去之，箕子爲之奴，比干諫而死。孔子曰：‘殷有三仁焉。’”“三仁”即指這三個仁人。

〔4〕汪繼培曰：“襄廿九年《左傳》。”〇覺按：衛：姬姓諸侯國，侯爵，始封之君爲周武王之弟康叔，名封。公元前 11 世紀周公旦平定武庚後，把原來商都（今河南省淇縣）周圍地區和殷民七族分封給康叔，成爲當時的大國，建都朝歌（今河南省淇縣）。公元前 660 年被翟擊敗，衛之遺民渡河者僅七百三十人，靠了齊、宋的援助，得以立戴公於曹邑（又作漕邑，在今河南省滑縣舊縣城東），連別邑之民，共五千人，從此成爲小國。後又遷到楚丘（今河南省滑縣東）、帝丘（今河南省濮陽縣西南），一直依附于魏國。衛懷君三十一年（公元前 253 年），背離魏國而和秦國連横，被魏國擊敗。懷君朝魏，被魏所殺。魏立衛嗣君之弟衛元君，從此衛便成了魏國的附庸，實際上已滅亡了。公元前 241 年，秦攻取朝歌後又把衛元君遷到野王（在今河南省沁陽市），作爲秦國的附庸。公元前 209 年爲秦所廢。參見《左傳·閔公二年》及《史記》的《衛康叔世家》《六國年表》。小衛多君子：公元前 544 年，吴公子季札到衛國，見到蘧瑗（蘧伯玉）、史狗、史鰌（史魚）、公子荆、公叔發、公子朝，十分喜歡，讚歎説：“衛多君子，未有患也。”見《左傳·襄公二十九年》。

〔5〕汪繼培曰：“‘多’字舊空，据程本。《漢書·梅福傳》云：‘夫以四海之廣，士民之數，能言之類至衆多也。’▲《東方朔傳·答客難》曰：‘今以（覺按：當作“夫”）天地之大，士民之衆。’此用其語。本《傳》‘漢’上有‘大’字。按下文云：‘以（覺按：當作“今”）漢土之廣博。’《急就篇》云：‘漢地廣大，無不容盛。’”〇覺按：據汪校，則其所用舊本當爲魁本之底本。

〔6〕汪繼培曰：“《詩·大明》云：‘會朝清明。’《漢書·伍被傳》云：‘被竊觀朝廷，君臣、父子、夫婦、長幼之序皆得其理。上之舉錯，遵古之道。風俗紀綱，未有所缺。雖未

及古太平時，然猶爲治也。'"

〔7〕汪繼培曰："《漢書・朱雲傳》云：'廢錮終元帝之世。'按成二年《左傳》云：'子反請以重幣錮之。'杜注：'禁錮勿令仕。'"○覺按：廢：罷官。錮：禁錮，禁止做官或參加政治活動。

14.3

夫志道者少友，逐俗者多儔。是以舉世多朋黨而用私【1】，競背質而趨華●【2】〔1〕。貢士者，非復依其質榦、準其材行也【3】，直虛造空美，掃地洞説〔2〕，擇能者而書之。公卿、刺史、掾、從事〔3〕，茂才、孝廉且二百員●〔4〕。歷察其狀【4】，德侔顏淵、卜、冉●〔5〕；最其行能●【5】〔6〕，多不及中●〔7〕。誠使皆如狀文，則是爲歲得大賢二百也。然則災異曷爲譏●【6】〔8〕？此非其實之効●〔9〕。

【校記】

【1】朋黨：邵本同，仿宋本、馮本、魁本、程本、何本、四庫本、陳本作"黨"。用：仿宋本、馮本、魁本、陳本同，程本、何本、四庫本作"朋"，邵本作"行"。

【2】背質而：邵本同，仿宋本、馮本、魁本、程本、何本、四庫本、陳本作"比質而行"。

【3】榦：仿宋本、馮本、魁本、程本、四庫本同，何本、邵本、陳本作"幹"。

【4】歷：何本、邵本同，仿宋本、馮本、魁本、四庫本、陳本作"歷"，程本作"歴"。

【5】最：何本、四庫本、陳本同，仿宋本、馮本、魁本、程本作"取"，邵本作"撮"。

【6】譏：邵本、陳本同，仿宋本、馮本、魁本作"飢"，程本、何本、四庫本作"饑"。

【箋注】

〔1〕陳本此兩句作"是以舉世多黨而用私，競比質而行趨華"，汪繼培曰："《傳》作'朋黨用私，背實趨華'。按《韓非子・孤憤篇》云：'臣利在朋黨用私。'《漢書・貨殖傳・序》云：'僞民背實而要名。'此以'朋'爲'多'，以'背實'爲'比質'，並誤。'行'字亦疑衍。程本又誤'用'爲'朋'。古書'多''朋''用'三字往往相亂，《戰國策》韓公仲朋，亦作韓侈，《史記・甘茂傳》作公仲侈，《漢書・古今人表》又作公中用。《霍去病傳》：'校尉僕多有功，封爲煇渠侯。'顏師古曰：'《功臣侯表》作僕朋。今此作"多"，轉寫者誤也。'二事正與此類。"○王紹蘭曰："此當云'是以舉世朋黨而用私競'爲句，'背實而行趨華'爲句。'多'即'朋'之誤，'朋'即'用'之誤，'比質'即'背實'之誤。"○覺按：王讀非。《後漢書・王符列傳》之引文有所刪改，不盡可據。此文"多"與"競"相對，未必有誤。"質"字與"實"同義，故《後漢書・王符列傳》引文作"實"，不煩改字。競：並，參見5.9注〔9〕。

〔2〕掃地：清除地上塵土，喻指剔除其污穢的言行，即14.4所説的"彊蔽疵瑕"。洞：《素問・四氣調神大論》"心氣內洞"王冰注："洞謂中空也。"即空洞的意思。洞説：空洞地稱説，指毫無實際根據地大肆讚揚，即14.4所説的"虛張高譽"。

〔3〕公卿：指三公九卿，見4.1注〔5〕與7.3注〔9〕。刺史：見7.3注〔8〕。掾（yuàn

願）：副官、佐吏的通稱。兩漢凡丞相府、公府、州、郡、縣皆置掾。從事：官名，也稱從事史，是漢代州一級的佐吏。漢代司隸校尉及諸州刺史置有别駕從事、部郡國從事等等，皆由各州長官自行任命，統稱州從事、從事。

〔4〕汪繼培曰："《通典》十三云：'後漢光武十二年，詔三公舉茂才各一人，廉吏各一人；左右將軍歲察廉吏各二人；光禄歲舉郎、茂才、四行各一人，察廉吏三人；中二千石歲察廉吏各一人，廷尉、大司農各二人；將兵將軍歲察廉吏各二人；監御史、司隸、州牧歲舉茂才各一人。'《續漢書·百官志》劉昭注載此詔稱《漢官目録》云：▲'建武十二年八月乙未詔書，三公舉茂才各一人，廉吏各二人；光禄歲舉茂才、四行各一人，察廉吏三人；中二千石歲察廉吏各一人，廷尉、大司農各二人；將兵將軍歲察廉吏各二人；監察御史、司隸、州牧歲舉茂才各一人。'按《後漢書·章帝紀》建初元年詔云：'茂才、孝廉，歲以百數。'《丁鴻傳》載和帝時定郡舉孝廉之數，《通典》引之，注云：'推核當時户口，一歲所貢，不過二百餘人。'《鴻傳》語詳《實邊篇》注。"〇覺按：見24.6注〔1〕。"茂才"上當有"歲舉"二字，下文云"歲得大賢二百"可證。茂才、孝廉：見7.3注〔14〕〔15〕。

〔5〕汪繼培曰："按漢時保舉人皆有狀。▲《漢書·高帝紀》十一年詔曰：'署行義年。'蘓林曰：'行狀年紀也。'《後漢書·朱浮傳》章懷注引《漢官儀》博士舉狀云：'生事愛敬，喪没如禮。通《易》《尚書》《孝經》《論語》，兼綜載籍，窮微闡奥。隱居樂道，不求聞達。身無金痍痼疾。卅六屬不與妖惡交通、王侯賞賜。行應四科，經任博士。下言某官某甲保舉。'他狀當類此。'窮微闡奥'下，《通典》十三有'師事某官，見授門徒五十五人以上'。《論語》云：'德行：顔淵，閔子騫，冉伯牛，仲弓。'《淮南子·精神訓》云：'顔回、季路、子夏、冉伯牛，孔子之通學也。'"〇覺按：狀：向上級陳述事實的文書。卜：姓。此文指卜商（公元前507—公元前400年），字子夏，春秋戰國間衛國人，孔子的學生，擅長於文獻典籍的研究，相傳曾講學於西河（戰國時魏國境内黄河以西地區，在今河南省内黄縣以南），序《詩》、傳《易》，爲魏文侯師。參見《史記·仲尼弟子列傳》。冉：姓。此文指冉耕，字伯牛，春秋時魯國人，孔子的學生，以德行著稱。《論語·先進》："德行：顔淵，閔子騫，冉伯牛，仲弓。言語：宰我，子貢。政事：冉有，季路。文學：子游，子夏。"後代以此十人爲孔門十哲。

〔6〕汪繼培曰："▲'最'謂總計之。《漢書·公孫弘傳》云：'臣弘行能不足以稱。'《後漢書·和帝紀》永元五年詔曰：'選舉良才，爲政之本。科别行能，必由鄉曲。'按'科别行能'，即《周禮》鄉大夫職所謂'考其德行道藝而興賢者能者'，鄭司農云：'興賢者，謂若今舉孝廉；興能者，謂若今舉茂才。'《漢書·周勃傳》顔師古注：'最者，凡也。'"〇覺按：最：《史記·絳侯周勃世家》"最從高帝得相國一人"《索隱》："最，都凡也，謂總舉其從高祖攻戰克獲之數也。"即總結的意思。《後漢書·王符列傳》引文作"冣"，也通，但恐非王著之舊。行：指德行，與"賢者""孝廉""顔淵""冉耕"等相承。能：指才能，與"能者""茂才""卜商"等相承。

〔7〕汪繼培曰："《漢書·李廣傳》云：'校尉以下，材能不及中。'顔師古注：'中，謂中庸之人也。'《史記》作'才能不及中人'。"

〔8〕汪繼培曰："'譏'舊作'饑'。《漢書·董仲舒傳》云：'《春秋》之所譏，災害之所加也。《春秋》之所惡，怪異之所施也。'▲《馮野王傳》：'成帝長舅陽平侯王鳳爲大司馬大將軍，輔政八九年矣，時數有災異，京兆尹王章譏鳳顓權不可任用。'《張禹傳》：'永始、元延之間，日蝕地震尤數，吏民多上書言災異之應，譏切王氏專政所致。'《王嘉傳》：哀帝封董賢爲高安侯，嘉奏封事云：'奢僭放縱，變亂陰陽，災異衆多，百姓訛言，持籌

相驚。或以為籌者策失之戒也。陛下素仁智慎事，今而有此大譏。’以災異譏者，類如此。《京房傳》云：‘古帝王以功舉賢，則萬化成，瑞應著。末世以毀譽取人，故功業廢而致災異。宜令百官各試其功，災異可息（覺按：陳本誤作“惜”，此據汪稿）。’此文大恉如房所言。”〇覺按：據汪校，則其所用舊本爲程本，蓋其始校《潛夫論》時用程本，後改用魁本之底本時未加覆覈，故有此校語。災異：指自然災害和反常的自然現象。譏：譴責。

〔9〕汪繼培曰：“《漢書·魏相傳》云：‘今郡國守相，多不實選，風俗尤薄，水旱不時。’▲《後漢書·郎顗傳》云：‘《易》傳曰：“有貌無實，佞人也；有實無貌，道人也。”寒温爲實，清濁爲貌。今三公皆令色足恭，外厲内荏，以虛事上，無佐國之實，故清濁効而寒温不効也。’《後漢書·順帝紀》陽嘉元年詔曰：‘閒者以來，吏政不勤，故災咎屢臻，盜賊多有。退省所由，皆以選舉不實，官非其人。是以天心未得，人情多怨。▲《書》歌“股肱”，《詩》刺“三事”。今刺史、二千石之選，歸任三司。其簡序先後，精覈高下，歲月之次，文武之宜，務在厥衷。’”

14.4

夫説粱飰食肉●【1】〔1〕，有好於面目●【2】〔2〕，而不若糲粢藜烝之可食於口也●〔3〕。圖西施、毛嬙，可●〔4〕悦於心●【3】〔5〕，而不若醜妻陋妾之可御於前也。虛張高譽●〔6〕，彊蔽疵瑕●〔7〕，以相誑耀●〔8〕，有快於耳●【4】〔9〕，而不若忠選實行可任於官也〔10〕。周顯拘時●〔11〕，故蘇秦●〔12〕；燕噲利虛譽，故讓子之●〔13〕：皆舍實聽聲、“嘔哇”之過也●〔14〕。

【校記】

【1】粱飰：四庫本同，仿宋本、馮本、魁本、程本作“粱飰”，何本、邵本作“粱飯”，陳本作“粱飯”。

【2】面目：邵本、陳本同，《諸子品節》引文作“靣目”，仿宋本、馮本、魁本、何本作“面因”，程本作“靣因”，四庫本作“面”。

【3】可：仿宋本、馮本、魁本、程本、四庫本、邵本同，陳本作“有”。

【4】快：仿宋本、馮本、程本、四庫本、邵本、陳本同，魁本作“快”。

【箋注】

〔1〕汪繼培曰：“《漢書·王莽傳》云：‘王業市所賣粱飯肉羹，持入視莽曰：“居民食，咸如此。”’”〇覺按：粱：穀子，去殼後稱小米，在古代是糧食中的優良品種。飰：同“飯”。粱飰食肉：指美食佳餚。

〔2〕汪繼培曰：“王先生云：‘此語與下“有悦於心”句當互易，“面”字衍。’繼培按：《淮南子·説林訓》云：‘佳人不同體，美人不同面，而皆悦於目。’”〇覺按：王説是。

〔3〕汪繼培曰：“《白虎通·諫諍篇》云：‘黎烝不熟。’‘黎’即‘藜’之省。”〇覺按：糲（lì 利）：粗米，整粒的劣等米。粢（cí 辭）：通“餈”，稻餅，用整粒米做成的餅。糲粢：指粗劣的食物。藜：一種嫩時可食用的野菜，俗名紅心灰藋，大概類似現在的紅莖野莧菜。烝（zhēng）：通“蒸”。《太平御覽》卷八百五十引文作“蒸”。

〔4〕汪繼培改“可”爲“有”曰:“舊作‘可’。”○覺按:“可”字可通，不煩改字。

〔5〕汪繼培曰:“《管子·小稱篇》云:‘毛嬙、西施，天下之美人也。’《淮南子·説山訓》云:‘畫西施之面，美而不可説。’《論衡·言毒篇》云:‘好女説心。’”○覺按:西施:我國古代四大美女之一,一作“先施”，又稱“西子”，名夷光，春秋末年越國苧蘿山(在今浙江省諸暨市南)人。苧蘿山下有施姓兩村，夷光居西村，故稱西施。今浙江省諸暨市南浣紗溪畔、苧蘿山下有浣紗石，相傳爲西施浣紗處。傳説越王勾踐戰敗後，命范蠡求得西施，進獻給吴王夫差，吴王受之。後來勾踐滅吴，將西施歸還范蠡，兩人退隱於太湖。參見《吴越春秋·勾踐陰謀外傳》《越絶書·外傳記地傳》《吴地記》。但《墨子·親士》云:“比干之殪，其抗也;孟賁之殺，其勇也;西施之沈，其美也;吴起之裂，其事也。”孫詒讓《閒詁》引蘇時學之説云:“案《吴越春秋》逸篇云:‘吴亡後，越浮西施於江，令隨鴟夷以終。’其言與此合，是吴亡西施亦死也。《墨子》書記當時事必有據，後世乃有五湖隨范蠡之説，誣矣。”《吴越春秋》佚文所謂“浮”，就是漂，相當於《墨子》之“沈”(沉);所謂“隨鴟夷以終”，當指盛西施於皮囊(“鴟夷”指皮囊)而任其漂流。後世蓋因范蠡化名鴟夷子皮，故附會出西施隨范蠡入太湖之事。《吴地記》云:“(嘉興)縣南一百里有語兒亭，勾踐令范蠡取西施以獻夫差，西施於路與范蠡潛通，三年始達於吴，遂生一子。至此亭，其子一歲，能言，因名語兒亭。《越絶書》曰:‘西施亡吴國後，復歸范蠡，同泛五湖而去。’”此類故事，均出於後世附會，非事實。毛嬙:又作“毛廧”或“毛嗇”，春秋時的美女，越王勾踐所寵愛的妾。參見《莊子·齊物論》“毛嬙麗姬”成玄英疏及《釋文》。

〔6〕汪繼培曰:“▲《漢書·谷永傳》:‘無用比周之虚譽。’《北堂書鈔》五十四引《東觀漢紀》云:‘鄧豹遷大匠，工無虚張之繕。’”

〔7〕汪繼培曰:“僖七年《左傳》云:‘不女疵瑕。’”

〔8〕汪繼培曰:“《漢書·宣元六王傳》:‘張博常欲誑燿淮南王。’《元后傳》:‘莽日誑燿太后。’《王莽傳》:‘所以誑燿媚事太后，下至旁側長御，方故萬端。’又云:‘欲以誑燿百姓。’‘耀’與‘燿’同。”

〔9〕汪繼培曰:“《漢書·息夫躬傳》云:‘辯口快耳，其實未可從。’”

〔10〕行:《國語·吴語》“無以行之”韋昭注:“行，猶用也。”

〔11〕汪繼培曰:“脱一字。”○覺按:周顯:周顯王，東周天子，姓姬，名扁，公元前368—公元前321年在位。“時”下疑脱“毁”字，與下文“譽”字相對。蓋原文“毁”字形訛爲“故”，與下“故”字重複而被後人誤删。

〔12〕汪繼培曰:“‘故’下脱一字，疑是‘疏’，‘疏’與‘蘇’聲相涉而失之。《史記·蘇秦傳》云:‘求説周顯王。顯王左右素習知蘇秦，皆少之。弗信。’”○覺按:汪説是。蘇秦:戰國時東周洛陽(今河南省洛陽市東)人，字季子，蘇忿生(見35.4.11注〔2〕)的後代，曾求學於當時的縱横家鬼谷子。爲了尊顯，他去求説周顯王。因爲當時人都説他虚言浮説，智識短淺，周顯王身邊的近臣因此而輕視他，周顯王也不信任他。於是他去求説秦惠王，也没有被任用。後來他遊説燕、趙、韓、魏、齊、楚六國合縱抗秦，佩六國相印，成爲合縱聯盟的領導。結果六國合縱爲張儀所破，蘇秦就到齊國爲客卿，因與齊大夫爭寵，被刺死。見《史記·蘇秦列傳》及三家注。

〔13〕汪繼培曰:“《史記·燕世家》。”○覺按:燕噲(kuài 快):即燕王噲，戰國時燕國國君，名噲，一作儈，公元前320—公元前318年在位。燕王噲三年(公元前318年)，把君位讓給相國子之。子之三年(公元前315年)，太子平等起兵攻打子之。次年(公元前314年)，齊宣王乘機攻佔燕國，他和子之都被殺。參見《史記·燕召公世家》。利:《廣

雅・釋詁二》:"利，貪也。"虛譽：空洞的讚譽，没有實際利益的讚譽。利虛譽：傳説隱士潘壽（鹿毛壽）勸燕王將國家政權讓給子之，説："人們稱道堯賢明，是因爲他曾把天下讓給許由，而許由不接受，結果堯就有了讓掉帝位的美名而實際上並没有失去天下。現在大王把國家政權讓給子之，而子之一定不會接受，那麼大王就有了堯一樣的德行。"燕王噲貪圖虛名，就把政權讓給了子之。見《韓非子・外儲説右下》《史記・燕召公世家》。子之（？—公元前 314 年）：戰國時燕王噲的相國。他曾與蘇秦通婚而與蘇秦之弟蘇代有結交。蘇秦死後，蘇代受到齊宣王重用，出使燕國時，激發燕王噲尊重子之。於是子之受到燕王的信任，接着又獲得了君位。參見《韓非子・外儲説右下》《史記・燕召公世家》。

〔14〕汪繼培曰:"《淮南子・主術訓》云:'天下多眩於名聲而寡察其實，是故處人以譽尊，而游者以辯顯。'《列子・説符篇》云:'爰旌目餓於道，狐父之盜下壺餐以餔之。爰旌目三餔而後能視，曰:"譆！汝非盜耶？吾義不食子之食也。"兩手据地而歐之。狐父之人則盜矣，而食非盜也。以人之盜，因謂食爲盜而不敢食，是失名實者也。'▲按'歐'與'嘔'同。此文之意即本《列子》也。"〇王紹蘭曰:"'嘔哇'蓋二事。爰旌目之壺飱，以餓而餔，因盜言而歐；陳仲子之鶃，以母與而食，因兄言而哇。是皆'舍實聽聲'，故云'嘔哇之過'也。"〇覺按：嘔哇：嘔吐。"嘔哇"之過：指追求虛名而捨棄實利的過錯。據《列子・説符》《吕氏春秋・介立》等記載，爰旌目餓倒在路上，狐父之盜給他吃飯後他眼睛纔能看見人，他知道是狐父之盜給他餵食，以爲不義而"歐（覺按：同"嘔"）之"，因嘔不出而死去。據《孟子・滕文公下》記載，陳仲子以哥哥的俸禄爲不義之禄而不吃。有人送給他哥哥一隻鶃，後來他母親殺了並給他吃了。他哥哥從外面回來，説:"這是那鶃肉啊。"他便出門"哇之"。此文便用了這兩個典故。

14.5

夫聖人純，賢者駁●〔1〕。周公不求備●〔2〕，四友不相兼●【1】〔3〕，況末世乎〔4〕？是故高祖所輔佐〔5〕，光武所將相，不遂偽舉，不責兼行●〔6〕，亡秦之所棄、王莽之所捐●【2】〔7〕，二祖任用〔8〕，以誅暴亂，成致治安●〔9〕。太平之世而云無士【3】，數開横選而不得直【4】，甚可憤也●〔10〕。

【校記】

【1】友:《後漢書》引文、陳本同，仿宋本、馮本、程本、邵本作"肢"，魁本、四庫本作"肢"。

【2】捐：仿宋本、馮本、魁本、四庫本、陳本同，程本、邵本作"損"。

【3】士：仿宋本、馮本、程本、四庫本、邵本、陳本同，魁本作"亡"。

【4】直：仿宋本、馮本、魁本、程本、四庫本、邵本同，陳本作"真"。

【箋注】

〔1〕汪繼培曰:"《論衡・明雩篇》云:'世稱聖人純而賢者駁。'《漢書・梅福傳》云:'一色成體謂之純，白黑雜合謂之駁。'"〇覺按：純：原義指没有疵點的素絲，引申指純一不雜、完美無瑕。駁：原義指馬毛色不純，引申指混雜不完美、有善也有惡。

〔2〕汪繼培曰："《論語》。"〇覺按：周公不求備：見4.5注〔4〕。

〔3〕汪繼培曰："'友'舊作'肢'，据《傳》改。《博（覺按：陳本誤作"傳"，此據汪稿）物志》云：'文王四友：南宫括，散宜生，閎夭，太顛。'按《尚書大傳》：'文王胥附、奔輳、先後、禦侮謂之四隣，以免乎牖里之害。'指此四人，故孔子以回、賜、師、由擬之，章懷注此《傳》即以四友屬孔子，▲注云：'《尚書大傳》："孔子曰：'文王得四臣，丘亦得四友。'謂回也爲胥附，賜也爲奔走，師也爲先後，由也爲禦侮，其能各不同也。"'非也。《春秋繁露·天地之行篇》云：'任羣臣無所親，若四肢之各有職也。'《新語·懷慮篇》云：'目以精明，耳以主聽，口以別味，鼻以聞芳，手以之持，足以之行，各受一性，不得兩兼。'舊作'肢'，義亦可通，然與下'末世'云云文意不合，故定從本《傳》。"〇覺按：古稱志向相同而相互幫助者爲"友"。相：指代性副詞，指別人的才能。兼：同時具備。

〔4〕末世：末了的年代，即王朝行將滅亡的時期。

〔5〕輔佐：輔佐大臣，指宰相等大臣。此文"輔佐"用作動詞，指選用輔佐大臣。

〔6〕汪繼培曰："《尹文子·大道篇》云：'天下萬事，不可備能。責其備能於一人，則賢聖其猶病諸！設一人能備天下之事，則前後左右之宜，遠近遲疾之閒，必有不兼者焉。苟有不兼，於治闕矣。'《後漢書·韋彪傳》云：'夫人才行，少能相兼。'"

〔7〕汪繼培曰："舊作'損'。"〇覺按：據汪校，其所用舊本爲程本或邵本。亡秦之所棄：指英布之類，見9.4注〔4〕。王莽之所捐：即9.5所說的"漢之遺民棄士"。

〔8〕祖：廟號，是對開國皇帝的尊稱，參見17.3.2注〔13〕。二祖：指高祖（見4.6）、世祖（見16.13）。

〔9〕汪繼培曰："《漢書·文帝紀》：'元年，有司固請曰："古者殷、周有國，治安皆且千歲。"'顏師古注：'治安，言治理而且安寧也。'《賈誼傳》云：'陳治安之策。'"

〔10〕汪繼培改"直"爲"真"曰："'真'舊作'直'。按《續漢書·五行志》劉昭注引馬融上書云：'孔子曰："十室之邑，必有忠信如丘者焉。"以天下之大，四海之衆，云無若人，臣以爲誣矣。宜特選詳譽，審得其真。'語意與此同。"〇覺按：汪改非。"直"即14.1所說的"忠信正直之士"、14.2所說的"直吏"。

14.6

夫明君之詔也若聲，忠臣之和也當如響應●〔1〕，長短、大小、清濁、疾徐必相和也。是故求馬問馬〔2〕，求驢問驢，求鷹問鷹，求駹問駹●【1】〔3〕。由此教令，則賞罰必也。

【校記】

【1】駹問駹：仿宋本、馮本、魁本、程本、四庫本、陳本同，何本、邵本作"驪問驪"。

【箋注】

〔1〕汪繼培曰："《荀子·彊國篇》云：'下之和上，譬之猶響之應聲，影之象形也。'《新書·大政上篇》云：'故爲人君者，其出令也其如聲，士民學之其如響。'《說文》云：'呼，相麐也。麐，以言對也。''應'與'麐'同。"〇覺按：和（hè賀）：應和，響應。

響：回聲。

〔2〕問：打聽，尋覓。

〔3〕汪繼培曰："'鷹'蓋'驪'之誤。《説文》云：'驢，似馬長耳。驪，馬深黑色。駹，馬面顙皆白也。'馬、驢、驪、駹爲一物，又以馬、驢爲一物，驪、駹爲一物。馬、驢以形，驪、駹以色也。《漢書·匈奴傳》云：'匈奴騎，其西方盡白，東方盡駹，北方盡驪，南方盡騂馬。'此'駹''驪'並舉之証。"〇俞樾曰："'鷹'字不倫。'駹'則仍即馬之一種，上既言馬，不應下又言駹，疑皆字之誤。'鷹'當作'雞'，'雞'誤爲'雁'，因改爲'鷹'矣。'駹'當作'尨'，謂犬也，涉上'驢'字而加馬旁耳。求馬問馬，求驢問驢，馬、驢一類也。求雞問雞，求尨問尨，雞、犬一類也。"〇彭鐸曰："俞説'駹'爲'尨'之加旁字是也，而'鷹'字不煩改。鷹、犬逐捕雉兔者，亦一類也。"〇覺按：以爲此文有誤，皆非也。馬、驢爲一類，鷹、駹爲一類。駹（máng 芒）：通"尨"（máng 芒），雜色狗。《周禮·秋官·犬人》"用駹可也"賈公彦疏："駹，謂雜色牲。"指供祭祀的雜色狗，與此文含義相似，故不煩改字。

14.7

夫高論而相欺，不若忠論而誠實●〔1〕。且攻玉以石●【1】〔2〕，治●金以鹽〔3〕，濯錦以魚〔4〕，浣布以灰●〔5〕。夫物固有以賤治貴、以醜治好者矣。智者棄其所短而採其所長以致其功，明君用士亦猶是也●〔6〕。物有所宜，不廢其材，況於人乎?

【校記】

【1】玉：仿宋本、馮本、魁本、程本、四庫本、邵本、陳本同，抄補本作"王"。

【箋注】

〔1〕汪繼培曰："《漢書·張釋之傳》：'文帝曰："卑之毋甚高論。"'《韓非子·八經篇》云：'人臣忠論以聞姦。'《説苑·説叢篇》云：'高議而不可及，不若卑論之有功也。'"

〔2〕汪繼培曰："《詩·鶴鳴》云：'他山之石，可以攻玉。'《淮南子·説山訓》云'玉待礛諸而成器'，高誘注：'礛諸，攻玉之石。'《説文》作'厱諸'。"

〔3〕汪繼培曰：▲"《傳》作'洗'。"〇覺按：《後漢書·王符列傳》李賢等注："今之金工發金色者，皆淬之於鹽水焉。"可見古代以鹽水爲清洗劑，用來清洗金器以使它發亮。

〔4〕濯（zhuó 琢）：洗。錦：見 12.6 注〔9〕。濯錦以魚：未詳。"魚"或指用魚皮泡製成的魚膠；用魚膠洗錦，或類似後世的上漿，以便使錦挺刮。

〔5〕汪繼培曰："《儀禮·喪服》傳云：'冠六升外畢，鍛而弗灰。'《士喪禮》云'冪奠用功布'，鄭注：'功布，鍛濯灰治之布也。'《既夕禮》注：'功布，灰治之布也。'《禮記·深衣》注：'深衣者，用十五升布鍛濯灰治。'《雜記》'加灰錫也'疏云：'取緦以爲布，又加灰治之，則曰錫。'《考工記》云：'㡛氏涑帛，以欄爲灰，渥淳其帛。'鄭注：'以欄木之灰漸釋其帛也。'《内則》云：'冠帶垢，和灰請漱。衣裳垢，和灰請澣。'"〇覺按：浣布以灰：古代常常將絲、麻織物浸漬在和了草木灰、楝樹葉灰、蚌殼灰的温水中以除去汙垢雜質來進行漂白。

〔6〕汪繼培曰："《管子·形勢解》云：'明主之官物也，任其所長，不任其所短，故事無不成，功無不立。'《後漢書·第五倫》後《種傳》云：'春秋之義，選人所長，棄其所短。'"

14.8

夫脩身慎行●【1】〔1〕，敦方正直，清廉潔白●〔2〕，恬淡無爲●〔3〕，化之本也〔4〕。憂君哀民，獨覩亂原●〔5〕，好善嫉惡●〔6〕，賞罰嚴明，治之材也。明君兼善而兩納之。惡行之器也〔7〕，爲金玉寶；政之材〔8〕，剛鐵用【2】〔9〕。無此二寶●〔10〕，苟務作異以求名，詐静以惑衆，則敗俗傷化●【3】〔11〕。今世慕虚者【4】，此謂"堅白"●【5】〔12〕。"堅白"之行，明君所憎，而王制所不取●〔13〕。

【校記】

【1】脩：仿宋本、馮本、程本同，魁本、何本、四庫本、邵本、陳本作"修"。
【2】剛：仿宋本、馮本、程本、四庫本、邵本、陳本同，魁本作"别"。
【3】化：仿宋本、馮本、魁本、程本、四庫本、邵本、汪稿同，陳本作"風"。
【4】者：仿宋本、馮本、魁本、程本、四庫本、邵本、陳本同，抄補本作"名"。
【5】此：仿宋本、馮本、魁本、程本、何本、四庫本、陳本同，邵本作"動"。

【箋注】

〔1〕汪繼培曰："《孝經》云：'修身慎行，恐辱先也。'"

〔2〕汪繼培曰："《吕氏春秋·離俗覽》云：'布衣人臣之行，潔白清廉中繩，愈窮愈榮。'"

〔3〕汪繼培曰："《莊子·胠篋篇》文。"〇覺按：無爲：見7.6注〔6〕。

〔4〕化：教化，教育感化。本：與下文"材"相對，指人。《逸周書·武順解》"順地以利本"孔晁注："本謂人也。"即其例。

〔5〕汪繼培曰："《春秋繁露·度制篇》云：'凡百亂之源，皆出嫌疑纖微，以漸寖稍長至於大。'《五行相生篇》云：'昭然獨見存亡之機、得失之要、治亂之源，豫禁未然之前。'《鹽鐵論·申韓篇》云：'塞亂源而天下治。'"〇覺按：原：古"源"字。

〔6〕汪繼培曰："《漢書·竇嬰傳》：'藉福曰："君侯資性，喜善疾惡。"'顔師古注：'喜，好也。'"

〔7〕"惡行"上當有"止"字。蓋"止"形訛爲"㞢"（之），與上"之"字相重而爲後人誤删。"止惡行之器"承上文"化之本"而言。

〔8〕"政之材"承上文"治之材"而言。

〔9〕剛：鋼。

〔10〕汪繼培曰："'惡行'以下，文有脱誤。"

〔11〕汪繼培曰："《淮南子·齊俗訓》云：'矜僞以惑世，伉行以違衆，聖人不以爲民俗。'《漢書·師丹傳》哀帝策免丹云：'朕疾夫比周之徒，虚僞壞化，寖以成俗。'《敍傳》敍《貨殖傳》云：'侯服玉食，敗俗傷化。'"

〔12〕汪繼培曰:“《公孫龍子》有《堅白篇》。《史記·平原君傳》云:‘公孫龍善爲堅白之辯。’《莊子·秋水篇》:‘公孫龍問於魏牟曰:“龍少學先生之道,長而明仁義之行,合同異,離堅白,然不然,可不可,困百家之知,窮衆口之辯。”’《齊物論》云‘以堅白之昧終’,《釋文》:‘司馬云:“謂堅石、白馬之辯也。”▲又云:“公孫龍有淬劍之法,謂之堅白。”或曰:“設矛伐之説爲堅,辯白馬之名爲白。”’《史記·孟子荀卿列傳》云:‘公孫龍爲堅白同異之辯。’”〇覺按:堅白:指石頭的堅硬和白色兩種屬性,它是戰國時争論的一個重要命題。以名家公孫龍爲代表的“離堅白”論者認爲“堅”和“白”兩種屬性是各自獨立、互相分離的,因爲眼睛能看到“白”而看不出“堅”,手摸到“堅”而不能感知“白”。後期墨家則主張“堅白相盈”,認爲“堅”和“白”不能離開具體的石頭而獨立存在。參見《公孫龍子·堅白論》以及《墨子》的《經上》《經説上》《經説下》。

〔13〕汪繼培曰:“《禮記·王制》云:‘行僞而堅,言僞而辨,學非而博,順非而澤,以疑衆,殺。’”〇覺按:王制:王者的制度,即奉行王道從而成就了帝王大業的聖王的制度。

14.9

是故選賢貢士,必考覈其清素●〔1〕,據實而言。其有小疵●〔2〕,勿彊衣飾●【1】〔3〕以壯虚聲●〔4〕。一能之士,各貢所長●〔5〕。出處默語●【2】〔6〕,勿彊相兼●〔7〕。則蕭、曹、周、韓之倫●【3】〔8〕,何足得矣●〔9〕?吴、鄧、梁、竇之徒●〔10〕,而致十●【4】〔11〕。各以所宜〔12〕,量材授任●〔13〕,則庶官無曠●〔14〕,興功可成,太平可致,麒麟可臻●〔15〕。

【校記】

【1】彊:仿宋本、馮本、魁本、程本、四庫本、邵本、陳本同,抄補本作“疆”。下一處同。飾:仿宋本、馮本、魁本、程本、四庫本、陳本同,何本、邵本作“餙”。

【2】默語:仿宋本、馮本、魁本、程本、四庫本、邵本同,抄補本作“語默”,陳本作“默語”。

【3】倫:《後漢書》引文、邵本同,仿宋本、馮本、魁本、程本、何本、四庫本、陳本作“論”。

【4】何足得矣吴鄧梁竇之徒而致十:仿宋本、馮本、魁本、程本、何本、陳本同,四庫本作“何足得矣吴鄧梁竇之徒而致之”,邵本作“吴鄧梁竇之徒何勿得而致之矣”,《後漢書》引文作“何足不致吴鄧梁竇之屬企踵可待”。

【箋注】

〔1〕汪繼培曰:“‘清’當作‘情’。《史記·蔡澤傳》:‘應侯云:“披腹心,示情素。”’《治要》載《尸子·分篇》云:‘達情見素,則是非不蔽。’”〇覺按:清素:通“情愫”,真情本心,真實的内情。

〔2〕汪繼培曰:“《易·繫辭上傳》云:‘悔吝者,言乎其小疵也。’《漢書·平帝紀》詔曰:‘不以小疵妨大材。’”

〔3〕汪繼培曰:“《方言》云:‘凡相被飾亦曰獘。’‘衣飾’猶‘被飾’也。《後漢書·黄瓊傳》云:‘梁冀前後所托辟召,一無所用。雖有善人,而爲冀所飾舉者,亦不加命。’”○覺按:衣(yì 義):掩蓋。

〔4〕汪繼培曰:“《韓非子·六反篇》云:‘世主聽虛聲而禮之。’《後漢書·黄瓊傳》李固遺瓊書云:‘俗論皆言處士純盜虛聲。’”

〔5〕汪繼培曰:“《淮南子·主術訓》云:‘有一能者服一事。’《漢書·丙吉傳》云:‘士亡不可容,能各有所長。’《説苑·君道篇》云:‘君使臣自貢其能,則萬一之不失矣。’”

〔6〕汪繼培曰:“《易·繫辭上傳》:‘子曰:“君子之道,或出或處,或默或語。”’▲《漢書·王貢兩龔鮑傳》贊云:‘《易》稱“君子之道,或出或處,或默或語”,言其各得道之一節,譬諸草木,區以别矣。’”

〔7〕汪繼培曰:▲“《後漢書·韋彪傳》云:‘夫人才行少能相兼。’”○覺按:彊(qiǎng 搶):勉強,強行。相兼:見 14.5 注〔3〕。勿彊相兼:不要強求他們同時具備别人的才能。《後漢書·王符列傳》引文作“各因其方”,也含不強求之意。

〔8〕陳本“倫”作“論”,汪繼培曰:“當作‘倫’。蕭何、曹參、周勃、韓信,並見《史記》。”○覺按:蕭:指蕭何(?—公元前 193 年),秦末漢初沛縣(今江蘇省沛縣)人,秦末曾爲沛縣吏,佐劉邦起義,攻入秦都咸陽時,他收取秦王朝的律令圖書,得以掌握全國的山川險要、郡縣户口、社會情況。楚漢戰争中,他推薦韓信爲大將,以丞相身份留守關中,補兵餽餉,支援作戰,對劉邦戰勝項羽、建立漢朝貢獻極大。天下既定,論功第一,封酇侯(參見 35.18 注〔2〕)。漢朝的律令制度,大多由他制定。後又協助高祖消滅了韓信、陳豨、英布等。參見《史記·蕭相國世家》《漢書·蕭何傳》。曹:指曹參(?—公元前 190 年),秦末漢初沛縣(今江蘇省沛縣)人。秦末曾爲沛縣獄吏,跟從劉邦起義,屢立戰功。漢朝建立後封平陽侯,曾任齊相九年,協助高祖平定陳豨、英布等。漢惠帝時,繼蕭何爲相國,完全遵循蕭何制定的規章制度,後世因稱“蕭規曹隨”。參見《史記·曹相國世家》《漢書·曹參傳》。周:指周勃,見 6.4 注〔2〕。韓:指韓信,見 4.6 注〔11〕。倫:類。

〔9〕汪繼培曰:“‘得矣’蓋‘專美’之訛。”○覺按:汪説非。何足得矣:哪里值得獲取呢。意謂人才濟濟,足可建功立業了,不必再刻意訪求著名的將相之材。

〔10〕汪繼培曰:“吴漢、鄧禹、梁統、竇融,並見《後漢書》。”○覺按:吴:指吴漢(?—公元 44 年):東漢初南陽郡宛縣(今河南省南陽市)人,字子顔。新莽末年,亡命漁陽(在今北京市密雲區西南),以販馬爲業。後歸劉秀(光武帝),爲偏將軍,屢建戰功。劉秀即位後任大司馬,封廣平侯。見《後漢書·吴漢列傳》。鄧:指鄧禹(公元 2—58 年),東漢初南陽郡新野縣(今河南省新野縣)人,字仲華。少年時遊學長安,與劉秀(光武帝)親善。劉秀起兵後,他投奔劉秀,出謀劃策。後爲前將軍,有戰功。劉秀即位後任大司徒,封酇侯。劉秀統一全國後,定封爲高密侯。見《後漢書·鄧禹列傳》。梁:指梁統,東漢初安定郡烏氏縣(今寧夏回族自治區固原市東南)人,字仲寧。公元 24 年,任酒泉太守,後又爲武威太守,以治政威嚴著稱。公元 32 年,他與竇融等率軍和光武帝合攻隗囂,有功而封爲成義侯。後又到朝廷任太中大夫,改封爲高山侯。他上書請求加重刑罰,未被採用,調出爲九江太守,定封爲陵鄉侯,也有政績,卒於官。見《後漢書·梁統列傳》。竇:指竇融(公元前 16—公元 62 年),東漢初右扶風平陵縣(今陝西省咸陽市西北)人,字周公。累世爲河西官吏。更始帝敗,他聯合酒泉、敦煌等五郡,割據河西,爲河西五郡大將軍。後歸光武帝劉秀,協助攻滅隗囂有功,封安豐侯。平隴、蜀後,又爲冀

州牧，旋即升任大司空。其子孫多封列侯，一時顯貴無比。見《後漢書·竇融列傳》。

〔11〕汪繼培曰："'十'當作'也'，'而致'上蓋脱二字。《楚策》：'莫敖子華曰："若君王誠好賢，此五臣者，皆可得而致之。"'此或即'可得而致'四字。"〇覺按：汪説可供參考。四庫本"十"作"之"，邵本"而致十"作"何勿得而致之矣"，皆爲臆改，均未當。我以爲此句當作"而致十也"，"十"字不誤。"十"表示十倍，形容人才很多，像吴、鄧、梁、竇一類的人，招一可致十。《史記·楚世家》："軍不五不攻，城不十不圍。""十"也表示十倍，可證此文"十"字之義。

〔12〕《韓非子·揚搉》："夫物者有所宜，材者有所施，各處其宜，故上下無爲。"即此文所本。

〔13〕汪繼培曰："《漢書·董仲舒傳》云：'量材而授官。'"〇覺按：《韓非子·主道》云："賢者勑其材，君因而任之。"又《八姦》云："官賢者量其能。"又《定法》云："因任而授官。"皆"量材授任"之意。

〔14〕汪繼培曰："《書·臯陶謨》。"〇覺按：曠：《尚書·臯陶謨》"無曠庶官"孔安國傳："曠，空也。位非其人爲空官。"即空設、虛設、荒廢的意思，指官員不能勝任其職而使官職荒廢，官位上有人等於没有人。

〔15〕汪繼培曰："《詩·麟之趾》疏引鄭康成《答張逸》云：'周之盛德，《關雎》化行之時，公子化之，皆信厚與禮合，古太平致麟之時，不能過也。'此言'太平致麟'，蓋亦用《詩》誼矣。"〇覺按：麒麟：傳説中的仁獸名。《史記·司馬相如列傳》"獸則麒麟角䚡"司馬貞《索隱》："張揖曰：'雄曰麒，雌曰麟。其狀麇身，牛尾，狼蹄，一角。'郭璞云：'麒似麟而無角。'毛詩疏云：'麟黄色，角端有肉。'"臻（zhēn 真）：至。麒麟到來，是吉祥的徵兆，形容社會呈現出一派太平和樂的景象。

14.10

且燕小〔1〕，其位卑，然昭王尚能招集他國之英俊【1】，興誅暴亂，成致治彊●【2】〔2〕。今漢土之廣博，天子尊明，而曾無一良臣，此誠不愍兆黎之愁苦●【3】〔3〕、不急賢人之佐治爾。孔子曰："未之思也，夫何遠之有●〔4〕？"忠良之吏，誠易得也●〔5〕，顧聖王欲之不爾〔6〕。

【校記】

【1】昭：仿宋本、馮本、程本、四庫本、邵本、陳本同，魁本作"昭"。俊：仿宋本、馮本、程本、何本、四庫本、邵本、陳本同，魁本作"後"。

【2】彊：仿宋本、馮本、魁本、程本、四庫本、邵本、陳本同，抄補本作"疆"。

【3】苦：仿宋本、馮本、程本、四庫本、邵本、陳本同，魁本作"■"。

【箋注】

〔1〕燕（yān 煙）：本作"匽"或"郾"，又稱北燕，周代諸侯國，姬姓，開國君主是召公奭，地處今河北省北部和遼寧省西端，建都薊（位於今北京市大興區）。戰國時成爲七雄之一。燕王噲時，因内亂，一度被齊攻佔，國勢衰弱（參見14.4注〔13〕），所以燕昭王即位後，稱"燕小力少"。由於燕昭王招賢納士，燕國又一度強盛，曾攻佔齊國七十多城。同時，燕將秦開擊退東胡，向東北擴展，設立了上谷、漁陽、右北平、遼西、遼東等

郡。昭王去世後，被齊打敗，所得齊地全部喪失。公元前 222 年爲秦所滅。參見《史記》的《燕召公世家》與《匈奴列傳》。

〔2〕汪繼培曰："《史記·燕世家》云：'燕昭王即位，卑身厚幣以招賢者。樂毅自魏往，鄒衍自齊往，劇辛自趙往，士爭趨燕。於是遂以樂毅爲上將軍，與秦、楚、三晉合謀以伐齊，盡取其寶，燒其宮室宗廟。齊城之不下者，獨惟聊、莒、即墨，其餘皆屬燕。'《漢書·敍傳》云'招輯英俊'，顏師古注：'輯，與"集"同。'"〇覺按：昭王：指燕昭王（？～公元前 279 年），戰國時燕國國君，名平，燕王噲的太子。公元前 311—公元前 279 年在位。公元前 318 年，燕王噲把君位讓給相國子之。公元前 315 年，太子平與將軍市被起兵攻子之。公元前 314 年，齊破燕。公元前 312 年，燕人擁立太子平，即燕昭王。他即位後欲報齊仇，故招納賢士，師事郭隗，於是樂毅自魏往，鄒衍自齊往，劇辛自趙往，賢士爭相投奔。他與百姓同甘共苦，使燕國日益富強。燕昭王二十八年（公元前 284 年），以樂毅爲上將軍，與秦、趙、韓、魏合力攻齊，入其都城臨淄（今山東省淄博市臨淄區東北齊都）。齊地除莒、即墨外，盡爲燕所得。這是燕國歷史上最強盛的時期。參見《戰國策·燕策一》、《史記》的《燕召公世家》《六國年表》。一說燕昭王非太子平，而是燕王噲的庶子，名職，原流亡在韓，趙武靈王十一年（公元前 315 年）把他立爲燕王，並使樂池送回燕國。其根據是《史記·趙世家》的記載。今人多取此説，但未必妥當，因爲《趙世家》衹説"立以爲燕王"，未明言"昭王"；衹説"使樂池送之"，未明言"送到"。《史記·燕召公世家》"是爲燕昭王"《索隱》："按上文太子平謀攻子之，而《年表》又云：'君噲及太子、相子之皆死。'《紀年》又云：'子之殺公子平。'今此文云：'立太子平，是爲燕昭王。'則《年表》《紀年》爲謬也。而《趙系家》云：武靈王聞燕亂，'召公子職於韓，立以爲燕王，使樂池送之'，裴駰亦以此《系家》無趙送公子職之事，當是遥立職而送之，事竟不就，則昭王名平，非職明矣。進退參詳，是《年表》既誤，而《紀年》因之而妄説耳。"

〔3〕汪繼培曰："《漢書·王莽傳》云：'期於安兆黎矣。''苦'字舊空，据程本。"〇覺按：據汪校，可知汪繼培所用舊本當爲魁本之底本。愍（mǐn 敏）：憐憫，哀憐。黎：衆。兆黎：等於説"兆民"，億萬羣衆，指天子統治下的人民。參見 12.1 注〔2〕。

〔4〕汪繼培曰："《論語》。"〇覺按：孔子語見《論語·子罕》。何遠之有：即"有何遠"，有什麼遥遠？指就在身旁，垂手可得。

〔5〕汪繼培曰："成十七年《左傳》云：'能與忠良，吉孰大焉？'《後漢書·循吏·王渙傳》鄧太后詔曰：'夫忠良之吏，國家所以爲理也。求之甚勤，得之至寡。'"

〔6〕不（fǒu 否）：相當於"否"。

潛夫論卷第三【1】

【校記】

【1】潛夫論卷第三：仿宋本、馮本同，魁本無字，程本作"潛夫論卷第三終"，何本、邵本作"潛夫論卷三終"，四庫本作"潛夫論卷三"，陳本作"潛夫論卷第三終"。

潜夫論卷第四[1]　　　王符[2]

【校記】

【1】卷第四：仿宋本、馮本、魁本、程本、陳本同，何本、四庫本、邵本作“卷四”。

【2】王符：仿宋本、馮本、魁本同，程本、何本、四庫本、邵本、陳本此行下端無字。

【3】仿宋本、馮本、魁本有此四行子目，程本無此子目而有“漢　安定王符著”“明新安程榮校”兩行字，何本、邵本無此子目，四庫本無此子目而有“漢　王符　撰”一行字，陳本無此子目而有“蕭山汪繼培箋”一行字。

班禄第十五

【提要】

班：分别等級。班禄：規定俸禄等級。文章主要追述與頌揚了古代的“班禄”制度，抨擊了周朝衰微以後的種種弊端，主張君主要以足够的俸禄供養賢臣。

文章首先追溯到人類産生之時，那時没有君臣上下，後來由於有人侵奪他人，所以上天就授命天子來進行管理。這種君權神授的思想顯然不可取。但作者强調“天之立君，非私此人也以役民，蓋以誅暴除害利黎元也”，所以要“人謀鬼謀”，使“能者處之”，則顯然又有可取之處。

接着，文章追述了古代禮制的産生和爵禄制度，認爲這種制度保障了官吏的經濟生活，從而使他們能一心爲公而不再謀求財利去搜刮百姓，從而使百姓安居樂業而天下太平。但是，後來周王朝漸漸忽視了禄養賢臣，使官吏們加重了對人民的税收，於是周朝就衰弱混亂了。到戰國以後，統治者更是變本加厲地“背義理而尚威力，滅典禮而行貪叨，重賦歛以厚己”。如此上行下效，致使羣臣貪贜枉法，而百姓也迫於飢寒“多盜竊”。所以，文章最後希望君主以禮制節制自己，以正道“臨衆”，採取傳統的先富後教的辦法，使臣民“阜於養生而競於廉恥”。祇有這樣，纔能使“官長正而百姓化，邪心黜而姦慝絶”，“協和氣而致太平”。

15.1

太古之時●〔1〕，烝黎初載●〔2〕，未有上下，而自順序，天未事焉，君未設焉。後稍矯虔●〔3〕，或相陵虐●〔4〕，侵漁不止●〔5〕，爲萌巨害●〔6〕。於是天命聖人，使司牧之，使不失性●〔7〕。四海蒙利●〔8〕，莫不被德●〔9〕，僉共奉戴，謂之天子●〔10〕。故天之立君，非私此人也以役民【1】，蓋以誅暴除害利黎元也●〔11〕。是以人謀鬼謀【2】，能者處之●〔12〕。

【校記】

【1】也以役民：仿宋本、馮本、魁本、程本、邵本、陳本同，四庫本作“以役民也”。

【2】人：仿宋本、馮本、魁本、程本、四庫本、陳本同，何本、邵本作“神”。

【箋注】

〔1〕汪繼培曰：“《禮記·郊特牲》鄭注：‘唐、虞已（覺按：“已”當作“以”）上曰太古。’”〇覺按：“唐、虞以上”即指堯、舜統治天下之前。

〔2〕汪繼培曰：“《漢書·司馬相如傳》云‘覺寤黎烝’，顔師古注：‘黎烝，衆庶也。’‘烝黎’與‘黎烝’同。《蔡中郎集·陳留太守胡公碑銘》亦云：‘悠悠蒸黎。’《藝文類聚》十一引此文‘烝’作‘兆’。‘兆黎’見上篇。《詩·大明》云‘文王初載’，毛傳：‘載，識。’按此文‘初載’，即《爾雅·釋詁》‘初、哉’，並取始義。‘載’‘哉’古字通。”〇覺按：烝：衆多。黎：衆多。烝黎：羣衆，百姓。

〔3〕汪繼培曰：“《書·吕刑》云：‘奪攘矯虔。’後稍，《類聚》作‘末後’。”〇覺按：矯：假託，詐稱。虔（qián 乾）：劫奪，強取。

〔4〕汪繼培曰：“襄十八年《左傳》云‘陵虐神主’，杜注：‘神主，民也。’”

〔5〕汪繼培曰：“《漢書·宣帝紀》神爵三年詔曰：‘侵漁百姓。’顔師古注：‘漁者，若言漁獵也。’”

〔6〕汪繼培曰：“《吕氏春秋·高義篇》高誘注：‘萌，民也。’按‘萌’爲‘甿’之借，《説文》云：‘民，衆萌也。氓，民也，讀若盲。’《新書·大政下篇》云：‘民之爲言也，瞑（覺按：當作“暝”，與下句“盲”相對，《新書》之文蓋有譌誤，參見7.3注〔3〕）也。萌之爲言也，盲也。’《漢書·楚元王傳》劉向疏云：‘民萌何以勸勉？’顔師古注：‘“萌”與“甿”同。’《陳勝項籍傳·贊》云：‘甿隸之人。’如淳曰：‘甿，古文萌字。’萌，民也。”〇覺按：“萌”通“氓”（méng 萌），老百姓。

〔7〕汪繼培曰：“襄十四年《左傳》：‘師曠曰：“天生民而立之君，使司牧之，勿使失性。”’使不，《類聚》作‘勿令’。”

〔8〕汪繼培曰：“《漢書·食貨志》云：‘百姓蒙利。’”

〔9〕汪繼培曰：“莫不，《類聚》作‘草木’。按《淮南子·氾論訓》云：‘禽獸草木，莫不被其澤。’”

〔10〕汪繼培曰：“僉共，《類聚》作‘恭儉’，誤。《説文》云：‘撿，拱也。拱，斂手也。’二字連文，‘僉共’即‘撿拱’省文。襄廿五年《左傳》：‘子産云：“奉戴厲公。”’杜注：‘“奉戴”猶“奉事”。’文十八年《傳》云：‘同心戴舜，以爲天子。’《新書·威不信篇》

云：‘古之正義，東西南北，苟舟車之所達，人迹之所至，莫不率服，而後云天子。’按《管子·君臣下篇》云：‘古者未有君臣上下之别，未有夫婦妃匹之合，獸處羣居，以力相征。於是智者詐愚，彊者凌弱，老幼孤獨不得其所。故智者假衆力以禁强虐而暴人止，爲民興利除害，正民之德，而民師之。’此文意與彼同。”〇彭鐸曰：“《説文》：‘僉，皆也。’《禮記·内則》注：‘“共”猶“皆”也。’僉共奉戴，言四海之民皆奉戴之也。箋以爲‘撿拱’，非。”〇覺按：彭説是。僉（qiān 牽）：皆，都。奉：輔助，擁護。戴：推戴，擁戴。

〔11〕汪繼培曰：“《荀子·大畧篇》云：‘天之生民，非爲君也。天之立君，以爲民也。’《淮南子·兵畧訓》云：‘所爲立君者，以禁暴討亂也。’又云：‘明王之用兵也，爲天下除害，而與萬民共享其利。’《漢書·嚴安傳》云：‘興利除害，誅暴禁邪。’《蕭望之》後《育傳》云：‘其於爲民除害安元元而已。’《谷永傳》云：‘天下黎元，咸安家樂業。’按《嚴安傳》云：‘元元黎民。’‘黎元’即‘元元黎民’也。《史記·文帝紀》《索隱》引姚察云：‘古者謂人云“善人”也，因“善”爲“元”，故云“黎元”。其言“元元”者，非一人也。’”〇覺按：黎：衆。元：頭。黎元：黎民，百姓。

〔12〕汪繼培曰：“注見《思賢篇》。”〇覺按：參見8.5注〔6〕。

15.2

《詩》云〔1〕：“皇矣上帝，臨下以●赫【1】〔2〕。監觀四方，求民之瘼●【2】〔3〕。惟此二國〔4〕，其政不獲。惟此●四國〔5〕，爰究爰度〔6〕。上帝指之●〔7〕，憎其式廓●【3】〔8〕。乃睠●西顧〔9〕，此惟與度●【4】〔10〕。”蓋此言也，言夏、殷二國之政不得，乃用奢夸廓大【5】，上帝憎之，更求民之瘼聖人，與天下四國究度而使居之也。

【校記】

【1】以：仿宋本、馮本、魁本、程本、邵本、陳本同，四庫本作“有”。
【2】瘼：仿宋本、馮本、魁本、陳本同，程本、四庫本、邵本作“莫”。
【3】廓：四庫本同，仿宋本、馮本、魁本、程本、邵本、陳本作“惡”。
【4】度：仿宋本、馮本、魁本、陳本同，程本、何本、四庫本、邵本作“宅”。
【5】大：仿宋本、馮本、魁本、陳本同，程本、四庫本、邵本作“人”。

【箋注】

〔1〕引詩見《詩經·大雅·皇矣》。這是一首讚美周王朝與周文王的詩。

〔2〕汪繼培曰：“今《詩》作‘有’。”〇王宗炎曰：“‘以’‘有’，音近之誤。”〇覺按：臨：俯視。赫：顯著，分明。

〔3〕汪繼培曰：“今《詩》作‘莫’。《蔡中郎集·和熹鄧后謚議》云：‘參圖考表，求人之瘼。’《蜀志·馬超傳》云：‘兼董萬里，求民之瘼。’《晉書·武帝紀》云：‘皇天鑒下，求人之瘼。’《後漢書·循吏傳》序云：‘廣求民瘼。’蓋本三家《詩》。此文當本作‘瘼’，後人或据《毛詩》改之。孫侍御云：‘《文選·齊安陸昭王碑文》云：“慮深求瘼。”李善注云：“《詩》：‘求民之莫。’班固《漢書》引《詩》而爲此‘瘼’，《爾雅》曰：‘瘼，病也。’”今《漢書·敘傳》亦作“莫”，顔師古訓“莫”爲“定”，與毛、鄭同，《宋書·符瑞志》

引《漢書》作“瘼”。’”〇王宗炎曰：“尋繹文義，‘瘼’不當用《尔雅》‘病也’之訓，當依《毛詩》作‘莫’，即《尔雅》‘貉、嘆、安，定也’之‘嘆’。”〇覺按：此當從王説，因爲王符對此詩的理解與毛傳同，所以應該取毛傳之義，“瘼”當通“莫”。《詩經·大雅·皇矣》“求民之莫”毛傳云：“皇，大。莫，定也。”《漢書·敘傳上》“求民之莫”顔師古注亦云：“皇，大也。上帝，天也。莫，定也。言大矣天之視下，赫然甚明，監察衆國，求人所定而授之。”

〔4〕惟：語助詞。二國：《詩經·大雅·皇矣》“維此二國”毛傳：“二國，殷、夏也。”即殷紂、夏桀之國。鄭玄箋：“二國，謂今殷紂及崇侯也。”殷、夏不同時，所以毛傳未必正確，而鄭箋可取。但是，王符的理解與毛傳同，見下文。

〔5〕汪繼培曰：“今作‘彼’。”〇覺按：四國：《詩經·大雅·皇矣》“維彼四國”毛傳：“彼，彼有道也。四國，四方也。”認爲指有道的四方之國。鄭玄箋：“四國，謂密也、阮也、徂也、共也。”認爲指下文説的文王所討伐的暴虐無道的“密”“阮”“徂”“共”四個小國。相比之下，鄭説爲優。但是，王符的理解與毛傳同，見下文。

〔6〕爰（yuán 援）：句首語氣詞。究：謀劃，研究。度（duó 奪）：謀劃，考慮。爰究爰度：《詩經·大雅·皇矣》“爰究爰度”鄭玄箋：“度亦謀也。殷、崇之君，其行暴亂，不得於天心。密、阮、徂、共之君，於是又助之謀。言同於惡也。”將此句理解爲四國之君與二國之君合夥謀劃作惡，於義爲長。但是，王符的理解與鄭玄不同，見下文。

〔7〕汪繼培曰：“‘指’今作‘耆’。按《詩·正月》：‘有皇上帝，伊誰云憎。’鄭箋云：‘欲天指害其所憎而已。’所用《詩》與此同。”

〔8〕陳本“廓”作“惡”，汪繼培曰：“今作‘廓’。”〇王紹蘭曰：“‘惡’蓋‘廓’之譌。據下文節信説之曰：‘乃用奢夸廓大，上帝憎之。’知所引同《毛詩》作‘廓’。”〇覺按：王説是，“惡”是“廓”之音誤，當改。“廓”表示大，指大手大腳、奢侈浪費的人。式：用。

〔9〕汪繼培曰：“今作‘眷’，《釋文》云：‘本又作“睠”。’”〇覺按：睠（juàn 倦）：同“眷”，回頭看。顧：看。西顧：向西看，指觀看周文王所居之處。周文王都於酆（今陝西省西安市長安區西北灃河西岸），在殷都朝歌（今河南省淇縣）之西，所以説“西顧”。

〔10〕汪繼培曰：“今作‘宅’。《論衡·初稟篇》亦作‘度’。《漢書·韋玄成傳》注：‘臣瓚曰：“按古文‘宅’‘度’同。”’”〇覺按：此：指代周文王。度：通“宅”，居。原詩表示居住，“此惟與度（宅）”指上帝認爲這文王可以和他居住在一起，也就是指上天祐助文王而使文王爲天子。王符則將它理解爲居位，則“此惟與度（宅）”指上帝使文王居於天子之位，所以下文用“使居之”來解釋它。

15.3

前哲良人●【1】〔1〕，疾奢夸廓●【2】〔2〕無紀極也●〔3〕，乃惟度法象●〔4〕，明著禮秩●【3】〔5〕，爲優●憲藝〔6〕，縣之無窮●〔7〕。故《傳》曰：“制禮，上物不過十二【4】，天之道也●〔8〕。”是以先聖籍田有制●〔9〕，供神有度●〔10〕，奉己有節●〔11〕，禮賢有數〔12〕；上下、大小、貴賤、親疎【5】，皆有等威【6】；階級衰殺●〔13〕，各足禄其爵位●【7】〔14〕；公私達其等級〔15〕，禮行德義●〔16〕。

【校記】

【1】哲：陳本同，仿宋本、馮本、魁本、程本、四庫本、邵本作“招”。

【2】奢夸廓：馮本、程本、四庫本、邵本同，仿宋本作“■■廓”，魁本空二字，陳本作“□□”。

【3】袟：仿宋本、馮本、魁本、程本同，何本、邵本作“袟”，四庫本、陳本作“秩”。

【4】十二：仿宋本、馮本、魁本、四庫本、陳本同，程本、邵本“十二”上空一字。

【5】踈：仿宋本、馮本、魁本、程本同，何本、四庫本、邵本作“疎”，陳本作“疏”。

【6】有：仿宋本、馮本、魁本、陳本同，程本、四庫本、邵本作“存”。

【7】禄：仿宋本、馮本、魁本、程本同，何本、四庫本、陳本作“祿”，邵本作“録”。

【箋注】

〔1〕汪繼培曰：“‘哲’舊作‘招’。成八年《左傳》云：‘賴前哲以免也。’《詩·黄鳥》云：‘殲我良人。’”

〔2〕陳本“奢夸廓”作“□□”，汪繼培曰：“程本作‘奢夸廓’三字。”〇覺按：據汪校，則其所用底本當爲魁本之底本。

〔3〕汪繼培曰：“文十八年《左傳》云：‘聚歛積實，不知紀極。’”

〔4〕汪繼培曰：“《周禮·太宰》：‘縣治象之法於象魏，使萬民觀治象。’”〇覺按：惟：思考，謀慮。度（duó 奪）：揣度，謀慮。法象：效法現象，指效法自然界的現象。《周易·繫辭上》：“崇效天，卑法地。”“是故法象莫大乎天地。”可明此文之義。

〔5〕汪繼培曰：“莊八年《左傳》云：‘衣服禮秩如適。’”〇覺按：禮：禮制，規定人們社會行爲（諸如祭祀鬼神、待人接物等等）的各種規範、儀式的總稱。袟：“秩”之俗字。“秩”通“豑”（zhì 秩），爵位，等級。

〔6〕汪繼培曰：“疑‘修’。”〇覺按：原文可通，不煩改字。優：優秀，指完善。憲：法令，法律。藝：準則，法度。《左傳·昭公二十年》“布常無藝”杜預注：“藝，法制也。”

〔7〕汪繼培曰：“文六年《左傳》云‘陳之藝極’，杜注：‘藝，準也。’《漢書·蕭望之傳》云：‘作憲垂法，爲無窮之規。’”〇覺按：縣（xuán 懸）：古“懸”字，垂掛，引申指流傳下去。

〔8〕汪繼培曰：“哀七年《左傳》‘天之道’作‘天之大數’，▲云：‘周之王也，制禮，上物不過十二，以爲天之大數也。’”〇覺按：傳（zhuàn 篆）：指《左傳》，但古人引文有刪改，故其文字與《左傳·哀公七年》不盡相同。天之道：上天的規則。太陽和月亮沿黄道運行一周，每年會合十二次，每次會合都有一定的部位，所以古人把黄道附近的一周天分爲星紀、玄枵、娵訾、降婁、大梁、實沈、鶉首、鶉火、鶉尾、壽星、大火、析木等十二次。歲星每年行經一個星次，十二年繞天一周，太陽每月行經一個星次，十二月繞天一周，所以説“十二”是“天之道”。

〔9〕汪繼培曰：“《禮記·祭義》云：‘天子爲藉千畝，諸侯爲藉百畝。’”〇覺按：籍：通“耤”（jí 及）、“藉”（jí 及）。“藉”有踐踏的意思，“耤”從“耒”，其本義當是踩踏耒（木鍬）來翻土耕作的意思。根據古代的禮制，君主不能忘記自己是從什麼地方來的，爲了表示對祖先的敬意，必須親自耕作，用自己的勞動成果作祭品來祭祀祖先，所以就制定了“藉田”的禮儀，由君主在春耕前先到公田裏手拿耒耜翻一下地。當然，其後的耕作還是

由别人進行的。所以，漢代的訓詁家往往把“耤”“藉”“籍”解爲“借”（古音相近），認爲君主的公田是借民力來耕作的，因而稱爲“籍田”（見《詩經·周頌·載芟·序》“春籍田而祈社稷也”鄭玄箋、《禮記·王制》“古者公田藉而不税”鄭玄注、《説文·耒部》“耤”字條）。此説已爲公論，故《辭源》（修訂本）“籍田”條取其説，但“借田”二字其義難通，將“籍田”解爲“借民力耕作之田”又有增字解經之弊，故其解恐不當。《漢書·文帝紀》：“詔曰：‘夫農，天下之本也，其開藉田，朕親率耕，以給宗廟粢盛。’”顔師古注：“韋昭曰：‘藉，借也。借民力以治之，以奉宗廟，且以勸率天下，使務農也。’臣瓚曰：‘景帝詔曰：“朕親耕，后親桑，爲天下先。”本以躬親爲義，不得以假“借”爲稱也。“藉”謂蹈藉也。’師古曰：‘瓚説是也。《國語》曰：“宣王即位，不藉千畝，虢文公諫。”斯則“藉”非假“借”明矣。’”籍田有制：耕種田地有禮制的規定，即《禮記·祭義》所説的天子藉田千畝，諸侯藉田百畝。

〔10〕汪繼培曰：“《周語》：‘襄王曰：“昔我先王之有天下也，規方千里以爲甸服，以供上帝山川百神之祀。”’昭七年《左傳》云：‘上所以共神也。’”

〔11〕汪繼培曰：“《毛詩·鴛鴦·序》云：‘思古明王，交於萬物有道，自奉養有節焉。’”

〔12〕禮：以禮相待，對人表示敬意。數：禮數，禮節，即禮儀的分寸等級。《左傳·莊公十八年》：“王命諸侯，名位不同，禮亦異數。”

〔13〕汪繼培曰：“宣十二年《左傳》云：‘君子小人，物有服章，貴有常尊，賤有等威。’杜注：‘威儀有等差。’桓二年《傳》云：‘皆有等衰。’杜注：‘衰，殺也。’《禮記·月令》云：‘以爲旗章，以别貴賤等級之度。’”〇覺按：等威：與其身份相稱的威儀。階級：等級。衰（cuī 崔）：由大到小、依一定的等級遞減。殺（shài 曬）：與“衰”同義。

〔14〕汪繼培曰：“‘禄’當作‘保’，《慎微篇》亦誤‘保’爲‘禄’。《孝經》云：‘保其禄位。’”〇覺按：此文與《孝經·士章》“保其禄位”詞語搭配不同，不可類比，汪説非。禄：俸禄，這裏用作動詞。禄其爵位：使其爵位得到相應的俸禄。

〔15〕公：公家，指君主。私：私人，指臣下。達：通，指相互聯繫。

〔16〕汪繼培曰：“文有脱誤。成二年《左傳》云：‘器以藏禮，禮以行義。’杜注：‘車服所以表尊卑，尊卑有禮，各得其宜。’此文大意蓋與《傳》同。”〇覺按：禮：作狀語，表示“依禮”。汪繼培認爲此文有誤，不當。

15.4

當此之時也，九州之内，合三千里，爾八百國●〔1〕。其班禄也〔2〕，以上農爲正，始於庶人在官者〔3〕，禄足以代耕，蓋食九人【1】〔4〕，諸侯下士亦然〔5〕；中士倍下士，食十八人；上士倍中士，食三十六人；大夫倍之，食七十二人。小國之卿〔6〕，二於大夫；次國之卿〔7〕，三於大夫；大國之卿〔8〕，四於大夫，食二百八十八人；君各什其卿。天子三公●采視公、侯【2】〔9〕，蓋方百里；卿采視伯〔10〕，方七十里；大夫視子、男，方五十里；元士視附庸〔11〕，方三十里●〔12〕。功成者封●〔13〕。

【校記】

【1】人：仿宋本、馮本、程本、四庫本、邵本、陳本同，魁本作“𠆢”。

【2】三公：四庫本、陳本同，仿宋本、馮本、魁本、程本、邵本作“三公侯”。

【箋注】

〔1〕汪繼培曰：“《禮記·王制》云：‘凡四海之内九州，州方千里。’又云：‘凡四海之内，斷長補短，方三千里。’又云：‘凡九州，千七百七十三國。’《漢書·賈山傳·至言（覺按：陳本無“至言”，此據汪稿）》云：‘昔者周蓋千八百國，以九州之民養千八百國之君。’《地理志》云：‘周爵五等，而土三等，公、侯百里，伯七十里，子、男五十里，不滿爲附庸，蓋千八百國。’此有脱誤。”〇王紹蘭曰：“‘爾’蓋‘凡千’二字之駁文。”〇彭鐸曰：“‘爾’疑當作‘千’。‘千’與‘尔’草書形近，‘千’誤爲‘尔’，後人又改爲‘爾’也。”〇覺按：彭説是。三千里：指三千里見方。

〔2〕班：分别等級。班禄：規定俸禄等級。其班禄：指西周初所制定的俸禄等級。以下所述，本於《孟子·萬章下》所述的“周室班爵禄”、《禮記·王制》所述的“王者之制禄爵”，可參見。

〔3〕庶人：指没有官爵的平民、農夫。始於庶人在官者：指俸禄的頒發以官府中當差的平民爲起點。

〔4〕食（sì 寺）：通“飼”，供養。食九人：古代的俸禄爲糧食，所以用“食 × 人”來表示其品級，後世又改用“× × 石”來表示。《孟子·萬章下》：“上農夫食九人，上次食八人，中食七人，中次食六人，下食五人。庶人在官者，其禄以是爲差。”則庶人在官者的俸禄，最高的相當於上等農夫的收入，可養活九人；最低的衹相當於下等農夫的收入，衹可養活五人。此文説“庶人在官者”的俸禄“以上農爲正”而“食九人”，蓋本於《禮記·王制》的“諸侯之下士視上農夫”，與《孟子》所言不合，恐不合古制，所以王符加用“蓋”字。

〔5〕士：官名，古代諸侯置上士、中士、下士之官，位於大夫之下。

〔6〕小國：指五十里見方的諸侯國，見《孟子·萬章下》。卿：官名，位於君之下、大夫之上。

〔7〕次國：指七十里見方的諸侯國，見《孟子·萬章下》。

〔8〕大國：指一百里見方的諸侯國，見《孟子·萬章下》。

〔9〕汪繼培曰：“‘公’下舊衍‘侯’字。”〇覺按：三公：見4.1注〔5〕。《禮記·王制》：“天子之三公之田視公、侯。”即此文所本。采：也稱埰地、采邑、食邑，卿、大夫的封地。視：比照，和……一樣。公、侯：爵位名。據《禮記·王制》，古代爵位由高而低分爲公、侯、伯、子、男五等。《孟子·萬章下》則以子、男同級，五等爲天子、公、侯、伯、子和男。據西周文獻及金文，當時雖有一定的等級觀念，但並無嚴格的區分，往往同一諸侯可有不同的稱謂。由此可見，這整齊劃一的五等爵，並非西周舊制，而是戰國以後逐漸形成的理論。

〔10〕“卿”字上承上省“天子”二字，《禮記·王制》作“天子之卿視伯”可證。又，此下幾句用《禮記·王制》之説，與孟子之説不同。《孟子·萬章下》云：“天子之卿受地視侯，大夫受地視伯，元士受地視子、男。”

〔11〕元士：官名，指天子的士。諸侯手下置有上士、中士、下士之官，爲了與諸侯的士區别，所以天子的士稱爲“元士”，意思是頭等的士。附庸：《孟子·萬章下》：“天子之制，地方千里，公、侯皆方百里，伯七十里，子、男五十里，凡四等。不能五十里，不

達於天子，附於諸侯，曰附庸。”可見“附庸”是指領地不滿五十里見方、不和天子直接聯繫而附屬於諸侯的小國。

〔12〕汪繼培曰：“本《王制》。”

〔13〕汪繼培曰：“《白虎通·考黜篇》云：‘以德封者，必試之爲附庸，三年有功，因而封之五十里。元士有功者，亦爲附庸，世其位。大夫有功成，封五十里。卿功成，封七十里。公功成，封百里。’”

15.5

是故官政專公〔1〕，不慮私家●〔2〕；子弟事學，不於●財利【1】〔3〕。閉門自守●〔4〕，不與民交争，而無飢寒【2】。之道●〔5〕而不陷●〔6〕，臣養優而不隘●〔7〕，吏愛官而不貪●〔8〕，民安静而彊力●〔9〕。此則太平之基立矣●〔10〕。

【校記】

【1】於：仿宋本、馮本、程本、四庫本同，魁本作“扵”，何本、邵本作“與”，陳本作“干”。

【2】飢：仿宋本、馮本、魁本、陳本同，程本、何本、四庫本、邵本作“饑”。

【箋注】

〔1〕政：通“正”。《國語·楚語上》“唯其以公侯爲官正”韋昭注：“正，長也。”指大官。官政：即15.10所説的“官長”。

〔2〕汪繼培曰：“《漢書·賈誼傳》云：‘國耳忘家，公耳忘私。’《鮑宣傳》云：‘志但在營私家。’”

〔3〕汪繼培改“於”爲“干”曰：“舊作‘於’，何本改‘與’，並誤。‘干’誤爲‘于’，又轉誤爲‘於’也。”○覺按：“於”猶“爲”（參見1.5注〔7〕），不煩改字。

〔4〕汪繼培曰：“《漢書·王莽傳》云：‘閉門自守，又坐隣伍鑄錢挾銅，姦吏因以愁民。’”

〔5〕汪繼培於“道”字絶句曰：“《漢書·董仲舒傳》云：‘受禄之家，食禄而已，不與民争業，然後利可均布，而民可家足。’”○覺按：汪之句讀非，見注〔6〕。

〔6〕汪繼培曰：“‘而’上脱三字。”○覺按：據下文，“之”上當有“君”字，與“臣”“吏”“民”相對。之：猶“歸”（參見《古書虛字集釋》卷九“之”字條）。陷：《國語·魯語下》“陷而入於恭”韋昭注：“陷，猶過失也。”之道而不陷：原意爲“步入正路而不陷落”，引申爲“歸於正道而不失誤”，與15.6所説的“上務節禮，正身示下”旨意相同。

〔7〕汪繼培曰：“《漢書·韋賢》後《玄成傳》：‘玄成友人侍郎章上疏云：“宜優養玄成。”’《禮記·禮器》云‘君子以爲隘矣’，鄭注：‘隘，猶狹陋也。’”

〔8〕汪繼培曰：“《史記·平準書》云：‘守閭閻者食粱肉，爲吏者長子孫，居官者以爲姓號，故人人自愛而重犯法。’”

〔9〕汪繼培曰：“《漢書·成帝紀》陽朔四年詔曰：‘先帝劭農，薄其租税，寵其强力，令與孝弟同科。’”○覺按：彊（qiǎng 搶）：盡力。

〔10〕汪繼培曰："《毛詩·南山有臺·序》云：'立太平之基。'"

15.6

乃惟慎貢選〔1〕，明必黜陟【1】〔2〕，官得其人〔3〕，人任其職。欽若昊天，敬授民時●〔4〕，同我婦子，饁彼南畝●〔5〕。上務節禮，正身示下；下悦其政，各樂竭己奉戴其上●〔6〕。是以天地交泰●〔7〕，陰陽和平●〔8〕，民無姦匿●〔9〕，機衡不傾●〔10〕，德氣流布而頌聲作也●〔11〕。

【校記】

【1】明必：仿宋本、馮本、魁本、程本、何本、陳本同，四庫本作"明"，邵本作"必明"。

【箋注】

〔1〕惟：考慮。

〔2〕王宗炎曰："'必'字疑衍。"○覺按：王説與四庫本同，然未必得當。必：一定進行，堅決做到。陟：見7.2注〔15〕。

〔3〕其人：見7.4注〔25〕。

〔4〕汪繼培曰："《書·堯典》。"○覺按：以上兩句用《尚書·堯典》之語。欽：恭敬，敬重。若：順從。昊（hào浩）：廣大。昊天：見8.8注〔11〕。敬：慎重。

〔5〕汪繼培曰："《詩·七月》。"○覺按：以上兩句用《詩經·豳風·七月》之語。饁（yè葉）：給耕作者送飯。南畝：朝南的田地。由於南畝向陽，所以古代的田地多向南開闢。秦漢以後"南畝"成了農田的泛稱。

〔6〕汪繼培曰："《毛詩·吉日·序》云：'能慎微接下，無不自盡以奉其上焉。'"

〔7〕汪繼培曰："《易·泰·彖》曰：'天地交而萬物通。'"○覺按：交：接觸。泰：通，指萬物順利地生長。《周易·泰·象》："天地交，《泰》。"王弼注："泰者，物大通之時也。"天地交泰：即《周易·泰·彖》所説的"天地交而萬物通"之意，參見9.3注〔1〕。

〔8〕汪繼培曰："《淮南子·氾論訓》云：'陰陽和平，風雨時節。'"○覺按：陰陽：見7.3注〔10〕。

〔9〕汪繼培曰："讀爲'慝'。《魯語》云'下無姦慝'，韋昭注：'慝，惡也。'"○覺按：匿（tè特）：通"慝"（tè特），邪惡。

〔10〕汪繼培曰："《書·堯典》云：'在璿機玉衡。'《史記·天官書》云：'北斗七星，所謂旋機玉衡，以齊七政。'《漢書·揚雄傳》云：'玉衡正而泰階平。'"○覺按：機衡：通"璣衡"（見32.2），即天璣、玉衡，北斗七星中的第三星和第五星，也指代北斗星，比喻政權的樞要機關。劉歆《遂初賦》："惟太階之侈闊兮，機衡爲之難運。"章樵注："機衡，皆北斗星，以喻政之幾要。"傾：傾側，傾覆。

〔11〕汪繼培曰："宣十一年《公羊傳》云：'什一行而頌聲作。'"○覺按：頌聲：見9.2注〔6〕。

15.7

其後忽養賢而《鹿鳴》思●〔1〕，背宗族而《采蘩》怨〔2〕，履畝稅而《碩鼠》作●〔3〕，賦斂重而譚告通●【1】〔4〕，班禄頗而傾甫賴●【2】〔5〕，行人定而《緜蠻》諷●【3】〔6〕，故遂耗亂衰弱〔7〕。

【校記】

【1】而譚：陳本同，仿宋本、馮本、魁本、程本、四庫本作“譯”，邵本作“而譯”。

【2】賴：仿宋本、馮本、魁本、程本、何本、邵本同，四庫本作“頼”，陳本作“剌”。

【3】定而緜：仿宋本、馮本、魁本、程本、何本、四庫本同，邵本作“蹔而緜”，陳本作“定而綿”。

【箋注】

〔1〕汪繼培曰：“此後所述《詩》義，皆與毛傳異，蓋本三家之說。”〇王紹蘭曰：“《史記·十二諸侯年表》：‘仁義陵遲，《鹿鳴》刺焉。’《文選·琴賦》李善注引蔡邕《琴操》曰：‘《鹿鳴》者，周大臣之所作也。王道衰，大臣知賢者幽隱，故彈弦風諫。’”〇彭鐸曰：“《史記·十二諸侯年表·序》：‘仁義陵遲，《鹿鳴》刺焉。’《文選》嵇康《琴賦》李善注引蔡邕《琴操》：‘《鹿鳴》者，周大臣之所作也。王道衰，大臣知賢者幽隱，故彈絃諷諫。’《御覽》五百七十八引同。陳喬樅《魯詩遺説考》云：‘皆本《魯詩》之說。’”〇覺按：養：供養，侍奉。養賢：供養侍奉賢人，當與古代的“養老”之禮相似。《禮記·王制》：“凡養老，有虞氏以燕禮，夏后氏以饗禮，殷人以食禮，周人脩而兼用之。”“養賢”也當指按時宴請賢人，以此來表示尊敬，所以此文說“忽養賢而《鹿鳴》思”。《鹿鳴》：《詩經·小雅》中的一篇，詩篇以野鹿鳴叫起興，主要寫宴請賢德的“嘉賓”。

〔2〕王紹蘭曰：“《玉海·藝文部》引齊、魯、韓三家，以《關雎》《采蘩》皆爲康王詩。按康王之立，太保命仲桓、南宫毛，俾爰齊侯吕伋，以二干戈、虎賁百人，逆於南門之外，是奉迎嗣王，不使同姓大臣，而典兵專任外戚，及翼室，恤宗門，階兵衛，防護綦嚴，蓋當時宗族，自召公及芮、畢、毛、衛而外，多羣叔流言。之後人，成王末年，又將不靖，故《康王之誥》曰：‘今予一二伯父，雖爾身在外，乃心罔不在王室。’勉在外之懿親，正以防在内之宗族，因有冊命霍侯之事，用示敦睦。其後佩玉晏鳴，應門失守，《魯詩》謂康王晏起，《關雎》見幾而作。《論衡·謝短篇》：‘康王德缺於房，大臣刺晏。’其背宗族，當在此時。《采蘩》之怨，遂與《關雎》之刺同時竝作。”〇覺按：《采蘩》：《詩經·召南》中的一篇，主要寫女子采蘩（白蒿）以供貴族在宗廟中祭祀祖先。此文說“背宗族而《采蘩》怨”，蓋取《魯詩》之說，指周康王很晚起床，背離了宗族的期望。

〔3〕汪繼培曰：“《鹽鐵論·取下篇》云：‘周之末塗，德惠塞而嗜欲衆，君奢侈而上求多，民困於下，怠於公乎，是以有履畝之稅，《碩鼠》之詩作也。’”〇覺按：履：步行，指用腳步測量地積。稅：收稅。履畝稅：步一下田地的面積並根據這面積徵收賦稅。《春秋·宣公十五年》載：“初稅畝。”所以現在學術界都認爲我國廢除井田制、實行按地積徵稅的制度始於魯宣公十五年（公元前 594 年），並將它作爲我國封建地主經濟的開端。但據此文及《鹽鐵論》所說，則魏國早已實行稅畝制，公元前 594 年不過是魯國開始實行稅畝制的年份。因爲《碩鼠》屬《魏風》，魏是西周時分封的諸侯國，公元前 661 年爲晉獻公所滅，所以履畝而稅的制度在公元前 661 年以前的魏國就已實行了。現今學術界的公論

可據此修正。《碩鼠》:《詩經・魏風》中的一篇，詩中將統治者比喻爲碩鼠（即鼫鼠，又稱土鼠，一種青黄色而喜歡在田間偷食粟豆的大老鼠），控訴其對自己的横徵暴斂。

〔4〕汪繼培曰:“舊脱‘而’字，‘譚’作‘譯’。按《毛詩・大東・序》云:‘東國困於役而傷於財，譚大夫作是詩以告病。’”〇覺按：譚:《説文・邑部》作“鄿”，古國名，在今山東省濟南市東，公元前684年爲齊國所滅。此指代譚國的大夫。通：當爲“痛”字之誤。“告痛”即《詩經・小雅・大東・序》所説的“告病”。譚告通：譚大夫訴説痛苦，指《詩經・小雅》中的《大東》一詩。“大”指賦斂之多,《詩經・小雅・大東》“小東大東”鄭玄箋:“小也大也，謂賦斂之多少也。”“東”指東方之國。該詩主要控訴了周王朝對東方諸侯國的榨取搜刮。

〔5〕汪繼培改“賴”爲“刺”，曰:“顧茂才廣圻云:‘“傾”當作“頎”。《隸釋・高陽令楊著碑》:“頎甫班爵。”頎甫即《毛詩》祈父，“頎”“傾”字形相近而誤。’繼培按:《志氏姓篇》以單頃（覺按：陳本誤作“傾”，此據汪稿）公爲頎公，誤正類此。‘刺’舊亦誤作‘賴’。《治要》載陸景《典語》謂:‘周褒申伯，吉甫著誦，祈父失職，詩人作刺，官人封爵，不可不慎。’説與此合。按毛傳:‘圻父，司馬也。’鄭箋申之云:‘司馬掌禄士，故司士屬焉。’其説蓋採之三家。《隸釋・繁陽令楊君碑》云:‘民思遺愛，奔告於王，頎不審真，莫肯慰揚。’‘頎’亦謂頎甫。《安平相孫根碑》又云:‘圻甫考績。’”〇覺按：顧説是。“頎”“祈”並通“圻”（qí 其）或“畿”（jī 機），天子都城周圍千里之地叫“圻”。“甫”是美稱，古代又寫作“父”（fǔ 甫）。“頎甫”同“祈父”，也作“圻父”，官名，司馬的别稱，因爲司馬掌管王圻内的軍隊，所以又尊稱爲“圻父”。“賴”字恐不誤。《方言》卷二:“賴，讎也。南楚之外曰賴，秦、晋曰讎。”郭璞注:“賴亦惡名。”即憎惡的意思。頎甫賴，圻父被憎惡，指《詩經・小雅・祈父》一詩中武士們對祈父徵調失常的指責。

〔6〕汪繼培曰:“顧茂才云:‘“定”當作“乏”。’繼培按:《尚書大傳》云:‘行而無資謂之乏。’《吕氏春秋・季春紀》‘振乏絶’，高誘注:‘行而無資曰乏。’是行人得言‘乏’矣。或云:‘定’當爲‘疢’之誤,《説文》云:‘疢，貧病也。’‘疢’‘定’字形亦相近。”〇覺按：行人：使者。定：當爲“乏”字之形訛。《緜蠻》:《詩經・小雅》中的一篇。“緜蠻”表示鳥小而力量薄弱的樣子。全詩以“緜蠻黄鳥”起興，描寫了微賤的使者缺乏飲食、疲於奔命的情景，委婉地批評了没有仁愛之心的大臣。諷：用含蓄的話暗示或勸告。

〔7〕秏（mào 冒）：通“眊”（mào 冒），昏昧不明。

15.8

及周室微而五伯作〔1〕，六國弊而暴秦興●〔2〕，背義理而尚威力，滅典禮而行貪叨●【1】〔3〕，重賦斂以厚己〔4〕，彊臣下以弱枝●〔5〕，文德不獲封爵●〔6〕，列侯不獲●【2】〔7〕。是以賢者不能行禮以從道●〔8〕，品臣不能無枉以從利●〔9〕。君又驟赦以縱賊【3】〔10〕，民無耻而多盗竊。何哉？咸氣加而化上風●〔11〕，患害切而迫飢寒●【4】〔12〕。此臧紇●〔13〕所以不能詰其盗者也●【5】〔14〕。《詩》云:“大風有隧，貪人敗類●〔15〕。”“爾之教矣，民斯效矣●〔16〕。”

【校記】

【1】典：仿宋本、魁本、程本、四庫本、邵本、陳本同，馮本作“興”。

【2】列侯不獲：仿宋本、馮本、魁本、程本、何本、四庫本、陳本同，邵本作“武功不獲列侯”。

【3】賊：陳本同，仿宋本、馮本、魁本、程本、四庫本、邵本作“賦”。

【4】飢：仿宋本、馮本、魁本、陳本同，程本、四庫本、邵本作“饑”。

【5】臧絃：四庫本、邵本、陳本同，仿宋本、馮本、魁本、程本、何本作“滅絶”。

【箋注】

〔1〕周室：周家，即周王朝。古代的國家爲帝王之家所擁有，所以稱“室”。伯（bà壩）：通“霸”。五伯：即五霸，見11.7注〔7〕。

〔2〕汪繼培曰：▲“《羣書治要》載崔寔《政論》云：‘昔周之衰也。大夫無禄，詩人刺之，暴秦之政，始建薄奉。’”〇覺按：六國：戰國時與秦國一起稱雄的楚、齊、燕、韓、趙、魏等六個國家。

〔3〕汪繼培曰：“《韓詩外傳》五云：‘自周室壞以來，王道廢而不起，禮義絶而不繼。秦之時，非禮義，棄《詩》《書》，略古昔，大滅聖道，專爲苟妄，以貪利爲俗，以告獵爲化，而天下大亂。’《燕策》：‘太子丹曰：“今秦有貪饕之心，而欲不可足也。”’《説文》云：‘饕，貪也。’重文作‘叨’。按《考績篇》作‘貪饕’。”〇覺按：典：典章制度，法則。叨（tāo滔）：通“饕”，貪。

〔4〕賦：田地税。斂：徵收。厚：富，這裏用作使動詞。

〔5〕汪繼培曰：“《春秋繁露·盟會要篇》云：‘强幹弱枝，以明大小之職。’”〇覺按：枝：樹幹旁出的枝條，比喻同宗旁支、親屬。《左傳·文公七年》：“昭公將去羣公子，樂豫曰：‘不可。公族，公室之枝葉也。若去之，則本根無所庇陰矣。’”可見，“弱枝”有違於傳統的觀念。

〔6〕汪繼培曰：“《漢書·公孫弘傳》封弘詔云：‘古者任賢而序位，量能以授官，勞大者厥禄厚，德盛者獲爵尊，故武功以顯重，而文德以行褒。’按《三式篇》引《崧高》《烝民》詩而釋之云：‘申伯、山甫文德致升平，而王封以樂土，賜以盛服。’‘文德獲封’，蓋三家《詩》説有之。”〇覺按：文：禮樂制度。德：道德感化。文德：與“武功”相對，指用禮樂制度來進行道德感化。

〔7〕汪繼培曰：“下脱二字，當是‘不獲治民’，即《三式篇》所云‘列侯或有德宜子民，而道不得施’也。”〇覺按：汪説是。列侯：見9.6注〔2〕。

〔8〕汪繼培曰：“《詩·北門》云：‘終窶且貧。’毛傳：‘窶者，無禮也。’箋云：‘君於己禄厚，終不足以爲禮。’”

〔9〕汪繼培曰：“‘品臣’猶言‘衆臣’。《通典》卅五引應劭《漢官儀》載張敞、蕭望之言曰：‘夫倉廩實而知禮節，衣食足而知榮辱，今小吏奉率不足，常有憂父母妻子之心，雖欲潔身爲廉，其勢不能。’《後漢書·仲長統傳·昌言·損益篇》云：‘選用必取善士。善士富者少而貧者多，禄不足以供養，安能不少營私門乎？’崔實《政論》云：‘今所使分威權、御民人、理獄訟、幹賦庫者，皆羣臣之所爲，而其奉禄甚薄，仰不足以養父母，俯不足以活妻子。父母者，性所愛也；妻子者，性所親也。所愛所親，方將凍餒，雖冒刃求利，尚猶不避，況可令臨財御衆乎？是所謂渴馬守水，餓犬護肉，欲其不侵，亦不幾矣。’”〇王紹蘭曰：“崔寔《政論》：‘夫百里長吏，荷諸侯之任，而食監門之禄。請舉一隅以率其餘，一月之禄，得粟二十斛，錢二千，長吏雖欲從約，猶當有從者一人，假令無

奴，當復取客，客庸一月千芻，膏肉五百，薪炭鹽菜又五百，二人食粟六斛，其餘財足給焉，豈能供冬夏衣被，四時祠祀，賓客斗酒之費乎？况復迎父母，致妻子哉？不迎父母則違定省，不致妻子則繼嗣絶，迎之不足相贍，自非夷、齊，孰能餓死？於是則有賣官鬻獄，盗賊主守之奸生矣。'"

〔10〕驟：屢次。

〔11〕汪繼培曰："'咸'當作'戾'，'戾氣'與下'和氣'相對。《説苑・貴德篇》云：'天子好利則諸侯貪，諸侯貪則大夫鄙，大夫鄙則庶人盗。上之變下，猶風之靡草也。'"○王宗炎曰："'咸'疑'感'之脱字。"○覺按：汪説是。"戾氣"也與上文"德氣"相對。戾（lì立）：兇暴。加：施加，加上，指給予影響。化上風：即"化於上風"，被上面的風氣所改變。

〔12〕汪繼培曰："《漢書・魏相傳》云：'飢寒在身則亡廉恥，寇賊姦軌所繇生也。'"

〔13〕汪繼培曰："舊作'滅絶'。"

〔14〕汪繼培曰："襄廿一年《左傳》。"○覺按：臧紇：即臧武仲，臧孫氏，名紇，所以又稱"臧孫紇"，春秋時魯國大夫，是魯孝公之子僖伯彄的後代，臧孫許之子，曾爲魯國司寇。魯襄公二十三年（公元前550年），因幫助季武子而得罪於孟孫氏，孟孫氏告他將叛亂，他出奔到邾，不久死於齊。其事蹟見《左傳》成公十八年至昭公十年。詰：追究查辦。不能詰其盗：據《左傳・襄公二十一年》載，當時魯國多盗，季武子讓司寇臧紇"詰盗"，臧紇回答説："我不能詰。因爲你身爲正卿而召來外國的大盗並重賞他，我怎麼能除去國内之盗呢？在上位的人怎麼做，民衆也會怎麼做。在上位的人不做的事，如果有人去做了，那麼處罰他之後，就没有人再敢效尤。在上位的人所做的事，民衆也去做，這是理所當然的，又怎麼可以禁止呢？"

〔15〕汪繼培曰："《桑柔》。"○覺按：以上兩句詩引自《詩經・大雅・桑柔》。參見3.3注〔6〕〔7〕〔8〕。

〔16〕汪繼培曰："《角弓》。今《詩》作'胥傚'，《白虎通・三教篇》引《詩》作'斯效'。"

15.9

是故先王將發號施令●〔1〕，諄諄如也●〔2〕，唯恐不中而道於邪【1】〔3〕。故作典以爲民極●〔4〕，上下共之，無有私曲●〔5〕。三府制法●〔6〕，未聞赦彼有罪●〔7〕、獄貨惟寶者也●〔8〕。

【校記】

【1】唯：仿宋本、馮本、魁本、程本、四庫本、邵本同，陳本作"惟"。

【箋注】

〔1〕汪繼培曰："《淮南子・本經訓》云：'發號施令，天下莫不從風。'"

〔2〕汪繼培曰："《詩・抑》云：'誨爾諄諄。'按《禮記・中庸》：'肫肫其仁。'鄭注：'"肫肫"讀如"誨爾忳忳"之"忳"。忳忳，懇誠貌也。'《春秋繁露・相生篇》云：'孔子爲魯司寇，斷獄屯屯，與衆共之。'《説苑・至公篇》作'敦敦'。諄諄、敦敦、屯屯、忳忳，義並同。"○覺按：諄諄如：諄諄然，形容教導時誠懇謹慎的樣子。

〔3〕中：正。道（dǎo 導）：通“導”。

〔4〕汪繼培曰：“《周禮》云：‘太宰掌建邦之六典。’又云：‘設官分職，以爲民極。’”

〔5〕汪繼培曰：“《管子·五輔篇》云：‘公法行而私曲止。’”

〔6〕汪繼培曰：“《後漢書·郎顗傳》云‘委任三府’，章懷注：‘三公也。’按太尉、司徒、司空皆開府，故曰‘三府’。”〇覺按：三公：見4.1注〔5〕。

〔7〕汪繼培曰：“《詩·小弁》云‘舍彼有罪’，《釋文》：‘舍，音捨，又音赦。’《周禮·司刺》鄭注：‘赦，舍也。’”

〔8〕汪繼培曰：“《書·呂刑》云：‘獄貨非寶。’”〇覺按：獄：訴訟案件。貨：財物，指賄賂。“獄貨惟寶”也是“未聞”的賓語。《尚書·呂刑》“獄貨非寶”孔安國傳：“受獄貨非家寶也。”

15.10

是故明君臨衆，必以正軌●〔1〕，既無猒有●【1】〔2〕，務節禮而厚下〔3〕，復德而崇化，使皆阜於養生●〔4〕而競於廉恥也●〔5〕。是以官長正而百姓化，邪心黜而姦匿絶●〔6〕。然後乃能協和氣而致太平也●〔7〕。《易》曰：“聖人養賢，以及萬民●〔8〕。”爲本，君以臣爲基【2】，然後高能可崇也●〔9〕；馬肥，然後遠能可致也●〔10〕。人君不務此而欲致太平，此猶薄趾●〔11〕而望高墻●〔12〕、驥瘠而責遠道，其不可得也必矣。

【校記】

【1】猒有：程本、何本、四庫本、陳本同，仿宋本、馮本、魁本作“猒有”，邵本作“有猒”。

【2】爲本君以臣爲基：仿宋本、馮本、魁本、程本、邵本、陳本同，四庫本作“君以民爲本基厚”。

【箋注】

〔1〕汪繼培曰：“隱五年《左傳》云：‘講事以度軌量謂之軌。’”

〔2〕汪繼培曰：“句有誤字。”〇覺按：既：盡。猒（yàn 厭）：通“饜”，飽。有：佔有。既無猒有：完全没有飽飽地佔有。它與下文“務節禮而厚下”和“使皆阜於養生”正相貫，也與上文“滅典禮而行貪叨，重賦歛以厚己”相對。汪繼培認爲有誤字，不當。《老子·第八十一章》：“聖人無積，既以爲人己愈有，既以與人己愈多。”蓋此文所本，汪氏失考。

〔3〕節禮：即“節於禮”。厚：富，此用作使動詞。

〔4〕汪繼培曰：“《周語》云‘所以阜財用衣食’，韋昭注：‘阜，厚也。’”〇覺按：“阜”（fù 婦）即“物阜民豐”之“阜”，是豐富、富足的意思，故與“厚”同義。養生：供養活着的人。使皆阜於養生：即《孟子·梁惠王上》所説的“使民養生喪死無憾”，“使仰足以事父母，俯足以畜妻子，樂歲終身飽，凶年免於死亡”。

〔5〕汪繼培曰：“《管子·牧民篇》云：‘國有四維：一曰禮，二曰義，三曰廉，四曰

恥。'《淮南子·泰族訓》云：'民無廉恥，不可治也。非修禮義，廉恥不立。'"

〔6〕汪繼培曰："'匿'讀爲'慝'。"〇覺按：黜：消除，去掉。匿（tè特）：通"慝"（tè特），邪惡。

〔7〕汪繼培曰："《漢書·楚元王傳》劉向封事云：'和氣致祥，乖氣致異。祥多者其國安，異衆者其國危。'"〇覺按：和氣：見32.1注〔8〕。

〔8〕汪繼培曰："《頤·彖辭》。"〇覺按：聖君以俸禄供養賢臣，而賢臣治理好國家後民衆都能安居樂業、豐衣足食，所以説"以及萬民"。

〔9〕汪繼培曰："文有脱誤，當云：'國以民爲本，君以臣爲基，基厚，然後高能可崇也。'《鹽鐵論·未通篇》云：'築城者先厚其基而求其高，畜民者先厚其業而後求其贍。'《考工記（覺按：陳本此下衍"云"字，此依汪稿）·匠人》：'牆厚三尺，崇三之。'鄭注：'高厚以是爲率，足以相勝。'"〇彭鐸曰："'能'猶'乃'也。下同。"〇覺按：汪説是。

〔10〕汪繼培曰："《詩·有駜》毛傳：'駜，馬肥彊貌。馬肥彊則能升高進遠，臣彊力則能安國。'鄭箋云：'此喻僖公之用臣，必先致其禄食，禄食足而臣莫不盡忠。'"

〔11〕汪繼培曰："二字當乙。"〇覺按："趾"通"址"，地基。

〔12〕汪繼培曰："《淮南子·泰族訓》云：'不益其厚而張其廣者毀，不廣其基而增其高者覆。'"

述赦第十六●

【提要】

汪繼培曰："本《傳》在《愛日篇》後。"

述赦：論赦免。文章主要抨擊了當時頻頻大赦的做法以及宣揚赦免的種種論調。

作者認爲："養稊稗者傷禾稼，惠姦宄者賊良民。""今日賊良民之甚者，莫大於數赦。赦贖數，則惡人昌而善人傷。"因爲善人不會犯罪，所以不會在赦免中得到什麼好處，而衹會進一步遭到惡人的危害。至於惡人，因爲赦免而更加趾高氣揚、放肆作惡了。作者繼承了古代合理的法律思想，認爲"先王之制刑法也，非好傷人肌膚、斷人壽命者也，乃以威姦、懲惡、除民害也"，所以天子必須嚴格地實施賞罰而不應該頻頻赦免罪犯。仁政的要義是養育萬民，絶不是姑息養姦、放縱罪犯。再説，本性惡劣的人頑固不化、死不改悔，即使赦免了他們，也衹可能讓他們繼續犯法作惡，而根本不能因此感化他們。而且，屢次赦免還會使人們産生僥倖免罪的心理，這反而助長了犯罪作惡。衹有堅決加以懲處，纔可消除人們的僥倖心理而杜絶爲非作歹的邪念。所以，要把國家治理好，要"擒滅盗賊"，關鍵"在於明法，不在數赦"。"今不顯行賞罰以明善惡"，"而反數赦以勸""姦猾"，實在有背治國之道。退一步説，如果實在不能不赦，也是"罕之爲愈"。至於羣臣中那些主張赦免的

人，不是“不達政務”，就一定是别有用心、爲非作歹的人，所以君主不可以聽信他們的話。對於犯小罪的人，如果是出於故意，那就是惡人，罪再小也要嚴加懲處；衹有因過失而犯罪的好人，纔可以赦免。總之，赦免一事衹可以用來“救善人”，不可以用來“縱惡逆以傷人”。由此可見，作者對於赦免問題的基本觀點是：赦免的實施要因人制宜，衹赦免因過失而犯罪的好人，對於故意犯罪的惡人則必須堅決加以懲處。

16.1

凡治病者，必先知脉之虚實●〔1〕、氣之所結●〔2〕，然後爲之方●〔3〕，故疾可愈而壽可長也●〔4〕。爲國者，必先知民之所苦、禍之所起，然後設之以禁，故姦可塞、國可安矣●〔5〕。

【箋注】

〔1〕汪繼培曰：“《素問·玉機真藏論》：‘黄帝曰：“凡治病，察其形氣色澤，脈之盛衰，病之新故，乃治之。”’《論評虛實論》：‘岐伯曰：“邪氣盛則實，精氣奪則虚。”’”○覺按：“知脉”是中醫診病的方法之一，即通過切脈來瞭解脈象，醫生根據脈象的浮、沉、遲、數（速）、細、大、滑、澀、長、短等來診斷疾病。虚實：中醫理論中的綱領之一，具有豐富的内容。概而言之，就是指外邪和病人正氣的盛衰。當正氣因各種原因而受損時，顯出不足的現象，就稱爲“虚”，即所謂“精氣奪則虚”。當外邪刺激人體，使人體表現了有餘的抵抗力，就稱爲“實”，即所謂“邪氣盛則實”。所以，“虚”是一種不足，“實”是一種有餘，都是不正常的病症。脉之虚實：指脈象的虚弱無力（多見於久病）與亢進有力（多見於新得病）。

〔2〕汪繼培曰：“《莊子·達生篇》云：‘忿滀之氣，散而不反，則爲不足；上而不下，則使人善怒；下而不上，則使人善忘；不上不下，中身當心，則爲病。’《素問·舉痛論》：‘帝曰：“余知百病生於氣也。怒則氣上，喜則氣緩，悲則氣消，恐則氣下，寒則氣收，炅則氣泄，驚則氣亂，勞則氣耗，思則氣結。”’”○覺按：參見24.4注〔3〕〔4〕。

〔3〕汪繼培曰：“《素問·至真要大論》：‘帝曰：“氣有多少，病有盛衰，治有緩急，方有大小。”’《漢書·藝文志》云：‘經方者，本草石之寒温，量疾病之淺深，假藥味之滋，因氣感之宜，辯五苦六辛，致水火之齊，以通閉解結，反之於平。’”

〔4〕汪繼培曰：“《鹽鐵論·輕重篇》云：‘扁鵲撫息脈而知疾所由生，陽氣盛則損之而調陰，寒氣盛則損之而調陽，是以氣脈調和，而邪氣無所留矣。’”

〔5〕汪繼培曰：“《墨子·兼愛篇》云：‘聖人以治天下爲事者也。必知亂之所自起，焉能治之；不知亂之所自起，則不能治。譬之（覺按：陳本誤脱“之”，此據汪稿），如醫之攻人之疾者然，必知疾之所自起，焉能攻之；不知疾之所自起，則弗能攻。’”

16.2

今日賊良民之甚者，莫大於數赦●【1】〔1〕。赦贖數，則惡人昌而善人傷矣●〔2〕。奚以明之哉？曰：孝悌之家，脩身慎行●【2】〔3〕，不犯上禁，從生至死，無銖兩罪●〔4〕，數有赦贖，未嘗蒙恩●【3】〔5〕，常反爲禍【4】。何者？正直之士之爲吏也●【5】〔6〕，不避彊禦●【6】〔7〕，不辭上官●〔8〕。從事督察●〔9〕，方懷不快●〔10〕；而姦猾之黨●〔11〕，又加誣言●〔12〕——皆知赦之不久，則且共横枉侵冤〔13〕，誣奏罪法●〔14〕——令主上妄行刑辟●【7】〔15〕，高至死徙，下乃淪冤●〔16〕。而彼●冤之家【8】〔17〕，乃甫當乞鞫、告故以信直●〔18〕，亦無益於死亡矣●〔19〕。及隱逸行士〔20〕，淑人君子●〔21〕，爲讒佞利口所加誣覆冒●〔22〕。下土冤民●【9】〔23〕，能至闕者，萬無數人；其得省問者，不過百一；既對尚書〔24〕，空遣去者，復十六七；雖蒙考覆●〔25〕，州、郡轉相顧望●〔26〕，留吾真事●【10】〔27〕，春夏待秋冬，秋冬復涉春夏，如此行逢赦者【11】，不可勝數●〔28〕。

【校記】

【1】赦：仿宋本、馮本、魁本、程本、邵本、陳本同，《後漢書》引文、四庫本作“赦贖”。

【2】脩：仿宋本、馮本、程本、邵本同，魁本、四庫本、陳本作“修”。

【3】嘗：程本、四庫本、邵本、陳本同，仿宋本、馮本、魁本作“甞”，抄補本作“常”。

【4】禍：仿宋本、馮本、魁本、何本、四庫本、邵本、陳本同，程本作“禍”。

【5】直：程本、四庫本、邵本、陳本同，仿宋本、馮本、魁本作“真”。

【6】彊：仿宋本、馮本、魁本同，抄補本作“疆”，程本、四庫本、邵本、陳本作“强”。

【7】令：仿宋本、馮本、魁本、程本、四庫本、邵本同，陳本作“今”。

【8】彼：仿宋本、馮本、魁本、程本、何本同，四庫本、邵本、陳本作“被”。

【9】土：陳本同，仿宋本、馮本、魁本、程本、四庫本、邵本作“士”。

【10】吾真：仿宋本、馮本、魁本、程本、四庫本、邵本同，陳本作“苦其”。

【11】逢：仿宋本、魁本、程本、四庫本、邵本、陳本同，馮本作“逄”。

【箋注】

〔1〕汪繼培曰：“《管子·法法篇》云：‘凡赦者，小利而大害者也，故久而不勝其禍。毋赦者，小害而大利者也，故久而不勝其福。’”〇覺按：數（shuò 朔）：屢次。

〔2〕汪繼培曰：“《後漢書·桓譚傳》云：‘惡人誅傷，則善人蒙福。’此倒用其語。《漢書·刑法志》文帝詔曰：‘法者治之正，所以禁暴而衛善人也。’”〇王紹蘭曰：“《御覽·刑法部》引無‘贖’字。崔寔《政論》：‘前年一期之中，大小四赦。諺曰：“一歲再赦，奴兒喑啞。”況不軌之民，孰不肆意？遂以赦爲常俗，初期望之，過期不至，亡命蓄積，羣輩屯聚，爲朝廷憂，則刧不得不赦，赦以趣姦，姦以趣赦，轉相驅蹴，兩不得息，雖日赦

之，亂彌繁耳。'"〇覺按：昌：通"猖"，放肆，猖獗。

〔3〕汪繼培曰："《孝經》云：'修身慎行，恐辱先也。'"

〔4〕汪繼培曰："銖兩，言其輕。《漢書·趙廣漢傳》云'銖兩之姦'，亦此意。"〇覺按：銖（zhū 朱）：古代重量單位，二十四銖爲一兩。銖兩：比喻一點兒。

〔5〕汪繼培曰："《漢書·文三王傳》云：'比比蒙恩。'又云：'數蒙聖恩，得見貰赦。'"

〔6〕汪繼培曰："'直'舊作'真'，據程本改。《詩·小明》云：'正直是與。'"

〔7〕汪繼培曰："《漢書·蓋寬饒傳》：'王生予書曰："明主知君絜白公正，不畏彊禦。"'《後漢書·鮑永傳》：'永辟扶風鮑恢爲都官從事。恢亦抗直，不避强禦。'按《詩·烝民》：'不畏强禦。'文十年《左傳》引《詩》'剛亦不吐，柔亦不茹'，杜注云：'《詩·大雅》。美仲山甫不辟强禦。'《秦策》高誘注引《詩》亦作'不辟强禦'。誘多用《韓詩》，疑《韓詩》'畏'本作'辟'，'辟'與'避'通。"〇覺按：彊禦：強暴，強暴有勢力的人。

〔8〕汪繼培曰："辭，謂謁辭。▲《漢書·蓋寬饒傳》：'以令詣官府門上謁辭。'《漢書·尹翁歸傳》云：'徵拜東海太守，過辭廷尉于定國。'《後漢書·丁鴻傳》云：'竇憲兄弟各擅威權，鴻上封事曰："大將軍雖欲勑身自約，不敢僭差，然而天下遠近皆惶怖承旨。刺史二千石初除謁辭，求通待報，雖奉符璽，受臺勑，不敢便去，久者至數十日。"'《梁統》後《冀傳》云：'冀愛監奴秦宫，官至太倉令，威權大震，刺史二千石皆謁辭之。'▲又云：'吴樹爲荆州刺史，臨去辭冀，冀爲設酒，因鴆之，樹出，死車上。遼東太守侯猛，初拜不謁，冀托他事誅之。'《郭伋傳》云'召見辭謁'，章懷注：'因辭而謁見也。'《循吏傳》云：'任延拜武威太守。帝親見，戒之曰："善事上官。"'"〇覺按：辭：《國語·魯語下》"魯大夫辭而復之"韋昭注："辭，請也。"指説好話請求。上官：大官，此文指從事之類。

〔9〕汪繼培曰："《續漢書·百官志》云：'司隸校尉及諸州皆有從事史。'《漢書·翟方進傳》云：'督察公卿。'顔師古注：'督，視也。'"〇覺按：從事：見 14.3 注〔3〕。此當指漢代的部郡（國）從事史，每郡（國）各一人，掌管督促郡（國）文書，察舉非法。刺史憑藉他來督察地方，權任頗重，至有奏免太守相國、按殺縣令縣長者。

〔10〕汪繼培曰："《易·艮·六二》：'其心不快。'《漢書·高帝紀》：'六年，張良曰："取上素所不快、計羣臣所共知最甚者一人先封，以示羣臣。"'"

〔11〕汪繼培曰："《漢書·武帝紀》元狩六年詔曰：'姦猾爲害。'"

〔12〕汪繼培曰："《説文》云：'加，語相增加也。誣，加也。'《漢書·五行志中之下（覺按：陳本無"中之下"，此依汪稿）》：'淮陽王上書寃博，辭語增加。'顔師古注：'言博本爲石顯所寃，增加其語，故陷罪。'"

〔13〕横：蠻横，放縱。枉：寃屈，誣告。侵：侵犯，迫害。

〔14〕汪繼培曰："▲《羣書治要》載崔實《政論》云：'長吏或實清廉，心平行潔，内省不疚，不肎媚竈，曲禮不行於所屬，私愛無□於□府。州郡側目，以爲負折，乃選巧文猾吏，向壁作條，誣覆闔門，捕攝妻子。'▲語意與此同。"〇覺按：誣：誣衊，誹謗。奏：向君上進言或上書。

〔15〕汪繼培曰："昭六年《左傳》：'叔向曰："昔先王議事以制，不爲刑辟。"'《漢書·百官公卿表》云：'廷尉掌刑辟。'《宣帝紀》元康二年詔曰：'用法或持巧心，析律貳端，深淺不平，增辭飾非，以成其罪。奏不如實，上亦亡繇知。'"〇孫詒讓曰："'今'當爲'令'。"〇覺按：孫説是，此乃陳本之誤。

〔16〕汪繼培曰："《漢書·尹翁歸傳》云：'按致其罪，高至於死。'按'高''下'猶'重''輕'也。"〇孫詒讓曰："'淪冤'疑當爲'論免'，皆形之誤。此言誣奏良吏，令上

失刑，重者至死徙，輕者亦論罪免官。（上文云‘正直之士之爲吏也’，故此云‘論免’。）今本作‘淪冤’，則與‘死徙’高下無别，蓋涉上文‘横枉侵冤’及下文‘被冤之家’而誤。”〇覺按：孫説是。

〔17〕汪繼培改“彼”爲“被”曰：“舊作‘彼’。”〇覺按：汪改非。“冤”與下文“冤民”之“冤”一樣，用作被動詞。

〔18〕汪繼培曰：“‘信’讀爲‘申’。《説文》云：‘簐，窮治辠人也。’經典通用‘鞫’。《禮記·文王世子》云‘告於甸人’，鄭注：‘告，讀爲“鞫”。讀書用灋曰鞫。’《周禮·秋官（覺按：陳本無“秋官”，此依汪稿）·小司寇》‘讀書則用灋’注：‘鄭司農云：“如今時讀鞫已，乃論之。”’《史記·夏侯嬰傳》云：‘嬰試補縣吏，與高祖相愛。高祖戲而傷嬰，人有告高祖。高祖時爲亭長，重坐傷人，告故不傷嬰。’《集解》：‘鄧展曰：“《律》：有故乞鞫。高祖自告不傷人。”’《索隱》：‘案晋灼云：“獄結竟，呼囚鞫，語罪狀。囚若稱枉欲乞鞫者，許之也。”’《漢書·景武昭宣元成功臣表》：‘新畤侯趙弟坐爲太常鞫獄不實。’如淳曰：‘鞫者，以其辭决罪也。’晋灼曰：‘《律》：説出罪爲故縱，入罪爲故不直。’”〇覺按：甫：開始。當：判罪。鞫：通“鞫”（jū 居）或“簐”（jū 居），審問，追查。乞鞫：乞求審訊，指對原判不服而要求重新審問追查。信（shēn 申）：通“伸”或“申”。信直：伸直，指申冤，使受到的委屈得以伸直舒展。

〔19〕汪繼培曰：“《漢書·刑法志》緹縈上書云：‘死者不可復生，刑者不可復屬。’”

〔20〕及：至於。逸：逸民，避世之人。

〔21〕汪繼培曰：“《詩·尸鳩》。”

〔22〕汪繼培曰：“《論語》云：‘惡利口之覆邦家者。’《漢書·王尊傳》云：‘浸潤加誣，以復私怨。’《列女傳·齊威虞姬傳》云：‘執事者誣其辭而上之。虞姬曰：“有司受賂，聽用邪人，卒見覆冒，不能自明。”’又（覺按：陳本無“又”，此依汪稿）《明德馬后傳》云：‘時有楚獄，因證相引，繫者甚多。后恐有單辭妄相覆冒，承間爲上言之。’《後漢書·皇甫規傳》云：‘今見覆没，恥痛實深。’‘覆没’即‘覆冒’，‘冒’‘没’聲近義同。”〇覺按：讒（chán 蟬）：詆毁。佞（nìng 濘）：能説會道。利口：能言善辯。加：與“誣”的意義相似，指虚構捏造不實之詞。《説文·力部》：“加，語相增加也。”《説文·言部》：“誣，加也。”覆冒：原義指遮蓋，引申指欺下瞞上加以誣陷。

〔23〕汪繼培曰：“《漢書·于定國傳》云：‘張釋之爲廷尉，天下無冤民。’‘下土’注見《浮侈篇》。”〇覺按：下土：邊遠地區。參見 12.7、17.3.3。

〔24〕對：回答，指彙報案情。尚書：見 7.4 注〔6〕。

〔25〕汪繼培曰：“‘覆’當作‘覈’。《説文》云：‘覈，實也。考事西（覺按：當作“襾”）笮邀遮其辭得實曰覈。’”〇彭鐸曰：“‘考覆’亦漢時律令語，謂稽考覆按之。《漢書·鄭崇傳》：‘尚書令趙昌奏崇與宗族通，疑有姦。上責崇。崇對曰：“臣門如市，臣心如水。願得考覆。”上怒，下崇獄窮治。’是其證。汪説失之。”〇覺按：彭説是。覆：審察。

〔26〕汪繼培曰：“《漢書·王嘉傳》云：‘外内顧望。’”〇覺按：州：地方行政區劃名。漢武帝元封五年（公元前 106 年），除京師附近七郡外，分境内爲十三個監察區，即豫州、冀州、兖州、徐州、青州、荆州、揚州、益州、涼州、并州、幽州、交趾、朔方等十三區，每區置刺史（參見 7.3 注〔8〕）一人，故稱爲十三刺史部，簡稱十三部。因其中有九部沿用了古代九州（見 3.3 注〔36〕）之名，所以也習稱十三州（參見《漢書》之《武帝紀》《地理志上》）。至征和四年（公元前 89 年），又以京師附近七郡設置司隸校尉部（參見《漢書·百官公卿表上》），性質略同刺史部。東漢時朔方併入并州，交趾改稱交州，加上司隸

校尉部，仍合稱十三部或十三州。郡：見7.6注〔14〕。顧：回頭看。望：向前看。顧望：向後看看又向前看看，形容前怕狼後怕虎，辦事畏忌、猶豫的樣子。

〔27〕汪繼培改“留吾真事”爲“留苦其事”曰：“舊作‘留吾真事’。按《漢書·西域大宛傳》云‘不敢留苦’，顔師古注：‘不敢留連及困苦之也。’《易林·咸之豫、萃之咸、巽之井、未濟之需》並云：‘稽難行旅，留連愁苦。’”○覺按：汪改非。留：滯留，拖延。吾：通“牾”（wǔ午），違反，抵觸，指頂着不幹。

〔28〕汪繼培曰：“《漢書·楚元王》後《向傳》云‘得踰冬減死論’，服虔曰：‘踰冬至春，行寬大而減死罪。’如淳曰：‘獄，冬盡當決竟，而得踰冬，復至後冬，故或逢赦，或得減死也。’《魏相傳》云：‘大將軍用武庫令事，遂下相廷尉獄，久繫，踰冬，會赦出。’”

16.3

又謹慎之民，用天之道，分地之利〔1〕，擇莫犯土●【1】〔2〕，謹身節用●〔3〕，積累纖微以致小過●〔4〕。此言質良蓋民，惟國之基也●〔5〕。

【校記】

【1】擇莫犯土：仿宋本、馮本、魁本、陳本同，程本、邵本作“擇莫犯法”，四庫本作“慎莫犯法”。

【箋注】

〔1〕用天之道，分地之利：見2.5注〔1〕〔2〕。

〔2〕汪繼培曰：“句有誤字，程本‘土’作‘法’。”○孫詒讓曰：“此當作‘捽草杷土’。《漢書·貢禹傳》云：‘農夫父子，暴露中野，不避寒暑，捽屮（顔注云：“屮，古草字也。”）杷土，手足胼胝。’即王節信所本。今本上三字皆形近譌易，惟‘土’字未譌，而程榮又肊改爲‘法’，繆之甚也！”○覺按：孫説是。捽（zuó昨）：揪，拔。杷（pá爬）：扒。

〔3〕汪繼培曰：“《孝經》云：‘用天之道，分地之利，謹身節用，以養父母，此庶人之孝也。’《急就篇》云：‘鬼薪白粲鉗釱髡，不肯謹慎自令然。’”

〔4〕汪繼培曰：“《後漢書·梁統》後《商傳》云：‘大獄一起，無辜者衆，死囚久繫，纖微成大。’《後漢紀》安帝永寧元年岑宏議云：‘幾微生過，遂陷不義。’《論衡·累害篇》云：‘將吏異好，清濁殊操。清吏增郁郁之白，舉涓涓之言。濁吏懷恚恨，徐求其過，因纖微之謗，被以罪罰。’《韓詩外傳》九云：‘禍起於纖微。’《漢書·張湯》後《安世傳》云：‘累積纖微。’”

〔5〕汪繼培曰：“《禮記·月令》云：‘黑黄蒼赤，莫不質良。’鄭注：‘質，正也。良，善也。’按此當作‘貞良’，‘言’當作‘皆’，‘蓋’當作‘善’，‘此皆貞良善民’爲句。‘貞良’見《敍録》。《史記·秦始皇紀》琅邪臺刻石辭云：‘姦邪不容，皆務貞良。’崔實《政論》云：‘競擿微短，吹毛求疵，重案深詆，以中傷貞良。’國基，注見《本政篇》（覺按：此七字陳本在下一條注末，今移正）。”○覺按：汪説可從。

16.4

輕薄惡子●〔1〕，不道凶民●〔2〕，思彼姦邪，起作盜賊，以財色

殺人父母，戮人之子，滅人之門，取人之賄。及貪殘不軌●凶惡弊吏〔3〕，掠殺不辜●〔4〕，侵寃小民●〔5〕。皆望聖帝當爲誅惡治寃●〔6〕，以解蓄怨●〔7〕。反一門●赦之〔8〕，令惡人高會而夸詫●〔9〕，老盜服藏而過門●【1】〔10〕，孝子見讎而不得討●〔11〕，亡主見物而不得取●〔12〕，痛莫甚焉。故將赦而先暴寒者，以其多寃結悲恨之人也●【2】〔13〕。

【校記】

【1】藏：仿宋本、馮本、魁本、程本、邵本同,《後漢書》引文、四庫本、陳本作“臧”。

【2】其：何本、邵本、陳本同，仿宋本、馮本、程本作“且”，魁本作“且”，四庫本作“下”。

【箋注】

〔1〕汪繼培曰：“《漢書·酷吏·尹賞傳》云：‘雜舉長安中輕薄少年惡子。’▲《後漢書·馬援傳》云：‘陷爲天下輕薄子。’”

〔2〕汪繼培曰：“《漢書·翟方進傳》云：‘丞相宣以一不道賊。’如淳曰：‘《律》：殺不辜一家三人爲不道。’《蕭望之傳》云：‘諸盜及殺人犯不道者，百姓所疾苦也。’▲‘不道賊’又見《張敞傳》。”

〔3〕汪繼培曰：“《漢書·王尊傳》云：‘五官掾張輔貪汙不軌。’”〇覺按：弊：有害的，壞的。

〔4〕汪繼培曰：“▲《漢書·張敞傳》：‘使者奏敞賊殺不辜。’《漢書·魏相傳》云：‘人有告相賊殺不辜。’《谷永傳》云：‘多繫無辜，掠立迫恐。’《後漢書·章帝紀》元和元年詔曰：‘《律》云：掠者惟得榜、笞、立。又《令丙》：箠長短有數。自往者大獄已來，掠考多酷，鉆鑽之屬，慘苦無極。念其痛毒，怵然動心。’”

〔5〕汪繼培曰：“注見《考績篇》。”〇覺按：見7.4注〔3〕。

〔6〕汪繼培曰：“《漢書·胡建傳》云：‘誅惡以禁邪。’”

〔7〕汪繼培曰：“《楚語》云：‘蓄怨滋厚。’”

〔8〕汪繼培曰：▲“《傳》作‘一槩’。”〇覺按：“一門”與“一槩”義同，故《後漢書·王符列傳》引文作“一槩”。

〔9〕汪繼培曰：“▲《史記·項羽紀》：‘飲酒高會。’《漢書·高帝紀》云‘置酒高會’，服虔曰：‘大會也。’”〇覺按：詫：誇耀，參見12.6注〔15〕。

〔10〕汪繼培改“藏”爲“臧”曰：“‘臧’舊作‘藏’，据《傳》改。臧，謂所竊物也。《鹽鐵論·刑德篇》云：‘盜有臧者罰。’《周禮·司厲》注：‘鄭司農云：“今時盜賊臧，加責，没入縣官。”’”〇覺按：此“藏”字不必改。藏（zāng 贓）：通“贓”，通過不正當的途徑獲得的財物，盜竊得來的財物。

〔11〕汪繼培曰：“哀十三年《左傳》云：‘越子伐吴，吴王孫彌庸見姑蔑之旗曰：“吾父之旗也。不可以見讎而弗殺也。”’”〇王紹蘭曰：“《周禮·地官·調人》賈疏引《鄭志》：‘趙商問：“《調人職》稱‘父之讎辟諸海外’，君亦然。注：‘使辟於此，不得就而讎之。’商以《春秋》之義，子不復讎非子，臣不討賊非臣。楚勝之徒，猶言‘鄭人在此，讎不遠矣’，不可以見讎而不討，於是伐之。臣感君恩，孝子思其親，不得不報，和之而已。子夏曰：‘居父母之仇如之何？’孔子曰：‘寢苫枕干，不仕，不與共天下，遇諸市朝不及

兵。’天下尚不反兵，海內何爲和之？”鄭答曰：“讎在九夷之東，八蠻之南，六戎之西，五狄之北，雖有至孝之心，能往討不乎？子之所云，偏於此義。”’如鄭此言，明孝子見讎必討矣。”

〔12〕汪繼培曰：“《漢書·于定國傳》云：‘或盜賊發，吏不亟追，而反繫亡家。’顔師古注：‘不急追賊，反繫失物之家。’‘亡主’猶‘亡家’。”〇覺按：亡：失。

〔13〕汪繼培曰：“《漢書·于定國傳》云：‘民多冤結。’”〇覺按：冤結：冤枉地結案。

16.5

夫養稊稗者傷禾稼〔1〕，惠姦宄者賊良民●〔2〕。《書》曰：“文王作罰，刑茲無赦●〔3〕。”是故先王之制刑法也，非好傷人肌膚●〔4〕、斷人壽命者也●〔5〕，乃以威姦、懲惡、除民害也●〔6〕。天下本以民不能相治〔7〕，故爲立王者以統治之●〔8〕。天子在於奉天威命【1】〔9〕，共行賞罰●〔10〕。故經稱：“天命有德，五服五章；天罰有罪，五刑五用●〔11〕。”《詩》刺“彼宜有罪，汝反脱之”●〔12〕。古者唯始受命之君【2】，承大亂之極——被前王之惡，其民乃並爲敵讎●〔13〕，罔不寇賊、消義、姦宄、奪攘●〔14〕——以革命受祚●〔15〕，爲之父母●〔16〕，故得一赦。繼體以下〔17〕，則無違焉●〔18〕。何者？人君配乾而仁〔19〕，頤育萬民以成大功●【3】〔20〕，非得以養姦活罪爲仁、放縱天賊爲賢也●【4】〔21〕。

【校記】

【1】子：四庫本、邵本、陳本同，仿宋本、馮本、魁本、程本、何本作“下”。

【2】唯：仿宋本、馮本、魁本、程本、四庫本、邵本同，陳本作“惟”。

【3】頤育萬民以成大：仿宋本、馮本、魁本、程本、何本、四庫本作“順育萬以成大”，邵本作“順育萬物以成天”，陳本作“順育萬物以成大”，據《後漢書》引文改。

【4】賢：仿宋本、馮本、魁本、程本、四庫本、邵本同，陳本作“賢□”。

【箋注】

〔1〕王紹蘭曰：“《御覽·刑法部》引‘稊稗’作‘稂莠’，與本《傳》合。”〇覺按：稊（tí 提）：稗子一類的草。

〔2〕汪繼培曰：“《韓非子·難一（覺按：當作“難二”）》云：‘夫惜草茅者耗禾穗，惠盜賊者傷良民。今緩刑罰，行寬惠，是利姦邪而害善人也。’按韓子語本《管子·明法解》。▲《管子·明法解》云：‘草茅弗去，則害禾穀。盜賊弗誅，則傷良民。’《正世篇》云：‘盜賊不勝，則良民危；法禁不立，則姦邪繁。’《後漢書·梁統傳》云：‘刑輕之作，反生大患，惠加姦軌，而害及良善也。’”〇覺按：姦宄：見 12.1 注〔12〕。

〔3〕汪繼培曰：“《康誥》。”

〔4〕汪繼培曰：“《漢書·董仲舒傳》云：‘傷肌膚以懲惡。’”

〔5〕汪繼培曰："《白虎通·壽命篇》云：'壽命者，上命也。'《淮南子·精神訓》云：'夫人之所以不能終其壽命，而中道夭於刑戮者，何也？以其生生之厚。'"

〔6〕汪繼培曰："《易·繫辭下傳》云：'不威不懲。'《後漢書·陳寵傳》云：'往者斷獄嚴明，所以威懲姦慝。'《管子·明法解》云：'賞功誅罪，所以爲天下致利除害也。'"

〔7〕"下"字當衍，參見15.1。

〔8〕汪繼培曰："《漢書·谷永傳》云：'臣聞天生蒸民，不能相治，爲立王者以統理之。'亦見《成帝紀》建始三年詔及《王莽傳》。"

〔9〕威命：威嚴的命令，指刑法。

〔10〕汪繼培曰："'共'讀爲'恭'。《書·甘誓》云：'今予惟恭行天之罰。'"

〔11〕汪繼培曰："《書·臯陶謨》。'罰'今作'討'。"〇覺按："經"即經書，此指《書經》。以上引文見《尚書·臯陶謨》，文字略有不同。《尚書·臯陶謨》："天命有德，五服五章哉！"孔安國傳："五服，天子、诸侯、卿、大夫、士之服也。尊卑彩章各異，所以命有德。"《尚書·益稷》："帝曰：'臣作朕股肱耳目。予欲左右有民，汝翼。予欲宣力四方，汝爲。予欲觀古人之象，（孔安國傳："欲觀示法象之服制。"）日、月、星辰、山、龍、華蟲，（孔安國傳："華蟲，雉也。畫三辰、山、龍、華蟲於衣服旌旗。"）作會，宗彝；（孔安國傳："會，五采也，以五采成此畫焉。宗廟彝樽亦以山、龍、華蟲爲飾。"《釋文》："會，胡對反，馬、鄭作'繪'。彝，音夷，馬同，鄭云：'宗彝，虎也。'"）藻、火、粉、米、黼、黻，絺繡，（孔安國傳："藻，水草有文者。火爲火字，粉若粟冰，米若聚米，黼若斧形，黻爲兩己相背。葛之精者曰絺，五色備曰繡。"《釋文》："粉米，《説文》作'黺䊚'，徐'米'作'絲'，音米。黼音甫，白與黑謂之黼。黻音弗，黑與青謂之黻。絺，徐勑私反，又勑其反，馬同，鄭陟里反，刺也。"）以五采彰施于五色，作服，汝明。（孔安國傳："天子服日、月而下，諸侯自龍衮而下至黼、黻，士服藻、火，大夫加粉、米。上得兼下，下不得僭上。以五采明施于五色，作尊卑之服，汝明制之。"）'"《周禮·春官·司服》"王之吉服"鄭玄注："《書》曰：'予欲觀古人之象，日、月、星辰、山、龍、華蟲作繢，宗彝、藻、火、粉米、黼、黻希繡。'此古天子冕服十二章，舜欲觀焉。華蟲，五色之蟲。《繢人職》曰'鳥獸蛇雜四時五色以章之謂'是也。'希'讀爲'絺'，或作'黹'，字之誤也。王者相變，至周而以日、月、星辰畫於旌旗，所謂三辰旂旗，昭其明也。而冕服九章，登龍於山，登火於宗彝，尊其神明也。九章：初一曰龍，次二曰山，次三曰華蟲，次四曰火，次五曰宗彝，皆畫以爲繢；次六曰藻，次七曰粉米，次八曰黼，次九曰黻，皆希以爲繡——則衮之衣五章，裳四章，凡九也。鷩畫以雉，謂華蟲也，其衣三章，裳四章，凡七也。毳畫虎蜼，謂宗彝也，其衣三章，裳二章，凡五也。希刺粉米，無畫也，其衣一章，裳二章，凡三也。玄者衣無文，裳刺黻而已，是以謂玄焉。凡冕服皆玄衣纁裳。"孔傳、鄭注雖然有所不同，但從以上引文可知，"五服"指天子、諸侯、卿、大夫、士所穿的五種等級的官服。"章"是指彩色的圖案。"五章"就是用五彩分别繪在不同等級的官服上用來表明尊卑的五種等級的圖案。五刑：五種輕重不同的刑罰，古代以墨（臉上刺字後塗墨）、劓（yì義，割鼻子）、剕（fèi肺，斷腳）、宫（破壞生殖器，即男子閹割、女子幽閉）、大辟（砍頭）爲五刑。

〔12〕汪繼培曰："《詩·瞻卬》。'反脱'今作'覆説'。"

〔13〕汪繼培曰："《書·微子》云：'小民方興，相爲敵讎。'"

〔14〕汪繼培曰："《書·吕刑》云：'罔不寇賊鴟義姦宄奪攘矯虔。'王先生云：'"消"即"鴟"之誤。'"〇覺按：王符取用古籍，多有改易，此當各從其文，王説非。

〔15〕汪繼培曰:“《易·革·彖》云:‘湯、武革命。’”〇覺按:“被前王之惡”至“奪攘”一段補充説明“大亂之極”,“以革命受祚”一句緊承“承大亂之極”而言。革命:變革過去的一切來順應天命。古人認爲帝王受命於天來統治下民,所以稱推翻舊王朝而建立新王朝爲革命。祚(zuò 作):通“阼”,帝位。

〔16〕汪繼培曰:“《書·洪範》云:‘天子作民父母。’”

〔17〕體:體統,指體制、格局、規矩等。繼體:繼承體統,指繼承君位國統,而非開國創業。

〔18〕汪繼培曰:“‘違’當作‘遵’。崔實《政論》云:‘大赦之造,乃聖王受命而興,討亂除殘,誅其鯨鯢,赦其臣民,漸染□化者耳。及戰國之時,犯罪者輒亡奔鄰國,遂赦之,以誘還其逋逃之民。漢承秦制,遵而不越。’荀悦《漢紀》云:‘夫赦者,權時之宜,非常典也。漢興,承秦兵革之後,大過之世,比屋可刑,故設三章之法、大赦之令,蕩滌穢流,與民更始,時勢然也。後世承業,襲而不革,失時宜矣。’‘大過’二字,今本《漢紀》缺,据《初學記》廿補。”〇覺按:“違”字不誤,汪説非。焉:代詞,相當於“之”,指代“奉天威命,共行賞罰”的原則。

〔19〕配:匹配,媲美,相當。乾:八卦之一,代表天。配乾:指德配於天。仁:用作意動詞。

〔20〕汪繼培改“萬”爲“萬物”曰:“舊無‘物’字,据本《傳》補。《春秋繁露·王道通三篇》云:‘仁之善者在於天。天,仁也。天覆育萬物,既化而生之,有養而成之,事功無已,終而復始。’又云:‘天常以愛利爲意,以養長爲事,春秋冬夏,皆其用也。王者亦常以愛利天下爲意,以安樂一世爲事,好惡喜怒而備用也。’▲《後漢書·魯恭傳》云:‘決獄案考,皆以立秋爲斷,以順時節,育成萬物。’”〇覺按:今《後漢書·王符列傳》引文作“民”而不作“物”,不知汪氏據何版本,或爲臆改。頤:保養,休養。

〔21〕汪繼培曰:“《漢書·宣帝紀》黄龍元年詔曰:‘今吏或以不禁姦邪爲寬大、縱釋有罪爲不苛,或以酷惡爲賢,皆失其中。’‘天賊’即《忠貴篇》所云‘天以爲賊’。或云當作‘大賊’,非。”

16.6

今夫性惡之人●〔1〕,居家不孝悌,出入不恭敬〔2〕,輕薄慢傲,凶悍無辨●〔3〕,明以威侮侵利爲行●〔4〕,以賊殘酷虐爲賢●〔5〕,故數陷王法者●〔6〕,此乃民之賊●〔7〕,下愚極惡之人也●〔8〕。雖脱桎梏而出囹圄●〔9〕,終無改悔之心,自詩以羸敖頭●〔10〕,出獄踧踖●〔11〕,復犯法者,何不然●〔12〕?

【箋注】

〔1〕汪繼培曰:“《論衡·本性篇》云:‘周人世碩以爲人性有善有惡。’”

〔2〕出入:《左傳·成公十三年》“余雖與晋出入”杜預注:“出入,猶往來。”

〔3〕汪繼培曰:“《淮南子·時則訓》云:‘求不孝不悌戮暴傲悍而罰之。’《吕氏春秋·處方篇》云:‘少不悍辟,而長不簡慢。’高誘注:‘悍,兇也。’《文選》范蔚宗《宦者傳·論》李善注引桓譚《新論》云:‘居家循理,鄉里和順,出入恭敬,言語謹遜,謂之善

士。’”○彭鐸曰：“‘辨’讀爲‘變’，‘無辨’猶言‘不變’。下文云：‘雖脱桎梏而出囹圄，終無改悔之心’，又云：‘大惡之資，終不可化’，又云：‘未嘗見姦人冗吏，有肯變心悔服稱詔者也’，皆所謂‘凶悍無辨’也。”

〔4〕汪繼培曰：“《書·甘誓》云：‘威侮五行。’《史記·匈奴傳》：‘中行説曰：“匈奴明以戰攻爲事。”’此用其文。”○覺按：威：施暴，欺淩。侵：侵犯，欺負。利：貪求，牟利。

〔5〕汪繼培曰：“‘賊殘’疑倒。《漢書·哀帝紀》詔曰：‘察吏殘賊酷虐者，以時退。’《李尋傳》云：‘諸闒茸佞諂，抱虚求進，及用殘賊酷（覺按：此下當有“虐”字）聞者，宜以時廢退。’《翟方進傳》劾奏朱博等云：‘所居皆尚殘賊酷虐，苛刻慘毒以立威。’”○覺按：賊殘：傷害。“賊”指滅絶人性的行兇，“殘”指横行不法的殘殺。《孟子·梁惠王下》云：“賊仁者謂之賊，賊義者謂之殘。”王符之文蓋本於《孟子》，故云“賊殘”。汪繼培疑“賊殘”誤倒，非。

〔6〕汪繼培曰：“《漢書·高惠高后文功臣表·序》云：‘多陷法禁。’”○覺按：數（shuò 朔）：屢次。

〔7〕汪繼培曰：“《孟子》云：‘今之所謂良臣，古之所謂民賊也。’”

〔8〕汪繼培曰：“《漢書·古今人表·序》云：‘可與爲惡，不可與爲善，是謂下愚。’《王莽傳·贊》云：‘窮凶極惡。’”○覺按：下：劣等。極：最，非常。

〔9〕汪繼培曰：“《禮記·月令》云：‘命有司省囹圄，去桎梏。’”○覺按：桎：脚鐐。梏（gù 固）：木製的手銬。囹圄（yǔ 語）：監獄。

〔10〕汪繼培曰：“當云‘自恃以數赦贖’，字形相近而誤。”○王紹蘭將此文讀爲“自詩以贏，敖頭出獄，踧踖復犯法者”，解曰：“‘詩’蓋‘恃’之譌，‘贏’蓋‘亡夗辠’三字之譌，‘以’猶‘已’，‘亡’猶‘無’，謂自恃已無夗辠也。敖頭出獄，《史記·天官書》《索隱》引宋均宋均云：‘敖，調弄也。’敖頭者，調弄其頭，猶《滑稽列傳》所云‘摇頭’，此謂摇頭出獄也。踧踖，猶言舉足，謂頃步閒復犯法，即匡衡所云‘今日大赦，明日犯法’也。”○彭鐸曰：“‘贏’與‘數’形不相近，疑‘贏’之誤。襄三十一年《左傳》注：‘贏，受也。’”○覺按：此句當爲“自恃以贏赦贖”之譌誤。王説非。以：猶“能”（參見《古書虚字集釋》卷一“以”字條）。

〔11〕汪繼培曰：“《論語》云：‘踧踖如也。’”○覺按：踧踖（cùjí 促集）：局促不安、徘徊不前的樣子。

〔12〕汪繼培曰：“何不然，言何所不然也。《漢書·韓信傳》‘何不誅’‘何不服’‘何不散’，顔注如此。《匡衡傳》云：‘竊見大赦之後，姦邪不爲衰止，今日大赦，明日犯法，相隨入獄，此殆導之未得其務也。’”

16.7

洛陽至有主諧合殺人者●〔1〕，謂之會任之家●〔2〕。受人十萬，謝客數千，又重饋部吏〔3〕，吏與通姦●【1】〔4〕，利入深重〔5〕，幡黨盤牙●〔6〕，請至貴戚寵臣【2】，説聽於上，謁行於下●〔7〕。是故雖嚴令、尹●〔8〕，終不能破攘斷絶●〔9〕。何者？凡敢爲大姦者●〔10〕，材必有過於衆而能自媚於上者也●〔11〕。多散苟得之財●〔12〕，奉以諂諛之辭，以轉相驅，非有第五公之廉直●〔13〕，孰能不爲顧●〔14〕？今案洛陽主殺人者，高至數十，下至四五，身不死則殺不止，皆以數赦之所致也。由此觀之，大惡之資，終不可化，雖歲赦之【3】，適勸姦耳●〔15〕。

【校記】

【1】與：四庫本、邵本、陳本同，仿宋本、馮本、魁本、程本、何本作“興”。

【2】臣：仿宋本、馮本、魁本、陳本同，程本作“権”，何本、四庫本、邵本作“權”。

【3】歲赦之：陳本同，仿宋本、馮本、程本、何本作“歲”，魁本作“嵗”，四庫本作“赦”，邵本作“歲赦”。

【箋注】

〔1〕汪繼培曰：“《説文》云：‘諧，詥也。詥，諧也。’‘合’乃‘詥’之省。《續漢書·五行志》載桓帝末童謡曰：‘河間來合諧。’▲《論衡·初稟篇》云：‘黯然諧合。’王先生云：‘諧合殺人，若今《律》云“私和頂兇”矣。’”〇覺按：主：主持，掌管。諧合：協調會合，糾合。王説非。

〔2〕汪繼培曰：“會任，《浮侈篇》作‘合任’。按《史記·貨殖傳》：‘子貸金錢千貫，節駔會。’《漢書》作‘儈’，顔師古注：‘儈者，合會二家交易者也。’《一切經音義》六引《聲類》云：‘儈，合市人也。’‘會’與‘儈’同。”〇覺按：汪説非，因爲“儈”即今之所謂“中介”，是介紹買賣以取得傭金的中間人，以此解本文之“會”，實難通。會：會合，糾合。任：見12.3注〔6〕。家：有專長的人。

〔3〕部：見18.6注〔9〕。部吏：秦漢時地方鄉部、亭部（參見18.5注〔5〕）之吏，掌管鄉、亭治安及訴訟之事。《漢書·王莽傳下》：“盜賊始發，其原甚微，非部吏、伍人所能禽也。”可明其義。

〔4〕汪繼培曰：“《漢書·宣帝子·東平思王傳》云：‘通姦犯法。’”

〔5〕利：使得利，指賄賂。深重：指身居要職、手握大權的人。《三國志·魏書·陳思王傳》：“任益隆者，負益重；位益高者，責益深。”《史記·汲鄭列傳》：“右内史界部中多貴人宗室，難治，非素重臣不能任。”可明此“深”“重”之義。

〔6〕汪繼培曰：“《漢書·司馬相如傳·上林賦》云：‘翩幡互經。’郭璞曰：‘互經，互相經過也。’‘牙’即‘互’字。《谷永傳》云‘百官盤互’，顔師古注：‘盤互，盤結而交互也。“互”字或作“牙”，言如豕牙之盤曲、犬牙之相入也。’《楚元王傳》：‘劉向云：“宗族磐互。”’師古亦云：‘字或作“牙”。’《後漢書·滕撫傳》云：‘盜賊羣起，磐牙連歲。’章懷注：‘磐牙，謂相連結。’《黨錮傳·序》注引謝承《後漢書》云：‘中官黄門，磐牙境界。’《魏志·曹真》後《爽傳》：‘根據槃牙。’《吴志·陸瑁傳》：‘九域槃牙。’按‘牙’並當作‘互’，字形相近而誤。師古謂如豕犬之牙，非是。‘盤’‘磐’‘槃’，古字通。”〇覺按：汪説是。“盤牙”即“盤互”之形誤，參見30.9注〔7〕。幡：通“蕃”，衆多。

〔7〕汪繼培曰：“《漢書·外戚恩澤（覺按：此下當有“侯”字）表》注：‘如淳曰：“《律》：諸爲人請求於吏以枉法，而事已行，爲聽行者，皆爲司寇。”’”

〔8〕汪繼培曰：“謂洛陽令、河南尹也。”〇覺按：令：見7.3注〔7〕。尹：原爲官長的泛稱。漢代用作官名，指掌治京師的長官。如西漢有京兆尹，掌管京師長安等十二縣

（參見《漢書・地理志上》）。東漢定都雒陽，雒陽縣在西漢時屬河南郡，建武十五年（公元 39 年），光武帝仿效西漢之法，改河南郡爲河南尹，轄雒陽等二十一城。參見《後漢書・郡國志一》。

〔9〕汪繼培曰："王先生云：'"攘"是"壞"字之誤。'繼培按：'破壞'見《救邊篇》。"○覺按：王説是。

〔10〕汪繼培曰："《一切經音義》十六引《三蒼》云：'敢，必行也。不畏爲之。'《史記・酷吏・張湯傳》云：'趙王上書告："湯，大臣也，史謁居有病，湯至爲摩足，疑與爲大姦。"'"

〔11〕汪繼培曰："《淮南子・泰族訓》云：'智伯有五過人之材。'《史記・衛將軍傳》云：'以和柔自媚於上。'"

〔12〕汪繼培曰："《禮記・曲禮》云：'臨財毋苟得。'"○覺按：散：散發，拿出來到處贈送。苟：苟且，隨便，指不合禮義。

〔13〕汪繼培曰："第五倫也。見《後漢書》。"○覺按：第五：複姓。此指第五倫，東漢京兆長陵（今陝西省咸陽市東北）人，字伯魚。建武二十七年（公元 51 年）舉孝廉，爲淮陽國醫工長，受到光武帝的賞識，任會稽太守，儉樸自守，查禁巫祝，深得民心。又任蜀郡太守，將郡中富裕的官吏罷免，任用孤貧志行之士，使賄賂得以絶跡。章帝時任司空，曾上書要求抑制外戚驕奢擅權。他奉公盡節，以廉潔正直著稱，爲東漢名臣，時人將他比作前朝廉潔的貢禹。參見《後漢書・第五倫列傳》。公：第五倫爲司空，司空爲東漢時三公（見 4.1 注〔5〕）之一，故稱之爲"公"。

〔14〕汪繼培曰："《詩・正月》鄭箋云：'顧，猶視也，念也。'按：'爲顧'謂曲法瞻狥。▲《禮記・月令》'是察阿黨'鄭注：'阿黨，謂治獄吏以私恩曲橈相爲也。'《論衡・逢遇篇》云：'節高志妙，不爲利動；性定質成，不爲主顧。''顧'亦謂委曲承意也。"○覺按：顧：照顧，指接受其"苟得之財"後徇私枉法包庇他們。

〔15〕汪繼培曰："舊脱'赦之'二字。按《匡衡傳》云：'雖歲赦之，刑猶難使措而不用也。'此文多本衡語，今据補。崔實《政論》亦云：'雖日赦之，亂甫繁耳。'"

16.8

或云【1】："三辰有候●〔1〕，天氣當赦●〔2〕，故人主順之而施德焉。"未必然也●【2】〔3〕。王者至貴，與天通精●〔4〕，心有所想，意有所慮，未發聲色，天爲變移●〔5〕。或若休咎"庶徵"、"月之從星"●〔6〕，此乃宜有是事。故見瑞異〔7〕，或戒人主●〔8〕，若忽不察，是乃己所感致，而反以爲天意欲然。非直也●〔9〕！

【校記】

【1】或云：四庫本、陳本同，仿宋本、馮本、程本、何本作"惑之"，魁本作"或之"，邵本作"或以"。

【2】然：陳本同，仿宋本、馮本、魁本、程本、四庫本、邵本作"殺"。

【箋注】

〔1〕汪繼培曰："'云'舊作'之'。《初學記》廿引'或三辰有候'。《周禮》：'凡以神仕者，掌三辰之灋。'鄭注：'日、月、星辰。'"○覺按：汪校不出"或"字，則其所據底本當爲魁本之底本或邵本。三辰：日、月、星。候：徵候，徵兆。《晋書·天文志中》："凡遊氣蔽天，日月失色，皆是風雨之候也。"

〔2〕汪繼培曰："《開元占經》六十五引《黄帝占》云：'天牢中常有繫星三，以甲子、丙子、戊子、庚子、壬子暮視之，其一星去，有喜事；其二星去，有賜令爵禄之事；三星盡去，人君德令赦天下。甲子期八十一日，丙子期七十二日，戊子期六十日，庚子期八十日，壬子期六十二日而赦。'《御覽》六百五十二引《風角書》云：'春甲寅日，風高去地三四丈，鳴條，從申上來，爲大赦，期六十日。'又云：'候赦法：冬至後盡丁巳之日，南風從巳上來，滿三日以上，必有大赦。'又引《望氣經》云：'黄氣四出，注期五十日赦。'"○王紹蘭曰："《史記·越世家》：'莊生閒時入見楚王，言"某星宿某，此則害於楚，獨以德爲可以除之。"楚王素信莊生，乃使使者封三錢之府。楚貴人驚告朱公長男曰："王且赦，常封三錢之府。"'《集解》云：'漢靈帝時，河内張成能候風角，知將有赦，教子殺人，捕得七日赦出，此其類也。'"○覺按：天氣：天象氣候。《周易·繫辭上》："天垂象，見吉凶，聖人象之。"

〔3〕汪繼培曰："'然'舊作'殺'，'然'誤爲'煞'，又轉作'殺'也。'未必然也'見《史記·自序》。"

〔4〕汪繼培曰："《御覽》七十六引《春秋保乾圖》云：'天子，至尊也，神精與天地通。'《淮南子·天文訓》云：'人主之情，上通於天。'《御覽》九、八百七十六引，'情'並作'精'。《覽冥訓》亦云：'遭急迫難，精通於天。'"○覺按：王者：見12.1注〔1〕。

〔5〕汪繼培曰："《易·是類謀》云：'主有所貴，王侯元德，天下歸郵。心有所維，意有所慮，未發顔色，莫之漸射出，天地災捉挺患無形之外，准萌纖微之初，先見吉凶，爲帝演謀，忽之可也，勿之無也。'此文本於彼。彼文有脱誤。《後漢書·楊震》後《賜傳》云：'王者心有所惟，意有所想，雖未形顔色，而五星以之推移，陰陽爲其變度。'亦本《易緯》。"

〔6〕汪繼培曰："《書·洪範》。"○覺按：休：美好，此指《尚書》中所説的"休徵"，即與君主的善行相應的美好的徵兆。《尚書·洪範》："休徵：曰肅，時寒（覺按：據孔安國傳，"寒"當爲"雨"字之誤）若；曰乂，時暘（yáng陽）若；曰晢，時燠（yù玉）若；曰謀，時寒若；曰聖，時風若。"意思是："美好的徵兆：君主嚴肅恭敬，有及時雨來順應；君主政治清明，有及時的晴朗來順應；君主明察，有及時的暖熱來順應；君主深謀遠慮，有及時的寒冷來順應；君主聖達，有及時的風來順應。"咎：災禍，此指《尚書》中所説的"咎徵"，即與君主的惡行相應的災禍的徵兆。《尚書·洪範》："咎徵：曰狂，恒雨若；曰僭，恒暘若；曰豫，恒燠若；曰急，恒寒若；曰蒙，恒風若。"意思是："災禍的徵兆：君主狂妄，有永遠不停的雨來順應；君主有差錯，有永遠不停的晴朗來順應；君主安逸享樂，有永遠不停的暖熱來順應；君主急躁，有永遠不停的寒冷來順應；君主昏昧，有永遠不停的風來順應。"庶：衆多。庶徵：衆多的徵兆。《尚書·洪範》："庶徵：曰雨，曰暘（晴），曰燠（暖熱），曰寒，曰風。"月：喻指卿士（見5.5注〔24〕），《尚書·洪範》："卿士惟月。"意爲"卿就像月"。從：跟從。星：喻指百姓。《尚書·洪範》："庶民惟星，星有好風，星有好雨。……月之從星，則以風雨。"意思是："百姓就像星星，有的星（如箕星）愛好風，有的星（如畢星）愛好雨。……月亮跟從星星，就會颳風下雨（接近箕星就颳風，

接近畢星就下雨)。”喻指公卿順從下民的欲望，就會混亂而出現“月從星”的徵兆。

〔7〕見(xiàn現)：同“現”。瑞：吉祥的徵兆。異：怪異的現象，此指不吉祥的徵兆。

〔8〕汪繼培曰：“‘或’字誤。王先生云：‘疑“感”之誤。’”○覺按：“或”與本節開頭的“或”相應，恐不誤。衹是“或戒人主，若忽不察”當在下文“非直也”之上。

〔9〕汪繼培曰：“‘直’當作‘真’。《漢書·息夫躬傳》：‘王嘉曰：“天之見異，所以勑戒人君，欲令覺悟反正，推誠行善。”’《孔光傳》云：‘臣聞師曰，天右與王者，故災異數見以譴告之，欲其改更。若不畏懼，有以塞除，而輕忽簡誣，則凶罰加焉。’《谷永傳》云：‘竊聞明王即位，正五事，建大中，以承天心，則庶徵序於下，日月理於上。如人君淫溺後宮，般樂游田，五事失於躬，大中之道不立，則咎徵降而六極至。’又云：‘臣聞災異，皇天所以譴告人君過失，猶嚴父之明誡。畏懼敬改，則禍銷福降；忽然簡易，則咎罰不除。’”○覺按：“非直也”承“或戒人主，若忽不察”，指直言，恐不誤，汪說非。

16.9

俗人又曰●〔1〕：“先世欲赦，常先遣馬，分行市里〔2〕，聽于路隅【1】，咸云當赦，以知天之教也，乃因施德●〔3〕。”若使此言也而信，則殆過矣。夫民之性，固好意度者也●〔4〕，見久陰則稱將水，見久陽則稱將旱，見小貴則言將饑【2】，見小賤則言將穰●〔5〕，然或信或否。由此觀之，民之所言，未必天下●【3】〔6〕。前世贖赦稀踈【4】，民無覬覦●〔7〕。近時以來，赦贖稠數●〔8〕，故每春夏，輒望復赦●【5】〔9〕。或抱罪之家〔10〕，僥倖蒙恩●〔11〕，故宣此言，以自悦喜。誠令仁君聞此，以爲天教而輒從之，誤莫甚焉。

【校記】

【1】于：仿宋本、馮本、魁本、程本、四庫本、邵本同，陳本作“於”。

【2】饑：程本、四庫本、邵本、陳本同，仿宋本、馮本、魁本作“飢”。

【3】下：仿宋本、馮本、魁本、程本、邵本、陳本同，四庫本作“意”。

【4】踈：仿宋本、馮本、魁本、程本同，何本、四庫本、邵本作“踈”，陳本作“疏”。

【5】輒：仿宋本、馮本、魁本、何本、四庫本、邵本、陳本同，程本作“輙”。下一處同。

【箋注】

〔1〕汪繼培曰：“《風俗通》云：‘止繫風俗，見善不從，故謂之俗人。’見《意林》。”

〔2〕行：巡視，走訪。里：宅院，居民住宅區。每里所包括的户數因時而不同，周代以二十五家爲里，後來又有以五十户、八十户、一百户爲里的。

〔3〕汪繼培曰：▲“《意林》作‘是謂天赦，遂乃施行’。”

〔4〕汪繼培曰：“《韓非子·解老篇》云：‘前識者，無緣而忘意度者也。’”

〔5〕汪繼培曰：“兩‘小’字當作‘米’。”○覺按：“小”表示稍微，不誤，汪說非。

〔6〕汪繼培曰：“讀如‘下雨’之‘下’。”○覺按：“下”與上文“教”相應，即“下令”

之“下”，是下達、發佈的意思。

〔7〕汪繼培曰：“桓二年《左傳》：‘師服曰：“民服事其上，而下無覬覦。”’”〇覺按：覬覦（jìyú 冀餘）：非分的希望。

〔8〕汪繼培曰：“《説文》云：‘稠，多也。’”〇覺按：數（cù 促）：密。

〔9〕汪繼培曰：“崔實《政論》云：‘孝文皇帝即位，二十三年乃赦，示不廢舊章而已。近永平、建初之際，亦六七年乃一赦，亡命之子，皆老於草野，窮困懲艾，比之於死。頃閒以來，歲且一赦，百姓忸忕（覺按：陳本作“忲”，此據汪稿），輕爲姦非，每迫春節徼倖之會，犯惡尤多。’”

〔10〕抱罪：因犯罪過而内心不安。

〔11〕汪繼培曰：“《説文》云：‘儌，幸也。’‘僥倖’即‘儌幸’之别。經典通作‘徼幸’，昭六年《左傳》云：‘徼幸以成之。’”

16.10

論者多曰：“久不赦，則姦宄熾而吏不制●〔1〕，故赦贖以解之。”此未昭政亂之本原●【1】〔2〕、不察禍福之所生者之言也●〔3〕。凡民之●【2】〔4〕所以輕爲盜賊、吏之所以易作姦匿者●〔5〕，以赦贖數而有僥望也。若使犯罪之人終身被命●〔6〕，得而必刑，則計姦之謀破而慮惡之心絶矣。夫良贖可●〔7〕，孺子可令姐●【3】〔8〕，中庸之人可引而下●【4】〔9〕。故其諺曰：“一歲載赦〔10〕，奴兒噫嗟●〔11〕。”言王誅不行，則痛瘀之子皆輕犯●〔12〕，況狡乎〔13〕？若誠思畏●盜賊多而姦不勝故赦〔14〕，則是爲國爲姦宄報也●【5】〔15〕。夫天道賞善而刑淫●〔16〕。天工，人其代之●〔17〕。故凡立王者，將以誅邪惡而養正善。而以逞邪惡逆，妄莫甚焉●〔18〕。

【校記】

【1】未昭政：七本皆作“乃招”，據《後漢書》引文改。

【2】之：《諸子品節》引文、陳本同，仿宋本、馮本、魁本、程本、四庫本、邵本無“之”字。

【3】姐：魁本、陳本同，仿宋本、馮本、程本、四庫本、邵本作“妲”。

【4】引：陳本同，仿宋本、馮本、魁本、程本、何本作“弘”，四庫本作“弖”，邵本作“宏”。

【5】宄：程本、何本、四庫本、邵本、陳本同，仿宋本、馮本、魁本作“冗”。

【箋注】

〔1〕汪繼培曰：“《漢書·刑法志》云：‘酷吏擊斷，姦軌不勝。’”〇覺按：姦宄：見12.1注〔12〕。熾：火勢猛烈，引申指氣焰囂張而力量強大。長期不赦免，壞人知道捕獲後便是死路一條，於是一定會互相勾結、拼死反抗，所以説“久不赦則姦宄熾”。

〔2〕汪繼培曰:“本《傳》作‘此未昭政亂之本源’。‘政’當是‘治’,唐人避諱改之。本書《斷訟篇》云‘必未昭亂之本原’,語意亦未足,按文義當作‘此乃未昭治亂之本原’。昭九年《左傳》云:‘木水之有本原。’”〇覺按:汪説是。

〔3〕汪繼培曰:“《管子·君臣下篇》云:‘審知禍福之所生。’《正世篇》云:‘古之欲正世調天下者,必先觀國政,料事務,察民俗,本治亂之所生,知得失之所在,然後從事,故法可立而治可行。’”

〔4〕汪繼培曰:“舊脱。”

〔5〕汪繼培曰:“‘匿’讀爲‘慝’。”〇覺按:匿(tè 特):通“慝”(tè 特),邪惡。

〔6〕汪繼培曰:“《漢書·刑法志》云:‘已論命。’晋灼注:‘命者,名也,成其罪也。’《張耳傳》云‘嘗亡命遊外黄’,顏師古注:‘命者,名也。凡言“亡命”,謂脱其名籍而逃亡。’《鮑宣傳》云:‘名捕隴西辛興。’師古注:‘詔顯其名而捕之。’‘被命’猶言‘名捕’也。”〇覺按:“命”當指判定罪名而命令逮捕法辦。“被命”等於説“被通緝”。

〔7〕汪繼培曰:“‘良’疑‘赦’,‘可’疑‘行’。”〇覺按:汪説可從。

〔8〕汪繼培曰:“《釋名·釋長幼》云:‘兒始能行曰孺子。孺,濡也,言濡弱也。’《説文》云:‘嫭,驕也。’‘狙’乃‘嫭’之省。”〇覺按:“狙”(jù 巨)同“嫭”,驕縱的意思。

〔9〕汪繼培曰:“《後漢書·楊終傳》云:‘上智下愚,謂之不移。中庸之流,要在教化。’‘引’舊作‘弘’。《新書·連語》云:‘中主者,可引而上,可引而下。’《申鑒·政體篇》云:‘教化之廢,推中人而墜於小人之域。教化之行,引中人而納於君子之塗。’”

〔10〕載:通“再”。

〔11〕汪繼培曰:“‘奴’讀爲‘駑’,▲‘駑’‘狡’以犬馬喻。崔實《政論》亦載此諺。《困學紀聞》十三引《政論》‘奴’作‘好’。或云‘好兒’即‘好人’,非也。噫嗟,《政論》作‘喑噁’。《史記·韓信傳》云:‘項王喑噁叱咤,千人皆廢。’《索隱》:‘喑噁,懷怒氣。’《漢書》作‘意烏猝嗟’,晋灼注:‘意烏,恚怒聲也。’《方言》云:‘宋、衛之閒,凡怒而噎噫,謂之脅閱。’《莊子·知北遊篇》云:‘生(覺按:陳本誤爲“宋”,此據汪稿)者,喑醷物也。’《釋文》:‘李、郭皆云:“喑醷,聚氣貌。”’《一切經音義》十五:‘喑噫,大呼也。’噫嗟、喑噁、意烏、噎噫、喑醷、喑噫,並聲近義同。《淮南子·繆稱訓》云‘意而不戴’,高誘注:‘意,恚聲。戴,嗟也。’‘意嗟’急氣言之則爲‘意’。”〇覺按:“奴”通“駑”,表示無能。奴兒:指弱質兒童,與上文“孺子”、下文“痛瘀之子”相貫。彭鐸認爲當作“好兒”,與此文不合,未當。噫:嘆詞,表示憤怒。嗟:嘆詞,表示輕蔑的呼唤,與《禮記·檀弓下》“嗟,來食”的用法相同。噫嗟:形容“奴兒”放縱驕横、神氣活現的樣子。

〔12〕汪繼培曰:“《急就篇》云:‘瘧、瘀、瘀、痛、瘼,温病。’《説文》云:‘瘀,積血也。’”〇覺按:痛瘀:兩種病名。痛病的症狀是疼痛,瘀病的症狀是有瘀血,中醫認爲均屬於熱病。

〔13〕狡:與上文“孺子”“奴兒”“痛瘀之子”相對,當解爲壯健。《廣雅·釋詁二》:“狡,健也。”汪繼培初稿云:“《一切經音義》三引《方言》云:‘凡小兒多詐而獪,謂之狡猾。’”其二稿則删去,蓋以爲此文不當將“狡”解爲狡詐也。

〔14〕汪繼培曰:“‘思’字衍,即‘畏’之駁文。”〇覺按:汪説是。

〔15〕汪繼培曰:“按《漢書·韓安國傳》云:‘丞相蚡言於太后曰:“王恢首爲馬邑事,今不成而誅恢,是爲匈奴報讐也。”’《陳湯傳》湯上疏言:‘臣與吏士共誅郅支單于,幸得禽滅,萬里振旅,宜有使者迎勞道路,今司隸反逆收繫按驗,是爲郅支報仇也。’爲國爲

姦軌（覺按：當作“宄”）報，謂姦人讐良民而得放釋，不啻爲姦人報讐，與蚡、湯所言同意。”〇彭鐸曰：“‘爲姦宄報’疑當作‘爲姦報仇’。上文言‘姦不勝’，故此承之而言‘爲姦報仇’，因‘仇’字倒在‘報’字上，後人又以‘姦宄’字常見而改之也。又爲盜賊報仇，非‘爲國報仇’之謂，‘國’字亦疑有誤。”〇覺按：爲國：治國。報：判決。爲姦宄報：被壞人判決。治國應該不怕壞人而對壞人進行判罪懲處，現在怕壞人而衹好進行赦免，那麼國家治罪與否就取決於壞人了，這就等於判決權掌握在壞人手中，所以説“爲姦宄報”。汪繼培解爲“爲姦人報讐”，彭鐸認爲此文有誤，皆非。

〔16〕汪繼培曰：“襄十四年《左傳》：‘師曠曰：“良君將賞善而刑淫。”’”

〔17〕汪繼培曰：“《書・臯陶謨》。”〇覺按：見 8.8 注〔7〕。

〔18〕汪繼培曰：“《漢書・刑法志》宣帝詔曰：‘決獄不當，使有罪興邪，不辜蒙戮。’晉灼注：‘當重而輕，使有罪者起邪惡之心也。’”

16.11

且夫國無常治【1】，又無常亂。法令行，則國治；法令弛，則國亂●〔1〕。法無常行，亦無常弛●【2】〔2〕。君敬法，則法行；君慢法，則法弛。昔孝明帝時【3】〔3〕，荆州舉茂才●【4】〔4〕，過闕謝恩。賜食事訖，問何異聞。對曰：“巫有劇賊九人●〔5〕，刺史數以竊郡●〔6〕，訖不能得。”帝曰：“汝非部南郡從事邪〔7〕？”對曰：“是。”帝乃振怒●〔8〕，曰：“賊發部中而不能擒，然‘才’●何以爲‘茂’【5】〔9〕？”捶數百，便免官，而切讓州、郡〔10〕。十日之間【6】，賊即伏誅。由此觀之，擒滅盜賊，在於明法，不在數赦。

【校記】

【1】夫國無常：仿宋本、馮本、程本、四庫本、邵本、陳本同，魁本作“天國無當”。

【2】亦：《諸子品節》引文、邵本、陳本同，仿宋本、馮本、魁本、程本、何本、四庫本作“法”。

【3】孝：仿宋本、馮本、魁本、陳本同，程本、四庫本、邵本作“漢”。

【4】荆州：七本皆作“制”，據《太平御覽》卷六百五十二引文改。

【5】才：七本皆作“材”，據《太平御覽》卷六百五十二引文改。

【6】間：程本、四庫本、邵本同，仿宋本、馮本、魁本、陳本作“閒”。

【箋注】

〔1〕汪繼培曰：“《管子・任法篇》云：‘法者不可恒也，存亡治亂之所從出。’又云：‘君臣上下貴賤皆從法，此謂爲大治。’《韓非子・有度篇》云：‘國無常彊，無常弱。奉法者彊則國彊，奉法者弱則國弱。’”

〔2〕汪繼培曰：“‘亦’舊作‘法’，据《諸子彙函》改。”

〔3〕孝明帝：即漢明帝（見 12.8 注〔5〕），“孝明”是其謚號。

〔4〕汪繼培曰：“《御覽》二百六十五、六百五十二並作‘荆州舉茂才’。按作‘荆州’

是也。下云‘部南郡從事’，《續漢書·郡國志》南郡屬荆州。”〇覺按：荆州：古九州之一，漢代也置荆州（見16.2注〔26〕)。東漢時荆州統轄南陽郡、南郡、江夏郡、零陵郡、桂陽郡、武陵郡、長沙郡，相當於今河南省魯山縣、西峽縣以南，湖北省蘄春縣至江西省蓮花縣以西，廣東省英德市至廣西陽朔縣以北，重慶市巫山縣至貴州省施秉縣以東廣大地區，治所在武陵郡漢壽（故城在今湖南省常德市東北）。參見《後漢書·郡國志四》。茂才：見7.3注〔14〕。

〔5〕汪繼培曰：“《續漢書·郡國志》巫縣屬南郡。《漢書·朱博傳》云：‘縣有劇賊。’”〇覺按：巫：巫縣，東漢時屬南郡管轄，地在今重慶市巫山縣北。劇賊：勢力強大的盜賊。

〔6〕汪繼培曰：“‘竊’當作‘察’。▲《漢書·百官公卿表》云：‘武帝置部刺史，掌奉詔條察州。’《朱博傳》云：‘部刺史奉使典州，督察郡國。’‘竊’‘察’聲相近。《莊子·庚桑楚篇》‘竊竊乎’，《釋文》：‘崔本作“察察”。’《齊物論篇》‘竊竊然知之’，《釋文》：‘司馬云：“竊竊，猶察察也。”’《家語·好生篇》‘竊夫其有益與無益’，王肅注：‘“竊”宜爲“察”。’皆其證。”〇覺按：汪説是。刺史：見7.3注〔8〕。數（shuò 朔）：屢次。

〔7〕部：統率，分管。南郡：秦昭襄王時白起攻楚取郢都，置爲南郡。漢承之。東漢時轄有十七個縣及侯國，相當於今湖北省襄陽市至洪湖市以西，重慶市巫山縣至湖北省利川市以東地區。治所江陵，即今湖北省荆州市荆州區。部南郡從事：官名，即分管南郡的從事史，參見16.2注〔9〕。

〔8〕汪繼培曰：“《書·洪範》云：‘帝乃震怒。’‘振’‘震’古字通。《管子·七臣七主篇》云：‘臣下振怒。’”〇覺按：“震”與“振”義同。《公羊傳·僖公九年》：“震之者何？猶曰振振然。”何休注：“亢陽之貌。”即盛氣淩人的樣子。振怒：等於説“勃然大怒”。

〔9〕陳本“才”作“材”，汪繼培曰：“當作‘才’。”〇王紹蘭曰：“《御覽·刑法部》引作‘不能擒殺’，蓋‘殺’俗作‘煞’，又譌‘然’也。”〇覺按：此二句，今中華書局1960年影印本《太平御覽·刑法部一八》引作“賊發部中不能擒，然才何以爲茂”（卷六百五十二第八葉），卷二百六十五引作“賊發部中而不能擒，何以爲茂才”，可證此文不誤，王説非。茂：優秀。此句針對上文“茂才”而言，是一種析詞式修辭法。

〔10〕切：嚴厲。讓：責備。州、郡：見16.2注〔26〕，此指荆州刺史、南郡太守。

16.12

今不顯行賞罰以明善惡、嚴督牧守以擒姦猾〔1〕，而反數赦以勸之，其文常●曰【1】〔2〕：“謀反大逆不道諸犯不當得赦，皆除之，將與士大夫灑心更始●〔3〕。”歲歲灑之，然未嘗見姦人冗吏●〔4〕有肯變心悔服稱詔者也●〔5〕。有司奏事，又俗●以赦前之微過【2】〔6〕，妨今日之顯舉〔7〕。然則改往脩來更始之詔【3】，亦不信也●〔8〕。

【校記】

【1】其文常：《諸子品節》引文、陳本同，仿宋本、馮本、魁本、程本、何本作“其文帝”，四庫本作“昔文帝”，邵本作“且文帝”。

【2】俗以赦前之微：仿宋本、馮本、魁本、四庫本、陳本同，程本作“俗以赦前之

徵”，邵本作“仍以赦前之微”。

【3】脩：仿宋本、馮本、魁本、程本、邵本同，四庫本、陳本作“修”。

【箋注】

〔1〕牧守：州牧太守，見7.3注〔8〕〔7〕。

〔2〕汪繼培曰：“舊作‘帝’。”〇覺按：文：法令條文。

〔3〕汪繼培曰：“《御覽》六百五十二引《漢舊儀》云：‘踐祚，改元，立皇后、太子，赦天下。每赦，自殊死以下及謀反大逆不道諸不當得赦者，皆赦除之。令下，丞相、御史復奏，可。分遣丞相、御史乘傳駕行郡國，解囚徒，布詔書。郡國各分遣吏（覺按：陳本誤作“使”，此據汪稿）傳廄車馬，行屬縣，解囚徒。’《後漢書·順帝紀》陽嘉三年詔曰：‘嘉與海内洗心更始。其大赦天下，自殊死以下謀反大逆諸犯不當得赦者，皆赦除之。’文與此同。崔實《政論》云：‘踐祚、改元際，未嘗不赦，每其令曰：“蕩滌舊惡，將與士大夫更始。”是褒己薄先，且違無改之義，非所以明孝抑邪之道也。’”〇覺按：汪稿“文與此同”下尚有以下文字：“《章帝紀》元和二年、《殤帝紀》延平元年、《順帝紀》永建四年皆有此詔。”衹是加上了删削符號，故陳本無此箋文。其實，這些文字不當删，因爲此正可解此文“其文常曰”之“常”。此外，《順帝紀》永建元年之詔亦云“與人更始，其大赦天下”，也可用來疏證此文。大逆不道：指犯上作亂不遵守禮法。將：《漢書·禮樂志·郊祀歌》“九夷賓將”顔師古注：“將，猶從也。”與：《淮南子·墬形訓》“與月盛衰”高誘注：“與，猶隨也。”將與：隨從。灑（xǐ 洗）：通“洗”，洗刷，清除。《漢書·平帝紀》“洒心自新之意也”顔師古注：“洒，滌也，音先禮反。”灑心：洗净心靈，清除邪惡的思想。

〔4〕汪繼培曰：“《周禮·槁人》‘掌共外内朝冗食者之食’，鄭注：‘冗食者，謂留治文書，若今尚書之屬諸上直者。’疏云：‘冗食者，冗散也。外内朝上直諸吏謂之冗吏，亦曰散吏。’王先生云：‘“冗”疑“宂”。’”〇覺按：王説是，汪説非。“冗”當爲“宂”字之形誤，16.10“爲姦宄報”之“宄”，仿宋本、馮本、魁本誤爲“冗”，即其例。

〔5〕汪繼培曰：“悔服，謂悔過服罪。《漢書·蕭望之傳》云：‘不悔過服罪，深懷怨望。’《宣元六王（覺按：陳本作“宣帝子”，此依汪稿）·東平思王宇傳》云：‘王既悔過服罪，太后寬忍以貰之。’”〇覺按：稱：配合，報答，指響應。

〔6〕汪繼培曰：“疑‘欲’，《彙函》作‘乃’。”〇俞樾曰：“作‘欲’是也，惟‘欲’上當補‘不’字。蓋赦前之事，不得復奏，故不欲以赦前之微過，妨今日之顯舉也。無‘不’字，則義不可通。”〇覺按：此文本自平帝詔（見注〔8〕），以證“更始之詔亦不信”，不當補“不”字，俞説非。俗：通“欲”。

〔7〕顯：使顯貴，提拔。

〔8〕汪繼培曰：“《漢書·平帝紀》即位詔曰：‘夫赦令者，將與天下更始，誠欲令百姓改行絜己，全其性命也。往者，有司多舉奏赦前事，累增罪過，誅陷亡辜，殆非重信慎刑、洒心自新之意也。及選舉者，其歷職更事有名之士，則以爲難保，廢而弗舉，甚謬於赦小過舉賢材之義。諸有臧及内惡未發而薦舉者，皆弗案驗，令士厲精鄉進，不以小疵妨大材。自今以來，有司無得陳赦前事置奏上。有不如詔書，爲虧恩，以不道論。’”〇覺按：信：語言真實，不欺。

16.13

《詩》譏“君子屢盟，亂是用長”●〔1〕，故不若希其令，必其言【1】。若良不能于無赦者●【2】〔2〕，罕之爲愈。令世歲老古時一赦●〔3〕，則姦宄之減十八九，可勝必也。昔大司馬吴漢老病將卒〔4〕，世祖問以遺戒〔5〕，對曰："臣愚不智，不足以知治，慎無赦而已矣●〔6〕。"

【校記】

【1】必：仿宋本、馮本、魁本、程本、何本、四庫本、陳本同，邵本作"秘"。

【2】于：何本、邵本同，仿宋本、馮本、魁本、程本、四庫本作"子"，陳本作"了"。

【箋注】

〔1〕汪繼培曰："《巧言》。"〇覺按：引詩見《詩經·小雅·巧言》。君子：有地位的人，指國君（參見20.4注〔5〕、22.6注〔4〕、33.2注〔16〕）。

〔2〕陳本"于"作"了"，汪繼培曰："'了'舊作'子'。《廣雅·釋詁》云：'了，訖也。'王侍郎云：'"子"疑"于"。'"〇覺按：王説是，汪改非。良：確實，實在。

〔3〕汪繼培曰："'世'當作'卅'，謂三十年也。'老'蓋'放'字，'放'與'攷'字形相近，'攷'通'考'，轉誤爲'老'。《漢書·貢禹傳》云：'承衰救亂，矯復古化，在於陛下。臣愚以爲盡如太古難，▲宜少放古以自節焉。'是其證。崔寔《政論》云：'今如欲遵先王之制，宜曠然更下大赦令，因明諭使知永不復赦，則羣下震慄，莫輕犯罪。縱不能然，宜十歲以上，乃時一赦。'意與此同。"〇覺按：令：假如。世：《説文·卅部》："世，三十年爲一世。"老古：年歲大叫"老"，經歷久叫"古"，字也作"故"，所以古代常稱老年人爲"故老"或"古老"，如《詩經·小雅·正月》："召彼故老。"《文選》卷第一所載班固《西都賦》："聞之乎故老。"《水經注·卷八·濟水》："古老言。"本文的"老古"當指年老。汪繼培認爲"老"是"放"字之誤，恐不當。

〔4〕大司馬：官名。周代有大司馬，掌邦政。漢承秦制，置丞相、御史大夫、太尉。漢武帝元狩四年（公元前119年），設大司馬（見35.16.4注〔28〕），以冠將軍之號（參見4.6注〔16〕）。其後大司馬與丞相、御史大夫並爲三公（參見《漢書·百官公卿表上》）。東漢光武帝建武二十七年（公元51年）又改爲太尉，仍爲三公之一（參見4.1注〔5〕），掌管全國軍事，並與司徒、司空一起謀劃國家大事，參見《後漢書·百官志一》。

〔5〕世祖：即光武帝劉秀（見9.5注〔7〕）。"世祖"是其廟號（參見17.3.2注〔13〕），"光武"是其謚號。

〔6〕汪繼培曰："《後漢書》。▲《藝文》五十二引《東觀漢記》同。"〇覺按：《後漢書·吴漢列傳》作："臣愚無所知識，唯願陛下慎無赦而已。"慎：千萬，表示禁戒。

16.14

夫方以類聚，物以羣分●〔1〕。人之情皆見乎辭●〔2〕。故諸言不當赦者，非脩身脩●行【1】〔3〕，則必憂哀謹慎而嫉毒姦惡者也〔4〕。諸利數赦者，非不達政●務【2】〔5〕，則必●〔6〕内懷隱憂●、有願爲者也【3】〔7〕。人君之發令也，必諮於羣臣。羣臣之姦邪者，固必伏罪●〔8〕。雖正直吏，猶有公過。自非鬻拳●〔9〕、李離●〔10〕，孰肯刑身以正國●〔11〕？然則是皆接私計以論公政也●【4】〔12〕。與狐議裘【5】，無時焉可●〔13〕。

【校記】

【1】脩身脩：仿宋本、馮本、魁本、程本、邵本同，四庫本作“修身修”，陳本作“修身慎”。

【2】政務：四庫本同，仿宋本、馮本、魁本、邵本、陳本作“赦務”，程本作“赦務”。

【3】必：四庫本、邵本、陳本同，仿宋本、馮本、魁本、程本、何本作“交”。

【4】接：仿宋本、馮本、魁本、程本、邵本、陳本同，四庫本作“援”。

【5】與狐：《太平御覽》卷六百九十四引文、陳本同，仿宋本、馮本、魁本、程本、邵本作“興爪”，四庫本作“與爪”。

【箋注】

〔1〕汪繼培曰：“《易·繫辭上傳》。”〇覺按：見9.7注〔4〕。

〔2〕汪繼培曰：“《繫辭下傳》云：‘聖人之情見乎辭。’”〇覺按：見（xiàn現）：同“現”。

〔3〕汪繼培改“脩行”之“脩”爲“慎”曰：“舊作‘脩’（覺按：陳本作“修”，此據汪稿）。”〇覺按：“脩”通“修”。脩行：講求德行。古代有“修行”一語，如《莊子·大宗師》：“修行无有。”《淮南子·詮言訓》：“君子修行而使善無名。”汪繼培改爲“慎行”，雖通，未必當。

〔4〕嫉：憎恨。毒：痛恨。

〔5〕陳本“政”作“赦”，汪繼培曰：“疑‘政’。”〇覺按：汪説是。

〔6〕汪繼培曰：“舊作‘交’。”

〔7〕汪繼培曰：“《詩·柏舟》云：‘如有隱憂。’”〇覺按：隱：通“殷”或“慇”。隱憂：深深的憂慮。

〔8〕汪繼培曰：“隱十一年《左傳》云：‘許既伏其罪矣。’”

〔9〕汪繼培曰：“莊十九年《左傳》。”〇覺按：鬻拳（？～公元前675年）：春秋時楚國大夫。他曾強諫楚文王，用武力迫使文王依從。隨後他又説，威脅君主是最大的罪惡，就給自己處以刖刑（砍掉腳）。楚國人讓他當守門之吏。後來楚文王抵禦巴國之軍，大敗而還，鬻拳閉門不納。文王被迫攻打黄國，戰勝後在歸途中病死，鬻拳葬王后自殺以殉。參見《左傳·莊公十九年》。

〔10〕汪繼培曰：“《史記·循吏傳》。”〇覺按：李離：春秋時晉文公的司法大臣。他錯誤地聽信了下屬的話而誤殺了人，就把自己囚禁起來，判處自己死罪。文公説這是下屬的過錯，不是他的罪過。他説自己身爲官長而不讓位給下屬，享受高薪而不分利給下屬，所以誤殺了人也不能歸罪於下屬。誤殺了人必須抵命，於是他就用劍自殺來贖罪。晉文公因此而端正了國法。參見《史記·循吏列傳》。

〔11〕汪繼培曰：“《循吏傳·論》云：‘李離過殺而伏劍，晉文以正國法。’”

〔12〕汪繼培曰：“《御覽》六百九十四‘接’作‘挾’，下有‘夫’字。按‘接’讀爲‘挾’，《儀禮·鄉射禮》‘兼挾乘矢’鄭注：‘古文“挾”皆作“接”。’《大射儀》注同。《漢書·賈誼傳》云：‘陛下接王淮南諸子。’孟康曰：‘接，音“挾”，挾持欲王淮南諸子也。’”

○覺按：汪説是，參見12.3注〔16〕。

〔13〕汪繼培曰："'與狐'舊作'興瓜'，据《御覽》改。按'與狐議裘'，蓋相傳有是言。《抱朴子·博喻篇》云：'與妬勝己者而謀舉疾惡之賢，是與狐議治裘也。'《天中記》引《符子》云：'魯侯欲以孔子爲司徒，將召三桓而議之，左邱明曰："周人有愛裘而好珍羞，欲爲千金之裘而與狐謀其皮，欲具少牢之珍而與羊謀其羞，言未卒，狐相率逃於重邱之下，羊相呼藏於深林之中，故周人之謀失之矣。今君欲以孔子爲司徒，召三桓謀之，非亦與狐謀裘、羊謀羞哉？"'"

16.15

《傳》曰："民之多幸，國之不幸也●〔1〕。"夫有罪而備辜●〔2〕，寃結而信理●〔3〕，此天之正也【1】，而王之法也。故曰："無縱詭隨【2】，以謹無良●【3】〔4〕。"若枉善人以惠姦惡，此謂"斂怨以爲德"●〔5〕。先帝制法，論衷刺刀者●【4】〔6〕。何則？以其懷姦惡之心【5】，有殺害之意也【6】。聖主有子愛之情●〔7〕，而是有殺害之意，故誅之，況成罪乎？

【校記】

【1】正：仿宋本、馮本、魁本、程本、何本、四庫本、陳本同，邵本作"止"。

【2】詭隨：仿宋本、馮本、魁本、四庫本、陳本同，程本作"詭随"，何本、邵本作"跪隨"。

【3】無：仿宋本、馮本、魁本、四庫本、陳本同，程本、邵本作"是"。

【4】刀：仿宋本、馮本、魁本、程本、四庫本、陳本同，何本、邵本作"刃"。

【5】懷：仿宋本、邵本、陳本同，馮本、魁本、程本、四庫本作"懐"，抄補本作"有"。

【6】有：仿宋本、馮本、魁本、程本、四庫本、邵本、陳本同，抄補本作"懷"。

【箋注】

〔1〕汪繼培曰："宣十六年《左傳》。"○覺按：引文爲《左傳·宣公十六年》所載諺語。

〔2〕汪繼培曰："《漢書·王莽傳》云：'所征殄滅，盡備厥辜。'按'備'俱'犕'之誤。《後漢書·皇甫嵩傳》：'董卓曰："義真犕未乎？。"'章懷注：'犕，古"服"字。'"○覺按："備"通"服""伏"（三字古音同）。備辜：即9.5所説的"伏辜"、16.14所説的"伏罪"。

〔3〕汪繼培曰："信，讀爲'申'。《後漢書·馮異傳》云：'申理枉結。'"○覺按："信"（shēn申）通"伸"或"申"，參見16.2注〔18〕。信理：申理，使受屈得直，即昭雪冤屈。

〔4〕汪繼培曰："《詩·民勞》。"○覺按：詭隨：詭詐放肆。謹：防止。

〔5〕汪繼培曰："《詩·蕩》。"○覺按：《詩經·大雅·蕩》："文王曰咨，咨女殷商！女炰烋于中國，斂怨以爲德。"

〔6〕汪繼培曰："'衷'與'衷甲'之'衷'同。或當作'衷'。《漢書·金日磾傳》云：'何羅褏白刃從東箱上。''褏''衷'同字。'刺刀'疑'刺刃'，《禮記·少儀》云：'凡有

剌刃者，以授人，則辟刃。'"〇覺按：兩説皆通。《左傳·襄公二十七年》"楚人衷甲"杜預注："甲在衣中。"則"衷剌刀"即把剌刀藏在衣中。"褏"或"衷"爲"袖"之古字，"袖剌刀"即把剌刀藏在袖中。論：判罪。

〔7〕汪繼培曰："《漢書·匡衡傳》云：'陛下聖德天覆，子愛海内。'"

16.16

《尚書·康誥》〔1〕："王曰〔2〕：'於戲〔3〕！封〔4〕，敬明乃罰〔5〕。人有小罪，匪省●〔6〕，乃惟終自作不典〔7〕。式●爾【1】〔8〕，有厥罪小〔9〕，乃不可不殺。'"言惡●人有罪雖小【2】〔10〕，然非以過差爲之也●〔11〕，乃欲終身行之，故雖小，不可不殺也。何則？是本頑凶思惡而爲之者也。"乃有大罪，匪●終〔12〕，乃惟省哉●【3】〔13〕。適爾〔14〕，既道極厥罪●〔15〕，時亦●不可殺【4】〔16〕。"言殺人雖有大罪，非欲以終身爲惡，乃過誤爾，是不殺也●〔17〕。若此者，雖曰赦之〔18〕，可也。金作贖刑【5】，赦作宥罪●【6】〔19〕，皆謂良人吉士●時有過誤〔20〕、不幸陷離者爾●〔21〕。

【校記】

【1】式：四庫本同，仿宋本、馮本、魁本、程本、邵本、陳本作"戒"。
【2】惡：陳本同，仿宋本、馮本、魁本、程本、四庫本、邵本作"恐"。
【3】省哉：仿宋本、馮本、魁本、程本、邵本、陳本同，四庫本作"眚災"。
【4】亦：仿宋本、馮本、魁本、程本、邵本、陳本同，四庫本作"乃"。
【5】刑：仿宋本、馮本、魁本、程本、四庫本、邵本同，陳本作"形"。
【6】作：仿宋本、馮本、魁本、程本、何本、四庫本、陳本同，邵本作"過"。

【箋注】

〔1〕《康誥》：《尚書》中的一篇。周公平定三監及武庚的叛亂（參見4.4注〔14〕〔15〕）之後，把殷地封於康叔（見4.5注〔15〕），因擔憂康叔年輕，於是反復告誡他，史官記録了這次周公的告誡，因爲它是告誡康叔的誥詞，所以題爲"康誥"。參見《史記·衛康叔世家》。

〔2〕王：指周公。當時成王年幼，周公代成王執政，所以史官稱之爲"王"。

〔3〕於戲（wūhū 嗚呼）：通"嗚呼"，嘆詞。

〔4〕封：康叔的名。參見4.5注〔15〕。

〔5〕乃：你的。

〔6〕汪繼培曰："今《書》作'非眚'。"〇覺按：匪：非。省：通"眚"（shěng 省），過失。

〔7〕典：法度。

〔8〕陳本"式"作"戒"，汪繼培曰："今作'式'。"〇覺按："式"是句首語氣詞。爾：如此。

〔9〕有：雖然（參見《古書虛字集釋》卷二“有”字條）。厥：他的。

〔10〕汪繼培曰：“舊作‘恐’。”

〔11〕汪繼培曰：“《漢書・王嘉傳》云：‘人情不能不有過差。’”

〔12〕汪繼培曰：“今作‘非’。”

〔13〕汪繼培曰：“今作‘眚災’。”

〔14〕適：如果。

〔15〕汪繼培曰：“今作‘辜’。”〇覺按：道極：説盡，指罪人徹底交代。

〔16〕汪繼培曰：“今作‘乃’。”〇覺按：時：猶“是”，這。

〔17〕汪繼培曰：“《周禮・調人》：‘凡過而殺傷人者，以民成之。’鄭注：‘過，無本意也。’《司剌》‘再宥曰過失’，鄭司農云：‘過失，若今《律》過失殺人不坐死。’《後漢書・郭躬傳》云：‘法令有故、誤。誤者，其文則輕。’”

〔18〕曰：猶“有”，參見19.6注〔1〕。

〔19〕汪繼培曰：“《書・堯典》云：‘金作贖刑，眚災肆赦。’”〇覺按：《尚書・舜典》“金作贖刑”孔安國傳：“金，黄金。誤而入刑，出金以贖罪。”

〔20〕汪繼培曰：“《詩・黄鳥》云：‘殲我良人。’《卷阿》云：‘藹藹王多吉士。’”〇覺按：吉：善。時：有的時候，偶爾。

〔21〕汪繼培曰：“襄廿一年《左傳》：‘人謂叔向曰：“子離於罪，其爲不知乎！”’”〇覺按：離：通“罹”（lí離），遭遇，此指犯罪。

16.17

先王議讞獄以制●〔1〕，原情論意●〔2〕，以救善人【1】，非欲令兼縱惡逆以傷人也。是故《周官》差八議之辟●〔3〕，此先王所以整萬民而致時雍也●〔4〕。《易》故“觀民設教”●【2】〔5〕，變通移時之議●【3】〔6〕。今日捄世【4】〔7〕，莫忽此意●【5】〔8〕。

【校記】

【1】救：仿宋本、馮本、魁本、陳本同，程本、何本作“殺”，四庫本、邵本作“赦”。

【2】故：仿宋本、馮本、魁本、程本、何本、四庫本、陳本同，邵本作“故有”。

【3】議：魁本、陳本同，仿宋本、馮本、程本、四庫本、邵本作“義”。

【4】捄：仿宋本、馮本、魁本、陳本同，程本、四庫本、邵本作“救”。

【5】忽：四庫本同，仿宋本、馮本、魁本、程本、陳本作“乎”，何本、邵本作“先”。

【箋注】

〔1〕汪繼培曰：“‘議讞’衍一字。昭六年《左傳》：‘叔向云：“昔先王議事以制，不爲刑辟。”’《漢書・景帝紀》中元五年詔曰：‘諸獄疑，若雖文致於法，而於人心不厭者，輒讞之。’《張湯傳》云：‘平亭疑法，奏讞疑。’《説文》云：‘瀸（覺按：陳本此下衍“者”字，此據汪稿），議辠也。’‘讞’與‘瀸’同。”〇覺按：讞（yàn驗）：評議或審判（罪過）。獄：罪過。

〔2〕汪繼培曰：“《漢書・王嘉傳》云：‘聖王斷獄，必先原心定罪，探意立情。’《五行

志》引京房《易傳》曰：'誅不原情，茲謂不仁。'《後漢書·霍諝傳》云：'諝聞《春秋》之義，原情定過，赦事誅意。'"○王紹蘭曰："《春秋·隱元年》：'天王使宰咺來歸惠公、仲子之賵。'《左氏》《公羊》皆譏其緩，《穀梁》不譏。《雜記》疏引《釋廢疾》云：'平王遷於成周，欲崇禮於諸侯，原情免之。'文五年'王使榮叔歸含且賵'，《穀梁傳》曰：'其不言來，不周事之用也。'《集解》引何休曰：'四年"夫人風氏薨"，九年"秦人來歸僖公、成風之襚"，最晚矣，何以言來？鄭釋之曰："秦自敗於殽之後，與晋爲仇，兵無時休（覺按："時休"爲"休時"之誤倒），乃免繆公之喪而來，君子原情不責晚。"'此'原情'也。《公羊·隱元年》'春王正月'《傳》：'公何以不言即位？成公意也。'何休注：'以不有正月而去即位，知其成公意。'桓元年'公即位'《傳》：'如其意也。'注：'如其意，以著其惡。'十四年'宋人以齊人、衛人、蔡人、陳人伐鄭'，《傳》：'以者何？行其意也。'注：'以己從人曰行，言四國行宋意也。'僖二十八年'晋侯侵曹，晋侯伐衛'，《傳》：'曷爲再言晋侯？非兩之也。然則何以不言遂？未侵曹也。未侵曹，則其言侵曹何？致其意也。其意侵曹，則曷爲伐衛？晋侯將侵曹，假塗於衛，衛人曰："不可得。"則固將伐之也。'注：'曹有罪，晋文行霸征之，衛壅遏，不得使義兵以時進，故著言侵曹，以致其意。''公子買戍衛，不卒戍，刺之'，《傳》：'不可使往，則其言戍衛何？遂公意也。'定十三年'晋趙鞅歸於晋'，注：'君子誅意不誅事。'此'論意'也。"○覺按：原：推究根源。原情：推究初衷。論：考察，審查。參見拙著《商君書校疏》10.3 注〔6〕。

〔3〕汪繼培曰："《小司寇》。"○覺按：《周官》：《周禮》一書，漢代初出時稱《周官》，因與《尚書·周官篇》相混，故改稱《周官經》。西漢末列爲經而屬於禮，故自劉歆以後稱《周禮》。書内分《天官》《地官》《春官》《夏官》《秋官》《冬官》六篇，所述制度與周代多不合，今文家以爲此書乃王莽時劉歆所僞作。今通行本有《十三經注疏》本。差（cī 疵）：次第，依次羅列。辟（bì 幣）：法律。八議之辟：八條評議特殊罪人的法律。《周禮·秋官·小司寇》："以八辟麗邦灋（覺按：拿八條法律附於國法之下），附刑罰（覺按：也從屬於相當的刑罰）：一曰議親之辟（覺按：一是評議皇親國戚犯罪時的法律），二曰議故（覺按：故舊，即與帝王有老交情的人）之辟，三曰議賢（覺按：有德行的人）之辟，四曰議能（覺按：有才能的人）之辟，五曰議功（覺按：有功勞的人）之辟，六曰議貴（覺按：地位高的人）之辟，七曰議勤（覺按：爲國辛勤操勞的人）之辟，八曰議賓（覺按：賓客）之辟。"周代禮制所規定的"刑不上大夫"（見《禮記·曲禮上》），實際上是指對這些特殊的賢能之人不可施刑，所以在刑法中没有關於其犯罪時的制裁條律。凡以上八種人一旦犯罪，由於在刑書中找不到相應的法律條文，所以就制定了這"八議之辟"，以便在這八種人犯罪時進行評議，評議後確認其罪，再依照相應的國法處以刑罰。這種法律思想，既體現了"救善人"的立場，又體現了"非欲令兼縱惡逆"的觀點，所以王符引以爲證。

〔4〕汪繼培曰："莊廿三年《左傳》：'曹劌曰："夫禮，所以整民也。"'《書·堯典》云：'黎民於變時雍。'"○覺按：雍：見 7.6 注〔20〕。

〔5〕汪繼培曰："《觀·象辭》。"○覺按："觀民設教"見《周易·觀·象》。

〔6〕汪繼培曰："《繫辭下傳》云：'《易》，窮則變，變則通，通則久。'"○覺按：變通：因變化而通達，引申指隨宜而變。《周易·繫辭下》："《易》，窮則變，變則通。"意指《易經》之道，行不通就變，變了就行得通。此文本之而兼具引申之義。移：遷移，指趨向，迎合。移時：等於說"趨時"。之：構成賓語前置句式的結構助詞。變通移時之議：議論變通趨時。《周易·繫辭上》："變通配四時。"意爲《易經》的變通和四季相配。《周

易·繫辭下》:“變通者，趣時者也。”意爲《易經》的變通就是迎合時節，引申指人的變通迎合時機。此文本之而兼具引申之義。

〔7〕捄（jiù 救）：通“救”。

〔8〕陳本“忽”作“乎”，汪繼培曰：“何本‘乎’作‘先’。按當作‘莫急乎此’。”○覺按：汪説非。“乎”當作“忽”，今據四庫本改。

三式第十七

【提要】

三式：三種範式，指古代政治措施中值得效法的三種典範做法。文章主要論述了以重賞嚴刑的手段來治理臣子的問題。

全文可分三大部分。

開頭三節爲第一種範式，論述對國家最高官員三公的治理方法。作者認爲，對丞相等最高官員，在任職三年以後應加以考核。凡有功德的，應封以列侯、賜予封邑來褒奬他；凡無所事事、没有成績的，應施以重刑。

中間四節爲第二種範式，論述對諸侯的治理方法。作者認爲，衹有有功德的人，纔能封爲諸侯。對於無功德而“襲先人之爵，因祖考之位”的人，應該罷黜。鑒於當今諸侯良莠不齊的狀況，作者建議讓他們試任縣官。對其中有功德的，則“稍遷位益土”；對於邪惡無狀的，則“削土奪國”。而在試任縣官的辦法還未能實行之前，也可以讓他們“貢士”，以此來考察他們。現在“有功不賞，無德不削”，實在不是“勸善懲惡、誘進忠賢、移風易俗之法術也”。

最後四節是第三種範式，論述對郡守、相國的治理方法。作者認爲，“德能優而所治纖，則職脩理而民被澤”，當今守、相管轄的地區甚大，所以不能不審慎擇取。而在録用之後，應該本着“賞重而信，罰痛而必”的原則，對有政績者賞賜金帛乃至封侯，對“秏亂無狀者”則加以處決。這樣，就能使羣臣“競思其職”，良臣輩出而天下大治。

17.1.1

高祖定漢〔1〕，與羣臣約【1】，自非劉氏不得王〔2〕，非有武功不得侯●〔3〕。孝文皇帝始封外祖●〔4〕，因爲典式，行之至今。孝武皇帝封爵丞相，以襃有德，後亦承之●【2】〔5〕，建武乃絶〔6〕。

【校記】

【1】羣：仿宋本、馮本、魁本、何本、邵本、陳本同，程本作“群”，四庫本作“郡”。

【2】承之：仿宋本、馮本、魁本、陳本同，程本、四庫本、邵本作“襲”。

【箋注】

〔1〕定漢：奠定漢朝。指高祖平定天下、即皇帝之位以後，也就是在高祖晚年。《史記·吕后本紀》：“吕太后誠産、禄曰：‘高帝已定天下，與大臣約曰：“非劉氏王者，天下共擊之。”’”《史記·漢興以來諸侯年表·序》：“高祖末年，非劉氏而王者，若無功、上所不置而侯者，天下共誅之。”

〔2〕自：猶“若”，如果。王：原爲君主的稱號。周代天子稱“王”，但至春秋戰國時，諸侯強大，所以也紛紛自稱爲“王”。秦、漢以後，君主稱皇帝，“王”就成了皇族或功臣的最高封號。漢代的“王”相當於戰國時的諸侯，所以又稱爲“諸侯王”。其封王情况可參見《史記·漢興以來諸侯年表》及《漢書》的《異姓諸侯王表》《諸侯王表》。此文“王”字用作動詞。

〔3〕汪繼培曰：“《史記·絳侯世家》：‘亞夫曰：“高皇帝約，非劉氏不得王，非有功不得侯。不如約，天下共擊之。”’”〇覺按：侯：古代爵位名（參見15.4注〔9〕）。根據漢代的制度，爵封皇族或功臣有兩級，大的封爲“王”，小的封爲“侯”（見《史記·漢興以來諸侯年表·序》“漢興序二等”《集解》）。“侯”即“列侯”（見9.6注〔2〕）之類。其封侯情況可參見《史記》的《高祖功臣侯年表》《惠景間侯者年表》《建元以來侯者年表》《建元以來王子侯者年表》以及《漢書》的《王子侯表》《高惠高后文功臣表》《景武昭宣元成功臣表》《外戚恩澤侯表》。此文“侯”字用作動詞。

〔4〕汪繼培曰：“《史記·外戚世家》云：‘文帝追尊薄太后父爲靈文侯。’”〇覺按：封外祖：文帝即位後，追尊其母薄姬爲皇太后，追尊薄太后之父爲靈文侯。見《史記·外戚世家》。

〔5〕汪繼培曰：“《漢書·公孫弘傳》云：‘元朔中，代薛澤爲丞相。先是，漢常以列侯爲丞相，惟弘無爵，上於是下詔封弘爲平津侯。其後以爲故事。’”〇覺按：孝武皇帝：即漢武帝（見4.6注〔16〕），“孝武”是其謚號。封爵丞相：給丞相封爵。武帝元朔五年（公元前124年），薛澤免相，以公孫弘爲丞相。在此之前，漢朝常以列侯（見9.6注〔2〕）爲丞相，但公孫弘没有爵位，於是武帝下詔封公孫弘爲平津侯，以褒揚文德。給丞相封爵即始於此。參見《漢書·公孫弘傳》。

〔6〕建武：漢光武帝年號，公元25—56年。

17.1.2

傳記所載〔1〕，稷、卨、伯夷、皐陶、伯翳【1】，同●〔2〕受封土●【2】〔3〕。周宣王時〔4〕，輔相大臣以德佐治，亦獲有國，故尹吉甫作封頌二篇●【3】〔5〕，其詩曰：“亹亹申伯〔6〕，王纘之事〔7〕。于邑于謝〔8〕，南國是式●【4】〔9〕。”又曰：“四牡彭彭，八鸞鏘鏘，王命仲山甫，城彼東方●〔10〕。”此言申伯、山甫文德致昇平【5】，而王封以樂土，賜以盛服也●〔11〕。

【校記】

【1】卨：仿宋本、馮本、魁本、陳本同，程本、四庫本、邵本作“禹”。

【2】同：四庫本同，仿宋本、馮本、魁本、程本、邵本、陳本作“日”。

【3】頌：仿宋本、馮本、魁本、程本、何本、四庫本、陳本同，邵本作“頌”。

【4】是：四庫本同，仿宋本、馮本、魁本作“于二”，程本、邵本、陳本作“于是”。

【5】昇：仿宋本、馮本、魁本、程本、四庫本、邵本同，陳本作“升”。

【箋注】

〔1〕傳：古書的記載。下句提到的人均見於《尚書·舜典》。

〔2〕陳本“同”作“日”，汪繼培曰：“疑‘皆’。”○覺按：“日”當爲“同”之形訛，今據四庫本改。

〔3〕汪繼培曰：“《詩·長發》疏云：‘《中候握河紀》說堯云：“斯封稷、契、皐陶，賜姓號。”’又云：‘《考河命》說舜之事云：“褒賜羣臣，賞爵有功，稷、契、皐陶益土地。”’‘卨’即‘契’字。”○覺按：伯夷：人名，但不是3.3提到的“伯夷”，而是古代堯、舜的大臣，炎帝的後代，姓姜，曾被舜任爲秩宗（掌管郊廟祭祀之禮的官），《漢書·古今人表》作“柏譽”，參見35.2及《尚書·舜典》、《國語·鄭語》及韋昭注。伯翳：即“伯益”，又作“栢翳”或“柏益”（見《史記·秦本紀》《漢書·古今人表》），舜封之於費（在今山東省費縣），所以也稱“大費”或“費侯”，古代嬴姓各族的祖先（見《國語·鄭語》及韋昭注），相傳他善於畜牧和狩獵，被舜任爲虞（掌管山澤的官，見《尚書·舜典》《孟子·滕文公上》）；並助禹治水有功，被選爲繼承人。禹去世後，他避居箕山之北，夏禹之子啓被擁戴繼位（見《孟子·萬章上》）。一說禹去世後，啓及其黨羽攻打伯益而從他手中奪取了帝位（見《韓非子·外儲說右下》），他於夏啓二年逃到其封地費國，死於夏啓六年（見《竹書紀年》卷上）。參見35.4.12。

〔4〕周宣王：西周天子，姓姬，名靜（一作“靖”），周厲王之子，公元前828—公元前782年在位。他任用仲山甫、尹吉甫、方叔、召虎等，效法文王、武王、成王、康王時的政風，諸侯因此又宗奉周王朝，史稱中興。參見《史記·周本紀》。

〔5〕汪繼培曰：“‘頌’疑當爲‘誦’。《詩·崧高》云：‘吉甫作誦。’毛傳：‘作是工師之誦也。’”○覺按：尹吉甫：周宣王時的大臣，姓兮，名甲，字伯吉父（“父”一作“甫”），所以也稱兮伯吉父。“尹”是官名。宣王五年（公元前823年），玁狁攻周至涇水北岸，他率師北伐玁狁至太原（今寧夏回族自治區固原市和甘肅省平涼市一帶）。《詩經·小雅·六月》及他的遺物兮甲盤都記述了此事。相傳吉甫作了不少詩讚美宣王，如《詩經·大雅》中的《崧高》《烝民》《韓奕》《江漢》等篇即是。頌：通“誦”，指可以朗誦的詩歌。

〔6〕此下四句詩見《詩經·大雅·崧高》。亹亹（wěiwěi偉偉）：古與“勉勉”或“黽勉”音近義通，形容勤勉不懈的樣子。申：古國名，姜姓，其國君相傳爲伯夷（見注〔3〕）之後代，原居於今陝西、山西之間。周宣王時一部分被東遷，建立申國，即此文之申伯之國，故地在今河南省南陽市，春秋初期爲楚文王所滅。其留在原地的部分，稱西申，或稱申戎，也叫姜氏之戎，曾在西周末年聯合犬戎攻周，並擁立周平王，後爲秦所滅。伯：古代爵位名，見15.4注〔9〕。申伯：周宣王的大臣，因爲他是申國國君，爲伯爵，所以稱“申伯”。

〔7〕王：指周宣王。纘（zuǎn纂）：繼續，繼承，這裏用作使動詞。

〔8〕于：前一個“于”字猶“爲”（參見《經傳釋詞》卷一“于”字條），後一個“于”

字表示“在”。謝：地名，是周宣王新封給申伯的地方，一作“序”（見35.2），在今河南省南陽市南。

〔9〕陳本“是”作“于是”，汪繼培曰：“《崧高》。‘是’舊作‘二’，据程本改。今《詩》‘國’下無‘于’字。按《志氏姓篇》引詩‘纘’作‘薦’，‘謝’作‘序’，‘于是’作‘爲’。此書引《詩》不用毛氏，後人或据《毛詩》改之，遂致兩引互異。”〇覺按：南國：指周王朝南邊的國家。是：構成賓語前置句式的結構助詞。式：模式，榜樣，這裏用作動詞，表示“爲……作出榜樣”，引申指統治。

〔10〕汪繼培曰：“《烝民》。”〇覺按：以上四句詩見《詩經·大雅·烝民》。牡：雄性的鳥獸，此指雄馬。古代一車駕四馬，“四牡”指同拉一輛車的四匹駿馬。彭彭（bāngbāng邦邦）：形容行進時強壯有力的馬蹄聲。鸞（luán 鑾）：通“鑾”（luán 鑾），一種鈴，常飾於帝王的車子上。王：指周宣王。仲山甫：也作“中山父”或“仲山父”，周宣王的大臣，封於樊（又稱“陽樊”，在今河南省濟源市南，參見35.17.1注〔2〕），侯爵，謚穆仲（見35.17.2），故亦稱樊侯、樊仲、樊穆仲、樊仲山甫。東方：該詩下文説“仲山甫徂齊”，故《詩經·大雅·烝民》“城彼東方”毛傳云：“東方，齊也。古者諸侯之居逼隘，則王者遷其邑而定其居，蓋去薄姑而遷於臨菑也。”這是把“城彼東方”理解成仲山甫去爲齊國築城。王符此文則把“東方”理解爲仲山甫的封地，與毛傳的理解不同。當然，還有人將此詩句理解爲仲山甫被封在齊國，如《漢書·杜周傳·杜欽傳》載杜欽之言曰：“仲山父，異姓之臣，無親於宣，就封於齊。”這種理解顯然不當，因爲當時齊國還存在，周宣王不可能再將仲山甫封在齊國。至於仲山甫的封地，可參見35.17.1注〔2〕。

〔11〕汪繼培曰：“《漢書·梅福傳》云‘升平可致’，張晏曰：‘民有三年之儲曰升平。’按《食貨志》云：‘民三年耕，則餘一年之畜。衣食足而知榮辱，廉讓生而争訟息，故三載考績。孔子曰：“苟有用我者，期月而已可也，三年有成。”成此功也。三考黜陟，餘三年食，進業曰登。再登曰平，餘六年食。三登曰泰平，二十七歲，遺九年食，然後王德流洽，禮樂成焉。’‘升平’即‘登平’。升平受封，與《志》説合。”〇覺按：文德：見15.8注〔6〕。昇：莊稼成熟。昇平：富足太平。盛：華美。服：指器服。《周禮·春官·都宗人》“與其服”鄭玄注：“服謂衣服及宫室車旗。”

17.1.3

《易》曰：“鼎折足，覆公餗，其刑渥，凶●〔1〕。”此言公不勝任，則有渥刑也〔2〕。是故三公在三載之後，宜明考績黜刺〔3〕，簡練其材〔4〕。其有稷、卨、伯夷、申伯、仲山甫致治之效者，封以列侯〔5〕，令受南土、八鑾之賜●〔6〕。其尸禄素餐●〔7〕，無進治之效，無忠善之言者，使從渥刑〔8〕。是則所謂“明德慎罰”●〔9〕，而簡練能否之術也。誠如此，則三公競思其職，而百寮争竭其忠矣●〔10〕。

【箋注】

〔1〕汪繼培曰：“《鼎·九四》。刑，王弼本作‘形’。”〇覺按：引文見《周易·鼎·九四》。鼎：《説文·鼎部》：“鼎，三足兩耳，和五味之寶器也。”鼎在古代既用來

烹調食物，也用作旌功或記載功績的禮器。它是國之重器，有三足，所以古代常用來喻指三公。公：指三公，見4.1注〔5〕。餗（sù速）：烹調好的珍貴食物。渥：厚，重。

〔2〕王紹蘭曰："《秋官·司烜氏》疏引鄭氏《易》曰：'鼎（覺按：今《十三經注疏》本作"鼐"）三足，三公象，若三公傾覆王之美道，屋中刑之。'《周易集解》引九家《易》曰：'鼎者，三足一體，猶三公承天子也。足折、餗覆，猶三公不勝其任，傾敗天子之美，故曰覆餗。渥者，厚大，言辠重也。'節信用九家《易》說。"

〔3〕刺：指責，督責，檢舉揭發其不法行徑。或爲"勅"字之誤，參見17.2.4注〔7〕。考績黜刺：語本《尚書·舜典》的"三載考績""黜陟幽明"（參見7.2注〔15〕）。因爲三公之官位至高，無以"陟"之，所以此文改爲"刺"。

〔4〕簡：選擇，分別。練：見9.8注〔2〕。其：見1.4注〔8〕。其材：等於7.4所說的"其人"。

〔5〕列侯：見9.6注〔2〕。

〔6〕汪繼培曰："王先生云：'"蠻"當作"鸞"。'▲按'八蠻'是也。《周禮》：職方氏掌'四夷、八蠻'。《爾雅》李巡本《釋地》有'八蠻在南方'，注云：'一曰天竺，二曰咳首，三曰焦僥，四曰歧踵，五曰穿胷，六曰儋耳，七曰狗軹，八曰旁舂。'邢昺疏引《風俗通》云：'君臣同川而浴，極爲簡慢。蠻者，慢也。其類有八。'《後漢書·西域傳》陳忠疏云：'八蠻之寇，莫甚北虜。'"〇覺按：汪說非，王說是。"南土"承17.1.2"南國"而言，"八鸞"承17.1.2"八鸞"而言，"蠻"爲"鸞"之形訛。

〔7〕汪繼培曰："《文選》曹子建《求自試表》李善注引《韓詩》曰：'何謂素餐？素者，質也。人但有質朴而無治民之材，名曰素餐。尸祿者，頗有所知，善惡不言，默然不語，苟欲得祿而已，譬若尸矣。'《漢書·貢禹傳》禹上書云：'血氣衰竭，耳目不聰明，非復能有補益，所謂素餐尸祿洿朝之臣也。'《谷永傳》云：'無使素餐之吏久尸厚祿。'"〇覺按：尸：見8.6注〔12〕。尸祿：指不治事而空受俸祿，就像受祭者那樣不做事而享用祭品。素餐：見8.6注〔12〕。

〔8〕從：《廣雅·釋詁三》："從，就也。"

〔9〕汪繼培曰："《書·康誥》。"〇覺按："明德慎罰"是《尚書·康誥》中的話，所以說"所謂"。德：恩惠。此文與"罰"相對，指獎賞。《韓非子·二柄》："殺戮之謂刑，慶賞之謂德。"

〔10〕汪繼培曰："《書·皋陶謨》云：'百僚師師。''寮'與'僚'同。一式。"〇覺按：寮：通"僚"，官。

17.2.1

先王之制，繼體立諸侯〔1〕，以象賢也●〔2〕。子孫雖有食舊德之義●〔3〕，然封疆立國不爲諸侯〔4〕，張官置吏不爲大夫●〔5〕，必有功於民乃得保位，故有考績黜刺、九錫三削之義●〔6〕。《詩》云【1】："彼君子兮，不素餐兮●〔7〕。"由此觀之，未有得以無功而祿者也●〔8〕。

【校記】

【1】云：仿宋本、馮本、魁本、程本、邵本、陳本同，四庫本作"曰"。

【箋注】

〔1〕繼體：見16.5注〔17〕。此指繼承君位的人。《儀禮·士冠禮》《禮記·郊特牲》均作“繼世”。

〔2〕汪繼培曰：“▲《儀禮·士冠禮》：‘繼世以立諸侯，象賢也。’鄭注：‘象，法也。爲子孫能法先祖之賢，故使之繼世也。’《禮記·郊特牲》云：‘繼世以立諸侯，象賢也。’鄭注：‘賢者子孫，恒能法其先父德行。’”

〔3〕汪繼培曰：“《易·訟·六三》：‘食舊德，貞厲，終吉。’”〇王紹蘭曰：“‘子孫’上當有‘卿大夫’三字。《詩·大雅·文王》疏引《五經異義》：‘今《春秋公羊》《穀梁》説云卿大夫世位。《左氏》説卿大夫得世禄，不得世位，父爲大夫夗，子得食其故采，如有賢才則復升父故位。’許君謹按：‘《易》爻位三爲三公，二爲卿大夫，曰食舊德，謂食父故禄也。’節信引《易》，意與許同，故下文以諸矦、大夫分列爲説，足知此有奪文。”〇覺按：此“子孫”上探下省“諸侯”“大夫”，未必脱去“卿大夫”三字，王説僅供參考。舊德：先輩的功德。食舊德：依靠先輩的功德而享受爵禄。古代子孫往往因爲先世有功德而推恩受賜官爵，如“父蔭”之類。

〔4〕封：《禮記·檀弓上》“吾見封之若堂者矣”鄭玄注：“封，築土爲壟。”

〔5〕汪繼培曰：“《荀子·大畧篇》云：‘天之生民，非爲君也。天之立君，以爲民也。故古者列地建國，非以貴諸侯而已；列官職，差爵禄，非以尊大夫而已。’《白虎通·封公侯篇》云：‘列土爲疆，非爲諸侯；張官設府，非爲卿大夫；皆爲民也。’《後漢書·光武帝紀》建武六年詔曰：‘張官置吏，所以爲人也。’按‘張官置吏’本《管子·明法解》。”

〔6〕汪繼培曰：“《白虎通·考黜篇》云：‘諸侯所以考黜何？王者所以勉賢抑惡，重民之至也。《尚書》曰：“三載考績，三考，黜陟。”《禮》説九錫：車馬、衣服、樂則、朱户、納陛、虎賁、鈇鉞、弓矢、秬鬯，皆隨其德，可行而賜。’又云：‘百里之侯，一削爲七十里侯，再削爲七十里伯，三削爲寄公。七十里伯，一削爲五十里伯，再削爲五十里子，三削地盡。五十里子，一削爲三十里子，再削爲三十里男，三削地盡。五十里男，一削爲三十里男，再削爲三十里附庸，三削爵盡。’”〇覺按：錫：賜。九錫：賞賜九種器物（見汪注所引）。這是古代帝王褒獎大臣的一種措施。三削：三次削減，指依次削減封地與爵位的一種懲罰措施（如汪注所引）。7.5所説的“一則黜爵，載則黜地，三黜則爵土俱畢”，與此類同。

〔7〕汪繼培曰：“《伐檀》。”

〔8〕汪繼培曰：“《毛詩·伐檀·序》云：‘在位貪鄙，無功而受禄。’”

17.2.2

當今列侯●〔1〕，率皆襲先人之爵，因祖考之位，其身無功於漢，無德於民，專國南面〔2〕，卧食重禄，下殫百姓，富有國家。此素餐之甚者也●〔3〕。孝武皇帝患其如此，乃令酎金【1】，以黜之，而益多怨●〔4〕。今列侯，或有德宜子民〔5〕，而道不得施●〔6〕；或有凶頑醜●〔7〕，不宜有國，而惡不上聞●〔8〕。且人情，莫不以己爲賢而效其能者。周公之戒“不使大臣怨乎不以”●〔9〕。《詩》云：“駕彼四牡，四牡項領●〔10〕。”今列侯年卅以來【2】〔11〕，宜皆試補長吏墨綬以上〔12〕，關内侯補黄綬●〔13〕，以信●其志〔14〕，以旌其能●〔15〕。其有韓侯、邵虎之德●【3】〔16〕，上有功於天子●【4】〔17〕，下有益於百姓，則稍遷位益土，以彰有德●〔18〕。其懷姦藏惡、尤無狀者●〔19〕，削土奪國，以明好惡。

【校記】

【1】酎：仿宋本、馮本、魁本、陳本同，程本、四庫本、邵本作“酧”。

【2】今：何本、四庫本、邵本、陳本同，仿宋本、馮本、魁本、程本作“令”。卅：仿宋本、馮本、魁本同，程本、四庫本、邵本作“世”，陳本作“卉”。

【3】邵：仿宋本、馮本、魁本、程本、邵本、陳本同，四庫本作“召”。

【4】子：陳本同，仿宋本、馮本、魁本、程本、四庫本、邵本作“下”。

【箋注】

〔1〕汪繼培曰：“《獨斷》云：‘漢制，皇子封爲王者，其實古諸侯也。周末諸侯或稱王，而漢天子自以皇帝爲稱，故以王號加之，總名諸侯王。子弟封爲侯者，謂之諸侯。羣臣異姓有功封者，謂之徹侯，後避武帝諱，改曰通侯，法律家皆曰列侯。’《御覽》一百九十八引《風俗通》云：‘列者，言其功德列著乃饗爵也。’”〇覺按：参見9.6注〔2〕。

〔2〕南面：見3.3注〔28〕。

〔3〕汪繼培曰：“《漢書·張湯》後《延壽傳》云：‘延壽已歷位九卿，既嗣侯，國在陳留，别邑在魏郡，租入歲千餘萬。延壽自以身無功德，何以能久堪先人大國，數上書讓減户邑。’此即本其意言之。”

〔4〕汪繼培曰：“‘酎’舊作‘酧’。《漢書·景帝紀》：‘元年，高廟酎。’張晏曰：‘正月旦作酒，八月成，名曰酎。酎之言純也。至武帝時，因八月嘗酎，會諸侯廟中，出金助祭，所謂酎金也。’《武帝紀》：‘元鼎五年九月，列侯坐獻黄金酎祭宗廟不如法，奪爵者百六人。’如淳曰：‘《漢儀》注，諸侯王歲以户口酎黄金於漢廟，皇帝臨，受獻金。金少不如斤兩，色惡，王削縣，侯免國。’臣瓚曰：‘《食貨志》：“南越反時，卜式上書願死之。天子下詔褒揚，布告天下，天下莫應。列侯以百數，莫求從軍。至酎飲酒，少府省金，而列侯坐酎金失侯者百餘人。”’《續漢書·禮儀志》劉昭注引《漢律·金布令》云：‘列侯各以民口數，率千口奉金四兩，奇不滿千口至五百口亦四兩，皆會酎，少府受。’”〇王紹蘭曰：“漢武帝元鼎五年，以列矦莫求從軍，坐酎金奪爵者百六人。今以《漢書》攷之，《王子矦表》有德矦何、棘樂矦慶、宜春矦成、容陵矦福、杏山矦成、浮丘矦霸、廣戚矦始、盱台矦蒙之、淮陵矦定國、龍丘矦代、壽梁矦守、雷矦豨、辟土矦明、尉文矦犢、楡丘矦受福、襄嚵矦建、將梁矦朝平、薪館矦未央、陸城矦貞、薪處矦嘉、距陽矦淒、廣矦順、蓋胥矦讓、周望矦當時、陪矦邑、前矦信（師古曰：“‘前’或作‘葴’。”）、五據矦臞丘、胡毋矦楚、博陽矦終古、郁根矦驕、西昌矦敬、陸地矦義、邯平矦順、葉矦喜、運平矦記、山州矦齒、海常矦福、廣陵矦成、杜原矦皋、高平矦喜、廣川矦頗、歊矦延平、柳宿矦蘇、戎丘矦讓、曲成矦萬歲、安險矦應、安道矦恢、終弋矦廣、置麥矦昌、鉅合矦發、昌矦差、蕢矦方、文成矦光、挍矦雲、翟矦壽、鱣矦應、彭矦彊、東淮矦類、拘矦賢、涓矦不疑，計六十矦。又《高惠高后文功臣表》：平曲矦周建德、梁鄒矦武山柎、陽信矦吕

談、汁防矦雍桓、敬市矦閻、穀南矦郭則、安國矦王定、平皋矦劉勝、中水矦吕空、城稾矦陳千秋、清矦室中生、閼氏矦馮平、陸量矦須毋、臨轅矦戚賢、中牟矦單舜、嚴矦許廣宗、桃矦劉自爲、便矦吴千秋、龍頟矦韓說，計十九矦。《景武昭宣元成功臣表》：建陵矦衛信、南奅矦公孫賀、江陽矦蘇雕、塞矦直堅、從驃矦趙破奴、湘成矦敞屠、洛膫矦次公，計七矦。又《外戚恩澤矦表》：南皮矦竇桑林、蓋矦王受、陰安矦衛不疑、發干矦衛登，計四矦。以上元鼎五年坐酎金奪爵可攷者，共九十矦。其《王子矦表》有高俞矦賢、鉅乘矦郢客、夏丘矦遇參、畯矦則、沂陵矦喜，皆坐酎金免，不著何年之事；又有朝矦固城，五鳳四年坐酎金少四兩免；襄隄矦聖，地節四年坐奉酎金斤八兩，少四兩免；南䜌矦佗，征和二年坐酎金免。《高祖功臣表》有開封矦陶睢，元狩五年坐酎金免；又有庉丘矦唐尊，以元鼎二年嗣，矦二年，坐酎金免，則事在四年；孝武功臣龍矦摎廣德，以六年坐酎金免；皆非元鼎五年事。而商陵矦趙周於元鼎五年坐爲丞相知列矦酎金輕，且下獄自殺矣。襄隄矦聖奉酎金斤八兩，以《金布令》千口四兩之法核之，其國中民數得六千口，漢時民有口錢，此金當即口率所出，而輕少四兩，是侵欺至千口之多，其咎比色惡尤重，故聖與朝矦固城竝以少金四兩失矦。是漢法酎金及奪爵，蓋皆以四兩起數也。"○覺按：汪云"酎"舊作"酧"，當爲誤校，蓋其始校《潛夫論》時以程本爲底本，而將"酧"字誤爲"酧"耳。酎（zhòu 紂）：醇酒。酎金：漢武帝時，以資助宗廟祭祀爲由，令王侯至宗廟嘗酎獻黄金，叫酎金。

〔5〕子民：以民爲子，即爲民父母而安撫人民，指統治人民。

〔6〕汪繼培曰："《白虎通·封公侯篇》云：'擇賢而封之，使治其民，以著其德，極其才。上以尊天子，備蕃輔；下以子養百姓，施行其道。'"

〔7〕汪繼培曰："脱一字。"

〔8〕汪繼培曰："《漢書·王吉傳》諫昌邑王賀云：'恩愛行義孅介有不具者，於以上聞，非饗國之福也。'《張敞傳》顔師古注：'上聞，聞於天子也。'按《漢書·景帝子河閒獻王傳》：'有司奏元殘賊不改，不可君國子民。'《趙敬肅王彭祖傳》：'彭祖取淖姬，生一男，號淖子。彭祖薨時，淖姬兄爲漢宦者。上召問："淖子何如？"對曰："爲人多欲。"上曰："多欲不宜君國子民。"'《外戚傳》云：'霍光以許皇后父廣漢刑人，不宜君國。''君國子民'蓋亦漢時律令文，語本《湯征》，見《史記·殷本紀》。"

〔9〕汪繼培曰："《論語》。"○覺按：引語見《論語·微子》，是周公告誡其兒子伯禽的話。

〔10〕汪繼培曰："《節南山》。毛傳：'項，大也。'箋云：'四牡者，人君所乘駕。今但養大其領，不肎爲用。喻大臣自恣，王不能使也。'此引《詩》以明大臣怨乎不以，則以四牡項領而靡所騁，喻賢者有才而不得試，與鄭氏異誼。蓋本三家《詩》說。《中論·爵禄篇》云：'君子不患道德之不建，而患時世之不遇。《詩》曰："駕彼四牡，四牡項領，我瞻四方，蹙蹙靡所騁。"傷道之不遇也。'《新序·雜事五》云：'處勢不便，豈可以量功校能哉！《詩》不云乎："駕彼四牡，四牡項領。"夫久駕而長不得行，項領不亦宜乎？'《隸釋·堂邑令費鳳碑》云：'退己進弟，不營榮禄，栖遲歷稔，項領滯畜。'《易林·履之剥、否之屯、噬嗑之歸妹、未濟之明夷》並云：'名成德就，項領不試。▲景公耋老，尼父逝去。'《抱朴子·嘉遁篇》云：'空谷有項領之駿者，孫陽之恥也。'《勗學篇》云：'項領之駿，騁迹於千里。'《博喻篇》云：'兩絆而項領，則騏騄與蹇驢同矣。'誼竝與此同。"○覺按：引詩見《詩經·小雅·節南山》。項：肥大，隆起。領：頸。

〔11〕以來：以上。

〔12〕補：委任（官職）。長（zhǎng 掌）吏：大官。《漢書・景帝紀》中元六年詔：“吏六百石以上，皆長吏也。……令長吏二千石車朱兩轓，千石至六百石朱左轓。”則長吏爲六百石至二千石的官吏。據《漢書・百官公卿表上》，漢代大縣的縣令秩六百石至一千石，郡守秩二千石，郡丞（副官）秩六百石，則長吏當指地方上郡、縣的長官。墨綬：結在印環上的墨色絲帶。《後漢書・蔡邕列傳》：“墨綬長吏，職典理人，皆當以惠利爲績，日月爲勞。”李賢等注：“《漢官儀》曰‘秩六百石，銅章墨綬’也。”《漢書・百官公卿表上》：“凡吏秩比二千石以上，皆銀印青綬，……秩比六百石以上，皆銅印黑綬，……比二百石以上，皆銅印黃綬。……綏和元年，長、相皆黑綬。”據此，則此文的“長吏墨綬”當指縣令而言，“長吏墨綬以上”當指郡、縣的長官。列侯爵位最高，金印紫綬（見《漢書・百官公卿表上》），現讓他們當郡、縣長官，實爲降級試用。

〔13〕汪繼培曰：“《漢書・百官公卿表》云：‘爵：十九關内侯，二十列侯。’又云：‘凡吏秩比六百石以上，皆銅印黑綬；比二百石以上，皆銅印黃綬。’”〇覺按：關内侯：秦制爵位分二十級，第十九級爲關内侯，地位僅次於徹侯（列侯）。因其僅有侯爵而不予封邑，寄食於京畿關内地區（秦都咸陽，以關内爲王畿），所以稱關内侯。漢因之。黃綬：黃色印綬。據《漢書・百官公卿表上》，黃綬爲二百石以上的官吏所用，縣丞（縣級佐官）、縣尉（縣級佐官，主管一縣軍事）秩四百石至二百石，則此當指縣令之副官而言。

〔14〕汪繼培曰：“讀爲‘申’。”〇覺按：信（shēn 申）：通“伸”，伸展。

〔15〕汪繼培曰：“《周語》韋昭注：‘旌，表也。’”

〔16〕汪繼培曰：“《詩・韓奕、江漢》。邵，今作‘召’。”〇覺按：韓：公元前 11 世紀周王朝分封的諸侯國，侯爵，姬姓，開國君主是周成王之弟，名失傳，《漢書・古今人表》衹稱“韓侯”，封地在今陝西省韓城市，一說在今山西省河津市東北，春秋前爲晋所滅。後來晋國以此封大夫韓萬（參見 34.1.4 注〔16〕）。韓侯：指周宣王時的韓國國君，因其爵位爲侯，所以稱韓侯。傳説他非常賢能。《詩經・大雅・韓奕》對他作了歌頌。邵虎：又作“召（shào 邵）虎”，即召穆公，召公奭（見 11.3 注〔4〕）的後代，名虎。周厲王暴虐，“國人”圍攻王宫，他把太子静藏在家中，以其子替死。厲王死後，他擁立太子繼位，即周宣王。當時淮夷不服，他奉宣王之命率軍戰勝淮夷，《詩經・大雅・江漢》即歌頌了此事。其遺物有“召伯虎簋”。

〔17〕汪繼培曰：“舊作‘下’。”

〔18〕汪繼培曰：“《書・臯陶謨》云：‘天命有德，五服五章哉！’‘彰’與‘章’義同。”

〔19〕汪繼培曰：“‘懷姦’亦漢時律令文。《漢書・孫寶傳》：‘劾奏立、尚懷姦罔上。’《翟方進傳》：‘方進劾立懷姦邪，亂朝政。’又奏立黨友後將軍朱博、鉅鹿太守孫閎、故光禄大夫陳咸‘皆内懷姦猾’。《元后傳》：‘解光奏曲陽侯根内懷姦邪，欲筦朝政。’《晋語》云：‘使百姓莫不有藏惡於其心中。’韋昭注：‘人懷悖逆也。’《後漢書・章帝紀》建初元年‘刺史明加督察尤無狀者’，章懷注：‘無狀，謂其罪惡尤大，其狀無可寄言，故云“無狀”。’”〇覺按：尤：特别，厲害。無狀：不可言狀，無法形容，指罪惡極大。

17.2.3

且夫列侯，皆剖符受策●〔1〕，國大臣也，雖身在外，而心在王室●〔2〕，宜助聰明，與智賢慮●【1】〔3〕，以佐天子●〔4〕，何得坐作奢僭〔5〕、驕育負責●【2】〔6〕、欺枉小民、淫恣酒色、職爲亂階●〔7〕、以傷風化而已乎●〔8〕？詔書横選，猶乃特進●〔9〕，而不令列侯舉●〔10〕。此於主德大洽、列侯大達●〔11〕，非執術督責揔覽獨斷御下方也●【3】〔12〕。今雖未使典始●治民〔13〕，然有横選，當循王制〔14〕，皆使貢士，不宜闕也【4】。

【校記】

【1】智賢：仿宋本、馮本、魁本、程本、何本、四庫本、陳本同，邵本作“賢智”。慮：邵本同，仿宋本、馮本、魁本、程本、何本、陳本作“愚”，四庫本作“者”。

【2】育：仿宋本、馮本、魁本、程本、邵本、陳本同，四庫本作“溢”。

【3】揔：仿宋本、馮本、魁本同，程本、四庫本、邵本、陳本作“總”。

【4】宜：陳本同，仿宋本、馮本、魁本作“冝”，程本、四庫本、邵本作“能”。

【箋注】

〔1〕汪繼培曰：“《史記·高祖紀》：‘六年，乃論功與諸列侯剖符行封。’《釋名·釋書契》云：‘漢制，約勑封侯曰冊。’《説文》云：‘冊，符命也，諸侯進受於王也。’‘冊’與‘策’同。《周禮·大宗伯》‘王命諸侯則儐’，鄭注：‘儐，進之也。王將出命，假祖廟，立依前，南鄉。儐者進當命者，延之命使登，内史由王右以策命之。降，再拜稽首，登，受策以出。’▲《漢書·高惠高后文功臣表》云：‘迹漢功臣，亦皆割符世爵，受山河之誓。’”○覺按：符：見 8.1 注〔13〕。剖符：剖分信符，指任命官吏、分封領地等等。策：策書。漢代皇帝任免三公、分封諸侯王、授予爵位，都用策書作爲符信，即所謂“策命”。這種“策”的形制及策文内容，可參見拙文《從文獻和文物看古代的“策”》，載《貴州文史叢刊》1987 年第 3 期。

〔2〕汪繼培曰：“《書·顧命》云：‘雖爾身在外，乃心罔不在王室。’”○覺按：王室：帝王之家，即朝廷。

〔3〕汪繼培曰：“句有誤字。《淮南子·主術訓》云：‘羣臣輻湊並進，無愚智賢不肖，莫不盡其能者，則君得所以制臣，臣得所以事君，治國之道明矣。’”○俞樾曰：“‘愚’字衍文也。‘與’讀爲‘舉’，古字通用。言宜舉智賢之人以佐天子也。下文云：‘當循王制，皆使貢士。’可證其義。”○覺按：俞説可通，可備一説。

〔4〕汪繼培曰：“《詩·六月》。”

〔5〕坐作：見 8.6 注〔13〕。

〔6〕汪繼培曰：“‘育’葢‘贏’字之壞。《大戴禮·曾子制言上篇》云：‘富貴吾恐其贏驕也。’字亦作‘盈’。《漢書·楚元王傳》劉向封事云：‘驕盈無厭。’《淮南厲王傳》云：‘驕盈行多不軌。’《敍傳》云：‘武安驕盈。’又云：‘常山驕盈。’”○彭鐸曰：“‘負責’詳《斷訟篇》。‘責’與‘債’同。”○覺按：汪繼培初稿注：“《邶風》鄭箋：‘育，穉也。’《莊子·列禦寇篇》云：‘人有見宋王者，錫車十乘，以其十乘驕穉莊子。’”“穉”同“稚”，表示把别人視爲幼稚，即自大，與“驕”同義。依此解，則此文之“驕育”猶《莊子》之“驕穉”，表示驕傲自大，與“贏驕”“驕盈”之表示驕傲自滿近義，故作“驕育”也通。

〔7〕汪繼培曰：“《詩·巧言》。”○覺按：職：《詩經·小雅·巧言》“職爲亂階”鄭玄箋：“職，主也。”即主要的意思。亂階：禍亂的階梯，指禍亂的由來。

〔8〕汪繼培曰："《漢書·韓延壽傳》云：'既傷風化，重使賢長吏、嗇夫、三老、孝弟受其恥。'按《景十三王傳》：'趙王曰："中山王但奢淫，不佐天子拊循百姓，何以稱爲藩臣？"'此文本之。"

〔9〕汪繼培曰："▲《後漢書·和帝紀》永元三年注引《漢官儀》云：'諸侯功德優盛，朝廷所敬異者，賜位特進，在三公下。'《後漢書·左雄傳》云：'特選横調，紛紛不絶。'《楊震》後《秉傳》云：'秉上言："自頃所徵，皆特拜不試。"'又云：'時郡國計吏多留拜爲郎。秉上言："宜絶横拜，以塞覬覦之端。"'《李固傳》云：'舊任三府選令史，光禄試尚書郎，時皆特拜，不復選試。''横選''特進'猶云'特拜''横拜'也。"〇覺按：横：不循正道，指不根據正常的規章制度。特進：特别進用，指不經過考察試用。

〔10〕汪繼培曰："下當脱'士'字。"〇彭鐸曰："此疑本作'與士'。與、舉古字通，《思賢篇》'與直'及上文'與智賢愚'，俞氏並讀'與'爲'舉'，是其例。因借'與'爲'舉'，寫者不達，遂誤合'與士'二字而爲'舉'字耳。"

〔11〕汪繼培曰："兩'大'字疑當作'未'。《一切經音義》六引《蒼頡篇》云：'洽，遍徹也。'"〇覺按："大"字恐不誤，汪説非。皇帝横選，則德澤加人，所以説"主德大洽"。又據7.5之文，則列侯應當貢士，如果不貢士，就要削地黜爵。現在皇帝不令列侯舉士，則列侯無削地黜爵之危，所以説"大達"。

〔12〕汪繼培曰："《漢書·公孫弘傳》對策云：'擅殺生之柄，通壅塞之塗，權輕重之數，論得失之道，使遠近情僞必見於上，謂之術。'《鼂錯傳》上書言：'人主所以尊顯，功名揚於萬世之後者，以知術數也。'《史記·李斯傳》云：'賢主者，必且能全道而行督責之術者也。'又云：'能獨斷而審督責，必深罰，故天下不敢犯也。'▲《後漢書·班固傳》云：'期於總覽賢才，收習（覺按："習"當作"集"）明智。'《光武帝紀》云：'明慎政體，總攬權綱。'▲又《南匈奴傳》云：'總攬群策。'字亦作'擥'，《漢書·刑法志》云：'總擥英雄。''覽'即'攬'之省。"〇覺按：督責：《史記·李斯列傳》"必且能全道而行督責之術者也"《索隱》："督者，察也。察其罪，責之以刑罰也。"覽：通"攬"。

〔13〕汪繼培曰："當作'司'。"〇覺按：汪説可資參考，"典司"見7.6。我認爲此"典始"當作"始典"。典：掌管，從事。"典治民"即17.2.2所説的"宜皆試補長吏"之類。

〔14〕王制：王者的制度，即奉行王道從而成就了帝王大業的聖王的制度。此文指7.5所説的"古者諸侯貢士"的制度。

17.2.4

是誠封三公以旌積德●〔1〕，試●列侯以除素餐【1】〔2〕，上合建侯之義●〔3〕，下合黜刺之法。賢材任職，則上下蒙福●〔4〕；素餐委國●〔5〕，位無凶人●〔6〕。誠如此，則諸侯必内思刺行而助國矣●【2】〔7〕。今則不然，有功不賞，無德不削，甚非勸善懲惡●〔8〕、誘進忠賢●〔9〕、移風易俗之法術也●〔10〕。

【校記】

【1】試：陳本同，仿宋本、馮本、魁本、程本、四庫本、邵本作"誠"。

【2】刺：馮本同，仿宋本、魁本作"刺"，程本、何本、四庫本、邵本、陳本作"制"。

【箋注】

〔1〕汪繼培曰："《書·盤庚》云：'汝有積德。'"〇覺按："是"猶"夫"（參見《古書虛字集釋》卷九"是"字條）。

〔2〕汪繼培曰："舊作'誠'。"〇覺按：試：試用。"試列侯"即17.2.2所說的"試補長吏"。

〔3〕汪繼培曰："《易·屯》：'利建侯'。"

〔4〕汪繼培曰："《後漢書·竇融傳》光武賜書云：'内則百姓蒙福。'"〇彭鐸曰："'則'字疑當在'賢'字上。"〇覺按：這兩句承上文"封三公以旌積德"而言，自爲因果。彭說非。

〔5〕汪繼培曰："《春秋繁露·立元神篇》云：'退讓委國而去。'"

〔6〕汪繼培曰："文十八年《左傳》云：'賓于四門，四門穆穆，無凶人也。'"

〔7〕汪繼培改"刺"爲"制"曰："'制'舊作'刺'。按'刺'乃'刺'之誤。'刺'即'制'字，《説文》云：'刺，裁也。从刀，从未。未，物成有滋味，可裁斷。'"〇覺按：刺：程本、何本等均作"制"，汪繼培也改爲"制"，恐不當。"刺"當爲"勅"之形訛。"勅"（chì斥）同"敕"，通"飭"，整治的意思。"敕行而助國"與《漢書·孔光傳》"敕躬自約，總正萬事"的意思相類。

〔8〕汪繼培曰："《漢書·賈誼傳》云：'慶賞以勸善，刑罰以懲惡。'《張敞傳》云：'非賞罰無以勸善懲惡。'"〇覺按：《説文·非部》："非，違也。"

〔9〕汪繼培曰："《漢書·循吏傳》云：'蜀地辟陋，有蠻夷風，文翁欲誘進之。'《爾雅·釋詁》云：'誘，進也。'"

〔10〕汪繼培曰："《孝經》云：'移風易俗，莫善於樂。'二式。"

17.3.1

昔先王撫世，選練明德●【1】〔1〕以統理民●〔2〕，建正封不過百，取法於震●〔3〕，以爲賢人聰明不是過也〔4〕，又欲德能優而所治纖●〔5〕，則職脩理而民被澤矣●【2】〔6〕。今之守、相●制地千里〔7〕，威權勢力盛於列侯，材明德義未必過古，而所治逾百里，此●所治多荒亂也【3】〔8〕。是故守、相不可不審也●【4】〔9〕。

【校記】

【1】練：仿宋本、馮本、魁本、陳本同，程本、四庫本、邵本作"揀"。

【2】脩：仿宋本、馮本、魁本、程本、邵本同，四庫本、陳本作"修"。

【3】此：仿宋本、馮本、魁本、程本、四庫本、邵本同，陳本作"此以"。

【4】可：仿宋本、馮本、魁本、陳本同，程本作"可㠯"，何本、四庫本、邵本作"可以"。

【箋注】

〔1〕汪繼培曰："定四年《左傳》云：'選建明德。'《史記·趙世家》云：'選練舉賢，任官使能。'▲《漢書·李尋傳》云：'選練左右。'"〇覺按：練：通"揀"，選擇。明德：

光明的德行，完美的德性。

〔2〕汪繼培曰：“《史記·陸賈傳》云：‘統理中國。’”

〔3〕汪繼培曰：“王先生云：‘“百”下脱“里”字。’繼培按：《後漢書·光武帝紀》：‘建武二年，博士丁恭議曰：“古帝王封諸侯不過百里，故利以建侯，取法於雷。”’《白虎通·封公侯篇》云：‘諸侯封不過百里，象雷震百里。’昭七年《左傳》云：‘諸侯正封。’”〇覺按：王説是。正：整治。封：疆界，引申指疆域。正封：此指諸侯治理的疆域。《左傳·昭公七年》：“天子經略，諸侯正封，古之制也。封畧之内，何非君土？”震：雷，雷擊。

〔4〕聰明：聽力和視力，指瞭解情況的能力。《淮南子·脩務訓》：“爲一人聰明而不足以遍照海内，故立三公九卿以輔翼之。”其用法與此同。不是過：不過此。

〔5〕汪繼培曰：“《漢書·食貨志》：‘賈誼曰：“古之治天下，至孅至悉也。”’顔師古注：‘“孅”與“纖”同。’”

〔6〕汪繼培曰：“《漢書·薛宣傳》云：‘衆職修理。’”

〔7〕汪繼培曰：▲“《續漢書·百官志》云：‘郡國九十八，其二十七王國相，其七十一郡太守。’《漢書·百官公卿表》云：‘改列侯所食國令長名相。’又云：‘相治民，如郡太守。’《漢書·何武傳（覺按：當作“王嘉傳”）》云：‘今之郡守重於古諸侯。’”〇覺按：守、相：見7.3注〔7〕。

〔8〕汪繼培於“此”下補“以”字後曰：“舊脱。”〇覺按：當在“所”下補“以”字，汪補非。

〔9〕汪繼培曰：“《鹽鐵論·除狹篇》云：‘古者封賢禄能，不過百里；百里之中而爲都，疆垂不過五十，猶以爲一人之身，明不能照，聰不得達，故立卿、大夫、士以佐之，而政治乃備。今守、相或無古諸侯之賢，而莅千里之政，不可不熟擇也。’《吕氏春秋·務本篇》云：‘處官則荒亂。’”

17.3.2

昔宣皇帝興於民間【1】〔1〕，深知之，故常嘆曰：“萬民所以安田里、無憂患者，政平訟治也。與我共此者，其惟良二千石●〔2〕。”於是明選守、相，其初除者，必躬見之，觀其志趣，以昭其能〔3〕。明察其治，重其刑賞●〔4〕。姦宄減少、户口增息者〔5〕，賞賜金帛，爵至封侯●〔6〕。其耗亂無狀者●〔7〕，皆銜刀瀝血於市〔8〕。賞重而信，罰痛而必●〔9〕，羣臣畏勸，競思其職●〔10〕，故能致治安而世升平，降鳳皇而來麒麟【2】〔11〕，天人悦喜，符瑞並臻〔12〕，功德茂盛，立爲中宗●〔13〕。由此觀之，牧守大臣者〔14〕，誠盛衰之本原也，不可不選練也；法令賞罰者，誠治亂之樞機也，不可不嚴行也●〔15〕。

【校記】

【1】間：程本、四庫本、邵本同，仿宋本、馮本、魁本、陳本作“閒”。

【2】皇：仿宋本、馮本、魁本、陳本同，程本、四庫本、邵本作“凰”。

【箋注】

〔1〕宣皇帝：漢宣帝劉詢（公元前91—公元前49年），原名病已，漢武帝的曾孫。因其祖父戾太子劉據（公元前128—公元前91年）遭巫蠱之禍而自殺，父母皆遇害，故幼時生長於民間，瞭解民間吏治得失。公元前74年，昭帝死，先迎立昌邑王劉賀，因行爲淫亂而被霍光所廢。霍光即迎立劉詢爲帝。他即位後，雜用“霸道”“王道”，勵精圖治，任賢用能，好形名之術，信賞必罰，重視吏治，使官吏稱職，百姓樂業，天下大治，匈奴臣服，史稱中興。見《漢書》之《宣帝紀》《元帝紀》。興：興起，指登上皇位。《漢書·循吏傳》“興于閭閻”顔師古注：“言從里巷而即大位也。”

〔2〕汪繼培曰：▲“《漢書·百官公卿表》云：‘郡守，秩二千石。景帝中二年更名太守。’”〇覺按：以上引語本自《漢書·循吏傳》。石：容量單位，十斗爲一石。二千石：是漢代的一種俸禄等級，其中又分四等：中二千石（意爲滿二千石），每月得一百八十石，一年得二千一百六十石；真二千石，每月得一百五十石，一年得一千八百石；二千石，每月得一百二十石，一年得一千四百四十石；比二千石（意爲近二千石），每月得一百石，一年得一千二百石。此文所説“二千石”，指郡守與諸侯之相國。漢代郡守之秩二千石，增秩者爲中二千石；諸侯相國之秩爲真二千石，增秩者爲中二千石，故稱。參見《西漢會要·職官七·秩禄》及《漢書·循吏傳》“其唯良二千石乎”顔師古注。

〔3〕昭：明白。

〔4〕汪繼培曰：“見《漢書·循吏傳·序》。《後漢書·左雄傳》亦載之。”

〔5〕姦宄：見12.1注〔12〕。

〔6〕汪繼培曰：“謂王成、黄霸。▲宣帝時，王成爲膠東相，勞來不怠，流民自占八萬餘口，黄霸爲潁川太守，百姓鄉化，獄或八年無重罪囚，並賜爵關内侯，見《漢書·循吏傳》。崔實《政論》云：‘漢法亦三年一察治狀，舉孝廉尤異。宣帝時，王成爲膠東相，黄霸爲潁川太守，皆且十年，但就增秩賜金，封關内侯，以次入爲公卿。’”

〔7〕汪繼培曰：“《漢書·景帝紀》後二年詔曰：‘不事官職耗亂者，丞相以聞，請其罪。’”〇覺按：耗（mào冒）：見15.7注〔7〕。

〔8〕銜刀：見11.6注〔15〕。

〔9〕汪繼培曰：“《漢書·宣帝紀·贊》云：‘孝宣之治，信賞必罰。’按《韓非子·五蠹篇》云：‘賞莫如厚而信，使民利之；罰莫如重而必，使民畏之。’”

〔10〕汪繼培曰：“《宣帝紀·贊》云：‘吏稱其職，民安其業。’▲《漢書·食貨志》云：‘宣帝即位，用吏多選賢良，百姓安土，歲數豐穰。’”

〔11〕鳳皇：即“鳳凰”，傳説中的吉祥之鳥，雄的叫鳳，雌的叫凰。參見33.8注〔6〕。麒麟：見14.9注〔15〕。

〔12〕符瑞：吉祥的徵兆。

〔13〕汪繼培曰：“▲《後漢書·光武帝紀》建武十九年，‘追尊孝宣皇帝曰中宗’。《續漢書·禮儀志》光武帝建武十九年詔曰：‘惟孝宣帝有功德，其上尊號曰中宗。’《後漢書·光武帝紀》：‘中元元年，羣臣奏言：“孝宣帝每有嘉瑞，輒以改元，神爵、五鳳、甘露、黄龍，列爲年紀，蓋以感致神祇，表彰德信，是以化致升平，稱爲中興。”’《論衡·宣漢篇》云：‘孝宣皇帝元康二年，鳳皇集於太山，後又集於新平。四年，神爵集於長樂宫，或集於上林；九真獻麟。神爵二年，鳳皇、甘露降集京師。四年，鳳皇下杜陵及上林。五鳳三年，帝祭南郊，神光並見，或興於谷，燭耀齋宫，十有餘日。明年，祭后土，靈光復

至。至如南郊之時，甘露、神爵降集延壽萬歲宮。其年三月，鸞鳳集長樂宮東門中樹上。甘露元年，黃龍至，見於新豐，醴泉滂流。彼鳳皇雖五六至，或時一鳥而數來，或時異鳥而各至，麒麟、神爵、黃龍、鸞鳥、甘露、醴泉，祭后土天地之時，神光靈耀，可謂繁盛累積矣。'"〇覺按："中宗"是宣帝的廟號，在漢代是一種尊號。在漢代，不是每個皇帝都有廟號的，衹有"有功""有德"的皇帝纔被稱爲"祖""宗"（如4.6的"高祖"，16.13的"世祖"）。南北朝時稱"宗"已濫，到唐代則無帝不稱"宗"，與漢代的立"宗"意義已大不相同了。參見34.5.4注〔14〕。

〔14〕牧：即州牧，見7.3注〔8〕。

〔15〕汪繼培曰："《韓非子·六反篇》云：'聖人之治也，審于法禁。法禁明著，則官法必于賞罰。'《五蠹篇》云：'明其法禁，必其賞罰。'"

17.3.3

昔仲尼有言："政寬，則民慢；慢，則糾之以猛【1】。猛，則民殘；殘，則施之以寬〔1〕。寬以濟猛，猛以濟寬，政是以和●〔2〕。"今者，刺史、守、相〔3〕，率多怠慢，違背法律，廢忽詔令，專情務利，不卹公事●〔4〕。細民寃結，無所控告●〔5〕。下土邊遠能詣闕者〔6〕，萬無數人；其得省治，不能百一。郡、縣負其如此也●〔7〕，故至敢延期〔8〕，民日往上書。此皆太寬之所致也。

【校記】

【1】糾：仿宋本、馮本、何本、四庫本、邵本、陳本同，魁本、程本作"糺"。

【箋注】

〔1〕施：加惠，給予恩惠。

〔2〕汪繼培曰："昭廿年《左傳》。"

〔3〕刺史：見7.3注〔8〕。

〔4〕汪繼培曰："《續漢書·百官志》劉昭注引蔡質《漢儀》云：'詔書舊典，刺史班宣，周行郡國，省察治政，黜陟能否，斷理寃獄，以六條問事。'其二條云：'二千石不奉詔書，遵承典制，倍公向私，旁詔守利，侵漁百姓，聚斂爲姦。'此所云，正其事矣。《初學記》廿四引崔實《政論》云：'今典州郡者，自違詔書，縱意出入。'《御覽》四百九十六又引云：'每詔書所欲禁絶，雖重懇惻，罵詈極筆，由復廢捨，終無悛意。故里語曰："州郡記，如霹靂。得詔書，但挂壁。"'"

〔5〕汪繼培曰："《漢書·武五子傳》壺關三老上書云：'獨寃結而亡告。'襄八年《左傳》云：'剪（覺按：當作"翦"）焉傾覆，無所控告。'"〇覺按：寃結：見16.4注〔13〕。

〔6〕下土：見16.2注〔23〕。

〔7〕汪繼培曰："《説文》云：'負，恃也。'"〇覺按：負：依仗。

〔8〕延期：拖延日期。《商君書·墾令》："無宿治。"（不准官吏留下當天的政務。）《商君書·靳令》："宿治者削。"（隔了一夜之後纔能把政事處理好的國家就會削弱。）此文反對郡縣治事延期，與商鞅的思想相同。

17.3.4

《噬嗑》之卦〔1〕，下動上明〔2〕，其《象》曰〔3〕：“先王以明罰勑法【1】。”夫積怠之俗，賞不隆，則善不勸；罰不重，則惡不懲●〔4〕。故凡欲變風改俗者，其行賞罰者●也〔5〕，必使足驚心破膽●〔6〕，民乃易視●〔7〕。聖主誠肯明察羣臣，竭精稱職有功效者●【2】〔8〕，無愛金帛封侯之費；其懷姦藏惡别無狀者〔9〕，圖鈇鑕鉞之決●【3】〔10〕。然則良臣如王成、黄霸、龔遂、邵信臣之徒●〔11〕，可比郡而得也【4】〔12〕；神明瑞應，可朞年而致也●【5】〔13〕。

【校記】

【1】勑：何本、邵本、陳本同，仿宋本、魁本作“剌”，馮本作“敕”，程本、四庫本作“勑”。

【2】效：仿宋本、馮本、魁本、四庫本、陳本同，程本、邵本作“効”。

【3】鈇：仿宋本、馮本、魁本、程本、四庫本、邵本同，陳本作“鐵”。

【4】比：仿宋本、馮本、四庫本、邵本、陳本同，魁本、程本作“北”。

【5】朞：仿宋本、馮本、魁本、陳本同，程本、四庫本、邵本作“基”。

【箋注】

〔1〕《噬嗑》（shìhé 逝合）：《周易》中的卦名。“噬”是咬的意思，“嗑”是合口的意思。“噬嗑”即咬嚼，所以象徵訴訟。此卦通順，有利於訴訟。所以《周易·噬嗑》曰：“《噬嗑》，亨，利用獄。”

〔2〕下動上明：《噬嗑》的卦象是䷔。下面是八卦中的☳震，象徵雷，響雷震動，所以説“下動”。上面是八卦中的☲離，象徵火，火光明亮，所以説“上明”。《周易·噬嗑·象》説“動而明”，也即此意。《周易·噬嗑·象》曰：“雷電，《噬嗑》。”意爲：“響雷和閃電是《噬嗑》卦。”震象徵雷，離象徵火，所以也象徵閃電，與此文之意相合。

〔3〕《象》：即《象傳》，《周易》十翼之一，是一種解釋《易經》中卦、爻之象的文字，即説明六十四卦及其陰爻陽爻所象徵的事物的注文。

〔4〕汪繼培曰：“《管子·正世篇》云：‘古之所謂明君者，非一君也。其設賞有薄有厚，其立禁有輕有重，迹行不必同，非故相反也，皆隨時而變，因俗而動。夫民躁而行僻，則賞不可以不厚，禁不可以不重。故聖人設厚賞，非侈也；立重禁，非戾也。賞薄則民不利，禁輕則邪人不畏。’”〇覺按：懲：因受到懲罰打擊而知戒。

〔5〕汪繼培曰：“疑衍。”

〔6〕汪繼培曰：“《漢書·賈誼傳》云：‘大諸侯之有異心者，破膽而不敢謀。’《谷永傳》云：‘臣永所以破膽寒心。’顔師古注：‘言懼甚。’《後漢書·崔駰》後《實傳·政論》云：‘孝宣皇帝明於君人之道，審於爲政之理，故嚴刑峻法，破姦軌之膽。’”

〔7〕汪繼培曰：“《漢書·鮑宣傳》云：‘曠然使民易視。’”

〔8〕汪繼培曰：“《漢書·薛宣傳》云：‘入守左馮翊，滿歲稱職爲真。’又云：‘功效卓爾，自左内史初置以來，未嘗有也。’”

〔9〕别：與衆不同，特别。與17.2.2注〔19〕的“尤”同義。

〔10〕汪繼培曰：“文有脱誤。王先生云：‘當云“則有鐵鑕斧鉞之誅。”’”〇覺按：王説未必當。圖：謀劃。鈇（fū 膚）：鍘刀，古用作腰斬的刑具。鑕（zhì 質）：刑具，腰斬時所用的砧板。鉞（yuè 越）：古代一種像斧子的兵器。決：判決，斷案。

〔11〕汪繼培曰：“並見《漢書·循吏傳》。邵，《傳》作‘召’，顔師古注：‘召，讀曰“邵”。’按‘召’‘邵’古通用。”〇覺按：王成：籍貫不詳，曾爲膠東國相，治政很有聲望，招來流民八萬餘口，漢宣帝地節三節（公元前67年）下詔獎賞他，賜他關内侯，秩中二千石。但還未徵用，他就病死了。後有人説他虛報户口以邀爵賞。見《漢書·循吏傳》。黄霸（？—公元前51年）：字次公，淮陽國陽夏（jiǎ 甲）縣（今河南省太康縣）人，少學律令，武帝末年官至河南太守丞。當時官吏崇尚嚴酷，而黄霸獨以寬和聞名。宣帝時，任揚州刺史、潁川太守，以外寬内和得吏民之心，他的治理當時稱爲“天下第一”。宣帝賜他關内侯、黄金百斤、秩中二千石。後又爲太子太傅、御史大夫、丞相，封建成侯。見《漢書·循吏傳》。龔遂：字少卿，西漢山陽郡南平陽縣（今山東省鄒城市）人。初爲昌邑王劉賀郎中令，勇於諫諍。宣帝時渤海諸郡饑荒，他出任渤海太守，開倉濟貧，選用良吏，獎勵農桑，農民歸田，境内大治。見《漢書·循吏傳》。邵信臣：也作“召（shào 邵）信臣”，字翁卿，西漢九江郡壽春縣（今安徽省壽縣）人。元帝時，歷任零陵太守、南陽太守，曾在南陽利用水泉，開渠築堤，造閘數十處，灌田多至三萬頃，爲民造福，人們尊稱他爲“召父”。後遷河南太守，在郡守中，治行常爲第一。竟寧元年（公元前33年），任少府，位列九卿。見《漢書·循吏傳》。

〔12〕比：並。比郡：每郡。

〔13〕汪繼培曰：“《漢書·楚元王傳》劉向云：‘神明之應，應若景嚮。’《京房傳》云：‘古帝王以功舉賢，則萬化成，瑞應著。’三式。”〇覺按：神明：神的總稱。瑞：吉兆。應：應驗。瑞應：吉祥的應驗，祥瑞。古代迷信認爲，人君有德，神明就會降下祥瑞來和它相應。朞（jī 基）年：一年。這裏用作狀語，表示每年。

愛日第十八

【提要】

愛日：愛惜時間。文章主要論述了愛惜民衆勞動時間的重要性，抨擊了官僚們侵擾百姓、辦事拖遝、耽誤民時的政風。

作者認爲，國家的存在靠人民，民衆的生存靠莊稼，莊稼的生長靠勞動，勞動要取得成果靠時間，而勞動時間的多少又取決於治亂。國君明察，政治清明，那麼臣子就按部就班地工作，百姓一心種田，勞動時間就多了。國君昏亂，政治黑暗，那麼社會風氣就敗壞，上上下下爲了拉關係而忙於請客送禮；臣子爲非作歹，以權謀私，欺壓百姓；百姓則困於徭役苛政，爲蒙冤而奔忙於告狀上訴；這樣，民衆的勞動時間就少了。作者指出：“禮義生於富

足，盜竊起於貧窮；富足生於寬暇，貧窮起於無日。”愛惜民衆勞動時間、不誤農時，是關係到國計民生的頭等大事，所以必須減少徭役，及時審理訴訟案件。文章猛烈地抨擊了當時“萬官撓民”、官吏受賄而庇護壞人、官官相護而寃枉好人以及百姓告狀時被任意拖延、勒索錢財的腐敗政風，嚴正地指出：如此治訟，實爲“助豪猾而鎮貧弱”，使正士蒙寃而猾吏侵民，使民衆耽誤農時而天下飢窮。文章以批判大臣們“先私計而後公義”的通病作結，發人深省，“可無思乎”？

18.1

國之所以爲國者，以有民也；民之所以爲民者，以有穀也●〔1〕；穀之所以豐殖者〔2〕，以有●人功也〔3〕；功之所以能建者，以日力也●〔4〕。治國之日舒以長，故其民閒暇而力有餘●【1】〔5〕；亂國之日促以短，故其民困務而力不足。

【校記】

【1】閒：仿宋本、魁本、程本、四庫本、陳本同，馮本、何本、邵本作“間”。

【箋注】

〔1〕汪繼培曰：▲“《管子·山權數》云：‘穀者，民之司命也。’《藝文類聚》八十五引范子《計然》曰：‘五穀者，萬民之命，國之重寶也。’”

〔2〕殖：繁殖，生長。

〔3〕汪繼培曰：“疑衍。”○覺按：汪説非。此文可通，不煩刪字。即使有衍文，根據上下文句式，也應該衍“人”字而非衍“有”字。

〔4〕汪繼培曰：“《後漢書·張純》後《奮傳》云：‘國以民爲本，民以穀爲命。’崔實《政論》同。《管子·八觀篇》云：‘民非穀不食，穀非地不生，地非民不動，民非作力毋以致財。’《淮南子·主術訓》云：‘食者民之本也，民者國之本也，國者君之本也。是故人君者，上因天時，下盡地財，中用人力。’《周語》云：‘豐殖九藪。’”○覺按：日力：本指一天的力量，引申指勞動日。

〔5〕汪繼培曰：“《孟子》云：‘今國家閒暇。’”

18.2

所謂治國之日舒以長者，非能謁義和而令安行也●【1】〔1〕，又非能增分度●〔2〕而益漏刻也●〔3〕，乃君明察而百官治，下循正而得其所，則民安静而力有餘，故視日長也●〔4〕。所謂亂國之日促以短者，非能謁義和而令疾驅也【2】，又非能減分度而損漏刻也，乃君不明●〔5〕，則百官亂而姦宄興●〔6〕，法令鬻而役賦繁〔7〕，則希民困於吏政●【3】〔8〕，仕者窮於典禮●〔9〕，寃民就獄乃得直●【4】〔10〕，烈士交私乃見保●【5】〔11〕，姦臣肆心於上●〔12〕，亂化流行於下●〔13〕，君子載質而車馳〔14〕，細民懷財●〔15〕而趨走●〔16〕，故視日短也。《詩》云："王事靡盬，不遑將父●〔17〕。"言在古閒暇而得行孝，今迫促不得養也●〔18〕。

【校記】

【1】能：七本皆無"能"字，據《藝文類聚》卷五十二引文補。

【2】能：七本皆無"能"字，據《藝文類聚》卷五十二引文補。

【3】希：仿宋本、馮本、魁本、程本、邵本、陳本同，四庫本作"庶"。

【4】就獄乃得直：馮本、四庫本同，仿宋本、魁本作"■獄乃得直"，程本、邵本作"就獄乃得真"，陳本作"□獄乃得直"。

【5】見：仿宋本、馮本、魁本、陳本同，程本、四庫本、邵本作"得"。

【箋注】

〔1〕汪繼培曰："《藝文類聚》五十二'謁'上有'能'字，下同。《山海經·大荒南經》：'東南海之外，甘水之閒，有羲和之國。有女子名曰羲和，方浴日於甘淵。'郭璞注：'羲和蓋天地始生主日月者也。故《啓筮》曰："空桑之蒼蒼，八極之既張，乃有夫羲和，是主日月，職出入以爲晦明。"又曰："瞻彼上天，一明一晦，有夫羲和之子，出於暘谷，故堯因此而立羲和之官，以主四時。"'《楚辭·離騷》云：'吾令羲和弭節兮。'王逸注：'羲和，日御也。弭，按也，按節徐步也。''安行'亦'弭節'之意。"〇覺按：謁（yè 業）：請求。羲和：神話中太陽的母親和御者。古代神話傳説，太陽每天乘在六條龍拉的車子上，由它母親羲和駕馭，從東到西運行於天空中。如《山海經·大荒南經》："羲和者，帝俊之妻，生十日。"《初學記·天部上·日第二》引《淮南子》云："爰止羲和，爰息六螭，是謂懸車。"注："日乘車，駕以六龍，羲和御之，日至此而薄於虞泉，羲和至此而迴六螭。"（今《淮南子·天文訓》無"羲和""六螭"之文）。安行：篤定慢走，不奔馳。

〔2〕汪繼培曰："本《傳》注引《洛書·甄耀度》曰：'凡周天三百六十五度四分度之一，一度爲千九百三十二里。日一日行一度，月一日行十三度十九分度之一也。'"〇覺按：度：計量單位名稱，此指黄道（太陽一年中繞地而行的軌道）的度數。

〔3〕汪繼培曰："《説文》云：'漏，以銅受水刻節，晝夜百刻。'《周禮·挈壺氏》鄭注：'漏之箭，晝夜共百刻，冬夏之閒，有長短焉。大史立成法，有四十八箭。'"〇覺按：漏：漏壺。古代計時器，歷代形制不一。漢代以銅製成漏壺，其中一長形的部件上刻有符號指示時間，一晝夜共一百刻。漢哀帝時將一晝夜分爲一百二十刻。參見《説文·水部》"漏"字條、《漢書·哀帝紀》。漏刻：漏壺標尺上的刻度，引申指時間。

〔4〕汪繼培曰："《商子·墾令篇》云：'無宿治，則邪官不及爲私利於民，而百官之情不相稽，則農有餘日。'"

〔5〕汪繼培曰："《類聚》作'君暗'。"

〔6〕汪繼培曰："《漢書·五行志》云：'《詩》云："爾德不明，以亡陪亡卿；不明爾德，

以亡背亡仄。”言上不明，暗昧蔽惑，則不能知善惡，親近習，長同類。亡功者受賞，有罪者不殺，百官廢亂。’”

〔7〕鬻（yù育）：賣。法令鬻：法令被出賣，指官吏治事時因貪贓受賄而枉法。

〔8〕汪繼培曰：“《説文》云：‘俙，訟面相是也。’徐鍇曰：‘面從相質也。’‘希’乃‘俙’之省。”〇王紹蘭曰：“‘希民’之‘希’，即《後漢書》本《傳》‘今冤民仰希申訴’之‘希’，‘民’即‘冤民’之‘民’。《説文》：‘俙，訟面相是。’徐鍇曰：‘面從相質也。’據《玉篇》：‘俙，訟也。’《集韻》：‘俙，訟也，面相是，心相非。’是《説文》‘訟’爲一義，‘面相是’爲一義，徐鍇謂‘面從相質’，誤讀‘訟面相是’爲句。訟者相質，面亦相非，何肯相是？可知‘面從相質’之説非也。”〇俞樾曰：“‘希民’二字無義，疑當作‘布衣’，以‘布衣’與‘仕者’對舉，猶《慎微篇》云‘人君聞此，可以悚思；布衣聞此，可以改容’，以‘布衣’與‘人君’對舉也。《慎微篇》又云：‘由此言之，有希人君，其行一也。’汪箋云：‘有希當作布衣。漢碑布作㚒，與此（覺按：“此”當作“希”）相似。’然則此篇‘布’字，亦因作‘㚒’而誤作‘希’可知矣。‘衣’與‘民’下半亦微似。”〇覺按：汪、王之説非，因爲若將此“民”字理解爲“冤民”之“民”，便與此節“冤民就獄乃得直”之“冤民”相重複，且《後漢書》本《傳》“今冤民仰希申訴”一句乃與本篇下文“今”“萬官撓民”相應，顯然經過改寫而與此篇含義不同，故不可據以釋此文。《後漢書·盧植列傳》“請謁希爵”李賢等注：“希，求也。”這“希”字與下文“冤民”之“冤”一樣，用作被動詞而作定語，表示被求取。“希民困於吏政”乃承上句“役賦繁”而來，與下文“萬官撓民”相應，故此“希民”當指被徵服役與被徵收賦税的百姓。《諸子品節》“希”作“良”，四庫本“希”作“庶”，俞樾認爲“希民”當作“布衣”，也通。

〔9〕汪繼培曰：“‘典’疑‘曲’之誤。崔實《政論》云‘長吏或實清廉，不肯媚竈，曲禮不行於所屬，私愛無□於□府’，《魏志·荀彧傳》云‘文帝曲禮事彧’，是也。《漢書·儒林傳》云：‘嚴彭祖廉直不事權貴，或説曰：“君目不修小禮曲意，亡貴人左右之助。”’‘曲禮’即‘小禮曲意’。按《武帝紀》建元元年詔曰：‘河海潤千里，其令祠官修山川之祠，爲歲事，曲如（覺按：“如”爲“加”之誤）禮。’《王莽傳》云：‘外交英俊，内事諸父，曲有禮意。’皆‘曲禮’之證。”〇覺按：汪説雖通，未必當，因爲古代自有“典禮”一詞（見《周易·繫辭上》）。典：典章制度。

〔10〕陳本“就”作“□”，汪繼培曰：“空格程本作‘就’。《漢書·酷吏·田延年傳》：‘霍將軍曰：“曉大司農通往就獄，得公議之。”’按就獄得直，吏政猶未大壞，此當爲‘鬻獄’。昭十四年《左傳》云：‘雍子自知其罪，而賂以買直。鮒也鬻獄。’‘鬻獄乃得直’即所謂‘買直’也。”〇彭鐸曰：“作‘鬻獄’是也。程本作‘就’，音近而誤。”〇覺按：汪、彭之説雖似可通，恐不當，因爲“鬻獄”是賣官司的意思，指法官斷案時受賄而枉法，不以情理判曲直，所以衹有法官纔可“鬻獄”，冤民至多衹可能行賄，不可能“鬻獄”。就獄：去打官司，相當於7.4、17.3.3的“詣闕”。

〔11〕汪繼培曰：“《漢書·張湯傳》云：‘與長安富賈田甲、魚翁叔之屬交私。’《元后傳》：‘王鳳云：“御史大夫音謹勅，臣敢以死保之。”’”〇覺按：烈士：見2.4注〔2〕。私：私門，權貴，參見15.3注〔15〕。

〔12〕汪繼培曰：“昭十二年《左傳》云：‘昔穆王欲肆其心，周行天下。’”

〔13〕汪繼培曰：“隱五年《左傳》云：‘亂政亟行，所以敗也。’《毛詩·凱風·序》云：‘衛之淫風流行。’”

〔14〕君子：此與“細民”相對，指有官位的臣子。質：通“贄”（zhì智）。古代初次

拜見尊長時所送的禮物。《孟子·滕文公下》"出疆必載質"趙岐注:"質,臣所執以見君者也。"

〔15〕汪繼培曰:"《類聚》作'賄'。"

〔16〕汪繼培曰:"《後漢書·皇甫規傳》云:'載贄馳車,懷糧步走。'"

〔17〕汪繼培曰:"《皇皇者華》。"〇覺按:引詩見《詩經·小雅·四牡》,汪説誤。王事:與君王有關的事,此指出使之事。《日知録》卷三"王事"條:"凡交於大國,朝聘、會盟、征伐之事謂之王事,其國之事謂之政事。"靡(mǐ 米):没有。盬(gǔ 古):止息。遑:閒暇,空閒。將:養。

〔18〕汪繼培曰:"《漢書·武帝紀》建元元年詔曰:'今天下孝子順孫,願自竭盡以承其親,外迫公事,内乏資財,是以孝心闕焉。'意與此同。"

18.3

孔子稱庶則富之,既富則教之●〔1〕。是故●〔2〕禮義生於富足●【1】〔3〕,盜竊起於貧窮●【2】〔4〕;富足生於寬暇●【3】〔5〕,貧窮起於無日●〔6〕。聖人深知力者乃民之本也,而國之基●〔7〕,故務省役而爲民愛日。是以堯敕羲、和【4】〔8〕,欽若昊天,敬授民時●〔9〕,邵伯訟不忍煩民【5】,聽斷棠下●〔10〕,能興時雍而致刑錯●〔11〕。

【校記】

【1】是故:《後漢書》引文、陳本同,仿宋本、馮本、魁本、程本、四庫本、邵本作"是"。

【2】竊:仿宋本、馮本、陳本同,魁本作"竊",程本、四庫本、邵本作"賊"。

【3】富足生:《後漢書》引文、四庫本、陳本同,仿宋本、馮本、魁本作"富貴生",程本、邵本作"富貴坐"。暇:仿宋本、馮本、魁本、四庫本、陳本同,程本、邵本作"慢"。

【4】敕:仿宋本、馮本、魁本、程本、四庫本、邵本同,陳本作"勅"。

【5】邵:仿宋本、馮本、魁本、程本、邵本、陳本同,四庫本作"召"。

【箋注】

〔1〕汪繼培曰:"《論語》。"〇覺按:《論語·子路》:"子適衛,冉有僕。子曰:'庶矣哉!'冉有曰:'既庶矣,又何加焉?'曰:'富之。'曰:'既富矣,又何加焉?'曰:'教之。'"即此文所本。庶:衆多。

〔2〕汪繼培曰:"舊脱,据《傳》補。"

〔3〕汪繼培曰:"▲《管子·牧民篇》云:'倉廩實則知禮節,衣食足則知榮辱。'《史記·貨殖傳》云:'倉廩實而知禮節,衣食足而知榮辱,禮生於有而廢於無,故君子富好行其德,小人富以適其力。'《淮南子·齊俗訓》云:'夫民有餘即讓,不足則争。讓則禮義生,争則暴亂起。'"

〔4〕汪繼培曰:"《鄧析子·無厚篇》云:'凡民有穿窬爲盜者,有詐僞相迷者,此皆生于不足,起於貧窮。'"

〔5〕汪繼培曰："'足'舊作'貴'，据《傳》改。《漢書・郊祀志》：'公孫卿曰："非少寬暇，神不來。"'"

〔6〕汪繼培曰：▲"《漢書・食貨志》鼂錯云：'貧生于不足，不足生于不農。'"

〔7〕汪繼培曰："國基，注見《本政篇》。"

〔8〕敕：（皇帝的）命令。羲、和：羲氏、和氏，相傳爲重、黎的後代，堯、舜時任掌管天地四時的官（參見35.4.1注〔11〕）。

〔9〕汪繼培曰："《書・堯典》。"〇覺按：見15.6注〔4〕。

〔10〕汪繼培曰："《詩・甘棠》鄭箋云：'召伯聽男女之訟，不重煩勞百姓，止舍小棠之下而聽斷焉。'此'訟'上當有'决'字，《史記・燕世家》云：'召公巡行鄉邑，有棠樹，决獄政事其下。'定九年《左傳》杜注：'召伯决獄於蔽芾小棠之下。'"〇覺按：邵伯：即召公，見11.3注〔4〕。訟：訴訟。凡法官及案件中的當事人在解决案件時所進行的活動都叫"訟"，此指審理案件。《左傳・文公十四年》"訟周公于晋"杜預注："訟，理之。"

〔11〕汪繼培曰："《書・堯典》云：'黎民於變時雍。''刑錯'注見《德化篇》。"〇覺按：雍：見7.6注〔20〕。錯：通"措"，廢棄不用。

18.4

今則不然。萬官撓民●【1】〔1〕，令長自衒●〔2〕，百姓廢農桑●而趨府庭者【2】〔3〕，非朝晡不得通●【3】〔4〕，非意氣不得見●〔5〕，訟不訟輒連月日，舉室釋作，以相瞻視〔6〕。辭人之家●〔7〕，輒請鄰里應對送餉〔8〕。比事訖，竟亡一歲功●〔9〕，則天下獨有受其飢者矣●【4】〔10〕。而品人俗士之司典者〔11〕，曾不覺也。郡、縣既加寃枉【5】，州司不治〔12〕，令破家活【6】，遠●〔13〕詣公府●【7】〔14〕。公府不能昭察真僞●【8】〔15〕，則但欲罷之以久，困之資●〔16〕，故猥説一科●令〔17〕："此注百日●〔18〕，乃爲移書●〔19〕。"其不滿百日，輒更造數●〔20〕，甚違邵伯訟棠之義【9】。此所謂"誦《詩》三百，授之以政，不達，雖多，亦奚以爲"者也〔21〕。

【校記】

【1】官：仿宋本、馮本、魁本、何本、四庫本、邵本、陳本同，程本作"宫"。

【2】農桑：《後漢書》引文、陳本同，仿宋本、馮本、魁本、程本、邵本作"桑"，四庫本作"業"。

【3】晡：仿宋本、馮本、魁本、陳本同，程本、邵本作"脯"，《後漢書》引文、四庫本作"餔"。

【4】飢：仿宋本、馮本、魁本同，程本、四庫本、邵本、陳本作"饑"。

【5】加：仿宋本、馮本、魁本、陳本同，程本、邵本作"如"，四庫本作"知"。

【6】令：四庫本、陳本同，仿宋本、馮本、魁本、程本、邵本作"今"。

【7】遠：陳本同，四庫本作"逺"，仿宋本、馮本、魁本、程本、邵本作"達"。

【8】昭：仿宋本、馮本、魁本、程本、四庫本、邵本同，陳本作“照”。

【9】邵伯訟：仿宋本、馮本、魁本、陳本同，程本、四庫本、邵本作“召伯頌”。

【箋注】

〔1〕汪繼培曰：“《逸周書・史記解》云：‘外内相閒，下撓其民。’《説文》云：‘撓，擾也。’”

〔2〕汪繼培曰：“《傳》作‘令長以神自蓄’。按《説文》云：‘衙，行且賣也。或从玄作衒。賣，衒也，讀若育。’‘賣’‘蓄’聲相近。”〇王宗炎曰：“令長自衒，《傳》作‘令長以神自蓄’。‘蓄’字是也，‘衒’‘蓄’聲相近。”〇彭鐸曰：“本傳章懷注：‘難見如神也。’難見如神，則與衒賣適相反。今按‘衒’當爲‘眩’。眩，幻也。言令長變幻自神，以惑百姓也。《楚策》三：‘蘇秦曰：“謁者難得見如鬼，王難得見如天帝。”’亦此義。衒、眩古不通用，然《務本篇》：‘衒世俗之心’，以‘衒’爲‘眩’，是其比也。汪説失之。”〇覺按：令、長：見7.3注〔7〕。衒：炫耀，自誇。此指向人顯示自己有地位，大擺架子，使民衆難以見到，所以下文説“非朝晡不得通，非意氣不得見”。汪説非，彭説亦非，因爲古代“自衒”一詞，均表示“炫耀自己”而不表示“變幻自己”。如《戰國策・燕策一》：“且夫處女無媒，老且不嫁，舍媒而自衒，弊而不售。”《文選》卷第三十七所載曹植《求自試表》：“夫自衒自媒者，士女之醜行也。”王説可供參考。

〔3〕汪繼培曰：“‘農’字据《傳》補，下文亦云‘民廢農桑而守之’。”

〔4〕汪繼培曰：“晡，《傳》作‘餔’。按《説文》云：‘䵒，旦也。餔，日加申時食也。’又‘申’字下云：‘吏以餔時聽事，申旦政也。’高誘《淮南子敍》云：‘除東郡濮陽令，以朝餔事畢之閒，乃深思先師之訓，参以經傳道家之言，比方其事，爲之注解。’《後漢書・趙熹傳》云：‘朝晡入臨。’‘晡’‘餔’古通用。”〇覺按：晡（bū 逋）：申時，即下午三點至五點。古代官吏在這一時刻進一步處理完早晨留下的事務，即《説文・申部》“申”字條所説的“吏臣餔時聽事，申旦政也”。

〔5〕汪繼培曰：“《漢書・宣帝紀》元康二年詔曰：‘或擅興繇役，飾廚傳，稱過使客。’韋昭曰：‘廚謂飲食，傳謂傳舍（覺按：陳本“舍”誤爲“食”，此據汪稿）。言修飾意氣以稱過使而已。’《後漢書・仲長統傳・昌言・法誡篇》云：‘近臣（覺按：“近臣”當作“近世”）外戚宦豎，請托不行，意氣不滿，立能陷人於不測之禍。’《獨行・陸續傳》云：‘使者大怒，以爲獄門吏卒通傳意氣。’《蜀志・法正傳》云：‘以意氣相致。’《鄧芝傳》云：‘性剛簡，不飾意氣。’《風俗通・窮通篇》云：‘韓演爲丹陽太守，法車徵。從事汝南閻符迎之於杼秋，意氣過於所望。’《莊子・列禦寇篇》：‘小夫之知，不離苞苴竿牘。’《釋文》引司馬彪注云：‘竿牘，謂竹簡爲書，以相問遺，修意氣也。’《世説・紕漏篇》云：‘虞嘯父爲孝武侍中，帝從容問曰：“卿在門下，初不聞有所獻替。”虞家富春，近海，謂帝望其意氣，對曰：“天時尚煖，鮆魚蝦鮓未可致，尋當有所上獻。”帝撫掌大笑。’以餽獻爲‘意氣’，漢、晋人習語也。”〇彭鐸曰：“今謂饋物爲‘人情’，亦此意。”〇覺按：意氣：指饋送財禮以表情意。

〔6〕相：指代性副詞，此指代“趨府庭者”。瞻視：看望。

〔7〕汪繼培曰：“《説文》云：‘辭，訟也。’”

〔8〕鄰里：古代的居民組織，五家爲鄰，五鄰爲里。應對：對答，指回答官吏的查問以作旁證。餉：所送的食物。《後漢書・王符列傳》引文作“糧”。

〔9〕汪繼培曰：“《漢書・元帝紀》建昭五年詔曰：‘不良之吏，覆案小罪，徵召證案，興不急之事，以妨百姓，使失一時之作，亡終歲之功。’”

〔10〕汪繼培曰："《吕氏春秋·愛類篇》云：'士有當年而不耕者，則天下或受其饑矣。'"〇覺按："獨"猶"定"（參見《古書虛字集釋》卷六"獨"字條）。

〔11〕品：衆多。品人：衆人。俗士：鄙俗之士，見識淺陋的人。司典："司"和"典"都是主管的意思。

〔12〕州司：見7.4注〔4〕。

〔13〕汪繼培曰：▲"舊作'逹'。"〇覺按：7.4、18.6也作"遠"。

〔14〕汪繼培曰："《後漢書·靈帝紀》光和三年章懷注：'公府，三公府也。'"〇覺按：公：指三公，參見4.1注〔5〕、7.4。

〔15〕汪繼培改"昭"爲"照"曰："'照'舊作'昭'。按《實邊篇》《交際篇》並作'照察'，今据改。《楚辭·九辨》云'信未達乎從容'，王逸注：'君不照察其真僞。'亦一證。《管子·形勢解》云：'日月，昭察萬物者也。天多雲氣，蔽蓋者衆，則日月不明。人主猶日月也。羣臣多姦立私，以擁蔽主，則人主不得昭察其臣下。''昭'亦'照'之誤，'照察'本於彼。《九辨》又云'彼日月之照明兮'，王逸注：'三光照察。'《詩·柏舟》鄭箋：'衣之不澣，則憒辱無照察。'《東方之日》毛傳：'人君明盛，無不照察。'《禮記·哀公問》'已成而明'鄭注：'照察有功。'《論衡·吉驗篇》：'照察明著。'皆其證也。"〇覺按："昭"通"照"，不煩改字，見6.2注〔4〕。

〔16〕汪繼培曰："'罷'讀爲'疲'。"〇覺按：但：衹。罷（pí皮）：通"疲"，這裏用作使動詞。困之資：即"困之於資"，使之爲資所困。

〔17〕汪繼培曰："盧學士云：'説，疑當作"設"。'繼培按：'設'字是也。《後漢書·質帝紀》本初元年詔曰：'造設科條。'"〇覺按：盧、汪之説是。猥：苟且，隨便。

〔18〕汪繼培曰："王先生云：'"科令"爲句。"此注百日"是"比滿百日"之誤。'"〇彭鐸曰："《周禮·獸人》疏：'"注"猶"聚"也。'《説文》：'注，灌也。'《廣雅·釋詁三》：'灌，聚也。''注'自有滿義，不必改。'令'字屬下讀。"〇覺按：科令：補充法律正文的律令條例。王宗炎以"科令"爲句，是；彭鐸將"令"字屬下讀，誤。東漢時有"科令"一詞，如《後漢書·孝和帝紀》載永元十一年詔："但且申明憲綱，勿因科令，加虐羸弱。"《後漢書·左雄列傳》載左雄上言："有不承科令者，正其罪法。"《後漢書·循吏列傳·仇覽傳》："年四十，縣召補吏，選爲蒲亭長。勸人生業，爲制科令，至於果菜爲限，雞豕有數，農事既畢，乃令子弟羣居，還就黌學。"注：投，投入。王宗炎以"注"爲"滿"之誤，彭鐸將"注"解爲"灌"或"聚"，皆非。

〔19〕汪繼培曰："《廣韻·五支》'移'字注云：'官曹公府不相臨敬，則爲移書，箋表之類也。'"〇覺按：汪説恐誤。此"移書"二字並不是指一種文書，而是動賓結構，指移送文書，即把訴狀轉交給有關官吏。

〔20〕汪繼培曰："▲《周禮·秋官·朝士》'期外不聽'注：'鄭司農云："若今時徒論決，滿三月，不得乞鞫。"'按'造數'疑當作'遭赦'。"〇覺按：汪説非，因爲依汪説，則"輒更"無義。更：再。造：去。

〔21〕引文是孔子的話，見《論語·子路》。此文引用時略有刪削。《詩》：我國現存最早的一部詩歌總集。漢代尊爲經典，故又稱《詩經》。其中有很多篇章都言及天子、諸侯的政治，可供從政者參考，所以古代從政者多能背誦《詩經》。三百：《詩經》共三百一十一篇，其中笙詩六篇有目無詩，故實存三百零五篇，古人舉其整數，故常稱"三百"。奚以爲：即"以之爲奚"。

18.5

孔子曰："聽訟，吾猶人也●〔1〕。"從此觀之【1】，中材以上●〔2〕，皆足議曲直之辯、刑法之理【2】〔3〕，雖●〔4〕鄉亭部吏●【3】〔5〕，足以斷決●〔6〕，使無怨言●〔7〕。然所以不者【4】，蓋有故焉。

【校記】

【1】此：仿宋本、馮本、魁本、四庫本、邵本、陳本同，程本、何本作"立"。

【2】足議：仿宋本、馮本、魁本、程本、何本、四庫本、陳本作"議"，邵本作"可議"，據《後漢書》引文改。辯：仿宋本、馮本、魁本同，程本、四庫本、邵本、陳本作"辨"。

【3】雖：四庫本同，仿宋本、馮本、魁本、程本、何本、陳本作"可"，邵本無字（邵本在上句"議"上加"可"字，又將此句"可"字删去）。

【4】不：仿宋本、馮本、魁本、程本、何本、四庫本、陳本同，邵本作"不平"。

【箋注】

〔1〕汪繼培曰："並見《論語》。"○覺按：引文見《論語·顔淵》。孔子做過司寇（見1.1注〔18〕），所以對"聽訟"有所感觸而説了這些話。

〔2〕汪繼培曰："《史記·魏豹彭越傳·贊》云：'中材以上，且羞其行。'"

〔3〕理：辦理。

〔4〕陳本"雖"作"可"，王宗炎曰："'可'字當在'皆'字下。"○汪繼培曰："疑當在'皆'字下；或當作'耳'，帶上讀。"○覺按：王説與邵本之改類同，不如《後漢書》引文作"足"爲優。

〔5〕汪繼培曰："《漢書·百官公卿表》云：'大率十里一亭，亭有長。十亭一鄉，鄉有三老、有秩、嗇夫、游徼。'《周禮·大司徒》：'凡萬民之不服教而有獄訟者，與有地治者，聽而斷之。'鄭司農云：'與其地部界所屬吏共聽斷之。'《蜡氏》'有地之官'，鄭司農云：'有地之官，有部界之吏，今時鄉亭是也。'"○王紹蘭曰："《小雅·小宛篇》'宜岸宜獄'《釋文》：'岸，《韓詩》作"犴"，鄉亭之獄曰犴。'《説文·土部》：'埍，一曰亭部。'"○覺按：鄉、亭：秦漢時行政區域單位。漢制十里一亭，十亭爲一鄉。部吏：見16.7注〔3〕。

〔6〕汪繼培曰："《禮記·月令》云：'審斷決。'"

〔7〕汪繼培曰："僖廿四年《左傳》云：'且出怨言。'"

18.6

《傳》曰："惡直醜正，實繁有徒●〔1〕。"夫直者，貞正而不撓志●【1】〔2〕，無恩於吏。怨家務主者●〔3〕，結以貨財，故鄉亭與之〔4〕，爲排直家●〔5〕。後反覆時，吏坐之●〔6〕，故共枉之於庭●〔7〕。以羸民與豪吏訟●〔8〕，其勢不如也，是故縣與部并〔9〕。後有反覆，長吏坐之●〔10〕，故舉縣排之於郡。以一人與一縣訟，其勢不如也，故郡與縣并。後有反覆【2】，太守坐之，故舉郡排之於州。以一人與一●郡訟[3]〔11〕，其●勢不如也[4]〔12〕，故州與郡并，而不肯治，故乃遠詣公府爾。公府不能察，而苟欲以錢刀課之●〔13〕，則貧弱少貨者〔14〕，終無以●〔15〕曠旬滿期●[5]〔16〕；豪富饒錢者●〔17〕，取客使往●〔18〕，可盈千日[6]，非徒百也。治訟若此爲務，助豪猾而鎮貧弱也●〔19〕，何冤之能治？

【校記】

【1】貞：仿宋本、魁本、陳本同，馮本、程本、四庫本、邵本作"真"。

【2】有：仿宋本、馮本、魁本、四庫本、邵本、陳本同，程本、何本作"月"。

【3】一郡：陳本同，仿宋本、馮本、魁本、程本、四庫本、邵本作"郡"。

【4】其勢：陳本同，仿宋本、馮本、魁本、程本、四庫本、邵本作"勢"。

【5】以：《後漢書》引文、四庫本、陳本同，仿宋本、馮本、魁本、程本、邵本作"已"。期：四庫本同，仿宋本、馮本、魁本、程本、邵本、陳本作"祈"。

【6】盈：仿宋本、馮本、魁本、程本、四庫本、陳本同，邵本作"寧"。

【箋注】

〔1〕汪繼培曰："昭廿八年《左傳》，'繁'作'蕃'。"〇覺按：醜：與"惡"同義，以……爲醜，憎惡。繁：多。徒：同一類的人。

〔2〕汪繼培曰："《晋語》云：'撓志以從君。'《漢書・楚元王傳》劉向封事云：'君子獨處守正，不撓衆枉。'按《説文》云：'橈，曲木。'後世'橈曲'字皆从手。"〇覺按：貞：指言行一致、意志堅定、有操守。《新書・道術》："言行抱一謂之貞。"《抱朴子・行品》："不改操於得失，不傾志於可欲者，貞人也。"撓：見3.3注〔30〕。

〔3〕汪繼培曰："'務'當作'賂'，昭十四年《左傳》云'雍子自知其罪，而賂以買直'是也。▲《後漢書・蔡邕傳》：邕徒朔方，楊球'賂其部主使加毒害'，即此類也。《列女傳・齊威虞姬傳》云：'周破胡賂執事者使竟其罪，執事者誣其辭而上之。''主者'即'執事者'。《周禮・訝士》鄭注：'如今郡國亦時遣主者吏詣廷尉議者。'《史記・吕不韋傳》：'太后乃陰厚賜主腐者吏。'《張丞相傳》：'任敖擊傷主吕后吏。'《外戚世家》：'竇姬請其主遣宦者吏。'皆所謂'主者'。"〇覺按：怨家：仇人。務：《説文・力部》："務，趣也。"《吕氏春秋・孝行》"務其人也"高誘注："務，猶求也。"可見"務"即投奔求助的意思。汪繼培認爲"務"當作"賂"，雖通，卻不當，因爲《後漢書・王符列傳》引文中與此"務主"相應的詞語是"諂意"，它與"務主"之意近而與"賂主"之意遠。

〔4〕與：幫助。

〔5〕汪繼培曰："《説文》云：'排，擠也。'"

〔6〕汪繼培曰："《周禮・秋官（覺按：陳本無"秋官"，此依汪稿）・鄉士》'旬而職聽於朝'鄭注：'十日乃以職事治之於外朝，容其自反覆。'又（覺按：陳本無"又"，此依汪稿）《方士》'書其刑殺之成與其聽獄訟者'鄭注：'但書其成與治獄之吏姓名，備反覆有失實者。'"〇覺按：坐：獲罪，被判罪。

〔7〕汪繼培曰："《傳》作'廷'，謂縣廷也。《史記・游俠傳》'縣廷'，《漢書》作'庭'。王先生云：'以上下文例之，"枉"當爲"排"，此"枉"字疑後人据《傳》改之。'"〇覺按："枉"字可通，不煩改字。

〔8〕汪繼培曰:“《史記・曹相國世家》云:‘居縣爲豪吏。’”

〔9〕部:古代區域單位,此指鄉、亭。

〔10〕汪繼培曰:“《漢書・百官公卿表》云:‘縣萬户以上爲令,減萬户爲長,皆有丞尉,是爲長吏。’”〇覺按:長(zhǎng 掌)吏:與17.2.2的“長吏”有别,此指縣令、縣長的佐官,即縣丞、縣尉,秩四百石至二百石。見《漢書・百官公卿表上》。

〔11〕汪繼培曰:“舊脱。”

〔12〕汪繼培曰:“舊脱。”

〔13〕汪繼培曰:“錢刀,《傳》作‘日月’。按‘錢刀’字非誤。《漢書・薛宣傳》云:‘宣爲相,府辭訟例不滿萬錢不爲移書,後皆遵用薛侯故事。’”〇覺按:苟:苟且,隨意,指不合禮義。刀:古代一種錢幣,因形狀像刀,故名。課:徵收(賦税)。

〔14〕弱:衰弱,指財力不足。

〔15〕汪繼培曰:“舊作‘已’,据《傳》改。”

〔16〕陳本“期”作“祈”,汪繼培曰:“王先生云:‘“祈”疑“期”之誤。’”〇覺按:王説是,今據四庫本改爲“期”。“期”指移書的期限,即一百天,見18.4。曠:見1.5注〔15〕。

〔17〕汪繼培曰:“《史記・秦始皇紀》:‘二十六年,徙天下豪富於咸陽。’《平準書》云:‘募豪富人,相假貸。’《小爾雅・廣詁》云:‘饒,多也。’”

〔18〕汪繼培曰:“《治要》載崔實《政論》云:‘假令無奴,當復取客,客庸一月千。’”〇彭鐸曰:“‘取客’猶今言‘雇人’。”

〔19〕汪繼培曰:“《説文》云:‘鎮,博壓也。’《漢書・酷吏・嚴延年傳》云:‘其治務在摧折豪彊(覺按:陳本作“强”,此依汪稿),扶助貧弱。’此反言之。▲‘豪猾’見《郅都傳》。《江充傳》云:‘交通郡國豪猾。’”〇覺按:豪猾:指豪民猾吏。

18.7

非獨鄉部辭訟也,武官斷獄,亦皆始見枉於小吏,終重寃於大臣。怨故未讎●〔1〕,輒逢赦令【1】,不得復治。正士懷寃結而不得信●〔2〕,猾吏崇姦宄而不痛坐●【2】〔3〕。郡縣所以易侵小民,而天下所以多飢窮也【3】。

【校記】

【1】逢:仿宋本、馮本、魁本、何本、四庫本、邵本、陳本同,程本作“逄”。

【2】痛:仿宋本、馮本、魁本、程本、邵本、陳本同,《後漢書》引文、四庫本作“被”。

【3】飢:仿宋本、馮本、魁本同,程本、四庫本、邵本、陳本作“饑”。

【箋注】

〔1〕汪繼培曰:“《史記・蔡澤傳》云:‘今君之怨已讎,而德已報。’”〇覺按:故:通“固”,本來。讎:《周禮・春官・典瑞》“穀圭以和難”鄭玄注:“難,仇讎。”賈公彦疏:“仇爲怨,讎爲報。”

〔2〕汪繼培曰："讀爲'申'。"〇覺按：寃結：見 16.4 注〔13〕。信：見 16.15 注〔3〕。

〔3〕汪繼培曰："《漢書·陳萬年傳》云：'豪猾吏及大姓犯法，輒論輸府。'《論衡·商蟲篇》云：'豪民猾吏。'"〇覺按：痛：痛苦，引申指治罪嚴厲，即 17.3.2"罰痛"之"痛"，19.7"痛誅"之"痛"。

18.8

除上天感動、降災傷穀【1】，但以人功見事言之●【2】〔1〕。今自三府以下〔2〕，至于縣、道、鄉、亭●【3】〔3〕，及從事、督郵●有典之司〔4〕，民廢農桑而守之辭訟告訴●及以官事應對吏者〔5〕，一人之●日廢十萬人〔6〕。人●復下計之〔7〕，一人有事，二人獲餉●〔8〕，是爲日三十萬人離其業也●〔9〕。以中農率之〔10〕，則是歲三百萬口受其飢也●【4】〔11〕。然則盜賊何從消●〔12〕？太平何從作？

【校記】

【1】除：《後漢書》引文、邵本、陳本同，仿宋本、馮本、魁本、程本、何本、四庫本作"於"。

【2】但：仿宋本、馮本、魁本、邵本、陳本同，程本、何本、四庫本作"俱"。

【3】于：仿宋本、馮本、魁本、程本、四庫本同，何本、邵本、陳本作"於"。

【4】飢：仿宋本、馮本、魁本同，程本、四庫本、邵本、陳本作"饑"。

【箋注】

〔1〕汪繼培曰："'除'舊作'於'，据《傳》改。按'但'當作'且'，本書《邊議篇》云：'除其仁恩，且以計利言之。'《後漢書·竇融傳》亦云：'除言天命，且以人事論之。'皆其例也。《後漢書·光武帝紀》建武五年詔曰：'久旱傷麥，秋種未下，朕甚憂之。將殘吏未勝，獄多寃結，元元愁恨，感動天氣乎？'此文本之。《漢書·成帝紀》鴻嘉四年詔曰：'一人有辜，舉宗拘繫，農民失業，怨恨者衆，傷害和氣，水旱爲災。'亦此意也。"〇覺按："但"字可通，不煩改字。感動：通"感慟"，《後漢書·王符列傳》引文、《諸子品節》引文等作"感痛"，是其證。《後漢書·王允列傳》："傕乃收允及翼、宏，并殺之。……天子感慟，百姓喪氣。"《周禮·春官·大祝》"四曰振動"鄭玄注引杜子春云："動，讀爲'哀慟'之'慟'。"也可佐證。但：衹。人功：人力，勞動力。見：被。事：《史記·傅靳蒯成列傳》"坐事國人過（覺按：當作"過"）律"《索隱》："案劉氏云：'事，役使也。'"

〔2〕三府：三公之府。參見 15.9 注〔6〕。

〔3〕汪繼培曰："《續漢書·百官志》云：'凡縣主蠻夷曰道。'"〇覺按：道：漢代在少數民族地區所設置的相當於縣的行政區。

〔4〕汪繼培曰："《百官志》諸州刺史下有從事，屬國都尉下有督郵。"〇覺按：從事：見 16.2 注〔9〕。督郵：官名，爲郡國佐吏。漢初郡國守相多以都吏巡行屬縣，中葉以後置督郵掾，或稱督郵書掾，簡稱督郵。因其督送郵書之職，遂擴大職權至主管督察屬縣違法之事，權任甚重，時人稱爲郡佐之極位、守相之耳目。督郵多分部巡行，例不督本部。每郡分兩部至五部，每部置督郵一人。典：掌管。司：主管部門。

〔5〕汪繼培曰："《周禮·小司徒》云：'聽其辭訟。'《説文》云：'訴，告也。或从朔、心作愬。'《管子·任法篇》云：'告愬其主。'"○覺按：以上十九字爲一"者"字結構，當作一句讀，彭鐸把它讀斷，不當。守：守候，等待。辭：訴訟。《説文·辛部》："辭，訟也。"

〔6〕汪繼培曰："下有脱文。"○彭鐸曰："此疑本作'一人之日廢，日廢十萬人'，字相重而脱。上'日'謂時日，下'日'即一日。"○覺按：此句似當連讀而無脱文。一人：指每亭有一人。十萬人：指全國有十萬人。漢代大體上十里爲一亭，十亭爲一鄉，而縣大體上爲百里見方（見《漢書·百官公卿表上》），那麼一縣大體上有一百個亭。在王符生活的東漢中葉，大體上有一千個縣（見7.6注〔14〕），也就是大約有十萬個亭，所以王符説，打官司的如果每亭有一個人，那麼全國就會有十萬個人。《後漢書·王符列傳》引文作："辭訟之民，官事相連，更相檢對者，日可有十萬人。"可資參證。廢：廢棄，停止，指放棄勞動，這裏爲使動用法。

〔7〕汪繼培曰："疑衍，或當作'又'。"○彭鐸曰："此'人'字涉上下文而衍。"○覺按：此"人"字似不誤，它與上下文的"一人"相承，指前去官府訴訟或應對的人。復：再。下計：向下計算，指計算其次的人，即計算爲訴訟者"獲餉"的人。

〔8〕汪繼培曰："王先生云：'"獲"當是"護"，《傳》云"二人經營"，亦護持之意。'繼培按：'護''獲'形近易誤，《儀禮·大射儀》：'授獲者退立於西方，獲者興，共而俟。'鄭注：'古文"獲"皆作"護"。'此其類也。"○覺按：王説是。餉：送飯。

〔9〕汪繼培曰："《尉繚子·將理篇》論決獄云：'農無不離田業。'"

〔10〕中農：中等才能的農夫。《孟子·萬章下》："百畝之糞，上農夫食九人，上次食八人，中食七人，中次食六人，下食五人。"可見中等才能的農夫耕田百畝，可供養七個人。率（lǜ律）：計算。

〔11〕汪繼培曰："'三百'當作'二百'。中農食七人，三十萬人當食二百一十萬人，云二百者，舉成數也。《漢書·貢禹傳》云：'漢家鑄錢，及諸鐵官皆置吏卒徒，攻山取銅鐵，一歲功十萬人以上，中農食七人，是七十萬人常受其飢（覺按：陳本作"饑"，今據汪稿）也。'此文本之。"○覺按：汪説是。

〔12〕汪繼培曰："《漢書·嚴安傳》云：'盜賊消（覺按：此"消"字爲"銷"之誤）則刑罰少。''消'與'銷'同。"

18.9

孝明皇帝嘗問〔1〕："今旦何得●無上書者【1】〔2〕？"左右對曰："反支故●〔3〕。"帝曰："民既廢農●〔4〕，遠來詣闕，而復使避反支，是則又奪其日而冤之也。"乃敕公車受章無避反支●【2】〔5〕。上明聖主●爲民愛日如此〔6〕，而有司輕奪民時如彼●〔7〕，蓋所謂"有君無臣"●〔8〕、"有主無佐"●〔9〕、"元首聰明、股肱怠惰"者也●【3】〔10〕。《詩》曰●【4】〔11〕："國既卒斬，何用不監●〔12〕？"傷三公居人尊位，食人重禄，而曾不肯察民之盡瘁也〔13〕。

【校記】

【1】旦：仿宋本、馮本、程本、四庫本、邵本、陳本同，魁本作“但”。

【2】敕：仿宋本、馮本、魁本、程本、四庫本、邵本同，陳本作“勅”。

【3】惰：仿宋本、馮本、魁本、何本、四庫本、邵本、陳本同，程本作“情”。

【4】曰：仿宋本、馮本、魁本、程本、陳本同，何本、四庫本、邵本作“云”。

【箋注】

〔1〕孝明皇帝：即漢明帝（見12.8注〔5〕），“孝明”是其謚號。

〔2〕汪繼培曰：▲“《意林》作‘故’。”

〔3〕汪繼培曰：“《傳》注云：‘凡反支日，用月朔爲正。戌、亥朔，一日反支；申、酉朔，二日反支；午、未朔，三日反支；辰、巳朔，四日反支；寅、卯朔，五日反支；子、丑朔，六日反支。見《陰陽書》也。’”〇覺按：反支：古代曆法術語。古代用干支來紀日，如甲子日、乙丑日等等，所以每天有一個地支和日期相配。反支就是指不吉利的支日。從《後漢書·王符列傳》注可知，確定反支日時以月朔（農曆每月初一）的地支爲標準。如果這個月的初一是戌日或亥日，那麼這個月的初一、初七、十三、十九、廿五等日子爲反支日；如果這個月的初一是午日或未日，那麼這個月的初三、初九、十五、廿一、廿七等日子爲反支日；如此等等。古代術數家以爲反支日爲凶日，不宜出門做事。1972年山東省臨沂銀雀山二號漢墓出土的漢武帝時的《元光元年曆譜》在日期的干支下所寫明的“反”，即指反支日。吴九龍《銀雀山漢簡釋文》將此《曆譜》復原而製成了表，可參見。

〔4〕汪繼培曰：▲“‘農’下《傳》有‘桑’字。”

〔5〕汪繼培曰：“《續漢書·百官志》：公車司馬令屬衛尉，掌吏民上章。”〇覺按：公車：漢代官署名，衛尉的下屬機構，置於殿中司馬門，設公車司馬令爲長官，省稱公車令或公車，掌管宮殿中司馬門的警衛工作。臣民上書和徵召，都由公車接待。

〔6〕汪繼培曰：“當作‘上聖明王’。”〇覺按：汪説非，因爲本書之“上聖”見於1.1、5.1、20.4、21.1、33.4、33.7，“明王”見於12.2、31.9、33.6、36.33，觀其語意，皆不宜用來指稱漢明帝。至於“聖主”，則見於14.2、16.15、17.3.4、19.5、23.5、23.8，用來指稱漢明帝纔合適，故不煩改字。

〔7〕汪繼培曰：“《孟子》云：‘彼奪其民時，使不得耕耨。’《漢舊儀》云：‘郡國守丞長史上計事竟，君侯出坐庭上，親問百姓所疾苦。計室（覺按：當作“記室”）掾史一人大音者讀勑畢，遣勑曰：“詔書數下，禁吏無苛暴。丞史歸告二千石，順民所疾苦，急去殘賊，審擇良吏，無任苛刻，治獄決訟，務得其中。明詔憂百姓困於衣食，二千石帥勸農桑，思稱厚恩，有以賑贍之，無煩擾奪民時。”’”

〔8〕汪繼培曰：“僖二年《公羊傳》文。”〇覺按：汪説誤。“有君無臣”本自《公羊傳·僖公二十二年》的“有君而無臣”。

〔9〕汪繼培曰：“按《漢書·鼂錯傳》錯對策云：‘臣聞五帝，其臣莫能及，則自親之。三王臣主俱賢，則共憂之。五伯不及其臣，則任使之。今執事之臣，莫能望陛下清光，譬之，猶五帝之佐也。’‘有主無佐’，蓋即本於彼。”

〔10〕汪繼培曰：“《書·臯陶謨》。”〇覺按：“元首聰明、股肱怠惰”本自《尚書·臯陶謨》（今本《尚書》在《益稷》中，參見6.5注〔10〕）的“元首明哉”“股肱惰哉”。元首：頭，喻指君王。股肱：大腿和胳膊，喻指輔佐大臣。

〔11〕汪繼培曰：“何本作‘云’。”

〔12〕汪繼培曰：“《節南山》。”〇覺按：見5.11注〔8〕。

〔13〕盡瘁（cuì 脆）:《詩經·小雅·北山》“或盡瘁事國”毛傳:“盡力勞病。”即辛勞困頓的意思。

18.10

孔子病夫“未之得也，患不得之；既得之，患失之”者●〔1〕。今公卿始起州郡而致宰相●〔2〕，此其聰明智慮●未必闇也〔3〕，患其苟先私計而後公義爾●〔4〕。《詩》云:“莫肯念亂，誰無父母●〔5〕？”今民力不暇，穀何以生？百姓不足，君孰與足●〔6〕？嗟哉！可無思乎？

【箋注】

〔1〕汪繼培曰:“《論語》。‘患不得之’今作‘患得之’。按《荀子·子道篇》:‘孔子曰:“小人者，其未得也，則憂不得；既已得之，又恐失之。”’《説苑·雜言篇》同，《論語》古本亦當有‘不’字。《漢書·朱雲傳》云:‘今朝廷大臣，上不能匡主，下亡以益民，皆尸位素餐，孔子所謂“鄙夫不可與事君”、“苟患失之，亡所不至”者也。’”〇覺按:語見《論語·陽貨》。病:恨。

〔2〕汪繼培曰:“《漢書·朱博傳》云:‘漢家至德溥大，宇内萬里，立置郡縣，部刺史奉使典州，督察郡國，吏民安寧。故事，居部九歲，舉爲守相，其有異材功效著者，輒登擢。’又云:‘故事，選郡國守相高第爲中二千石，選中二千石爲御史大夫，任職者爲丞相。’”〇覺按:公卿:見14.3注〔3〕。州郡:見16.2注〔26〕，此指州牧、郡守而言，參見7.3注〔8〕〔7〕。

〔3〕汪繼培曰:“《韓非子·難三》云:‘恃盡聰明、勞智慮。’”

〔4〕汪繼培曰:“《漢書·鮑宣傳》云:‘羣臣幸得居尊官，食重禄，豈有肯加惻隱於細民，助陛下流教化者耶？志但在營私家、稱賓客、爲姦利而已。’《説苑·臣術篇》云:‘安官貪禄，營於私家，不務公事，懷其智，藏其能，容容乎與世沈浮上下，左右觀望。如此者，具臣也。’”

〔5〕汪繼培曰:“《沔水》。”〇覺按:引詩見《詩經·小雅·沔水》。念:考慮，指設法對付。誰無父母:這是在質問不肯念亂的人。其意爲:有父母的人都爲此動亂而憂慮，現在究竟是誰没有了父母而不肯設法對付這動亂。參見29.3.3。

〔6〕汪繼培曰:“《論語》。”〇覺按:“百姓不足，君孰與足”是有若回答魯哀公的話，見《論語·顔淵》。與:猶“有”（參見《古書虚字集釋》卷一“與”字條）。

潛夫論卷第四【1】

【校記】

【1】潛夫論卷第四:仿宋本、馮本同，魁本、程本作“潛夫論卷第四終”，何本、邵本作“終”，四庫本作“潛夫論卷四”，陳本作“潛夫論卷第四終”。

潜夫論卷第五[1]　　　　王符[2]

【校記】

【1】卷第五：仿宋本、馮本、魁本、程本、陳本同，何本、四庫本、邵本作“卷五”。

【2】王符：仿宋本、魁本同，抄補本、馮本、程本、何本、四庫本、邵本、陳本此行下端無字。

【3】仿宋本、馮本、魁本有此五行子目，程本無此子目而有“漢　安定王符著”“明新安程榮校”兩行字，何本、邵本無此子目，四庫本無此子目而有“漢　王符　撰”一行字，陳本無此子目而有“蕭山汪繼培箋”一行字。

斷訟第十九

【提要】

斷訟：判決訴訟案件。文章着眼於從根本上來解決當時訴訟繁多的社會問題，所以主要論述了訴訟案件的起因以及遏止禍亂之源應該采取的政治措施。

作者認爲，隨着時代的變遷，風俗也發生了變化，因而禍亂的根源也不同了，所以必須因時制宜，採取適當的政治措施，以便用它來“勸善消惡”。作者認爲：“今姦宄雖衆，然其原少。”就是説，如今的案件雖然每年數以萬計，但主要的根源都在於人的欺詐。其“細民”爲了眼前利益，就不顧廉恥，將“貞絜寡婦”“彊中欺嫁”、“迫脅遣送”；其“王侯、貴戚、豪富”，則驕奢淫逸，欺騙百姓，欠債不還，甚至打死債主。作者認爲，要改變這種“巧僞”，“息辭訟以閒官事”，就應該效法先王“立禮制而崇德讓”、“設法禁而明賞罰”，“立義順法，遏絶其原”，也就是要“責知誅率”、“痛誅無狀”以“絶詐欺之端”，使“一人伏正罪而萬家蒙乎福”，“慙愓於一人”而“長利於萬世”。而在立法的時候，還應該把握一條主要原則，即：“必令善人勸其德而樂其政、邪人痛其禍而悔其行。”

19.1

五代不同禮〔1〕，三家不同教〔2〕，非其苟相反也〔3〕，蓋世推移而俗化異也●〔4〕。俗化異，則亂原殊，故三家符世●〔5〕，皆革定法●〔6〕。高祖制三章之約●〔7〕，孝文除克膚之刑●〔8〕。是故自非殺傷盜賊●【1】〔9〕，文罪之法【2】〔10〕，輕重無常，各隨時宜，要取足用勸善消惡而已●〔11〕。

【校記】

【1】賊：馮本同，仿宋本、魁本作“贜”，程本、四庫本、邵本作“賊”，陳本作“臧”。

【2】文：仿宋本、馮本、魁本、陳本同，程本、何本作“又”，四庫本作“必”，邵本作“大”。

【箋注】

〔1〕五代：五個時代，指五個帝王所統治的時期。對於“五帝”或“五代”，古代有各種説法，在王符的觀念中，是依從《周易·繫辭下》的説法，所以“五帝”或“五代”當指伏羲、神農、黄帝、堯、舜及其統治的時期（見34.0.2及《周易·繫辭下》所述）。《商君書·更法》：“帝王不相復，何禮之循？伏羲、神農，教而不誅；黄帝、堯、舜，誅而不怒。”也可爲此文之注。

〔2〕三家：指三王。從夏代開始，帝王把國家作爲自己一家的私産，世代相傳，所以稱“三王”爲“三家”。《漢書·蓋寬饒傳》：“五帝官天下，三王家天下，家以傳子，官以傳賢。”可明此稱。三王，古代説法不一，一説指夏、商、周三代的開國帝王，即夏代的禹、商代的湯、周代的文王與武王。一説指夏禹、商湯、周文王。《商君書·更法》：“三代不同禮而王。”即此文所本。

〔3〕苟：苟且，隨便。相：指代性副詞，此文偏指古代的“禮”“教”。

〔4〕汪繼培曰：“▲《禮記·樂記》云：‘五帝殊時，不相沿樂。三王異世，不相襲禮。’《史記·平準書》：‘天子曰：“朕聞五帝之教不相復而治，禹、湯之法不同道而王，所由殊路，而建德一也。”’《史記·秦始皇紀》：‘李斯曰：“五帝不相復，三代不相襲，各以治，非其相反，時變異也。”’《漢書·武帝紀》元朔六年詔曰：‘朕聞五帝不相復禮，三代不同法，所繇殊路，而建德一也。’《韓安國傳》：‘王恢曰：“臣聞五帝不相襲禮，三王不相復樂，非故相反也，各因世宜也。”’《匡衡傳》衡上疏曰：‘臣聞五帝不同禮，三王各異教，民俗殊務，所遇之時異也。’數家語意相襲，而文或少異，▲故並録之。《淮南子·齊俗訓》云：‘世異則事變，時移則俗易。’《修務訓》高誘注：‘“推移”猶“轉易”也。’”

〔5〕汪繼培曰：“符，當作‘御’，‘御’‘符’字形相近；或當爲‘撫’，聲之誤也。‘御世’見《敍録》，‘撫世’見《忠貴》《三式》《德化篇》。”〇彭鐸曰：“‘御’‘符’字形絶遠，無緣致誤。或説是已，而未得其字。今按‘符’當作‘拊’。‘拊’‘撫’古通用，故‘拊掌’或作‘撫掌’，‘撫循’或作‘拊循’，《詩·小雅·蓼莪》‘拊我畜我’，《後漢書·梁竦傳》引‘拊’作‘撫’也。‘撫世’字古書常見，故他篇皆作‘撫’。此‘拊’字若不誤爲‘符’，則後人亦必改爲‘撫’矣。”〇覺按：彭説是。

〔6〕汪繼培曰：“《管子·正世篇》云：‘古之所謂明君者，非一君也。其設賞有薄有厚，其立禁有輕有重，迹行不必同，非故相反也，皆隨時而變，因俗而動。’▲又云：‘五

帝三王所以成功立名顯於後世者，以為天下致利除害也。事行不必同，所務一也。'《商子·更法篇》云：'伏犧、神農教而不誅，黄帝、堯、舜誅而不怒。及至文、武，各當時而立法，因事而制禮，禮法以時而定，制令各順其宜。'《壹言篇》云：'聖人之爲國也，不法古，不修今，因世而爲之治，度俗而爲之法。故法不察民之情而立之則不成，治宜於時而行之則不干。'"

〔7〕汪繼培曰："《漢書·高帝紀》：'元年，召諸縣豪傑曰："與父老約法三章耳，殺人者死，傷人及盜抵罪。"'服虔曰：'隨輕重制法也。'"〇覺按：制三章之約：制定了三條須共同遵守的法律條款。據《史記·高祖本紀》記載，漢王元年（公元前206年）十月，劉邦滅秦後，回師駐紮霸上（在今陝西省西安市東），有鑒於秦法苛刻（如誹謗朝廷的要滅族，聚集在一起談話的要處死），使民衆受苦，於是就與各縣父老豪傑約法三章：殺人的，處死；傷人的，判相應的罪；盜竊的，判相應的罪。除此之外，秦朝所有的法律全都廢除。

〔8〕汪繼培曰："《漢書·文帝紀》：'十三年，除肉刑法。'《刑法志》載詔云：'夫刑，至斷支體，刻肌膚，終身不息，何其刑之痛而不德也！'‘克’與‘刻’通，《説文》云：‘克，象屋下刻木之形。’"〇覺按：克：通"刻"。克膚：刺刻皮膚，也稱"刺字"，古稱墨刑，又稱黥，是古代的一種刑罰，施刑時用刀刺刻犯人的面額，刺明所犯之罪，再用墨塗入字縫。漢文帝十三年（公元前167年），緹縈上書願代父受刑，文帝憐憫之，認爲肉刑斷肢體、刻肌膚，使人終身不愈，不合道德，於是就下詔廢除當時的黥、劓（yì割鼻子）、斷趾（砍掉腳）三種肉刑。見《史記·孝文本紀》。

〔9〕陳本"贓"作"臧"，汪繼培曰："臧，程本作‘賊’，誤。《漢書·高帝紀》李奇注云：‘傷人有曲直，盜臧有多少，罪名不可豫定，故凡言抵罪。’"〇覺按："贓"同"贜"。

〔10〕文：當爲"攵"字之形訛。"攵"（pū 撲）同"攴"（pū 撲）。《説文·攴部》："攴，小擊也。"即輕度打擊的意思，指對輕罪的處罰。

〔11〕汪繼培曰："▲《商子·開塞篇》云：‘聖人不法古，不修今。法古則後於時，修今則塞於勢。周不法商，夏不法虞，三代異勢，而皆可以王。故興王有道，而持之異理。’《史記·趙世家》武靈王曰：‘虙戲、神農教而不誅，黄帝、堯、舜誅而不怒。及至三王，隨時制法，因事制禮。法度制令各順其宜，衣服器械各便其用。’《漢書·刑法志》云：‘漢興，高祖初入關，約法三章曰："殺人者死，傷人及盜抵罪。"蠲削煩苛，兆民大説。其後四夷未附，兵革未息，三章之法不足以禦姦，於是相國蕭何攈摭秦法，取其宜於時者，作律九章。’《循吏·黄霸傳》張敞云：‘漢家承敝（覺按："敝"爲"敝"之誤）通變，造起律令，即（覺按："即"爲"所"之誤）以勸善禁姦，條貫詳備，不可復加。’"

19.2

夫制法之意，若爲藩籬溝壍以有防矣●〔1〕，擇禽獸之尤可數犯者〔2〕，而加深厚焉〔3〕。今姦宄雖衆〔4〕，然其原少；君事雖繁【1】，然其守約。知其原少，姦易塞；見其守約，政易治●【2】〔5〕。塞其原，則姦宄絶●〔6〕；施其術，則遠近治。

【校記】

【1】君事：仿宋本、馮本、魁本、程本、四庫本、邵本、陳本同，抄補本作“事君”。

【2】治：仿宋本、馮本、魁本、程本、四庫本、邵本同，陳本作“持”。

【箋注】

〔1〕汪繼培曰：“《楚語》云：‘爲之關籥蕃籬而遠備閉之。’‘塹’當作‘塹’。《説文》云：‘塹，阬也。’《周禮·雍氏》‘春令爲阱擭溝瀆之利於民者’鄭注：‘阱，穿地爲塹，所以禦禽獸。’”〇覺按：藩：與“籬”同義，籬笆。塹：同“塹”，壕溝，護城河。有：猶“爲”（參見《古書虚字集釋》卷二“有”字條）。

〔2〕數（shuò 朔）：屢次。

〔3〕加：更加。厚：加厚，針對“藩籬”而言。焉：於之。

〔4〕姦宄：見 12.1 注〔12〕。

〔5〕汪繼培改“治”爲“持”曰：“舊作‘治’，据下文改。”〇覺按：汪改非。此下用“塞其原”承“姦易塞”之“塞”，用“遠近治”承“政易治”之“治”，可明此“治”字不誤，19.9 用“持”字，反而可能是誤字，故不可改。

〔6〕汪繼培曰：“《鹽鐵論·申韓篇》云：‘塞亂原而天下治。’《大戴禮·盛德篇》云：‘刑罰之所從生有源，不務塞其源而務刑殺之，是爲民設陷以賊之也。’”

19.3

今一歲斷獄，雖以萬計●〔1〕，然辭訟之辯●【1】〔2〕，鬬賊之發，鄉部之治【2】〔3〕，獄官之治者●〔4〕，其狀一也。本皆起民不誠信而數相欺紿也●〔5〕。舜勑龍以“讒説殄行，震驚朕師”●【3】〔6〕，乃自上古患之矣，故先愼己喉舌●【4】〔7〕，以元示民●【5】〔8〕。孔子曰：“亂之所生也，則言語以爲階●〔9〕。”“小人不恥不仁，不畏不義●〔10〕。”脉脉規規●〔11〕，常懷姦唯●【6】〔12〕，昧冒前利【7】，不顧廉恥●〔13〕，苟且中●後〔14〕，則榆解奴抵●【8】〔15〕，以致禍變者，比屋是也【9】〔16〕。

【校記】

【1】辯：仿宋本、馮本、魁本、程本、陳本同，何本、四庫本、邵本作“辨”。

【2】部：仿宋本、馮本、魁本、程本、四庫本、邵本、陳本同，抄補本作“郡”。

【3】勑：仿宋本、馮本、魁本、程本、邵本、陳本同，四庫本作“勅”。

【4】喉：陳本同，仿宋本、馮本、魁本、程本、邵本作“唯”，四庫本作“捫”。

【5】元示：仿宋本、馮本、魁本、陳本同，程本、四庫本、邵本作“示小”。

【6】唯：仿宋本、馮本、魁本、程本、邵本、陳本同，四庫本作“宄”。

【7】昧：仿宋本、馮本、程本、四庫本、邵本、陳本同，魁本作“眛”。

【8】榆：仿宋本、馮本、魁本、程本、何本、四庫本、陳本同，邵本作“偷”。

【9】屋：何本、邵本、陳本同，仿宋本、馮本、魁本、程本作“屈”，四庫本作“肩”。

【箋注】

〔1〕汪繼培曰:“《漢書·董仲舒傳》云:‘一歲之獄,以萬千數。’《鹽鐵論·申韓篇》云:‘今斷獄歲以萬計。’▲《漢書·刑法志》云:‘今郡國被刑而死者歲以萬數。’”

〔2〕汪繼培曰:“《説文》云:‘辡,辠人相與訟也。辯,治也,從言在辡之間。’”〇覺按:辭:見18.8注〔5〕。

〔3〕鄉:見18.5注〔5〕。部:見18.6注〔9〕。

〔4〕汪繼培曰:“《漢書·鼂錯傳》云:‘獄官主斷。’”

〔5〕汪繼培曰:“《漢書·韓延壽傳》云:‘吏民不忍欺紿。’▲顔師古注云:‘紿,誑也。’‘紿’與‘詒’同。”〇覺按:紿(dài怠):通“詒”,哄騙,欺騙。

〔6〕汪繼培曰:“《書·堯典》。”〇覺按:“讒説殄行,震驚朕師”在今本《尚書·舜典》中(參見7.2注〔15〕)。勑(chì敕):同“敕”。龍:人名,舜的大臣,曾被舜任命爲納言(掌管轉告臣下之言、傳達帝王之命的帝王侍御官),見《尚書·舜典》。殄(tiǎn忝):滅絶。師:衆人。

〔7〕汪繼培曰:“‘喉’舊作‘唯’。《詩·烝民》云:‘王之喉舌。’”〇覺按:喉舌:比喻傳達王命的重要官員,此指“龍”而言。

〔8〕汪繼培曰:“‘元’當爲‘玄德’之‘玄’。《荀子·正論篇》云:‘上周密則下疑玄矣。’”〇俞樾曰:“‘唯’作‘喉’是也,讀‘元’爲‘玄’則非是。汪又引《荀子》‘上周密則下疑玄’,如此又讀‘玄’爲‘眩’,與前説歧異,而義益不通矣。汪所據者元刻本,而《漢魏叢書》本作‘以示小民’,今鄂局本從之,文義明白,不必徇元本之譌曲爲之説。”〇覺按:汪説非。程本等作“以示小民”雖通,但作“以元示民”亦通。《國語·晉語七》“抑人之有元君”韋昭注:“元,善也。”即其義。

〔9〕汪繼培曰:“《易·繫辭上傳》。”〇覺按:引文見於《周易·繫辭上》。所:等於説“所以”,參見1.1注〔3〕。則:猶“以”,因爲。言語:説話,指説話不慎,走漏風聲。階:階梯,喻指憑藉。

〔10〕汪繼培曰:“《繫辭下傳》。”

〔11〕汪繼培曰:“《玉篇》云:‘脈脈,姦人視也。’亦作‘脉’。‘脉脉’與‘脈脈’通。《漢書·東方朔傳》云:‘跂跂脈脈善緣壁。’顔師古注:‘脈脈,視貌。’《莊子·秋水篇》云:‘規規然自失。’《釋文》云:‘規規,驚視自失貌。’《荀子·非十二子篇》:‘莫莫然,瞡瞡然。’楊倞注:‘“瞡”與“規”同。規規,見小之貌。’按‘莫莫’與‘脉脉’聲亦相近。”〇覺按:脉脉(mòmò末末):通“脈脈”(mòmò末末),形容壞人沉默不言、虎視眈眈的樣子。規規(kuīkuī窺窺):通“窺窺”,暗中偷看的樣子。

〔12〕汪繼培曰:“‘唯’當爲‘詐’。《禮記·經解》云:‘君子審禮,不可誣以姦詐。’王侍郎云:‘“唯”疑“雎”,“姦雎”猶“恣雎”。’”〇王紹蘭曰:“‘姦唯’疑是‘姦睢’。《説文·目部》:‘睢,仰目也。’《史記·禮書、伯夷列傳》《漢書·五行志》《後漢書·崔駰傳》並云‘恣睢’。‘姦睢’猶‘恣睢’,即《五行志》所云‘驕揚奢侈恣睢者衆’也。‘規’‘睢’‘利’‘恥’是韻語,‘唯’非‘詐’之譌。”〇覺按:王紹蘭之説,手書於汪稿,汪繼培節録而刊入陳本,陳本之“雎”字爲“睢”之誤刊。今按汪、王之説皆非也。“唯”當爲“回”或“違”之音誤(三字音近),是邪惡的意思(參見6.2注〔6〕)。“姦回”或“姦違”在古代爲一個詞,《尚書·泰誓下》“崇信姦回”,《左傳·宣公三年》“其姦回昏亂”,《左傳·襄公二十三年》“姦回不軌”,《史記·楚世家》“其姦回昏亂”,《後漢書·杜喬列傳》“姦回不詰”,《後漢書·應奉列傳》“糾舉姦違”,《後漢書·陳蕃列傳》“夫獄以禁止姦違”,

皆其證。

〔13〕汪繼培曰:“襄廿六年《左傳》云:‘楚王是故昧於一未(覺按:“未”爲“來”之誤)。’杜注:‘昧,猶貪冒。’《周語》云:‘戎、狄冒没輕傀,貪而不讓。’‘昧冒’猶‘冒没’也。《漢書·匈奴傳》云:‘單于咸棄其愛子,昧利不顧。’▲《翟方進傳》云:‘冒濁苟容,不顧恥辱。’《後漢書·隗囂傳》云:‘冥昧觸冒,不顧大忌。’意竝同。《説苑·正諫篇》云:‘吴王欲伐荆,舍人少孺子曰:“園中有樹,其上有蟬。蟬高居悲鳴飲露,不知螳螂在其後也。螳螂委身曲附欲取蟬,而不知黄雀在其傍也。黄雀延頸欲啄螳螂,而不知彈丸在其下也。此三者,皆欲得其前利,而不顧其後之有患也。”’▲《韓詩外傳》十載孫叔敖諫楚莊王語同。《鹽鐵論·結和篇》云:‘登得前利,不念後咎。’”〇覺按:昧:沉迷於,等於説“貪”。冒:侵犯,引申指不顧一切地求取。昧冒:貪求。

〔14〕汪繼培曰:“脱一字。”〇覺按:前人都於“中”字下讀斷,不當。汪繼培因此認爲“中”字下脱一字,非。“中”當即下文“彊中欺嫁”之“中”,見19.13注〔11〕。

〔15〕汪繼培曰:“‘楡’蓋‘偷’之誤。‘解’讀爲‘懈’。‘奴抵’字未詳。”〇覺按:汪説未當。此節叙述小民的惡行,其下當緊接19.13與19.14兩節。該兩節蓋錯簡而誤置在後,19.8提及“婦女”,則前文應當述及婦女,故知該兩節當緊接在本節之後。上句之“中”,即19.13之“中”;此句所言,當即指19.13所説的“迫脅遣送”之類。楡:當爲“揄”(yú於)字之誤。《方言》卷十二:“揄,脱也。”《淮南子·主術訓》“揄策于廟堂之上”高誘注:“揄,出。”《文選》卷第三十四所載漢代枚乘《七發》中有“揄棄”一語。由此可見,“揄”是使脱離、扔出去、抛棄的意思。解:《方言》卷十二:“解,棁也。”郭璞注:“棁,猶脱也。”可見“解”與“揄”同義,也是使脱離、排除的意思。“揄解”與19.13所説的“遣送”相當。奴:通“怒”(“怒”與“奴”通,參見《説文通訓定聲·豫部弟九》“怒”字條),譴責的意思。抵:《廣雅·釋詁三》:“抵,推也。”即排斥的意思。“奴抵”與19.13所説的“迫脅”相當。

〔16〕比屋:緊靠着的人家,指挨家挨户。《新語·無爲》:“堯、舜之民可比屋而封,桀、紂之民可比屋而誅,何者?化使其然也。”可見“比屋”爲漢代人習語。

19.4

非唯細民爲然【1】,自封●王侯貴戚豪富【2】〔1〕,尤多有之【3】。假舉驕奢以作淫侈【4】〔2〕,高負千萬不肯償責〔3〕,小民守門號哭啼呼,曾無怵惕慙怍哀矜之意●【5】〔4〕。苟崇聚酒徒無行之人●〔5〕,傳空引滿●〔6〕,啁啾罵詈●〔7〕,晝夜鄂鄂,慢游是好●〔8〕。或毆擊責主人●於死【6】〔9〕,與羣盜攻剽劫人無異●【7】〔10〕。雖會赦贖,不當復得在選辟之科〔11〕,而州司公府反争取之〔12〕。且觀諸敢妄驕奢而作大責者,必非救飢寒而解困急、振貧窮而行禮義者也【8】〔13〕,咸以崇驕奢而奉淫湎爾●〔14〕。

【校記】

【1】唯：仿宋本、馮本、魁本、程本、邵本、陳本同，四庫本作“惟”。

【2】封：仿宋本、馮本、魁本、程本、何本、四庫本、邵本同，陳本作“封君”。

【3】有：仿宋本、馮本、魁本、陳本同，程本、四庫本、邵本作“宇”。

【4】假：仿宋本、馮本、魁本、陳本同，程本、四庫本、邵本作“伲”。

【5】怵惕：仿宋本、馮本、魁本、程本、四庫本、陳本同，何本、邵本作“怵惕”。

【6】主人：仿宋本、馮本、魁本、程本、邵本同，四庫本作“致人”，陳本作“主入”。

【7】與：四庫本同，仿宋本、馮本、魁本、程本、邵本、陳本作“亡”。

【8】飢：仿宋本、馮本、魁本、陳本同，程本、何本、四庫本、邵本作“饑”。

【箋注】

〔1〕汪繼培於“封”下補“君”字曰：“舊脱。▲《漢書・食貨志》顔師古注云：‘封君，受封邑者，謂公主及列侯之屬。’”〇覺按：汪補非，因爲“封君”如果指公主，則與此下所述之事不協；如果指列侯，則與“王侯”義複。自：在。王侯：見17.1.1注〔2〕〔3〕。

〔2〕以：猶“使”。淫侈：過度奢侈，指奇巧的玩好。

〔3〕責（zhài債）：后寫作“債”（參見11.5注［13］）。

〔4〕汪繼培曰：“崔實《政論》云：‘今官之接民，甚多違理，作使百工，及從民市，輒設計加以誘來之，器成之後，更不與直。老弱凍餓，痛號道路，守闕告哀，終不見省。’《孟子》云：‘皆有怵惕惻隱之心。’《書・吕刑》云：‘皇帝哀矜庶獄（覺按：“獄”當作“戮”）之不辜。’”

〔5〕汪繼培曰：“《史記・酈生傳》云：‘吾高陽酒徒也。’《淮陰侯傳》云：‘始爲布衣時，貧無行。’《漢書・五行志中之上（覺按：陳本無“中之上”，此依汪稿）》：‘谷永云：“崇聚票輕無誼之人，以爲私客。”’”〇覺按：苟：苟且，隨意，指不合禮義。崇：見11.7注〔20〕。酒徒：嗜酒者。

〔6〕汪繼培曰：“《漢書・敍傳》云：‘趙、李諸侍中，皆引滿舉白。’孟康曰：‘舉白，見驗飲酒盡不也。’‘傳空’猶‘舉白’也。”〇覺按：汪説非，因爲“傳”與“舉”不同義。此“傳”字當解爲傳遞。

〔7〕汪繼培曰：“《禮記・三年問》云：‘猶有啁噍之頃焉。’《釋文》：‘啁噍，聲。’‘啁啾’與‘啁噍’同。《文選・長笛賦》李善注引《蒼頡篇》云：‘啾，衆聲也。’《史記・魏豹傳》云：‘漢王慢而侮人，駡詈諸侯羣臣如駡奴耳。’”〇覺按：啁啾（zhōujiū周糾）：象聲詞，形容衆聲嘈雜。詈（lì利）：駡。

〔8〕汪繼培曰：“《書・皋陶謨》云：‘惟慢遊是好。’又云：‘罔晝夜頟頟。’按‘頟’‘鄂’聲相近。幽州人謂‘頟’爲‘鄂’，見《釋名・釋形體》。”〇覺按：“惟慢遊是好”“罔晝夜頟頟”在今本《尚書・益稷》中（參見6.5注〔10〕）。鄂鄂：不休息的樣子。是：構成賓語前置句式的結構助詞。“慢游是好”即“好慢游”。

〔9〕汪繼培改“人”爲“入”曰：“舊作‘人’。”〇覺按：汪改非。

〔10〕汪繼培曰：“《史記・酷吏傳》云：‘義縱少年時，嘗與張次公俱攻剽爲羣盜。’《貨殖傳》云：‘閭巷少年，攻剽椎埋，劫人作姦。’▲《漢書・酷吏傳》顔師古注云：‘剽，刼也。’《晉書・刑法志》陳羣《新律序》云：‘舊律，盜律有劫略。’”

〔11〕辟（bì壁）：徵召。

〔12〕州司：見7.4注〔4〕。公：見18.4注〔14〕。

〔13〕振：同“賑”，救濟。

〔14〕汪繼培曰:“成二年《左傳》云:‘淫湎毀常。’《詩·蕩》云:‘天不湎爾以酒。’《釋文》引《韓詩》云:‘飲酒閉門不出客曰湎。’”○覺按:“以”猶“唯”(參見《古書虛字集釋》卷一“以”字條)。淫湎:過度地沉迷於酒。

19.5

《春秋》之義〔1〕,責知誅率●〔2〕。孝文皇帝至寡動【1】〔3〕,欲任德【2】,然河陽侯陳信坐負六月【3】,免國●〔4〕。孝武仁明,周陽侯田彭祖坐當歸軹侯宅而不與【4】,免國●〔5〕;黎侯邵延坐不出持馬【5】,身斬國除●【6】〔6〕。二帝豈樂以錢財之故●而傷大臣哉〔7〕?乃欲絶詐欺之端●〔8〕、必國家之●法【7】〔9〕、防禍亂之原●以利民也〔10〕。故一人伏正罪而萬家蒙乎福者,聖主行之不疑。永平時●〔11〕,諸侯負責,輒有削絀之罰〔12〕。此其後皆不敢負民,而世自節儉,辭訟自消矣●〔13〕。

【校記】

【1】寡動:仿宋本、馮本、魁本、程本、陳本同,四庫本作“仁動”,邵本作“寡欲”。

【2】欲:仿宋本、馮本、魁本、程本、四庫本、陳本同,邵本作“動”。

【3】月:《史記·高祖功臣侯年表》、陳本同,仿宋本、馮本、魁本、程本、四庫本、邵本作“日”。

【4】歸:七本皆無“歸”字,據《史記·惠景間侯者年表》之文補。

【5】侯:七本皆作“陽侯”,據《史記·惠景間侯者年表》之文刪“陽”字。

【6】除:仿宋本、馮本、程本、四庫本、邵本、陳本同,魁本作“■”。

【7】必國家之:陳本同,仿宋本、馮本、魁本、程本、邵本作“必國家”,四庫本作“正國家”。

【箋注】

〔1〕《春秋》:此文指《公羊傳》而言,見12.9注〔7〕。義:《吕氏春秋·高義》“公上過語墨子之義”高誘注:“義,道。”即主張、道德準則的意思。

〔2〕汪繼培曰:“王侍郎云:《公羊》桓五年:“葬陳桓公。”何休注云:“不月者,責臣子也。知君父有疾,當營衛,不謹而失之也。”襄二十五年:“吴子謁伐楚,門於巢,卒。”何休注云:“君子不怨所不知,故與巢得殺之。”是“責知”也。昭二十六年:“尹氏、召伯、毛伯以王子朝奔楚。”何休注云:“立王子朝,獨舉尹氏,出奔并舉召伯、毛伯者,明本在尹氏,當先誅渠率,後治其黨。”是“誅率”也。’繼培按:《後漢書·孔融傳》云:‘漢律,與罪人交關三日已上,皆應知情。’即‘責知’之意。《鹽鐵論·疾貪篇》云:‘《春秋》刺譏,不及庶人,責其率也。’《漢書·孫寶傳》云:‘《春秋》之義,誅首惡而已。’皆用《公羊》誼。”○覺按:“率”通“帥”。

〔3〕動:《淮南子·詮言訓》“動之爲物”高誘注:“動,有爲也。”寡動:少動,指漢文帝執政清静無爲。

〔4〕汪繼培曰:"'月'舊作'日'。《史記·高祖功臣侯年表》云:'坐不償人責過六月,奪侯。'"〇覺按:河陽:漢代縣名,屬河内郡,故地在今河南省孟州市西北。陳信:陳涓之子。陳涓因從漢高祖擊項羽有功而於高祖六年(公元前201年)被封爲河陽侯。文帝元年(公元前179年),陳涓死,其子陳信繼位。文帝四年(公元前176年,《漢書·高惠高后文功臣表》作"三年"),陳信"坐不償人責過六月,奪侯,國除"。參見《史記·高祖功臣侯年表》《漢書·高惠高后文功臣表》。坐:因犯……罪。

〔5〕陳本無"歸"字,汪繼培曰:"《漢書·外戚恩澤侯表》作:'田祖坐當歸軹侯宅,不與,免。'此脱'歸'字。《史記·惠景間侯者年表》亦作'彭祖',▲與此同。'軹侯'作'章侯',誤。《表》無'章侯'。軹者,薄昭所封國也。"〇覺按:周陽:《史記·惠景間侯者年表》《索隱》認爲是漢代縣名,屬上郡,但據《漢書·地理志下》,上郡衹有陽周縣(在今陝西省子長縣西北),而無周陽縣。《史記索隱》對《史記·惠景間侯者年表》中的"陽周"不加注釋,蓋誤將《地理志下》之"陽周"當作了"周陽",不可從。此周陽當爲邑名,漢時屬河東郡,其故城當在今山西省聞喜縣東二十九里處,參見《史記·孝文本紀》"封淮南王舅父趙兼爲周陽侯"《正義》。田彭祖:田勝之子。田勝因爲是皇太后(景帝后)的同母弟,故於景帝後元三年(公元前141年)三月被漢武帝封爲周陽侯。武帝元光六年(公元前129年),田勝死,其子田彭祖繼位。元狩二年(公元前121年,《漢書·外戚恩澤侯表》作"三年"),彭祖"坐當歸軹侯宅不與,免"。參見《史記·惠景間侯者年表》《漢書·外戚恩澤侯表》。軹(zhǐ只):漢縣名,屬河内郡,故地在今河南省濟源市南。軹侯:漢代的軹侯與周陽侯一樣,被封者不止一家。此當指孝文帝元年(公元前179年)所封的薄昭(薄太后弟)一家。文帝十年(公元前170年),薄昭殺漢使者,文帝迫令其自殺。其子戎奴繼位。漢武帝建元二年(公元前139年),戎奴死,薄昭之孫薄梁繼位。參見《史記·景惠間侯者年表》《漢書·外戚恩澤侯表》。此文"軹侯"即指薄梁而言。

〔6〕陳本"黎侯"作"黎陽侯",汪繼培曰:"'除'舊空,据程本。《史記·惠景間侯者年表》作'犁侯',《漢書·功臣表》作'黎侯',並無'陽'字,此蓋與'周陽'相涉而誤。邵,《史》《漢》並作'召'。《漢書》顔師古注云:'時發馬給軍,匿而不出也。'按《武帝紀》:'元狩五年,天下馬少,平牡馬匹二十萬。'《食貨志》云:'車騎馬乏,縣官錢少,買馬難得,迺著令,令封君以下至三百石吏,以差出牡馬。''持馬'蓋'特馬'之誤,'特馬'即'牡馬'。《周禮·校人》:'凡馬,特居四之一。'鄭司農云:'四之一者,三牝一牡。'"〇覺按:據汪校,則其所用舊本當爲魁本之底本。黎:西漢所置縣名,屬東郡,故地在今山東省鄆城縣西,東漢廢。漢代又有黎陽縣,屬魏郡,故地在今河南省浚縣東北。因此,後人每有混淆,如魏時孟康即誤以"黎"爲"黎陽"。《漢書·地理志上》"東郡·黎"顔師古注:"孟康曰:'《詩》黎侯國,今黎陽也。'臣瓚曰:'黎陽在魏郡,非黎縣也。'師古曰:'瓚説是。'"《潛夫論》舊本"黎"作"黎陽",也當與"黎陽"相涉而誤。邵延:即召(shào邵)延,召奴之孫。召奴因其父召平爲齊相,所以於文帝十年(公元前170年)被封爲黎侯。他死後,其子召澤(《漢書》作"瀆")繼位。元朔五年(公元前124年),召澤死,召延繼位。在位十九年,即元封六年(公元前105年),"坐不出持馬"被腰斬,封國被削除。參見《史記·惠景間侯者年表》《漢書·高惠高后文功臣表》。"持馬"爲"特馬"之形訛,"特馬"即雄馬。《史記》《漢書》之《表》均作"持馬",故此文沿襲其誤。

〔7〕汪繼培曰:"《莊子·徐無鬼篇》云:'錢財不積,則貪者憂。'"

〔8〕汪繼培曰:"《漢書·王尊傳》云:'絶詐欺之路。'"

〔9〕汪繼培曰:"舊脱。"

〔10〕汪繼培曰:“《漢書·金日磾傳》云:‘亂國大綱,開禍亂原。’《春秋繁露·度制篇》云:‘凡百亂之源,皆出嫌疑纖微,以漸寖稍長至於大。聖人章其疑者,别其微者,絶其纖者,不得嫌,以蚤防之。聖人之道衆,隄防之類也。’”

〔11〕汪繼培曰:“後漢明帝紀元。”〇覺按:永平:漢明帝年號,公元58—75年。

〔12〕絀:通“黜”。

〔13〕汪繼培曰:“《史記·平津侯傳》後載王元后詔云:‘儉化俗民,則尊卑之序得,而骨肉之恩親,争訟之原息。’《漢書·楚元王傳》劉向封事云:‘崇推讓之風,以銷分争之訟。’‘消’與‘銷’同。”

19.6

今諸侯貴戚,或曰●〔1〕勑民●慎行【1】〔2〕,德義無違,制節謹度●〔3〕,未嘗負責,身絜規避●【2】〔4〕,志厲青雲●【3】〔5〕。或既欺負百姓〔6〕,上書封租【4】,願且償責●〔7〕。此乃殘掠官民●〔8〕,而還依縣官也●〔9〕。其誣罔慢易●【5】〔10〕,罪莫大焉●〔11〕。

【校記】

【1】勑:仿宋本、馮本、魁本、程本、陳本同,何本、四庫本、邵本作“勅”。

【2】規:仿宋本、馮本、魁本、陳本同,程本、四庫本、邵本作“矩”。

【3】青:仿宋本、馮本、程本、四庫本、邵本、陳本同,魁本作“責”。

【4】租:陳本同,仿宋本、馮本、魁本、程本、四庫本、邵本作“祖”。

【5】罔:仿宋本、馮本、魁本、陳本同,程本、四庫本、邵本作“國”。

【箋注】

〔1〕汪繼培曰:“字誤。”〇覺按:汪説非。“曰”猶“有”,參見16.16注〔18〕、28.2注〔4〕及《古書虚字集釋》卷二“曰”字條。

〔2〕汪繼培曰:“王先生云:‘疑“已”之誤。’”〇覺按:勑(lài賴):同“徠”,《説文·力部》:“勑,勞也。”即慰勞的意思。勑民:等於説“勞民”,撫慰人民。王宗炎認爲“民”是“已”之誤,則“勑”當讀爲chì(飭),“勑已”即整飭自已的意思,即嚴格律已,也通。

〔3〕汪繼培曰:“《孝經》。”〇覺按:《孝經·諸侯章》“制節謹度”唐玄宗注:“費用約儉謂之制節,慎行禮法謂之謹度。”

〔4〕汪繼培曰:“王先生云:‘“規避”當作“珪璧”。’繼培按:《後漢書·馮衍傳》衍説鮑永云:‘珪璧其行。’”〇覺按:絜:通“潔”。規避:是設法躲避的意思,用來解此文,不如王説妥帖,故應從王説以“珪璧”作解。“珪”同“圭”,是用作憑信的玉版,上圓或尖,下方,爲帝王、諸侯朝會或祭祀時所執。“璧”是中心有孔的扁平形玉環,其邊寬倍於孔。古代常以珪璧形容美德。如《詩經·衛風·淇奥》:“有匪君子,如金如錫,如圭如璧。”

〔5〕汪繼培曰:“▲句本《淮南子·氾論訓》《兵略訓》。”〇覺按:厲:《吕氏春秋·恃君》“而厲人主之節也”高誘注:“厲,高也。”青雲:青天之雲,指高空的雲,形容志向

高尚。

〔6〕欺負：欺詐負債。參見19.4注〔3〕〔4〕。

〔7〕汪繼培曰："《後漢書·孝明八王傳》云：'梁節王暢，少貴驕，頗不遵法度。梁相舉奏暢不道。暢慙懼，上疏辭謝："不敢復有所横費。租入有餘，乞裁食睢陽、穀孰、虞、蒙、寧陵五縣。"'此類是也。"〇覺按：汪説雖似可通，但與此文"願且償責""殘掠官民"之義不貫，故此"封租"當解爲加重租税。《國語·楚語上》"是聚民利以自封而瘠民也"韋昭注："封，厚也。"即其義。

〔8〕汪繼培曰："'掠'與'畧'同，注見下。"

〔9〕汪繼培曰："'依'讀爲'薆'，蔽也。《史記·絳侯世家》《索隱》云：'縣官，謂天子也。所以謂國家爲縣官者，夏家（覺按：當作"夏官"）王畿内縣即國都也。王者官天下，故曰官（覺按：當作"縣官"）也。'"〇覺按："依"當解爲依靠、依仗。汪説非。

〔10〕汪繼培曰："罔，程本作'國'，誤。'誣罔'亦漢時律令文，《漢書·武帝紀》'元鼎五年，樂通侯欒大坐誣罔'是也。▲《列女傳·孽嬖傳》序云：'亦甚嫚易。''慢'與'嫚'通。《説文》云：'嫚，侮易也。'經典通作'慢'，《大戴禮·子張問入官篇》云：'慢易者，禮之所以失也。'▲《管子·内業篇》：'慢易生憂。'《形勢解》：'修行慢易。'《史記·張耳傳》：'高祖箕踞詈，甚慢易之。'"〇覺按：誣罔：欺騙。慢易：輕慢。

〔11〕汪繼培曰："昭五年《左傳》：'昭子曰："豎牛禍叔孫氏，使亂大從，罪莫大焉。"'"

19.7

《孝經》曰〔1〕："陳之以德義，而民興行；示之以好惡，而民知禁。"今欲變巧僞以崇美化，息辭訟以閒官事者【1】，莫若表顯有行●〔2〕，痛誅無狀●〔3〕，導文、武之法【2】〔4〕，明詭詐之信●〔5〕。

【校記】

【1】閒：仿宋本、馮本、魁本、程本、四庫本、陳本同，何本、邵本作"閑"。

【2】導文武：仿宋本、魁本、程本、四庫本、邵本、陳本同，馮本作"導文武"。

【箋注】

〔1〕《孝經》：宣傳封建孝道和孝治思想的儒家經典。今通行本爲《十三經注疏》本，共十八章。下面的引文見《三才章第七》。

〔2〕汪繼培曰："《白虎通·辟雍篇》云：'顯有能，褒有行。'"〇覺按：顯：使……顯貴，指重用。

〔3〕汪繼培曰："《晏子春秋·諫下》云：'痛誅其罪。'"〇覺按：痛：見18.7注〔3〕。無狀：見17.2.2注〔19〕。

〔4〕導：通"道"。文、武：文帝、武帝。見19.5所述。

〔5〕汪繼培曰："疑'罰'。"〇覺按：汪説是。

19.8

今佚王貴戚[1]，不得浸廣●〔1〕，姦宄遂多[2]。豈謂每有争鬭辭訟，婦女必致此乎？亦以傳見〔2〕：凡諸禍根不早斷絶●〔3〕，則或轉而滋蔓●[3]〔4〕。人●〔5〕若斯邪●[4]〔6〕？是故原官察之所以務念●〔7〕、臣主之所以憂勞者●〔8〕，其本皆鄉、亭之所治者太半詐欺之所生也●[5]〔9〕。

【校記】

【1】今：仿宋本、馮本、魁本、程本、邵本、陳本同，四庫本作“令”。

【2】遂：仿宋本、馮本、魁本、程本、邵本、陳本同，四庫本作“雖”。

【3】滋：仿宋本、馮本、魁本、程本、邵本、陳本同，四庫本作“兹”。

【4】人若斯邪：仿宋本、馮本、魁本、程本、邵本、陳本同，四庫本作“乃若斯也”。

【5】太：仿宋本、馮本、魁本、程本同，何本、四庫本、邵本、陳本作“大”。

【箋注】

〔1〕汪繼培曰：“下有脱文。”〇彭鐸曰：“‘得’讀爲‘德’。”〇覺按：浸：通“寖”(qīn 侵)，漸。

〔2〕以：從。傳：見 17.1.2 注〔1〕。下面的説法當本於《左傳》《戰國策》之類。《戰國策・秦策一》：“削株掘根，無與禍隣，禍乃不存。”《左傳・隱公元年》：“不如早爲之所，無使滋蔓！蔓，難圖也。”

〔3〕汪繼培曰：“《韓非子・初見秦篇》云：‘削迹無遺根，無與禍鄰，禍乃不存。’《漢書・匈奴傳》：‘陳饒曰：“椎破故印，以絶禍根。”’”

〔4〕汪繼培曰：“隱元年《左傳》云：‘無使滋蔓。’”

〔5〕汪繼培曰：“疑‘必’。”〇彭鐸曰：“疑‘令’。”〇覺按：汪、彭之説非。人：指人類社會。

〔6〕汪繼培曰：“疑‘也’。”〇覺按：汪説非。邪：通“耶”。斯：這。

〔7〕汪繼培曰：“昭六年《左傳》云：‘明察之官。’”〇覺按：原：推究根源。念：當爲“忩”(cōng 匆)字之訛。“忩”即“怱”的異體字。

〔8〕汪繼培曰：“《越語》：‘范蠡曰：“爲人臣者，君憂臣勞。”’”

〔9〕汪繼培曰：“《漢書・刑法志》云：‘原獄刑所以蕃若此者，禮教不立，刑法不明，民多貧窮，豪桀務私，姦不輒得，獄豻不平之所致也。’服虔曰：‘鄉亭之獄曰豻。’”

19.9

故曰：知其原少，則姦易塞也；見其守約，則政易持也●〔1〕。

【箋注】

〔1〕汪繼培曰：“‘姦宄遂多’至此，當在篇末，蓋總結一篇之意。”〇覺按：汪説未當。本節二十字當緊接在 19.5 一節之末。

19.10

“或婦人之行，貴令鮮絜●【1】〔1〕，今以●適矣〔2〕，無顏復入甲門●【2】〔3〕。縣官原之●〔4〕，故令使留所既入家。”必未昭亂之本原●〔5〕、不惟貞絜所生者之言也●【3】〔6〕。貞女不二心以數變●【4】〔7〕，故有“匪石”之詩●〔8〕；不枉行以遺憂●〔9〕，故美歸寧之志●〔10〕。一許不改，蓋所以長貞絜而寧父兄也【5】。其不循此而二三其德者●〔11〕，此本無廉恥之家、不貞專之所也●【6】〔12〕。若然之人，又何醜恡●〔13〕？輕薄父兄，淫僻婦女●〔14〕，不惟義理，苟疎一德〔15〕，借本治生●〔16〕，逃亡抵中●〔17〕乎●〔18〕，以致於刳腹芟頸滅宗之禍者●〔19〕，何所無之？

【校記】

【1】絜：仿宋本、馮本、魁本、程本、四庫本、陳本同，何本、邵本作“潔”。

【2】甲：仿宋本、馮本、魁本、程本、邵本、陳本同，四庫本作“里”。

【3】貞絜：仿宋本、馮本、魁本、陳本同，程本作“真潔”，何本、四庫本、邵本作“真潔”。

【4】貞：仿宋本、馮本、魁本、陳本同，程本、何本、四庫本、邵本作“真”。

【5】貞絜：仿宋本、馮本、魁本、陳本同，程本作“真潔”，何本、四庫本、邵本作“真潔”。

【6】貞：仿宋本、馮本、魁本、陳本同，程本、何本、四庫本、邵本作“真”。

【箋注】

〔1〕汪繼培曰：“《詩·采蘋》鄭箋云：‘婦人之行，尚柔順，自潔清。’‘鮮絜’猶言‘潔清’。《荀子·宥坐篇》：‘孔子曰：“夫水，以出以入，以就鮮絜。”’”○覺按：貴：看重，崇尚。令：使。鮮：《文選》卷第一所載《西都賦》“鮮顥氣之清英”李善注：“鮮，絜也。”絜（jié 結）：通“潔”。

〔2〕汪繼培曰：“‘已’同。”○覺按：“今”猶“若”（參見《古書虛字集釋》卷五“今”字條）。以：同“已”。適：出嫁。

〔3〕汪繼培曰：“‘適’下當有‘乙’字。古人稱人以甲乙。《韓非子·用人篇》云：‘罪生甲，禍歸乙。’此其例也。《周禮·司刺》疏云：‘甲乙者，興喻之義。’”○覺按：古代用“甲”“乙”指代不明姓名的某人，一般都先稱“甲”，後稱“乙”，如《史記·萬石張叔列傳》：“奮長子建，次子甲，次子乙，次子慶。”所以此“適”字下不當有“乙”字。入：進，指嫁給。

〔4〕汪繼培曰：“《周禮·秋官（覺按：陳本無“秋官”，此依汪稿）·司厲》疏云：‘漢時名官爲縣官，非謂州縣也。’”

〔5〕汪繼培曰：“‘亂’上當有‘治’字，説見《述赦篇》。”○彭鐸曰：“‘必’當依《述赦篇》作‘此’。”○覺按：見16.10注〔2〕。“必”當爲“此”之形訛。又，依16.10之文例，“或婦人之行”至“所既入家”當爲時人之言。

〔6〕汪繼培曰："《詩·南有喬木》鄭箋云：'賢女雖出遊流水之上，人無欲求犯禮者，亦由貞絜使之然。'《蝃蝀》箋云：'淫奔之女，大無貞絜之信。'▲襄三十年《穀梁傳》云：'婦人以貞爲行者也。'"

〔7〕汪繼培曰："《史記·田單傳·論》：'王蠋曰："貞女不更二夫。"'▲《詩·氓》'女也不爽'毛傳：'爽，差也。'鄭箋云：'我心於女，故無差貳。'《詩·行露》序云：'彊暴之男不能侵陵貞女。'《雞鳴》序云：'賢妃貞女。'成三年《左傳》云：'無有二心。'"〇覺按：數（shuò 朔）：屢次。

〔8〕汪繼培曰："▲《詩·柏舟》：'我心匪石，不可轉也。'毛傳云：'石雖堅，尚可轉。'"〇覺按：匪：非，不是。《詩經·邶風·柏舟》："我心匪石，不可轉也。"其意爲：石頭雖堅固，還會被翻過來；我的心不是石頭，堅定得不可扭轉。此文因而稱該詩爲"匪石"之詩。

〔9〕汪繼培曰："《詩·斯干》云：'無父母詒罹。'毛傳：'罹，憂也。'鄭箋云：'無遺父母之憂。'《史記·韓安國傳》：'帝謝太后曰："兄弟不能相教，乃爲太后遺憂。"'"〇覺按：枉：不正直，不正派。

〔10〕汪繼培曰："《詩·葛覃》云：'歸寧父母。'毛傳：'寧，安也。父母在，則有時歸寧。'《草蟲》箋云：'君子待己以禮，庶自此可以寧父母。'"〇覺按：歸寧：回家請安，指在外的子女回父母家省親。美歸寧之志：指《詩經·周南·葛覃》的歌頌。

〔11〕汪繼培曰："《詩·氓》。"〇覺按：二三：一會兒二、一會兒三，指反復無常，不專一。這裏用作使動詞。二三其德：使自己的德行變化不定，即屢次變心的意思。語見《詩經·衛風·氓》。

〔12〕汪繼培曰："《詩·關雎》'窈窕淑女'毛傳：'幽閒貞專之善女。'《文選》顏延年《秋胡詩》李善注引薛君《韓詩章句》曰：'窈窕，貞專貌。'《列女傳·宋鮑女宗》云：'婦人以專一爲貞。'《梁寡高行傳·頌》云：'貞專精純。'《史記·秦始皇紀》會稽刻石云：'有子而嫁，倍死不貞。'"

〔13〕汪繼培曰："《方言》云：'㤨，恨也。''㥏'與'㤨'同。"〇覺按：醜：羞恥，慚愧。㥏：恥辱。

〔14〕汪繼培曰："《禮記·經解》云：'婚姻之禮廢，則夫婦之道苦，而淫辟之罪多。'▲《漢書·地理志》云：'婦人貞信不淫辟。'顏師古注：'辟，讀曰"僻"。'《列女傳·周主忠妾傳·頌》云：'主妻淫僻。'▲《詩·牆有茨》'中冓之言'《釋文》引《韓詩》云：'中冓，中夜，謂淫辟之言。'"

〔15〕苟：苟且，隨便，指不合禮義。踈：同"疏"，疏遠，引申指拋在一邊。《文選》卷第九《長楊賦》"賤瑇瑁而疏珠璣"李善注引《廣雅》曰："疏，亦賤也。"一：專一，指婦女從一而終。

〔16〕汪繼培曰："《史記·貨殖傳》云：'善治生者，能擇人而任時。'"〇覺按：本：本錢。借本治生：借了本錢來料理生計。韓愈《柳子厚墓誌銘》："其俗以男女質（覺按：抵押）錢，約不時（覺按：不按時）贖，子本相侔（覺按：利息本錢相等），則没爲奴婢。"本文所説，大概與此相類。

〔17〕汪繼培曰："《史記·孟嘗君傳》：'馮驩云："不足者雖守而責之十年，息愈多，急即以逃亡自捐之。若急，終無以償。上則爲君好利，不愛士民；下則有離上抵負之名。"'《周禮·朝士》：'凡屬責者，以其地傳而聽其辭。'鄭注：'屬責，轉責使人歸之，而本主死亡，歸受之數相抵冒者也。''抵中'之'抵'，義與'抵負''抵冒'同。"〇覺按：中：《漢

書·司馬遷傳》"實不中其聲者謂之款"顔師古注:"中,當也,充也。"抵中:抵當,相抵、相當,指賴債。汪氏初稿云:"桓九年'紀季姜歸於京師'(又莊元年'王姬歸于齊'《傳》),《穀梁傳》云:'爲之中者,歸之也。'范甯注:'中,謂關與婚事。'此'中'亦謂關與婚事者。下云'彊中欺嫁',同。'借本治生,逃亡抵中',兼市賣婚姻而言。"後來大概認爲此説與"抵負""抵冒"之義牴牾,故移於"彊中欺嫁"之下。

〔18〕汪繼培曰:"當作'卒',屬下讀。'乎''卒'字形相近,《儀禮·士冠禮》'啐醴'鄭注:'啐,古文爲"呼"。'此其比也。"○覺按:汪説非。"卒以致於"不成文,故"乎"不當作"卒"而屬下讀,宜視爲語助詞。

〔19〕汪繼培曰:"《吕氏春秋·順説篇》云:'刈人之頸,刳人之腹。''芟'當作'艾','艾'與'刈'通。"○覺按:芟(shān 山):《左傳·隱公六年》"芟夷藴崇之"杜預注:"芟,刈也。"即割的意思。汪氏初稿引《吕氏春秋》之文後注云:"'芟頸'猶'刈頸'。《説文》:'乂,芟艸也。刈,乂或从刀。芟,刈草也。'"直接將"芟"解爲"刈",甚當。其最終定稿認爲"芟"爲"艾"之訛,再將"艾"解爲"刈"之通假字,迂而不當。

19.11

先王因人情〔1〕,喜怒之所能已者【1】,則爲之立禮制而崇德讓●〔2〕;人所可已者,則爲之設法禁而明賞罰●〔3〕。今市賣勿相欺〔4〕,婚姻無相詐〔5〕,非人情之不可能者也。是故不若立義順法〔6〕,遏絶其原●〔7〕。初雖慙悋於一人,然其終也長利於萬世●〔8〕。小懲而大戒●〔9〕,此所以全小而濟頑凶也●〔10〕。

【校記】

【1】能:仿宋本、馮本、程本、四庫本、邵本同,魁本作"能",陳本作"不能"。

【箋注】

〔1〕《韓非子·八經》:"凡治天下,必因人情。人情者,有好惡,故賞罰可用;賞罰可用,則禁令可立而治道具矣。"可明此文之意。

〔2〕汪繼培改"能已"爲"不能已"曰:"舊脱'不'字。《鹽鐵論·散不足篇》云:'宫室輿馬,衣服器械,喪祭飲食,聲色玩好,人情之所不能已也,故聖人爲之制度以防之。'《禮記·坊記》云:'禮者,因人之情而爲之節文,以爲民坊者也。'"○覺按:喜怒:喜悦和憤怒,此指代"人情"。已:止。能已:能够控制。"能"字具有主動意味,與下文"可"字具有被動意味不同。"能够控制"帶有積極傾向,所以可用教育感化的力量來制約,因而"爲之立禮制而崇德讓";"可以控制"帶有消極傾向,所以要用强制的力量來制約,因而"爲之設法禁而明賞罰"。此文"所能已者"與下文"所可已者"相對,其文不誤。汪繼培於"能"字上臆增"不"字,後人從之,失當。

〔3〕汪繼培曰:"《韓非子·五蠹篇》云:'明其法禁,必其賞罰。'"

〔4〕今:猶"夫"(參見《古書虚字集釋》卷五"今"字條)。市:買。

〔5〕婚姻:嫁娶。"壻以昏時而來,妻則因之而去"(見《禮記·昏義》孔穎達疏),所以稱婚姻。無:通"毋"。

〔6〕順：《爾雅·釋詁》："順，陳也。"即陳設的意思，與"立"字對文義近。順法：設置法律，即上文所説的"設法禁"。《韓非子·難三》："法者，編著之圖籍、設之於官府而布之於百姓者也。"可明此"順法"之義。

〔7〕汪繼培曰："《書·吕刑》云：'遏絶苗民。'《管子·正法篇》云：'遏之以絶其志意，毋使民幸。'"

〔8〕汪繼培曰："《周語》云：'王天下者，必先諸民，然後庇焉，則能長利。'《韓非子·難一》：'文公曰："雍季言，萬世之利也。"'"

〔9〕汪繼培曰："《易·繫辭下傳》。戒，王本作'誡'。"〇覺按：《周易·繫辭下》："小懲而大誡，此小人之福也。"

〔10〕汪繼培曰："'小'下當脱'人'字。《易》曰：'此小人之福也。'"〇覺按：汪説是。濟：救助。

19.12

夫立法之大要●〔1〕，必令善人勸其德而樂其政、邪人痛其禍而悔其行●〔2〕。諸一女許數家，雖生十子，更百赦〔3〕，勿令得蒙一還私家，則此姦絶矣。不則髡其夫妻〔4〕，徙千里外劇縣●〔5〕，乃可以毒其●〔6〕心而絶其後●【1】〔7〕。姦亂絶，則太平興矣●〔8〕。

【校記】

【1】毒其：何本、邵本、陳本同，仿宋本、馮本、魁本、程本作"毒者"，四庫本作"杜邪"。

【箋注】

〔1〕汪繼培曰："《漢書·陳萬年傳》顔師古注：'大要，大歸也。'"

〔2〕汪繼培曰："昭卅一年《左傳》云：'上之人能使昭明，善人勸焉，淫人懼焉。'"〇覺按：其德：它的恩德，法律造成的恩惠，指獎賞帶給人的好處。勸其德：爲其德所勸。其禍：它的災禍，法律造成的災禍，指刑罰帶給人的禍患。

〔3〕彭鐸曰："《漢書·朱博傳》：'皆知喜、武前已蒙恩詔決事，更三赦。'師古注：'又經三赦也。''更''經'一聲之轉。"

〔4〕不（fǒu 否）：同"否"。不則：如果不這樣就。髡（kūn 坤）：一種剃去頭髮的刑罰。

〔5〕汪繼培曰："漢時有劇縣、平縣之目，見《後漢書·安帝紀》永初元年。"〇覺按：參見7.3注〔22〕。

〔6〕汪繼培曰："舊作'者'，据何本改。"〇覺按：毒：治理。

〔7〕汪繼培曰："《説苑·政理篇》云：'刑者，懲惡而禁後者也。'"

〔8〕汪繼培曰："《史記·秦始皇紀》云：'欲以興太平。'《漢書·路温舒傳》云：'太平之風，可興於世。'"

19.13

又貞絜寡婦【1】〔1〕，或男女備具，財貨富饒●〔2〕，欲守一醮之禮●〔3〕，成同穴之義●〔4〕，執節堅固●〔5〕，齊懷必死●〔6〕，終無更許之慮●〔7〕。遭值不仁世叔●〔8〕、無義兄弟，或利其娉幣●【2】〔9〕，或貪其財賄●〔10〕，或私其兒子，則彊中欺嫁●【3】〔11〕。處迫脅遣送，人有自縊房中〔12〕，飲藥車上●〔13〕，絶命喪軀，孤捐童孩。此猶迫脅人、命自殺也●〔14〕。

【校記】

【1】絜：仿宋本、馮本、魁本、陳本同，程本作“潔”，何本、四庫本、邵本作“潔”。

【2】娉：仿宋本、馮本、魁本、程本、何本、邵本、陳本同，四庫本作“聘”。

【3】彊：仿宋本、馮本、魁本、何本、四庫本、邵本、陳本同，程本作“疆”。

【箋注】

〔1〕此下兩節，當緊接在19.3之下，參見19.3注〔15〕。又（yǒu有）：通“有”。

〔2〕汪繼培曰：“《漢書·地理志》云：‘民以富饒。’”

〔3〕汪繼培曰：“《禮記·郊特牲》云：‘壹與之齊，終身不改，故夫死不嫁。’鄭注：‘齊，謂共牢而食，同尊卑也。“齊”或爲“醮”。’《列女傳》蔡人之妻曰：‘適人之道，壹與之醮，終身不改。’宋鮑女宗云：‘婦人一醮不改。’《陳寡孝婦傳·頌》同。”〇覺按：醮（jiào較）：古代用於婚禮的一種斟酒儀式，引申指婦女出嫁。

〔4〕汪繼培曰：“《詩·大車》云：‘死則同穴。’”〇王紹蘭曰：“《列女傳》：‘楚伐息，破之，使其君守門，將妻其夫人而納之於宫。夫人曰：“人生要一死而已，終不以一身更貳醮。”乃作詩曰：“穀則異室，死則同穴。謂予不信，有如皦日。”遂自殺，息君亦自殺。’蓋《魯詩》説也，其事與《左傳》迥殊；謂此詩爲息嬀作，亦與毛異。此論偁‘欲守一醮，成同穴之義’，與《傳》偁‘不更貳醮’、作‘同穴’之詩文義皆合，然則節信正用其説。”

〔5〕汪繼培曰：“《列女傳·齊孝孟姬·頌》云：‘孟姬好禮，執節甚公。’《漢書·賈捐之傳》云：‘守道堅固，執義不回。’”

〔6〕汪繼培曰：“《列女傳·節義傳·序》云：‘惟若節義，必死無二。’《召南申女傳》云：‘守節持義，必死不往。’”〇覺按：齊：《逸周書·謚法解》：“執心克莊曰齊。”《國語·楚語下》：“古者民神不雜，民之精爽不攜貳者，而又能齊肅衷正。”韋昭注：“齊，一也。”即專心一意的意思。

〔7〕汪繼培曰：“《列女傳》息（覺按：當作“息君”）夫人云：‘人生要一死而已，終不以身更貳醮。’▲齊杞梁妻云：‘吾豈能更二哉！亦死而已。’《貞順傳·序》云：‘終不更二。’”

〔8〕汪繼培曰：“《爾雅·釋親》云：‘父之晜弟，先生爲世父，後生爲叔父。’”〇覺按：世叔：世父（伯父）和叔父。

〔9〕汪繼培曰：“《漢書·陳平傳》云：‘平貧，迺假貸幣以聘。’‘聘’與‘娉’同。”〇覺按：《廣雅·釋詁二》：“利，貪也。”

〔10〕汪繼培曰：“《淮南子·覽冥訓》高誘注云：‘齊之寡婦無子，不嫁，事姑謹敬。姑無男有女。女利母財，令母嫁婦。婦益不肯。’正此類也。《詩·氓》云：‘以爾車來，

以我賄遷。’毛傳：‘賄，財；遷，徙也。’鄭箋：‘徑以女車來迎我，我以所有財遷徙就女也。’貪其財賄，奪之使不得遷矣。”

〔11〕汪繼培曰：“桓九年‘紀季姜歸於京師’，《穀梁傳》云：‘爲之中者，歸之也。’范甯注：‘中，謂闗與婚事。’”〇覺按：中：中介，指做媒。

〔12〕王紹蘭曰：“《後漢書·列女傳》：‘陰瑜妻者，荀爽之女，名采，適陰氏。瑜卒，後同郡郭奕喪妻，爽以采許之。女到郭氏，既入室而掩户，以粉書扉上曰：“尸還陰。”“陰”字未成，懼有來者，遂以衣帶自縊。’”

〔13〕汪繼培曰：“莊卅二年《公羊傳》云：‘季子和藥而飲之。’”

〔14〕汪繼培曰：“‘命’當爲‘令’。《漢書·景十三王傳》云：‘河間王元迫脅凡七人，令自殺。’又云：‘趙王元迫脅自殺者，凡十六人。’”

19.14

或後夫多設人客，威力脅載，守將抱執●〔1〕，連日乃緩【1】，與彊掠人爲妻無異●【2】〔2〕。婦人軟弱●〔3〕，猥爲衆彊所扶與執迫【3】〔4〕，幽阨連日，後雖欲復脩本志【4】，嬰絹●〔5〕吞藥●【5】〔6〕。

【校記】

【1】緩：陳本同，仿宋本、馮本、魁本、程本、邵本作“綬”，四庫本作“從”。

【2】彊：仿宋本、馮本、魁本、何本、四庫本、邵本、陳本同，程本作“疆”。

【3】彊所扶：仿宋本、馮本、魁本、何本、四庫本、陳本同，程本作“疆所扶”，邵本作“彊所挾”。

【4】脩：仿宋本、馮本、魁本、程本同，何本、四庫本、邵本、陳本作“修”。

【5】吞藥：仿宋本、馮本、魁本、程本、陳本同，何本、四庫本、邵本作“吞藥晚矣”。

【箋注】

〔1〕汪繼培曰：“《説文》云：‘牂，扶也。’‘將’即‘牂’字。《漢書·外戚傳·孝景王皇后傳》云：‘女逃匿，扶將出拜。’▲《後漢書·列女傳》：‘南陽陰瑜妻，潁川荀爽之女也，名采。瑜卒，同郡郭奕喪妻，爽以采許之，因詐稱病篤，召采。既不得已而歸，懷刃自誓。爽令侍婢執奪其刃，扶抱載之，猶憂致憤激，勑衛甚嚴。女既到郭氏，遂以衣帶自縊。’事正類此。”

〔2〕汪繼培曰：“《史記·陳丞相世家》云：‘曾孫何坐畧人妻。’‘掠’與‘畧’同。《方言》云：‘畧，強取也。’”

〔3〕汪繼培曰：“《廣韻》云：‘輭，柔也。軟，俗。’《史記·貨殖傳》云：‘妻子軟弱。’按‘輭’‘軟’蓋‘偄’之别體。《説文》云：‘偄，弱也。’▲《漢書·賈誼傳》‘坐罷軟不勝任者’，顔師古注云：‘軟，弱也。’《孫寶傳》‘軟弱不任職’，《酷吏·尹賞傳》‘軟弱不勝任’，皆與‘偄弱’同。《漢書·王尊傳》又作‘耎弱’。”

〔4〕彭鐸曰：“‘與’疑‘舁’，《説文》：‘舁，共舉也。’”〇覺按：“舁”是衆人扛抬的意思，雖似可通，但與上文“守將抱執”不類，恐不確。本篇多用《方言》之義（見19.3注〔15〕），《方言》卷十二：“賦、與，操也。”郭璞注：“謂操持也。”此文之“與”也當爲

執持、控制的意思。猥:《漢書·楊惲傳》"而猥隨俗之毀譽也"顏師古注:"猥,曲也。"

〔5〕汪繼培曰:"《漢書·司馬遷傳》云'嬰金鐵受辱',顏師古注:'嬰,繞也。'《史記·秦始皇紀》後班固論云:'素車嬰組。''嬰絹'猶'嬰組',即上云'自縊'也。"〇覺按:汪説可通,但自縊未必用絹,故其説未必當。《説文·女部》:"嬰,頸飾也。"即婦女所用的項鏈之類,引申指纏繞於頸。《荀子·富國篇》"是猶使處女嬰寶珠"楊倞注:"嬰,繫於頸也。"絹:通"罥",纏繞,掛。《後漢書·馬融列傳》"絹猑蹶"李賢等注:"絹,繫也,與'罥'通。"

〔6〕汪繼培曰:"下有脱文。何本增'晚矣'二字,大誤。"〇覺按:以上兩節當在19.4節前,見19.3注〔15〕。

衰制第二十

【提要】

衰制:世道衰微時的制度。文章主要繼承了古代的法家思想,論述了世道衰微之時必須嚴肅法令、使用刑罰的主張。

作者認爲,三皇"無慢制"、五帝"畫則象"、三王"明法禁"都是時勢使然,不能盲目效法。處在當今衰亂之世,君主必須先"授法""布令"而"行賞罰",真正做到令行禁止,以使官吏不得行姦、民衆不得作亂。這樣,羣臣百官就"莫敢不悉心從己令",國家也就能大治,君主的地位也就能尊貴,再進一步推行三皇五帝的德政也就有可能了。如果"君立法而下不行"、"臣作政而君不制",那就是"亂國""亡國",臣民就會作亂,君主就會被弑。作者從歷史的教訓出發,嚴厲地批判了那種"刑殺當不用而德化可獨任"的迂腐論調,認爲它絶不是"變通者之論""叔(救)世者之言"。當今的君主必須牢握法令這一治國的武器,堅決處死"妄違法之吏""妄造令之臣","以誅止殺,以刑禦殘",先把國家治理好,然後再去推行三皇五帝的德政,這纔是正確的"以今行古"之術。

20.1

無慢制而成天下者●【1】〔1〕,三皇也〔2〕;畫則象而化四表者〔3〕,五帝也〔4〕;明法禁而和海内者,三王也●【2】〔5〕。行賞罰而齊萬民者,治國也【3】;君立法而下不行者,亂國也;臣作政而君不制者,亡國也●〔6〕。

【校記】

【1】慢：仿宋本、馮本、魁本、程本、邵本、陳本同，四庫本作“法”。
【2】王：仿宋本、馮本、魁本、何本、四庫本、邵本、陳本同，程本作“皇”。
【3】治：仿宋本、馮本、魁本、程本、四庫本、陳本同，何本、邵本作“冶”。

【箋注】

〔1〕汪繼培曰：“王先生云：‘“慢”疑“憲”，形近之誤。’”〇覺按：王説非。《孔子家語·儒行解》“其大讓如慢”王肅注：“慢，簡畧也。”《史記·樂書》“嘽緩慢易繁文簡節之音作”《正義》：“慢，疏也。”《太平御覽·卷第六百三十九·刑法部五》引《尚書大傳》曰：“寬而不察，是慢也。”可見“慢”是簡單疏略寬鬆的意思。司馬貞所補《史記·三皇本紀》説天皇“澹泊無所施爲而俗自化”，即此文“無慢制而成天下”之義。成：平定。

〔2〕三皇：傳説中遠古部落的酋長，具體指哪三個皇，古代有各種不同的説法，在王符的觀念中，當指天皇、地皇、人皇。參見34.0.2。傳説天地剛開闢的時候，天皇氏統治天下，兄弟十二人，各統治了一萬八千年；其後是地皇，共十一人，每人統治一萬八千年；再以下是人皇，兄弟九人，分管九州，共統治四萬五千六百年。見《史記》所附司馬貞所補的《三皇本紀》。《初學記》卷九引顏峻《始學篇》所述有所不同，可參見。

〔3〕則：《爾雅·釋詁》：“則，法也。”畫則象：即32.6的“畫法像”，繪製象徵法律的圖像，指古代的象刑（象徵性的刑罰）。傳説上古堯、舜時没有傷害身體的肉刑，而衹有象刑：用黑墨畫臉（一説用巾蒙面）來代替臉上刺字的黥刑，用繫上草製帽帶來代替割鼻子的劓刑，用割去衣服前的蔽膝來代替閹割生殖器的宫刑，用穿麻鞋來代替砍掉脚的剕刑，用穿上無領的紅褐色衣服來代替殺頭的死刑。參見《荀子·正論篇》《慎子·逸文》。《慎子·逸文》接着説：“斬人肢體，鑿其肌膚，謂之刑；畫衣冠，異章服，謂之戮。上世用戮而民不犯也，當世用刑而民不從。”把這種象刑説成是“畫衣冠，異章服”，與本文説“畫”更爲切近。參見32.6注〔16〕。表：外，外面。四表：四方極遠的地方。《尚書·堯典》：“允恭克讓，光被四表，格于上下。”

〔4〕五帝：指伏羲、神農、黄帝、堯、舜。參見19.1注〔1〕。

〔5〕汪繼培曰：“▲《文子·上義篇》：‘老子曰：“昔三皇無制令而民從，五帝有制令而無刑罰，夏后氏不負言，殷人誓，周人盟。”’《白虎通·五刑篇》云：‘聖人治天下，必有刑罰何？所以佐德助治順天之度也。故懸爵賞者，示有所勸也；設刑罰者，明有所懼也。傳曰：“三皇無文，五帝畫象，三王明刑。”’襄廿九年《公羊傳》何休注引孔子曰：‘三皇設言民不違，五帝畫象世順機，三王肉刑揆漸加，應世黠巧姦僞多。’疏云：‘《孝經説》文。’”〇彭鐸曰：“此説本《孝經鉤命决》，引見《周禮·保氏》疏。”〇覺按：彭説非，《周禮·保氏》疏無此文。又，注〔3〕所引《慎子·逸文》與何休注所引孔子之言可相互發明。三王：指夏、商、周三代的開國帝王，見19.1注〔2〕。

〔6〕汪繼培曰：“《管子·明法篇》云：‘所謂治國者，主道明也；所謂亂國者，臣術勝也。’”〇覺按：“亡國”是古代一種特有的政治概念，它是從君主的角度來説的，它不是指國家被外國侵佔消滅，而是指君主不能控制國家大權。《荀子·君道篇》：“人主無便嬖左右足信者謂之闇，無卿相輔佐足任者謂之獨，所使於四鄰諸侯者非其人謂之孤，孤獨而晻謂之危。國雖若存，古之人曰亡矣。”《韓非子·孤憤》：“人主所以謂齊亡者，非地與城亡也，吕氏弗制而田氏用之也。”本文即承襲了這一含義。

20.2

是故民之所以不亂者，上有吏；吏之所以無姦者，官有法●〔1〕；法之所以順行者，國有君也；君之所以位尊者，身有義●〔2〕。身有義者【1】，君之政也。法者，君之命也●〔3〕。人君思正以出令，而貴賤賢愚莫得違也，則君位於上〔4〕，而民氓治於下矣●〔5〕。人君出令，而貴臣驕吏弗順也，則君幾於弑，而民幾於亂矣●〔6〕。

【校記】

【1】身有：仿宋本、馮本、魁本、程本、邵本同，四庫本作“也夫”，陳本作“也”而從上讀。

【箋注】

〔1〕汪繼培曰：“《商子·靳令篇》云：‘法平，則吏無奸。’”

〔2〕汪繼培將下句“身有”改爲“也”而從上讀，曰：“‘義’下舊衍‘身有’二字，無‘也’字。《商子·君臣篇》云：‘古者未有君臣上下之時，民亂而不治。是以聖人列貴賤，制爵位，立名號，以别君臣上下之義。地廣民衆萬物多，故分五官而守之；民衆而奸邪生，故立法制爲度量以禁之。是故有君臣之義，五官之分，法制之禁，不可不慎也。’”○覺按：原文可通，不煩改字。《韓非子·解老》：“義者，君臣上下之事，父子貴賤之差也，知交朋友之接也，親疎内外之分也。臣事君宜……義者，謂其宜也。”可見“義”是指一種調劑人與人之間關係的合宜的道德準則，它的具體内容主要包括人與人之間的各種等級差别和名分。

〔3〕汪繼培曰：“按下文云：‘法也者，先王之政也；令也者，己之命也。’此有脱誤。”

〔4〕位：見6.3注〔6〕。

〔5〕汪繼培曰：“《管子·法法篇》云：‘政者，正也。正也者，所以正定萬物之命也。是故聖人精德立中以生正，明正以治國。故正者，所以止過而逮不及也。’《任法篇》云：‘生法者君也，守法者臣也，法於法者民也。君臣上下貴賤皆從法，此謂大治。’”

〔6〕汪繼培曰：“《商子·君臣篇》云：‘處君位而令不行則危，五官分而無常則亂，法制設而私善行則民不畏刑。君尊則令行，官修則有常事，法制明則民畏刑。法制不明，而求民之行令也，不可得也。民不從令，而求君之尊也，雖堯、舜之智，不能以治。’”

20.3

夫法令者，君之所以用其國也〔1〕。君出令而不從，是與無君等●〔2〕。主令不從則臣令行，國危矣●〔3〕。夫法令者，人君之銜轡箠策也●〔4〕；而民者，君之輿馬也。若使人臣廢君法禁而施己政令，則是奪君之轡策而己獨御之也。愚君闇主●託坐於左〔5〕，而姦臣逆道●執轡於右〔6〕，此齊騶馬繻所以沈胡公於具水●【1】〔7〕、宋羊叔牂所以弊華元於鄭師●【2】〔8〕而莫之能御也●〔9〕。是故陳恒執簡公於徐州●〔10〕，李兑害主父於沙丘●〔11〕，皆以其毒素奪君之轡策也●【3】〔12〕。《文言》故曰【4】〔13〕："臣弑其君，子殺其父【5】，非一朝一夕之故也，其所由來者漸矣，由辯之不蚤變也●【6】〔14〕。"是故妄違法之吏，妄造令之臣，不可不誅也。

【校記】

【1】繻：陳本同，仿宋本、馮本、魁本、程本、四庫本、邵本作"傳"。具：陳本同，魁本作"具"，仿宋本、馮本、程本、四庫本、邵本作"貝"。

【2】牂：仿宋本、馮本、魁本、程本、四庫本、邵本同，陳本作"牂"。

【3】毒：仿宋本、馮本、魁本、程本、邵本、陳本同，四庫本作"平"。

【4】文：仿宋本、馮本、程本、四庫本、邵本、陳本同，魁本作"又"。

【5】殺：仿宋本、馮本、魁本同，程本、四庫本、邵本、陳本作"弑"。

【6】辯：仿宋本、馮本、魁本、程本、邵本同，四庫本作"辨"，陳本作"變"。變：馮本、魁本、陳本同，仿宋本、程本作"變"，四庫本作"辨"，邵本作"辯"。

【箋注】

〔1〕用：治。

〔2〕汪繼培曰："《藝文類聚》五十四引《申子》云：'君之所以尊者，令。令之不行，是無君也，故明君慎令。'"

〔3〕汪繼培曰："《尹文子·大道篇》云：'公法廢，私政行，亂國也。'《御覽》六百卅八引崔實《政論》云：'君以審令爲明，臣以奉令爲忠。故背制而行賞，謂之作福；背令而行罰，謂之作威。作威則人畏之，作福則人歸之。夫威福，人主之神器也。譬之操莫邪，執其柄則人莫敢抗，失其柄則還見害也。'"

〔4〕汪繼培曰："《淮南子·主術訓》云：'法律度量者，人主之所以執下，釋之而不用，是猶無轡銜而馳也。'"〇覺按：銜：馬嚼子，用來控制馬之行止而勒在馬口中的鐵。轡：馬轠繩。箠策：竹製的馬鞭。

〔5〕汪繼培曰："《荀子·臣道篇》云：'闇主惑君。'"〇覺按：託：寄託，依附，指不掌握統治大權。《韓非子·有度》："羣臣廢法而行私重、輕公法矣……然則主有人主之名，而實託於羣臣之家也。"又《八説》："人主不親觀聽而制斷在下，託食於國者也。"均可發明此文"託"字之義。左：古代乘車以左位爲尊。

〔6〕汪繼培曰："《史記·李斯傳》云：'兼行田常、子罕之逆道。'"

〔7〕汪繼培曰："'繻'舊作'傳'。《楚語》云：'昔齊騶馬繻以胡公入於貝水。'古書'需'字多作'耎'，與'専'相似。貝水，《水經注·巨洋水篇》引《國語》作'具水'，云：'袁宏謂之巨昧，王韶之以爲巨蔑，亦或曰朐瀰，皆一水也，而廣其目焉。'元和夏孝廉文燾云：'具、巨、朐聲相近。'則作'具'是也。"〇覺按：騶（zōu 鄒）：官府中養馬兼管駕車的小吏。馬繻（xū 需）：姓馬，名繻，齊國大夫，是胡公的駕車者。沈：後寫作"沉"。胡公：西周時齊國國君，吕氏，名静（一作"靖"），"胡"是其謚號，因齊國國君爲公爵，故史稱"胡公"。他是齊太公（見 1.1 注〔16〕）玄孫之子（此從《國語·楚語下》"昔齊騶馬繻以胡公入於具水"韋昭注；據《史記·齊太公世家》，則胡公爲齊太公之玄孫，恐誤），齊哀公之弟。齊哀公被周天子烹殺後，他被立爲國君。其在位時代，約在周夷王時（此從《史記·齊太公世家》之"胡公徙都薄姑而當周夷王之時"；《史記·三代世表》列在周懿

王、周孝王時，誤）。齊哀公之同母少弟吕山怨恨胡公，就與黨徒偷襲攻打他。胡公因爲在過去虐待過大夫馬繻，馬繻就把他殺了，並將他沉入具水。事詳《史記·齊太公世家》、《國語·楚語下》及韋昭注、《韓非子·難四》。具水：河名，又稱巨蔑水、巨洋水、巨昧水，即今山東省之彌河（原寫作“瀰河”）。

〔8〕汪繼培曰：“宣二年《左傳》。按僖十年《傳》‘敝於韓’杜注：‘敝，敗也。’‘弊’與‘敝’同。”〇覺按：牂：同“牂”（zāng 臧）。羊叔牂：春秋時宋國人，姓羊，名斟，字叔牂，華元的駕車人。弊：敗壞。華元：見10.3注〔6〕。公元前607年春，鄭國受楚國之命攻打宋國，宋國任命華元爲統帥抵抗鄭軍。作戰前，華元殺羊犒勞軍士，但羊斟卻未分到羊羹。羊斟懷恨在心，於是在作戰時馳馬奔入鄭國的軍隊中，使華元被俘而宋軍大敗。見《左傳·宣公二年》《史記·宋微子世家》。

〔9〕汪繼培曰：“《楚語》云：‘遭世之亂，而莫之能禦也。’韋昭注：‘禦，止。’‘御’與‘禦’同。”

〔10〕汪繼培曰：“哀十四年《左傳》作‘舒州’。”〇王紹蘭曰：“《史記·齊太公世家》：‘田常執簡公于徐州。’《集解》云：‘《春秋》作“舒州”。賈逵曰：“陳氏邑也。”’節信從《史記》。”〇覺按：陳恒執簡公：即田常囚簡公，見6.5注〔1〕。徐州：當爲“俆（shū 舒）州”之誤。《史記》的《齊太公世家》及《魯周公世家》也作“徐州”，《春秋·哀公十四年》及《左傳·哀公十四年》作“舒州”，《説文·邑部》作“郐”，即古代的薛國，春秋末屬齊國，當時爲陳恒的封邑，故城在今山東省滕州市南官橋鎮至棗莊市薛城區北夏莊村一帶，一説在今河北省大城縣。參見《史記·齊太公世家》“田常執簡公于徐州”《索隱》，以及《戰國策·齊策一》“楚威王戰勝於徐州”高誘、鮑彪、吴師道、張琦等人的注。

〔11〕汪繼培曰：“《楚策》孫子曰：‘李兑用趙，餓主父於沙丘。’事詳《史記·趙世家》。”〇覺按：李兑：戰國時趙國大臣，爲司寇，由於趙惠文王當時還年輕，所以他與相國公子成專國政。趙惠文王四年（公元前295年），他與公子成一起平定公子章（主父趙武靈王之長子）之亂。公子章逃避到沙丘（在今河北省廣宗縣西北大平臺）主父離宫中，李兑與公子成包圍沙丘宫，殺公子章後，怕放了主父而自己被誅，於是繼續圍主父於沙丘宫中三月餘，主父因此被餓死。後來他又由司寇陞爲相國，封奉陽君。曾與蘇秦聯合五國攻秦。其事蹟可參見《戰國策》之《趙策》《燕策一》與《史記》之《趙世家》《范雎蔡澤列傳》。主父：即趙武靈王，姓趙，名雍，戰國時趙國國君，公元前325—公元前299年在位。趙武靈王三年（公元前323年）始稱王。二十四年（公元前302年），他進行軍事改革，改穿胡服，學習騎射。二十七年（公元前299年），他把王位傳給小兒子趙何（趙惠文王），自號“主父”，陸續攻滅中山國、林胡、樓煩，國勢大盛。後來，他又可憐長子趙章，想分割趙國，使趙章稱王於代，於是引起内亂。公元前295年，在趙惠文王與趙章争奪君權時被李兑、公子成圍困於沙丘宫達三個多月而餓死。見《史記·趙世家》。

〔12〕汪繼培曰：“‘毒’字衍，即‘素’之駁文。”〇彭鐸曰：“毒、蓄古音同部，例得借用，《老子》‘亭之毒之’，以‘毒’爲‘蓄’，即其證。‘毒’字義自可通，蓋非衍。”〇覺按：汪、彭之説均不當。《後漢書·袁紹列傳》“令人憤毒”李賢等注：“毒，恨也。”《列子·湯問》“仙聖毒之”《釋文》：“毒，病也。”可見“毒”即憎恨擔憂的意思。陳恒憎恨擔憂簡公的事見《史記·齊太公世家》，李兑憎恨擔憂主父的事見《史記·趙世家》。素：預先。

〔13〕《文言》：《周易》十翼之一，專門解釋“乾”“坤”二卦的義理，相傳是孔子所作（參見《漢書·藝文志·六藝略·易家·序》）。下面的引文見《周易·坤·文言》，文字略有不同。

〔14〕汪繼培曰："王《易》'故'下無'也'字，'蚤變'作'早辨'，古字並通用。'由變'之'變'舊作'辯'，蓋後人以王本改之。"〇覺按：辯：通"辨"。蚤：通"早"。變：通"辨"。

20.4

議者必將以爲刑殺當不用而德化可獨任●〔1〕，此非變通者之論也，非叔世者之言也●【1】〔2〕。夫上聖不過堯、舜，而放四子●〔3〕；盛德不過文、武，而"赫斯怒"●〔4〕。《詩》云："君子如怒，亂庶遄沮。君子如祉，亂庶遄已●〔5〕。"是故君子之有喜怒也，善●以止亂也【2】〔6〕。故有以誅止殺，以刑禦殘●〔7〕。

【校記】

【1】叔：仿宋本、馮本、魁本、程本、何本、陳本同，四庫本、邵本作"淑"。

【2】善：馮本、程本、四庫本、邵本同，仿宋本、魁本作"善"，陳本作"葢"。

【箋注】

〔1〕汪繼培曰："《漢書·董仲舒傳》云：'天道之大者在陰陽，陽爲德，陰爲刑，刑主殺而德主生。是故陽常居大夏，而以生育養長爲事，陰常居大冬，而積於空虛不用之處，以此見天之任德不任刑也。王者承天意以從事，故任德教而不任刑。刑者不可任以治世，猶陰之不可任以成歲也。'"

〔2〕汪繼培曰："'變通'注見《述赦篇》。王先生云：'"叔"當作"救"，昭六年《左傳》子產曰："吾以救世也。"'繼培按：《漢書·元帝紀》云：'見宣帝所用多文法吏，以刑名繩下，嘗侍燕，從容言："陛下持刑太深，宜用儒生。"宣帝作色曰："漢家自有制度，本以霸、王道雜之，奈何純任德教、用周政乎？且俗儒不達時宜，好是古非今，使人眩於名實，不知所守，何足委任？"'此文意與彼同。"〇覺按：王說是。變通：見16.17注〔6〕。

〔3〕汪繼培曰："《書·堯典》。"〇覺按：放四子：流放四人，即把共工流放到幽州，把驩兜流放到崇山，把三苗流放到三危，把鯀流放到羽山，見《尚書·舜典》。"放四子"是舜在位時所爲，此文說"堯、舜"，"堯"衹是連類而及之詞。參見12.3注〔18〕。

〔4〕汪繼培曰："《詩·皇矣》。"〇覺按：赫斯：赫然，滿臉怒氣的樣子。赫斯怒：是《詩經·大雅·皇矣》之語，指文王而言。《孟子·梁惠王下》也說："《詩》云：'王赫斯怒，爰整其旅，以遏徂莒，以篤周祜，以對于天下。'此文王之勇也。文王一怒而安天下之民。"此文說"文、武"，與上句說"堯、舜"一樣，"武"衹是連類而及之詞。

〔5〕汪繼培曰："《巧言》。"〇覺按：引詩見《詩經·小雅·巧言》。君子：有地位的統治者，指君主。庶：差不多，也許可以。遄（chuán 傳）：快，迅速。沮（jǔ 舉）：阻止。祉（zhǐ 止）：福，指讓賢人得福，即獎賞任用賢人，給他們爵祿。已：止。

〔6〕汪繼培改"善"爲"葢"曰："舊作'善'。"〇覺按："葢"表示推測，於此文不協，汪改非。

〔7〕汪繼培曰："《商子·畫策篇》云：'以殺去殺，雖殺可也；以刑去刑，雖重刑可也。'"〇覺按：以誅止殺：用殺人來制止殺人，指用殺掉殺人兇手的辦法來除去禍根，並

使人不敢殺人。禦：與“止”對文同義。參見20.3注〔9〕。

20.5

且夫治世者，若登丘矣【1】，必先躡其卑者〔1〕，然後乃得履其高●〔2〕。是故先致治國，然後三王之政乃可施也；道齊三王，然後五帝之化乃可行也；道齊五帝，然後三皇之道乃可從也。

【校記】

【1】丘：仿宋本、馮本、魁本、程本、何本、四庫本同，邵本作“邱”，陳本作“乚”。

【箋注】

〔1〕躡（niè 孽）：踩。

〔2〕汪繼培曰：“《禮記·中庸》云：‘譬如登高必自卑。’”

20.6

且夫法也者，先王之政也；令也者，己之命也●〔1〕。先王之政，所以與●衆共也【1】〔2〕；己之命，所以獨制人也●〔3〕。君誠能授法而時貸之〔4〕，布令而必行之，則羣臣百吏莫敢不悉心從己令矣●〔5〕。己令無違，則法禁必行矣。故政令必行，憲禁必從，而國不治者，未嘗有也。此一弛一張、以今行古、以輕重尊卑之術也●【2】〔6〕。

【校記】

【1】與：陳本同，仿宋本、馮本、魁本、程本、四庫本、邵本無“與”字。

【2】今：仿宋本、馮本、魁本、程本、四庫本、陳本同，何本、邵本作“令”。

【箋注】

〔1〕汪繼培曰：“《吕氏春秋·圜道篇》云：‘令者，人主之所以爲命也。’”

〔2〕汪繼培曰：“舊脱。”

〔3〕汪繼培曰：“《吕氏春秋·處方篇》云：‘法也者，衆之所同也。’《商子·修權篇》云：‘法者，君臣之所共操也。權者，君之所獨制也。’”

〔4〕授法：傳授法制，指接受先王之法並授給當代臣民。貸：《莊子·天運》“立於不貸之圃”成玄英疏：“貸，施與也。”此文與“授”意義相同，指授予、發佈下去。時貸之：時常頒佈宣傳它。古代的法律往往反復頒佈宣傳。《商君書·定分》：“一歲受法令以禁令。”意爲朝廷每年都按照禁室中收藏的法令向官吏頒佈一次法令。《韓非子·説疑》：“法也者，官之所師（遵循）也。然使郎中日（每天）聞（宣傳）道於郎門之外，以至於境内日見法，又非其難者也。”可明此文之義。

〔5〕汪繼培曰：“《漢書·成帝紀》建始四年詔曰：‘公卿大夫，其勉悉心。’顔師古注：‘悉，盡也。’”

〔6〕汪繼培曰："《管子·重令篇》云：'凡君國之重器，莫重於令。令重則君尊，君尊則國安；令輕則君卑，君卑則國危。故安國在乎尊君，尊君在乎行令，行令在乎嚴罰。罰嚴令行，則百吏皆恐；罰不嚴，令不行，則百吏皆喜。故明君察於治民之本，本莫要於令。故曰：虧令者死，益令者死，不行令者死，留令者死，不從令者死。五者死而無赦，惟令是視，故曰令重而下恐。'《禮記·雜記》：'孔子曰："一弛一張，文、武之道也。"'▲'輕重尊卑'本《管子·樞言篇》。"〇覺按：弛：放鬆弓弦。張：繃緊弓弦。一弛一張：喻指對臣民的統治要剛柔相濟、刑德並用、勞逸結合。《禮記·雜記下》"一張一弛"鄭玄注："張弛，以弓弩喻人也。弓弩久張之則絶其力，久弛之則失其體。"輕重：指法令被人輕視或重視。尊卑：指君主地位的高或低。

勸將第二十一

【提要】

勸將：規勸將帥。文章主要回顧了五年來平定羌亂的戰争，抨擊了當今將帥的無能，指明了將帥應該具備的素質與提拔將帥時應該注意的問題。

文章從追溯歷史入手，總結出了文德、武力這兩種最基本的控制社會秩序的要素，從理論上強調了戰争的重要作用，認爲自古以來，"國未嘗不以德昌而以兵彊也"。

作者接着指出，在當今兵器充足、士兵衆多、兵法具備的條件下屢屢失敗，原因在於皇上、將帥不能知己知彼而賞罰不嚴明。因爲士兵之所以會拼死殺敵，"非爲趨利，則因以避害也"。如果衝鋒陷陣者没有"榮名"、"厚賞"而衹有"獨死之禍"，逃跑退卻者没有受刑之害而得"衆生之福"，那麼人們就會臨陣逃跑而不肯拼死了。所以，士兵不能拼死作戰，是由於將帥"言賞則不與，言罰則不行"。作者認爲，將帥衹有具備了智、仁、敬、信、勇、嚴六種素質，纔能"折敵"、"附衆"、"招賢"、"必賞"、"益氣"、"一令"，纔能"折衝擒敵，輔主安民"。如今諸將"既無斷敵合變之奇，復無明賞必罰之信"，士民又很貧困而不習武藝，所以其失敗是理所当然的。因此，選拔將帥，必須破格提拔那些才能卓越的人，而不可衹考慮原有的官階及親戚關係。

據《後漢書·孝安帝紀》，永初元年（公元107年）六月，先零羌反叛，安帝派遣車騎將軍鄧騭、征西校尉任尚前往征討。本文説"軍起以來，暴師五年"，可知本文寫於永初五年（公元111年）。而文中又説到"六郡削迹"，那也是永初四年三月與永初五年三月的事情（見21.7注〔14〕）。又據《後漢書·孝安帝紀》，永初五年"秋七月己巳，詔三公、特進、九卿、校尉，舉列將子孫明曉戰陳任將帥者"。這安帝之詔，與本文的内容（特别是本文最

後一節）似乎一脈相承。所以我認爲，本文當寫於永初五年（公元111年）五六月間，即使不是給安帝的上書，也很可能經人傳送給執政者與安帝看過。

21.1

太古之民●〔1〕，淳厚敦朴。上聖撫之，恬澹無爲●〔2〕，體道履德〔3〕，簡刑薄威，不殺不誅，而民自化〔4〕。此德之上也。德稍弊薄〔5〕，邪心孳生。次聖繼之，觀民設教●〔6〕，作●爲誅賞以威勸之【1】〔7〕，既作五兵〔8〕，又爲之憲以正厲之●〔9〕。《詩》云："脩爾輿馬【2】，弓矢戈兵，用戒作則【3】，用逖蠻方●【4】〔10〕。"故曰："兵之設也久矣●〔11〕。"涉歷五代〔12〕，以迄于今●【5】〔13〕，國未嘗不以德昌而以兵彊也●〔14〕。

【校記】

【1】作：陳本同，仿宋本、馮本、魁本、程本、四庫本、邵本作"坐"。
【2】脩：仿宋本、馮本、魁本、程本同，何本、四庫本、邵本、陳本作"修"。
【3】作則：仿宋本、馮本、魁本、程本、邵本、陳本同，四庫本作"戎作"。
【4】逖：仿宋本、馮本、魁本、程本、邵本、陳本同，四庫本作"逷"。
【5】于：仿宋本、馮本、魁本、程本、四庫本、邵本同，陳本作"於"。

【箋注】

〔1〕汪繼培曰：▲"《禮記·郊特牲》'太古冠布'鄭注云：'唐、虞以上曰太古。'"〇覺按：此條汪箋爲第二稿而未刊入陳本，是否因不當而刪之，已無從知曉。今考20.1云："無慢制而成天下者，三皇也；畫則象而化四表者，五帝也；明法禁而和海內者，三王也。"再聯繫下文"涉歷五代，以迄于今，國未嘗不以德昌而以兵彊也"，則此文所謂"太古"，應指伏羲以前，而非"唐、虞以上"，參見注〔12〕。

〔2〕汪繼培曰："《素問·陰陽應象大論》云：'聖人爲無爲之事，樂恬憺之能。'按《說文》'恬''憺'並訓'安'，'澹'則'憺'之假借，亦作'淡'，《莊子·胠篋篇》云：'恬淡無爲。'"〇覺按：無爲：見7.6注〔6〕。

〔3〕體：行，即"身體力行"之"體"。履：行。

〔4〕化：《荀子·不苟篇》"神則能化矣"楊倞注："化，謂遷善也。"《老子·第五十七章》："我無爲而民自化。"

〔5〕彭鐸曰："'德'疑當作'後'，涉上'德'字而誤。《班禄篇》云：'太古之時，烝黎初載，未有上下，而自順序，天未事焉，君未設焉。後稍矯虔，或相陵虐，侵漁不止。'此節文勢正與彼同。"〇覺按：彭說是。"弊薄"的主語應爲上文之"民"，不是"德"。

〔6〕汪繼培曰："《易·觀·象詞》。"

〔7〕汪繼培曰："舊作'坐'。古'㘸'字與'坐'相近。"

〔8〕五兵：五種兵器。具體所指古人說法不一，一說指戈、殳、戟、酋矛、夷矛，一說指矛、戟、鉞、盾、弓箭，一說指矛、戟、弓、劍、戈。引申而泛指各種兵器。

〔9〕汪繼培曰："《商子·更法篇》云：'伏羲、神農教而不誅，黄帝、堯、舜誅而不怒。及至文、武，各當時而立法，因事而制禮。禮法以時而定，制令各順其宜，兵甲器備，各便其用。'"〇覺按：厲：通"勵"，勉勵，激勵。

〔10〕汪繼培曰："《抑》。今《詩》'輿'作'車'，'戈'作'戎'，'作則'作'戎作'，'逖'作'逷'。按《説文》云：'逷，古文逖。'"〇彭鐸曰："此所引乃《魯詩》，故文義並與《毛詩》不同，説見陳喬樅《魯詩遺説考》十七。"〇覺按：引詩見《詩經·大雅·抑》，文字與今本《毛詩》不盡相同。作則：即上文"爲之憲"之意，指制定法律來規範人們的行爲。逖（tì易）：遠，此用作使動詞，是打退、趕走的意思。蠻：古代對少數民族的泛稱，含有輕蔑之意。方：邦。

〔11〕汪繼培曰："襄廿七年《左傳》。"〇覺按：此爲宋平公時司城子罕（樂喜）的話，見《左傳·襄公二十七年》。

〔12〕涉歷：經過。五代：見19.1注〔1〕。涉歷五代：原始人類以石器爲兵，傳説伏羲教民從事漁獵畜牧，可能也祇是使用石器。至於用金屬製作兵器，傳説在神農、黄帝之時，《世本·作篇》："蚩尤以金作兵器。蚩尤作五兵——戈、矛、戟、酋矛、夷矛，黄帝誅之涿鹿之野。"宋衷注曰："蚩尤，神農臣也。"《商君書·畫策》也説黄帝"内行刀鋸，外用甲兵"。但現在出土的金屬兵器，最早的爲商代之物，如殷墟（在今河南省安陽市殷都區小屯村）出土過戈、鉞、矛、矢鏃等青銅武器。

〔13〕汪繼培曰："迄，《治要》作'迨'。"

〔14〕汪繼培曰："《史記·自序》序《律書》云：'非兵不彊，非德不昌。'"

21.2

今兵巧之械●〔1〕，盈乎府庫●〔2〕；孫、吴之言〔3〕，聒乎將耳●〔4〕。然諸將用之，進戰則兵敗，退守則城亡●〔5〕。是何也哉？曰：彼此之情，不聞乎主上；勝負之數，不明乎將心●〔6〕；士卒進無利〔7〕，而自退無畏●〔8〕。此所以然也。

【箋注】

〔1〕汪繼培曰："《史記·律書》云：'其於兵械尤所重。'《正義》云：'内成曰器，外成曰械。械謂弓、矢、殳、矛、戈、戟。'《漢書·藝文志》論兵書云：'技巧者，習手足，便器械，積機關，以立攻守之勝者也。'"

〔2〕汪繼培曰："《禮記·樂記》云：'車甲衅而藏之府庫。'《曲禮》云：'在府言府，在庫言庫。'鄭注：'庫，謂車馬兵甲之處也。'《月令》云：'審五庫之量。'《御覽》一百九十一引蔡邕《月令章句》云：'五庫者，一曰車庫，二曰兵庫。'《淮南子·時則訓》云：'七月官庫。'高誘注：'庫，兵府也。'《説文》云：'庫，兵車藏也。'"

〔3〕孫：指孫武，春秋時齊國人，著名的軍事家。他曾以兵法十三篇見吴王闔閭，被任爲將，率吴軍西破強楚，北威齊、晉。《漢書·藝文志》於"兵書略·兵權謀家"著録《吴孫子兵法》八十二篇，今傳《孫子兵法》僅十三篇，爲我國現存最早最傑出的兵書。1972年山東省臨沂銀雀山漢墓出土《孫子兵法》竹簡二百餘枚，其中除今本文字外，還有《吴問》《四變》等佚文殘簡。其事蹟可參見《史記·孫子吴起列傳》《吴越春秋·闔閭内

傳》。吴：指吴起（？—公元前 381 年），衛國左氏（在今山東省曹縣北）人，是戰國初期傑出的軍事家，早期法家的代表人物。他初任魯將，繼任魏將，屢建戰功，被魏文侯任爲西河守。文侯死，武侯仍使他爲西河守。後遭陷害而逃到楚國，不久任令尹，輔佐楚悼王實行變法，審明法令，廢除貴族特權，整頓統治機構，裁減冗員。他的變法促進了楚國的富強。公元前 381 年，楚悼王死，宗室大臣作亂，用亂箭射死吴起後，又將他五馬分屍。參見《史記・孫子吴起列傳》。《韓非子・五蠹》説戰國時"藏孫、吴之書者家有之"，可見吴起的軍事著作在當時十分盛行。《漢書・藝文志》於"兵書略・兵權謀家"著録"《吴起》四十八篇"，但早已亡佚，現存《吴子》六篇，今人多認爲是後世僞託之作。

〔4〕汪繼培曰："《韓非子・五蠹篇》云：'境内皆言兵，藏孫、吴之書者家有之。'《漢書・藝文志・兵家》：'《吴孫子兵法》八十二篇，《吴起》四十八篇。'《説文》云：'聒，讙語也。'《一切經音義》廿引《蒼頡篇》云：'擾亂耳孔也。'"〇覺按：聒（guō 郭）：喧擾。

〔5〕汪繼培曰："《韓非子・五蠹篇》云：'出兵則軍敗，退守則城拔。'"

〔6〕汪繼培曰："《孫子・謀攻篇》云：'知彼知己，百戰不殆。'《始計篇》云：'主孰有道？將孰有能？天地孰得？法令孰行？兵衆孰強？士卒孰練？賞罰孰明？吾以此知勝負矣。'《商子・戰法篇》云：'兵起而程敵，政不若者勿與戰，食不若者勿與久，敵衆勿爲客。敵盡不如，擊之勿疑。故曰：兵大律在謹，論敵察衆，則（覺按：陳本"則"在"衆"前，今移正）勝負可先知也。'《六韜・兵徵篇》：'太公曰："勝負之徵，精神先見，明將察之。"'"

〔7〕利：好處，指奬賞。《國語・晋語九》"必將求利於我"韋昭注："利，爵賞也。"《禮記・表記》"大言入則望大利"鄭玄注："利，禄賞也。"

〔8〕汪繼培曰："《治要》無'自'字。按《晋語》梁由靡論慶鄭云：'不聞命而擅進退，犯政也。'又云：'戰而自退，後不可用。'此'自退'之證。或云：'自'即'而'之駁文，《讚學篇》亦以'而'爲'自'。"〇彭鐸曰："退而無畏，則爲擅退甚明，'自'字贅，故魏徵删之。"〇覺按：無"自"字，則未必擅退，故當有"自"字，彭説非。畏：害怕，指被懲處。《廣雅・釋詁三》："畏，辠也。"

21.3

夫服重上阪●〔1〕，出馳千里●〔2〕，馬之禍也，然節馬●樂之者〔3〕，以王良足爲盡力也●〔4〕。先登陷陣，赴死嚴敵，民之禍也，然節士樂之者，以明君可爲效死也●【1】〔5〕。凡人所以肯赴死亡而不辭●【2】〔6〕，非爲趨利，則因以避害也●〔7〕。無賢鄙愚智皆然，顧其所利害有異爾。不利顯名〔8〕，則利厚賞也●〔9〕；不避耻辱●【3】〔10〕，則避禍亂也。非此●四者【4】〔11〕，雖聖王不能以要其臣〔12〕，慈父不能以必其子●〔13〕。明主深知之，故崇利顯害以與下市●〔14〕，使親踈貴賤賢鄙愚智皆必順我令乃得其欲●〔15〕。是以一旦軍鼓雷震，旌旗並發●〔16〕，士皆奮激，競於死敵者【5】，豈其情厭久生而樂空死哉●【6】〔17〕？乃義士且以徼其名●【7】〔18〕、貪夫且以求其賞爾●〔19〕。

【校記】

【1】效：仿宋本、馮本、魁本、四庫本同，程本、邵本、陳本作“効”。

【2】赴：仿宋本、馮本、魁本、邵本、陳本同，程本、何本、四庫本作“起”。辭：仿宋本、馮本、魁本、程本、邵本、四庫本同，陳本作“辭者”。

【3】耻：《羣書治要》引文、程本、四庫本同，仿宋本、馮本、魁本作“聖”，何本、邵本、陳本作“恥”。

【4】此：《羣書治要》引文、陳本同，仿宋本、馮本、魁本、程本、四庫本、邵本無“此”字。

【5】於：仿宋本、魁本、程本、四庫本、邵本、陳本同，《羣書治要》引文、馮本作“與”。

【6】厭：馮本、程本、四庫本、邵本、陳本同，仿宋本、魁本作“猒”。空：七本皆作“害”，據《羣書治要》引文改。

【7】徼：《羣書治要》引文、陳本同，仿宋本、馮本、魁本、程本、四庫本、邵本作“激”。

【箋注】

〔1〕汪繼培曰：“《治要》作‘嵠’，誤。《楚策》：‘汗明曰：“夫驥之齒至矣，服鹽車而上太行，中阪遷延，負轅不能上。”’《漢書·鼂錯傳》云：‘上下山阪，出入溪澗，中國之馬弗與也。’”〇覺按：服：拉車。阪（bǎn 版）：山坡。

〔2〕汪繼培曰：“《莊子·秋水篇》云：‘騏驥驊騮，一日而馳千里。’‘出馳’《治要》作‘步驟’。按《荀子·哀公篇》云：‘步驟馳騁。’”

〔3〕汪繼培曰：“《治要》作‘騏驥’。王先生云：‘“節馬”當是“良馬”，涉下“節士”而誤。’”〇覺按：節：有操守，有法度，引申指訓練有素。此文説“樂之”，可見此“節”字乃指主觀之德行而言，而不是指體力而言。《羣書治要》將“節馬”改爲“騏驥”，王宗炎認爲是“良馬”之誤，均不當。

〔4〕汪繼培曰：“以王良，《治要》作‘以御者良’。按‘王良’疑當作‘良工’。《吕氏春秋·知士篇》云：‘今有千里之馬於此，非得良工，猶若弗取。良工之與馬也相得，則然後成。譬之若枹之與鼓。夫士亦有千里，高節死義，此士之千里也。能使士行千里者，其惟賢者也。’”〇彭鐸曰：“王良識馬，故馬樂爲盡力，猶明君愛士，故士樂爲效死。此義出《楚策》。《論衡·狀留篇》本之云：‘驥曾以引鹽車矣，垂頭汗落，行不能進。伯樂顧之，王良御之，空身輕馳，故有千里之名。’此言王良，猶《楚策》言伯樂，而《論衡》二人並舉也。《治要》‘御者良’，衍‘者’字，《淮南子·覽冥訓》高注：‘王良，晋大夫郵無恤子良也，所謂御良也。’是王良亦稱御良之證。《新語·術事》亦云：‘馬爲御者良。’”〇覺按：汪説非，彭説是，“王良”不誤。王良：春秋末晋國大夫，趙簡子的駕車人，即郵無恤，一作郵無正，字子良，故又稱王良，也稱王子於期，號伯樂，善於御馬，又善於相馬。參見拙著《韓非子校疏析論》17.2 注〔7〕、23.1 注〔1〕的考證。

〔5〕汪繼培曰：“《史記·貨殖傳》云：‘壯士在軍，攻城先登，陷陣卻敵，斬將搴旗，前蒙矢石，不避湯火之難者，爲重賞使也。’《韓詩外傳》十：‘卞莊子曰：“節士不以辱生。”’《楚策》：‘張儀曰：“法令既明，士卒安難樂死。”’”

〔6〕汪繼培於“辭”下補“者”字曰：“舊脱，据《治要》補。”〇覺按：“者”字可有可無，不補亦可。

〔7〕汪繼培曰：“《管子·明法解》云：‘人臣之行理奉命者，非以愛主也，且以就利而

避害也。'"

〔8〕利:《廣雅·釋詁二》:"利，貪也。"

〔9〕汪繼培曰:"'賞'當作'實'。《史記·魯仲連傳》云:'此兩計者，顯名厚實也。'下文亦云'榮名厚實'。"○覺按:汪説非。"賞"字不誤，本節末也以"名""賞"相對，是其證。

〔10〕汪繼培曰:"'恥'舊作'聖'，据程本改。"

〔11〕汪繼培曰:"舊脱，据《治要》補。"

〔12〕要(yāo腰):約束。

〔13〕汪繼培曰:"《管子·形勢解》云:'民之所以守戰至死而不衰者，上之所以加施於民者厚也。故上施厚，則民之報上亦厚;上施薄，則民之報上亦薄。故薄施而厚責，君不能得之於臣，父不能得之於子。'"○覺按:"必"通"縪"(bì必)，與"要"對文同義，約束的意思。《周禮·冬官考工記·玉人》"天子圭中必"鄭玄注:"必，讀如'鹿車縪'之'縪'，謂以組(覺按:絲帶)約其中央，爲執之以備失隊(覺按:通"墜")。"是其例。

〔14〕汪繼培曰:"《韓非子·難一》云:'臣盡死力以與君市，君垂爵禄以與臣市。君臣之際，非父子之親也，計數之所出也。'《説苑·復恩篇》云:'君臣相與，以市道接。君懸禄以待之，臣竭力以報之。逮臣有不測之功，則主加之以重賞。如主有超異之恩，則臣必死以復之。'"○覺按:與下市:和臣下做交易，指君主用賞罰的手段來换取臣下的拼命與盡力。

〔15〕汪繼培曰:"《商子·賞刑篇》云:'所謂一賞者，利禄官爵摶出於兵，無有異施也。夫故愚知貴賤勇怯賢不肖，皆盡其胸臆之知，竭其股肱之力，出死而爲上用也。'"

〔16〕汪繼培曰:"《説苑·指武篇》:'子路曰:"鐘鼓之音上聞於天，旌旗翩翻下蟠於地，由且舉兵而擊之。"'《吕氏春秋·期賢篇》云:'野人之用兵也，鼓聲則似雷。'"

〔17〕陳本"空"作"害"，汪繼培曰:"《史記·司馬相如傳·喻巴蜀檄》云:'人懷怒心，如報私讐，彼豈樂死惡生，非編列之民，而與巴蜀異主哉?''害'《治要》作'空'。按作'空'是也。《史記·仲尼弟子列傳》:'子羔謂子路曰:"出公去矣，而門已閉，子可還矣，毋空受其禍。"'《漢書·高帝紀》:'項伯夜馳見張良，具告其實，欲與俱去，毋特俱死。'蘇林曰:'特，但也。'顔師古曰:'但，空也。空死而無成名。'▲《蒯建傳》衛律曰:'空以身膏草野。'皆其証。"○覺按:空:白白地。

〔18〕汪繼培曰:"'徼'舊作'激'，据《治要》改。'徼'與下'求'字同義。《説苑·説叢篇》云:'人激於名，不毁爲聲。''激'言'於'，不言'其'。《漢書·揚雄傳》云:'不修廉隅，以徼名當世。'顔師古注:'徼，要也。字或作"激"，激，發也。'按'激'亦字誤，顔説非也。"○覺按:"且"猶"欲"(參見《古書虚字集釋》卷八"且"字條)。徼(yāo腰):通"邀"，求，求取。其:見1.4注〔8〕。

〔19〕汪繼培曰:"《淮南子·兵畧訓》云:'夫人之所樂者，生也;而所憎者，死也。然而高城深池，矢石若雨，平原廣澤，白刃交接，而卒争先合者，彼非輕死而樂傷也，謂其賞信而罰明也。'▲《商子·君臣篇》云;'凡民之所疾戰不避死者，以求爵禄也。'"

21.4

今吏從軍敗没死公事者，以十萬數，上不聞弔唁嗟嘆之榮名【1】，下又無禄賞之厚實●〔1〕。節士無所勸慕，庸夫無所貪利●〔2〕。此其所以人懷沮懈●【2】〔3〕、不肯復死●也【3】〔4〕。

【校記】

【1】弔：仿宋本、馮本、程本、四庫本、邵本、陳本同，魁本作“弔”。

【2】懈：仿宋本、何本、四庫本、邵本同，馮本、魁本、程本作“懈”，《羣書治要》引文、陳本作“解”。

【3】死：仿宋本、馮本、魁本、程本、四庫本、邵本同，《羣書治要》引文、陳本作“死者”。

【箋注】

〔1〕汪繼培曰：“《商子·壹言篇》云：‘民之從事死制也，以上之設榮名、置賞罰之明也。’《管子·權修篇》云：‘將用民力者，則祿賞不可不重也。’”〇覺按：實：財物。

〔2〕汪繼培曰：“《韓非子·六反篇》云：‘厚賞者，非獨賞功也，又勸一國。受賞者甘利，未賞者慕業，是報一人之功而勸境內之衆也，欲治者何疑於厚賞？’”〇覺按：利：和“貪”同義（見21.3注〔8〕），是動詞。

〔3〕汪繼培改“懈”爲“解”曰：“舊作‘懈’，据《治要》改。《鹽鐵論·擊之篇》云：‘西域迫近胡寇，沮心內解，必爲巨患。’《漢書·趙充國傳》云‘欲沮解之’，顏師古注：‘沮，壞也。欲壞其計，令解散之。’”〇彭鐸曰：“‘沮解’即‘沮懈’，倒之則爲‘懈沮’，《後漢書·龐參傳》永初元年上書曰：‘蓄精鋭，乘懈沮。’是其例。《治要》作‘阻解’，二字皆借。”〇覺按：汪改不當，彭説是。

〔4〕汪繼培於“死”下補“者”字曰：“据《治要》補。”〇覺按：此不當補“者”字。

21.5

軍起以來，暴師五年●〔1〕。典兵之吏將以●千數【1】〔2〕。大小之戰，歲十百合●〔3〕，而希有功。歷察其敗，無他故焉，皆將不明於●變勢【2】〔4〕，而士不勸於死敵也●〔5〕。其士之不能死也，乃其將不能效也。言賞則不與，言罰則不行●〔6〕。士進有獨死之禍，退蒙衆生之福。此其●〔7〕所以臨陣忘戰而競思奔北者也●【3】〔8〕。

【校記】

【1】以：《羣書治要》引文、陳本同，仿宋本、馮本、魁本、程本、四庫本、邵本作“下”。

【2】於：《羣書治要》引文、陳本同，仿宋本、馮本、魁本、程本、四庫本、邵本無“於”字。

【3】其：《羣書治要》引文、陳本同，仿宋本、馮本、魁本、程本、四庫本、邵本無“其”字。忘：七本皆作“亡”，據《羣書治要》引文改。

【箋注】

〔1〕汪繼培曰：“《史記·蒙恬傳》云：‘暴師於外十餘年。’”〇覺按：暴（pù 鋪）：曬，

露。暴師：使軍隊在野外蒙受日曬風霜雨露等。

〔2〕汪繼培曰："舊作'下'，据《治要》改。"

〔3〕汪繼培曰："《漢書·高帝紀》云：'旦日合戰。'《蕭何傳》云：'多者百餘戰，少者數十合。'"〇覺按：合：交戰。

〔4〕汪繼培曰："据《治要》補。"〇覺按：此"於"字乃動賓結構之間的助詞。

〔5〕汪繼培曰："《孫子·地形篇》云：'將不能料敵，以少合衆，以弱擊強，兵無選鋒，曰北。'《六韜·奇兵篇》云：'將不明，則三軍大傾。'《管子·法法篇》云：'民不勸勉，不行制，不死節，則戰不勝而守不固。'《兵法篇》云：'賞罰明，則勇士勸也。'"

〔6〕汪繼培曰："'效'當作'故'。《韓非子·初見秦篇》云：'白刃在前，斧鑕在後，而卻走不能死也，非其士民不能死也，上不能故也，言賞則不與，言罰則不行，賞罰不信，故士民不死也。'又《難二》云：'趙簡子圍衛之郛郭，鼓之而士不起。簡子投枹曰："烏乎！吾之士數弊也。"行人燭過免胄而對曰："臣聞之，亦有君之不能耳，士無弊者。"'"

〔7〕汪繼培曰："据《治要》補。"

〔8〕汪繼培曰："《鄧析子·無厚篇》云：'御軍陣而奔北。'"

21.6

《孫子》曰："將者，智也、仁也、敬也、信也、勇也、嚴也●〔1〕。"是故智以折敵●〔2〕，仁以附衆●〔3〕，敬以招賢，信以必賞，勇以益氣，嚴以一令。故折敵〔4〕，則能合變〔5〕；衆附愛，則思力戰；賢智集，則陰謀得●【1】〔6〕；賞罰必，則士盡力；勇氣益【2】，則兵勢自倍；威令一〔7〕，則唯將所使【3】〔8〕。必有此六者，乃可折衝擒敵●〔9〕，輔主安民。

【校記】

【1】陰：邵本同，馮本、程本、四庫本作"陰"，仿宋本、魁本、陳本作"英"。

【2】勇氣：仿宋本、魁本、陳本同，馮本、程本、四庫本、邵本作"氣勇"。

【3】唯：仿宋本、馮本、魁本、程本、四庫本、邵本同，陳本作"惟"。

【箋注】

〔1〕汪繼培曰："《孫子·始計篇》云：'將者，智、信、仁、勇、嚴也。'魏武帝注：'將宜五德備。'此益以'敬'，蓋所見本異。"〇覺按：《孫子》：書名，即《漢書·藝文志》所著録的《吴孫子兵法》（見21.2注〔3〕），後世習稱《孫子兵法》，簡稱《孫子》。

〔2〕汪繼培曰："'折'疑'料'之誤。《史記·白起傳·論》云：'料敵合變'。"〇覺按：汪説得其義而未得其字。"折""料"形、音相差很大，不會混誤。"折"字不誤。《周易·賁·象》"无敢折獄"孔穎達疏："无敢折獄者，勿得直用果敢，折斷訟獄。"陸德明《釋文》："折，之舌反，注同。鄭云：'斷也。'"可見"折"即判斷、斷定的意思，與"料"字義近。21.8不説"料敵合變"而説"斷敵合變"，也可證此"折"字不誤而與"斷"字義同。智以折敵：即"以智折敵"。

〔3〕汪繼培曰:“《史記·司馬穰苴傳》云:‘文能附衆，武能威敵。’”〇覺按：附（fǔ府）：通“撫”，安撫，撫慰。

〔4〕故：猶“夫”。

〔5〕合：迎合，應付。變：事變，突然發生的事件。

〔6〕陳本“陰”作“英”，汪繼培曰:“英，程本作‘陰’。按‘英’疑‘策’之誤。《詩·兔罝》鄭箋云:‘此兔罝之人，於行攻伐，可用爲策謀之臣，使之慮無，亦言賢也。’”〇彭鐸曰:“‘陰謀’見《史記·陳丞相世家》，‘英’字蓋俗音訛。”〇覺按：彭説是。陰謀:《國語·越語下》“陰謀逆德”韋昭注:“陰謀，兵謀也。”即戰争中所使用的詭計密謀。

〔7〕威令：尊嚴的命令，指軍政令。

〔8〕所：語助字，參見拙著《韓非子校疏析論》35.3.1 注〔5〕。

〔9〕汪繼培曰:“《大戴禮·王言篇》云:‘明王之守也，必折衝乎千里之外。’▲《淮南子·兵略訓》云:‘折衝千里之外。’”〇覺按：衝：衝車，一種衝撞敵城的戰車。折衝：挫敗敵人的衝車，即擊退對方的進攻。

21.7

前羌始反時●〔1〕，將帥以定令之羣●〔2〕，籍富厚之蓄●【1】〔3〕，據列城而氣●利勢【2】〔4〕，權十萬之衆●〔5〕，將勇傑之士，以誅草創新叛散亂之弱虜●〔6〕，擊自至之小寇，不能擒滅，輒爲所敗，令遂雲烝●起【3】〔7〕，合從連横●〔8〕，掃滌并、涼●【4】〔9〕，内犯司隷〔10〕，東寇趙、魏●〔11〕，西鈔蜀、漢●〔12〕，五州殘破〔13〕，六郡削迹●〔14〕。此非天之災【5】，長吏過爾●〔15〕。

【校記】

【1】籍：仿宋本、馮本、魁本、程本、四庫本、邵本同，陳本作“藉”。

【2】利勢：仿宋本、馮本、魁本、程本、何本、四庫本、陳本同，邵本作“勢利”。

【3】烝：仿宋本、馮本、魁本、程本、邵本、陳本同，四庫本作“蒸蜂”。

【4】涼：陳本同，仿宋本、馮本、魁本、程本、四庫本、邵本作“源”。

【5】非：仿宋本、馮本、魁本、四庫本、邵本、陳本同，程本、何本作“亦”。

【箋注】

〔1〕汪繼培曰:“先零羌滇零以永初元年爲寇，明年自稱天子。六年，滇零死，子零昌復襲僞號，至元初四年，爲任尚客刺死，隴右始平。詳《後漢書·安帝紀》及《西羌傳》。”〇覺按：羌：我國古代西部民族之一。先零羌是漢代羌族的一支，活動在今甘肅、青海的湟水流域，始反於安帝永初元年（公元 107 年）六月。

〔2〕汪繼培曰:“《管子·霸形篇》云:‘朝定令於百吏。’王先生云:‘“羣”字是“郡”字之誤。’”〇俞樾曰:“‘定令’無義，當作‘守令’。下文引《孫子》曰:‘將者，民之司命，而國家安危之主也。’是故諸有寇之郡，太守令長不可以不曉兵。又曰:‘是故選諸有兵之長吏，宜踔躒豪厚、越取幽奇、材明權變、任將帥者。’然則此篇所謂勸將，即指郡

縣之守令而言，非命將出師之謂也。汪箋以《管子》'朝定令於百吏'說之，未得其旨。"〇彭鐸曰："俞說'定令'當作'守令'是也。而不駁王說，則亦以'羣'當爲'郡'，而訓'之'爲'往'。然羌反以前，諸郡已有守令，及永初元年，先零羌叛，遣車騎將軍鄧騭、征西校尉任尚等討之，明非此時始以將帥兼爲守令而往郡也。'守令之羣'，猶班固《封燕然山銘》'侯王君長之羣'，謂其人之衆也。'以守令之羣'者，'以'猶'率領'。僖四年《左傳》：'齊侯以諸侯之師侵蔡'，《史記·齊世家》作'齊桓公率諸侯伐蔡'，是介詞'以'字表率領之證。'以守令之羣'，與'藉富厚之蓄'，兩文相對。如王說，則句法不一律矣。"〇覺按：將帥：指車騎將軍鄧騭、征西校尉任尚，他們奉命征討反叛之先零羌，見《後漢書·孝安帝紀》。以：與下句"籍"對文同義，表示憑藉、依靠，彭鐸解爲率領，不當。定令：當作"守令"，俞說是。羣：《荀子·非十二子篇》"而羣天下之英傑"楊倞注："羣，會合也。"此"羣"與下句"蓄"對文，應解爲會合。王說固非，彭說也不當，因爲下文已說"權十萬之衆"，而諸有寇之郡的守令之人即使不少，相比之下也不可謂"守令之衆"。

〔3〕汪繼培曰："《史記·游俠傳·序》云：'藉於有土卿相之富厚。'"〇覺按：籍（jiè借）：通"藉"，憑藉。厚：富。

〔4〕汪繼培曰："當作'處'。"〇覺按：汪說是。列：衆多。

〔5〕汪繼培曰："下篇云：'諸郡皆據列城而擁大衆。'或疑'權'爲'擁'之誤。▲按《史記·吕后本紀》：'灌嬰曰："諸吕權兵關中。"'《易林·益之臨》云：'帶季、兒良，明知權兵。'權兵，言執兵柄也。《史記·袁盎傳》云：'絳侯爲太尉，主兵柄。'是其義矣。▲《漢書·酷吏·嚴延年傳》：'司農中丞耿壽昌爲常平倉，利百姓，延年曰："丞相御史不知爲也，當避位去。壽昌安得權此？"'本書《潛歎篇》'權噬賢之狗'，義與此同。"〇覺按：參見10.9注〔10〕。

〔6〕汪繼培曰："《漢書·終軍傳》云：'萬事草創。'《後漢書·隗囂傳》章懷注：'草創，謂始造也。'"

〔7〕汪繼培曰："脱一字。"〇覺按：汪說非，此文"遂雲"爲一詞組，"烝起"爲一詞組。遂：成。遂雲：成雲，指人衆彙集之盛多，就像天上之雲，等於說"雲集"或"成氣候"。賈誼《新書·過秦上》："斬木爲兵，揭竿爲旗，天下雲合響應。"與此文意同。烝：通"蒸"，此形容像蒸氣一樣興盛。

〔8〕汪繼培曰："《漢書·刑法志》云：'合從連衡，轉相攻伐。'顔師古注：'衡，横也。戰國時，齊、楚、韓、魏、燕、趙爲從，秦國爲横。'"〇覺按：合從（zòng縱）連横："從"通"縱"。古代南北方向稱縱，東西方向稱横。戰國時，蘇秦遊說齊、楚、燕、韓、趙、魏六國結成聯盟對抗秦國，由於六國在位置上呈南北向，所以稱"合縱"。秦國爲了對付合縱，採納張儀的主張，與六國分别結成聯盟，以便各個擊破，由於秦國在六國的西面，東西聯合，所以稱"連横"。此文則用來泛指各方力量的聯合。

〔9〕汪繼培曰："舊作'源'，据下篇改。《後漢書·隗囂傳·討王莽檄》云：'緣邊之郡，江海之瀕，滌地無類。'章懷注：'滌，蕩也。蕩地無遺類也。'"〇王紹蘭曰："《後漢書·段熲傳》：'上郡沈氏、隴西牢姐、烏吾諸種羌共寇并、涼二州，熲將湟中義從討之。涼州刺史郭閎稽固熲軍，使不得進。義從皆悉反叛。羌遂陸梁，覆没營塢。'"〇覺按：并（bīng兵）：并州。漢代十三刺史部（見16.2注〔26〕）之一，東漢時轄上黨、太原、上郡、西河、五原、雲中、定襄、鴈門、朔方九郡（見《後漢書·郡國志五》），相當於今内蒙古自治區烏拉特中旗至涼城縣以南、山西省高平市至陝西省富縣以北廣大地區，治所在晉陽

縣（今山西省太原市西南）。涼：涼州，漢代十三刺史部之一，西漢時轄十郡，東漢時轄隴西、漢陽（西漢之天水）、武都、金城、安定、北地、武威、張掖、酒泉、敦煌等十郡及張掖屬國、張掖居延屬國，其地相當於今甘肅省、寧夏回族自治區以及青海省湟水流域、内蒙古自治區東河（納林河）、西河（木林河）流域，治所在隴縣（今甘肅省張家川回族自治縣）。參見《後漢書·郡國志五》。

〔10〕司隸：司隸校尉部的簡稱，指司隸校尉所轄地區。漢武帝征和四年（公元前89年）置司隸校尉，領兵千餘人，捕巫蠱，督察京師姦猾。後來罷去所領之兵，專門督察京師百官違法之事，並同時統管京郊七郡，與刺史相當，實兼中央監察與地方行政於一身，權任甚重。哀帝時改稱司隸。東漢復稱司隸校尉，領河南尹、河内郡、河東郡、弘農郡、京兆尹、左馮翊、右扶風等七郡（見《後漢書·郡國志一》），爲十三部（見16.2注〔26〕）之一。其地相當於今陝西省秦嶺以北，隴縣、彬縣、洛川縣、宜川縣以南；山西省永和縣、汾西縣以南，霍州市、沁水縣、陽城縣以西；河南省安陽市、新鄉市、中牟縣以西，新鄭市、汝陽縣、欒川縣以北廣大地區，治所在雒陽（今河南省洛陽市東北）。

〔11〕汪繼培曰："《續漢書·郡國志》趙國、魏郡屬冀州。"〇覺按：趙：趙國。秦時爲邯鄲郡，漢高祖四年（公元前203年）改置爲趙國。東漢時轄邯鄲等五城，相當於今河北省内丘縣、邢臺市、邯鄲市以西地區，屬冀州，治所邯鄲（今河北省邯鄲市西南）。參見《後漢書·郡國志二》。魏：魏郡，漢高祖十二年（公元前195年）置。東漢時轄鄴縣等十五城，地在今河北省涉縣、武安市、成安縣、邱縣以南，山東省冠縣以西，河南省内黄縣、滑縣、安陽市以北，屬冀州，治所鄴縣（今河北省臨漳縣西南鄴鎮）。參見《後漢書·郡國志二》。

〔12〕汪繼培曰："《郡國志》蜀郡、漢中屬益州。《後漢書·循吏·王渙傳》章懷注：'鈔，掠也。'《一切經音義》二引《通俗文》云：'遮取謂之抄掠。''抄'與'鈔'同。"〇王紹蘭曰："《後漢書·西羌傳》：'於是滇零等招集武都、參狼、上郡、西河諸雜種，衆遂大盛，東犯趙、魏，南入益州，殺漢中太守董炳，遂寇鈔三輔。'按三輔即司隸。"〇覺按：《後漢書·孝安帝紀》載：永初二年（公元108年）十一月，"先零羌滇零稱天子於北地，遂寇三輔，東犯趙、魏，南入益州，殺漢中太守董炳"。即本文所述之事。然王紹蘭謂"三輔即司隸"則未當，參見注〔10〕及22.3注〔2〕。蜀：蜀郡，秦滅古蜀國置，漢因之，屬益州。東漢時轄成都等十一城，相當於今四川省邛崍山以東、邛崍市至成都市以北岷江中上游地區，治所成都（今四川省成都市）。參見《後漢書·郡國志五》。漢：指漢中郡，秦置，漢因之，屬益州。東漢時轄九城，在今陝西省南部、湖北省西北部一帶，即秦嶺至武當山以南、米倉山至大巴山以北地區，治所南鄭（今陝西省漢中市）。參見《後漢書·郡國志五》。

〔13〕王紹蘭曰："《後漢書·龐參傳》馬融上書曰：'伏見西戎反畔，寇鈔五州。'"〇覺按：五州：指上文所涉及的并州、涼州、司隸、冀州（趙、魏）、益州（蜀、漢）。

〔14〕汪繼培曰："《漢書·趙充國傳》云：'六郡良家子。'服虔曰：'金城、隴西、天水、安定、北地、上郡是也。'按天水，後漢明帝永平十七年更名漢陽。《郡國志》金城、隴西、漢陽、安定、北地屬涼州，上郡屬并州。"〇覺按：削迹：削除蹤跡，引申指匿跡、隱居，此指爲了躲避戰亂而將郡治内遷。據《後漢書·孝安帝紀》載：永初四年（公元110年）三月，將金城郡治所遷到隴西郡襄武縣（今甘肅省隴西縣東南）。永初五年（公元111年）三月，安帝下詔，將隴西郡治所遷到襄武縣，將安定郡治所遷到右扶風美陽縣（今陝西省武功縣西北），將北地郡治所遷到左馮翊池陽縣（今陝西省涇陽縣西北），將上

郡治所遷到左馮翊衙縣（今陝西省白水縣東北）。

〔15〕汪繼培曰："'非'舊作'亦'，据下文改。《孫子·地形篇》云：'兵有走者，有弛者，有陷者，有崩者，有亂者，有北者。凡此六者，非天地之災，將之過也。'《越絶書·計倪内經》：'計倪曰："與人同時而戰，獨受天之殃，未必天之罪也，亦在其將。"'" 〇覺按：據汪校，則其所謂舊本爲程本，此乃其始校《潛夫論》時用程本爲底本，後改用魁本之底本，然未加覆覈，故有此誤校。長吏：指郡守、縣令，參見17.2.2注〔12〕。

21.8

《孫子》曰："將者，民之司命，而國安危之主也●【1】〔1〕。"是故諸有寇之郡，太守、令、長不可以不曉兵〔2〕。今觀諸將●〔3〕，既無斷敵合變之奇●〔4〕，復無明賞必罰之信。然其士民又甚貧困，器械不簡習●〔5〕，將恩不素結●〔6〕。卒●然有急〔7〕，則吏以暴發虐其士〔8〕，士以所拙●遇敵巧〔9〕。此爲將●【2】〔10〕吏驅怨以禦讎●〔11〕，士卒縛手以待寇也●【3】〔12〕。夫將不能勸其士，士不能用其兵，此二者與無兵等●〔13〕。無士無兵，而欲合戰，其敗負也理數也●【4】〔14〕。故曰：其敗者，非天之所災，將之過也。

【校記】

【1】國：仿宋本、馮本、魁本、程本、四庫本、邵本同，陳本作"國家"。

【2】將：《羣書治要》引文、陳本同，仿宋本、馮本、魁本、程本、四庫本、邵本無"將"字。

【3】卒縛：《羣書治要》引文、何本、四庫本、邵本、陳本同，仿宋本、魁本作"率縛"，馮本作"率縳"，程本作"卒縳"。

【4】理：《羣書治要》引文、陳本同，仿宋本、馮本、魁本、程本、四庫本、邵本作"治"。也：仿宋本、馮本、魁本、程本、四庫本、邵本同，《羣書治要》引文、陳本作"也然"。

【箋注】

〔1〕汪繼培於"國"下補"家"字曰："《孫子·作戰篇》文。舊脱'家'字，据《孫子》補。▲《六韜·奇兵篇》云：'將者，人之司命，三軍與之俱治，與之俱亂。'" 〇覺按：今傳《孫子·作戰篇》作："故知兵之將，生民之司命，國家安危之主也。"與此文所引不同，王符當據漢代傳本，故此文不必補"家"字（參見22.4注〔6〕、23.8注〔10〕）。司命：見11.6注〔11〕，此喻指掌握命運的人。

〔2〕太守令長：見7.3注〔7〕。

〔3〕汪繼培曰："'將'謂郡守。《漢書·酷吏·嚴延年傳》顔師古注云：'謂郡守爲郡將者，以其兼領武事也。'"

〔4〕汪繼培曰："斷，《治要》作'料'。按《史記·白起傳·論》云：'白起料敵合變，出奇無窮。''料''斷'義相近，古亦通用。《史記·韓信傳》云：'大王自料勇悍仁強孰與

項王？'《新序·善謀篇》作'自斷'。又《新序·雜事一》宋玉對楚王問：'豈能與之斷天地之高？'《文選》'斷'亦作'料'。"

〔5〕汪繼培曰："《吴語》云：'申胥、華登，簡服吴國之士於甲兵。'韋昭注：'簡，習也。'"

〔6〕汪繼培曰："《史記·淮陰侯傳》云：'信非得素拊循士大夫也，此所謂驅市人而戰之。'"

〔7〕汪繼培曰："讀爲'猝'。"〇覺按："卒"（cù促）通"猝"，突然。

〔8〕虐：殘害。未訓練士民而使其作戰，實是讓他們去送死，所以說"虐"。《論語·堯曰》："不教而殺謂之虐。"參見35.4.7注〔10〕。

〔9〕汪繼培曰："《治要》作'屈'。"

〔10〕汪繼培曰："据《治要》補。"

〔11〕汪繼培曰："《漢書·鼂錯傳》云：'其與秦之行怨民，相去遠矣。'顔師古注：'言發怨恨之人，使行戍也。'"

〔12〕汪繼培曰："《淮南子·説山訓》云：'縛手走，不能疾。'"

〔13〕汪繼培曰："《六韜·軍畧篇》云：'凡帥師將衆（覺按：陳本作"軍"，此據汪稿），慮不先設，器械不備，教不精信，士卒不習，若此不可以爲王者之兵也。'《漢書·鼂錯傳》云：'士不選練，卒不服習，起居不精，動静不集，趨利弗及，避難不畢，前擊後解，與金鼓之音相失，此不習勒卒之過也，百不當十。兵不完利，與空手同；甲不堅密，與袒裼同；弩不可以及遠，與短兵同；射不能中，與亡矢同；中不能入，與亡鏃同。此將不省兵之禍也，五不當一。故《兵法》曰：器械不利，以其卒予敵也；卒不可用，以其將予敵也；將不知兵，以其主予敵也；君不擇將，以其國予敵也。'"

〔14〕陳本"理數也"作"理數也然"，汪繼培曰："舊作'治數也'，据《治要》改、補。《管子·兵法篇》云：'治衆有數，勝敵有理。察數而知理。'"〇覺按："然"字不必補。理數：法則，規律。

21.9

饒士處世●〔1〕，但患無典爾●〔2〕。故苟有土地，百姓可富也；苟有市列，商賈可來也；苟有士民，國家可彊也【1】；苟有法令，姦邪可禁也●〔3〕。夫國不可從外治，兵不可從中御●〔4〕。郡縣長吏幸得兼此數者之斷已【2】〔5〕，而●〔6〕不能以稱明詔安民氓哉●【3】〔7〕！此亦陪克、闒茸●〔8〕、無里之爾●【4】〔9〕。

【校記】

【1】彊：何本、四庫本、邵本、陳本同，仿宋本、馮本、魁本、程本作"疆"。

【2】之：程本、四庫本、邵本、陳本同，仿宋本、馮本、魁本作"丈"。

【3】而：程本、四庫本、邵本、陳本同，仿宋本、馮本、魁本作"而而"。

【4】里：仿宋本、馮本、魁本、程本、邵本、陳本同，四庫本作"俚"。

【箋注】

〔1〕汪繼培曰："饒士，謂士之才德優饒者。"

〔2〕汪繼培曰："典，司也。"

〔3〕汪繼培曰："《商子·錯法篇》云：'古之明君，錯法而民無邪，舉事而材自練，賞行而兵強。'又云：'苟有道里，地足容身，士民可致也；苟容市井，財貨可聚也。有土者不可以言貧，有民者不可以言弱。'▲此文本之。《漢書·食貨志》云：'今弘羊令吏坐市列。'顏師古注：'市列謂列肆。'"○覺按：列：古代直排的叫行，横排的叫列。市列：指市場上横排成列的店鋪。

〔4〕汪繼培曰："《六韜·立將篇》云：'國不可從外治，軍不可從中御。'▲《白虎通·王者不臣篇》云：'國不可從外治，兵不可從内御，欲成其威、一其令。'《白虎通·三軍篇》云：'大夫將兵出，不從中御者，欲盛其威，使士卒一意繫心也。'"○覺按：御：駕馭，控制。

〔5〕數者：指土地、市列、士民、法令。斷：《淮南子·説林訓》"是而行之故謂之斷"高誘注："斷，猶治也。"已：罢了。

〔6〕汪繼培曰："'之'舊作'丈'，又重'而'字，据程本刪、改。"

〔7〕汪繼培曰："《漢舊儀》云：'御史大夫敕上計丞長史曰："詔書數下，布告郡國。臣下承宣無狀，多不究，百姓不蒙恩被化。守丞長史到郡，與二千石同力，爲民興利除害，務有以安之，稱詔書。"'《漢書·鼂錯傳》云：'甚不稱明詔求賢之意。'"

〔8〕汪繼培曰："《詩·蕩》云：'曾是掊克。'按《敍録》亦作'掊'。'闒茸'見《賢難篇》。"○覺按：陪：通"掊"（póu 抔），搜刮，聚斂。克：克制，壓迫。闒茸：見5.10注〔9〕。

〔9〕汪繼培曰："'里'當作'俚'，'之'下脱一字。《漢書·季布欒布田叔傳·贊》云：'其畫無俚之至耳。'晋灼曰：'揚雄《方言》曰："俚，聊也。"許慎曰："賴也。"此爲其計畫無所聊賴。'"○覺按："里"通"俚"，是聊賴、依靠的意思。之：猶"者"（參見《古書虚字集釋》卷九"之"字條）。"之"下未必脱一字，31.1"之爾"連用，與此相類可證，汪説非。

21.10

夫世有非常之人，然後定非常之事〔1〕；必道●非常之失〔2〕，然後見●〔3〕。是故選諸有兵之長吏，宜踔躒豪厚、越取幽奇●〔4〕、材明權變、任將帥者●〔5〕，不可苟惟●基序〔6〕、或阿親戚●〔7〕使●【1】〔8〕典兵官●〔9〕——此所謂以其國與敵者也●〔10〕。

【校記】

【1】使：陳本同，仿宋本、馮本、魁本、程本、四庫本、邵本作"便"。

【箋注】

〔1〕事：《吕氏春秋·音律》"無或作事以害羣生"高誘注："事，兵戎事也。"

〔2〕汪繼培曰："疑'遇'。"○彭鐸曰："道，由也。字蓋不誤。"○覺按：彭説是。

〔3〕汪繼培曰:“下脱四字。《史記・司馬相如傳》云:‘蓋世必有非常之人，然後有非常之事；有非常之事，然後有非常之功。’此文當同之。”○覺按：此文句式相似，但文義不同，故不可類比。揣摩上文，“見”下當脱“非常之敗”。

〔4〕汪繼培曰:“《漢書・孔光傳》云:‘竊見國家故事，尚書以久次轉遷，非有踔絶之能，不相踰越。’顔師古注:‘踔，高遠也。’‘踔躒’猶言‘踔絶’。《後漢書・班彪》後《固傳・西都賦》云:‘逴犖諸夏。’《典引》云:‘卓犖乎方州。’《文苑・禰衡傳》:‘英才卓礫。’▲《論衡・命義篇》云:‘卓躒時見。’並與‘踔躒’同。《説苑・説叢篇》云:‘德以純厚故能豪。’按‘越取’謂不次擢用。《漢書・東方朔傳》云:‘武帝初即位，徵天下舉方正賢良文學材力之士，待以不次之位。’顔師古注:‘不拘常次，言超擢之。’《後漢書・安帝紀》永初二年詔云:‘二千石長吏，明以詔書，博衍幽隱。朕將親覽，待以不次。’是其義也。”○覺按:“越取幽奇”四字當在“踔躒豪厚”之上。踔躒（chuōluò 戳落）：古書上又寫作“逴躒”“卓犖”“逴犖”“卓躒”，卓越的意思。豪：德行傑出的人才。《鶡冠子・博選》:“德千人者謂之豪。”厚：忠厚，厚道，指能與士民結恩的人。越取：越級取用，即破格提拔。幽：隱藏不露的。

〔5〕汪繼培曰:“《後漢書・南蠻傳》：永和時，日南、象林徼外蠻夷攻圍日南，李固議亦云:‘宜更選有勇畧仁惠任將帥者，以爲刺史、太守。’”○覺按：任：能，勝任。

〔6〕汪繼培曰:“疑‘推’。”○覺按：汪説非。惟：考慮。

〔7〕汪繼培曰:“《墨子・兼愛下篇》云:‘勿有親戚弟兄之所阿。’《漢書・貢禹傳》云:‘不阿親戚。’”○覺按：阿（ē 婀）：偏愛。

〔8〕汪繼培曰:“舊作‘便’。”

〔9〕汪繼培曰:“蓋謂鄧騭也。騭以車騎將軍討羌，戰敗，羌遂大盛，朝廷不能制，詔騭還師，以鄧太后故，拜騭爲大將軍。見《後漢書・西羌傳》。”

〔10〕汪繼培曰:“注見上。”

救邊第二十二

【提要】

救邊：援救邊境。文章主要批判了當時士大夫向敵寇退讓而拋棄邊境的論調，主張堅決驅除寇虜，援救邊境之民。

作者認爲，聖王“視民如赤子”，與民同甘共苦，“普覆兼愛”而“不忽踈遠”。但是，前些年羌寇叛亂時，公卿大夫卻都主張放棄邊境而退保京郊，這實在是不通事理、毫無人性的“惑議”。因爲無論後退到什麽地方，總有個邊境。所以，“折衝安民”的關鍵，在於“任賢”“誅討”，而“不在促境”。士大夫們没有遭到羌虜侵擾，没有切膚之痛，没有“憂國哀民”之心，置上百萬痛遭“羌禍”而呼號哭泣的邊民於不顧，“豈人心也哉”？再説，“凡民之所以奉事上者，懷義恩也。”如果國家任其受苦遭殃，民衆就會怨恨作亂。如

今敵寇還没有站住腳，而百姓都想返回家園，所以應該抓住時機，派遣大將，勉勵民衆，驅除敵寇。如果貽誤戰機，事情就難辦了。因此，作者在最後迫切地呼籲當局及早作出決斷。

據《後漢書·孝安帝紀》，羌人反叛在永初元年（公元107年）。本文説："前羌始反，公卿師尹咸欲捐棄涼州，却保三輔，朝廷不聽……若此以來，出入九載。"由此可以推知本文寫於元初二年（公元115年）。

22.1

聖王之政，普覆兼愛，不私近密，不忽踈遠●〔1〕；吉凶禍福，與民共之●〔2〕；哀樂之情，恕以及人●〔3〕；視民如赤子●〔4〕，救禍如引手爛●〔5〕。是以四海歡悦〔6〕，俱相得用〔7〕。

【箋注】

〔1〕汪繼培曰："《鹽鐵論·地廣篇》云：'王者包含并覆，普愛無私，不爲近重施，不爲遠遺恩。'"

〔2〕汪繼培曰："共，《意林》作'同'。《易·繫辭上傳》云：'吉凶與民同患。'"

〔3〕汪繼培曰："《漢書·杜周傳》杜欽對策云：'克己就義，恕以及人。'"〇覺按：恕：《一切經音義》卷二引《蒼頡篇》："恕，如也。"《論語·衛靈公》："其恕乎，己所不欲，勿施於人。"《楚辭·離騷》"羌内恕己以量人兮"王逸注："以心揆心爲恕。"《新書·道術》："以己量人謂之恕。"由此可知，"恕"字從"如"從"心"，其意爲：作類似的考慮，把别人當作自己來考慮，將心比心地推測，用自己的心推想别人的心。參見23.3注〔1〕與30.12。此"恕"是"以"的前置賓語。

〔4〕汪繼培曰："《漢書·路温舒傳》云：'愛民如赤子。'按《傳》云：'文帝永思至德，以承天心，崇仁義，省刑罰，通關梁，一遠近，敬賢如大賓，愛民如赤子，内恕情之所安，而施之於海内。是以囹圄空虚，天下太平。'此節大恉本於彼。"〇覺按：赤子：初生的嬰兒。嬰兒生下時赤色，所以稱爲"赤子"。

〔5〕汪繼培曰："《鹽鐵論·刑德篇》云：'有司治之，若救爛撲焦。'"〇覺按：引：向後拉。爛：被火燒傷。

〔6〕四海：見12.1注〔1〕。

〔7〕相：與"俱"同義。

22.2

往者羌虜背叛〔1〕，始自涼、并，延及司隸，東禍趙、魏，西鈔蜀、漢，五州殘破，六郡削迹，周迴千里，野無孑遺●〔2〕，寇鈔禍害，晝夜不止，百姓滅没，日月焦盡●〔3〕。而内郡之士●不被殃者〔4〕，咸云當且放縱●〔5〕，以待天時●〔6〕。用意若此，豈人心也哉●【1】〔7〕？

【校記】

【1】也：仿宋本、馮本、程本、四庫本、邵本同，魁本、陳本無“也”。

【箋注】

〔1〕以下參見21.7注。

〔2〕汪繼培曰：“《詩・云漢》云：‘靡有孑遺。’”〇覺按：孑：與“遺”同義，遺留，殘存。

〔3〕汪繼培曰：“《淮南子・兵略訓》云：‘勇敢輕敵，疾若滅没。’《荀子・議兵篇》云：‘若赴水火，入焉焦没耳。’《説文》云：‘㸐，火所傷也。或省作雧。𤆍，火餘也。’‘盡’與‘𤆍’同。《詩・桑柔》‘具禍以燼’，鄭箋云：‘災餘曰燼。’《釋文》：‘燼，本亦作“盡”。’”〇覺按：盡：通“燼”，灰燼，這裏用作動詞。日月焦盡：形容戰火連天，是一種誇飾之辭。

〔4〕汪繼培曰：“《漢書・宣帝紀》本始元年詔：‘内郡國舉文學高第。’韋昭曰：‘中國爲内郡，緣邊有夷狄障塞者爲外郡。’”

〔5〕汪繼培曰：“《後漢書・烏桓傳》班彪上言：‘烏桓天性輕黠，好爲寇賊，若久放縱而無總領者，必復侵掠居人。’”

〔6〕汪繼培曰：“《越語》：‘范蠡曰：“天時不作，弗爲人客。”’韋昭注：‘謂天時利害災變之應。’《漢書・趙充國傳》宣帝敕讓充國云：‘今五星出東方，中國大利，蠻夷大敗。太白出高，用兵深入，敢戰者吉，弗敢戰者凶。將軍急裝，因天時，誅不義，萬下必全。’《後漢書・王昌傳》云：‘展轉中山，來往燕、趙，以須天時。’章懷注：‘須，待也。’”〇覺按：天時：指有利於戰爭的時令、氣候、天象等。

〔7〕汪繼培曰：“《漢書・宣帝紀》地節四年詔曰：‘何用心逆人道也？’”

22.3

前羌始反，公卿師尹咸欲捐棄涼州〔1〕，却保三輔●〔2〕，朝廷不聽，後羌遂侵●〔3〕，而論者多恨不從惑●議【1】〔4〕。余竊笑之，所謂“媾亦悔，不媾亦有悔”者爾●〔5〕，未始識變之理。地●無邊〔6〕，無邊亡國。是故失涼州，則三輔爲邊；三輔内入，則弘農爲邊【2】〔7〕；弘農内入，則洛陽爲邊。推此以相況〔8〕，雖盡東海猶有邊也●〔9〕。今不厲武以誅虜●〔10〕、選材以全境●〔11〕，而云邊不可守，欲先自割，示㑊寇敵【3】，不亦惑乎●〔12〕？

【校記】

【1】惑：仿宋本、馮本、魁本、程本、何本、四庫本、陳本同，邵本作“咸”。

【2】弘：仿宋本、馮本、魁本、程本、何本同，四庫本、陳本作“弘”，邵本作“宏”。

下句同。

【3】示偄：陳本同，仿宋本、馮本、魁本、程本、何本作“僾”，四庫本作“緩”，邵本作“便”。

【箋注】

〔1〕公卿：見14.3注〔3〕。師尹：此文列於“公卿”之後，指大夫一級的官，與5.5注〔24〕的“師尹”不同。

〔2〕汪繼培曰：“《漢書·百官公卿表》云：‘右扶風與左馮翊、京兆尹，是爲三輔。’服虔曰：‘皆治在長安中。’”〇覺按：三輔：既是三個職官的合稱，又是其所轄地區名，此指地區而言。西漢建都長安（在今陝西省西安市西北），京畿官統稱内史。景帝時分置左右内史及都尉，即有三輔的名稱。武帝太初元年（公元前104年），改右内史爲京兆尹，治長安以東十二縣，在今陝西省西安市長安區東至潼關縣一帶（東漢時華陰縣以東屬弘農郡，轄區有所不同）；改左内史爲左馮翊，治高陵（在今陝西省西安市高陵區）以北二十四縣，約當今陝西省渭河以北、涇河以東、洛河中下游地區；改都尉爲右扶風，治渭城（在今陝西省咸陽市東北）以西二十一縣，在今陝西省咸陽市西至隴山一帶。此文之“三輔”，即指京兆尹、左馮翊、右扶風三個地區，東漢時相當於今陝西省洛川縣以南、秦嶺至商南縣以北廣大地區。參見《漢書·地理志上》《後漢書·郡國志一》。

〔3〕汪繼培曰：“下有脱字。”

〔4〕汪繼培曰：“疑‘或’。”〇王紹蘭曰：“不從惑議，‘惑’疑是‘咸’，即上文‘咸欲捐棄涼州’之‘咸’，《虞詡傳》所云‘議者咸同’也。咸議，猶言‘僉議’。”〇彭鐸曰：“諸大臣之議甚悖，自知者觀之，則爲惑議，故竊笑之。‘惑’字不誤。”〇覺按：王説爲優。

〔5〕汪繼培曰：“《秦策》云：‘三國攻秦，秦王欲割河東而講。公子池曰：“講亦悔，不講亦悔。”’高誘注：‘講，成也。’‘講’‘媾’古字通。”〇覺按：《説文·言部》：“講，和解也。”後世多借“媾”字來表示媾和，其本字應爲“講”。媾亦悔，不媾亦有悔：公元前298年，魏、齊、韓三國攻秦，至函谷關，秦昭王想割讓黄河以東的土地來和三國講和而徵求大臣意見。公子池説：“講和也要後悔，不講和也要後悔。因爲割讓土地後三國退兵了，大王就會覺得三國本來就要撤離了，這土地是白送了，所以講和會後悔。如果不講和，三國一進入函谷關，國都咸陽會危在旦夕，大王也就會後悔没有割讓土地而講和。”結果秦昭王還是和三國講和了。見《戰國策·秦策四》《韓非子·内儲説上》。

〔6〕汪繼培曰：“下脱‘不可’二字。”〇覺按：“地”下當有“不能”二字。

〔7〕弘農：郡名，在京兆尹東，東漢時轄九城，相當於今河南省新安縣、嵩縣、欒川縣以西、黄河以南地區，屬司隸校尉管轄，治所弘農縣，故城在今河南省靈寶市東北故函谷關城。

〔8〕況：比方。

〔9〕汪繼培曰：“《後漢書·龐參傳》云：‘永初元年，涼州先零種羌反叛，遣車騎將軍鄧騭討之。參上書曰：“萬里運糧，遠就羌戎，不若總兵養衆以待其疲。車騎將軍騭宜且振旅，留征西校尉任尚使督涼州士民，轉居三輔。”四年，羌寇轉盛，兵費日廣，參奏記於鄧騭曰：“參前數言宜棄西域，乃爲西州士大夫所笑，果破涼州，禍亂至今。善爲國者，務懷其内，不求外利；務富其民，不貪廣土。三輔山原曠遠，民庶稀疏，故縣丘城，可居者多。今宜徙邊郡不能自存者入居諸陵，田戍故縣。孤城絶郡，以權徙之。”’又《虞詡傳》云：‘永初四年，羌胡反亂，殘破并、涼。大將軍鄧騭以軍役方費，事不相贍，欲棄涼州，

議者咸同。詡聞之，乃説李修曰：“先帝開拓土宇，劬勞後定，而今憚小費，舉而棄之。涼州既棄，即以三輔爲塞；三輔爲塞，則園陵單外。此不可之甚者也。”’節信所言與詡合。《參傳》‘西州士大夫’，蓋即指節信諸人。”〇覺按：東海：郡名，東漢時轄十三城，在今山東省棗莊市、郯城縣與江蘇省新沂市、灌雲縣以北一帶，東臨黄海，屬徐州，治所在郯（tán 談）縣（在今山東省郯城縣北）。

〔10〕汪繼培曰：“《逸周書·酆保解》云：‘静兆厲武。’《大武解》云：‘武厲以勇。’”〇覺按：厲：通“勵”，勉勵，使盡力。

〔11〕汪繼培曰：“《漢書·王嘉傳》云：‘今之郡守重於古諸侯，往者致選賢材。’”

〔12〕汪繼培曰：“‘示’字舊脱，孫侍御補。按《説文》：‘偄，弱也。’《趙策》：‘虞卿曰：“坐而割地，自弱以強秦。”又云：“割地以和，是不亦大示天下弱乎？”’《史記·廉頗藺相如傳》亦云：‘王不行，示趙弱且怯也。’”〇覺按：偄（ruǎn 軟）：“軟”之同源詞，表示人軟弱、懦弱，參見 19.14 注〔3〕。示偄寇敵：即“示偄於寇敵”。

22.4

昔樂毅以慱慱之小燕●【1】〔1〕，破滅彊齊，威震天下【2】，真可謂良將矣●〔2〕，然即墨大夫以孤城獨守，六年不下【3】，竟完其民。田單師窮，率五千【4】，擊走騎劫【5】，復齊七十餘城，可謂善用兵矣●〔3〕，圍聊、莒連年，終不能拔●〔4〕。此皆以至彊攻至弱，以上智圖下愚●〔5〕，而猶不能克者。何也？曰：攻常不足而守恒有餘也●【6】〔6〕。前日諸郡皆據列城而擁大衆〔7〕。羌虜之智，非乃樂毅、田單也【7】〔8〕。郡縣之阸，未若聊、莒、即墨也【8】〔9〕。然皆不肯專心堅守●〔10〕，而反彊驅劫其民，捐棄倉庫，背城邑走●〔11〕。由此觀之，非苦城乏粮也，但苦將不食爾。

【校記】

【1】慱慱：陳本同，仿宋本作“博博”，馮本、魁本作“慱慱”，程本作“慱慱”，何本、四庫本、邵本、汪稿作“博博”。

【2】下：仿宋本、馮本、程本、四庫本、邵本、陳本同，魁本作“不”。

【3】下：仿宋本、馮本、程本、四庫本、邵本、陳本同，魁本作“不”。

【4】師窮率：仿宋本、馮本、魁本、程本、四庫本、邵本同，陳本作“帥窮卒”。

【5】擊走騎劫：仿宋本、馮本、程本作“騎擊走却”，魁本作“騎擊走刼”，四庫本作“騎擊走却”，邵本作“騎擊丕却”，陳本作“擊走騎刧”，今從陳本而依仿宋本用字之例改用“劫”字。

【6】攻：馮本、四庫本、陳本同，仿宋本、魁本、程本、邵本作“改”。

【7】乃：仿宋本、馮本、魁本、程本、邵本、陳本同，四庫本作“若”。

【8】未：仿宋本、馮本、魁本、陳本同，程本、四庫本、邵本作“非”。

【箋注】

〔1〕汪繼培曰:“按《齊策》貂勃云:‘安平君以惴惴之即墨,三里之城,五里之郭,敝卒七千,禽其司馬,而反千里之齊。’此(覺按:陳本無“此”,此依汪稿)‘慱慱’即‘惴惴’之誤。《莊子·齊物論》云‘小恐惴惴’,是其義也(覺按:陳本作“已”,今據汪稿)。《漢書·賈捐之傳》論珠厓云:‘顓顓獨居一海之中。’‘顓顓’與‘惴惴’同。顏師古注:‘顓,與“專”同。專專,猶區區,一曰圜貌。’其説非也。▲《鶡冠子·度萬篇》云:‘所謂地者,非是膞膞之土之謂地也。’《庾信集·思舊銘序》作‘博博’,《大戴禮·公冠篇》‘薄薄之土’盧辯注云:‘薄,旁薄也。’與此異義。”〇覺按:樂(yuè 悦)毅:戰國時燕國大將,魏文侯之將樂羊的後代,靈壽(今河北省靈壽縣西北)人。燕昭王時任亞卿。燕昭王二十八年(公元前 284 年),以樂毅爲上將軍,與秦、趙、韓、魏等國一起攻齊。他攻入齊國首都臨淄(今山東省淄博市臨淄區東北齊都),因功封於昌國(今山東省淄博市東南),號昌國君。樂毅繼續攻下齊國七十多城,齊地除莒、即墨外,盡爲燕所得。燕惠王即位,中了齊國的反間計,改用騎劫爲將。樂毅出奔趙國,被封於觀津(趙邑,在今河北省武邑縣東南),號望諸君。後死在趙國。見《史記·樂毅列傳》。慱慱(tuántuán 團團):《詩經·檜風·素冠》“勞心慱慱兮”毛傳:“慱慱,憂勞也。”即憂慮的樣子。燕昭王即位於燕國内亂、被齊大敗之後(參見 14.10 注〔2〕),他一直想報齊國之仇,卻又苦於燕國弱小,所以一直憂心忡忡(參見 14.10 注〔1〕及《史記·樂毅列傳》),所以此文説“慱慱之小燕”。汪繼培認爲“慱慱”爲“惴惴”之誤,也通,古代“慱慱”和“惴惴”聲韻相近,或通假,但也應該解爲憂愁恐懼的樣子。

〔2〕汪繼培曰:“事見《史記·樂毅傳》。”

〔3〕陳本作“田單帥窮卒五千擊走騎刼”,汪繼培曰:“事見《史記·田單傳》。舊作‘田單師窮率五千騎擊走卻’,据《單傳》改。《傳》云:‘夷殺騎刼。’《自序》云:‘田單用即墨破走騎刼。’”〇覺按:汪繼培將“師窮率”改爲“帥窮卒”不當,因爲據《史記·田單列傳》,田單並非“帥窮卒”,而是用一千多頭火牛怒沖燕軍,另用“壯士五千人隨其後”,從而打敗了燕軍。田單:戰國時齊國臨淄(今山東省淄博市臨淄區東北齊都)人。燕將樂毅破齊,攻下七十餘城,他逃到即墨城。燕攻即墨,即墨大夫戰死後,即墨人推舉田單做將軍。齊襄王五年(公元前 279 年),田單用反間計,使燕惠王撤換樂毅,用騎劫爲將,他用火牛大破燕軍,一舉收復七十餘城,因功封安平君。事詳《史記·田單列傳》。窮:困厄,無路可走。師窮:軍隊處於困厄中,指田單之軍被圍於即墨而無路可走。騎劫(?~公元前 279 年):即燕惠王用來代替樂毅的大將。騎劫敗逃後被齊軍所殺,見《史記·田單列傳》。

〔4〕汪繼培曰:“《史記·魯仲連傳》云:‘田單攻聊城,歲餘,士卒多死,而聊城不下。’此文‘聊、莒’,當作‘聊城’,莒未嘗降燕也。”〇覺按:汪説是。《史記·燕召公世家》説樂毅攻齊,“齊城之不下者,獨唯聊、莒、即墨”。此文或因此而誤。聊:原爲齊地,故城在今山東省聊城市西北。莒:城邑名,即今山東省莒縣。

〔5〕汪繼培曰:“《論語》云:‘唯上知與下愚不移。’”

〔6〕汪繼培曰:“《漢書·趙充國傳》云:‘臣聞兵法,攻不足者守有餘。’《後漢書·馮異傳》云:‘夫攻者不足,守者有餘。’章懷注:‘《孫子兵法》之文。’按《孫子·軍形篇》云:‘守則不足,攻則有餘。’”〇覺按:1972 年山東省臨沂銀雀山漢墓出土的竹簡《孫子兵法·刑》作“守則有餘,攻則不足”,可見此文當本自漢代所傳的《孫子兵法》。

〔7〕列:衆多。

〔8〕乃：猶“若”，與下文“若”對文同義。
〔9〕此文承上文而言，“莒”字當衍。
〔10〕汪繼培曰：“昭廿七年《左傳》云：‘有堅守之心。’”
〔11〕汪繼培曰：“詳《實邊篇》注。”〇覺按：事詳24.2所述。

22.5

折衝安民〔1〕，要在任賢，不在促境●〔2〕。齊、魏却守〔3〕，國不以安。子嬰自削〔4〕，秦不以在●〔5〕。武皇帝攘夷析境●【1】〔6〕，面數千里，東開樂浪●【2】〔7〕，西置燉煌●〔8〕，南踰交阯●【3】〔9〕，北築朔方●〔10〕，卒定南越●〔11〕，誅斬大宛●〔12〕，武軍所嚮●〔13〕，無不夷滅●〔14〕。今虜近發封畿之内●〔15〕，而不能擒，亦自痛●爾〔16〕，非有邊之過也。脣亡齒寒，體傷心痛●〔17〕，必然之事，又何疑焉●〔18〕？君子見機●〔19〕，況已著乎？

【校記】
【1】析：陳本同，仿宋本、馮本、魁本、程本、四庫本、邵本作“拆”。
【2】樂：仿宋本、馮本、魁本、四庫本、陳本同，程本、邵本作“洛”。
【3】阯：仿宋本、馮本、魁本、程本、四庫本同，何本、邵本、陳本作“趾”。·

【箋注】
〔1〕折衝：見21.6注〔9〕。
〔2〕汪繼培曰：“《後漢書·西域傳》：‘延光二年，敦煌太守張璫上書陳三策’，其下計謂‘宜棄交河城，收鄯善等悉使入塞’。尚書陳忠上疏，以爲‘蹙國減土，經有明誡。敦煌宜置校尉，按舊增四郡屯兵，以西撫諸國，庶足折衝萬里’。意與此同。”
〔3〕齊、魏却守：齊之却守，當指齊湣王之事。公元前284年，樂毅等攻齊，齊湣王“解而却”，結果樂毅進入了齊國首都臨淄。見《史記·田敬仲完世家》。魏之却守，當指魏安釐王之事。魏安釐王二年（公元前275年），秦國攻魏，兵臨其首都大梁（今河南省開封市），魏國獻温（今河南省温縣西南）以和，但次年秦國又攻佔魏國四城。後年秦國破魏將芒卯，魏獻南陽（今河南省濟源市至獲嘉縣一帶）以和，但後來秦國仍然不斷侵犯，佔領了魏之懷（今河南省武陟縣西南）、邢丘（今河南省温縣東）。直至後來魏國唐雎出使秦國以後，魏國纔恢復安定。見《史記·魏世家》及其《集解》。
〔4〕子嬰（？—公元前206年）：秦始皇長子扶蘇的兒子，秦二世的侄子。秦二世三年（公元前207年），趙高殺二世，立子嬰爲秦王。他在位四十六日，劉邦破秦軍而至霸上（今陝西省西安市長安區東），子嬰捧着天子玉璽投降。又過了一個多月，項羽至，殺子嬰及秦之公子宗族，屠咸陽（秦首都，在今陝西省咸陽市東北），秦朝徹底滅亡。見《史記·秦始皇本紀》。
〔5〕汪繼培曰：▲“疑‘存’。”
〔6〕汪繼培曰：“‘析’舊从手作。按《淮南子·原道訓》云：‘廓四方，析八極。’高

誘注：‘柝，開也。’古亦省作‘斥’。《漢書・武五子傳》燕王旦上書云：‘孝武皇帝威武洋溢，遠方執寶而朝，增郡數十，斥地且倍。’《韋賢》後《玄成傳》云：‘孝武皇帝斥地遠境，起十餘郡。’《匈奴傳》云：‘孝武世出師征伐，斥奪此地，攘之於幕北。’顔師古注並云：‘斥，開也。’《地理志》云：‘武帝攘卻胡、越，開地斥境。’《夏侯勝傳》云：‘孝武皇帝廓地斥境，立郡縣。’又云：‘武帝有攘四夷廣土斥境之功。’‘斥境’即‘柝境’，字亦借‘拓’。《後漢書・傅燮傳》云：‘世宗拓境，列置四郡。’《文苑傳》杜篤《論都賦》云：‘孝武拓地萬里，威震八荒，肇置四郡，據守敦煌。’《鮮卑傳》蔡邕議云：‘世宗神武，將帥良猛，財賦充實，所拓廣遠。’”〇覺按：武皇帝：即漢武帝。夷：是對中原華夏族以外各族的蔑稱。柝（tuò 唾）：通“拓”，開拓，擴大。

〔7〕汪繼培曰：“《漢書・武帝紀》，在元封三年。”〇覺按：見 12.7 注〔24〕。

〔8〕汪繼培曰：“元鼎六年。▲燉，《漢書》作‘敦’。”〇覺按：見 12.7 注〔25〕。

〔9〕汪繼培曰：“即定南越也。趾，▲《漢書・紀》作‘阯’，《地理志》作‘趾’。《後漢書・光武帝紀》建武五年章懷注云：‘“阯”與“趾”同，古字通。應劭《漢官儀》曰：“始開北方，遂交於南，爲子孫基阯也。”’”〇覺按：交阯：即交趾，郡名，漢武帝元鼎六年（公元前 111 年）平定南越後置，轄十縣，相當於今越南義路、南定以北地區，治所羸𨻻縣，在今越南河内市西北。參見《漢書・地理志下》。

〔10〕汪繼培曰：“元朔二年。”〇覺按：朔方：郡名，漢武帝元朔二年（公元前 127 年）置，轄十縣，在今内蒙古自治區河套西北部及後套地區，治所朔方縣，在今内蒙古自治區杭錦旗北黄河南岸。參見《漢書・地理志下》。

〔11〕汪繼培曰：“元鼎六年。”〇覺按：南越：也作“南粤”，秦、漢時國名，在今廣東、廣西、海南與越南一帶。秦始皇三十三年（公元前 214 年），進兵取嶺南地，置桂林郡（治今廣西桂平市西南）、南海郡（治今廣州市）、象郡（治臨塵，今廣西崇左市）。秦朝末年，趙佗自立爲南越武王，都城在今廣州。漢武帝元鼎六年（公元前 111 年）平定南越，置九郡，即南海、蒼梧、鬱林、合浦（以上四郡相當於今廣東、廣西）、交趾、九真、日南（以上三郡在今越南）、珠厓、儋耳（以上二郡在今海南省）。參見《史記・南越尉佗列傳》和《漢書》的《武帝紀》《西南夷兩粤朝鮮傳・南粤傳》。

〔12〕汪繼培曰：“太初四年。”〇覺按：大宛：西域國名，在今新疆西部境外吉爾吉斯斯坦南部與烏兹别克斯坦東北部一帶，國都貴山城，即今烏兹别克斯坦塔什干東南之卡散賽。其北爲康居國，西南鄰大月氏。盛産名馬、葡萄酒。漢武帝聽説大宛有好馬藏在貳師城（今吉爾吉斯斯坦南部的馬爾哈馬特），就派使者用金馬去换取，其國王毋寡不肯給馬而殺使者，武帝大怒。太初元年（公元前 104 年），以李廣利爲貳師將軍，擊大宛。太初四年（公元前 101 年）春，漢兵到宛城，其貴族恐懼，殺其王毋寡而獻好馬，武帝喜，作《西極天馬之歌》。見《漢書》之《武帝紀》《張騫李廣利傳》《西域傳・大宛國傳》。西漢神爵二年（公元前 60 年）後大宛國屬西域都護府。

〔13〕汪繼培曰：“宣十二年《左傳》：‘潘党曰：“君盍築武軍？”’杜注：‘築軍營以章武功。’《後漢書・隗囂傳・討王莽檄》云：‘有不從命，武軍平之。’”〇覺按：汪説非。此文“武軍”當指勇武的軍隊，而不是指顯揚武功的軍營（古代戰爭，勝者堆積敵屍封土爲壘以彰武功叫“武軍”，所以稱“築”）。

〔14〕汪繼培曰：“《漢書・武五子傳・贊》云：‘師行三十年，兵所誅屠夷滅，死者不可勝數。’《梅福傳》云：‘至於夷滅。’顔師古注：‘夷，平也，謂平除之也。’”

〔15〕汪繼培曰：“《史記・文帝紀》後二年詔曰：‘封畿之内，勤勞不處。’”〇覺按：

封畿（jī 機）：邦畿，皇帝都城周圍由京城直轄的地區。

〔16〕汪繼培曰："疑'病'。"〇覺按：汪説是。

〔17〕汪繼培曰："《鹽鐵論·誅秦篇》云：'中國與邊境，猶支體與腹心也。夫肌膚寒於外，腹腸疾於内，内外之相勞，非相爲助也，唇亡則齒寒，支體傷而心憯怛。故無手足則支體廢，無邊境則内國害。'按'唇亡齒寒'本僖五年《左傳》。"

〔18〕汪繼培曰："《燕策》云：'在必然之物，以成所欲，王何疑焉？'"

〔19〕汪繼培曰："《易·繫辭下傳》。'機'王弼本作'幾'。"〇覺按：機：通"幾"（jī 機），隱微，不明顯，特指事情的苗頭或預兆。《周易·繫辭下》："君子見幾而作。"此文用其義。

22.6

乃者●邊害〔1〕，震如雷霆，赫如日月●〔2〕，而談者皆諱之，曰："猋并竊盗●【1】〔3〕。"淺淺善靖，俾君子怠●〔4〕，欲令朝廷以寇爲小而不蚤憂，害乃至此，尚不欲救。諺曰●【2】〔5〕："痛不著身，言忍之；錢不出家，言與之。"假使公卿子弟有被羌禍朝夕切急如邊民者〔6〕，則競言當誅羌矣。

【校記】

【1】曰猋：陳本同，仿宋本、馮本、魁本、程本、四庫本、邵本作"日猋"。

【2】諺：《太平御覽》卷八百三十六引文、陳本同，仿宋本、馮本、魁本、程本、四庫本、邵本無"諺"字。

【箋注】

〔1〕汪繼培曰："《漢書·曹參傳》顔師古注云：'乃者，猶言"曩者"。'"

〔2〕汪繼培曰："《詩·常武》云：'震驚徐方，如雷如霆。'《後漢書·范升傳》升奏記王邑云：'今天下之事，昭昭於日月，震震於雷霆。'"

〔3〕汪繼培曰："'猋'舊作'猋'。按《説文》云：'猋，犬走貌，从三犬。''猋并竊盗'猶《史記·叔孫通傳》云'鼠竊狗盗'也。王先生云：'"猋并"當是"犬羊"之誤。《漢書·王莽傳》嚴尤云："饑寒，羣盗犬羊相聚也。"《後漢紀》安帝永初四年："虞詡遷朝歌長，時朝歌多盗賊，馬稜憂之。"詡曰："此賊犬羊相聚，以求温飽耳。明府無以爲憂。"'"〇覺按：此當從汪説。猋（biāo 標）：狗奔跑的樣子，引申指流竄。并：吞併，引申指掠奪。

〔4〕汪繼培曰："《書·秦誓》云：'惟截截善諞（覺按：陳本作"編"，此據汪稿）言，俾君子易辭。'文十二年《公羊傳》作：'惟諓諓善竫（覺按：汪稿作"諍"，當爲"竫"字之誤，《十三經注疏》作"竫"）言，▲俾君子易怠。'《楚辭·九歎·愍命篇》王逸章句作'諓諓靖言'，'靖'與此合。《漢書·李尋傳》云：'秦穆公説諓諓之言。'《鹽鐵論·國病篇》亦云：'諓諓者賊也。'《論誹篇》又云：'疾小人淺淺面從。'▲'淺淺'與此合。按《莊子·在宥篇》'而佞人之心翦翦者'，《釋文》引李頤注云：'剪剪（覺按：當作"翦翦"，下同），淺短貌。'▲《儀禮·既夕禮》'緇剪有幅'注云：'今文"剪"作"淺"。'是'剪剪''淺

淺’並與‘諓諓’通也。‘俾君子怠’亦見《史記·三王世家》齊王策文。”〇覺按：淺淺：通“諓諓”（jiànjiàn 賤賤），見識淺薄而又巧言善辯的樣子。靖：通“竫”（jìng 靖）。《公羊傳·文公十二年》“惟諓諓善竫言”何休注：“竫，猶撰也。”編集的意思。君子：對統治者的通稱，此當指皇帝，參見16.13注〔1〕。

〔5〕汪繼培曰：“‘諺’字舊脱，据《御覽》八百卌六補。”

〔6〕公卿：見14.3注〔3〕。

22.7

今苟以己無慘怛寃痛●〔1〕，故端坐相仍●〔2〕，又不明脩守禦之備●【1】〔3〕，陶陶閒澹●【2】〔4〕，卧委天聽●【3】〔5〕。羌獨往來●〔6〕，深入多殺●〔7〕，己乃陸陸●〔8〕，相將詣闕，諧辭禮謝●〔9〕，退云狀●〔10〕。會坐朝堂●〔11〕，則無憂國哀民懇惻之誠●〔12〕，苟轉相顧望，莫肯違止●〔13〕，日晏時移，議無所定●〔14〕，己且須後●〔15〕。後得小安●【4】〔16〕，則恬然棄忘。旬時之間【5】〔17〕，虜復爲害，軍書交馳，羽檄狎至●〔18〕，乃復怔忪如前●〔19〕。若此以來，出入九載。“庶曰式臧，覆出爲惡●〔20〕”，佪佪潰潰●〔21〕，當何終極？《春秋》譏“鄭棄其師”●〔22〕，況棄人乎？一人吁嗟，王道爲虧●〔23〕，況百萬之衆叫號哭泣●【6】〔24〕、感天心乎【7】〔25〕？

【校記】

【1】脩：仿宋本、馮本、魁本、程本同，何本、四庫本、邵本、陳本作“修”。守：陳本同，仿宋本、馮本、魁本、程本、四庫本、邵本無“守”字。

【2】閒：何本、四庫本、邵本、陳本同，仿宋本、馮本、魁本、程本作“間”。

【3】聽：邵本同，仿宋本、馮本作“聽”，魁本作“■”，程本、四庫本作“聽”，陳本作“□”。

【4】後：仿宋本、馮本、魁本、陳本同，程本、四庫本、邵本作“少”。

【5】間：抄補本、馮本、四庫本同，仿宋本、魁本、程本、陳本作“閒”，何本、邵本作“閑”。

【6】叫：陳本同，仿宋本、馮本、魁本、程本、四庫本、邵本無“叫”字。

【7】感：仿宋本、魁本、程本、四庫本、邵本、陳本同，抄補本、馮本作“咸”。

【箋注】

〔1〕汪繼培曰：“《漢書·元帝紀》初元二年詔曰：‘慘怛於心。’顏師古注：‘慘，痛也；怛，悼也。’”〇覺按：本句的主語是上文所説的“公卿”。怛（dá 達）：痛苦，憂傷。寃：通“怨”，怨恨。寃痛：即24.3之“怨痛”。

〔2〕汪繼培曰：“《鹽鐵論·禁耕篇》云：‘端坐而民豪。’按‘端坐’猶言‘安坐’也。《吴志·虞翻傳》孫策云：‘端坐悒悒。’《諸葛恪傳》云：‘端坐使老。’《晉書·東海王越傳》

云：'端坐京輦，以失據會。'"○覺按：仍：因襲，依舊。相仍：遞相因襲，即依舊如故的意思。

〔3〕汪繼培曰："舊脱'守'字，据《邊議篇》補。《六韜·王翼篇》云：'修溝塹，治壁壘，以備守禦。'《齊語》云：'小國諸侯，有守禦之備。'《史記·秦本紀》云：'鄭君謹修守禦備。'"

〔4〕汪繼培曰："《詩·君子陽陽》毛傳云：'陶陶，和樂貌。'"○覺按：澹（dàn 旦）：安静。

〔5〕陳本"聽"作"□"，汪繼培曰："程本作'聽'，疑非。"○王紹蘭曰："據上文偁'咸云當且放縱，以待天時'，《邊議篇》亦偁'尚云不當救助，且待天時'，此空格當是'時'字。"○覺按：據汪校，則其所用底本當爲魁本之底本。《韓非子·解老》："聰明睿智，天也；動静思慮，人也。人也者，乘於天明以視，寄於天聰以聽。""天聽"等於《韓非子》所説的"天聰"，指天生的聽力。"卧委天聽"指整天躺着不聞不問。汪、王之説非。

〔6〕汪繼培曰："《六韜·兵道篇》云：'凡兵之道，莫過乎一。一者，能獨往獨來。'"

〔7〕汪繼培曰："《史記·吴王濞傳》云：'擊反虜者，深入多殺爲功。'"

〔8〕汪繼培曰："《後漢書·馬援傳》云：'今更共陸陸。'章懷注：'陸陸，猶"碌碌"也。'按《莊子·漁父篇》：'禄禄而受變於俗。'《史記·平原君傳》：'公等録録。'《漢書·蕭何曹參傳·贊》'當時録録'顔師古注：'"録録"猶"鹿鹿"。'《説文》云：'逯，行謹逯逯也。娽，隨從也。'陸陸、碌碌、禄禄、録録、鹿鹿、逯逯、娽娽，並通。"○覺按："碌碌"是平庸無能的意思，形容表面上忙碌而實際上毫無成效的樣子。

〔9〕汪繼培曰："▲《漢書·淮南厲王傳》：'馳詣闕下，肉袒而謝。'《後漢書·安帝紀》永初三年，'三月，京師大飢，民相食。壬辰，公卿詣闕謝'。《後漢書·張酺傳》云：'會復共謝闕下。'《後漢書·橋玄傳》云：'詣闕謝罪。'"○覺按：相將：相隨，一同。詣（yì 義）：到。諧：和諧，融洽，形容一團和氣、十分投機而没有争執。辭：講話。

〔10〕汪繼培曰："'狀'上當脱'無'字。'無狀'注見《斷訟篇》。"○覺按：汪説是。"無狀"見 17.2.2 注〔19〕。退：指從朝廷退到朝堂。

〔11〕汪繼培曰："《周禮·考工記·匠人》'外有九室'鄭注：'如今朝堂，諸曹治事處。'疏云：'鄭據漢法，謂正朝之左右爲廬舍者也。'按後漢時，國家有大事，皆於朝堂會議。《後漢書·鄧騭傳》云：'其有大議，乃詣朝堂，與公卿參謀。'《袁安傳》云：'武威太守孟雲上書："北虜既已和親，而南部復往抄掠，北單于謂漢欺之，謀欲犯邊，宜還其生口以安慰之。"詔百官議朝堂。'又云：'竇太后兄車騎將軍憲北擊匈奴，安與太尉宋由、司空任隗及九卿詣朝堂上書諫。'《班超》後《勇傳》：'曹宗請擊匈奴，鄧太后召勇詣朝堂會議。'《應奉》後《劭傳》：'中平二年，漢陽賊東侵三輔，皇甫嵩討之，請發烏桓三千人。北軍中候鄒靖上言："烏桓衆弱，宜開募鮮卑。"事下四府。大將軍掾韓卓與劭相難反覆。於是詔百官大會朝堂。'《陳球傳》：'竇太后將葬。曹節等欲别葬太后，而以馮貴人配祔。詔公卿大會朝堂，令中常侍趙忠監議。'《盧植傳》：'董卓大會百官於朝堂，議欲廢立。'《鮮卑傳》：'熹平六年，鮮卑寇三邊，夏育請徵幽州諸郡兵出塞擊之。大臣多有不同，乃召百官議朝堂。'皆其事也。▲又《明帝紀》永平十七年，'公卿百官以帝威德懷遠，祥物顯應，乃並集朝堂，奉觴上壽。'《第五倫傳》云：'步朝堂無擇言之闕。'《朱暉傳》云：'坐朝堂。'《黄瓊傳》云：'争議朝堂，莫能抗奪。'《張酺傳》云：'以事與司隸校尉晏稱會於朝堂。'《竇武傳》云：'太傅陳蕃共會朝堂。'《論衡·程材篇》云：'文吏譁于朝堂。'又《實知篇》云：'從閭巷論朝堂。'"○覺按：朝堂：漢代正朝左右百官處理政事的廳堂。國家有大事，都

在朝堂合議。

〔12〕汪繼培曰:“《漢書·傅喜傳》云:‘忠誠憂國。’按漢時每以不憂國責大臣。《成帝紀》永始四年詔曰:‘公卿列侯、親屬近臣,四方所則,未聞修身遵禮、同心憂國者也。’《孔光傳》策免光云:‘今相朕出入三年,憂國之風復無聞焉。’《朱博傳》奏封事言:‘丞相光志在自守,不能憂國。’蓋詔奏之文相沿如此。”

〔13〕汪繼培曰:“‘顧望’注見《述赦篇》。‘止’當作‘正’。《後漢書·郅惲》後《壽傳》云:‘違衆正議,以安宗廟。’《皇甫規傳》云:‘互相瞻顧,莫肯正言。’皆此意。《獨斷》云:‘其有疑事,公卿百官會議。若臺閣有所正處,而獨執異意者,曰駁議。駁議曰:某官某甲議以爲如是,下言臣愚戇,議異。’‘違正’即‘駁議’也。”〇覺按:汪説非,因爲“違正”連言,並非“違衆正議”之意,而是違背正道的意思,如《後漢書·黨錮列傳》:“舉中於理,則強梁褫氣;片言違正,則廝臺解情。”《後漢書·鄭孔荀列傳·論》:“察其定舉措,立言策,崇明王略,以急國艱,豈云因亂假義,以就違正之謀乎?”此文“違止”連言,義當相近,即違背阻止的意思。

〔14〕汪繼培曰:“《漢書·龔勝傳》云:‘日暮,議者罷。’”

〔15〕汪繼培曰:“《禮記·學記》云:‘雖舍之可也。’鄭注:‘舍之,須後。’《漢書·食貨志》:‘詔書且須後。’《後漢書·循吏·衛颯傳》:‘須後詔書。’顔師古、章懷注並云:‘須,待也。’”〇覺按:《韓非子·解老》:“議於大庭而後言則立。”在大庭上議論事情,先發言的人争議後,事情的性質逐漸明確,所以後發言的人便容易作出正確的決斷而使自己的意見站住脚。因此,老成的謀士往往等到最後發言。須:通“嬃”。《説文·立部》:“嬃,待也。”

〔16〕汪繼培曰:“《詩·民勞》云:‘汔可小安。’”

〔17〕旬時:等於説“旬日”,十天。

〔18〕汪繼培曰:“《漢書·息夫躬傳》云:‘軍書交馳而輻湊,羽檄重迹而押至。’文穎曰:‘押,音狎習之“狎”。’《文選》陸倕《石闕銘》李善注引作‘狎’。襄廿七年《左傳》云:‘晉、楚狎主諸侯之盟。’杜注:‘狎,更也。’”〇覺按:檄(xí 習):古代用來徵召、聲討的官方文書,用木簡製成,長一尺二寸。若有急事,則插上羽毛,稱爲羽檄,表示要像飛鳥一樣飛速傳送。狎(xiá 俠):更迭,交替。

〔19〕汪繼培曰:“《方言》云:‘征伀,遑遽也。江、浙之間,凡窘猝怖遽謂之征伀。’‘怔忪’與‘征伀’同。《玉篇》云:‘怔忪,懼貌。’”〇覺按:怔忪(zhēngzhōng 征中):雙聲聯緜詞,又作“征伀”或“征彸”,惶恐驚懼的樣子。

〔20〕汪繼培曰:“《詩·雨無正》。”〇覺按:庶:希望,但願。曰:語助詞。式:用。臧:善,指賢人。式臧:與22.5“任賢”相應。

〔21〕汪繼培曰:“《爾雅·釋訓》云:‘儚儚、洄洄,惛也。’《釋文》:‘“洄洄”本作“襢襢”。’按《玉篇》作‘佪佪’,與此合。《説文·衣部》又引‘襢襢潰潰’。《説文》無‘襀’字,當依此作‘潰’。今《爾雅》無‘潰潰’,蓋脱佚也。”〇覺按:佪佪(huíhuí 回回):猶言“渾渾”(“佪”“渾”一音之轉),混沌糊塗的樣子。潰潰:通“憒憒”(kuìkuì 潰潰),昏亂的樣子。

〔22〕汪繼培曰:“閔二年。”〇覺按:《春秋》:見1.2注〔21〕。譏:非難,指責。鄭棄其師:語見《春秋·閔公二年》。據《左傳》《公羊傳》《穀梁傳》,魯閔公二年(公元前660年),鄭文公憎惡高克,便派他率領軍隊駐紮在黄河南岸防備敵人而久久不把他召回。高克知道這是鄭文公憎惡自己,於是就出奔陳國,他的軍隊則潰散而歸。鄭文公憎惡將帥

而要驅逐他，同時連軍隊也不要了，這實在有違禮法，所以《春秋》不書鄭文公“惡其將”，而書鄭文公“棄其師”，以此來指責鄭文公的過錯。

〔23〕汪繼培曰：“《後漢書·魯恭傳》云：‘一夫吁嗟，王道爲虧。’《鮑永》後《昱傳》云：‘一人呼嗟，王政爲虧。’蓋當時成語也。《小爾雅·廣訓》云：‘吁嗟，嗚呼也。有所歎美，有所傷痛，隨事有義也。’此即傷痛之義矣。”〇覺按：吁嗟（xūjiē 虛皆）：歎息，表示悲哀怨恨。王道：王者之道，古代成就了帝王大業的聖王的治國原則。儒家以仁義德化爲王道。

〔24〕汪繼培曰：“‘叫’舊脱，据《實邊篇》補。《詩·北山》云：‘或不知叫號。’”

〔25〕感天心：參見9.1。

22.8

且夫國以民爲基，貴以賤爲本●〔1〕。是以聖王養民，愛之如子●〔2〕，憂之如家●〔3〕，危者安之，亡者存之●〔4〕，救其災患，除其禍亂●〔5〕。是故鬼方之伐●〔6〕，非好武也●〔7〕，玁狁于攘●【1】〔8〕，非貪土也●〔9〕，以振民育德●〔10〕，安疆宇也●【2】〔11〕。古者，天子守在四夷●〔12〕，自彼氐、羌【3】〔13〕，莫不來享●〔14〕，普天思服，行葦賴德●〔15〕。況近我民蒙禍若此，可無救乎？

【校記】

【1】于攘：仿宋本、魁本、邵本、汪稿同，程本、抄補本作“于攁”，馮本作“于欀”，四庫本作“于襄”，陳本作“於攘”。

【2】疆：仿宋本、魁本、程本、何本、四庫本、邵本、陳本同，馮本作“彊”。

【3】氐：四庫本、陳本同，仿宋本、馮本、魁本、程本、何本、邵本作“互”。

【箋注】

〔1〕汪繼培曰：“《淮南子·泰族訓》云：‘國主之有民也，猶城之有基。’《老子》云：‘貴以賤爲本，高以下爲基。’《新書·大政上篇》云：‘聞之於政也，民無不以爲本也，國以爲本，君以爲本，吏以爲本。故國以民爲安危，君以民爲威侮，吏以民爲貴賤，此之謂民無不爲本也。’”

〔2〕汪繼培曰：“襄十四年《左傳》：‘師曠曰：“養民如子。”’《新序·雜事一》‘養’作‘愛’。《説苑·政理篇》：‘太公曰：“善爲國者，遇民如父母之愛子。”’”

〔3〕汪繼培曰：“《漢書·翟方進傳》云：‘憂國如家。’”

〔4〕汪繼培曰：“《趙策》：‘張孟談曰：“亡不能存，危不能安，則無爲貴知士也。”’”

〔5〕汪繼培曰：“襄十一年《左傳》云：‘救災患，恤禍亂。’廿八年《傳》云：‘救其菑患。’”

〔6〕汪繼培曰：“《易·既濟·九三》：‘高宗伐鬼方。’”〇覺按：鬼方：我國殷代北方少數民族名，秦、漢時稱匈奴，參見4.6注〔17〕。至於其當時所在的具體地域，舊説不一。有人認爲在今山西省、河北省之北及內蒙古自治區一帶。有人認爲在岐周之西，汧、隴之間，即今陝西省岐山縣之西，千河、隴山一帶。之：構成賓語前置句式的結構助詞。

鬼方之伐：即“伐鬼方”。據《竹書紀年》卷上及《周易·既濟·九三》的記載，殷高宗武丁三十二年（公元前1219年），討伐鬼方。三十四年（公元前1217年），攻克鬼方。

〔7〕汪繼培曰：“《周語》祭公謀父曰：‘是先王非務武也。’”

〔8〕汪繼培曰：“《詩·出車》，‘攘’作‘襄’。《釋文》：‘襄，本或作“攘”。’《後漢書·蔡邕傳·釋誨》云：‘玁狁攘而吉甫宴。’《邕集·難夏育擊鮮卑》云：‘周宣王命南仲、吉甫攘玁狁，威荆蠻。’”〇覺按：玁狁（xiǎnyǔn 顯允）：我國古代西北方部族名，又寫作“獫狁”“葷粥”“獯鬻”“薰育”等。有人認爲即匈奴之别稱，見4.6注〔17〕、23.4注〔2〕。西周時其活動區域可能在今甘肅省環縣一帶，參見34.1.4注〔11〕。于：猶“之”或“是”，是構成賓語前置句式的結構助詞。玁狁于攘：即“攘玁狁”。周宣王在位時（公元前827～公元前782年），曾屢次與玁狁作戰，《詩經·小雅》的《采薇》《出車》《六月》《采芑》及兮甲盤銘文、不嬰簋銘文等均記有周與玁狁交戰之事。參見17.1.2注〔5〕。

〔9〕汪繼培曰：“《淮南子·兵畧訓》云：‘古之用兵者，非利土壤之廣而貪金玉之畧，將以存亡繼絶，平天下之亂，而除萬民之害也。’”

〔10〕汪繼培曰：“《易·蠱·象詞》。”

〔11〕汪繼培曰：“《後漢書·馮衍傳》云：‘安其疆宇。’”〇覺按：宇：原義爲屋簷，引申指四周國界，國土，國家。

〔12〕汪繼培曰：“昭廿三年《左傳》沈尹戌語。▲《淮南子·泰族訓》云：‘天子得道，守在四夷。’亦見《文子·下德篇》。”〇覺按：四夷：對東夷、西戎、南蠻、北狄的統稱，是古人對中原華夏族以外各族的蔑稱。守在四夷：指國外四方都受到聖王的德化而歸服，從而爲聖王防守。

〔13〕氐（dī 低）：我國商代西部的一個氐族，活動於今嘉陵江上游一帶。

〔14〕汪繼培曰：“《詩·殷武》。”〇覺按：這兩句原是古人用來歌頌商湯的。《詩經·商頌·殷武》：“昔有成湯，自彼氐羌，莫敢不來享，莫敢不來王。”享：獻。

〔15〕汪繼培曰：“《詩·北山》云：‘普天之下。’《文王有聲》云：‘無思不服。’‘行葦’義見下篇。”〇覺按：“普天思服”原是古人用來歌頌周武王的。《詩經·大雅·文王有聲》：“自西自東，自南自北，無思不服。”思：語助詞。行（háng 杭）：路。行葦：生在路旁的蘆葦。賴：蒙受，得到。行葦賴德：這原是用來歌頌周部族祖先公劉的。《詩經·大雅·行葦》：“敦彼行葦，牛羊勿踐履。”《文選》卷第九載班彪《北征賦》：“慕公劉之遺德，及行葦之不傷。”《吴越春秋·吴太伯傳》：“公劉慈仁，行不履生草，運車以避葭葦。”參見33.2。

22.9

凡民之所以奉事上者，懷義恩也。痛則無恥，禍則不仁●【1】〔1〕。忿戾怨懟〔2〕，生於無恥。今羌叛久矣【2】！傷害多矣！百姓急矣！憂禍深矣！上下相從，未見休時。不一命大將以掃醜虜●〔3〕，而州稍稍興役●〔4〕，連連不已●〔5〕，若排糠障風【3】，探沙擁河●【4】〔6〕，無所能禦，徒自盡爾●〔7〕。今數州屯兵十餘萬人●【5】〔8〕，皆廪食縣官●〔9〕，歲數百萬斛〔10〕，又有月直●〔11〕，但此人耗，不可勝供●〔12〕，而反憚暫出之費，甚非計也。

【校記】

【1】禍：程本、四庫本、邵本、陳本同，仿宋本、馮本、魁本作“福”。

【2】羌：仿宋本、馮本、魁本、陳本同，程本、邵本作“羗”，四庫本作“寇”。

【3】糠：仿宋本、馮本、魁本作“椳”，程本、四庫本、邵本作“摅”，《意林》引文、陳本作“簾”，據《太平御覽》卷八百五十四引文改。

【4】擁：《意林》引文、陳本同，仿宋本、魁本、程本、四庫本、邵本作“灌”，馮本作“灌”。

【5】十：程本、四庫本、邵本、陳本同，仿宋本、馮本、魁本作“才”。

【箋注】

〔1〕汪繼培曰：“‘禍’舊作‘福’，据程本改。”

〔2〕忿戾（lì 立）：火氣大而蠻横不講理。怨懟（duì 對）：怨恨。

〔3〕汪繼培曰：“《詩·常武》云：‘仍執醜虜。’《漢書·黥布傳》云：‘埽淮南之衆。’顔師古注：‘埽者謂盡舉之，如埽地之爲。’‘掃’與‘埽’同。▲《王莽傳》云：‘迫措前隊醜虜。’”〇覺按：醜：《詩經·大雅·常武》“仍執醜虜”鄭玄箋：“醜，衆也。”

〔4〕汪繼培曰：“《意林》‘州’下有‘縣’字。按本書皆以‘州郡’連言，此亦當作‘州郡’。《漢書·西南夷傳》云：‘州郡擊之不能服。’”〇覺按：“州”下有“縣”字固誤，但也不當有“郡”字，下云“今數州屯兵十餘萬人”，單言“州”而不連言“州郡”可證。州：見16.2注〔26〕。役：《國語·晋語一》“棄政而役”韋昭注：“役，服戎役也。”《意林》及《太平御覽》卷八百五十四引文作“兵”，蓋不明其義而改。

〔5〕汪繼培曰：“《詩·皇矣》云：‘執訊連連。’《漢書·東方朔傳》云：‘綿綿連連，殆哉！世之不絶也。’”

〔6〕陳本“糠”作“簾”，汪繼培曰：“‘簾’舊作‘椳’，‘擁’舊作‘灌’，並据《意林》改。《御覽》九‘簾’作‘翣’。‘翣’與‘箑’通，扇也。八百五十四‘簾’又作‘糠’，‘探’作‘陶’。按‘陶’當作‘掏’，《一切經音義》七引《通俗文》云：‘捾出曰掏。’‘探’‘掏’義同。”〇覺按：“椳”當爲“糠”之形訛，今據《太平御覽》卷八百五十四引文改。探：掏。擁：通“壅”（《太平御覽》卷九引作“擁”，卷八百五十四引作“壅”），堵塞、阻塞的意思。

〔7〕汪繼培曰：“《意林》作‘無益於事，徒自獘耳’。”

〔8〕汪繼培曰：“哀元年《左傳》云：‘夫屯晝夜九日。’杜注：‘“夫”猶“兵”也。’疏云：‘屯是戍守之名，故《詩序》云：“屯戍於母家。”’‘十’舊作‘才’，据程本改。《後漢書·西羌傳》虞詡説任尚云：‘三州屯兵二十餘萬人，棄農桑，疲苦徭役，而未有功効，勞費日滋。’”〇覺按：屯：聚集，駐紮。

〔9〕汪繼培曰：“《急就篇》云：‘稟食縣官帶金銀。’顔師古注：‘稟食縣官，官給其食也。’《漢書·地理志》顔注：‘稟，給也。’‘廩’與‘稟’同。《後漢書·南蠻傳》李固云：‘計人稟五升。’章懷注：‘古升小，故人日五升也。’”〇覺按：廩（lǐn 凜）食：官方供給糧食。縣官：朝廷，國家（參見19.6注〔9〕）。

〔10〕斛（hú 胡）：古容量單位，十斗爲一斛。如果官方供給每人每日五升，則十餘萬人每日要五萬餘斗，一年要一百八十多萬斛。

〔11〕汪繼培曰："《後漢書·陳寵》後《忠傳》注引謝承書云：'施延到吴郡海鹽，取卒月直，賃作半路亭父以養其母。'"○覺按：月直：每月的薪俸。

〔12〕汪繼培曰："'耗'猶'費'也。《漢書·西南夷傳》都尉萬年曰：'兵久不決，費不可共。'顏師古注：'共，讀曰"供"。'"

22.10

且●夫危者易傾【1】〔1〕，疑者易化。今虜新擅邊地，未敢自安，易震蕩也●〔2〕。百姓新離舊壤●【2】〔3〕，思慕未衰●〔4〕，易將厲也●【3】〔5〕。誠宜因此遣大將誅討迫脅離逖破壞之●〔6〕。如寬假日月●〔7〕、蓄積富貴【4】、各懷安固之後，則難動矣。《周書》曰〔8〕："凡彼聖人必趨時●〔9〕。"是故戰守之策，不可不早定也●〔10〕。

【校記】

【1】且：四庫本、陳本同，仿宋本、馮本、魁本、程本、邵本作"是"。

【2】壤：陳本同，仿宋本、馮本、魁本、程本、四庫本作"懷"，邵本作"懷"。

【3】將：仿宋本、馮本、魁本、程本、何本、四庫本、邵本同，陳本作"獎"。

【4】貴：仿宋本、馮本、魁本、程本、邵本、陳本同，四庫本作"實"。

【箋注】

〔1〕汪繼培曰："舊作'是'。"○覺按："危"與下文"安"相對，用作意動詞。

〔2〕汪繼培曰："襄廿六年《左傳》：'析公曰："楚師輕窕，易震盪也。"'"○覺按：震：《爾雅·釋詁下》："戰、慄、震、驚、戁、竦、恐、慴，懼也。"蕩：震動不安，動摇。

〔3〕汪繼培曰："舊作'懷'。"

〔4〕汪繼培曰："《漢書·元帝紀》永光四年詔曰：'頃者，徙郡國民以奉園陵，令百姓遠棄先祖墳墓，破業失産，親戚别離，人懷思慕之心，家有不安之意。'"

〔5〕汪繼培曰："'獎'舊作'將'。按《説文》云：'將，嗾犬厲之也。'經典多作'獎'。《漢書·哀帝紀》云：'獎厲太子。'《逸周書·和寤解》云：'王乃厲翼於尹氏八士。'孔晁注：'厲，獎厲也。'"○覺按：將厲：通"獎勵"，勸勉鼓勵。

〔6〕汪繼培曰："《書·多方》云：'離逖爾土。'《漢書·趙充國傳》云：'虜破壞，可日月冀。'▲《王莽傳》云：'反虜破壞。'"○覺按：逖（tì惕）：遠。離逖：使離得遠。

〔7〕汪繼培曰："《史記·封禪書》：'公孫卿曰："非少寬假，神不來。"'"○覺按：寬假：寬大，寬容。

〔8〕《周書》：習稱《逸周書》，是周朝的史書，記載周時的誥誓號令。《漢書·藝文志》於"六藝略·書家"著録《周書》七十一篇，今本已有殘缺。清代朱右曾的《逸周書集訓校釋》可供參閲。

〔9〕汪繼培曰："《周祝解》。'凡'作'觀'，'趨'作'趣'。"○彭鐸曰："《周書》云：'凡彼濟者必不怠，觀彼聖人必趣時。'此作'凡彼聖人'者，因上句而誤記耳。'趨''趣'古字通。"○覺按：此二字或王符引書時有意刪改而成文，非誤記。

〔10〕汪繼培曰："《漢書·高帝紀》：'韓信曰："吏卒皆山東之人，日夜企而望歸，及

其鋒而用之，可以有大功。天下已定，民皆自寧，不可復用。不如決策東向。”’此文意與彼同。”

邊議第二十三

【提要】

邊議：關於邊境的議論。文章主要勸皇帝體恤民衆疾苦，援救邊境，而不要被臣下的私議所迷惑。

文章指出，聖明的君主“明於禍福之實”，“察於治亂之情”，所以不會被“虛論”“華餝”所惑，不會聽從“浮游之説”，而是“先盡人情”，“委夫良將”，“脩己之備，無恃於人”，因而“能攻必勝敵，而守必自全”。現在回顧“羌始反時”，“甚易破也”，衹是因爲太守縣令等不敢抗擊，纔使他們得逞，而公卿大臣還説不當興兵救助，這實在是不仁不智的主張。“國以民爲基”，民衆處於危險的境地，國家怎能安全？所以皇上應該體恤人民的疾苦，援救邊境。衹有邊境安寧了，國内纔能安寧。再説，皇帝擁有國家，要傳給子孫萬代，所以必須從長計議。至於羣臣，不過是依靠某一個職位謀生而已，所以他們的想法會與君主不同，他們往往衹考慮眼前的私利，把有利於個人利益的意見作爲國策。因此，君主應該仔細考察他們的主張，獨立地作出決斷，而不能聽信公卿的權宜之計，不能因爲怕煩勞民衆而使民衆遭受“滅亡之大禍”。

據《後漢書·孝安帝紀》，羌人反叛在永初元年（公元107年）。本文説羌人爲害“已積十歲矣”，可知該文寫於元初三年（公元116年）。

23.1

明於禍福之實者，不可以虛論惑也；察於治亂之情者，不可以華餝移也●【1】〔1〕。是故不疑之事，聖人不謀●〔2〕；浮游之説，聖人不聽●〔3〕。何者？計不背見實而更争言也●【2】〔4〕。是以明君先盡人情〔5〕，不獨委夫良將；脩己之備【3】，無恃於人●〔6〕。故能攻必勝敵，而守必自全也。

【校記】

【1】餝移：仿宋本、馮本、魁本同，程本、邵本作“餙移”，四庫本作“飾侈”，陳本作“飾移”。

【2】見：仿宋本、魁本、程本、四庫本、邵本、陳本同，馮本作“是”。

【3】脩：仿宋本、馮本、魁本、程本同，何本、四庫本、邵本、陳本作“修”。

【箋注】

〔1〕汪繼培曰：“《韓非子·姦刼弑臣篇》云：‘聖人者，審於是非之實，察於治亂之情也。’”〇覺按：餝：同“飾”。華餝：指華麗虚飾之詞。

〔2〕汪繼培曰：“《韓非子·内儲説上》：‘惠子曰：“凡謀者，疑也。疑也者，誠疑，以爲可者半，以爲不可者半。”’”

〔3〕汪繼培曰：“《禮記·緇衣》云：‘大人不倡游言。’鄭注：‘游，猶“浮”也，不可用之言也。’《漢書·韓安國傳》云：‘誅邪臣浮説。’《史記·蘇秦傳》云：‘明主絶疑去讒，屏流言之迹。’”

〔4〕汪繼培曰：“《詩·小旻》云：‘維邇言是争。’《漢書·灌夫傳》韓安國云：‘譬如賈豎女子争言，何其無大體也！’”〇覺按：計：盤算，考慮。争：辯論。

〔5〕人：别人，指敵方。下“人”字與此同。

〔6〕汪繼培曰：“《孫子·九變篇》云：‘用兵之法，無恃其不來，恃吾有以待之；無恃其不攻，恃吾有所不可攻也。’”

23.2

羌始反時，計謀未善，黨與未成，人衆未合，兵器未備，或持竹木枝，或空手相附●〔1〕，草食散亂●〔2〕，未有都督●〔3〕，甚易破也，然太守、令、長〔4〕，皆奴怯畏偄不敢擊●〔5〕，故令虜遂乘勝上彊●【1】〔6〕，破州滅郡，日長炎炎●【2】〔7〕，殘破三輔〔8〕，覃及鬼方●〔9〕。若此已積十歲矣。百姓被害，訖今不止【3】，而癡兒騃子●〔10〕，尚云不當救助，且待天時，用意若此，豈人也哉●〔11〕？

【校記】

【1】彊：仿宋本、馮本、魁本、何本、邵本、陳本同，程本、四庫本作“疆”。

【2】炎炎：仿宋本、馮本、魁本、程本、四庫本、邵本同，陳本作“㷋㷋”。

【3】訖：仿宋本、馮本、魁本同，程本、四庫本、邵本、陳本作“迄”。

【箋注】

〔1〕汪繼培曰：“王先生云：‘“附”疑“搏”。’”〇彭鐸曰：“‘附’疑當作‘拊’。”〇覺按：王、彭之説非，因爲空手搏擊或拍打與“反”字不合。此“附”應解爲依附、歸附。

〔2〕汪繼培曰：“‘草食’疑當爲‘草舍’。《後漢書·馮異傳》云：‘王郎起，光武自薊東南馳，晨夜草舍。’”〇俞樾曰：“此説非也。‘草食’當爲‘草創’。‘創’字缺其半，因誤爲‘食’耳。《實邊篇》云：‘前羌始叛，草創新起。’是其明證。”〇覺按：俞説是。“草創”見21.7注〔6〕。

〔3〕汪繼培曰：“《漢書·敍傳》敍《西域傳》云：‘昭、宣承業，都護是立，總督城郭，三十有六。’‘都督’即謂都護總督也。《魏志·夏侯惇傳》云：‘使惇都督二十六軍，留居巢。’其後遂以名官。”〇覺按：都督：統領督察，總管。此文不是官名。魏文帝黄初三年

（公元222年）纔置都督之官。

〔4〕太守令長：見7.3注〔7〕。

〔5〕汪繼培曰："奴，讀爲'駑'。《漢書·蘇建》後《武傳》：'李陵曰："陵雖駑怯。"'亦見《霍光諸葛豐傳》。《武帝紀》：'天漢三年，匈奴入雁門，太守坐畏愞棄市。'《閩粵王傳》云：'東粵王餘善發兵距漢，漢使大司農張成、故山州侯齒將屯，不敢擊，卻就便處，皆坐畏懦誅。''畏偄''畏愞''畏懦'義並同。'擊'上當有'討'字，見下篇。《後漢書·西羌傳》云：'時羌歸附既久，無復器甲，或持竹竿木枝以代戈矛，或負板案以爲楯，或執銅鏡以象兵。郡縣畏懦不能制。'本此及《實邊篇》。"○覺按：奴：通"駑"，比喻才能低下，庸俗無能。偄：見22.3注〔12〕。

〔6〕汪繼培曰："《史記·高祖紀》云：'秦兵強，常乘勝逐北。''上'疑'自'之誤。《黥布傳》云：'楚王恃戰勝自疆（覺按："疆"爲"彊"之誤）。'"○彭鐸曰："'上'謂虜勢騰上，字蓋不誤。"○覺按：彭説是。

〔7〕汪繼培曰："《吴語》：'申胥曰："日長炎炎（覺按：陳本作"炎炎"，此據汪稿，下同）。"'韋昭注：'炎炎，進貌。'"○覺按：炎炎：火光熊熊的樣子，形容其勢力之盛。

〔8〕三輔：見22.3注〔2〕。

〔9〕汪繼培曰："《詩·蕩》。"○覺按：覃（tán潭）：延。鬼方：見22.8注〔6〕，引申指遠方。

〔10〕汪繼培曰："《説文》云：'癡，不慧也。譺，騃也。儗，騃也。佁，癡貌，讀若騃。''癡''譺''儗''佁''騃'同字。▲《一切經音義》十六引《埤蒼》：'癡，騃也。'《方言》云：'癡，騃也。'《周禮·司刺》'三赦曰蠢愚'鄭注：'蠢愚，生而癡騃童昏者。'《漢書·息夫躬傳》云：'左將軍公孫禄、司隸鮑宣，皆外有直項之名，内實騃不曉政事。'《後漢書·獨行傳》戴就曰：'薛安庸騃。'▲《廣韻·十六咍》'獃'字注云：'獃，癡，象犬小時未有分别。''獃'與'騃'通。"○覺按：癡：不聰慧，呆。騃（ái皚）：傻，呆。癡兒騃子：傻子蠢人，引申指不懂事理、見識淺薄的人。此指内地那些未遭羌寇侵害而不顧國計民生的士大夫，參見22.2。

〔11〕汪繼培曰：▲"《漢書·宣帝紀》地節四年詔曰：'何用心逆人道也！'"

23.3

夫仁者恕己以及人●〔1〕，智者講功而處事●〔2〕。今公卿内不傷士民滅没之痛，外不慮久兵之禍●〔3〕，各懷一切●〔4〕、所脱避前●〔5〕，苟云不當動兵，而不復知引帝王之綱維●〔6〕、原禍變之所終也〔7〕。

【箋注】

〔1〕汪繼培曰："《説文》云：'恕，仁也。'《管子·版法解》云：'取人以己者，度恕而行也。度恕者，度之于己也。己之所不安，勿施於人。'《楚辭·離騷》云：'羌内恕己以量人兮。'《漢書·鼂錯傳》云：'取人以己，内恕及人。'《杜周傳》杜欽對策云：'克己就義，恕以及人。'"○覺按：恕：見22.1注〔3〕。儒家將"恕"當作一種仁愛的原則，《大戴禮記·衛將軍文子》載孔子之言曰："恕則仁也。"《孟子·盡心上》："强恕而行，求仁莫近焉。"《孔子家語·顔回》載顔回之言曰："一言而有益於仁，莫如恕。"《説苑·貴德》："夫仁者，必恕然後行。"《説文·心部》："恕，仁也。"參見30.11。

〔2〕汪繼培曰："《魯語》云：'夫仁者講功，而智者處物。'《周語》云：'言智必及事。'韋昭注：'能處事物爲智。'文十八年《左傳》云：'德以處事，事以度功。'《禮記・文王世子》鄭注：'"物"猶"事"也。'"〇覺按：講：《國語・魯語上》"夫仁者講功"韋昭注："講，論也。"即評定、衡量的意思。

〔3〕汪繼培曰："《孫子・作戰篇》云：'夫兵久而國利者，未之有也。'"

〔4〕汪繼培曰："《後漢紀》和帝永元十三年班昭（覺按：陳本作"班超"，此據汪稿）上書曰：'公卿大夫，咸懷一切，而莫肯遠慮。'《後漢書・左雄傳》云：'各懷一切，莫慮長久。'▲《羣書治要》載崔寔《政論》云：'竭忠盡節而無壹切之計。'《漢書・路溫舒傳》：'婾爲一切。'如淳曰：'一切，權時也。'《漢書・禮樂志》：'以意穿鑿，各取一切。'顔師古注云：'苟順一時，非正道。'按《漢書・平帝紀》元始元年顔師古注：'一切者，權時之事，非經常也。猶如以刀切物，苟取整齊，不顧長短縱橫，故言一切。'"〇覺按：一切：指一時之計。猶如用刀切物，一切了事而不顧長遠，故稱"一切"。

〔5〕汪繼培曰："句有誤字。《續漢書・五行志》劉昭注載延光四年馬融上書云：'臣恐受任典牧者，苟脱目前，皆粗圖身一時之權，不顧爲國百世之利。''所脱避前'，意當與'苟脱目前'同。《漢紀》成帝永始元年王仁上疏云：'萬乘之主，當持久長，非一切畢決目前者。'"〇覺按：汪説可供參考，但此文恐不誤。"所脱避前"是"懷"的賓語，與"一切"並列（也可將"一切"看作"所脱避前"的定語）。所：猶"所以"，參見1.1注〔3〕。脱：逃脱，免禍。

〔6〕汪繼培曰："《管子・禁藏篇》云：'法令爲維綱。'"〇覺按：引：拿過來，取來。綱維：總綱，引申指法度。

〔7〕原：推究根源，尋找起源。變：事變，兵變，突然發生的事件。《周易・繫辭上》："原始反終，故知死生之説。"此文本之。

23.4

《易》利"禦寇"●【1】〔1〕，《詩》美"薄伐"●〔2〕，自古有戰，非乃今也●〔3〕。《傳》曰："天生五材，民並用之，廢一不可，誰能去兵？兵所以威不軌而昭文德也。聖人所以興，亂人所以廢●〔4〕。"齊桓、晋文、宋襄〔5〕，衰世諸侯，猶恥天下有相滅而己不能救●〔6〕，況皇天所命——四海主乎〔7〕？晋、楚大夫，小國之臣，猶恥己之身而有相侵●〔8〕，況天子三公——典世任者乎〔9〕？公劉仁德〔10〕，廣被行葦●〔11〕，況含血之人——己同類乎●〔12〕？一人吁嗟，王道爲虧〔13〕，況滅没之民百萬乎？《書》曰："天子作民父母●〔14〕。"父母●之於子也【2】〔15〕，豈可坐觀其爲寇賊之所屠剥●〔16〕、立視其爲狗豕之所噉食乎●〔17〕？

【校記】

【1】利：四庫本同，仿宋本、馮本、魁本、程本、邵本、陳本作"制"。

【2】父母：仿宋本、馮本、程本、四庫本、邵本、陳本同，魁本無此“父母”二字。

【箋注】

〔1〕陳本“利”作“制”，汪繼培曰：“《易・蒙・上九》：‘利禦寇。’盧學士云：‘“制”疑“利”。’”〇覺按：盧説是，今據四庫本改“制”爲“利”。

〔2〕汪繼培曰：“《漢書・韋賢傳》劉歆議曰：‘臣聞周室既衰，四夷並侵，獫狁最彊，于今匈奴是也。至宣王而伐之，詩人美而頌之曰：“薄伐獫狁，至于太原。”’顏師古注：‘《小雅・六月》之詩也。’”〇覺按：參見17.1.2注〔5〕、22.8注〔8〕、34.1.4注〔11〕。薄：語助詞。

〔3〕汪繼培曰：“《詩・載芟》云：‘匪今斯今，振古如兹。’《趙策》蘇秦説趙王曰：‘大王乃今然後得與士民相親。’”

〔4〕汪繼培曰：“襄廿七年《左傳》。”〇覺按：引文是春秋時宋國司城子罕（樂喜）的話，見《左傳・襄公二十七年》。材：原料，材料。古代凡自然資源均稱“材”。五材：指金、木、水、火、土。兵：兵器。古代已用金屬製兵器（參見21.1注〔12〕），所以由“五材”“廢一不可”推論出不能“去兵”。

〔5〕齊桓：即齊桓公，春秋時齊國國君，齊襄公弟，姜姓，吕氏，名小白，公元前685—公元前643年在位。齊襄公十二年（公元前686年），齊將亂，他出奔莒國（在今山東省莒縣）。這一年齊襄公被殺後，齊桓公於次年回國即位，之後任用管仲爲相，實行政治改革，使齊國國力大振。他幫助燕國打敗山戎，營救衛、邢，多次會合諸侯訂立盟約，尊崇周室，故史稱“九合諸侯，一匡天下”，成爲春秋五霸中的第一個霸主。管仲死後，他重用了投其所好的豎刁、易牙、開方等人。公元前643年，齊桓公因豎刁等作亂而餓死。參見《左傳》《韓非子・十過》《史記・齊太公世家》。晉文：晉文公（公元前697—公元前628年），晉獻公之子，姬姓，名重耳。晉獻公寵愛驪姬，想立幼子爲嗣，於魯僖公四年（公元前656年）逼死太子申生，重耳也因遭驪姬之讒而奔至封地蒲城（在今山西省隰縣北）。公元前655年，獻公派寺人披伐蒲，重耳出亡奔翟，後又至衛、齊、曹、宋、鄭、楚而至秦，於公元前636年由秦國送回晉國即位，成爲晉國國君，公元前636—公元前628年在位。他整頓内政，加强軍隊建設；尊奉周天子，平定王子帶之亂，迎接周襄王復位；在城濮（今山東省鄄城縣西南之臨濮集）大破楚軍；爾後又在踐土（今河南省原陽縣西南）大會諸侯而成爲春秋五霸之一。其事蹟可參見《左傳》《史記・晉世家》。宋襄：宋襄公，春秋時宋國國君，子姓，名兹甫（一作兹父），宋桓公之子，公元前650—公元前637年在位。齊桓公死後，他曾率曹、衛、邾之兵攻齊而打敗齊兵。後與楚争霸，曾一度爲楚所拘。公元前638年，他與楚成王戰于泓水（是古渙水支流，故道在今河南省柘城縣西北）。他講究仁義，要等楚軍渡河列陣後再戰，結果大敗受傷，次年因傷重而死。其事蹟可參見《春秋》《左傳》《史記・宋微子世家》。

〔6〕汪繼培曰：“《公羊傳》云：‘天下諸侯有相滅亡者，桓公不能救，則桓公恥之。’”〇覺按：汪箋引文見《公羊傳・僖公元年》。《公羊傳・僖公二年、十四年》也載此語。

〔7〕皇天：見8.8注〔11〕。古人認爲天子受天命統治天下（參見15.1），所以説“皇天所命”。

〔8〕汪繼培曰：“成十六年《左傳》：‘欒武子曰：“不可以當吾世而失諸侯。”’”〇彭鐸曰：“武子，晉大夫欒書也。”

〔9〕三公：見4.1注〔5〕。典：掌管。

〔10〕公劉：古代周部族的祖先，后稷棄的後代（相傳爲后稷棄的曾孫，誤，見拙

著《吴越春秋校證注疏》1.1注〔21〕之考證)。他繼承了棄的傳統，領導人民致力於耕作，使百姓富足而受到人民的愛戴，使周部族開始興盛起來。夏桀之時（約在公元前17世紀末），他爲了避禍，率領周部族從邰（在今陝西省武功縣西南）遷居到豳（在今陝西省旬邑縣西南）。他爲人仁慈，受到人民的讚頌。其事蹟可參見《詩經·大雅·公劉》《史記·周本紀》及本書33.2。

〔11〕汪繼培曰："孫侍御云：'漢儒相承以《行葦》爲公劉之詩，蓋本三家舊説也。《吴越春秋》："公劉慈仁，行不履生草，運車以避葭葦。"《列女傳·辯通傳·晋弓工妻》曰："君聞昔者公劉之行乎？羊牛踐葭葦，惻然爲民痛之。"《後漢書·寇榮傳》："公劉敦行葦，世稱其仁。"《蜀志·彭羕傳》："體公劉之德，行勿翦之惠。"班彪《北征賦》："慕公劉之遺德，及行葦之不傷。"並與此同。'"〇覺按：參見22.8注〔15〕。

〔12〕汪繼培曰："《史記·律書》云：'自含血戴角之獸，見犯則校，而况於人？'《孟子》云：'聖人與我同類者。'"

〔13〕一人吁嗟，王道爲虧：見22.7注〔23〕。

〔14〕汪繼培曰："《洪範》。"

〔15〕汪繼培曰："二字舊脱，据程本補。"〇覺按：據汪校，則其所謂舊本當爲魁本之底本。

〔16〕汪繼培曰："《漢書·王莽傳》云：'翟義黨王孫慶捕得，莽使太醫、尚方與巧屠共刳剥之。'"〇覺按：剥：《尚書·泰誓中》"剥喪元良"孔安國傳："剥，傷害也。"

〔17〕汪繼培曰："《孟子》云：'抑亦立而視其死與？'《漢書·貢禹傳》云：'今民大飢而死，死又不葬，爲犬豬所食。'"

23.5

除其仁恩●〔1〕，且以計利言之●〔2〕。國以民爲基，貴以賤爲本●〔3〕。願察開闢以來●〔4〕，民危而國安者誰也？下貧而上富者誰也●【1】〔5〕？故曰："夫君國，將民之以。民實瘠，而君安得肥●【2】〔6〕？""夫以小民受天永命●〔7〕。"竊願聖主深惟國基之傷病●〔8〕，遠慮禍福之所生●〔9〕。

【校記】

【1】下貧而上：魁本、陳本同，仿宋本、馮本、程本、四庫本、邵本作"上貧而下"。

【2】安：仿宋本、馮本、程本、四庫本、邵本、陳本同，魁本空一字。

【箋注】

〔1〕汪繼培曰："《莊子·天下篇》云：'以仁爲恩。'《淮南子·繆稱訓》云：'仁者，積恩之見證也。'《漢書·丙吉傳》云：'誠其仁恩内結於心也。'"

〔2〕汪繼培曰："《商子·算地篇》云：'民生則計利。'《孟子》云：'枉尺而直尋者，以利言也。'"

〔3〕汪繼培曰：▲"《淮南子·原道訓》云：'貴者必以賤爲號，而高者必以下爲基。'"

〔4〕汪繼培曰："《御覽》一引《尚書中候》云：'天地開闢。'"

〔5〕汪繼培曰："'下''上'舊互置。按《管子·山至數篇》云：'民富，君無與貧；民貧，君無與富。'《荀子·富國篇》云：'下貧則上貧，下富則上富。'"○覺按：據汪校，則其所用舊本爲程本，蓋其始校《潛夫論》時用程本，後改用魁本之底本時未加覆覈，故有此校語。

〔6〕汪繼培曰："《楚語》云：'夫君國者，將民之與處。民實瘠矣，君安得肥？'《詩·江有汜》鄭箋云：'以，猶"與"也。'"○覺按："之"是構成賓語前置句式的結構助詞，"民之以"即"以民"。實：句中語氣詞，用來加強語氣。瘠：《荀子·富國篇》"若是則瘠"楊倞注："瘠，奉養薄也。"

〔7〕汪繼培曰："《書·召誥》。"○覺按：夫：當作"王"，參見26.6。命：命運，天命，指上帝安排的王朝壽數。以小民受天永命：古人認爲，帝王的統治地位取決於上天（參見15.1），而上天的意志取決於民衆（參見9.1），所以説"王以小民受天永命"。

〔8〕汪繼培曰："《方言》云：'惟，凡思也。'"○覺按：惟：思。國基：承上文"國以民爲基"而言，指民衆。

〔9〕汪繼培曰："《管子·君臣下篇》云：'審知禍福之所生。'"○覺按：禍福之所生：指民衆。因爲民危則君不安，民貧則君不富。參見上文。

23.6

且夫物有盛衰，時有推移，事有激會〔1〕，人有變●〔2〕化●【1】〔3〕。智者揆象〔4〕，不其宜乎【2】？孟明補闕於河西●〔5〕，范蠡收責於姑胥●【3】〔6〕。是以大功建於當世，而令名傳於無窮也●〔7〕。

【校記】

【1】變：四庫本、陳本同，仿宋本、馮本、魁本、程本、邵本作"愛"。

【2】其：仿宋本、馮本、魁本、陳本同，程本、四庫本、邵本作"亦"。

【3】姑：陳本同，仿宋本、馮本、程本、邵本作"故"，四庫本作"吴"。魁本從本句"蠡"字起脱至23.9"今諸言邊可不救"（此句之"范"字緊接23.9的"而安者"），所以從此至23.9之校記【2】不再出現魁本文字之異同。魁本該段脱文相當於仿宋本第七七葉、《四部叢刊》本卷五第十五葉，由此可見魁本所據底本應該是一部有缺葉的仿宋本。

【箋注】

〔1〕激：《漢書·溝洫志》："河從河内北至黎陽爲石隄，激使東抵東郡平剛。"顔師古注："激者，聚石於隄旁衝要之處，所以激去其水也。"也就是阻遏水流使它迴流。會：《尚書·禹貢》"會于渭汭"孔安國傳："逆流曰會。"此文"激會"爲以水喻事之詞。

〔2〕汪繼培曰："舊作'愛'。"

〔3〕汪繼培曰："《史記·蔡澤傳》云：'物盛則衰，天地之常數也。進退盈縮，與時變化，聖人之常道也。'《平準書·贊》云：'事勢之流，相激使然。''推移'注見《斷訟篇》。"○覺按：《穀梁傳·昭公十五年》"大夫有變"范甯注："變，謂死喪。"《禮記·樂記》"和故百物皆化"鄭玄注："化，猶生也。"

〔4〕揆（kuí魁）：測度，考察。象：形狀，情況。

〔5〕汪繼培曰："文三年《左傳》。"○覺按：孟明：春秋時秦國將領。百里奚之子，名

視，字孟明。秦穆公三十三年（公元前 627 年），他奉命與西乞術、白乙丙率兵襲鄭，回師時經過崤山（在今河南省三門峽市東南），遭晋國襲擊，兵敗被俘，獲釋回國後仍爲秦穆公重用。秦穆公三十五年（公元前 625 年），爲了報崤山之仇，他率兵攻晋，又敗，但秦穆公仍任用他。次年，他攻晋，渡河後焚船以示決一死戰，攻取王官（今山西省聞喜縣南）等地，晋兵不敢出。於是他從茅津（今山西省平陸縣西南之茅津渡）渡過黄河，在崤山爲陣亡將士作墳而歸。穆公又任用孟明攻打西戎而稱霸西戎。參見《左傳》僖公三十三年至文公三年。河西：見 4.6 注〔18〕。在春秋時河西爲西戎所居。補闕於河西：當指孟明攻佔西戎而言。《左傳·文公三年》："遂霸西戎，用孟明也。"即此文所本。

〔6〕汪繼培曰："'姑'舊作'故'。姑胥即姑蘇也。《後漢紀·光武紀二》方望《謝隗囂書》云：'范蠡收績於姑蘇。'《後漢書·隗囂傳》作'范蠡收責勾踐'。章懷注：'收責，謂收其罪責也。'按'收責'讀如《齊策》'收責於薛'，言破吴以償會稽之敗，如歸責然也。《後漢紀》作'績'，蓋袁氏所改。"〇覺按：范蠡（lǐ 禮）：字少伯，春秋末楚國宛（今河南省南陽市）人，後爲越國大夫。越爲吴所敗時曾與越王勾踐一起赴吴爲僕三年，回越後輔佐勾踐刻苦圖強，終於滅掉吴國。他認爲勾踐可共患難而不可同安樂，於是就出走到齊國，改名鴟夷子皮，又到陶（今山東省菏澤市定陶區西北），改名陶朱公，以經商致富。其事蹟可參見《國語·越語下》《史記·越王勾踐世家、貨殖列傳》《吴越春秋》。責（zhài 債）：見 11.5 注［13］。收責：收回欠債，引申指討回血債，報仇雪恥。姑胥：山名。《吴越春秋·勾踐伐吴外傳》："遂棲吴王於姑胥之山。"與此文同。或作"姑蘇"（見《史記·越王勾踐世家》）、"胥山"（見《吴越春秋·夫差内傳》）。山在今蘇州市西南十公里處的横山西北。據《史記·越王勾踐世家》及《吴越春秋·勾踐伐吴外傳》記載，吴王夫差最後被越軍圍困在姑胥山，向越王求和，越王心軟了，而范蠡則堅決主張消滅他，結果吴王被逼自殺。

〔7〕汪繼培曰："《秦策》：'蘇秦曰："寬則兩軍相攻，迫則杖戟相撞，然後可建大功。"'《史記·司馬相如傳·喻巴蜀檄》云：'名聲施於無窮，功烈著而不滅。'"

23.7

今邊陲搔擾●〔1〕，日放族禍●〔2〕，百姓晝夜望朝廷救己●〔3〕，而公卿以爲費煩不可〔4〕。徒竊笑之●〔5〕，是以●〔6〕晏子輕囷倉之蓄而惜一杯之鑽何異●【1】〔7〕？今但知愛見薄之錢穀●【2】〔8〕，而不知未見之待民先也【3】〔9〕；知徭役之難動●【4】〔10〕，而不知中國之待邊寧也●〔11〕。《詩》痛"或不知叫號，或慘慘劬勞"●【5】〔12〕。今公卿苟以己不被傷，故競割國家之地以與敵，殺主上之民以餧羌〔13〕。爲謀若此，未可謂知〔14〕；爲臣若此，未可謂忠●〔15〕。才智未足使議●〔16〕。

【校記】

【1】以：仿宋本、馮本、程本、邵本、陳本同，四庫本作"與"。鑽：陳本同，仿宋本、馮本、程本、邵本作"鑚"，四庫本作"羹"。

【2】薄：仿宋本、馮本、程本、邵本、陳本同，四庫本作“在”。
【3】未：仿宋本、馮本、程本、四庫本、邵本同，陳本作“未”。
【4】之：陳本同，仿宋本、馮本、程本、四庫本、邵本作“出”。
【5】慘慘：仿宋本、馮本、四庫本、陳本同，程本、邵本作“慘以”。

【箋注】

〔1〕汪繼培曰：“成十三年《左傳》云：‘虔列（覺按：當作“劉”）我邊垂。’‘垂’‘郵’（覺按：當作“陲”）古字通。《説文》云：‘騷，擾也。’‘搔’與‘騷’同。《漢書·敍傳》云：‘外內搔擾。’▲《後漢書·班彪傳》云：‘中外搔擾。’《史記·司馬相如傳》：‘騷擾衝蓯。’”〇覺按：搔（sāo騷）：通“騷”，擾亂。

〔2〕汪繼培曰：“《後漢書·竇融傳》云：‘隗囂自知失河西之助，族禍將及。’《寒朗傳》云：‘舊制，大罪禍及九族。’‘放’疑當作‘被’，《實邊篇》云‘百姓暴被殃禍’，即其證。”〇覺按：作“放”也通，不煩改字。放（fǎng仿）：至。族：滅族，將整個宗族殺光。

〔3〕汪繼培曰：“襄十六年《左傳》：‘穆叔曰：“敝邑之急，朝不及夕，引領西望，曰庶幾乎！”’杜注：‘庶幾晋來救。’《漢書·韓信傳》：‘漢王大怒，罵曰：“吾困於此，旦暮望而來佐我！”’”

〔4〕王紹蘭曰：“《後漢書·段熲傳》熲上言曰：‘今若以騎五千，步萬人，車三千兩，三冬二夏，足以破定，無慮用費爲錢五十四億。如此，則可令羣羌破盡。伏計永初中，諸羌反叛，十有四年，用二百四十億；永和之末，復經七年，用八十餘億。費耗若此，猶不誅盡。’後漢征羌費煩之數大略如此。”

〔5〕汪繼培曰：“《後漢書·西羌傳》虞詡云：‘公卿選懦，容頭過身，張解設難，但計所費，不圖其安。’意與此同。”〇覺按：徒：與“臣”的意義相似，原指服勞役的人，這裏用作謙稱。

〔6〕汪繼培曰：“‘以’猶‘與’也。”

〔7〕汪繼培曰：“今《晏子》無此文。”〇王紹蘭曰：“‘鑽’當爲‘僭’字之誤也。《晏子春秋·內篇》：‘景公之時，霖雨十有七日，晏子請發粟於民，三請，不見許，遂分家粟於氓。’是輕囷倉之粟也。《御覽·器物部》引《晏子春秋》：‘晋欲攻齊，使范昭觀焉。景公觴之。范昭曰：“請君棄（覺按：“棄”爲“幸”之誤）樽酌。”晏子命徹（覺按：“徹”爲“撤”之誤）樽革具。’是惜一杯之僭也。蓋范昭欲僭用景公之樽，晏子命徹樽，故昭歸報曰：‘臣欲試其君，而晏子識之。’孔子偁其‘不出樽俎之間，知千里之外，可謂折衝’。與此論文義正合。《御覽》引《晏子》校今本爲簡明。何異，謂公卿重費煩、不能折衝樽俎，與晏子何其異也？”〇彭鐸曰：“蓋他書載晏子有此語，非必見《晏子春秋》。‘鑽’疑當作‘饡’。《説文》：‘饡，以羹澆飯也。’作‘鑽’則與‘囷倉之蓄’不類矣。”〇覺按：囷（qūn逡）：圓形的穀倉。鑽：當作“饡”（zàn贊），四庫本作“羹”，其義相類。汪、彭將“輕囷倉之蓄而惜一杯之鑽”視爲晏子之言，故以爲《晏子春秋》無此文，其説恐未當。此當爲王符概述晏子言行的話。晏子曾“分家粟于氓”（見《晏子春秋·內篇諫上·景公飲酒不恤天災致能歌者晏子諫第五》），所以王符説他“輕囷倉之蓄”；而有一次，“晏子方食，景公使使者至，分食食之，使者不飽，晏子亦不飽”（見《晏子春秋·內篇雜下·景公以晏子食不足致千金而晏子固不受》），所以王符説他“惜一杯之饡”。王紹蘭引《晏子春秋·內篇》之文證“晏子輕囷倉之蓄”甚是，然以爲“鑽”爲“僭”字之誤，以《御覽·器物部》引文證“惜一杯之僭”則不當，因爲此文以“一杯之鑽”對“囷倉之蓄”，猶下文

以“錢穀”對“待民先”、以“傜役”對“邊寧”，均爲以小對大，而“晏子命徹樽革具”是爲了使范昭不得僭越禮制，此絶非小事，故與此文不合。

〔8〕汪繼培曰：“《續漢書·百官志》云：‘大司農掌諸錢穀金帛諸貨幣。郡國四時上月旦見錢穀簿，其逋未畢，各具别之。邊郡諸官請調度者，皆爲報給，損多益寡，取相給足。’▲《周禮·司書》鄭注：‘司書，主計會之簿書。’孔疏云：‘古有簡策以記事。若在君前，以笏記事。後代用簿。簿，今手版。’《史記·絳侯世家》‘獄吏乃書牘背示之’，《集解》：‘李奇曰：“吏所執簿。”’《索隱》云：‘簿即牘也。故《魏志（覺按：當作“三國志·蜀書”）》“秦宓以簿擊頰”，則亦簡牘之類也。’《淮南子·時則訓》云：‘農事備收，舉五穀之要。’高誘注：‘要，簿書也。’《後漢書·鍾離意傳》‘資物簿入大司農’章懷注云：‘簿，文記也。’”〇彭鐸曰：“‘薄’即‘簿’字，漢隸草、竹字頭不分。”

〔9〕未：無。

〔10〕陳本“傜役”作“傜役”，汪繼培曰：“《漢書·高帝紀》云：‘常繇咸陽。’應劭曰：‘繇者，役也。’顔師古注：‘繇，讀曰“傜”。’《説文》云：‘役，戍邊也。’‘傜’‘繇’，‘伇’‘役’，並通。”〇覺按：傜：勞役，引申指服勞役的人。役：服兵役，戍守邊疆，引申指服兵役的人。

〔11〕汪繼培曰：“《鹽鐵論·地廣篇》云：‘散中國肥饒之餘，以調邊境。邊境强，則中國安。’《急就篇》云：‘邊境無事，中國安寧。’《後漢書·龐參傳》：‘永初元年，涼州先零種羌反叛，遣車騎將軍鄧騭討之。’參上書有云：‘方今西州流民擾動，而徵發不絶，重之以大軍，疲之以遠戍，農功消於轉運，資財竭於徵發。宜且振旅，督涼州士民轉居三輔，休傜役以助其時，止煩賦以益其財。’節信所云，正謂參等。”〇覺按：中國：與“邊境”相對，表示國家的中部，即内地。

〔12〕汪繼培曰：“《北山》。”〇覺按：引詩見《詩經·小雅·北山》。叫號：呼喊號召，指徵發的呼唤。慘慘：通“懆懆”，憂愁的樣子。劬（qú 渠）：辛勤，勞苦。勞：勞累。

〔13〕餧（wèi 衛）：俗作“餵”，今簡化爲“喂”，飼養，給……吃。

〔14〕知：通“智”。

〔15〕汪繼培曰：“《史記·蘇秦傳》秦説魏襄王云：‘凡羣臣之言事秦者，皆姦人，非忠臣也。夫爲人臣，割其主之地以求外交，偷取一時之功而不顧其後，願大王孰察之。’此文大旨本於彼。”

〔16〕汪繼培曰：“《藝文類聚》四十八引桓子《新論》云：‘堯試舜於大麓者，録天下事，如今之尚書官矣。宜得大賢智，乃處議持平焉。’”

23.8

且凡四海之内者〔1〕，聖人之所以遺子孫也〔2〕；官位職事者，羣臣之所以寄其身也。傳子孫者，思安萬世●〔3〕；寄其身者，各取一闋●〔4〕。故常其言不久行，其業不可久厭●〔5〕。夫此誠明君之所徵察也，而聖主之所獨斷●【1】〔6〕。今言不欲動民與煩【2】〔7〕，可也。即然，當脩守禦之備【3】。必今之計【4】，令虜不敢來，來無所得●【5】〔8〕；令民不患寇【6】，既無所失【7】〔9〕。今則不然【8】，苟憚民力之煩勞，而輕使受滅亡之大禍。非人之主，非民之將，非主之佐，非勝之主者也●〔10〕。

【校記】

【1】主：仿宋本、馮本、程本、四庫本、邵本同，陳本作“上”。

【2】與：仿宋本、馮本、程本、邵本同，四庫本作“興”，陳本作“以”。

【3】脩：仿宋本、馮本、程本同，何本、四庫本、邵本、陳本作“修”。

【4】今：仿宋本、馮本、程本、邵本、陳本同，四庫本作“全”。

【5】來：四庫本、陳本同，仿宋本、馮本、程本、邵本無此“來”字。

【6】令：仿宋本、馮本、程本、邵本、陳本同，四庫本無“令”字。

【7】既：仿宋本、馮本、程本、邵本、陳本同，四庫本作“亦”。

【8】今：馮本、程本、四庫本、邵本、陳本同，仿宋本作“令”。

【箋注】

〔1〕四海：見 12.1 注〔1〕。

〔2〕遺（wèi 衛）：給。

〔3〕汪繼培曰：“《新書・過秦上篇》云：‘子孫帝王萬世之業也。’《漢書・佞幸・董賢傳》：‘王閎云：“陛下承宗廟，當傳子孫於無窮。”’”

〔4〕汪繼培曰：“‘闕’讀爲‘缺’。‘一缺’猶今言‘一任’矣。”○覺按：“缺”原意爲空缺，古代常把當官稱爲“承乏”或“補缺”（意爲填補空位），所以“缺”又用來表示職位。

〔5〕汪繼培曰：“‘久行’上有脱字。《方言》云：‘厭，安也。’《漢書・匈奴傳・贊》云：‘規事建議，不圖萬世之固，而媮恃一時之事者，未可以經遠也。’▲《説文》作‘懕’。《後漢書・左雄傳》云：‘吏數變易，則下不安業；久於其事，則民服教化。’《鹽鐵論・復古篇》云：‘扇水都尉所言，當時之利權，一切之術也，不可以久行而傳世。’《漢書・禮樂志》王吉上疏云：‘今俗吏所以牧民者，非有禮義科指可世世通行者也，以意穿鑿，各取一切。’”○覺按：汪稿於“久行”上補“可”字，可從。

〔6〕汪繼培曰：“《管子・明法解》云：‘明主者，兼聽獨斷。’《霸言篇》云：‘獨斷者，微密之營壘也。’”○覺按：“所”相當於“所以”，參見 1.1 注〔3〕。

〔7〕動：《論語・子張》“動之斯和”皇侃疏：“動，謂勞役之也。”與：猶“使”，參見《古書虛字集釋》卷一“與”字條及 24.3 注〔18〕。

〔8〕汪繼培曰：“‘來’字舊不重。按《後漢書・陳俊傳》云：‘光武遣俊將輕騎馳出賊前。視人保壁堅完者，勑令固守；放散在野者，因掠取之。賊至無所得，遂散敗。’即此意也。《漢書・鼂錯傳》云：‘來而不能困，使得氣去，後未易服也。’”

〔9〕既：當爲“寇”字之誤。

〔10〕汪繼培曰：“《孫子・用閒篇》文。‘民’作‘人’，無‘非人之主’句。”○覺按：銀雀山漢墓竹簡《孫子兵法》作“民”，與本文同，可見王符所據《孫子》爲漢代流傳之本（參見 22.4 注〔6〕）。

23.9

且夫議者，明之所見也【1】〔1〕；辭者，心之所表也●〔2〕。“維其有之，是以似之●〔3〕。”諺曰：“何以服佷【2】？莫若聽之●〔4〕。”今諸言邊可不救而安者，宜誠●以其身若子弟補邊太守、令長、丞尉〔5〕，然後是非之情乃定。捄邊【3】，乃無患。邊無患，中國乃得安寧●〔6〕。

【校記】

【1】明：仿宋本、馮本、程本、四庫本、陳本同，邵本作“民”。

【2】佷：仿宋本、馮本同，程本、四庫本、邵本作“恨”，陳本作“很”。

【3】捄：仿宋本、馮本、魁本、程本、四庫本、邵本同，陳本作“救”。

【箋注】

〔1〕明：視力，眼力。

〔2〕汪繼培曰：“《吕氏春秋·離謂篇》云：‘辭者，意之表也。’”

〔3〕汪繼培曰：“《詩·裳裳者華》。”

〔4〕汪繼培曰：“《説文》云：‘很，不聽從也。’《禮記·曲禮》云：‘很毋求勝。’鄭注：‘很，鬩也，謂争訟也。’”〇覺按：佷（hěn 狠）：《國語·晋語九》“宵也佷”韋昭注：“佷，佷戾不從人也。”即兇狠不聽從的意思。

〔5〕汪繼培曰：“疑‘試’。”〇彭鐸曰：“‘誠’字當在‘宜’上，傳寫誤倒耳。下篇云：‘今誠宜權時令邊郡舉孝一人，廉吏世舉一人。’是其語例。箋非。”〇覺按：彭説是。以：使。若：或。補：擔任（官職），參見 23.8 注〔4〕。丞：漢代中央各機構及地方官吏的副職名“丞”。中央如少府、衛尉、太僕、大鴻臚等卿及其下屬的署監多置有丞一人或數人。地方則郡有郡丞、縣有縣丞。此文即指郡守、縣令的副官。尉：見 9.6 注〔3〕，此文指郡尉、縣尉而言。

〔6〕汪繼培曰：▲“《鹽鐵論·地廣篇》云：‘散中國肥饒之餘，以調邊境。邊境強，則中國安。’”

實邊第二十四

【提要】

實邊：充實邊境。文章主要批判了羌人反叛時郡縣長官放棄邊境、内遷移民的錯誤，主張充實邊境，以打消敵寇的侵略野心。

文章首先指出，治國者應該洞察實情，纔能使羣臣盡力而振興自己的國家。回顧羌人反叛時，實爲烏合之衆，很容易打敗。但是，太守、縣令、將帥等卻怯劣軟弱。他們不是本地人，没有切膚之痛，衹爲“便身利己”，既不“憂國”，又不“哀民”，所以對敵人不敢討伐，對朝廷進行欺騙，對百姓大肆掠奪。他們給人民造成的災難甚於敵寇。他們破壞邊郡，強迫人民内遷，使

人民喪失了家産，流落他鄉，大量死亡，致使邊境一片荒涼，不見人煙。而這土地長期荒廢，祇會引發敵人的侵略野心，所以應該致力於充實邊境。祇有邊境充實了，纔能使内地安定。至於充實邊境的重要措施，應該是廣開仕途，提拔賢人，使邊郡的士大夫有所進取；同時招募外地人到邊郡來，對他們的勞動給予優惠的獎勵。這樣，君子、小人就都會到邊疆地區來了。

據《後漢書·孝安帝紀》，羌人反叛在永初元年（公元 107 年）。本文説“羌反以來”，“至十歲不得舉”，可知此文乃寫於元初三年（公元 116 年）。

24.1

夫制國者，必照察遠近之情僞●〔1〕，預禍福之所從來●〔2〕，乃能盡羣臣之筋力●〔3〕而保興其邦家●〔4〕。

【箋注】

〔1〕汪繼培曰：“僖廿八年《左傳》云：‘民之情僞，盡知之矣。’”

〔2〕汪繼培曰：“‘預’下脱一字。《説苑·權謀篇》云：‘知命者預見存亡禍福之原。’《吕氏春秋·召類篇》云：‘禍福之所自來，衆人以爲命焉，不知其所由。’”

〔3〕汪繼培曰：“《莊子·徐無鬼篇》云：‘筋力之士矜難。’”

〔4〕汪繼培曰：“《詩·瞻彼洛矣》云：‘保其家邦。’”

24.2

前羌始叛【1】，草創新起，器械未備。虜或持銅鏡以象兵，或負板案以類楯〔1〕，惶懼擾攘，未能相一【2】，誠易制爾●【3】〔2〕。郡縣皆大熾●〔3〕。及百姓暴被殃禍，亡失財貨，人哀奮怒，各欲報讎●〔4〕，而將帥皆怯劣軟弱，不敢討擊，但坐調文書，以欺朝廷●〔5〕。實殺民百，則言一；殺虜一，則言百。或虜實多，而謂之少；或實少，而謂之多●〔6〕。傾側巧文〔7〕，要取便身利己，而非獨憂國之大計、哀民之死亡也●【4】〔8〕。又放散錢穀，殫盡府庫，乃復從民假貸，彊奪財貨。千萬之家〔9〕，削身無餘。萬民匱●竭【5】〔10〕，因隨以死亡者，皆吏所餓殺也●〔11〕。其爲酷痛，甚於逢虜●〔12〕。寇鈔賊虜，忽然而過，未必死傷。至吏●〔13〕所搜索剽奪●【6】〔14〕，游踵塗地●〔15〕。或覆宗滅族，絶無種類〔16〕。或孤婦女●〔17〕，爲人奴婢，遠見販賣●〔18〕，至今●【7】〔19〕不能自治●者【8】〔20〕，不可勝數也●〔21〕。此之感天致災，尤逆陰陽[●][22]。

【校記】

【1】叛：仿宋本、馮本、魁本、何本、四庫本、邵本、陳本同，程本作“判”。

【2】一：七本皆作“持一”，據《太平御覽》卷三百五十七引文刪“持”字。

【3】誠：七本皆作“城”，據《太平御覽》卷三百五十七引文改。

【4】獨：仿宋本、馮本、魁本、程本、邵本、陳本同，四庫本作“是”。

【5】匱：陳本同，仿宋本、馮本、魁本、程本、四庫本、邵本作“遺”。

【6】吏：四庫本、陳本同，仿宋本、馮本、魁本、程本、邵本作“使”。

【7】今：仿宋本、馮本、魁本、程本、四庫本、邵本同，陳本作“令”。

【8】治：仿宋本、馮本、魁本、程本、四庫本、邵本同，陳本作“活”。

【箋注】

〔1〕案：一種食器，即有短脚的木托盤。

〔2〕汪繼培曰：“《御覽》三百五十七作‘遑遽擾攘，未能相一，誠易制也’。”

〔3〕汪繼培曰：“《後漢書・西羌傳・論》云：‘永初之閒，羣種蜂起。自西戎作逆，未有陵斥上國若斯其熾也。’《詩・六月》云‘玁狁孔熾’，毛傳：‘熾，盛也。’▲‘大熾’連讀，《續漢書・五行志》載桓帝末童謡云‘四方纖纖不可整’者，‘言姦慝大熾，不可整理’。此‘大熾’連文之證。王先生云：‘“郡縣”下有脱文，宜言郡縣不爲意，以至寇熾之事。’”〇覺按：“皆”字下有脱文。據 23.2 之文，此文當作“郡縣皆畏偄不敢擊，故令虜大熾”。

〔4〕汪繼培曰：“‘哀’當作‘褱’，與‘懷’同。《史記・司馬相如傳・喻巴蜀檄》云：‘人懷怒心，如報私讎。’”〇覺按：汪説是。奮：憤激。

〔5〕汪繼培曰：“《史記・李斯傳》云：‘高聞其文書相往來。’《漢書・匈奴傳》顏師古注：‘調，發也。’”〇覺按：調（diào 吊）：轉發，此指將下面送上來的文書整理後轉送朝廷。

〔6〕汪繼培曰：“《後漢書・皇甫規傳》云：‘羌戎潰叛，不由承平，皆由邊將失於綏御，乘常守安，則加侵暴，苟競小利，則致大害，微勝則虚張首級，軍敗則隱匿不言。▲軍士勞怨，困於猾吏，進不得快戰以徼功，退不得温飽以全命，餓死溝渠，暴骨中原。徒見王師之出，不聞振旅之聲。’按規所言，乃永和時事，而情狀正與此同。《漢書・王莽傳》田況上言亦云：‘盜賊始發，其原甚微，非部吏、五（覺按：當作“伍”）人所能禽也。咎在長吏不爲意，縣欺其郡，郡欺朝廷，實百言十，實千言百。朝廷忽略，不輒督責，遂至延曼連州。’”

〔7〕傾側：偏斜，不公正，指歪曲事實真相。巧：巧妙地欺騙。參見 12.3 注〔21〕。文：文飾。

〔8〕汪繼培曰：“《韓非子・外儲説左下》：‘跀危曰：“公傾側法令。”’▲《漢書・蕭望之傳》：‘恭、顯又時傾仄見詘。’顏師古注云：‘言其不能持正。仄，古側字。’《王嘉傳》嘉奏封事引《洪範》‘人用側頗辟’而釋之云：‘國人傾仄。’《刑法志》宣帝詔曰：‘閒者吏用法，巧文寖深。’《趙充國傳》：‘充國曰：“諸君但欲便文自營，非爲公家忠計也。”’按‘便身利己’即《賈誼傳》所云‘見利則逝，見便則奪，有便吾身者，則欺賣而利之’也。”

〔9〕千萬：等於説“千金”（參見 12.6 注〔3〕），形容富裕。

〔10〕汪繼培曰：“舊作‘遺’。”

〔11〕汪繼培曰："《後漢書·龐參傳》云：'比年羌寇特困隴右，供徭賦役爲損日滋，官負人責數十億萬。今復募發百姓，調取穀帛，衒賣什物，以應吏求。外傷羌虜，内困徵賦，縣官不足，輒貸於民。民已窮矣，將從誰求？'《西羌傳》云：'自羌叛十餘年閒，兵連師老，不暫寧息。軍旅之費，轉運委輸，用二百四十餘億，府帑空竭，延及内郡。邊民死者不可勝數，并、涼二州遂至虚耗。'"

〔12〕汪繼培曰："《後漢書·南蠻傳》云：'中郎將尹就討益州叛羌，益州諺曰："虜來尚可，尹來殺我。"'王氏所言，正指就等。《漢書·王莽傳》云：'田況言："今空復多出將率，郡縣苦之，反甚於賊。"'又云：'太師、更始合將鋭士十餘萬人，所過放縱。東方爲之語曰："寧逢赤眉，不逢太師。太師尚可，更始殺我。"卒如田況之言。'意與此同。"

〔13〕汪繼培曰："舊作'使'。"

〔14〕汪繼培曰："《方言》云：'搜、略，求也。就室曰搜，於道曰略。'《説文》云：'索，入家搜也。'經典通用'索'。"

〔15〕汪繼培曰："'游'當爲'旋'。《漢書·王子侯表·序》云：'旋踵亦絶。'《鼂錯傳》云：'前死不還踵。'顔師古注：'還，讀曰"旋"。旋踵，回旋其足也。'《蒯通傳》云：'劉、項分争，使人肝腦塗地。'"〇覺按：汪説是。旋踵：轉過脚跟，形容時間之短，猶今言"轉眼之間"。塗地：玷污大地，形容一塌糊塗，敗壞得不可收拾。

〔16〕種類：種族，族類。

〔17〕汪繼培曰："王先生云：'"孤"下當有脱字。'繼培按：當作'幼孤'。▲見下'流離分散'句注。《史記·司馬相如傳》云：'幼孤爲奴。'或云：孤婦女，謂略取婦女，使之孤獨也。《漢書·南粤傳》文帝賜佗書云：'寡人之妻，孤人之子。'"〇覺按：據下文"至今不能自治"，則此當從或説。

〔18〕汪繼培曰："《後漢書·光武帝紀》建武七年詔：'吏人遭饑亂及爲青、徐賊所略爲奴婢下妻，欲去留者，恣聽之。敢拘制不還，以賣人法從事。'《晉書·刑法志》陳羣《新律序》云：'舊律，盜律有和賣買人。'"

〔19〕汪繼培改"今"爲"令"曰："舊作'今'。"〇覺按：原文可通，不煩改字。

〔20〕汪繼培改"治"爲"活"曰："舊作'治'。"〇覺按："自治"猶言"自理"，汪改非。

〔21〕汪繼培曰："疑衍。"〇覺按："也"字處斷句，汪説非。

〔22〕汪繼培曰："《漢書·嚴助傳》淮南王安上書云：'臣聞"軍旅之後，必有凶年"，言民之各以其愁苦之氣，薄陰陽之和，感天地之精，而災氣爲之生也。'《魏相傳》相上書亦用淮南語。"〇覺按：感天致災：參見18.8注〔1〕。陰陽：見9.1注〔1〕。

24.3

且安土重遷●【1】〔1〕，戀慕墳墓●〔2〕，賢不肖之所同也。民之於徙●〔3〕，甚於伏法。伏法不過家一人死爾。諸亡失財貨，奪土遠移，不習風俗，不便水土〔4〕，類多滅門〔5〕，少能還者。代馬望北，狐死首丘●〔6〕。邊民謹頓●〔7〕，尤惡内留。雖知禍人●【2】〔8〕，猶願守其緒業●〔9〕，死其本處，誠不欲去之極【3】〔10〕。太守、令、長畏惡軍事，皆以素非此土之人，痛不著身，禍不及我家●〔11〕，故争郡縣以內遷●〔12〕，至遣吏兵●〔13〕，發民禾稼〔14〕，發徹屋室●〔15〕，夷其營壁●〔16〕，破其生業●〔17〕，彊劫驅掠，與其內入〔18〕，捐棄羸弱，使死其處。當此之時，萬民怨痛，泣血叫號●〔19〕，誠愁鬼神而感天心。然小民謹劣，不能自達闕庭【4】，依官吏家，迫將威嚴●【5】〔20〕，不敢有摯●【6】〔21〕。民既奪土失業，又遭蝗旱飢匱●【7】〔22〕，逐道東走，流離分散●〔23〕，幽、冀、兖、豫【8】〔24〕，荆、揚、蜀、漢【9】〔25〕，飢餓死亡【10】，復失太半●【11】〔26〕。邊地遂以丘荒●【12】〔27〕，至今無人。原禍所起，皆吏過爾●〔28〕。

【校記】

【1】安土：四庫本同，仿宋本、馮本、魁本、程本、邵本、陳本作“夫士”。

【2】人：仿宋本、馮本、魁本、程本、四庫本、邵本同，陳本作“大”。

【3】極：仿宋本、馮本、魁本、程本、邵本、陳本同，四庫本作“也”。

【4】庭：仿宋本、馮本、魁本、程本、四庫本、邵本同，陳本作“廷”。

【5】威：程本、四庫本、邵本、陳本同，仿宋本、馮本、魁本作“滅”。

【6】摯：仿宋本、馮本、魁本、程本、四庫本同，何本、邵本、陳本作“摰”。

【7】飢匱：陳本同，仿宋本、馮本、魁本作“飢遺”，程本、邵本作“饑遺”，四庫本作“饑饉”。

【8】冀：馮本、程本、四庫本、邵本、陳本同，仿宋本、魁本作“異”。

【9】揚：何本、四庫本、邵本、陳本同，仿宋本、馮本、魁本、程本作“楊”。

【10】飢：仿宋本、馮本、魁本、陳本同，程本、何本、四庫本、邵本作“饑”。

【11】太：仿宋本、馮本、魁本、程本、邵本、陳本同，四庫本作“大”。

【12】丘：仿宋本、馮本、魁本、程本、四庫本、邵本作“兵”，陳本作“㐀”，今從陳本而改用正字。

【箋注】

〔1〕陳本“安土”作“夫士”，汪繼培曰：“當作‘安土重遷’。《漢書·元帝紀》永光四年詔曰：‘安土重遷，黎民之性；骨肉相附，人情所願也。’《通典》一引崔實《政論》云：‘小人之情，安土重遷，寧就飢餒，無適樂土之慮。’”

〔2〕汪繼培曰：“見《救邊篇》注。”

〔3〕汪繼培曰：“王先生云：‘“於徙”疑“畏徙”之誤。’”〇覺按：“於徙”可通，不煩改字。

〔4〕便：習，熟悉，習慣。

〔5〕類：大抵，大都，與“多”同義連用。

〔6〕汪繼培曰：“《後漢書·班超傳》云：‘狐死首丘，代馬依風。’《文選·古詩十九首》李善注引《韓詩外傳》云：‘詩曰：“代馬依北風，飛鳥棲故巢。”皆不忘本之謂也。’”〇覺按：此蓋古時諺語。《文選》卷第二十九《古詩十九首》：“胡馬依北風，越鳥巢南枝。”《吴越春秋·闔閭内傳》：“胡馬望北風而立，越鷰向日而熙。”均其例。代：原爲春秋戰國時一小國，在今河北省蔚縣一帶，都城即今蔚縣東北之代王城，後爲趙襄子所滅。趙武靈

王置代郡，秦、漢承之（參見35.12注〔6〕）。代馬：代地之馬，泛指北方出産的駿馬，所以又稱爲“胡馬”。首：向。狐死首丘：傳説狐狸將死，頭必朝向出生的山丘，比喻對故鄉的思念。這也是古代的習語，見《禮記・檀弓上》《楚辭・九章・哀郢》《淮南子・説林訓》。

〔7〕汪繼培曰：“讀爲‘鈍’。”〇覺按：謹：謹慎樸實。頓：通“鈍”，遲鈍，愚昧。

〔8〕汪繼培改“人”爲“大”曰：“舊作‘人’。”〇覺按：禍：使……得禍，危害。禍人：此指羌寇危害人。《左傳・昭公元年》：“子木有禍人之心。”用法與此同。汪繼培把“人”改爲“大”，未當。

〔9〕汪繼培曰：“《鹽鐵論・論誹篇》云：‘緒業不備者，不可以言理。’”

〔10〕去：離開。之：到。極：遠。

〔11〕汪繼培曰：“《列女傳》魏曲沃負曰：‘有禍，必及吾家。’”

〔12〕汪繼培曰：“‘争’下當脱‘壞’字。《敘録》云：‘令壞郡縣，毆民内遷。’”〇王紹蘭曰：“《後漢書・西羌傳》：‘羌既轉盛，而二千石、令、長多內郡人，竝無戰守意，皆争上徙郡縣以避寇難。朝廷從之，移隴西徙襄武，安定徙美陽，北地徙池陽，上郡徙衙。百姓戀土，不樂去舊，遂乃刈其禾稼，發徹室屋，夷營壁，破積聚。時連旱蝗飢荒，而驅蹙劫略，流離分散，隨道死亾，或弃捐老弱，或爲人僕妾，喪其大半。’按此《傳》所説，與論正同。論‘故争郡縣’句，‘争’下奪文，據《西羌傳》，當是‘徙’字。”〇覺按：兩説皆通，汪説爲優。

〔13〕汪繼培曰：“《漢書・何並傳》云：‘並自從吏兵追林卿。’”

〔14〕王紹蘭曰：“‘發民禾稼’之‘發’，當是‘癹’之譌。《説文・址部》：‘癹，以足蹋夷艸。’引《春秋傳》曰：‘癹夷薀崇之。’今《左氏傳》作‘芟’，亦與《西羌傳》‘刈其禾稼’義合。”〇彭鐸曰：“‘發’字當爲‘癹’。《説文》：‘癹，以足蹋夷艸。’引《春秋傳》曰：‘癹夷薀崇之。’今隱六年《左傳》作‘芟夷’，杜注：‘芟，刈也。’癹、芟義近。‘癹民禾稼’，猶言‘刈民禾稼’耳。《後漢書・西羌傳》：‘乃遂（覺按：當作“遂乃”）刈其禾稼，發徹室屋’，即本此文，是其明證矣。‘癹’作‘發’者，世人多見‘發’，少見‘癹’，故‘癹’訛而爲‘發’，或改爲‘芟’，班固《答賓戲》：‘夷險發荒’，一作‘芟荒’，尤其著例。此‘癹’字若不誤爲‘發’，則校者亦必改爲‘芟’。”〇覺按：據《説文・癶部》“癹”字條，“癹”（bá 跋）是用脚踏平草的意思，實與“跋”同義，與“芟”或“刈”之義不同。此“發”字當爲“癹”之形訛，但應解爲“踩踏”而不應該解爲“芟”或“刈”，《後漢書・西羌傳》之文也不足以證此文而當各從其文。

〔15〕汪繼培曰：“《詩・十月之交》云：‘徹我牆屋。’《趙策》：‘孟嘗君曰：“毋發屋室。”’按‘發’字與上複，此當讀爲‘廢’。《説文》云：‘廢，屋傾也。’”〇覺按：發：通“廢”，指拆毁。《商君書・兵守》：“發梁撤屋。”與此用法同。徹：通“撤”，拆除。

〔16〕汪繼培曰：“《漢書・趙充國傳》云：‘行必爲戰備，止必堅營壁。’《吕氏春秋・似順論》云：‘往而夷夫壘。’高誘注：‘夷，平也。’”

〔17〕汪繼培曰：“《漢書・荆王劉賈傳》云：‘入楚地，燒其積聚，以破其業。’《高帝紀》云：‘不事家人生産作業。’《後漢書・循吏・仇覽傳》云：‘勸人生業，爲制科令，至於果菜爲限，鷄豕有數。’”

〔18〕與：與下文“使”相對，猶“使”也。參見《古書虚字集釋》卷一“與”字條及23.8注〔7〕。

〔19〕汪繼培曰：“《詩・雨無正》云：‘鼠思泣血。’‘叫號’見《救邊篇》。”〇覺按：

泣血：指哭泣極其悲痛，眼淚哭乾了又流出血來，即《韓非子·和氏》所説的"泪盡而繼之以血"，這是一種誇飾之辭。《禮記·檀弓上》"泣血三年"鄭玄注、孔穎達疏及《辭源》（修訂本）"泣血"條認爲"泣血"指極其悲痛而無聲的哭泣，其眼淚默默地流下來就像血無聲地流出來一樣，恐未當。

〔20〕汪繼培曰："▲漢人稱刺史、太守爲將。'威'舊作'滅'，据程本改。《韓非子·六反篇》云：'吏威嚴而民聽從。'"

〔21〕陳本"摰"作"摯"，汪繼培曰："'摰'疑'違'，字形相近而誤。"〇彭鐸曰："二字形遠，無緣致誤。此疑當作'敢有不慹'。《説文》：'慹，怖也。'言敢有不懼耳。汪説失之。"〇覺按：汪説非，彭説也未當。摰（niè 聶）：通"槷"或"鶂"（niè 聶），動摇的意思，此指態度不堅決。《周禮·冬官考工記·輪人》"大而短則摰"鄭玄注引鄭司農云："摰，讀爲'槷'。"可爲佐證。又可參見 28.5 注〔7〕。汪氏初稿注云："'摰'與'縶'通，縶，絆，猶言繫戀。"亦未當，故定稿作別解。

〔22〕汪繼培曰："舊作'遺'。"

〔23〕汪繼培曰："《吕氏春秋·貴直論》：'狐援曰："吾今見民之洋洋然東走而不知所處。"'或云：此'東'疑'奔'之誤。《後漢書·隗囂傳·討王莽檄》云：'生者則奔亡流散，幼孤婦女，流離係虜。'"〇彭鐸曰："寇發於西，故人民東走，下文兖、豫、荆、揚，皆在并、涼之東也。'東'字不誤。"

〔24〕幽：幽州，西漢武帝所置十三刺史部（見 16.2 注〔26〕）之一。在今河北省東北部及遼寧省、朝鮮一帶，東漢時治所在薊縣（在今北京市大興區）。冀：冀州，漢武帝所置十三刺史部之一，在今河北省南部與河南省北部一帶，東漢時治所在高邑縣（今河北省柏鄉縣北），後移治鄴縣（今河北省臨漳縣西南）。兖（yǎn 眼）：兖州，漢武帝所置十三刺史部之一，在今山東省西南部及河南省東部一帶，東漢時治所在昌邑縣（今山東省金鄉縣西北）。豫：豫州，漢武帝所置十三刺史部之一，在今淮河以北伏牛山以東豫東、皖北一帶，東漢時治所在譙縣（今安徽省亳州市）。

〔25〕荆：荆州，見 16.11 注〔4〕。揚：揚州，漢武帝所置十三刺史部之一，在今安徽、江蘇的南部與浙江、江西、福建一帶，東漢時治所在歷陽縣（今安徽省和縣）。蜀、漢：見 21.7 注〔12〕。

〔26〕汪繼培曰："《後漢書·馮衍傳》云：'四垂之人，肝腦塗地，死亡之數，不啻太半。'《漢書·高帝紀》韋昭注：'凡數，三分有二爲太半，有一分爲少半。'"

〔27〕汪繼培曰："《意林》云：'邊境牛羊，不可久荒。''牛羊'即上文'太半'之誤。'丘'舊作'兵'，据《敍録》改。《後漢書·梁統》後《冀傳》云：'包含山藪，遠帶丘荒。'《文選》陸士衡《歎逝賦》云：'慜城闕之丘荒。'《隸釋·廣漢太守沈子琚緜竹江堰碑》云：'躬耕者少，溉田丘荒'。'丘荒'即'丘荒'。按《廣雅·釋詁》云：'丘，空也。'《漢書·息夫躬傳》'丘亭'，《後漢書·龐參傳》'丘城'，皆取此義。《西羌傳》虞詡疏曰：'衆羌内潰，郡縣兵荒。''兵荒'疑亦'丘荒'之誤。"〇覺按：丘荒：空曠荒蕪，相當於"丘墟"。《管子·八觀》："眾散而不收，則國爲丘墟。"

〔28〕汪繼培曰："《後漢書·西羌傳》云：'羌既轉盛，而二千石、令、長多内郡人，並無戰守意，皆爭上徙郡縣以避寇難。朝廷從之，遂移隴西徙襄武，安定徙美陽，北地徙池陽，上郡徙衙。百姓戀土，不樂去舊，遂乃刈其禾稼，發徹室屋，夷營壁，破積聚。時連旱蝗飢荒，而驅蹙刧畧，流離分散，隨道死亡。或棄捐老弱，或爲人僕妾，喪其大半。'皆本此文。"

24.4

夫土地者，民之本也，誠不可久荒以開敵心●【1】〔1〕。且扁鵲之治病也●〔2〕，審閉結●〔3〕而通鬱滯●【2】〔4〕，虛者補之，實者瀉之●〔5〕，故病愈而名顯●【3】〔6〕。伊尹之佐湯也，設輕重而通有無，損積餘以補不足，故殷治而君尊●〔7〕。賈誼痛於偏枯躄痱之疾●〔8〕。今邊郡千里，地各有兩縣，户財置數百●【4】〔9〕，而太守周迴萬里，空無人民，美田棄而莫墾發●〔10〕。中州内郡●〔11〕，規地拓●境〔12〕，不能半●邊【5】〔13〕，而口户百萬●〔14〕，田畝一全●【6】〔15〕，人衆地荒，無所容足●〔16〕。此亦偏枯躄痱之類也。《周書》曰〔17〕："土多人少，莫出其材，是謂虛土，可襲伐也。土少人衆，民非其民，可匱●竭也【7】〔18〕。"是故土地人民必相稱也●〔19〕。今邊郡多害而役劇●〔20〕，動入禍門●〔21〕。不爲興利除害，有以勸之，則長無與復之〔22〕，而門●〔23〕有寇戎之心●【8】〔24〕。西羌北虜【9】，必生闚欲，誠大憂也。

【校記】

【1】以開敵心:《意林》引文、陳本同，仿宋本、馮本、魁本、程本、邵本作"以開墾"，四庫本作"而不墾"。

【2】滯:《意林》引文、陳本同，仿宋本、馮本、魁本、程本、四庫本、邵本無"滯"字。

【3】而：馮本、程本、四庫本、邵本、陳本同，仿宋本、魁本作"自"。

【4】户財：仿宋本、馮本、程本、邵本、陳本同，魁本作"尹財"，四庫本作"户才"。數：程本、邵本、陳本同，仿宋本、馮本作"敢"，魁本、四庫本作"數"。

【5】半：陳本同，仿宋本、馮本、魁本、程本、邵本作"生"，四庫本作"過"。

【6】全：仿宋本、馮本、魁本、程本、邵本、陳本同，四庫本作"金"。

【7】匱：陳本同，仿宋本、馮本、魁本、程本、四庫本、邵本作"遺"。

【8】門：仿宋本、馮本、魁本、程本、四庫本、邵本同，陳本作"内"。

【9】北：仿宋本、馮本、程本、四庫本、邵本、陳本同，魁本作"比"。

【箋注】

〔1〕汪繼培曰:"'開敵心'舊作'開墾'，据《意林》改。《敍録》亦云:'今又丘荒，慮必生心。'《列女傳・晉獻驪姬》云:'邊境無主，則開寇心。夫寇生其心，民嫚其政，國之患也。'按《晉語》'開'作'啓'。漢避景帝諱，以'啓'爲'開'。"

〔2〕汪繼培曰:"《史記》云:'扁鵲者，姓秦氏，名越人。'"〇覺按：扁鵲：春秋、戰國之際的名醫，姓秦，名越人，趙國鄚（mò 莫）邑（本戰國趙地，後屬燕。漢置鄚縣，初屬勃海郡，後屬涿郡，東漢時屬河間國，在今河北省任邱市東北）人。因其醫術高明，可與黄帝時的名醫扁鵲相媲美，所以號稱扁鵲。後又家居盧邑（在今山東省濟南市長清區西南），所以又稱盧醫。他曾受禁方於長桑君，歷游齊、趙。後至秦國，秦國太醫令李醯

自知醫術不如扁鵲，就派人把他殺了。扁鵲吸取了前人的經驗，創造了切脈術，精通内科、婦科、五官科、小兒科等。《漢書·藝文志》於“方技略·醫經家”著録《扁鵲内經》九卷、《外經》十二卷，已佚。參見《史記·扁鵲倉公列傳》。

〔3〕汪繼培曰：“《漢書·藝文志》論經方云：‘通閉解結，反之於平。’”

〔4〕汪繼培曰：“《素問·六元正紀大論》：‘黄帝曰：“鬱之甚者，治之奈何？”岐伯曰：“木鬱達之，火鬱發之，土鬱奪之，金鬱泄之，水鬱折之，▲然調其氣。”’‘滯’字舊脱，据《意林》補。《淮南子·俶真訓》云：‘血脈無鬱滯。’”〇覺按：《吕氏春秋·達鬱》：“血脈欲其通也……精氣欲其行也，若此則病無所居而惡無由生矣。病之留、惡之生也，精氣鬱也。”

〔5〕汪繼培曰：“《素問·三部九候論》：‘岐伯曰：“必先度其形之肥瘦，以調其氣之虚實。實則瀉之，虚則補之。”’”〇覺按：參見 16.1 注〔1〕。

〔6〕汪繼培曰：▲“語意與《鹽鐵論·輕重篇》同。”〇覺按：見 16.1 注〔4〕。

〔7〕汪繼培曰：“《管子·地數篇》云：‘昔日（覺按：當作“昔者”）桀霸有天下而用不足，湯有七十里之薄而用有餘。伊尹善通移輕重、開闔、決塞，通於高下徐疾之策、坐起之費，時也。’”〇覺按：輕重：分量的小和大，引申指價值的低和高。語本《國語·周語下》單穆公所説的“古者天災降戾，於是乎量資幣、權輕重以振救民。民患輕，則爲作重幣以行之，……若不堪重，則多作輕而行之，亦不廢重……”。這是指隨着貨物的貴賤來鑄造輕重不同即價值不同的錢幣以適其用。到戰國以後，“輕重”逐漸演變成爲一種國家的經濟策略，其主要内容是：國家運用行政法令的手段（如制定各種税收、物價政策等）、依靠經濟方面的實力和手段（如出售高價的貨物，買進低價的貨物，鑄造和發行貨幣等等），調節物資的供求和物價的高低，以此來維持正常的經濟秩序而鞏固統治。反映這種輕重論的主要文獻是《管子》中的《臣乘馬》《乘馬數》《海王》《國蓄》《山國軌》《山權數》《地數》《揆度》《國准》《輕重甲》等篇章。此文所言，即本其説。

〔8〕汪繼培曰：“《新書·解縣篇》云：‘天下非特倒縣而已也，又類躄，且病痱。夫躄者一面病，痱者一方痛。’《説文》云：‘痱，風病也。痛，半枯也。’《素問·生氣通天論》云：‘汗出偏沮，使人偏枯。’”〇覺按：偏枯：病名，今稱偏癱，又叫半身不遂。躄（bì避）：兩腿瘸（qué）或一腿瘸均稱爲“躄”，此文與“跛”（bǒ簸）同義，指瘸了一條腿。痱（féi 肥）：一種風病，今稱中風，又叫卒中（cùzhòng 猝衆），得病後身子偏癱或截癱，嚴重時當場會死亡。此文的“偏枯躄痱”用於政論，是一種比喻之詞，指國家對各地照顧不均而使某一方面陷於癱瘓或半癱瘓的狀態。

〔9〕汪繼培曰：“《漢書·文帝紀》二年顔師古注：‘“財”與“纔”同。’”〇覺按：財：通“纔”，衹。

〔10〕汪繼培曰：“《漢書·劉屈氂傳》云：‘興美田以利子弟賓客。’”

〔11〕汪繼培曰：“《漢書·司馬相如傳·大人賦》云：‘在乎中州。’顔師古注：‘中州，中國也。’‘内郡’注見《救邊篇》。”〇覺按：此“中州”與“内郡”相對，當指國家中部之州。内郡：見 22.2 注〔4〕。

〔12〕汪繼培曰：“與‘柝’同。”〇覺按：規：規劃，指精打細算、儘量利用。拓：開拓，擴大。

〔13〕汪繼培曰：“舊作‘生’，孫侍御改。”

〔14〕汪繼培曰：“‘口户’疑倒。”〇覺按：原文可通，不煩改字。

〔15〕汪繼培曰：“王先生云：‘“全”當作“金”，謂直貴也。古以一斤爲一金。’繼培

按：‘一’蓋‘不’字之壞。《管子·禁藏篇》云：‘户籍田結者，所以知貧富之不訾也。故善者必先知其田，乃知其人。田備然後民可足也。’‘不全’即‘不備’之謂。”〇覺按：王說未當。汪稿原有疏證王說者，其注云：“《漢書·東方朔傳》云：‘酆鎬之間號爲土膏，其賈畝一金。’《隸釋·堂邑令費鳳碑》云：‘祖業良田，畝直一金。’《後漢書·文苑傳》杜篤《論都賦》云：‘厥土之膏，畝價一金。’”後來可能認爲王說不當，故未刻入陳本。今人多從汪說，似未當。此“一”字恐不誤，其意思是指十分之一，形容有田之人極少。古代分母爲“十”時，可省去不説而單説分子。如《商君書·徠民》：“今秦之地，方千里者五，而穀土不能處二。”“二”指十分之二。《史記·魯仲連鄒陽列傳》：“栗腹以十萬之衆，五折於外。”“五”指十分之五。《史記·滑稽列傳》：“髡竊樂此，飲可八斗而醉二參（覺按：同“叁”）。”《索隱》：“二參，言十有二參醉也。”均其例。

〔16〕汪繼培曰：“‘荒’當爲‘狹’。《商子·算地篇》云：‘地狹而民衆者，民勝其地。’《來民篇》云：‘土狹而民衆。’《史記·貨殖傳》云：‘地小人衆。’又云：‘土地小狹民人衆。’《鹽鐵論·園池篇》云：‘三輔迫近於山河，地狹人衆。’皆其證也。《通典》一引崔實《政論》云：‘今青、齊、兖、冀，人稠土狹，不足相供；而三輔左右，及涼、幽州内附近郡，皆土曠人稀，厥田宜稼，悉不肯墾。今宜徙貧民不能自業者於寬地，此亦開草闢土振民之術也。’《晏子春秋·雜下》云：‘不得容足而寓焉。’”〇覺按：“荒”“狹”形音不近，無以致誤，汪說恐未當。此“荒”字當通“亡”（參見《說文通訓定聲·壯部弟十八》“荒”字條），表示“無”，即缺乏，此句上云“田畝一全”，可見多數人家無地，下句云“無所容足”，更可證其無地。

〔17〕《周書》：見22.10注〔8〕。

〔18〕汪繼培曰：“舊作‘遺’。”

〔19〕汪繼培曰：“《逸周書·文傳解》云：‘土多民少，非其土也。土少人多，非其人也。’又云：‘開望曰：“土廣無守可襲伐，土狹無食可圍竭。二禍之來，不稱之災。”’孔晁注：‘政以人土相稱爲善也。’《禮記·王制》云：‘凡居民，量地以制邑，度地以居民。地邑民居，必參相得也。’《尉繚子·兵談篇》云：‘量土地肥墝而立邑，建城稱地，以城稱人，以人稱粟。三相稱，則内可以固守，外可以戰勝。’《商子·來民篇》云：‘地方百里者，山陵處什一，藪澤處什一，谿谷流水處什一，都邑蹊道處什一，惡田處什一，良田處什四。□此食作夫五萬。其山陵、谿谷、藪澤可以給其材，都邑蹊道足以處其民，先王制土分民之律也。今秦之地，方千里者五，而穀土不能處二，田數不滿百萬，其藪澤、蹊（覺按：當作“谿”）谷、名山、大川之材物貨寶，又不盡爲用。此人不稱土也。’”

〔20〕汪繼培曰：“《後漢書·和帝紀》永元十三年詔曰：‘幽、并、涼州户口率少，邊役衆劇。’”

〔21〕汪繼培曰：“《史記·趙世家》：‘李兑曰：“同類相推，俱入禍門。”’”

〔22〕彭鐸曰：“‘有以勸之，則長無與復之’，‘與’猶‘以’也，互文耳。”〇覺按：復：免除徭役。

〔23〕汪繼培改“門”爲“内”曰：“舊作‘門’。”〇覺按：門：家門，此指家。汪繼培改爲“内”，也通。

〔24〕汪繼培曰：“▲《墨子·尚同中》云：‘將以爲萬民興利除害。’《墨子·兼愛中》云：‘仁人之所以爲事者，必興天下之利，除去天下之害。’《史記·陸賈傳》云：‘爲天下興利除害。’《漢書·嚴安傳》云：‘伯者常佐天子興利除害。’《管子·法法篇》云：‘期於興利除害。’《治國篇》云：‘先王者善爲民除害興利，故天下之民歸之。所謂興利者，利

農事也。所謂除害者，禁害農事也。農事勝，則入粟多；入粟多，則國富；國富，則安鄉重家；安鄉重家，則雖變俗易習，毆（覺按：當作“敺”）衆移民，至於殺之，而民不惡也。此務粟之功也。上不利農，則粟少；粟少，則人貧；人貧，則輕家；輕家，則易去；易去，則上令不能必行；上令不能必行，則禁不能必止；禁不能必止，則戰不必勝，守不必固矣。’《鹽鐵論·未通篇》云：‘傳曰：“大軍之後，累世不復。”方今郡國田野有隴而不墾，城郭有宇而不實，邊郡何饒之有乎？’《漢書·嚴助傳》淮南王安上書云：‘四年不登，五年復蝗，民生未復。’《徐樂傳》云：‘間者，關東五穀數不登，年歲未復，民多窮困，重之以邊境之事，推數循理而觀之，民宜有不安其處者矣。不安故易動，易動者，土崩之埶也。’《鼂錯傳》云：‘陛下不救，則邊民絶望，而有降敵之心。’”〇覺按：寇戎：敵軍來犯。

24.5

百工制器，咸填其邊，散之兼倍〔1〕，豈有私哉？乃所以固其内爾。先聖制法，亦務實邊，蓋以安中國也。譬猶家人遇寇賊者，必使老小羸軟居其中央，丁彊武猛衛其外●〔2〕。内人奉其養，外人禦其難，蛩蛩距虚，更相恃仰【1】，乃俱安存●〔3〕。

【校記】

【1】恃：仿宋本、馮本、魁本、程本、陳本同，何本、四庫本、邵本作“持”。

【箋注】

〔1〕散：當爲“敬”字之訛。兼：加倍。

〔2〕汪繼培曰：“《白虎通·五行篇》云：‘丁者，強也。’《論衡·無形篇》云：‘身氣丁彊。’”

〔3〕汪繼培曰：“《吕氏春秋·不廣篇》云：‘北方有獸名曰蹶，鼠前而兔後，趨則跲，走則顛，常爲蛩蛩距虚取甘草以與之。蹶有患害也，蛩蛩距虚必負而走。’《爾雅·釋地》作‘邛邛岠虚’。《韓非子·外儲説左上》云：‘不恃仰人而食。’《新書·道德説》云：‘物莫不仰恃德。’《論衡·感類篇》云：‘功無大小，德無多少，人須仰恃賴之者，則爲美矣。’”〇覺按：蛩蛩（qióngqióng 窮窮）距虚：《爾雅·釋地》作“邛邛岠虚”，是傳説中的一種小獸，與蹶（傳説中的獸）相依爲命。據説蛩蛩距虚前部高似兔子，後部低似老鼠，善於奔走而不善於吃草。蹶前部低似老鼠，後部高似兔子，善於吃草，但一跑就會跌倒。平時蹶取美草供給蛩蛩距虚，遇難時蛩蛩距虚就背着蹶逃跑。參見《吕氏春秋·不廣》、《爾雅·釋地》及郭璞注。

24.6

詔書法令：二十萬口，邊郡十萬，歲舉孝廉一人；員除，世舉廉吏一人●〔1〕。羌反以來，户口減少，又數易太守，至十歲不得舉。當職勤勞而不録●〔2〕，賢俊蓄積而不悉●【1】〔3〕，衣冠無所覬望●〔4〕，農夫無所貪利〔5〕，是以逐稼中災●〔6〕，莫肯就外。古之利其民，誘之以利，弗脅以刑●〔7〕。《易》曰："先王以省方觀民設教●〔8〕。"是故建武初●〔9〕，得邊郡，户雖數百，令歲舉孝廉，以召來人〔10〕。今誠宜權時，令邊郡舉孝一人【2】；廉吏，世舉一人【3】〔11〕；益置明經〔12〕，百石一人〔13〕。内郡人將妻子來占著●【4】〔14〕，五歲以上，與居民同均，皆得選舉。又募運民，耕邊入穀，遠郡千斛〔15〕，近郡二千斛，拜爵五大夫●〔16〕。可不欲爵者，使食倍賈於内郡●〔17〕。如此，君子小人，各有所利，則雖欲令無往，弗能止也【5】。此均●苦樂【6】〔18〕、平徭役、充邊境、安中國之要術也。

【校記】

【1】不：程本、四庫本、邵本、陳本同，仿宋本、馮本、魁本無"不"字。
【2】孝一人：仿宋本、馮本、魁本、程本、邵本、陳本同，四庫本作"孝廉一"。
【3】人：何本、邵本、陳本同，仿宋本、馮本、魁本、程本、四庫本作"又"。
【4】占著：陳本同，仿宋本、馮本、魁本、程本、邵本作"召著"，四庫本作"居者"。
【5】止：程本、四庫本、邵本、陳本同，仿宋本、馮本、魁本作"正"。
【6】此均：邵本、陳本同，仿宋本、馮本、魁本、程本、何本、四庫本作"均此"。

【箋注】

〔1〕汪繼培曰："'詔書'以下，文有脱誤。按《後漢書·丁鴻傳》云：'永元四年，代袁安爲司徒。時大郡口五六十萬舉孝廉二人，小郡口二十萬并有蠻夷者亦舉二人。帝以爲不均，下公卿會議。鴻與司空劉方上言："凡口率之科，宜有階品，蠻夷錯雜，不得爲數。自今郡國，率二十萬口，歲舉孝廉一人；四十萬，二人；六十萬，三人；八十萬，四人；百萬，五人；百二十萬，六人；不滿二十萬，二歲一人；不滿十萬，三歲一人。"帝從之。'《和帝紀》永元十三年詔曰：'幽、并、涼州，户口率少，邊役衆劇，束修良吏，進仕路狹。撫接夷狄，以人爲本。其令緣邊郡，口十萬以上，歲舉孝廉一人；不滿十萬，二歲舉一人；五萬以下，三歲舉一人。'"〇俞樾曰："依文詮解，亦自可通。《後漢書·丁鴻傳》：'自今郡國，率二十萬口，歲舉孝廉一人。'又《和帝紀》：'令緣邊郡，口十萬以上，歲舉孝廉一人。'是漢制舉孝廉，内地與邊地不同。此文則合并言之。'詔書法令，二十萬口'，此以内地言也；'邊郡十萬'，此以邊地言也；其下云'歲舉孝廉一人'，則合内地邊地而言也。如分别言之，當云'詔書法令：郡國二十萬口，歲舉孝廉一人；邊郡十萬口，歲舉孝廉一人'，則文義自明矣。'員除世'句，'世'乃'三十'二字之誤。'除'疑當爲'際'。《淮南·原道篇》'高不可際'注曰：'際，至也。''際'與'至'一聲之轉。以'際'爲'至'，蓋漢人語。'員際三十，舉廉吏一人'，言滿三十員，則舉一廉吏也。下文云：'廉吏世舉一人'，'世'亦當爲'三十'。"〇彭鐸曰："俞説是。'世'即'卅'之訛。《説文》：'卅，三十并也。'"〇覺按：俞樾"依文詮解"是也，然"除"字不誤，"除"表示任官，授職。《漢書·田蚡傳》"君除吏盡未"顔師古注："凡言除者，除去故官就新官。""世"當作"卅"。其餘可參見 14.3 注〔4〕。

〔2〕汪繼培曰："《毛詩·卷耳·序》云：'知臣下之勤勞。'《汝墳》鄭箋云：'賢者而處勤勞之職。'"

〔3〕汪繼培曰："'不'字舊脱，据程本補。▲不悉，言志不能抒泄也。《新語·術事篇》云：'道術蓄積而不舒。'《吴越春秋》：'伍子胥曰："平王卒，吾志不悉矣。"'"〇覺按：汪説可通，但未必當。此"悉"與上句"録"互文，均用作被動詞，意爲被詳盡地知道，指被全面瞭解而得到任用，相當於韓愈《進學解》"占小善者率以録，名一藝者無不庸"之"無不庸"。

〔4〕汪繼培曰："《漢書·杜周傳》云：'衣冠謂欽爲"盲杜子夏"。'顔師古注：'衣冠，謂士大夫也。'《説文》云：'覬，饮幸也。'《小爾雅·廣言》云：'覬，望也。'"

〔5〕《廣雅·釋詁二》："利，貪也。"

〔6〕汪繼培曰：▲"逐稼中災，猶《漢書·谷永傳》云'比年喪稼'也。"〇覺按：此"逐"爲追逐之義，故"逐稼中災"與"比年喪稼"之義稍有差別。

〔7〕汪繼培曰："'利其民'之'利'當爲'理'。理，治也。襄廿六年《左傳》云：'古之治民者，勸賞而畏刑。'杜注：'樂行賞而憚用刑。'"〇彭鐸曰："'利'當爲'制'，涉上下文二'利'字而誤。'制'本作'利'，故與'利'恒相亂，《邊議篇》：'《易》利禦寇'，舊訛'制'，《卜列篇》：'奉成陰陽而制物'，舊誤'利'，其比也。'制民'與篇首'制國'義近。《書·吕刑》：'折民惟刑'，一作'制民惟刑'，陶潛《四八目》引同，此古言'制民'之證。"〇覺按：二説得字不同，而皆得其義，可謂殊途同歸。汪繼培初稿於"古之利"下箋云："疑'制'，或當作'莅'。"也以形訛或音訛之途求其正字。若求其正解，則此"利"字當爲"制"之形訛，汪之初解與彭説爲是。

〔8〕汪繼培曰："《觀·象辭》。"

〔9〕汪繼培曰："後漢光武紀元。"〇覺按：建武：漢光武帝年號，公元25—56年。

〔10〕召來：通"招徠"。

〔11〕彭鐸曰："'世'當爲'卅'，説見上。"〇覺按：參見注〔1〕。

〔12〕明經：見7.3注〔19〕。

〔13〕彭鐸曰："上文'邊郡舉孝一人，廉吏卅舉一人'，皆言口率，不言其秩，疑此'百石'當爲'百户'，言此時邊郡户口鋭減，每百户得增置一明經，所謂權宜之計也。"〇覺按："百石"當作"百户"，"户"古作"户"，與"石"形近，故誤。又，"石"下承上省"舉"字。

〔14〕汪繼培曰："'占'舊作'召'。《史記·田叔傳》云：'因占著名數，家於武功。'《索隱》云：'言卜日而自占著家口名數，隸於武功，猶今附籍然也。'《漢書·宣帝紀》地節三年詔曰：'流民自占八萬餘口。'顔師古注：'占者，謂自隱度其户口而著名籍也。'二家説'占'字各異，顔氏得之。▲'占著'亦曰'占繫'，《風俗通·十反篇》云：'胡伊名户，占繫陳國。'"〇覺按：占：審度上報。著（zhuó着）：附着，指落户。占著：審度自己的户口而上報落户，指外來人口成了當地有户籍的常住人口，等於後世所説的"占籍"。它是漢代的一個習語。《後漢書·李忠列傳》："三歲間流民占著者五萬餘口。"也可明此義。四庫本"占著"作"居者"，蓋不明其義而臆改。

〔15〕斛（hú狐）：古代容量單位，十斗爲一斛。

〔16〕汪繼培曰："《漢書·百官公卿表》云：'爵九級，五大夫。'"〇覺按：秦、漢時分爵位爲二十級，五大夫爲第九級爵位名。

〔17〕汪繼培曰："'可'蓋'其'之誤。'賈'讀爲'價'。《墨子·號令篇》云：'牧粟

米、布、錢金，出內畜産，皆爲平直其賈，與主人券書之。事已，皆各以其賈倍賞之。又用其賈貴賤多少賜爵，欲爲吏者許之；其不欲爲吏，而欲以受賜賞爵禄若贖士親戚所知罪人者，以令許之。’此文本於彼。”〇覺按：汪説雖可通，但“可”字恐不誤。《荀子·富國篇》“皆有可也”楊倞注：“可者，遂其意之謂也。”即認可、同意、准許的意思。

〔18〕汪繼培曰：“二字舊倒。”

潛夫論卷第五[1]

【校記】

【1】潛夫論卷第五：仿宋本、馮本、魁本、程本同，何本、邵本作“潛夫論卷五終”，四庫本作“潛夫論卷五”，陳本作“潛夫論卷第五終”。

潛夫論卷第六[1]　　　　王符[2]

卜列第二十五

巫列第二十六

相列第二十七[3]

【校記】

【1】卷第六：仿宋本、馮本、魁本、程本、陳本同，何本、四庫本、邵本作“卷六”。

【2】王符：仿宋本、馮本、魁本同，程本、何本、四庫本、邵本、陳本此行下端無字。

【3】仿宋本、馮本、魁本有此三行子目，程本無此子目而有“漢　安定王符著”“明新安程榮校”兩行字，何本、邵本無此子目，四庫本無此子目而有“漢　王符　撰”一行字，陳本無此子目而有“蕭山汪繼培箋”一行字。巫：仿宋本、馮本、魁本皆作“正”，據36.26正文改。

卜列第二十五

【提要】

卜列：論列占卜。文章從回顧古代的卜筮入手，批判了當時卜筮氾濫的現象，同時也批判了當時各種虛妄的迷信説法。

作者認爲，從開天闢地起就有了神和人，“民神異業精氣通”，所以聖賢“立卜筮以質神靈”。然而，古人卜筮都是爲了“成其吉”，所以，凡是占卜算卦的人推斷吉凶，都是要使人們“脩身慎行以迎福”。而且，聖人雖然重視卜筮，但並不專靠卜筮來決斷事情，他們“不違民以爲吉”，對於“不疑之事”並不問卜。今之俗人迷信卜筮，全靠卜筮來斷事，實在糊塗透頂。

接着，作者又批判了當時淺陋的方士以五音來附會姓氏住宅從而推斷住户的吉凶以及根據太歲的向背來占吉凶的種種虛妄之説。他認爲，姓名這種東西，“所以別衆猥而顯此人爾”，衹能用來推究始祖，而不能用來論定五行。至於住宅，同姓的人遞相居住同一住宅而或吉或凶，説明姓氏與吉凶興衰根本無關。至於太歲等天神，“與人異禮”，根本不會對人發怒生怨。

作者認爲，要使民心向善，不應該用鬼神去嚇唬他們，其關鍵在於“開其心而正其精”。但是，在這“不見正道”的社會裏，人們“長於邪淫誑惑之中”，要改變他們的落後迷信思想是很難的，衹有聖王纔能移風易俗，改變人們的精神面貌。

25.1

天地開闢有神民，民神異業精氣通●〔1〕。行有招召●〔2〕，命有遭隨●〔3〕。吉凶之期〔4〕，天難諶斯●〔5〕。聖賢雖察不自專，故立卜筮以質神靈●〔6〕。孔子稱〔7〕："蓍之德圓而神〔8〕，卦之德方以智〔9〕。"又曰："君子將有行也，問焉而已言【1】〔10〕，其受命而嚮●【2】〔11〕。"是以禹之得皋陶，文王之取呂尚，皆兆告其象，卜底其思【3】，以成其吉●〔12〕。

【校記】

【1】已：仿宋本、馮本、魁本同，程本、四庫本、邵本、陳本作"以"。

【2】而嚮：仿宋本、馮本、魁本、陳本同，程本、邵本作"如嚮"，四庫本作"如響"。

【3】底：仿宋本、馮本、魁本同，程本、邵本、陳本作"底"，四庫本作"底"。

【箋注】

〔1〕汪繼培曰："《御覽》一引《尚書中候》云：'天地開闢。'《楚語》：'觀射父云："古者民神不雜，民之精爽不攜貳者，則明神降之，在男曰覡，在女曰巫，是使制神之處位次主，而爲之牲器時服，而後使先聖之後之有光烈而敬恭明神者以爲之祝，使名姓之後而心率舊典者爲之宗。於是乎有天地神名類物之官，是謂五官，各司其序，不相亂也。民是以能有忠信，神是以能有明德。民神異業，敬而不瀆，故神降之嘉生，民以物亨（覺按：當作"享"），禍災不至，求用不匱。"'▲《史記·歷書》云：'黄帝考定星歷，建立五行，起消息，正閏餘，於是有天地神祇物類之官，是謂五官，各司其序，不相亂也。民是以能有信，神是以能有明德。民神異業，敬而不瀆，故神降之嘉生，民以物享，災禍不生，所求不匱。'《漢書·郊祀志》云：'民之精爽不貳，齊肅聰明者，神或降之，在男曰覡，在女曰巫，使制神之處位，爲之牲器，使先聖之後，能知山川，敬于礼儀，明神之事者，以爲祝；能知四時犧牲，壇場上下，氏姓所出者，以爲宗。故有神民之官，各司其序，不相亂也。民神異業，敬而不黷，故神降之嘉生，民以物序，災禍不至，所求不匱。'《路史·前紀三》引此文，誤以'神民'爲帝者名氏，又以'行'字帶上讀，陳耀文《天中記》十一嘗正之。"〇覺按：《國語·楚語下》："民神異業，敬而不瀆，故神降之嘉生，民以物享，禍災不至，求用不匱。"韋昭注："業，事也。嘉生，善物。"精氣：陰陽精靈之氣，它是構成萬物的物質。

〔2〕汪繼培曰："《荀子·勸學篇》云：'言有召禍也，行有招辱也。'"

〔3〕汪繼培曰："《莊子·列禦寇篇》云：'達大命者隨，達小命者遭。'《春秋繁露·重政篇》云：'人始生有大命，是其體也。有變命存其閒者，其政也。政不齊，則人有忿怒之志，若將施危難之中，而時有遭隨（覺按：當作"隨遭"）者，神明之所接，絶屬之符也。'遭命、隨命，注見《論榮篇》。"〇覺按："遭命""隨命"是漢代流行的説法。王充曾概括其含義，《論衡·命義篇》云："正命，謂本稟之自得吉也。性然骨善，故不假操行以求福而吉自至，故曰正命。隨命者，戮力操行而吉福至，縱情施欲而凶禍到，故曰隨命。遭命者，行善得惡，非所冀望，逢遭於外，而得凶禍，故曰遭命。"參見 4.3 注〔1〕。

〔4〕期：約會，引申指預測，參見 27.5 注〔8〕。

〔5〕汪繼培曰："《詩·大明》。'諶'今作'忱'。《漢書·貢禹傳》《後漢書·胡廣傳》《續漢書·律歷志·論》《春秋繁露·如天之爲篇》《説文》諶字下並與此同。▲王應麟《詩攷》引《韓詩外傳》作'訦'。"〇覺按：這是《詩經·大雅·大明》中的詩句。今傳《毛詩》"諶"作"忱"，兩字同音通用。諶（chén 沉）：相信，信賴。斯：句末語助詞。天難諶斯：上天難以信賴。這是因爲天命無常的緣故。《尚書·咸有一德》："嗚呼！天難諶，命靡常。"孔安國傳："以其無常，故難信。"

〔6〕汪繼培曰："《禮記·祭義》云：'昔者聖人建陰陽天地之情，立以爲《易》。易抱龜南面，天子卷冕北面，雖有明知之心，必進斷其志焉，示不敢專，以尊天也。'《史記·龜策傳》云：'君子謂夫輕卜筮無神明者，悖；背人道信禎祥者，鬼神不得其正。故《書》建"稽疑"，五謀而卜筮居其二，五占從其多，明有而不專之道也。'《白虎通·蓍龜篇》云：'聖人獨見先覩，必問蓍龜何？示不自專也。'《論衡·辨祟篇》云：'聖人舉事，先定於義，義已定立，決以卜筮，示不專己，明與鬼神同意共指，欲令衆下信用不疑。'《卜筮篇》云：'俗信卜筮，謂卜者問天，筮者問地，蓍神龜靈，兆數報應，故捨人議而就卜筮，違可否而信吉凶。'《實知篇》云：'若蓍龜之知吉凶，蓍草稱神，龜稱靈矣。'"〇覺按：卜筮（shì 市）：占卜算卦。古人在龜底板上鑽鑿槽穴，然後用荆木燒灼使龜板發生爆裂，龜甲發出的爆裂之聲即是"卜"之字音，爆裂產生的裂紋即是"卜"或"兆"之字形，根據這兆紋來預測吉凶就是占卜，或簡稱爲"卜"。古代算卦，先反復在四十九根蓍（shī 詩）草中隨意抽取，每次抽取後數一下，如果是奇數，即畫一横"⚊"爲陽爻；如果是偶數，即畫二短横"⚋"爲陰爻。抽取三次即得三爻，便可組成八卦中的卦象；抽取六次可得六爻，便可組成六十四卦中的卦象。根據所得卦象來預測吉凶就是算卦，古代稱爲"筮"。古人用卜筮來推斷吉凶，大事用卜，小事用筮（參見《禮記·曲禮上》"假爾泰筮有常"鄭玄注）。

〔7〕以下引文見《周易·繫辭上》。

〔8〕蓍（shī 詩）：一種草，古人常用其莖來算卦。德：德性，本質屬性。圓而神：圓通而神妙。蓍草在抽取排列時，就像圓形循環無窮一樣，變化無窮而神奇莫測，所以説"圓而神"。

〔9〕卦：是《易》書中具有象徵意義的符號，由陽爻（⚊）和陰爻（⚋）相配合而成。相傳伏羲氏作八卦（見《説文解字·弟十五上》），每卦由三爻組成，代表同一屬性的若干事物。即：☰（乾卦，象徵天）、☳（震卦，象徵雷）、☱（兑卦，象徵澤）、☲（離卦，象徵火）、☴（巽卦，象徵風）、☵（坎卦，象徵水）、☶（艮卦，象徵山）、☷（坤卦，象徵地）。這些符號最初是人們用來記事的，後來纔用於卜筮。相傳周文王囚於羑里時，以兩卦相疊而將八卦推演爲六十四卦（每卦由六爻組成），以象徵自然現象和社會現象的發展變化，從而成了人們預測吉凶的符號（其詳情可參見《周易》）。方：方正。卦象一旦形成，便不可變通，就像人品的方正不阿，所以説它"方"。智：根據卦象可以預知吉凶，所以説"智"。

〔10〕已：《周易·繫辭上》作"以"，古代"已""以"同字。

〔11〕汪繼培曰："並《易·繫辭上傳》。而嚮，'而'字王弼本作'如'，古通。"〇覺按：《周易·繫辭上》"而嚮"作"如響"，古字通。

〔12〕汪繼培曰："《六韜·文師篇》云：'文王將田，史編布卜曰："田於渭陽，將大得焉。非龍非彨，非虎非羆，兆得公侯，天遺汝師，以之佐昌，施及三王。"文王曰："兆致是乎？"史編曰："編之太祖史疇爲禹占得皐陶，兆比於此。"文王乃齋三日，田於渭陽，

卒見太公坐茅以漁，乃載與俱歸，立爲師。'《宋書·符瑞志上》'史編'作'史徧'，云：'王至於磻溪之水，吕尚釣於涯。王下趨拜曰："望公七年，乃今見光景於斯。"'按《志》所言，皆本緯書。"〇覺按：兆：占卜時龜板經過燒灼而形成的裂紋叫兆，占卜者即根據它來判斷吉凶。底（zhǐ 止）：致，取得，得到，參見1.4注〔8〕。

25.2

夫君子聞善則勸樂而進●德【1】〔1〕，聞惡則循●省而改尤〔2〕，故安静而多福。小人聞善●〔3〕，聞惡●即懾懼而妄爲【2】〔4〕，故狂躁而多禍。是故凡卜筮者，蓋所問吉凶之情【3】，言興衰之期，令人脩身慎行以迎福也●【4】〔5〕。

【校記】

【1】德：四庫本同，仿宋本、馮本、魁本、程本、邵本、陳本無"德"字。

【2】聞惡：陳本同，仿宋本、馮本、魁本、程本、四庫本、邵本無"聞惡"二字。即：仿宋本、馮本、魁本、程本、邵本、陳本同，四庫本作"則"。而：仿宋本、馮本、魁本、程本、邵本、陳本同，四庫本作"聞惡則"。

【3】所：仿宋本、馮本、魁本、程本、邵本、陳本同，四庫本作"以"。

【4】脩：仿宋本、馮本、魁本、程本同，何本、四庫本、邵本、陳本作"修"。迎：仿宋本、馮本、魁本、程本、邵本、陳本同，四庫本作"逆"。

【箋注】

〔1〕陳本"進"下無"德"字，汪繼培曰："脱一字。"〇覺按：今據四庫本於"進"下補"德"字。"進德"一語又見1.3。

〔2〕汪繼培曰："當作'修'。"〇覺按：古代"循""脩"常互誤，"脩"與"修"通。

〔3〕汪繼培曰："下脱六字。"〇覺按：疑脱"即嫉妒而怨誹"。《荀子·不苟篇》："君子能，則寬容易直以開道人；不能，則恭敬縛絀以畏事人。小人能，則倨傲僻違以驕溢人；不能，則妬嫉怨誹以傾覆人。"與此文類似。衹是本書不用"妬嫉"而用"嫉妬"（見5.1、5.4），與《荀子》異。"怨誹"則與30.13之"怨則謗之"義同。

〔4〕汪繼培曰："二（覺按：陳本作"仁"，此據汪稿）字補。"〇覺按：懾（shè 攝）：恐懼。

〔5〕汪繼培曰："《漢書·王貢兩龔鮑傳·序》云：'嚴君平卜筮於成都市，以爲卜筮者賤業，而可以惠衆人。有邪惡非正之問，則依蓍龜爲言利害。與人子言依於孝，與人弟言依於順，與人臣言依於忠，各因埶導之以善。從吾言者，已過半矣。'"

25.3

且聖王之立卜筮也，不違民以爲吉，不專任以斷事●〔1〕，故《鴻範》之占【1】，"大同"是尚●〔2〕。《書》又曰："假爾元龜，罔敢知吉●〔3〕。"《詩》云："我龜既猒【2】，不我告猶●〔4〕。"從此觀之，蓍龜之情，儻有隨時儉易●【3】〔5〕，不以誠邪，將世無史蘇之材●〔6〕、識神者少乎？及周史之筮敬仲●〔7〕，莊叔之筮穆子●〔8〕，可謂能“探賾索隱、鈎深致遠”者矣●【4】〔9〕。使獻公早納史蘇之言〔10〕，穆子宿備莊叔之戒〔11〕，則驪姬、竪牛之讒【5】〔12〕，亦將無由而入，無破國危身之禍也。

【校記】

【1】鴻：仿宋本、馮本、魁本、程本、邵本、陳本同，四庫本作“洪”。
【2】猒：仿宋本、馮本、魁本同，程本、四庫本、邵本、陳本作“厭”。
【3】儉：仿宋本、馮本、魁本、程本、邵本、陳本同，四庫本作“變”。
【4】賾：四庫本、陳本同，仿宋本、馮本、魁本、程本作“賾”，邵本作“頤”。
【5】姬：仿宋本、馮本、魁本、四庫本、邵本、陳本同，程本作“姫”。

【箋注】

〔1〕汪繼培曰：“《論衡·卜筮篇》云：‘世人言卜筮者多，得誠實者寡。論者或謂著龜可以參事，不可純用。’”

〔2〕汪繼培曰：“‘鴻’今作‘洪’。”○覺按：鴻：通“洪”，大。《鴻範》：《尚書》篇名，今本《尚書》作《洪範》，參見 1.4 注〔2〕。大同：指各個方面全部同意。《尚書·洪範》談到用占卜來解决疑難時説：“汝則（覺按：“則”表示如果）有大疑，謀及乃心（覺按：參見 10.4 注〔1〕），謀及卿士，謀及庶人，謀及卜筮。汝則從（覺按：“從”表示同意），龜從，筮從，卿士從，庶民從，是之謂大同。”這“大同”的境界是《洪範》最推崇的。是：構成賓語前置句式的結構助詞。“大同是尚”即“尚大同”。

〔3〕汪繼培曰：“《書·西伯戡黎》。‘假爾’今作‘格人’，《史記·殷本紀》作‘假人’。《禮記·曲禮》云：‘假爾泰龜有常。’”○覺按：假：給予。元龜：大龜，古人用於占卜。《論衡·卜筮篇》云：“紂，至惡之君也。當時災異繁多，七十卜而皆凶，故祖伊曰：‘格人元龜，罔敢知吉。’”

〔4〕汪繼培曰：“《小旻》。”○覺按：猒（yàn 厭）：通“厭”，今本《詩經·小雅·小旻》作“厭”。猶：通“猷”（yóu 猶），謀劃，計謀。

〔5〕汪繼培曰：“《易·繫辭上傳》云：‘辭有險易。’《釋文》引京房注：‘險，惡也；易，善也。’古字‘險’‘儉’通用。《易·屯卦》‘動乎險中’，《隸釋·劉修碑》作‘儉’。《否卦》‘儉德’，李鼎祚《周易集解》引虞翻曰：‘“儉”或作“險”。’襄廿九年《左傳》‘險而易行’，《史記·吴世家》作‘儉’。”○覺按：儻：偶然。儉：通“險”。

〔6〕汪繼培曰：“僖十五年《左傳》。”○覺按：史蘇：晋國大夫，是主管卜筮的史官。他占卜算卦很準。其事蹟詳見《左傳·僖公十五年》《國語·晋語一》。

〔7〕汪繼培曰：“莊廿二年《左傳》。”○覺按：及：見 16.2 注〔20〕。敬仲：即陳完，陳厲公之少子。他年少時，周王朝太史經過陳國，陳厲公讓他給陳完算卦，碰上“觀”卦變至“否”卦，周太史預言他的子孫將在他國擁有政權。齊桓公十四年（公元前 672 年），陳宣公欲立愛子款而殺太子御寇，他與御寇一向關係很好，怕受牽連，便出奔到齊國，改姓田（古代“陳”“田”同音），被桓公任爲工正（掌管百工的官）。他死後，謚爲敬仲，故史稱田敬仲。他的後代逐漸强大，終於奪取了齊國政權，在周安王時被列爲諸侯，史稱

田齊。參見《左傳・莊公二十二年》《史記・田敬仲完世家》。

〔8〕汪繼培曰："昭五年《左傳》。"〇覺按：莊叔（？—公元前604年）：即春秋時魯國大夫叔孫得臣，字叔孫，名得臣。他是魯國大夫戴伯兹（魯桓公之孫，故又稱公孫兹）的次子，叔牙（魯桓公之三子）的孫子，故以叔孫爲字而稱"叔孫得臣"（始見於《春秋・文公元年》），其後代遂以叔孫爲氏。他死後謚莊，故又稱莊叔。他是魯國的卿，其事蹟可參見《世本・卿大夫世本》、《春秋》文公元年至宣公五年、《左傳》文公元年至十八年。穆子：即叔孫豹（？—公元前538年），叔孫得臣之次子，叔孫氏，名豹，死後謚穆，所以又稱爲穆叔、穆子、叔孫穆子。他曾出奔齊國，後回國爲魯國之卿。公元前538年被家臣豎牛餓殺。其事蹟見《春秋》及《左傳》成公十六年至昭公四年。莊叔之筮穆子：穆子出生時，莊叔曾用《周易》給他算卦，碰上"明夷"卦變至"謙"卦，拿它給卜官楚丘看，楚丘預言穆子將出奔，接着又回國繼承莊叔之位，但他將帶回讒人名牛，最後被牛餓殺。見《左傳・昭公五年》。莊叔雖給穆子算卦，但真正預言其事的是卜官楚丘。此文説"莊叔之筮穆子"和"穆子宿備莊叔之戒"，實爲誤解《左傳》所致。

〔9〕汪繼培曰："《易・繫辭上傳》。"〇覺按：《周易・繫辭上》："探賾（zé 責）索隱，鉤深致遠，以定天下之吉凶，成天下之亹亹者，莫大乎蓍龜。"孔穎達疏："探謂闚探求取，賾謂幽深難見，卜筮則能闚探幽昧之理，故云探賾也。索謂求索，隱謂隱藏，卜筮能求索隱藏之處，故云索隱也。物在深處能鉤取之，物在遠方能招致之，卜筮能然，故云鉤深致遠也。"

〔10〕獻公：晋獻公，晋武公之子，晋文公之父，名詭諸，春秋時晋國君主，公元前676—公元前651年在位。

〔11〕彭鐸曰："'宿'亦'早'也。《周書・寤儆篇》孔晁注：'宿，古文夙。'《説文》：'宿，從佰聲。佰，古文夙。'《爾雅・釋詁》：'夙，早也。'"

〔12〕驪姬：一作麗姬，春秋時驪戎國君之女。晋獻公五年（公元前672年），伐驪戎（居今山西省晋城市西南），讓史蘇占卜，史蘇占卜的結果是"勝而不吉"，因爲其兆形裂似齒牙交錯銜骨，就像讒口搬弄是非挑撥離間一樣，並象徵着夏（晋）、戎交替得勝。獻公不聽，攻滅驪戎，獲驪姬而歸，立之爲夫人，十分寵信。驪姬生奚齊，想立奚齊爲太子，於是在獻公面前説太子、公子的壞話，太子申生被迫自殺，公子重耳、夷吾皆出奔。公元前651年，獻公死，奚齊立爲國君，爲晋大夫里克所殺，驪姬也被殺。參見《左傳・僖公四年、九年》《國語・晋語一、晋語二》《史記・晋世家》。豎：小臣，此指年輕的家臣。豎牛：叔孫豹的家臣，名牛。相傳是叔孫豹出走時的私生子。叔孫豹回魯國後立爲卿，牛隨其母（叔孫豹私通之婦人）來見叔孫豹，被任爲豎，深得叔孫豹之寵愛而長期主管家政。他進讒言陷害叔孫豹的兒子，結果叔孫豹殺了長子孟丙，趕走了次子仲壬。後來叔孫豹因病而被豎牛餓殺。見《左傳・昭公四年》《韓非子・內儲説上》。

25.4

聖人甚重卜筮，然不疑之事，亦不問也●〔1〕；甚敬祭祀，非禮之祈，亦不爲也●〔2〕。故曰："聖人不煩卜筮●〔3〕。""敬鬼神而遠之●〔4〕。"夫鬼神與人殊氣異務，非有事故，何奈於我●〔5〕？故孔子善楚昭之不祀河●〔6〕，而惡季氏之旅泰山●〔7〕。今俗人筴●於卜筮〔8〕，而祭非其鬼●〔9〕，豈不惑哉？

【箋注】

〔1〕汪繼培曰:“桓十一年《左傳》云:‘卜以決疑,不疑何卜?’”

〔2〕汪繼培曰:“《禮記·曲禮》云:‘非其所祭而祭之,名曰淫祀。’”〇王紹蘭曰:“《禮器》‘祭祀不祈’孔疏引:‘《鄭志》荅趙商問,“祭祀不祈,商按:《周禮》設六祈之科,禱禳而祭,無不祈,故敢問《禮記》者何義也?”鄭荅云:“祭祀常禮,以序孝敬之心,當專一其志而已。禱祈有爲言之,主於求福,豈禮之常也?”又鄭《發墨守》云:“孝子祭祀,雖致其誠信與其忠敬而已,不求其爲,而祝、尸嘏主人曰:‘皇尸命工祝,承致多福無疆于女孝孫,來女孝孫,使女受禄于天,宜稼于田,眉壽萬年,勿替引之。’若此祭祀,内盡己心,外亦有祈福之義也。”’此論云非禮不祈,與鄭義合。”

〔3〕汪繼培曰:“哀十八年《左傳》。”

〔4〕汪繼培曰:“《論語》。”〇覺按:語見《論語·雍也》。遠:疏遠,指不巴結,不去從事非禮的淫祀。

〔5〕汪繼培曰:“《史記·吴世家》:‘專諸曰:“是無奈我何。”’”

〔6〕汪繼培曰:“哀六年《左傳》。”〇覺按:楚昭:楚昭王,春秋時楚國國君,熊氏,名珍(一作“軫”),楚平王與秦女所生之子,公元前515—公元前489年在位。公元前489年,吴國攻打陳國,楚昭王前往援救,出兵駐紮於城父(今河南省寶豐縣東),臨戰時昭王生病,占卜的結果説:“黄河作祟。”大夫請求在郊外祭黄河之神,昭王説:“祭祀的傳統是祇祭國内的山川。楚國受封以來,祭祀的河川不過是長江、漢水、睢水(今作“沮水”)、漳水而已。禍福的發生,不會超出這些河川。我雖無德,也不可能得罪黄河。”於是就禁止大夫祭黄河。孔子讚揚曰:“楚昭王知大道矣。其不失國也,宜哉!”詳見《左傳·哀公六年》《史記·楚世家》。《禮記·王制》:“諸侯,祭名山大川之在其地者。”《公羊傳·僖公三十一年》談到古代的禮制時也説:“諸侯,山川有不在其封内者則不祭也。”昭王遵行禮制,所以孔子稱讚他。

〔7〕汪繼培曰:“《論語》。”〇覺按:季氏:從季文子開始又稱季孫氏,春秋時魯桓公少子季友的後裔,三桓之一,世爲大夫,是春秋後期掌握魯國政權的貴族。從季文子(季友之孫,所以從他開始又稱季孫氏。名行父,公元前609—公元前568年在位)起,季武子(文子之子,名宿,公元前568—公元前535年在位)、季平子(武子之孫,名意如,公元前535—公元前505年在位)、季桓子(平子之子,名斯,公元前505—公元前492年在位)、季康子(桓子庶子,名肥,公元前492—公元前468年在位)等相繼執政,掌握魯國權力。此文的季氏指誰,前人未有定論。據《論語·八佾》,季氏旅於泰山時,冉有仕於季氏。據《史記》的《魯周公世家》《孔子世家》,任用冉有的是魯哀公時的季康子,可知此文的季氏也指季康子而言。旅:祭祀名,“旅”是陳列的意思,所以陳列祭品向神祈求也叫“旅”,一般用於祭祀上帝及名山大川。泰山:在今山東省中部,古稱東嶽,爲五嶽之一。古代帝王常在泰山舉行封禪大典。惡季氏之旅泰山:據《論語·八佾》,季氏旅於泰山,孔子要弟子冉有勸阻,冉有不能阻止,孔子因而譏刺季氏,認爲泰山神決不會接受這非禮之祭。據《禮記·王制》,當時天子可以祭天下的名山大川,諸侯祇能祭國内的名山大川。至於大夫,祇能祭五祀(司命神、中霤神、門神、路神、厲鬼)。季氏位在卿大夫而去祭泰山,是一種超越了名分的非禮之行,所以孔子惡之。

〔8〕汪繼培曰:“疑‘狎’。”〇覺按:汪説非。筴(cè 策):同“策”,策劃,謀劃。古代“聖人甚重卜筮,然不疑之事,亦不問也”,今俗人逢事便由卜筮策劃,所以王符斥其“惑”。

〔9〕汪繼培曰:“《論語》云:‘非其鬼而祭之,諂也。’”

25.5

亦有妄傳姓於五音【1】,設五宅之符第●〔1〕,其爲誣也甚矣。古有陰陽〔2〕,然後有五行●〔3〕。五帝右據行氣●以生人〔4〕。民●載世遠〔5〕,乃有姓名敬民●〔6〕。名字者,蓋所以別衆猥而顯此人爾〔7〕,非以紀●五音而定剛柔也【2】〔8〕。今俗人不能推紀本祖〔9〕,而反欲以聲音言語定五行,誤莫甚焉●〔10〕。

【校記】

【1】傳:仿宋本、馮本、魁本、陳本同,程本作“慱”,何本、四庫本、邵本作“博”。

【2】紀:陳本同,仿宋本、馮本、魁本、程本、四庫本、邵本作“絶”。

【箋注】

〔1〕汪繼培曰:“《論衡·詰術篇》云:‘五音之家,用口調姓名及字,用姓定其名,用名正其字。口有張歙,聲有外内,以定五音宫商之實。’又云:‘《圖宅術》曰:“宅有八術,以六甲之名數而第之,第定名立,宫商殊别。宅有五音,姓有五聲。宅不宜其姓,姓與宅相賊,則疾病死亡,犯罪遇禍。”’王先生云:‘“傳”當作“傅”。’”〇覺按:王説是。五音:即宫、商、角、徵(zhǐ 指)、羽五個音級,相當於簡譜中的 1、2、3、5、6。傅姓於五音:漢代術數家把人的姓氏牽强附會地與五音相配,如洪姓屬宫,錢姓屬商,孔姓屬角,田姓屬徵,馮姓屬羽。五宅:東、南、中、西、北五個方位的住宅。符:符合,指和太歲所在位次相合。第:次第,指和五音相對應。設五宅之符第:即 25.7 所説的“宅有宫商之第、直符之歲”。參見 25.7 注〔6〕。

〔2〕陰陽:見 7.3 注〔10〕。

〔3〕汪繼培曰:“《春秋繁露·五行相生篇》云:‘天地之氣,合而爲一,分爲陰陽,判爲四時,列爲五行。行者行也,其行不同,故謂之五行。’”〇覺按:五行:指構成世界萬物的五種物質元素,即金、木、水、火、土。“行”是運行變化的意思。古人認爲這五種物質元素在不斷地運行變化着,從而造成萬物,所以稱之爲“五行”。

〔4〕汪繼培於“氣”字讀斷曰:“《家語·五帝篇》:‘孔子曰:“昔某也聞諸老聃曰:天有五行,木、火、金、水、土,分時化育,以成萬物。其神謂之五帝。”’《釋名·釋天》云:‘五行者,五氣也。’《白虎通·五行篇》云:‘言行者,欲言爲天行氣之義也。’王先生云:‘“右”疑當作“各”。’繼培按:‘各’字是也。《漢書·律歷志》云:‘三代各據一統。’”〇覺按:王説是,“右”當爲“各”之形訛。五帝:指緯書所説的天上五方之帝,爲五行之神。《周禮·天官·大宰》“祀五帝”賈公彦疏:“五帝者,東方青帝靈威仰,南方赤帝赤熛怒,中央黄帝含樞紐,西方白帝白招拒,北方黑帝汁光紀。”氣:是我國古代思想家使用的一個哲學概念,指構成宇宙萬物的基因,參見 25.1 注〔1〕。行氣:即五行之氣。古代有人認爲萬物都是由五行之氣形成的。《論衡·物勢篇》:“五行之氣,天生萬物。”意爲金木水火土五種氣是上天用來創造萬物的。又云:“天自當以一行之氣生萬物。”

〔5〕汪繼培於“民”字讀斷曰:“《禮記·大傳》云:‘王者禘其祖之所自出,以其祖配

之。’鄭注：‘王者之先祖皆感太微五帝之精以生，蒼則靈威仰，赤則赤熛怒，黄則含樞紐，白則白招拒，黑則汁光紀。’疏云：‘“蒼則靈威仰”至“汁光紀”者，《春秋文耀鉤》文。’宣三年《公羊傳》何休注：‘上帝，五帝在太微之中，迭生子孫，更王天下。’疏云：‘此五帝者，即靈威仰之屬。’”〇覺按：載：《管子·侈靡》“地重人載”注：“載，生也。”

〔6〕汪繼培曰：“‘敬民’蓋‘號氏’之誤。”〇覺按：“民”字不誤，“敬”當爲“别”字之誤，下文説“别衆猥”可證。

〔7〕猥（wěi尾）：衆多。衆猥：羣衆，衆人。

〔8〕汪繼培曰：“舊作‘絶’。”

〔9〕紀：絲的頭緒叫“紀”，引申指理清頭緒。

〔10〕汪繼培曰：“《論衡·詰術篇》云：‘人之有姓者，用稟於天。天得五行之氣爲姓耶？以口張歙、聲外内爲姓也？如以本所稟於天者爲姓，若五穀萬物稟氣矣，何故用口張歙、聲内外定正之乎？’”

25.6

夫魚處水而生●〔1〕，鳥據巢而卵【1】〔2〕。即●不推其本祖〔3〕，諧音而可，即●呼鳥爲魚〔4〕，可内●之水乎〔5〕？呼魚爲鳥，可棲之木邪●〔6〕？此不然之事也。命駒曰犢，終不●爲馬【2】〔7〕？是故凡姓之有音也，必隨其本生祖所王也【3】。太皞木精〔8〕，承歲而王〔9〕，夫其子孫咸當爲角〔10〕。神農火精〔11〕，承熒惑而王〔12〕，夫其子孫咸當爲徵。黄帝土精〔13〕，承鎮而王〔14〕，夫其子孫咸當爲宫。少皞金精〔15〕，承太白而王〔16〕，夫其子孫咸當爲商。顓頊水精〔17〕，承辰而王〔18〕，夫其子孫咸當爲羽●〔19〕。雖號百變，音行不易。

【校記】

【1】卵：四庫本、邵本、陳本同，仿宋本、馮本、程本作“夘”，魁本作“夘”。

【2】不：仿宋本、馮本、魁本、程本、四庫本、邵本同，陳本作“必”。

【3】王：陳本同，仿宋本、馮本、魁本、程本、四庫本、邵本作“土”。

【箋注】

〔1〕汪繼培曰：“《莊子·至樂篇》文。”

〔2〕卵：用作動詞。

〔3〕汪繼培曰：“疑衍，蓋‘卵’之駁文。”〇彭鐸曰：“‘即’猶‘若’也。訓見《經傳釋詞》卷八。汪以爲衍文，非。”〇覺按：彭説是。

〔4〕汪繼培曰：“與‘則’同。”

〔5〕汪繼培曰：“讀爲‘納’。”

〔6〕汪繼培曰：“《説文》云：‘西，鳥在巢上。或从木、妻作棲。’”

〔7〕汪繼培改“不”爲“必”曰：“舊作‘不’。”〇覺按：此與上文一樣爲反問句，汪改非。

〔8〕太皞：傳説中的古代帝王，也作“太皓”或“太昊”，即伏羲氏（“伏羲”又作伏犧、宓羲、包犧、庖犧、伏戲），風姓，代燧人氏稱王后都於陳。傳説人類是由他和女媧氏兄妹相婚而産生的。相傳他教民結網，從事漁獵畜牧，因爲他能執伏禽獸（犧牲）以供庖廚，故名伏犧。由此可以推知，他是原始社會採集漁獵時期的領袖。傳説他以木德而王，主春季時令，與東方相配。因爲東方生養元氣而盛大無比，所以稱王天下後號太皞（“皞”爲廣大的意思）。《漢書·古今人表》把“太昊帝宓羲氏”列爲我國第一位聖人。其事蹟可參見 34.1.1、35.1 及《史記》後司馬貞所補《三皇本紀》、《禮記·月令》注疏等。木精：秦、漢時方士把金、木、水、火、土五行比附爲帝王受命之符，認爲太皞帝禀受了木之精氣，所以説他是木精。

〔9〕歲：歲星，即木星。古人把黄道附近一周天分爲十二次，木星每歲行經一次（參見 15.3 注〔8〕），所以叫歲星。

〔10〕角：五音之一，和木相配，見 25.7 注〔6〕。

〔11〕神農：傳説中的古代帝王。原出於烈山（今湖北省隨州市北），所以又稱烈山氏、厲山氏。因長於姜水邊，所以以姜爲姓。相傳他創製耒耜，教民從事農業生産，故稱神農。他又曾嘗百草，發現了藥材，教人治病。由此可知，他是原始社會生産經濟初期的領袖。他以火德而王，故稱王後號炎帝，也稱赤帝魁隗氏。《漢書·古今人表》把“炎帝神農氏”列爲我國第二位聖人。其事蹟可參見 34.2.1 及《史記》後司馬貞所補《三皇本紀》、《史記·五帝本紀》“神農氏世衰”《正義》。

〔12〕熒惑：即火星，因爲它隱現不定，令人迷惑，故名熒惑（“熒惑”是炫惑的意思）。

〔13〕黄帝：見 1.1 注〔9〕。《漢書·古今人表》把“黄帝軒轅氏”列爲我國第三位聖人。其事蹟可參見《史記·五帝本紀》。

〔14〕鎮：鎮星，即土星。

〔15〕少皞：傳説中的古代帝王，又作“少昊”，名摯，字青陽（一作“清陽”），黄帝之子，姬姓，以金德王，故也稱金天氏。金德主西方，西方收斂元氣使其減少，所以東方之帝稱太皞，而西方之帝稱少皞。因西方配白色，所以又稱白帝。因邑於窮桑（在今山東省曲阜市北），都曲阜（在今山東省曲阜市東北），故又號窮桑氏。《漢書·古今人表》把“少昊帝金天氏”列爲我國第四位聖人。其事蹟可參見《世本·帝王世本》《左傳》《漢書·律曆志下》《帝王世紀·自皇古至五帝》及本書 34.4.1。

〔16〕太白：即金星，又稱啓明、長庚。因爲它光色銀白，在諸星中最明亮，故稱太白。

〔17〕顓頊：見 34.1.2 注〔2〕。《漢書·古今人表》把“顓頊帝高陽氏”列爲我國第五位聖人。此文所述，當爲東漢時通行之説，故與《漢書》全合。

〔18〕辰：辰星，即水星。

〔19〕汪繼培曰：“《漢書·律歷志》云：‘五星之合於五行，水合於辰星，火合於熒惑，金合於太白，木合於歲星，土合於鎮星。’《御覽》五引《尚書考靈耀》云：‘歲星木精，熒惑火精，鎮星土精，太白金精，辰星水精也。’《開元占經》十九引《春秋運斗樞》云：‘歲星帥五精聚於東方七宿，蒼帝以仁良温讓起。熒惑帥五精聚於南方七宿，赤帝以寬明多智畧起。填星帥五精聚於中央，黄帝以重厚賢聖起。太白帥五精聚於西方七宿，白帝以勇武誠信多節義起。辰星帥五精聚於北方七宿，黑帝以清平静潔通明起。’‘填’與‘鎮’同。”

25.7

俗工又曰〔1〕："商家之宅，宜西出門●【1】〔2〕。"此復虚矣。五行，當出乘其勝〔3〕，入居其隩〔4〕，乃安吉。商家向東入●〔5〕，東入，反以爲金伐木，則家中精神日戰鬭也。五行皆然。又曰："宅有宫商之第、直符之歲●〔6〕。"既然者，於●其上增損門數【2】〔7〕，即可以變其音而過其符邪？今一宅也，同姓相代【3】，或吉或凶；一官也【4】，同姓相代【5】，或遷或免；一宫也，成、康居之日以興〔8〕，幽、厲居之日以衰〔9〕。由此觀之，吉凶興衰不在宅明矣●〔10〕。

【校記】

【1】西出：仿宋本、馮本、魁本、程本、四庫本、邵本同，陳本作"出西"。

【2】於：陳本同，仿宋本、馮本、魁本、程本、四庫本、邵本作"放"。

【3】代：《意林》引文、陳本同，仿宋本、馮本、魁本、程本、四庫本、邵本作"伐"。

【4】官：《意林》引文、陳本同，仿宋本、馮本、魁本、程本、四庫本、邵本作"宫"。

【5】代：《意林》引文、陳本同，仿宋本、馮本、魁本、程本、四庫本、邵本作"伐"。

【箋注】

〔1〕工：即《論衡·難歲篇》所說的"工伎"，指宣揚迷信禁忌、以替人推算吉凶爲職業的方士。

〔2〕汪繼培曰："《論衡·詰術篇》云：'《圖宅術》曰："商家門不宜南向，徵家門不宜北向，則商、金，南方、火也；徵、火，北方、水也。水勝火，火賊金，五行之氣不相得，故五姓之宅，門有宜嚮。嚮得其宜，富貴吉昌；嚮失其宜，貧賤衰耗。"'"

〔3〕乘：趁，憑藉，利用。勝：戰勝，指五行之相勝，即水勝火，火勝金，金勝木，木勝土，土勝水。出乘其勝：出門利用它的相克。例如，商家屬五行之金，出門時應該向東纔吉利，因爲東配五行之木，商家向東出門，正好是金克木，象徵着商家外出無敵。

〔4〕王紹蘭曰："《論衡·詰術篇》：'五音之門，有五行之人。假令商姓口食五人，五人中各有五色，木人青，火人赤，水人黑，金人白，土人黄。五色之人，俱出南嚮之門，或凶或吉，壽命或短或長。凶而短者，未必色白；吉而長者，未必色黄也。'此'出乘其勝'之說。又云：'夫門之與堂何以異？五姓之門，各有五姓之堂，所向無宜何？門之掩地，不如堂廡，朝夕所處，於堂不於門。圖吉凶者，宜皆以堂。'此'入居其隩'之說。"〇覺按：王說未切合本文之義。隩（ào 奥）：屋子裏的西南角，古時候爲尊位，由尊長居之，也是祭神的方位。

〔5〕汪繼培曰："文有脱誤。"〇覺按：汪說非。此文與上文"西出門"相應，大門西出，所以"向東入"。文無脱誤。

〔6〕汪繼培曰："《論衡·調時篇》云：'太歲在子，子宅直符，午宅爲破。'"〇覺按：

宅有宫商之第：漢代術數家將五宅與五音、五行配合成相應的次第，即東配角、木，南配徵、火，中配宫、土，西配商、金，北配羽、水。他們根據五行相生（金生水，水生木，木生火，火生土，土生金）和相克（金克木，木克土，土克水，水克火，火克金）的觀點，來推算住户的吉凶。例如一住宅的方位在東，與五音相配屬角，與五行相配屬木，那麽姓田的人住它就吉利，因爲田屬徵音，徵配火，而木能生火；如果姓洪的人住它就不吉利，因爲洪屬宫音，宫配土，而木能克土。參見25.5注〔1〕。直符：直接符合，正對，即《論衡·難歲篇》所説的“抵”。歲：指太歲。古代天文學家把由西向東運行的木星叫歲星，並用它來紀年。由於歲星的運行方向與黄道所分的十二支方向相反，爲了避免這種不方便，就又虚構了一個和歲星運行方向相反（即由東向西運行）的假歲星來紀年，這虚構的假歲星就叫太歲。其運行的方向位次如下圖：

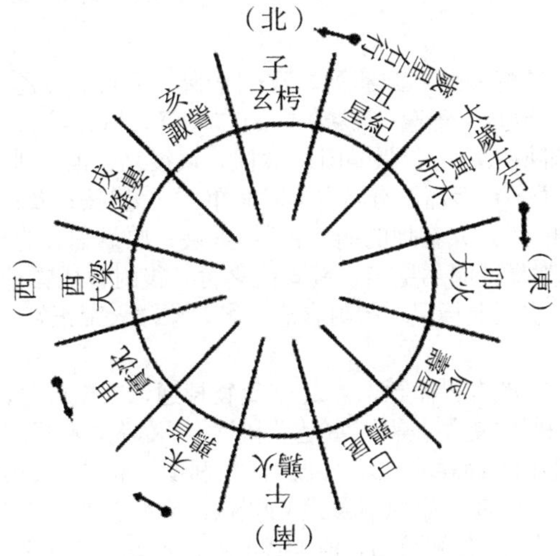

古代方士術數家把太歲説成歲神，簡稱爲“歲”。他們以太歲所在方位爲凶方，忌動工造房或搬遷。若在“太歲頭上動土”，就會遭殃。所以《論衡·調時篇》説：“且夫太歲在子，子宅直符，午宅爲破，不須興功起事，空居無爲，猶被其害。”又《難歲篇》説：“《移徙法》曰：‘徙，抵太歲凶，負太歲亦凶。’抵太歲名曰歲下，負太歲名曰歲破，故皆凶也。假令太歲在子，天下之人皆不得南北徙，起宅嫁娶亦皆避之。”

〔7〕汪繼培曰：“舊作‘放’。”

〔8〕成：指周成王，見4.4注〔15〕。康：指周康王，姬姓，名釗，成王之子，成王死後立爲天子。相傳成王、康王都是守成的賢君，在他們統治時期，天下安寧，刑罰置於一邊，長達四十多年不用，史稱“成康之治”。參見《史記·周本紀》。

〔9〕幽、厲：見4.4注〔17〕。

〔10〕汪繼培曰：“《論衡·詰術篇》云：‘今府廷之内，吏舍連屬，門嚮有南北；長吏舍傳，閭居有東西。長吏之姓，必有宫商；諸吏之舍，必有徵羽。安官遷徙，未必角姓門南嚮也；失位貶黜，未必商姓門北出也。’”

25.8

及諸神祇——太歲、豐隆、鉤陳、太陰將軍之屬●〔1〕，此乃天吏，非細民所當事也。天之有此神也，皆所以奉成陰陽而利物也●【1】〔2〕，若人治之有牧、守、令、長矣〔3〕。向之何怒？背之何怨〔4〕？君民道近，不宜相責，況神致貴〔5〕，與人異禮，豈可望乎●〔6〕？

【校記】

【1】利：仿宋本、馮本、魁本、程本、四庫本、陳本同，何本、邵本作“吏”。

【箋注】

〔1〕汪繼培曰：“《韓非子·飾邪篇》云：‘豐隆、五行、太乙、王相、攝提、六神、五括、天河、殷搶、歲星。’王逸《離騷》注云：‘豐隆，雷師。’《漢書·揚雄傳》云：‘詔招搖與太陰兮，伏鉤陳使當兵。’張晏曰：‘太陰，歲後三辰也。’服虔曰：‘鉤陳，紫宫外營陳星。’按《抱朴子·登涉篇》有諸臯太陰將軍。”〇覺按：及：至於。神祇（qí 奇）：天地之神，在天的叫“神”，在地的叫“祇”。太歲：原爲虚設的星名，後附會成神名，參見25.7注〔6〕。豐隆：原爲星名，屬蒼龍之舍，後附會成雲神、雷神。鉤陳：原爲星名，在紫微垣内，靠近北極星，後附會成神名，象徵天帝正妃。太陰將軍：神名，主殺伐。

〔2〕汪繼培曰：“《漢書·律歷志》云：‘萬物棣通，族出於寅，人奉而成之。’‘利’何本作‘吏’。按‘利’‘吏’並誤，當是‘剌’字。《説文》云：‘剌，裁也。从刀，从未。’‘剌’‘利’字形相近而誤。”〇王紹蘭曰：“‘利物’本作‘吏物’。據下云‘若人治之有牧、守、令、長’，則‘吏’字似不誤。”〇覺按：何本“利”作“吏”爲臆改，不可從，王説非。“剌”同“制”，汪説雖可通，但未必正確。下文云：“向之何怒？背之何怨？”以“怒”“怨”對此文，則作“利”字義長，故不煩改字。

〔3〕牧、守、令、長：見7.3注〔8〕〔7〕。矣：猶“耳”。

〔4〕向、背：即《論衡·難歲篇》所説的“抵”“負”。例如，太歲運行到子位時，子宅爲“向”，午宅爲“背”，兩者皆凶。參見25.7注〔6〕。

〔5〕致：極。

〔6〕汪繼培曰：“《論衡·譏日篇》云：‘《堪輿歷》歷上諸神非一，聖人不言，諸子不傳，殆無其實。天道難知，假令有之，諸神用事之日也。忌之何福？不諱何禍？王者以甲子之日舉事，民亦用之，王者聞之，不刑法也。夫王者不怒民不與己相避，天神何爲獨當責之？’《説文》云：‘謂，責望也。’經典通作‘望’。”〇覺按：“望”通“謂”，責怪。

25.9

且欲使人而避鬼，是即道路不可行，而室廬不復居也。此謂賢人君子秉心方直、精神堅固者也●〔1〕。至如世俗小人、醜妾婢婦●〔2〕，淺陋愚戇〔3〕，漸染既成〔4〕，又數揚精破膽〔5〕。今不順精誠所向●〔6〕，而彊之以其所畏●〔7〕，直亦增病爾〔8〕。何以明其然也？夫人之所以爲人者，非以此八尺之身也●〔9〕，乃以其有精神也。人有恐怖死者〔10〕，非病之所加也，非人功之所辜也●〔11〕，然而至於遂不損者●〔12〕，精誠去之也●〔13〕。孟賁狎猛虎而不惶●【1】〔14〕，嬰人畏螻蟻而發聞●〔15〕。今通士●〔16〕或欲彊羸病之愚人●〔17〕，必之其所不能●【2】〔18〕，吾又恐其未盡善也●〔19〕。

【校記】

【1】孟賁狎：陳本同，仿宋本、馮本、魁本、程本、邵本作“蓋奔柙”，四庫本作“盖奔柙”。

【2】之：仿宋本、馮本、魁本、程本、四庫本、陳本同，何本、邵本作“知”。

【箋注】

〔1〕汪繼培曰：“《詩·定之方中》云：‘秉心塞淵。’毛傳：‘秉，操也。’《淮南子·氾論訓》云：‘聖人心平志易，精神内守，物莫足以惑之。’《魯語》云：‘血氣強固。’”

〔2〕汪繼培曰：“▲《説文》云：‘婢，女之卑者。’《漢書·司馬遷傳》云‘臧獲婢妾’。《禮記·曲禮》鄭注：‘婢之言卑也。’”

〔3〕淺陋：《荀子·修身篇》：“多聞曰博，少聞曰淺。多見曰閑，少見曰陋。”戇（zhuàng壯）：愚蠢。

〔4〕漸（jiān尖）染：浸泡而沾染，指長期接觸而受到影響，此指沾染惡習。

〔5〕數（shuò朔）：多次。揚：飛起。

〔6〕汪繼培曰：“《莊子·漁父篇》云：‘真者，精誠之至也。不精不誠，不能動人。’《論衡·感虚篇》云：‘精誠所加，金石爲虧。’”〇覺按：順：順（心），如（意），使動用法。精誠：精心與真心，此指人的精神、靈魂（參見28.6注〔6〕）。下同。向：嚮往，追求。

〔7〕汪繼培曰：▲“《周禮·司諫》注云：‘彊，猶勸也。’”〇覺按：彊（qiǎng搶）：勉強，強迫。

〔8〕直：祇。

〔9〕汪繼培曰：“《考工記》云：‘人長八尺。’《説文》云：‘夫，丈夫也。周制以八寸爲尺，十尺爲丈。人長八尺，故曰丈夫。’”

〔10〕王紹蘭曰“《新序·義勇篇》：‘齊崔杼弒莊公，有陳不占者，聞君難，將赴之，比去，餐則失匕，上車失軾。御者曰：“怯如是，去有益乎？”不占曰：“死君，義也；無勇，私也。不以私害公。”遂往，聞戰鬬之聲，恐駭而死。人曰：“不占可謂仁者之勇也。”’《孟子·離婁篇》‘有求全之毀’趙注：‘陳不瞻將赴君難，聞金鼓之聲，失氣而死，可謂欲求全其節，而反有怯弱之毀者也。’按此‘恐怖死者’，一以爲‘仁者之勇’，一以爲‘有怯弱之毀’。今觀其以死君爲義而遂往，是亦視死如歸。《漢書·古今人表》列齊太史三人及南史氏於第三，不占第四，豈以其恐怖死與？”

〔11〕汪繼培曰：“句有誤字。”〇覺按：人功：見18.8注〔1〕，此指人的體力。辜：通“殆”（kū枯），枯萎乾瘦而死。

〔12〕汪繼培曰："損，謂病減也。《後漢書·袁安》後《閎傳》云：'封觀當舉孝廉，以兄名位未顯，遂稱風疾。後數年，兄得舉，觀乃稱損。'《方言》云：'斟，益也。凡病少愈而加劇，亦謂之不斟。'郭注：'言雖少損無所益也。'"〇覺按：遂：《詩經·唐風·蟋蟀》"歲聿其莫"孔穎達疏："遂者，從始嚮末之言也。"事情進一步發展叫"遂"，此指恐怖症不斷加重。

〔13〕汪繼培曰："《漢書·東方朔傳》云：'精神散而邪氣及。'"

〔14〕汪繼培曰："舊作'蓋奔柙猛虎而不惶'。按《韓非子·守道篇》云：'服虎而不以柙，此賁、育之所患。'意與此背。《荀子·臣道篇》云：'狎虎則危，災及其身。'《論衡·遭虎篇》亦云：'夫虎，山林之獸，不狎之物也。'《廣雅·釋詁》云：'惶，懼也。'"〇覺按：孟賁：戰國時勇士，衛國人（見《史記·范雎蔡澤列傳》"成荆、孟賁、王慶忌、夏育之勇焉而死"《集解》），曾游齊、秦。《孟子·公孫丑上》"則夫子過孟賁遠矣"趙岐注："賁，勇士也。"孫奭疏："案《帝王世紀（覺按：《十三經注疏》本"紀"作"説"，據阮元校勘記改）》云：'秦武王好多力之人，齊孟賁之徒並歸焉。孟賁生拔牛角，是爲之勇士也。'"《史記·袁盎鼂錯列傳》"雖賁、育之勇不及陛下"《索隱》："《尸子》云：'孟賁水行不避蛟龍，陸行不避虎兕。'"狎（xiá 俠）：戲弄。

〔15〕汪繼培曰："'嬰人'猶'嬰兒'。發聞，謂發聲聞於人也。《韓策》張儀説韓王曰：'夫秦卒之與山東之卒也，猶孟賁之與怯夫也。以重力相壓，猶烏獲之與嬰兒也。'是亦孟賁、嬰兒對舉之證。"

〔16〕汪繼培曰："《荀子·不苟篇》云：'物至而應，事起而辨，若是則可謂通士矣。'《淮南子·修務訓》云：'通士者，不必孔、墨之類。'"〇覺按：此"通士"指那些自命爲通士的卜筮者。

〔17〕汪繼培曰："《禮記·問喪》云：'身病體羸。'《韓非子·十過篇》云：'士大夫羸病。'"

〔18〕汪繼培曰："《大戴禮·曾子立事篇》云：'彊其所不能。'"

〔19〕汪繼培曰："《論語》云：'未盡善也。'"

25.10

移風易俗之本，乃在開其心而正其精。今民生不見正道，而長於邪淫誑惑之中。其信之也，難卒●解也〔1〕。唯王者能變之●【1】〔2〕。

【校記】

【1】唯：仿宋本、馮本、魁本、程本、四庫本、邵本同，陳本作"惟"。

【箋注】

〔1〕汪繼培曰："讀爲'猝'。"〇覺按：卒（cù 促）：通"猝"，突然。

〔2〕汪繼培曰："《漢書·地理志》云：'孔子曰："移風易俗，莫善於樂。"言聖王在上，統理人倫，必務其本而易其末。'《淮南子·泰族訓》云：'誠決其善志，防其邪心，啓其善道，塞其姦路，與同出一道，則民性可善，而風俗可美也。'"〇覺按：王者：見12.1注〔1〕。

巫列第二十六

【提要】

巫：陳本同，仿宋本、馮本、魁本、程本、四庫本、邵本作“正”。

巫列：論列巫師。文章的主旨是説明巫師祈禱的作用有限，想要卻災致福，主要得靠自己修身積德，而不能依賴巫師。

作者認爲，人的吉凶禍福，取決於人的品行與命運。兩者之中，品行尤爲重要，因爲神衹會享用有德者的祭品而賜福給有德者。至於巫師的祝禱，至多衹能補救一些小過失，並不能改變人的根本命運。所以，人如果無德，那麼即使頻頻讓巫師祈禱，也毫無作用。命運由天決定，是不可知的；而品行則取決於自己，完全可以有所作爲。因此，想求福免禍，“不若脩己，小心畏慎，無犯上之必令”。對於國君來説，一味迷信鬼神，就會亡國；一心聽從人民，國家纔會興盛。“妖不勝德，邪不伐正”，這是天經地義的法則。因此，君主不應該忌這畏那，迷信巫覡，那“却凶災而致福善”的根本辦法應該是修身正己，嚴明賞罰，使“國治而民安”。衹有這樣，上天纔會“悦喜而增曆數”。

26.1

凡人吉凶，以行爲主【1】〔1〕，以命爲決〔2〕。行者，己之質也；命者，天之制也●〔3〕。在於己者，固可爲也；在於天者，不可知也。巫覡祝請〔4〕，亦其助也，然非德不行。巫史祈祝者●【2】〔5〕，蓋所以交鬼神而救細微爾，至於大命●〔6〕，末如之何●〔7〕。譬民人之請謁於吏矣，可以解微過，不能脱正罪。設有人於此●〔8〕，晝夜慢侮君父之教，干犯先王之禁，不克己心、思改過●遷善【3】〔9〕，而苟驟發請謁，以求解免，必不幾矣●〔10〕。不若脩己【4】，小心畏慎，無犯上之必令也●【5】〔11〕。故孔子不聽子路〔12〕，而云：“丘之禱久矣●〔13〕。”《孝經》云〔14〕：“夫然〔15〕，故生則親安之〔16〕，祭則鬼享之〔17〕。”由此觀之，德義無違，鬼●神乃享【6】〔18〕；鬼神受享〔19〕，福祚乃隆●〔20〕。故《詩》云：“降福穰穰【7】，降福簡簡，威儀板板。既醉既飽，福禄來反●〔21〕。”此言人德義茂美【8】〔22〕，神歆享醉飽〔23〕，乃反報之以福也。

【校記】

【1】行：仿宋本、馮本、魁本、陳本同，程本、四庫本、邵本作“人”。

【2】祝：仿宋本、馮本、魁本、陳本同，程本、邵本作“祈”，四庫本作“禱”。

【3】遷：邵本同，仿宋本、馮本、魁本、程本、四庫本、陳本無“遷”字。善：仿宋本、馮本、魁本、程本、陳本同，四庫本作“惡”，邵本作“善”。

【4】不若脩：仿宋本、馮本、魁本同，四庫本、陳本作“不若修”，程本作“若不脩”，邵本作“若不修”。

【5】必：仿宋本、馮本、魁本、程本、邵本、陳本同，四庫本作“禁”。

【6】鬼：陳本同，仿宋本、馮本、魁本、程本、四庫本、邵本無“鬼”字。

【7】禳禳：仿宋本、馮本、魁本、何本、四庫本、邵本同，程本作“禳禳”，陳本作“穰穰”。

【8】茂美：仿宋本、馮本、程本、四庫本、邵本同，魁本作“茂美”、陳本作“美茂”。

【箋注】

〔1〕主：主宰，指根本性的決定因素。以行爲主：以品行爲主宰。此兩句意爲：從根本上來説，吉凶是由品行決定的。《周易·繫辭上》：“方以類聚，物以羣分，吉凶生矣。”“言行，君子之樞機。樞機之發，榮辱之主也。”《荀子·勸學篇》：“物類之起，必有所始；榮辱之來，必象其德。肉腐出蟲，魚枯生蠹。怠慢忘身，禍災乃作。”皆與本文意同。汪稿據程本作“以人爲主”，王紹蘭曰：“‘以人爲主’，據下文當是‘以行爲主’。”王説甚是。

〔2〕命：命運，天命。《周易·乾·彖》：“乾道變化，各正性命。”王弼注：“命者，人所稟受，若貴賤夭壽之屬是也。”決：決斷，指最終的決定因素。以命爲決：以命運爲決斷。意思是：決定吉凶的最終因素是命運。若用現在的觀念來比方，此文的“主”“決”可以這樣理解：一個人取得功業，其德纔是“主”，而當時具體的形勢、機遇便是“決”。

〔3〕汪繼培曰：“《白虎通·壽命篇》云：‘命者何謂也？人之壽也，天命已使生者也。’”

〔4〕巫覡：見 8.4 注〔12〕。

〔5〕汪繼培曰：▲“按《羣書治要》載仲長統《昌言》云：‘禱祈之禮、巫史之事者，盡中正、竭精誠也。’”〇覺按：巫史：巫婆、巫師，都是自稱能見到鬼神而掌管祭祀的人，其中“巫”負責接神（參見 12.4 注〔4〕），“史”根據鬼神的尊卑來負責安排鬼神受祭時的位次，因屬於史官之一種，所以稱“史”。《國語·楚語下》“家爲巫史”韋昭注：“巫，主接神。史，次位序。”即其義。

〔6〕汪繼培曰：“哀十五年《左傳》云：‘大命隕墜。’”

〔7〕汪繼培曰：“《論語》云：‘吾末如之何也已矣。’”

〔8〕汪繼培曰：“《孟子》云：‘有人於此。’”

〔9〕陳本“過”下無“遷”字，汪繼培曰：“脱一字。”〇覺按：今據邵本補“遷”字。

〔10〕汪繼培曰：“‘幾’讀爲‘冀’。”〇覺按：參見 1.5 注〔16〕。

〔11〕汪繼培曰：“‘必令’疑倒。《述赦篇》云：‘姦軌之減十八九，可勝必也。’即其例。或云：‘必令，謂罰嚴而必也。’”〇覺按：“可勝必也”與此語義邏輯不同，不可類比，汪説非。此“必”應爲 17.3.2“罰痛而必”、19.5“必國家之法”之“必”，“必令”指“必行之令”，20.6 云“布令而必行之”，亦其證。

〔12〕子路：即孔子弟子仲由（公元前 542—公元前 480 年），字子路，一字季路，春

秋時卞（今山東省泗水縣東南）人，有勇力，粗野正直。見《史記·仲尼弟子列傳》。

〔13〕汪繼培曰："《論語》。"〇覺按：《論語·述而》："子疾病（覺按："病"指病重），子路請禱。子曰：'有諸？'子路對曰：'有之。誄曰："禱爾于上下神祇。"'子曰：'丘之禱久矣。'"孔子的話實是不同意子路去祈禱，所以此文説"不聽子路"。孔子之所以不同意爲自己祈禱，是認爲求福的關鍵在於修德，而不在祈禱。參見36.26注〔6〕。

〔14〕《孝經》：見19.7注〔1〕。下面的引文見《孝經·孝治章》。

〔15〕然：這樣，指天子、諸侯、大夫盡孝道、有德行，即《孝經·孝治章》上文所説的："昔者明王之以孝治天下也，不敢遺小國之臣，而況於公、侯、伯、子、男乎？故得萬國之懽心，以事其先王。治國者，不敢侮於鰥寡，而況於士民乎？故得百姓之懽心，以事其先君。治家者，不敢失於臣妾，而況於妻子乎？故得人之懽心，以事其親。"

〔16〕生：使……生活，贍養。《孝經·孝治章》鄭玄注："養則致其樂，故親安之也。"

〔17〕享：鬼神享用祭品。《孝經·孝治章》鄭玄注："祭則致其嚴，故鬼饗之也。"

〔18〕汪繼培曰："舊脱。"

〔19〕享：用食物供奉鬼神。上句的"享"指鬼神享用祭品，與此不同。

〔20〕汪繼培曰："昭廿年《左傳》云：'鬼神用享，國受其福。'"〇覺按：祚（zuò作）：福。

〔21〕汪繼培曰："《詩·執競》。'板板'今作'反反'。"〇覺按：禳禳（rángráng 穰穰）：今本《毛詩》作"穰穰"，音同相通，用來形容福祚很多的祥子。板板：今本《毛詩》作"反反"，皆通"昄昄"（bǎnbǎn 板板），慎重和善的様子。反：通"返"。

〔22〕茂：與"秀"同義，優秀，美好。東漢時避光武帝劉秀諱，故用"茂"字來代替"秀"。

〔23〕歆（xīn 心）：祭祀時鬼神吸取祭品的氣味。

26.2

虢公●〔1〕延神而亟亡●【1】〔2〕，趙嬰祭天而速滅●〔3〕，此蓋所謂"神不歆其祀，民不即其事"也●〔4〕。故魯史書曰："國將興，聽於民；將亡，聽於神●〔5〕。"楚昭不禳雲●【2】〔6〕，宋景不移咎●〔7〕，子産距禆竈●【3】〔8〕，邾文公違卜史●〔9〕，此皆審己知道、身以俟命者也●〔10〕。晏平仲有言："祝有益也，詛亦有損也●〔11〕。"季梁之諫隋侯●【4】〔12〕，宫之奇説虞公●〔13〕，可謂明乎天人之道、達乎神民之分矣〔14〕。

【校記】

【1】公延：陳本同，仿宋本、馮本、魁本、程本、邵本作"延"，四庫本作"祭"。

【2】禳：仿宋本、馮本、魁本、四庫本同，程本作"穰"，邵本、陳本作"禳"。

【3】禆：何本、邵本、陳本同，仿宋本、馮本、魁本、程本、四庫本作"裨"。

【4】隋：仿宋本、魁本、程本、邵本、陳本同，馮本、四庫本作"隨"。

【箋注】

〔1〕汪繼培曰："舊脱。"

〔2〕汪繼培曰："莊卅二年《左傳》。"○覺按：虢（guó國）：古國名，姬姓，古史統稱虢，漢代以後則根據其情況的不同而有東虢、小虢、西虢、南虢、北虢之稱。東虢在今河南省滎陽市東北，是周文王之弟虢叔（一説虢仲，恐非）的封地，公元前767年爲鄭武公所滅。小虢在今陝西省寶雞市東故西虢之西十餘里，也是虢叔的封地，公元前687年爲秦武公所滅。西虢在今陝西省寶雞市東，是周文王之弟虢仲（一説虢叔，恐非）的封地；周平王東遷，西虢遷於上陽（在今河南省三門峽市陝州區東南李家窑），史籍仍稱"虢"，後人别稱爲南虢。北虢在今山西省平陸縣，原來也是虢仲的封地，西虢東遷上陽後，北虢與之合成一片，統稱"虢"。晉獻公十九年（公元前658年），用荀息之計，以良馬與璧向虞國借路去攻打虢國，滅下陽（在今山西省平陸縣東北），佔領北虢之地。晉獻公二十二年（公元前655年），再次向虞國借路去攻打虢國，攻佔南虢之地，虢國徹底滅亡。參見《左傳》隱公元年至僖公五年、《史記》的《秦本紀》《十二諸侯年表》《晉世家》、《漢書・地理志上》、《詩經・檜譜》孔穎達疏及34.1.4注〔10〕。此文之"虢"，當指南虢與北虢，其國君爲虢仲的後代虢公醜。延：引進，迎接。延神：接神。據史載，公元前662年秋，有神降於莘（虢地，今河南省三門峽市西莘原），虢公叫祝應、宗區、史嚚（yín銀）祭神，神答應賜給他土田，史嚚與周大夫内史過都斷言虢將滅亡，因爲虢公對人民暴虐，無德而祭神。事見《左傳・莊公三十二年》《國語・周語上》《説苑・辨物》及本書28.10。亟：快。亟亡：快速滅亡。公元前658年，晉借路於虞而滅北虢；公元前655年，晉又借路於虞滅南虢。見《左傳》僖公二年、五年。

〔3〕汪繼培曰："成五年《左傳》。"○覺按：趙嬰：晉國大夫，趙衰之子，趙盾的異母弟，晉文公的外甥，名嬰，復名嬰齊，食邑於樓（在今山西省永和縣東南），故又稱樓嬰。其事蹟可參見《左傳》僖公二十四年至成公五年。祭天而速滅：公元前587年，趙嬰與趙莊姬（趙盾之子趙朔的妻子，即趙嬰之姪媳）通姦。次年春，其兄趙同、趙括將他放逐至齊國。他夢見天使對他曰："祭我，我使你得福。"他派人去問士貞伯，士貞伯説："神靈使仁德之人得福而使淫亂之人遭殃。他即使祭天，大概也衹能得到滅亡吧。"趙嬰祭天，次日就死了。參見《左傳》成公四年、五年。

〔4〕汪繼培曰："昭元年《左傳》。"○覺按：此語出自劉定公（劉夏），其原話是："神怒，不歆其祀；民叛，不即其事。"見《左傳・昭公元年》。即：與"就職"的"就"同義，前去從事的意思。

〔5〕汪繼培曰："莊卅二年《左傳》。"○覺按：魯史：魯國的史官，指左丘明（見36.0注〔13〕）。上面的話見《左傳・莊公三十二年》。

〔6〕汪繼培曰："哀六年《左傳》。"○覺按：禳（ráng穰）：祭祀之名，驅邪消災之祭。楚昭不禳雲：公元前489年，楚昭王援救陳國而駐兵城父（今河南省寶豐縣東），看見雲像一羣紅色的鳥一樣，夾着太陽飛了三天。他派人去問周太史。周太史説："這災禍是對着楚王本身的。如果舉行禳祭，就可以將災禍移到令尹（相）、司馬（將）身上。"昭王説："要除心腹（喻指自己）之疾，把它移於股肱（喻指令尹、司馬），有什麼好處？我如果没有大錯，上天哪會夭折我？如果我有了罪要受罰，又何必嫁禍於人？"於是未舉行禳祭。見《左傳・哀公六年》《史記・楚世家》。

〔7〕汪繼培曰："《吕氏春秋・制樂篇》。"○覺按：宋景：即宋景公，宋元公之子，春秋末宋國君主，名欒（《史記・宋微子世家》作"頭曼"，《漢書・古今人表》作"兜欒"），

公元前516—公元前451年在位（此宋景公元年據《史記·十二諸侯年表》，卒年據《史記·六國年表》。《左傳·哀公二十六年》載景公死於公元前469年，則在位僅四十八年。《史記·宋微子世家》載宋景公六十四年卒，則在公元前453年，與《史記·六國年表》不同）。咎：災禍。宋景不移咎：宋景公三十七年（公元前480年），火星居於心宿。心宿是宋國的分野，預示宋君將有災禍，主管星占的子韋說："可將災禍移於宰相。"景公說："宰相是我的股肱，要一起治國的，不可移禍於他。"子韋說："可移於民衆。"景公說："民衆死了，我做誰的君主呢？寧願我一個人死。"子韋說："可移於收成。"景公說："收成不好，則民衆餓死。我當君主卻爲了自己而虐殺民衆，還會有誰把我當成君主呢？您別再説了。"由於景公有了這三句至德之言，火星受感動而轉移，使景公避免了災禍。事詳《吕氏春秋·制樂》《史記·宋微子世家》。

〔8〕汪繼培曰："昭十七年《左傳》。"〇覺按：距：通"拒"。裨（pí皮）竈：春秋時鄭國大夫，星占家，其事蹟詳見《左傳》襄公二十八年至昭公十八年。子産距裨竈：公元前525年冬天，有掃帚星出現在大火（心宿二、天蠍座α星），古人以爲宋、衛、陳、鄭將有火災。裨竈對子産說："如果我們用玉爵、玉勺來祭祀，鄭國一定不會發生火災。"子産不聽。次年，四國都發生了火災。裨竈說："不聽我的話，鄭國還將發生火災。"子産還是不同意祭祀。子大叔說："珍寶玉器是用來保民的，可用來救國，您爲什麽要吝嗇呢？"子産說："天道幽遠，人道切近，兩不相及，裨竈又從哪里知道天道的呢？此人也真是太囉唆了。"子産始終未同意祭祀，鄭國也没再發生火災。見《左傳》昭公十七年、十八年。

〔9〕汪繼培曰："文十三年《左傳》。"〇覺按：邾：古國名，又稱"邾婁"（"婁"是詞尾），即鄒（"鄒"即"邾婁"之合音）。相傳爲顓頊後裔陸終第五子曹安（見35.4.8注〔1〕）所建立，曹姓。周武王又封其後代挾（一作"俠"）爲附庸，居於邾，其後以邾爲氏。有今山東省費縣、鄒城市、滕州市、濟寧市、金鄉縣等地，建都於邾（今山東省曲阜市東南南陬村）。公元前614年，邾文公遷都於繹（今山東省鄒城市東南紀王城）。戰國時被楚國所滅。參見《春秋·隱公元年》"公及邾儀父盟于蔑"孔穎達疏。邾文公：春秋時邾國國君，邾悼公之子，名蘧蒢（一作籧篨）。邾國爲子爵，所以又稱邾子蘧蒢。公元前665～公元前614年在位。公元前614年，邾文公爲遷都於繹占卜，占卜的史官說："遷都於繹，有利於民而不利於君。"文公曰："衹要民衆有利，我就幹。"遷都後，邾文公卒。君子稱他"知命"。事見《左傳·文公十三年》。

〔10〕汪繼培曰："《禮記·中庸》云：'君子居易以俟命。''身'上脱一字，當是'修'字。《孟子》云：'殀壽不貳，修身以俟之，所以立命也。'"〇覺按：汪說是。

〔11〕汪繼培曰："昭廿年《左傳》。"〇覺按：晏平仲：見3.3注〔17〕。

〔12〕汪繼培曰："桓六年《左傳》。"〇覺按：季梁：春秋時隨國的賢臣，以疾争強諫而聞名。其事蹟見《左傳》桓公六年、八年及《韓非子·説疑》。隋：見4.6注〔3〕。季梁之諫隋侯：季梁曾諫隋侯說："臣聞小之能敵大也，小道大淫。所謂道，忠於民而信於神也。上思利民，忠也；祝史正辭，信也。今民餒而君逞欲，祝史矯舉以祭，臣不知其可也。""夫民，神之主也，是以聖王先成民而後致力於神。……故務其三時，脩其五教，親其九族，以致其禋祀，於是乎民和而神降之福，故動則有成。今民各有心，而鬼神乏主，君雖獨豐，其何福之有？"詳見《左傳·桓公六年》。

〔13〕汪繼培曰："僖五年《左傳》。"〇覺按：宫之奇：一作宫奇，春秋時虞國大夫。公元前658年，晋以良馬和璧向虞國借路攻虢，虞君答應，他勸諫不聽。公元前655年秋，晋又向虞國借路攻虢，他勸諫說："虢、虞兩國唇齒相依，唇亡齒寒，虢亡，虞也將

被晉所滅。”虞公說：“我祭祀豐潔，神靈一定保佑我。”宫之奇說：“鬼神不親人，衹依德。如果没有德，那麽民衆不和，神也不會享用祭品。如果晉滅掉虞，又彰明德義而祭神，神就會保佑晉，所以祭祀豐潔並不能使虞倖免於難。”虞公不聽從，宫之奇率家族離開虞國。這年冬天，晉滅虢後又滅了虞。事詳《左傳》僖公二年、五年。

〔14〕分（fèn 奮）：職分，分際。

26.3

夫妖不勝德●〔1〕，邪不伐正●〔2〕，天之經也●〔3〕。雖時有違，然智者守其正道，而不近於淫鬼〔4〕。所謂淫鬼者，閑邪精物●【1】〔5〕，非有守司真神靈也●〔6〕。鬼之有此，猶人之有姦言賣平以干求者也●〔7〕。若或誘之●〔8〕，則遠來不止，而終必有咎●〔9〕。鬼神亦然，故申繻曰：“人之所忌，其氣炎以取之【2】。人無釁焉，妖不自作●〔10〕。”是謂人不可多忌，多忌妄畏，實致妖祥〔11〕。

【校記】

【1】閑：仿宋本、馮本、魁本、程本、邵本、陳本同，四庫本作“閒”。

【2】炎：仿宋本、馮本、魁本、程本、邵本、陳本同，四庫本作“焰”。

【箋注】

〔1〕汪繼培曰：“《史記・殷本紀》：‘伊陟曰：“臣聞妖不勝德。”’”〇覺按：妖：怪異、邪惡的事物。《左傳・宣公十五年》：“天反時爲災，地反物爲妖。”

〔2〕汪繼培曰：“《淮南子・繆稱訓》云：‘正身直行，衆邪自息。’”〇覺按：《韓非子・初見秦》：“以邪攻正者亡。”

〔3〕汪繼培曰：“《孝經》。”〇覺按：《孝經・三才章》：“子曰：‘夫孝，天之經也，地之義也，民之行也。’”唐玄宗注：“經，常也。”《左傳・昭公二十五年》：“夫禮，天之經也。”杜預注：“經者，道之常。”

〔4〕近：指巴結，去從事非禮的淫祀。參見25.4注〔4〕。淫：僭越，超越本分，指不合正道。

〔5〕汪繼培曰：“《史記・畱侯世家・贊》云：‘學者多言無鬼神，然言有物。’《齊悼惠王世家》：‘魏勃少時，欲求見齊相曹參，家貧無以自通，乃常獨早夜掃齊相舍人門外。相舍人怪之，以爲物而伺之。’《索隱》：‘姚氏云：“物，怪物。”’《説文》云：‘毅改，大剛卯也。以逐精鬼。’《漢書・藝文志・雜占類》有《人鬼精物六畜變怪》二十一卷。”

〔6〕汪繼培曰：“《大戴禮・曾子天員篇》云：‘陽之精氣曰神，陰之精氣曰靈。神靈者，品物之本也。’”〇覺按：守：掌管。司：掌管。神靈：天神地祇。

〔7〕汪繼培曰：“賣平，以市道爲喻。《周禮・小宰》：‘聽賣買以質劑。’鄭司農云：‘質劑，謂市中平賈，今時月平是也。’《漢書・食貨志》云：‘諸司市常以四時中月實定所掌，爲物上中下之賈，各自用爲其市平。’《法言・學行篇》云：‘一閧之市，必立之平。’李軌注：‘市無平，必失貴賤之正。’《鹽鐵論・本議篇》云：‘開委府於京，以籠貨物。賤即買，貴則賣。是以縣官不失實，商賈無所貿利，故曰平準。’《禁耕篇》云：‘山海有禁而民

不傾，貴賤有平而民不疑。縣官設衡立準，人從所欲，雖使五尺童子適市，莫之能欺。今罷去之，則豪民擅其用而專其利。決市閭巷，高下在口吻，貴賤無常。'《本議篇》又云：'行姦賣平，農民重苦。''賣平'即所謂'高下在口吻'也。《續漢書·五行志》云：'桓帝之初，京都童謡曰："游平賣印自有平，不辟賢豪及大姓。"'《後漢書·竇武傳》章懷注引'平'作'評'。《蓋勳傳》注引《續漢書》云：'中平元年，黄巾賊起，故武威太守酒泉黄雋被徵失期。梁鵠欲奏誅雋，勳爲言得免。雋以黄金二十斤謝勳。勳謂雋曰："吾以子罪在八議，故爲子言，吾豈賣評哉？"終辭不受。''評'與'平'同。《郭太》後《許劭傳》：'劭與從兄靖俱有高名，好共覈論鄉黨人物，每月輒更其品題，故汝南俗有月旦評焉。''月旦評'亦取'月平'之義。漢時市列，每月評定貴賤，如今時朔望有長落矣。"〇覺按："賣"即"賣獄"之"賣"，指通過某種不法行徑換取實利。"平"指平定（物價），使（物價）公平統一。"賣平"指管理市場物價的官吏因受賄而妄依姦商亂定物價，所以這裏用來喻指那些見祭品即來的淫鬼的行徑。干：求取。

〔8〕汪繼培曰："《說文》云：'誘，相訹呼也。或从言、秀。'"

〔9〕汪繼培曰："宣十二年《左傳》云：'必有大咎。'"

〔10〕汪繼培曰："莊十四年《左傳》。炎，《正義》本作'燄'，《釋文》作'炎'。按《漢書·五行志▲下之上、藝文志》並作'炎'，顔師古曰：'炎，讀與"燄"同。'《風俗通·過譽篇》亦云：'人之所忌，炎自取之。'《續漢書·五行志·贊》云：'妖豈或妄，氣炎以觀。'亦用此《傳》文也。"〇覺按：申繻（xū 需）：春秋時魯國大夫。其事蹟見《左傳》桓公六年及十八年、莊公十四年。此引文見《左傳·莊公十四年》。炎（yàn 豔）：通"燄"。氣炎：火開始燃燒時的氣勢，比喻人的氣勢。釁（xìn 信）：縫隙，過失。申繻的話實是説：人們所顧忌的妖怪並非是客觀存在的東西，而衹是人們想象中的東西，它的產生主要是由於人的氣勢不能勝過某些事物，所以把它説成是妖怪。人如果没有什麼過失，就不會有什麼畏忌，也就不會設想有什麼妖怪了。

〔11〕王紹蘭曰："《漢書·游俠·陳遵傳》後：'張竦爲賊兵所殺。'李奇曰：'竦知有賊當去，會反支日，不去，因爲賊所殺。'《後漢書·郭鎮傳》後：'河南吴雄，少時家貧，喪母，營人所不封土者，擇葬其中。喪事趣辨，不問時日，醫巫皆言當族滅，而雄不顧。及子訢孫恭，三世廷尉，爲法名家。初，肅宗時，司隸校尉下邳趙興亦不卹忌諱，每入官舍，輒更繕修館宇，移穿改築，故犯妖禁，而家人爵禄，益用豐熾，官至潁川太守。子峻，太傅，以才器稱。孫安世，魯相。三葉皆爲司隸，時稱其盛。桓帝時，汝南有陳伯敬者，行路聞凶，便解駕留止，還觸歸忌，則寄宿鄉亭。後坐女壻亾吏，太守邵夔怒而殺之。時人罔忌禁者，多談爲證焉。'"

26.4

且人有爵位，鬼神有尊卑。天地山川、社稷五祀●〔1〕、百辟卿士有功於民者●〔2〕，天子諸侯所命祀也●〔3〕。若乃巫覡之謂獨語【1】〔4〕，小人之所望畏，土公、飛尸、咎魅、北君、銜聚、當路、直符七神●【2】〔5〕，及民間繕治微蔑小禁【3】〔6〕，本非天王所當憚也●〔7〕。

【校記】

【1】謂：仿宋本、馮本、魁本、程本、邵本、陳本同，四庫本作“所”。

【2】土：陳本同，仿宋本、馮本、魁本、程本、四庫本、邵本作“士”。

【3】間：程本、四庫本、邵本、陳本同，仿宋本、馮本、魁本作“閒”。

【箋注】

〔1〕汪繼培曰：“《禮記·王制》云：‘天子祭天地，諸侯祭社稷，大夫祭五祀。天子祭天下名山大川，諸侯祭名山大川之在其地者。’”○覺按：五祀：古代祭祀的五種神。具體指哪五種，古代説法不一。一説指五官之神，即句芒（木德之神）、蓐收（金德之神）、玄冥（水德之神）、祝融（火德之神）、后土（土德之神），見《周禮·春官·大宗伯》“以血祭祭社稷五祀五嶽”鄭玄注。一説天子立七祀，諸侯立五祀，大夫立三祀，五祀指司命（見11.6注〔11〕）、中霤（宅神）、國門（門神）、國行（路神）、公厲（主殺罰之鬼），見《禮記·祭法》。此文“社稷五祀”連言，當取前一説。

〔2〕汪繼培曰：“《禮記·月令》云：‘命百縣雩祀百辟卿士有益於民者。’《祭法》云：‘此皆有功烈於民者也。’”○覺按：辟（bì避）：君主。百辟：指諸侯。卿士：見5.5注〔24〕，此文指王朝的執政者。

〔3〕汪繼培曰：“僖卅一年《左傳》云：‘不可以閒成王、周公之命祀。’”○覺按：命祀：授命祭祀。《國語·魯語上》“大懼乏周公、太公之命祀”韋昭注：“賈、唐二君云：‘周公爲太宰，太公爲太師，皆掌命諸侯之國所當祀也。’”由此可知，古代諸侯祭祀什麼鬼神，得由天子或王朝執政者授命。依此類推，大夫祭祀什麼鬼神，得由諸侯授命，所以此文説，上述各種神祇，是“天子諸侯所命祀也”。

〔4〕語：回答問話，與之交談。

〔5〕汪繼培曰：“《論衡·解除篇》云：‘宅中主神，有十二焉。青龍、白虎，列十二位。龍虎猛神，天之正鬼也。飛尸流凶，不敢安集。’”○彭鐸曰：“周廣業《意林》附編引《裴氏新言》：‘俗間有土公之神。’‘土公’即今俗所謂‘土煞’。”

〔6〕蔑：微小。

〔7〕汪繼培曰：“《後漢書·來歙》後《歷傳》云：‘皇太子驚病不安，避幸安帝乳母野王君王聖舍。太子乳母王男、廚監邴吉等以爲聖舍新繕修，犯土禁，不可久御。’《鍾離意傳》章懷注引《東觀記》曰：‘意在堂邑，出俸錢，帥人作屋，功作既畢，爲解土，祝曰：“興功役者令，百姓無事。如有禍祟，令自當之。”’《論衡·解除篇》云：‘世間繕治宅舍，鑿地掘土，功成作畢，解謝土神，名曰解土。爲土偶人以像鬼形，令巫祝延以解土神。已祭之後，心快意喜，謂鬼神解謝，殃禍除去。’”○覺按：天王：指天子。春秋時，楚、吴等諸侯相繼稱王，故尊稱周王爲天王。後便以“天王”稱封建帝王。

26.5

舊時京師不防動功造禁以來〔1〕，吉祥應瑞●【1】〔2〕，子孫昌熾●〔3〕，不能過前。且夫以君畏臣，以上需下，則必示弱而取陵●〔4〕，殆非致福之招也●〔5〕。

【校記】

【1】程本、四庫本、邵本、陳本“吉祥應瑞”在同一行而緊接不誤。此處仿宋本、馮本葉碼有誤，其“吉祥”在第八六葉（《四部叢刊》本卷六第五葉）末，“應瑞”至27.3“氣色爲吉凶候”爲第八九葉（《四部叢刊》本卷六第六葉），27.3“部位爲年時”至27.6“仕宦終老不至於”爲第八八葉（《四部叢刊》本卷六第七葉），其葉碼“八九”當作“八七”，但其裝訂無誤，即已將這第八九葉裝訂於第八六葉和第八八葉之間。魁本此“吉祥”之後接27.3“部位爲年時”至27.6“仕宦終老不至於”（即仿宋本、馮本第八八葉），然後再接“應瑞”至27.3“氣色爲吉凶候”（即仿宋本、馮本第八九葉），可見魁本所據底本爲仿宋本，并依其葉碼順序刊刻。但是，該仿宋本的底本應該是一部裝訂時葉次有錯亂的宋刻本或元刻仿宋本，由於該仿宋本刊刻時重標了葉碼，所以魁本雖然按其葉碼順序刊刻，但由於版式不同，所以原來的錯葉在魁本中就混雜難辨了。

【箋注】

〔1〕動：《論語·子張》“動之斯和”皇侃疏：“動，謂勞役之也。”功：即18.8所說的“人功”，見18.8注〔1〕。

〔2〕汪繼培曰：“《漢書·車千秋傳》云：‘每有吉祥嘉應，數褒賞丞相。’《王莽傳》云：‘神祇（覺按：當作“祇”）懽喜，申以福應，吉瑞累仍。’按‘應瑞’字倒，‘瑞應’見《三式篇》。”〇覺按：此文不誤，汪說非。“應瑞”即應驗的吉兆。“應”與“瑞”意義相類而並列使用，故可互易。參見17.3.4注〔13〕。

〔3〕汪繼培曰：“《詩·閟宫》云：‘俾爾昌而熾。’《後漢書·西南夷傳》朱輔上《遠夷樂德歌詩》云：‘子孫昌熾。’”

〔4〕汪繼培曰：“僖八年《左傳》云：‘示之弱矣。’昭十八年《傳》云：‘下陵上替。’”〇彭鐸曰：“‘需’亦‘畏’也。《周禮·考工記·輈人》‘馬不契需’，先鄭注：‘需，讀爲“畏需”之“需”。’是‘需’與‘畏’同義。哀六年《左傳》：‘需，事之下也。’十四年《傳》：‘需，事之賊也。’《釋文》並云：‘需，疑也。’‘疑’亦畏怯恐懼之義（《禮記·雜記》：‘五十不致毁，六十不毁，七十飲酒食肉，皆爲疑死。’鄭注：‘“疑”猶“恐”也。’《荀子·宥坐篇》：‘其赴百仞之谷不懼’，《大戴禮·勸學篇》‘懼’作‘疑’）。鬼神亦天王之臣，故曰‘君畏臣，上需下，示弱取陵’也。”〇覺按：需（ruǎn 軟，或讀爲 nuò 糯）：通“偄”“愞”“懦”，軟弱，懦弱。需下：即“偄於下”。參見22.3注〔12〕。

〔5〕汪繼培曰：“《易·震·彖》曰：‘震來虩虩，恐致福也。’《周禮·男巫》‘招弭以除疾病’鄭注：‘招，招福也。’”

26.6

嘗觀上記●〔1〕，人君身脩正●【1】〔2〕、賞罰明者，國治而民安；民安樂者，天悦喜而增曆數【2】〔3〕。故《書》曰：“王以小民受天永命●〔4〕。”孔子曰：“天之所助者，順也；人之所助者，信也。履信思乎順，又以尚賢，是以‘自天祐之，吉，無不利●〔5〕’。”此最却凶災而致福善之本也●〔6〕。

【校記】

【1】脩：仿宋本、馮本、魁本、程本同，何本、四庫本、邵本、陳本作“修”。

【2】天：仿宋本、馮本、魁本、何本、四庫本、邵本、陳本同，程本作“夭”。曆：仿宋本、馮本、魁本、程本、何本同，四庫本作“歴”，邵本、陳本作“歷”。

【箋注】

〔1〕汪繼培曰：“注見《思賢篇》。”〇覺按：見8.1注〔1〕。

〔2〕汪繼培曰：“《漢書·匡衡傳》云：‘聖德純備，莫不修正。’《賈山傳》顏師古注：‘修正，謂修身正行者。’《宣帝紀》元康元年詔云：‘吏民厥身修正。’”

〔3〕曆數：天數，指由上天確定的王朝統治年代。《尚書·大禹謨》“天之歷數在汝躬”孔安國傳：“歷數，謂天道。”孔穎達疏：“歷數，謂天歷運之數，帝王易姓而興。”增曆數：猶《漢書·諸侯王表》所說的“周過其曆”。

〔4〕汪繼培曰：“《召誥》。”〇覺按：參見23.5注〔7〕。

〔5〕汪繼培曰：“《易·繫辭上傳》。”〇覺按：參見13.7注〔5〕〔6〕。

〔6〕汪繼培曰：“《漢書·李尋傳》云：‘凶災銷滅，子孫之福不旋日而至。’《治要》載仲長統《昌言》云：‘王者官人無私，唯賢是親，勤恤政事，屢省功臣，賞錫期於功勞，刑罰歸乎衆惡，政平民安，各得其所，則天地將自從我而正矣，休祥將自應我而集矣，惡物將自舍我而亡矣。’意與此同。”

相列第二十七

【提要】

相：看相，即觀察人的相貌來推測其命運。相列：論列看相。文章主要論述了看相的依據與方法，同時宣揚了人的命運不但取決於其相貌而且取決於其德行的思想，以勉勵人們“脩善”“改尤”。

作者一方面受到當時陰陽五行家的影響，認爲人的身體、相貌、骨骼、氣色是五行八卦之氣的體現，具有不同的類别，而這些因素便是每個人壽夭貴賤的標誌，所以可以通過看相來推測其命運。看相的方法，主要是觀察人的骨骼、氣色、面相、手腳以及走路的樣子與説話的聲音等等，因爲它們能顯示其命運。但另一方面，作者又認爲，人的吉凶禍福、貧富貴賤不但取決於相貌，還取決於其德行，所以看相時的預測有時不一定能成爲事實。當然，一個人的天性、命運由不得自己，但其德行則完全取決於自己。從這種意義上來説，一個人的吉凶禍福也掌握在他自己手中。所以，聰明的人看到了吉兆，便修善積德來使這吉祥成爲現實；看見了凶兆，便“循（脩）行改尤”來避免災禍。而蠢人則相反，所以“雖休徵見相，福轉爲災”。因此，君子應該謹慎修行爲是。

27.1

《詩》所謂“天生烝民，有物有則”●〔1〕，是故人身體形貌皆有象類●〔2〕，骨法角肉各有分部，以著性命之期，顯貴賤之表●〔3〕。一人之身，而五行八卦之氣具焉●〔4〕。故師曠曰“赤色不壽”，火家性易滅也●【1】〔5〕。《易》之《説卦》〔6〕：“巽〔7〕，爲人多白眼。”相揚四白者兵死，此猶金伐木也●〔8〕。《經》曰〔9〕：“近取諸身，遠取諸物●〔10〕。”“聖人有見天下之至賾，而擬諸形容，象其物宜●〔11〕。”此亦賢人之所察、紀往以知來而著爲憲則也〔12〕。

【校記】

【1】性：程本、四庫本、邵本、陳本同，仿宋本、馮本、魁本作“姓”。

【箋注】

〔1〕汪繼培曰：“《烝民》。”〇覺按：《詩經·大雅·烝民》“天生烝民，有物有則”毛傳：“烝，衆。物，事。則，法。”鄭玄箋：“天之生衆民，其性有物象，謂五行——仁義禮智信也；其情有所法，謂喜怒哀樂好惡也。”孔穎達疏：“言天生其衆民，使之心性有事物之象，情志有去就之法。……上言‘有物有則’，即是情性之事。物者，身外之物，有象於己；則者，己之所有，法象外物。其實是一，從内外而異言之耳。”

〔2〕汪繼培曰：“《春秋繁露·人副天數篇》云：‘人有三百六十節，偶天之數也。刑（覺按：當作“形”）體骨肉，偶地之厚也。上有耳目聰明，日月之象也。體有空竅理脈，川谷之象也。心有哀樂喜怒，神氣之類也。’《淮南子·精神訓》云：‘頭之圓也象天，足之方也象地。’”〇覺按：類：物類，類似的東西。

〔3〕汪繼培曰：“《論衡·骨相篇》云：‘人命稟於天，則有表候於體。察表候以知命，猶察斗斛以知容矣。表候者，骨法之謂也。’又云：‘貴賤貧富，命也。操行清濁，性也。非徒命有骨法，性亦有骨法。’又云：‘知命之人，見富貴於貧賤，睹貧賤於富貴。按骨節之法，察皮膚之理，以審人之性命，無不應者。’”〇覺按：骨法：即《論衡·骨相篇》所説的“骨節之法”，指骨骼的結構模式。漢代很多人都認爲人的貴賤與其骨骼特點密切相關。《史記·淮陰侯列傳》：“貴賤在於骨法，憂喜在於容色，成敗在於決斷。”部：類别。

〔4〕汪繼培曰：“《易·乾鑿度》：‘孔子曰：“八卦之序成立，則五氣變形。故人生而應八卦之體，得五氣以爲五常。”’按五氣，五行之氣。《論衡·物勢篇》云：‘一人之身含五行之氣，故一人之行有五常之操。五常，五行之道也。’”〇覺按：五行：見25.5注〔3〕。八卦：見25.1注〔9〕。氣：見25.5注〔4〕。

〔5〕汪繼培曰：“《逸周書·太子晋解》云：‘汝色赤白，火色不壽。’”〇覺按：師曠：春秋時晋國主管音樂的太師，字子野，冀州南和（今河北省南和縣）人，生而目盲，善辨聲樂，能致鬼神，也常參與政事，任職於晋悼公、晋平公之時，爲著名的賢大夫。其事蹟可參見《逸周書·太子晋解》《左傳·襄公十四年》《國語·晋語八》《韓非子·十過、外儲説右上、難一、難二》《莊子·駢拇》“而師曠是已”成玄英疏及《釋文》。本文引言當爲間接引語。《逸周書·太子晋解》：“師曠對曰：‘汝聲清汗，汝色赤白，火色不壽。’”參見35.8。家：族，事物有某種共同屬性的一大類。

〔6〕《易》：見1.2注〔3〕。《説卦》：《周易》篇名，傳説爲孔子贊《易》所作，主要陳説八卦象徵的事物。因其解説卦象，故名"説卦"。

〔7〕巽（xùn訓）：《周易》中的卦名，八卦之一，象徵風、木、白、長、高、氣味等等。《周易·説卦》："巽，爲木，爲風，爲長女，爲繩直，爲工，爲白，爲長，爲高，爲進退，爲不果，爲臭。其於人也，爲寡髮，爲廣顙，爲多白眼，爲近利市三倍。其究爲躁卦。"

〔8〕汪繼培曰："王先生云：'四白，謂睛之上下左右皆露白，《易》所謂"多白眼"也。相婦人法："目有四白，五夫守宅。"見《唐書·方技·袁天綱傳》。'"〇覺按：相（xiàng向）：即"相面"的"相"，指觀察人的形貌來推測其命運。揚：露出。揚四白：指眼珠的四面皆露白。古代自有這種相貌。《南史·陳宗室諸王·新安王伯固傳》："新安王伯固，字牢之，文帝第五子也。生而龜胸，目通睛揚白。"兵：兵器，這裏作狀語。兵死：用兵器殺死。金伐木：在五行中，金克木（參見25.7注〔6〕），所以説"金伐木"。此文則喻指上句所説的兵器殺死"揚四白者"。兵器用金屬製成，故屬五行之"金"；"揚四白"即《説卦》所説的"多白眼"，與"巽"對應，而"巽"又象徵"木"（見注〔7〕），所以"揚四白者"與"木"爲一類，屬五行之"木"。

〔9〕《經》：指《周易》。西漢時，《周易》被尊爲經，所以又稱《易經》，簡稱《經》。

〔10〕汪繼培曰："《易·繫辭下傳》。"〇覺按：這兩句見《周易·繫辭下》，是陳説伏羲作八卦時的根據。

〔11〕汪繼培曰："《繫辭下傳》。王本'有'下有'以'字，無'至'字，'諸'下有'其'字。"〇覺按：汪説誤。此上三句見《周易·繫辭上》，文字與今本《周易》稍有不同。有：猶"能"（參見《古書虚字集釋》卷二"有"字條）。賾（zé責）：深奥，玄妙，參見25.3注〔9〕。擬：比擬，模擬。諸：之，指代"賾"。形容：形象，指卦體，即☰、☷之類的符號。擬諸形容：用形象（卦體）來模擬它（深奥的道理）。例如，見到剛健之理，就用乾的卦體☰來模擬它；見到柔順之理，就用坤的卦體☷來模擬它。物宜：事物之所宜，即事物所適宜的特性。象其物宜：象徵那事物所適宜的特性。例如，水所適宜的特性是潤下，就用坎卦的卦體☵來象徵它。

〔12〕紀：通"記"。

27.2

人之相法，或在面部，或在手足，或在行步，或在聲響●〔1〕。面部欲溥平潤澤●〔2〕，手足欲深細明直〔3〕，行步欲安穩覆載●〔4〕，音聲欲温和中宫〔5〕。頭面手足身形骨節皆欲相副稱〔6〕。此其略要也。

【箋注】

〔1〕汪繼培曰："《論衡·骨相篇》云：'相或在内，或在外，或在形體，或在聲氣。'"

〔2〕汪繼培曰："王先生云：'"溥"當作"博"。'"〇覺按：王説非。溥（pǔ普）：《詩經·大雅·公劉》"瞻彼溥原"鄭玄箋："溥，廣也。"

〔3〕深：長。明：明瞭，乾净俐落。

〔4〕汪繼培曰："按'安穩'古作'安隱'，'隱'亦'安'也。《詩·緜》鄭箋云：'民

心定，乃安隱其居。'《三國志·武帝傳》裴松之注引鄭康成《盤庚》注云：'安隱於其衆。'《董卓傳》注引華嶠《漢書》曰：'卓欲遷都長安，召公卿以下大議。司徒楊彪曰："昔盤庚五遷，殷民胥怨，故作三篇以曉天下之士，而海内安穩。"''安穩'與'安隱'同。成二年《左傳》'韓厥俯定其右'杜注：'俯，安隱之。'《莊子·應帝王篇》'其臥徐徐'司馬彪注：'徐徐，安隱貌。'"〇覺按：覆載：天覆地載，形容安穩。

〔5〕中（zhòng 衆）：符合。宫：五音（見25.5注〔1〕）之一。《韓非子·十過》用"音中宫商之聲"來形容鶴鳴之美，《韓非子·外儲説右上》談到教歌時衹録取"疾呼中宫"的學生來施教，可證宫音在古代被人們視爲最悦耳的正音。

〔6〕副：符合，相稱。

27.3

夫骨法爲禄相表〔1〕，氣色爲吉凶候●〔2〕，部位爲年時●【1】〔3〕，德行爲三者招〔4〕，天授性命決然〔5〕。表有顯微，色有濃淡，行有薄厚，命有去就。是以吉凶期會〔6〕，禄位成敗，有不必●【2】〔7〕。非聰明慧智●〔8〕，用心精密，孰能以中？

【校記】

【1】程本、四庫本、邵本、陳本"部位爲年時"上接"氣色爲吉凶候"，不誤。仿宋本、馮本葉碼有誤，其"氣色爲吉凶候"在第八九葉末，"部位爲年時"在第八八葉首，衹是其裝訂無誤（即已將第八九葉裝訂於第八六葉和第八八葉之間），故其文緊接而不誤。魁本"部位爲年時"至27.6"仕宦終老不至於"（即仿宋本第八八葉）一段上接26.5的"吉祥"（在仿宋本第八六葉），下接"應瑞"至"氣色爲吉凶候"（仿宋本第八九葉），其下再接30.9"決是故陳餘張耳老相全滅而無感痛"至30.11末"是謂小人"（即《四部叢刊》本卷八第四葉），然後再接27.6"穀或庶隸厮賤"至卷六末（仿宋本第九一葉、《四部叢刊》本卷六第八葉），可見魁本所據底本爲一部葉次有錯亂的仿宋本。參見26.5校記【1】。

【2】不：仿宋本、馮本、魁本、程本、邵本、陳本同，四庫本作"可"。

【箋注】

〔1〕相：《詩經·大雅·棫樸》"金玉其相"毛傳："相，質也。"即實質、質地的意思。禄相：禄位的質地，即實際的禄位。

〔2〕汪繼培曰："《荀子·非相篇》云：'相人之形狀顔色，而知其吉凶妖祥。'《論衡·自然篇》云：'吉凶蜚色見於面，人不能爲色自發也。'《自紀篇》云：'人面色部七十有餘，頰肌明潔，五色分别，隱微憂喜，皆可得察。占射之者，十不失一。'"

〔3〕汪繼培曰："脱一字。"〇覺按："時"下當脱"徵"字，與下"德"字形近而誤脱。部位：指身體各部分的位置。人身體各部分的位置隨着年齡的不同，其比例也不同，如年幼時頭部所占身長的比例大於成年時，所以説部位是"年時徵"。

〔4〕招：通"的"（參見《説文通訓定聲·小部弟七》"招"字條），箭靶的中心，引申爲標準。

〔5〕性命：《周易·乾·彖》："乾道變化，各正性命。"孔穎達疏："性者，天生之質，若剛柔遲速之别；命者，人所稟受，若貴賤夭壽之屬是也。"

〔6〕期會：約期會合，引申指預測、預卜。

〔7〕汪繼培曰："下有脱字。"〇覺按：當脱"至"字，27.5說"能期其所極，不能使之必至"可證。至，到來，指成爲事實。

〔8〕汪繼培曰："《禮記·中庸》云：'惟天下至聖爲能聰明叡智。'"

27.4

昔内史叔服過魯〔1〕，公孫敖●聞其能相人也【1】〔2〕，而見其二子焉〔3〕。叔服曰："穀也食子〔4〕，難也收子〔5〕。穀也豐下〔6〕，必有後於魯●〔7〕。"及穆伯之老也【2】，文伯居養；其死也，惠叔典哭●〔8〕；魯竟立獻子●〔9〕，以續孟氏之後〔10〕。及王孫説相喬如●〔11〕，子上幾商臣●【3】〔12〕，子文憂越椒●〔13〕，叔姬惡食我●〔14〕，單襄公察晋厲●〔15〕，子貢觀邾、魯●〔16〕，臧文聽樂説●〔17〕，陳咸見張●□【4】〔18〕，賢人達士●察以善心〔19〕，無不中矣。及唐舉之相李兑、蔡澤●〔20〕，許負之相鄧通、條侯●〔21〕，雖司命班禄追叙行事【5】〔22〕，弗能過也。

【校記】

【1】孫：四庫本、邵本、陳本同，仿宋本、馮本、魁本、程本、何本作"妖"。

【2】穆：陳本同，仿宋本、馮本、魁本作"稷"，程本、邵本作"稷"，四庫本作"穆"。

【3】幾：邵本、陳本同，仿宋本、馮本、魁本、程本作"幾"，四庫本作"譏"。

【4】□：仿宋本、馮本、程本、何本於此空一字，魁本不空，四庫本作"闕"（爲小字注文），邵本作"■"，陳本不空而有箋注，今用"□"代表缺文。

【5】班：仿宋本、馮本、魁本、何本、四庫本、邵本、陳本同，程本作"斑"。

【箋注】

〔1〕内史：官名，西周始置，協助天子管理爵禄、廢置等政務。春秋時沿置。見《周禮·春官·内史》。叔服：周襄王至周定王時的内史，善於占星相面，其事蹟見於《左傳》文公元年、十四年和成公元年。《穀梁傳·文公三年》以爲即王子虎，誤。過：訪問。過魯：公元前627年，魯僖公死。次年，周襄王派叔服到魯國參加僖公的葬禮，於是叔服到魯國，並受公孫敖之託而爲其子相面。事詳《左傳·文公元年》。

〔2〕汪繼培曰："'孫'舊作'妖'。王先生云：'"妖"當是"姓"字之誤。古者"孫""姓"通用。《詩·麟之趾》"振振公姓"毛傳："公姓，公孫也。"'"〇覺按：公孫敖（？—公元前613年）：魯國大夫，慶父（見4.4注〔9〕）之子。春秋時，國君之孫稱公孫，慶父爲魯桓公之子，敖爲桓公之孫，所以以公孫爲姓。他是慶父的長子，以孟爲氏，謚穆，所以又稱"孟穆伯"。其事蹟見《春秋》《左傳》僖公十五年至文公十四年。

〔3〕見：使動用法，舊讀 xiàn（現）。

〔4〕穀（？～公元前613年）：魯國大夫，公孫敖之子，正妻戴己（己氏，謚戴）所生。孟氏，名穀，謚文，爲長子，所以史稱文伯、孟文子。參見《左傳·文公七年》《國語·魯語上》。食（sì飼）：供養。

〔5〕難：魯國大夫，公孫敖之子，戴已之妹聲己（己氏，謚聲，公孫敖次妻）所生，謚惠，爲次子，故史稱惠叔。參見《左傳·文公七年》。收：收殮，即《左傳·文公十五年》所説的“取而殯之”。公孫敖客死於齊，所以説“收”。

〔6〕豐下：下巴豐滿。此文語帶雙關，喻指下輩興盛，所以推斷説“必有後於魯”。

〔7〕汪繼培曰：“文元年《左傳》。”〇覺按：有後：指有後代繼承其事業。文伯以下，其後代世爲魯卿，稱孟氏，即此文所説的“有後”。

〔8〕汪繼培曰：“文十四年《左傳》。王侍郎云：‘“典哭”疑“典喪”。’繼培按：‘喪’字是也。《漢書·武五子傳》‘霍光徵王賀典喪’顔師古注：‘令爲喪主。’”〇覺按：王説是。文伯比穆伯先死（見《左傳·文公十四年》），所以穆伯死後由惠叔收葬。事見《左傳·文公十五年》。汪稿於“穆”字下注“舊作稷”，説明汪氏始作校箋時用的是程本，而並非所謂的元刻本。

〔9〕汪繼培曰：“穀之子。”〇覺按：竟：終，結果。文伯死後，其子蔑年幼，所以魯國同意文伯的請求而先立了其弟惠叔，後來纔立了蔑，故此文説“竟”。獻子（？—公元前554年）：魯國大夫，文伯之子，名蔑，仲慶父（見4.4注〔9〕）之曾孫，以仲孫爲氏（參見35.9注〔7〕），故史稱仲孫蔑。公孫敖以孟爲氏，他是公孫敖之孫，故又稱孟孫（參見35.0.1注〔26〕）。死後謚獻，故又稱孟獻子。其事蹟可參見《春秋》《左傳》文公十五年至襄公十九年。

〔10〕孟氏：公孫敖爲仲慶父之子，而慶父爲長庶，故其子以孟爲氏而稱“孟氏”。參見《左傳·文公十五年》“齊人或爲孟氏謀”杜預注、35.9注〔6〕。續孟氏之後：延續孟氏的後代，指讓他作爲孟氏的繼承人，使孟氏的家業世世代代繼續下去。按照古代宗法制度，嫡長子孫一系爲大宗，其餘的子孫爲小宗。家業、權位由大宗一系的嫡長子（宗子）世襲，所以祇有大宗一系纔是該家族的代表。孟獻子被立爲宗子而成爲孟氏家族的繼承人，由他將孟氏的家業傳下去，所以説讓他“續孟氏之後”。

〔11〕汪繼培曰：“《周語》。”〇覺按：王孫説：周王朝的大夫，善於相面。周簡王八年（公元前578年），叔孫僑如至周，王孫説見到後對周簡王説：“叔孫僑如的容貌長得上方而下尖，大概會冒犯人的。”見《國語·周語中》。喬如：又作僑如，叔孫氏。魯國大夫。叔孫得臣（見25.3注〔8〕）之長子。叔孫得臣於公元前616年打敗狄人，擒殺長狄僑如，爲了彰顯其功，所以將長子名爲僑如（見《左傳·文公十一年》）。僑如淫蕩奢侈，因想驅逐季氏、孟氏以獨霸魯國政權而被驅逐出境。死後謚宣，所以又稱宣伯、叔孫宣子。其事蹟可參見《春秋》《左傳》成公二年至昭公四年。

〔12〕汪繼培曰：“文元年《左傳》。按《禮記·玉藻》鄭注：‘“幾”猶“察”也。’”〇覺按：子上（？—公元前627年）：即鬭勃，字子上，楚國大夫，後爲令尹。楚成王想立商臣爲太子的時候，曾徵求過子上的意見。子上説：“商臣這個人，眼睛長得像胡蜂，説話的聲音像豺狼，是個殘忍之人，不可以立爲太子。”商臣立爲太子後，在成王面前詆毀他，成王便殺了他。其事蹟見《左傳》僖公二十八年至文公元年。幾（jī機）：通“譏”，考察。商臣：楚成王之長子，先被成王立爲太子。公元前626年，成王想立王子職爲太子而廢掉商臣，商臣發現後起兵攻打成王，迫使成王自殺。商臣於是自立爲王，即楚穆王，公元前625—公元前614年在位。其事蹟見《左傳》文公元年至十一年。

〔13〕汪繼培曰：“宣四年《左傳》。”〇覺按：子文：即鬭穀於菟，鬭氏，名穀於菟，字子文，鬭伯比的私生子。公元前664—公元前637年任楚國令尹。其弟司馬子良生子越椒時，子文説：“必須殺死他！這小子長得像熊、虎，説話的聲音像豺狼。若不殺，一定會

滅掉若敖氏。諺語説：‘狼子野心。’這小子就是狼，怎麼能養他呢？”子良未殺，子文一直爲此憂慮，臨終時還叮囑其族人説：“越椒如果當權，就快逃走，别遭殃了。”參見《左傳》莊公三十年至宣公四年。越椒：習稱子越椒，即鬬椒，字子越，又字伯棼（一作伯賁）。若敖生鬬伯比，伯比生子文與子良，鬬椒即子良之子。令尹子文死後，他先任司馬，接着任令尹，後來又當司馬。他心懷不滿，就在莊王九年（公元前605年）率領若敖氏家族攻打楚莊王，結果若敖氏被滅。事詳《左傳·宣公四年》。

〔14〕汪繼培曰：“昭廿八年《左傳》。”〇覺按：叔姬：指叔嚮（見4.4注〔6〕）的母親。《左傳》不稱其名，《論衡·本性篇》也稱叔姬，可知叔姬爲東漢時的習稱。《列女傳·仁智傳》則用其氏而稱爲羊叔姬。食我：春秋時晋國大夫，羊舌氏，名石，叔嚮的長子，故又稱伯石。叔嚮食邑在楊而稱楊肸，故食我又稱楊石、楊食我。食我出生時，叔嚮的嫂子告訴叔姬：“叔嚮生了兒子。”叔姬去看他，走到堂屋，聽見楊石的哭聲轉身便走，説：“這是豺狼的聲音啊。狼子野心。除他之外，是没有人能滅掉羊舌氏家族的。”後來，食我因幫助祁盈殺祁勝而被晋君所殺，羊舌氏同時被滅。見《左傳·昭公二十八年》。

〔15〕汪繼培曰：“《周語▲下》。”〇覺按：單（shàn善）襄公：單氏，名朝，謚襄，周定王、周簡王時周王朝的卿士，也稱單子。周簡王十一年（公元前575年），諸侯會師伐鄭，單襄公見晋厲公視遠步高，便對魯成公説：“晋將有亂。因爲與諸侯相會是件大事，如果國中沒有什麼災難，國君的步、言、視、聽，一定没有什麼可挑剔的。現在晋君眼觀遠方而步子跨得高高的，目光不注視在手脚上，脚也不跟著目光來邁步，他的心一定在想其他事情了。目光脚步不相合，哪能持久呢？”詳見《國語·周語下》。晋厲：晋厲公，春秋時晋國國君，名州蒲（一作壽曼），公元前580—公元前573年在位，因内亂而被欒書、中行偃所殺。

〔16〕汪繼培曰：“定十五年《左傳》。”〇覺按：子貢（公元前520—？）：姓端木，名賜，字子貢，也作子贛，春秋時衛國人，孔子弟子，能言善辯，善於經商，曾任魯、衛相。其事蹟見《論語》《史記·仲尼弟子列傳、貨殖列傳》。邾：見26.2注〔9〕，此指邾國國君邾隱公而言。隱公名益，子爵，謚隱，史稱邾子益、邾隱公，邾莊公之子，公元前507年即位，公元前488年被魯國打敗而被俘，次年獲釋後因荒淫無道又被吴國所囚。吴國擁立太子革爲邾君。後來他又奔魯，奔齊。公元前473年奔越，越國人送他回國重新執政。公元前471年，因無道而被越國人抓了去，越國擁立公子何（太子革之弟）爲邾君。參見《春秋》《左傳》定公三年至哀公二十四年。魯：指魯定公，春秋時魯國國君，名宋，魯襄公之子，魯昭公之弟，公元前509～公元前495年在位。公元前495年春，邾隱公到魯國朝見定公，子貢在旁觀看，見邾隱公抬着頭，將玉器（禮品）拿得高高的；而定公低着頭，卑身接受玉器。子貢説：“這二君會死去逃亡，因爲正月朝見，而二君的做法都不合法度。好事做得不得體，哪能長久呢？抬頭高舉，是驕傲，將會有變亂；低頭卑身是自棄，將會有疾病。定公是主人，大概會先死吧。”結果定公過了四個月就死了。見《左傳·定公十五年》。

〔17〕汪繼培曰：“莊十一年《左傳》。”〇覺按：臧文：即臧文仲（？—公元前617年），臧孫氏，名辰，所以又稱臧孫辰。春秋時魯國大夫，臧孫許（參見15.8注〔14〕）之父，歷魯莊公、閔公、僖公、文公四君，死後謚文，所以又稱臧文。其事蹟可參見《左傳》莊公十一年至文公十年。禦説（yuè悦）：宋莊公之子，宋閔公之弟，後來被立爲宋國國君，即宋桓公，公元前681—公元前651年在位。臧文聽禦説：宋閔公九年（公元前683年），宋國發生嚴重水災，魯莊公派人去慰問，宋君回答曰：“孤實不敬，所以上天降災，蒙您牽

掛，實不敢當。”臧文仲聽説後説：“宋國要興盛了！因爲諸侯碰到凶年災荒而自稱孤，是合乎禮的（《禮記·曲禮下》：“諸侯見天子曰臣某侯某，其與民言自稱曰寡人，其在凶服曰適子孤。”），而且説話又那樣戒懼。”後來聽説此言出自公子禦説，臧孫達（臧文仲的祖父）説：“這個人應該做君主了，因爲他有體恤民衆之心。”見《左傳·莊公十一年》。

〔18〕汪繼培曰：“‘張’下脱一字，程本作空格。《漢書》有兩陳咸：一陳萬年子，見《萬年傳》；一王莽時講禮祭酒，見《莽傳》。”〇覺按：《漢書》雖載兩陳咸，但均無“見張”相人的記載。《後漢書·郭陳列傳》也有陳咸，沛國洨縣（今安徽省固鎮縣東濠城）人，成帝、哀帝間爲尚書，王莽徵召而稱病不就。此人雖熟《易經》，但史書也未載其“見張”相人之事。此或當時傳聞，而王符記之。其詳情待考。

〔19〕汪繼培曰：“《漢書·王商史丹傅喜傳·贊》云：‘雖宿儒達士，無以加焉。’”

〔20〕汪繼培曰：“《史記·蔡澤傳》。”〇覺按：唐舉：也作唐莒。戰國時梁（魏國）人，善於相面。其事蹟見《荀子·非相篇》《史記·范雎蔡澤列傳》。李兑：見 20.3 注〔11〕。蔡澤：戰國時燕國人，曾遊説各國諸侯而不被賞識，就去唐舉處相面，説：“我聽説先生給李兑看相時説：‘百日之内就能掌握國家大權。’有這種事嗎？”唐舉説：“有。”蔡澤説：“像我這個人會怎麼樣呢？”唐舉細看後笑着説：“先生鼻孔朝天，肩膀寬闊，額角凸出，眉毛連到鼻子上，膝部彎曲内盤腿。我聽説聖人是沒有什麼相貌的，大概就像先生這樣吧。”並推測他可以再活四十三年。後來他入秦説范雎，因而見到昭王，被用爲客卿。公元前 255 年，范雎謝病免相，他任秦相，不久辭去相位，封綱成君。參見《史記·范雎蔡澤列傳》。

〔21〕汪繼培曰：“條侯事見《史記·絳侯世家》。《佞幸傳》云：‘上使善相者相通。’不云許負，此當别有所据。”〇彭鐸曰：“《漢書·外戚傳》：‘許負相薄姬，當生天子。’薄姬爲文帝母，鄧通爲文帝幸臣，宜有令許負相通之事，特《佞幸傳》未言其名耳。”〇覺按：許負：漢初河内温縣（今河南省温縣西南）的老婦人，善於相面，漢高祖封她爲鳴雌亭侯。周亞夫尚未封侯時，許負曾給他相面，説他三年後封侯，再過八年爲將相，掌握國家大權，再過九年會餓死。結果果然如此。見《史記·絳侯周勃世家》。鄧通：見 3.2 注〔4〕。條侯：即周亞夫（？—公元前 143 年），西漢沛縣（今屬江蘇省）人，周勃之子。許負給他相面後三年，封爲條侯。他當將軍駐紮細柳時，軍令嚴明，文帝稱他爲真將軍。景帝時任太尉，平定吴楚七國叛亂，遷爲丞相。因爲幾次勸阻景帝而得罪景帝，謝病免相。後被誣謀反，絶食五日，嘔血而死。見《史記·絳侯周勃世家》。

〔22〕司命：見 11.6 注〔11〕。班禄：見《班禄》篇提要之解釋。

27.5

雖然，人之有骨法也，猶萬物之有種類、材木之有常宜〔1〕。巧匠因象●〔2〕，各有所授【1】〔3〕。曲者宜爲輪，直者宜爲輿【2】，檀宜作輻，榆宜作轂●〔4〕，此其正法通率也●〔5〕。若有其質〔6〕，而工不材●〔7〕，可如何？故凡相者，能期其所極〔8〕，不能使之必至。十種之地●【3】〔9〕，膏壤雖肥，弗耕不穫●〔10〕；千里之馬，骨法雖具，弗策不致●〔11〕。

【校記】

【1】授：馮本、程本、四庫本、邵本、陳本同，仿宋本、魁本作“授”。

【2】輪直者宜爲：陳本同，仿宋本、馮本、魁本、程本、四庫本、邵本無此五字。

【3】地：馮本、四庫本、陳本同，仿宋本、魁本、程本、邵本作“也”。

【箋注】

〔1〕常：符合常規的，一定的。宜：適合，合用。此用作名詞，表示合宜的用處。常宜：符合常規的用處。

〔2〕汪繼培曰：“《韓非子·有度篇》云：‘巧匠目意中繩。’”

〔3〕授：委任。

〔4〕汪繼培曰：“舊脱‘輪直者宜爲’五字。按《御覽》九百五十二引崔實《政論》云：‘師曠曰：“人骨法猶木有宜，曲者爲輪，直者爲輿，檀宜作輻，榆宜作轂。”’今据補。”〇覺按：輪：車輪，此指輪輞（wǎng 往），即車輪周圍的邊緣部分。輿：車廂。轂（gǔ 鼓）：車輪中心的圓木，其周圍與車輻的一端相接，中有圓孔用以插軸。

〔5〕汪繼培曰：“率，讀如律。《治要》載崔實《政論》云：‘不可爲天下通率。’”〇覺按：率（lǜ 律）：規格，準則。

〔6〕其：見 1.4 注〔8〕。

〔7〕汪繼培曰：“‘材’與‘裁’同。《晋語》云：‘童昏嚚瘖僬僥，官師之所不材也。’”〇覺按：材：通“裁”，裁製，指加工製造。

〔8〕期：與 27.3“期會”之義同。極：至。

〔9〕汪繼培曰：“舊作‘也’。”〇覺按：十：非實數，泛指多。

〔10〕汪繼培曰：“《易·无妄·六二》：‘不耕穫。’《詩·甫田》毛傳：‘大田過度，而無人功，終不能穫。’”

〔11〕汪繼培曰：“《後漢書·馬援傳》云：‘昔有騏驥，一日千里，伯樂見之，昭然不惑。近世有西河子輿，亦明相法。子輿傳西河儀長孺，長孺傳茂陵丁君都，君都傳成紀楊子阿。臣援嘗師事子阿，受相馬骨法，考之於行事，輒有驗效。’《尉繚子·武議篇》云：‘良馬無策，遠道不致。’”

27.6

夫觚而弗琢，不成於器●〔1〕；士而弗仕，不成於位。若此者，天地所不能貴賤、鬼神所不能貧富也。或王公孫子，仕宦終老，不至於穀●【1】〔2〕；或庶隸厮賤〔3〕，無故騰躍●〔4〕，窮極爵位。此受天性命，當必然者也。《詩》稱“天難忱斯”●〔5〕，性命之質，德行之招●〔6〕，參錯授●【2】〔7〕，不易者也。

【校記】

【1】程本、四庫本、邵本、陳本“不至於”與“穀”緊接。仿宋本、馮本“仕宦終老不至於”在第八八葉末，“穀或庶隸厮賤”在第九一葉首，似有缺葉而其文不缺，衹是葉碼有誤而已。魁本“不至於”下接 26.5 的“應瑞”至 27.3“氣色爲吉凶候”（即仿宋本第

八九葉、《四部叢刊》本卷六第六葉），然後接 30.9“決是故陳餘張耳老相全滅而無感痛”至 30.11 末“是謂小人”（即《四部叢刊》本卷八第四葉），之後再接“穀或庶隸斯賤”至卷六末（仿宋本第九一葉），可見魁本所據底本爲一部葉次有錯亂的仿宋本。參見 27.3 校記【1】。

【2】授：仿宋本、馮本、魁本、程本、四庫本、邵本同，陳本作“授受”。

【箋注】

〔1〕汪繼培曰：“《鹽鐵論・殊路篇》云：‘孔子曰：“觚不觚，觚哉！觚哉！”故人事加則爲宗廟器，否則斯養之躉（覺按：“躉”爲“疊”之誤）才。’▲《一切經音義》十六：‘《論語》“觚哉”，馬融曰：“觚，礼器也，一升曰爵，二升曰觚。”’”〇覺按：此與 1.2 所説的道理相似，可參見。觚（gū 姑）：古代一種酒器，形體呈長圓形，口部與底部呈喇叭狀，容積爲當時的二升，盛行於商代和周初。而：猶“若”。據《周禮・冬官考工記・梓人》，觚是梓人雕琢而成的，所以不雕琢它不過是塊木材而已，因而説“弗琢，不成於器”。於：語助詞。

〔2〕汪繼培曰：“《論語》：‘子曰：“三年學，不至於穀，不易得也。”’孔安國注：‘穀，善也。’《釋文》引鄭康成注：‘穀，禄也。’此亦當訓‘穀’爲‘禄’。”〇覺按：至：《吕氏春秋・當染》“理奚由至”高誘注：“至，猶得也。”

〔3〕庶：百姓，平民。隸：奴隸，供賤役的人。斯：幹粗雜活的奴僕。賤：卑賤，指地位低微的人。

〔4〕汪繼培曰：“《漢書・食貨志》云：‘物痛騰躍。’”

〔5〕汪繼培曰：“忱，《卜列篇》作‘諶’，此蓋後人据《毛詩》改之。”〇覺按：見 25.1 注〔5〕。

〔6〕汪繼培曰：“‘質’‘招’皆以射的爲喻。《周禮・司裘》：‘王大射，則共虎侯、熊侯、豹侯設其鵠。’鄭司農云：‘方十尺曰侯，四尺曰鵠，二尺曰正，四寸曰質。’《淮南子・原道訓》云：‘先者則後者之弓矢質的也。’高誘注：‘質的，射者之準藝也。’《吕氏春秋・本生篇》云：‘萬人操弓，共射其一招。’高誘注：‘招，埻的也。’《盡數篇》云：‘射而不中，反修於招，何益於中？’《別類篇》云：‘射招者欲其中小也。’高注並云：‘招，埻藝也。’‘質’‘準’‘埻’同字。”〇覺按：招：通“的”（參見《説文通訓定聲・小部弟七》“招”字條）。質、招：兩字同義，即“質的”，箭靶的中心，引申爲目標，歸宿。性命之質：即上文所説的“或王公孫子……當必然者也”一段的概括。德行之招：即上文所説的“夫觚而弗琢……鬼神所不能貧富也”一段的概括。

〔7〕汪繼培於“授”下補“受”字曰：“舊脱。”〇覺按：汪補恐不當。疑“授”下本有“之”字，因與“不”字形近而誤脱。“之”指人而言，即上文的“士”“王公孫子”“庶隸斯賤”之類。參（cēn 岑陰平）錯：參差交錯。

27.7

然其大要，骨法爲主，氣色爲候●〔1〕。五色之見，王廢有時●【1】〔2〕。智者見祥，脩善迎之【2】；其有憂色，循●行改尤〔3〕。愚者反戾，不自省思，雖休徵見相●〔4〕，福轉爲災。於戲君子〔5〕，可不敬哉?

【校記】

【1】時：陳本同，仿宋本、馮本、魁本、程本、四庫本、邵本無“時”字。

【2】脩：仿宋本、馮本、魁本、程本同，何本、四庫本、邵本、陳本作“修”。

【箋注】

〔1〕汪繼培曰：“《史記·淮陰侯傳》：‘蒯通曰：“僕嘗受相人之術，貴賤在於骨法，憂喜在於容色。”’”〇覺按：候：徵候，徵兆。

〔2〕汪繼培補“時”字曰：“舊脱。按《夢列篇》云‘五行王相謂之時’，今据補。‘時’與下‘之’‘尤’‘思’‘災’爲韻。《長短經·察相篇》注引《相經》云：‘五色並以四時判之。春三月，青色王，赤色相，白色囚，黄、黑二色皆死。夏三月，赤色王，白色、黄色皆相，青色死，黑色囚。秋三月，白色王，黑色相，赤色死，青、黄二色皆囚。冬三月，黑色王，青色相，白色死，黄與赤二色囚。若得其時色王相者吉，不得其時色王相若囚死者凶。’▲《五行大義》三引《相經》曰：‘青氣初來如麥生，盛王之時如樹葉青，欲去之時如水上苔。赤氣初來如赭柱，盛王之時如朱丹，欲去之時如乾血。黄氣初來如蚕吐絲，盛王之時如博基，欲去之時如枯葉。白氣初來之時如壐璧，盛王之時如粉上光，欲去之時如鮮錢。黑氣初來之時如死馬肝，盛王之時如漆光，欲去之時如苔垢。’”〇覺按：五色：青、黄、赤、白、黑五種顏色，此指臉色而言（參見27.1）。古代五行家將五色與五行相配合，即青配木，黄配土，赤配火，白配金，黑配水。見（xiàn 現）：同“現”。王：即《相經》“王相”之“王”。漢代陰陽五行家認爲，在不同的季節，木、火、土、金、水五行的興旺衰敗是不同的。他們用“王”“相”“死”“囚”“休”等概念來描述其興衰。“王”原指帝王，引申指五行中的一行在該時占統治地位、旺盛；“相”原指宰相，是“王”的得力助手，引申指“王”所生的一行開始壯大；“死”指“王”所反對的一方死亡，引申指“王”所克的一行喪失生命力；“囚”指“相”所反對的一方被禁錮，引申指“相”所克的一行開始受到制約而生命力漸弱；“休”指“王”的父親年老退休，引申指生“王”的一行生命力衰退而罷休。參見28.3注〔4〕。廢：衰敗，即指“死”“囚”之類。王廢有時：即《相經》所説的情況。此文用來説明：被相者所顯現出來的種種臉色，可以用來推測其命運的盛衰。

〔3〕汪繼培曰：“當作‘修’。”〇覺按：“循”當爲“脩”字之形訛。“脩行”見16.14注〔3〕。

〔4〕汪稿注：▲“疑衍。”〇覺按：此文雖多爲四字句，但“相”字可通，不煩改字，故汪繼培之定稿删此注。

〔5〕於戲（wūhū 嗚呼）：同“嗚呼”。

潛夫論卷第六【1】

【校記】

【1】潛夫論卷第六：仿宋本、馮本、魁本、程本同，何本、邵本作“潛夫論卷六終”，四庫本作“潛夫論卷六”，陳本作“潛夫論卷第六終”。

潛夫論卷第七[1]　　　王符[2]

夢列第二十八

釋難第二十九[3]

【校記】

【1】卷第七：仿宋本、馮本、魁本、程本、陳本同，何本、四庫本、邵本作“卷七”。

【2】王符：仿宋本、馮本、魁本同，程本、何本、四庫本、邵本、陳本此行下端無字。

【3】仿宋本、馮本、魁本有此兩行子目，程本無此子目而有“漢　安定王符著”“明新安程榮校”兩行字，何本、邵本無此子目，四庫本無此子目而有“漢　王符　撰”一行字，陳本無此子目而有“蕭山汪繼培箋”一行字。

夢列第二十八

【提要】

夢列：論夢。文章主要論述了夢的類型及圓夢的方法，認爲人的吉凶禍福並非衹取決於夢，而最終還是取決於其德行。

文章首先論述了十種類型的夢：直接應驗之夢、象徵之夢、精誠之夢、思念之夢、因人而異之夢、氣候感化之夢、順應季節之夢、相反之夢、病症之夢、性情之夢。這些是圓夢時必須掌握的要點。至於對夢境的分析要領是：夢境的好壞直接象徵着現實的吉凶。但是，夢境畢竟是一種神志不清醒時的模糊意象，所以有的夢並沒有什麼應驗，因此不能“專信以斷事”。衹有鬼魂和神靈的託夢纔有應驗。當然，即使是這些神奇的夢，或因爲做夢者“不能究道之”，或因爲占夢者不能觸類旁通地應用占夢書上的原理，所以有時候占夢也會出現差錯。占夢時衹有“謹其變故，審其徵候，内考情意，外考王相”，纔能大致準確地推斷出吉凶。當然，這推斷出來的吉凶也並不是確定不移的，它的實現與否還取決於人的德行。“脩德”“戒懼”者能逢凶化吉，“縱恣”“驕侮”者會因福得禍。所以，無論做了什麼夢，不必去占問善惡，衹要“常恐懼脩省，以德迎之”，就會上上大吉。可見，勸人修身積德，便是本篇的主旨。

28.1

凡夢：有直，有象，有精，有想，有人，有感，有時，有反，有病，有性。

28.2

在昔武王〔1〕，邑姜方震太叔〔2〕，夢帝謂己：“命爾子虞，而與之唐〔3〕。”及生，手掌曰“虞”●〔4〕，因以爲名【1】。成王滅唐，遂以封之●〔5〕。此謂直應之夢也●【2】〔6〕。

《詩》云：“惟熊惟羆【3】，男子之祥。惟虺惟蛇，女子之祥●〔7〕。”“衆惟魚矣，實惟豐年。旐惟旟矣【4】，室家蓁蓁●〔8〕。”此謂象之夢也●〔9〕。

孔子生於亂世●〔10〕，日思周公之德，夜即夢之●〔11〕。此謂意精之夢也。

人有所思，即夢其到；有憂，即夢其事。此謂記想之夢也。

今事●〔12〕，貴人夢之即爲祥，賤人夢之即爲妖；君子夢之即爲榮，小人夢之即爲辱。此謂人位之夢也。

晋文公於城濮之戰〔13〕，夢楚子伏己而盬其腦●【5】〔14〕，是大惡也。及戰，乃大勝。此謂極反之夢也。

陰雨之夢使人厭迷●〔15〕，陽旱之夢使人亂離〔16〕，大寒之夢使人怨悲，大風之夢使人飄飛●【6】〔17〕。此謂感氣之夢也。

春夢發生，夏夢高明，秋冬夢熟藏●【7】〔18〕。此謂應時之夢也。

陰病夢寒，陽病夢熱●【8】〔19〕；内病夢亂〔20〕，外病夢發〔21〕；百病之夢，或散或集●〔22〕。此謂病氣之夢也●【9】〔23〕。

人之情心好惡不同●【10】〔24〕，或以此吉，或以此凶。當各自察〔25〕，常占所從●【11】〔26〕。此謂性情之夢也。

【校記】

【1】以：仿宋本、馮本、魁本、程本、四庫本、陳本同，何本、邵本作“而”。

【2】謂：仿宋本、馮本、魁本、程本、四庫本、邵本、陳本同，抄補本漏抄“謂”字。

【3】惟：仿宋本、馮本、魁本、程本、四庫本、邵本同，陳本作“維”。下六處同。

【4】旟：四庫本、陳本同，仿宋本、馮本、魁本作“旄”，程本、邵本作“旗”。

【5】盬：仿宋本、馮本、魁本、四庫本、邵本、陳本同，程本、何本作“監”。

【6】飛：仿宋本、馮本、魁本、程本、四庫本、陳本同，何本、邵本作“殘”。

【7】熟：仿宋本、魁本、程本、四庫本、邵本、陳本同，抄補本、馮本作“熱”。

【8】程本、四庫本、邵本、陳本“陽病夢熱”在同一行而緊接不誤。仿宋本、馮本葉次不亂，其文次序如下：“陽病”在第九二葉（《四部叢刊》本卷七第一葉），“夢熱”至28.5“瓦器”爲第九三葉（《四部叢刊》本卷七第二葉），28.5“虛空”至28.10“並拜”爲第九四葉（《四部叢刊》本卷七第三葉），28.10“吉夢”至29.1.3“以詰堯舜之”爲第九五葉（《四部叢刊》本卷七第四葉），29.1.3“不得並之勢”至29.2.4“過”爲第九六葉（《四部叢刊》本卷七第五葉），29.2.4“此而往者”至29.3.3“既憂民亦爲”爲第九七葉（《四部叢刊》本卷七第六葉）。魁本此下之葉次淆亂，“陽病”下依次接仿宋本、馮本第九四、九五、九七、九六、九三葉之文字，其錯葉文字之首尾和仿宋本、馮本相合，可見魁本所據底本爲一部葉次有錯亂的仿宋本。對於魁本葉次之錯亂，本卷校記不再重出。

【9】病：七本皆無“病”字，據《夢占逸旨》引文補。

【10】心：仿宋本、馮本、魁本、程本、邵本、陳本同，四庫本作“性”。

【11】占：《夢占逸旨》引文、四庫本、陳本同，仿宋本、馮本、魁本、程本、邵本作“古”。

【箋注】

〔1〕以下事蹟見《左傳·昭公元年》《史記·晋世家、鄭世家》。武王：見1.1注〔16〕。

〔2〕邑姜：周武王的王后，齊太公姜尚之女。震：通“娠”，懷孕。太叔：即唐叔虞，姓姬，名虞，字子於。因排行在後，故稱太叔。周武王之子，周成王同母弟。周成王將他封爲唐侯，稱唐叔虞，成爲晋國的始祖（其子燮改稱爲晋侯）。參見《史記·晋世家》。

〔3〕唐：古國名，相傳爲祁姓（一説姓伊祁），是陶唐氏堯的後裔的封國，周成王時爲周公所滅。周成王將它封給了叔虞，成爲姬姓之國。其地當在今山西省太原市西南古晋陽城（在古晋水之北）。鄭玄《詩經·唐譜》云：“唐者，帝堯舊都之地，今曰太原晋陽是。成王封母弟叔虞於堯之故墟，曰唐侯，南有晋水。至子燮，改爲晋侯。”《史記·晋世家》“是爲晋侯”《正義》：“《括地志》云：‘故唐城在并州晋陽縣北二里。’”《水經注·卷六·晋水》：“晋水出晋陽縣西懸甕山。縣，故唐國也。《春秋左傳》稱唐叔未生，其母邑姜夢帝謂己曰：‘余名而子曰虞，將與之唐，屬之參。’及生，名之曰虞。《吕氏春秋》曰：叔虞與成王居，王援桐葉爲珪，以授之，曰：‘吾以此封汝。’虞以告周公。周公請曰：‘天子封虞乎？’王曰：‘余戲耳。’公曰：‘天子無戲言。’時唐滅，乃封之于唐，縣有晋水，後改名爲晋。故子夏叙《詩》，稱‘此晋也，而謂之唐，儉而用禮，有堯之遺風也’。”均其證。《辭源》（修訂本）“唐”字條認爲叔虞所封之唐在今山西省翼城縣西古唐城，與晋水、晋祠之地均不合，誤。翼城縣西之唐，當爲晋穆侯以後的晋國國都，見《史記·晋世家》《詩經·唐譜》孔穎達疏。

〔4〕汪繼培曰：“▲昭元年《左傳》云：‘文在其手曰虞。’王先生云：‘“掌”疑“文”。’”〇覺按：“掌”“文”之形音皆相去甚遠，故王説雖通，恐未必得當。曰：猶“有”（參見《古書虛字集釋》卷二“曰”字條）。手掌曰虞：手掌有“虞”。《左傳·昭公元年》作“有文在其手曰虞”，實指手掌上的紋路成“㸚”（虞）字形，而並非手掌内真有一個後代的“虞”字。《左傳·隱公（覺按：《十三經注疏》本無“公”字，據阮元校勘記補）第一》“仲子生而有文在其手”孔穎達疏：“隸書起於秦末，手文必非隸書。《石經》古文‘虞’作‘㸚’，‘魯’作‘𠂆’，手文容或似之。”

〔5〕汪繼培曰：“昭元年《左傳》。”

〔6〕汪繼培曰：“《論衡·紀妖篇》云：‘或曰：“人亦有直夢。夢見甲，明日則見甲矣。

夢見君，明日則見君矣。"曰：然，人有直夢。直夢皆象也，其象直耳。'"

〔7〕汪繼培曰："《斯干》。"〇覺按：此四句見《詩經·小雅·斯干》，原爲占夢之辭，其上文云："乃占我夢，吉夢維何？維熊維羆，維虺維蛇。大人占之。"羆（pí 皮）：即棕熊，也叫馬熊，通稱人熊。虺（huǐ 毀）：古代傳説中一種生有多個頭的毒蛇。《楚辭·招魂》："雄虺九首，往來儵忽，吞人以益其心些。"

〔8〕汪繼培曰："《無羊》。'蓁蓁'今作'溱溱'。'旟'舊作'旐'，据程本。"〇王紹蘭曰："《小雅·無羊篇》毛傳：'陰陽和則魚衆多矣。'鄭箋：'牧人乃夢見人衆相與捕魚。'丁氏希曾説：'"衆"乃"螽"字之省，《説文》作"螽"，與"蠡"同。左氏、穀梁《春秋經》桓五年"蠡"，公羊《經》作"螺"。螺實蝗類，凡池湖陂澤中魚嘯子皆近岸菊淺水處，若遇歲旱，水不能復其故處，土爲風日所燥，魚子蠕蠕而出，即變爲蝗蟲以害苗。今螺不爲蝗而爲魚，故以爲豐年之徵。'紹蘭按：《公羊·文三年》'雨蠡于宋'傳何休注：'蠡，猶衆也。'是漢儒固有説'蠡'爲'衆'者。《東觀漢記》：'馬稜爲廣陵太守，郡界曾有蝗蟲食穀，稜有威德，蝗蟲入江海化爲魚蝦。'是蝗蟲固有化爲魚者，丁氏説信而有徵，可補傳、箋所未備。"〇覺按：以上四句見《詩經·小雅·無羊》，原爲占夢之辭。其上文云："牧人乃夢，衆維魚矣，旐維旟矣。大人占之。"此詩"衆維魚矣"與"旐維旟矣"的結構當相同，"旐""旟"爲同類，則"……維……矣"當爲並列結構（"維""矣"爲語助詞），那麼"衆""魚"亦當爲同類，指人衆與魚。王説雖似可通，恐不當。旐（zhào 兆）：畫有龜蛇的旗。旟（yú 於）：畫有鳥隼的旗。蓁蓁（zhēnzhēn 真真）：今本《詩經·小雅·無羊》作"溱溱"（zhēnzhēn 真真），古字通，衆多的樣子。

〔9〕汪繼培曰："王先生云：'"象"下脱一字。'"

〔10〕汪繼培曰："《莊子·讓王篇》：'孔子曰："今吾抱仁義之道，以遭亂世之患。"'"

〔11〕汪繼培曰："《論語》。"〇覺按：周公是孔子日夜思慕的聖人。《論語·述而》載孔子之言云："久矣，吾不復夢見周公！"可見孔子曾夢見過周公。

〔12〕汪繼培曰："王先生云：'"今"疑作"同"。俗書"同"爲"仝"，"仝""今"形近之誤。'"〇彭鐸曰："'今事'猶言'今一事也'。古人語急，不煩改字。"〇覺按：彭説是。

〔13〕城濮：春秋時衛國的城邑，在今山東省鄄城縣西南之臨濮集。魯僖公二十八年（公元前 632 年），晉文公聯合齊、宋、秦等國，敗楚軍於此。

〔14〕汪繼培曰："僖廿八年《左傳》。"〇覺按：楚子：指楚成王熊惲（一作頵），他是楚堵敖（一作杜敖）熊囏之弟。公元前 672 年，他殺堵敖自立。公元前 671—公元前 626 年在位。參見《史記·十二諸侯年表》。因楚君爲子爵，故稱"楚子"。盬（gǔ 古）：原爲模擬吸飲之聲的象聲詞，這裏用作動詞，表示吸飲。

〔15〕汪繼培曰：▲"以下四段皆韻語。"〇覺按：厭（yǎn 掩）：通"魘"（yǎn 掩），夢中受到驚駭而感到壓抑、呼吸困難。迷：迷離，迷茫。或通"眯"（mì 蜜），與"魘"同義。

〔16〕亂：煩亂，指心情煩悶而思緒没有條理。離：分散，指心不在焉而精力不能集中。

〔17〕汪繼培曰："'迷''離''悲''飛'韻。"

〔18〕汪繼培曰："'生''明''藏'韻。"

〔19〕汪繼培曰："《素問·脈要精微論》云：'陰盛則夢涉大水恐懼，陽盛則夢大火燔灼。'亦見《列子·周穆王篇》。"〇覺按：陰、陽原是古代的一對哲學概念（參見 7.3 注

〔10〕)。古人認爲，天與地、日與月、晝與夜、火與水、熱與寒、夏與冬、清與濁、亮與暗、動與静、顯與隱等都分屬於陽與陰，不但宇宙間的一切事物都由陰陽所生成，而且各種事物的變化也是由陰陽的活動造成的。這種哲學上的陰陽學説毫無例外地被運用於我國的醫學理論中，中醫用它來幫助説明人體的生理與病理變化以及治療方法與藥性等等。如：男與女、外與内、背與腹、上與下、表與裏、氣與血、實與虚、手與足、六腑與五臟、皮膚與筋骨、多言與無聲、喜明與欲暗、發熱與寒冷、活動與沉静、興奮與抑制、亢進與衰退等都分屬於陽與陰。人體之陰陽應保持平衡，若陰與陽有所偏勝，就會成病，因爲陰勝會累及陽，陽勝會累及陰。陽盛陰衰會出現陽症，如：身上發熱，面色潮紅，口唇乾燥，舌苔乾燥，聲高氣粗，脈洪大而快，小便發紅，便秘。陰盛陽衰就會出現陰症，如：四肢發冷，面色青白，口唇淡白，口不渴，舌苔濕潤，聲低氣微，脈搏沉細，小便清長，大便稀溏。凡病，見於陽症的爲陽病，見於陰症的爲陰病。陰病怕冷，故“夢寒”；陽病發熱，故“夢熱”。

〔20〕内病：中醫把一切致病因素分爲内因、外因、不内外因三類。所謂内因，就是喜、怒、憂、思、悲、恐、驚等七情的總稱。中醫認爲，人的情緒變化如果在正常的範圍内，則不會引起什麽疾病；如果一下子刺激太大，超過了正常的限度，或者有長期的、持續不斷的刺激，就會影響到人體臟腑的正常生理活動而致病。這種由内因造成的疾病，就是内病，也稱之爲内傷七情。内病者的情緒不正常，所以“夢亂”。

〔21〕外病：由外因造成的疾病。所謂外因，就是風、寒、暑、濕、燥、火等六淫的總稱。中醫認爲，人類生活在大自然中，經常要受到自然界季節氣候的影響，而季節氣候的變化，是由於風、寒、暑、濕、燥、火等六種“氣”不斷運動的結果。這六種“氣”在一定的限度内變化，對人是無害的，但它們變化反常的時候，就會使四季的正常遞變發生混亂，如春應温而仍寒，夏未至而已熱等等。這些不利於人的“氣”通稱爲“邪氣”，它們是來自外界的致病因素，所以也稱爲“外邪”。這“六氣”成爲致病的外因時，被稱爲“六淫”。由六淫造成的疾病統稱外病。外病者往往會産生多種症狀，所以“夢發”。

〔22〕汪繼培曰：“‘熱’‘發’‘集’韻。”

〔23〕陳本無“病”字，汪繼培曰：“孫侍御云：‘“氣”上當有“病”字。’繼培按：《素問・舉痛論》云：‘黄帝曰：“余知百病生於氣也。”’《論衡・訂鬼篇》云：‘病篤者氣盛。’《莊子・達生篇》云：‘忿滀之氣，散而不反，則爲不足；上而不下，則使人善怒；下而不上，則使人善忘；不上不下，中身當心，則爲病。’”○覺按：“謂”下原無“病”，《夢占逸旨》引文無“氣”字而有“病”字，蓋各脱一字，今據補“病”字。

〔24〕汪繼培曰：“王侍郎云：‘據下云“心精好惡”，“情”當作“精”。’繼培按：《論衡・書虚篇》云：‘情心不同。’《超奇篇》亦云：‘表著情心。’是‘情心’連文之證。《管子・内業篇》云：‘彼心之情，利安以寧。’襄卅一年《左傳》：‘子産曰：“人心之不同，如其面焉。”’《漢書・元帝紀》永光四年詔曰：‘公卿大夫，好惡不同。’”○覺按：王説非。下文“心精好惡”之“精”通“情”，此不煩改字。

〔25〕當：語助詞，猶“乃”（參見《助字辨略》卷二“當”字條、《經詞衍釋》卷六“當”字條）。

〔26〕汪繼培曰：“‘同’‘凶’‘從’韻。”○覺按：占：根據某些跡象（如夢境、星象、雲氣、卦象、龜甲的兆紋等）來預測吉凶。

28.3

故先有所夢，后無差忒者●【1】〔1〕，謂之直。比擬相肖，謂之象。凝念注神【2】，謂之精●〔2〕。晝有所思，夜夢其事，乍吉乍凶【3】，善惡不信者●【4】〔3〕，謂之想。貴賤賢愚，男女長少，謂之人。風雨寒暑，謂之感。五行王相，謂之時●〔4〕。陰極即吉，陽極即凶〔5〕，謂之反。觀其所疾，察其所夢，謂之病。心精好惡〔6〕，於事有驗●【5】〔7〕，謂之性。凡此十者，占夢之大略也●【6】〔8〕。

【校記】

【1】所夢后無：七本皆無此四字，據《夢占逸旨》引文補。忒：四庫本、陳本同，仿宋本、馮本、魁本、程本、邵本作“武”。

【2】謂之直比擬相肖謂之象凝念注神：七本皆無此十四字，據《夢占逸旨》引文補。

【3】乍吉乍凶：四庫本、陳本同，《夢占逸旨》引文作“乍凶乍吉”，仿宋本、馮本、魁本、程本作“乍吉乍善”，邵本作“作吉作善”。

【4】善惡：《夢占逸旨》引文、四庫本、陳本同，仿宋本、馮本、魁本、程本、邵本作“凶惡”。

【5】有：七本皆無“有”字，據《夢占逸旨》引文補。

【6】略：仿宋本、馮本、魁本、四庫本同，程本、邵本作“路”，陳本作“畧”。

【箋注】

〔1〕汪繼培曰：“‘忒’舊作‘武’，据《天中記》廿三改。按《説文》云：‘忒，失常也。忒，更也。’經典多借‘忒’爲‘忒’。”〇覺按：差忒（tè 特）：差錯，失誤。

〔2〕陳本無“謂之直比擬相肖謂之象凝念注神”十四字，汪繼培曰：“王先生云：‘“謂之精”上有脱文。下云“凡此十者，占夢之大畧”，而文止言其八，必有解釋直、象二夢，而今佚之。’”〇覺按：王説是，今據《夢占逸旨》引文補。

〔3〕汪繼培曰：“‘凶善’二字舊倒。”

〔4〕汪繼培曰：“《周禮·占夢》：‘掌其歲時，觀天地之會，辨陰陽之氣。’鄭注：‘陰陽之氣，休王前後。’《白虎通·五行篇》云：‘木生火，火生土，土生金，金生水，水生木。是以木王，火相，土死，金囚，水休。’《五行大義》云：‘五行體（覺按：“體”字衍）休王者，春則木王、火相、水休、金囚、土死，夏則火王、土相、木休、水囚、金死，六月則土王、金相、火休、木囚、水死，秋則金王、水相、土休、火囚、木死，冬則水王、木相、金休、土囚、火死。’▲《漢書·王莽傳》：‘兆遇金水王相。’張晏曰：‘金王則水相也。’”〇覺按：五行：見 25.5 注〔3〕。王相：見 27.7 注〔2〕。根據漢代的陰陽五行學説，五行的王相有一定的規律。這主要是根據五行的相生相克（參見 25.7 注〔6〕）來決定的。“王”所生者爲“相”，“王”所克者爲“死”，“相”所克者爲“囚”，生“王”者爲“休”。如春季木王，木生火，故火相；木克土，故土死；火克金，故金囚；水生木，故水休。汪氏之引文即是這一規律的具體展開。《淮南子·墬形訓》：“木壯，水老、火生、金囚、土死；火壯，木老、土生、水囚、金死；土壯，火老、金生、木囚、水死；金壯，土老、水生、火囚、木死；水壯，金老、木生、土囚、火死。”其所用術語雖有所不同，但其原理

與實質是一樣的，可幫助我們加深理解。

〔5〕陰、陽：見28.2注〔19〕，這裏分别指禍、福。即：猶“則”，表示轉折。《夢占逸旨》引文兩“即”字均作“則”。

〔6〕精：通“情”，參見32.6注〔13〕。《夢占逸旨》引文作“情”。

〔7〕汪繼培曰：“脱一字。”〇覺按：汪説是。“驗”字上原無“有”字，據《夢占逸旨》引文補。事：事情，此指夢見的事情。驗：考察，審察測定。

〔8〕汪繼培曰：“《孟子》云：‘此其大畧也。’”

28.4

而決吉凶者，之●類以多反〔1〕，其何故哉●【1】〔2〕？豈人覺爲陽，人寐爲陰●〔3〕，陰陽之務相反故邪？此亦謂其不慎者爾【2】。借如使夢吉事而己意大喜樂●〔4〕，發於心精〔5〕，則真吉矣〔6〕。夢凶事而己意大恐懼，憂悲發於心精，即真惡矣〔7〕。所謂“秋冬夢死傷也吉”者，順時也。雖然，財爲大害爾，由弗若勿夢也●〔8〕。

【校記】

【1】其何故：陳本同，仿宋本、馮本、魁本、程本、何本作“其故”，四庫本作“何故”，邵本作“其故何”。

【2】慎：七本皆作“甚”，據《夢占逸旨》引文改。

【箋注】

〔1〕汪繼培曰：“疑衍。”〇覺按：汪説非。之：這。此句《夢占逸旨》引文作“多失其類”，也可證此“之”字爲代詞而非衍文。類：法式，條例。以：猶“亦”（參見《古書虚字集釋》卷一“以”字條）。

〔2〕汪繼培曰：“‘何’舊脱。按《交際篇》云：‘斯何故哉？’今据補。”

〔3〕汪繼培曰：“《論衡·紀妖篇》云：‘卧夢爲陰候，覺爲陽占。’”

〔4〕汪繼培曰：“以下文例之，此脱二字。”〇覺按：“喜樂”二字當重，並屬下句。蓋前人以爲文複而誤删之。

〔5〕精：通“情”。

〔6〕心情快樂對人的健康有益，所以説“真吉”。

〔7〕即：猶“則”。《夢占逸旨》引文“即”作“則”，“惡”作“凶”，義同。

〔8〕汪繼培曰：“‘所謂’以下，文有脱誤。王先生云：‘“秋冬夢死傷”，疑是釋“五行王相謂之時”義，上當有“春夏夢生長”語。’”〇彭鐸曰：“疑尚脱‘凶者’一五字句。”〇覺按：《夢占逸旨》引文“所謂”下有“春夏夢生長”五字，但據下文之義，此文不宜補此五字，更不應有“凶者”一五字句。蓋諸家將此誤讀爲：“所謂秋冬夢死傷也，吉者順時也。”於是文義不通，便誤以爲有脱文。其實此文並不誤。古時以春夏爲陽，主生長；秋冬爲陰，主肅殺。因此，秋冬即使“夢死傷”，也是“順時”的，因而古人斷爲“吉”。財：通“纔”，祇。由：通“猶”。

28.5

凡察夢之大體：清絜鮮好【1】〔1〕，貌堅體健●【2】〔2〕，竹木茂美，宮室器械新成方正，開通光明〔3〕，温和升上，向興之象，皆爲吉喜，謀從事成●〔4〕。諸臭汙腐爛，枯槁絶霧●〔5〕，傾倚欹●邪【3】〔6〕，劓刖不安●〔7〕，閉塞幽昧，解落墜下〔8〕，向衰之象，皆爲●〔9〕，計謀不從，舉事不成。妖孽恠異●〔10〕，可憎可惡之事，皆爲憂患【4】。圖畫胎卵●【5】〔11〕，刻鏤非真●〔12〕，瓦器虛空，皆爲見欺紿●〔13〕。倡優俳儛〔14〕，侏●小兒【6】〔15〕，所戲弄之象，皆爲觀笑●【7】〔16〕。此其大部也〔17〕。

【校記】

【1】絜：仿宋本、馮本、魁本、陳本同，程本、四庫本、邵本作“潔”。

【2】體：七本皆無“體”字，據《夢占逸旨》引文補。

【3】欹：仿宋本、馮本、魁本、程本作“徵”，四庫本、邵本、陳本作“徵”，據《夢占逸旨》引文改。

【4】患：七本皆無“患”字，據《夢占逸旨》引文補。

【5】胎卵：仿宋本、馮本、魁本、四庫本、邵本、陳本作“卹胎”，程本作“卹胎”，據《夢占逸旨》引文改。

【6】侏：仿宋本、馮本、魁本、程本、邵本、陳本同，四庫本作“諸”。

【7】觀：《夢占逸旨》引文、仿宋本、馮本、魁本、程本、四庫本同，何本、邵本、陳本作“懽”。

【箋注】

〔1〕絜：通“潔”。

〔2〕汪繼培曰：“‘貌’上脱一字。”〇覺按：汪説非，應爲“健”上脱一字。今據《夢占逸旨》引文補“體”字。

〔3〕開通光明：與下文“閉塞幽昧”相對，當作一句讀。彭鐸將此讀爲“方正開通，光明温和”，不當。開通：與“閉塞”相對，指交通便利，思想解放，社會開化。

〔4〕汪繼培曰：“《晏子春秋·問上》：‘景公曰：“謀必得，事必成。”’”

〔5〕汪繼培曰：“‘絶’當作‘晻’。《説文》云：‘晻，不明也。’‘晻’‘絶’字形相近。《書·盤庚》‘予不掩爾善’，《五經異義》作‘不絶’，見《詩·文王》疏，此其比也。‘霧’與‘雺’通。《洪範》‘曰蒙’，鄭康成本作‘雺’，云：‘雺者，氣不釋，鬱冥冥也。’《史記·宋世家》亦作‘霧’。”〇彭鐸曰：“‘絶霧’疑當作‘訰霿’，‘訰’誤爲‘純’，又轉爲‘絶’耳。《爾雅·釋訓》：‘訰訰，亂也。’《廣雅·釋詁三》：‘頓，亂也。’《玉篇·心部》：‘忳，亂也。’訰、頓、忳並字異而義同。‘霿’與‘瞀’通。《楚辭·九章·惜誦》‘中悶瞀之訰訰兮’，王逸注：‘瞀，亂也。’‘訰瞀’二字平列，猶言‘眊亂’矣。”〇覺按：汪、彭之説與上文不相對，恐不當。此“枯槁絶霧”與上文“貌堅體健”相對，當指所夢見的人的體貌而言。《戰國策·秦策一》：“形容枯槁，面目犂黑。”《楚辭·漁父》：“顔色憔悴，形容枯槁。”可證“枯槁”當指體貌而言。《説文·糸部》：“絶，斷絲也。”引申指斷絶，没

有，如《論語・子罕》“子絶四”皇侃疏：“絶，無也。”“霧”當通“敄”（wù 務），《説文・攴部》：“敄，彊也。”“絶霧”，等於説“不強”，是衰弱的意思，與上文“體健”相反。此上兩句《夢占逸旨》引文作“穢臭汙濁，腐爛枯槁”而無“絶霧”兩字，恐也經後人臆改。

〔6〕陳本“攲”作“徵”，汪繼培曰：“疑‘攲’。”○彭鐸曰：“‘徵’蓋‘微’字之誤。微，讀爲‘違’。《廣雅・釋詁三》：‘微、違，離也。’‘微’即‘違’之同部借假。”○覺按：汪説是，彭説非，今據《夢占逸旨》引文改爲“攲”。此句與上文“竹木茂美”相對，當指竹木而言。傾倚：見 12.7 注〔15〕。邪：通“斜”。

〔7〕汪繼培曰：“《説文》云：‘槷黜，不安也。’引《易・困・九五》‘槷黜困于赤芾’。王弼本作‘劓刖’。《乾鑿度》云：‘至于九五，劓刖不安。’”○覺按：此句與上文“新成方正”相對，指宫室而言。劓刖（yìyuè 義月）：聯緜詞，與《説文・出部》“黜”字條的解釋詞“槷黜”（nièniè 櫱櫱，段玉裁《説文解字注》認爲“黜”當讀爲 wù）、荀爽本《易經》的“臲卼”（nièwù 櫱誤）、《尚書・秦誓》的“杌隉”（wùniè 兀聶）、《文選》卷第十八所載漢馬融《長笛賦》的“槷刖”（nièyuè 聶月）、韓愈《贈劉師服》詩中的“兀臲”都同義。《周易・困・上六》的“臲卼”（nièwù 櫱誤）當爲本字，其本義是動摇不安的意思。

〔8〕解（xiè 懈）落：聯緜詞，即《荀子・儒效篇》之“解果”（xièluó 懈螺）、《説苑・復恩》之“蟹堁”。《荀子》楊倞注：“蠏螺，蓋高地也。”

〔9〕汪繼培曰：“下脱二字。”○覺按：依上文，“爲”下當脱“凶憂”二字。

〔10〕汪繼培曰：“《漢書・五行志》云：‘凡草木之類謂之妖，妖猶夭胎，言尚微。蟲豸之類謂之孽，孽則牙孽矣。’《説文》作‘祅蠥’。”○覺按：“妖孽恠異”均指反常奇異而不吉利的事物。

〔11〕陳本“胎卵”作“邺胎”，汪繼培曰：“‘邺’當作‘卵’。卵胎，物之未成者，故爲‘見欺紿’。《易林・晉之益、震之觀》並云：‘缺破不成，胎卵未生，弗見兆形。’▲《離之冎》云：‘缺破不成，胎卵不生，不見其形。’或云：‘殈’聲誤爲‘邺’，《説文》云：‘殈，胎敗也。’”○覺按：汪繼培所引《易林》也可證此文當作“胎卵”，今據《夢占逸旨》引文改。或説非。

〔12〕汪繼培曰：▲“《太玄經・礼・次三》云：‘畫象成形，孚无成。測曰：畫象成形，非其真也。’”

〔13〕汪繼培曰：“與‘詒’同。”○覺按：見 12.3 注〔4〕。

〔14〕倡（chāng 娼）優：歌唱演雜戲的藝人。俳（pái 牌）：演滑稽戲的藝人。儛（wǔ 舞）：跳舞的藝人。

〔15〕汪繼培曰：“疑‘及’。”○彭鐸曰：“‘及’字涉上四字而加人旁，因誤爲‘伋’。”○覺按：汪、彭之説雖可通，但此節所述均不用“及”字，故未必得當。《夢占逸旨》引文作“併”，似亦未當。我認爲此“伋”字爲“偄”字之形訛，其上又脱“侏”字，“侏偄小兒”四字爲句。“偄”與“儒”同，《隸釋・司隸校尉魯峻碑》“儒”作“偄”，是其證。“侏儒”在古代常與“倡優”等連言，如《荀子・王霸篇》“俳優侏儒”，《韓非子・八姦》“優笑侏儒”，《管子・小匡》“倡優侏儒”，故知此文“倡優俳儛”下也當言“侏儒”。且此文“倡優俳儛”相類，而“侏儒”也正與“小兒”相類。《荀子・王霸篇》楊倞注：“侏儒，短人可戲弄者。”即發育異常而身材特别矮小的人，古代常用來供人取樂，其義也正與此文“所戲弄之象，皆爲觀笑”相合。

〔16〕汪繼培改“觀”爲“懽”曰：“‘懽’舊作‘觀’，据何本。”○覺按：觀：觀賞，指做夢的人會像倡優等一樣，被人觀賞取樂。汪繼培從何本改爲“懽”，不當。

〔17〕大部：大體。《夢占逸旨》引文作“大都”，也通。

28.6

夢，或甚顯而無占〔1〕，或甚微而有應，何也？曰：本所謂之夢者〔2〕，困不了察之稱●【1】〔3〕，而懵憒冒名也●〔4〕。故亦不專信以斷事。人相對計事【2】，起而行之，尚有不從，況於慌忽雜夢●【3】〔5〕，亦可必乎？唯其時有精誠之所感薄、神靈之所告者●【4】〔6〕，乃有占爾。

【校記】

【1】困：仿宋本、馮本、魁本、程本、邵本、陳本同，四庫本作“因”。

【2】相：七本皆無“相”字，據《夢占逸旨》引文補。

【3】慌：七本皆作“忘”，據《夢占逸旨》引文改。

【4】唯：仿宋本、馮本、魁本、程本、四庫本、邵本同，陳本作“惟”。所告：仿宋本、馮本、魁本、陳本同，程本、四庫本、邵本作“有告”。

【箋注】

〔1〕占：《荀子·賦篇》“請占之五泰”楊倞注：“占，驗也。”

〔2〕本：原，推究根源。

〔3〕汪繼培曰：“‘了’爲‘憭’之假借。《説文》云：‘憭，慧也。惛（覺按：當作“惽”），不憭也。’《一切經音義》廿一引作‘不了’。《後漢書·孔融傳》：‘小而聰了。’亦以‘了’爲‘憭’。”〇覺按：後代表示明白的意思，多用“了”字。

〔4〕汪繼培曰：“《説文》云：‘儚，惽也。懜，不明也。’‘懵’蓋‘懜’之别體。▲亦作‘瞢’，《一切經音義》四引《三蒼》云：‘瞢，不明也。’《爾雅·釋訓》云：‘儚儚、洄洄，惽也。’《釋文》：‘“儚儚”字或作“懜”，“洄洄”本或作“㡇”。’《説文》引《爾雅》‘襛襛潰潰’，本書《救邊篇》又作‘佪佪潰潰’。‘懵潰’即‘懜懜潰潰’，今《爾雅》脱‘憒憒’。詳《救邊篇》注。”〇覺按：汪説見22.7注〔21〕。懵（měng猛）：懵懂，糊塗。憒（kuì潰）：昏亂。冒：通“眊”（mào冒），本義爲眼睛不明亮，引申爲昏憒、糊塗。古代“憒眊”常同義連用，如《漢書·息夫躬傳》：“小夫愞臣之徒憒眊不知所爲。”《漢書·王莽傳中》：“憒眊不渫。”顔師古注：“憒眊，不明也。”“冒”“眊”“懵”與“夢”實是同源詞，參見王力《同源字典》。

〔5〕陳本“慌”作“忘”，汪繼培曰：“‘忘’讀若‘怳’。《老子》云：‘無狀之狀，無象之象，是爲忽怳。’《淮南子·原道訓》云‘騖怳忽’，高誘注：‘怳忽，無之象也。’《禮記·祭義》云：‘夫何慌惚（覺按：陳本作“忽”，此據汪稿）之有！’▲《釋文》：‘惚，本又作“忽”。’《楚辭·遠遊》云：‘意荒忽而流蕩兮。’《管子·水地篇》云：‘目之所以視，非特山陵之見也，察于荒忽。’《漢書·司馬相如傳·▲大人賦》云‘軋沕（覺按：陳本誤爲“物”，此據汪稿）荒忽’，張揖曰：‘不分明之貌。’《史記》作‘洸忽’。《莊子·至樂篇》云：‘雜乎芒芴之間。’‘怳’‘慌’‘荒’‘洸’‘芒’‘忘’義並通。”〇覺按：慌忽：即“恍惚”，神志不清，糊塗。

〔6〕汪繼培曰：“《吕氏春秋·精通篇》云：‘今夫攻者，砥厲五兵，侈衣美食，發且有日矣。所被攻者不樂，非或聞之也，神者先告也。身在乎秦，所親愛在於齊，死而志氣不

安，精或往來也。’此所言即其義。《淮南子·天文訓》云：‘陰陽相薄，感而爲雷。’高誘注：‘薄，迫也。感，動也。’”〇覺按：精誠：指人的靈魂（參見25.9注〔6〕）。古代的人認爲，人的靈魂能離開軀體而存在（古代“魂”“魄”有别，“魂”是能離開身體而存在的精神，“魄”是依附於軀體的精神），身軀死了，靈魂並不死，衹是化爲鬼魂而已。此文即指鬼魂。薄：通“迫”。

28.7

是故君子之異夢，非妄而已也，必有事故焉。小人之異夢，非桀●而已也【1】〔1〕，時有真祥焉●【2】〔2〕。是以武丁夢獲聖而得傅説●〔3〕，二世夢白虎而滅其封●【3】〔4〕。

【校記】

【1】桀：仿宋本、馮本、魁本、程本、四庫本、邵本同，陳本作“椉”。

【2】真：仿宋本、馮本、魁本同，程本、何本、四庫本、陳本作“禎”，邵本作“貞”。

【3】滅：何本、四庫本、邵本、陳本同，仿宋本、馮本、魁本、程本無“滅”字。

【箋注】

〔1〕汪繼培改“桀”爲“椉”曰：“舊作‘桀’。”〇覺按：“桀”當爲誤字，汪繼培改爲“椉”（即“乘”字），《夢占逸旨》引文作“桀”，皆於義未安，恐未當。此“桀”字與“妄”相對，且下句接以“時有真祥焉”，我認爲當爲“乖”字之誤，是背離、不一致的意思。

〔2〕汪繼培改“真”爲“禎”曰：“‘禎’舊作‘真’，据程本改。《禮記·中庸》云：‘必有禎祥。’”〇彭鐸曰：“‘事故’與‘禎祥’疑當互易。下文‘武丁夢獲聖’承‘禎祥’言，‘二世夢白虎’蒙‘事故’言也。”〇覺按：“時”與上文“必”對文，爲副詞，猶“乃”（參見《古書虛字集釋》卷九“時”字條）。《夢占逸旨》引文作“必”，也通。真：汪改、彭説均不當。古時“事故”可泛指事情，並非衹指意外事故，故可指“獲聖”。而“祥”字則通指吉凶的徵兆，並非衹指吉兆。“二世夢白虎”爲凶兆，也可稱爲“真祥”，但不宜稱爲“禎祥”（吉兆）。

〔3〕汪繼培曰：“《楚語》。”〇覺按：汪説未當。此文云“武丁夢獲聖而得傅説”，則其語當本於《史記·殷本紀》之“武丁夜夢得聖人，名曰説”，而非本於《國語·楚語上》之“如是而又使以象夢旁求四方之賢，得傅説以來，升以爲公”。武丁：商代帝王，盤庚弟小乙的兒子。殷商自盤庚死後，國勢衰落。武丁即位後，一心想復興殷朝，但没有一個得力的輔佐，所以三年沉默不言而留意於訪求賢人，結果夢見自己找到一個聖人名爲“説”。他審視朝廷百官，均非夢中所見，於是命百官四方尋找，結果找到了傅説。武丁一見，果然是夢中之人；再與他一談，果真是聖人。於是任命他爲宰相，勤修政事，殷朝又强盛了。見34.5.4及《史記·殷本紀》。

〔4〕汪繼培曰：“‘滅’字舊脱，据何本補。事見《史記·秦始皇紀》。‘封’猶‘邦’也。”〇覺按：據《史記·秦始皇本紀》載，二世三年（公元前207年），他夢見一隻白虎咬死了他的左驂馬。他去占夢，占夢的人説：“這是涇水的水神在作怪。”於是他去望夷宫齋戒，想將四匹白馬作爲祭品沉入涇水中來祭其神，結果被趙高設計逼死在望夷宫。參見6.2注〔18〕。

28.8

夫奇異之夢，多有故而少無爲者矣〔1〕。今一寢之夢【1】，或屢遷化，百物代至，而其主不能究道之，故占者有不中也。此非占之罪也【2】，乃夢者過也。或言夢審矣，而説者不能連類博觀【3】〔2〕，故其善●惡有不驗也【4】〔3〕。此非書之罔〔4〕，乃説之過也。是故占夢之難者，讀其書爲難也●〔5〕。

【校記】

【1】今：《夢占逸旨》引文、程本、四庫本、邵本、陳本同，仿宋本、魁本作“令”，馮本作“人”。

【2】占：《夢占逸旨》引文、仿宋本、魁本、程本、四庫本、邵本、陳本同，馮本作“古”。

【3】博：七本皆作“傳”，據《夢占逸旨》引文改。

【4】善：陳本同，仿宋本、馮本、魁本、程本、四庫本、邵本無“善”字。

【箋注】

〔1〕彭鐸曰：“‘爲’與‘謂’同。‘無謂’見《史記·秦始皇紀》。”〇覺按：“無謂”是無用、無意義的意思，雖似可通，恐不當。此文“爲”與“故”相對，當爲同義詞。“爲”原常用作介詞而表示因爲，此用作名詞而引申爲原因。《淮南子·時則訓》“堅致爲上”高誘注：“爲，故也。”也可證漢時“爲”“故”同義。

〔2〕説者：《夢占逸旨》引文作“占者”，意同。

〔3〕汪繼培曰：“舊脱。”

〔4〕書：指占夢的書。古代早已流行占夢之書，見注〔5〕。

〔5〕汪繼培曰：“《晏子春秋·雜下》：‘占夢者曰：“請反具書。”’《漢書·藝文志·雜占類》：‘《黄帝長柳占夢》十一卷，《甘德長柳占夢》二十卷。’《隋書·經籍志·五行類》：‘《京房占夢書》三卷。’”

28.9

夫占夢，必謹其變故〔1〕，審其徵候【1】，内考情意，外考王相，即●吉凶之符〔2〕，善惡之効【2】，庶可見也。

【校記】

【1】徵：四庫本、邵本、陳本同，《夢占逸旨》引文、仿宋本、魁本、程本作“徵”，馮本作“徼”。

【2】効：仿宋本、馮本、魁本、程本、四庫本、邵本同，陳本作“效”。

【箋注】

〔1〕變故：《荀子·榮辱篇》“夫起於變故”楊倞注：“變故，患難事故也。”

〔2〕汪繼培曰:"與'則'同。"○覺按:《夢占逸旨》引文"即"作"則",古通。參見28.3、28.4。

28.10

且凡人道,見瑞而脩德者【1】,福必成;見瑞而縱恣者,福轉爲禍;見妖而驕侮者【2】,禍必成;見妖而戒懼者,禍轉爲福●〔1〕。是故太姒有吉夢【3】〔2〕,文王不敢康吉【4】〔3〕,祀于羣神【5】,然後占于明堂〔4〕,並拜吉夢〔5〕,修發●戒懼【6】〔6〕,聞喜若憂,故能成吉以有天下●〔7〕。虢公夢見蓐收賜之土田【7】〔8〕,自以爲有吉【8】,囚●史嚚【9】〔9〕,令國人賀夢●【10】〔10〕,聞憂而喜,故能成凶以滅其封。

【校記】

【1】脩:《夢占逸旨》引文、仿宋本、馮本、魁本、程本、邵本同,四庫本、陳本作"修"。

【2】驕:《夢占逸旨》引文、仿宋本、馮本、魁本、何本、四庫本、邵本、陳本同,程本作"嬌"。

【3】太:《夢占逸旨》引文、陳本同,仿宋本、馮本、魁本、程本、四庫本、邵本作"大"。

【4】吉:《夢占逸旨》引文、仿宋本、馮本、魁本、程本、邵本、陳本同,四庫本作"告"。

【5】于:仿宋本、馮本、魁本、程本、四庫本、邵本同,陳本作"於"。下句同。

【6】修發:仿宋本、馮本、魁本同,程本、邵本作"脩發",四庫本、陳本作"修省"。

【7】土:《夢占逸旨》引文、仿宋本、馮本、魁本、程本、四庫本、邵本同,陳本作"上"。

【8】自:《夢占逸旨》引文、仿宋本、魁本、程本、四庫本、邵本、陳本同,馮本作"目"。

【9】囚:陳本同,仿宋本、馮本、魁本、程本、四庫本、邵本作"因"。

【10】人:七本皆無"人"字,據《夢占逸旨》引文補。

【箋注】

〔1〕汪繼培曰:"《吕氏春秋·制樂篇》:'湯曰:"吾聞:祥者,福之先者也;見祥而爲不善,則福不至。妖者,禍之先者也;見妖而爲善,則禍不至。"'《治要》載桓譚《新論》云:'灾異變怪者,天下所常有,無世而不然。逢明主賢臣智士仁人,則修德善政省職慎行以應之,故咎殃消亡,而禍轉爲福。'"

〔2〕太姒(sì 似):有莘氏之女,姒姓,周文王之妻,武王母,也稱文母。

〔3〕彭鐸曰:"《爾雅·釋詁》:'康,樂也。'《晋語一》:'抑君亦樂其吉而備其凶?''康吉'即'樂其吉'也。"

〔4〕明堂:古代帝王宣明政教的地方。凡朝會、祭祀、慶賞、選士、養老、教學等大典,均在此舉行。

〔5〕並拜：即《帝王世紀》所説的“及發並拜”（見注〔7〕）。

〔6〕汪繼培改“發”爲“省”曰：“舊作‘發’。”〇覺按：“發”即《帝王世紀》提到的“太子發”（見注〔7〕），就是後來的周武王（參見1.1注〔16〕）。四庫本、汪繼培改爲“省”，不當。

〔7〕汪繼培曰：“《御覽》八十四引《帝王世紀》云：‘文王自商至程，太姒夢見商庭生棘，太子發取周庭之梓，樹之於闕間，梓化爲松柏柞棫。覺而驚，以告文王。文王不敢占，召太子發，命祝以幣告於宗廟羣神，然後占之於明堂，及發並拜吉夢，遂作《程寤》。’按《程寤解》出《周書》，今亡，《御覽》及《藝文類聚》多引之。”

〔8〕虢公：指虢公醜，見26.2注〔2〕。蓐收：西方主管刑殺的神。《國語·晋語二》：“虢公夢在廟，有神人面白毛虎爪，執鉞立於西阿，公懼而走，神曰：‘無走！帝命曰：“使晋襲於爾門。”’公拜稽首，覺，召史嚚占之，對曰：‘如君之言，則蓐收也，天之刑神也。天事官成。’公使囚之，且使國人賀夢。……六年，虢乃亡。”韋昭注：“蓐收，西方白虎金正之官也。《傳》曰：‘少皞氏有子該爲蓐收。’”賜之土田：《國語·晋語二》僅僅記載了虢公夢見蓐收預告他將受晋國襲擊，並未提及賜田之事。《左傳·莊公三十二年》載“神賜之土田”，但並未提及虢公夢見蓐收之事。此文將兩處的記載合併成一事，與史書的記載不同。

〔9〕汪繼培曰：“舊作‘因’。”〇覺按：史嚚（yín 銀）：虢國的太史，名嚚。

〔10〕汪繼培曰：“《晋語》。”

28.11

《易》曰：“使知懼●〔1〕，又明於憂患與故●〔2〕。”凡有異夢感心以及人之吉凶，相之氣色，無問善惡，常恐懼脩省【1】，以德迎之●〔3〕，乃其逢吉●【2】〔4〕，天禄永終●〔5〕。

【校記】

【1】脩：仿宋本、馮本、魁本、程本、邵本同，四庫本、陳本作“修”。

【2】逢：仿宋本、馮本、魁本、程本、四庫本、邵本、陳本同，抄補本作“逄”。

【箋注】

〔1〕汪繼培曰：▲“‘使’上孫侍御据《易》增‘外内’二字。”

〔2〕汪繼培曰：“《繫辭下傳》。”

〔3〕汪繼培曰：“《易·震·象》曰：‘君子以恐懼修省。’《淮南子·繆稱訓》云：‘身有醜夢，不勝正行；國有妖祥，不勝善政。’”

〔4〕汪繼培曰：“《書·洪範》云：‘子孫其逢吉。’”

〔5〕汪繼培曰：“《論語》。”〇覺按：“天禄永終”原是堯禪位時告誡舜的話（見《論語·堯曰》），也是舜禪位時告誡禹的話（見《尚書·大禹謨》）。《論語》《尚書》之文爲：“四海困窮，天禄永終。”現在一般學者都理解爲：“如果天下民衆窮困，上天所賜的福禄就將永遠地終止了。”其實，上天的福禄不賜給這一代君王，就會賜給下一朝代的君王，不可能永遠終止，所以今人的理解未必正確。此文之解釋，當然更應該依據漢代人的理解。《尚書·大禹謨》“天禄永終”孔安國傳：“天之禄籍長終汝身。”依此，則“永”表示長久，“永

終”表示長久得一直到生命完結爲止。參見 34.3.2 注〔3〕。

釋難第二十九

【提要】

釋難：解釋疑難。文章主要針對古人一些有失偏頗的説法在當時所引起的思想混亂和疑惑問難，以問答的形式作了解釋和開導，闡明了問題的實質，同時也宣揚了作者的政治思想。

文章可分三部分。

首先，王符針對韓非關於堯、舜不可兩譽的説法作了辯駁。他認爲，矛要傷人，盾要保護人，它們的本質屬性是相互對立的；而堯與舜的關係根本不同於矛與盾，他們都奉行仁愛之道，不但互不妨害，而且能相輔相成以“致太平之功”，所以他們都是值得讚美的聖賢。韓非用矛盾的比喻來責難堯、舜，實在是“不知難而不知類”。

其次，王符針對陳賈關於周公非不仁即不智的論調作了辯解。他認爲，周公任用管、蔡而又誅之，類似於上天讓桀、紂做了帝王而又滅之，無所謂不仁不智。周公爲了維護王室而秉公執法、大義滅親，實是遵循了正確的政治原則。

再次，王符針對秦子將學習與耕作對立起來而輕視學習的想法作了開導。他認爲：“君子勞心，小人勞力。”耕作雖是“食之本”，但學習又是“耕之本”，所以賢人君子應該去學習，去培養自己的德行而成爲仁義之人，從而“推其仁義之心”，“憂君之危亡，哀民之亂離”，“蹇蹇匪懈”，致力於使天下太平，讓君臣百姓都能安定。當然，這也是爲了君子自己的幸福，因爲“一國盡亂，無有安身”，“棟折榱崩，懼有厭患”，衹有“兼護人家”，纔能同時保護自己。王符就是這樣來開導人們，鼓動賢人君子肩負起這利國利民又利己的治國重任，將混亂的國家治理好。

29.1.1

庚子●問於潛夫曰〔1〕：“堯、舜道德，不可兩美，實若《韓子》戈伐之説邪●〔2〕？”

【箋注】

〔1〕汪繼培曰："王先生云：'"庚"疑"唐"字之誤。唐，空也。"唐子"，設詞，即亡是公、子虚之類。'"○覺按：王説無據，非是。庚子：等於説"庚先生"，"庚"是姓，"子"是對人的尊稱。庚子之生平事蹟不詳，可能是王符故鄉之人。潛夫：是王符給自己取的號，原意爲"隱藏的男子"，表示自己不能顯達，決心與黑暗的官場徹底決裂。《後漢書·王符列傳》載："安定俗鄙庶孽，而符無外家，爲鄉人所賤。……志意藴憤，乃隱居著書三十餘篇，以譏當時失得，不欲章顯其名，故號曰《潛夫論》。"本篇載庚子等對潛夫的問難，可能就是賤視王符的鄉人對王符的問難。

〔2〕汪繼培曰："《韓非子·難一》'戈伐'作'矛楯'。《詩·▲秦風·小戎》云：'蒙伐有苑。'毛傳：'伐，中干也。'按'伐'爲'瞂'之借。《方言》云：'盾，自關而東或謂之瞂，或謂之干；關西謂之盾。'"○覺按：《韓子》：即《韓非子》，戰國時韓非所撰，漢代習稱《韓子》，共五十五篇，是我國古代最爲卓著的政治理論巨著。戈：是一種有横刃的兵器，可以用來横擊、鉤殺對方，與用來直刺對方的矛不同。但是，戈在秦以後逐漸消失，所以東漢人不再嚴加區别而用"戈"指稱"矛"。伐：通"瞂"（fá 伐）。戈伐之説：即"矛盾之説"。《韓非子·難一》先叙述了舜以身作則，用道德去感化百姓使之去邪歸善的事蹟，然後責難説："當時堯爲天子。如果堯是英明的聖人，那麼天下就不會有姦邪，舜又何必用道德去感化百姓呢？舜去感化百姓使之去邪歸善，那就説明堯有過失。如果認爲舜賢能，就得否定堯的明察；如果認爲堯聖明，就得否定舜的德化。堯、舜不能同時被讚美。楚國有個人賣盾和矛，讚美他的盾説：'我的盾很堅固，没有什麼能刺穿它。'又讚美他的矛説：'我的矛很鋭利，什麼東西都能刺穿。'有人問：'用你的矛刺你的盾，會怎樣？'那人也就不能回答了。因爲刺不穿的盾和什麼都能刺穿的矛是不可能同時存在的。堯、舜不可兩譽，猶如這矛盾之説。"

29.1.2

潛夫曰："是不知難而不知類〔1〕。今夫伐者〔2〕，盾也，厥性利；戈者，矛也，厥性害。是戈●爲賊【1】〔3〕，伐爲禁也【2】。其不俱盛，固其術也。夫堯、舜之相於●〔4〕，人也●〔5〕，非戈與伐也。其道同仁，不相害也●〔6〕。舜、伐何如弗得俱堅〔7〕？堯、伐何如不得俱賢哉●〔8〕？且夫堯、舜之德，譬猶偶燭之施明于幽室也●【3】〔9〕，前燭即盡照之矣，後燭入而益明。此非前燭昧而後燭彰也，乃二者相因而成大光〔10〕。二聖相德而致太平之功也●【4】〔11〕。是故大鵬之動，非一羽之輕也●〔12〕；騏驥之速，非一足之力也。衆良相德●〔13〕，而積施乎無極也〔14〕。堯、舜兩美，蓋其則也●〔15〕。"

【校記】

【1】戈：四庫本、邵本、陳本同，仿宋本、馮本、魁本、程本、何本作"伐"。

【2】禁：仿宋本、馮本、魁本、程本、邵本、陳本同，四庫本作"仁"。

【3】于：仿宋本、馮本、魁本、程本、四庫本同，何本、邵本、陳本作“於”。

【4】德：仿宋本、馮本、魁本、程本、四庫本、陳本同，何本、邵本作“得”。

【箋注】

〔1〕是：這，指韓非。難（nàn 南去聲）：即《韓非子》“難一”之“難”，是辯難的意思，即對前人的言論或行事進行辯駁與責難。

〔2〕今：猶“夫”，提示之詞（參見《古書虛字集釋》卷五“今”字條）。

〔3〕汪繼培曰：“舊作‘伐’。”

〔4〕汪繼培曰：“相於，兩相加被之辭。文五年《左傳》疏引鄭康成《箴膏肓》云：‘禮，天子於二王後之喪，含爲先，襚次之，賵次之，賻次之。於諸侯，含之，賵之。小君亦如之。於諸侯臣，襚之。諸侯相於，如天子於二王後。’▲‘相於’猶言‘相與’，《儀禮·聘禮》鄭注：‘大問曰聘，諸侯相於久無事，使卿相問之禮。’《易林·蒙之巽》▲云：‘患解憂除，王母相於，與喜俱來，使我安居。’《藝文類聚》五十三孔融與韋林甫書曰：‘疾動，不得復與足下岸幘廣坐，舉杯相於，以爲邑邑。’《急就篇》有‘尚自於’。一人言‘自於’，二人言‘相於’。《吕氏春秋·不侵篇》云：‘豫讓，國士也，而猶以人之於己也爲念。’高誘注：‘“於”猶“厚”也。’‘相於’亦‘相厚’之意矣。”〇王宗炎曰：“《尔雅》：‘於，代也。’‘相於’猶‘相代’。”〇覺按：汪、王之説皆非，《辭源》（修訂本）“相於”條從汪説，將“相於”解爲“相親相厚”，實不當。本書 30.5 云：“俗人之相於也，有利生親，積親生愛……無利生疎，積疎生憎……。”“相於”既包括相親，又包括相疏，説明它是中性詞，不應解爲“相厚”。《廣雅·釋詁二》：“於、処，尻也。”“尻”即居處之“居”的古字。“相於”等於説“相處”。

〔5〕汪繼培初稿曰：▲“《禮記·中庸》：‘仁者，人也。’鄭注：‘人也，當讀如“相人偶”之“人”。’又《方言》云：‘相見歡喜有得亡之意，九嶷湘潭之間謂之人兮。’‘人也’亦與‘人兮’同。”汪繼培之二稿將初稿之箋注刪去，另加箋注曰：“《表記》：‘仁者，人也。’注：‘人也，謂施以人恩也。《春秋傳》曰：“執未有言舍之者，此其言舍之何？人也（覺按：“人也”當作“仁之也”，汪氏之引文誤）。”’《儀禮·燕禮》：‘公揖卿大夫，乃升就席。’鄭注：‘揖之，人之也。’疏云：‘以人意相存偶，是以揖之。’”〇覺按：汪稿旨在説明此“人也”爲“相厚”之意，蓋後來其定稿將上句之“相於”解爲“相厚”，因刪此箋注。其實汪氏先後之説皆非，見注〔4〕。

〔6〕汪繼培曰：“‘伐’‘害’韻。”

〔7〕“舜”不宜謂之“堅”，疑“舜”字爲“盾”字之誤。上文説：“夫伐者，盾也。”“盾”“伐”同類，所以此文説“俱堅”。

〔8〕汪繼培曰：“‘堅’‘賢’韻。兩‘伐’字有一誤。”〇覺按：“伐”不宜謂之“賢”，疑“伐”字爲“舜”字之誤。上文説：“夫堯、舜之相於，人也。”“堯”“舜”同爲人，所以此文説“俱賢”。

〔9〕汪繼培曰：“《禮記·仲尼燕居》云：‘譬如終夜有求于幽室之中，非燭何見？’”

〔10〕因：《逸周書·作雒解》“南繫于洛水，地因于郟山”孔晁注：“繫、因，皆連接也。”相因：前後互相接續，指前後相加。

〔11〕汪繼培曰：“‘德’何本作‘得’。‘德’‘得’古字通。《漢書·王襃傳·聖主得賢臣頌》云：‘若堯、舜、禹、湯、文、武之君，獲稷、契、皐陶、伊尹、吕望，明明在朝，穆穆列布，聚精會神，相得益章。故聖主必待賢臣而弘功業，俊士亦俟明主以顯其德。’”〇覺按：德：通“得”，合也。

〔12〕汪繼培曰："《莊子·逍遥遊篇》云：'鵬之背，不知其幾千里也。怒而飛，其翼若垂天之云。'《詩·▲邶風·簡兮》疏引《五經異義》云：'《公羊》説樂《萬》舞以鴻羽，取其勁輕，一舉千里。'《抱朴子·廣譬篇》云：'六翮之輕勁。'"

〔13〕汪繼培曰："與'得'同。"

〔14〕積：通"績"，功業，與上文"二聖相德而致太平之功也"的"功"相應。《荀子·禮論篇》："積厚者流澤廣。"與此文義近。施（yì 義）：延續。

〔15〕汪繼培曰："'力''極''則'韻。"

29.1.3

伯叔曰●〔1〕："吾子過矣●〔2〕！韓非之取矛盾以喻者，將假其不可兩立以詰堯、舜之不得並之勢，而論其本性之仁與賊，不亦失是譬喻之意乎？"

【箋注】

〔1〕汪繼培曰："王先生云：'"伯叔"是"唐子"之誤。"伯"是"唐"之壞，"叔"字草書如"子"也。'"〇覺按：王説無據，非是。伯叔：當與上下文的"庚子""秦子"類似，可能是王符的鄉人。

〔2〕汪繼培曰："《儀禮·士冠禮》鄭注：'吾子，相親之辭。吾，我也。子，男子之美稱。'"

29.1.4

潛夫曰："夫譬喻●也者〔1〕，生於直告之不明，故假物之然否以彰之●〔2〕。物之有然否也，非以其文也〔3〕，必以其真也〔4〕。今子舉其實文之性以喻〔5〕，而欲使鄙也釋其文，鄙也惑焉。且吾聞：'問陰對陽〔6〕，謂之彊説〔7〕；論西詰東，謂之彊難。'子若欲自必以則〔8〕，昨反思，然後求。無苟自彊●【1】〔9〕！"

【校記】

【1】自：程本、四庫本、邵本、陳本同，仿宋本、馮本、魁本作"目"。

【箋注】

〔1〕汪繼培曰：▲"'諭'之省。"

〔2〕汪繼培曰："《墨子·小取篇》云：'辟也者，舉物而以明之也。''辟'即'譬'之省。《荀子·非相篇》云：'談説之術，分别以喻之，譬稱以明之。'《淮南子·要畧》云：'假象取耦，以相譬喻。'"〇王紹蘭曰："《説苑·善説篇》：'梁王謂惠子曰："願先生言事則直言耳，無譬也。"惠子曰："今有人於此而不知彈者，曰：'彈之狀何若？'應曰：'彈之狀如彈。'則諭乎？"王曰："未諭也。""於是更應曰：'彈之狀如弓而以竹爲弦。'則知乎？"

王曰："可知矣。"惠子曰："夫説者固以其所知諭其所不知而使人知之。今王曰'無譬'，則不可矣。"王曰："善。"'是其證也。"

〔3〕文：文辭，指文字方面的解説。

〔4〕真：本質。

〔5〕實：實質，本質。其實文之性：即"其實之性"與"其文之性"。"其實之性"指矛、盾的本質屬性，即29.1.2所説的盾性利、矛性害。"其文之性"指對矛、盾進行解説時所具有的特性，即29.1.3所説的"不可兩立"。

〔6〕陰、陽：見7.3注〔10〕，此文用來泛指相反的兩端。

〔7〕彊（qiǎng 搶）：勉強，牽強。

〔8〕必：即《韓非子·顯學》"弗能必而據之者"之"必"，確定、肯定的意思。

〔9〕汪繼培曰："'自必'以下，文有脱誤。"〇覺按：無：通"毋"，不要。

29.2.1

庚子曰："周公知管、蔡之惡，以相武庚●【1】〔1〕，使肆厥毒，從而誅之，何不仁也！若其不知，何不聖也！二者之過，必處一焉●〔2〕。"

【校記】

【1】庚：四庫本、陳本同，仿宋本、馮本、魁本、程本、邵本無"庚"字。

【箋注】

〔1〕汪繼培曰："舊脱，孫侍御補。《史記·管蔡世家》云：'二人相紂子武庚禄父，治殷遺民。'"〇覺按："以"猶"使"（參見《古書虛字集釋》卷一"以"字條）。武庚：商紂王之子，字禄父。周武王滅紂，封武庚以續殷祀。武王去世後，武庚與管叔、蔡叔反叛，爲周公所殺。參見《史記·殷本紀》《孟子·公孫丑下》及4.4注〔14〕。

〔2〕汪繼培曰："本《孟子》。"〇彭鐸曰："《公孫丑下篇》：'陳賈曰："周公使管叔監殷，管叔以殷畔。知而使之，是不仁也。不知而使之，是不智也。"'"

29.2.2

潛夫曰："書，二子挾庚子父以叛●【1】〔1〕。然未知其類之與？抑抑相反●【2】〔2〕？且天知桀惡而帝之夏，又知紂惡而王之殷，使虐二國，殘賊下民，多縱厥毒，滅其身●〔3〕，亦可謂不仁不知乎〔4〕？"

【校記】

【1】庚子父：仿宋本、馮本、魁本、程本、邵本、陳本同，四庫本作"殷武庚"。

【2】抑抑相反：仿宋本、馮本、魁本、程本、邵本、陳本同，四庫本作"抑相反也"。

【箋注】

〔1〕汪繼培曰："王先生云：'"庚子父"當是"武庚禄父"，"庚"上脱"武"字，"子"是"禄"之蝕而僅存者。'繼培按：《管蔡世家》云：'管叔、蔡叔疑周公爲之不利於成王，乃挾武庚以作亂。'《漢書·翟方進傳》云：'昔成王幼，周公攝政，而管、蔡挾禄父以叛。'"〇覺按：王説是。

〔2〕汪繼培曰："文有脱誤。"〇覺按：抑抑：同"抑亦"或"意亦"，選擇連詞，相當於現在的"還是"。

〔3〕汪繼培曰："'滅'上脱一字。《韓詩外傳》十：'公子晏子曰："昔者，桀殘賊海内，賦斂無度，萬民甚苦。是故湯誅之，爲天下戮笑。"'《白虎通·禮樂篇》云：'殷紂爲惡日久，其惡最甚，斮涉刳胎，殘賊天下。'《孟子》云：'賊仁者謂之賊，賊義者謂之殘。殘賊之人，謂之一夫。聞誅一夫紂矣。'"

〔4〕知：通"智"。

29.2.3

庚子曰："不然。夫桀、紂者，無親於天，故天任之●【1】〔1〕而弗憂●【2】〔2〕，誅之而弗哀。今管、蔡之與周公也，有兄弟之親，有骨肉之恩●〔3〕，不量能而使之，不堪命而任之〔4〕，故曰異於桀、紂●之與天也【3】〔5〕。"

【校記】

【1】之：陳本同，仿宋本、馮本、魁本、程本、四庫本、邵本無"之"字。
【2】弗：仿宋本、馮本、魁本、程本、四庫本、邵本同，陳本作"勿"。下句同。
【3】紂：陳本同，仿宋本、馮本、魁本、程本、四庫本、邵本無"紂"字。

【箋注】

〔1〕汪繼培曰："舊脱。"〇覺按：任：任用，指29.2.2所説的"帝之"和"王之"。

〔2〕汪繼培曰："《晋語》云：'輕其任而不憂其危。'"〇覺按：汪繼培初稿注："疑'愛'。"雖得其意而未得"憂"之真義，故後以"不憂其危"解"弗憂"。

〔3〕汪繼培曰："《漢書·五行志》：'董仲舒云："多兄弟親戚骨肉之連。"'"

〔4〕堪：經得起，能承當或忍受。命：差使，差遣。"不堪命"之語本自《左傳·桓公二年》的"民不堪命"。

〔5〕汪繼培曰："舊脱。"

29.2.4

潛夫曰："'皇天無親●〔1〕。'帝王、繼體之君●〔2〕，父事天。王者爲子，故父事天也●〔3〕。率土之民，莫非王臣也●〔4〕。'將而必誅'●〔5〕，王法公也〔6〕。'無偏無頗'●〔7〕，親踈同也●〔8〕。'大義滅親'●〔9〕，尊王之義也〔10〕。立弊●之天爲〔11〕？周公之德因斯也●〔12〕。過此而往者，未之或知●〔13〕。"

【箋注】

〔1〕汪繼培曰："僖六（覺按：當作"五"）年《左傳》引《周書》。"〇覺按：皇天：見 8.8 注〔11〕。皇天無親：《左傳・僖公五年》："《周書》曰：'皇天無親，惟德是輔。'"這兩句又見於僞古文《尚書・蔡仲之命》，意思是上天對人並無親疏之别，而衹輔助有德者。作者引"皇天無親"一語作答，表示庚子所説的"夫桀、紂者，無親於天，故天任之而弗憂，誅之而弗哀"並不妥當，因爲上天對人無所謂親不親，上天並非因爲"親"而任用桀、紂，也並非因爲與桀、紂"無親"而"弗憂"，乃至"誅之而弗哀"。

〔2〕汪繼培曰："'繼體'注見《五德志》。"〇覺按：汪注見 34.0.1 注〔14〕。"繼體"見 16.5 注〔17〕。

〔3〕汪繼培曰："《漢書・郊祀志》：'王莽奏言："王者父事天，故爵稱天子。"'《白虎通・爵篇》云：'爵所以稱天子者何？王者父天母地，爲天之子也。'"

〔4〕汪繼培曰："《詩・北山》。"〇覺按：率土：見 11.4 注〔3〕。

〔5〕汪繼培曰："昭元年《公羊傳》。"〇覺按：將：這裏是企圖謀害的意思。《廣雅・釋詁一》："將，欲也。"將而必誅：《公羊傳・昭公元年》："君親無將，將而必誅焉。"意思是：對君主和父親不可圖謀，如果圖謀就一定要懲處。此文是指管叔、蔡叔背叛周天子，必須受到嚴懲。

〔6〕王法：帝王所制定的法律。此指周天子所制定的法律，也就是指《春秋》及其三傳所體現的法律思想。《史記・儒林列傳》："（孔子）因《史記》作《春秋》以寓王法，其辭微而指博。"《鹽鐵論・鼂錯》："《春秋》之法：'君親無將，將而必誅。'故臣罪莫重於弑君，子罪莫重於弑父。"

〔7〕汪繼培曰："《書・洪範》。"〇覺按：頗：不正。今本《尚書・洪範》作"無偏無陂"。此文用來指周公秉公執法。

〔8〕汪繼培曰："'公''同'韻。"

〔9〕汪繼培曰："隱四年《左傳》。"〇覺按：義：合宜的行爲規範，正道。據《左傳・隱公四年》載，春秋時衛國大夫石碏的兒子石厚與公子州吁合謀殺衛桓公，立州吁爲君。石碏設計殺州吁、石厚。《左傳》因此用"大義滅親"來稱讚石碏。可見，"大義滅親"是指爲了君臣大義而滅掉自己的親人。此文用來指周公爲了維護周王朝的統治而懲處管叔、蔡叔。

〔10〕尊王：指尊重當代天子。蔡邕《獨斷》卷上："太史令司馬遷記事，當言帝則依違但言上，不敢渫瀆言尊號，尊王之義也。"

〔11〕之：它們，指"將而必誅""無偏無頗""大義滅親"等周代的政治原則。立弊之天：是"天立弊之"之倒，旨在強調"立弊之"。爲：句末語氣詞，表示反問。汪繼培初稿於"立弊"下注："當作'桀紂'二字。"於文仍不通，其定稿蓋因此而删之。

〔12〕汪繼培曰："文有脱誤。"〇覺按：斯：這。

〔13〕汪繼培曰："《易・繫辭下傳》。'義''斯''知'韻。"〇覺按：《周易・繫辭下》："過此以往，未之或知也。"過：超過，超出。往：進一步下去。或：語氣詞。未之或知：未知之。

29.3.1

秦子問於潛夫曰："耕種，生之本也；學問，業之末也【1】。老聃有言〔1〕：'大丈夫處其實〔2〕，不居其華〔3〕。'而孔子曰：'耕也，餒在其中；學也，禄在其中●〔4〕。'敢問●【2】〔5〕：今使舉世之人釋耨耒而程相羣於學〔6〕，何如？"

【校記】

【1】末：仿宋本、馮本、魁本、程本、四庫本、陳本同，何本、抄補本、邵本作"本"。

【2】敢：何本、四庫本、邵本、陳本同，仿宋本、馮本、魁本、程本作"敦"。

【箋注】

〔1〕老聃有言：《老子·第三十八章》云："夫禮者，忠信之薄也，而亂之首也。前識者，道之華也，而愚之首也。是以大丈夫處其厚而不處其薄，處其實而不處其華。"此文節引其言。

〔2〕丈夫：泛指成年男子。大丈夫：大男子，指有志氣有才能的傑出人才。《韓非子·解老》："所謂大丈夫者，謂其智之大也。"實：樸實。原指樸實的做法，此文用來指耕種。

〔3〕華：浮華，表面上的花巧。原指"前識"（先於經驗的超前意識）之類的智巧，此文用來指學問。

〔4〕汪繼培曰："《論語》。"○覺按：參見1.4注〔1〕。

〔5〕汪繼培曰："'敢'舊作'敦'，据程本。"○覺按：汪校誤，程本作"敦"，其校語當作"據何本"。

〔6〕耨（nòu 槈）：鋤草的農具。耒（lěi 壘）：翻土的農具，形如木叉。程：效法，以……爲法式。《詩經·小雅·小旻》"匪先民是程"毛傳："程，法。"即其義。羣：《荀子·非十二子篇》"而羣天下之英傑"楊倞注："羣，會合也。"

29.3.2

潛夫曰："善哉問！君子勞心，小人勞力●〔1〕，故孔子所稱，謂君子爾。今以目所見【1】，耕，食之本也。以心原道，即●學又耕之本也〔2〕。《易》曰：'立天之道，曰陰與陽；立地之道，曰柔與剛；立人之道，曰仁與義●〔3〕。'夫反德者爲災●【2】〔4〕。"

【校記】

【1】今：仿宋本、馮本、魁本、程本、四庫本、邵本、陳本同，抄補本作"今日"。

【2】夫：抄補本、馮本、四庫本同，仿宋本、魁本、程本、邵本、陳本作"天"。

【箋注】

〔1〕汪繼培曰："▲《魯語》。襄九年《左傳》知武子語。"○覺按：此兩句爲知武子所

引用的先王遺訓。《國語·魯語下》:“公父文伯退朝，朝其母，……其母歎曰:‘……君子勞心，小人勞力，先王之訓也。’”君子：有道德或有地位的人。勞心：操勞心神，指施行教化、進行管理等等。小人：無德才或無地位的人。勞力：操勞體力，指從事各種體力勞動。

〔2〕汪繼培曰:“與‘則’同。”

〔3〕汪繼培曰:“《説卦傳》。”

〔4〕汪繼培曰:“此語上下有脱誤。當設爲問辭，下乃答之。宣十五年《左傳》云:‘天反時爲災，地反物爲妖，民反德爲亂，亂則妖災生。’此文蓋用其説。”○覺按：此語上下未必有脱誤。細味下文，乃緊承此節的“君子”“仁”“義”而展開論述，所以很可能潛夫論述至此，見秦子漠然無動於衷，因而故作驚呼，使其注意，然後再進行論述。由於此篇均只記問答之語而不記其行爲表情，所以下文衹用了“潛夫曰”三字來表示其間的停頓和過渡。這種情況，與古籍裏一人之辭中間加用“曰”字的情況相似，不可以爲有誤。參見俞樾《古書疑義舉例》卷二《一人之辭而加曰字例》。

29.3.3

潛夫曰:“嗚呼【1】！而未此察乎【2】〔1〕？吾語子。夫君子也者，其賢宜君國而德宜子民也●〔2〕。宜處此位者，唯仁義人【3】。故有仁義者，謂之君子。昔荀卿有言【4】〔3〕:‘夫仁也者愛人，愛人，故不忍危也；義也者聚人，聚人，故不忍亂也●〔4〕。’是故君子夙夜箴規、蹇蹇匪懈者●〔5〕，憂君之危亡●〔6〕，哀民之亂離也●〔7〕。故賢人君子，推其仁義之心，愛●之君猶父母也〔8〕，愛居世之民猶子弟也【5】。父母將臨顛隕之患，子弟將有陷溺之禍者●〔9〕，豈能墨乎哉●【6】〔10〕？是以仁者必有勇●〔11〕，而德人必有義也●〔12〕。且夫一國盡亂，無有安身●〔13〕。《詩》云:‘莫肯念亂，誰無父母●〔14〕？’言將皆爲害，然有親者憂將深也。是故賢人君子，既憂民，亦爲身作●〔15〕。夫蓋漏於上【7】〔16〕，沾溽在下〔17〕。棟折榱崩【8】，懼有厭患●【9】〔18〕。故大屋移傾●〔19〕，則下之人不待告令，各爭其柱之●〔20〕。仁者兼護人家者，且自爲也。《易》曰:‘王明，並受其福●〔21〕。’是以次室倚立而嘆嘯●〔22〕，楚女揭幡而激王●〔23〕。仁惠之恩，忠愛之情，固能已乎〔24〕？”

【校記】

【1】嗚：仿宋本、馮本、魁本、何本、四庫本、邵本、陳本同，程本作“鳴”。

【2】此：仿宋本、馮本、魁本、程本、邵本同，四庫本、陳本作“之”。

【3】唯：仿宋本、馮本、魁本、程本、四庫本、邵本同，陳本作“惟”。

【4】荀卿：程本、何本、四庫本、邵本、陳本同，仿宋本作“荀■”，魁本作“荀”，抄補本、馮本作“荀子”。

【5】居：仿宋本、馮本、魁本、程本、邵本、陳本同，四庫本作“舉”。

【6】墨：仿宋本、馮本、魁本、程本、邵本、陳本同，四庫本作“默”。

【7】漏：四庫本同，仿宋本、馮本、魁本、程本、邵本、陳本作“滿”。

【8】榱：何本、四庫本、邵本、陳本同，仿宋本、馮本、魁本、程本作“欀”。

【9】厭：仿宋本、馮本、魁本、程本、四庫本、邵本同，陳本作“厥”。

【箋注】

〔1〕而：通“爾”，你。

〔2〕汪繼培曰：“注見《三式篇》。”〇覺按：君國：君於國，當國家的君主，統治國家。子民：見17.2.2注〔5〕。

〔3〕荀卿（公元前335？—公元前236年？）：名況，戰國時趙國人，傑出的思想家。齊襄王時曾任學宮祭酒，時人尊而號爲“卿”，稱荀卿；後人亦稱之爲孫卿（“荀”“孫”音近而訛。或以爲漢代人避宣帝劉詢諱而改稱孫卿子，非）。後遭人毁謗離開齊國到楚國，楚相春申君任用他爲蘭陵（今山東省蘭陵縣西南蘭陵鎮）令。公元前238年，春申君去世，他被罷免，老死於蘭陵。韓非、李斯都曾就學於他。今傳《荀子》三十二篇，反映了他博大的思想。他認爲人性皆惡，所以强調用禮義來治理。參見《史記·孟子荀卿列傳》。

〔4〕汪繼培曰：“《荀子·議兵篇》作：‘彼仁者愛人，愛人，故惡人之害之也；義者循理，循理，故惡人之亂之也。’”

〔5〕汪繼培曰：“《易·蹇·六二》：‘王臣蹇蹇。’《詩·烝民》云：‘夙夜匪解。’‘箴規’見《明闇篇》注。”〇覺按：箴：見6.5注〔4〕。蹇蹇（jiǎnjiǎn 減減）：通“謇謇”，忠貞正直，不阿諛奉迎。匪：不。

〔6〕汪繼培曰：“《毛詩·山有樞·序》云：‘政荒民散，將以危亡。’”

〔7〕汪繼培曰：“《詩·四月》云：‘亂離瘼矣。’”

〔8〕汪繼培曰：“下脱二字。”〇覺按：當脱“當世”二字。31.6：“歷觀古來愛君、憂主、敢言之臣，忠信未達而爲左右所鞫按、當世而覆被、更爲否愚惡狀之臣者，豈可勝數哉？”“愛君”與“當世”並言可證。

〔9〕汪繼培曰：“《孟子》云：‘陷溺其民。’”

〔10〕汪繼培曰：“‘墨’讀爲‘默’。《説文》云：‘默，讀若“墨”。’《漢書·李陵傳》：‘陵墨不應。’《田蚡傳》：‘嬰墨墨不得意。’‘墨’皆‘默’之省。”

〔11〕汪繼培曰：“《論語》。”〇覺按：《論語·憲問》：“仁者必有勇，勇者不必有仁。”

〔12〕汪繼培曰：“《文子·微明篇》云：‘次五有德人。’”

〔13〕汪繼培曰：“《吕氏春秋·諭大篇》云：‘天下大亂，無有安國；一國盡亂，無有安家；一家皆亂，無有安身。’亦見《務大篇》。”

〔14〕汪繼培曰：“《沔水》。”〇覺按：參見18.10注〔5〕。

〔15〕汪繼培曰：“字誤。”〇彭鐸曰：“《爾雅·釋言》：‘作，爲也。’‘亦爲身作’，與下文‘且自爲也’義同。”

〔16〕蓋：用茅草編成的覆蓋物。

〔17〕沾：浸濕。溥：普遍。

〔18〕汪繼培曰：“▲襄卅一年《左傳》。《魯語》：‘叔孫穆子曰：“夫棟折而榱崩，吾懼壓焉。”’”〇覺按：《左傳·襄公三十一年》載子産曰：“今吾子愛人則以政，猶未能操刀而使

割也，其傷實多。子之愛人，傷之而已，其誰敢求愛於子？子於鄭國，棟也。棟折榱崩，僑將厭焉。敢不盡言？”棟：屋中的正樑。厭（yā 壓）：通“壓”。

〔19〕汪繼培曰：“《説文》云：‘陊，落也。隤，仄也。’‘移傾’即‘陊隤’假借字。▲《素問・五常致大論》云：‘謹守其氣，無使傾移。’”〇覺按：“陊”（duò 墮）指塌落，如果房子已塌，則無以柱之，所以這“移”字不能認爲是“陊”的假借字。此“移”字當解爲移動，指房屋結構走樣，改變了原形。

〔20〕汪繼培曰：“‘其’當作‘共’。柱，謂榰柱之。《太玄經上・次七》：‘升於顛臺，或柱之材。’或云：‘其’當爲‘榰’，聲之誤也。亦作‘枝柱’，《後漢書・崔駰》後《實傳》云：‘枝柱邪傾。’《楊震傳》云：‘宫殿垣屋傾倚，枝柱而已。’又《章帝紀》元和元年詔云：‘支柱橋梁。’‘支’與‘枝’同。”〇覺按：“共”與“各”文義不貫，故“其”字不當作“共”。此“其”字置於“争”“柱”兩個動詞之間，實相當於“而”（參見《古書虛字集釋》卷五“其”字條）。或説可備一説。

〔21〕汪繼培曰：“《井・九三》。”

〔22〕汪繼培曰：“‘立’當作‘柱’。《列女傳》云：‘魯漆室女，當穆公時，君老，太子幼，女倚柱而嘯。旁人聞之，莫不爲之慘者。’《續漢書・郡國志》：‘東海郡蘭陵有次室亭。’劉昭注：‘《地道記》曰：“故魯次室邑。”《列女傳》“漆室之女”或作“次室”。’按《論衡・實知篇》亦作‘次室’。▲《漢書・地理志》‘東海郡・蘭陵’注，孟康亦引‘次室亭’。”〇覺按：“次室”“漆室”音近相通，春秋時魯國邑名，在今山東省棗莊市東南。此文以地代人，指次室邑之女，該女子因擔憂魯國危亡、關心國事而爲人傳頌。嘯：撮口發出悠長的聲音。

〔23〕汪繼培曰：“亦見《列女傳》。‘揭幡’作‘持幟’。按《漢書・鮑宣傳》：‘王咸舉幡太學下，曰：“欲救鮑司隸者會此下。”’《後漢書・虞詡傳》：‘詡子顗與門生百餘人，舉幡候中常侍高梵車，訴言枉狀。’”〇覺按：揭：舉。幡（fān 翻）：一種直掛的長條形旗幟。王：指楚頃襄王，戰國時楚國君主，公元前 298—公元前 263 年在位。楚女揭幡而激王：據《列女傳・辯通傳・楚處莊姪》載，楚頃襄王衹顧玩樂，四十歲了還没有立太子。當時莊姪纔十二歲，她擔心楚王出遊而亡國，於是“持幟伏南郊道旁。王車至，姪舉其幟。王見之而止”。莊姪便勸阻楚王遠遊，並斷言楚王危在旦夕。楚王聽從了她的勸告，立即返回國都，從而避免了亡國之禍。

〔24〕彭鐸曰：“‘固’與‘顧’同。‘顧’猶‘豈’也。訓見《助字辨略》。”

潜夫論卷第七[1]

【校記】

【1】潜夫論卷第七：仿宋本、馮本、魁本、程本同，何本、邵本作“潜夫論卷七終”，四庫本作“潜夫論卷七”，陳本作“潜夫論卷第七終”。

潜夫論卷第八[1]　　　　王符[2]

【校記】

【1】卷第八：仿宋本、馮本、魁本、程本、陳本同，何本、四庫本、邵本作“卷八”。

【2】王符：仿宋本、魁本同，抄補本、馮本、程本、何本、四庫本、邵本、陳本此行下端無字。

【3】仿宋本、馮本、魁本有此五行子目，程本無此子目而有“漢　安定王符著”“明新安程榮校”兩行字，何本、邵本無此子目，四庫本無此子目而有“漢　王符　撰”一行字，陳本無此子目而有“蕭山汪繼培箋”一行字。“五德”當依後文作“五德志”。

交際第三十

【提要】

交際：交往接觸。文章主要剖析了交際方面的種種社會現象，尖鋭地抨擊了世俗社會重利輕義、巴結富貴嫌棄貧賤的風氣，同時論述了交際時應該遵循的正確原則及道德規範。

文章指出：“交利相親，交害相踈。”人與人之間的親疏，取決於交往後有利還是有害。和富貴者結交，可得到推薦提拔或錢財資助，而且也光榮；與貧賤者結交，則不但要接濟他們，而且也不光彩。人們出於利益的考慮，所以交際時都巴結富貴而嫌棄貧賤，根本不考慮對方的德行。因而富貴者即使罪惡累累，也會朋黨隆盛而處處得意、飛揚跋扈；貧賤者即使品行高潔，才能卓越，也因不能給人好處而日益被世人疏遠遺棄，乃至舉步維艱而被埋没。

作者認爲，正確的交際之道，應該是注重對方的德行，講道義，守信用，不論貴賤，善始善終，所以他對那些一諾千金、始終如一的“志義之士”表示了極大的仰慕。他又指出，在交際中，感情的因素極其重要，必須謹慎地處理好。至於富貴與貧賤，和志向節操並無必然的聯繫，所以當官的不能以富貴來傲視貧賤者。在交際中，人們衹有具備了“恕”“平”“恭”“守”四種品德，纔是真正的君子。

文章最後又指出，當今世風日下，世俗之人都無德，他們在交際時都不重德行，不講道義，不守信用，而衹注重眼前利益，一旦無利可圖或已達到目的，即使當初信誓旦旦，也會將對方抛棄。他們口是心非，表面上推崇德行道義，實際上注重“官爵”“閥閲”，這衹能使德才兼備的處士長期埋没而不得進用。對於這種世道人心，作者表現出無比的憤懣與哀痛，一篇之中感慨再三，這無疑是出於其身世之悲與切膚之痛。

30.1

語曰：“人惟舊，器惟新●〔1〕。昆弟世疎，朋友世親●〔2〕。”此交際之理，人之情也。今則不然，多思遠而忘近●〔3〕，背故而向新●〔4〕，或歷載而益疎，或中路而相捐，悟先聖之典戒●【1】〔5〕，負久要之誓言●〔6〕。斯何故哉？退而省之●〔7〕，亦可知也。勢有常趣〔8〕，理有固然。富貴，則人争附之，此勢之常趣也；貧賤，則人●争去之【2】〔9〕，此理之固然也●〔10〕。

【校記】

【1】悟：仿宋本、馮本、魁本、程本、邵本、陳本同，四庫本作“違”。

【2】人：《意林》引文、陳本同，仿宋本、馮本、魁本、程本、四庫本、邵本無“人”字。

【箋注】

〔1〕汪繼培曰：“《書・盤庚》云：‘人惟求舊；器非求舊，惟新。’熹平石經作‘人維舊’。”

〔2〕汪繼培曰：“‘新’‘親’韻。襄廿六年《左傳》云：‘伍舉奔鄭，將遂奔晋。聲子將如晋，遇之於鄭郊，班荆相與食而言復故。’杜注：‘布荆坐地，共議歸楚事。’‘朋友世親’蓋本此。”

〔3〕汪繼培曰：“《鬼谷子・内揵篇》云：‘日進前而不御，遥聞聲而相思。’”

〔4〕汪繼培曰：“《列女傳・晋趙衰妻》云：‘好新而嫚故，無恩。’《御覽》四百九十五引《東觀漢記》云：‘陳忠上疏稱，語曰：“迎新千里，送故不出門。”’”

〔5〕汪繼培曰：“‘悟’當作‘啎’。《説文》云：‘啎，逆也。’”

〔6〕汪繼培曰：“《論語》云：‘久要不忘平生之言。’《書・湯誓》云：‘爾不從誓言。’《趙策》云：‘寡人與子有誓言矣。’‘新’‘捐’‘言’韻。”〇覺按：久要（yāo 妖）：《論語・憲問》“久要不忘平生之言”何晏《集解》：“孔曰：‘久要，舊約也。’”

〔7〕汪繼培曰：“《論語》云：‘退而省其私。’”

〔8〕趣（qū 趨）：趨向。

〔9〕汪繼培曰：“舊脱，据《意林》補。《御覽》八百卅六同。”

〔10〕汪繼培曰：“《齊策》：‘譚拾子曰：“理之固然者，富貴則就之，貧賤則去之。”’

《風俗通・窮通篇》作：‘富貴則人争歸之，貧賤則人争去之，此物之必至，而理之固然也。’”

30.2

夫與富貴交者，上有稱舉之用●【1】〔1〕，下有貨財之益【2】〔2〕。與貧賤交者，大有賑●貸之費〔3〕，小有假借之損。今使官人●〔4〕雖兼桀、跖之惡●〔5〕，苟結駟而過士●〔6〕，士猶以爲●榮而歸焉【3】〔7〕，况其實有益者乎〔8〕？使處子●〔9〕雖苞顔、閔之賢●【4】〔10〕，苟被褐而造門●〔11〕，人猶以爲辱而●恐其復來【5】〔12〕，况其實有損者乎？

【校記】

【1】舉：《太平御覽》卷八百三十六引文、陳本同，仿宋本、馮本、魁本、程本、四庫本、邵本作“譽”。

【2】財：仿宋本、馮本、魁本、程本、四庫本、邵本、陳本同，抄補本作“利”。

【3】爲：《意林》引文、陳本同，仿宋本、馮本、魁本、程本、四庫本、邵本無“爲”字。

【4】苞：仿宋本、馮本、魁本、程本、四庫本、陳本同，何本、邵本作“抱”。

【5】辱而：仿宋本、馮本、程本、四庫本、邵本、陳本同，魁本作“■■”。

【箋注】

〔1〕汪繼培曰：“‘舉’舊作‘譽’，据《意林》《御覽》改。《史記・秦始皇紀》：‘趙高曰：“高素小賤，幸稱舉，令在上位。”’《漢書・朱雲傳》：‘妄相稱舉。’《蓋寬饒傳》：‘爲太中大夫，使行風俗，多所稱舉貶黜。’《蕭望之傳》：‘恭、顯奏望之、堪、更生朋黨相稱舉。’《何武傳》：‘有司劾奏武、公孫禄互相稱舉。’《楚辭・九辨》‘世雷同而炫曜兮’王逸注：‘俗人羣黨相稱舉也。’皆其證。”〇覺按：稱舉：推舉。

〔2〕益：與下文“損”相對，是增益、資助的意思。

〔3〕汪繼培曰：“當作‘振’。”〇覺按：“振”“賑”古今字，後世多用“賑”，不煩改字。貸：《説文・貝部》：“貸，施也。”《莊子・天運》“立於不貸之圃”成玄英疏：“貸，施與也。”

〔4〕汪繼培曰：“哀三年《左傳》云：‘官人肅給。’按‘官人’《荀子》屢見，《彊國篇》：‘士大夫益爵，官人益秩。’楊倞注：‘官人，羣吏也。’《正論篇》：‘士大夫以爲道，官人以爲守。’楊注：‘官人，守職事之官也。’此則以爲居官者之通稱矣。▲《後漢書・馮緄傳》云‘蹈籍官人’，與此同。《孫子・用間篇》云：‘内間者，因其官人而用之。’”〇覺按：“今”猶“夫”，提示之詞（參見《古書虚字集釋》卷五“今”字條）。

〔5〕汪繼培曰：“‘桀跖’見《慎微篇》注。”〇覺按：見13.1注〔9〕。

〔6〕汪繼培曰：“《史記・仲尼弟子傳》云：‘子貢相衛，而結駟連騎，排藜藿，入窮閻，過謝原憲。’”〇覺按：結：連結。駟（sì四）：同駕一輛車的四匹馬。結駟：將四匹馬套在一輛車上駕馭。過：訪問，探望。

〔7〕汪繼培曰：“据《意林》補。”

〔8〕實：指上文的“貨財”。《禮記・表記》“恥費輕實”鄭玄注：“實，謂財貨也。”

〔9〕汪繼培曰："'處子'即'處士'。《後漢書·逸民傳·序》云：'處子耿介，羞與卿相等列。'《文選》束皙《補亡詩·白華篇》'堂堂處子'，李善注云：'處子，處士也。'"〇覺按：《漢書·異姓諸侯王表》"以爲起於處士横議"顔師古注："處士，謂不官於朝而居家者也。"

〔10〕汪繼培曰："《漢書·儒林傳》谷永疏云：'關内侯鄭寬中有顔子之美質，包商、偃之文學。''包'與'苞'通。"〇覺按：苞：包括，引申爲兼有。

〔11〕汪繼培曰："《老子》云：'聖人被褐懷玉。'《説文》云：'褐，粗衣。'"〇覺按：被（pī 披）：同"披"，穿。褐（hè 赫）：粗布衣服。造：到。

〔12〕汪繼培曰："'辱而'舊空，据程本。"〇覺按：據汪校，則其所用舊本當爲魁本之底本。

30.3

故富貴易得宜，貧賤難得適●〔1〕。好服，謂之奢僭；惡衣，謂之困厄●〔2〕。徐行，謂之飢餒【1】；疾行，謂之逃責●〔3〕。不候，謂之倨慢●〔4〕；數來〔5〕，謂之求食●〔6〕。空造，以爲無意●〔7〕；奉贄，以爲欲貸●〔8〕。恭謙，以爲不肖；抗揚〔9〕，以爲不德●【2】〔10〕。此處子之羇薄●〔11〕，貧賤之苦酷也●〔12〕。

【校記】

【1】飢：仿宋本、馮本、魁本、陳本同，程本、抄補本、四庫本、邵本作"饑"。此"饑"或"飢"字下程本、四庫本、邵本、陳本緊接"餒"字（在同一行）。仿宋本"餒"至30.6"廉頗翟公載"爲第一百葉（馮本同，即《四部叢刊》本卷八第二葉），30.6"盈載虚"至30.9"心尚未"爲第九九葉（馮本標"百一"，抄補本將其原版葉碼塗改爲"百一"，即《四部叢刊》本卷八第三葉），30.9"决是故陳餘張耳老相全滅而無感痛"至30.11末"是謂小人"爲第百葉（馮本標"百一"，抄補本將其葉碼標爲"百又一"，即《四部叢刊》本卷八第四葉），30.12"所謂恕者"至30.18"不能拔舉則因"爲第百一葉（馮本、抄補本將其葉碼標爲"百二"，即《四部叢刊》本卷八第五葉），30.18"毁之"至31.2"則雖萬里之外"爲第百二葉（馮本也標"百二"，抄補本將原版葉碼改爲"百又二"，即《四部叢刊》本卷八第六葉）。仿宋本之葉碼有誤而裝訂順序不誤，故其文順序正確（馮本同），其葉碼依次爲"一百"、"九九"（馮本作"百一"，抄補本將原版"九九"改爲"百一"）、"百"（馮本作"百一"，抄補本作"百又一"）、"百一"（馮本、抄補本作"百二"）、"百二"（馮本作"百二"，抄補本將原版的"百二"改爲"百又二"）。魁本此"飢"字下接30.6"盈載虚"至30.9"心尚未"（仿宋本第九九葉），再接"餒"至30.6"廉頗翟公載"（仿宋本第一百葉），再接30.12"所謂恕者"至30.18"不能拔舉則因"（仿宋本第百一葉），可見魁本所據底本爲仿宋本，但該仿宋本的底本應該是一部葉次有錯亂的宋刻本或元刻仿宋本，然後又重標了葉碼，魁本雖然按照其葉碼順序刊刻，但由於版式不同，所以原來的錯葉就混雜難辨了。參見27.3校記【1】。

【2】德：《意林》引文、陳本同，仿宋本、馮本、魁本、程本、四庫本、邵本作"得"。

【箋注】

〔1〕汪繼培曰："'得宜'《意林》作'爲客'，《御覽》'客'作'交'。按'宜''適'義同，《吕氏春秋·適威篇》高誘注：'適，宜也。'《後漢書·馮衍傳》云：'富貴易爲善，貧賤難爲工。'"〇覺按：此説自古有之。《韓非子·五蠹》："鄙諺曰：'長袖善舞，多錢善賈。'此言多資之易爲工也。故治強易爲謀，弱亂難爲計。"

〔2〕汪繼培曰："《論語》云：'士志於道，而恥惡衣。'"

〔3〕汪繼培曰："《孟子》云：'徐行後長者謂之弟，疾行先長者謂之不弟。'《漢書·諸侯王表·序》云：'有逃責之臺。'"〇覺按：責（zhài 債）：見 11.5 注〔13〕。

〔4〕汪繼培曰："《意林》作'敖'。'候'謂進謁。《漢書·董仲舒傳》云：'主父偃候仲舒。'"〇覺按：候：探望，問候。

〔5〕數（shuò 朔）：屢次。

〔6〕汪繼培曰："《孟子》云：'其志將以求食也。'"

〔7〕汪繼培曰："見下'貨財'句注。"〇覺按：《禮記·王制》"意論輕重之序"鄭玄注："意，思念也。"

〔8〕汪繼培曰："《白虎通·文質篇》云：'私相見亦有贄，何？所以相尊敬長和睦也。'"〇覺按：贄（zhì 志）：古代初次拜見尊長時所送的禮物。貸：施捨。參見 30.2 注〔3〕。

〔9〕抗：舉高，抬高。揚：舉起，振作。

〔10〕汪繼培曰："舊作'得'，据《意林》改。"

〔11〕汪繼培曰："'薄'讀爲'縛'。《釋名·釋言語》云：'縛，薄也，使相薄著也。'"〇覺按：羇（jī 畸）：同"羈"，馬籠頭。薄：通"縛"，捆綁東西的繩索。《漢書·敍傳上》載班嗣報桓譚書："今吾子已貫仁誼之羈絆，繫名聲之韁鎖。"此文之"羇薄"與"羈絆""韁鎖"的含義相似，用來比喻所受到的牽制束縛。

〔12〕汪繼培曰："'適''厄''責''食''貸''德''酷'韻。"〇覺按：酷：慘痛，痛恨。

30.4

夫處卑下之位，懷《北門》之殷憂，内見讁於妻子●〔1〕，外蒙譏於士夫●〔2〕，嘉會不從禮●〔3〕，餞御不逮衆●〔4〕，貨財不足以合好●〔5〕，力勢不足以杖急●【1】〔6〕，歡忻久交●〔7〕，情好〔8〕，曠而不接〔9〕，則人無故自廢踈矣。漸踈，則賤者逾自嫌而日引〔10〕，貴人逾務黨而忘之●〔11〕。夫以逾踈之賤，伏於下流●〔12〕，而望日忘之貴，此《谷風》所爲内摧傷●〔13〕，而介推所以赴深山也●〔14〕。

【校記】

【1】杖：邵本、陳本同，仿宋本、馮本、魁本、程本、四庫本作"扙"。

【箋注】

〔1〕汪繼培曰："《詩·北門》云：'憂心殷殷。'又云：'室人交徧讁我。''讁'與'謫'同。"〇覺按：《北門》：《詩經·邶風》中的一篇，它是一篇地位卑下、政事繁重、處境

窮困、愁苦滿懷的小官吏所寫的怨詩。其開頭兩句云："出自北門，憂心殷殷。"殷：同"慇"。《文選》卷第十六《歎逝賦》"在殷憂而弗違"李善注："殷，深也。"謫（zhé 折）：譴責。

〔2〕汪繼培曰："謂士大夫。"〇覺按：譏：譴責，非議，指責。士夫：士大夫，指有官職的人。《周禮·冬官考工記》序官："坐而論道謂之王公，作而行之謂之士大夫。"鄭玄注："親受其職，居其官也。"

〔3〕汪繼培曰："《漢書·賈誼傳》云：'富人大賈，嘉會召客。'"〇覺按：嘉會：吉慶的宴會。從：依，根據。不從禮：指其家境貧窮，不能根據禮儀來大辦宴席。

〔4〕汪繼培曰："《詩·六月》云：'飲御諸友。'毛傳：'御，進也。'《漢書·蔡義傳》云：'以明經給事大將軍莫府，家貧，常步行，資禮不逮衆。'"〇覺按：餞：用酒食送行。御：《禮記·曲禮上》"御食於君"鄭玄注："勸侑曰御。"即敬酒勸食的意思，指奉上酒食勸人飲食。逮：及。

〔5〕汪繼培曰："《白虎通·文質篇》云：'朋友之際，五常之道，有通財之義，振窮救急之意，中心好之，欲飲食之，故財幣者，所以副至意也。'定十年《左傳》云：'兩君合好。'"〇覺按：《國語·周語中》："酬幣宴貨，以示容合好。"

〔6〕汪繼培曰："《漢書·爰盎傳》云：'一旦有緩急，寧足恃乎？'《李尋傳》云：'近臣已不足杖矣。'顏師古注：'杖，謂倚任也。'"〇覺按：汪說似未當。此文"杖急"連言，"杖"當是執持、支撐的意思。《說文·木部》："杖，持也。"《漢書·婁敬傳》"杖馬箠去居岐"顏師古注："杖，謂柱之也。"皆其證。

〔7〕汪繼培曰："《漢書·高后紀》四年詔云：'驩欣交通。''歡忻'與'驩欣'同。"〇覺按：忻（xīn 欣）：喜悅。

〔8〕情好（hào 耗）：心愛。

〔9〕曠：間隔時間長久。

〔10〕逾：更加。嫌：厭惡，不滿意。引：退去，避開。

〔11〕汪繼培曰："《漢書·外戚傳》：'子夫上車，主拊其背曰："行矣！即貴，願無相忘。"'"

〔12〕汪繼培曰："《論語》云：'君子惡居下流。'《漢書·楊敞傳》楊惲《報孫會宗書》云：'下流之人，衆毀所歸。'"〇覺按：汪氏所引，其"下流"指行爲卑鄙（者），用來解説此文，實不當。此文之"下流"，當指低下的地位。《論衡·逢遇篇》："或高才潔行，不遇，退在下流。"即其義。

〔13〕汪繼培曰："《詩·小雅》。"〇覺按：《谷風》：《詩經·小雅》中的一篇，其內容是指責朋友情義之薄，患難時則拉攏自己，安樂時則"忘我大德，思我小怨"而拋棄了自己。內：內心。摧：傷心，悲痛。

〔14〕汪繼培曰："僖廿四年《左傳》。"〇覺按：介推：見 3.3 注〔24〕。

30.5

夫交利相親，交害相疏。是故長誓而廢●【1】〔1〕，必無用者也【2】；交漸而親，必有益者也。俗人之相於也●【3】〔2〕，有利生親，積親生愛，積愛生是，積是生賢，情苟賢之，則不自覺心之親之、口之譽之也●〔3〕；無利生踈，積踈生憎，積憎生非，積非生惡，情苟惡之，則不自覺心之外之、口之毁之也。是故富貴雖新，其勢日親；貧賤雖舊，其勢日踈●【4】〔4〕。此處子所以不能與官人競也。世主不察朋交●之所生【5】〔5〕，而苟信貴臣之言，此絜士所以獨隱翳●【6】〔6〕，而姦雄所以黨飛揚也●【7】〔7〕。

【校記】

【1】長：《諸子品節》引文、陳本同，仿宋本、馮本、魁本作"長捄"，程本、四庫本、邵本作"長救"。

【2】必：《諸子品節》引文、陳本同，仿宋本、馮本、魁本、程本、四庫本、邵本作"心"。

【3】於：仿宋本、馮本、魁本、陳本同，《諸子品節》引文、程本、四庫本、邵本作"與"。

【4】踈：《諸子品節》引文同，仿宋本、馮本、魁本、程本、四庫本、邵本作"除"，陳本作"疎"。

【5】交之所生：仿宋本、馮本、魁本、陳本同，程本、四庫本作"友之所生"，邵本作"友之所至"。

【6】絜：仿宋本、馮本、魁本、陳本同，程本、四庫本、邵本作"潔"。

【7】飛揚：仿宋本、馮本、魁本、陳本同，程本、四庫本、邵本作"能臣"。

【箋注】

〔1〕汪繼培曰："'長'下舊有'救'字，衍。'長誓'即《詩·考槃》'永矢'，鄭箋云：'永，長；矢，誓。'"〇覺按：據汪校，則其所用舊本爲程本，蓋其始校《潛夫論》時用程本，後改用魁本之底本時未加覆覈，故有此校語。

〔2〕汪繼培曰："'相於'注見《釋難篇》。"〇覺按：見29.1.2注〔4〕。

〔3〕汪繼培曰："《史記·袁盎傳》云：'諸君譽之，皆不容口。'"

〔4〕汪繼培曰："舊作'除'，据《諸子品節》改。《尹文子·大道篇》云：'處名位，雖不肖，不患物不親己；在貧賤，不患物不疎己。親疎係乎勢利，不係乎不肖與仁賢也。'"

〔5〕汪繼培曰："程本作'友'。"

〔6〕汪繼培曰："《楚語》韋昭注：'翳，鄣也。'"〇覺按：絜（jié結）：通"潔"。隱：隱瞞。翳（yì易）：遮蔽，掩蓋。

〔7〕汪繼培曰："《三畧》云：'姦雄相稱，彰蔽主明。'▲《漢書·翟方進傳》云：'銷姦雄之黨。'《淮南子·精神訓》云：'趣舍滑心，使行飛揚。'高誘注：'飛揚，不從軌度也。''黨'當作'常'，'常飛揚'與'獨隱翳'對文。程本作'黨能臣'，誤。"〇彭鐸曰："'黨'與'獨'正相對，《本政篇》：'此正士之所獨蔽，而羣邪之所黨進。'其例也。"〇覺按："黨"字不誤，汪説非，彭説是。

30.6

昔魏其之客●【1】〔1〕，流於武安〔2〕；長平之吏〔3〕，移於冠軍●【2】〔4〕；廉頗●〔5〕、翟公●〔6〕，載盈載虚●【3】〔7〕。夫以四君之賢，藉舊貴之夙恩〔8〕，客猶若此，則又況乎生貧賤者哉？

【校記】

【1】客：仿宋本、馮本、程本、四庫本、邵本、陳本同，魁本空一字。

【2】冠：仿宋本、馮本、魁本、程本、四庫本、陳本同，何本、邵本作“冦”。

【3】虚：馮本、四庫本、陳本同，程本作“虗”，邵本作“虚”。仿宋本“載”和“盈載虚”分處第一百葉末和第九九葉首。魁本上“載”字下接 30.12“所謂恕者”，“盈載虚”上接 30.3“飢”字，參見 30.3 校記【1】。

【箋注】

〔1〕汪繼培曰：“舊空，据程本。”〇覺按：據汪校，則其所謂舊本當爲魁本之底本。魏其（jī 基）：漢縣名，屬瑯邪郡，故城在今山東省臨沂市南。此文則指西漢大臣魏其侯竇嬰（？～公元前 131 年）。嬰，字王孫，觀津（今河北省衡水市東）人，竇太后之侄。漢景帝時，吴、楚七國反，竇嬰被景帝任爲大將軍，守滎陽，監齊、趙兵。七國破，嬰被封爲魏其侯，食邑於魏其。武帝建元元年（公元前 140 年），竇嬰任丞相，推崇儒術，反對黄老學説，次年即爲喜好黄老之言的竇太后貶斥。元光四年（公元前 131 年）十二月，因罪被殺。事詳《史記·魏其武安侯列傳》《漢書·竇嬰傳》。但該二傳皆記其死於元光五年十二月，今據《史記·惠景間侯者年表》和《漢書》之《武帝紀》《外戚恩澤侯表》定爲元光四年。

〔2〕武安：漢縣名，屬魏郡，即今河北省武安市。此文指西漢大臣武安侯田蚡（fén 墳）。蚡（？—公元前 131 年），長陵（今陝西省咸陽市東北）人，漢景帝王皇后之弟（與王皇后同母異父）。景帝崩，武帝立，他因爲是太后之弟而被封爲武安侯，並任太尉。他推崇儒術，與竇嬰同時爲竇太后所貶斥。建元六年（公元前 135 年），竇太后死，他任丞相，驕横專斷。元光四年（公元前 131 年），他因私怨殺前相竇嬰，不久即病死。事詳《史記·魏其武安侯列傳》《漢書·田蚡傳》。但該二傳皆記其死於元光五年春，據《史記·惠景間侯者年表》《漢書·武帝紀》，可知其死於元光四年。魏其之客，流於武安：據《史記·魏其武安侯列傳》，建元二年（公元前 139 年），丞相竇嬰、太尉田蚡均被竇太后免職，但田蚡因王太后的關係而受到皇帝寵信，故“天下吏士趨勢利者皆去（離開）魏其，歸武安”。竇太后死後，竇嬰更被疏遠而無權勢，“諸客稍稍自引而怠傲”。

〔3〕長平：漢縣名，屬汝南郡，故城在今河南省西華縣東北。此文指西漢名將長平侯衛青，參見 4.6 注〔14〕。

〔4〕汪繼培曰：“《風俗通·窮通篇》用此四語。事見《史記·魏其武安侯傳》及《衛將軍驃騎傳》。”〇覺按：冠軍：漢縣名，元朔六年（公元前 123 年）置，屬南陽郡，因霍去病爲冠軍侯而封於此，故名，縣治在今河南省鄧州市西北。此文則指西漢名將冠軍侯霍去病，參見 4.6 注〔14〕。長平之吏，移於冠軍：據《史記·衛將軍驃騎列傳》，霍去病開始衹是隨從衛青出征，後來屢建戰功，不斷得到加封，元狩四年（公元前 119 年），他的秩禄已與衛青相等。從此以後，大將軍衛青的權勢日衰，而驃騎將軍霍去病日益顯貴，“大將軍故人門下多去事驃騎，輒得官爵”，祇有任安不肯離開衛青。

〔5〕汪繼培曰：“《史記》。”〇覺按：廉頗：戰國時趙國名將。趙惠文王時，因戰功任上卿。長平之役，堅壁固守三年，後來趙國中秦國之反間計，用趙括代替廉頗爲將，致使

大敗。趙孝成王十五年（公元前251年），燕攻趙，趙以廉頗爲將，大破燕軍，趙封廉頗爲信平君，並代任相國。當他在長平免職而“失勢之時，故客盡去。及復用爲將，客又復至”。廉頗拒絕他們，門客説：“夫天下以市道交。君有勢，我則從君；君無勢，則去。此固其理也，有何怨乎？”趙悼襄王時，他不得志而奔魏，後又至楚，爲將無功，病死壽春。見《史記·廉頗藺相如列傳》。

〔6〕汪繼培曰：“《史記·汲黯鄭當時傳·論》。”〇覺按：翟（zhái宅）公：西漢下邽（在今陝西省渭南市東北）人。他當廷尉時，賓客盈門；等到免職後，門外無人至，沉寂得可置網捕雀。後來他復職時，賓客又想回來，於是他在大門上寫道：“一死一生，乃知交情；一貧一富，乃知交態；一貴一賤，交情乃見。”見《史記·汲鄭列傳》太史公贊。

〔7〕汪繼培曰：“《文選》陸士衡《齊謳行》及沈休文《冬節後至丞相第詩》注，‘載’並作‘再’。《論衡·講瑞篇》云：‘少正卯在魯，與孔子並。孔子之門，三盈三虛，惟顏淵不去。’”〇覺按：載：通“再”（參見7.5注〔2〕）。

〔8〕藉（jiè借）：憑藉。夙：舊有的，素有的。

30.7

唯有古烈之風、志義之士●爲不然爾【1】〔1〕。恩有所結●〔2〕，終身無解〔3〕；心有所矜〔4〕，賤而益篤。《詩》云：“淑人君子，其儀一兮，心如結兮●〔5〕。”故歲寒，然後知松栢之後凋也●【2】〔6〕；阨隘【3】〔7〕，然後知其人之篤固也●〔8〕。侯嬴●【4】〔9〕、豫讓●〔10〕，出身以報恩●〔11〕；鱄諸、荆軻●〔12〕，奮命以効用●【5】〔13〕。故死可爲也，處之難爾●〔14〕。龐勛、敎貂●【6】〔15〕，一旦見收，亦立爲義報，况累舊乎〔16〕？故鄒陽稱之曰〔17〕：“桀之狗可使吠堯，跖之客可使刺由●〔18〕。”豈虛言哉？

【校記】

【1】唯：仿宋本、馮本、魁本、程本、邵本同，四庫本、陳本作“惟”。

【2】栢之後凋也：仿宋本、馮本、魁本、程本、四庫本、邵本同，陳本作“柏之後彫世”（陳本將“也”改爲“世”後屬下讀）。

【3】阨隘：仿宋本、馮本、魁本、程本、邵本、陳本作“隘”，四庫本作“境隘”，據《諸子品節》引文改。

【4】侯嬴：四庫本、陳本同，仿宋本、魁本作“侯羸”，馮本作“候羸”，程本、邵本作“侯羸”。

【5】効：仿宋本、馮本、魁本同，程本、四庫本、邵本、陳本作“效”。

【6】敎：仿宋本、馮本、魁本、程本、邵本同，四庫本、陳本作“勃”。

【箋注】

〔1〕汪繼培曰：“《漢書·季布欒布田叔傳·贊》云：‘雖古烈士，何以加哉！’《張湯傳》：‘湯客田甲所，責湯行義有烈士之風。’‘古烈’即謂古烈士。《魏志·鮑勛傳》上文帝

疏亦云：‘陛下仁聖惻隱，有同古烈。’”○覺按：“烈”即“烈士”，指有節操、看重名聲而輕視勢利的人（參見2.4注〔2〕）。《莊子·秋水》：“白刃交於前，視死若生者，烈士之勇也。”《韓非子·詭使》：“好名義不進仕者，世謂之烈士。”《史記·屈原賈生列傳》：“貪夫徇財兮，列（覺按：通“烈”）士徇名。”

〔2〕汪繼培曰：“《漢書·丙吉傳》云：‘誠其仁恩内結於心也。’”○覺按：恩有所結：（别人的）恩惠（和自己）有所結合，即對自己有恩。

〔3〕解：是“結”的反面，分開的意思。

〔4〕矜（jīn金）：憐憫，同情。

〔5〕汪繼培曰：“《鳲鳩》。”○覺按：引詩見《詩經·曹風·鳲鳩》，但此文節録時在“其儀一兮”下略去了“其儀一兮”一句。儀：通“義”。結：凝聚不散開，比喻專心一致，堅定不移。

〔6〕汪繼培改“也”爲“世”而以“世”屬下讀曰：“舊作‘也’。”○覺按：汪改非，見注〔7〕。此語爲孔子之言，見《論語·子罕》。

〔7〕隘：窮困，困窘。“阨隘”上實探下省“其人”二字，“阨隘”是指“人”之“阨隘”，而非指“世”之“阨隘”。《莊子·讓王》：“孔子窮於陳、蔡之間，……孔子曰：‘是何言也！君子通於道之謂通，窮於道之謂窮。今丘抱仁義之道以遭亂世之患，其何窮之爲！故内省而不窮於道，臨難而不失其德。天寒既至，霜雪既降，吾是以知松柏之茂也；陳、蔡之隘，於丘其幸乎！’”《荀子·大略篇》：“君子隘窮而不失，勞倦而不苟，臨患難而不忘細席之言。歲不寒，無以知松柏；事不難，無以知君子無日不在是。”此文“阨隘然後知其人之篤固”的涵義，類似於《莊子》所載的“孔子窮於陳、蔡之間”而“不失其德”，《荀子》所説的“君子隘窮而不失（其志）”、“臨患難而不忘細席之言”、“無日不在是”以及本書3.3所説的“顔、原、公析困饉於郊野，守志篤固”。由此可見，此文之“阨隘”是指“人”的處境窮困，而非指“世”之險隘。汪繼培將上一句的“也”改爲“世”而屬此句，以“世隘”連讀，誤。

〔8〕汪繼培曰：“《論語》云：‘歲寒，然後知松柏之後彫也。’《釋文》云：‘彫，依字當作“凋”。’▲按《隸釋·富春侯張君碑》、《史記·伯夷傳》、《漢書·傅喜傳》、《吕氏春秋·慎人篇》注竝作‘凋’。《莊子·讓王篇》：‘孔子曰：“天寒既至，霜雪既降，吾是以知松柏之茂也。陳、蔡之隘，於吾其幸乎？”’《爾雅·釋詁》云：‘篤，固也。’”○覺按：“篤固”可參見3.3注〔26〕。

〔9〕汪繼培曰：“《史記·信陵君傳》。”○覺按：侯嬴：戰國時魏國的隱士，也稱侯生，家貧，年七十，爲大梁（今河南省開封市）夷門的守門小吏，後被信陵君迎爲上客。魏安釐王二十年（公元前257年），秦圍趙，安釐王派將軍晋鄙率兵救趙，晋鄙屯兵不敢前進。侯生獻計信陵君，設法竊得兵符，並推薦勇士朱亥擊殺晋鄙，使信陵君奪得兵權，勝秦救趙。他當時因年老不能隨往，於是與信陵君約定，在信陵君到達晋鄙軍的時候，自殺來爲信陵君送行，以報答其厚待之情。事詳《史記·信陵君列傳》。

〔10〕汪繼培曰：“《史記·刺客傳》。”○覺按：豫讓：春秋戰國之際晋國人，曾臣事范氏、中行氏而没有什麼名堂，就離開他們而當了智伯的家臣，受到智伯的尊寵。公元前453年，趙襄子聯合韓、魏滅掉智伯後，豫讓逃入山中，説：“士爲知己者死，女爲説己者容。今智伯知我，我必爲報讎而死，以報智伯。”於是他改名换姓，自毁面容，用漆塗身破壞皮膚而成爲癩子，吞炭使自己聲音沙啞，一再謀刺趙襄子，結果没有成功，被圍後自殺。事見《韓非子·姦劫弑臣》《戰國策·趙策一》《史記·刺客列傳》及本書35.13注

〔14〕〔15〕。

〔11〕汪繼培曰："《史記·▲趙世家》李兑曰：'出身徼幸。'《春申君傳》：'應侯曰："歇爲人臣，出身以徇其主。"'按'出身'，猶《吴王濞傳》云'棄軀'也。▲'出身'亦見《漢書·嚴延年傳》。"

〔12〕汪繼培曰："並見《刺客傳》。▲《索隱》云：'"專"字亦作"剸"，《左傳》作"鱄設諸"。'"〇覺按：鱄諸：《左傳·昭公二十七年》作"鱄設諸"，即專諸（？—公元前515年），春秋時吴國堂邑（今江蘇省南京市六合區北）人。吴公子光（即闔閭）欲殺吴王僚而自立爲吴王，伍子胥便把他推薦給公子光。光以禮待之，專諸便一切聽命於光。吴王僚十二年（公元前515年），光設宴請僚，讓專諸藏匕首於魚腹中，乘進獻時刺殺僚。專諸殺僚後也被僚之左右所殺，公子光遂自立，即吴王闔閭。事見《史記》之《吴太伯世家》《刺客列傳》和《吴越春秋·王僚使公子光傳》。荆軻：戰國末衛國人，衛國人叫他慶卿。他遊歷燕國，燕國人叫他荆卿。後被燕太子丹尊爲上卿，受命至秦刺殺秦王政（即秦始皇）。燕王喜二十八年（公元前227年），他帶着秦國逃亡將軍樊於期的頭和夾有匕首的燕國督亢地圖，以此詐獻於秦王。獻圖時，圖窮而匕首見，他刺秦王不中而被殺。見《史記·刺客列傳》。

〔13〕汪繼培曰："《後漢書·班超傳》超妹昭上書云：'超之始出，志捐軀命，冀立微功，以自陳效。'《張皓》後《綱傳》云：'奮身出命，掃國家之難。'《南匈奴傳》云：'耿秉因自陳受恩，分當出命效用。'《董卓傳》云：'掌戎十年，士卒大小相狎彌久，戀臣畜養之恩，爲臣奮一旦之命，乞將之北州，效力邊垂。'皆'奮命效用'之意。"〇覺按：奮：盡力使用。効用：効力致用，發揮作用。

〔14〕汪繼培曰："《史記·廉頗藺相如傳·論》云：'知死必勇，非死者難也，處死者難。'按《後漢書·朱穆傳·論》云：'至乃田、竇、衛、霍之游客，廉頗、翟公之門賓，進由埶合，退由（覺按："由"當作"因"）衰異；又專諸、荆卿之感激，侯生、豫子之投身，情爲恩死（覺按："死"當作"使"），命緣義輕。皆以利害移心，懷德成節，非夫交照之本，未可語失得之原也。'語本此。"〇覺按：處：處理，安排。

〔15〕汪繼培曰："龐勛，未詳，疑'豎須'之誤。豎須即豎頭須，晋文公守藏者也。教貂即寺人披，▲文公時爲勃鞮，《史記·晋世家》稱爲履鞮，李善注《文選》司馬遷《報任少卿書》及范蔚宗《宦者傳·論》引《史》並作'履貂'，《後漢書·宦者傳·序》作'勃貂'。古書'勃'多作'教'。教貂、豎須事並見僖廿四年《左傳》。"〇王紹蘭曰："龐勛當即馮諼，'勃貂'當爲'貂勃'，一爲孟嘗君所客而營三窟，一爲安平君所任而殺九子，事見《齊策》，故下文云：'一旦見收，亦立爲義報。'二人連類，正與上文侯嬴、豫讓、鱄諸、荆軻同例。"〇俞樾曰："'龐勛''豎須'字形絶遠，何得致誤？龐勛，疑即龐涓。'涓'字闕壞，止存左旁（覺按：當作"右旁"），遂誤爲'勛'耳。龐涓與孫臏同學，及既事魏爲將軍，忌孫臏，乃以法刖而黥之，後卒爲孫臏射死，與寺人勃貂皆反復小人。此言'一旦見收，亦爲義報'，故下文言'桀之狗可使吠堯，跖之客可使刺由'，明以桀狗、跖客喻此兩人，則此兩人皆非良士可知矣。"〇彭鐸曰："下文言'故鄒陽稱之'云云，則'勃貂'當作'貂勃'。《齊策六》：'貂勃嘗惡田單。安平君聞之，故爲酒召貂勃，曰："單何以得罪於先生，故常見惡於朝？"貂勃曰："跖之狗吠堯，非貴跖而賤堯也，狗固吠非其主也。"安平君任之於王。'其後齊王幸臣九人之屬毁單，貂勃諫王，王乃殺九子而益封安平君以夜邑萬户。是鄒陽稱之者乃齊之貂勃，非晋之寺人勃貂也。鄒陽之語本於貂勃，而此文云：'一旦見收，亦立爲義報'，則爲貂勃事甚明。"〇覺按："龐勛"當從王説作"馮諼"，

汪説、俞説均不當，因爲豎須、龐涓並無“見收”而“義報”之事。至於馮諼，被孟嘗君收爲門客而得到優待後，主動去爲孟嘗君收債“市義”，即在收債時假託孟嘗君之命，將其封地之民所欠之債全部免除來獲取民心，爲孟嘗君營造了一窟，接着又爲其營造二窟，從而使孟嘗君爲相數十年而無禍（見《戰國策・齊策四》），此與“一旦見收”而“立爲義報”之言相合。古代“馮”屬並母蒸部平聲，“龐”屬並母東部平聲，音近而誤；“諼”屬曉母元部平聲，“勛”屬曉母文部平聲，亦音近而誤。教貂：汪、王、彭之説均通，而汪説爲勝。因爲鄒陽的上書，在“桀之狗可使吠堯”的上文曾説：“夫晋文公親其讎而強霸諸侯。”此明顯是指寺人披之事而言。而且，寺人披之事與“一旦見收”“立爲義報”之語密合。“寺人”即“侍人”，也就是宦官、奄（閹）人，爲宫廷内之近侍。“披”是其名，字伯楚，或稱之爲“寺人勃鞮”（惠棟《儀禮古義》認爲“勃鞮”爲“披”之反切，梁玉繩《人表考》卷五“寺人披”條認爲“勃鞮”“履鞮”“履貂”“勃貂”是管鞋的官吏名）、“宦者履鞮”或“奄（閹）楚”。晋獻公二十二年（公元前655年），派寺人披追殺重耳（即晋文公），重耳出逃時曾被寺人披折斷袖口。後來重耳返國立爲文公，寺人披卻前來求見，晋文公派人拒絶他。寺人披辯解説：“過去追殺您是爲了盡力奉行君命，除君之惡。現在您難道没有仇人了？您如果不見我，便將大禍臨頭。您若用我，我哪會辜負君命？”文公於是接見了他，他便告發了吕甥、郤芮即將造反謀殺文公之事。晋文公因而免於其難，終成霸業。事見《左傳》僖公五年、二十四年、二十五年以及《國語・晋語四》《史記・晋世家》。

〔16〕累：與上文“一旦”相對，指多次（交往）或多年（交往）。

〔17〕鄒陽：西漢初臨淄（今山東省淄博市臨淄區東北齊都）人，以文辭著稱。最初在吴王劉濞手下任職，勸阻吴王謀反而未被聽從，於是改投梁孝王門下。他爲人耿介而不阿附權貴，受到羊勝、公勝詭的讒害，被梁孝王關入監獄，他在獄中上書梁孝王以訴冤屈。梁孝王看信後便放了他，並把他尊爲上客。見《史記・魯仲連鄒陽列傳》《漢書・鄒陽傳》。

〔18〕汪繼培曰：“《史記・鄒陽傳》獄中上梁孝王書語。”○覺按：以上兩句引文見於《史記》《漢書》所載的鄒陽獄中上梁孝王書（《文選》卷第三十九題爲“獄中上書自明”），意謂受了厚恩，則將一切聽命以報恩。由：指許由，一作許繇，字武仲。相傳爲上古的廉潔之士。據説堯要把帝位讓給他，他以爲可恥，便逃到潁水之陽、箕山（一名崿嶺，又名許由山，在今河南省登封市東南）之下隱居，農耕而食。堯又召他做九州長官，他聽説後認爲玷汙了他的耳朵，於是到潁水邊洗耳。見《史記・伯夷列傳》及“堯讓天下於許由”《正義》所引皇甫謐《高士傳》。《莊子・逍遥遊》及成玄英疏之説法稍異。

30.8

俗士淺短，急於目前。見赴有益，則先至；顧無用，則後背●【1】〔1〕。是以欲速之徒●〔2〕，競推上而不暇接下，爭逐前而不遑卹後●〔3〕。是故韓安國能遺田蚡五百金●〔4〕，而不能賑一窮●〔5〕；翟方進稱淳于長●〔6〕，而不能薦一士。夫安國、方進，前世之忠良也●〔7〕，而猶若此，則又況乎末塗之下相哉●〔8〕？此姦雄所以逐黨進，而處子所以愈擁蔽也●【2】〔9〕。非明聖之君，孰能照察●〔10〕？

【校記】

【1】背:《諸子品節》引文、四庫本、陳本同，仿宋本、馮本、魁本、程本、邵本作“輩”。

【2】子：仿宋本、馮本、魁本、四庫本、邵本、陳本同，程本作“予”。

【箋注】

〔1〕汪繼培曰:“舊作‘輩’。《漢書・張耳陳餘傳・贊》云:‘何鄉者慕用之誠，後相背之盭也？’”〇王紹蘭曰:“《後漢書・朱穆傳》注載其《與劉伯宗絶交書》曰:‘昔我爲豐令，足下不遭母憂乎？親解縗經，來入豐寺。及我爲持書御史，足下親來入臺。足下今爲二千石，我下爲郎，乃反因計吏以謁相與。足下豈丞尉之徒，我豈足下部民，欲以此謁爲榮寵乎？咄！劉伯宗於仁義道何其薄哉！’即此意也。”

〔2〕汪繼培曰:“襄廿六年《左傳》:‘伊戾騁告公曰:“太子將爲亂，既與楚客盟矣。”公曰:“爲我子，又何求？”對曰:“欲速。”’”〇覺按:《左傳・襄公二十六年》“欲速”杜預注:“言欲速得公位。”此文指欲速得官位。

〔3〕汪繼培曰:“《詩・谷風》云:‘遑恤我後。’‘卹’與‘恤’同。”〇覺按：遑：閒暇。

〔4〕汪繼培曰:“《史記・韓安國傳》:▲‘安國坐法失官，家居。建元中，武安侯田蚡爲漢太尉，親貴用事，安國以五百金物遺蚡。蚡言安國太后，天子亦素聞其賢，即召以爲北地都尉。’”〇覺按：韓安國：西漢梁國成安（在今河南省民權縣東北）人，後遷居睢陽（今河南省商邱市睢陽區南），字長孺，初爲梁孝王中大夫。景帝三年（公元前 154 年），吴、楚七國起兵，梁孝王使他爲將，禦吴兵於東界，吴兵不能過梁，他因此而著名。梁孝王死後，他犯法丟了官職，在家閒居。漢武帝建元元年（公元前 140 年），武安侯田蚡任太尉，執掌大權，韓安國送田蚡五百金，田蚡便在竇太后面前提起他，於是他被召爲北地都尉，又升遷大司農。建元六年（公元前 135 年），田蚡任丞相，韓安國爲御史大夫。韓安國雖貪財，但推薦的人才都比他廉潔。元光四年（公元前 131 年），田蚡死，韓安國兼管丞相之事，因摔傷了脚而免職。病癒後又爲衛尉。元朔元年（公元前 128 年），匈奴入侵，韓安國任材官將軍，屯兵漁陽。次年兵敗，東徙屯右北平，抑鬱而死。見《史記・韓長孺列傳》《漢書・韓安國傳》。遺（wèi 衛）：贈送。金：古代貨幣單位，漢代以黄金一斤爲一金。

〔5〕汪繼培曰:“‘賑’當作‘振’。‘振窮’注見《遏利篇》。”〇覺按：參見 30.2 注〔3〕。

〔6〕汪繼培曰:“《漢書・翟方進傳》。”〇覺按：翟（zhái 宅）方進：西漢汝南上蔡（今河南省上蔡縣西南）人，字子威，家世微賤，成帝河平年間爲博士，永始二年（公元前 15 年）爲御史大夫，數月後任丞相，封高陵侯。他執法嚴厲，彈劾太守列卿多人。他以儒術與法律相結合，號稱“通明相”，受到成帝的器重，同時也常奉迎成帝的意圖來鞏固自己的地位。外戚淳于長爲衛尉當權時，他獨與淳于長交往，並稱讚推薦淳于長。後來淳于長犯大逆之罪被誅，他甚内慚。綏和二年（公元前 7 年），出現不祥天象，成帝賜册譴責，翟方進即自殺。見《漢書・翟方進傳》。淳于長：字子孺，西漢魏郡元城縣（今河北省大名縣東）人，皇太后王政君（見 11.7 注〔14〕）姊王君俠的兒子，永始四年（公元前 13 年）爲衛尉，元延三年（公元前 10 年）封定陵侯，綏和元年（公元前 8 年）因犯大逆不道之罪而下獄死。見《漢書》的《成帝紀》《外戚恩澤侯表》《佞幸傳・淳于長傳》《翟方進傳》。

〔7〕汪繼培曰:“‘忠良’見《實貢篇》注。”

〔8〕汪繼培曰:“《韓非子·顯學篇》云:‘授車就駕，而觀其末塗。’《漢書·鼂錯傳》云:‘及其末塗之衰也。’”〇王紹蘭曰:“《後漢書·朱穆傳·崇厚論》曰:‘故田蚡以尊顯致安國之金，淳于以貴執引方進之言。夫以韓、翟之操，爲漢之名宰，然猶不能賑一貧賢，薦一孤士，又況其下者乎!’語意全與此同。按《史記·韓長孺列傳》言:‘安國貪嗜於財，然所推舉皆廉士，於梁舉壺遂、臧固、郅他。’廉士固窮，推舉即賑，非必分人以財也。《漢書·翟方進傳》言:‘方進厚李尋，以爲議曹。’然則安國亦賑三窮，方進亦薦一士矣。”〇覺按:王紹蘭所引《崇厚論》之文，汪繼培也引之，見注〔9〕。塗:通“途”。末塗:末路，指朝代末期，等於説“末世”，參見10.9注〔1〕。

〔9〕汪繼培曰:“《漢書·元帝紀》永光元年詔曰:‘壬人在位，而起士雍蔽。’顔師古注:‘雍，讀曰“壅”。’‘擁’‘壅’古字通。《後漢書·朱暉》後《穆傳·崇厚論》云:‘務進者趨前而不顧後，榮貴者矜己而不待人，智不接愚，富不賑貧，貞士孤而不恤，賢者戹而不存，故田蚡以尊顯致安國之金，淳于以貴執引方進之言。夫以韓、翟之操，爲漢之名宰，然猶不能振一貧賢，薦一孤士，又況其下者乎?▲此禽息、史魚所以專名於前，而莫繼於後者也。’此文本之。”〇覺按:擁:通“壅”，障蔽，遮蓋。

〔10〕汪繼培曰:“‘照察’見《愛日篇》注。”

30.9

且夫怨惡之生●〔1〕，若二人偶焉●〔2〕。苟相對也，恩情相向，推極其意，精誠相射〔3〕，貫心達髓●〔4〕，愛樂之隆●〔5〕，輕相爲死●〔6〕，是故侯生、豫子刎頸而不恨。苟相背也，心情乖互●【1】〔7〕，推極其意，分背奔馳，窮東極西，心尚未快●【2】〔8〕，是故陳餘、張耳老相吞滅而無感痛●【3】〔9〕。從此觀之，交際之理，其情大矣。非獨朋友爲然，君臣、夫婦亦猶是也。當其歡也，父子不能間【4】〔10〕;及其乖也，怨讎不能先。是故聖人常慎微以敦其終●〔11〕。

【校記】

【1】互:仿宋本、馮本、魁本作“牙”，程本、邵本作“手”，四庫本作“舛”，陳本作“乎”，據《諸子品節》引文改。

【2】心尚未快:四庫本、陳本同，仿宋本、馮本作“心尚未決”，程本、邵本作“心尚未决”。魁本“心尚未”下接30.3“餒”，“決”至30.11“是謂小人”錯入了27.3“氣色爲吉凶候”之下，參見27.3校記【1】、30.3校記【1】。

【3】吞:《諸子品節》引文、四庫本同，仿宋本、馮本、魁本、程本、邵本、陳本作“全”。

【4】間:仿宋本、魁本、程本、四庫本、邵本同，抄補本、馮本作“問”，陳本作“閒”。

【箋注】

〔1〕汪繼培曰:“王先生云:‘“怨惡”當作“恩怨”。恩者相對也，怨者相背也。’”〇

覺按：王説是。

〔2〕汪繼培曰："《禮記·中庸》：'仁者，人也。'鄭注：'人也，讀如"相人偶"之"人"，以人意相存問之言。'▲《儀禮·大射儀》'揖以耦'注：'言以者，耦之事成於此，意相人耦也。'《聘禮》'每門、每曲揖'注：'以相人偶爲敬也。'《公食大夫禮》'賓入，三揖'注：'相人偶。'《新書·匈奴篇》云：'薄使付酒錢，時人偶之。'"〇覺按：下文承此"二人偶"云"苟相對""苟相背"，則此"二人偶"僅表示"二人共處"，其中之"偶"字相當於29.1.2與30.5之"相於"，並無"存問"之意，與"人偶"一詞（親愛的意思）之義不同。汪繼培見此"偶"字與"人"相連，便將此"人偶"當作一個詞來理解，誤。

〔3〕射：把箭發向目標叫射。此文是一種比喻的説法，指把精誠施加於對方。

〔4〕汪繼培曰："《漢書·鄒陽傳》云：'太后厚德長君，入於骨髓。'"〇覺按：貫：射穿，喻指徹底打動了對方。髓：骨髓，喻指極深的地方。

〔5〕汪繼培曰："《史記·張丞相傳》云：'鄧通方隆愛幸，賞賜累巨萬。'"

〔6〕汪繼培曰："《史記·陳餘傳》云：'安在其相爲死！'《荀子·議兵篇》云：'政修，則民親其上，樂其君，而輕爲之死。'"

〔7〕陳本"互"作"㸦"，汪繼培曰："'㸦'即'互'字。《漢書·外戚傳》杜欽説王鳳曰：'輕細微眇之漸，必生乖忤之患。'《王商傳》云：'父子乖迕。'《後漢書·樂恢傳》：'《經》曰："天地乖互。"''忤''迕''互'並通。"〇覺按：互：仿宋本作"牙"，乃"㸦"字之訛，"㸦"即"互"之俗字，今據《諸子品節》引文改爲"互"。唐朝人常把"互"寫作"㸦"，因而往往訛爲"牙"。如《漢書·谷永傳》"百官盤互"顔師古注："盤互，盤結而交互也。……'互'字或作'牙'。"參見16.7注〔6〕。乖互：通"乖忤"或"乖迕"，背離、抵觸的意思。

〔8〕汪繼培曰："舊作'决'。《易·艮·六二》：'其心不快。'"

〔9〕陳本"吞"作"全"，汪繼培曰："見《史記》。全，《諸子品節》作'吞'。孫侍御云：'當作"殄"。'繼培按：'全'蓋'禽'字之壞。《史記·淮陰侯傳》：'蒯生曰："常山王、成安君，此二人相與，天下至驩也。然而卒相禽者，何也？患生於多欲，而人心難測也。"''卒相禽'《漢書·蒯通傳》作'卒相滅亡'。▲《史記·張耳陳餘傳·贊》云：'據國争權，卒相滅亡。'"〇覺按：汪説可資參考。陳餘（？—公元前204年）：秦末大梁（今河南省開封市）人，年少時與張耳爲刎頸交，後同投陳勝起義軍，跟從武臣攻取趙地，又勸説武臣自立爲趙王，他爲大將軍。武臣被殺後，他與張耳立趙歇爲趙王。後與張耳有隙，擊走張耳，爲代王。張耳降漢，與韓信擊敗趙軍，陳餘被殺。見《史記》之《張耳陳餘列傳》《淮陰侯列傳》和《漢書·張耳陳餘傳》。張耳（？—公元前202年）：戰國末漢初大梁（今河南省開封市）人，戰國末爲魏國信陵君門客，又任外黄（今河南省民權縣西北）縣令。秦末他與陳餘跟從武臣北定趙地，慫恿武臣背叛陳勝自立爲趙王，他任右丞相。項羽分封諸侯王時他被封爲常山王，後與陳餘有隙，投奔漢王劉邦，與韓信共破趙軍，殺陳餘，被漢封爲趙王。參見《史記·張耳陳餘列傳》《漢書·張耳陳餘傳》。老：當爲"卒"字之誤。《史記·張耳陳餘列傳》："太史公曰：張耳、陳餘……及據國争權，卒相滅亡。"是其證。感：感傷。

〔10〕間（jiàn見）：間隙，指微小的差别。這裏用作動詞。

〔11〕汪繼培曰："注見《慎微篇》。"〇覺按：敦：督促，勉勵。《文選》卷第二十四所載曹植《贈徐幹》："親交義在敦。"亦此義。

30.10

富貴未必可重，貧賤未必可輕。人心不同好●〔1〕，度量相萬億●〔2〕。許由讓其帝位●〔3〕，俗人有争縣職●〔4〕；孟軻●【1】〔5〕辭禄萬鍾●〔6〕，小夫貪於升食●〔7〕。故曰：鶉鷃羣游，終日不休，亂舉聚跱，不離蒿茆●〔8〕；鴻鵠高飛，雙别乖離●〔9〕，通千達萬，志在陂池●〔10〕；鸞鳳翱翔黄歷之上●〔11〕，徘徊太清之中●〔12〕，隨景風而飄飖●〔13〕，時抑揚以從容●〔14〕，意猶未得，喈喈然長鳴●〔15〕，蹷號振翼【2】〔16〕，陵朱雲〔17〕，薄斗極●【3】〔18〕，呼吸陽露，曠旬不食●〔19〕，其意尚猶嗛嗛如也●〔20〕。三者殊務，各安所爲。是以伯夷採薇而不恨●〔21〕，巢父木棲而自願●〔22〕。由斯觀諸〔23〕，士之志量，固難測度●〔24〕。凡百君子●〔25〕，未可以富貴驕貧賤，謂貧賤之必我屈也●〔26〕。

【校記】

【1】孟軻：馮本、程本、四庫本、邵本、陳本同，仿宋本、魁本作“■■”，抄補本空二字。

【2】蹷號：仿宋本、馮本、魁本、程本、邵本、陳本同，四庫本作“號蹷”。

【3】斗：四庫本、陳本同，仿宋本、馮本、魁本、程本、邵本作“升”。

【箋注】

〔1〕汪繼培曰：“注見《夢列篇》。”

〔2〕汪繼培曰：“《史記·司馬相如傳》云：‘人之度量相越，豈不遠哉？’”

〔3〕汪繼培曰：“《莊子·讓王篇》云：‘堯以天下讓許由，許由不受。’”

〔4〕汪繼培曰：“《韓非子·五蠹篇》云：‘古之讓天子者，是去監門之養而離臣虜之勞也，故傳天下而不足多也。今之縣令，一日身死，子孫累世絜駕，故人重之。是以人之於讓也，輕辭古之天子，難去今之縣令者，厚薄（覺按：當作“薄厚”）之實異也。’”

〔5〕汪繼培曰：“二字舊空，据程本。”〇覺按：孟軻（約公元前372—公元前289年）：習稱孟子，名軻，字子輿，戰國時鄒邑（今山東省鄒城市東南）人，是春秋時魯國公族孟氏的後裔。他是子思的弟子（一説是子思的再傳弟子），精通五經，曾以其仁義道德之説遊説過梁惠王、齊宣王等。但在弱肉強食的戰國時代，熱衷於征戰的各國諸侯都認爲他的主張迂闊而不切實際，所以他的學説始終未被採用。於是他回到故鄉與弟子萬章等著成《孟子》一書，宣揚他的性善論、仁義學説與民貴君輕之類的思想。他主張“行仁政”以“王天下”，反對争權奪利、以力服人的霸道，是孔丘以後儒家學派中最有權威的代表人物，元、明時曾被尊爲“亞聖”（即僅次於聖人孔子）。他的學説和孔子的學説合稱爲孔孟之道，漢代以後一直是我國社會的統治思想，影響至深。其言行詳見《孟子》《史記·孟子荀卿列傳》及趙岐《孟子題辭》。

〔6〕汪繼培曰：“《孟子》。”〇覺按：鍾：先秦時齊國的量器，六石四斗爲一鍾。但古

代一升，僅合現在的0.2市升，所以萬鍾相當於現在的12800石。孟軻辭禄萬鍾：孟子辭去齊國的卿位回鄉，齊王又託時子傳言，準備用萬鍾供養他及其門徒，他拒絶了。參見《孟子》的《公孫丑下》《告子上》。

〔7〕汪繼培曰："'億''職''食'韻。小夫，即《孟子》所謂'小丈夫'也。'升'當作'斗'。▲《秦策》應侯云：'自斗食以上至尉、内史。'《漢書·百官公卿表》：'百石以下有斗食、佐史之秩。'顔師古注：'《漢官名秩簿》云："斗食，月俸十一斛。"一説，斗食者，歲俸不滿百石，計日而食一斗二升，故云斗食。'漢隸'斗'作'斤'。'斤''升'字形相近，往往致誤。《論衡·治期篇》：'吏百石以上，若升食以下。'誤與此同。"〇覺按：汪説是。"小丈夫"見《孟子·公孫丑下》，指氣量狹小、斤斤計較的人。《禮記·坊記》"寧使人浮於食"鄭玄注："食，謂禄也。""斗食"指俸禄很少的小官吏。《墨子·襍守》："斗食，終歲三十六石。"

〔8〕汪繼培曰："'游''休''茆'韻。《莊子·逍遥遊篇》：'斥鴳曰："我騰躍而上，不過數仞而下，翱翔蓬蒿之間，此亦飛之至也。"'《釋文》：'"鴳"字亦作"鷃"。司馬云："鴳，鴳雀也。"'《周禮·▲天官·醢人》'茆菹'注云：'鄭大夫讀"茆"爲"茅"。'此亦當讀爲'茅'。"〇覺按：鶉（chún純）：鵪鶉。鷃（yàn厭）：鷃雀，一種鶉類小鳥，弱小不能遠飛，麥熟時節常以晨鳴。跱（zhì至）：站。茆（máo茅）：通"茅"。

〔9〕汪繼培曰："《文選》蘇武詩云：'黄鵠一遠别，千里顧徘徊。何況雙飛龍，羽翼臨當乖！'《藝文類聚》卅蘇武《報李陵書》云：'乖離邈矣，相見未期。'"〇覺按：鴻鵠（hú狐）：天鵝，古又稱爲"黄鵠"。

〔10〕汪繼培曰："'飛''離''池'韻。《禮記·月令》云：'毋漉陂池。'鄭注：'畜水曰陂，穿地通水曰池。'按《説苑·政理篇》云：'鴻鵠高飛，不就汙池。何則？其志極遠也。'是陂池非鴻鵠志矣。'陂池'當爲'天池'。《史記·陳涉世家》：'涉太息曰："嗟乎！燕雀安知鴻鵠之志哉？"'《索隱》引《尸子》云：'鴻鵠之鷇，羽翼未合，而有四海之心。'《漢書·張良傳》：'高祖歌曰："鴻鵠高飛，一舉千里，羽翼已就，横絶四海。"'《莊子·逍遥遊篇》云：'窮髮之北，有冥海者，天池也。'"〇覺按："陂"字不誤，汪説非。陂（bēi杯）池：猶言"池塘"，此文指天池，是古代傳説中的海。《莊子·逍遥遊》："南冥者，天池也。……鵬之徙於南冥也，水擊三千里，摶扶揺而上者九萬里，……斥鴳笑之曰：'彼且奚適也？我騰躍而上，不過數仞而下，翱翔蓬蒿之間，此亦飛之至也。'"即此文所本。

〔11〕汪繼培曰："'黄歷'疑'萬仞'之誤。《淮南子·覽冥訓》云：'鳳皇曾逝萬仞之上，翱翔四海之外。'《鹽鐵論·毁學篇》云：'翱翔萬仞。'"〇覺按："仞""歷"形音不近，無以致誤。此"歷"當爲"雲"字之誤。"黄雲"爲吉祥之雲（見《初學記·天部上·雲第五》），與下文"景風"相類，故用來襯託鸞鳳之高潔。鸞：類似鳳凰的一種神鳥。《説文·鳥部》："鸞，亦神靈之精也，赤色，五采，雞形，鳴中五音。頌聲作則至。"

〔12〕汪繼培曰："《淮南子·精神訓》云：'遊於太清。'《後漢書·蔡邕傳》'▲練余心兮浸太清'，章懷注：'太清，謂天也。'"〇覺按：太清：天空。古人認爲天由極清而輕的氣所構成，故稱之爲太清。

〔13〕汪繼培曰："《爾雅·釋天》疏引《尸子·仁義篇》述太平之事云：'其風春爲發生，夏爲長嬴，秋爲方盛，冬爲安静，四氣和爲通正。此之爲永風。'按'永'《爾雅》作'景'。《御覽》八百廿引《符瑞圖》云：'祥風者，瑞風也。一曰景風。'"〇覺按：景風：即有利於四季作物生長與勞作的和順吉祥之風。《爾雅·釋天》："春爲發生，夏爲長嬴，秋爲收成，冬爲安寧，四時和爲通正，謂之景風。"邢昺疏："景風，即和風也。"

〔14〕汪繼培曰："'中''容'韻。《楚辭·懷沙》王逸注：'從容，舉動也。'"○覺按：抑：壓低。揚：升高。從容：安逸舒緩，不慌不忙。

〔15〕汪繼培曰："《詩·卷阿》云：'雝雝喈喈。'"

〔16〕匱（guì貴）：急忙的樣子。

〔17〕陵：淩駕。

〔18〕汪繼培曰："《淮南子·人間訓》云：'奮翼揮䎎，淩乎浮雲，背負青天，膺摩赤霄。'高誘注：'赤霄，飛雲也。''斗'舊作'升'。按《爾雅·釋地》云：'北戴斗極爲空桐。'"○覺按：薄：通"迫"，迫近。

〔19〕汪繼培曰："'得''翼''極''食'韻。《楚辭·遠遊》云：'餐六氣而飲沆瀣兮，漱正陽而含朝霞。'《惜誓》云：'▲澹然而自樂兮，吸衆氣而翱翔。'王逸注：'衆氣，謂朝霞、正陽、淪陰、沆瀣之氣也。'"○覺按：陽：指"正陽"。《楚辭·遠遊》"漱正陽而含朝霞"王逸注引《陵陽子明經》："正陽者，南方日中氣也。"曠：間隔。

〔20〕汪繼培曰："《續漢書·五行志》▲桓帝時童謡云'石上慊慊春黄粱'者，'言永樂雖積金錢，慊慊常若不足，▲使人舂黄粱而食之也。''嗛嗛'與'慊慊'同。"○覺按：嗛嗛（qiànqiàn欠欠）如：通"慊慊然"，不滿足的樣子。

〔21〕汪繼培曰："《史記》。"○覺按：伯夷：見3.3注〔22〕。薇：一種野菜，即巢菜，又名野豌豆，蔓生，莖、葉似小豆，可生食或作羹。

〔22〕汪繼培曰："皇甫謐《高士傳》云：'巢父，堯時隱人也。年老，以樹爲巢而寢其上，故人號之曰巢父。'▲《鹽鐵論·申韓篇》云：'百姓木棲。'《淮南子·泰族訓》云：'山居木棲。'"

〔23〕諸：相當於"之"。

〔24〕汪繼培曰："《禮記·禮運》云：'人藏其心，不可測度也。'"

〔25〕汪繼培曰："《詩·雨無正》。"○覺按：凡：所有的。百：形容多。君子：指有官位的統治者。《詩經·小雅·雨無正》"凡百君子"鄭玄箋："凡百君子，謂衆在位者。"

〔26〕汪繼培曰："《史記·魏世家》云：'魏文侯子擊逢文侯之師田子方於朝歌，引車避，下謁。田子方不爲禮。子擊因問曰："富貴者驕人乎？且貧賤者驕人乎？"子方曰："亦貧賤者驕人耳。夫諸侯而驕人，則失其國；大夫而驕人，則失其家。貧賤者，行不合，言不用，則去之楚、越，若脱躧然。奈何其同之哉？"'"

30.11

《詩》云："德輶如毛，民鮮克舉之●〔1〕。"世有大男●者四【1】〔2〕，而人莫之能行也。一曰恕〔3〕，二曰平，三曰恭，四曰守。夫恕者，仁之本也●〔4〕；平者，義之本也●〔5〕；恭者，禮之本也●〔6〕；守者，信之本也●〔7〕。四本並立【2】，四行乃具；四行具存，是謂真賢。四本不立，四行不成；四行無一，是謂小人。

【校記】

【1】男：仿宋本、馮本、魁本、程本同，何本、邵本、陳本作"難"，四庫本作"勇"。

【2】本：仿宋本、馮本、魁本同，程本、四庫本、邵本、陳本作"者"。

【箋注】

〔1〕汪繼培曰："《烝民》。"○覺按：引詩見《詩經·大雅·烝民》。輶（yóu 由）：輕。鮮（xiǎn 顯）：少。克：能。舉：舉起，此指成就德行。

〔2〕汪繼培改"男"爲"難"曰："舊作'男'。"○覺按：汪改恐不當，因爲上句引詩云"德輶如毛"，下文30.16也説"夫是四行者，其輕如毛"，則此文不當説"大難"。四庫本作"勇"，也於義未安。《大戴禮記·本命》："男者，任也。子者，孳也。男子者，言任天地之道如（覺按："如"猶"而"）長萬物之義也。"此文之"男"，也當指男子任道而言。"大男者"指男子漢大丈夫有責任去實行的重大道德規範。

〔3〕恕：見22.1注〔3〕、23.3注〔1〕。

〔4〕汪繼培曰："《大戴禮·衛將軍文子篇》：'孔子曰："恕則仁也。"'《家語·顔回篇》：'回曰："一言而有益於仁，莫如恕。"'《孟子》云：'強恕而行，求仁莫近焉。'《説苑·貴德篇》云：'夫仁者必恕然後行。'"

〔5〕汪繼培曰："《管子·水地篇》云：'至平而止，義也。'"

〔6〕汪繼培曰："《易·繫辭上傳》云：'禮言恭。'《説苑·雜言篇》：'孔子曰："不恭無禮。"'"

〔7〕汪繼培曰："僖廿八年《左傳》晋筮史云：'信以守禮。'成二年《傳》孔子曰：'信以守器。'十五年《傳》申叔時云：'信以守禮。'十六年《傳》申叔時云：'信以守物。'九年《傳》范文子曰：'信以守之。'襄十一年《傳》魏絳語同。昭五年、六年《傳》叔向並云：'守之以信。'"

30.12

所謂恕者：君子之人，論彼恕於我●【1】〔1〕，動作消息於心●【2】〔2〕；己之所無，不以責下；我之所有，不以譏彼●〔3〕；感己之好敬也，故接士以禮；感己之好愛也，故遇人有恩●〔4〕；己欲立而立人，己欲達而達人●〔5〕；善人之憂我也，故先勞人●〔6〕；惡人之忘我也，故常念人●〔7〕。凡品則不然〔8〕，論人不恕己●〔9〕，動作不思心●〔10〕；無之己而責之人，有之我而譏之彼●〔11〕；己無禮而責人敬，己無恩而責人愛；貧賤則非人之不我憂也【3】，富貴則是我之不憂人也。行己若此●【4】〔12〕，難以稱仁矣。

【校記】

【1】人論：仿宋本、馮本、魁本、程本、邵本、陳本同，四庫本作"論人"。

【2】仿宋本、馮本、魁本、程本、四庫本、邵本"動作"下有"友聲"至"而勢自治治"一段，今依陳本移至31.7至31.9；此句"消息於心"至30.16"貪樂慢傲如"錯入《德化》，在33.2"且猶感德"之後，今依陳本移於此。

【3】之：仿宋本、馮本、魁本、邵本同，程本作"䄂"，何本、四庫本、陳本作"初"。

【4】此：仿宋本、馮本、魁本、何本、邵本、陳本同，程本、四庫本作"非"。

【箋注】

〔1〕汪繼培曰："王先生云：'"彼"下脱"則"字。'"

〔2〕汪繼培曰："《易·豐·彖》曰：'與時消息。'王先生云：'"消息"疑"則思"之誤。'"〇彭鐸曰："王説是。下文云：'凡品則不然，動作不思心。'即其證。"〇覺按："息"當爲"思"之形訛。"消"當爲衍文。

〔3〕汪繼培曰："《淮南子·主術訓》云：'有諸己不非諸人，無諸己不求諸人。'"〇覺按：譏：非難，指責。

〔4〕汪繼培曰："《孟子》云：'仁者愛人，有禮者敬人。愛人者，人恒愛之；敬人者，人恒敬之。'"

〔5〕汪繼培曰："《論語》。"〇覺按：立：立身。立人：樹人。《論語·雍也》載孔子之言曰："夫仁者，己欲立而立人，己欲達而達人。"

〔6〕汪繼培曰："《春秋繁露·楚莊王篇》云：'今晋不以同姓憂我，而強大厭我，我心望焉。'《淮南子·氾論訓》云：'以勞天下之民。'高誘注：'勞，猶憂也。'"

〔7〕汪繼培曰："《詩·晨風》云：'忘我實多。'《方言》云：'念，常思也。'"

〔8〕《説文·品部》："品，眾庶也。"

〔9〕汪繼培曰："《漢書·成帝紀》建始元年詔曰：'凡事恕己。'"

〔10〕汪繼培曰："《書·洪範》'五曰思'，今文《尚書》作'思心'。《漢書·五行志》云：'思心者，心思慮也。'"

〔11〕汪繼培曰："《晏子春秋·問上》云：'有之己，不難非之人；無之己，不難求之人。'《春秋繁露·仁義法篇》云：'夫我無之求諸人，我有之而非諸人，人之所不能受也。'"

〔12〕汪繼培曰："《論語》云：'其行己也恭。'"

30.13

所謂平者：内懷尸鳩之恩●【1】〔1〕，外執砥矢之心●【2】〔2〕；論士必定於志行●〔3〕，毁譽必參於效驗●〔4〕；不隨俗而雷同，不逐聲而寄論●〔5〕；苟善所在，不譏貧賤；苟惡所錯●〔6〕，不忌富貴；不諂上而慢下，不猒故而敬新【3】〔7〕。凡品則不然，内偏頗於妻子●〔8〕，外僭惑於知友●〔9〕；得則譽之●〔10〕，怨則謗之；平議無埻的●【4】〔11〕，譏譽無效驗；苟阿貴以比黨●〔12〕，苟●〔13〕剽聲以羣吠●【5】〔14〕；事富貴如奴僕●〔15〕，視貧賤如傭客●〔16〕；百至秉權之門【6】，而不一至無勢之家●〔17〕。執心若此●〔18〕，難以稱義矣●【7】〔19〕。

【校記】

【1】尸：仿宋本、馮本、魁本、程本、四庫本、邵本同，陳本作"鳲"。
【2】矢：陳本同，仿宋本、馮本、魁本作"天"，程本、四庫本作"勵"，邵本作"礪"。
【3】猒：馮本同，仿宋本、魁本作"猒"，程本、四庫本、邵本、陳本作"厭"。

【4】埻的：陳本同，仿宋本、馮本、魁本、程本、四庫本、邵本作“惇均”。
【5】吠：仿宋本、馮本、魁本、陳本同，程本、四庫本、邵本作“諛”。
【6】百：仿宋本、馮本、魁本、陳本同，程本、四庫本、邵本作“有”。
【7】矣：陳本同，仿宋本、馮本、魁本、程本、四庫本、邵本無“矣”字。

【箋注】

〔1〕汪繼培曰：“《詩·鳲鳩》毛傳云：‘鳲鳩之養其子，朝從上下，莫從下上，平均如一。’”〇覺按：尸鳩：也作“鳲鳩”，布穀鳥。《詩經·曹風·鳲鳩》：“鳲鳩在桑，其子七兮。淑人君子，其儀一兮。”這是説鳲鳩養其子，不偏愛而平等對待，一視同仁。本文所謂“尸鳩之恩”即此義。

〔2〕汪繼培曰：“《詩·大東》云：‘周道如砥，其直如矢。’程本‘矢’作‘礪’。《大戴禮·五帝德》云：‘日月所照，莫不砥礪。’”〇覺按：據此條汪校，則其所謂“程本”乃王謨所刊《增訂漢魏叢書》本（即邵本），其粗疏可見一斑，故其校勘難以爲據。砥矢：原義爲磨刀石與箭，後因《詩經·小雅·大東》有“周道如砥，其直如矢”之句，故喻指平直。

〔3〕汪繼培曰：“注見《論榮篇》。王先生云：‘“志行”疑當作“埻的”。’”〇彭鐸曰：“志行乃論士之埻的。下文‘平議無埻的’以射喻，此以實言，語異義同，不當改此就彼。”〇覺按：彭説是。

〔4〕汪繼培曰：“《韓非子·姦劫弑臣篇》云：‘人主誠明於聖人之術，而不苟於世俗之言，循名實而定是非，因參驗而審言辭。’《魏策》：‘魏文侯曰：“求其好掩人之美而揚人之醜者，而參驗之。”’”〇覺按：參：檢驗，綜合考察。效：成效，效果。驗：證據，憑證。

〔5〕汪繼培曰：“《漢書·楊敞傳》楊惲《報孫會宗書》云：‘竊恨足下不深惟其終始，而猥隨俗之毁譽也。’《楚辭·九辨》云：‘世雷同而炫曜兮，何毁譽之昧昧！’《禮記·曲禮》云：‘毋雷同。’《漢書·楚元王傳》劉歆《移書太常博士》云：‘雷同相從，隨聲是非。’”

〔6〕汪繼培曰：“‘措’之借。”〇覺按：錯：通“措”，置。

〔7〕猒：同“厭”。

〔8〕汪繼培曰：“《書·洪範》云：‘無偏無頗。’”

〔9〕王紹蘭曰：“‘僭惑’疑‘僭忒’。《書·洪範》云：‘民用僭忒。’”〇覺按：“惑”字不誤，王説非。僭（jiàn 見）：過分。

〔10〕汪繼培曰：“哀廿四年《左傳》云：‘公如越，得太子適郢。’杜注：‘得，相親説也。’”

〔11〕汪繼培曰：“《説文》云：‘訂，平議也。’《後漢書·樊宏》後《準傳》云：‘願以臣言下公卿平議。’‘埻的’舊作‘惇均’。按《説文》云：‘埻，射臬也。讀若準。臬，射準的也。’《一切經音義》一引《通俗文》云：‘射堋曰埻，埻中木曰的。’”〇覺按：平：通“評”。埻（zhǔn 准）的：原義爲箭靶，引申指標準。

〔12〕汪繼培曰：“《管子·重令篇》云：‘阿貴事富。’《禮記·儒行》云：‘讒諂之民，有比黨而危之者。’”〇覺按：阿（ē 婀）：阿諛，迎合。比：勾結。

〔13〕汪繼培曰：“疑衍。”〇覺按：“苟”字可通，不煩刪改。

〔14〕汪繼培曰：“‘羣吠’注見《賢難篇》，程本作‘羣諛’，誤。”

〔15〕汪繼培曰：“《史記·貨殖傳》云：‘凡編户之民，富相什則卑下之，伯則畏憚之，千則役，萬則僕。’”

〔16〕汪繼培曰："《漢書·匡衡傳》云：'家貧，庸作以供資用。'《韓非子·外儲説左上》云：'賣庸而播耕者，主人費家而美食，調布而求易錢者，非愛庸客也。曰：如是，耕者且深，耨者熟耘也。''庸'與'傭'通。"

〔17〕汪繼培曰："《管子·明法篇》云：'十至私人之門，不一至於庭。'"〇覺按：《韓非子·有度》："數至能人之門，不壹至主之廷。"

〔18〕汪繼培曰："《列女傳·趙將括母》曰：'父子不同，執心各異。'《詩·小弁》云'君子秉心'，鄭箋：'秉，執也。'"

〔19〕汪繼培曰："舊脱，依上文例補之。"

30.14

所謂恭者：内不敢傲於室家，外不敢慢於士大夫●〔1〕；見賤如貴，視少如長；其禮先入，其言後出●〔2〕；恩意無不荅【1】，禮敬無不報●〔3〕；覜賢不居其上●〔4〕，與人推讓〔5〕；事處其勞，居從其德●【2】〔6〕，位安其卑，養甘其薄●〔7〕。凡品則不然，内慢易於妻子●〔8〕，外輕侮於知友●〔9〕；聰明不別真僞【3】，心思不別善醜；愚而喜傲賢，少而好陵長●〔10〕；恩意不相荅，禮敬不相報；覜賢不相推●【4】〔11〕，會同不能讓●〔12〕；動欲擇其佚〔13〕，居欲處其安，養欲擅其厚，位欲争其尊；見人謙讓，因而嗤之●【5】〔14〕；見人恭敬，因而傲之；如是而自謂賢能智慧。爲行如此，難以稱忠矣●【6】〔15〕。

【校記】

【1】荅：仿宋本、馮本、魁本、程本、四庫本、邵本同，陳本作"答"。下一處同。

【2】德：仿宋本、馮本、魁本、邵本同，程本、四庫本作"徳"，陳本作"陋"。

【3】僞：仿宋本、馮本、程本、邵本、陳本同，魁本作"爲"，四庫本作"偽"。

【4】覜：仿宋本、馮本、魁本、陳本同，程本、四庫本、邵本作"覿"。

【5】嗤：陳本同，仿宋本、馮本、魁本作"嗤"，程本、四庫本作"嗤"，何本、邵本作"嗤"。

【6】矣：陳本同，仿宋本、馮本、魁本、程本、四庫本、邵本無"矣"字。

【箋注】

〔1〕汪繼培曰："'大'字疑衍。上云：'外蒙譏於士夫。''士夫'與'室家'對。"

〔2〕汪繼培曰："《逸周書·官人解》云：'其禮先人，其言後人。'"

〔3〕汪繼培曰："《禮記·曲禮》云：'太上貴德，其次務施報，禮尚往來。往而不來，非禮也；來而不往，亦非禮也。'"

〔4〕汪繼培曰："《晏子春秋·問上》云：'覜賢不居其上，受禄不過其量。'"

〔5〕此句與上句相對，當爲六字句。據下文，此句當作"會同與人推讓"。

〔6〕汪繼培改"德"爲"陋"曰："舊作'德'。"〇覺按：汪改雖通，但未必當。因爲王符尊崇孔子，孔子雖説："君子居之，何陋之有？"（見《論語·子罕》）但又説："里仁

爲美。擇不處仁，焉得知？”（見《論語·里仁》）意爲：“居住的里巷有仁德纔好。挑選住處，不去住在有仁德的地方，哪能算明智？”此文説“居從其德”，與孔子思想合，不煩改字。

〔7〕汪繼培曰：“《淮南子·泰族訓》云：‘民交讓，争處卑；委利，争受寡；力事，争就勞。’”

〔8〕汪繼培曰：“‘慢易’注見《斷訟篇》。”〇覺按：見19.6注〔10〕。

〔9〕汪繼培曰：“《説苑·尊賢篇》：‘田忌曰：“申孺爲人，侮賢而輕不肖者。”’《敬慎篇》：‘舟綽曰：“輕侮人者義乎？”’”

〔10〕汪繼培曰：“隱三年《左傳》云：‘少陵長。’”〇覺按：陵：通“淩”。

〔11〕汪繼培曰：“《禮記·儒行》云：‘推賢而進達之。’”

〔12〕汪繼培曰：“《管子·八觀篇》云：‘時無會同，喪蒸不聚，則齒長輯睦毋自生矣。’注云：‘鄉里每時當有會同，所以結恩好也。’”

〔13〕動：《論語·子張》“動之斯和”皇侃疏：“動，謂勞役之也。”此文指工作。佚：通“逸”，安閒，舒適。

〔14〕汪繼培曰：“《廣韻》云：‘嗤，笑也。’按《説文》云：‘欰欰，戲笑貌。’‘嗤’即‘欰’字。”汪稿：▲“《一切經音義》十七引《蒼頡篇》云：‘蚩，相輕侮也。’此義當爲‘蚩’。”〇覺按：兩説皆通。

〔15〕汪繼培曰：“舊脱。”

30.15

所謂守者【1】，心也。有度之士，情意精專，心思獨覩●〔1〕，不驅於險墟之俗●〔2〕，不惑於衆多之口●〔3〕，聰明懸絶〔4〕，秉心塞淵●【2】〔5〕，獨立不懼〔6〕，遯世無悶●〔7〕，心堅金石●〔8〕，志輕四海〔9〕，故守其心而成其信【3】。凡器則不然●〔10〕，内無持操●〔11〕，外無準儀●〔12〕，傾側險詖●〔13〕，求同於心●【4】〔14〕，口無定論，不恒其德●〔15〕，二三其行●〔16〕。秉操如此，難以稱信矣●【5】〔17〕。

【校記】

【1】守：仿宋本、馮本、魁本、四庫本、陳本同，程本、邵本作“午”。
【2】塞：仿宋本、馮本、魁本、何本、四庫本、邵本、陳本同，程本作“寡”。
【3】故：仿宋本、馮本、魁本、陳本同，程本、四庫本、邵本作“放”。
【4】心：仿宋本、馮本、魁本、程本、四庫本、邵本同，陳本作“世”。
【5】矣：陳本同，仿宋本、馮本、魁本、程本、四庫本、邵本無“矣”字。

【箋注】

〔1〕汪繼培曰：“《史記·鄒陽傳》上梁孝王書云：‘越攣拘之語，馳域外之議，獨觀於昭曠之道。’”

〔2〕汪繼培曰：“‘墟’當作‘巇’。《楚辭·九辨》云：‘何險巇之嫉妒兮。’《七諫·怨世》云：‘何周道之平易兮，然蕪穢而險戲。’王逸注：‘險戲，猶傾危也。’《文選·廣絶交

論》李善注引作‘險巇’。”

〔3〕汪繼培曰:“《史記·鄒陽傳》上梁孝王書云:‘感於心，合於行，親於膠漆，昆弟不能離，豈惑於衆口哉？’又云:‘不奪於衆多之口。’”

〔4〕懸：懸殊，差距。懸絶：相差極遠。

〔5〕汪繼培曰:“《詩·定之方中》。”〇覺按:《詩經·鄘風·定之方中》“秉心塞淵”毛傳:“秉，操也。”鄭玄箋:“塞，充實也。淵，深也。”

〔6〕獨立：指政治黑暗時保持節操，不迎合世俗隨波逐流。《楚辭·九章·橘頌》:“蘇世獨立，横而不流兮。”

〔7〕汪繼培曰:“《易·大過·象詞》。”〇覺按:《周易·大過·象》:“君子以獨立不懼，遯世无悶。”孔穎達疏:“君子於衰難之時卓爾獨立，不有畏懼，隱遯於世而无憂悶。”

〔8〕汪繼培曰:“《韓非子·守道篇》云:‘懷金石之心。’《後漢書·王常傳》云:‘心如金石。’《大戴禮·禮察篇》云:‘堅如金石。’”

〔9〕輕：看輕。四海：見12.1注〔1〕。

〔10〕汪繼培曰:“‘器’當依上文作‘品’。”〇覺按:“器”字不誤，汪説非。“器”指不守信用的人。《新書·大政下》:“士能言道而弗能行者謂之器。”

〔11〕汪繼培曰:“《淮南子·人間訓》云:‘内有一定之操。’《漢書·董仲舒傳》云:‘所持操或誖繆。’”

〔12〕汪繼培曰:“《韓非子·顯學篇》云:‘行無常儀。’”〇覺按：準：標準，規範。無準儀：没有定準的儀表，指反復無常，常常翻臉無情。

〔13〕汪繼培曰:“《荀子·成相篇》云:‘讒人罔極，險陂傾側此之疑。’《説文》云:‘憸，憸詖也。’經典通用‘險’。《毛詩·卷耳·序》‘無險詖私謁之心’,《釋文》:‘崔云:“險詖，不正也。”’《漢書·禮樂志》‘貪饕險詖’，顔師古注:‘言行險曰詖。’《楚元王傳》劉向封事云‘壞散險詖之聚’，師古云:‘險言曰詖。’《翟方進傳》‘險詖陰賊’，師古云:‘詖，佞也。’《敘傳》‘趙敬險詖’，師古云:‘詖，辯也。一曰佞也。’▲《文選》顔延年《和謝監》詩注引《蒼頡篇》曰:‘詖，諂佞也。’按《説文》:‘詖，辨論也。古文以爲頗字。’王逸注《楚辭·離騷》云:‘頗，傾也。’《九歎·靈懷篇》‘不從俗而詖行兮’王注:‘“詖”猶“傾”也。’‘險詖’與‘傾側’同意。字亦作‘陂’,《漢書·景十三王傳》‘趙敬肅王彭祖險陂’，師古注:‘陂，謂傾側也。’▲其以‘詖’爲‘言行險’，則望文生義也。”〇覺按：傾側：偏邪不正。詖（bì 臂）：邪僻，偏頗不正。

〔14〕汪繼培改“心”爲“世”曰:“舊作‘心’。”〇覺按：汪改非，因爲“求同於世”是迎合世俗、隨波逐流，與“傾側險詖”不相承。求同於心:（做事）務求合於心意，即爲所欲爲以逞其意的意思。

〔15〕汪繼培曰:“《易·恒·九三》。”

〔16〕汪繼培曰:“《詩·氓》云:‘二三其德。’”

〔17〕汪繼培曰:“舊脱。”

30.16

夫是四行者，其輕如毛，其重如山●〔1〕；君子以爲易，小人以爲難●〔2〕。孔子曰:“仁遠乎哉？我欲仁，仁斯至矣●【1】〔3〕。”又稱:“知德者尠●〔4〕。”俗之偏黨●〔5〕，自古而然●〔6〕，非乃今也●〔7〕。

凡百君子，競於驕僭[2]，貪樂慢傲，如●[3]〔8〕賈一倍●〔9〕以相高●〔10〕。苟能富貴，雖積狡惡，爭稱譽之●〔11〕，終不見非；苟處貧賤，恭謹●〔12〕，秖爲不肖[4]〔13〕，終不見是。此俗化之所以浸敗〔14〕，而禮義之所以消衰也。

【校記】

【1】仁斯：仿宋本、馮本、魁本、程本、邵本、陳本同，四庫本作“斯仁”。

【2】競：仿宋本、馮本、魁本、四庫本、陳本同，程本、邵本作“兢”。

【3】從30.12“消息於心”至此“如”字，仿宋本、馮本、魁本、程本、四庫本、邵本錯入《德化》，在33.2“且猶感德”之後，今依陳本移於此。參見30.12校記【2】。

【4】秖：仿宋本、馮本、魁本、程本、邵本同，四庫本作“祗”，陳本作“祇”。

【箋注】

〔1〕汪繼培曰：“《詩·烝民》云：‘德輶如毛。’《楚策》云：‘國權輕於鴻毛，而積禍重於邱山。’”

〔2〕汪繼培曰：“‘山’‘難’韻。”

〔3〕汪繼培曰：“《論語》作‘斯仁至矣’。《後漢書·列女傳》班昭《女誡》引與此同。”〇覺按：語見《論語·述而》。

〔4〕汪繼培曰：“《論語》作‘鮮’。按‘尠’，俗‘鮮’字，見《廣韻·二十八獮》。《説文》作‘尟’。”〇覺按：語見《論語·衛靈公》。尠（xiǎn顯）：少。

〔5〕汪繼培曰：“《書·洪範》云：‘無偏無黨。’”

〔6〕汪繼培曰：“昭卅二年《左傳》云：‘自古以然。’”

〔7〕汪繼培曰：“《詩·載芟》云：‘匪今斯今，振古如茲。’‘乃今’見《邊議篇》。”

〔8〕汪繼培曰：“‘消息於心’至此，舊錯入《德化篇》。”

〔9〕汪繼培曰：“‘一’當作‘三’，《詩·瞻卬》云：‘如賈三倍。’”〇覺按：汪説非，見注〔10〕。

〔10〕汪繼培曰：“脱一字。”〇覺按：高：認爲高尚，誇耀。如賈（gǔ古）一倍以相高：《詩經·大雅·瞻卬》：“如賈三倍，君子是識。”鄭玄箋：“識，知也：賈物而有三倍之利者，小人所宜知也。君子反知之，非其宜也。……孔子曰：‘君子喻於義，小人喻於利。’”平民百姓纔注重利，當官的應該講求義，“凡百君子”“如賈一倍以相高”，説明官僚階層已腐敗透頂。汪繼培認爲“一”當從《詩經》作“三”（見注〔9〕），不當。因爲得利一倍的買賣，他們已拿來互相誇耀，那麼得利三倍的買賣就更不必説了。王符取《詩經》之語而將“三”改爲“一”，是爲了突出官吏之腐敗，若改爲“三”，反失其本旨了。

〔11〕汪繼培曰：“《史記·吕不韋傳》云：‘來往者皆稱譽之。’”

〔12〕汪繼培曰：“以上文例之，‘恭謹’上脱二字。”〇覺按：據上文，“恭謹”上當脱“雖積”二字。

〔13〕秖（zhī知）：通“祇”，衹。

〔14〕浸（qīn侵）：逐漸。

30.17

世有可患者三。三者何？曰：情實薄而辭稱厚，念實忽而文想憂●〔1〕，懷不來而外克期●〔2〕。不信，則懼失賢；信之，則詿誤人●【1】〔3〕。此俗士可厭之甚者也【2】。是故孔子疾夫言之過其行者●〔4〕，《詩》傷“蛇蛇碩言，出自口矣。巧言如簧，顏之厚矣”●〔5〕。

【校記】

【1】詿：仿宋本、魁本、程本、四庫本、邵本、陳本同，抄補本、馮本作“註”。

【2】俗士可厭：程本、四庫本、邵本、陳本同，仿宋本、魁本作“俗士可猒”，抄補本作“世俗可厭”，馮本作“俗世可猒”。

【箋注】

〔1〕汪繼培曰：“《禮記·表記》云：‘情疏而貌親，在小人則穿窬之盜也。’按‘想憂’疑當作‘相愛’。”〇覺按：念：思念，考慮。忽：忽略，漫不經心。文：文飾。憂：《説文·心部》：“𢝊，愁也。从心从頁。”徐鍇注：“𢝊形於顏面，故从頁。”“𢝊”即古“憂”字，表示臉（“頁”表示人頭）有憂色。此文之“文想憂”指臉上裝出想念憂愁的樣子，與“憂”字之義相合，“憂”字不誤，汪説非。

〔2〕汪繼培曰：“▲‘克’當作‘剋’。陳琳《檄吴將校部曲》云：‘萬里剋期。’《後漢書·獨行傳》：‘范式，字巨卿，山陽金鄉人。去（覺按：“去”當作“少”）遊太學，爲諸生，與汝南張劭爲友。劭字元伯。二人並告歸鄉里，式謂元伯曰：“後二年當還，將過拜尊親，見孺子焉。”乃共尅期日。後期方至，元伯具以白母，請設饌以候之。母曰：“二年之别，千里結言，爾何相信之審耶？”對曰：“巨卿信士，必不乖違。”母曰：“若然，當爲爾醞酒。”至其日，巨卿果到，升堂拜飲，盡歡而别。’‘尅’即‘克’字，與‘刻’通。”〇王紹蘭曰：“《漢書·灌夫傳》：‘夫嘗有服，過丞相蚡。蚡從容曰：“吾欲與仲孺過魏其矦。”夫曰：“請語魏其具，將軍旦日蚤臨。”蚡許諾。夫以語嬰。嬰與夫人益市牛酒，夜洒埽張具至旦。平明，令門下候司。至日中，蚡不來。嬰謂夫曰：“丞相豈忘之哉？”夫迺自駕往迎蚡。蚡特前戲許夫，殊無意往。夫至門，蚡尚臥也。於是夫見，曰：“將軍昨日幸許過魏其，魏其夫妻治具，至今未敢嘗食。”蚡悟，謝曰：“吾醉，忘與仲孺言。”’即其事也。”〇覺按：克：通“尅”，限定。

〔3〕汪繼培曰：“《漢書·文帝紀》三年詔曰：‘濟北王背德反上，詿誤吏民。’顏師古注：‘“詿”亦“誤”也。’按《説文》：‘詿，誤也。誤，謬也。’”〇覺按：詿（guà 掛）：連累。

〔4〕汪繼培曰：“《論語》云：‘君子恥其言而過其行。’皇侃《義疏》本‘而’作‘之’。▲錢宫詹云：‘邢昺疏謂“君子言行相顧，若言過其行，謂有言而行不副，君子所恥也”，則邢本亦當與皇同。今注疏本乃後人依朱文公本校改，非邢氏之舊。’”〇覺按：見《論語·憲問》。

〔5〕汪繼培曰：“《巧言》。”〇覺按：引詩見《詩經·小雅·巧言》。蛇蛇（yíyí 移移）：通“詑詑”（yíyí 移移），淺薄自大的樣子。一説“蛇蛇”通“詑詑”（tuótuó 駝駝），欺詐

的意思。簧：裝在笙、竽等樂器中一種有彈性的薄片，吹之使其振動即可發出悦耳的聲音，所以用來比喻花言巧語。

30.18

今世俗之交也，未相照察而求深固，探懷扼腕，拊心祝詛●〔1〕，苟欲相護論議而已●〔2〕；分背之日，既得之後，則相棄忘●〔3〕。或受人恩德，先以濟度●〔4〕，不能拔舉，則因毀之，爲生瑕釁●〔5〕，明言我不遺力●〔6〕，無奈自不可爾●〔7〕。《詩》云："知我如此，不如無生●〔8〕。"先合而後忤●〔9〕，有初而無終●〔10〕，不若本無生意、彊自誓也。

【箋注】

〔1〕汪繼培曰："《燕策》：'樊於期偏袒扼腕而進曰："此臣日夜切齒拊心也。"'"〇覺按：探懷：在胸懷摸取，形容要掏出心來的樣子。扼腕：握住手腕，表示非常激動。拊（fǔ 腐）：拍，敲。拊心：拍打心口，捶胸，形容激動的樣子。祝：以言告神求福，祈禱。詛（zǔ 祖）：《左傳・宣公二年》"詛無畜羣公子"杜預注："詛，盟誓。"《左傳・襄公十一年》"詛諸五父之衢"杜預注："詛，以禍福之言相要（覺按："要"指約束）。"

〔2〕汪繼培曰："《漢書・翟方進傳》云：'胡常與方進同經，心害其能，論議不右方進。方進知之，候伺常大都授時，遣門下諸生至常所問大義疑難，因記其説。如是者久之，常知方進之宗讓己，内不自得。其後居士大夫之間，未嘗不稱述方進，遂相親友。'論議相護，皆如此類矣。"

〔3〕汪繼培曰："《詩・谷風》云：'將安將樂，女轉棄予。'又云：'忘我大德。'"

〔4〕汪繼培曰："注見《務本篇》。"〇覺按："濟度"同"濟渡"，見 2.6 注〔20〕。

〔5〕汪繼培曰："《史記・李斯傳》云：'成大功者，在因瑕釁而遂忍之。'"〇覺按：生：生産，製造，此指捏造。瑕釁（xìn 信）：瑕疵裂縫，比喻過失。

〔6〕汪繼培曰："《趙策》云：'秦之攻我也，不遺餘力矣。'《後漢書・盧芳傳》云：'不敢遺餘力，負恩貸。'"

〔7〕汪繼培曰："《淮南子・人間訓》云：'夫物無不可奈何，有人無奈何。'高誘注：'事有人材所不及，無奈之何也。'《莊子・人間世篇》云：'知其不可奈何，而安之若命。'"〇覺按：無奈：用在轉折句之首，引出無可奈何的原因，説明上文所説的意圖爲什麽没能實現，有"可惜"的意思。

〔8〕汪繼培曰："《苕之華》。"〇覺按：《詩經・小雅》中的《苕之華》一詩是悲歎自己遭到饑荒的煎熬，所以"知我如此，不如無生"的意思是："早知自己生活像這樣，那還不如當初没生下我。"此文斷章取義，與原詩之義有别，意思是：早知自己像這樣，那還不如當初没對他産生情意。

〔9〕汪繼培曰："▲《鹽鐵論・非鞅篇》云：'小人先合而後忤。'《淮南子・人間訓》云：'衆人先合而後忤。'"

〔10〕汪繼培曰："《詩・蕩》云：'靡不有初，鮮克有終。'《權輿・序》云：'與賢者有

始而無終。'"

30.19

"君子屢盟，亂是用長●〔1〕。"大人之道，周而不比●〔2〕，微言相感●〔3〕，掩若同符●〔4〕，又焉用盟？孔子恂恂，似不能言者，又稱誾誾言唯謹也●【1】〔5〕。士貴有辭●〔6〕，亦憎多口●〔7〕。故曰："文質彬彬，然後君子●〔8〕。"與其不忠，剛毅木訥尚近於仁●【2】〔9〕。

【校記】

【1】唯：程本、四庫本、邵本同，仿宋本、馮本、魁本作"㕍"，陳本作"惟"。

【2】訥：仿宋本、馮本、魁本、何本、四庫本、邵本同，程本、陳本作"納"。

【箋注】

〔1〕汪繼培曰："《詩·巧言》。"○覺按：見16.13注〔1〕。

〔2〕汪繼培曰："《論語》。"○覺按：《論語·爲政》："子曰：'君子周而不比，小人比而不周。'"

〔3〕汪繼培曰："《漢書·藝文志》論詩賦云：'古者，諸侯卿大夫交接隣國，以微言相感。'"

〔4〕汪繼培曰："《漢書·王莽傳》云：'與周公異世同符。'《方言》云：'掩，同也。'"○覺按：掩：覆蓋，引申指合在一起。同：合。符：見8.1注〔13〕。

〔5〕汪繼培曰："《論語》作'便便言，惟謹爾'。按《漢書·萬石君石奮傳》云：'僮僕訢訢如也，唯謹。'顔師古注：'"訢"讀與"誾誾"同。'《奮傳》文本《論語》，《論語》古本蓋有作'誾誾'者。《史記·孔子世家》作'辯辯'，'誾''辯'或字形相近而誤。"○覺按：此文雜採《論語》而成。《論語·鄉黨》："孔子於鄉黨，恂恂如也，似不能言者。其在宗廟朝廷，便便言，唯謹爾。朝，與下大夫言，侃侃如也；與上大夫言，誾誾如也。"恂恂（xúnxún 旬旬）：恭敬謹慎的祥子。誾誾（yínyín 銀銀）：正直而恭敬的樣子。

〔6〕汪繼培曰："襄卅一年《左傳》云：'子産有辭，諸侯賴之。'"

〔7〕汪繼培曰："《孟子·▲盡心篇》云'士憎兹多口'，趙注：'離於凡人而爲士者益多口。'破'憎'爲'增'，此則從本訓。"

〔8〕汪繼培曰："《論語》。"○覺按：以上兩句是孔子的話，見《論語·雍也》。文：文采，指表達的形式。質：質地，指表達的内容。彬彬（bīnbīn 賓賓）：參雜搭配適當。

〔9〕陳本"訥"作"納"，汪繼培曰："《論語》。'納'今作'訥'。"○覺按：汪繼培初稿作"訥"，注云："程本作'納'。"蓋據《論語》校改而又注明程本之異文耳，而其定稿則又以程本爲準（參見31.1注〔3〕）。此句本於孔子之言。《論語·子路》："子曰：'剛、毅、木、訥，近仁。'"

30.20

嗚呼哀哉！凡今之人●〔1〕，言方行圓●〔2〕，口正心邪，行與言謬，心與口違●〔3〕；論古則知稱夷、齊、原、顔〔4〕，言今則必官爵職位；虚談則知以德義爲賢，貢薦則必閥閲爲前●【1】〔5〕。處子雖躬顔、閔之行●〔6〕，性勞謙之質●〔7〕，秉伊、吕之才〔8〕，懷救民之道●〔9〕，其不見資於斯世也亦已明矣〔10〕。

【校記】

【1】閲：仿宋本、馮本、魁本、何本、四庫本、邵本、陳本同，程本作“閣”。

【箋注】

〔1〕汪繼培曰：“《詩・召旻》云：‘於乎哀哉！維今之人，不尚有舊！’‘嗚呼’與‘於乎’同。”

〔2〕汪繼培曰：“《韓非子・解老篇》云：‘所謂方者，内外相應也，言行相稱也。’”

〔3〕汪繼培曰：“《淮南子・齊俗訓》云：‘言與行相悖，情與貌相反。’《逸周書・官人解》云：‘言行不類，終始相悖，外内不合，雖有假節見行，曰非成質者也。’”

〔4〕夷：伯夷。齊：叔齊。原、顔：見3.3注〔25〕。

〔5〕汪繼培曰：“《史記・高祖功臣侯年表・序》云：‘明其等曰伐，積功（覺按：當作“日”）曰閲。’‘伐’‘閥’，古今字。《後漢書・韋彪傳》云：‘士宜以才行爲先，不可純以閥閲。’”〇覺按：《史記・高祖功臣侯年表》：“古者人臣功有五品，以德立宗廟定社稷曰勳，以言曰勞，用力曰功，明其等曰伐，積日曰閲。”“閥閲”同“伐閲”，本指功勞和資歷，引申指祖先建立的功勞及祖先的資歷，即門閥家世。

〔6〕汪繼培曰：“《漢書・律歷志》云‘陛下躬聖’，顔師古注：‘躬聖者，言身有聖德也。’”

〔7〕汪繼培曰：“《易・謙・九三》：‘勞謙，君子有終，吉。’”

〔8〕伊、吕：伊尹、吕尚，見1.1注〔15〕〔16〕。

〔9〕汪繼培曰：“《孟子》云：‘故就湯而説之以伐夏救民。’”

〔10〕見：被。資：《廣雅・釋詁一》：“資，取也。”《廣雅・釋詁四》：“資，用也。”斯：這。

明忠第三十一

【提要】

明忠：英明與忠誠。文章主要論述了君主的英明與臣下的忠誠之間的相依關係，即“明據下起，忠依上成”。同時也論述了英明君主的統治方法，即“明操法術，自握權秉”。

作者認爲，君主的英明與臣子的忠誠是相輔相成的，如果君臣同心同德，就能成就君明臣忠的美德。這其中的關鍵，則在於君主。如果君主“明操法術，自握權秉”，“懸重利”而“設嚴威”，信賞必罰，那就能形成一種誰也無

法擾亂的“治勢”，臣子就會效忠，就會“敬其言而奉其禁，竭其心而稱其職”，結果君主就能“致其治而成其功”。如果君主“離其術而舍其權”，“賞罰不必”，那就會形成一種“亂勢”，權貴大臣就會“隱下而遏忠”，臣子的忠言尚未上達，就被權貴大臣陷害了，所以後來的賢人“雖有憂君哀主之情、忠誠正直之節”，還是會“鉗口結舌而不敢言”，“懈弛而背朝”，結果忠言不上達，君主也就“孤蔽於上”而功名不成乃至危亡了。由此看來，臣子的忠誠，取決於君主的英明。所以，這裏的成敗得失，君主應該“求之於己，不以責下”。

文章最後又進一步論述了君主用“術”操“權”應注意的問題，即不能“示人術而借下權”，而應該獨攬大權，表面上顯現出自己的仁愛寬厚，暗中則神奇地使用術。從中我們可以明顯地看出王符對法家法術勢兼治思想的繼承與改造。因此，這實是一篇體現我國陽儒陰法之傳統統治思想的代表作。

31.1

人君之稱，莫大於明；人臣之譽，莫美於忠●〔1〕。此二德者，古來君臣所共願也。然明不繼踵●〔2〕、忠不萬一者●【1】〔3〕，非必愚闇不逮而惡名揚也●〔4〕，所道求之非其道之爾●【2】〔5〕。

【校記】

【1】一：仿宋本、馮本、魁本、陳本同，程本、四庫本、邵本作“全”。

【2】道求之非其道之：仿宋本、馮本、魁本、程本、邵本同，四庫本作“求之道非其道云”，陳本作“以求之非其道”。

【箋注】

〔1〕汪繼培曰：“襄九年《左傳》云：‘君明臣忠。’《新書·大政下篇》云：‘臣之忠者，君之明也。臣忠君明，此之謂政之綱也。’”

〔2〕汪繼培曰：“《晏子春秋·雜下》云：‘比肩繼踵而在。’”

〔3〕汪繼培曰：“‘一’舊作‘全’，据《治要》改。”〇覺按：據汪校，則其所謂舊本爲程本，此乃其始校《潛夫論》時用程本爲底本，後改用魁本之底本時又未覆覈，故有此誤。

〔4〕汪繼培曰：“《孝經》云：‘揚名於後世。’”

〔5〕汪繼培將前一“道”字改爲“以”並刪後一“之”字曰：“‘以’舊作‘道’，‘其道’下有‘之’字，据《治要》改、刪。《毛詩·甫田·序》云：‘所以求者非其道也。’”〇覺按：汪改非。“所道”與《韓非子·八姦》“凡人臣之所道成姦者有八術”之“所道”用法相同，等於説“所由”（參見《韓非子校疏析論》9.1.0 注〔1〕），指遵循的途徑。“之爾”的“之”猶“者”，爲語助詞。從 21.9 末句來看，本書自有“之爾”連用之例，故不必刪改。其：見 1.4 注〔8〕。

31.2

夫明據下起，忠依上成。“二人同心，則利斷金●〔1〕。”能如●此者[1]〔2〕，兩譽俱具●〔3〕。要在於明操法術，自握權秉而已矣●〔4〕。所謂術者，使下不得欺也●〔5〕；所謂權者，使勢不得亂也〔6〕。術誠明，則雖萬里之外，幽冥之内●〔7〕，不得不求効[2]；權誠用，則遠近親疎，貴賤賢愚，無不歸心矣●〔8〕。周室之末則不然，離其術而舍其權，怠於己而恃於人。是以公卿不思忠，百僚不盡力●〔9〕，君王孤蔽於上，兆黎寃亂於下●〔10〕，故遂衰微侵奪而不振也●〔11〕。

【校記】

【1】如:《羣書治要》引文、仿宋本、馮本、魁本、程本、四庫本、邵本同，陳本作“知”。

【2】効：仿宋本、馮本、魁本、程本、邵本同，四庫本、陳本作“效”。

【箋注】

〔1〕汪繼培曰:“▲《治要》‘利’上有‘其’字。《易·繫辭上傳》。按以‘二人同心’爲君臣，蓋漢時《易》家舊説。《漢書·匡衡傳》衡上疏乞骸骨，上報曰:‘朕嘉與君同心合意。’《翟方進傳》冊云:‘朕嘉與君同心一意。’《王莽傳》詔云:‘▲朕得奉宗廟，誠嘉與君同心合意。’《師丹傳》策免丹云:‘殆謬於二人同心之利焉。’《後漢書·和帝紀》永元十二年詔曰:‘若上下同心，庶或有瘳。’《桓帝紀》和平元年詔曰:‘羣公卿士，虔恭爾位，戮力一意，勉同斷金。’《王常傳》云:‘幸賴靈武，輒成斷金。’《馮異傳》云:‘千載一會，思成斷金。’《郎顗傳》云:‘臣願陛下發揚乾剛，援引賢能，勤求機衡之寄，以獲斷金之利。’《張酺傳》敕云:‘陰陽不和，萬人失所。朝廷望公思惟得失，與國同心；而託病自絜，求去重任。誰當與吾同憂責者？非有望於斷金也。’《楊震傳》云:‘親近倖臣，未崇斷金。’《崔駰傳》崔篆《慰志賦》云:‘協準矱之貞度兮，同斷金之玄策。何天衢於盛世兮，超千載而垂績。’《續漢書·百官志》劉昭注引蔡質《漢儀》載高賜奏光禄勳劉嘉、廷尉趙世云:‘既無忠信斷金之用，而有敗禮傷化之尤。’《御覽》二百七引應劭《漢官儀》沖帝冊書曰:‘三公國之楨幹，朝廷取正，以成斷金。’《治要》載崔實《政論》云:‘今朝廷以聖哲之姿，龍飛天衢，大臣輔政，將成斷金。’並用此義。《越絶書·德序外傳記》引《易》云:‘君臣同心，其利斷金。’則直以訓詁易經辭矣。”

〔2〕汪繼培改“如”爲“知”曰:“舊作‘如’，据《治要》改。”〇覺按：汪校誤，《羣書治要》作“如”而不作“知”。且其改字亦不當，因爲僅“知”其理而不付諸實施，不可能有成效，所以此文應作“如此”。

〔3〕汪繼培曰:“《説苑·雜言篇》云:‘賢人閉其智，塞其能，待得其人然後合，故言無不聽，行無見疑，君臣兩與，終身無患。’‘與’乃‘譽’之誤。《韓非子·難一》云:‘堯、舜之不可兩譽，矛楯之説也。’”

〔4〕汪繼培曰:“《韓非子·説疑篇》云:‘凡術也者，主之所以執也；法也者，官之所以師也。’《主道篇》云:‘謹執其柄而固握之。’《淮南子·要略》云:‘主術者明，攝權操柄，以制羣下。’‘秉’與‘柄’同。哀十七年《左傳》‘國子實執齊柄’，《史記·蔡澤傳》

《索隱》引作‘秉’，服虔曰：‘秉，權柄也。’《説文》云：‘柄，或从秉。’▲《周禮・鼓人》注：‘鐃如鈴，無舌有秉。’《釋文》：‘秉，本又作柄。’《管子・小匡篇》‘治國不失秉’注云：‘秉，柄也。’”

〔5〕汪繼培曰：“《韓非子・八説篇》云：‘明君之道，賤德義，貴法術，倒言而詭使，參聽無門户，故智者不得欺（覺按：“欺”當作“詐欺”）。’”

〔6〕勢：局勢，政局的發展趨勢。

〔7〕汪繼培曰：“注見《德化篇》。”

〔8〕汪繼培曰：“《論語》云：‘天下之民歸心焉。’”

〔9〕汪繼培曰：“漢時詔令多言‘公卿百寮’。《漢書・成帝紀》河平元年詔曰：‘公卿大夫，其勉悉心以輔不逮。百寮各修其職。’永始二年詔曰：‘公卿申敕百寮，深思天誡。’《哀帝紀》元壽元年詔曰：‘公卿大夫，其各悉心勉帥百寮。’《後漢書・明帝紀》詔曰：‘公卿百寮，將何以輔朕不逮？’”〇覺按：公卿：見 14.3 注〔3〕，此泛指朝廷主要大臣。

〔10〕汪繼培曰：“《韓非子・定法篇》云：‘君無術則弊於上，臣無法則亂於下。’‘弊’即‘蔽’之誤。《漢書・公孫弘傳》對策云：‘不得其術，則主蔽於上，官亂於下。’”

〔11〕汪繼培曰：“《韓非子・五蠹篇》云：‘智困於内，而政亂於外，則亡不可振也。’”

31.3

夫帝王者，其利重矣〔1〕，其威大矣〔2〕。徒懸重利，足以勸善；徒設嚴威，可以懲姦●〔3〕。乃張重利以誘民〔4〕，操大威以驅之●〔5〕，則舉世之人，可令冒白刃而不恨●〔6〕、赴湯火而不難●〔7〕，豈云但率之以共治而不宜哉【1】？若鷹，野鳥也●【2】〔8〕，然獵夫御之，猶使終日奮擊而不敢怠，豈有人臣而不可使盡力者乎●〔9〕？

【校記】

【1】共：仿宋本、馮本、魁本、程本、何本、四庫本同，邵本作“其”，陳本作“共”。

【2】野鳥：《羣書治要》引文、陳本同，仿宋本、馮本、魁本、程本、四庫本、邵本無“野鳥”二字。

【箋注】

〔1〕利：利益，指獎賞爵禄所帶來的好處。

〔2〕威：威勢，指使用刑罰所造成的威勢。

〔3〕汪繼培曰：“《魯語》云：‘夫君人者，其威大矣。’《韓非子・詭使篇》云：‘夫利者所以得民也，威者所以行令也。’《内儲説上》云：‘有威足以服人，而利足以勸人，故能治之。’《吕氏春秋・壹行篇》云：‘王者之所藉以成也何？藉其威與其利。非強大則其威不威，其利不利。其威不威，則不足以禁也；其利不利，則不足以勸也。故賢主必使其威利無敵，故以禁則必止，以勸則必爲。’”〇覺按：懲：懲戒，儆戒，使人戒備而不犯錯誤。參見 16.5 注〔6〕、17.3.4 注〔4〕。

〔4〕乃：猶“若”（參見《古書虛字集釋》卷六“乃”字條）。張：《廣雅・釋詁三》：“張，施也。”“張，開也。”即陳設、擺出的意思。

〔5〕汪繼培曰："《治要》作'民'。"

〔6〕汪繼培曰："《鹽鐵論·繇役篇》：'子曰："白刃可冒。"'《禮記·中庸》'冒'作'蹈'。《漢書·李廣》後《陵傳》司馬遷云：'冒白刃，北首争死敵。'"

〔7〕汪繼培曰："《漢書·鼂錯傳》云：'能使其衆蒙矢石，赴湯火。'《尹文子·大道篇》云：'越王勾踐謀報吴，欲人之勇，路逢怒蛙而軾之。比及數年，民無長幼，臨敵，雖湯火不避。'"

〔8〕汪繼培曰："'野鳥'舊脱，据《治要》補。"

〔9〕汪繼培曰："《治要》作'哉'。《淮南子·主術訓》云：'人主處權勢之要，而持爵禄之柄；審緩急之度，而適取予之節。是以天下盡力而不倦。'"

31.4

《詩》云："伐柯伐柯，其則不遠●〔1〕。"夫神明之術，具在君身【1】，而君●忽之【2】〔2〕，故令臣鉗口結舌而不敢言●〔3〕。此耳目所以蔽塞、聰明所以不得也。制下之權，日陳君前，而君釋之，故令羣●【3】〔4〕臣懈弛而背朝●〔5〕。此威德所以不照●〔6〕，而功名所以不建也●〔7〕。

【校記】

【1】具：《諸子品節》引文、邵本、陳本同，仿宋本、馮本、魁本、程本、何本、四庫本作"其"。

【2】君：陳本同，仿宋本、馮本、魁本、程本、四庫本、邵本無"君"字。

【3】羣：陳本同，仿宋本、馮本、魁本、程本、四庫本、邵本作"君"。

【箋注】

〔1〕汪繼培曰："《伐柯》。"〇覺按：引詩見《詩經·豳風·伐柯》。柯：斧柄。

〔2〕汪繼培曰："舊脱，依下文例補。"

〔3〕汪繼培曰："注見《賢難篇》。▲《莊子·田子方篇》云：'口鉗而不欲言。'《漢書·鼂錯傳》云：'天下之士拑口不敢復言。''拑'與'鉗'同。《漢書·杜周傳》杜業上書云：'尚書近臣皆結舌杜口。'《梅福傳》云：'結諫臣之舌。'《袁盎傳》：'閉箝天下之口。'顏師古注云：'箝，籋也。'"〇覺按：參見5.7注〔8〕。

〔4〕汪繼培曰："舊作'君'。"

〔5〕汪繼培曰："'懈弛'注見《考績篇》。▲《漢書·孔光傳》云：'挾姦以罔上，崇黨以蔽朝。''背'猶'蔽'也。'朝'《彙函》作'亂'。按《淮南子·要略》云：'百官背亂，不知所用。'"〇覺按：汪説雖可通，然"背朝"如字作解亦通，不煩改字。

〔6〕汪繼培曰："《獨斷》云：'皇者，煌也。盛德煌煌，無所不照。'"〇覺按：照：照射，照耀，指君主的統治力像太陽一樣遍及四方。《左傳·昭公二十八年》："照臨四方曰明。"

〔7〕汪繼培曰："《漢書·鼂錯傳》云：'人主所以尊顯，功名揚於萬世之後者，以知術數也。故人主知所以臨制臣下而治其衆，則羣臣畏服矣；知所以聽言受事，則不欺

蔽矣。'"

31.5

《詩》云:"我雖異事,及爾同僚。我即爾謀,聽我敖敖●【1】〔1〕。"夫惻隱,人皆有之●〔2〕。是故耳聞啼號之音,無不爲之慘悽悲懷而傷心者●〔3〕;目見危殆之事【2】,無不爲之灼怛驚●而赴救之者【3】〔4〕。君臣義重●【4】〔5〕,行路禮輕●〔6〕。過耳悟目之交●【5】〔7〕,未恩未德,非富●非貴【6】〔8〕,而猶若此,則又况於北面稱臣被寵者乎●【7】〔9〕?

【校記】

【1】敖敖:仿宋本、馮本、魁本、程本、邵本、陳本同,四庫本作"嚻嚻"。

【2】殆:《諸子品節》引文、何本、四庫本、邵本、陳本同,仿宋本、馮本、魁本、程本作"怠"。

【3】灼怛驚而:仿宋本、馮本、魁本、陳本同,程本作"惻怛驚而",四庫本作"惻怛驚駭而",邵本作"惻怛驚"。

【4】君臣:仿宋本、馮本、魁本、程本、四庫本、陳本同,邵本作"君臣而"。

【5】悟:仿宋本、馮本、魁本、程本、邵本、陳本同,四庫本作"晤"。

【6】富:仿宋本、馮本、魁本、程本、四庫本、邵本作"貧",陳本作"賢",據《諸子品節》引文改。

【7】北:仿宋本、馮本、四庫本、陳本同,魁本、程本作"圠",邵本作"比"。

【箋注】

〔1〕汪繼培曰:"《板》。'敖敖'今作'嚻嚻',詳《賢難篇》。"○覺按:引詩見《詩經·大雅·板》。敖敖:今本《詩經》作"囂囂"(áoáo 敖敖),通"傲傲"。《爾雅·釋訓》:"仇仇、敖敖,傲也。"郭璞注:"皆傲慢賢者。"

〔2〕汪繼培曰:"《孟子》。"○覺按:《孟子·告子上》:"惻隱之心,人皆有之。"

〔3〕汪繼培曰:"《史記·張釋之傳》云:'上自倚瑟而歌,意慘淒悲懷。'"

〔4〕汪繼培曰:"脱一字。"○覺按:"灼怛驚"當作"灼炟怛驚"。"炟"(dá 達)與"灼"同義連用,表示焦灼,如《晋書·王敦傳》:"大兵一奮,導以爲灼炟也。"蓋東漢章帝名劉炟,王符生活於其後,故避其諱而寫成"怛",後人見"怛"字相重而刪其一,因而致誤。怛(dá 達):與"驚"同義。

〔5〕汪繼培曰:"《後漢書·何敞傳》敞上封事云:'君臣義重,有不得已也。'"

〔6〕汪繼培曰:"《文選》蘇子卿詩云:'誰爲行路人?'"

〔7〕汪繼培曰:"《詩·東門之池》毛傳:'晤,遇也。''悟'與'晤'通。"

〔8〕陳本"富"作"賢",汪繼培曰:"舊作'貧'。"

〔9〕汪繼培曰:"《史記·陸賈傳》説尉佗曰:'宜郊迎,北面稱臣。'"○覺按:北面:面向北。古代君主見羣臣時面向南,臣下面向北,所以"北面"指處在臣位上。

31.6

是故進忠扶危者，賢不肖之所共願也。誠皆願之而行違者，常苦其道不利而有害〔1〕、言未得信而身敗爾●【1】〔2〕。歷觀古來愛君、憂主、敢言之臣，忠信未達而爲左右所鞫按●【2】〔3〕、當世而覆被●〔4〕、更爲否愚惡狀●〔5〕之臣者●〔6〕，豈可勝數●哉【3】〔7〕？孝成終没之日，不知王章之直；孝哀終没之日，不知王嘉之忠也●〔8〕。此後賢雖有憂君哀主之情、忠誠正直之節●〔9〕，然猶且沈吟觀聽行己者也●【4】〔10〕。

【校記】

【1】信：《羣書治要》引文、陳本同，仿宋本、馮本、魁本、程本、四庫本、邵本作“言”。

【2】“忠信未達”至31.7“猶求”一段，仿宋本、馮本、魁本錯入《德化》，在33.2“仁不忍踐履生草”之上，今參照陳本移於此。《羣書治要》引文“忠信未達”緊接“愛君憂主敢言之臣”，説明此文在唐代尚未錯亂。程本“忠信未達”至31.7“猶求”一段也錯入《德化》，在33.2“仁不忍踐履生草”之上，但在“猶求”後補了“聲”字。何本、邵本“忠信未達”至31.7“猶求”一段也錯入《德化》，在33.2“仁不忍踐履生草”之上，但在“猶求”後補了“友聲”二字。四庫本與何本相同而補了“友聲”二字，但刪去了“仁不忍踐履生草”之“仁”字。程本、何本、邵本、四庫本的增刪雖然意在貫通原文，卻反而泯滅了錯簡的痕跡；仿宋本、馮本、魁本忠於原版，故其錯亂的痕跡較爲明顯，此其可貴之處也。鞫：仿宋本、馮本、魁本作“掬”，程本、四庫本、邵本作“拍”，陳本作“鞠”，今據《羣書治要》引文改。

【3】數：《羣書治要》引文、陳本同，仿宋本、馮本、魁本、程本、四庫本、邵本無“數”字。

【4】沈：仿宋本、馮本、魁本、四庫本、陳本同，程本、邵本作“沉”。

【箋注】

〔1〕苦：《法言·先知》“或苦亂”李軌注：“苦，患。”

〔2〕汪繼培曰：“‘信’舊作‘言’，据《治要》改。《莊子·外物篇》云：‘人主莫不欲其臣之忠，而忠未必信。’《新書·過秦下篇》云：‘忠言未卒於口，而身糜没矣。’《淮南子·主術訓》云：‘效忠者希不困其身。’”

〔3〕陳本“鞫”作“鞠”，汪繼培曰：“‘鞠’舊作‘掬’，据《治要》改。《説文》云：‘簕，窮治罪人也。’‘鞫’與‘簕’通，亦作‘鞠’，詳《述赦篇》。‘鞠按’猶《漢書·王商傳》云‘窮竟考問’也。”〇覺按：《羣書治要》引文作“鞫”而不作“鞠”，汪校誤。“鞫”字之義，見16.2注〔18〕。按：審查，查驗。

〔4〕汪繼培曰：“▲《漢書·王商傳》云：‘王莽爲安漢公，誅不附己者，樂昌侯安見被以罪，自殺。’顏師古注：‘被，加也。’《司馬遷傳》云：‘被之空言不敢辯。’《翟方進傳》云：‘相被以反逆大惡。’《杜欽傳》云：王根‘譖愬故許后，被加以非罪。’《王莽傳》云：‘猥被以大罪。’按‘覆被’猶言‘覆冒’，詳《述赦篇》。”〇覺按：“覆冒”見16.2注〔22〕。

〔5〕汪繼培曰:"《治要》作'愚惡無狀'。"〇覺按:從"忠信未達"到"否愚惡狀"都是"臣"的定語。更(gèng 耕去聲):反而。否(pǐ 匹):鄙陋無知。

〔6〕汪繼培曰:"《大戴禮·曾子制言中篇》云:'畏之見逐,智之見殺,固不難詘身而爲不仁,宛言而爲不智。'"

〔7〕汪繼培曰:"据《治要》補。"〇覺按:勝(舊讀 shēng 生):盡。

〔8〕汪繼培曰:"並見《漢書》。按《嘉傳》云:'嘉死後,上覽其對而思嘉言,復以孔光代嘉爲丞相,徵用何武爲御史大夫。'是孝哀未嘗不知嘉也。《梅福傳》云:'王章資質忠直。'此言'忠直'本之。"〇覺按:孝成:即漢成帝,"孝成"是其謚號。見 9.6 注〔1〕。王章:見 5.5 注〔31〕。孝哀:即孝哀帝劉欣(公元前 25—公元前 1 年),"孝哀"是其謚號,漢成帝之侄,公元前 6 年—公元前 1 年在位,即位後爲了增強君主的威勢,曾屢誅大臣。王嘉:字公仲,西漢平陵(今陝西省咸陽市西北)人,漢成帝時曾爲太中大夫以及九江、河南太守,甚有治績。漢哀帝建平二年(公元前 5 年)爲御史大夫,次年爲丞相,封新甫侯。他爲人剛直威嚴。哀帝寵愛侍中董賢(見 11.4 注〔10〕),封董賢爲高安侯。元壽元年(公元前 2 年),哀帝又給董賢增加封户,王嘉封還詔書,並上書反對,哀帝發怒,他被誣爲"迷國罔上",下獄,絶食而死。直到元始四年(公元 4 年),纔由漢平帝下詔書追録他爲忠臣,並追加謚號忠侯。見《漢書·王嘉傳》。

〔9〕汪繼培曰:"《漢書·傅喜傳》云:'忠誠憂國。'"

〔10〕汪繼培曰:"《後漢書·賈復傳》云:'帝召諸將議兵事,未有言,沈吟久之。'《文選·古詩》云:'沈吟聊躑躅。'"〇覺按:沈(chén 沉)吟:沉重地歎息,形容遇到複雜或疑難的事情時反復思考而猶豫不決的樣子。

31.7

"鳴鶴在陰,其子和之●〔1〕。""相彼鳥矣,猶求友聲●【1】〔2〕。"故人君不開精誠以示賢忠,賢忠亦無以得達。《易》曰:"王明,並受其福●〔3〕。"是以忠臣必待明君乃能顯其節,良吏必得察主乃能成其功●〔4〕。君不明,則大臣隱下而●〔5〕遏忠●【2】〔6〕,羣司舍法而阿貴●〔7〕。

【校記】

【1】從 31.6"忠信未達"至此句"猶求"一段,仿宋本、馮本、魁本、程本、何本、四庫本、邵本均錯入《德化》(參見 31.6 校記【2】)。從此句"友聲"至 31.9"而勢自治"一段,仿宋本、馮本、魁本、程本、四庫本、邵本均錯入了《交際》(在 30.12"動作"之後),但其末句作"而勢自治治",其最後一個"治"實爲錯葉造成的衍文。今參照陳本移於此,並刪去最後一個"治"字。

【2】而遏忠:四庫本同,仿宋本、馮本、魁本、程本、邵本作"不遏忠又",陳本作"而遏忠又"。

【箋注】

〔1〕汪繼培曰:"《易·中孚·九二》。"〇覺按:和(hè 賀):應和,呼應。《周易·中

孚・九二》:“鳴鶴（覺按:《十三經注疏》本“鳴鶴”作“鶴鳴”，據阮元校勘記訂正）在陰，其子和之。”王弼注:“立誠篤至，雖在闇昧，物亦應焉，故曰‘鳴鶴在陰，其子和之’也。”孔子則解釋説:“君子居其室，出其言善，則千里之外應之，況其邇者乎？居其室，出其言不善，則千里之外違之，況其邇者乎？”（見《周易・繫辭上》）所以此文用來疏證“人君不開精誠以示賢忠，賢忠亦無以得達”。

〔2〕汪繼培曰:“《詩・伐木》。‘忠信未達’至此，舊錯入《德化篇》。”〇覺按：按照仿宋本、馮本等來看，應該是31.6“忠信未達”至此句“猶求”一段錯入了《德化》，而不是“忠信未達”至此句“猶求友聲”錯入了《德化》。汪繼培説“‘忠信未達’至此，舊錯入《德化篇》”，説明他所用的底本是何本（參見31.6校記【2】），蓋其始校《潛夫論》時不但以程本爲底本，又以何本爲底本，後來改用魁本之底本時未加覆覈，故有此誤校。以上兩句是《詩經・小雅・伐木》中的詩句。相（xiàng向）：看。

〔3〕汪繼培曰:“《井・九三》。”

〔4〕汪繼培曰:“《漢書・王褒傳・聖主得賢臣頌》云:‘及其遇明君遭聖主也，運籌合上意，諫諍即見聽，進退得關其忠，任職得行其術。故世必有聖知之君，而後有賢明之臣。’又云:‘聖主必待賢臣而弘功業，俊士亦俟明主以顯其德。’”

〔5〕汪繼培曰:“舊作‘不’。”〇覺按：大臣：官職尊貴者，指在朝執掌大權的重臣，如三公九卿之類，相當於31.2所説的“公卿”。

〔6〕陳本“忠”下有“又”，汪繼培曰:“字衍。”〇覺按：汪説是，今據四庫本刪“又”字。

〔7〕汪繼培曰:“《商子・修權篇》云:‘秩官之吏，隱下而漁民。’《韓非子・姦劫弒臣篇》云:‘國有擅主之臣，則羣下不得盡智力以陳其忠，百官之吏不得奉法以致其功矣。’‘阿貴’見上篇。”〇覺按：司：即“有司”，主管一定事務的專職官吏。古代設官分職，事各有專司（專管），故稱專職官吏爲“司”或“有司”。《周禮・地官・泉府》“與其有司辨而授之”鄭玄注:“有司，其所屬吏也。”《儀禮・士冠禮》“有司如主人服”鄭玄注:“有司，羣吏有事者。”胡匡衷《儀禮釋官・卷一・士冠禮・有司》:“司，主也。凡事有專主之者，謂之有司。”此文的“羣司”，相當於31.2所説的“百僚”。阿：見30.13注〔12〕。

31.8

夫忠言，所以爲安也，不貢必危；法禁，所以爲治也，不奉必亂。忠之貢與不貢，法之奉與不奉，其秉●皆在於君〔1〕，非臣下之所能爲也。是故聖人求之於己【1】，不以責下〔2〕。

【校記】

【1】是故：仿宋本、馮本、魁本、程本、四庫本、陳本同，邵本作“故是”。

【箋注】

〔1〕汪繼培曰:“與‘柄’同。”

〔2〕責：責求，與“求”同義。《論語・衛靈公》:“子曰:‘君子求諸己，小人求諸人。’”

31.9

凡爲人上，法術明而賞罰必者，雖無言語，而勢自治●【1】〔1〕。治勢一成，君自不能亂也，況臣下乎？法術不明而賞罰不必者，雖日號令【2】，然勢自亂。亂勢一成，君自不能治也，況臣下乎？是故勢治者，雖委之不亂〔2〕；勢亂者，雖懃之不治也●〔3〕。堯、舜恭己無爲而有餘【3】〔4〕，勢治也；胡亥、王莽馳騖而不足●【4】〔5〕，勢亂也●〔6〕。故曰：善者●求之於勢〔7〕，弗責於人●〔8〕。是以明王審法度而布教令〔9〕，不行私以欺法〔10〕，不黷教以辱命●〔11〕，故臣下敬其言而奉其禁，竭其心而稱其職●〔12〕。此由法術明而威權任也。

【校記】

【1】從31.7“友聲”至“而勢自治”一段，仿宋本、馮本、魁本、程本、四庫本、邵本均錯入了《交際》（在30.12“動作”之後），但其末句作“而勢自治治”，今參照陳本移於此，並刪去最後一個“治”字。參見31.7校記【1】。

【2】日：《羣書治要》引文、陳本同，仿宋本、馮本、魁本、程本、四庫本、邵本作“曰”。

【3】無：魁本、程本、四庫本、邵本、陳本同，仿宋本、馮本作“无”。

【4】而不足：《羣書治要》引文、陳本同，仿宋本、馮本、魁本、程本、四庫本、邵本無此三字。

【箋注】

〔1〕汪繼培曰：“‘故人君’至此，舊錯入《交際篇》。”○覺按：勢：局勢，政局的發展趨勢。治：治理得好，太平。

〔2〕委：委棄，棄置。

〔3〕汪繼培曰：“《商子·定分篇》云：‘聖人必爲法令置官也，置吏也，爲天下師，所以定名分也。名分定，則大詐貞信，民皆愿慤，而各自治也。故夫名分定，勢治之道也；名分不定，勢亂之道也。故勢治者不可亂，勢亂者不可治。’”○覺按：懃（qín勤）：盡心竭力而不懈怠。

〔4〕此文之“堯”當爲連類而及之詞（參見12.3注〔18〕），因爲據古籍所載傳説，僅僅是舜恭己無爲而天下治。《論語·衛靈公》：“子曰：‘無爲而治者，其舜也與？夫何爲哉？恭己正南面而已矣。’”《韓非子·外儲説左上》：“昔者舜鼓五絃、歌《南風》之詩而天下治。……故有術而御之，身坐於廟堂之上，有處女子之色，無害於治；無術而御之，身雖瘁臞，猶未有益。”《大戴禮記·主言》：“昔者舜左禹而右皋陶，不下席而天下治。”《新序·雜事四》：“舜舉衆賢在位，垂衣裳，恭己無爲而天下治。”無爲：見7.6注〔6〕。有餘：指其時間有多餘。《韓非子·有度》：“故治不足而日有餘，上之任勢使然也。”是其證。

〔5〕汪繼培曰：“舊脱三字，据《治要》補。”

〔6〕汪繼培曰：“《韓非子·難勢篇》云：‘堯、舜生而在上位，雖有十桀、紂不能亂者，則勢治也。桀、紂亦生而在上位，雖有十堯、舜而亦不能治者，則勢亂也。故曰：勢

治者則不可亂，而勢亂者則不可治也。▲此自然之勢也，非人之所得設也。'《漢書・揚雄傳》云：'世亂則聖哲馳騖而不足，世治則庸夫高枕而有餘。''恭'《治要》作'拱'。按'恭己無爲'本《論語》。胡亥當作秦政。《史記・秦始皇紀》云：'天下之事，無大小皆決於上。上至以衡石量書，日夜有呈，不中呈，不得休息。'《漢書・王莽傳》云：'莽自見前顓權以得漢政，故務自攬衆事，又好變改制度，政令煩多，當奉行者，輒質問乃以從事，前後相秉（覺按：當作"乘"），憒眊不渫。莽常御燈火至明，猶不能勝。'所謂馳騖而不足者也。"〇覺按：汪繼培認爲胡亥當作秦政，不當。"天下之事，無大小皆決於上。"衹是説明秦始皇"貪於權勢"（見《史記・秦始皇本紀》），而談不上"馳騖"。此文當指胡亥巡行天下而言。《史記・秦始皇本紀》："二世皇帝元年，年二十一。……二世與趙高謀曰：'朕年少，初即位，黔首未集附。先帝巡行郡縣以示彊，威服海内。今晏然不巡行，即見弱，毋以臣畜天下。'春，二世東行郡縣，李斯從，到碣石，並海，南至會稽。……遂至遼東而還。"

〔7〕汪繼培曰："當云'善爲國者'。"

〔8〕汪繼培曰："《管子・法法篇》云：'凡人君之所以爲君者，勢也。故人君失勢，則臣制之矣。勢在下，則君制於臣矣；勢在上，則臣制於君矣。'"

〔9〕審：明。《韓非子・有度》："法審，則上尊而不侵。"又《六反》："聖人之治也，審於法禁，法禁明著，則官法。"教：與"令"同義。《淮南子・主術訓》"而行不言之教"高誘注："教，令也。"

〔10〕欺：與"辱"對文義近，欺負、踐踏的意思。

〔11〕汪繼培曰："《管子・任法篇》云：'愛人不私賞也，惡人不私罰也，置儀設法以度量斷者，上主也。'《商子・修權篇》云：'立法明分，而不以私害法，則治。'"〇覺按：黷（dú 讀）：輕慢，褻瀆。辱：玷辱。

〔12〕汪繼培曰："《管子・正世篇》云：'法立令行，故羣臣奉法守職。'"

31.10

夫術之爲道也，精微而神；言之不足〔1〕，而行有餘〔2〕；有餘，故能兼四海而照幽冥。權之爲勢也，健悍以大〔3〕；不待貴賤，操之者重；重，故能奪主威而順當世●【1】〔4〕。是以明君未嘗示人術而借下權也●〔5〕。孔子曰："未可與權●【2】〔6〕。"是故聖人顯諸仁，藏諸用●〔7〕，神而化之，使民宜之●〔8〕，然後致其治而成其功。功業效於民【3】，美譽傳于世【4】，然後君乃得稱明，臣乃得稱忠。此所謂"明據下作，忠依上成；二人同心，其利斷金"也●〔9〕。

【校記】

【1】世：陳本同，仿宋本、馮本、魁本、程本、四庫本、邵本作"也"。

【2】未：七本皆無"未"字，據《論語・子罕》之文補。

【3】效：仿宋本、馮本、魁本、四庫本同，程本、邵本、陳本作"効"。

【4】于：仿宋本、馮本、魁本、程本、邵本同，四庫本、陳本作"於"。

【箋注】

〔1〕言之不足：指其理論上有不足之處。戰國時申不害、韓非等提倡術治，主張君主以各種手段制服臣下。在漢代，其術治學説曾受到非議。揚雄《法言・問道》："申、韓之術，不仁之至矣，若何牛羊之用人也！"《漢書・武帝紀》："建元元年（覺按：公元前 140 年）冬十月，……丞相綰奏：'所舉賢良，或治申、商、韓非、蘇秦、張儀之言，亂國政，請皆罷。'奏可。"可見在漢代，術治學説被認爲是一種不仁之説而受到了取締，所以此文説它"不足"。

〔2〕有餘：超過了標準，指它的實際作用超過了標準的辦法，即超過了漢武帝以來在理論上占正統地位的儒家倡導的仁義道德之法。

〔3〕健：剛強有力。悍：強勁兇猛。以：與上文"而"相對，相當於"而"。

〔4〕汪繼培曰："舊作'也'。"

〔5〕汪繼培曰："《韓非子・難三》云：'術者，藏之於胸中，以偶衆端而潛御羣臣者也。'《心度篇》云：'主之所以尊者權也。'《外儲説右下》：'方吾子曰："吾聞之古禮，行不與同服者同車，不與同族者共家，而况君人者乃借其權而外其勢乎？"'《商子・修權篇》云：'權制獨斷於君則威。'《六韜・守土篇》云：'無借人國柄。借人國柄，則失其權。'"

〔6〕陳本無"未"字，汪繼培曰："《論語》。孫侍御据《論語》'可'上補'未'字。"〇覺按：孔子的話見《論語・子罕》，此當有"未"字，故據《論語》補。未可與權：原是"未必可以和他一起權衡輕重"的意思。此文斷章取義，來證明不可"借下權"，所以應理解爲"不可給人權力"。

〔7〕汪繼培曰："《易・繫辭上傳》。"〇覺按："諸"猶"其"（參見《古書虚字集釋》卷九"諸"字條）。高亨《周易大傳今注》、周振甫《周易譯注》解爲"之于"，誤。《周易・繫辭上》之"顯諸仁，藏諸用"指"道"而言，孔穎達疏："顯諸仁者，言道之爲體，顯見仁功，衣被萬物，是顯諸仁也。藏諸用者，謂潛藏功用，不使物知，是藏諸用也。"此文斷章取義，指聖人而言，"用"指"術"，當解爲用具、工具（參見《韓非子校疏析論》20.5.2 注〔3〕）。"藏諸用"指"藏起他的治國工具"，意即《老子・第三十六章》所説的"邦之利器不可以示人"。

〔8〕汪繼培曰："《繫辭下傳》。"〇覺按：以上兩句是《周易・繫辭下》中的話。宜：意動用法，以……爲適宜。

〔9〕汪繼培曰："《治要》'金'下有'者'字。"〇覺按：參見 31.2 注〔1〕。

本訓第三十二

【提要】

本訓：對本原的解説。郭璞《爾雅序》"所以通詁訓之指歸"邢昺疏："訓，道也，道物之貌以告人也。"這篇名之"訓"即此義。文章主要給人形象地描述了宇宙的本原，所以題爲"本訓"。但文章的主旨並不局限於此，而是認爲人天之情相通，聖明之君應該遵循天道而建立功業。

作者認爲，遠古時代，元氣混沌，不受什麼制約，過了很長一段時間，

它自行分化成陰陽兩氣，從而産生了天地。天地之氣的交融，産生了萬物，而中和之氣則生成人類。天、地、人各行其道，相輔相成。人之道是有所作爲，君主應該順應天道，治好政事，感動陰陽，招致祥瑞，建立功業。

接着，作者進一步論述了道與氣的關係。他認爲，世間的萬事萬物，所有正常的或反常的現象，都是氣造成的，但氣的作用，歸根結底是道産生的。道是氣的本原，氣衹是道的物質外殼，所以氣的作用，實際上是道的作用的一種具體體現罷了。作者認爲，道與氣兩者是相輔相成的。一方面，如果没有道，也就不會有氣；必有其道，“其氣乃生”。另一方面，如果没有氣，道的作用也無法體現，因爲道是一種“至神以妙”、看不見摸不着的東西，它的功用雖然“至彊以大”，但它本身不能直接産生作用，所以必須有其氣，“變化乃成”。

作者論述“氣”的最終目的還是爲了“人”，所以文章最後指出，君主不能衹着眼於法令刑賞，而必須追本尋源，立足於德化，招致和氣，讓中和的正氣和良好的社會風氣孕育出一代敦厚的人民，從而進入太平盛世。

32.1

上古之世，太素之時〔1〕，元氣窈冥【1】〔2〕，未有形兆【2】〔3〕，萬精合并，混而爲一【3】，莫制莫御。若斯久之，翻然自化〔4〕，清濁分别，變成陰陽〔5〕。陰陽有體，實生兩儀〔6〕；天地壹鬱【4】，萬物化淳●【5】〔7〕；和氣生人〔8〕，以統理之〔9〕。

【校記】

【1】窈：仿宋本、馮本、魁本作“窔”，程本、四庫本、邵本、陳本作“窅”，今改用正體字。

【2】兆：程本、四庫本、邵本、陳本同，仿宋本、馮本、魁本作“垗”。

【3】而：仿宋本、馮本、魁本、程本、四庫本、陳本同，何本、邵本作“有”。

【4】壹鬱：仿宋本、馮本、魁本、陳本同，程本、四庫本、邵本作“絪緼”。

【5】淳：仿宋本、馮本、魁本、程本、邵本、陳本同，四庫本作“醇”。

【箋注】

〔1〕太素：指構成宇宙的原始物質元素。《列子・天瑞》：“太易者，未見氣也；太初者，氣之始也；太始者，形之始也；太素者，質之始也。氣形質具而未相離，故曰渾淪。”《白虎通・天地》：“始起先有太初，然後有太始，形兆既成，名曰太素。”

〔2〕氣：古代哲學概念，指構成宇宙萬物的基因，它是一種物質性的東西。元氣：原始之氣，即天地未分時的混沌之氣。它是構成人和萬物的原始物質元素，所以稱爲“元氣”。窈冥：深遠玄妙。

〔3〕形兆：形狀。《文選》卷第三十一載江淹《張廷尉綽》詩："太素既已分，吹萬著形兆。"

〔4〕翻然：很快而徹底地改變的樣子。

〔5〕陰陽：見7.3注〔10〕。

〔6〕實：通"是"，此。《周易·繫辭上》說"是生兩儀"，即其證。兩儀：分別代表陰陽的兩種儀容，指地和天。《周易·繫辭上》："是故《易》有太極，是生兩儀。"孔穎達疏："不言天地而言兩儀者，指其物體，……謂兩體容儀也。"

〔7〕汪繼培曰："《易·繫辭下傳》。王弼本'壹鬱'作'絪緼'。按《説文》作'壹壺'。王本'淳'作'醇'，《白虎通·嫁娶篇》引《易》與此同。"○覺按：壹鬱（yīnyūn因暈）：《周易·繫辭下》作"絪緼"，《説文·壺部》"壺"字條引《易》作"壹壺"，《文選》卷第一載班固《東都賦》作"烟熅"，都通"氤氲"而讀爲yīnyūn（因暈），形容天地的陰陽之氣熾盛而交合的樣子。《文選》卷第十一《魯靈光殿賦》"含元氣之烟熅"李善引張載注："烟熅，天地之蒸气也。"又卷第十五《思玄賦》"天地烟熅"李善引舊注："烟熅，和貌。"又卷第四十八《典引》"烟烟熅熅"李善引蔡邕注："烟烟熅熅，陰陽和一相扶貌也。"即其義。化：《禮記·樂記》："樂者，天地之和也。……和，故百物皆化。"鄭玄注："化，猶生也。"淳：淳樸，指萬物形成時呈現出一種質樸的樣子。《周易·繫辭下》作"醇"，古字通。高亨《周易大傳今注》將"醇"解爲"均"或"均徧"，周振甫《周易譯注》因而解爲"平均，普遍"，誤。《周易·繫辭下》孔穎達疏："'天地絪緼、萬物化醇'者，絪緼，相附著之義；言天地无心自然得一，唯二氣絪緼共相和會，萬物感之，變化而精醇也。"

〔8〕和氣：中和之氣，也簡稱"和"。它是我國古代的哲學概念，是陰陽二氣達到某種和諧程度後生成的一種具有相對穩定性的基因，它是構成各種具體事物的物質性的東西。《荀子·天論篇》："陰陽大化，風雨博施。萬物各得其（指陰陽）和以生，各得其（指風雨）養以成。"又《正名篇》"性之和所生"楊倞注："和，陰陽沖和氣也。"《列子·天瑞》："清輕者上爲天，濁重者下爲地，沖和氣者爲人。"參見15.10注〔7〕。

〔9〕之：指天地萬物。《列子·天瑞》："昔者聖人因陰陽以統天地。"

32.2

是故天本諸陽[1]，地本諸陰，人本中和●[2]。三才異務[3]，相待而成。各循其道，和氣乃臻，璣衡乃平●【1】[4]。

【校記】

【1】璣：仿宋本、馮本、魁本、程本、何本、四庫本、邵本同，陳本作"機"。

【箋注】

〔1〕諸：於。

〔2〕汪繼培曰："已上本《易·乾鑿度》，《列子·天瑞篇》同。"

〔3〕三才：天、地、人。務：事務。異務：與25.1的"異業"同義。

〔4〕汪繼培改"璣"爲"機"曰："'機'舊從玉，据《班禄篇》改。"○覺按："機"乃"璣"之借字，不煩改字。璣衡，見15.6注〔10〕。

32.3

天道曰施【1】，地道曰化，人道曰爲●〔1〕。爲者，蓋所謂感通陰陽而致珍異也●〔2〕。人行之動天地，譬猶車上御駟馬、蓬中櫂舟船矣●【2】〔3〕，雖爲所覆載●〔4〕，然亦在我何所之可●【3】〔5〕。孔子曰："時乘六龍以御天●〔6〕。""言行，君子所以動天地也，可不慎乎●〔7〕？"從此觀之，天呈●其兆【4】〔8〕，人序其勳〔9〕，《書》故曰："天功【5】，人其代之●〔10〕。"如●蓋理其政以和天氣【6】〔11〕，以臻其功●【7】〔12〕。

【校記】

【1】曰：陳本同，仿宋本、馮本、魁本、程本、四庫本、邵本作"日"。下兩句同。

【2】駟：仿宋本、馮本、魁本、程本、四庫本、邵本、汪稿同，陳本作"馳"。蓬：仿宋本、馮本、魁本、何本、邵本、陳本同，程本、四庫本作"蓬"。櫂舟：仿宋本、馮本、魁本、程本、四庫本、邵本作"擢自"，陳本作"擢舟"，據《太平御覽》卷七百六十九引文改。船：陳本同，仿宋本、馮本、魁本、程本、四庫本、邵本作"照"。

【3】之：仿宋本、馮本、魁本、程本、邵本、陳本同，四庫本作"不"。

【4】呈：馮本、程本、四庫本、邵本同，仿宋本作"■"，魁本空一字，陳本作"□"。

【5】功：仿宋本、馮本、魁本、陳本同，程本、四庫本、邵本作"工"。

【6】蓋：仿宋本、馮本、魁本、程本同，何本、邵本、陳本作"盍"，四庫本作"善"。

【7】臻：仿宋本、馮本、魁本、程本、四庫本、陳本同，何本、邵本作"争"。

【箋注】

〔1〕汪繼培曰："'曰'舊並作'日'。《大戴禮·曾子天員篇》云：'天道曰員，地道曰方。方曰幽，員曰明。明者，吐氣者也；幽者，含氣者也。吐氣者施，而含氣者化，是以陽施而陰化也。'《春秋繁露·▲天道施篇》云：'天道施，地道化，人道義。'"○覺按：化：化生，造化，創造化育。

〔2〕汪繼培曰："《白虎通·封禪篇》云：'王者承天統理，調和陰陽。陰陽和，萬物序，休氣充塞，故符瑞並臻，皆應德而至。'《漢書·董仲舒、公孫弘傳》皆言其事。"○覺按：參見本書9.1、17.3.2。感：感動，影響。通：溝通。致：招致。珍異：珍貴奇異的現象，指祥瑞。參見17.3.4注〔13〕。

〔3〕汪繼培曰："'舟船'舊作'自照'。按《敍録》云：'聖人運之，若御舟車。'《御覽》七百六十九引此文作'篷中櫂舟'，'舟'字据改。'照''船'字形相近，以意訂正。《廣韻》云：'篷，織竹夾箬覆舟也。'《説文》無'篷'字，古蓋借'蓬'爲'篷'。'擢''櫂'亦古今字。《詩·竹竿》毛傳：'楫，所以擢舟也。'▲'櫂'古作'濯'。《史記·佞幸傳》云：'鄧通濯船。'《漢書·百官公卿表》水衡都尉屬官有'輯濯'。如淳注：'輯濯，船官也。'顔師古曰：'輯、濯皆所以行船也。'《釋名》：'櫂，濯也，濯于水中也，且言使舟擢進也。''櫂'有'擢'讀，故亦以'擢'呼之。'蓬''擢'並當以此書爲正。'舟船'與'駟馬'相對成文，《御覽》單言'舟'者，文脱也。《升菴外集》九十五引作'蓬中拾自照'，謂'自照'即'螢火'，杜子美詩'暗飛螢自照'，李長吉詩'俊健如生猱，肯拾蓬中螢'，皆用其語。謬甚。"○覺按：櫂（zhào兆）：划船的長槳，此文用作動詞，表示用櫂划。

〔4〕汪繼培曰:“《禮記·中庸》云:‘天之所覆，地之所載。’”

〔5〕汪繼培曰:“疑‘耳’。”

〔6〕汪繼培曰:“《易·乾·文言》。”〇覺按:《周易·乾·彖》:“大明終始，六位時成，時乘六龍以御天。”《周易·乾·文言》:“時乘六龍，以御天也。”相傳《彖》傳與《文言》爲孔子所作（參見《漢書·藝文志·六藝略·易家·序》及《周易·乾》“彖”“文言”孔穎達疏），所以此文題“孔子曰”。“大明”即太陽。時：按時。乘：駕馭。御:《周易·乾·文言》“以御天也”《周易集解》引荀爽注:“御者，行也。”時乘六龍以御天：古代傳説太陽每天乘在六條龍拉的車子上，由它母親羲和駕馭，從東到西運行於天空中。參見18.2注〔1〕。

〔7〕汪繼培曰:“《繫辭上傳》。”

〔8〕陳本“呈”作“□”，汪繼培曰:“程本作‘呈’。”

〔9〕序:《史記·趙世家》“而序往古之勳”《正義》:“序，重也。”即重複、重演的意思。人序其勳：指人建立功勳不過是對上天所呈徵兆的一種複製。

〔10〕汪繼培曰:“《臯陶謨》。‘功’程本作‘工’，與今《書》同。《忠貴篇》亦作‘工’。”〇覺按：天功：本書8.8、11.2、16.10均作“天工”，指上天安排的官職（見8.8注〔7〕），此文故意引作“天功”，與上下文的“勳”“功”相應，實爲斷章取義，當隨文解爲“天的功勳”。

〔11〕汪繼培曰:“疑衍，或下有脱文。”〇覺按：汪説非。“如蓋”猶“然蓋”“此蓋”之類，相當於“然則”。《史記·歷書》:“蓋聞昔者黄帝合而不死……然蓋尚矣。”《漢書·律曆志上》作“然則上矣”。《論衡·譴告篇》:“皇天非賞罰而順其操，而渥其氣，此蓋皇天之德不若婦人賢也。”皆可證漢代人有此語法。和（hè 賀）：應和。天氣：即上文所説的“其兆”，參見16.8注〔2〕。

〔12〕汪繼培曰:“《漢書·李尋傳》云:‘古之王者，尊天地，重陰陽，敬四時，嚴月令，順之以善政，則和氣可立致，猶枹鼓之相應也。’▲《漢書·公孫弘傳》云:‘人主和德于上，百姓和合于下，故心和則氣和，氣和則形和，形和則聲和，聲和則天地之和應矣。故陰陽和，風雨時，甘露降，五穀登，六畜蕃，嘉禾興，朱草生，山不童，澤不涸，此和之至也。’”〇覺按：臻：使動用法，使……到來，取得。

32.4

是故道德之用〔1〕，莫大於氣〔2〕。道者【1】，氣●之根也【2】〔3〕；氣者【3】，道之使也。必有其根，其氣乃生；必有其使，變化乃成●〔4〕。是故道之爲物也，至神以妙；其爲功也，至彊以大〔5〕。天之以動，地之以静，日之以光，月之以明；四時五行〔6〕，鬼神人民，億兆醜類●〔7〕，變異吉凶，何非氣然〔8〕？

【校記】

【1】者：仿宋本、馮本、魁本、程本、邵本、陳本同，四庫本無“者”字。

【2】氣：四庫本、陳本同，仿宋本、馮本、魁本、程本、邵本無“氣”字。

【3】從此句“者”字至32.6“何物不能”一段，仿宋本、馮本、魁本、程本、四庫本、

邵本錯入《德化》(在 33.2“則民多病目有”之下),今據陳本移於此。

【箋注】

〔1〕道:古代哲學概念,指天地萬物的本原與客觀規律。上文“天道”“地道”“人道”“各循其道”的“道”由於帶上了限制性的定語,所以指相應領域的規律。這“道”没有限制語,則指天地萬物的根本法則,也就是整個宇宙發展的客觀規律。德:是相對於“道”的一個哲學概念,指事物内在的本質屬性。《韓非子·揚搉》:“夫道者,弘大而無形;德者,覈理而普至。至於羣生,斟酌用之,……故曰:道不同於萬物,德不同於陰陽。”下文衹説“道”,可證此句之“德”乃連類而及之詞,在此衹湊一個音節。這是古代的一種行文習慣,參見 12.3 注〔18〕。

〔2〕道德之用,莫大於氣:“道”作爲一種客觀規律,是看不見摸不着的,所以下文説它“至神以妙”,但它的作用又是“至彊以大”的。王符認爲,道的這種作用主要是通過“氣”來表現的,所以説:“道德之用,莫大於氣。”

〔3〕汪繼培曰:“舊脱。”〇或曰:“這一段,《四部叢刊》影宋寫本作‘是故道德之用,莫大於氣,道者之根也,氣所受(覺按:當作“變”)也,神氣之所動也……’。汪繼培在‘道者’之下補‘氣’字,把《德化篇》‘者,道之使也’至‘何物不能’一百七十七字移至此處‘所變也’之上。照汪氏所改補:‘道者,氣之根也;氣者,道之使也。’這是説道是氣的根本,同王符所主張的氣一元論是相違背的。我們認爲,影宋寫本比較符合原意,汪氏在‘道者’之下補‘氣’字是錯誤的。《德化篇》一百七十七字,似應移至‘神氣之所動也’下。”(見上海古籍出版社 1978 年版標點本《潛夫論》第 435 頁點校者附注)〇覺按:下文《四部叢刊》本也作“必有其根,其氣乃生”,這説明在王符的思想中,氣並不是本原,而是生於其根的一種東西,所以此文應作“道者,氣之根也”,汪氏之改補無誤。至於王符是否是氣一元論者,我們不能舍本求末而憑現代某些哲學研究者的説法來作結論,應該從王符的論述中去找結論。根據此文及上文“各循其道,和氣乃臻”來看,他的哲學觀其實並没有超越古代思想家的範疇,並不是什麽氣一元論者。他雖然認爲“氣”是産生天地萬物和人類的本原,是一種“莫制莫御”的東西,但一説到“道”,他就又自覺或不自覺地接受了傳統的觀念,認爲“至神以妙”的“道”纔是最終的本原,是産生“氣”、制約“氣”的“根”,“氣”衹是“道”的一種外化物,是一種具體體現“道”的作用的東西。

〔4〕汪繼培曰:“《易·繫辭下傳》云:‘變化云爲。’《禮記·中庸》云:‘動則變,變則化。’”〇覺按:《周易·乾·彖》“乾道變化”孔穎達疏:“變,謂後來改前,以漸移改,謂之變也。化,謂一有一无,忽然而改,謂之爲化。”

〔5〕《韓非子·解老》:“道,……以爲近乎,遊於四極;以爲遠乎,常在吾側……而功成天地,和化雷霆;宇内之物,恃之以成。”

〔6〕五行:見 25.5 注〔3〕,此文指天之五行,即金、木、水、火、土五大行星。《韓非子·解老》:“道者,萬物之所然也,……天得之以高,地得之以藏,維斗得之以成其威,日月得之以恒其光,五常(覺按:即五行)得之以常其位,列星得之以端其行,四時得之以御其變氣,軒轅得之以擅四方。”

〔7〕汪繼培曰:“定四年《左傳》云‘將其類醜’,杜注:‘醜,衆也。’”〇覺按:億兆:數詞,古代有大小兩種計數法,與現在的計數法不同。小數以十萬爲億,十億爲兆;大數以萬萬爲億,萬億爲兆。“億兆”用來表示極多。醜:通“儔”,同類,種類。

〔8〕然:使動用法,使之然,使它們成爲這個樣子,也即《廣雅·釋詁三》所解釋的:“然,成也。”

32.5

及其乖戾，天之尊也氣裂之●【1】〔1〕，地之大也氣動之●【2】〔2〕，山之重也氣徙之●【3】〔3〕，水之流也氣絶之●〔4〕，日月神也氣蝕之●〔5〕，星辰虛也氣隕之●〔6〕。旦有晝晦●〔7〕，宵有●〔8〕，大風飛車●〔9〕拔樹●〔10〕，僨電爲冰●〔11〕，温泉成湯●〔12〕，麟龍鸞鳳〔13〕，蝵蠶蝝蝗●【4】〔14〕，莫不氣之所爲也【5】。

【校記】

【1】裂之：陳本同，仿宋本、馮本、魁本、程本、四庫本、邵本作“裂”。

【2】動之：陳本同，仿宋本、馮本、魁本、程本、四庫本、邵本作“動”。

【3】徙之：陳本同，仿宋本、馮本、魁本、程本、四庫本、邵本作“徙”。

【4】蝵蠶：陳本同，仿宋本、魁本、程本、四庫本、邵本作“蝵蠶”，馮本作“蝵蟗”。蝝：何本、邵本、陳本同，仿宋本、馮本、魁本、程本、四庫本作“蝝”。

【5】不：仿宋本、馮本、魁本、程本、邵本、陳本同，四庫本作“非”。

【箋注】

〔1〕汪繼培曰：“舊脱‘之’字，盧學士補。”

〔2〕汪繼培曰：“盧補。”

〔3〕汪繼培曰：“盧補。”

〔4〕汪繼培曰：“《史記·天官書》所云‘天開縣物，地動坼絶，山崩及徙川塞谿垘’是也。”

〔5〕汪繼培曰：“《天官書》云‘日月薄蝕’，《集解》：‘韋昭曰：“虧毁爲蝕。”’”

〔6〕汪繼培曰：“《春秋繁露·玉英篇》云：‘星墜謂之隕。’”〇覺按：虛：通“居”，或爲“處”字之譌。《荀子·大略篇》“仁非其里而虛之”楊倞注：“虛，讀爲居。”王先謙《集解》引王念孫曰：“‘虛’當爲‘處’字之誤也。”

〔7〕汪繼培曰：“《漢書·楚元王傳》劉向封事云‘晝冥晦’，顔師古注：‘僖十五年“九月己卯晦，震夷伯之廟”。《穀梁傳》曰：“晦，冥也。”’”

〔8〕汪繼培曰：“王先生云：‘按“宵有”下有脱文。以“晝晦”例之，疑是“夜明”二字。莊六（覺按：當作“七”）年《左傳》：“恒星不見，夜明也。”’繼培按：《淮南子·泰族訓》云：‘晝冥宵光。’此亦當言‘宵光’事。‘宵光’即《左傳》所云‘夜明’。《史記·天官書》云：‘天雷電、蝦虹、辟歷、夜明者，陽氣之動者也。’”〇覺按：此已言“宵有”，不當再言“宵光”，汪説非，王説是。

〔9〕汪繼培曰：“隱三年《左傳》云：‘鄭伯之車僨於濟。’杜注：‘既盟而遇大風，《傳》記異也。’疏云：‘車踣而入濟，是風吹之墜濟水。’”〇覺按：▲汪氏初稿注云：“《博物志》云：‘奇肱民能爲飛車，從風遠行。’”其二稿箋云：“湯時，西風至，吹其車至豫州。”蓋不切此文之義，故定稿刪之。

〔10〕汪繼培曰：“《書·金縢》云：‘天大雷電以風，大木斯拔。’《漢書·谷永傳》云：‘暴風之（覺按：當作“三”）溱，拔樹折木。’”

〔11〕汪繼培曰：“‘僨電’當是‘歕雹’。《説文》云：‘雹，雨冰也。’或‘僨’當爲

‘積’，《白虎通·災變篇》云：‘陰氣專精，積合爲雹。’”○覺按：此文有誤，但汪説未得。原文當作：“大風僨車，飛雹拔樹；寒水爲冰，温泉成湯。”僨（fèn 憤）：跌倒，傾覆。“大風僨車”指《左傳》所記鄭莊公之事（見注〔9〕）。“飛雹拔樹”指《尚書·金縢》所記“天大雷電以風”“大木斯拔”之事（見注〔10〕）。“寒水爲冰”即《荀子·勸學篇》所説的“冰，水爲之而寒於水”。“寒水”與“温泉”相對。

〔12〕汪繼培曰：“《西京雜記》：‘董仲舒云：“寒水極陰而有温泉。”’《山海經·海外東經》：‘下有湯谷。’郭注：‘谷中水熱也。’”

〔13〕鷩：見30.10注〔11〕。

〔14〕汪繼培曰：“《爾雅·釋蟲》云：‘食苗心，螟；食葉，蟘；食節，賊；食根，蟊。’‘蝥蠈’即‘蟊賊’。《漢書·五行志》云：‘宣公十五年冬，蝝生。董仲舒、劉向以爲：蝝，螟始生也。’《説文》云：‘蝝，董仲舒説：蝗子也。蝗，螽也。’”

32.6

以此觀之，氣運感動〔1〕，亦誠大矣。變化之爲〔2〕，何物不能●【1】〔3〕？所變也神，氣之所動也〔4〕。當此之時，正氣所加，非唯於人，百穀草木，禽獸魚鼈，皆口養其氣●〔5〕。聲入於耳，以感於心●〔6〕，男女聽●〔7〕，以施精神〔8〕。資和以兆𦙶【2】，民之胎【3】，含嘉以成體●〔9〕，及其生也，和以養性，美在其中，而暢於四胑●【4】〔10〕，實於血脉，是●〔11〕以心性志意耳●【5】〔12〕目精●〔13〕欲無不貞●廉〔14〕、絜懷履行者●〔15〕。此五帝三王所以能畫法像而民不違、正己德而世自化也●〔16〕。

【校記】

【1】從32.4“者道之使也”至此“何物不能”，仿宋本、馮本、魁本、程本、四庫本、邵本錯入《德化》（在33.2“則民多病目有”之下），今據陳本移於此。

【2】兆：程本、四庫本、邵本、陳本同，仿宋本、馮本、魁本作“垗”。

【3】胎：仿宋本、馮本、魁本、陳本同，程本、四庫本、邵本作“貽”。

【4】暢於四胑：仿宋本、馮本、魁本、陳本同，程本作“賜於四肢”，四庫本作“暢於四支”，邵本作“暢於四肢”。

【5】是以心性志意耳：陳本同，仿宋本、馮本、魁本、程本、邵本作“以心性志耳意”，四庫本作“以心性志意耳”。

【箋注】

〔1〕感動：使感應而發生變動，影響。

〔2〕變化之爲：即“爲變化”之倒。

〔3〕汪繼培曰：“‘者道之使也’至此，舊錯入《德化篇》。然此下尚有脱文。”○覺按：變化之爲，何物不能：搞起變化來，什麼東西它不行？

〔4〕所變也神，氣之所動也：即“氣之所動也，所變也神”之倒。

〔5〕汪繼培曰："'口'當作'和'。王先生云：'此文有脱誤。以下句例之，宜云"皆味食於口，以養其氣"。'"〇覺按：汪、王之説未得。據下文"資和以兆胚，民之胎"云云，"口"當爲"胎"字之壞誤。"胎養其氣"即"胎養於其氣"。

〔6〕汪繼培曰："《尚書大傳》云：'五載一巡守，羣后德讓，貢正聲而九族具成，雖禽獸之聲，猶悉關於律。'昭廿一年《左傳》泠州鳩曰：'夫音，樂之輿也；而鐘，音之器也。天子省風以作樂，器以鍾之，輿以行之，小者不窕，大者不槬（覺按：陳本"瓠"字旁作"匏"，今據汪稿），則和於物，物和則嘉成。故和聲入於耳而藏於心，心億則樂。'"

〔7〕汪繼培曰："脱一字。"〇彭鐸曰："蓋脱'之'字。"

〔8〕施：施加，散佈。

〔9〕汪繼培曰："文有脱誤。以下篇參之，當云：'民之胎也，資和以兆胚，含嘉以成體。'《説文》云：'肧，婦孕一月也。胎，婦孕三月也。''胚'與'肧'同。"〇覺按："資和以兆胚"承"正氣所加……皆口（胎）養其氣"而言，"含嘉以成體"承"聲入於耳……以施精神"而言。資：憑藉。和：和氣。兆：開始。

〔10〕汪繼培曰："《易·坤·文言》。'职'王弼本作'支'。"〇覺按：职：同"肢"。《周易·坤·文言》作"美在其中而暢於四支。""美""暢於四职"指動作恭敬有禮，行爲廉潔。

〔11〕汪繼培曰："舊脱。"

〔12〕汪繼培曰："'意耳'舊倒。"

〔13〕汪繼培曰："疑'情'。"〇覺按："精"通"情"，參見28.3注〔6〕。

〔14〕汪繼培曰："疑'具'。"〇覺按：汪説非。貞：堅貞，有操守，形容"心性志意"。廉：清廉，不貪，形容"耳目精欲"。

〔15〕汪繼培曰："《逸周書·官人解》云：'其壯者觀其廉潔，務行而勝私。'《鹽鐵論·散不足篇》云：'履德行仁。'《詩·大東》云'君子所履'，鄭箋：'君子皆法效而履行之。'"〇覺按：絜（jié 潔）：通"潔"。

〔16〕汪繼培曰："'畫法象'注見《衰制篇》。▲《公羊傳·襄廿九年》何休注引孔子曰：'三皇設言民不違，五帝畫象世順機，三王肉刑揆漸加，應世黠巧姦僞多。'疏云：'《孝經説》文。'《漢書·公孫弘傳》武帝策賢良制云：'蓋聞上古至治，畫衣冠，異章服，而民不犯。今何道而臻乎此？'對曰：'上古堯、舜之時，不貴爵賞而民勸善，不重刑罰而民不犯，躬率以正而遇民信也。'"〇覺按：五帝三王：見19.1注〔1〕〔2〕。此文之"三王"，與32.4的"德"一樣，是連類而及之詞（參見12.3注〔18〕、20.1）。畫法像：見20.1注〔3〕。

32.7

是故法令刑賞者，乃所以治民事而致整理爾，未足以興大化而升太平也●〔1〕。夫欲歷三王之絶迹●【1】〔2〕、臻帝皇之極功者〔3〕，必先原元而本本●【2】〔4〕，興道而致和，以淳粹之氣●〔5〕，生敦庬之民●【3】〔6〕，明德義之表●〔7〕，作信厚之心●〔8〕，然後化可美而功可成也【4】。

【校記】

【1】王：何本、四庫本、邵本、陳本同，仿宋本、馮本、魁本、程本作"正"。

【2】原：仿宋本、馮本、魁本、何本、四庫本、陳本同，程本作“原”，邵本作“元”。
【3】庞：仿宋本、馮本、魁本同，程本、四庫本、邵本作“龎”，陳本作“龐”。
【4】化：仿宋本、馮本、魁本、程本、四庫本、邵本同，陳本作“比”。

【箋注】

〔1〕汪繼培曰：“《史記·酷吏傳·序》云：‘法令者，治之具，而非制治清濁之源也。’《漢書·禮樂志》：‘劉向云：“教化，所恃以爲治也；刑法，所以助治也。今廢所恃而獨立其所助，非所以致太平也。”’”〇覺按：大化：深廣的教化。《荀子·議兵篇》：“暴悍勇力之屬爲之化而愿（忠厚老實），旁辟曲私（邪僻偏私）之屬爲之化而公，矜糾收繚（驕横蠻纏）之屬爲之化而調（和氣温順），夫是之謂大化至一。”升：登。

〔2〕汪繼培曰：“《史記·司馬相如傳》云：‘殊尤絶跡。’”〇覺按：歷：經歷，引申指做。絶迹：優異卓絶的功業事蹟。

〔3〕臻：使動用法，使……到來，取得。帝：指五帝。皇：指三皇，見20.1注〔2〕。

〔4〕汪繼培曰：“按班固《西都賦》及《漢書·敍傳》敍《律歷志》並云：‘元元本本。’”〇覺按：原：見23.3注〔7〕。元：通“原”，源頭，本源。王符認爲，政治的本源應該是德化而非法令刑賞，參見注〔1〕及下文。本本：與“原元”同，爲動賓結構，尋求根本的意思。

〔5〕汪繼培曰：“《易·乾·文言》：‘純粹精也。’‘醇’與‘純’通。《楚辭·遠遊》云：‘精醇粹而始壯。’”〇覺按：“興道而致和”與上節“資和以兆缻”相應。“以淳粹之氣”與上節“含嘉以成體”相應。淳粹：質樸敦厚而純粹完美。《文選》卷第十五《思玄賦》“何道真之淳粹兮”李善引舊注：“不澆曰淳，不雜曰粹。”

〔6〕汪繼培曰：“成十六年《左傳》云：‘民生敦龐。’”〇覺按：汪氏引文有誤。《左傳·成公十六年》作“民生敦厖”，“厖”同“庞”。敦庞（máng芒）：二字同義，敦厚樸實的意思。

〔7〕汪繼培曰：“《禮記·表記》云：‘仁者，天下之表也。’”

〔8〕汪繼培曰：“《詩·麟之趾》云‘振振公子’，毛傳：‘振振，信厚也。’”〇覺按：作：興起。

德化第三十三

【提要】

德化：用道德來感化。文章主要宣揚了作者推崇道德教化的政治思想。

作者認爲，人的思想情性是本，行爲習俗是末，“末生於本，行起於心”，如果思想端正了，就不會有邪惡的事發生。所以治理社會，應該“先其本而後其末”，先理順民衆的思想，然後再去管理他們的行爲。要改變民衆的行爲靠政策法令，而要改變民衆的思想，就必須搞好教化。“民蒙善化，則人有士君子之心；被惡政，則人有懷姦亂之慮。”民衆忠厚則致太平，民衆姦邪則致危亡，而“世之善否，俗之薄厚，皆在於君”。聖明的君主深知這一點，所以

都以身作則，用禮義來教育人民，用良好的道德風尚來感化人民，使民衆從懷胎到成長都受到良好的道德熏陶，讓仁義廉恥之心“與體俱生”，深入到民衆的靈魂中。這樣，人們就不再有粗野汙穢的習氣和邪惡淫亂的欲望，更不會有違禮犯法的事情了。文章一再強調，聖君“不務治民事而務治民心”，“尊德禮而卑刑罰”，“敦德化而薄威刑”，注重用仁德、道義、禮制來教育感化民衆，其立法也衹是爲了防範姦邪作惡而不是爲了懲處人。最聖明的君主“和德氣以化民心，正表儀以率羣下”；其次的是“躬道德而敦慈愛，美教訓而崇禮讓”；再次的是“明好惡而顯法禁，平賞罰而無阿私”。至於荒廢政事、縱情酒樂、親近小人、疏遠賢臣、妄加賞罰的君主，必將禍國殃民，自取滅亡。當然，這一切的論述，都是爲了現實，所以文章實際上是要“世主”以身作則，以道德爲本，以仁義爲佐，寬以待民，加強教化，使民風歸厚而致天下大治。

33.1

人君之治，莫大於道，莫盛於德，莫美於教，莫神於化。道者，所以持之也；德者，所以苞之也●〔1〕；教者，所以知之也；化者，所以致之也〔2〕。民有性，有情，有化，有俗。情性者，心也，本也；化俗者，行也，末也。末生於本，行起於心。是以上君撫世〔3〕，先其本而後其末●〔4〕，慎●〔5〕其心而理●其行【1】〔6〕。心精●〔7〕苟正●【2】〔8〕，則姦慝●〔9〕無所作●【3】〔10〕，邪意無所載矣。

【校記】

【1】慎：《意林》引文、仿宋本、馮本、魁本、程本、四庫本、邵本同，《羣書治要》引文、陳本作“順”。

【2】正：《羣書治要》引文、陳本同，仿宋本、馮本、魁本、程本、四庫本、邵本作“亡”。

【3】無：《羣書治要》引文、陳本同，仿宋本、馮本、魁本、程本、四庫本、邵本無“無”字。作：仿宋本、馮本、魁本、程本、四庫本、邵本同，《羣書治要》引文、陳本作“生”。

【箋注】

〔1〕汪繼培曰：“《韓詩外傳》五云：‘德也者，包天地之美。’《淮南子·説山訓》云：‘仁義在道德之包。’‘苞’與‘包’同。”

〔2〕致之：招引民衆。《論語·季氏》：“故遠人不服，則脩文德以來之。”

〔3〕撫：《廣雅·釋詁一》：“撫，安也。”《廣雅·釋詁四》：“撫，定也。”

〔4〕汪繼培曰：“《漢書·董仲舒傳》云：‘天令之謂命，命非聖人不行；質樸之謂性，性非教化不成；人欲之謂情，情非制度不節。是故王者上謹於承天意，以順命也；下務明教化民，以成性也；正法度之宜，别上下之序，以防欲也。修此三者，而大本舉矣。’”

〔5〕汪繼培改“慎”爲“順”曰：“舊作‘慎’，据《治要》改。”〇覺按：汪改非。《羣書治要》卷四十四引文作“順”，但《意林》卷三引文作“慎”，可見其原文當作“慎”。“慎”通“順”。《説文·頁部》：“順，理也。”《荀子·臣道篇》：“從命而利君謂之順。”

〔6〕汪繼培曰：“《意林》作‘治’。”

〔7〕汪繼培曰：“《治要》作‘情’。”〇覺按：“精”通“情”，參見32.6注〔13〕。

〔8〕汪繼培曰：“舊作‘亡’，据《治要》改。”

〔9〕汪繼培曰：“讀爲‘慝’。”〇覺按：匿（tè特）：見15.10注〔6〕。

〔10〕陳本“作”作“生”，汪繼培曰：“舊脱‘無’字，‘生’作‘作’，据《治要》補、改。《意林》作‘姦慝不生’。”〇覺按：“作”表示产生，不必改爲“生”。

33.2

夫化變民心也，猶政變民體也〔1〕。德政加於民，則多滌暢、姣好、堅彊、考壽●〔2〕；惡政加於民，則多罷癃、尩病、夭昏、札瘥●【1】〔3〕。故《尚書》美“考終命”而惡“凶短折”●〔4〕。國有傷明之政，則民多病目●【2】〔5〕；有傷聰之政【3】，則民多病耳●【4】〔6〕；有傷賢之政，則賢多横夭●〔7〕。夫形體骨幹爲堅彊也●【5】〔8〕，然猶隨政變易，又況乎心氣精微不可養哉？《詩》云：“敦彼行葦，羊牛勿踐履。方苞方體，惟葉柅柅●【6】〔9〕。”又曰：“鳶飛厲天【7】，魚躍于淵。愷悌君子，胡不作人●〔10〕？”公劉厚德〔11〕，恩及草木，羊牛六畜【8】〔12〕，且猶感德●仁【9】〔13〕，不忍踐履生草●〔14〕，則又況於民萌【10】，而有不化者乎●〔15〕？君子脩其樂易之德●【11】〔16〕，上及飛鳥，下及淵魚，無●不歡忻悦豫【12】〔17〕，則又況於士庶【13】，而有不仁者乎●【14】〔18〕？

【校記】

【1】札：陳本同，仿宋本、馮本、魁本、程本、四庫本、邵本作“扎”。

【2】目：陳本同，仿宋本、馮本、魁本、程本、四庫本、邵本作“因”。

【3】此句“有”字下，仿宋本、馮本、魁本、程本、四庫本、邵本有“者道之使也”至“何物不能”一段，今據陳本移於32.4—32.6（參見32.4校記【3】、32.6校記【1】）；然後又有“是故上聖”至“此乃教化之所致”一段，今據陳本移於33.4（參見33.4校記【1】）。傷聰之政：陳本同，仿宋本、馮本、魁本作“國有傷聡之政”，程本、四庫本、邵本作“國有傷聰之政”，其中“國有”二字乃錯葉造成的衍文。

【4】耳：陳本同，仿宋本、馮本、魁本、程本、四庫本、邵本作“身”。

【5】形：仿宋本、馮本、魁本、程本、四庫本、陳本同，何本、邵本作“刑”。

【6】柅柅：陳本同，仿宋本、馮本、魁本、程本、邵本作“握握”，四庫本作“泥泥”。

【7】戴飛厲：仿宋本、馮本、魁本同，程本、四庫本、邵本作“鳶飛戾”，陳本作“鳶飛厲”。

【8】羊牛：仿宋本、馮本、魁本、程本、四庫本、陳本同，何本、邵本作“牛羊”。

【9】“且猶感德”之後，仿宋本、馮本、魁本、程本、四庫本、邵本有“消息於心”至“貪樂慢傲如”，今依陳本移至30.12至30.16（參見30.16校記【3】）；其後又有“忠信未達”至“猶求”一段，今依陳本移至31.6至31.7（參見31.6校記【2】、31.7校記【1】）。仁：仿宋本、馮本、魁本、陳本同，程本作“聲仁”，四庫本作“友聲”，何本、邵本作“友聲仁”。

【10】萌：仿宋本、馮本、魁本、程本、邵本、陳本同，四庫本作“氓”。

【11】脩：仿宋本、馮本、魁本、程本、邵本同，四庫本、陳本作“修”。

【12】無不歡忻：邵本、陳本同，仿宋本、馮本、魁本、程本作“不歡忻”，四庫本作“無不歡欣”。

【13】於：陳本同，仿宋本、馮本、魁本、程本、四庫本、邵本無“於”字。

【14】有：陳本同，仿宋本、馮本、魁本、程本、四庫本、邵本無“有”字。

【箋注】

〔1〕體：即“身體力行”之“體”。《淮南子・氾論訓》“故聖人以身體之”高誘注：“體，行。”

〔2〕汪繼培曰：“‘滌’當作‘條’，‘考’當作‘老’。《禮記・樂記》云：‘感條暢之氣。’《漢書・律歷志》云：‘陰陽萬物，靡不條鬯該成。’顏師古注：‘“鬯”與“暢”同。’《論衡・齊世篇》云：‘語稱上世之人，侗長佼好，堅強老壽，百歲左右。’‘姣’與‘佼’通。‘考壽’猶言‘老壽’，《詩・雝》鄭箋云：‘又能昌大其子孫，安助之以考壽，多與福禄。’”○覺按：原文可通，不煩改字。滌：通“條”，通達。姣：美麗。考：老。

〔3〕汪繼培曰：“《吕氏春秋・明理篇》子華子曰：‘夫亂世之民，長短頡啎，百疾，民多疾癘，道多褓繈，盲禿傴尫，萬怪皆生。’高誘注：‘尫，短仰者也。’《史記・平原君傳》云：‘有罷癃之病。’《説文》云：‘尣，尳由（覺按：當作“曲”）脛也。古文从王作尫。’《周語》云：‘無夭昏札瘥之憂。’《漢書・董仲舒傳》云：‘或夭，或壽，或仁，或鄙，陶冶而成之，不能粹美，有治亂之所生，故不齊也。故堯、舜行德，則民仁壽；桀、紂行暴，則民鄙夭。’”○覺按：罷（pí 疲）癃：駝背，腰曲而背隆高。尫（wāng 汪）病：骨骼彎曲病，小腿骨彎曲或脊柱前凸造成的凸胸仰首，古代都叫作“尫”。夭昏：夭折。未成年而死叫“夭”，尚未取名而死叫“昏”。《左傳・昭公十九年》“札瘥夭昏”孔穎達疏：“子生三月，父名之，未名之曰昏，謂未三月而死也。”札瘥：因瘟疫而死亡。因大瘟疫而死叫“札”，因小瘟疫而死叫“瘥”。《左傳・昭公十九年》“札瘥夭昏”杜預注：“大死曰札，小疫曰瘥，短折曰夭，未名曰昏。”

〔4〕汪繼培曰：“《洪範》。”○覺按：《尚書・洪範》“考終命”孔安國傳：“各成其短長之命以自終，不横夭。”又“凶短折”孔安國傳：“動不遇吉。短，未六十。折，未三十。”孔穎達疏：“傳以壽爲百二十年，短者半之，爲未六十；折又半，爲未三十。……鄭玄以爲‘凶短折’皆是夭枉之名，未齓（覺按：未换牙）曰凶，未冠（覺按：未行冠禮，指未成年）曰短，未婚曰折。”

〔5〕汪繼培曰：“舊作‘因’。《漢書・五行志》云：‘傳曰：視之不明，是謂不悊。’又

曰：‘視氣毀，及人，則多病目者，故有目痾。’”

〔6〕汪繼培曰：“舊作‘身’。《五行志》云：‘傳曰：聽之不聰，是謂不謀。’又曰：‘聽氣毀，及人，則多病耳者，故有耳痾。’”

〔7〕汪繼培曰：“王先生云：‘“賢多”當作“民多”。’”〇俞樾曰：“‘賢多橫夭’當作‘民多橫夭’，汪箋引王先生説已訂正矣。惟‘傷賢之政’，義似不通。上文‘傷明之政’‘傷聰之政’，汪箋既引《漢・五行志》以説之，則此‘傷賢’疑當作‘傷睿’，故云‘民多橫夭’，即六極所謂凶短折也。凶短折爲思不睿之罰，故知‘傷賢’當作‘傷睿’矣。”〇覺按：原文可通，不煩改字。

〔8〕汪繼培曰：“《史記・蔡澤傳》云：‘人生百體堅彊。’《白虎通・嫁娶篇》云：‘男三十，筋骨堅強。’昭廿五年《左傳》杜注：‘幹，骸骨也。’”

〔9〕汪繼培曰：“《行葦》。‘柅柅’舊作‘握握’，盧學士改。繼培按：《文選・蜀都賦》‘總莖柅柅’，李善注引《毛詩》云：‘維葉柅柅。’今《詩》作‘泥泥’。”〇覺按：引詩見《詩經・大雅・行葦》。該詩歌頌周之祖先的忠厚仁愛，恩澤遍及草木。敦（tuán 團）：聚攏的樣子。行（háng 杭）：道路。羊牛勿踐履：今本《詩經》作“牛羊勿踐履”，鄭玄箋：“牧牛羊者毋使躐履折傷之。”意指周之先王忠厚，愛及草木，要放牧牛羊的人注意，别讓牛羊踐踏行葦。其中之“勿”是“不要”的意思，而王符則將“勿”理解爲“不”，將此句理解爲“羊牛……不忍踐履生草”（見下文）。方：將要。《詩經・大雅・行葦》“方苞方體”鄭玄箋：“苞，茂也。體，成形也。”柅柅（nínī 泥泥）：茂盛的樣子。

〔10〕汪繼培曰：“《旱麓》。‘厲’今作‘戾’，‘愷悌’作‘豈弟’，‘胡’作‘遐’。”〇覺按：引詩見《詩經・大雅・旱麓》。該詩歌頌周之先祖能繼承后稷、公劉的事業，奉行德義以求福，結果得到福祚而十分快樂。鳶（yuān 淵）：同“鳶”（yuān 淵），一種鷹，俗稱老鷹，嘴較短，尾較長，常開。其耳羽黑褐色，故又名黑耳鳶。貪食而兇猛。《詩經・大雅・旱麓》“鳶飛戾天”鄭玄箋：“鳶，鴟之類，鳥之貪惡者也。”厲：《文選》卷第二十四《贈白馬王彪》“翩翩厲羽翼”李善注：“厲，疾貌。”愷悌：和樂平易的樣子。

〔11〕此下幾句在闡發所引《行葦》之詩。公劉厚德：參見 22.8 注〔15〕、23.4 注〔11〕。

〔12〕六畜：牛、馬、羊、豬、雞、狗等六種家畜。此文複指“羊牛”，泛指家畜。

〔13〕汪繼培曰：“‘傷聰之政’至此，舊錯在‘教化之所致’下，此下又錯入《交際篇》‘消息於心’以下三十三行，《明忠篇》‘忠信未達’以下五行。”〇覺按：感：感動，感激。德：認爲……有德，感激。

〔14〕汪繼培曰：“《列女傳・晋弓工妻》曰：‘君聞昔者公劉之行乎？羊牛踐葭葦，惻然爲民痛之，恩及草木，豈欲殺不辜者乎？’《白虎通・情性篇》云：‘仁者不忍也。’”〇覺按：生草：指“行葦”。

〔15〕汪繼培曰：“‘萌’與‘氓’同，注見《班禄篇》。”〇覺按：見 15.1 注〔6〕。

〔16〕汪繼培曰：“《旱麓》毛傳訓‘豈弟’爲‘樂易’。鄭箋云：‘君子，謂太王、王季。’”〇覺按：以下幾句在闡發所引《旱麓》之詩。君子：指君王，參見 16.13 注〔1〕。脩：通“修”。易：平易，和悦。

〔17〕汪繼培曰：“舊脱。”〇覺按：豫：快樂。

〔18〕汪繼培曰：“舊脱‘於’字、‘有’字，依上文例補。”〇覺按：士庶：士族與庶族。從東漢開始，貴族階層内部的世家大族叫士族，不屬於士族的叫庶族。

33.3

聖深知之●〔1〕，皆務正己以爲表●〔2〕，明禮義以爲教，和德氣於未生之前〔3〕，正表義於咳笑之後●【1】〔4〕。民之胎也【2】，合中和以成〔5〕；其生也，立方正以長。是以爲仁義之心、廉恥之志●〔6〕，骨著脉通●〔7〕，與體俱生，而無麤穢之氣●【3】〔8〕，無邪淫之欲。雖放之大荒之外●〔9〕，措之幽冥之内，終無違禮之行●【4】〔10〕；投之危亡之地，納之鋒鍔之間〔11〕，終無苟全之心。舉世之人，行皆若此，則又烏所得亡●夫姦亂之民而加辟哉【5】〔12〕？“上天之載，無馨無臭【6】。儀形文王【7】，萬邦作孚●〔13〕。”此姬氏所以崇美於前而致刑錯於後也●【8】〔14〕。

【校記】

【1】義：仿宋本、馮本、魁本、程本同，何本、四庫本、邵本、陳本作“儀”。

【2】胎：仿宋本、馮本、魁本、四庫本、邵本、陳本同，程本、何本作“眙”。

【3】麤：仿宋本、馮本、魁本、陳本同，程本、四庫本、邵本作“麄”。

【4】之：程本、四庫本、邵本、陳本同，仿宋本、馮本、魁本作“之之”。

【5】烏：仿宋本、馮本、程本、四庫本、邵本、陳本同，魁本作“鳥”。

【6】馨：仿宋本、馮本、魁本同，程本、四庫本、邵本、陳本作“聲”。

【7】形：仿宋本、馮本、魁本、程本、邵本、陳本同，四庫本作“刑”。

【8】錯：仿宋本、馮本、魁本同，程本、四庫本、邵本、陳本作“措”。也：陳本同，仿宋本、馮本、魁本、程本、四庫本、邵本無“也”字。

【箋注】

〔1〕汪繼培曰：“‘聖’下脱‘人’字，或‘明主’二字誤合爲‘聖’。《勸將篇》云：‘明主深知之。’”〇彭鐸曰：“《志氏姓篇》：‘吹律定姓，唯聖能之’，亦以‘聖’爲‘聖人’，蓋非脱字。”〇覺按：彭説是。

〔2〕汪繼培曰：“《禮記·緇衣》云：‘上之所好惡，不可不慎也，是民之表也。’”

〔3〕以下幾句與32.6、32.7的内容相仿，可參見。和：《禮記·郊特牲》“陰陽和而萬物得”孔穎達疏：“和，猶合也。”

〔4〕汪繼培曰：“文六年《左傳》云‘引之表儀’，▲《荀子·成相篇》云‘表儀既設’，《漢書·翟方進傳》王莽《大誥》云‘民之表儀’。《説文》云：‘咳，小兒笑也。’”〇覺按：義：同“儀”（參見33.7），與“表”同義，儀範、表率、榜様的意思。正表義：與上文的“正己以爲表”相類。咳（hái 孩）：小兒笑。

〔5〕中和：中和之氣，見32.1注〔8〕。

〔6〕汪繼培曰：“《漢書·賈誼傳》云：‘廉愧之節，仁義之厚。’”〇覺按：“爲”猶“其”（參見《古書虚字集釋》卷二“爲”字條）。志：與“心”同義。

〔7〕汪繼培曰：“著，讀‘根著’之‘著’。”〇覺按：著（zhuó 濁）：附着。脉：血管。骨著脉通：形容“仁義之心、廉恥之志”紮根之深廣。

〔8〕汪繼培曰："《周語》云：'纍穢暴虐。'《楚辭·遠遊》云：'精氣入而麤穢除。'"

〔9〕汪繼培曰："'大荒'見《山海經》。"〇覺按：大荒：指四方邊遠地區。《山海經》有《大荒東經》《大荒南經》《大荒西經》《大荒北經》，可參見。放之大荒之外：與下句"措之幽冥之内"一樣，指將他們置於無人監督的環境中。

〔10〕汪繼培曰："《列女傳·衞靈夫人》曰：'忠臣與孝子，不爲昭昭變節，不爲冥冥惰行。'《論衡·書虛篇》云：'世稱柳下惠之行，言其能以幽冥自修潔也。'《後漢書·馮衍傳》云：'修道德於幽冥之路。'"

〔11〕鋒：兵器的尖端。鍔（è 厄）：刀劍的刃。

〔12〕汪繼培曰："疑衍，即'夫'字聲誤。"〇彭鐸曰："'亡'疑'中'之壞。《周禮·師氏》：'掌國中失之事'，故書'中'爲'得'。此蓋一本作'得'，一本作'中'，後人誤合之耳。"〇覺按：彭説誤；汪説可通，恐也不當。此"亡"字不誤，而"夫"字當爲"狀"之壞誤。《史記·項羽本紀》"秦中吏卒遇之多無狀"，《漢書·項籍傳》作"秦中遇之多亡狀"，可知東漢人自有用"亡狀"者。"亡（wú 無）狀"即"無狀"，參見 17.2.2 注〔19〕、19.7 注〔3〕。辟（bì 避）：刑法，懲處。

〔13〕陳本"馨"作"聲"，汪繼培曰："《詩·文王》。'形'今作'刑'。'聲'舊作'馨'，据程本改。"〇彭鐸曰："'無馨無臭'，嵇康《幽憤詩》同，蓋《魯詩》也。程本據《毛詩》改之，非此書之舊，斷不可從。"〇覺按：彭説是。以上四句爲《詩經·大雅·文王》中的詩句。《詩經·大雅·文王》"上天之載"毛傳："載，事。"馨（xīn 心）：香氣。本書之"臭"皆表示臭氣，與香氣相對，故本文之"馨"不應改爲"聲"。今本《詩經》作"聲"，可各從其文。形：今本《詩經》作"刑"，通"型"。儀形：法式，典範，這裏用作意動詞，表示效法、以……爲榜樣。萬邦：萬國，指天下爲數衆多的諸侯國。作：《詩經·周頌·天作》"天作高山"毛傳："作，生。"孚（fú 浮）：《詩經·大雅·文王》"萬邦作孚"毛傳："孚，信也。"

〔14〕汪繼培曰："舊脱。《史記·周本紀》云：'成、康之際，天下安寧，刑錯四十餘年不用。''錯'是'措'之借。"〇覺按：姬氏：指周族。周族始祖棄，"號曰后稷，别姓姬氏"，其後代都姓姬，故稱，參見《史記·周本紀》。崇美於前：指周文王"遵后稷、公劉之業，則古公、公季之法，篤仁，敬老慈少，禮下賢者"等事蹟，見《史記·周本紀》。錯：通"措"，放置。致刑錯於後：指成王、康王繼承文王、武王之業，致使天下大治，民不犯法，而"刑錯四十餘年不用"，見《史記·周本紀》。

33.4

是故上聖故●不務治民事而務治民心【1】〔1〕。故曰："聽訟〔2〕，吾猶人也。必也使無訟乎！""導之以德，齊之以禮●〔3〕。"務厚其情而明則務義●〔4〕，民親愛則無相害傷之意，動思義則無姦邪之心。夫若此者，非法●律之所使也【2】〔5〕，非威刑之所彊也，此乃教化之所致也●【3】〔6〕。

【校記】

【1】本節仿宋本、馮本、魁本、程本、四庫本、邵本在 33.2"傷聽之政"之前，今據

陳本移於此（參見33.2校記【3】)。故不：仿宋本、馮本、魁本、程本、邵本同，四庫本作“常不”，《羣書治要》引文、陳本作“不”。

【2】法:《羣書治要》引文、陳本同，仿宋本、馮本、魁本、程本、四庫本、邵本無“法”字。

【3】也:《羣書治要》引文、陳本同，仿宋本、馮本、魁本、程本、四庫本、邵本無“也”字。

【箋注】

〔1〕陳本無“故”字，汪繼培曰:“‘聖’下舊有‘故’字，衍。”〇覺按:“聖”下之“故”字通“固”，《羣書治要》引文及汪繼培刪之，不當。不務治民事而務治民心:《韓非子・説疑》:“禁姦之法，太上禁其心，其次禁其言，其次禁其事。”即此文所本。

〔2〕這是孔子的話，見《論語・顔淵》。據《史記・孔子世家》，孔子在魯定公時曾任大司寇（治理刑事的官)，所以會有此言。它表達了孔子不屑於刑治而主張德化的思想。聽：治理，審理。

〔3〕汪繼培曰:“並《論語》。”〇覺按:《論語・爲政》:“子曰:‘道之以政，齊之以刑，民免而無恥；道之以德，齊之以禮，有恥且格。’”

〔4〕汪繼培曰:“‘則務’二字當作‘其’。”〇彭鐸曰:“當作‘而務明其義’。”〇覺按：則：準則，即《左傳・文公六年》“道之以禮則”及《左傳・文公十八年》“則以觀德”之“則”，指禮制，與上句“齊之以禮”相應。《漢書・董仲舒傳》將“漸民以仁，摩民以誼（覺按:“誼”與“義”同義)，節民以禮”作爲教化的三個組成部分，也可佐證此文的“厚情”(仁)、“明則”(禮)、“務義”(義）是不可或缺的教化之道。汪繼培、彭鐸認爲“則”字有誤，未當。

〔5〕汪繼培曰:“据《治要》補。”

〔6〕汪繼培曰:“‘是故上聖’至此，舊錯在‘有傷聽之政’上，今移正。‘也’字据《治要》補。《漢書・董仲舒傳》云:‘夫萬民之從利也，如水之走下，不以教化隄防之，不能止也。是故教化立而姦邪皆止者，其隄防完也；教化廢而姦邪並出，刑罰不能勝者，其隄防壞也。古之王者明於此，是故南面而治天下，莫不以教化爲大務。立太學以教於國，設庠序以化於邑，漸民以仁，摩民以誼，節民以禮。故其刑罰甚輕而禁不犯者，教化行而習俗美也。’”

33.5

聖人甚●【1】〔1〕尊德禮而卑刑罰●〔2〕，故舜先勑契以“敬敷五教”【2】，而後命臯陶以“五刑”“三居”●〔3〕。是故凡立法者，非以司民短而誅過誤●〔4〕，乃以防姦惡而救禍敗、檢淫邪而内正道爾●【3】〔5〕。

【校記】

【1】甚:《羣書治要》引文、陳本同，仿宋本、馮本、魁本、程本、四庫本、邵本作“其”。

【2】勑：仿宋本、馮本、魁本、程本、邵本同，四庫本、陳本作“勅”。

【3】禍：仿宋本、馮本、魁本、四庫本、邵本、陳本同，程本、何本作“禍”。檢：何本、邵本、陳本同，仿宋本、馮本、魁本、程本、四庫本作“撿”。

【箋注】

〔1〕汪繼培曰：“舊作‘其’，据《治要》改。”

〔2〕汪繼培曰：“《漢書·禮樂志》董仲舒對策云：‘王者承天意以從事，故務德教而省刑罰。’”

〔3〕汪繼培曰：“《書·堯典》。”〇覺按：事見今本《尚書·舜典》（參見7.2注〔15〕）。勑（chì敕）：“敕”之俗字，詔命，告誡。契（xiè泄）：見9.3注〔3〕。敷：布，施行。五教：五種倫理德教，即父親有義、母親慈愛、兄長友好、弟弟恭敬、兒子孝順，見《左傳·文公十八年》。臯陶（yáo摇）：見9.3注〔3〕。五刑：見16.5注〔11〕。三居：三種住處，指流放犯人時的三種地域。《尚書·舜典》“五宅三居”孔安國傳：“大罪四裔（覺按：指四方極遠之地），次九州之外，次千里之外。”

〔4〕汪繼培曰：“王先生云：‘司，讀爲“伺”。’”〇覺按：司（sì四）：通“伺”，探察，偵察。

〔5〕汪繼培曰：“《禮記·樂記》云：‘刑以防其姦。’《新語·道基篇》云：‘檢姦邪，消佚亂。’《大戴禮·勸學篇》云：‘所以防僻邪而道中正也。’內，讀爲‘納’。”〇覺按：檢：約束，限制。內（nà那）：同“納”。

33.6

《詩》云：“民之秉夷，好是懿德●〔1〕。”故民有心也【1】，猶爲種之有園也。遭和氣，則秀茂而成實；遇水旱，則枯槁而生孽●【2】〔2〕。民蒙善化，則人●【3】〔3〕有士君子之心●〔4〕；被惡政，則人有懷姦亂之慮。故善者之養天民也，猶良工之●【4】〔5〕爲麴、豉也●〔6〕。起居以其時●〔7〕，寒温得其適●〔8〕，則一蔭之麴、豉●〔9〕，盡美而多量●〔10〕。其遇●【5】〔11〕拙工●〔12〕，則一蔭之麴、豉，皆臭敗而棄捐●【6】〔13〕。今六合亦由一蔭也●【7】〔14〕，黔首之屬●猶豆麥也〔15〕，變化云爲●【8】〔16〕，在將者爾。遭良吏，則皆懷忠信而履仁厚；遇惡吏，則皆懷姦邪而行淺薄●〔17〕。忠厚積，則致太平；姦薄積，則致危亡。是以聖帝明王皆敦德化而薄威刑〔18〕。德者，所以脩己也【9】；威者，所以治人也。上智與●下愚之民少【10】〔19〕，而中庸之民多●〔20〕。中民之生世也，猶鑠金之在鑪也，從篤變化●〔21〕，唯治●所爲【11】〔22〕，方圓薄厚，隨鎔制爾●〔23〕。

【校記】

【1】故：仿宋本、馮本、魁本、何本、四庫本、邵本、陳本同，程本作“政”。

【2】槁：陳本同，仿宋本、馮本、魁本、程本、四庫本作“槁”，何本、邵本作“稾”。

【3】人：《羣書治要》引文、陳本同，仿宋本、馮本、魁本、程本、四庫本、邵本無“人”字。

【4】之：《羣書治要》引文、陳本同，仿宋本、馮本、魁本、程本、四庫本、邵本無“之”字。

【5】遇：《羣書治要》引文、陳本同，仿宋本、馮本、魁本、程本、四庫本、邵本作“愚”。

【6】捐：《羣書治要》引文、陳本同，仿宋本、馮本、魁本、程本、四庫本、邵本作“損”。

【7】由：仿宋本、馮本、魁本、程本、邵本、陳本同，四庫本作“猶”。

【8】云：仿宋本、馮本、魁本、程本、四庫本、陳本同，何本、邵本作“行”。

【9】脩：仿宋本、馮本、魁本、程本、邵本同，四庫本、陳本作“修”。

【10】與：陳本同，仿宋本、馮本、魁本、程本、四庫本、邵本作“則”。

【11】唯治：仿宋本、馮本、魁本同，程本、四庫本、邵本作“唯治”，陳本作“惟治”。

【箋注】

〔1〕汪繼培曰：“《崧高（覺按：當作“烝民”）》。‘夷’今《詩》作‘彝’，《孟子》引《詩》作‘夷’。”〇覺按：引詩見《詩經·大雅·烝民》。夷：通“彝”，常，常道。懿（yì義）：美，好。

〔2〕汪繼培曰：“《說文》云：‘禽獸蟲蝗之怪謂之蠥（覺按：《說文·虫部》“蠥”字條作“蠥”）。’‘孽’與‘蠥’通。”〇覺按：汪說非。此文指莊稼而言，非指禽獸蟲蝗之怪。此“孽”當通“櫱”，“櫱”即樹木砍去後又長出來的枝芽，此文則用來泛指植物枯萎後由根基長出的分枝。由於這種分枝的發生已錯過時節，所以難以開花結果。

〔3〕汪繼培曰：“据《治要》補。”

〔4〕汪繼培曰：“《春秋繁露·俞序篇》云：‘教化流行，德澤大洽，天下之人，人有士君子之行而少過矣。’”〇覺按：士君子：有志操和學問的人。

〔5〕汪繼培曰：“据《治要》補。”

〔6〕汪繼培曰：“《孟子》云：‘天下之良工也。’《說文》云：‘𥻆，酒母也。或作鞠。’‘麴’與‘𥻆’‘鞠’同。豉，《說文》正作‘枝’，云：‘配鹽幽尗也。’《史記·貨殖傳》云：‘糵麴鹽豉千荅。’”〇覺按：麴（qū曲）：同“麯”，酒母，釀酒或製醬用的發酵物。豉（chǐ齒）：豆豉。

〔7〕汪繼培曰：“《漢書·卜式傳》云：‘以時起居。’《禮記·儒行》鄭注：‘起居，猶“舉事動作”。’”〇覺按：起居：行動與休止。其：見1.4注〔8〕。

〔8〕汪繼培曰：“《吕氏春秋·侈樂篇》云：‘寒、温、勞、逸、飢、飽，此六者非適也。凡養也者，瞻非適而以之適者也。’”

〔9〕汪繼培曰：“《說文》云：‘窨，地室也。’徐鍇云：‘今謂地窖藏酒爲窨。’‘蔭’與‘窨’通。《齊民要術》云：‘作豉法，先作煖蔭屋，坎地深三二尺，密泥塞屋牖，勿令風及蟲泉（覺按：“泉”當作“鼠”）入也。’又云：‘作麥麴法，其房欲得板户，密泥塗之。’《說文》‘豉’▲正作‘枝’，‘配鹽幽尗也’。徐鍇云：‘幽，謂造之幽暗也。’‘暗’與‘窨’義

亦同。”

〔10〕汪繼培曰：“《史記·匈奴傳》中行説曰：‘漢所輸匈奴繒絮米糵，令其量中必善美▲而已矣。’”

〔11〕汪繼培曰：“舊作‘愚’，据《治要》改。”○覺按：其：如果。

〔12〕汪繼培曰：“《孟子》云：‘大匠不爲拙工改廢繩墨。’”

〔13〕汪繼培曰：“舊作‘損’，据《治要》改。”

〔14〕汪繼培曰：“《新書·過秦上篇》云：‘履至尊而制六合。’《淮南子·原道訓》高誘注：‘四方上下爲六合。’”○彭鐸曰：“‘由’與‘猶’同。”

〔15〕汪繼培曰：“《禮記·祭義》云‘以爲黔首則’，鄭注：‘黔首，謂民也。’”

〔16〕汪繼培曰：“《易·繫辭下傳》。”○覺按：《周易·繫辭下》“變化云爲”孔穎達疏：“或以漸變改，或頓從化易，或口之所云，或身之所爲也。”

〔17〕汪繼培曰：“《漢書·刑法志》文帝詔云：‘牧民而道之以善者，吏也。’《公孫弘傳》云：‘先世之吏正，故其民篤。今世之吏邪，故其民薄。’《禮樂志》云：‘世衰民散，小人乘君子，心耳淺薄，則邪勝正。’”

〔18〕敦：厚，看重。薄：即“厚今薄古”的“薄”，看不起，輕視。

〔19〕汪繼培曰：“舊作‘則’。”

〔20〕汪繼培曰：“《論語》云：‘唯上知與下愚不移。’《後漢書·楊終傳》云：‘上智下愚，謂之不移。中庸之流，要在教化。’《荀子·王制篇》云‘中庸民不待政而化’，楊倞注：‘中庸民易與爲善，故教則化之，不待政成之後也。’”○覺按：《漢書·古今人表》：“可與爲善，不可與爲惡，是謂上智。……可與爲惡，不可與爲善，是謂下愚。……可與爲善，可與爲惡，是謂中人。”

〔21〕汪繼培曰：“‘篤’疑‘笵’之誤。王先生云：‘疑是“從革”。’”○覺按：王説非。“篤”爲“笵”之形誤。“笵”是鑄造器物的模子。

〔22〕汪氏二稿曰：▲“舊作‘治’。”○覺按：據此，可知汪氏所用舊本爲程本。

〔23〕汪繼培曰：“▲《管子君臣上篇》云：‘所欲者能得諸民，故賢材遂。所惡者能除諸民，故姦僞省，如冶之于金，陶之于埴，制在工也。’《任法篇》云：‘堯之治天下也，猶埴之在埏也。惟陶之所以爲。猶金之在鑪，恣冶之所以鑄。’《禁藏篇》云：‘法之制民也，猶陶之于埴，冶之于金也。’《商子·畫策篇》云：‘因民之本在制民，若冶于金、陶于土也。’《春秋繁露·實性篇》云：‘中民之性，待漸於教訓而後能爲善。’《漢書·董仲舒傳》云：‘夫上之化下，下之從上，猶泥之在鈞，惟甄者之所爲；猶金之在鎔，惟冶者之所鑄。’”○覺按：鎔（róng 容）：與“笵”同義。《漢書·董仲舒傳》“猶金之在鎔”顏師古注：“鎔謂鑄器之模範也。”

33.7

是故世之善否●〔1〕，俗之薄厚，皆在於君。上聖和德●氣以化民心【1】〔2〕，正表儀以率羣下，故能使民比屋可封〔3〕，堯、舜是也●〔4〕。其次躬道德而敦慈愛，美教訓而崇禮讓，故能使民無争心●〔5〕而致刑錯●【2】〔6〕，文、武是也。其次明好惡而顯法禁，平賞罰而無阿私●〔7〕，故能使民辟姦邪而趨公正〔8〕，理弱亂以致治彊，中興是也●〔9〕。治天下●〔10〕，身處汙而放情●【3】〔11〕，怠民事而急酒樂●〔12〕，近頑童而遠賢才●〔13〕，親諂諛而踈正直，重賦税以賞無功，妄加喜怒以傷無辜●〔14〕，故能亂其政以敗其民，弊其身以喪其國者●〔15〕，幽、厲是也。

【校記】

【1】德：陳本同，仿宋本、馮本、魁本、程本、四庫本、邵本無“德”字。

【2】錯：仿宋本、馮本、魁本、程本、邵本、陳本同，四庫本作“措”。

【3】汙：仿宋本、馮本、魁本、何本、四庫本、邵本、陳本同，程本作“汗”。

【箋注】

〔1〕汪繼培曰：“《治要》作‘惡’。”〇覺按：否（pǐ 痞）：惡。

〔2〕汪繼培曰：“舊脱，据上文補。”〇覺按：參見 33.3 注〔3〕。

〔3〕比：並列。比屋：屋靠屋，指家家户户。

〔4〕汪繼培曰：“《新語·無爲篇》云：‘堯、舜之民可比屋而封，桀、紂之民可比屋而誅者，教化使然也。’《漢書·王莽傳》云：‘明聖之世，國多賢人，故唐、虞之時，可比屋而封。’《論衡·藝增篇》云：‘儒書又言堯、舜之民可比屋而封，言其家有君子之行，可皆官也。’”

〔5〕汪繼培曰：“昭六年《左傳》云：‘民知有辟，則不忌於上，並有争心，以徵於書，而徼幸以成之。’”

〔6〕汪繼培曰：“上作‘措’。”〇覺按：汪氏據程本而言耳（見 33.3 校記【8】）。

〔7〕汪繼培曰：“《孝經》云：‘示之以好惡，而民知禁。’《韓非子·五蠹篇》云：‘明其法禁，必其賞罰。’《漢書·金日磾傳》云：‘亡所阿私。’《吕氏春秋·貴公篇》高誘注：‘“阿”亦“私”也。’”〇覺按：阿（ē 婀）：偏袒。

〔8〕辟（bì 避）：通“避”。

〔9〕汪繼培曰：“《毛詩序》云：‘《烝民》，尹吉甫美宣王也。任賢使能，周室中興焉。’《史記·周本紀》云：‘宣王即位，二相輔之修政，法文、武、成、康之遺風，諸侯復宗周。’”〇覺按：中興：中途復興，即國家由衰微而復興。此指周宣王而言，參見 17.1.2 注〔4〕。

〔10〕汪繼培曰：“下有脱文。”

〔11〕汪繼培曰：“《文選·古詩》云：‘蕩滌放情志。’《治要》載桓範《政要論·節欲篇》云：‘儉者節欲，奢者放情。放情者危，節欲者安。’”

〔12〕汪繼培曰：“《大戴禮·少閒篇》云：‘荒耽於酒，淫泆於樂。’”

〔13〕汪繼培曰：“《鄭語》：‘史伯曰：“侏儒戚施，實御在側，近頑童也。”’”〇覺按：頑：愚昧無知。

〔14〕汪繼培曰：“《治要》載《六韜·文韜篇》：‘太公曰：“賢君之治國，其政平，吏不苛，其賦斂節，其自奉薄，不以私善害公法，賞賜不加於無功，刑罰不施於無罪，不因喜以賞，不因怒以誅。”’”

〔15〕汪繼培曰：“《詩·抑》云：‘天方艱難，曰喪厥國。’《毛詩序》云：‘衛武公刺厲王。’”

33.8

孔子曰："三人行，必有我師焉。擇其善者而從之，其不善者，我則改之●〔1〕。"《詩》美"宜鑒于殷"、"自求多福"【1】〔2〕。是故世主誠能使六合之内、舉世之人咸懷方厚之情，而無淺薄之惡，各奉公正●之心【2】〔3〕，而無姦險●之慮【3】〔4〕，則羲、農之俗復見于兹【4】〔5〕，麟龍鸞鳳復畜于郊矣●【5】〔6〕。

【校記】

【1】于：仿宋本、馮本、魁本、程本、四庫本、邵本同，陳本作"於"。

【2】正：《羣書治要》引文、陳本同，仿宋本、馮本、魁本、程本、四庫本、邵本作"政"。

【3】險：《羣書治要》引文、陳本同，仿宋本、馮本、魁本、程本、四庫本、邵本作"阨"。

【4】復見于：仿宋本、馮本、魁本、程本、邵本同，四庫本作"見于"，陳本作"復見於"。

【5】于郊：仿宋本、馮本、四庫本、邵本同，魁本、程本作"于效"，陳本作"於郊"。

【箋注】

〔1〕汪繼培曰："《論語》。'我則'二字作'而'。"○覺按：見《論語・述而》，今本《論語》文字稍異。三：是約數，並非確指"三"。焉：於之，在他們之中。

〔2〕汪繼培曰："《文王》。"○覺按：引詩見《詩經・大雅・文王》。殷：參見 4.1 注〔4〕〔3〕。

〔3〕汪繼培曰："舊作'政'，据《治要》改。"

〔4〕汪繼培曰："舊作'阨'，据《治要》改。"

〔5〕羲、農：伏羲、神農。見（xiàn 現）：同"現"。兹：此。

〔6〕汪繼培曰："《白虎通・封禪篇》云：'德至鳥獸，則鳳凰翔，鸞鳥舞，麒麟臻。'《禮記・禮運》云：'鳳凰麒麟，皆在郊棷。'"○覺按：麟：見 14.9 注〔15〕。龍：傳説中的神異動物，是鱗蟲之長。《禮記・禮運》："麟、鳳、龜、龍，謂之四靈。"鸞：見 30.10 注〔11〕。鳳：見 17.3.2 注〔11〕。畜（xù 旭）：通"蓄"，《廣雅・釋詁三》："蓄，聚也。"麟龍鸞鳳復畜于郊：這是吉祥的徵兆，古代常以此形容政治清明而社會安定和樂。

五德志第三十四

【提要】

五德：木德、火德、土德、金德、水德等五種德性（詳見 34.0.1 注〔18〕）。五德志：即記述五德之君的文章。它主要叙述了遠古太皞伏羲氏至漢高祖劉邦這一段歷史時期内主要帝王的興亡情况，所以它實是一篇上古史綱。

作者在叙述古代帝王興廢更替的時候，雖然也採摭了《尚書》《周易·繫辭》《左傳》《史記》等典籍中的史料，但同時也大量吸取了當時盛行的緯書之説，而且還和《漢書·律曆志下》一樣，完全接受了戰國秦漢以來所流行的五德相生之説（木生火，火生土，土生金，金生水，水生木），所以他叙述的上古帝王更替史可大致概括如下：木德之君太皞伏羲氏→火德之君炎帝神農氏→土德之君黄帝軒轅氏→金德之君青陽少皞氏→水德之君顓頊高陽氏→木德之君帝嚳高辛氏→火德之君唐堯→土德之君虞舜（兼及後代胡公嬀滿）→金德之君夏禹（兼及後代啓、太康、相、少康、桀）→水德之君商湯（兼及其祖契、其後代武丁、紂、微子、箕子）→木德之君周文王、周武王（兼及其祖棄）→火德之君漢高祖劉邦。

在研究中國上古史時，本篇所具有的史料價值已爲過去的史學家所重視。但是，作者在叙述時，有時將德性相同的君王列爲同一宗族，如把帝嚳、棄、周文王等當作伏羲的後代，把堯當作神農的後代，諸如此類，與《史記》的記載頗不一致。孰是孰非，我們雖然没有切實的證據來下斷論。但一般地説，這恐怕是囿於五德終始説而導致的穿鑿附會之説，不足爲據。當然，文中還有一些其他的誤記。正如作者所説："雖多未必獲正，然罕可以浮游博觀，共求厥真。"故此篇絶不是信史，僅具參考價值而已。

34.0.1

自古在昔●〔1〕，天地開闢●〔2〕，三皇迭制〔3〕，各樹號謚以紀其世〔4〕。天命五代〔5〕，正朔三復●〔6〕。神明感生●〔7〕，爰●興有國【1】〔8〕，亡于嫚以●〔9〕滅於積惡●【2】〔10〕。神微精以●〔11〕天命罔極●〔12〕，或皇馮依●〔13〕，或繼體育●〔14〕。太曎●〔15〕以前尚矣●【3】〔16〕，迪斯用來●【4】〔17〕，頗可紀録。雖一精思●〔18〕，議而復誤，故撰古訓●〔19〕，著《五德志》●〔20〕。

【校記】

【1】爰：陳本同，仿宋本、馮本、魁本、程本、四庫本、邵本作"愛"。

【2】于：仿宋本、馮本、魁本、程本、四庫本、邵本同，陳本作"於"。

【3】曎：仿宋本、馮本、魁本、程本、邵本、陳本同，四庫本作"皞"。

【4】迪斯用：仿宋本、馮本、魁本、程本、邵本、陳本同，四庫本"由斯以"。

【箋注】

〔1〕汪繼培曰："《詩·那》。"〇覺按：《詩經·商頌·那》"自古在昔"毛傳："古曰

‘在昔’。”

〔2〕汪繼培曰:“《御覽》一引《尚書中候》云:‘天地開闢。’”

〔3〕三皇:見20.1注〔2〕。制:控制,統治。

〔4〕號:名號。它是一種美稱,如“皇”“帝”之類。《周禮·春官·大祝》“辨六號”鄭玄注:“號,謂尊其名,更爲美稱焉。”謚(shì市):與“號”同義,並不是指古代帝王貴人死後被加的帶有褒貶意義的稱號。《史記·秦始皇本紀》:“采上古帝位號,號曰皇帝。……太古有號毋謚,中古有號,死而以行爲謚。”三皇時代無後代意義上的“謚”,至周代纔有死後之“謚”。此文的“號謚”,語本《漢書·古今人表》。

〔5〕命:指(上天)安排。《列子·力命》篇題“力命”張湛注:“命者,必然之期,素定之分也。”五代:見19.1注〔1〕。

〔6〕汪繼培曰:“《白虎通·三正篇》云:‘《禮·三正記》曰:“正朔三而改,文質再而復。”’”○覺按:正(zhēng征)朔:每年的第一個月叫“正”,每月的第一天叫“朔”。“正朔”即一年的第一天。夏朝以建寅之月(即現在的陰曆正月)爲正月,稱爲人統;殷朝以建丑之月(即陰曆十二月)爲正月,稱爲地統;周朝以建子之月(即陰曆十一月)爲正月,稱爲天統:總稱“三正”,也稱“三統”。秦朝雖以建亥之月(即陰曆十月)爲歲首,其實用的是夏曆,因爲它除了避諱的需要而將夏曆的“正月”改稱爲“端月”外,其餘月份全依夏曆,並不將夏曆的十月改爲正月,十一月改爲二月,如此等等。漢武帝太初元年(公元前104年)改從夏正,即以建寅之月爲歲首,此後除王莽和魏明帝時一度改用殷正,唐武后和肅宗時一度改用周正,一般都用夏正,即現在所用的夏曆,或稱農曆、陰曆。因此,實際上自古以來衹有“三正”。戰國秦漢時有所謂“三正論”,認爲夏、商、周三代之所以要改正朔,是因爲王朝始起必須承應天命。此文也沿襲了這種説法,所以將它歸爲“天命”。復:通“覆”,覆滅,結束。《穀梁傳·宣公八年》:“復者,事畢也。”正朔三復:所定正朔結束了三次,指夏、商、周三代相繼覆滅。

〔7〕汪繼培曰:“《禮記·大傳》鄭注云:‘王者之先祖,皆感太微五帝之精以生。’詳《卜列篇》注。”○覺按:神明:神衹,此指天上五方之帝,見25.5注〔4〕。感:感應,影響。

〔8〕汪繼培曰:“舊作‘愛’。”

〔9〕汪繼培曰:“‘以’當作‘易’,‘易’‘以’聲近之誤。《説文》云:‘嫚,侮易也。’經典通作‘慢’。▲《漢書·酈食其傳》‘沛公嫚易人’,《史記》作‘慢而易人’。本書《斷訟篇》《交際篇》並作‘慢易’,注見《斷訟篇》。”○覺按:汪氏《斷訟篇》之注見19.6注〔10〕。嫚:通“慢”,怠慢,懈怠。以:猶“而”(參見《經傳釋詞》卷一“以”字條),汪説非。

〔10〕汪稿云:▲“《管子·八觀篇》云:‘離本國,徙都邑,亡也。有者異姓,滅也。’”

〔11〕汪繼培曰:“‘以’字誤,或當在‘精’字上,《明忠篇》‘精微而神’是其例。《論衡·奇怪篇》云:‘説聖者以爲稟天精微之氣。’此文意蓋與彼同。”○覺按:“以”猶“而”(參見《經傳釋詞》卷一“以”字條),汪説非。

〔12〕汪繼培曰:“《詩·維天之命》毛傳:‘孟仲子曰:“大哉!天命之無極。”’文十七年《左傳》云:‘命之罔極。’”○覺按:天命:天神的意旨。罔:無。極:標準。神微精以天命罔極:即《尚書·咸有一德》所説的“命靡常”(見25.1注〔5〕)以及《詩經·大雅·文王》所説的“上天之載,無聲(或當作“馨”,見33.3注〔13〕)無臭”之意,指天命没有定準而難以捉摸。

〔13〕汪繼培曰:“《詩·閟宫》云‘上帝是依’,鄭箋:‘天用是馮依而降精氣。’僖五年《左傳》云:‘神所馮依。’”〇覺按:馮(píng 憑):通“憑”,依靠。

〔14〕汪繼培曰:“《史記·外戚世家·序》云:‘自古受命帝王及繼體守文之君。’”〇覺按:繼體:見16.5注〔17〕。育:撫養,指能統治、撫養百姓。《史記·孝文本紀》:“朕聞之:天生蒸民,爲之置君以養治之。……朕下不能理育羣生。”即此“育”字之義。

〔15〕汪繼培曰:“與‘皞’同。隸書從‘皋’之字多作‘睪’。”〇覺按:“皥”爲“皡”之俗字。“太皡”見25.6注〔8〕。

〔16〕汪繼培曰:“《大戴禮·五帝德篇》云:‘孔子曰:“黄帝尚矣。”’《史記·三代世表·序》云:‘五帝三代之記尚矣。’《索隱》:‘劉氏云:“尚猶久古也。”’”

〔17〕汪繼培曰:“猶云‘由斯以來’也。”〇覺按:斯:此,指代太皞。

〔18〕汪繼培曰:“《史記·鄒陽傳》云:‘雖竭精思。’一,讀‘專壹’之‘壹’。”

〔19〕汪繼培曰:“《詩·烝民》云:‘古訓是式。’《説文》云:‘僎,具也。’‘撰’即‘僎’之借。”〇覺按:撰(zhuàn 篆):聚集,編集。訓:見《本訓》提要。古訓:古代的説法。《詩經·大雅·烝民》“古訓是式”毛傳:“古,故。訓,道。”鄭玄箋:“故訓,先王之遺典也。”

〔20〕汪繼培曰:“《大戴禮·有五帝德篇》。《三代世表·序》云‘終始五德之傳’,《索隱》云:‘謂帝王更王,以金木水火土之五德傳次相承,終而復始,故云“終始五德之傳”也。’”〇覺按:五德:五種德性,指五行之精氣,即金德、木德、土德、水德、火德。它是我國古代的一個哲學概念。戰國秦漢時陰陽五行家宣揚一種“五德終始説”,認爲“天人感應”,人類社會的發展是天命所致,朝代的興廢更替是由於五行之德的盛衰及相克。每一朝代都受到一種“德”的支持,這種“德”盛,則該朝代興盛;這種“德”衰,則該朝代衰亡而被另一種“德”支持的王朝所代替。《文選》卷第二十《晋武帝華林園集詩》“五德更運”李善注引《七略》曰:“鄒子有終始五德,言土德從所不勝,木德繼之,金德次之,火德次之,水德次之。”又卷第五十九《齊故安陸昭王碑文》:“天命玄鳥,降而生商,是開金運,祚始玉筐。”李善注:“金,謂殷。鄒子曰:‘五德從所不勝,虞土,夏木,殷金,周火。’”就是説,舜以土德王,夏禹以木德王,木克土(參見25.7注〔6〕),故夏禹代舜而統治天下;商以金德王,金克木,故商取代夏;周以火德王,火克金,故周取代商。同樣,秦以水德王,水克火,故秦取代周。但也有以五行相生説(參見25.7注〔6〕)來解説王朝命運的,如認爲舜以土德王,夏禹以金德王,土生金,故舜傳位給夏禹;商以水德王,金生水,故夏朝滅亡而產生商朝,如此等等(參見《漢書·律曆志下》及本篇提要)。這兩種説法並不一致,可見其虚妄。王符則接受了天人感應之説(參見36.32、25.5)與五德相生之説(參見25.6、36.34)。志:即“人物志”的“志”,通“誌”,記事的文章。

34.0.2

世傳三皇五帝,多以爲伏羲、神農爲二皇●【1】〔1〕;其一者,或曰燧人●〔2〕,或曰祝融●〔3〕,或曰女媧●〔4〕。其是與非,未可知也。我聞古有天皇、地皇、人皇●〔5〕,以爲或及此謂〔6〕,亦不敢明。凡斯數●者【2】〔7〕,於五經〔8〕,皆無正文,故略依《易·繫》〔9〕,記伏羲以來,以遺後賢。雖多未必獲正,然罕可以浮游博觀【3】〔10〕,共求

厥真。

【校記】

【1】二:《意林》引文、陳本同，仿宋本、馮本、魁本、程本、四庫本、邵本作“三”。

【2】者：邵本同，仿宋本、馮本、魁本、程本、何本、四庫本、陳本作“其”。

【3】罕：仿宋本、馮本、魁本、程本、邵本、陳本同，四庫本作“稍”。

【箋注】

〔1〕汪繼培曰:“《淮南子・原道訓》云:‘泰古二皇。’高誘注:‘二皇，伏羲、神農也。’《獨斷》云:‘上古天子，庖犧氏、神農氏稱皇。’”

〔2〕汪繼培曰:“《尚書大傳》及《禮緯・含文嘉》。説見《風俗通・皇霸篇》。《禮記・曲禮》疏云:‘宋均注《援神契》引《甄耀度》數燧人、伏羲、神農爲三皇。’”〇覺按：燧（suì 隧）人：習稱“燧人氏”，傳説中的遠古帝王。相傳遠古人民茹毛飲血，生食蚌蛤，傷害腸胃而多疾病，他發明鑽燧取火（用鑽子鑽木燧，讓它摩擦生熱而取得火種），使民熟食，受到人民的擁戴而稱王天下。見《韓非子・五蠹》和《初學記》卷九。

〔3〕汪繼培曰:“《禮號謚記》。説見《風俗通》。《白虎通》亦引之。”〇覺按:“祝融”的字面意義可參見 1.1 注〔11〕，但其人並不是 1.1 所説的“祝融”，而是指傳説中的遠古帝王“祝融氏”，他與伏羲、神農的時代相近，以火施化，故稱祝融。其人除《風俗通義・皇霸・三皇》《白虎通・號》引述外，首見於《莊子・胠篋》，又可參見《路史・前紀八》。

〔4〕汪繼培曰:“《春秋運斗樞》。説見《風俗通》。”〇王紹蘭曰:“《禮記・明堂位》鄭注:‘女媧，三皇承宓羲者。’《尚書叙》孔疏引鄭注《中候》，依《春秋運斗樞》以女媧與羲、農爲三皇。”〇覺按：女媧（wā 蛙）：習稱“女媧氏”，傳説中的遠古帝王及人類始祖。相傳她是伏羲之妹，風姓，與伏羲相婚而産生了人類，後來他們制定嫁娶之禮，禁止兄妹通婚。由此可以推知她是原始社會血緣婚時期過渡到族外婚時期的部族長。她又被附會成神女，蛇身，牛首，人面，虎鼻，其體一日中七十變，腸子會變成神；又傳説她曾用黄土造人，並煉五色石補天，折斷鰲足支撑四極，治平洪水，殺死猛獸，使人民得以安居。參見《山海經・大荒西經》《楚辭・天問》《列子・黄帝、湯問》《淮南子・覽冥訓、説林訓》等記載及其古注，《初學記》卷九和《太平御覽》的引文，以及《通志・三皇紀》《路史・後紀二》等等。或曰女媧:《尚書序》“伏犧、神農、黄帝之書”孔穎達疏:“鄭玄注《中候》，依《運斗樞》，以伏羲、女媧、神農爲三皇。”鄭玄注《禮記・明堂位》“女媧之笙簧”也説:“女媧，三皇承宓羲者。”其實，女媧在伏羲死後代立，猶如漢代吕雉稱制，祇是繼體之君，不能列爲三皇之一。

〔5〕汪繼培曰:“《史記・秦始皇紀》:‘博士議曰:“古有天皇，有地皇，有泰皇。”’《索隱》云:‘泰皇當人皇也。’《初學記》九引《春秋緯》云:‘天皇、地皇、人皇，兄弟九人，分九州，長天下。’《御覽》七十八引徐整《三五歷紀》云:‘天皇、地皇、人皇爲太古。’”〇覺按：參見 20.1 注〔2〕。

〔6〕及:《管子・大匡》“豈及彭生而能止之哉”注:“及，如也。”

〔7〕陳本無“者”字，而下有“其”字，汪繼培曰:“下脱一字。”〇覺按：今據邵本改“其”爲“者”屬上讀。

〔8〕五經：見 8.3 注〔6〕。

〔9〕《易・繫》:《周易・繫辭》，本名《繫辭傳》，漢代人或稱爲《易大傳》。傳説是孔

子所作十翼之一，分上下二篇。其文泛論《易》理，内容甚爲駁雜，但也頗有精義。篇中常稱“子曰”，所以自宋歐陽修撰《易童子問》以來，即疑其非出於孔子之手。

〔10〕俞樾云：“‘然罕’二字絶句，言此義爲世所罕聞也。篇中所陳，與太史公《五帝紀》《三代世表》絶異。太史公曰：‘余讀諜記，黄帝以來皆有年數。稽其歷譜諜，終始五德之傳，古文咸不同乖異。’然則當時原有異同。今依潛夫説，則舜無娶曾祖姑之嫌，而稷、契皆非堯弟，故自舜始舉之，於事理爲近也。此義在東漢時已爲罕聞，故列之於後以張其説：伏羲（木德）帝嚳　棄；神農（火德）　堯；軒轅（土德）　舜；少皞（金德）　禹；顓頊（水德）　契。”〇孫詒讓曰：“案‘罕’疑當作‘幸’，謂冀幸可以浮游博觀，與學者共求其真也。俞讀‘然罕’二字絶句，非。”〇彭鐸曰：“俞讀固非，孫改恐亦未是。罕，少也。‘罕可’蓋猶後世言‘少可’、‘差可’耳。”〇覺按：罕：少。這裏是自謙之詞，謙言其價值之小。浮游：漫游，引申爲瀏覽，與23.1的“浮游”不同。

34.1.1

大人迹出雷澤，華胥履之，生伏羲●〔1〕。其相日角●〔2〕。世號太曎●【1】〔3〕，都于陳●【2】〔4〕。其德木●〔5〕。以龍紀〔6〕，故爲龍師而龍名●〔7〕。作八卦〔8〕，結繩爲網以漁●〔9〕。

【校記】

【1】曎：仿宋本、馮本、魁本、程本、邵本、陳本同，四庫本作“皞”。

【2】于：仿宋本、馮本、魁本、程本、四庫本、邵本同，陳本作“於”。

【箋注】

〔1〕汪繼培曰：“《御覽》七十八引《詩含神霧》云：‘大迹出雷澤，華胥履之，生宓犧。’又引《孝經鈎命决》云：‘華胥履跡，怪生皇犧。’注云：‘跡，靈威仰之跡也。’”〇覺按：從34.1.1至34.1.4述木德之君。雷澤：古澤名，一名雷夏。在今山東省菏澤市東北，已淤。華胥：伏羲之母。《周易·繫辭下》孔穎達疏引《帝王世紀》云：“大皞帝包犧氏，風姓也。母曰華胥，燧人之世有大人跡出於雷澤，華胥履之而生包犧，長於成紀，蛇身人首。有聖德，取犧牲以充包厨，故號曰包犧氏。後世音謬，故或謂之伏犧，或謂之虙犧，一號皇雄氏，在位一百一十年。”之：指“大人迹”，即靈威仰之跡。靈威仰爲東方蒼帝（見25.5注〔4〕），屬木德，故華胥踩之而生木精太皞。關於踩了神仙足跡而懷孕的傳説，實反映了遠古知其母而不知其父的雜交婚時的情形，不必以爲實有其事。下文各種神異的傳説，大多可作如是觀。

〔2〕汪繼培曰：“《御覽》引《孝經援神契》云：‘伏羲氏日角，衡連珠。’《五行大義》五引《孝經鈎命决》云：‘伏羲日角，珠衡，戴勝。’”〇覺按：角：額角，額骨。日角：太陽似的額骨，即額骨中央隆起如日，舊時認爲是大貴之相。

〔3〕汪繼培曰：“《漢書·古今人表》‘太昊帝宓羲氏’，張晏曰：‘太昊，有天下號也。’按《律歷志》云：‘《易》曰：“炮犧氏之王天下也。”言炮犧繼天而王，爲百皇先，首德始於木，故爲帝太昊。作罔罟以佃漁，取犧牲，故天下號曰炮犧氏。’是班氏以太昊爲身號，炮犧爲世號矣。先儒言身號、世號往往岐異，今就與本書合者録之。”

〔4〕汪繼培曰：“昭十七年《左傳》云：‘陳，太皞之墟也。’杜注：‘太皞居陳。’▲《御

覽》引《帝王世紀》曰：‘太昊庖犧氏都陳。’”〇覺按：陳：在今河南省周口市淮陽區。

〔5〕汪繼培曰：“《御覽》引《春秋内事》云：‘伏羲氏以木德王。’”

〔6〕紀：《左傳・昭公十七年》“黄帝氏以雲紀”，杜預注將“紀”解爲“紀事”，孔穎達疏解爲“紀綱諸事”，即治理的意思。

〔7〕汪繼培曰：“昭十七年《左傳》。”〇覺按：龍師：龍官，以“龍”字爲名號的官長。《左傳・昭公十七年》“故爲龍師而龍名”杜預注：“大皞伏犧氏，風姓之祖也，有龍瑞，故以龍命官。”孔穎達疏引服虔曰：“大皞以龍名官，春官爲青龍氏，夏官爲赤龍氏，秋官爲白龍氏，冬官爲黑龍氏，中官爲黄龍氏。”《漢書・百官公卿表・序》“以爲宓羲龍師名官”顔師古注：“應劭曰：‘師者，長也，以龍紀其官長，故爲龍師。’張晏曰：‘庖羲將興，神龍負圖而至，因以名師與官也。’”

〔8〕八卦：見25.1注〔9〕。

〔9〕汪繼培曰：“《易・繫辭下傳》。”〇覺按：《周易・繫辭下》：“作結繩而爲罔罟，以佃以漁。”則伏羲結網，不但用來捕魚，而且用來捕捉鳥獸。大概東漢時已不用網捕獸，所以王符衹説“爲網以漁”。

34.1.2

後嗣——帝嚳●〔1〕，代顓頊氏●〔2〕。其相戴斗●【1】〔3〕。其號高辛●〔4〕。厥質神靈●〔5〕，德行祗肅【2】〔6〕。迎送日月●【3】〔7〕，順天之則●〔8〕，能叙三辰以周民●〔9〕。作樂《六英》●〔10〕。世有才子八人〔11〕：伯奮、仲堪、叔獻、季仲、伯虎、仲雄、叔豹、季狸【4】。忠肅恭懿，宣慈惠和，天下之人謂之“八元”●〔12〕。

【校記】

【1】斗：四庫本同，仿宋本、馮本、魁本、程本、何本作“十”，邵本、陳本作“干”。

【2】祗：仿宋本、魁本、程本、四庫本、邵本同，馮本、陳本作“祇”。

【3】送：邵本同，仿宋本、馮本、魁本、程本、何本、四庫本、陳本作“逆”。

【4】雄：仿宋本、馮本、魁本、程本、邵本、陳本同，四庫本作“熊”。

【箋注】

〔1〕梁玉繩曰：“五帝三王之世系，顓頊、舜、禹不出于黄帝，少昊帝及嚳是黄帝之裔，非其親子與曾孫也，堯、稷、契亦非嚳親子，並非親兄弟，余有辨，詳《史記志疑》一。而《五德志》謂嚳，伏羲後；堯，神農後；舜，黄帝後；禹，少昊後；湯，顓頊後；皆不同祖。其説又别，未知所本。”〇汪繼培曰：“錢宫詹大昕云：‘太史公《三代世表》謂堯、舜、禹、稷、契皆出黄帝。稷、契與堯同父，堯不能用，至舜始舉之。舜娶堯二女，乃是曾祖姑。此皆昔人所疑。惟《潛夫論・五德篇》謂帝嚳爲伏羲之後，其後爲后稷；堯爲神農之後，舜爲黄帝後，禹爲少昊後，契爲顓頊後。少昊、顓頊不出於黄帝，堯不出於嚳，則舜無娶同姓之嫌，而稷、契之不爲堯所知亦無足怪。於情事似近之。又考《春秋命歷序》稱黄帝傳十世二千五百二十歲，少昊傳八世五百歲，顓頊傳二十世三百五十歲，帝嚳傳十世四百歲。然則顓頊非黄帝孫，堯亦非帝嚳子。可以正《史記》之謬，與《潛夫論》

亦相合。'" ○覺按：嗣（sì 肆）：後代。帝嚳（kù 酷）：傳説中的遠古帝王，他接替顓頊高陽氏而爲帝，建都於亳（今河南省偃師市西），號高辛氏，名夋，字嚳（一作"俈"），姬姓。《史記·五帝本紀》將他立爲五帝之三，説他是黄帝的曾孫、堯的父親，與本篇所述不同。

〔2〕汪繼培曰："《漢書·律歷志》云：'《春秋外傳》曰："顓頊之所建，帝嚳受之，水生木，故爲木德。"' ▲《御覽》八十引《帝王世紀》曰：'帝嚳年十五而佐顓頊，三十登帝位，都亳。'" ○覺按：顓頊（Zhuānxū 專須）：傳説中的遠古帝王，姬姓，號高陽氏，以水德王，故又稱"黑精之君"、"黑帝"或"玄帝"。他十歲時已輔佐少昊帝，故即位後又稱"孺帝"。相傳生於若水，居於帝丘（今河南省濮陽縣東南）。《史記·五帝本紀》説他是黄帝的孫子，接替黄帝而爲帝，是五帝之二，與本篇所述不同。《禮記·月令》"其帝顓頊"孔穎達疏引《帝王世紀》云："生十年而佐少暤，十二年而冠，二十年而登帝位，在位七十八年而崩，以水承金也。"與本篇所述同。顓頊爲水德，故帝嚳爲木德。

〔3〕陳本"斗"作"干"，汪繼培曰："《御覽》八十引《春秋元命苞》云：'帝嚳戴干，是謂清明，發節移度，蓋像招摇。'王先生云：'按《元命苞》言"厥象招摇"，則"干"當作"斗"，字形相涉而誤。戴斗者，頂方如斗也。'" ○覺按：王説與四庫本同，可正歷代迷誤。"招摇"是北斗星的杓端，所以"干"應爲"斗"之形訛。《白虎通·聖人》："顓頊戴午（覺按：《白虎通疏證》改"午"爲"干"）。"《論衡·骨相篇》："顓頊戴午（覺按：《論衡注釋》改"午"爲"干"）。"其"戴午"也當爲"戴斗"之訛。蓋漢隸"斗"俗書爲"斤"（參見30.10注〔7〕），因而訛爲"午"。"戴午"義不可通，就又被改爲"戴干"，於是便有"首戴干戈"之説（見《初學記》卷九引《帝王世紀》、《竹書紀年》卷上沈約注、《宋書·符瑞志上》等）。殊不知此"戴"字是名詞（指頭頂）而非動詞（指用頭頂着）；至於"斗"，即使訛爲"干"，也衹是用來形容頭頂的形狀，而並非指實物，所以根本不能再加"戈"字。總之，"首戴干戈"顯然是穿鑿附會之説，不可憑依。後人校書，反以之爲準而改"午"爲"干"，殊誤。又，此文的"斗"當指"魁"，即北斗星中形成斗形的四顆星。

〔4〕汪繼培曰："《漢書·律歷志》云：'天下號曰高辛氏。'《史記索隱》：'宋衷曰："高辛，地名，因以爲號。"'"

〔5〕汪繼培曰："《大戴禮·五帝德篇》云：'高辛生而神靈，自言其名。'" ○覺按：《史記·五帝本紀》："高辛生而神靈，自言其名。"《初學記》卷九引《帝王世紀》曰："帝嚳，姬姓也。其母不覺，生而神異，自言其名曰夋。"

〔6〕祗（zhī 之），恭敬。祗肅：即《大戴禮記·五帝德》及《史記·五帝本紀》所説的"仁而威，惠而信，脩身而天下服"。

〔7〕汪繼培曰："▲逆，《大戴禮》作'送'，《史記·五帝本紀》同。《大戴禮》云：'歷日月而迎送之。'" ○覺按：《史記·五帝本紀》："（帝嚳）歷日月而迎送之。"《正義》："言作歷弦望晦朔，日月未至而迎之，過而送之。"

〔8〕汪繼培曰："《大戴禮》云：'順天之義。'"

〔9〕汪繼培曰："《禮記·祭法》云：'帝嚳能序星辰以著衆。'" ○覺按：敘：《尚書·皋陶謨》"天敘有典"孔穎達疏："敘，謂定其倫次。"即確定其次序的意思。三辰：日、月、星。敘三辰：《禮記·祭法》"帝嚳能序星辰以著衆"孔穎達疏："嚳能紀星辰、序時候以明著，使民休作有期，不失時節。"周：《廣雅·釋詁四》："周，調也。"即協調的意思。周民：使民衆協調有序，就是使民衆休作有期，不失農時。

〔10〕汪繼培曰："《周禮·大司樂》疏引《樂緯》云：'顓頊之樂曰《五莖》，帝嚳之樂曰《六英》。'注云：'能爲五行之道立根莖。《六英》者，六合之英。'高誘注《淮南子·齊

俗訓》以《六英》爲顓頊樂，《御覽》七十九、八十引《帝王世紀》又云：'顓頊作樂《五英》，帝嚳作樂《六莖》。'《白虎通·禮樂篇》則以《六莖》屬顓頊，《五英》屬帝嚳，《漢書·禮樂志》同。然此自本《樂緯》。下云'顓頊作樂《五英》'，'英'當爲'莖'，蓋傳寫之誤。▲按《吕氏春秋·古樂篇》云：'帝嚳命咸黑作爲聲歌——《九招》《六列》《六英》。'"〇覺按：《六英》是一種鼓、鐘、磬、塤、管、篪等多種樂器合奏的樂曲，見《吕氏春秋·古樂》。

〔11〕世：當時。才子：有德才的人士。《左傳·文公十八年》既提到"才子"，又提到"不才子"，所以有人將這"子"字理解爲兒子。但也有人認爲這"子"不應該指其兒子，而應該理解爲其子孫後代，因爲據《左傳·文公十八年》記載，顓頊有才子八人，天下謂之"八愷"；帝嚳有才子八人，天下謂之"八元"；"此十六族也，世濟其美，不隕其名，以至於堯，堯不能舉"，舜執政時纔舉用"八愷"和"八元"；顓頊、帝嚳與舜的年代相隔遥遠，所以舜所舉的"八愷"和"八元"，不可能是顓頊、帝嚳的兒子，衹能是其苗裔。其實，《左傳》已明言"此十六族""世濟其美"（這十六個家族世世代代繼承前人的美德）"以至於堯"，而不説"此十六人""以至於堯"，那麽舜所舉的"八愷"和"八元"，衹是指"八愷"和"八元"這十六個家族的後代（他們承用了其祖先的名號），而並不是指原來的"八愷"和"八元"。所以，"子"字不應該理解爲顓頊、帝嚳的"兒子"或"苗裔""子孫"，而應理解爲"男子"或"人才"。參見 34.4.1 的"才子"。

〔12〕汪繼培曰："文十八年《左傳》。'雄'今作'熊'，'狸'作'貍'，'恭'作'共'。"〇覺按：上述八人事蹟不詳，王符認爲是帝嚳時（"世"）人。《漢書·古今人表》將他們列於唐堯之時，杜預也認爲是帝嚳的後代（見《左傳》注），與王符的理解不同，恐誤（見注〔11〕）。據《左傳·文公十八年》，這八人的後代能繼承其美德，舜執政後，使其後代宣傳五教（見 33.5 注〔3〕），於是國内外融洽和順。由此可見，這八人擅長德教。《左傳·文公十八年》"忠肅共懿，宣慈惠和"孔穎達疏："此亦揔言其德，於義亦得相通。忠者，與人無隱，盡心奉上也。肅者，敬也，應機敏達，臨事恪勤也。共（覺按：通"恭"）者，治身克謹，當官理治也。懿者，美也，保己精粹，立行純厚也。宣者，徧也，應受多方，知思周徧也。慈者，愛出於心，恩被於物也。惠者，性多哀矜，好拯窮匱也。和者，體度寬簡，物無乖争也。"元：指最好的人。《周易·乾·文言》："元者，善之長也。"

34.1.3

後嗣——姜嫄履大人迹生姬棄●〔1〕。厥相披頤●〔2〕。爲堯司徒●〔3〕，又主播種，農植嘉穀●〔4〕。堯遭水災，萬民以濟●〔5〕，故舜命曰"后稷"●〔6〕。初，烈山氏之有天下也，其子曰柱，能植百穀，故立以爲稷，自夏以上祀之；周之興也，以棄代之，至今祀之●〔7〕。

【箋注】

〔1〕汪繼培曰："《御覽》一百卌五引《春秋元命苞》云：'周本姜嫄遊閟宫，其地扶桑，履大迹，生后稷。'《史記·周本紀》云：'帝舜封棄於邰，號曰后稷，别姓姬氏。'"〇覺按：姜嫄：一作"姜原"，姓姜，名嫄，炎帝之後代，有邰氏（部落名，在今陝西省武功縣境）之女，帝嚳元妃，周族始祖后稷棄的母親。傳説她在荒野踩了巨人的腳印而懷

孕（實爲雜交野合，參見 34.1.1 注〔1〕），結果生下了棄。事見《詩經》之《大雅・生民》《魯頌・閟宫》以及《史記・周本紀》《大戴禮記・帝繫》《吴越春秋・吴太伯傳》。一説姜嫄爲堯時人，並非帝嚳元妃，而是帝嚳後世子孫之妃；棄並非是帝嚳之子，而是帝嚳的後代；至於姜嫄之夫、棄之父則不詳。參見《詩經・大雅・生民》“時維姜嫄”鄭玄箋和孔穎達疏、《史記・周本紀》“姜原爲帝嚳元妃”《索隱》。大人迹：是上帝的腳印，即《詩經・大雅・生民》所説的“帝武”，《吴越春秋・吴太伯傳》所説的“上帝之跡”。姬棄：見 9.3 注〔3〕。

〔2〕汪繼培曰：“《宋書・符瑞志》作‘枝頣’。按：‘披’‘枝’並‘岐’之誤。《御覽》三百六十八引《春秋元命苞》云：‘后稷（覺按：陳本誤爲“稱”，此據汪稿）歧頣自求，是謂好農。蓋象角亢，載土（覺按：陳本誤爲“上”，此據汪稿）食穀。’▲按《御覽》文有復誤。王先生云：‘按《詩・大雅・生民》：“克岐克嶷。”“岐嶷”即“岐頣”也。岐者，頭骨隆起而岐出，嶷嶷然高，故象角亢。’”〇覺按：《漢書・西域傳上》“披莎車之地”顔師古注：“披，分也。”《釋名・釋喪制》：“兩旁引之曰披。”“枝”即向旁生出的分支，歧生的指頭稱“枝指”，可見“枝”與“歧”字之義相通。“歧”表示“歧出”，即向兩旁分出。總之，“披”“枝”“歧”都有“向兩旁分開”的意思，所以“披頣”“枝頣”“歧頣”之義相同，未必有誤字。至於“頣”字，恐怕也非“嶷”字之誤。縱觀 34.1.1“其相日角”、34.1.2“其相戴斗”、34.1.4“厥相四乳”、34.5.1“其相駢幹”等等，皆有一字指身體的某一部位，所以此文“頣”字不應該等同於《詩經》之“嶷”字。披頣，當指其下巴呈兩旁分開之狀，如下圖：

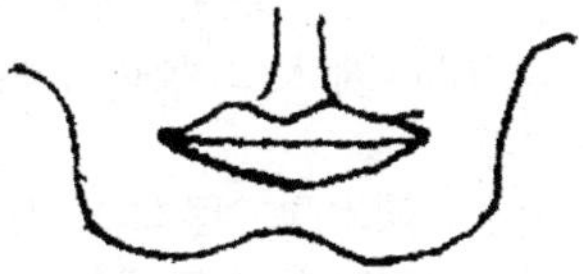

〔3〕汪繼培曰：“‘司徒’當作‘司馬’。《詩・閟宫》鄭箋云：‘后稷生而名棄，長大，堯登用之，使居稷官，民賴其功。後雖作司馬，天下猶以后稷稱焉。’疏引《尚書刑德放（覺按：“放”爲“故”字之誤）》云：‘稷爲司馬，契爲司徒。’《御覽》二百九引《尚書中候》云：‘稷爲大司馬。’《論衡・初禀篇》云：‘棄事堯爲司馬，居稷官，故爲后稷。’”〇覺按：汪説是。司徒是主管民政教化的大臣，司馬是主管軍事的大臣。

〔4〕汪繼培曰：“《書・吕刑》。‘植’今作‘殖’。”〇覺按：農：努力。王念孫曰：“農，勉也。”（見《經義述聞》卷四“農殖嘉穀”條）。嘉穀：古以粟（小米）爲嘉穀，後成爲五穀的總稱。

〔5〕汪繼培曰：“《繫辭》云：‘臼杵之利，萬民以濟。’”

〔6〕汪繼培曰：“《書・堯典》。”〇覺按：“后”是君長的意思，“稷”原是穀物名，是五穀之長，所以“后稷”被用作農官之名。舜命曰“后稷”：事見《尚書・舜典》《史記・周本紀》。

〔7〕汪繼培曰：“昭廿九年《左傳》云：‘有烈山氏之子曰柱，爲稷，自夏以上祀之。周棄亦爲稷，自商以來祀之。’《禮記・祭法》云：‘厲山氏之有天下也，其子曰農，能殖百穀。夏之衰也，周棄繼之，故祀以爲稷。’鄭注：‘厲山氏或曰有烈山氏。’此合二書言之。”〇覺按：烈山氏：即神農，見 25.6 注〔11〕。柱：神農之子，善於種植百穀百蔬，因任農官，所以也稱“農”，死後被奉爲五穀之神。見《左傳・昭公二十九年》《國語・魯語

上》《禮記·祭法》。稷：本是農官之名，後又指五穀之神。蔡邕《獨斷》卷上："以稷五穀之長也，因以稷名其神也。"

34.1.4

大姙夢長人感己【1】，生文王●〔1〕。厥相四乳●〔2〕。爲西伯，興於岐●〔3〕，斷虞、芮之訟而始受命●〔4〕。武王駢齒●〔5〕。勝殷遏劉●〔6〕，成周道●〔7〕。姬之别封衆多〔8〕，管、蔡、成、霍、魯、衛、毛、聃、郜、雍、曹、滕、畢、原、酆、郇【2】，文之昭也。邘、晋、應、韓【3】，武之穆也。凡、蔣、邢、茆、祚、祭【4】，周公之胤也●【5】〔9〕。周、召、虢、吴〔10〕、隨、郊、方、印〔11〕、自●〔12〕、潘●〔13〕、養、滑、鎬、宫、密、榮、丹〔14〕、郭●〔15〕、楊、逄、管、唐、韓〔16〕、楊●〔17〕、觚●〔18〕、欒、甘〔19〕、鱗虞●〔20〕、王氏●【6】〔21〕，皆姬姓也。

【校記】

【1】大：仿宋本、馮本、魁本同，程本、四庫本、邵本、陳本作"太"。

【2】成：仿宋本、馮本、魁本、程本、邵本、陳本同，四庫本作"郕"。聃：仿宋本、馮本、魁本、陳本同，程本、四庫本、邵本作"眒"。郇：仿宋本、馮本、魁本、四庫本、邵本、陳本同，程本、何本作"郇"。

【3】邘：仿宋本、馮本、魁本、陳本同，程本、四庫本、邵本作"邘"。

【4】邢：馮本、四庫本同，仿宋本、魁本作"邘"，程本、邵本、陳本作"邘"。茆：程本、陳本同，仿宋本、馮本、魁本作"茆"，四庫本作"茅"，何本、邵本作"茆"。

【5】周：仿宋本、馮本、魁本、何本、四庫本、邵本、陳本同，程本作"問"。胤：仿宋本、馮本、魁本作"亂"，程本、何本作"亂"，四庫本、陳本作"胤"，邵本作"嗣"，今從仿宋本等而用正體字"胤"。

【6】自：仿宋本、馮本、魁本、程本、四庫本、邵本同，陳本作"息"。潘：仿宋本、馮本、魁本、陳本同，程本、四庫本、邵本作"藩"。逄：仿宋本、馮本同，魁本、程本、四庫本、邵本、陳本作"逢"。鱗：仿宋本、馮本、魁本、程本、四庫本、陳本同，何本、邵本作"麟"。氏：仿宋本、馮本、魁本、陳本同，程本、四庫本、邵本作"民"。

【箋注】

〔1〕汪繼培曰："《御覽》八十四引《詩含神霧》云：'大任夢長人感己，生文王。'"〇覺按：大（tài 太）姙：又作"大任"或"太任"，《詩經·大雅·大明》稱爲"摯仲氏任"，是摯國（今河南省汝南縣一帶）任姓之中女，嫁給周王季爲妃，生文王。事見《詩經·大雅》中的《大明》《思齊》及《史記·周本紀》《列女傳·母儀傳·周室三母》。感：即《周易·咸·彖》"二氣感應以相與""天地感而萬物化生"之"感"，指互相交融感化，引申指觸動、交媾。

〔2〕汪繼培曰："《御覽》引《春秋元命苞》云：'文王四乳，是謂含良。蓋法酒旗，布恩舒（覺按：陳本作"施"，此依汪稿）惠。'"〇覺按：《史記·周本紀》"西伯曰文王"《正

義》:“《帝王世紀》云:‘文王龍顔虎眉，身長十尺，有四乳。’”

〔3〕汪繼培曰:“《史記·周本紀》云:‘古公止於岐，少子季歷生昌，有聖瑞。古公曰:“我世當有興者，其在昌乎！”昌立，是爲西伯，西伯曰文王。’《説文》云:‘郊（覺按：當作“邵”)，周文王所封。或从山作“岐”，因岐山以名之也。’”〇覺按：岐：岐山，在今陝西省岐山縣東北六十里，古又稱箭括嶺，因嶺巔有缺，山有兩岐，故以爲名。參見成蓉鏡《禹貢班義述》卷上。

〔4〕汪繼培曰:“《史記·劉敬傳》云:‘文王爲西伯，斷虞、芮之訟始受命。’《齊太公世家》云:‘周西伯政平，及斷虞、芮之訟，而詩人稱西伯受命。’《周本紀》又云:‘詩人道西伯，蓋受命之年稱王而斷虞、芮之訟。’”〇覺按：虞：既不是34.4.6注〔8〕的“虞”（夏、商時諸侯國），也不是3.3注〔10〕的“虞”（周武王所封的姬姓諸侯國），而是商末周初的虞國。《史記·周本紀》“於是虞芮之人”《正義》:“《括地志》云:‘故虞城在陜州河北縣東北五十里虞山之上。’古虞國也。”則其地在今山西省平陸縣北，當爲虞舜的後裔，可能爲虞氏之國（參見35.6.1注〔1〕)。芮：商末周初的諸侯國。《史記·周本紀》“於是虞芮之人”《集解》:“芮在馮翊臨晋縣。”《正義》:“故芮城縣西二十里，古芮國也。《晋太康地記》云:‘虞西百四十里有芮城。’”此當從《正義》之説，其地在今山西省芮城縣，當爲古代芮姓之國，後爲周所吞併。至於《集解》所説，是周初建立的姬姓諸侯國，位於今陝西省大荔縣朝邑城南，公元前640年爲秦所滅。受命：接受上天的命令，指稱王於天下。古代帝王稱受命於天，實際上是借神權來鞏固自己的統治。斷虞、芮之訟而始受命：據説西伯行善，諸侯各國有了紛争都來找他裁決。當時虞、芮兩國産生了糾紛而去找西伯裁決，一進入周國國境，看到周國人都很謙讓，於是他們慚愧萬分，未見西伯就回去了，互相謙讓而消除了糾紛。諸侯聽説了這件事説:“西伯蓋受命之君。”於是四十多個諸侯國都歸附西伯，尊西伯爲王。見《史記·周本紀》及其《正義》。

〔5〕汪繼培曰:“《御覽》三百六十八引《春秋元命苞》云:‘武王駢齒，是謂剛強。參房誅害，以從天心。’”〇覺按：齒：門牙。駢（pián 胼）齒：門牙併兩爲一。

〔6〕汪繼培曰:“《詩·武》。”〇覺按:《詩經·周頌·武》“勝殷遏劉”毛傳:“劉，殺。”鄭玄箋:“遏，止。……嗣子武王，受文王之業，舉兵伐殷而勝之，以止天下之暴虐而殺人者。”

〔7〕汪繼培曰:“《漢書·律歷志》云:‘武王伐商紂，水生木，故爲木德，天下號曰周室。’《五行志》云:‘昔周公制禮樂，成周道。’”

〔8〕姬：指周族，參見33.3注〔14〕。别：别子，指天子、諸侯的嫡長子以外的兒子。

〔9〕陳本“邢”作“邘”，汪繼培曰:“僖廿四年《左傳》‘成’作‘郕’、‘邘’作‘邢’、‘茆’作‘茅’、‘祚’作‘胙’。茆，讀爲‘茅’，詳《交際篇》。”〇覺按：以上取用《左傳·僖公二十四年》之文。管、蔡：見4.4注〔14〕。成：姬姓諸侯國，伯爵。《左傳·僖公二十四年》作“郕”，是後起字。據《史記·管蔡世家》，其始封之君叔武是周文王之子、武王之弟。封國故地在今河南省范縣附近，一説在今山東省汶上縣西北（參見《讀史方輿紀要·山東四·兗州府·東平州·汶上縣·郕城》)。1975年陝西省岐山縣董家村發現成伯孫父鬲，有人疑成國本封於西周畿内，東遷後改封於山東。霍：姬姓諸侯國，侯爵，始封之君爲文王之子、武王之弟叔處（見《史記·管蔡世家》)，故地在今山西省霍州市西南，公元前661年爲晋所滅。魯：姬姓諸侯國，公爵，始封之君是周文王之子、武王之弟叔旦，即周公旦（見1.1注〔17〕)，因他留佐武王、成王，故使其子伯禽至魯爲國君（參見《史記·魯周公世家》)，其國都在今山東省曲阜市，公元前249年爲楚所滅（見《史

記·六國年表》)。衛：見14.2注〔4〕。毛：姬姓諸侯國，伯爵，始封之君爲文王之子叔鄭(見《漢書·古今人表》)，采邑在今陜西省扶風縣，著名的毛公鼎即該國遺物。聃：一作“冄”，均音nán(南)，姬姓諸侯國，伯爵，始封之君爲文王少子季載(見《史記·管蔡世家》)，其封地於史無載。一説“冄”即“沈”(“沈”“冄”古音相近通用)，則其故地在今河南省平輿縣北，公元前506年爲蔡所滅，但有人認爲“沈”與“冄”並非一國(見梁玉繩《人表考》卷三“聃季載”條)。郜(gào告)：一作“告”，姬姓諸侯國，子爵，始封之君爲文王庶子，名已失傳，《漢書·古今人表》稱“郜子”，都北郜城，在今山東省成武縣東南，爲宋所滅。雍：姬姓諸侯國，據《通志·氏族略二》，始封之君爲文王第十三子雍伯，《漢書·古今人表》稱“雍子”，故地在今河南省焦作市西南。曹：姬姓諸侯國，伯爵，始封之君爲武王之弟叔振鐸(見《史記·管蔡世家》)，都陶丘(今山東省菏澤市定陶區西南)，佔有今山東省菏澤市、定陶區、曹縣一帶，公元前487年爲宋所滅。滕：姬姓諸侯國，侯爵，始封之君爲文王之子錯叔繡(見《漢書·地理志上》“沛郡·公丘”顔師古注引《世本》)，故地在今山東省滕州市西南，戰國初爲越所滅，不久復國，後爲宋所滅。畢：見12.9注〔1〕、35.13注〔1〕。原：姬姓諸侯國，伯爵，始封之君爲文王之子，名不詳，《漢書·古今人表》稱“原公”，封地在今山西省沁水縣，後東遷，在今河南省濟源市西北。酆：一作“豐”，姬姓諸侯國，侯爵，本商代崇侯虎封邑，周文王滅崇，作豐邑，武王封其弟爲酆侯，其名不詳，《漢書·古今人表》稱“酆侯”。據《竹書紀年》卷下，成王十九年(公元前1086年)，豐侯被黜而國亡，故地在今陜西省西安市鄠邑區東。郇(xún旬)：一作“荀”，姬姓諸侯國，始封之君爲文王庶子，名不詳，《漢書·古今人表》稱“郇侯”。《詩經·曹風·下泉》有“郇伯”，《左傳·桓公九年》有“荀侯”，即其後代。封地在今山西省臨猗縣西南，後遷於今山西省新絳縣西，春秋時爲晋之曲沃武公所滅(參見35.16.2注〔1〕)。至於其滅亡的時間，《辭源》(修訂本)“郇”字條説在“魯桓公五年”，誤，因爲《左傳·桓公九年》載有荀侯伐曲沃之事，所以其滅國當在魯桓公九年(公元前703年)之後，武公去世(公元前677年)之前。昭：根據古代宗法制，爲了分别宗族内部的長幼、親疏、遠近，其宗廟或墓地依輩次排列，以始祖居中；二世、四世、六世等位於始祖的左方，稱爲“昭”；三世、五世、七世等位於始祖的右方，稱爲“穆”。周代以后稷爲始祖，則后稷之子不窋爲昭，不窋之子鞠爲穆，依次而下，古公亶父爲穆，其子王季爲昭，王季之子文王爲穆，文王之子如武王、周公等皆爲昭，而武王之子爲穆。邘(yú於)：姬姓諸侯國，也作“于”，據《新唐書·宰相世系表二下》，其始封之君爲周武王第二子邘叔，故地在今河南省沁陽市西北邘臺鎮。晋：姬姓諸侯國，侯爵，始封之君爲武王之子叔虞。西周初，周公滅唐，成王封其弟叔虞於唐(見28.2注〔3〕)，地方百里，故稱唐叔虞。後來叔虞之子燮因唐城南有晋水，便改稱爲晋侯。至晋穆侯，遷都於絳(今山西省翼城縣東南)。晋文公時稱霸諸侯。晋景公遷都於新田(今山西省曲沃縣西北)，亦稱新絳，爲春秋時大國之一，有今山西省大部、河北省西南部、河南省北部和陜西省一角。晋頃公十二年(公元前514年)，六卿以國法誅滅晋國宗族，晋侯名存實亡。公元前376年，魏武侯、韓哀侯、趙敬侯滅晋侯而三分其地，晋亡。參見《史記·晋世家》。應：姬姓諸侯國。據《通志·氏族略二》，始封之君爲武王第四子，侯爵，其名不詳，《漢書·古今人表》稱“應侯”，故地在今河南省魯山縣東北，戰國時曾爲范雎封地(見5.5注〔3〕)。韓：見17.2.2注〔16〕。凡：姬姓諸侯國，伯爵，始封之君爲周公第二子(見《通志·氏族略二》《路史·後紀十》)，名失傳，《漢書·古今人表》稱“凡伯”，世爲周王室卿士。《詩經·大雅》中的《板》《瞻卬》《召旻》等是其後代“凡伯”的作品。古凡城在今河南省輝縣市西南。蔣：姬姓諸侯國，據《路史·後紀十》，其始封之君爲周公第三子伯齡（《通志·氏族略二》作“周公之第二子伯齡”，與凡氏出自周公第二子牴牾，當誤），男爵，後以功爲侯，故《漢書·古今人表》稱“蔣侯”，其地在今河南省固始縣東北蔣集，春秋時滅於楚。邢：姬姓諸侯國，金文作“井”，據《通志·氏族略二》《路史·後紀十》，其始封之君爲周公第四子靖淵，侯爵，《漢書·古今人表》稱“邢侯”，故地在今河北省邢臺市。公元前662年翟攻邢，後齊桓公聯合宋、曹救邢，把它遷到夷儀（今山東省聊城市西南）。公元前635年爲衛所滅。茆：《左傳·僖公二十四年》作“茅”，音同字通，姬姓諸侯國，始封之君爲周公庶子（《路史·後紀十》認爲是周公第七子，與《左傳》所列次序不合，恐非），名失傳，《漢書·古今人表》稱“茅侯”，故城在今山東省金鄉縣西南之茅鄉。祚：《左傳·僖公二十四年》《路史·後紀十》作“胙”，音同字通，姬姓諸侯國，始封之君爲周公庶子（《路史·後紀十》認爲是周公第六子，與《左傳》所列次序不合，恐非），名失傳，《漢書·古今人表》稱“胙侯”，故城在今河南省延津縣北胙城東。祭（zhài 債）：一作“郗”，姬姓諸侯國，始封之君爲周公第五子（見《路史·後紀十》和《廣韻·去聲·十六怪》“祭”字注），名失傳，《漢書·古今人表》稱“祭侯”，《廣韻》稱“祭伯”，故城在今河南省滎陽市東北。胤（yìn 印）：後代。

〔10〕王紹蘭曰：“虢：《左氏·僖五年傳》：‘虢仲、虢叔，王季之穆也。’孔疏云：‘據《傳》云，鄭滅一虢，晋滅一虢，不知誰是仲後，誰是叔後。賈逵云：“虢仲封東虢，制是也。虢叔封西虢，虢公是也。”馬融云：“虢叔，同母弟；虢仲，異母弟。虢仲封下陽，虢叔封上陽。”案《傳》，上陽、下陽同是虢國之邑，不得分封二人也。若二虢共處，鄭復安得虢國而滅之？雖賈之言亦無明證，各以意解，不可審知。’紹蘭按：《漢書·地理志·宏（覺按：當作“弘”，王紹蘭避諱改）農郡》：‘陝，故虢國。北虢在大陽，東虢在滎陽，西虢在雝（覺按：當作“雍”，王紹蘭避諱改。下同）州。’是虢有四也。雝州之西虢，謂右扶風虢縣。《史記·秦本紀》：武公十一年，‘滅小虢’。《集解》引班固曰：‘西虢在雝州。’《水經·渭水注》云：‘雝縣，故秦德公所居。《漢書·地理志》以爲西虢縣。《太康地記》曰：“虢叔之國，平王東遷，自此之上陽爲南虢矣。”’則陝爲南虢也，陝及雝州大陽之虢即賈云西虢虢公是也，滎陽之虢即賈云東虢制是也。賈以西東相對爲偁，故止二虢。《志》則以西虢對東虢，又以北虢對南虢，故有四虢。實則東虢爲一虢，即鄭所滅虢仲之國；南虢、北虢爲一虢，即晋所滅虢叔之國；西虢爲一虢，即秦所滅小虢，亦虢叔之國；統言之，仍是二虢也。《晋世家》：‘虞假道，遂伐虢，取其下陽以歸。’《集解》引服虔曰：‘下陽，虢邑也，在大陽東北三十里。’既北虢大陽爲下陽，即知南虢陝爲上陽，故《水經》河水‘又東過陝縣北’注云：‘河南即陝城也。昔周、召伯以此城爲東西之别。東城即虢邑之上陽也，爲南虢（酈注又云‘虢仲之所封’，與渭水注不符，‘仲’蓋‘叔’之誤）。河水又東，逕大陽縣故城南。《竹書紀年》曰：晋獻公會虞師伐虢，滅下陽。《地理志》曰：北虢也。’與班《志》及服虔説竝合。《鄭語》史伯曰：‘西有虞、虢。’韋昭注：‘虢，虢叔之後，西虢也。’史伯又曰：‘虢、鄶爲大，虢叔恃勢。’韋注：‘虢，虢仲之後，姬姓也。此虢叔，虢仲之後，當時國君之字。’然則宏嗣亦謂虢叔封西、虢仲封東，與賈侍中同。蓋經師相承，舊有此説，不得云賈言無明證也。至馬融所説，當是據《傳》文‘虢仲、虢叔’仲、叔對舉，下文即云‘將虢是滅’，明晋所滅竝有仲、叔二虢，故云‘虢仲封下陽，虢叔封上陽’。《晋世家》《正義》又引馬融云：‘周武王克商，封文王異母弟虢仲於夏陽。’言之甚確而詳，知其必有所受，特未見其説鄭滅之虢云何，然季長大儒，自非鄉壁虛造者。”王紹蘭又曰：“吴：姬姓有二吴，一爲太伯之吴，一爲虞仲之吴。《漢書·地理志·河

東郡》:‘大陽，吴山在西，上有吴城，周武王封太伯後於此，是爲虞公。’又云:‘大伯初奔荆蠻，荆蠻歸之，號曰句吴。至曾孫周章，而武王克殷，因而封之。又封周章弟中於河北，是爲北吴，後世謂之虞。’《左氏·僖五年傳》‘虞仲’，《史記·吴世家》《吴越春秋》竝作‘吴仲’。《水經·河水注》‘北吴’作‘北虞’。”〇覺按：周：指周公采邑（見1.1注〔17〕)，故爲姬姓。召（shào 邵)：也作“邵”，指召公采邑（見11.3注〔4〕)，故爲姬姓。虢：古注説解紛亂，王紹蘭之説僅供參考，愚説見26.2注〔2〕。吴：古代諸侯國名，約建立於公元前12世紀，始祖是周太王之子太伯，姬姓，都於梅里（在今江蘇省無錫市東南梅村)，號“勾吴”。壽夢死後，其子諸樊南徙吴，諸樊之子公子光（闔閭）使伍子胥築城都之，在今蘇州。吴建國時範圍不大，後來闔閭、夫差時一度強盛，佔有今江蘇省、上海市大部和安徽省、浙江省的一部分。公元前473年爲越國所滅。參見《史記·吴太伯世家》《吴越春秋》。至於王紹蘭謂“姬姓有二吴”,“一爲虞仲之吴”云云，其説似是而非。《左傳·僖公五年》的“大伯、虞仲”,《史記·晋世家》作“太伯、虞仲”，其“虞仲”乃指太伯之弟仲雍，《史記·吴太伯世家》並不作“吴仲”，而且與“虞仲”分得清清楚楚，其言云:“太伯卒，無子，弟仲雍立，是爲吴仲雍。仲雍卒，子季簡立。季簡卒，子叔達立。叔達卒，子周章立。是時周武王克殷，求太伯、仲雍之後，得周章。周章已君吴，因而封之。乃封周章弟虞仲於周之北故夏虚，是爲虞仲，列爲諸侯。”《吴越春秋·吴太伯傳》説：“古公三子，長曰太伯，次曰仲雍，雍一名吴仲。”又説:“太伯殂卒，葬於梅里平墟。仲雍立，是爲吴仲雍。”可見《吴越春秋》雖然稱“吴仲”，也衹是指仲雍而言，而並非指周武王所封之“虞仲”，據此並不能證明周章之弟的封國也名“吴”。既然周章之弟的封國名“北吴”或“虞”，則此文之“吴”當指太伯之吴，而非指虞仲之吴。

〔11〕王紹蘭曰:“卬：秦氏嘉謨以爲‘項’之誤字，是也，形聲皆相近。《廣韵·三講》:‘項，本姬姓國,《公羊》曰爲齊桓公所滅，子孫以國爲氏。’秦氏改‘齊桓公’爲‘魯僖公’，其説云:‘按:《廣韵》魯僖公作齊桓公，誤，今據《左氏·僖十七年傳》改正。’紹蘭按:《左氏傳》云:‘師滅項。淮之會，有諸矦之事，未歸，而取項。齊人以爲討，而止公。’此《左氏》説也。《公羊·僖十七年》‘夏，滅項’《傳》云:‘孰滅之？齊滅之。曷爲不言齊滅之？爲桓公諱也。《春秋》爲賢者諱。’此《公羊》説也。《廣韵》明偁‘公羊’，則‘齊桓公’不誤，不得改從《左氏》也。至二《傳》之得失，據《經》偁‘滅項’，不言誰滅,《公羊》以爲‘齊滅之’，何休云:‘以言滅，知非内也。以不諱，知齊滅。’徐彦疏:‘按《經》直言滅，不載主名，何知非内滅之？正以《春秋》之例，内大惡諱，今言滅，知非内矣。’又:‘《春秋》之例爲賢者諱，故上十二年“楚人滅黄”不爲諱，今不言齊人，故知齊滅之。’按何、徐二家所言，乃爲《公羊》學者之説。今以《經》書‘滅’例證之，莊十年‘齊師滅譚’，十三年‘齊人滅遂’，僖二年‘晋師、虞師滅下陽’，五年‘楚人滅弦’，十年‘狄滅温’，十二年‘楚人滅黄’，二十五年‘衛矦燬滅邢’，二十六年‘楚人滅夔’，文四年‘楚人滅江’，五年‘楚人滅六’，十六年‘楚人、秦人、巴人滅庸’，宣八年‘楚人滅舒蓼’，十二年‘楚子滅蕭’，十五年‘晋師滅赤狄潞氏’，十六年‘晋人滅赤狄甲氏及留吁’，成十七年‘楚人滅舒庸’，襄六年‘莒人滅鄫’‘齊矦滅萊’，‘十年，春，公會晋矦、宋公、衛矦、曹伯、莒子、邾子、滕子、薛伯、杞伯、小邾子、齊世子光會吴于柤。夏，五月，甲午，遂滅偪陽’，二十五年‘楚屈建帥師滅舒鳩’，昭四年‘楚子、蔡子、陳矦、許男、頓子、胡子、沈子、淮夷伐吴，遂滅賴’，十一年‘楚師滅蔡’，十三年‘吴滅州來’，十七年‘晋荀吴帥師滅陸渾之戎’，二十四年‘吴滅巢’，三十年‘吴滅徐’，定四年‘蔡公孫姓帥師滅沈’，六年‘鄭游速帥師滅許’，十四年‘楚公子結、陳公孫佗人

帥師滅頓’，十五年‘楚子滅胡’，計書‘某國滅某’者凡三十國，惟僖十七年滅項不立主名，即知是魯滅之，如‘取邿’‘取鄟’不書孰取之例。今云‘以言滅，知非内’，則襄十年偪陽之役，直書‘公會某某于某，遂滅偪陽’，以‘公’爲首，是内亦言‘滅’而無所諱。又云‘爲齊桓賢者諱’，則莊十年書‘齊師滅譚’，十三年書‘齊人滅遂’，譚、遂皆桓所滅，一書‘齊師’，一書‘齊人’，竝不稍爲之諱。且莊十三年，正齊桓始霸之時，其賢已著，乃春會北杏而夏滅遂，《春秋》不諱也，何獨至滅項而始爲賢者諱？然則滅項者非齊是魯明矣，《左氏》之説較《公羊》爲長。”〇覺按：隨：見 4.6 注〔3〕。邠（bīn 賓）：古國名，即“豳”，周先人公劉所建，故爲姬姓，故地在今陝西省旬邑縣西南，參見 23.4 注〔10〕。方：史無詳載。今按《詩經・小雅》的《出車》《六月》《采芑》等歌頌周宣王時討伐玁狁的篇章中提及“方”與“方叔”。《出車》“往城于方”毛傳：“方，朔方，近玁狁之國也。”又“城彼朔方”毛傳：“朔方，北方也。”《六月》：“玁狁匪茹，整居焦穫。侵鎬及方，至于涇陽。”毛傳：“焦穫，周地，接于玁狁者。”焦穫澤位於今陝西省涇陽縣西北，鎬在今陝西省西安市長安區西北。由此推知，方國當在今陝西省西安市長安區與涇陽縣之間，即咸陽市東。方叔是周之宗族，宣王時爲卿士，曾受命北伐玁狁，威鎮荆蠻（見《采芑》），有功於周。方國即周宣王封給方叔的采邑，故爲姬姓。參見《路史》之《後紀十》和《國名紀五》。卬（ áng 昂）：於史無徵。王紹蘭取秦嘉謨之説，以爲是“項”之誤字，並以《廣韻》爲證，可備一説。《春秋・僖公十七年》“滅項”杜預注：“項國，今汝陰項縣。”地在今河南省沈邱縣。然王紹蘭謂“卬”“項”“形聲皆相近”則不然。其形之不近赫然在目，不言而喻；而“卬”在上古屬疑母陽部平聲，在中古屬疑母唐韻平聲，“項”在上古屬匣母東部上聲，在中古屬匣母講韻上聲，其聲其實也不很相近。我認爲此“卬”字當爲“邛”（qióng 窮）字之訛。唐、宋人抄書，常把“邛”寫成“卬”。《古今韻會》“邛”字條：“毛氏曰：‘从邑从工，俗作“卬”，非。“卬”即俯卬之“卬”。’”可見“卬”爲“邛”之俗書。《路史》之《後紀十》《國名紀五》“方叔”下有“邛叔”，也可證此“卬”爲“邛”字之誤。《路史・國名紀五》云：“邛：邛叔采，山陽邛成縣。”依《説文・邑部》“邛”字條所釋及段玉裁注，“邛”即漢代的邛成，西漢時爲王奉光的封國，地在濟陰縣（見《漢書》之《外戚傳上・孝宣王皇后》《外戚恩澤侯表》），因王莽時改稱“告成”，故世人又稱之爲南郜城以與原郜城（俗稱北郜城，見注〔9〕）相别，其地當在今山東省曹縣附近，在周代當爲周室宗族之封國，故爲姬姓。

〔12〕汪繼培改“自”爲“息”曰：“舊作‘自’，据《路史・國名紀五、後紀十》改。▲姬姓之國，《左傳》作‘息’。隱十一年《左傳》疏引《世本》：‘息國，姬姓。’《説文》作‘鄎’。”〇覺按：汪改恐未當。《説文・邑部》有“郋”字，其解云：“郋，汝南邵陵里，从邑自聲，讀若奚。”則此文之“自”字或當作“郋”。東漢之“郋”即周代之召陵，故城在今河南省郾城縣東。其始封之君不詳，或爲召公之别支，故爲姬姓。至於汪説之息國，始封之君不詳。《左傳・隱公十一年》始見“息侯”，則其初封或在周平王時。息之故城在今河南省息縣西南十五里，公元前 680 年之前息爲楚所滅。

〔13〕汪繼培曰：“《廣韻・二十六桓》‘潘’字注云：‘周文王子畢公之子季孫食采於潘，因氏焉。’”〇覺按：《漢書・地理志下》《後漢書・郡國志五》均有潘縣，屬上谷郡，地在今河北省涿鹿縣西南桑乾河南岸，與西周王畿及畢公封地（見 12.9 注〔1〕）相距甚遠，恐非畢公之子所食采邑。此“潘”當爲古代的潘氏堡，在今陝西省寶雞市陳倉區（虢鎮）南渭河南岸。

〔14〕養：春秋時爲楚邑，見《左傳・昭公三十年》，地在今河南省沈邱縣東南。其周

代的姬姓封君則不詳。今按《左傳·襄公二十九年》云:“虞、虢、焦、滑、霍、揚、韓、魏,皆姬姓也。”則此“養”字或爲“焦”字之誤。焦,春秋時爲晉邑,地在今河南省三門峽市東二里。滑:周代姬姓諸侯國,建都於滑(今河南省睢縣西北),後遷都於費(今河南省偃師市南緱氏鎮),又稱費滑,公元前627年滅於秦,旋爲晉有,稱爲侯氏或緱氏。鎬(hào浩):見12.9注〔1〕。宫:一作“郜”(見《路史·國名紀五》),其周代姬姓封君不詳,春秋時虞國有大夫宫之奇,當爲其後代。郜國故城當在今陝西省合陽縣東宫城村。密:原爲商朝姞姓之國,又稱密須,後爲周文王所滅,改封同姓宗族,故爲姬姓。其姬姓始封之君不詳,《國語·周語上》之“密康公”即其後代,後爲周恭王所滅。密國故城在今甘肅省靈臺縣西南。榮:周初姬姓諸侯國。《史記·周本紀》:“成王既伐東夷,息慎來賀,王賜榮伯,作《賄息慎之命》。”《集解》:“馬融曰:‘榮伯,周同姓,畿内諸侯爲卿大夫也。’”可見榮國初封之君爲周之同姓息慎,故地在今陝西省西安市鄠邑區西。丹:地在今河南省淅川縣西南丹江北岸,堯的兒子丹朱曾封於此,周代所封姬姓之君則不詳。

〔15〕汪繼培曰:“僖五年《左傳》云:‘虢仲、虢叔,王季之穆也。’疏引賈逵云:‘虢仲封東虢,制是也。虢叔封西虢,虢公是也。’按‘虢公’,僖二年《公羊傳》作‘郭’。”〇王紹蘭曰:“郭:上已有‘虢’,此蓋《春秋》之‘郭公’也。《莊二十四年經》:‘赤歸于曹,郭公。’《公羊》家讀爲‘曹郭公’(《公羊·釋文》:‘此連爲句’),是曹有郭公,其後因以爲氏。此經,《左氏》無傳,《公羊傳》曰:‘赤者何?曹無赤者,蓋郭公也。郭公者何?失地之君也。’何休云:‘失地者,出奔也。名言歸,倒郭公置赤下者,欲起曹伯爲戎所殺,故使若曹伯死,謚之爲郭公。而赤微者,自歸曹也。’此《公羊》家説,以經文與上‘戎侵曹,曹羈出奔陳’之文相接,因連讀‘赤歸于曹郭公’六字爲句,謂假若曹伯死,謚郭公,而出奔之,赤以微者自歸也。《穀梁傳》曰:‘赤,蓋郭公也。何爲名也?《禮》:諸矦無外歸之義,外歸,非正也。’范甯《集解》引徐乾曰:‘郭公,郭君之名也。赤蓋不能治其國而歸于曹,故但書名,以罪而懲之。不直言赤,復云郭公,恐不知赤者是誰,將若魯之微者故也。以郭公著上者,則是諸矦失國之例,是無以見微之義。’此《穀梁》家説,亦六字爲句,但不連上經爲義,直以郭公名赤,舍國歸曹,恐人以赤爲魯微者,故復偁郭公,不著赤上而著于下,見微義也。孔氏廣森《公羊通義》曰:‘郭有道碑:“其先出自有周,王季之穆有虢叔者,寔有懿德,文王咨焉,建國命氏,或謂之郭。”若然,“郭”即“虢”也。《公羊》“虞郭”之“郭”,《左氏》《穀梁》皆爲“虢”,而此經三家同作“郭公”,又所未曉。’紹蘭按:《新序·雜事篇》:‘齊桓公出游於野,見亾國故城郭氏之虚。問於野人曰:“是爲何虚?”野人曰:“是爲郭氏之虚。”桓公曰:“郭氏者曷爲虚?”野人曰:“郭氏者善善而惡惡。”桓公曰:“善善而惡惡,人之善行也。其所以爲虚者何也?”野人曰:“善善而不能行,惡惡而不能去,是以爲虚也。”’郭之亾國故城在齊竟内,故《説文·邑部》‘郭’下亦云‘齊之郭氏虚’,蓋即失地在曹之郭公,故其地爲虚,明非晉滅之虢。而《新序》又云:‘晉文公田於虢,遇一老夫而問焉:“虢之爲虢久矣,子處此故矣。虢亾,其有説乎?”對曰:“虢君斷則不能,諫則不與也。不能斷又不能用人,此虢之所以亾也。”’與前説同而字作‘虢’,然正可爲郭在齊、虢在晉之證。‘郭’‘虢’古音同。《公羊·僖二年》通用‘郭’爲‘虞虢’字,《左》《穀》竝作‘虢’,而此經‘郭公’則三《傳》皆同,更知‘爲郭氏虚’之‘郭’非虢叔所封之虢也。虢叔後人或謂之‘郭’,殆據通用之字爲偁,故碑云‘或謂’,亦足明其本以虢爲氏,與《春秋》之‘郭公’不相涉矣。”〇覺按:“郭”“虢”古代音同而相通,故汪氏認爲此“郭”即“虢”,但上文已言“虢”,故此“郭”字不當再指虢國。周平王曾封虢叔裔孫序於陽曲(今山西省太原市北),號曰郭公(見《新

唐書・宰相世系表四上》)，此“郭”字或指此，故爲姬姓。至於《春秋・莊公二十四年》之“郭公”，《公羊傳・莊公二十四年》云：“郭公者何？失地之君也。”楊伯峻《春秋左傳注・莊公二十四年》注云：“洪亮吉《左傳詁》以爲郭即虢。但周公毁有‘郭人’，古彝器又有郭伯叡毁，以銘文考之，郭國似在東方。彝器‘虢’與‘郭’字不相混，則此郭宜非虢矣。洪説誤。周公毁與郭伯叡毁俱西周器，則郭國於西周已有。《新序・雜事四》載齊桓公遇郭氏之墟，問郭所以滅亡，則郭於齊桓公時已亡。”據此，則本文之“郭”也可能是《春秋》所載之“郭公”的封國，故王紹蘭之説可供參考，但其是否爲姬姓之國，尚有待考證。

〔16〕楊：西周所封姬姓諸侯國（當即《左傳・襄公二十九年》之“揚”)，始封之君不詳，地在今山西省洪洞縣東南范村東。春秋時爲晋所滅，爲羊舌氏采邑（參見 4.4 注〔6〕)。逄（páng 龐）：一作“逢”，古字通。逄國原爲商代方國，成湯時爲逄公伯陵所居，姜姓，地在今山東省青州市西北。殷末周初爲薄姑氏所居。周成王時，薄姑氏作亂，成王滅之，將它增封給姜太公（見《左傳・昭公二十年》“有逄伯陵因之”杜預注、《漢書・地理志下・齊地》)，所以逄國一直是姜姓之國。此文云姬姓，當指别國，未詳其所指。疑此“逄”字爲“郙”（pěng 捧）之音誤。“郙”爲西周時國名，《穆天子傳》卷一：“天子西征，至於郙人。”其地當即漢代之郙城，在今陝西省寶雞市附近。管：上文已言“管”，則此“管”字當指别國。《晋書・桓石虔傳》有“管城”，在今湖北省鍾祥市激水北，與周代隨國、唐國之地相近，或即周代的管國所在地。此文“管”“唐”連言，也可佐證。《左傳・僖公二十八年》載欒枝之言曰“漢陽諸姬，楚實盡之。”（意爲：漢水之北各姬姓國，楚國把他們都滅掉了。)“管”可能即漢陽諸姬之一。唐：上文已云“晋”，則此“唐”字非指唐叔虞之國，而是指漢陽諸姬之一，其地在今湖北省隨州市西北唐縣鎮，公元前 505 年爲楚所滅（見《左傳》定公三年、五年)。韓：上文已言“韓”（見注〔9〕)，則此“韓”字非指周成王之弟的封國，而當指東周之韓。晋國滅韓侯（即周成王之弟的封國)，後封給大夫韓萬，韓萬爲桓叔（晋文侯弟成師）之子，即戰國時韓國的始祖。韓萬爲晋之宗族，故爲姬姓。後來，韓氏逐漸强大。公元前 403 年，韓虔（韓景侯）被周天子命爲諸侯，正式成爲諸侯國。公元前 376 年，韓哀侯與趙、魏瓜分晋國。公元前 375 年，韓哀侯滅鄭，國都從陽翟（今河南省禹州市）遷往新鄭（今河南省新鄭市)，因而也被稱爲鄭。疆域有今山西省東南角和河南省中部，爲戰國七雄之一，公元前 230 年爲秦所滅。參見 35.12 與《史記・韓世家》。

〔17〕汪繼培曰：“‘楊’重見。《後紀十》載姬國有‘陽’，在‘楊’上。上文‘楊’字蓋即‘陽’之訛。此‘楊’字當从手，襄廿九年《左傳》云：‘虞、虢、焦、滑、霍、揚、韓、魏，皆姬姓也。’”〇彭鐸曰：“《左傳》‘揚’當從木，辯見洪亮吉《春秋左傳詁》。”〇覺按：上文已言“楊”，則此“楊”字當爲“陽”字之誤。陽爲西周封置的姬姓諸侯國，故城在今山東省沂南縣南，見《春秋・閔公二年》。

〔18〕汪繼培曰：“疑‘狐’。《晋語》云：‘狐氏出自唐叔。’▲狐姬，伯行之子也，實生重耳。莊廿八年《左傳》云：‘大戎狐姬生重耳。’杜注：‘大戎，唐叔子孫别在戎狄者。’”〇王紹蘭曰：“觚：秦氏嘉謨曰：‘蓋“耿”字傳寫之譌。《史記・晋世家》《集解》引服虔曰：霍、魏、耿，三國皆姬姓。’紹蘭按：《索隱》引《地記》曰：‘皮氏縣汾水南耿城，是故耿國也。’”〇覺按：此文上下除“王氏”標明“氏”字之外，均爲國名或采邑名，“狐”爲氏而非國名或邑名，故“觚”（gū 孤）不當作“狐”。觚國於史無徵。《爾雅・釋地》有“觚竹”，即孤竹國，在今河北省盧龍縣南，是商代墨胎氏之國，周代是否爲姬姓，未詳。王

紹蘭所引秦嘉謨之説可供參考，“耿”見 35.13 注〔6〕。

〔19〕欒：原爲晉國欒賓的采邑，在今河北省趙縣西。欒賓爲晉靖侯的庶孫（見 35.11 注〔17〕)，與晉同宗，故爲姬姓。甘：爲東周甘昭公之封邑，在今河南省洛陽市西南。甘昭公即周惠王之子、周襄王之弟王子帶，故爲姬姓，參見《左傳·僖公二十四年》“甘昭公有寵於惠后”杜預注。

〔20〕汪繼培曰：“‘鱗’當作‘鮮’。昭十二年《穀梁傳》：‘晉伐鮮虞。’范甯注：‘鮮虞，姬姓，白狄也。’疏云：‘《世本》文。’《鄭語》云：‘北有衛、燕、狄、鮮虞。’韋昭注：‘鮮虞，姬姓國。’▲《國名紀》引春秋時鱗朱證此。按‘鱗朱’見成十五年《左傳》，乃宋桓公孫鱗矔之孫，出子姓。”○覺按：鮮虞國在今河北省正定縣東北，是白狄族之國，戰國時爲中山國。

〔21〕汪繼培曰：“《國名紀》《後紀》‘王’作‘主’，以‘主’爲國名。按太子晉之後爲王氏，見《志氏姓篇》。”○覺按：太子晉爲周靈王之太子，故爲姬姓。參見 35.8。

34.2.1

有神龍首出常羊【1】，感姙姒●【2】〔1〕，生赤帝魁隗。身號炎帝，世號神農，代伏羲氏●〔2〕。其德火紀〔3〕，故爲火師而火名●〔4〕。是始●斵木爲耜【3】〔5〕，揉木爲耒耨〔6〕；日中爲市，致天下之民，聚天下之貨，交易而退，各得其所●〔7〕。

【校記】

【1】羊：陳本同，仿宋本、馮本、魁本、程本、四庫本、邵本無“羊”字。
【2】姙：仿宋本、馮本、魁本、程本、四庫本、邵本同，陳本作“任”。
【3】始：陳本同，仿宋本、馮本、魁本、程本、四庫本、邵本作“以”。

【箋注】

〔1〕陳本“姙”作“任”，汪繼培曰：“舊脱‘羊’字（▲据《周易·繫辭》疏、《宋書·符瑞志》補，《初學記》九引《帝王世紀》作‘尚羊’），‘任’作‘妊’（▲《初學記》同，《易》疏作‘任已’)。《御覽》七十八引《帝王世紀》云：‘神農氏母曰任姒，有喬氏之女，名女登，爲少典妃，遊於華陽，有神龍首感女登於常羊，生炎帝。’又引《孝經鉤命決》云：‘任已感龍生帝魁。’注云：‘魁，神農名。“已”或作“姒”。’”○覺按：從 34.2.1 至 34.2.3 述火德之君。常羊：傳説中的山名，見《山海經》中的《海外西經》及《大荒西經》，因爲是神話傳説，故其地難以考實。《周易·繫辭下》孔穎達疏引《帝王世紀》云：“炎帝神農氏，姜姓也，母曰任已，有蟜氏女，名曰女登，爲少典正妃，游華山之陽，有神龍首感女登於尚羊。”據此，則常羊山在華山之南。與《山海經》所述相參證，常羊山當在今湖北省西部武當山與巫山之間的神農架林區。姙姒（sì 肆）：一作“任已”（即“姙姒”去掉女字旁，“已”“以”古同字），姓任，名女登，爲有喬氏的長女，故稱“姒”，爲少典之正妃、神農之母。

〔2〕汪繼培曰：“《淮南子·時則訓》云：‘赤帝祝融之所司者萬二千里。’高誘注：‘赤帝，炎帝，號爲神農。’《漢書·律歷志》云：‘《易》曰：“炮犧氏没，神農氏作。”以火承木，故爲炎帝。教民耕農，故天下號曰神農氏。’”○覺按：《周易·繫辭下》孔穎達疏引

《帝王世紀》云："繼无懷之後，本起烈山，或稱烈山氏，在位一百二十年而崩。納奔水氏女曰聽談，生帝臨魁，次帝承，次帝明，次帝直，次帝釐，次帝哀，次帝榆罔，凡八代，及軒轅氏也。"與此文之記述稍異。參見 25.6 注〔11〕。

〔3〕依 34.1.1 及《左傳·昭公十七年》之文，此句當作"其德火，以火紀"。

〔4〕汪繼培曰："昭十七年《左傳》。"○覺按：火師：火官，以"火"字爲名號的官長。《漢書·百官公卿表》"神農火師火名"顔師古注："應劭曰：'火德也，故爲炎帝。春官爲大火，夏官爲鶉火，秋官爲西火，冬官爲北火，中官爲中火。'張晏曰：'神農有火星之瑞，因以名師與官也。'"

〔5〕汪繼培曰："舊作'以'，依下文例改。"○覺按：此下幾句採自《周易·繫辭下》。《世本·作篇》將耒耜耨的創製歸於堯、舜時代的巧匠垂（參見 1.2 注〔13〕），與此不同。耜（sì 四）：原始翻土的農具，形如鍬，原先用木製作，後來用金屬製造。

〔6〕揉：通"煣"，用微火熏烤木料使它彎曲。耒（lěi 累）：原始翻土的農具，木犂。耨（nòu 槈）：除草的農具，鋤。原先用木製作，故其字本作"槈"；後以金屬製造，字又寫作"鎒"。

〔7〕汪繼培曰："《易·繫辭》。按'揉木爲耒耨'，與《釋文》或本同。"

34.2.2

後嗣——慶都與龍合婚生伊堯●【1】〔1〕，代高辛氏。其眉八彩●〔2〕。世號唐●〔3〕，作樂《大章》●〔4〕。始禪位●〔5〕。武王克殷，而封其胄於鑄●〔6〕。

【校記】

【1】與：仿宋本、馮本、陳本同，魁本、程本、四庫本、邵本作"興"。

【箋注】

〔1〕汪繼培曰："《初學記》九引《詩含神霧》云：'慶都與赤龍合婚，生赤帝伊祁堯。'按《隸釋·帝堯碑》云：'帝堯者，其先出自塊隗，翼火之精。有神龍首出於常羊□□□□□□□□□□生赤□□□□□□□□□□□爰嗣八九，慶都與赤龍交而生伊堯。'《成陽靈臺碑》云：'昔者慶都兆舍穹精氏，姓曰伊，游觀河濱，感赤龍交，始生堯。'《淮南子·修務訓》高誘注：'堯母慶都，蓋天帝之女。寄伊長孺家，年二十無夫。出觀於河，有赤龍負圖而至，奄然陰雲，赤龍與慶都合而生堯。'按誘説本《春秋合誠圖》，《御覽》八十引之。▲梁氏玉繩云：'《潛夫·五德志》及《隸釋·帝堯碑》俱稱伊堯。《晉書·禮志上》言魏明帝景初元年詔以舜妃爲伊氏，是堯實姓伊。乃《易》疏引《世紀》堯姓伊祈，故《禮·郊特牲》《釋文》有堯號伊耆氏之説。而《史·正義》引《世紀》云祁姓，宋司馬光《稽古録》從之。《淮南·修務》高注云：堯母寄伊長孺家。《索隱》引皇甫謐云：堯初生時，其母寄於伊長孺家，從母所居爲姓。《路史》謂堯姬姓，注以姓伊祈爲失，復辨《世紀》或説祁從母姓之誤。竊疑堯生于伊水之上，遂爲伊姓，猶伊尹之姓伊尔，不關母所居，亦非從母姓。而堯既姓伊，自不得爲祁矣。'"○覺按：《史記·五帝本紀》："帝嚳娶陳鋒氏女，生放勛。"《正義》："《帝王紀》云：'帝嚳有四妃，卜其子皆有天下。……次妃陳豐氏女曰慶都，生放勛。'……姓伊祁氏，《帝紀》云：'帝堯，陶唐氏，祁姓也。母慶都，

十四月生堯。'" 認爲堯是帝嚳之子，與此文所述不同。堯姓伊，故稱"伊堯"。汪繼培所引梁玉繩之説，見梁氏《人表考》卷一"帝堯陶唐氏"條。

〔2〕汪繼培曰："《御覽》引《春秋元命苞》云：'堯眉八彩，是謂通明。歷象日月，璇璣玉衡。'"

〔3〕汪繼培曰："《漢書·律歷志》云：'帝堯封於唐。蓋高辛氏衰，天下歸之。木生火，故爲火德，天下號曰陶唐氏。'" 〇覺按：此"唐"字是朝代名，參見1.1注〔12〕。

〔4〕汪繼培曰："《白虎通》云：'堯樂曰《大章》。'" 〇覺按：《大章》：是一種敲擊土鼓、石塊，用瑟來伴奏的音樂，見《吕氏春秋·古樂》。"章"是彰明的意思。《白虎通·禮樂》："堯曰《大章》者，大明天地人之道也。"

〔5〕汪繼培曰："《孟子》云：'唐、虞禪。'" 〇覺按：禪（shàn善）：禪讓，主動把帝位讓給别人。

〔6〕汪繼培曰："《禮記·樂記》云：'武王克殷反商，未及下車，而封帝堯之後於祝。'鄭注：'祝，或爲"鑄"。'《續漢書·郡國志》濟北郡（覺按：當作"濟北國"）蛇邱（陳本"邱"誤作"印"，此依汪稿）有鑄鄉城。'劉昭注：'周武王未及下車，封堯後於鑄。'按'鑄''祝'聲相近。《淮南子·俶真訓》'冶工之鑄器'，高誘注：'鑄，讀如"唾祝"之"祝"。'" 〇覺按：汪繼培初稿引鄭注"鑄"誤爲"禱"，王紹蘭曰："案《樂記》鄭注：'祝，或爲"鑄"。''禱'字誤。"汪繼培二稿因據以改正。《史記·周本紀》説武王封黄帝之後於祝、封堯之後於薊，與此文異。胄：後代。鑄：一作"祝"，西周、春秋時封國，在今山東省肥城市東南。

34.2.3

含始吞赤珠，尅曰"玉英生漢"【1】，龍感女媪，劉季興●〔1〕。

【校記】

【1】尅：仿宋本、馮本、魁本、四庫本同，程本、邵本、陳本作"剋"。

【箋注】

〔1〕汪繼培曰："《藝文類聚》九十八引《詩含神霧》云：'含始吞赤珠，刻曰"玉英生漢皇"，後赤龍感女媪，劉季興也。''剋'與'刻'同。《史記·高祖紀》《索隱》引王符云：'太上皇名煓。'此書無之，蓋小司馬誤也。《漢書·律歷志》云：'漢高祖皇帝伐秦繼周，木生火，故爲火德。'" 〇覺按：含始：傳説劉邦母親姓王，名含始（見《史記·高祖本紀》"母曰劉媪"《索隱》），但《史記》《漢書》等正史都未記載其名，此名當出於東漢人杜撰。汪繼培初稿云："含始，漢高祖母，昭靈后也，事詳《宋書·符瑞志》。"後删之，蓋其不信此類傳説也。又，陳本"此書無之，蓋小司馬誤也"，汪初稿作"疑此處脱文"，蓋亦不信此類傳説而改。赤珠：紅色之珠，"赤"象徵火德。媪（ǎo襖）：對婦女的尊稱，因爲史家不清楚劉邦母親的名字，所以籠統地稱她爲"媪"或"女媪"。龍感女媪：《史記·高祖本紀》載："其先劉媪嘗息大澤之陂，夢與神遇，是時雷電晦冥，太公往視，則見蛟龍於其上，已而有身，遂産高祖。"劉季：見4.6注〔13〕。

34.3.1

大電繞樞炤野，感符寶，生黄帝軒轅●〔1〕，代炎帝氏。其相龍顔●〔2〕。其德土行●〔3〕，以雲紀，故爲雲師而雲名●〔4〕。作樂《咸池》●〔5〕。是始制衣裳●〔6〕。

【箋注】

〔1〕汪繼培曰："《藝文類聚》二引《河圖握矩起》云：'大電繞樞星，炤郊野，感符寶而生黄帝。'《御覽》七十九'符'作'附'，《初學記》九引《詩含神霧》同。《大戴禮・五帝德篇》云：'黄帝曰軒轅。'"○覺按：34.3.1與34.3.2述土德之君。樞：星名，也稱天樞，是北斗七星的第一星。《星經・北斗》："北斗星……第一名天樞，爲土星。"故爲土德之瑞。炤：同"照"。符寶：一作附寶，黄帝之母。

〔2〕汪繼培曰："《御覽》七十九引《春秋元命苞》云：'黄帝龍顔，得天庭陽。上法中宿，取象文昌。戴天履陰，秉數制剛。'"○覺按：顔：兩眉之間，額部靠近眉毛處。龍顔：額生得像龍，指眉骨圓起。

〔3〕汪繼培曰："《史記・五帝紀》云：'有土德之瑞。'《漢書・律歷志》云：'《易》曰："神農氏没，黄帝氏作。"火生土，故爲土德。'"

〔4〕汪繼培曰："昭十七年《左傳》。"○覺按：雲師：雲官，以"雲"字爲名號的官長。《左傳・昭公十七年》"昔者黄帝氏以雲紀……故爲龍師而龍名。"孔穎達疏："服虔云：'黄帝受命得景雲之瑞，故以雲紀事。……黄帝以雲名官，蓋春官爲青雲氏，夏官爲縉雲氏，秋官爲白雲氏，冬官爲黑雲氏，中官爲黄雲氏。'"

〔5〕汪繼培曰："《白虎通》云：'黄帝樂曰《咸池》。'"○覺按：《咸池》：是一種用竹管吹奏五音，並用十二鐘來伴奏的樂曲，見《吕氏春秋・古樂》。"咸池"是"大施"的意思。《白虎通・禮樂》："黄帝曰《咸池》者，言大施天下之道而行之，天之所生，地之所載，咸蒙德施也。"

〔6〕汪繼培曰："《繫辭》。"○覺按：衣裳：衣服。上身穿的叫"衣"，下身穿的叫"裳"。《周易・繫辭下》："黄帝、堯、舜垂衣裳而天下治。"此文蓋由此而推知黄帝始製衣裳。據《世本・作篇》，創製衣裳的是黄帝之臣伯余。

34.3.2

後嗣——握登見大虹，意感生重華虞舜●〔1〕。其目重瞳●〔2〕。事堯，堯乃禪位，曰："格！爾舜！天之曆數在爾躬【1】，允執厥中，四海困窮，天禄永終●〔3〕。"乃受終于文祖●【2】〔4〕。世號有虞●【3】〔5〕。作樂《九韶》●〔6〕。禪位於禹。武王克殷，而封胡公嬀滿於陳，庸以元女大姬●【4】〔7〕。

【校記】

【1】曆：魁本、程本、何本同，仿宋本、馮本作"厤"，四庫本作"歴"，邵本、陳本作"歷"。

【2】于：仿宋本、馮本、魁本、程本、四庫本、邵本同，陳本作“於”。
【3】世：陳本同，仿宋本、馮本、魁本、程本、四庫本、邵本作“也”。
【4】大：馮本、邵本、陳本同，仿宋本、魁本、程本作“火”，四庫本作“太”。

【箋注】

〔1〕汪繼培曰：“《御覽》八十一引《詩含神霧》云：‘握登見大虹，意感生帝舜。’《史記·五帝紀》云：‘虞舜者，名曰重華。’”〇覺按：握登：瞽瞍的前妻，舜的母親。

〔2〕汪繼培曰：“《御覽》三百六十六引《春秋元命苞》云：‘舜重瞳子，是謂滋涼。上應攝提，以象三光。’《御覽》多誤字，▲‘滋涼’作‘慈原’，末句作‘以應三元’，据《白虎通·聖人篇》訂正。”

〔3〕汪繼培曰：“《論語》。‘格’今作‘咨’，‘厥’作‘其’。”〇覺按：堯的話見《論語·堯曰》。格：《論語·堯曰》作“咨”，此蓋依《尚書·舜典》改。《尚書·舜典》“格汝舜”孔安國傳：“格，來。”曆數：見 26.6 注〔3〕。對最後兩句，今人的理解往往與古人不同，恐不當（見 28.11 注〔5〕）。因爲“允執其中”，則天下民衆不可能窮困。如果天下民衆窮困，也應該是天災造成的，而不是君王造成的，所以上天也不會終止君王的祿位。《說文·木部》“困”字條段玉裁注：“‘困’之本義爲止而不過，引伸之爲極盡。《論語》‘四海困窮’，謂君德充塞宇宙，與‘横被四表’之義略同。苞注曰：‘言爲政信執其中，則能窮極四海，天祿所以長終也。’凡言困勉、困苦，皆極盡之義。”《說文·穴部》：“窮，極也。”《論語·堯曰》邢昺疏：“允，信也。困，極也。永，長也。言爲政信執其中，則能窮極四海，天之祿籍所以長終汝身。”據以上諸説，則“四海困窮”即四海被極盡，也就是天下人全部被君王德化而悦服的意思，“終”是壽終的意思。

〔4〕汪繼培曰：“《書·堯典》。”〇覺按：終：《尚書·舜典》“受終于文祖”孔安國傳：“終，謂堯終帝位之事。”文祖：有文德的祖先，這是古代帝王對祖先的美稱，此指堯的祖廟。

〔5〕汪繼培曰：“《漢書·律歷志》云：‘帝舜處虞之嬀汭，堯嬗以天下。火生土，故爲土德。天下號曰有虞氏。’”

〔6〕汪繼培曰：“《白虎通》云：‘舜樂曰《簫韶》。’《吕氏春秋·古樂篇》云：‘舜乃令質修《九招》《六列》《六英》，以明帝德。’‘招’與‘韶’同。”〇覺按：《九韶》：也作《簫韶》或《九招》（“招”通“韶”），相傳爲帝嚳命咸黑所作，舜祇是叫質修改了一下（見《吕氏春秋·古樂》）。此文説“作”，大概是依據了《史記》的説法。《史記·五帝本紀》：“四海之内，咸戴帝舜之功，於是禹乃興《九招》之樂……皆自虞帝始。”《索隱》：“招，音韶，即舜樂《簫韶》。九成（覺按：樂曲一終爲一成），故曰《九招》。”“韶”是繼承的意思。《白虎通·禮樂》：“舜曰《簫韶》者，舜能繼堯之道也。”

〔7〕汪繼培曰：“《禮記·樂記》云：‘武王克殷反商，未及下車，而封帝舜之後於陳。’襄廿五年《左傳》云：‘庸以元女大姬配胡公，而封諸陳。’王先生云：‘“大姬”下脱“配之”二字。’”〇覺按：王説是。胡公嬀（guī 龜）滿：姓嬀，名滿，謚胡。舜的後代，虞閼父之子。周武王克商後封之於陳，見《史記·陳杞世家》和《左傳·襄公二十五年》杜預注。陳：古國名，西周初封置，嬀姓，侯爵，開國君主是胡公滿，都宛丘（今河南省周口市淮陽區），有今河南省東部和安徽省一部分，公元前 479 年爲楚所滅。庸：乃。元：首。大（tài 太）姬：周武王的長女。

34.4.1

大星如虹下流華渚，女節夢●接【1】〔1〕，生白帝摯青陽【2】，世號少暤●【3】〔2〕，代黄帝氏，都于曲阜●【4】〔3〕。其德金行●〔4〕。其立也，鳳皇適至，故紀於鳥。鳳鳥●氏【5】〔5〕，曆正也【6】〔6〕；玄鳥氏【7】〔7〕，司分者也〔8〕；伯趙氏〔9〕，司至者也〔10〕；青鳥氏〔11〕，司啓者也〔12〕；丹鳥氏〔13〕，司閉者也【8】〔14〕。祝鳩氏〔15〕，司徒也〔16〕；雎鳩氏【9】〔17〕，司馬也〔18〕；尸鳩氏〔19〕，司空也〔20〕；爽鳩氏〔21〕，司寇也〔22〕；鶻鳩氏〔23〕，司事也〔24〕。五鳩〔25〕，鳩民者也〔26〕。五雉爲五工正〔27〕，利器用，夷民者也●〔28〕。是始●作書契【10】〔29〕，百官以治，萬民以察●〔30〕。有才子四人〔31〕，曰重，曰該，曰脩【11】，曰熙，實能金、木及水〔32〕，故重爲勾芒【12】〔33〕，該爲蓐收，脩及熙爲玄冥【13】。恪恭厥業，世不失職，遂濟窮桑●【14】〔34〕。

【校記】

【1】夢：陳本同，仿宋本、馮本、魁本、程本、四庫本、邵本作“萬”。
【2】摯：程本、四庫本、邵本、陳本同，仿宋本、馮本、魁本作“摰”。
【3】暤：仿宋本、馮本、魁本、程本、邵本、陳本同，四庫本作“皡”。
【4】于：仿宋本、馮本、魁本、程本、四庫本、邵本同，陳本作“於”。
【5】鳥：陳本同，仿宋本、馮本、魁本、程本、四庫本、邵本無“鳥”字。
【6】曆：魁本、程本同，仿宋本、馮本作“厯”，四庫本作“歴”，邵本、陳本作“歷”。
【7】玄：仿宋本、馮本、魁本、程本、何本同，四庫本、陳本作“玄”，邵本作“元”。
【8】閉：仿宋本、馮本、程本、四庫本、邵本、陳本同，魁本作“閑”。
【9】雎：陳本同，仿宋本作“睢”，馮本、魁本、程本、四庫本、邵本作“雎”。
【10】始：陳本同，仿宋本、馮本、魁本、程本、四庫本、邵本作“故”。
【11】脩：仿宋本、馮本、魁本、程本、四庫本、邵本同，陳本作“修”。
【12】芒：仿宋本、魁本、程本、四庫本、邵本、陳本同，馮本作“芸”。
【13】脩：仿宋本、馮本、魁本、程本、四庫本、邵本同，陳本作“修”。玄：仿宋本、馮本、魁本、程本、何本同，四庫本、陳本作“玄”，邵本作“元”。
【14】桑：四庫本、陳本同，仿宋本、馮本、魁本、程本作“桒”，何本、邵本作“乘”。

【箋注】

〔1〕▲汪繼培初稿曰：“舊作‘萬’。”〇覺按：此條校語被刪，似乎其底本作“夢”，其實不然，故不當刪。女節：少暤帝的母親。

〔2〕汪繼培曰：“《初學記》十引《河圖》云：‘帝摯少昊氏，母曰女節，見大星如虹下流華渚，既而夢接，意感生白帝朱宣。’《御覽》引《帝王世紀》云：‘少昊帝名摯，字青陽，▲即《啚讖》所謂白帝朱宣者。’按《漢書・律歷志》以摯爲黄帝子青陽子孫，與此異。”

〇覺按：從 34.4.1 至 34.4.9 述金德之君。大星：當指太白之精。華渚：傳説中的地名，難以考實。少皞都曲阜，則該地當在曲阜附近。今考古之華不注山（簡稱華山，又名金輿山）在今山東省濟南市東北，離曲阜不遠。水中小洲叫“渚”。華渚可能就是華不注山附近的一個河中小洲。又，《漢書・地理志上・濟南郡》有著縣，在今山東省濟南市濟陽區西，即華不注山附近，華渚不知是否即著縣故地，待考。少暤：見 25.6 注〔15〕。

〔3〕汪繼培曰：“定四年《左傳》‘封於少皞之虚’，杜注：‘少皞虚，曲阜也。’《帝王世紀》云：‘都曲阜。’”〇覺按：曲阜：在今山東省曲阜市東北。

〔4〕汪繼培曰：“《漢書・律歷志》云：‘土生金，故爲金德。天下號曰金天氏。’”

〔5〕汪繼培曰：“舊脱。”〇覺按：此下一段文字取自《左傳・昭公十七年》。“鳳鳥氏”等等，是少皞時的官名。

〔6〕曆正：掌管天文曆法的官。《左傳・昭公十七年》“鳳鳥氏曆正也”杜預注：“鳳鳥知天時，故以名歷正之官。”

〔7〕《左傳・昭公十七年》“玄鳥氏司分者也”杜預注：“玄鳥，燕也。以春分來，秋分去。”所以用“玄鳥氏”來命名掌管二分的官。

〔8〕司：掌管。分：指春分、秋分。司分：掌管春分秋分。過去人們都認爲“司分”“司至”“司啓”“司閉”是官名，恐不當。因爲此下有“者”字，與下文“司徒”“司空”等不同，所以“司分”等應是用來説明職掌的詞組，而非官名。《周禮》無“司分”等官，也可佐證此非官名。

〔9〕伯趙：鳥名，即伯勞，一名博勞，一名鵙。《左傳・昭公十七年》“伯趙氏司至者也”杜預注：“伯趙，伯勞也，以夏至鳴，冬至止。”所以用它來命名掌管二至的官。

〔10〕至：指夏至、冬至。

〔11〕《左傳・昭公十七年》“青鳥氏司啓者也”杜預注：“青鳥，鶬鴳也。以立春鳴，立夏止。”

〔12〕《左傳・昭公十七年》“青鳥氏司啓者也”孔穎達疏：“立春、立夏謂之啓。此鳥以立春鳴，立夏止，故以名官，使之主立春、立夏。”

〔13〕《左傳・昭公十七年》“丹鳥氏司閉者也”杜預注：“丹鳥，鷩雉也。以立秋來，立冬去，入大水爲蜃。上四鳥皆歷正之屬官。”

〔14〕《左傳・昭公十七年》“丹鳥氏司閉者也”孔穎達疏：“立秋、立冬謂之閉。此鳥以秋來冬去，故以名官，使之主立秋、立冬也。”

〔15〕《左傳・昭公十七年》“祝鳩氏司徒也”杜預注：“祝鳩，鷦鳩也。鷦鳩孝，故爲司徒，主教民。”據孔穎達疏，祝鳩又稱“隹其”“鳺鴀”“鵓鳩”，那麼此鳥就是鵓鳩，今習稱鵓鴣。

〔16〕司徒：主管民政教化的官，見《周禮・地官・小司徒》《尚書・周官》。

〔17〕雎鳩：《左傳・昭公十七年》作“鴡鳩”，字通。《爾雅・釋鳥》：“鴡鳩，王鴡。”郭璞注：“鵰類，今江東呼之爲鶚，好在江渚山邊食魚。”那麼此鳥就是魚鷹，今江南俗稱水老鶚。《詩經・周南・關雎》“關關雎鳩”毛傳：“雎鳩，王雎也。鳥摯而有别。”它雖兇猛，但雌雄有定偶，所以用來命名既掌管攻殺又必須執法分明的官。

〔18〕司馬：掌管軍政的官，見《周禮・夏官・大司馬》《尚書・周官》。

〔19〕尸鳩：《左傳・昭公十七年》作“鳲鳩”，字通，即布穀鳥。《詩經・曹風・鳲鳩》“鳲鳩在桑，其子七兮”毛傳：“鳲鳩之養其子，朝從上下，莫從下上，平均如一。”用尸鳩氏來命名官職，即取義於“平”，指掌管平治水土。

〔20〕司空:《尚書·周官》:“司空，掌邦土，居四民，時地利。”《尚書·舜典》也説:“僉曰:‘伯禹作司空。’帝曰:‘俞，咨！禹，汝平水土，惟時懋哉！’”可見司空原來衹掌管土地、道路、水利等（參見34.4.2），並不負責其他建築工程及製造車服器械等，與此文所述的職事相合。至於建築工程、車服器械等，由下文所説的司事掌管。後世不設司事之官，所以司空便兼管營造，但此文的“司空”不兼管司事之職。

〔21〕《左傳·昭公十七年》“爽鳩氏司寇也”杜預注:“爽鳩，鷹也。鷙，故爲司寇，主盜賊。”

〔22〕司寇：掌管國家法禁與刑獄的官，負責緝捕姦惡暴亂之徒進行審訊懲處，見《尚書·周官》《周禮·秋官·大司寇》。

〔23〕鶻鳩：又名鶌鳩、鶻鵃，似山鵲而小，短尾，青黑色，多鳴。它是一種春來冬去的候鳥，象徵一年到頭不停地工作，所以用來命名司事之官。

〔24〕司事：掌管建築工程、製造車服器械、監督手工業的官。後世不設置司事，其職事由司空負責。

〔25〕五鳩：指上文的祝鳩氏、雎鳩氏、尸鳩氏、爽鳩氏、鶻鳩氏。

〔26〕《左傳·昭公十七年》“鳩民者也”杜預注:“鳩，聚也。治民上聚，故以鳩爲名。”“鳩”是聚集的意思，用“鳩”來命官，表示要讓這些官員去團結聚集民衆。

〔27〕五雉：指少皞時五種以“雉”爲名的官名，其名不詳。工正：官名，掌管各種工匠及手工業生産。五雉爲五工正:《左傳·昭公十七年》孔穎達疏引賈逵云:“西方曰鷷雉，攻木之工也；東方曰鶅雉，搏（覺按：當作“摶”）埴之工也；南方曰翬（覺按：當作“翟”）雉，攻金之工也；北方曰鵗雉，攻皮之工也；伊、洛而南曰翬雉，設五色之工也。”但孔穎達認爲，賈逵之説乃雜採《爾雅·釋鳥》與《周禮·考工記》之文相配而成，未必合於少皞時的官制。今録之以備參考。

〔28〕汪繼培曰:“昭十七年《左傳》。‘鳳皇’作‘鳳鳥’，‘利器用’下有‘正度量’一句。又云:‘九扈爲九農正，扈民無淫者也。’此亦當有之。”○覺按：夷：平坦，引申指困難少，容易。《爾雅·釋詁下》:“平、均、夷、弟，易也。”邢昺疏:“易者，不難也。”即其義。《左傳·昭公十七年》此句上有“正度量”一句，所以杜預注、孔穎達疏將“夷”解爲“平”“平均”，似未當，因爲百工之事，主要是“利器用”，改少民衆勞作生活時的困難，而不是在平均下民。又，“雉”“夷”古音相近（韻部相同而聲母相近），所以用“雉”來命官，聽上去好像在説“夷”，這就是在督促這些官員以便利百姓爲已任。

〔29〕汪繼培曰:“舊作‘故’。”○覺按：書：文字。契：原指契約，後指所有的文書。“契”是“刻”的意思。古代的契約是在竹簡或木簡上寫字，寫好後剖爲兩半，雙方各留一半作爲憑證，驗證時將兩半相合，看是否契合，所以稱“契”。如果内容較多，則寫在版牘上，兩版相合而在側面書寫刻上文字，然後雙方各留一版以爲憑證。書契：有文字的契約、文書。現在一般都將此“書契”簡單地理解爲“文字”，如《辭源》（修訂本）“書契”條解云:“猶言文字。”並引《書·序》“古者伏羲氏之王天下也，始畫八卦，造書契，以代結繩之政”爲書證。此説恐不當，因爲文字本身不能治事，衹有用文字寫成的契約、文書纔能治政。《周禮·地官·質人》“掌稽市之書契”鄭玄注:“書契，取予市物之券也，其券之象，書兩札刻其側。”《尚書序》:“古者伏羲氏之王天下也，始畫八卦，造書契，以代結繩之政，由是文籍生焉。”《釋文》:“書者，文字。契者，刻木而書其側，故曰書契也。一云以書契約其事也。鄭玄云:‘以書書木邊，言其事，刻其木，謂之書契也。’”由此可證“書契”並不衹是指文字，而是指契約。作書契:《周易·繫辭下》:“上古結繩而治，後世

聖人易之以書契，百官以治，萬民以察。”並未明確書契創製的時代。王符此文定爲少皞之時，而《尚書序》則認爲始於伏羲氏（見上文引），《世本·作篇》認爲黄帝史官蒼頡始造文字，蓋傳聞不同所致。

〔30〕汪繼培曰：“《繫辭》。”〇覺按：察：察看，審察，指驗證契約來判斷對方的真假。

〔31〕有才子四人：《左傳·昭公二十九年》作“少皞氏有四叔”，所以這四人可能是少皞之弟。但鄭玄則認爲他們是少皞之子，見《禮記·月令》“其神句芒”“其神蓐收”“其神玄冥”注。《尚書·堯典》“乃命羲和”孔穎達疏亦曰：“昭二十九年《左傳》稱少昊氏有子曰重。”重之事蹟可參見34.5.1注〔7〕。

〔32〕金：指“金正”，爲古代木正、火正、土正、金正、水正等五官之一，是掌管五行之“金”的最高官吏，負責祭祀金星，管轄西方之事。參見《左傳·昭公二十九年》“故有五行之官，是謂五官”孔穎達疏。木：指“木正”，是掌管五行之“木”的最高官吏，負責祭祀木星，管轄東方之事。水：指“水正”，是掌管五行之“水”的最高官吏，負責祭祀水星，管轄北方之事。

〔33〕勾芒：又作“句芒”，是木正的代稱。《左傳·昭公二十九年》：“木正曰句芒，火正曰祝融，金正曰蓐收，水正曰玄冥，土正曰后土。”後來又用來指木神（見《禮記·月令》）。下面的“蓐收”和“玄冥”分别是金正、水正的代稱。

〔34〕汪繼培曰：“昭廿九年《左傳》。無‘恪恭厥業’句。”〇覺按：《左傳·昭公二十九年》“遂濟窮桑”杜預注：“窮桑，少皞之號也。……窮桑，地在魯北。”即在今山東省曲阜市北，參見25.6注〔15〕。

34.4.2

後嗣——脩紀見流星【1】，意感生白帝文命戎禹●【2】〔1〕。其耳參漏●〔2〕。爲堯司空●〔3〕，主平水土〔4〕，命山川●〔5〕，畫九州〔6〕，制九貢〔7〕。功成，賜玄珪以告勳于天●【3】〔8〕。舜乃禪位，命如堯詔●〔9〕，禹乃即位，作樂《大夏》●〔10〕。世號夏后●〔11〕。

【校記】

【1】脩紀：仿宋本、馮本、魁本、程本、邵本同，四庫本作“脩已”，陳本作“修紀”。

【2】戎：陳本同，仿宋本、馮本、魁本、程本、四庫本、邵本作“我”。

【3】玄：仿宋本、馮本、魁本、程本、何本同，四庫本、陳本作“玄”，邵本作“元”。于：仿宋本、馮本、魁本、程本、四庫本、邵本同，陳本作“於”。

【箋注】

〔1〕汪繼培曰：“‘戎’舊作‘我’。《御覽》八十二引《尚書帝命驗》云：‘禹，白帝精，以星感。修已山行，見流星，意感栗然，生姒戎文命。’注云：‘姒，禹氏。禹生戎地，一名文命。’按《御覽》引《帝王世紀》及《宋書·符瑞志》‘紀’並作‘已’。《孝經鉤命決》作‘紀’，亦見《御覽》。”〇覺按：脩紀：一作“脩已”，又名女志（見《世本·帝王世本》），又名女嬉（見《吴越春秋·越王無余外傳》），有莘氏之女，鯀之妻，禹之母。見流星：《初

學記》卷九引《帝王世紀》説“見流星貫昴”。昴是二十八宿之一，即西方白虎七宿中間的一個星宿，所以脩紀感而生白帝。白帝：禹以金德王，金行配白色，所以與少皞一樣稱爲白帝。文命：禹之名，參見1.1注〔14〕。戎：古代對西部民族的統稱。傳説禹生長於石紐（今四川省汶川縣），石紐屬西羌，所以稱禹爲“戎禹”。參見《吴越春秋·越王無余外傳》《帝王世紀·夏》。

〔2〕汪繼培曰：“《御覽》八十二引《雒書靈准聽》云：‘有人大口，兩耳參漏。’注云：‘謂禹也。’《白虎通·聖人篇》云：‘禹耳三漏，是謂大通。興利除害，決河疏江。’”〇覺按：參（sān三）：通“三”。《淮南子·脩務訓》：“禹耳參漏，是謂大通，興利除害，疏河決江。”高誘注：“參，三也。漏，穴也。”

〔3〕汪繼培曰：“《書·堯典》。”

〔4〕平：整治。《尚書·大禹謨》“地平天成”孔安國傳：“水土治曰平。”

〔5〕汪繼培曰：“《書·吕刑》。‘命’今作‘名’。”

〔6〕九州：見3.3注〔36〕。

〔7〕九貢：《周禮·天官·大宰》列有給帝王的九種進貢。一是祀貢，進獻犧牲等祭祀用品；二是嬪貢，進獻絲帛等供嬪妃用的物品；三是器貢，進獻宗廟用器；四是幣貢，進獻皮帛等禮品；五是材貢，進獻竹木之材；六是貨貢，進獻金玉龜貝等；七是服貢，進獻紡織品；八是斿貢，進獻珠璣等玩好；九是物貢，進獻魚鹽等各種雜物。但這是周朝的制度。此文説禹制九貢，恐非指此，而是指《尚書·禹貢》中所提到的九州之貢，即冀州進貢皮服，兖州進貢漆、絲、彩綢，青州進貢鹽、絲、葛布、怪石、松木等，徐州進貢五色土、桐木、蚌珠、魚等，揚州進貢金銀銅、竹木、象牙、玉石等，荆州進貢金銀銅、竹木、菁茅、大龜等，豫州進貢漆、麻、細絹等，梁州進貢鋼鐵、美玉、狐狸、熊羆等，雍州進貢玉石、珠寶等。

〔8〕汪繼培曰：“《書·禹貢》。‘珪’今作‘圭’。《説文》云：‘古文圭从玉。’”〇覺按：玄：《尚書·禹貢》“禹錫玄圭”孔安國傳：“玄，天色。”指没有日月時的天色，它是一種淺黑色。珪：古代帝王諸侯舉行朝會典禮時用作信符的玉版，形狀上圓（或尖）下方。玄珪：天色之珪，象徵天大之功。一説玄是水色，玄珪象徵治水之功。

〔9〕汪繼培曰：“《論語》云：‘舜亦以命禹。’”〇覺按：《論語·堯曰》記載了34.3.2中堯的一段話後説：“舜亦以命禹。”

〔10〕汪繼培曰：“《白虎通》云：‘禹樂曰《大夏》。’”〇覺按：《大夏》：又稱《夏籥》，相傳是禹命臯陶所作，共有九段曲子（見《吕氏春秋·古樂》）。“大夏”是使諸夏擴大的意思。《周禮·春官·大司樂》“舞《雲門》《大卷》《大咸》《大磬》《大夏》《大濩》《大武》”鄭玄注：“《大夏》，禹樂也。禹治水傳土，言其德能大中國也。”

〔11〕汪繼培曰：“《漢書·律歷志》云：‘伯禹，虞舜嬗以天下。土生金，故爲金德。天下號曰夏后氏。’皇侃《論語義疏》引《白虎通》云：‘夏以揖讓受禪爲君，故褒之稱后。后，君也。’又云：‘夏得禪授，是君與之，故稱后也。’”〇覺按：禹稱帝後的國都，先在陽城（今河南省開封市南），後遷安邑（今山西省夏縣西北禹王城），見《世本·居篇》。

34.4.3

傳嗣子啓〔1〕。啓子太康、仲康更立〔2〕。兄弟五人，皆有昏德，不堪帝事〔3〕，降須洛汭【1】〔4〕，是謂“五觀”●〔5〕。

【校記】

【1】須：仿宋本、馮本、魁本、陳本同，程本、四庫本、邵本作“頒”。

【箋注】

〔1〕嗣子：繼位的嫡長子。啓：夏代帝王，姒姓，禹的兒子。相傳禹選定伯益作爲繼承人。禹去世後，伯益把帝位推讓給啓，啓被擁戴爲帝。一説禹名義上是把帝位傳給伯益，但早就讓啓手下的人都當了官，於是禹死後，啓與黨羽打敗伯益而取得帝位。他即位後，有扈氏不服，也被他攻滅。參見 17.1.2 注〔3〕及《史記·夏本紀》《韓非子·外儲説右下》。

〔2〕太康：又作“大康”，夏代帝王，啓的長子，啓死後繼位。他遊樂無度而無君德，到洛水邊打獵而久不回朝，被后羿拒之於黄河南岸洛水灣，不得返回國都，因而喪失了政權，依居於同姓諸侯國斟鄩（在今河南省鞏義市西南），死後葬於太康縣（今河南省太康縣）東南二里。參見《尚書·五子之歌》《史記·夏本紀》《竹書紀年》卷上。仲康：又作“中康”（見《史記·夏本紀》），又作“仲廬”（見《吴越春秋·勾踐伐吴外傳》），太康之弟。太康死後繼位，也是昏君而依居斟鄩。見《史記·夏本紀》《竹書紀年》卷上。

〔3〕堪（kān 勘）：能擔當。

〔4〕降：下來。指從國都跟隨太康來到下面的原野。“降”也可能是“從”字之誤，《尚書·五子之歌》作“厥弟五人御其母以從徯于洛之汭”，即其證。須：通“頿”，等待，與《尚書·五子之歌》的“徯”同義。洛：洛河，源出今陝西省洛南縣西北部，東入河南省，經盧氏、宜陽、洛陽，至偃師納入伊河，到鞏義市的洛口流入黄河。汭（ruì 鋭）：河流的北岸。《尚書·禹貢》“涇屬渭汭”孔安國傳：“水北曰汭。”孔穎達疏：“鄭云：汭之言内也，蓋以人皆南面望水，則北爲汭也。”

〔5〕汪繼培曰：“《楚語》：‘士亹曰：“啓有五觀。”’韋昭注：‘五觀，啓子，太康昆弟也。觀，雒汭之地。《書》曰：“太康失國，昆弟五人須於雒汭。”’按《漢書·古今人表》‘下中太康’注：‘啓子。兄弟五人，號五觀。’‘下上中康’注：‘太康弟。’按太康、仲康不在五觀之數。此并言之，蓋誤。”〇覺按：關於“五觀”，古有異説。一説認爲指啓的五個兒子。班固《漢書·古今人表》：“太康：啓子。昆弟五人，號五觀。”《國語·楚語上》“啓有五觀”韋昭注：“五觀，啓子，太康昆弟也。觀，洛汭之地。《書·序》曰：‘太康失國，昆弟五人須于洛汭。’”此文與班固、韋昭一樣，認爲“五觀”指太康、仲康等兄弟五人。但《尚書·五子之歌》序云：“太康失邦，昆弟五人，須于洛汭。”孔安國傳：“太康五弟與其母待太康於洛水之北。”（又可參見注〔4〕引文）《釋文》：“五子名字，書傳無聞，仲康蓋其一也。”則認爲五觀是太康的五個弟弟，不包括太康在内。一説“五觀”是啓的小兒子武觀。《竹書紀年》卷上：“放王季子武觀於西河。”注：“武觀，即五觀也。觀國，今頓丘衞縣。”《史記·魏世家》“齊敗我觀”《正義》：“魏州魏城縣，古之觀國。《國語》云：‘觀國，夏啓子太康第五弟之所封也，夏衰，滅之。’”《墨子·非樂上》也有“武觀”。由此可見，五觀即武觀，因爲他是太康之第五弟，封於觀國（今河南省清豐縣西南），故稱“五觀”（“五”或爲“武”之音訛），而並非指啓的五個兒子。王符沿襲漢儒之説，實不當。

34.4.4

孫相嗣位〔1〕，夏道浸衰〔2〕。於是后羿自鉏遷于窮石【1】〔3〕，因夏民以代夏政，滅相〔4〕。妃后緡方娠【2】〔5〕，逃出自竇，奔●于有仍【3】〔6〕，生少康焉〔7〕，爲仍●【4】〔8〕牧正●〔9〕。

【校記】

【1】于：仿宋本、馮本、魁本、程本、四庫本、邵本同，陳本作“於”。

【2】緡：仿宋本、馮本、魁本、程本、邵本、陳本同，四庫本作“緍”。

【3】于：仿宋本、馮本、魁本、程本、四庫本、邵本同，陳本作“於”。

【4】爲仍：四庫本、陳本同，仿宋本、馮本、魁本、程本、邵本作“仍妃”。

【箋注】

〔1〕相：啓之孫，仲康之子。仲康死後繼位，依居於同姓諸侯國斟鄩、斟灌（見34.4.6注〔5〕），後爲澆所滅。見《左傳·哀公元年》及《史記·夏本紀》“子帝相立”《索隱》《正義》。

〔2〕浸（qīn親）：逐漸。

〔3〕於是：在這個時候。《左傳·襄公四年》：“昔有夏之方衰也，后羿自鉏遷于窮石，因夏民以代夏政。”《尚書·五子之歌》：“太康尸位，……畋于有洛之表，十旬弗反，有窮后羿因民弗忍距于河。”據此，則后羿遷窮石而代夏政，當在“夏之方衰”的太康之時，而並不在“夏道浸衰”的孫相之時，所以《史記·夏本紀》說“太康失國”。王符認爲后羿代夏政在相之時，實誤。據我對典籍資料的綜合考察，認爲夏代這一段歷史應該是這樣的：太康繼位後，畋於洛水之南，百日不返，人民怨聲載道。於是后羿遷居窮石，根據人民的要求而在黄河邊抵禦太康及其五弟，使之不得返回國都。有窮氏后羿便靠了夏民而在夏執政。太康失國，衹得依居於同姓諸侯國斟鄩。死後其弟仲康繼位，也依居於斟鄩。仲康死後，子相繼位，先依居於斟鄩，後依居於斟灌。有窮氏寒浞之子澆攻滅斟鄩、斟灌，同時也滅了相。相之妻后緡帶着遺腹子逃往有仍，生少康。少康靠了夏之故臣靡立爲夏后，既而滅有窮氏，恢復了夏王朝的統治。總之，有窮氏在夏執政是在太康、仲康、相、少康時期，王符將有窮氏在夏代執政看作“滅相”之後、少康復辟之前的一個歷史時期，不合史實。晉皇甫謐撰《帝王世紀》、杜預注《左傳》，說與王符相似，也誤。后羿：“后”是君王的意思。“羿”原是帝嚳時的射官，此羿爲夏代人，當是其後代，襲祖先之號而稱羿。他原是東夷族有窮氏部落（居今河南省孟州市）的首領，所以又稱夷羿、窮后。太康昏庸，到洛水邊打獵不歸，人民不能忍受了，他便迎合民衆的願望在黄河北岸抵禦太康，使太康不得返回國都。他依靠夏后之民而代夏后執政。不久因不理民事、沉溺於打獵而被家臣逢蒙所殺。事見《左傳·襄公四年》《尚書·五子之歌》《孟子·離婁下》。鉏（chú鋤）：古國名，原是帝嚳封給射正羿的，歷虞、夏而傳至后羿（見《史記·夏本紀》“子帝相立”《正義》引《帝王紀》），地在今河南省滑縣東。窮石：即窮谷，在今河南省孟州市西。

〔4〕上兩句“后羿……代夏政”取自《左傳·襄公四年》，此下“滅相……牧正”取自《左傳·哀公元年》。下文34.4.5“羿恃己射也”至34.4.6“處猹於戈”、34.4.6“靡自有鬲……立少康焉”取自《左傳·襄公四年》，34.4.6“使椒……官職”、“乃使女艾……不失舊物”取自《左傳·哀公元年》。總之，此文取《左傳》之文交錯而成，但其組織實有不當之處。據《左傳》，滅相的是澆，而非羿，所以這“滅相……牧正”一段當置於34.4.6“滅斟灌及斟尋氏”之下纔合適。

〔5〕后緡（mín民）：有仍國之女，姓緡，相之妃，少康之母。見《左傳·哀公元年》

和《史記·吴太伯世家》“帝相之妃后緡方娠”《集解》。

〔6〕汪繼培曰：“襄四年《左傳》作‘歸’。”〇覺按：有仍：“有”是名詞詞頭，又稱“有仍氏”（見《左傳·昭公二十八年》），夏代方國，在今山東省濟寧市東南。

〔7〕少康：夏代帝王，姒姓，相之子。相被澆攻殺後，相妻后緡逃回母家而生下他。後靠了夏之舊臣靡立爲夏后，滅有窮氏，恢復了夏王朝的統治，史稱“少康中興”。參見《左傳·哀公元年》。

〔8〕汪繼培曰：“‘爲仍’舊作‘仍妃’，据《傳》改。”

〔9〕汪繼培曰：“按襄四年《傳》‘以代夏政’下即接‘恃其射也’，滅相乃浞事，見哀元年《傳》，《傳》文‘滅夏后相’至‘爲仍牧正’在‘伐斟鄩’下。此文敘事，有乖先後。”〇覺按：牧正：掌管畜牧的最高長官。

34.4.5

羿恃己●射也〔1〕，不脩民事【1】，而淫于原獸【2】〔2〕；棄武羅、伯因、熊髡、尨圉【3】〔3〕，而用寒浞〔4〕。浞，栢●明氏讒子弟也【4】〔5〕，栢明氏惡而棄之。夷羿收之，信而使之，以爲己相。浞行媚于内〔6〕，施賂于外〔7〕，愚弄于●民〔8〕，虞羿于田〔9〕，樹之詐慝●〔10〕，以取其國家，外内咸服。羿猶不悛〔11〕，將歸自田，家衆殺而亨之〔12〕，以食其子〔13〕。子不忍食諸【5】〔14〕，死于窮門〔15〕。

【校記】

【1】脩：仿宋本、馮本、魁本、程本、郘本同，四庫本、陳本作“修”。

【2】于：仿宋本、馮本、魁本、程本、四庫本、郘本同，陳本作“於”。下五處同。

【3】尨：仿宋本、馮本、魁本、陳本同，程本、四庫本、郘本作“龍”。

【4】栢：仿宋本、馮本、魁本、程本、郘本同，四庫本、陳本作“柏”。下句同。

【5】諸：仿宋本、馮本、魁本、程本、四庫本、陳本同，何本、郘本作“之”。

【箋注】

〔1〕汪繼培曰：“《傳》作‘其’。”

〔2〕《左傳·襄公四年》“而淫于原獸”杜預注：“淫，放。原，野。”

〔3〕武羅、伯因、熊髡（kūn 坤）、尨圉（mángyǔ 盲羽）：都是羿的賢臣。

〔4〕寒浞（zhuó 濁）：一作韓浞（見《漢書·古今人表》《水經注·卷二十六·巨洋水》）。寒是夏代國名，妘姓，今山東省濰坊市寒亭區即古寒國所在地。浞是寒國國君伯明氏的後輩，因被伯明氏驅逐而投奔羿，因來自寒國而稱寒浞。他被羿任爲相，接着篡奪了后羿的政權，成爲有窮氏的首領，統治夏民。繼而又派兒子澆攻殺了夏后相。後被夏王朝舊臣靡所滅。事詳《左傳·襄公四年》。

〔5〕汪繼培曰：“《傳》作‘伯’。”〇覺按：栢明氏：一作“伯明氏”，夏代寒國（見注〔4〕）國君，妘姓，見《左傳·襄公四年》《世本·氏姓篇》。子弟：對後輩的統稱。.

〔6〕内：《左傳·襄公四年》“浞行媚于内”杜預注：“内，宫人。”即宫内后妃，指羿之妻妾。浞行媚於她們，與之相通，所以羿死後“浞因羿室生澆及豷”。

〔7〕外：《周禮·天官·内豎》"内豎掌内外之通令"鄭玄注："内，後六宮；外，卿大夫也。"浞施賂於卿大夫，籠絡其心，所以奪權後"外内咸服"。

〔8〕汪繼培曰："《傳》作'其'。"

〔9〕虞：通"娛"，樂，使動用法。田：通"畋"。

〔10〕汪繼培曰："讀爲'慝'。"〇覺按：樹：建立，設置。之：猶"其"，指代寒浞。匿（tè 特）：通"慝"，邪惡。

〔11〕悛（quān 圈）：《小爾雅·廣言》："悛，覺也。"即悔悟的意思。

〔12〕家衆：家裏的人。據《孟子·離婁下》，殺羿的是羿之弟子逄蒙。

〔13〕食（sì 飼）：通"飼"，給……吃。

〔14〕諸：猶"之"。

〔15〕窮門：窮石之城門，即有窮氏國都的城門。

34.4.6

靡奔于有鬲氏【1】〔1〕。浞因羿室〔2〕，生澆及豷〔3〕；恃其讒慝●詐僞〔4〕，而不德于民；使澆用師，滅斟灌及斟尋氏〔5〕；處澆于過【2】，處豷于戈●【3】〔6〕。使椒求少康〔7〕。逃奔有虞〔8〕，爲之胞正●【4】〔9〕。虞思妻以二姚●【5】〔10〕，而邑諸綸〔11〕。有田一成，有衆一旅〔12〕，能布其德而兆其謀〔13〕，以收夏衆，撫其官職。靡自有鬲收二國之燼〔14〕，以滅浞而立少康焉。乃使女艾誘澆〔15〕，使后杼誘豷●〔16〕，遂滅過、戈，復禹之績，祀夏配天【6】〔17〕，不失舊物●〔18〕。十有七世而桀亡天下●〔19〕。

【校記】

【1】于：仿宋本、馮本、魁本、程本、四庫本、邵本同，陳本作"於"。下三處同。

【2】澆：七本皆作"豷"，據《左傳·襄公四年》之文改。

【3】豷：七本皆作"澆"，據《左傳·襄公四年》之文改。

【4】胞：仿宋本、馮本、魁本、程本、邵本、陳本同，四庫本作"庖"。

【5】以：仿宋本、馮本、魁本、程本、四庫本、邵本、陳本同，抄補本作"之"。姚：七本皆作"妃"，據《左傳·哀公元年》之文改。

【6】仿宋本、馮本"祀夏"後空二字（在行末），抄補本則擴大字距而使此滿行（此行爲十六字而比他行少二字），魁本、程本、四庫本、邵本、陳本無空格。

【箋注】

〔1〕靡：一作"伯靡"，原爲夏王朝的貴臣，羿奪取了夏帝的政權後事奉羿，羿被殺後逃往有鬲氏，後來擁立少康，爲少康中興的功臣，見《左傳·襄公四年》。有鬲（gé 隔）氏：夏代國名，秦、漢時爲鬲縣，地在今山東省平原縣北。

〔2〕因：因襲，指前往喪夫之婦家，今俗稱填洞。《左傳·襄公四年》"浞因羿室"杜預注："就其妃妾。"寒浞奪取羿的政權與妻妾後未改國號，仍爲有窮氏，所以説"因"。

〔3〕澆（ào 傲）:《論語・憲問》作“奡”（ào 傲），《説文・豕部》“豷”字條引作“敖”。夏代寒浞之子，曾攻殺夏后相，被封在過（見注〔6〕），所以又稱過澆。傳説他勇力過人，能覆舟（见 34.4.8 注〔4〕）。後被少康所滅。參見《左傳・襄公四年》和《史記・夏本紀》“子帝相立”《正義》引《帝王紀》。豷（yì 義）：一作“豷”，寒浞之子，澆之弟，封於戈，後被少康之子后杼所滅。見《左傳・襄公四年》。

〔4〕汪繼培曰：“本書‘慝’皆作‘匿’。按《爾雅・釋訓》：‘謔謔、謞謞，崇讒慝也。’《釋文》云：‘慝，諸儒並女陟反，言隱匿其情以飾非。’是‘讒慝’正當爲‘讒匿’，此疑後人所改。▲《漢書・五行志》‘朔而月見東方謂之仄慝’，《周禮・保章氏》疏引《尚書五行傳》作‘側匿’，鄭注亦云‘月有盈虧朓側匿’。”

〔5〕斟灌：一作“斟戈”，夏代所封的諸侯國，姒姓，原在今河南省清豐縣東，後遷居今山東省壽光市東南。夏后相曾依居於此，爲澆所滅。斟尋：一作斟鄩，夏代所封的諸侯國，姒姓，原在今河南省鞏義市西南，太康、仲康曾依居於此；後遷居今山東省濰坊市東南，相曾依居於此。後爲澆所滅。參見《左傳・襄公四年》和《史記・夏本紀》“子帝相立”《正義》引《帝王紀》。

〔6〕陳本“澆”作“豷”，“豷”作“澆”，汪繼培曰：“按《傳》，‘豷’‘澆’當易置。”〇覺按：汪説是，今依《左傳・襄公四年》之文乙正。過：夏代方國，任姓，在今山東省萊州市西。戈：夏代方國。據《左傳・哀公十二年》，其地在宋、鄭之間，即今河南省通許縣附近。又，此“戈”或指斟戈，即後期之斟灌，在今山東省壽光市東南，與過國相近。

〔7〕《左傳・哀公元年》“使”上有“澆”字。椒：澆的臣子。

〔8〕有虞：“有”是名詞詞頭。這虞國是夏、商時舜的後代所居的諸侯國，在今河南省虞城縣北。與 3.3 及 34.1.4 的“虞”不同。

〔9〕汪繼培曰：“‘胞’《傳》作‘庖’。按‘胞’‘庖’古通用。《列子・楊朱篇》‘胞廚之下’，《釋文》云：‘胞，本作“庖”。’《莊子・養生主篇》‘庖丁爲文惠君解牛’，《釋文》云：‘庖，崔本作“胞”。’《庚桑楚篇》‘湯以胞人籠伊尹’，《釋文》云：‘胞，本又作“庖”。’《漢書・百官公卿表》少府屬官有胞人，《東方朔傳》‘館陶公主胞人臣偃’，顔師古注並云：‘“胞”與“庖”同。’王方伯（覺按：汪稿作“王廉訪”，即王紹蘭）云：‘《禮記・祭統》云：“夫祭有畀（覺按：陳本誤作“畁”，此據汪稿）、煇、胞、翟、閽者。”又云：“胞者，肉吏之賤者也。”▲是《禮記》亦以“胞”爲“庖”。’”〇覺按：之：猶“其”。胞正：《左傳・哀公元年》作“庖正”，字通，掌管君主飲食的最高官吏。

〔10〕陳本“姚”作“妃”，汪繼培曰：“《傳》作‘姚’。”〇覺按：“妃”當作“姚”，今據《左傳・哀公元年》改。《左傳・哀公元年》“虞思於是妻之以二姚”杜預注：“思，有虞君也。虞思自以二女妻少康。姚，虞姓。”據此，則“思”爲有虞國國君之名。但《史記・吳太伯世家》卻説：“有虞思夏德，於是妻之以二女。”則“思”字或非其名，《左傳》或許有脱文。“姚”爲有虞國之姓，“二姚”指有虞國君的兩個女兒。

〔11〕綸：綸邑，在今河南省虞城縣東南。

〔12〕《左傳・哀公元年》“有田一成，有衆一旅”杜預注：“方十里爲成，五百人爲旅。”

〔13〕《左傳・哀公元年》“而兆其謀”杜預注：“兆，始。”

〔14〕二國：指被澆滅掉的斟灌、斟尋。燼：火燒剩下來的東西叫燼，喻指被敵人滅國後剩下來的逃亡者。他們爲了要報父兄之仇，所以能被靡收而用之。

〔15〕女艾：少康的臣子。

〔16〕汪繼培曰：“后，《傳》作‘季’。杜注：‘季杼，少康子后杼也。’”〇覺按：后杼

（zhù 住）：一作“予”，一作“佇”，又稱“季杼”，是少康的兒子。後來他繼承少康爲夏后，故稱后杼。參見《史記・夏本紀》。

〔17〕配：配享，祔祭。配天：祭天時以祖先配享。《史記・吴太伯世家》“祀夏配天”《集解》：“服虔曰：以鯀配天也。”

〔18〕汪繼培曰：“‘夏道浸衰’以下，本襄四年、哀元年《左傳》。”

〔19〕汪繼培曰：“▲《大戴禮・少間篇》云：‘禹崩，十有七世，乃有末孫桀即位。’《史記・三代世表》云：‘從禹至桀十七世。’《夏本紀》《集解》：‘徐廣曰：“從禹至桀十七君、十四世。”’《漢書・律歷志》云：‘夏后氏繼世十七王。’”○覺按：十有七世：十七代，即傳了十七個帝王。據《史記・夏本紀》，夏之十七世爲：禹→啓（禹之子）→太康（啓之子）→中康（太康弟）→相（中康之子）→少康（相之子）→予（少康之子）→槐（予之子）→芒（槐之子）→泄（芒之子）→不降（泄之子）→扃（不降之弟）→廑（扃之子）→孔甲（不降之子）→皋（孔甲之子）→發（皋之子）→履癸（即桀，發之子）。古代又有以父子相繼爲一世的，所以《史記・夏本紀》“遂放而死”《集解》引徐廣曰：“從禹至桀十七君、十四世。”

34.4.7

武王克殷，而封其後於杞●【1】〔1〕，或封於繒●【2】〔2〕，又封少皞之胄於祁●【3】〔3〕。

【校記】

【1】於：仿宋本、馮本、魁本、程本、邵本、陳本同，四庫本作“于”。

【2】繒：仿宋本、馮本、魁本、陳本同，程本、四庫本、邵本作“繪”。

【3】皞：仿宋本、馮本、魁本、程本、邵本、陳本同，四庫本作“皡”。

【箋注】

〔1〕汪繼培曰：“▲《史記・杞世家》。《禮記・樂記》云：‘武王克殷反商，下車而封夏后氏之後於杞。’”○覺按：杞：西周初周武王分封的諸侯國，姒姓，始封之君是夏禹的後裔東樓公，地在今河南省杞縣。後來杞成公遷緣陵（今山東省昌樂縣東南），杞文公遷淳于（今山東省安邱市東北）。公元前 445 年爲楚所滅。見《史記・陳杞世家》。

〔2〕汪繼培曰：“《周語》云：‘有夏雖衰，杞、繒猶在。’韋昭注：‘杞、繒二國，夏後也。’”○覺按：繒：一作“鄫”，姒姓諸侯國，相傳爲夏禹之後裔，地在今山東省蘭陵縣西北，公元前 567 年爲莒所滅。見《國語・周語下》《左傳・襄公六年》《漢書・地理志上・東海郡》。

〔3〕汪繼培曰：“王先生云：‘“祁”當作“郯”。昭十七年《左傳》：“郯子來朝，昭子問：‘少昊氏鳥名官，何故？’郯子曰：‘吾祖也，我知之。’”’繼培按：《路史・國名紀二》少昊後有祁國，即承《潛夫論》誤本言之。”○覺按：王説是。“郯”見 35.4.15 注〔7〕。

34.4.8

澆才力蓋衆●【1】〔1〕，驟其勇武〔2〕，而卒以亡，故南宫括曰【2】〔3〕：

“羿善射，奡盪舟[3]，俱不得其死也●〔4〕。”

【校記】

【1】蓋：仿宋本、馮本、魁本同，程本、四庫本、邵本作“益”，陳本作“蓋”。

【2】括：仿宋本、馮本、魁本、程本、邵本、陳本同，四庫本作“适”。

【3】奡：仿宋本、馮本、魁本、陳本同，程本、四庫本、邵本作“奡”。

【箋注】

〔1〕汪繼培曰：“《漢書·鄒陽傳》云：‘▲王先生曰：吾先日欲獻愚計，以爲衆不可蓋。’顔師古注：‘蓋，覆蔽也。’《項羽傳》云‘力拔山兮氣蓋世’，《季布傳》云‘布弟季心氣蓋關中’，義並同。”

〔2〕驟：馬奔馳叫“驟”，引申指劇烈地、猖狂地施展力量。

〔3〕南宫括：《論語·憲問》作“南宫适”，南宫氏，名适（kuò 括），字子容，春秋時魯國人，孔子弟子。

〔4〕汪繼培曰：“《論語》。‘奡’與‘澆’同。”〇覺按：引文見《論語·憲問》。盪：動。盪舟：使船隻動盪而傾覆，形容其勇力過人。《論語·憲問》“奡盪舟”何晏《集解》引孔曰：“奡多力，能陸地行舟。”顧炎武《日知録》卷七“奡盪舟”條云：“《竹書紀年》：‘帝相二十七年，澆伐斟鄩，大戰于濰，覆其舟，滅之。’《楚辭·天問》：‘覆舟斟鄩，何道取之？’正此謂也。漢時《竹書》未出，故孔安國注爲‘陸地行舟’，而後人因之。”其：見 1.4 注〔8〕。其死：指善終。

34.4.9

姒姓分氏[1]〔1〕——夏后、有扈、有南、斟尋、泊氵几、辛、褒、費、斟戈、冥、繒[2]，皆禹後也●〔2〕。

【校記】

【1】姒：仿宋本、馮本、魁本、四庫本、邵本、陳本同，程本、何本作“似”。

【2】辛：仿宋本、馮本、魁本、陳本同，程本、四庫本、邵本作“卒”。褒：陳本同，仿宋本、馮本、魁本作“襃”，程本、四庫本、邵本作“褰”。斟戈：七本皆作“戈”字，據《史記·夏本紀》之文改。冥繒：陳本同，仿宋本、馮本、魁本作“冥繒”，程本、四庫本、邵本作“宜繪”。

【箋注】

〔1〕姒（sì 似）：禹的姓。姓、氏：表明家族系統的稱號。吕祖謙《左氏博議》卷二“隱公問族於衆仲”條云：“三代之時，曰姓者，統其祖考之所自出者也，百世而不變者也；曰氏者，别其子孫之所自分者也，數世而一變者也。”“姓”從女、從生，表明原始社會曾有一個知其母而不知其父的時期，因而子女由母定姓。“姓”當是原始母系社會的家族區别號，“氏”則是“姓”的分支。因同姓子孫不斷繁衍，散居各地，便用“氏”來分别。隨着父系宗法制度的形成，姓、氏的命定便成爲一種宗族法權的象徵，故《左傳·隱公八年》説：“天子建德，因生以賜姓，胙之土而命之氏。”姓、氏成了賜給帝王貴族的東西（參見 35.0.1）。特别是“氏”，在上古是一種“貴功德”的稱號（見《白虎通·姓名》），

所以往往以封國、官爵作爲氏（參見35.0.1）。戰國以後，人們往往以氏爲姓，姓、氏逐漸混同而不别，漢、魏以後則通謂之姓，自天子至百姓都有姓了。參見顧炎武《日知録》卷二十三“氏族”條、錢大昕《十駕齋養新録》卷十二“姓氏”條。

〔2〕陳本“戈”上無“斟”，汪繼培曰：“《史記·夏本紀·論》云：‘禹爲姒姓，其後分封，用國爲姓，故有夏后氏、有扈氏、有男氏、斟尋氏、彤城氏、褒氏、費氏、杞氏、繒氏、辛氏、冥氏、斟戈氏。’《索隱》云：‘《系本》“男”作“南”，“尋”作“鄩”，“費”作“弗”，而不云“彤城”及“褒”。又斟戈氏，《左傳》《系本》皆云“斟灌氏”。’此文‘褒’舊作‘襄’，据《史記》改。‘戈’上無‘斟’字，疑脱。‘泊氵’不見於《史》，蓋即‘彤城’之誤。”〇王宗炎曰：“案：‘泊’當是‘灌’字之誤。”〇覺按：王説非，此“泊”字當從汪説。有扈：夏代國名，與夏同姓，即姒姓。“扈”通“鄠”或“户”，地在今陝西省西安市鄠邑區北。《淮南子·齊俗訓》“昔有扈氏爲義而亡”高誘注：“有扈，夏啓之庶兄也。以堯、舜舉賢，禹獨與子，故伐啓。啓亡之。”參見《尚書·甘誓》、《史記·夏本紀》“有扈氏不服”《正義》。有南：古國名，姒姓，《詩經·大雅·常武》有“南仲”，即其後裔。《水經注·卷三十四·江水》：“《周書》曰：‘南，國名也。南氏有二臣，力鈞勢敵，競進争權，君弗能制，南氏用分爲二南國也。’按韓嬰叙《詩》云：‘其地在南郡、南陽之間。’”據此，則其地在今湖北省荆州市與河南省南陽市一帶。斟尋：見34.4.6注〔5〕。泊氵：當爲“彤城”之形訛。《尚書·顧命》“彤伯”孔穎達疏：“王肅云：‘彤，姒姓之國。’”周代的彤伯即其後代，其地在今陝西省渭南市華州區西南。辛：同“莘”。《史記·周本紀》“乃求有莘氏美女”《正義》：“《世本》云：‘莘國，姒姓，夏禹之後。’”故地在今陝西省合陽縣東南。褒：《史記·周本紀》“幽王嬖愛褒姒”《索隱》：“褒，國名，夏同姓，姓姒氏。”故址在今陝西省漢中市西北褒城之東。費：姒姓之國，其地在今山東省費縣西北。斟戈：即斟灌，見34.4.6注〔5〕。冥：姒姓諸侯國。《左傳·哀公十九年》有冥邑，當即冥國故地，在今安徽省廣德縣東，一説在今江西省萬年縣東。

34.5.1

摇光如虹貫月【1】，正白【2】，感女樞幽防之宫，生黑帝顓頊●【3】〔1〕。其相駢幹●〔2〕。身號高陽，世號共工●〔3〕，代少暤氏【4】。其德水行●〔4〕，以水紀，故爲水師而水名●〔5〕。承少暤衰【5】，九黎亂德〔6〕，乃命重、黎討訓服●【6】〔7〕。曆象日月【7】〔8〕，東西南北●〔9〕。作樂《五英》●〔10〕。有才子八人：蒼舒、隤凱、檮演、大臨、尨降、庭堅、仲容、叔達【8】〔11〕。齊聖廣淵，明允篤誠〔12〕，天下之人謂之“八凱”●〔13〕。共工氏有子曰勾龍，能平九土，故號后土，死而爲社，天下祀之●〔14〕。

【校記】

【1】摇：仿宋本、馮本、魁本、陳本同，程本、邵本作“揺”，四庫本作“瑶”。如虹貫月：四庫本同，仿宋本、馮本、魁本、程本、邵本、陳本作“如月”。

【2】正白：陳本同，仿宋本、馮本、魁本、程本、邵本作“正日”，四庫本無此二字。

【3】黑帝顓頊：仿宋本、馮本、魁本、陳本同，程本、四庫本作“赤帝顓項”，邵本作“赤帝顓項”。

【4】代少暤：仿宋本、馮本、魁本、程本、陳本同，四庫本作“代少皞”，邵本作“伐少暤”。

【5】暤衰：仿宋本、馮本、魁本、陳本同，程本、邵本作“暤襄”，四庫本作“皞襄”。

【6】乃：仿宋本、馮本、魁本、陳本同，程本、四庫本、邵本作“及”。

【7】曆：程本、何本同，仿宋本、馮本、魁本作“曆”，四庫本作“歷”，邵本、陳本作“歷”。

【8】凱擣演大臨龙：仿宋本、馮本、魁本、陳本同，程本、邵本作“凱擣演大臨龍”，四庫本作“敳檮戭大臨龙”。

【箋注】

〔1〕陳本“如虹貫月”作“如月”，汪繼培曰：“《御覽》七十九引《河圖》云：‘瑶光之星如蜺貫月，正白，感女樞幽房之宫，生黑帝顓項。’《初學記》九‘蜺’作‘虹’，又二引《詩含神霧》云：‘瑶光如蜺貫月，正白，感女樞，生顓項。’此云‘摇光如月’，誤。‘摇’與‘瑶’、‘防’與‘房’古字並通。▲《獨斷》載五帝臘祖之別名：‘黑帝以辰臘子祖。’注：‘黑帝顓項水行。’《楚辭・遠遊》‘從顓項乎增冰’王逸注：‘覩黑帝之邑宇也。’”○覺按：從34.5.1至34.5.6述水德之君。摇光：星名，也作“瑶光”，又名招摇（見34.1.2注〔3〕），北斗七星中的第七星。貫月：横穿月亮。月爲太陰，故“貫月”象徵刺激陰物。正：純一不雜。女樞：名昌僕，蜀山氏之女，顓項之母。防：通“房”。黑帝：顓項爲水德之君，水配黑色，故稱黑帝。見34.1.2注〔2〕。

〔2〕汪繼培曰：“《御覽》七十九引《春秋元命苞》云：‘顓項併幹，上法月參。集威成紀，以理陰陽。’三百七十一引作‘駢幹’。”○覺按：幹：軀體。駢幹：像兩個軀體合在一起，指身材魁梧。

〔3〕汪繼培曰：“《禮記・祭法》云：‘共工氏霸九州。’鄭注：‘在太昊、炎帝之間。’《魯語》韋昭注同。《漢書・律歷志》云：‘《祭典》曰：“共工氏伯九域。”言雖有水德，在火木之間，非其序也，任知刑以彊，故伯而不王。’《淮南子・原道訓》云：‘共工與高辛争爲帝。’▲《天文訓》云：‘共工與顓項争爲帝。’高誘注：‘共工，官名，伯于虙羲、神農之間。其後子孫任智刑以強，故與顓項、黄帝之孫争位。’《兵畧訓》云：‘共工爲水害，故顓項誅之。’按共工爲顓項所誅，不當襲用其號。▲《史記索隱》：‘宋衷云：高陽，有天下號也。’《漢書・律歷志》以高陽爲有天下號，此云身號，亦異。昭十七年、廿九年《左傳》共工氏，此並以爲顓項事，或出《左氏》家舊説也。”○覺按：共（gōng公）工：《尚書・堯典》“共工方鳩僝功”孔安國傳：“共工，官稱。”孔穎達疏：“《舜典》命垂作共工，知共工是官稱。鄭以爲‘其人名氏未聞，先祖居此官，故以官氏也。”其人名氏未聞，先祖居此官，故以官氏也。”可見共工是一個氏族部落的氏，並不是某一個人物的名字。據各種古籍的記載及古人的注解，共工部落的事蹟綿延甚久。《漢書・古今人表》將“共工氏”列在太昊帝宓羲氏之後，炎帝神農氏之前，《左傳・昭公十七年》“共工氏以水紀”杜預注、《禮記・祭法》“共工氏之霸九州也”鄭玄注、《國語・魯語上》“共工氏之伯九有也”韋昭注、《淮南子・原道訓》“昔共工之力”高誘注、司馬貞補《史記・三皇本紀》等均從之，此共工氏當爲該氏族部落的祖先，他曾得水瑞而稱霸九州。《列子・湯問》説“共工氏與顓項争爲帝”，《淮南子・天文訓》也説“共工與顓項争爲帝”，《史記・律書》説“顓

項有共工之陳，以平水害”，《淮南子·原道訓》説共工“與高辛争爲帝”，《史記·楚世家》説“共工氏作亂，帝嚳使重黎誅之而不盡”，則顓頊與帝嚳之時也有共工。據《尚書·堯典》《國語·周語下》《韓非子·外儲説右上》《淮南子·本經訓》，則堯、舜時也有共工，但這是一個釀成水患、反對堯禪位於舜的罪人。《荀子·議兵篇》《戰國策·秦策一》都説“禹伐共工”，則禹時也有共工。《韓非子·五蠹》以“共工之戰”爲“今”之事，則周代也有共工。但縱觀歷代古籍，多不將“共工”作爲顓頊之號。據《史記·五帝本紀》《漢書·古今人表》，此文應作：“身號顓頊，世號高陽。”王符此文實誤，不可從。究其誤因，大概出自對《左傳·昭公十七年》之文的誤解，因爲該文道及黄帝、炎帝、共工、太皥、少皥而不及顓頊，並説“共工氏以水紀”。大概王符以顓頊爲水德，故以《左傳》之“共工”配之，殊不察《左傳》之文所説的“共工”，置於太皥、炎帝之間，是伏羲之後稱霸九州的水德之君，並不是指顓頊。至於《左傳·昭公二十九年》明確將“共工氏”與“顓頊氏”分列，更可證王符之誤。王符將共工之事歸於顓頊，實爲誤解《左傳》之文所致，並非出自《左氏》家舊説，汪説非。

〔4〕汪繼培曰：“《漢書·律曆志》云：‘金生水，故爲水德。’”

〔5〕汪繼培曰：“昭十七年《左傳》。”〇覺按：此爲共工之事，而非顓頊之事。水師：水官，以“水”字爲名號的官長。《左傳·昭公十七年》：“共工氏以水紀，故爲水師而水名。”孔穎達疏引服虔云：“共工以水名官，春官爲東水，夏官爲南水，秋官爲西水，冬官爲北水，中官爲中水。”

〔6〕九黎：古代南方的一個部落，分佈於今湖北省宜城市一帶。《國語·楚語下》“九黎亂德”韋昭注：“九黎，黎氏九人，蚩尤之徒也。”

〔7〕汪繼培曰：“《楚語》：‘觀射父云：“少皥之衰也，九黎亂德，顓頊受之。乃命南正重司天以屬神，命火正黎司地以屬民，使復舊常，無相侵瀆。”’‘服’上疑脱‘不’字。‘訓’與‘馴’同，《史記索隱》云：‘《史記》“馴”字，徐廣皆讀曰“訓”。訓，順也。’”〇覺按：“服”下宜有“之”字。汪説未當。重、黎：《國語·楚語下》：“顓頊受之，乃命南正重司天以屬神，命火正黎司地以屬民。”可知重爲司天會神的南正（參見 35.4.1 注〔3〕），黎爲司地治民的火正（參見 35.4.1 注〔4〕）。據《左傳·昭公二十九年》，重是少皥之叔，爲木正（見 34.4.1 注〔31〕〔33〕）；黎（一作“犂”）是顓頊之子，爲火正。但《史記·楚世家》則以重黎爲顓頊的曾孫，爲帝嚳火正。此當從《國語》《左傳》之説。討：《左傳·宣公十二年》“其君無日不討國人而訓之”杜預注：“討，治也。”討訓：猶《左傳》之“討國人而訓之”，指治理而教導民衆。

〔8〕曆：數，推算，指推算日月星辰的運行來確定歲時節氣。象：法，效法，指根據日月星辰的運行制定出形象具體的曆法。

〔9〕汪繼培曰：“下有脱文。《大戴禮·五帝德篇》云：‘顓頊乘龍而至四海，北至於幽陵，南至於交趾，西濟於流沙，東至於蟠木。動静之物，大小之神，日月所照，莫不砥礪。’”

〔10〕汪繼培曰：“‘英’當作‘莖’，詳上。”〇覺按：見 34.1.2 注〔10〕。

〔11〕此八人見於《左傳·文公十八年》，稍有異文。杜預注：“此即垂、益、禹、皐陶之倫。庭堅，即皐陶字。”杜預認爲這八人是顓頊的苗裔，實是對《漢書·古今人表》的錯誤發揮，不當。這八人當是顓頊時的才子，擅長於治理水土。其子孫能繼承其美德，舜執政後被任用。參見《左傳·文公十八年》、35.4.12、34.1.2 注〔11〕。

〔12〕《左傳·文公十八年》“齊聖廣淵，明允篤誠”孔穎達疏：“此并序八人，揔言其

德。或原其心，或據其行，一字爲一事，其義亦更相通。齊者，中也，率心由道，舉措皆中也。聖者，通也，博達衆務，庶事盡通也。廣者，寬也，器宇宏大，度量寬弘也。淵者，深也，知能周備，思慮深遠也。明者，達也，曉解事務，照見幽微也。允者，信也，終始不愆，言行相副也。篤者，厚也，志性良謹，交遊款密也。誠者，實也，秉心純直，布行貞實也。”

〔13〕汪繼培曰：“文十八年《左傳》。‘隤凱’作‘隤敳’，‘擣演’作‘檮（覺按：陳本作“擣”，此據汪稿）戭’，‘八凱’作‘八愷’。按《説文》‘戭’字下引《春秋傳》‘檮’亦從手。《志氏姓篇》‘演’作‘戭’，與《傳》同。”○覺按：凱：通“愷”。《左傳·文公十八年》“天下之民謂之八愷”孔穎達疏：“愷，和也，言其和於物也。”

〔14〕汪繼培曰：“昭廿九年《左傳》：‘蔡墨曰：“共工氏有子曰勾龍，爲后土。”’《魯語》：‘展禽曰：“共工氏之伯九有也，其子曰后土，能平九土，故祀以爲社。”’此合二書言之。”○覺按：此下爲共工之事，而非顓頊之事。勾龍：《左傳·昭公二十九年》説是共工之子，則當生活在神農之前。《國語·魯語上》“其子曰后土”韋昭注認爲是共工之裔子，是黄帝的土官；此文又將他當作顓頊之子，均誤。平：見34.4.2注〔4〕。九土：《國語·魯語上》“能平九土”韋昭注：“九土，九州之土也。”后：君。后土：是土正的代稱（見34.4.1注〔33〕），掌管五行之“土”的最高官吏。《國語·魯語上》“其子曰后土”韋昭注：“后，君也，使君土官，故曰后土也。”

34.5.2

娀簡吞燕卵【1】，生子契●〔1〕，爲堯司徒〔2〕，職親百姓，順五品●〔3〕。

【校記】

【1】娀：仿宋本、馮本、魁本、何本、邵本、陳本同，程本作“娀”、四庫本作“娀”。卵：四庫本、陳本同，仿宋本、馮本作“夘”，魁本作“夘”，程本、邵本作“卯”。

【箋注】

〔1〕汪繼培曰：“《史記·殷本紀》云：‘殷契母曰簡狄，有娀氏之女，爲帝嚳次妃。三人行浴，見玄鳥墮其卵，簡狄取吞之，因孕，生契。契長而佐禹治水，有功，封於商，賜姓子氏。’《御覽》八十三引《尚書中候》云：‘玄鳥翔水，遺卵於流，娀簡拾吞，生契封商。’注：‘玄鳥，燕也。翔水，徘徊於水上。娀，氏也。簡，簡狄也，契母名。商，國名，《詩》云“天命玄鳥，降而生商”是也。’《禮記·月令》鄭注亦稱娀簡。”○覺按：參見9.3注〔3〕。

〔2〕據《尚書·舜典》《史記·殷本紀》，舜命契作司徒。此文説“爲堯司徒”，實爲王符誤記。

〔3〕汪繼培曰：“《書·堯典》。順，今作‘遜’，《殷本紀》作‘訓’。▲按‘順’與‘訓’通。《淮南子·人閒訓》‘五品不慎’，《御覽》五十九引《淮南子》作‘不順’。”○覺按：《殷本紀》“順”作“訓”，古字通。五品：五個品種，指父、母、兄、弟、子。順五品：使五種人和順，就是使父義、母慈、兄友、弟恭、子孝。

34.5.3

扶都見白氣貫月，意感生黑帝子履●〔1〕。其相二肘●【1】〔2〕。身號湯，世號殷●〔3〕，致太平。

【校記】

【1】二：仿宋本、馮本、魁本、程本、邵本、陳本同，四庫本作“四”。

【箋注】

〔1〕汪繼培曰：“《御覽》八十三引《河圖》云：‘扶都見白氣貫月，意感生黑帝湯。’注云：‘《詩含神霧》同。’《御覽》脱‘意’字，据《藝文類聚》十補。”〇覺按：扶都：主癸之妃，湯之母。黑帝：湯爲水德之君，水配黑色，故稱黑帝。子履：見1.1注〔15〕。

〔2〕汪繼培曰：“《御覽》八十三引《雒書靈准聽》云：‘黑帝子湯長八尺一寸，連珠庭，臂二肘。’又引《春秋元命苞》云：‘湯臂二肘，是謂神剛。’按《論衡·骨相篇》亦云‘湯臂再肘’。《白虎通·聖人篇》作‘三肘’。《御覽》三百六十九引《元命苞》又云‘湯臂四肘’，《藝文類聚》十二引《元命苞》、《初學記》九引《帝王世紀》、《宋書·符瑞志》並同。”〇覺按：一臂有二肘，二臂有四肘，其實相同。至於説“三”，當爲虚數，泛指多。

〔3〕汪繼培曰：“《漢書·律歷志》云：‘湯伐夏桀，金生水，故爲水德。天下號曰商，後曰殷。’孟康曰：‘初契封商，湯居殷而受命，故二號。’”〇覺按：此文説湯建立的王朝“號殷”，誤。參見4.1注〔4〕。

34.5.4

後衰，乃生武丁。即位，默以不言，思道三年，而夢獲賢人以爲師，乃使以夢像求之四方側陋〔1〕，得傅説——方以胥靡築於傅巖〔2〕。升以爲大公【1】〔3〕，而使朝夕規諫，恐其有惮怠也【2】，則勑曰【3】〔4〕：“若金，用汝作礪〔5〕；若濟巨川，用汝作舟楫；若時大旱〔6〕，用汝作霖雨〔7〕。啓乃心，沃朕心〔8〕！若藥不瞑眩〔9〕，厥疾不瘳〔10〕；若跣不視地〔11〕，厥足用傷〔12〕。爾交脩余【4】〔13〕，無棄！”故能中興，稱號高宗●〔14〕。及帝辛而亡，天下謂之紂●〔15〕。

【校記】

【1】大：仿宋本、馮本、魁本、程本、陳本同，何本、四庫本、邵本作“太”。

【2】有：程本、四庫本、邵本、陳本同，仿宋本、馮本、魁本作“布”。

【3】勑：仿宋本、馮本、魁本、程本、陳本同，何本、四庫本、邵本作“勅”。

【4】脩：仿宋本、馮本、魁本、程本、四庫本、邵本同，陳本作“修”。

【箋注】

〔1〕側陋：偏僻，邊遠。

〔2〕傅巖：在今山西省平陸縣東。

〔3〕大（tài 太）公：《國語・楚語上》“升以爲公”韋昭注：“公，上公也。”東漢時，太傅位在三公（大司馬、大司徒、大司空）之上，稱上公。王符説“大公”，即韋昭所説的“上公”，指太傅。太傅爲天子之傅，輔佐天子，參與朝政。

〔4〕勑（chì 斥）：“敕”之俗字，告誡，（皇帝）命令。下面的勑文見《國語・楚語上》及《尚書・説命》，文字略有差異。

〔5〕《尚書・説命上》“用汝作礪”孔安國傳：“鐵須礪以成利器。”

〔6〕《國語・楚語上》“若天旱”韋昭注：“天旱，自比苗稼也。”

〔7〕霖：久下不停的雨。《國語・楚語上》“用女作霖雨”韋昭注：“雨三日已上爲霖。”

〔8〕乃：你的。啓乃心，沃朕心：指用你的智慧來豐富我的思想，説出你的心裏話來教育我。《國語・楚語上》“啓乃心，沃朕心”韋昭注：“啓，開也。以賢者之心比霖雨也。”

〔9〕瞑眩：兩眼昏黑發花，形容服用劇性藥物後引起的反應。

〔10〕瘳（chōu 抽）：病癒。這兩句語義雙關，表面説用反應劇烈的良藥來治好病，喻指用逆耳的忠言來幫助自己改正錯誤。

〔11〕跣（xiǎn 險）：赤腳，比喻失道。視地：比喻觀察臣民。《尚書・説命上》：“若跣弗視地，厥足用傷。”孔安國傳：“跣必視地，足乃無害。言欲使爲己視聽。”

〔12〕用：以。

〔13〕交：一次又一次地。《尚書・説命下》“爾交脩予”孔安國傳：“交，非一之義。”孔穎達疏：“令其交更脩治己也，故以‘交’爲非一之義，言交互教之，非一事之義。”脩：通“修”。《國語・魯語下》“吾冀而朝夕修我曰”韋昭注：“修，儆也。”即告誡、警告的意思。

〔14〕汪繼培曰：“‘武丁’以下見《楚語》。大公，《楚語》無‘大’字。”〇覺按：高宗：武丁的廟號。殷代並不是每個帝王都有廟號的，衹有有功、有德的帝王纔被稱爲“宗”。如“太甲脩德，諸侯咸歸殷，百姓以寧”，故稱太宗；太戊使殷“復興，諸侯歸之，故稱中宗”。武丁也是“修政行德，天下咸驩，殷道復興”，纔被立爲高宗。見《史記・殷本紀》。漢代立宗也如此，見 17.3.2 注〔13〕。

〔15〕汪繼培曰：“《史記・三代世表》云：‘帝辛是爲紂。’”

34.5.5

武王封微子於宋●〔1〕，封箕子於朝鮮●〔2〕。

【箋注】

〔1〕汪繼培曰：“《禮記・樂記》云‘投殷之後於宋’，鄭注：‘投，舉徙之辭也。時武王封紂子武庚於殷墟，所徙者微子也。後周公更封而大之。’按《史記・殷本紀》云：‘周武王崩，武庚與管叔、蔡叔作亂，成王命周公誅之，而立微子於宋，以續殷後。’《宋世家》同。▲此以爲武王封者，誤也。”〇覺按：據《史記・周本紀》，周武王滅紂後，封紂的兒子武庚禄父於殷（據《史記・衛康叔世家》，故商墟在河、淇之間，即今河南省淇縣）以治殷之遺民，使其弟管叔、蔡叔相禄父。武王死後，周公攝政，管叔、蔡叔與武庚叛周，周公平叛，殺武庚、管叔，封微子啓於宋以代殷後。《史記・宋微子世家》的記載也如此。《尚書・微子之命》還載有成王封微子時的誥命。因此，王符此文實誤。這兩句當訂正爲：“武王封箕子於朝鮮，成王封微子於宋。”微子：名啓，帝乙的長子，商紂王的同母兄（《史

記·殷本紀》認爲啓是紂的異母庶兄)。他出生時，他的母親還是帝乙之妾，至立爲正妻之後又生了紂，所以紂得繼承帝位而啓未能繼位。啓被封於微(今山東省梁山縣西北)，子爵，故稱微子啓。他見商朝危亂，數諫紂王，未被聽從而出走。商朝滅亡後歸周。周公旦攻滅武庚後，讓他統率殷民而封於宋(都商邱，在今河南省商邱市睢陽區南)，作爲殷王室的後裔負責祭祀祖先，成爲宋國的始祖。漢代避漢景帝劉啓之諱，又稱之爲微子開。見《吕氏春秋·當務》《史記·宋微子世家》。

〔2〕汪繼培曰:"《史記·宋世家》。"○覺按：箕子告武王以"洪範"後(參見1.4注〔2〕)，武王即封箕子於朝鮮，見《史記·宋微子世家》。朝鮮：周初箕子的封國，國都在今朝鮮平壤市南。

34.5.6

子姓分氏——殷、時來、宋、扐、蕭、空同、北殷【1】，皆湯後也●〔1〕。

【校記】

【1】扐：仿宋本、馮本、魁本、陳本同，程本、四庫本、邵本作"功"。北殷：仿宋本、馮本、魁本作"北段"，程本、四庫本、邵本作"北叚"，陳本作"北段"，據《史記·殷本紀》之文改。

【箋注】

〔1〕陳本"北殷"作"北段"，汪繼培曰:"《史記·殷本紀·論》云:'契爲子姓，其後分封，以國爲姓，有殷氏、來氏、宋氏、空桐氏、稚氏、北殷氏、目夷氏。'《索隱》云:'按《系本》子姓無稚氏，北殷氏作髦氏，又有時氏、蕭氏、黎氏。'按'稚氏'即'黎氏'之誤，此文又誤'黎'爲'扐'，誤'殷'爲'段'。'同''桐'古字通。髦氏，隱元年《左傳》疏引《世本》作'比髦'。"○覺按：殷：下文有"北殷"，則此"殷"當指周武王封紂子武庚治殷餘民之國，即《史記·衛康叔世家》所説的"河、淇間故商墟"，也就是紂之都城朝歌，其地在今河南省淇縣。參見4.1注〔4〕、4.4注〔14〕。時來：即《春秋·隱公十一年》之"時來"，《左傳·隱公十一年》作"郲"，《公羊傳·隱公十一年》作"祁黎"，在今河南省鄭州市西北。《左傳·隱公(覺按:《十三經注疏》本無"公"字，據阮元校勘記補)第一》"繼室以聲子生隱公"孔穎達疏引《世本》云:"子姓：殷、時來、宋、空同、黎、比髦、自夷、蕭。"可見《世本》原作"時來"。《史記·殷本紀》之"來"，當即《左傳》之"郲"，指時來。司馬貞《索隱》謂《世本》有"時氏"，分"時""來"爲二國，後人皆從之，誤。至於"時""來"在後世分爲二姓，不宜用來解釋此"以國爲姓"的"時來"。宋：見34.5.5注〔1〕。扐：當爲"黎"之壞誤。黎原爲殷商屬國，一作"耆"，地在今山西省長治市西南。商末爲西伯(周文王)所敗。春秋時該地爲狄人所占，晋取之，立黎侯，遷居今山西省黎城縣東北。見《尚書·西伯戡黎》《左傳·宣公十五年》。蕭：春秋時宋國的附庸國，子姓，始封之君是蕭叔大心，其子孫以封國爲氏，國在今安徽省蕭縣西北，後滅於楚。見《左傳·莊公十二年》，又可參見35.18注〔2〕。空同：即《左傳·哀公二十六年》之"空桐"，春秋時宋邑，故爲子姓，地在今河南省虞城縣。北殷：與"殷"相對，當指亳殷，即盤庚所遷之都，地在今河南省安陽市(見4.1注〔4〕)，在紂都朝歌之北，故

稱北殷。

潛夫論卷第八[1]

【校記】

【1】潛夫論卷第八：仿宋本、馮本、魁本同，程本作“潛夫論卷第八”，何本、邵本作“潛夫論卷八終”，四庫本作“潛夫論卷八”，陳本作“潛夫論卷第八終”。

潛夫論卷第九[1]　　　　王符[2]

【校記】

【1】卷第九：仿宋本、馮本、魁本、程本、陳本同，何本、四庫本、邵本作“卷九”。

【2】王符：仿宋本、馮本、魁本同，程本、何本、四庫本、邵本、陳本此行下端無字，但程本在此行後有“漢　安定王符著”“明　新安程榮校”兩行字，四庫本在此行後有“漢　王符　撰”一行字，陳本在此行後有“蕭山汪繼培箋”一行字。

志氏姓第三十五

【提要】

志氏姓：記姓氏。文章主要記述了古代各種姓氏的來源及其流變。

上古有姓有氏。“姓”是部族的區別標誌；“氏”則是姓的分支，是同姓部族的分支散居各地後另起的區別標誌。自從古人開化以來，同姓不婚，所以古代對姓是很重視的，於是記載姓氏之書便應運而生。現在尚可考見的最早的記載姓氏之書是古代史官所編録的《世本·氏姓篇》，但該書到宋代已不傳，現在衹有各種輯佚之本。現在所能見到的保存完整的記姓氏之作，王符這篇《志氏姓》是最早的。因此，本篇在我國姓氏研究史上具有極其重要的地位。

文章既論述了有關姓氏的一般問題（35.0 及 35.20），又依帝王、諸侯、大夫及古代其他舊姓的次序排列，論述了伏羲（35.1）、炎帝（35.2）、黄帝（35.3）、顓頊（35.4）、堯（35.5）、舜（35.6）、宋（35.7）、周（35.8）、魯（35.9）、衛（35.10）、晋（35.11）、韓（35.12）、魏（35.13）、鄭（35.14）、吴（35.15）以及各國大夫（35.16）、各種古姓（35.17）、殷朝舊姓（35.18）、周朝舊姓（35.19）等姓氏系統，與後代姓氏書多以平水韻排列相比，雖然查閱不便，其實更合乎姓氏本身的性質，具有相當的科學性。文中有很多材料已不見於其他古籍，所以本篇具有珍貴的史料價值。至於“有同祖而異姓，有同姓而異祖”的觀點也是頗具學術眼光的不刊之論，而本文對古代姓氏源流的釐定雖不無疏漏，但無疑也具有較高的學術價值，不容忽視。

本篇提及鄧太后死後羣姦陷害鄧氏一事（見 35.17.2），可知此篇寫於鄧太后死後，即公元 121 年以後。據《後漢書·鄧騭列傳》，鄧氏家族被害於安帝時，至順帝時纔徹底平反。本文指責“羣姦相參，競加譖潤”，當爲順帝即位以後的論調。因此，本文當寫成於漢順帝永建元年（公元 126 年）以後。

35.0.1

昔者聖王觀象於乾坤〔1〕，考度於神明〔2〕，探命曆之去就【1】〔3〕，省羣后之德業【2】〔4〕，而賜姓命氏〔5〕，因彰德功●〔6〕。傳稱〔7〕："氏●之徹官百【3】〔8〕——王公之子弟千世能聽其官者【4】〔9〕，而物賜之姓〔10〕，是謂'百姓'〔11〕。姓有徹品十●於王【5】〔12〕，謂之'千品'●〔13〕。"昔堯賜契姓子；賜棄姓姬【6】；賜禹姓姒【7】，氏曰有夏；伯夷爲姜〔14〕，氏曰有吕●〔15〕。下及三代，官有世功，則有官族；邑亦如之●〔16〕。後世微末，因是以爲姓，則不能改也【8】。故或傳本姓，或氏號與謚●【9】〔17〕，或氏於國●〔18〕，或氏於爵，或氏於官，或氏於字〔19〕，或氏於事，或氏於居●【10】〔20〕，或氏於地【11】〔21〕。若夫五帝三王之世，所謂號也〔22〕。文、武、昭、景、成、宣、戴、桓【12】，所謂謚也。齊、魯、吴、楚、秦、晋、燕、趙，所謂國也。王氏、侯氏、王孫、公孫〔23〕，所謂爵也。司馬、司徒、中行●〔24〕、下軍●〔25〕，所謂官也。伯有、孟孫、子服、叔子●〔26〕，所謂字也。巫氏、匠氏、陶氏●〔27〕，所謂事也。東門、西門●〔28〕、南宫、東郭●〔29〕、北郭，所謂居也。三烏●【13】〔30〕、五鹿●〔31〕、青牛●〔32〕、白馬●〔33〕，所謂地也●【14】〔34〕。凡厥姓氏，皆出屬而不可勝紀也●〔35〕。

【校記】

【1】曆：魁本、程本、何本同，仿宋本、馮本作"暦"，四庫本作"歴"，邵本作"歷"，陳本作"歷"。

【2】后：仿宋本、馮本、魁本、程本、四庫本、邵本同，陳本作"臣"。

【3】氏：仿宋本、馮本、魁本、程本、邵本同，四庫本、陳本作"民"。

【4】弟千世：程本、邵本、陳本同，仿宋本、馮本、魁本作"第千世"，四庫本作"弟之質"。

【5】十：四庫本、陳本同，仿宋本、魁本作"■"，馮本、程本、邵本空一字。王：仿宋本、馮本、魁本、四庫本、陳本同，程本、邵本作"至"。

【6】子賜棄姓：《天中記》卷二十四引文、陳本同，仿宋本、馮本、魁本、程本、四庫本、邵本無此四字。

【7】姒：仿宋本、馮本、魁本、四庫本、陳本同，程本、邵本作"似"。

【8】改：程本、四庫本、邵本、陳本同，仿宋本、馮本、魁本作"故"。

【9】與：七本皆作"邑"，據《天中記》卷二十四引文改。

【10】或氏於國或氏於爵或氏於官或氏於字或氏於事或氏於居：陳本同，仿宋本、馮本、魁本、程本、四庫本、邵本作"爵"。

【11】地：七本皆作"志"，據《意林》引文改。

【12】桓：陳本同，仿宋本、馮本、魁本、邵本作“桓”，程本、何本、四庫本作“桓”。

【13】烏：仿宋本、馮本、魁本、程本、四庫本、陳本同，何本、邵本作“鳥”。

【14】地：七本皆作“志”，據《意林》引文改。

【箋注】

〔1〕乾坤：天地。《周易·繫辭下》：“古者包犧氏之王天下也，仰則觀象於天，俯則觀法於地。”即此文之義。

〔2〕神明：神祇，天地之神。

〔3〕曆：歷數，壽命，參見26.6注〔3〕。去就：離去與靠近，進退，引申指增損。

〔4〕后：《尚書·舜典》“班瑞于羣后”孔安國傳：“后，君也。”指諸侯國國君。

〔5〕姓、氏：見34.4.9注〔1〕。

〔6〕汪繼培曰：“《白虎通·姓名篇》云：‘所以有氏者何？所以貴功德，賤伎力，或氏其官，或氏其事，聞其氏即可知其德，所以勉人爲善也。’”

〔7〕傳（zhuàn 篆）：書傳，古書的記載。下面的文字見於《國語·楚語下》，文字略有異同。《國語》古又稱《春秋外傳》。

〔8〕汪繼培改“氏”爲“民”曰：“舊作‘氏’，▲據《楚語》改。”○覺按：汪繼培據《國語·楚語下》改“氏”爲“民”，實誤。此文當作“氏”，因爲這“氏”字即指“王公之子弟千世能聽其官者”，是身爲貴族的“官”，而不是“民”。這“氏”字當理解爲官名之“氏”，參見注〔6〕〔11〕。徹：《國語·楚語下》“民之徹官百”韋昭注：“徹，達也。自以名達於上者有百官也。”

〔9〕王公：天子諸侯。千世：世世代代。聽：治理。千世能聽其官者：即《荀子·君道篇》所説的“守職循業，不敢損益，可傳世也，而不可使侵奪，是士大夫官師之材也”。

〔10〕《國語·楚語下》“而物賜之姓”韋昭注：“物，事也，以功事賜之姓。官有世功，則有官族，若太史、司馬之屬。”

〔11〕百姓：上百個姓，指百官。古代以姓、氏表彰功德，所以有官爵者纔有姓氏，平民没有姓氏，因而“百姓”即指百官。後來平民也有姓，所以“百姓”也就用來指平民了。

〔12〕汪繼培曰：“舊空。”○覺按：品：品級，官吏的等級。《國語》“姓有徹品十於王謂之千品”韋昭注：“謂一官之職，其僚屬徹於王者有十品。百官，故有千品。”

〔13〕汪繼培曰：“‘傳稱’以下見《楚語》。‘子弟’下‘千’字、‘世’字並衍。▲《楚語》云：‘王公之子弟之質能言能聽徹其官者，而物賜之姓。’”○彭鐸曰：“‘千世’當從《楚語》作‘之質’。十二字爲句。”○覺按：《國語》韋昭注亦云“官有世功”（見注〔10〕），按文義（見注〔9〕），此文當有“千世”二字，汪、彭之説均不當。

〔14〕伯夷：見17.1.2注〔3〕，非3.3注〔22〕之“伯夷”。

〔15〕汪繼培曰：“舊脱‘子賜棄姓’四字，據《天中記》廿四補。《禮記·大傳》疏引鄭康成《駁五經異義》云：‘堯賜伯夷姓曰姜，賜禹姓曰姒，賜契姓曰子，賜稷姓曰姬，著在書傳。’《周語》：‘太子晋云：“禹賜姓曰姒，氏曰有夏；四嶽賜姓曰姜，氏曰有吕。”’”

〔16〕汪繼培曰：“隱八年《左傳》。”○覺按：此文見於《左傳·隱公八年》。官族：以官名爲氏的家族，如司馬氏、司徒氏等。邑：采邑，封地。邑亦如之：指有功而得到封邑後，就以邑名爲氏，與以官名爲氏的情形相類，如申氏、許氏、五鹿氏等等。

〔17〕陳本“與”作“邑”，汪繼培曰：“‘邑’字衍。”○覺按：汪説非。“邑”當爲

“与”之形訛，《天中記》卷二十四引文作“與”，是其證，今據改。

〔18〕汪繼培曰：“舊作‘爵’，今移正，與下文相應。”

〔19〕字：表字。古人有名又有字。舊説古代嬰兒出生三月後由父親命名（見33.2注〔3〕），女子十五歲許嫁舉行笄禮（結髮加笄）時取字，男子二十歲舉行冠禮（結髮加冠）時取字。字和名往往有一定的聯繫，如屈原名平字原。字是人成年後的尊號，除了自己及尊長稱其名外，朋友下輩之屬均稱其字以表示尊敬，所以有的家族便將前人的字作爲氏。

〔20〕汪繼培曰：“以上二十字舊脱。按《御覽》三百六十二引《風俗通·氏姓篇·序》俱與此同，今据補。”

〔21〕地：原作“志”，據《意林》引文改。不過，“志”字也可能是“邑”字之誤，參見注〔34〕。

〔22〕五帝、三王：見19.1注〔1〕〔2〕。堯之世號唐（見34.2.2），舜之世號有虞（見34.3.2），禹之世號夏后（見34.4.2），湯之世號商、後號殷（見34.5.3），文王、武王之世號周。後代以唐、虞、夏、商、殷、周爲氏，就是以號爲氏。

〔23〕古代天子稱“王”，其下有公、侯等爵位（見15.4注〔9〕）。王者之孫稱“王孫”，公爵之孫稱“公孫”。“王孫”“公孫”雖非爵位名，但其中的“王”字、“公”字屬爵位名，所以歸之於“爵”。

〔24〕汪繼培於“中行”下注曰：“見下晋公族注。”○覺按：司馬：見34.4.1注〔18〕。相傳周宣王時有程伯休甫爲司馬，其後爲司馬氏，見《國語·楚語下》《史記·太史公自序》。司徒：見34.4.1注〔16〕。相傳舜爲堯司徒，支孫以爲氏，見《元和姓纂·卷二·七之》。中行（háng杭）：春秋時晋國軍隊編制之名。古代天子纔可置六軍，所以晋國置上、中、下三軍外，不再置軍而增置中行、左行、右行，以避天子六軍之名（參見35.16.2注〔2〕）。晋文公五年（公元前632年）始置中行，荀林父爲中行之將，其後遂以中行爲氏（參見35.16.2），如《左傳》有“中行桓子”（即荀林父，見《文公十三年》）、“中行偃”（見《成公十七年》）、“中行喜”（見《襄公二十一年》）、“中行吴”（見《昭公五年》）、“中行寅”（見《昭公二十九年》）。“中行”雖爲軍隊編制之名而非官名，但其將實爲一種官職，所以歸之於“官”。

〔25〕汪繼培曰：“《元和姓纂》云：‘《左傳》，晋欒黶爲下軍大夫，子孫氏焉。’按欒氏世將下軍。僖廿七年《傳》：‘欒枝將下軍。’文十二年《傳》：‘欒盾將下軍。’成二年《傳》：‘欒書將下軍。’襄十三年《傳》：‘欒黶將下軍。’”○覺按：“下軍”與“中行”相似，並非官名，而是春秋時晋國軍隊編制之名。晋文公置中軍、上軍、下軍，中軍爲主力，三軍將、佐以下又置大夫（參見《左傳·宣公十二年》）。考《左傳》和《史記》，擔任下軍之將、佐、大夫的有多人，但未見有以下軍爲氏的。

〔26〕汪繼培曰：“疑‘孫’，並見下。”○王宗炎曰：“‘叔子’乙。”○覺按：此當從汪説。伯有：良霄之字，見13.5注〔3〕。孟孫：仲孫蔑之字。春秋時魯桓公之次子仲慶父生公孫敖（桓公之孫，故稱公孫），因仲慶父爲長庶子，所以公孫敖以孟爲氏，稱“孟氏”（見《左傳·文公十五年》）。公孫敖生文伯穀，文伯生獻子蔑。獻子爲孟氏（公孫敖）之孫，故以孟孫爲字，史稱“孟孫”（見《左傳·成公二年》）。其後遂以孟孫爲氏，爲魯國一大氏族。子服：春秋時魯國孟獻子仲孫蔑（見上）的兒子仲孫它（《漢書·古今人表》稱“子服佗”）的字，見《國語·魯語上》“仲孫它諫曰”韋昭注。其後遂以子服爲氏，如仲孫它之子稱“子服椒”（見《左傳·昭公三年》）、“子服湫”（見《左傳·昭公十三年》，“湫”音“椒”）或“子服惠伯”（見《左傳·襄公二十五年》），椒之子稱“子服回”或“子服昭伯”

（見《左傳·昭公十六年》），回之子稱“子服何”（見《左傳·哀公八年》）或“子服景伯”（見《左傳·哀公三年》）。叔子：當爲“叔孫”之壞誤。春秋時魯桓公之三子叔牙生公孫兹（桓公之孫，故稱公孫），兹生得臣，得臣爲叔牙之孫，故以叔孫爲字而稱“叔孫得臣”（始見於《春秋·文公元年》），其後遂以叔孫爲氏，如得臣之長子稱“叔孫僑如”（見《春秋·成公二年》）或“叔孫宣伯”（見《左傳·成公六年》），得臣次子稱“叔孫豹”（見《左傳·成公十六年》）或“叔孫穆子”（見《左傳·襄公七年》），豹之子稱“叔孫婼”（見《春秋·昭公七年》）或“叔孫昭子”（見《左傳·昭公五年》）。就連得臣之父也被後世稱爲“叔孫戴伯”（見《左傳·僖公四年》），但這衹是後人追記，並不是公孫兹已經以“叔孫”爲字或氏，所以古史不稱“叔孫兹”而衹稱“公孫兹”（見《春秋·僖公四年》）；至於《左傳·莊公三十二年》説“立叔孫氏”，也衹是追記之筆，《史記·魯周公世家》説叔牙死而“魯立其子爲叔孫氏”，實爲誤解《左傳》所致，不可據。

〔27〕汪繼培曰：“《風俗通》作‘巫、卜、陶、匠’，此亦當有卜氏。”〇覺按：陶氏見35.18注〔1〕。

〔28〕汪繼培曰：“《意林》作‘西都’，《通志·氏族畧五》、鄧名世《古今姓氏書辨證》四並同。《廣韻·十二齊》‘西’字注、《通鑑》一‘西門豹’注又引作‘西郭’。”

〔29〕汪繼培曰：“《意林》《廣韻》《通鑑》注並無‘東郭’，疑衍。”

〔30〕汪繼培曰：“《氏族畧三》引《風俗通》云：‘有三烏大夫，因氏焉。漢有三烏羣。’《元和姓纂》又云：‘三烏，姜姓，炎帝之後，爲侯國，因氏焉。’”〇覺按：“三烏”當爲古代地名，其地不詳，或即北周時的三鵶（鴉）鎮，在今河南省南召縣東北、魯山縣西南。

〔31〕汪繼培曰：“《氏族畧三》云：‘晋公子重耳封舅犯於五鹿，支孫氏焉。’按《漢書》有五鹿充宗。”〇覺按：五鹿爲春秋時地名，舊説以爲有二處：一爲衛地，在今河南省濮陽縣南；一爲晋地，在今河北省大名縣東。誠然，五鹿原屬衛（見《左傳·僖公二十三年》），但不久即爲晋國所取（見《左傳·僖公二十八年》），所以《左傳·哀公元年》提到的五鹿雖爲晋邑，恐怕即原來屬於衛國的五鹿，並非五鹿有二處，其地當在今河南省清豐縣西北，大概晋文公攻取後封給了舅犯。

〔32〕汪繼培曰：“《氏族畧四》云：‘魏初平中，有青牛先生，山東人也。’按王氏著書在初平前，是古有此姓矣。青牛先生見《魏畧》，《魏志·管寧傳》裴松之注引之。”〇覺按：青牛原來恐怕也是地名，或即古之青牛山，在今内蒙古自治區興和縣西北。其後人以地爲氏。

〔33〕汪繼培曰：“《氏族畧四》引《風俗通》云：‘微子乘白馬朝周，因氏焉。’”〇覺按：此恐爲附會之説。白馬作氏，當是以地爲氏。古代以白馬爲名之地有多處，此白馬當指最早以“白馬”命名的地名。今考《史記·西南夷列傳》云：“自冉駹以東北，君長以什數，白馬最大。”《索隱》：“案夷邑名，即白馬氏也。”西漢於其地置武都郡，在今甘肅省西和縣南。白馬氏可能是白馬氐的後代，以邑爲氏。

〔34〕陳本“地”作“志”，汪繼培曰：“志，《意林》作‘地’。按《風俗通》作‘職’，‘志’‘職’聲相近。”〇覺按：今據《意林》引文改爲“地”。但此“志”也可能是“邑”之形訛，上文云“邑亦如之”，《通志·氏族略三》將“三烏”“五鹿”歸於“以邑爲氏”，均其證。

〔35〕汪繼培曰：“‘出’當作‘此’。▲篇末云：‘凡姓之離合變分，固多此類，可以一況，難勝載也。’與此語意正同。《漢書·王莽傳》云：‘如此屬不可勝記。’《淮南子·氾論

訓》亦云：‘凡此之屬，皆不可勝著於書策竹帛而藏於官府者也。’”〇覺按：“出”字不誤，“出”下當脱“此”字。勝（舊讀 shēng 生）：盡。紀：通“記”。

35.0.2

衛侯滅邢，昭公娶同姓，言皆同祖也●〔1〕。近古以來，則不必然。古之賜姓，大諦可用〔2〕，其餘則難。周室衰微【1】〔3〕，吴、楚僭號〔4〕，下歷七國，咸各稱王●〔5〕，故王氏、王孫氏、公孫氏及氏謚官●【2】〔6〕，國自有之。千八百國，謚官萬數，故元不可同也〔7〕。及孫氏者【3】，或王孫之班也，或諸孫之班也●〔8〕。故有●同祖而異姓【4】〔9〕，有同姓而異祖。亦有雜錯●〔10〕，變而相入，或從母姓●〔11〕，或避怨讎●〔12〕。夫吹律定姓，唯聖能之●【5】〔13〕。今民散久●〔14〕，鮮克達●音律【6】〔15〕。天主尊正其祖●〔16〕，故且略紀顯者，以待士合揖損焉●【7】〔17〕。

【校記】

【1】衰：仿宋本、馮本、程本、四庫本、邵本、陳本同，魁本作“襄”。

【2】王孫：仿宋本、馮本、魁本、四庫本、邵本、陳本同，程本、何本作“五孫”。氏謚：仿宋本、馮本、魁本、程本、何本、邵本作“謚氏”，四庫本作“謚氏”，陳本作“氏謚”，今從陳本字序而按照仿宋本等用字慣例改用“謚”字。

【3】及：仿宋本、馮本、魁本、陳本同，程本、四庫本、邵本作“故”。

【4】有：陳本同，仿宋本、馮本、魁本、程本、四庫本、邵本無“有”字。

【5】唯：仿宋本、馮本、魁本、程本、四庫本、邵本同，陳本作“惟”。

【6】達：陳本同，仿宋本、馮本、魁本、程本、四庫本作“逺”，邵本作“逹”。

【7】揖：仿宋本、馮本、魁本、程本、四庫本、陳本同，何本、邵本作“葺”。

【箋注】

〔1〕汪繼培曰：“《春秋·僖廿五年》：‘衛侯燬滅邢。’《左傳》云：‘同姓也，故名。’哀十二年‘孟子卒’，《左傳》云：‘昭公娶於吴，故不書姓。’《論語》：‘陳司敗云：“君娶於吴，爲同姓。”’《御覽》引《風俗通》云：‘《公羊》譏衛滅邢，《論語》貶昭公娶於吴，諱同姓也。’▲與此同。”〇覺按：衛侯：衛國爲侯爵，故其君稱衛侯。此指春秋時衛國國君衛文公，衛戴公之弟，名辟疆，後改名燬，公元前 659—公元前 635 年在位，死後謚文。他初因内亂出奔於齊。公元前 660 年，狄滅衛以後，齊桓公築楚丘（在今河南省滑縣東），立他爲君重建衛國。參見《左傳》閔公二年至僖公二十五年、《韓非子·外儲説右下》。邢：見 34.1.4 注〔9〕。衛、邢都是周王朝分封的姬姓諸侯國，其國君都是周文王的後代（見 34.1.4），邢無罪而衛滅之，是殘殺同祖之親族，違背了親親之義，所以孔子修《春秋》時點了衛文公的名來表示譴責（如果滅掉非同祖或有罪的同姓諸侯國，則《春秋》不點名譴責）。《春秋·僖公二十五年》書曰：“衛侯燬滅邢。”《公羊傳·僖公二十五年》解釋説：“衛侯燬何以名？絶。曷爲絶之？滅同姓也。”昭公：指魯昭公，見 5.2 注〔6〕。他娶了個

吴國宗室的女子作夫人，是同姓（魯、吴國君同姓姬，見 34.1.4）。按照周代的禮制，“取妻不取同姓”（見《禮記·曲禮上》），所以貴族女子的姓特别重要，一般都要在稱號中標明，如孟姜（排行加自己的姓）、晋姬（出生之國名加自己的姓）、芮姜（丈夫受封之國名加自己的姓）、武姜（丈夫的謚號加自己的姓）。按此慣例，魯昭公的夫人應稱爲“孟姬”或“吴姬”，但這樣就將其違背“同姓不婚”的禮制之舉明確地顯示出來了，所以衹得去掉姓而稱爲“孟子”（見《春秋·哀公十二年》）或“吴孟子”（見《論語·述而》），以從名義上維護當時的禮法。《公羊傳·哀公十二年》解釋説：“孟子者何？昭公之夫人也。其稱孟子何？諱娶同姓，蓋吴女也。”陳司敗也曾指責魯昭公娶同姓爲無禮之舉（見《論語·述而》）。

〔2〕大諦：大抵。用：使用，利用，指用來作爲寫作本文的依據。

〔3〕周室：見 15.8 注〔1〕。

〔4〕吴：見 34.1.4 注〔10〕。楚：古國名，芈姓，祖先是季連，其後代鬻熊的曾孫熊繹被周成王封在楚地荆山（在今湖北省沮水、漳水發源處）一帶，故又稱“荆”。其始都丹陽（在今湖北省秭歸縣東南）。到熊渠時，疆域擴大到長江中游。楚文王遷都於郢（今湖北省荆州市荆州區西北之紀南城）。春秋時兼併周圍小國，楚莊王曾爲霸主，疆域西北至武關（在今陝西省丹鳳縣東南），東南到昭關（在今安徽省含山縣北），北至今河南省南陽市，南至洞庭湖以南。戰國時疆域又有擴大，攻滅越國後，今山東省南部、江蘇、浙江均爲其領土。後來屢敗於秦，公元前 223 年爲秦所滅。參見《史記·楚世家》。僭（jiàn 見）：超越本分。僭號：超越自己的名分來使用名號。按周代禮制，周天子纔可稱王（如周武王、周平王），諸侯不可稱王。吴國闔閭、夫差稱吴王（見《史記·吴太伯世家》）；楚國熊渠立其子爲句亶王、鄂王、越章王，還有楚武王等（見《史記·楚世家》），從正統的立場上看，都是僭號。

〔5〕汪繼培曰：“《淮南子·覽冥訓》云：‘晚世之時，七國異族。’高誘注：‘七國，齊、楚、燕、趙、韓、魏、秦也。齊姓田，楚姓芊（覺按：同“芈”），燕姓姬，趙姓趙，韓姓韓，魏姓魏，秦姓嬴，故異族也。’”〇覺按：齊國從齊威王以後稱王（見《史記·田敬仲完世家》），楚國從楚武王以後多稱王（見《史記·楚世家》），燕國從燕昭王以後稱王（見《史記·燕召公世家》），趙國從武靈王以後稱王（見《史記·趙世家》），韓國從宣惠王以後稱王（見《史記·韓世家》），魏國從魏惠王以後稱王（見《史記·魏世家》），秦國從惠文王以後都稱王（見《史記·秦本紀》）。

〔6〕汪繼培曰：“‘氏謚’舊倒。”〇覺按：公孫氏：公爵之孫爲公孫。諸侯國君僭稱王，其大夫便僭稱公，如楚國的葉公子高。這麽一來，公孫之氏也就多而雜了。

〔7〕《説文·一部》：“元，始也。”

〔8〕汪繼培曰：“班，猶别也。”〇覺按：班，分也。《廣雅·釋詁一》：“班，分也。”王念孫《廣雅疏證》：“班者，《説文》：‘班，分瑞玉。從玨刀。’‘班’與‘斑’通。”

〔9〕汪繼培曰：“舊脱。”

〔10〕汪繼培曰：“《漢書·地理志》云：‘五方雜厝。’晋灼曰：‘厝，古“錯”字。’”

〔11〕汪繼培曰：“《漢書·夏侯嬰傳》云：‘初，嬰爲滕令奉車，故號滕公。及曾孫頗尚主，主隨外家姓，號孫公主，故滕公子孫更爲孫氏。’”

〔12〕汪繼培曰：“如下所云智果、張良之類。”

〔13〕汪繼培曰：“《白虎通·姓名篇》云：‘古者聖人吹律定姓，以記（覺按：“記”當作“紀”）其族。’”〇王紹蘭曰：“《御覽·人事部》引《是類謀》曰：‘黄帝吹律以定姓。’

《論衡·怪奇篇（覺按：當作“奇怪篇”）》：‘孔子吹律，自知殷後。’《漢書·京房傳》：‘房本姓李，推律自定爲京氏。’”〇覺按：律：用竹管製成的定音器。相傳黄帝時伶倫截竹爲管，製成律（見《吕氏春秋·古樂》）。律管長短不同，吹出的聲音便高低不同，古代便用它來確定五音。如八寸一分長的律管吹出的爲宫音，則七寸二分長的爲商音，六寸四分長的爲角音，五寸四分長的爲徵音，四寸八分長的爲羽音（見《史記·律書》）。吹律定姓：據説“古者聖人吹律定姓，以紀其族”。律管吹出來的宫、商、角、徵、羽爲正聲，“轉而相雜”，成二十五音。律管在四季吹出的聲音又不同，於是有一百種聲音，所以有一百個姓（見《白虎通·姓名》）。據《漢書·京房傳》，京房精通音律，他“本姓李，推律自定爲京氏”。但古代“吹律定姓”的具體方法早已失傳，王符也不知其詳了。

〔14〕汪繼培曰：“《論語》。”

〔15〕汪繼培曰：“舊作‘遠’。”〇覺按：鮮（xiǎn 顯）：少。克：能。

〔16〕汪繼培曰：“‘天主’疑‘人生’之誤。《毛詩序》云：‘生民，尊祖也。’王先生云：‘“天主”疑“定姓”之誤。’”〇覺按：王、汪之説皆不當，“天主”當作“天王”，泛指帝王（見26.4注〔7〕），下文所述側重於帝王的姓氏系統可爲佐證。正：弄正確，考定。

〔17〕汪繼培曰：“‘士’當作‘三’，‘三合’即‘參合’。《韓非子·主道篇》云：‘以參合閱焉。’《史記·倉公傳》云：‘參合於人。’《後漢書·文苑·邊讓傳》云：‘檢括參合。’▲《論衡·偶會篇》云：‘二偶三合。’《寒温篇》又云：‘二合叁偶。’‘揖’與‘挹’同，《史記·十二諸侯年表·序》云：‘七十子之徒，口受其傳指，爲有所刺譏褒諱挹損之文辭不可以書見也。’”〇覺按：“士”字未必誤。《後漢書·隗囂傳》“王莽國師劉歆引囂爲士”李賢等注：“王莽置國師，位上公，士其屬官也。”國師是輔佐皇帝的官，本文的“士”也當指皇帝輔佐之屬官。合：《爾雅·釋詁》：“合，對也。”揖：同“挹”。“挹損”是貶抑的意思。

35.1

伏羲姓風，其後封任、宿、須朐、顓臾四國，實司太曍與有濟之祀●【1】〔1〕，且爲東蒙主●〔2〕。魯僖公母成風【2】，蓋須朐之女也●【3】〔3〕。季氏欲伐顓臾，而孔子譏之●〔4〕。

【校記】

【1】曍：仿宋本、馮本、魁本、程本、邵本、陳本同，四庫本作“皥”。

【2】公：仿宋本、馮本、魁本、陳本同，程本、邵本作“主”，四庫本作“生”。

【3】女：仿宋本、馮本、魁本、四庫本、陳本同，程本、邵本作“言”。

【箋注】

〔1〕汪繼培曰：“見僖廿一年《左傳》。‘朐’作‘句’。按僖廿二年《公羊傳》作‘朐’，文七年《傳》同。”〇覺按：伏羲：見25.6注〔8〕。任：周代封國，風姓，在今山東省微山縣西北。宿：西周封國，風姓，地在今山東省東平縣東南，後爲齊所滅。須朐（qú 渠）：一作“須句（qú 渠）”，西周封國，風姓，始都於句（今山東省東平縣西南），後遷於須（今東平縣西北）。顓臾（Zhuānyú 磚餘）：西周封國，風姓，地在今山東省平邑縣東顓臾村一帶。司太曍：《左傳·僖公二十一年》“實司太皥與有濟之祀”杜預注：“司，主也。太皥，

伏羲。四國，伏羲之後，故主其祀。”有：名詞詞頭。有濟（jǐ 擠）：濟水，古水名，發源於今河南省濟源市王屋山，南流過黄河，東流至今山東省濟寧市、濟南市北、濟南市濟陽區南而入渤海。現在黄河下游的河道即原來濟水下游的河道。古代黄河下游的河道在今山東省平原縣、河北省滄州市北。

〔2〕汪繼培曰：“《論語》。”〇覺按：東蒙：即蒙山，在今山東省平邑縣東沂蒙山旅遊區龜蒙景區，因在顓臾之東，故稱“東蒙”。《論語·季氏》：“夫顓臾，昔者先王以爲東蒙主。”則爲東蒙主的衹有顓臾一國。根據古代的禮制，諸侯衹能祭祀國内的山河（見25.4注〔6〕〔7〕）。濟水流經任、宿、須朐、顓臾四國，所以四國都可祭祀。東蒙在顓臾境内，其他三國遠離東蒙，實不得祭祀。王符取《左傳》《論語》的材料組成此文，將四國都説成是東蒙主，實爲疏漏之筆，不合史實。此句“且”字下當有“顓臾”二字。

〔3〕汪繼培曰：“《左傳》。”〇覺按：魯僖公：一作魯釐公，春秋時魯國國君，魯莊公之子，魯閔公之弟，名申，公元前659—公元前627年在位。成風（？—公元前623年）：魯莊公之妾，僖公之母，其事蹟見《左傳》閔公二年至文公四年、《春秋·文公五年》。《左傳·僖公二十一年》：“邾人滅須句。須句子來奔，因成風也。”蓋由此推知成風是須朐之女。

〔4〕汪繼培曰：“《論語》。”〇覺按：據《論語·季氏》，季氏將伐顓臾時，冉有爲季氏之相而受到孔子的指責，所以這“季氏”當指季康子（見25.4注〔7〕）。《論語·季氏》載孔子之言曰：“夫顓臾，昔者先王以爲東蒙主，且在邦域之中矣，是社稷之臣也。何以伐爲？……吾恐季孫之憂不在顓臾，而在蕭牆之内也。”

35.2

炎帝苗胄，四嶽、伯夷【1】〔1〕，爲堯典禮●〔2〕，折民惟刑●〔3〕，以封申、吕●〔4〕。裔生尚●〔5〕，爲文王師●〔6〕，克殷而封之齊●〔7〕。或封許、向〔8〕，或封於紀〔9〕，或封於申●〔10〕——●〔11〕城在南陽宛北序山之下●【2】〔12〕，故《詩》云：“亹亹申伯〔13〕，王薦之事【3】〔14〕。于邑于序【4】〔15〕，南國爲式●【5】〔16〕。”宛西三十里有吕城●【6】〔17〕。許在潁川【7】〔18〕，今許縣是也●〔19〕。姜戎居伊、洛之間【8】〔20〕，晋惠公徙置陸渾●〔21〕。州、薄、甘、戲、露、怡●【9】〔22〕，及齊之國氏●〔23〕、高氏●〔24〕、襄氏●【10】〔25〕、隰氏●〔26〕、士氏、強氏●【11】〔27〕、東郭氏●〔28〕、雍門氏●〔29〕、子雅氏●〔30〕、子尾氏●【12】〔31〕、子襄氏●〔32〕、子淵氏●〔33〕、子乾氏●〔34〕、公旗氏●〔35〕、翰公氏●〔36〕、賀氏●〔37〕、盧氏●〔38〕，皆姜姓也。

【校記】

【1】嶽：仿宋本、馮本、魁本、何本、四庫本、邵本、陳本同，程本作“獄”。

【2】城：仿宋本、馮本、魁本、程本、四庫本、邵本同，陳本作“申城”。

【3】薦：仿宋本、馮本、魁本、程本、邵本、陳本同，四庫本作“纘”。

【4】序：仿宋本、馮本、魁本、程本、邵本、陳本同，四庫本作“謝”。

【5】爲：仿宋本、魁本、程本、邵本、陳本同，馮本作“為”，四庫本作“是”。

【6】城：陳本同，仿宋本、馮本、魁本、程本、四庫本、邵本作“望”。

【7】潁：仿宋本、魁本、程本、四庫本、邵本、陳本同，抄補本作“穎”，馮本作“潁”。

【8】間：仿宋本、馮本、魁本、程本、四庫本、邵本同，陳本作“閒”。

【9】怡：陳本同，仿宋本、馮本、魁本、程本、四庫本、邵本作“帖”。

【10】國氏高氏襄氏：陳本同，仿宋本、馮本、程本、四庫本作“國氏高氏襄”，魁本作“國■■■■”，邵本作“國氏高氏襄”。

【11】士氏強氏：仿宋本、馮本、魁本同，程本、四庫本、邵本作“士氏强氏”，陳本作“士强氏”。

【12】子尾：仿宋本、馮本、程本、四庫本、邵本、陳本同，魁本作“■尾”。

【箋注】

〔1〕四嶽：原指四處大山，即東嶽泰山（在今山東省泰安市北），西嶽華山（在今陝西省華陰市南），南嶽衡山（在今湖南省衡山縣西北），北嶽恒山（在今河北省曲陽縣西北與山西省接壤處，唐宋以後又名大茂山，清順治中移祀北嶽於山西省渾源縣東南之恒山後，通稱此爲大茂山）。此文之“四嶽”則指四個人，也稱“四伯”，爲堯、舜時代分別掌管四季、隨天子巡狩四嶽、協助天子黜陟四方諸侯的官，位在卿士。《尚書·堯典》“咨四岳”孔安國傳：“四岳，即上羲、和之四子，分掌四岳之諸侯，故稱焉。”皇甫謐《帝王世紀·自皇古至五帝》：“帝堯……置敢諫之鼓，命羲、和四子羲仲、羲叔、和仲、和叔分掌四時方嶽之職，故名曰四嶽也。”據此，則四嶽爲羲仲、羲叔、和仲、和叔四人，他們分別掌管春、夏、秋、冬四時之事。由於天子在春季巡狩東岳泰山，在夏季巡狩南岳衡山，在秋季巡狩西岳華山，在冬季巡狩北岳恒山（參見《尚書·舜典》及《尚書·周官》“王乃時巡，考制度于四岳”孔安國傳），因而他們又同時主管巡狩四嶽之事，所以稱爲“四嶽”。宋孔平仲、明楊慎都以四岳爲一人（見《升菴經説》卷三“四岳爲一人”條），僅備一説。《詩經·大雅·崧高》“崧高維嶽”鄭玄箋：“四嶽，卿士之官，掌四時者也，因主方嶽巡守之事。在堯時，姜姓爲之，德當嶽神之意，而福興其子孫。歷虞、夏、商世，有國土。周之甫也、申也、齊也、許也，皆其苗胄。”《史記·周本紀》“王師敗績于姜氏之戎”《集解》：“韋昭曰：‘西夷别種，四嶽之後也。’”《史記·田敬仲完世家》：“姜姓，四嶽之後。”均可與王符此文互相印證。蓋四嶽爲姜姓，所以是炎帝的後代。伯夷：見17.1.2注〔3〕。

〔2〕汪繼培曰：“《書·堯典》。”〇覺按：此文並非本於《尚書》。據《尚書·堯典、舜典》，四岳主要負責推薦人才，而並不是“典禮”。《國語·周語下》“共之從孫四嶽佐之”韋昭注：“四嶽，官名，主四嶽之祭，爲諸侯伯。”可見四嶽“典禮”乃漢儒之説，並非出於《尚書》。又據《尚書·舜典》，伯夷由四岳推薦而被舜任爲秩宗以典三禮，並非“爲堯”典禮。《國語·鄭語》：“伯夷能禮於神以佐堯者也。”此文説伯夷爲堯典禮，蓋本於此。

〔3〕汪繼培曰：“《書·吕刑》。”〇覺按：折：斷，判斷。刑：法，法律。折民惟刑：是伯夷之事而非四嶽之事，見《尚書·吕刑》。此文將四嶽、伯夷的事蹟混爲一談，大概也是漢儒之説。《國語·鄭語》：“姜，伯夷之後也。”韋昭注：“伯夷，堯秩宗，炎帝之後，四岳之族。”與此文相似。

〔4〕汪繼培曰:“《史記·齊太公世家》云:‘其先祖嘗爲四嶽,佐禹平水土,甚有功,虞、夏之際封於吕,或封於申。’《詩·崧高》毛傳:‘堯之時,姜氏爲四伯,掌四嶽之祀,述諸侯之職。於周,則有甫,有申,有齊,有許也。’按‘甫’與‘吕’通。《書·吕刑》,《孝經》《禮記》並引作《甫刑》。《史記·周本紀》亦云:‘甫侯言於王,作修刑辟。’”〇覺按:“甫”“吕”並非通假,而是因爲吕侯的後代改封爲甫侯,《禮記》等以其子孫的國號來稱呼,所以稱《甫刑》。吕侯爲周穆王時人,甫侯則在周宣王以後。《尚書·吕刑》“吕刑”孔安國傳:“後爲甫侯,故或稱《甫刑》。”孔穎達疏:“《禮記》書傳引此篇之言多稱爲‘《甫刑》曰’,故傳解之‘後爲甫侯,故或稱《甫刑》’。知‘後爲甫侯’者,以《詩·大雅·崧高》之篇宣王之詩,云‘生甫及申’;《揚之水》爲平王之詩,云‘不與我戍甫’,明子孫改封爲甫侯。不知因吕國改作甫名?不知别封餘國而爲甫號?然子孫封甫,穆王時未有甫名而稱爲《甫刑》者,後人以子孫之國號名之也。猶若叔虞初封於唐,子孫封晋,而《史記》稱《晋世家》。然宣王以後,改吕爲甫。”申:見17.1.2注〔6〕,此當指今陝西省、山西省之間的申。吕:周代國名,姜姓,傳説爲四嶽之後,故地在今河南省南陽市西,其後代改封爲甫侯。

〔5〕汪繼培曰:“‘裔’上疑脱字。《齊世家》云:‘夏、商之時,申、吕或封枝庶子孫,或爲庶人。尚,其後苗裔也。’”〇覺按:尚:姜尚,見1.1注〔16〕。

〔6〕汪繼培曰:“《世家》云:‘西伯獵,遇太公於渭之陽,載與俱歸,立爲師。’”

〔7〕汪繼培曰:“《世家》云:‘武王已平商而王天下,封師尚父於齊營邱。’”〇覺按:齊:周代諸侯國,姜姓,吕氏。西周初,周武王把齊國封給姜太公吕尚,以後爲吕尚後代世襲,故爲吕氏之國,地處今山東省北部、東部和河北省東南部,建都營邱,後稱臨淄(在今山東省淄博市臨淄區東北齊都)。春秋初齊桓公曾爲霸主。春秋末年君權漸爲大臣陳氏(即田氏)所奪。齊簡公四年(公元前481年),田常殺死了齊簡公吕壬而擁立齊平公,自己任相國,於是齊國的政權完全爲田氏控制。齊康公十四年(公元前391年),田常的曾孫田和將齊康公吕貸遷往海邊,吕氏從此斷絶了君位繼承權,吕氏之齊就此滅亡。齊康公十九年(公元前386年),周安王承認田和爲諸侯,從此田齊正式成爲諸侯國,史稱田齊。田齊爲戰國七雄之一,公元前221年爲秦所滅。參見《史記》的《齊太公世家》與《田敬仲完世家》。

〔8〕許:又作“鄦”,西周初分封給太叔的諸侯國,姜姓,在今河南省許昌市東。春秋時爲鄭、楚所逼,於公元前576年遷都葉(在今河南省葉縣西南),公元前533年遷都夷(今安徽省亳州市東南城父集),公元前529年復遷葉,公元前524年遷都白羽(今河南省西峽縣),公元前506年遷都容城(在今河南省魯山縣東南),戰國初爲楚所滅(一説滅於魏)。向:周代諸侯國,地在今山東省莒縣南,公元前721年爲莒所滅。《春秋·隱公二年》“莒人入向”孔穎達疏引《世本》:“向,姜姓。”

〔9〕紀:西周古器銘文作“己”,西周封國,侯爵,姜姓,地在今山東省壽光市南紀臺村,公元前690年爲齊所滅,見《公羊傳·莊公四年》。

〔10〕汪繼培曰:“《水經注》廿三《陰溝水篇》引《世本》云:‘許、州、向、申,姜姓也,炎帝后。’”〇覺按:申:見17.1.2注〔6〕,此指周宣王時申伯之國。

〔11〕陳本“城”上有“申”字,汪繼培曰:“舊脱。”〇覺按:此不必臆補“申”字。

〔12〕汪繼培曰:“《漢書·地理志·南陽郡》‘宛’注云:‘故申伯國,縣南有北筮山。’又‘育陽’注云:‘有南筮聚,在東北。’”〇覺按:南陽:秦、漢時郡名,轄三十六縣,治所在宛縣(今河南省南陽市)。北序山:一作北筮山,在今河南省南陽市南,參見《漢

書·地理志上·南陽郡·宛》。

〔13〕亹亹申伯：見17.1.2注〔6〕。

〔14〕薦：《詩經·小雅·節南山》“天方薦瘥”毛傳：“薦，重。”就是“使……接連”的意思，與17.1.2注〔7〕的“纘”意思相似。

〔15〕王紹蘭曰：“‘序’‘謝’古通。《孟子·滕文公篇》：‘序者，射也。’《左氏春秋》‘宣謝火’孔疏引服虔云：‘宣揚威武之處。’故《毛詩》作‘謝’，三家作‘序’。《射義》有序點，即以序爲氏。”〇覺按：于：見17.1.2注〔8〕。序：指北序山，17.1.2作“謝”，音近相通。

〔16〕汪繼培曰：“與今《詩》不同，説見《三式篇》。”〇覺按：爲：構成賓語前置句式的結構助詞。式：見17.1.2注〔9〕。

〔17〕汪繼培曰：“‘城’舊作‘望’。《史記·齊世家》《集解》：‘徐廣曰：“吕在南陽宛縣西。”’《水經注·淯水篇》云：‘梅溪又逕宛西吕城東。’”

〔18〕潁川：秦、漢時郡名，轄二十縣，治所在陽翟縣（今河南省禹州市）。

〔19〕汪繼培曰：“《漢書·地理志·潁川郡》：‘許，故國，姜姓，四岳後，太叔所封。’”〇覺按：許縣：秦、漢時縣名，屬潁川郡，治所在今河南省許昌市東。《漢書·地理志上·潁川郡》：“許，故國，姜姓，四岳後，太叔所封，二十四世爲楚所滅。”

〔20〕姜戎：當即《史記·周本紀》所説的“姜氏之戎”（見注〔1〕），是古代的一個氏族部落，原居於今陝西省、山西省之間（見17.1.2注〔6〕），春秋時居於晉國南疆，在今河南省西部崤山之南。《春秋·僖公三十三年》“晋人及姜戎敗秦師于殽”杜預注：“姜戎，姜姓之戎，居晋南鄙。”伊：伊水，即今伊河，發源於今河南省嵩縣西熊耳山，東北流經伊川縣，至偃師市入洛河。洛：洛河，見34.4.3注〔4〕。伊、洛之間：即今河南省熊耳山一帶。

〔21〕汪繼培曰：“僖廿二年《左傳》：‘秦、晋遷陸渾之戎於伊川。’襄十四年《傳》以爲姜戎氏，謂‘諸戎是四嶽之裔胄’，杜注：‘四嶽之後皆姓姜，又别爲允姓。’昭九年《傳》云：‘允姓之姦居於瓜州，伯父惠公歸自秦而誘以來。’按僖《傳》杜注：‘允姓之戎居陸渾，在秦、晋西北，二國誘而徙之伊川，遂從戎號，至今爲陸渾縣。’據疏，陸渾是敦煌之地名，徙之伊川，復以陸渾爲名，非本居伊、洛徙置陸渾也。僖十一年《傳》：‘伊、雒之戎同伐京師。’杜注：‘雒戎居伊水、洛水之閒者。’此又先居伊、雒，非秦、晋所遷者。”〇覺按：此句當理解爲上句的原因。晋惠公：春秋時晋國君主，名夷吾，晋獻公之子，公元前650—公元前637年在位。陸渾：古地名，原來也稱爲瓜州，在今甘肅省敦煌市，其地聚居允姓之戎，史稱陸渾之戎。公元前638年，晋惠公誘而遷之於伊河一帶，仍以陸渾名之。漢代於此置陸渾縣，治所在今河南省嵩縣東北。此文之“陸渾”，指漢代的陸渾縣，即上句所説的“伊、洛之間”。參見《左傳·僖公二十二年》“秦、晋遷陸渾之戎于伊川”杜預注、孔穎達疏。

〔22〕汪繼培曰：“舊作‘帖’。《史記索隱·三皇本紀》云：‘神農氏，其後有州、甫、甘、許、戲、露、齊、紀、怡、向、申、吕，皆姜姓之後。’《路史·後紀四》云：‘黄帝封參盧於路。’注：‘亦作露。’又云：‘伊、列、舟、駘、淳、戲、怡、向、州、薄、甘、隋、紀，皆姜國也。禹有天下，封怡以紹烈山，是爲默台。’”〇覺按：州：西周國名，姜姓，建都淳于，在今山東省安邱市東北，春秋初年爲杞國所滅而成爲杞國之都。薄：古國名，在今山東省曹縣南，春秋時爲宋國大夫之食邑。甘：夏代侯國，在今陝西省西安市鄠邑區西南。戲：古國名，在今河南省鞏義市東南，春秋時爲鄭地。露：又作“路”，相傳黄帝

封炎帝支子於路，其地當即漢代之路縣，在今河北省三河市西南。怡：又作“默怡”或“墨台”（參見 1.1 注〔14〕），相傳禹封炎帝支子於默台，在今河北省盧龍縣南，商、周時爲孤竹國。

〔23〕汪繼培曰：“‘氏’字舊空，据程本補。昭四年《左傳》杜注：‘國氏，齊正卿，姜姓。’《廣韻·二十五德》‘國’字注云：‘太公之後。’”〇覺按：據汪校，則其所謂舊本當爲魁本之底本。

〔24〕汪繼培曰：“舊空，据程本補。《唐書·宰相世系表》云：‘齊文公赤生公子高，孫傒以王父字爲氏。’按高傒見《左傳》。”〇覺按：據汪校，則其所謂舊本當爲魁本之底本。

〔25〕汪繼培曰：“‘襄’字舊空，据程本補。‘氏’字各本並脱。襄廿三年《左傳》齊有襄罷師，廿五年《傳》齊有襄伊，二襄蓋齊公族。”〇覺按：據汪校，則其所謂舊本當爲魁本之底本。《風俗通義·佚文》謂襄姓爲楚大夫襄老之後，《廣韻·下平聲·十陽》“襄”字注謂襄氏爲魯莊公之子襄仲之後，此類皆非姜姓之襄氏，與此文之襄氏不同。

〔26〕汪繼培曰：“《氏族畧三》云：‘齊莊公子廖封於隰陰，故以爲氏。’《齊語》‘隰朋’韋昭注：‘齊莊公之曾孫，戴仲之子成子也。’”〇彭鐸曰：“齊有兩莊公，此春秋前之莊公贖。”

〔27〕汪繼培將“士氏強氏”改爲“士强氏”曰：“舊作‘士氏、强氏’，据《後紀四》改。按‘士’下‘氏’字即‘襄’字下所脱，今移正。”〇彭鐸曰：“作‘士氏、强氏’是也。成十八年《左傳》有士華免，杜注：‘齊大夫。’又《齊策一》《吕氏春秋·知士篇》有士尉。《東觀漢記》有彊華，‘强’與‘彊’同。《路史》合二氏而一之，蓋不足據。”〇覺按：《左傳·成公十八年》“齊侯使士華免以戈殺國佐于内宫之朝”杜預注：“華免，齊大夫。”孔穎達疏：“杜《世族譜》於齊國雜人之中有華免，而無‘士’字。此注以華免爲大夫，則‘士’者爲士官也。士官掌刑（覺按：《十三經注疏》本“士官掌刑”作“官掌刑故”，據阮元校勘記訂正），故使殺國佐也。”據此，則“士華免”之“士”爲官名而非氏，彭説未可從。《左傳·昭公八年》有“彊氏”，爲齊國子尾之子高彊，高氏、子尾氏皆爲姜姓，則彊氏也爲姜姓。“彊”與“強”同，強氏當即高彊之後代。汪改非。

〔28〕汪繼培曰：“襄廿五年《左傳》：‘東郭偃曰：“臣出自桓。”’”〇覺按：據《左傳》，齊國還有東郭書（見《定公九年》）、東郭賈（見《哀公十四年》）。

〔29〕汪繼培曰：“《古今姓氏書辨證》引《世本》云：‘齊頃公生子夏勝，以所居門爲雍門氏。’按《淮南子·覽冥訓》高誘注：‘雍門，齊西門也。’”

〔30〕汪繼培曰：“《氏族畧三》云：‘齊惠公之孫公孫竈字子雅之後。’”

〔31〕汪繼培曰：“《氏族畧三》云：‘齊惠公之孫公孫蠆字子尾之後。’按公孫竈、公孫蠆見襄廿九年《左傳》，子雅、子尾見襄廿八年《傳》。昭十年《傳》疏云：‘齊惠公生子欒、公子高。高生子尾，欒生子雅。’”

〔32〕汪繼培曰：“《古今姓氏書辨證》引《世本》云：‘齊惠公子子襄之後。’‘惠’舊作‘桓’，据《氏族畧三》改。”

〔33〕汪繼培曰：“《古今姓氏書辨證》‘子泉氏’引《世本》云：‘齊頃公生子泉湫，因氏焉。’按‘子泉’即‘子淵’，唐人避諱改。昭廿六年《左傳》齊有子淵捷子車，八年《傳》杜注：‘子車，頃公之孫捷也。’”

〔34〕汪繼培曰：“《古今姓氏書辨證》引《世本》云：‘齊頃公子子乾之後，以王父字爲氏。春秋時有子乾晳。’按昭十四年《左傳》作子韓晳。《氏族畧三》引《世本》云：‘公

子都字子乾。'"

〔35〕汪繼培曰："《廣韻·一東》'公'字注云：'齊悼子公旗之後。'按'悼子'當是'悼公子'。"〇王紹蘭曰："《姓氏書辨證》引《世本》：'公旗氏，齊威王時有左執法公旗藩。'"

〔36〕汪繼培曰："《後紀四》作'公翰'。"〇王紹蘭曰："《路史》作'公翰'，當作'公幹'。《廣韻·一東》引《古今人表》：'神農之後有公幹，仕齊爲大夫，其後氏焉。'《姓氏書辨證》亦引《古今人表》有公幹，今本《漢書》表中無此人，蓋佚。"〇彭鐸曰："《廣韻·一東》載齊公族又有公牽氏、公紀氏、公牛氏，'公'字並在前，此'翰公'蓋誤倒。"〇覺按：齊國之"翰公氏"未詳。《左傳·昭公二十一年》有曹大夫"翰胡"，則"翰公氏"或不誤。

〔37〕汪繼培曰："《元和姓纂》云：'齊公族慶父之後慶克生慶封，以罪奔吴，漢末徙會稽山陰。後漢慶儀爲汝陰令，曾孫純避安帝父諱，始改賀氏。'《氏族畧四》云：'齊桓公之子公子無虧生慶克，亦謂之慶父。'"

〔38〕汪繼培曰："《元和姓纂》云：'齊文公子高，高孫傒食采於盧，因姓盧氏。'"

35.3

黄帝之子二十五人，班爲十二：姬、酉、祁、己、滕、葴、任、拘、釐、姞、儇、依氏也●【1】〔1〕。當春秋，晉有祁奚，舉子薦鯈，以忠直著●〔2〕。莒子姓己氏●〔3〕。夏之興，有任奚爲夏車正，以封於薛，後遷于邳【2】。其嗣仲虺居薛，爲湯左相●〔4〕。王季之妃大任●【3】〔5〕，及謝、章、昌、采、祝、結、泉、卑、遇、狂大氏，皆任姓也●〔6〕。姞氏女爲后稷元妃●【4】〔7〕，繁育周先●〔8〕，姞氏封於燕●〔9〕。及鄭文公有賤妾燕姞【5】〔10〕，夢神與之蘭，曰："余爲伯儵●【6】〔11〕，余而祖也【7】〔12〕。以是有國香〔13〕，人服媚●〔14〕。"及文公見姞，賜蘭而御之〔15〕，姞言其夢，且曰："妾不才，幸而有子〔16〕，將不信，敢徵蘭乎〔17〕！"公曰："諾。"遂生穆公●〔18〕。姞氏之别，有闞〔19〕、尹●〔20〕、蔡、光、魯〔21〕、雍●〔22〕、斷〔23〕、密須氏●〔24〕。及漢，河東有郅都●〔25〕，汝南有郅君章●〔26〕，姓音與古"姞"同【8】〔27〕，而書其字異，二人皆著名當世。

【校記】

【1】滕葴任：四庫本同，仿宋本、馮本、魁本作"勝葴伓"，程本作"勝藏伓"，邵本作"勝藏伓"，陳本作"滕葴任"。拘釐姞：程本、陳本同，仿宋本、馮本、魁本、邵本作"拘釐姞"，四庫本作"荀僖佶"。儇依：四庫本同，仿宋本、馮本、魁本、程本、邵本作"衣"，陳本作"嬛衣"。氏：仿宋本、馮本、魁本、程本、邵本、陳本同，四庫本作"是"。

【2】于：仿宋本、馮本、魁本、程本、四庫本、邵本同，陳本作“於”。邳：陳本同，仿宋本作“祁”，馮本、魁本作“祁”，程本、四庫本、邵本作“郱”。
【3】大：仿宋本、馮本、魁本、程本、邵本、陳本同，四庫本作“太”。
【4】姞：陳本同，仿宋本、馮本、魁本、程本、四庫本、邵本作“台”。
【5】及鄭文公：仿宋本、馮本、魁本、程本、四庫本、邵本同，陳本無此四字。
【6】儵：陳本同，仿宋本、馮本、魁本、程本、四庫本、邵本作“儵”。
【7】而：仿宋本、馮本、魁本、程本、四庫本、邵本同，陳本作“爾”。
【8】姓：仿宋本、馮本、程本、四庫本、邵本、陳本同，魁本作“姞”。

【箋注】

〔1〕陳本“葴”作“蒧”，“儇依”作“嬛衣”，汪繼培曰：“‘滕葴任’舊作‘勝藏伾’，据《晋語四》改。枸，《晋語》作‘荀’，《廣韻·四十五厚》引《晋語》作‘苟’，《路史·國名紀一、後紀五》並作‘苟’，以爲作‘荀’者非。《元和姓纂》‘苟姓’亦云：‘《國語》：黄帝之後。’按‘拘’‘苟’並从句得聲。‘儵’、‘衣’，韋昭本作‘儇’、‘依’，《史記·五帝紀》《集解》引虞翻注與此同。‘嬛’字舊脱，亦依虞注補，韋本作‘儇’。”〇王引之曰：“《路史》‘荀’作‘苟’是也。《元和姓纂》：‘苟，《國語》：“黄帝之後。”漢有苟實、苟參。’‘荀，周文王第十七子郇矦之後，以國爲氏，後去邑爲荀。’《廣韻》：‘苟，姓，出河内、河南、西河三望。《國語》云：“本自黄帝之子。”漢有苟參。古厚切。’‘荀，本姓郇，後去邑爲荀。今出潁川。相倫切。’是荀姓爲文王之後，苟姓爲黄帝之後，且《元和姓纂》及《廣韻》引《國語》竝作‘苟’，不作‘荀’也。《軒轅黄帝傳》亦作‘苟’。又《潛夫論·志氏姓篇》‘苟’作‘拘’，‘拘’‘苟’古聲相近，故‘苟’通作‘拘’也。《路史》曰：‘《國語》作“荀”，非。’則所見已是誤本矣。又案‘依’當作‘衣’，今本作‘依’者，因上文‘儇’字而誤加人旁耳。考《潛夫論》正作‘衣’，《史記·五帝紀》《集解》、單行本《索隱》引《國語》竝作‘衣’。鄭注《中庸》曰：‘今姓有衣者。’《廣韻》‘衣’字云：‘姓，出《姓苑》。’而‘依’字不以爲姓，則《國語》之本作‘衣’益明矣。”（《經義述聞》卷廿一“荀　依”條）〇張澍曰：“《山海經》大荒國北‘毛民之國，依姓’，是古有依姓也。蓋衣爲殷姓之後，齊人有之，見鄭康成《礼記》注、高誘《吕氏春秋》注。依則黄帝之後，各不相蒙。豈得曰‘衣’誤爲‘依’乎？《唐書·孝友傳》，梓潼有依政，可證已。”（《養素堂文集》卷十五《與王伯申侍郎書》）〇王紹蘭曰：“衣氏：《中庸》鄭注：‘齊人言“殷”聲如“衣”，虞、夏、商、周氏者多矣。今姓有衣者，殷之胄與？’按黄帝之子已有衣氏，不定是殷之胄，故鄭言‘與’以疑之。”〇覺按：以上本自《國語·晋語四》。姬：相傳黄帝長於姬水，所以姓姬。黄帝之子二十五人，因有德居官而受賜姓者十四人，其中青陽（此“青陽”與下一“青陽”相重，當指玄囂，見《史記·五帝本紀》）、蒼林氏同姓姬，青陽、夷鼓同姓己，所以爲十二姓，見《國語·晋語四》。周族始祖棄也姓姬，與此並非同源。酉：酉氏之祖當居於酉水（即今湘、鄂、川、黔四省接壤處沅江支流酉水），三國時魏有酉牧（見《三國志·魏書·高堂隆傳》），是其後裔。祁：祁氏之祖當居於祁邑（即今山西省祁縣東南之祁城，春秋時爲晋邑）。己：己氏之祖當居於己氏邑（在今山東省曹縣東南，西漢爲己氏縣），春秋時莒國國君即其後裔（見下文）。滕：滕氏之祖當居於滕邑（在今山東省滕州市西南），但西周也有封國滕（見 34.1.4 注〔9〕），其後之滕氏與此不同源。葴（zhēn 針）：葴氏之祖當居於葴山（在今河南省泌陽縣東，見《山海經·中山經·中次一十一山經》）一帶，“葴”字或作“箴”，衛國大夫有箴莊子（見《廣韻·下平聲·二十一侵》“箴”字注引《風俗通》），即其後裔。任：任姓之祖當居於任邑（在今河

北省任縣東），其後姓任者見下文，與35.1之“任”不同源。拘：通“苟”，汪、王之説是也。釐（xī 西）：釐氏之祖當居於釐山（在今河南省洛陽市西南洛河南，見《山海經·中山經·中次四經》）一帶。“釐”與“僖”通，故《國語·晋語四》作“僖”。春秋時曹有僖負羈（見《左傳·僖公二十八年》），即其後裔。姞：見下文。儇：不詳。依：張澍之説是也，依姓的毛民之國見《山海經·大荒北經》，其地約在今河南省淅川縣西南。

〔2〕汪繼培曰：“襄三年《左傳》。按《氏族畧三》以奚爲晋獻侯四世孫。《晋語》韋昭注云：‘晋大夫高梁伯之子。’此以爲黄帝後，蓋誤。下晋公族有祁氏，奚之所自出也。”〇覺按：參見4.4注〔12〕。

〔3〕汪繼培曰：“按文八年《左傳》云：‘穆伯奔莒，從己氏。’隱二年《左傳》疏稱《譜》云：‘莒，嬴姓，少昊之後。’引《世本》：‘莒自紀公以下爲己姓。’是莒本姓嬴，改己，非黄帝之後己姓矣。”〇覺按：莒國爲子爵，所以其國君稱莒子。周武王封兹輿期於莒，建都計斤（見《漢書·地理志上·琅邪郡·計斤》，一作“介根”，在今山東省膠州市西南），春秋初年遷於莒（今山東省莒縣），有今山東省安邱市、諸城市、沂水縣、莒縣、日照市之間地，公元前431年爲楚所滅。莒爲少昊之後，見《漢書·地理志下·城陽國·莒》。《左傳·文公七年》：“穆伯娶于莒，曰戴己。”可見莒爲己姓。《左傳·昭公十七年》“少皞氏鳥名官”杜預注：“少皞，金天氏，黄帝之子，己姓之祖也。”據此，則莒爲少皞之後，己姓，也即黄帝之後的己姓。至於莒氏出於嬴姓，始見於《史記·秦本紀·贊》，而於古史無徵，恐爲太史公據傳聞誤記，或爲周初封莒時所賜之姓。

〔4〕汪繼培曰：“定元年《左傳》‘任奚’作‘奚仲’，‘虺’作‘虺’。‘邳’舊作‘祁’，据《傳》改。”〇覺按：任奚爲夏車正：見1.9注〔3〕。薛：古國名，任姓，祖先爲夏代車正奚仲，周初曾封其後代於薛爲諸侯，故城在今山東省滕州市南官橋鎮至棗莊市薛城區北夏莊村一帶。邳：地名，在今江蘇省邳州市西南古邳鎮。虺：同“虺”（huǐ 悔）。仲虺：又作“中蘬”，奚仲的後代，商湯的左相。參見《左傳·定公元年》。《尚書》有《仲虺之誥》。

〔5〕汪繼培曰：“▲《路史·國名紀一》‘伾’下‘謝’上有‘摯國’，此文‘大任’上疑脱‘摯國’二字。《詩·大明》‘摯仲氏任’，毛傳：‘摯國任姓之中女也。’《周語》‘富辰曰：“昔摯、疇之國也，由大任。”’韋昭注：‘摯、疇二國，任姓，奚仲、仲虺之後。大任，王季之妃，文王之母也。’”〇覺按：王季：周太王古公亶父的少子，故名季。季生姬昌（周文王），有吉兆，所以古公想傳位給昌，於是把季改名爲季歷。“歷”與“適”同義，“適”古通“嫡”，嫡長子有繼位權，所以這是暗示要把君位傳給季歷。於是季歷之兄太伯、仲雍逃避到江南。古公卒，季立，稱爲公季。季卒，昌立，即西伯。後來昌之子武王即位，追尊古公爲太王、公季爲王季。參見《詩經·大雅·大明》《史記·周本紀》《吴越春秋·吴太伯傳》。大任：見34.1.4注〔1〕。

〔6〕汪繼培曰：“隱十一年《左傳》疏云：‘《世本·氏姓篇》云：“任姓，謝、章、薛、舒、吕、祝、終、泉、畢、過。”言此十國皆任姓也。’《路史·後紀五·黄帝紀》‘謝、章’下‘昌’上有舒、洛二國，又《八·高陽紀》注云：‘舒，又自一國，乃黄帝之後任姓，見《潛夫論》。’《國名紀一》同。《國名紀》又云：‘采，紀姓。王（覺按：陳本作“五”，此據汪稿）符以爲任姓，非。’又云：‘遇，宜即番禺。王符作“卑過”，訛。’《後紀五》又云：‘遇，見《潛夫》，或作“過”，非。’今按‘采’即《世本》‘舒’，‘結’即《世本》‘終’。《國名紀》‘結’亦作‘終’，其作‘洛’者誤。洛見《鄭語》，韋昭以爲赤狄隗姓也。昌、吕，卑、畢，遇、過，皆字形相近，傳本各異。惟‘狂大’不載《世本》，《後紀五》、《國名紀

一》並作‘狂犬’，疑即犬戎氏，見下。”○王紹蘭曰：“謝：《姓氏急就篇》注引《世本》：‘謝，任姓，黄帝之後。’遇：作‘過’是也。《姓氏急就篇》引《世本》：‘過氏，任姓，夏諸侯，後爲氏。’”○彭鐸曰：“《姓氏急就篇》亦作‘吕、畢、過’，‘昌、卑、遇’蓋訛。”○覺按：彭説非。謝：一説謝氏爲炎帝之裔，姜姓，周宣王舅受封於謝，後失爵，以國爲氏，見《元和姓纂·卷九·四十禡》。章：一説章氏出於姜姓，相傳齊太公支孫封於鄣，爲紀之附庸國，後爲齊所滅，子孫去掉“鄣”之邑旁爲章氏，見《通志·氏族略二》。昌：《風俗通義·佚文》：“(昌氏)，黄帝子昌意之後。”所以“昌”並非“吕”字之訛。采：當爲“舒”字之壞誤。春秋時有舒國，地在今安徽省舒城縣，見《春秋·僖公三年》，舒氏當即其後。祝：周武王封黄帝之後於祝(見《史記·周本紀》)，在今山東省肥城市東南，祝氏即其後。結：當作“終”，漢代有終軍，見《漢書·終軍傳》。泉：北周有泉企，見《北史》卷六十六。卑：《三國志·魏書·公孫度傳》有將軍卑衍。《元和姓纂·卷二·五支》：“漢有北平太守卑躬，河間人。雁門　後漢太尉掾卑躉。又《魏志》公孫度將有卑術。”據此，則古有卑氏，“卑”並非“畢”字之訛。畢氏爲姬姓(見12.9注〔1〕與35.13)，此爲任姓，故此文斷不可作“畢”。遇：相傳黄帝之子任姓之裔封於遇而以國爲氏，漢代有河内太守遇沖(見《廣韻·去聲·十遇》“遇”字注引《風俗通》)，故“遇”字非“過”之訛。狂大：未詳，疑爲“狂夫”之誤。《周禮·夏官》序官“方相氏”屬官有“狂夫”，狂夫氏或即其後。

〔7〕汪繼培曰：“‘姞’舊作‘台’，▲据宣三年《左傳》改。《説文》云：‘姞，黄帝之後百鯈姓，后稷妃家也。’宣三年《左傳》云：‘姞，吉人也，后稷之元妃也。’百鯈，《傳》作‘伯鯈’。”○覺按：后稷：指棄，見34.1.3注〔1〕。元妃：帝王的嫡妻。

〔8〕汪繼培曰：“昭元年《左傳》云：‘蕃育其子孫。’‘繁’‘蕃’古字通。《御覽》八百廿二引《春秋元命苞》云：‘周先姜嫄履大人跡生后稷。’‘周先’用彼文。”

〔9〕汪繼培曰：“隱五年《左傳》疏引《世本》云：‘燕國，姞姓。’《漢書·地理志·東郡》‘南燕’注云：‘南燕國，姞姓，黄帝後。’王先生云：‘《後漢書·郅惲傳》注引《潛夫論》以“周先姞氏封於燕”爲句。’”○覺按：此文的“燕”，並非14.10注〔1〕中的“燕”，彼燕國爲姬姓，位於北方，爲了與此文之“燕”區别，所以史稱“北燕”(見《史記·燕召公世家》)。此文之燕爲姞姓之國，西周封置，開國君主是伯鯈，相傳爲黄帝後裔，地在今河南省延津縣北。爲了與北方之燕相别，所以稱爲南燕。

〔10〕鄭文公：春秋時鄭國君主，鄭厲公之子，名捷，一作“踕”，公元前672—公元前628年在位。妾：小妻，側室。燕姞：南燕國姞姓之女，故稱燕姞(參見35.0.2注〔1〕)。

〔11〕汪繼培曰：“舊作‘儵’”○覺按：伯儵(chóu仇)：南燕國的始祖。

〔12〕而：爾，你。

〔13〕是：這，指代“蘭”。《左傳·宣公三年》作“蘭”。

〔14〕汪繼培曰：“下脱‘之’字。”○覺按：服：佩帶。《荀子·勸學篇》：“蘭槐之根是爲芷，其漸之滫，君子不近，庶人不服。”可見古人常佩帶蘭草。媚：愛。此文語帶雙關，喻指讓鄭文公御而愛之。《左傳·宣公三年》作“人服媚之如是”，喻意更爲明顯。

〔15〕御：凡君主使用叫“御”。蔡邕《獨斷》卷上：“御者，進也。凡衣服加於身、飲食入於口、妃妾接於寢皆曰御。”

〔16〕幸：君主親臨、寵愛叫“幸”。此與《史記·項羽本紀》“婦女無所幸”的“幸”同義。

〔17〕徵：證明，證驗，以動用法。徵蘭：以蘭爲證，即記住這贈送蘭花的時間，用來驗證自己懷孕的月數。《左傳·宣公三年》“敢徵蘭乎”杜預注：“懼將不見信，故欲計所賜蘭爲懷子月數。”

〔18〕汪繼培曰：“宣三年《左傳》。”〇覺按：穆公：春秋時鄭國君主，鄭文公之子，名蘭，公元前627—公元前606年在位。

〔19〕闞（kàn看）：一説闞氏爲春秋時齊卿闞止之後，見《元和姓纂·卷九·五十四闞》。

〔20〕汪繼培曰：“《詩·都人士》：‘謂之尹、吉。’鄭箋：‘吉，讀爲姞。尹氏、姞氏，周室昏姻之舊姓也。’《▲路史·後紀五、國名紀一》‘尹’並作‘允’，誤。”

〔21〕彭鐸曰：“隱五年《左傳》疏引《世本》：‘燕國，姞姓。’秦嘉謨《世本輯補》據之，謂此‘燕’誤作‘蔡’。又引‘光’作‘先’，謂與‘侁’‘姺’同。復據文六年《左傳》‘杜祁以君故，讓偪姞而上之’杜注：‘偪姞，姞姓之女。’訂‘魯’爲‘偪’。蓋可從。”〇覺按：周武王封弟叔度於蔡，其子胡續封爲蔡仲，子孫以國爲氏（見《元和姓纂·卷八·十四泰》），則“蔡”爲姬姓，故此“蔡”字或爲“燕”字之訛。古有光姓，《廣韻·下平聲·十一唐》“光”字注：“姓，田光之後，秦末，子孫避地，以光爲氏。晋有樂安光逸。”故“光”字非“先”字之誤，秦説不可從。魯爲姬姓，故“魯”字或爲“偪”字之誤。

〔22〕汪繼培曰：“桓十一年《左傳》：‘宋雍氏女於鄭莊公曰雍姞。’杜注：‘雍氏，姞姓。’”

〔23〕彭鐸曰：“《詩·韓弈》傳：‘姞，蹶父姓也。’秦氏據訂‘斷’爲‘蹶’，宜亦可從。”

〔24〕汪繼培曰：“《周語》韋昭注引《世本》云：‘密須，姞姓。’”〇王紹蘭曰：“《氏族略》引《世本》：‘密須氏，商時姞姓之國。’《路史》引《世本》：‘商有密須，文王伐之。’《左氏·定四年傳》‘密須之鼓’是也。”〇覺按：密須原爲商代姞姓之國，後爲周文王所滅，其後以國爲氏，見34.1.4注〔14〕及《世本·氏姓篇》。

〔25〕汪繼培曰：“《漢書·酷吏傳》。”〇覺按：河東：漢代郡名，在今山西省西南部，治所在安邑縣（今山西省夏縣西北禹王城）。郅都：西漢河東郡大陽縣（在今山西省平陸縣西南）人，景帝時任濟南太守，後遷中尉，執法嚴峻，被貴戚、列侯稱爲“蒼鷹”，後得罪竇太后而被斬。見《史記·酷吏列傳》。

〔26〕汪繼培曰：“《後漢書》：‘郅惲，字君章。’”〇覺按：汝南：漢代郡名，在今河南省東南部，西漢時治所在上蔡縣（在今河南省上蔡縣西南），東漢時移治平輿縣（在今河南省平輿縣北）。郅君章：名惲，字君章，東漢初汝南郡西平縣（今河南省西平縣西）人，精通《韓詩》及天文曆數，曾授皇太子《韓詩》，侍講殿中，後遷長沙太守，坐事免歸，病卒。《後漢書》卷二十九有傳。

〔27〕王紹蘭曰：“《國名紀》引《風俗通》：‘郅氏：郅，商時矦國也，見《毛詩》。漢有濟南太守郅都。’按《毛詩》無‘郅’，蓋即‘尹吉’之‘吉’，鄭箋讀爲‘姞’者，是仲遠亦謂‘郅’‘姞’音同，與節信説合。《史記·韓長孺列傳》有‘郅他’，《漢書》省文作‘至它’，師古解爲‘至於他餘所舉’，失之。”〇覺按：王氏所引鄭箋見《詩經·小雅·都人士》，其詩云：“彼君子女，謂之尹、吉。”鄭玄箋：“吉，讀爲姞。尹氏、姞氏，周室昏姻之舊姓也。”“郅”古音屬章母質部，“姞”古音屬見母質部，二字韻同而聲不同。此文説同音，可能是方音。

35.4.1

少暤氏之世衰【1】〔1〕，而九黎亂德〔2〕，顓頊受之，乃命南正重司天以屬神〔3〕，命火正黎司地以屬民〔4〕，使復舊常〔5〕，無相侵瀆【2】，是謂絶地天通●〔6〕。夫黎，顓頊氏裔子吴回也●〔7〕，爲高辛氏火正，淳燿天明地德〔8〕，光四海也，故名“祝融”●〔9〕。後三苗復九黎之德〔10〕，堯繼重、黎之後不忘舊者，羲伯復治之〔11〕，故重、黎氏世序天地〔12〕，别其分主〔13〕，以歷三代，而封於程【3】〔14〕。其在周世，爲宣王大司馬〔15〕，《詩》美【4】〔16〕：“王謂尹氏〔17〕，命程伯休父〔18〕。”其後失守，適晋爲司馬，遷自謂其後●〔19〕。

【校記】

【1】暤：仿宋本、馮本、魁本、程本、邵本、陳本同，四庫本作“皞”。

【2】侵：仿宋本、馮本、魁本、陳本同，程本、四庫本、邵本作“浸”。

【3】於：仿宋本、馮本、魁本、程本、邵本、陳本同，四庫本作“于”。

【4】詩：仿宋本、馮本、魁本、陳本同，程本、四庫本、邵本作“誇”。

【箋注】

〔1〕此下摘録《國語·楚語下》之文而成，可參見《國語》原文。

〔2〕九黎：見34.5.1注〔6〕。

〔3〕南正：古官名，主管上天之事與祭祀天神。《國語·楚語下》“乃命南正重司天以屬神”韋昭注：“南，陽位。正，長也。司，主也。屬，會也。所以會羣神，使各有分序、不相干亂也。《周禮》，則宗伯掌祭祀。”重：見34.5.1注〔7〕。《史記·歷書》“乃命南正重司天以屬神”《索隱》：“案《左傳》，重爲勾芒，木正；黎爲祝融，火正。此言‘南’者，劉氏以爲‘南’字誤，非也。蓋重、黎二人，元是木、火之官，兼司天、地職，而天是陽，南是陽位，故木亦是陽，所以木正爲南正也。”

〔4〕火正：掌管五行之“火”的最高官吏。《漢書·五行志上》：“古之火正，謂火官也，掌祭火星，行火政。……帝嚳則有祝融，堯時有閼伯。”黎：見34.5.1注〔7〕。《史記·歷書》“命火正黎司地以屬民”《集解》：“應劭曰：‘黎，陰官也。火數二。二，地數也，故火正司地以屬萬民。’”

〔5〕常：法典，常規。

〔6〕汪繼培曰：“‘少暤氏’至此，本《楚語》。”〇覺按：《國語·楚語下》“是謂絶地天通”韋昭注：“絶地民與天神相通之道。”

〔7〕汪繼培曰：“按《大戴禮·帝繫篇》：‘顓頊産老童，老童産重黎及吴回。’《史記·楚世家》云：‘帝嚳誅重黎，以其弟吴回爲重黎後，復居火正。’徐廣注引《世本》亦云：‘老童生重黎及吴回。’是吴回與黎非一人。而高誘注《淮南·時則訓》云：‘祝融，顓頊之孫，老童之子吴回也，一名黎，爲高辛氏火正，號爲祝融。’與此同。是古有此説也。”〇覺按：《左傳·昭公二十九年》“有裔子曰董父”杜預注：“裔，遠也，玄孫之後爲裔。”《左傳·昭公二十九年》：“顓頊氏有子曰犂，爲祝融。”《史記·楚世家》：“高陽生稱，

稱生卷章，卷章生重黎。重黎爲帝嚳高辛居火正。”則黎爲顓頊之子或曾孫，此文説“裔子”，蓋不信古代紛紜之説而籠統言之。又，吴回爲重黎之弟，首先被命名爲祝融的是重黎而不是吴回，見《國語・鄭語》《史記・楚世家》。由於吴回與重黎均爲祝融，所以此文將吴回與黎混同爲一人，實誤。此文“吴回”二字宜刪。

〔8〕此文摘録《國語・鄭語》而成。淳燿：大大地彰明，使……非常顯明。《國語・鄭語》“以淳燿敦大”韋昭注：“淳，大也。耀，明也。”天明：《大戴禮記・虞戴德》“明法于天明”《解詁》：“天明，謂天象。”《國語・鄭語》韋昭注：“大明天明，若歷象三辰也。”地德：地的德性，指地理形勢、土質肥磽等等。《左傳・昭公二十五年》：“天地之經，而民實則之。則天之明，因地之性。”與此文之義相似。杜預注：“日月星辰，天之明也。高下剛柔，地之性也。”《國語・鄭語》韋昭注：“厚大地德，若敬授民時也。”可備一説。

〔9〕汪繼培曰：“‘夫黎’以下本《鄭語》。‘顓頊氏’八字，《鄭語》所無，蓋据他書。”○覺按：祝融：見 1.1 注〔11〕。

〔10〕下文取材於《國語・楚語下》。《國語・楚語下》“三苗復九黎之德”韋昭注：“高辛氏衰，三苗爲亂，行其凶德，如九黎之爲也。堯興而誅之。”三苗：又稱有苗，我國古代南方的一個部族。《史記・五帝本紀》：“三苗在江淮荆州，數爲亂。於是舜歸而言於帝……遷三苗於三危以變西戎。”《戰國策・魏策一》：“昔者三苗之居，左彭蠡之波，右有洞庭之水。”可見三苗原在今長江中游洞庭湖與鄱陽湖一帶，堯、舜時被遷於三危（今甘肅省敦煌市東南）。

〔11〕羲伯：史無“羲伯”，疑當作“羲和”。《國語・楚語下》：“堯復育重、黎之後不忘舊者，使復典之。”韋昭注：“堯繼高辛氏，平三苗之亂，紹育重、黎之後，使復典天地之官，羲氏、和氏是也。”《尚書・堯典》：“乃命羲、和，欽若昊天，厤象日月星辰，敬授人時。”皆其證。“羲、和”見 18.3 注〔8〕。

〔12〕序：次序，按次第排列。序天地：即《尚書・堯典》所説的“厤象日月星辰，敬授人時”以及安排四岳巡狩（參見 35.2 注〔1〕）之類。

〔13〕分（fèn 奮）：《國語・楚語下》“而別其分主者也”韋昭注：“分，位也。”即本分、職位的意思。分主：職掌。別其分主：分其職掌，指把他們分別主管的天地之事分開來治理，即《尚書・堯典》所説的羲仲分管仲春時節，羲叔分管仲夏時節，和仲分管仲秋時節，和叔分管仲冬時節；以及分掌四嶽巡狩等等（參見 35.2 注〔1〕）。

〔14〕程：本爲商邑，西周時爲封國，伯爵，地在今陝西省咸陽市東北。

〔15〕大司馬：官名，《周禮・夏官》有大司馬，掌管國家法制，輔佐天子治理各諸侯國。

〔16〕引詩見《詩經・大雅・常武》。

〔17〕尹氏：即太史的別稱，也稱爲内史尹、作册尹，是商末、西周所置太史寮（官署名）的長官，爲三公之一，掌管册命重要官員，其地位僅次於太師。《詩經・大雅・常武》“王謂尹氏”毛傳：“尹氏，掌命卿士。”王國維《觀堂别集・書作册詩尹氏説》：“百官之長皆曰尹，而内史尹、作册尹獨單稱尹氏者，以其位尊而地要也。尹氏之職，掌書王命及制禄命官，與太師同秉國政。”

〔18〕程伯休父：程國之君，名休父，伯爵，故稱程伯。此時被周宣王任命爲大司馬，所以召穆公作此詩提及他。

〔19〕汪繼培曰：“‘三苗’至‘爲司馬’本《楚語》。按《楚語》云：‘其在周，程伯休父其後也。當宣王時，失其官守，而爲司馬氏。’《史記・自序》本之，又云：‘司馬氏世典周史，惠、襄之間，司馬氏去周適晉。’此云‘適晋爲司馬’，蓋誤。《詩》，《常武》詩。”

○覺按:《楚語》所謂“失其官守”，指失去掌管天地的職守，王符大概將它理解爲“丢了官位”(參見35.4.14“其後失守”)，覺得與“爲司馬氏”矛盾，所以改寫如此。但王符此文也可通，“適晉爲司馬”之“司馬”指“司馬氏”，故不可謂誤。遷：司馬遷(公元前145年或公元前135年—約公元前87年)，字子長，西漢夏陽(今陝西省韓城市南)人，司馬談之子。元封三年(公元前108年)繼父職，任太史令。太初元年(公元前104年)開始撰寫《史記》。天漢二年(公元前99年)，李陵出征匈奴兵敗投降，司馬遷爲李陵辯解而觸怒武帝，於天漢三年被處宫刑(閹割之刑)。之後任中書令，發憤著述，於征和二年(公元前91年)寫成《太史公書》(東漢以後稱《史記》)，爲我國第一部紀傳體通史。參見《漢書·司馬遷傳》。遷自謂其後：見《史記·太史公自序》。

35.4.2

祝融之孫，分爲八姓：己、秃、彭、姜、妘、曹、斯、芈●【1】〔1〕。

【校記】

【1】芈：仿宋本、馮本、魁本作“羋”，程本、四庫本、邵本作“莘”，陳本作“芊”，今從仿宋本、馮本、魁本、陳本而用正體字“芈”。

【箋注】

〔1〕汪繼培曰:“《鄭語》‘秃’作‘董’，‘姜’作‘秃’，‘斯’作‘斟’。按《史記·楚世家》《索隱》引《世本》‘斟’亦作‘斯’。董、秃詳下。”○王紹蘭曰:“《鄭語》‘姜’作‘秃’是也，《氏族略》引賈逵云:‘秃，彭姓别族。’《鄭語》‘斯’作‘斟’是也，《姓氏書辨證》引賈逵云:‘斟，曹姓之後也。’”○覺按：此當從《國語·鄭語》(見下文注釋)。以下七節分述七姓而未道及“斯”(斟)姓，是王符之疏漏。

35.4.3

己姓之嗣飂叔安〔1〕，其裔子曰董父〔2〕，實甚好龍，能求其嗜欲以飲食之，龍多歸焉。乃學擾龍〔3〕，以事帝舜。賜姓曰董，氏曰豢龍〔4〕，封諸鬷川〔5〕。鬷夷、彭姓豕韋〔6〕，皆能馴龍者也●〔7〕。豢龍逢以忠諫【1】，桀殺之●〔8〕。凡因●祝融之子孫〔9〕，己姓之班：昆吾、藉、扈、温、董●【2】〔10〕。

【校記】

【1】逢：仿宋本、馮本同，魁本、程本、四庫本、邵本、陳本作“逄”。
【2】藉：仿宋本、馮本、魁本同，程本、四庫本、邵本、陳本作“籍”。

【箋注】

〔1〕此下採自《左傳·昭公二十九年》，可參見。飂：也作“蓼”(見《左傳·桓公

十一年》)，又作"廖"(見《漢書·地理志上·南陽郡·湖陽》)，虞、夏以後國名，己姓，地在今河南省唐河縣南湖陽鎮。又，35.4.15 之"蓼"，非此文之飂國，參見 35.4.15 注〔6〕。飂叔安：飂國國君，己姓，名叔安。《漢書·古今人表》作"廖叔安"。

〔2〕裔：見 35.4.1 注〔7〕。董父：又作董甫，《漢書·古今人表》列爲"上下智人"，事蹟詳下。有人讀至"實"字爲句，以"實"爲董父之名，可備一説。

〔3〕彭鐸曰："《傳》作'乃擾畜龍'，《論衡》同。上文云：'能求其嗜欲以飲食之'，則已無待於學。此蓋因畜、學音近，又涉《傳》下文'劉累學擾龍'而誤。"○覺按："學"字或不誤，因爲上文所説的是喂龍，即畜龍，而此文所學的是馴龍，兩者並不相同。王符大概認爲上文已言喂龍(畜龍)，所以特地將"畜"改爲"學"。擾：馴服。

〔4〕《左傳·昭公二十九年》"氏曰豢龍"杜預注："豢龍，官名。官有世功，則以官氏(覺按:《十三經注疏》本"氏"作"名"，據阮元校勘記訂正)。"則豢龍原爲董氏所任官職，後來成爲氏。

〔5〕朡(zōng 宗)川:《左傳·昭公二十九年》作"鬷川"，是董父的封邑。傳説許州臨潁縣(今河南省臨潁縣)西四十里有豢龍城，即董父的封邑，見《太平寰宇記·卷七·河南道·許州》。一説鬷川在今山東省菏澤市定陶區北。

〔6〕朡夷：虞代人名，是董父的後代，因董父封在朡川而得名，後來成爲氏，見《左傳·昭公二十九年》。豕韋：夏代人名，彭姓，是彭祖(見 35.4.5 注〔2〕)的後裔，因封在豕韋國(一作韋國，在今河南省滑縣東南)而得名。後來成爲氏，又稱爲"韋"，曾爲商初方伯，後被商湯消滅，見 35.5 注〔4〕、《國語·鄭語》及韋昭注、《詩經·商頌·長發》"韋顧既伐"鄭玄箋、《左傳·襄公二十四年、昭公二十九年》及杜預注。《漢書·古今人表》列出"豕韋"和"韋"二人，前者當即本文之"豕韋"，後者即被商湯消滅的"韋"。前人往往將兩者混爲一談，不當。

〔7〕汪繼培曰："'飂叔安'以下，本昭廿九年《左傳》。按《傳》云：'劉累學擾龍於豢龍氏，以事孔甲，賜氏曰御龍，以更豕韋之後。'蓋孔甲以豕韋國封累，非豕韋本能馴龍，而以累代之。此文蓋誤會《傳》意。'朡'《傳》作'鬷'(覺按：陳本作"騣"，今據汪稿)。"

〔8〕汪繼培曰："▲經典皆作'關龍逢'。《荀子·宥坐篇》：'孔子曰："以忠者爲必用耶？關龍逢不見刑乎！"'《韓詩外傳》四：'桀爲酒池，可以運舟，糟邱足以望十里，而牛飲者三千人。關龍逢進諫，桀囚而殺之。'按'關''豢'聲相近。"○覺按：豢龍逢(páng 龐)：古籍中多寫成"關龍逢"，音近相通。傳説是夏代末年的賢臣。夏桀無道，修築的酒池可以行船，壘起的糟丘可以望見十里之外，關龍逢極力勸諫，被桀囚禁殺死。

〔9〕汪繼培初稿注：▲"字誤。"○覺按："因"表示承襲，其文不誤。陳本無此注，是。

〔10〕汪繼培曰："《鄭語》云：'己姓，昆吾、蘇、顧、温、董。'按'藉''蘇'字形相近，往往致誤。《史記·惠景間侯者年表》江陽侯蘇嘉，徐廣曰：'蘇，一作"籍"。'《晋世家》獻侯籍，《索隱》云：'《系本》及譙周皆作"蘇"。'"○覺按：此文誤，當以《國語·鄭語》爲是。昆吾：夏、商之間氏族部落名，己姓。祝融吴回生陸終，陸終的長子名樊，封於昆吾國(在今河南省濮陽縣)，因號昆吾。夏衰，昆吾爲夏伯，遷於舊許(今河南省許昌市)。夏桀時爲商湯所滅。參見《大戴禮記·帝繫》、《史記·楚世家》及"其長一曰昆吾"三家注、《國語·鄭語》及韋昭注、《詩經·商頌·長發》"昆吾夏桀"鄭玄箋。藉：當依《國語·鄭語》作"蘇"。蘇爲商、周時代氏族部落，相傳是昆吾的後代封在蘇而得名，金文作"穌"，又稱有蘇氏，己姓，居今河南省濟源市西。西周初年蘇忿生遷都

於温（今河南省温縣西南），其後也稱爲“温”，公元前650年爲狄所滅。參見《左傳·僖公十年》和《國語·鄭語》韋昭注及35.4.11。扈：見34.4.9注〔2〕。扈國爲姒姓，此當依《國語·鄭語》作“顧”，“顧”與“韋”“昆吾”同見於《詩經·商頌·長發》，爲夏代氏族部落，己姓，相傳也是昆吾的後代，居今山東省鄄城縣東北，後爲商湯所滅。參見《國語·鄭語》及韋昭注。《漢書·古今人表》作“鼓”。温：周代國名，相傳有蘇氏的後代蘇忿生在西周初遷居於温，成爲周王朝畿内之國，地在今河南省温縣西南一帶（見35.4.11注〔2〕），公元前650年爲狄所滅。見《左傳·僖公十年、成公十一年》。又，春秋時晋國大夫郤至食邑於温，因以爲氏，非此文之温氏（見35.11注〔6〕）。董：即董父的後代中封於董邑的别支，其地在今山西省萬榮縣西南榮河鎮東，春秋時爲晋國之邑，《左傳·文公六年》：“陽處父至自温，改蒐于董。”即此。又，周大夫辛有之子到晋國，與籍氏（晋國大夫孫伯黶因主管晋國典籍而爲籍氏）一起董理晋國的典籍而爲董氏，非此文之“董”，參見35.16.3。

35.4.4

秃姓朡夷、豢龍，則夏滅之●〔1〕。

【箋注】

〔1〕汪繼培曰：“《鄭語》‘秃’作‘董’，‘朡’作‘鬷’。”〇彭鐸曰：“此承上八姓言，則作‘秃’是。”〇覺按：彭説誤。此當依從《鄭語》，35.4.2的“秃”，也當作“董”（見35.4.2注〔1〕）。朡夷爲董父之後裔（見35.4.3注〔6〕），豢龍爲董父之氏（見35.4.3），所以此文“秃”爲“董”之誤無疑。蓋“董”誤爲“重”，又訛爲“秃”。則：連詞，表示追述，“早就”的意思。它一般都與句末的“矣”相搭配。《國語·鄭語》在此句句末以及下文“則商滅之”“則周滅之”之後都有“矣”字，此文删之，則語氣未足。

35.4.5

彭●姓彭祖、豕韋、諸稽【1】〔1〕，則商滅之●〔2〕。

【校記】

【1】彭姓：陳本同，仿宋本、馮本、魁本、程本、四庫本、邵本作“祖姓”。

【箋注】

〔1〕汪繼培曰：“舊作‘祖’。”

〔2〕汪繼培曰：“彭姓，舊作‘祖姓’，据《鄭語》改。”〇覺按：彭祖：原爲人名，傳説是顓頊的玄孫陸終的第三個兒子，昆吾（樊）的弟弟，名籛（一作“翦”，二字古同音；又作“籛鏗”）。他是堯、舜時人，因被堯封在大彭（即後世的彭城，在今江蘇省徐州市），爲彭姓的始祖，所以習稱彭祖。其後代便以此爲氏族之名，稱大彭或彭祖氏，商朝時曾爲侯伯，商朝末年被滅。見《大戴禮記·帝繫》及其《解詁》、《史記》之《五帝本紀》“而禹、皋陶、契、后稷、伯夷、夔、龍、倕、益、彭祖自堯時而皆舉用”《索隱》《正義》及《楚世家》“三曰彭祖”三家注、《國語·鄭語》及韋昭注、《楚辭·天問》。本文之“彭祖”爲氏族名。由於該氏族綿延唐、虞、夏、商數代而均稱“彭祖”，於是後世神仙家便穿鑿附

會，以彭祖爲一長壽之人，説他從堯至商末活了七八百歲。此説從戰國以後十分盛行（見《莊子·逍遥遊》及成玄英疏、《荀子·修身篇》及楊倞注、《列仙傳》卷上、《神仙傳》卷一、《搜神記》卷一），其實不合史實。豕韋：此文也爲氏族名，與上文的“豕韋”爲人名不同，見35.4.3注〔6〕。諸稽：是彭祖的後裔，因封在諸稽國（一作諸國，在今山東省諸城市西南）而得名，其後形成一個氏族，成爲氏族名。該氏族滅於商。見《國語·鄭語》及韋昭注。春秋時越國有大夫諸稽郢（見《國語·吳語》），即該氏族中遷於江南者。

35.4.6

姜姓會人，則周滅之●【1】〔1〕。

【校記】

【1】周：陳本同，仿宋本、馮本、魁本、程本、四庫本、邵本無“周”字。

【箋注】

〔1〕汪繼培曰：“舊脱‘周’字。《鄭語》云：‘秃姓舟人，則周滅之。’按《史記·楚世家》云：‘陸終生子六人，四曰會人。’《索隱》引《系本》作‘鄶人’，即下妘姓之會也。此‘會人’蓋‘舟人’之誤。《國名紀六》引《潛夫論》：‘曹有姜姓者。’‘曹’又‘會’之誤。”〇覺按：姜姓會人：當依《國語·鄭語》作“秃姓舟人”。姜姓爲炎帝之後（見35.2），非祝融之後，所以此當爲“秃”。蓋“秃”訛爲“羌”，又訛爲“姜”。秃爲彭祖的别子，後成爲姓，見《國語·鄭語》韋昭注。會人：當作“舟人”。《國語·鄭語》韋昭注：“舟人，國名。”其地於史未詳。我疑此“舟”字通“周”。《周禮·冬官考工記》序官“作舟以行水”鄭玄注：“故書‘舟’作‘周’。”《詩經·小雅·大東》“舟人之子”鄭玄箋：“‘舟’當作‘周’……聲相近故也。”此皆“舟”“周”相通之證。舟地當即後世之周原，在今陝西省岐山縣東北岐山下。此文云“周滅之”，蓋古公自豳南下，滅舟人而改建周國。儒家稱頌古公之德，故諱言之，似乎周原本是一片無人居住區，甚不合情理。“舟人”之“人”當與“《史記·楚世家》”“會人”之“人”、“曹姓”之“姓”相似，因史失其名，故用國名加上“人”字來稱呼。

35.4.7

妘姓之後，封於鄢、會、路、偪陽●〔1〕。鄢取仲任爲妻，貪冒愛悋，蔑賢簡能，是用亡邦●〔2〕。會在河、伊之間，其君驕貪嗇儉，減爵損禄【1】，羣臣卑讓，上下不臨〔3〕。詩人憂之，故作《羔裘》〔4〕，閔其痛悼也〔5〕；《匪風》〔6〕，冀君先教也。會仲不悟〔7〕，重氏伐之〔8〕，上下不能相使，禁罰不行，遂以見亡●〔9〕。路子嬰兒【2】，娶晉成公姊爲夫人【3】，酆舒爲政而虐之。晉伯宗怒，遂伐滅路●〔10〕。荀罃武子伐滅偪陽●【4】〔11〕。

【校記】

【1】滅：仿宋本、馮本、魁本、陳本同，程本、四庫本、邵本作“滅”。

【2】兒：仿宋本、馮本、魁本、四庫本、邵本、陳本同，程本作“見”。

【3】姊：仿宋本、馮本、魁本、程本、何本、四庫本同，邵本、陳本作“姊”。

【4】荀：仿宋本、馮本、程本、四庫本、邵本、陳本同，魁本作“苟”。

【箋注】

〔1〕汪繼培曰：“《鄭語》‘鄢’作‘鄔’，‘會’作‘鄶’。按韋昭注《周語》云：‘隔，妘姓之國。’”〇覺按：鄢：今本《國語·鄭語》作“鄔”，爲“鄢”字之訛。鄢國爲西周封國，在今河南省鄢陵縣西北，後爲鄭國所滅。會（kuài 塊）：也作“鄶”“檜”“儈”，相傳祝融吴回之子陸終的第四個兒子叫求言，妘姓，封於鄶國，稱“會人”，後爲重氏所滅（見下文）。西周時又分封其後代於鄶國，在今河南省新密市東，公元前 769 年爲鄭國所滅。見《史記·楚世家》“四曰會人”三家注、《國語·鄭語》韋昭注。路：又作“潞”，相傳爲求言後裔的封國，妘姓，即西周時赤狄別族，春秋時稱潞氏，在今山西省黎城縣南，公元前 594 年爲晋所滅。參見《國語·鄭語》韋昭注、《春秋·宣公十五年》。又，此“路”爲祝融之後，與炎帝之後的路（見 35.2 注〔22〕）不同。偪陽：一作傅陽，也是求言後裔的封國，妘姓，地在今山東省棗莊市東南，公元前 563 年爲晋所滅。

〔2〕汪繼培曰：“《周語》云：‘隔之亡也，由仲任。’”〇覺按：取：通“娶”。仲任：任姓之國國君的第二個女兒稱仲任，具體事蹟不詳。冒：見 19.3 注〔13〕。愛：與“吝”同義。用：以。

〔3〕臨：統治，管理。

〔4〕《羔裘》：《詩經·檜風》中的一篇，描寫鄶國大夫因勸諫君主無效而離開朝廷後對國君的憂思之情。

〔5〕閔：通“憫”，哀憐，憐憫。其：指“卑讓”離朝後的鄶國“羣臣”。痛悼：傷心，痛苦思念，指《羔裘》中反復吟唱的“豈不爾思，勞心忉忉”，“豈不爾思，我心憂傷”，“豈不爾思，中心是悼”。

〔6〕《匪風》：《詩經·檜風》中的一篇，主要描寫鄶國國君失道後詩人對周王朝治國之道的思慕，希望在周王朝任職的賢臣從西邊（周在檜之西）帶來正確的政治原則。詩中唱道：“顧瞻周道，中心怛兮。”“誰將西歸？懷之好音。”

〔7〕仲：鄶國國君之字。

〔8〕重氏：氏族部落名，南正重（見 35.4.1 注〔3〕）的後代。

〔9〕汪繼培曰：“《鄭語》云：‘濟、洛、河、潁之間，子男之國，虢、鄶爲大。虢叔恃勢，鄶仲恃險，是皆有驕侈怠慢之心，而加之以貪冒。’《逸周書·史記解》云：‘昔有鄶君，嗇儉，減爵損禄，羣臣卑讓，上下不臨，後□小弱，禁罰不行，重氏伐之，鄶君以亡。’按重氏滅鄶，在高辛十六年，見《竹書紀年》，非《鄭語》及《詩》所云也。此合言之，誤。《後紀八·高陽紀》亦誤仍之。《詩·檜風》《釋文》：‘檜，本又作“鄶”。’此說《羔裘》《匪風》，葢本之三家《詩》序。”

〔10〕汪繼培曰：“宣十五年《左傳》。‘路’今作‘潞’，‘成公’作‘景公’，‘虐’作‘殺’，又云：‘虐我伯姬。’‘虐’‘殺’義同。宣十八年《傳》云：‘凡自虐其君曰弑。’”〇覺按：子：《春秋》對夷狄之君的尊稱。《公羊傳·宣公十五年》：“潞何以稱子？潞子之爲善也。”一説“子”爲爵名。嬰兒：潞氏國國君名。晋成公：春秋時晋國君主，晋文公之子、晋襄公之弟，名黑臀，公元前 606—公元前 600 年在位。此文當依《左傳·宣公十五

年》作“晋景公”。晋景公，晋成公之子，名據，公元前599—公元前581年在位。晋滅潞氏在晋景公六年（公元前594年）。酆舒：潞氏的相國。虐：殺。《左傳·宣公十五年》作“酆舒爲政而殺之”。《左傳·昭公十四年》“三言而除三惡”孔穎達疏：“虐是殺害之名。”參見21.8注〔8〕。伯宗：見5.4注〔10〕。據《左傳·宣公十五年》，伯宗堅決主張伐潞，得到了晋景公的同意，於是荀林父出師而滅潞。此文不提及荀林父，易使人誤會爲伯宗滅潞，失之過簡。

〔11〕汪繼培曰：“襄十年《左傳》。”〇覺按：荀罃（？—公元前560年）：姓荀，名罃，字子羽，荀首之子。因荀首封於知（智），所以又以知爲氏，稱知罃、知伯；謚武子，故又稱知武子。滅偪陽時，他爲晋國中軍主帥。參見《國語·晋語七》、《史記·趙世家》“荀蹸言於晋侯曰”《索隱》、《左傳·襄公十年》。

35.4.8

曹姓封於邾●【1】〔1〕；邾顔子之支【2】〔2〕，别爲小邾●〔3〕：皆楚滅之●〔4〕。

【校記】

【1】曹：陳本同，仿宋本、馮本、魁本作“曺”，程本、四庫本作“胄”，邵本作“胄”。

【2】邾：仿宋本、馮本、魁本、陳本同，程本、四庫本、邵本作“隣”。

【箋注】

〔1〕汪繼培曰：“《鄭語》云：‘曹姓：鄒、莒。’‘鄒’‘邾’聲相近。隱元年《左傳》杜注：‘邾，今魯國鄒縣也。’《史記·楚世家》云：‘陸終生子六人，五曰曹姓。’《集解》引《世本》云：‘曹姓者，邾是也。’”〇覺按：陸終第五子名安（見《大戴禮記·帝繫》和《史記·楚世家》“五曰曹姓”《索隱》），姓曹，由於史失其名，所以《史記》以“曹姓”稱之。此“曹”與34.1.4之“曹”（姬姓國）非同源。邾：見26.2注〔9〕。

〔2〕邾顔：邾挾（見26.2注〔9〕）的後代，名夷（一作“夷父”），字顔，謚武，故又稱邾武公（見《廣韻·上平聲·二十七删》“顔”字注），也稱邾婁顔，西周末因亂魯而被周天子所誅，其弟叔術被立爲邾君。見《公羊傳·昭公三十一年》。支：旁支，指支子，即嫡長子以外的兒子。根據封建宗法制度，嫡長子一系爲宗子，繼承父位；其他的兒子爲支子，别封於他處。邾顔的長子爲夏父，後來因叔術讓位而爲邾國國君（見《公羊傳·昭公三十一年》）。此“支”指邾顔之小兒子友（見注〔3〕）。

〔3〕汪繼培曰：“莊五年《左傳》疏引杜《世族譜》云：‘小邾，邾俠之後也。夷父顔有功於周，其子友别封爲附庸，居郳。’又引《世本》注云：‘邾顔别封小子肥於郳，爲小邾子。’是友有二名也。”〇王紹蘭曰：“《公羊昭三十一年傳》‘當邾婁顔之時’，何休注：‘顔公時也。’‘邾顔子’即‘邾婁顔’，其支别爲小邾，故邾與小邾皆曹姓。《左氏襄十一年傳》杜注：‘邾、小邾，曹姓。’疏云‘《世本》文’是也。”〇覺按：汪繼培初稿云：“此文‘隣（覺按：此據程本而誤）顔子之支’疑當作‘邾顔之子友’。”此説雖通，但“支”字其實不誤（見注〔2〕），故其定稿删之。王紹蘭認爲“邾顔子”即“邾婁顔”，誤。“邾顔子”當指邾顔之子（見注〔2〕）。又，友别封爲附庸時，附屬於邾國，未得周室之爵命（參見15.4注〔11〕），不稱“小邾”，所以《春秋·莊公五年》稱友之曾孫爲“郳犂來”。

後來郳犁來跟從齊桓公尊崇周室，於是周天子纔命之爲“小邾子”（始見於《春秋·僖公七年》），成爲諸侯國。之所以稱“小邾”，是因爲它是邾國的别封。其地在今山東省滕州市東，後爲楚所滅。

〔4〕汪繼培曰：“《漢書·地理志》云：‘魯國騶，故邾國，曹姓，二十九世爲楚所滅。’隱元年《左傳》疏引《世族譜》云：‘邾文公遷於繹。桓公以下，春秋後八世，而楚滅之。’《續漢書·郡國志·江夏郡》‘邾縣’劉昭注引《地道記》曰：‘楚滅邾，徙其君此城。’《水經注》卅五《江水篇》：‘又東過邾縣南。’注云：‘楚宣王滅邾，徙居於此。’”〇覺按：楚宣王於公元前369—公元前340年在位，則二邾滅於戰國中期。又，35.4.2共列八姓，曹姓之下有“斯”（當作“斟”），《國語·鄭語》在論述曹姓後云：“斟姓無後。”此文蓋因此而略之，但如此則前後文不能相應，故宜據《國語》補。該“斟”姓爲曹姓之别支，非34.4.6的“斟灌”“斟尋”之類（見《國語》韋昭注）。

35.4.9

羋姓之裔熊嚴【1】〔1〕，成王封之於楚，是謂粥熊，又號粥子●〔2〕。生四人：伯霜、仲雪、叔熊、季紃●〔3〕。紃嗣爲荆子【2】。或封於夔，或封於越●〔4〕。夔子不祀祝融、粥熊，楚伐滅●〔5〕。公族有楚季氏●〔6〕、列宗氏、鬬強氏●〔7〕、良臣氏●【3】〔8〕、耆氏、門氏●〔9〕、侯氏●〔10〕、季融氏●〔11〕、仲熊氏●〔12〕、子季氏●〔13〕、陽氏●〔14〕、無鉤氏●【4】〔15〕、蔿氏●〔16〕、善氏、陽氏●〔17〕、昭氏、景氏●〔18〕、嚴氏〔19〕、嬰齊氏●〔20〕、來氏●〔21〕、來纖氏、即氏、申氏●〔22〕、鈞氏●【5】〔23〕、沈氏●〔24〕、賀氏〔25〕、減氏●【6】〔26〕、吉白氏●〔27〕、伍氏●〔28〕、沈瀸氏、餘推氏、公建氏●〔29〕、子南氏●〔30〕、子庚氏●〔31〕、子午氏●〔32〕、子西氏●【7】〔33〕、王孫、田公氏●〔34〕、舒堅氏●〔35〕、魯陽氏●〔36〕、黑肱氏●【8】〔37〕，皆羋姓也【9】。

【校記】

【1】羋：仿宋本、馮本、魁本、陳本作“芈”，程本、四庫本、邵本作“苇”，今從仿宋本、馮本、魁本、陳本而用正體字“羋”。

【2】荆：陳本同，仿宋本、馮本、魁本、程本、邵本作“刑”，四庫本作“邢”。

【3】良：仿宋本、馮本、魁本、陳本同，程本、四庫本、邵本作“艮”。

【4】鉤：《路史·後紀八》、陳本同，仿宋本、馮本、魁本、程本、四庫本、邵本作“鈎”。

【5】鈞：七本皆作“訡”，據《路史·後紀八》改。

【6】減：仿宋本、馮本、程本、四庫本、邵本同，魁本、陳本作“咸”。

【7】子西：《路史·後紀八》、陳本同，仿宋本、馮本、魁本、程本、四庫本、邵本作“西”。

【8】肱：仿宋本、馮本、魁本、四庫本、陳本同，程本、邵本作“肱”。

【9】芈：仿宋本、馮本、魁本、何本、邵本、陳本作“芊”，程本、四庫本作“芉”，今從仿宋本等而用正體字“芈”。

【箋注】

〔1〕熊嚴：西周時楚國國君，熊氏，名嚴。據《史記・楚世家》，顓頊的玄孫陸終生六個兒子，第六個兒子叫季連，芈姓。周文王時，季連的苗裔叫鬻熊，曾事奉周文王。鬻熊的曾孫熊繹（《史記・三代世表》以繹爲鬻熊之子），因其曾祖有功於周而被周成王封在楚地（見 35.0.2 注〔4〕）。熊繹的玄孫熊渠，生活在周夷王之時。熊渠的小兒子熊延生熊勇與熊嚴。熊嚴繼熊勇之後爲楚君，公元前 837—公元前 828 年在位（參見《史記・十二諸侯年表》）。《漢書・古今人表》説熊嚴是熊勇之子，誤。

〔2〕汪繼培曰：“按《史記・楚世家》，鬻融（覺按：當作“鬻熊”）子事文王，蚤卒，成王封其曾孫熊繹於楚。熊嚴則熊繹六世孫也。此合熊嚴、粥熊爲一人，誤矣。”〇覺按：成王所封的是鬻熊的曾孫熊繹，而非熊嚴，此文誤，見注〔1〕及《漢書・地理志下・楚地》。“成王封之於楚”當改爲“成王封其祖於楚”，方合乎史實，且能與上下文貫通。粥（yù 譽）熊：即“鬻熊”，芈姓，鬻氏，名熊，祝融吴回（顓頊之曾孫）的十二世孫（此據《左傳・僖公二十六年》“夔子不祀祝融與鬻熊”杜預注），相傳爲周文王之師（《史記・周本紀》稱“鬻子”往歸西伯昌），曾著《鬻子》二十二篇，被周封爲楚國的先祖（見《漢書・藝文志・諸子略・道家》）。鬻熊爲熊嚴的祖先（見注〔1〕），此文將兩人混爲一談，誤。

〔3〕汪繼培曰：“《鄭語》▲同。《楚世家》作‘叔堪、季徇’。”〇覺按：此四人爲熊嚴之子。伯霜繼熊嚴立爲國君後稱熊霜，公元前 827—公元前 822 年在位。霜死後，三弟争立，仲雪死，叔熊（此文與《國語・鄭語》同，《史記・楚世家》作“叔堪”，《索隱》：“堪，一作湛。”“熊”“堪”恐怕都是“湛”字之訛，與“霜”“雪”爲類）出逃，季紃（xún 循，此同《國語・鄭語》，《史記・楚世家》作“徇”，音同字通）立爲楚君，即熊紃，公元前 821—公元前 800 年在位。

〔4〕汪繼培曰：“《鄭語》云：‘芊姓夔、越，不足命也。’僖廿六年《左傳》：‘夔子曰：“我先王熊摯有疾，鬼神弗赦，而自竄於夔。”’杜注：‘熊摯，楚嫡子，有疾不得嗣位，故别封爲夔子。’《楚世家》《正義》引宋均《樂緯》注以熊摯爲熊渠嫡嗣。《世家》又云：‘熊渠立少子執疵爲越章王。’此文似以封夔、越者爲伯霜、仲雪諸人。”〇覺按：夔（kuí 逵）：西周時國名，芈姓，在今湖北省秭歸縣。春秋時遷至今秭歸縣東夔沱，公元前 634 年滅於楚。《國語・鄭語》“芈姓蕿（覺按：同“夔”）、越不足命也”韋昭注：“蕿、越，芈姓之别國。楚熊繹六世孫曰熊摯，有惡疾，楚人廢之，立其弟熊延。摯自棄於蕿，其子孫有功，王命爲蕿子。”可見夔原爲楚國的附庸，後爲諸侯國，夔國的先祖是熊渠的長子熊摯。越：春秋時勾踐之越國相傳是夏禹之後（參見 4.5 注〔7〕），是姒姓之國，並非此文之“越”。此“越”指“越章”，爲芈姓之國。據《史記・楚世家》，熊渠始立“少子執疵爲越章王”，與句亶（今湖北省荆州市荆州區）、鄂（今湖北省鄂州市）等“皆在江上楚蠻之地”。其具體地點前人未曾道及。今按《左傳・定公四年》“自豫章與楚夾漢”杜預注：“豫章，漢東、江北地名。”據此，則西周之越章，當即春秋之豫章，其地在今漢水之東、長江之北，即今湖北省漢口附近。它與句亶、鄂均在長江邊，故《史記》稱“江上”。據《史記・楚世家》“少子執疵爲越章王”《正義》，越章王執疵就是後來殺鄂王而自立爲楚君的熊延，其有弑君之行，所以《國語・鄭語》曰：“芈姓蕿、越，不足命也。”

〔5〕汪繼培曰:“僖廿六年《左傳》。‘滅’下當脱‘之’字。”○覺按：祝融、粥熊是楚國的先祖（見注〔1〕〔2〕），夔國國君是其後代，依古代的禮法，應祭之，但夔國國君認爲：其開國的始祖熊摯本來應該繼承楚國君位，因生有惡疾（指聾、啞、跛、傴之類）而失去了楚君的地位，何必再祭楚之先祖？於是楚國於公元前634年將它攻滅。見《左傳·僖公二十六年》。

〔6〕汪繼培曰:“下云:‘楚季者，王子敖之曾孫。’《元和姓纂》引《世本》云:‘楚若敖生楚季，因氏焉。’”

〔7〕汪繼培曰:“《氏族畧五》引《世本》云:‘若敖生鬬強，因氏焉。’”

〔8〕汪繼培曰:“‘良’舊作‘艮’，据《後紀八》改。”○覺按：據汪校，則其所用舊本爲程本，蓋其始校《潛夫論》時用程本，後改用魁本之底本時未加覆覈，故有此校語。

〔9〕汪繼培曰:“《後紀八》有耆門氏。▲按《玉篇》云:‘“鬥”今作“門”。’‘鬥’與‘鬬’通。《通志·氏族畧五》有‘鬪耆氏’。‘耆氏門氏’疑即‘鬪耆氏’之誤。”○彭鐸曰:“此疑當作‘鬬耆氏’。《氏族略四》引《英賢傳》云:‘鬬伯比之孫鬬耆仕晋，因氏焉。’‘鬬’或作‘鬥’，因誤作‘門’，又倒在下。”○覺按:“耆氏門氏”當爲“鬥耆氏”之誤,《路史·後紀八》有“鬬耆”，是其證。

〔10〕汪繼培曰:▲“‘侯’上疑脱‘屈’字，屈侯見《國名紀三》。”

〔11〕汪繼培曰:“《元和姓纂》引《世本》云:‘楚鬬廉生季融，子孫氏焉。’”

〔12〕汪繼培曰:“《後紀八》‘熊’作‘雄’，注云:‘《潛夫論》作“熊”，非。’”○彭鐸曰:“《姓纂·一宋》《氏族略四》並作‘仲熊氏’。”

〔13〕汪繼培曰:“《古今姓氏書辨證》引《世本》云:‘楚公族。’”

〔14〕汪繼培曰:“昭十七年《左傳》:‘楚陽匄爲令尹。’杜注:‘陽匄，穆王曾孫令尹子瑕。’疏引《世本》:‘穆王生王子揚，揚生尹，尹生令尹匄。’按‘揚’蓋‘陽’之誤，匄以王父字爲氏。”○彭鐸曰:“廿七年《傳》有陽匄子陽令終。”

〔15〕汪繼培曰:“鈎，舊作‘鈞’，据《氏族畧三》《後紀八》《廣韻·十虞》‘無’字注改。無鈎即薳章字，見下。”○覺按：見35.4.10注〔2〕。

〔16〕汪繼培曰:“《左傳》亦作‘薳’。《氏族畧三》云:‘薳章食邑於薳，故以命氏。’”○覺按:“薳”（wěi 僞）與“蔿”（wěi 僞）同音相通。《左傳·昭公十一年》“僖子使助薳氏之簉”《釋文》:“薳，爲彼反，本又作蔿。”

〔17〕汪繼培曰:“陽氏已見上，此誤。”○覺按：此“陽”字或爲“揚”字之誤，漢代有揚雄。

〔18〕汪繼培曰:“《離騷序》云:‘三閭之職，掌王族三姓，曰昭、屈、景。’”○覺按：戰國時楚國有昭奚恤、昭睢、昭過、景舍（見《戰國策·楚策一》），昭鼠、昭常、景翠、景鯉（見《戰國策·楚策二》），昭陽（見《戰國策·楚策三》），昭魚、昭蓋（見《戰國策·楚策四》），景差（見《史記·屈原賈生列傳》）。

〔19〕汪繼培曰:“《元和姓纂》云:‘楚莊王支孫以謚爲姓，避明帝諱改爲嚴氏。’”○覺按：明帝指漢明帝劉莊。

〔20〕汪繼培曰:“《氏族畧四》云:‘楚穆王之子公子嬰齊之後。’按公子嬰齊字子重，見《左傳》。”○覺按:“公子嬰齊”見《春秋·成公二年》。《左傳·宣公十一年》“楚左尹子重侵宋”杜預注:“子重，公子嬰齊，莊王弟。”

〔21〕汪繼培曰:“《氏族畧三》引《風俗通》云:‘楚有來英。’”

〔22〕汪繼培曰:“見下。”○覺按：申氏見35.4.10注〔6〕。

〔23〕陳本“鈎”作“訽”，汪繼培曰:“訽,《後紀八》作‘鈎’。按《廣韻·十八諄》

‘鈞’字注引《風俗通》云：‘鈞姓，楚大夫元鈞之後。’《元和姓纂》《氏族畧四》並同。”○覺按：“訡”當爲“鈞”字之誤，今據《路史·後紀八》改。

〔24〕汪繼培曰：“《氏族畧略二》云：‘楚有沈邑。楚莊王之子公子貞封於沈鹿，故爲沈氏。’”

〔25〕姜姓也有賀氏（見35.2注〔37〕），與此不同源。

〔26〕陳本“減”作“咸”，汪繼培曰：“‘咸’疑‘箴’。《元和姓纂》云：‘箴氏，楚大夫箴尹闕克黄之後，子孫以官爲氏。’按箴尹克黄見宣四年《左傳》。”○覺按：汪稿原文及注文“咸”作“減”，蓋據程本；陳本爲其定稿作“咸”，蓋據魁本。無論作“減”或作“咸”，汪繼培均認爲當作“箴”。然漢代有減宣，見《史記·酷吏列傳》《漢書·食貨志下》，顔師古注：“減，姓也，音減省之減。”《漢書·酷吏傳》作“咸宣”，顔師古注：“咸音減省之減。”則“減”爲正字，“咸”爲借字，均非“箴”字之誤，汪説非。

〔27〕汪繼培初稿注曰：▲“‘吉’下疑脱‘氏’字。”○覺按：汪説未必當，録以備考。

〔28〕汪繼培曰：“宣十二年《左傳》楚伍參，杜注：‘伍奢之祖父。’”○覺按：《左傳》還有伍舉（伍參之子，見《襄公二十六年》）、伍奢（伍舉之子，見《昭公二十年》）、伍尚（伍奢之長子，見《昭公二十年》）、伍員（即伍子胥，伍尚之弟，見《昭公三十年》）。

〔29〕汪繼培曰：“▲《氏族畧四》有子建氏。‘公’疑是‘子’。《元和姓纂》有子建氏，楚平王太子建之後。按太子建見昭十九年《左傳》。”○彭鐸曰：“《氏族略四》引《風俗通》有公建氏。”

〔30〕汪繼培曰：“《氏族畧三》云：‘楚莊王之子公子追舒之後爲子南氏。’按公子追舒字子南，見《左傳》。”

〔31〕汪繼培曰：“《氏族畧三》云：‘楚公子午字子庚，其後以王父字爲氏。’按襄十二年《左傳》杜注：‘子庚，莊王子午也。’”

〔32〕汪繼培曰：“《元和姓纂》引《世本》云：‘楚公子午之後。’”

〔33〕汪繼培曰：“舊脱‘子’字，据《後紀八》補。《氏族畧三》云：‘楚公子申字子西之後。’按昭廿六年《左傳》杜注：‘子西，平王之長庶。’”

〔34〕汪繼培曰：“《荀子·非十二子篇》楊倞注引《世本》云：‘楚平王孫有田公它成。’按‘王孫’下疑脱‘氏’字。哀十一年《左傳》云：‘子胥使於齊，屬其子於鮑氏，爲王孫氏。’”○覺按：羋姓之王孫氏並不始於子胥之子。《國語·楚語上》有“王孫啓”，韋昭注：“啓，子元子也。”“子元，楚武王子、文王弟王子善也。”《國語·楚語下》有“王孫勝”，韋昭注：“王孫勝，故平王太子建之子白公勝也。”可見楚王之孫多氏王孫。《左傳·莊公二十八年》有王孫游、王孫喜，爲楚成王時楚將，《左傳·定公五年》有王孫由于、王孫圉、王孫賈，均爲隨從楚昭王而立有大功之臣。由此可見，楚國早已有王孫氏。

〔35〕汪繼培曰：“《元和姓纂》云：‘《潛夫論》：楚公族有舒堅文叔爲大夫。’《氏族畧四》同。按《潛夫論》無‘文叔爲大夫’之文，當别引他書，而傳寫失之。”

〔36〕汪繼培曰：“《楚語》：‘惠王以梁與魯陽文子。’韋昭注：‘文子，平王之孫，司馬子期子魯陽公也。’”

〔37〕汪繼培曰：“《氏族畧四》云：‘楚共王之子公子黑肱之後。’按公子黑肱字子晳，見襄廿七年《左傳》。”

35.4.10

楚季者，王子敖之曾孫也〔1〕。蚠冒生蔿章者【1】，王子無鈎也●【2】〔2〕。令尹孫叔敖者【3】，蔿章之子也●〔3〕。左司馬戌者【4】，莊王之曾孫也●〔4〕。葉公諸梁者，戌之第三弟也●〔5〕。楚大夫申無畏者【5】，又氏文氏●〔6〕。

【校記】

【1】蚠冒生：陳本同，仿宋本、馮本、魁本作“蚠冒主”，程本、邵本作“蚠肙主”，四庫本作“蚡冒主”。

【2】鈎：《元和姓纂·卷二·十虞》引文、陳本同，仿宋本、馮本、魁本、程本、四庫本、邵本作“鈞”。

【3】敖：仿宋本、馮本、魁本、四庫本、陳本同，程本、邵本作“放”。

【4】戌：七本皆作“戍”，據《左傳·昭公十九年》之文改。下一處同。

【5】無：陳本同，仿宋本、馮本、魁本作“旡”，程本、四庫本、邵本作“尢”。

【箋注】

〔1〕王子敖：楚季爲若敖所生（見35.4.9注〔6〕），此文説他是王子敖的曾孫，則王子敖當爲若敖的祖父。據《史記·楚世家》，若敖即熊儀（公元前790—公元前764年在位），是熊紃（見35.4.9注〔3〕）的孫子，則王子敖即熊紃，但《史記·楚世家》不稱熊紃爲王子敖，王符當别有所本。

〔2〕汪繼培曰：“‘蔿章’《左傳》作‘薳章’，‘鈎’舊作‘鈞’。《元和姓纂》引云：‘楚蚠冒生薳章，爲王子無鈎氏。’《氏族畧三》同。《唐書·宰相世系表》云：‘王子蔿章字無鈎。’”〇覺按：蚠冒：“蚠”又作“蚡”“羒”“棼”，即熊眴（shùn 舜），若敖的孫子，其父熊坎死後立爲楚君，號蚡冒，公元前757—公元前741年在位，死後謚厲，又稱楚厲王。見《史記·楚世家》《韓非子·和氏》。蔿章：《左傳·桓公六年》作“薳章”，音同字通，蚡冒次子，字無鈎，因食邑於蔿，故爲蔿氏。蚡冒死後，蚡冒之弟熊通殺蚡冒長子而自立，即楚武王，薳章爲楚國大夫。

〔3〕汪繼培曰：“僖廿七年《左傳》‘蔿賈’杜注：‘孫叔敖之父。’宣十一年《傳》疏引服虔説同。高誘注《吕氏春秋·情欲篇、異寶篇、知分篇》並云‘賈子’，其注《淮南子·氾論訓》則云：‘孫叔敖，楚大夫蔿賈伯盈子。或曰章子也。’以叔敖爲蔿章子，蓋古有此説矣。”〇覺按：令尹：見3.3注〔14〕。孫叔敖：蚡冒卒於公元前741年，其子薳章（蔿章）見於《左傳·桓公六年》（公元前706年），而蔿賈見於《左傳》僖公二十七年（公元前633年）至宣公四年（公元前605年），蔿敖、孫叔敖見於《左傳·宣公十二年》（公元前597年），孫叔敖與蔿章相距一百餘年，故當爲蔿章之孫、蔿賈之子，此文誤。“子”字當作“孫”。《左傳·僖公二十七年》“蔿賈尚幼”杜預注：“蔿賈，伯嬴，孫叔敖之父。”《左傳·宣公十一年》“令尹蔿艾獵城沂”杜預注：“艾獵，孫叔敖也。”《左傳·宣公十二年》既稱“令尹孫叔敖”和“孫叔”，又有“蔿敖爲宰”之文，杜預注：“宰，令尹。蔿敖，孫叔敖。”《吕氏春秋·情欲》“皆以孫叔敖之遇荆莊王爲幸”高誘注：“孫叔敖，楚令尹，薳賈之子也。”據此，則孫叔敖爲蔿賈（“蔿”又作“薳”，音同字通）之子、蔿章之孫、楚蚡冒熊眴之曾孫，當爲楚國之公族，原爲蔿氏，别爲孫氏（蔿章是蚡冒次子，因食邑於蔿，故爲蔿氏；叔敖爲蔿章之孫，故别爲孫氏），字叔，名敖，又名艾獵（一説孫叔敖爲蔿艾獵之弟，也有可能）。他曾爲楚莊王令尹，輔佐莊王在邲大敗晋軍。一説孫叔敖並不是蔿敖，而氏孫，名敖，字叔，是期思（今河南省淮濱縣東南）鄙野之處士而非公族，楚

莊王因虞丘之薦而舉之爲令尹。《孟子·告子下》："孫叔敖舉於海。"《荀子·非相篇》："楚之孫叔敖，期思之鄙人也，突秃長左。"《吕氏春秋·贊能》云："孫叔敖、沈尹莖相與友。叔敖遊於郢三年，聲問不知，修行不聞。……沈尹莖遊於郢五年，荆王欲以爲令尹，沈尹莖辭曰：'期思之鄙人有孫叔敖者，聖人也。王必用之，臣不若也。'荆王於是使人以王輿迎叔敖，以爲令尹，十二年而莊王霸。"《史記·循吏列傳》："孫叔敖者，楚之處士也。虞丘相進之於楚莊王以自代也。三月，爲楚相，施教導民，上下和合，世俗盛美，政緩禁止，吏無姦邪，盜賊不起。……故三得相而不喜，知其材自得之也；三去相而不悔，知非己之罪也。"所以，毛奇齡《經問·九》及《四書索解》也曾力辨之，認爲孫叔敖乃期思之處士，而非楚國之公族蔿氏，並認爲孫叔敖、蔿敖、蔿艾獵爲三人。但從資料的可靠程度着眼，當以時代較早的史書《左傳》爲正。其他古書所載，大多爲戰國以後之諸子説議，而《史記》所記也衹是採摭舊説而成，故不足以否定《左傳》所記。至於所謂"期思之鄙人"，很可能是因爲孫叔敖之後代居住在封地寢丘（在期思之北）而不再爲官，後世因附會而成其説。

〔4〕汪繼培曰："昭十九年《左傳》沈尹戍，杜注：'莊王曾孫，葉公諸梁父也。'廿七年《傳》稱左司馬沈尹戍。"〇覺按：左司馬：春秋戰國時楚國等所置的官名，爲大司馬之佐，協助大司馬掌管軍務。戌：原作"戍"，《左傳·昭公十九年》作"戌"，《釋文》云："戌，音恤。"今據改。下同。戌是其名，他曾任楚國沈縣（在今安徽省臨泉縣）的官長，春秋時楚國官長多稱尹，所以史稱"沈尹戌"（見《左傳·昭公十九年》）。他在楚昭王時任左司馬，所以又稱"左司馬戌"（見《左傳·昭公三十一年》）。他是楚莊王的曾孫，葉公諸梁的父親，公元前 506 年在與吴國作戰時身亡（見《左傳·定公四年》）。《左傳·昭公十九年》"沈尹戌曰"杜預注："戌，莊王曾孫，葉公諸梁父也。"但《吕氏春秋·慎行》"沈尹戍（覺按：當作"戌"，下同）謂令尹曰"高誘注云："沈尹戍，莊王之孫，沈諸梁葉公子高之父也。"其説不同，當以王符、杜預之説爲是。

〔5〕汪繼培曰："'弟'當作'子'。《元和姓纂》引《風俗通》云：'楚沈尹戍生諸梁，食采於葉，因氏焉。'《吕氏春秋·慎行論》高誘注、定五年《左傳》杜注、《楚語》韋昭注並以諸梁爲戍之子。哀十九年《傳》稱沈諸梁。"〇覺按：戌之事蹟載於《左傳》之昭公十九年（公元前 523 年）至定公四年（公元前 506 年），諸梁之事蹟見於《左傳》之定公五年（公元前 505 年）至哀公十九年（公元前 476 年），則諸梁必爲沈尹戌之子而非其弟。王符雜採異聞，不當。諸梁爲楚國大夫，姓沈，名諸梁，字子高，食邑於葉（今河南省葉縣西南）。楚國國君僭稱"王"，其大夫僭稱"公"，所以稱"葉公諸梁"（見《左傳·定公五年》）。參見《荀子·非相篇》"葉公子高"楊倞注、《莊子·人間世》"葉公子高將使於齊"成玄英疏及《釋文》。

〔6〕汪繼培曰："文十年《左傳》'文之無畏'，宣十四年《傳》稱'申舟'。▲舟，無畏名也，盖氏文而爲申公。"〇覺按：申無畏：楚國大夫，名無畏，字子舟，食邑於申（在今河南省南陽市，春秋時楚文王滅申國而於此置申縣），故稱"申無畏"，也稱"申舟"（見《左傳·宣公十四年》）或"子舟"（見《左傳·文公十年》）。相傳他是楚文王的後代，以文王之謚號"文"爲氏，所以又稱"文無畏"（見《吕氏春秋·行論》《淮南子·主術訓》）或"文之無畏"（見《左傳·文公十年》，"之"爲語助詞）。其事蹟見《左傳》文公十年至宣公十四年。汪繼培初稿以"舟"爲無畏之名，誤。《左傳·文公十年》"子舟曰"杜預注："子舟，無畏字。"

35.4.11

初，紂伐有蘇【1】，有蘇氏以妲己女而亡殷●〔1〕。周武王時，有蘇忿生爲司寇而封温●〔2〕。其後，洛邑有蘇秦●〔3〕。

【校記】

【1】伐有蘇：七本皆無此三字，據《國語・晋語一》之文補。

【箋注】

〔1〕陳本無“伐有蘇”三字，汪繼培曰：“文有脱誤。《晋語▲一》：‘史蘇曰：“殷辛伐有蘇，有蘇氏以妲己女焉。妲己有寵，於是乎與膠鬲比而亡殷。”’韋昭注：‘有蘇，己姓之國。’按此即上文昆吾之後籍國也。”〇覺按：“紂”下脱“伐有蘇”三字，今據《國語・晋語一》補。根據文意，此節當緊接在35.4.3一節的末尾，是對其末句中“蘇”（今訛爲“藉”）的補充説明。有蘇氏：見35.4.3注〔10〕。

〔2〕汪繼培曰：“成十一年《左傳》。”〇覺按：蘇忿生：西周初年有蘇氏的國君，己姓，都於温（今河南省温縣西南），周武王時爲周王朝司寇，稱爲“司寇蘇公”。周王朝曾將温、原一帶十二邑（在今河南省濟源市、孟州市至獲嘉縣、武陟縣一帶）封給了他。參見《左傳・隱公十一年、成公十一年》及杜預注、《尚書・立政》。司寇：見34.4.1注〔22〕。

〔3〕汪繼培曰：“《史記》云：‘蘇秦者，東周雒陽人。’《索隱》云：‘蓋蘇忿生之後，己姓也。’”〇覺按：洛邑：一作雒邑，在今河南省洛陽市東北白馬寺東。

35.4.12

高陽氏之世有才子八人：蒼舒、隤凱、擣戭、大臨、尨降、庭堅、仲容、叔達【1】。天下之人謂之“八凱”●〔1〕。後嗣有皐陶，事舜。舜曰：“皐陶！蠻夷滑夏，寇賊姦宄，女作士●【2】〔2〕！”其子伯翳〔3〕，能議百物以佐舜、禹●【3】〔4〕，擾馴鳥獸，舜賜姓嬴●【4】〔5〕。

【校記】

【1】凱擣戭大臨尨：仿宋本、馮本、魁本、陳本同，程本、邵本作“凱擣戭大臨龍”，四庫本作“敳檮戭大臨尨”。

【2】女：仿宋本、馮本、魁本、程本、邵本、陳本同，四庫本作“汝”。

【3】物：七本皆作“姓”，據《國語・鄭語》之文改。

【4】嬴：四庫本、陳本同，仿宋本作“羸”，魁本、程本、邵本作“羸”，馮本作“羸”。

【箋注】

〔1〕汪繼培曰：“注見《五德志》。”〇覺按：見34.5.1注〔11〕〔13〕。

〔2〕汪繼培曰："《書·堯典》。'滑'今作'猾'。錢宫詹云：'《説文》無"猾"字。《史記·酷吏傳》"滑賊任威"，《漢書》亦作"猾"。葢篆體從水從犬之字，偏旁相涉而誤。'繼培按：▲本書猾亂字亦从犬，《敍録》作'猾夏'。"○覺按：舜的話今在《尚書·舜典》（參見7.2注〔15〕）。蠻夷：泛指少數民族。滑（gǔ古）：通"淈"。《國語·周語下》"而滑夫二川之神"韋昭注："滑，亂也。"本書36.22及今本《尚書·舜典》作"猾"，與"滑"通。夏：華夏，指中國。寇：結夥搶劫。賊：殺人。姦宄（guǐ軌）：犯法作亂。《國語·晋語六》："亂在内爲宄，在外爲姦。"士：官名，掌管刑獄的最高長官。

〔3〕伯翳：見17.1.2注〔3〕。他爲皐陶之子的説法可參見《詩經·秦譜》。

〔4〕陳本"物"作"姓"，汪繼培曰："'姓'當作'物'。《鄭語》云：'伯翳能議百物以佐舜。'"○覺按：汪説是，今據《國語·鄭語》將"姓"改爲"物"。《國語·鄭語》"伯翳能議百物以佐舜者也"韋昭注："百物，草木鳥獸。議，使各得其宜。"《廣雅·釋詁四》："議，謀也。"

〔5〕汪繼培曰："《史記·秦本紀》云：'大費佐舜，調馴鳥獸，鳥獸多馴服，是爲柏翳，舜賜姓嬴氏。''柏'與'伯'通。"○覺按：擾：馴服。擾馴鳥獸：相傳伯翳"能知禽獸之言"（見《詩經·秦譜》），通"鳥語"（見《後漢書·蔡邕列傳·釋誨》）。

35.4.13

後有仲衍●〔1〕，鳥體人元●【1】〔2〕，爲夏帝大戊御●〔3〕。嗣及費仲，生惡來、季勝●〔4〕。武王伐紂，并殺惡來●〔5〕。

【校記】

【1】元：仿宋本、馮本、魁本、程本、何本、四庫本同，邵本、陳本作"言"。

【箋注】

〔1〕汪繼培曰："《秦紀》'仲'作'中'。"○覺按：仲衍：一作"中衍"，是伯翳的後代，孟戲之弟。《史記·秦本紀》説伯翳生大廉與若木，孟戲、中衍是大廉的玄孫，不可從，因爲伯翳生活在舜、禹之時，中衍生活在大戊之時，禹至大戊相距約六百年，如果伯翳至中衍爲五代，則不可能長達六百年。此文説"後"，雖籠統，卻正確。

〔2〕汪繼培改"元"爲"言"曰："舊作'元'，据《紀》改。《趙世家》又云：'人面鳥噣。'"○覺按：汪改非，因爲《史記·秦本紀》作"鳥身人言"並不當，《史記·趙世家》説"人面鳥噣"，可證此文不當爲動詞"言"而應該爲名詞，則作"人元"不誤。元：頭。

〔3〕汪繼培曰："'夏'當作'殷'。《秦紀》云：'帝大戊聞而卜之使御，吉，遂致使御。'《趙世家》云：'降佐殷帝大戊。'"○覺按：大（tài太）戊是湯建立商王朝後第九個君主，帝太庚之少子，帝小甲、雍己之弟。他任用伊陟（伊尹之子）、巫咸治國，商朝得以復興，所以史稱殷中宗。見《史記·殷本紀》。

〔4〕汪繼培曰："按《秦紀》，仲衍玄孫中潏生蜚廉，蜚廉生惡來、季勝。費仲乃費氏費昌之後，出柏翳子若木。中衍則柏翳子大廉玄孫鳥俗氏也。"○覺按：費仲：一作"費中"，費昌的後代，費氏，名仲，商紂王的執政大臣，善於阿諛奉迎而好利，結果在牧野（今河南省淇縣以南、衛輝市以北地區）被周武王擒獲殺死。見《史記·殷本紀》《墨子·明鬼下》《説苑·雜言》。又，此文之"費仲"當作"蜚廉"，因爲據《史記》的《秦

本紀》《趙世家》及注，伯翳生二子，一爲大廉，爲鳥俗氏；二爲若木，爲費氏。大廉的玄孫叫孟戲、中衍，中衍的後代蜚廉生惡來、季勝。若木的玄孫叫費昌，費仲是費昌的後代。此文將費仲當作仲衍的後代與惡來、季勝的父親，誤。惡來：見 4.1 注〔5〕。季勝：蜚廉之子，惡來之弟，是趙國的先祖，見《史記·趙世家》。

〔5〕汪繼培曰:"《秦紀》。"

35.4.14

季勝之後有造父〔1〕，以善御事周穆王〔2〕。穆王游西海【1】〔3〕，忘歸，於是徐偃作亂【2】〔4〕，造父御，一日千里●以征之〔5〕。王封造父於趙城〔6〕，因以爲氏。其後失守，至於趙夙〔7〕，仕晋卿大夫〔8〕，十一世而爲列侯〔9〕，五世而爲武靈王〔10〕，五世亡趙●〔11〕。恭叔氏、邯鄲氏●〔12〕、訾辱氏、嬰齊氏、樓季氏●〔13〕、盧氏、原氏●〔14〕，皆趙嬴姓也。

【校記】

【1】游：仿宋本、馮本、魁本、程本、四庫本、邵本同，陳本作“遊”。

【2】徐偃：仿宋本、馮本、四庫本、陳本同，魁本作“徐匽”，程本作“徐媛”，邵本作“徐嫗”。

【箋注】

〔1〕造父：見 1.6 注〔1〕。

〔2〕周穆王：西周天子，姓姬，名滿，周昭王之子。他即位時已五十歲，在位五十五年，曾西擊犬戎，東征徐戎。其事蹟可參見《國語·周語上》及《史記》的《周本紀》《秦本紀》等。傳説《尚書》中的《君牙》《冏命》《吕刑》是他的誥命。相傳他曾周遊天下，《穆天子傳》詳細演述他征伐犬戎，西會西王母於瑶池以及東行會見諸侯等事，可參見。

〔3〕西海：西方極遠之處。此指今甘肅省酒泉市南祁連山。《荀子·王制篇》“北海則有走馬吠犬焉”楊倞注:“海，謂荒晦絶遠之地，不必至海水也。”《史記·秦本紀》:“(周繆王)西巡狩，樂而忘歸。”《集解》:“郭璞曰:‘《紀年》云：穆王十七年，西征於崑崙丘，見西王母。’”《正義》:“《括地志》云:‘崑崙山在肅州酒泉縣南八十里。’《十六國春秋》:‘……酒泉南山，即崑崙之丘也。周穆王見西王母，樂而忘歸，即謂此。有石室，王母堂，珠璣樓，嚴飾焕若神宫。’按肅州在京西北二千九百六十里，即小崑崙也，非河源出處者。”

〔4〕徐：古國名，嬴姓（見《世本·氏姓篇》），相傳伯翳生若木，夏封之於徐，三十二世而至偃王，當周穆王時。徐偃王率九夷抗周，攻至黄河沿岸，周穆王令楚出兵打敗徐偃王，封徐偃王子宗爲徐子。其地處今安徽省泗縣一帶，佔有今江蘇省洪澤湖、淮河中下游及安徽省東北部地區。據《韓非子·五蠹》，徐國疆域曾一度擴展到漢東一帶。公元前 512 年，徐國爲吴國所滅（見《春秋·昭公三十年》）。徐偃：即徐偃王，《漢書·古今人表》作“徐隱王”，名誕，周代徐國國君。關於徐偃王的年代，古籍上的記載不盡相同，或以爲是周穆王時人（見《竹書紀年》卷下及《史記·秦本紀》《漢書·古今人表》），

或以爲是楚文王（即熊貲，公元前689—公元前677年在位，上距周穆王有二三百年）時人（見《韓非子·五蠹》），當以前説爲準。相傳他以仁義治國，江淮間三十六個諸侯國都服從他。周王令楚伐之，他敗走彭城武原縣（在今江蘇省邳州市西北）東山下，死其處。參見《水經注·卷八·濟水》。

〔5〕汪繼培曰："《意林》作'造父主御，日行千里'。▲《列子·周穆王篇》：'主車則造父爲御。'"

〔6〕趙城：在今山西省洪洞縣北趙城。

〔7〕趙夙：造父十二世孫。晉獻公十六年（公元前661年），設置二軍，獻公統帥上軍，趙夙爲獻公駕車，滅耿國（在今山西省河津市東南）、魏國，獻公將耿國賜給趙夙，以爲大夫。見《左傳·閔公元年》。

〔8〕仕：做官。卿：是君主之下的高級長官，比大夫要高一等。趙夙爲晉國大夫（見注〔7〕），此文之"卿"，爲連類而及之詞。參見12.3注〔18〕。

〔9〕十一世：據《史記·趙世家》，十一世爲：趙夙→共孟→趙衰→趙盾→趙朔→趙武→景叔→趙鞅（趙簡子）→趙毋卹（趙襄子）→趙浣（趙獻子）→趙籍（趙烈侯）。但據《左傳》，趙夙於閔公元年（公元前661年）爲晉獻公御戎，而趙衰於僖公五年（公元前655年）跟隨重耳出奔（見《左傳·僖公二十三年》），並卒於魯文公五年（公元前622年），兩者相距不遠，所以趙衰恐非趙夙之孫。《史記·趙世家》"共孟生趙衰"《索隱》引《世本》説趙衰爲趙夙之子，似較合理。據此，則僅爲十世。至於《國語·晉語四》説趙衰是趙夙之弟，《左傳·閔公元年》"趙夙御戎"杜預注從之，顯然不當。列侯：即"烈侯"。古"列""烈"相通。《漢書·古今人表》之韓烈侯，就是《史記·六國年表》之"韓列侯"，此"列""烈"相通之證。又35.12"十世而爲韓武侯"、35.13"九世爲魏文侯"與此文句式一致，可知此"列侯"當與"武靈王"一樣，是專有名詞。彭鐸理解爲一般名詞而不加專名號，誤。趙烈侯，戰國時趙國君主，名籍，公元前408～公元前400年在位。周威烈王二十三年（即趙烈侯六年，公元前403年），周天子命（即承認）趙籍爲諸侯，於是又追尊獻子爲獻侯，但趙國正式稱侯的是烈侯，所以此文稱之。見《史記》之《六國年表》《趙世家》。

〔10〕五世：即趙烈侯弟武公→趙烈侯子趙敬侯→趙成侯→趙肅侯→趙武靈王。見《史記·趙世家》。武靈王：見20.3注〔11〕。

〔11〕汪繼培曰："以上本《趙世家》。《漢書·地理志》云：'自趙夙後九世稱侯，四世敬侯徙都邯鄲，至曾孫武靈王稱王，五世爲秦所滅。'"〇覺按：五世：即趙武靈王之子趙惠文王→趙孝成王→趙悼襄王→趙幽繆王→趙代王。亡趙：趙從趙烈侯時始被周天子承認爲諸侯國，建都晉陽（今山西省太原市西南）。公元前386年，趙敬侯遷都邯鄲（今河北省邯鄲市西南）。公元前228年秦破趙入邯鄲，俘趙幽繆王。公子嘉自立爲代王，公元前222年秦俘嘉，趙亡。見《史記·趙世家》。

〔12〕汪繼培曰："文十二年《左傳》疏云：'趙穿别爲邯鄲氏，趙旃、趙勝、邯鄲午是其後。'按定十三年《傳》晉邯鄲午，杜注：'午别封邯鄲。'《魯語》：'與邯鄲勝擊齊之左。'韋昭注：'邯鄲勝，晉大夫趙旃之子須子勝也，食采邯鄲。'"〇覺按：趙穿爲趙盾堂弟，食邑邯鄲，因以爲氏。

〔13〕汪繼培曰："《氏族畧四》云：'樓季氏，《潛夫論》："晉穆侯庶子樓季之後。"'《古今姓氏書辨證》引同，而駁之云：'謹按：晉趙衰少子嬰齊謂之樓季，而穆侯之後無聞，豈節信討論未審乎？'今按節信本書正列樓季於趙宗，並未云出穆侯。鄧氏不檢原文而妄訾

之，《吕氏春秋·當務篇》所謂‘辨若此，不如無辨’也。”〇覺按：汪稿引《氏族畧四》“樓季氏”作“樓季氏，姬姓”，乃據《氏族畧四》原文，蓋因“姬姓”與此文所謂“嬴姓”不符，故定稿時删之。

〔14〕汪繼培曰：“僖廿四年《左傳》云：‘文公妻趙衰，生原同、屏括、樓嬰。’杜注：‘原、屏、樓，三子食邑。’按宣十二年《傳》稱趙同、趙括、趙嬰齊。”〇彭鐸曰：“秦嘉謨據《左傳》改‘盧氏’爲‘屏氏’。”〇覺按：秦改可從。盧氏見35.2注〔38〕。

35.4.15

惡來後有非子〔1〕，以善畜，周孝王封之於秦【1】。世地理以爲西陲大夫，汧秦亭是也●【2】〔2〕。其後列於諸侯，五世而稱王●【3】〔3〕，六世而始皇——生於邯鄲〔4〕，故曰趙政●〔5〕。及梁、葛、江、黄、徐、莒、蓼、六、英，皆皐陶之後也●【4】〔6〕。鍾離、運掩、菟裘、尋梁、脩魚、白冥、飛廉、密如、東灌、良時、白巴、公巴、公巴、郯、復、蒲【5】，皆嬴姓也●〔7〕。

【校記】

【1】王：陳本同，仿宋本、馮本、魁本、程本、四庫本、邵本無“王”字。

【2】亭：陳本同，仿宋本、馮本、魁本、程本作“高”，四庫本、邵本作“高”。

【3】五：馮本、程本、四庫本、邵本同，仿宋本、魁本作“■”，抄補本空一字，陳本作“□”。

【4】皐：仿宋本、馮本、邵本、陳本同，魁本作“臯”，程本、何本、四庫本作“皇”。

【5】脩：仿宋本、馮本、魁本、程本、四庫本、邵本同，陳本作“修”。良：仿宋本、馮本、魁本、陳本同，程本、四庫本、邵本作“梁”。郯：仿宋本、馮本、魁本、陳本同，程本、四庫本、邵本作“剡”。

【箋注】

〔1〕非子：惡來玄孫大駱的兒子，居於犬丘（今陝西省興平市東南），因善於養馬和畜牧而被周孝王封於秦（又稱秦亭，見注〔2〕），爲附庸，號秦嬴。見《史記·秦本紀》。

〔2〕汪繼培曰：“舊脱‘王’字，‘亭’作‘高’。按《秦紀》云：‘非子好馬及畜，善養息之。周孝王召使主馬於汧、渭之間，馬大蕃息，分土爲附庸，邑之秦。’▲徐廣曰：‘今天水隴西縣秦亭也。’《地理志》云：‘今隴西秦亭秦谷是也。’《紀》又云：‘秦仲死於戎，有子五人，其長者曰莊公。周宣王乃召莊公昆弟五人，與兵七千人，使伐西戎，破之。於是復予秦仲後及其先大駱地犬丘（覺按：陳本作“邱”，此依汪稿）并有之，爲西垂大夫。’《正義》引《括地志》云：‘秦州上邽縣西南九十里漢隴西郡西縣是也。’此云非子爲西陲大夫，蓋誤。‘世地理’三字未詳，上下疑有脱文。”〇覺按：周孝王：西周天子，周共王弟，名辟方。周懿王死後他立爲天子。見《史記·周本紀》。世：《戰國策·秦策五》“澤可以遺世”高誘注：“世，後世也。”此指非子的玄孫莊公。據《史記·秦本紀》，非子的玄孫莊公被周宣王任爲西陲大夫。地理：山川土地的環境形勢，此指地理位置。地理以爲西陲大夫：即“以地理爲西陲大夫”。由於秦邑在周王朝的西部邊陲地帶，宣王根據其地理位

置而命之爲西陲大夫，所以此文説“地理以爲西陲大夫”。汪繼培認爲“世地理”上下有脱文，可備一説。汧（qiān 千）：汧水，即今陝西省西部渭河支流千河，源出甘肅省六盤山南麓（古秦亭之東），流經陝西省隴縣、千陽縣注入渭河。秦亭：即秦邑，在今甘肅省張家川回族自治縣東。

〔3〕陳本“五”作“□”，汪繼培曰：“按《漢書·地理志》云：‘莊公破西戎有其地，子襄公時，幽王爲犬戎所敗，平王東遷雒邑，襄公將兵救周有功，賜受郊、酆之地，列爲諸侯。後八世，穆公稱伯，以河爲竟。十餘世，孝公用商君，制轅田，開仟伯，東雄諸侯。子惠公初稱王，得上郡、西河。孫昭王開巴、蜀，滅周，取九鼎。昭王曾孫政，并六國，稱皇帝。’空格程本作‘五’字，誤。”〇覺按：其後：指秦襄公。據《史記》之《秦本紀》及《十二諸侯年表》，公元前 771 年，秦莊公之子秦襄公帶兵救周，護送周平王東遷雒邑，因有功而被平王封爲諸侯，受賜岐山以西的土地。五世：據《史記》之《十二諸侯年表》及《六國年表》，從秦襄公列爲諸侯到秦惠文君稱王，其間之世系爲：秦襄公→秦文公→秦寧公→秦出公→秦武公→秦德公（武公弟）→秦宣公→秦成公→秦穆公→秦康公→秦共公→秦桓公→秦景公→秦哀公→秦惠公→秦悼公→秦厲共公→秦躁公→秦懷公→秦靈公→秦簡公（靈公季父）→秦惠公→秦出子→秦獻公（靈公子）→秦孝公→秦惠文王。前後共二十五世，所以此文“五”字上當補“二十”二字。

〔4〕六世：據《史記·六國年表》，秦惠文王以後的世系爲：秦惠文王→秦武王→秦昭王→秦孝文王→秦莊襄王→秦始皇。始皇：見 10.7 注〔21〕。邯鄲：戰國時趙國都城，在今河北省邯鄲市西南。生於邯鄲：是“始皇”的注釋語。前人都將此句讀爲“六世而始皇生於邯鄲”，誤，因爲從秦惠文王到始皇出生並没有六世。《史記·秦始皇本紀》云：“秦始皇帝者，秦莊襄王子也。莊襄王爲秦質子於趙，見吕不韋姬，悦而取之，生始皇——以秦昭王四十八年正月生於邯鄲，及生，名爲政，姓趙氏。”可證此句不當連讀。

〔5〕汪繼培曰：“《史記·秦始皇紀》。▲《淮南子·人間訓》高誘注云：‘始皇生于趙，故名趙政。’”〇覺按：趙政：始皇生於趙國，故以趙爲氏；生於正月，故名政（古“正”“政”音同相通，後來爲避始皇之諱，纔讀正月之“正”爲 zhēng）。參見《史記·秦始皇本紀》“名爲政”《正義》。

〔6〕汪繼培曰：“並見《左傳》。英，《傳》稱英氏。”〇覺按：梁：周代諸侯國，《國語·晉語二》“夷吾逃于梁”韋昭注：“梁，嬴姓之國，伯爵也。”故《左傳·桓公九年》稱其君爲“梁伯”。《左傳·僖公十七年》載梁伯之女爲“梁嬴”，可見爲嬴姓。公元前 641 年爲秦穆公所滅（見《左傳·僖公十九年》）。秦改稱爲少梁，秦惠文君十一年（公元前 327 年）又改稱爲夏陽。其地在今陝西省韓城市南之少梁城。葛：周代附庸國，在今河南省寧陵縣東北（參見《春秋·桓公十五年》“邾人、牟人、葛人來朝”杜預注）。《左傳·僖公十七年》載“葛嬴生昭公”，可知葛國爲嬴姓之國。江：周代國名，嬴姓。《史記·陳杞世家》“江、黄、胡、沈之屬”《索隱》：“《系本》：‘江、黄二國，並嬴姓。’”其地在今河南省正陽縣西南，公元前 623 年爲楚所滅（見《春秋·文公四年》）。黄：周代國名，嬴姓（見《世本·氏姓篇》），在今河南省潢川縣西北，公元前 648 年爲楚所滅（見《春秋·僖公十二年》）。其故城至今猶存遺址，附近曾多次發現黄國文物。徐：見 35.4.14 注〔4〕。莒：見 35.3 注〔3〕。蓼：夏至春秋時封國，爲皋陶之後，偃姓，《史記·陳杞世家》“或封英、六”《索隱》：“蓼、六皆咎繇之後，據《系本》，二國皆偃姓。”其地在今河南省固始縣東北蓼城岡，公元前 622 年爲楚所滅，見《左傳·文公五年》《史記·楚世家》。六：夏至春秋時封國，偃姓（見《世本·氏姓篇》），皋陶之後，《史記·夏本紀》：“帝禹立而舉皋陶，薦

之，且授政焉，而皋陶卒，封皋陶之後於英、六。”其地在今安徽省六安市北，公元前 622 年滅於楚（見《左傳·文公五年》）。英：夏至春秋時封國，爲夏禹所封，皋陶之後，偃姓，在今安徽省金寨縣東南，一説在今湖北省英山縣東北，春秋時又稱英氏（見《春秋·僖公十七年》）。據《史記·楚世家》，英國於楚成王二十六年（公元前 646 年）爲楚所滅，但據《春秋》，英氏至魯僖公十七年（公元前 643 年）尚存。《史記》所記恐誤。

〔7〕汪繼培曰:“《秦紀·論》云:‘秦之先爲嬴姓。其後分封，以國爲姓，有徐氏、郯氏、莒氏、終黎氏、運奄氏、菟裘氏、將梁氏、黄氏、江氏、修魚氏、白冥氏、蜚廉氏、秦氏。’徐廣曰:‘終黎,《世本》作“鍾離”。’此文與《世本》同。又以‘將’爲‘尋’,‘冥’爲‘寘’，葢誤。‘密如’以下，譌錯不可讀。《國名紀二》《後紀七》並本此立説，然所見已是誤本，復以己意分合，不可据也。”〇覺按:《史記·秦本紀·贊》説“以國爲姓”，則上列諸氏，當出自封地之名，且當從秦漢以前的古籍中考察，但有些已不可考見。今將考見者列於下，供參考。鍾離：春秋時封國，子爵，在今安徽省鳳陽縣東北臨淮關，嬴姓，後爲楚所滅。《水經注·卷三十·淮水》:“《世本》曰:‘鍾離，嬴姓也。’應劭曰:‘縣，故鍾離子國也，楚滅之以爲縣。’”《廣韻·上平聲·三鍾》“鍾”字注:“漢複姓有鍾離氏,《世本》云:‘與秦同祖，其後因封爲姓。’”《通志·氏族略三》認爲鍾離氏出於姬姓，誤。運掩:《史記·秦本紀·贊》作“運奄”，音同相通。奄，又作“郁”，商的盟國，在今山東省曲阜舊城東。據《史記·周本紀》，奄國在西周初被周公所滅，其君被遷往薄姑（在今山東省博興縣東南）。據《左傳·昭公元年》“周有徐、奄”杜預注及《世本·氏姓篇》，奄爲嬴姓之國。“運”又作“鄆”，春秋時爲魯地，有二處：一在今山東省沂水縣東北（見《春秋·文公十二年》），一在今山東省鄆城縣東（見《春秋·成公四年》）。“運奄”當爲奄國遺民遷運者之氏，故爲嬴姓。菟（tú 圖）裘：春秋時爲魯邑，在今山東省新泰市西，見《左傳·隱公十一年》。據此文，則此邑曾爲古代嬴姓之國。尋梁:《史記·酷吏列傳》載楊僕被封爲“將梁侯”，可證此文當依《史記·秦本紀·贊》作“將梁”，“尋”葢“將”字之形訛。漢朝多承秦制，故可以西漢之制來考察秦制。按《史記·建元以來王子侯者年表》載劉朝平爲將梁侯,《漢書·王子侯表》載其地在涿郡，則將梁古國當在今河北省中部，其具體地址已難以考定。脩魚:《史記·秦本紀·贊》作“修魚”，音同字通。《史記·韓世家》也作“脩魚”，戰國時爲韓邑，公元前 317 年（秦惠文王更元八年，韓宣惠王十六年）秦敗韓於此，地在今河南省原陽縣西南。據此文，則此邑曾爲古代嬴姓之國。白寘：當依《史記·秦本紀·贊》作“白冥”。春秋時之白邑屬於楚國，在今河南省息縣（參見《史記·楚世家》“號曰白公”《集解》《正義》），與古之冥阸（今河南省信陽市西南平靖關）相距不遠，白冥古國或在此附近，其詳址已不可考見。飛廉:《史記·秦本紀》作“蜚廉”，字通。據《史記·秦本紀》，飛廉是惡來、季勝之父，商紂王的寵臣，死而葬於霍太山（在今山西省霍州市東南）。其封地不詳。飛廉氏當爲以名爲氏，而非以封國爲姓。《史記·秦本紀·贊》列於“以國爲姓”之中，是古人行文不避疏略所致，不必苛求之（參見俞樾《古書疑義舉例》卷二《古人行文不嫌疏略例》）。密如：當即“密須”。“如”“儒”古音近，“須”“需”古音同，“儒”從“需”得聲，故“如”“須”古音也相近。密須國見 34.1.4 注〔14〕，商代爲姞姓之國，周初改封同姓而爲姬姓之國，秦國當亦改封同姓，故爲嬴姓之國。東灌：或爲“東莞”之音訛,《漢書·地理志上·琅邪郡》有“東莞”，即今山東省沂水縣。《史記·建元以來王子侯者年表》有東莞侯劉吉，秦代或也爲封國。良時：或爲“良成”之形訛。良爲邑名，見於《左傳·昭公十三年》，在今江蘇省邳州市東南。《漢書·地理志上·東海郡》有“良成”，即其地。西漢時爲侯國，秦代或也爲封國。白巴：當爲“白

乙”之形訛。秦國將帥有“白乙丙”（見《左傳·僖公三十三年》，文中與“西乞術”並列），《左傳·僖公三十二年》省稱“白乙”，與複姓“西乞”並列，可證“白乙”爲複姓。其文云：“召孟明、西乞、白乙，使出師於東門之外。”孔穎達疏：“《世族譜》以百里孟明視爲百里奚之子，則姓百里，名視，字孟明也。古人之言名字者，皆先字後名而連言之。其‘術’‘丙’必是名，‘西乞’‘白乙’，或字或氏，不可明也。”孔穎達説“術”“丙”是名是對的，而“西乞”“白乙”與“孟明”並列，則也應該是其字，而其後世以其字爲氏耳。《廣韻·入聲·二十陌》“白”字注認爲白乙丙之姓爲“白”，《新唐書·宰相世系表五下》説白氏出自孟明視之子白乞丙，皆誤。據白居易《太原白氏家狀》，白氏出於楚太子建的兒子白公勝，則出於芈姓（楚之公族爲芈姓，參見35.4.9）。白乙丙爲秦之貴族，且早於白公勝，故不當爲白氏，而應爲嬴姓之白乙氏。彭鐸將此文“白巴”點斷而理解爲“白氏”和“巴氏”，恐未當。公巴：當爲“公他”之形訛。《世本·氏姓篇》有“公他氏”，云：“有蒲邑大夫公他世卿，其先以王父字爲氏。”下文“蒲”氏爲嬴姓，則此蒲邑大夫公他氏也當爲嬴姓。後一“公巴”當作“巴”，“公”字衍。《世本·氏姓篇》：“巴郡、南郡蠻本有五姓：巴氏、樊氏、瞫氏、相氏、鄭氏，皆出於武落鍾離山。”這“巴氏”“世尚秦女”，則秦國可能賜其姓嬴，故爲嬴姓。郯（tán 談）：西周封置的諸侯國，地在今山東省郯城縣境。據《左傳·昭公十七年》，郯爲少皞之後（見34.4.7注〔3〕），已姓。而《漢書·地理志上》“東海郡·郯”自注説：“故國，少昊後，盈姓。”“盈”即“嬴”，其説蓋本自《史記·秦本紀·贊》，與此文合。據《史記·越王勾踐世家》“王翁卒”《索隱》引《竹書紀年》，郯國在戰國初滅於越。但《史記·楚世家》於頃襄王十八年（公元前281年）時猶提及郯國，則該國至戰國後期尚存。復：或即“復陽”（與下之“蒲陽”單稱“蒲”相似），西漢時有復陽侯國（見《史記·高祖功臣侯年表》），地在今河南省桐柏縣東，因在復水之陽，故名復陽（參見《史記·高祖功臣侯年表》“復陽”《索隱》），則秦代其地或得名於復水而單稱“復”，並爲嬴姓之封國。蒲：本爲商代甫國，西周時稱蒲國，後滅於晉爲晉邑，戰國時爲魏邑，地在今山西省隰縣北，因在蒲水之北，故又稱蒲陽，秦始皇九年（公元前238年）攻下此邑（見《史記·六國年表》），大概秦國攻取後封給了同姓，故爲嬴姓之國。

35.5

帝堯之後爲陶唐氏●〔1〕。後有劉累〔2〕，能畜龍，孔甲賜姓爲御龍〔3〕，以更豕韋之後●〔4〕。至周爲唐杜氏●〔5〕。周衰，有隰叔子違周難于晉國【1】〔6〕，生子輿〔7〕，爲李●〔8〕，以正於朝，朝無閒●官【2】〔9〕，故氏爲士氏；爲司空〔10〕，以正於國，國無敗績〔11〕，故氏司空；食采隨〔12〕，故氏隨氏。士蔿●之孫會〔13〕，佐文、襄〔14〕，於諸侯無惡●〔15〕；爲卿【3】，以輔成、景〔16〕，軍無敗政；爲成率，居傅●【4】〔17〕，端刑法●〔18〕，集●訓典【5】〔19〕，國無姦民，晉國之盜逃奔于秦【6】。於是晉侯爲請冕服于王【7】〔20〕，王命隨會爲卿●〔21〕。是以受范〔22〕，卒謚武子。武子文●〔23〕，成晉、荆之盟〔24〕，降●兄弟之國〔25〕，使無閒隙，是以受郇、櫟●〔26〕。由此，帝堯之後有陶唐氏、劉氏、御龍氏、唐杜氏、隰氏、士氏、季氏●〔27〕、司空氏、隨●氏【8】〔28〕、范氏、郇氏、櫟氏、彘氏●【9】〔29〕、冀氏〔30〕、穀氏●〔31〕、蔷氏〔32〕、擾氏●〔33〕、狸氏【10】、傅氏●〔34〕。楚●〔35〕令尹建●〔36〕嘗問范武子之德於文子●【11】〔37〕，文子對曰："夫子之家事治〔38〕，言於晉國竭情無私，其祝、史陳信不媿〔39〕。其家事無猜【12】〔40〕，其祝、史不祈。"建歸以告，康王●曰〔41〕："神人無怨，宜夫子之股肱●五君〔42〕、以爲諸侯主也●〔43〕。"故劉氏自唐以下漢以上，德著於世，莫若范會之最盛也，斯亦有"脩己以安人"之功矣●【13】〔44〕。武王克殷，而封帝堯之後於祝也●【14】〔45〕。

【校記】

【1】于：仿宋本、馮本、魁本、程本、四庫本、邵本同，陳本作"於"。

【2】閒：仿宋本、馮本、魁本、陳本同，程本、四庫本、邵本作"間"。

【3】爲：仿宋本、馮本、魁本、陳本同，程本、四庫本、邵本作"於"。

【4】傅：陳本同，仿宋本、馮本、魁本、程本、四庫本、邵本作"傳"。

【5】集：陳本同，仿宋本、馮本、魁本、程本、四庫本、邵本作"法集"。

【6】逃奔于：程本、四庫本、邵本同，仿宋本、馮本作"遥奔于"，魁本作"逷奔于"，陳本作"逃奔於"。

【7】于：仿宋本、馮本、魁本、程本、四庫本、邵本同，陳本作"於"。

【8】隨：陳本同，仿宋本、馮本、魁本、程本、四庫本、邵本作"趙"。

【9】彘：陳本同，仿宋本、魁本作"嬴"，馮本、程本、邵本作"羸"，四庫本作"嬴"。

【10】狸：陳本同，仿宋本、馮本、魁本、程本、四庫本、邵本作"摆"。

【11】楚：陳本同，仿宋本、馮本、魁本、程本、四庫本、邵本作"楚氏"。

【12】猜：仿宋本、馮本、程本、四庫本、邵本、陳本同，魁本作"猜"。

【13】脩：仿宋本、馮本、魁本、程本、邵本同，四庫本、陳本作"修"。

【14】祝：邵本同，仿宋本、馮本、魁本、程本、四庫本作"社"，陳本作"鑄"。

【箋注】

〔1〕汪繼培曰："襄廿四年《左傳》。"〇覺按：參見34.2.2。

〔2〕劉累：《漢書·古今人表》作"劉絫"，相傳他出生時手中之皮膚紋理爲"劉絫"，因以爲名（參見《新唐書·宰相世系表一上》）。他是陶唐氏的後代，生活於夏代孔甲之時，曾向豢龍氏學習過馴龍，會畜養龍，所以孔甲賜他氏御龍，來取代豕韋的後代。見《左傳·昭公二十九年》。此文即取自《左傳》。

〔3〕孔甲：夏代帝王，不降之子，夏桀的曾祖父，見《史記·夏本紀》。

〔4〕汪繼培曰："昭廿九年《左傳》。"〇覺按：以：使。豕韋：見35.4.3注〔6〕。《左傳·昭公二十九年》"以更豕韋之後"杜預注："更，代也。以劉累代彭姓之豕韋。累尋遷魯縣。豕韋復國，至商而滅。累之後世復承其國爲豕韋氏，在《襄二十四年》。"由此可知原來的豕韋氏在商初被湯消滅後，商代的豕韋氏實爲劉累的後代而並非是彭祖的後代，因

而《左傳・襄公二十四年》載范宣子士匄追述其祖先時說："昔匄之祖，自虞以上爲陶唐氏，在夏爲御龍氏，在商爲豕韋氏，在周爲唐杜氏。"

〔5〕汪繼培曰："襄廿四年《左傳》。"〇覺按:《左傳・襄公二十四年》"在周爲唐杜氏"杜預注:"唐、杜，二國名。殷末豕韋國於唐，周成王滅唐，遷之於杜，爲杜伯。"王符此文之"唐杜氏"當爲一國之名而非二國之名，蓋劉累的後代在商朝末年居於唐（"唐"見28.2注〔3〕），後遷於杜（在今陝西省西安市東南），所以稱唐杜氏，其實即是杜國。《左傳・文公六年》有"杜祁"，杜預注:"杜祁，杜伯之後，祁姓也。"

〔6〕晋國：見34.1.4注〔9〕。此下本自《國語・晋語八》，可參見。《國語・晋語八》"昔隰叔子違周難於晋國"韋昭注:"隰叔，杜伯之子。違，避也。宣王殺杜伯，隰叔避害適晋。"

〔7〕子輿：即士蔿（wěi 僞），名蔿，字子輿，春秋時晋國大夫，劉累的後代，隰叔的兒子，祁姓（見注〔5〕），因隰叔爲晋國士師之官，故以士爲氏。參見《國語・晋語一》"士蔿曰"韋昭注、《通志・氏族略四》。

〔8〕汪繼培曰："《晋語》作'理'。'理''李'古字通。"〇覺按：李：通"理"，即士官（見35.4.12注〔2〕）。《管子・法法》"皋陶爲李"注："古治獄之官。"

〔9〕汪繼培曰："《晋語》作'姦'。"〇彭鐸曰："《國語》多以'閒'爲'姦'，《周語中》：'神無閒行'，韋注：'閒行，姦神淫厲之類也。'是其例。證以此引，則今本《晋語》'姦'字爲後人所改明矣。"

〔10〕司空：掌管國家工程建設的官，參見34.4.1注〔20〕〔24〕。據《左傳・莊公二十六年》，士蔿於公元前668年春任大司空。

〔11〕《國語・晋語八》"國無敗績"韋昭注："績，功也。"

〔12〕采：通"埰"，采邑，埰地，即卿大夫的封地，因爲卿大夫依靠徵收封地之賦稅來生活，所以稱"食采"。隨：春秋時晋邑，在今山西省介休市東南。據《左傳》《史記》，士蔿並未封於隨，也不以隨爲氏，所以不稱"隨蔿"，至其孫士會纔封於隨而稱爲"隨會"。此文爲誤記，不合史實。

〔13〕汪繼培曰："即子輿。"〇覺按：會：即范武子士會，見10.3注〔5〕。

〔14〕文：指晋文公，見23.4注〔5〕。襄：指晋襄公，春秋時晋國國君，晋文公之子，姬姓，名驩，公元前627—公元前621年在位。見《史記・十二諸侯年表》。

〔15〕汪繼培曰："《晋語》作'佐文、襄爲諸侯，諸侯無二心'。按昭廿六年《左傳》云：'王甚神聖，無惡於諸侯。'"〇覺按：於：猶"爲"（參見1.5注〔7〕），這裏表示"使"。無惡（wù 務）：不厭惡，喜歡，指擁戴晋文公爲霸主。

〔16〕成、景：晋成公、晋景公，見35.4.7注〔10〕。

〔17〕汪繼培曰："《晋語》作'爲成師，居太傅'，韋昭引唐尚書云：'爲成公軍師。'按'師'當作'帥'，'帥''率'古通用。僖（覺按：當作"襄"）廿七年《左傳》疏引《晋語》作'爲元帥'。"〇覺按:《國語・晋語八》"及爲成師，居太傅"韋昭注："此'成'當爲'景'字誤耳。魯宣九年，晋成公卒。至十六年，晋景公請于王，以黻冕命士會將中軍，且爲太傅。"率：通"帥"，此指中軍帥。傅：指太傅，輔佐君主執政的官。士會於晋景公七年（公元前593年）爲中軍帥，且爲太傅，見《左傳・宣公十六年》。

〔18〕汪繼培曰："舊重'法'字，衍。"

〔19〕汪繼培曰："《晋語》作'緝'。"〇覺按：訓典：指先王的教導與典章禮法（參見34.0.1注〔19〕）。《國語・周語上》"修其訓典"韋昭注："訓，教也。典，法也。"《國

語·周語中》載士會“歸乃講聚三代之典禮”,《左傳·宣公十六年》載“武子歸而講求典禮,以脩晉國之法”,即此文所説的“集訓典”。由此可知此事發生在晉景公七年(公元前593年)。

〔20〕晉侯:指晉景公。晉爲侯爵,故晉君稱晉侯。王:指周定王,東周天子,名瑜,公元前606—公元前586年在位。此事發生在周定王十四年(公元前593年),見《左傳·宣公十六年》。

〔21〕汪繼培曰:“按宣十六年《左傳》云:‘以黻冕命士會將中軍,且爲太傅,於是晉國之盜逃奔(覺按:陳本作“犇”,此據汪稿)於秦。’即《晉語》所云‘居太傅,國無姦民’也。此文兼采《左》《國》,分爲二事,誤矣。”

〔22〕范:春秋時晉邑,在今山東省梁山縣西北。

〔23〕汪繼培曰:“當作‘武子子文子’。《晉語》▲作‘文子’,韋昭注:‘文子,武子之子燮也。’”〇覺按:此下幾句見《國語·晉語八》。武:指范武子。文:指范文子(?—公元前574年),晉國大夫,士會之子,氏士,又襲其父氏范,名燮,字叔,謚文,故史稱“士燮”外,又稱范叔、范文子,也稱文叔,其事蹟可參見《左傳》宣公十七年至成公十七年、《史記·趙世家》“荀寅、范吉射與午善”《索隱》。

〔24〕荆:即楚,見35.0.2注〔4〕。成晉、荆之盟:晉厲公二年(公元前579年)夏,士燮會見楚公子罷、許偃,在宋國西門之外與楚國訂立盟約,約定二國互不加兵;若遭受災難或敵國侵犯,則互相援助;友好往來,共同對付背叛晉、楚的諸侯。見《左傳·成公十二年》。

〔25〕汪繼培曰:“《晉語》作‘豐’。王侍郎云:‘“降”疑“隆”。’”〇彭鐸曰:“降,讀爲‘隆’。《説文》:‘隆,豐大也。從生,降聲。’故二字通用。《墨子·尚賢中篇》‘稷隆播種’,《書·吕刑》‘隆’作‘降’。《禮記·喪服小記》注:‘不以貳降’,《釋文》:‘降,一本作“隆”。’《魏策》四‘休祲降於天’,曾、劉本並作‘休烈隆於天’。《荀子·天論篇》‘隆禮尊賢而王’,《韓詩外傳》一‘隆’作‘降’。《尚書大傳·禹貢》‘隆谷元玉’,鄭注:‘隆,讀如“厖降”之“降”。’《史記·司馬相如傳》‘業隆於繈褓’,《漢書》‘隆’作‘降’。其例不勝枚舉。”〇覺按:“降”通“隆”,《國語·晉語八》作“豐”,義與“隆”同,韋昭注:“豐,厚也。兄弟,鄭、衛之屬。晉、楚爲好,不相加戎,所以厚兄弟之國。”

〔26〕汪繼培曰:“‘隰叔’以下本《晉語》。”〇愚按:郇(xún旬):春秋時晉邑,在今山西省臨猗縣西南。櫟(lì力):春秋時鄭、楚等國均有櫟邑,戰國時秦國也有櫟邑,此指春秋時晉國的櫟邑。據史載,晉悼公十二年(秦景公十五年,公元前562年),此邑被秦國攻取。《史記·秦本紀》“敗晉兵於櫟”《正義》:“櫟,音歷。《括地志》云:‘洛州陽翟縣,古櫟邑也。’”此説實非,因爲陽翟之櫟是鄭國的櫟邑。《史記·晉世家》“秦取我櫟”《索隱》云:“音歷。《釋例》云:‘在河北,地闕。’”此説是,其地當在今山西省永濟市西,參見沈起煒《中國歷史大事年表》。

〔27〕汪繼培曰:“‘季氏’當作‘士季氏’。《古今姓氏書辨證》云:‘士蔿之後,貞子士渥濁生莊子士弱,弱生士文伯瑕,瑕生景伯彌牟,别爲士季氏。’亦見《氏族畧五》《後紀十一》。”〇覺按:汪説恐不合王符原意。據上文之次序,此“季”字當爲“李”字之訛。蓋“子輿爲李”,故王符以爲李氏出於子輿。

〔28〕汪繼培曰:“舊作‘趙’。”

〔29〕汪繼培曰:“‘彘’舊作‘嬴’。《國名紀四》‘郇、櫟’下有‘彘’。《後紀十一》云:‘士魴受彘,故氏爲彘。’今据改。按成十八年《左傳》,士魴稱彘季。襄十四年《傳》‘彘

衷’杜注：‘士魴子也。’”〇覺按：士魴是士會之子。

〔30〕冀：《左傳·僖公十年》有“冀芮”，即郄芮。因爲冀國（在今山西省稷山縣北）被晉國吞併後改爲邑，晉惠公將它封給郄芮作爲食邑，所以郄芮以此爲氏（參見35.11），他的兒子郄缺也稱“冀缺”（見《左傳·僖公三十三年》），可見冀氏當爲郄芮之後，而非“帝堯之後”。此“冀”字當爲“燮”字之形訛。上云“彘氏”，來自士會之子士魴，此云“燮氏”，來自士會之子士燮（范文子），文正相類，此其佐證一；下云“縠氏”，是以名爲氏，此云“燮氏”，也是以名爲氏，文亦相類，此其佐證二。後世有燮姓（宋有御史燮元圃，見楊慎《希姓録·卷五·十六葉》），或來自士燮。

〔31〕汪繼培曰：“《後紀十一》云：‘士蔿生士縠，爲縠氏。’按士縠見文二年《左傳》。”〇覺按：士縠繼承父職爲晉國司空，見《左傳·文公二年》。

〔32〕薔氏：未詳，疑誤。上云“縠氏”，來自士蔿之子士縠。類推之，此“薔”字或爲“會”字之形訛。後世有會姓（漢有會相，見《廣韻·去聲·十四泰》“會”字注），或來自士蔿之孫士會。

〔33〕汪繼培曰：“當作‘擾龍氏’。《元和姓纂》云：‘劉累之後。’”〇覺按：《左傳·昭公二十九年》：“有陶唐氏既衰，其後有劉累，學擾龍于豢龍氏。”則“擾龍氏”即35.0.1所説的“氏於事”。

〔34〕汪繼培曰：“‘狸’舊作‘摞’。按《周語》，丹朱之後狸姓，在周爲傅氏。”〇覺按：《國語·周語上》“協於丹朱”韋昭注：“丹朱，堯子也。”又“使太宰以祝、史帥狸姓”韋昭注：“狸姓，丹朱之後也。”又“王使太宰忌父帥傅氏”韋昭注：“傅氏，狸姓也，在周爲傅氏。”

〔35〕汪繼培曰：“‘楚’下舊有‘氏’字，衍。”

〔36〕汪繼培曰：“屈建。”

〔37〕汪繼培曰：“趙武也。”〇覺按：令尹：見3.3注〔14〕。建：即屈建（？—公元前545年），字子木，公元前548年起爲楚國令尹，故也稱令尹子木。其事蹟見《左傳》襄公二十二年至二十九年。文子：指趙武（？—公元前541年），趙朔之子（參見35.4.14注〔9〕），趙氏，名武，字孟，謚文，故史稱文子、趙文子、趙孟。晉景公時誅滅趙氏，他是趙朔的遺腹子，隨其母莊姬（晉成公之女）畜養於晉景公之宫中，後來被繼立爲趙氏的後嗣。晉悼公時爲晉卿，後又爲上軍之將。晉平公十年（公元前548年），他開始在晉國執政。晉平公十二年（公元前546年），他與楚國屈建主持了著名的弭兵之會。其事蹟可參見《左傳》成公八年至昭公三年（《史記·趙世家》詳載趙氏孤兒的傳説，不足信）。又，屈建問文子的事發生在魯襄公二十七年（公元前546年），但此文文字，與《左傳·襄公二十七年》所載差異較大，而與《左傳·昭公二十年》所記晏子追述此事的文字較接近，可參見。

〔38〕家：古代諸侯的封地稱“國”，卿大夫的采地食邑稱“家”。

〔39〕祝：祠廟中主持祭祀祈禱的人。因其主持向神祝告，所以稱爲“祝”。史：見26.1注〔5〕。祝、史原爲兩種官職，後來有人兼此二職，所以也有稱“祝史”的。信：言語真實。《左傳·桓公六年》：“所謂道，忠於民而信於神也。上思利民，忠也；祝史正辭，信也。”杜預注：“正辭，不虚稱君美。”此句《左傳·襄公二十七年》作“其祝、史陳信於鬼神無愧辭”，措辭更爲周備。

〔40〕猜：疑。

〔41〕汪繼培曰：“當重‘康王’。”〇覺按：不重“康王”二字亦可。康王：春秋時楚

國國君，楚共王之子，名昭（一作招），公元前559—公元前545年在位。

〔42〕汪繼培曰："《傳》作'光輔'。"○覺按：股肱：大腿和胳膊，引申指輔佐。五君：指晋文公、襄公、靈公、成公、景公。

〔43〕汪繼培曰："'楚令尹'以下，本昭廿年《左傳》。"○覺按：諸侯主：諸侯的盟主。由於范武子的輔佐，晋國長期爲諸侯盟主，所以范宣子士匄自豪地説："晋主夏盟爲范氏。"（見《左傳·襄公二十四年》）此言可爲此文之注。

〔44〕汪繼培曰："《論語》云：'修己以安人。'《漢書·高帝紀·贊》云：'春秋晋史蔡墨有言："陶唐氏既衰，其後有劉累，學擾龍，事孔甲，范氏其後也。"而大夫范宣子亦曰："祖自虞以上爲陶唐氏，在夏爲御龍氏，在商爲豕韋氏，在周爲唐杜氏，晋主夏盟爲范氏。"范氏爲晋士師，魯文公世奔秦。後歸於晋，其處者爲劉氏。劉向云："戰國時，劉氏自秦獲於魏。"秦滅魏，遷大梁，都於豐，故周市説雍齒曰："豐，故梁徙也。"是以頌高祖云："漢帝本系，出自唐帝。降及於周，在秦作劉。涉魏而東，遂爲豐公。"豐公，蓋太上皇父。'按蔡墨事見昭廿九年《左傳》，范宣子事見襄廿四年《傳》，歸晋事見文十三年《傳》。"○覺按：斯：這。人：别人，指君主。《論語·憲問》載："子路問君子。"孔子曰："脩己以安人。"子路曰："如斯而已乎？"孔子曰："脩己以安百姓。脩己以安百姓，堯、舜其猶病諸！"孔子將"人"與"百姓"相對，可知這"人"不在百姓之中。孔子認爲"安百姓"是堯、舜都難以做到的，臣子能"脩己以安人"，就足以爲君子了。王符此文在引用康王的話之後作此讚歎，顯然是承襲了孔子之意，以"人"指稱君主。

〔45〕汪繼培改"社"爲"鑄"曰："'鑄'舊作'社'，据《五德志篇》改。'社'或爲'祝'之誤，注見前篇。"○王紹蘭曰："案《樂記》鄭注'禱'作'鑄'（覺按：參見34.2.2注〔6〕）。《左氏·襄二十三年傳》'臧宣叔娶于鑄'杜注：'鑄國，濟北蛇邱縣所治。'是其地也。"○覺按："社"當爲"祝"之形訛，汪改非，今據邵本改爲"祝"。"祝"即"鑄"，見34.2.2注〔6〕。

35.6.1

帝舜姓虞，又爲姚〔1〕，居●嬀【1】〔2〕。武王克殷，而封嬀滿於陳，是爲胡公●〔3〕。陳袁氏●【2】〔4〕、舀氏〔5〕、咸氏●【3】〔6〕、慶氏●〔7〕、夏氏●〔8〕、宗氏●〔9〕、來氏〔10〕、儀氏●〔11〕、司徒氏●〔12〕、司城氏●〔13〕，皆嬀姓也。

【校記】

【1】居：陳本同，仿宋本、馮本、魁本、程本、四庫本、邵本作"君"。

【2】袁：陳本同，仿宋本、馮本、魁本、程本、四庫本、邵本作"哀"。

【3】舀氏咸氏：仿宋本、馮本、程本、四庫本、邵本同，魁本、陳本作"咸氏舀氏"。

【箋注】

〔1〕《世本·氏姓篇》："帝舜，姚姓。"《初學記》卷九引《帝王世紀》曰："舜，姚姓也。……瞽瞍妻曰握登，見大虹，意感而生舜於姚墟，故姓姚氏，字都君。"《尚書·堯典》："（堯）釐降二女于嬀汭，嬪于虞。"《漢書·律曆志下》："瞽叟生帝舜，處虞之嬀汭。"《水

經注·卷四·河水》:"《地理志》曰:'縣,故蒲也。王莽更名蒲城。'……今城中有舜廟。魏秦州刺史治,太和遷都罷州,置河東郡。……郡南有歷山,謂之歷觀,舜所耕處也,有舜井,嬀、汭二水出焉。南曰嬀水,北曰汭水,西逕歷山下……《尚書》所謂'釐降二女于嬀、汭'也。……橋之東北有虞原,原上道東有虞城,堯妻舜以'嬪于虞'者也。周武王以封太伯後虞仲于此,是爲虞公。"《史記·五帝本紀》"虞舜者"《正義》:"《括地志》云:'故虞城在陝州河北縣東北五十里虞山之上。'酈元注《水經》云:'幹橋東北有虞城,堯以女嬪于虞之地也。'"《尚書·堯典》"有鰥在下曰虞舜"孔安國傳:"虞,氏;舜,名。"凡此種種,可證舜生於姚墟(其地傳説頗多,難以考定),故姓姚;後居於虞城(在今山西省平陸縣北),故又以虞爲氏。此文的説法實誤,宜改爲:"帝舜姓姚,氏虞。"

〔2〕汪繼培初稿注曰:▲"舊作'君'。"○覺按:汪繼培此條校注在其第二稿上加了表示刪除的紅點,似乎其所據底本作"居",其實此"居"字當爲汪繼培所改,故不當刪,今補入。嬀(guī 龜):指嬀水,源出今山西省永濟市東南歷山(見注〔1〕),西流經永濟市蒲州鎮南入黄河。

〔3〕汪繼培曰:"《史記·陳世家》。"○覺按:見 34.3.2 注〔7〕。

〔4〕汪繼培曰:"'袁'舊作'哀'。《廣韻·二十二元》'袁'字注云:'袁姓本自胡公之後。'或作'爰'。▲《急就篇》'爰展世'顔師古注同。《唐書·宰相世系表》云:'陳胡公滿生申公犀侯,犀侯生靖伯庚,庚生季子惛,惛生仲牛甫,甫生聖伯順,順生伯他父,他父生戴伯,戴伯生鄭叔,鄭叔生仲爾金父,金父生莊伯,莊伯生諸,字伯爰,孫宣仲濤塗,賜邑陽夏,以王父字爲氏。'按僖四年《左傳》陳轅濤塗,《釋文》云:'轅,本多作"袁"。'"○覺按:"袁""轅""爰"音同而通。

〔5〕王紹蘭曰:"舀氏:此原氏之譌。《陳風·東門之枌篇》:'穀旦于差,南方之原。'毛傳:'原,大夫氏。'鄭箋:'朝日善明曰相擇矣,以南方原氏之女可以爲上處。'孔疏:'按《春秋》莊二十七年,季友如陳,葬原仲。是陳有大夫姓原是(覺按:"是"當作"氏")也。'秦氏嘉謨《世本輯補》於陳之原氏引《潛夫論》,則別本固有作'原'者。"○覺按:陳大夫未必與宗室同姓,故王説未必當。此"舀"字當爲"虞"字之音誤(古"舀""虞"音近,《廣韻·上平聲·十虞》收"舀"字,讀音與"俞"字同)。《左傳·昭公三年》有"虞遂",杜預注:"舜後,陳氏之先。"《左傳·襄公二十五年》有"虞閼父",杜預注"昔虞閼父爲周陶正"曰:"閼父,舜之後。"又注"庸以元女大姬配胡公"曰:"胡公,閼父之子滿也。"《國語·魯語下》稱胡公爲"虞胡公",韋昭注:"胡公,舜後,虞遏父之子胡公滿也。"凡此種種,可知陳國有虞氏,爲舜之後裔、陳氏之先。此文將"虞"誤爲"舀",所以缺了"虞氏",當訂正。

〔6〕汪繼培曰:"'咸'疑當作'鍼'。《古今姓氏書辨證》云:'▲鍼出自嬀姓。陳僖公之孫鍼子,以所食邑爲氏。'按隱八年《左傳》有陳鍼子。襄廿四年《左傳》有陳鍼宜咎,杜注:'鍼子八世孫。'疏云:'《世本》文也。'"

〔7〕汪繼培曰:"襄七年《左傳》陳有慶虎、慶寅。《世族譜》云:'慶虎,桓公之五世孫。'"

〔8〕汪繼培曰:"《氏族畧一》云:'陳宣公之子少西,字子夏,其孫徵舒以王父字爲氏。'按夏徵舒見宣十年《左傳》。昭廿三年《傳》疏引《世本》云:'宣公生子夏,夏生御叔,御叔生徵舒。'"

〔9〕汪繼培曰:"哀十四年《左傳》陳有宗豎,《世族譜》云:'宣公六世孫。'"

〔10〕來氏:據《世本·氏姓篇》,來氏爲子姓。此文或有誤,未詳所當作。

〔11〕汪繼培曰:"宣九年《左傳》陳有儀行父。"

〔12〕汪繼培曰:“《氏族畧四》云:‘陳有司徒公子招,其後爲司徒氏。’按招見昭八年《左傳》,杜注:‘哀公弟。’”

〔13〕汪繼培曰:“《氏族畧四》云:‘哀公之子公子勝之後。’按勝見昭八年《左傳》。《世族譜》云:‘司城氏公孫貞子,哀公孫。’按公孫貞子見哀十五年《左傳》,《孟子》所謂司城貞子也。”

35.6.2

厲公孺子完奔齊【1】〔1〕,桓公説之〔2〕,以爲工正●〔3〕。其子孫大得民心,遂奪君而自立,是爲威王,五世而亡●〔4〕。齊人謂陳田矣●〔5〕。漢高祖徙諸田關中●〔6〕,而有第一至第八氏●〔7〕。丞相田千秋●〔8〕、司直田仁●〔9〕,及杜陽田先、碭田先●〔10〕,皆陳後也。武帝賜千秋乘小車入殿,故世謂之“車丞相”●〔11〕。及莽自謂本田安之後,以王家故更氏云●〔12〕。莽之行詐●〔13〕,寔以田常之風【2】〔14〕。敬仲之支●【3】〔15〕,有皮氏〔16〕、占氏●〔17〕、沮氏●〔18〕、與氏●〔19〕、獻氏●〔20〕、子氏●〔21〕、鞅氏●〔22〕、梧氏●〔23〕、坊氏●〔24〕、高氏●〔25〕、芒氏●〔26〕、禽氏●【4】〔27〕。

【校記】

【1】孺:仿宋本、馮本、魁本、程本、四庫本、陳本同,何本、邵本作“儒”。

【2】寔:仿宋本、馮本、魁本、程本、四庫本、邵本同,陳本作“實”。

【3】支:陳本同,仿宋本、馮本、魁本、程本、四庫本、邵本作“又”。

【4】芒氏禽氏:程本、四庫本、邵本、陳本同,仿宋本、魁本作“笀氏禽”,馮本作“笀氏禽氏”。

【箋注】

〔1〕厲公:指陳厲公,春秋時陳國君主,陳文公之少子,名躍(《史記·陳杞世家》説厲公名佗,誤,此據《春秋·桓公十二年》),公元前706—公元前700年在位。孺子:少子。據《史記·十二諸侯年表》,陳完生於陳厲公二年(公元前705年),於陳宣公二十一年(公元前672年)奔齊。完:陳完,見25.3注〔7〕。

〔2〕桓公:齊桓公。説(yuè 悦):通“悦”。

〔3〕汪繼培曰:“莊廿二年《左傳》。”

〔4〕汪繼培曰:“按《史記·田完世家》,陳氏自立,始於太公和,威王則和之孫也。《漢書·地理志》云:‘九世至和而篡齊,至孫威王稱王,五世爲秦所滅。’《元后傳》又云:‘十一世田和有齊國,三世稱王。’”〇覺按:威王:見13.5注〔10〕。據《史記·田敬仲完世家》,陳完的玄孫田無宇生田乞(釐子),田乞及其兒子田常(成子)以大斗出貸,以小斗收取,大得民心,齊簡公四年(公元前481年),田常殺死簡公,立簡公之弟爲平公,自己任相國,於是齊國的政權完全被田氏控制。公元前391年,田常的曾孫太公田和將齊康公呂貸遷往海邊,呂氏從此斷絕了王位繼承權,呂氏之齊就此滅亡。公元前386年,田

和想立爲諸侯的要求得到了周安王的認可，從此田齊正式成爲諸侯國。可見，“大得民心”的是田乞、田常，“奪君”“自立”的是田和，此文都歸之爲威王，雖簡省了筆墨，卻失之籠統。《漢書·地理志下》論述齊國時曰：“其後二十九世爲彊臣田和所滅，而和自立爲齊侯。初，和之先陳公子完有罪來奔齊，齊桓公以爲大夫，更稱田氏。九世至和而篡齊，至孫威王稱王，五世爲秦所滅。”可正此文之疏漏。五世：即齊威王、齊宣王、齊湣王、齊襄王、齊王建。王建四十四年（公元前 221 年），被秦所滅，見《史記·田敬仲完世家》。

〔5〕汪繼培曰：“句有脱誤。《田完世家》云：‘敬仲之如齊，以陳氏爲田氏。’《索隱》云：‘陳、田二字聲相近。’”〇彭鐸曰：“此言齊人謂‘陳’爲‘田’，似無脱誤。”〇覺按：上古“陳”“田”同音，皆屬定母、真部、平聲。

〔6〕汪繼培曰：“《史記·高祖紀》在九年。”〇覺按：《史記·高祖本紀》載，高祖九年（公元前 198 年），“徙貴族楚昭、屈、景、懷、齊田氏關中”。關中：指今河南省靈寶市東北古函谷關以西陝西省關中盆地。因秦、漢建都於今陝西省咸陽、西安，在函谷關之內，故秦、漢時習稱其地爲關中，稱函谷關以東地區爲關外。

〔7〕汪繼培曰：“《後漢書·第五倫傳》云：‘其先齊諸田。諸田徙園陵者多，故以次第爲氏。’《元和姓纂》引《風俗通》云：‘第八氏亦齊諸田之後。田廣弟英爲第八門，因氏焉。’《氏族畧四》云：‘廣孫田登爲第二氏。’《古今姓氏書辨證》又云：‘廣孫田癸爲第三氏。’”〇王紹蘭曰：“《氏族略》引《風俗通》：‘王莽時有講學大夫第八矯。’”

〔8〕汪繼培曰：“見下。”〇覺按：田千秋：又稱車千秋，西漢長陵（今陝西省咸陽市東北）人，本姓田氏，其祖先是遷於長陵的原齊國田氏貴族，漢武帝征和四年（公元前 89 年）爲丞相，封富民侯，直至昭帝元鳳四年（公元前 77 年）逝世爲止。他爲人敦厚，居位稱職，因年老而特許乘小車入朝，故稱車丞相。見《漢書》之《車千秋傳》《昭帝紀》《百官公卿表下》。

〔9〕汪繼培曰：“《漢書·田叔傳》云：‘其先齊田氏也。’仁，叔少子。”〇覺按：司直：漢代監察官名，漢武帝元狩五年（公元前 118 年）置，位在司隸校尉之上，幫助丞相檢舉不法。東漢改屬司徒，幫助司徒督録各州郡所舉上奏。田仁：西漢趙國陘城（今河北省邢臺市）人，田叔之少子，其祖先是齊國的田氏。他曾隨從衛青擊匈奴，武帝時因奏事合於武帝之意而升任司直。公元前 91 年，太子起兵，田仁負責關閉城門，卻讓太子逃出城去，故被處腰斬。見《漢書》之《田叔傳》《劉屈氂傳》。

〔10〕汪繼培曰：“《漢書·儒林傳》云：‘漢興，田何以齊田徙杜陵，號杜田生。’又云：‘丁寬授同郡碭田王孫。’此‘杜陽’乃‘杜陵’之誤。漢時稱先生或單言‘先’，或單言‘生’。《史記·鼂錯傳》云：‘學申、商刑名於軹張恢先所。’徐廣曰：‘先，即先生。’《漢書·錯傳》作‘張恢生’。又云：‘上招賢良，公卿言鄧先。’顔師古注：‘鄧先猶言鄧先生也。’《史記·叔孫通傳》：‘諸弟子以制禮，皆賜爲郎，喜曰：“叔孫生誠聖人也！”’《漢書·梅福傳》云：‘叔孫先非不忠也。’‘叔孫先’與稱‘叔孫生’同。▲《史記·韓安國傳》有‘騶田生’。《史記·孟子荀卿列傳》淳于髡事梁惠王，稱‘淳于先生’，《論衡·實知篇》作‘淳于生’。此言‘田先’，《漢書》言‘田生’，其稱一也。”〇覺按：汪説是。“杜陽”當作“杜陵”，“杜陵”見 35.12 注〔19〕。“杜陵田先”即杜陵田先生，指田何，字子莊，西漢臨淄（今山東省淄博市臨淄區東北齊都）人，爲戰國齊田氏族，漢初遷居杜陵，號“杜田生”，以研究傳授《易經》著名。參見《史記·儒林列傳》《漢書·儒林傳》。碭（dàng 蕩）：秦、漢縣名，治所在今河南省夏邑縣東南。碭田先：碭縣田先生，指田王孫，西漢碭縣人，也以傳授《易經》著名，見《漢書·儒林傳》。

〔11〕汪繼培曰:“《漢書·車千秋傳》云:‘本姓田氏，其先齊諸田，徙長陵。千秋年老，上優之，朝見得乘小車入宫殿中，故因號曰車丞相。’”

〔12〕汪繼培曰:“《漢書·元后傳》云:‘王建爲秦所滅，項羽起，封建孫安爲濟北王。至漢興，安失國，齊人謂之王家，因以爲氏。’”〇覺按：及：至於。莽：王莽。田安：戰國時田齊末代君主齊王建的孫子。王建被秦國俘虜後，齊國滅亡。田安於秦末起兵從項羽。公元前206年，劉邦滅秦，項羽自立爲西楚霸王，封劉邦爲漢王，封田安爲濟北王。該年五月，田安被田榮之將彭越擊殺。見《漢書·高帝紀》。云：表示轉述的句末語氣詞，表示該句僅爲轉述别人的説法，不代表自己的意見，帶有懷疑或不予認可的意味。此文即爲轉述王莽之言，《漢書·元后傳》:“莽自謂黄帝之後。其自本曰：黄帝姓姚氏，八世生虞舜。舜起嬀汭，以嬀爲姓。至周武王，封舜後嬀滿於陳，是爲胡公，十三世生完。完字敬仲，犇齊，齊桓公以爲卿，姓田氏。十一世，田和有齊國，三世稱王，至王建爲秦所滅。項羽起，封建孫安爲濟北王。至漢興，安失國，齊人謂之‘王家’，因以爲氏。”

〔13〕汪繼培曰:“《論語》:‘子曰:“久矣哉，由之行詐也！”’《漢書·敘傳·答賓戲》云:‘吕行詐以賈國。’”

〔14〕彭鐸曰:“‘以’猶‘有’也。《風俗通·窮通篇》:‘貢士恩親，經傳無以也。’‘無以’即‘無有’。古讀‘有’如‘以’，説見顧炎武《唐韻正》。”

〔15〕汪繼培曰:“舊作‘又’。上文云:‘郳顔子之支，别爲小郳。’今依例改之。”

〔16〕皮氏:《風俗通義·佚文》云:“皮氏，周卿士樊仲皮之後，漢有諫議大夫皮究。”則皮氏不是敬仲的旁支。疑“皮”字上脱“子”字(參見注〔17〕)。《韓非子·説林上》云:“鴟夷子皮事田成子。”此子皮當爲田常宗族，其後代以子皮爲氏，則爲敬仲之支。

〔17〕汪繼培曰:“《廣韻·二十四鹽》‘占’字注云:‘占姓，陳大夫子占之後。’《後紀十二》占氏以下並加‘子’字，《氏族畧三》同。《古今姓氏書辨證》引《世本》云:‘陳桓子生子占書，書生子良堅，堅子以王父字爲氏。’按子占，昭十九年《左傳》稱孫書，哀十一年《傳》稱陳書。”〇覺按：以下各氏皆當有“子”字。

〔18〕汪繼培曰:“《古今姓氏書辨證》引《世本》云:‘陳烈子生子沮與，後爲子沮氏。’”

〔19〕汪繼培曰:“《元和姓纂》作‘子輿’，‘陳桓子生子石難，爲子輿氏。’按子輿以字爲氏，‘子石’當是‘子輿’。”〇覺按:“子石”不應該是“子輿”。“石”堅硬難治，與“難”有意義上的聯繫，“子石”當爲田難之字。田難以子輿爲氏，當是以父字爲氏。“子輿”當是陳桓子田無宇(無宇爲齊莊公臣，見《史記·田敬仲完世家》)的字。本文之“與”當爲“輿”字之訛。

〔20〕汪繼培曰:“《元和姓纂》‘子獻氏’引《世本》云:‘陳桓公孫子獻之後。’按‘桓公’當作‘桓子’。”〇彭鐸曰:“秦氏《輯補世本·氏姓篇》注云:‘《姓纂》稱陳桓子作桓公、僖子作僖公皆出於《世本》，乃《齊史》之舊稱。’”

〔21〕汪繼培曰:“‘子’字誤，或當爲‘宋’。《元和姓纂》云:‘陳宣公生子楚，其後爲子宋氏。’按‘宣公’當爲‘宣子’，即僖子子夷也。見下。”〇彭鐸曰:“當作子宋氏，傳寫脱‘宋’字耳。宣子稱公，説見上注。”〇覺按：或當作“子仲氏”，《風俗通義·佚文》:“陳宣公子子仲之後，以字爲氏。”

〔22〕汪繼培曰:“《元和姓纂》云:‘陳僖子生簡子齒，爲子鞅氏。’”〇覺按:“陳僖子”，《史記·田敬仲完世家》作“田釐子”，田常之父。

〔23〕汪繼培曰:“《元和姓纂》作‘子寤’，‘陳僖子生宣子，其後爲子寤氏。’按哀

十四年《左傳》杜注：'宣子名夷。'疏引《世本》作'其夷'。"〇覺按：《世本·氏姓篇》："季平子生昭伯寤，其後爲子寤氏。"則子寤氏爲魯國季氏之後。此齊國田氏之後當作"子梧氏"或"子吾氏"，《元和姓纂》之"寤"字誤。

〔24〕汪繼培曰："《元和姓纂》作'子枋'，'陳僖子生穆子安，爲子枋氏。'"

〔25〕汪繼培曰："《元和姓纂》作'子尚'，引《世本》云：'陳僖子生廩邱子尚意玆，因氏焉？按廩邱，蓋所食邑；子尚，字；意玆，名。哀十四年《左傳》杜注云：'廩邱子意玆。'疏引《世本》作'廩邱子毉玆'。"〇覺按：高氏出於齊太公之後（見35.2注〔24〕），此當作"子尚"，"高"當爲"尚"之形訛。

〔26〕汪繼培曰："《元和姓纂》'子芒氏'引《世本》云：'陳僖子生子芒盈，因氏焉。'按哀十四年《左傳》杜注作'芒子盈'，疏引《世本》同。"

〔27〕汪繼培曰："《古今姓氏書辨證》云：'陳僖子生惠子得，爲子禽氏。'按惠子得亦見哀十四年《傳》杜注及疏引《世本》。"

35.7.1

帝乙元子微子開，紂之庶兄也●〔1〕。武王封之於宋●〔2〕，今之睢陽是也●〔3〕。宋孔氏●〔4〕、祝其氏●〔5〕、韓獻氏●〔6〕、季老男氏●〔7〕、巨辰【1】、經氏、事父氏〔8〕、皇甫氏●〔9〕、華氏●〔10〕、魚氏●〔11〕、而、董氏●〔12〕、艾歲氏〔13〕、鳩夷氏●〔14〕、中野氏【2】、越椒氏●〔15〕、完氏、懷氏、不第氏●【3】〔16〕、冀氏〔17〕、牛氏●〔18〕、司城氏●【4】〔19〕、冈氏●【5】〔20〕、近氏〔21〕、止氏●〔22〕、朝氏〔23〕、敎氏●【6】〔24〕、右歸氏●〔25〕、三伉氏●〔26〕、王夫氏●〔27〕、宜氏●〔28〕、徵氏●〔29〕、鄭氏●〔30〕、目夷氏●〔31〕、鱗氏●〔32〕、臧氏、虺氏、沙氏、黑氏●〔33〕、圍龜氏●〔34〕、既氏〔35〕、據氏〔36〕、磚氏〔37〕、己氏、成氏●〔38〕、邊氏●〔39〕、戎氏●〔40〕、買氏、尾氏〔41〕、桓氏●〔42〕、戴氏●〔43〕、向氏●〔44〕、司馬氏●〔45〕，皆子姓也。

【校記】

【1】巨辰：仿宋本、馮本、魁本、陳本同，程本、四庫本、邵本作"臣㕫"。

【2】中：仿宋本、馮本、魁本、陳本同，程本、四庫本、邵本作"也"。

【3】第：《古今姓氏書辯證》卷三十七引文、陳本同，仿宋本、馮本、魁本、程本、四庫本、邵本作"弟"。

【4】司城：仿宋本、馮本、魁本、陳本同，程本、四庫本、邵本作"月城"。

【5】冈：陳本同，仿宋本、馮本、魁本作"冈"，程本、邵本作"罔"，四庫本作"岡"。

【6】敎：仿宋本、馮本、魁本、陳本同，程本、四庫本、邵本作"教"。

【箋注】

〔1〕汪繼培曰："《史記·宋世家》。本名啓，漢人避諱作'開'。"〇覺按：帝乙：並

不是5.5的“帝乙”，而是指商朝末年的帝乙，太丁之子，微子啓與商紂王的父親，見《史記·殷本紀》。元：首。微子開：見34.5.5注〔1〕。庶：與“嫡”（正妻及正妻所生的長子）相對，指没有繼位權的旁支。微子出生時，其母尚爲妾，故雖爲長子，也爲庶子。

〔2〕汪繼培曰：“▲‘武王’當作‘成王’，注詳《五德志》。”○覺按：見34.5.5注〔1〕。

〔3〕汪繼培曰：“《漢書·地理志》云：‘周封微子於宋，今之睢陽是也。’”○覺按：睢陽：秦、漢縣名，治所在今河南省商邱市睢陽區南。

〔4〕汪繼培曰：“《元和姓纂》云：‘正考父生孔父嘉，子孫以王父字爲氏。’按孔父見桓元年《左傳》。孔氏詳下。”

〔5〕汪繼培曰：“《元和姓纂》引《風俗通》云：‘宋戴公子祝其爲司寇，因氏焉。見《世本》。’”

〔6〕汪繼培曰：“‘韓’當作‘幹’。《古今姓氏書辨證》引《世本》云：‘宋司徒華定後爲幹獻氏。’《氏族畧四》《後紀十》並作‘幹’。按宋司徒華定見襄廿九年《左傳》。”

〔7〕汪繼培曰：“《後紀十》以季老男爲三字姓，又别有季老氏、老男氏。《古今姓氏書辨證》引《世本》云：‘宋華氏有華季老，其子氏焉。’成十五年《左傳》疏引《世本》云：‘華督生世子家，家生秀老。’‘秀’蓋即‘季’之誤。”

〔8〕彭鐸曰：“巨辰、經氏，秦氏《世本輯補》據《姓氏急就篇》訂作‘白馬氏、經氏’。《姓纂·六至》有事父氏，本此，而他書無見，疑即皇父氏之訛衍。”○覺按：“巨辰”或爲“西鄉”之壞誤。《風俗通義·佚文》：“（西鄉氏），宋大夫西鄉錯之後，見《世本》。《尸子》有隱者西鄉曹。”

〔9〕汪繼培曰：“《唐書·宰相世系表》云：‘宋戴公白生公子充石，字皇父，皇父生季子來，來生南雍鉠，以王父字爲氏。’《廣韻·九麌》‘父’字注云：‘漢初有皇父鸞，自魯徙居茂陵，改“父”爲“甫”。’按‘父’‘甫’古通用，非改字也。皇父充石見文十一年《左傳》。”

〔10〕汪繼培曰：“桓元年《左傳》宋華父督，疏引《世本》云：‘華父督，宋戴公之孫，好父説之子。’二年《傳》云：‘會於稷，以成宋亂，爲賂故，立華氏也。’杜注：‘督未死而賜族，督之妄也。’按華父爲督字，以字爲氏。”

〔11〕汪繼培曰：“僖九年《左傳》云：‘宋襄公即位，以公子目夷爲仁，使爲左師以聽政，於是宋治，故魚氏世爲左師。’按目夷字子魚，襄公庶兄。”○覺按：《風俗通義·佚文》：“宋桓公子公子目夷字子魚，賢而有謀，子孫以王父字爲氏。漢有長安富人魚翁叔。”

〔12〕汪繼培曰：“文十一年《左傳》宋有耏班。‘而’或當作‘耏’，▲下脱‘氏’字。”○覺按：此當作“耏氏、蕭氏”。董氏爲己姓，已見35.4.3，此當爲“蕭”字之誤。《風俗通義·佚文》：“（蕭氏），宋樂叔以討南宫萬立御説之功受封於蕭，列附庸之國。漢相國蕭何即其後氏也。”要説明的是，以討南宫萬、立御説之功而受封於蕭的是蕭叔大心（見《左傳·莊公十二年》），《風俗通義》以爲是樂叔，蓋將蕭叔大心與樂大心（見《左傳·昭公七年》《春秋·定公十一年》）視爲一人，誤。

〔13〕彭鐸曰：“艾、歲氏，秦嘉謨《世本輯補》作艾氏、雍氏，謂此誤作歲氏。”○覺按：《風俗通義·佚文》：“（雍氏），周文王第十三子雍伯之後，以國爲姓。鄭大夫有雍糾，楚有雍子，齊有雍廩，宋有雍鉏。漢什邡侯雍齒，沛人也。”據此，則雍氏並非出於宋國子姓，秦説不可從。

〔14〕汪繼培曰：“鳩，《氏族畧四》《古今姓氏書辨證》《後紀十一》注並引作‘鴟’。”○彭鐸曰：“《淮南子·氾論訓》：‘昔齊簡公釋其國家之柄，而專任其大臣，故使陳成田常、

鵖夷子皮得成其難。’是齊有鵖夷氏，‘鳩’字訛。”〇覺按：鵖夷子皮當爲齊國田氏之支（參見35.6.2注〔16〕），不能用來證成此宋國子姓之氏。此“鳩”字當作“墨”。《廣韻·上平聲·六脂》“夷”字注：“《世本》云：‘宋襄公子墨夷須爲大司馬，其後有墨夷皐。”

〔15〕汪繼培曰：“《後紀十》有椒氏。‘越’字疑衍。《元和姓纂》《氏族畧》並以越椒爲楚芊姓。”〇覺按：椒氏也當爲楚國之姓，如楚大夫椒舉（即伍舉），故“越”字恐非衍文。

〔16〕汪繼培曰：“‘第’舊作‘弟’，据《古今姓氏書辨證》《氏族畧五》引改。《元和姓纂》引《潛夫論》不更氏，《後紀十》注云：‘不更、不茅見《潛夫論》。’又别有不夷氏，云：‘見《世本》。《姓纂》以爲“不夷，甫須之後”。’按本書無不更、不茅、不夷。‘第’‘夷’聲相近，‘第’誤爲‘茅’，‘夷’誤爲‘更’。《史記·魯世家》‘煬公築茅闕門’，徐廣曰：‘茅，一作“第”，一作“夷”。’正與此同。”〇王紹蘭曰：“‘不第’蓋‘子革’之譌。《氏族略》引《世本》：‘子革氏，宋司城子革之後。’而鄭樵、鄧名世引《潛夫論》作‘不第’，羅泌引作‘不茅’，則宋時已誤。《姓纂》作‘不夷’，以爲‘不夷，甫須之後’。據《左氏文十八年》疏引《世本》：‘碩父澤生夷甫須。’《檀弓》疏引《世本》：‘繹生夷甫傾。’‘繹’即‘澤’之異文，‘傾’即‘須’之譌字，皆言‘夷甫’，不言‘不夷’，則《姓纂》之説非也。”〇覺按：“不第氏”於史無徵，而行草“子”易譌爲“不”，“革”易譌爲“弟”而又改爲“第”，“子革”或在六朝寫本中譌爲“不第”，故王説可從。然宋司城爲子罕（《左傳·襄公二十九年》云“宋司城子罕”，子罕爲樂喜之字，《左傳·襄公九年》“樂喜爲司城以爲政”杜預注：“樂喜，子罕也。”）而非子革，則“子革”或爲“子罕”之誤。又，此子革氏爲宋國子姓之後，魯國也有子革氏，爲姬姓之後（見35.9注〔19〕）。

〔17〕冀氏：“冀”不當爲宋國之氏（參見35.5注〔30〕）。此“冀”字當爲“幾”之音誤。古代“幾”“冀”音近字通。《韓非子·姦刼弑臣》“必不幾矣”即“必不冀矣”。《風俗通義·佚文》：“（幾氏），宋大夫仲幾之後，以王父字爲氏。”

〔18〕汪繼培曰：“《唐書·宰相世系表》云：‘宋微子之後司寇牛父，子孫以王父字爲氏。’按司寇牛父見文十一年《左傳》。”

〔19〕汪繼培曰：“《元和姓纂》引《世本》云：‘宋戴公生東鄉克，孫樂喜爲司城氏。’按襄九年《左傳》云：‘樂喜爲司城。’杜注：‘樂喜，子罕也。’《禮記·檀弓》疏引《世本》云：‘戴公生樂甫術，術生石甫願繹，繹生夷甫傾，傾生東鄉克，克生西鄉士曹，曹生子罕喜。’《姓纂》有脱文。”

〔20〕汪繼培曰：“按‘冈’爲‘网’字之俗，見《廣韻·三十六養》。”〇覺按：“冈”當爲“罕”字之壞誤，罕氏當即子罕後代以其父字爲氏。春秋時鄭穆公的兒子公子喜字子罕（《春秋·成公十六年》“鄭公子喜帥師侵宋”杜預注：“喜，穆公子子罕也。”），其孫罕虎（見《左傳·襄公三十年》）即以罕爲姓。又，晋國也有罕氏，且早於鄭國，《左傳·閔公二年》有“罕夷”。

〔21〕彭鐸曰：“‘近’當作‘所’。所氏見《姓纂·八語》、《氏族略四》引《風俗通》。”〇覺按：《風俗通義·佚文》：“（所氏），宋大夫華所事之後。漢有諫議大夫所忠，武帝時人。”

〔22〕汪繼培初稿曰：▲“‘止’疑‘正’，正考父之後，見《廣韻·四十五勁》。”〇覺按：汪繼培蓋疑其初稿之説不確，故陳本無此注。我以爲此“止”字當爲“武”字之壞誤。武氏見《左傳·文公十八年》。《風俗通義·佚文》：“（武氏），宋武公之後，氏於謚。秦末武臣自立爲趙王，項羽之客有武涉。”

〔23〕朝氏：春秋時蔡國有朝吴，見《左傳·昭公十三年》。至於宋國的朝氏，當爲宋公子朝之後。宋公子朝曾爲司寇，見《左傳·文公十六年》。

〔24〕汪繼培曰："《氏族畧四》'敎氏'引《風俗通》云：'宋左師勃之後。'按左師勃，宋繆公子，見隱三年《公羊傳》。'敎'與'勃'同。"

〔25〕汪繼培曰："《元和姓纂》'右歸氏'引此書。按'歸'蓋'師'之誤。《姓纂》有右師氏，引《世本》云：'宋武公生公子中代爲右師，因氏焉。'《氏族畧四》'武公'、'公子中'作'莊公'、'公子申'。成十五年《左傳》疏引《世本》云：'莊公生右師戊。'"〇彭鐸曰："疏引《世本》有脱文，當云：'莊公生公子中，爲右師氏。''中'即'仲'字，《氏族略》'中'作'申'，'莊公'作'武公'，並誤。"

〔26〕汪繼培初稿曰：▲"伉，《後紀十》作'伉'。按《後漢書·桓帝紀》延熹八年長沙太守抗徐，注引《風俗通》曰：'衛大夫三抗之後。''三抗'疑即'三伉'，但與此言宋後不合。"〇王紹蘭曰："《姓纂》：'三伉氏，宋子姓，微子之後。'《後漢書·桓帝紀》注引謝承書曰：'抗徐，字伯徐。'《風俗通》曰：'衛大夫三抗之後。'豈宋人而仕衛與？其字從手㫄亢與？論及《姓纂》竝異。"〇彭鐸曰："'伉'當作'伉'，《姓纂》引《風俗通》云：'晋公子重耳封舅犯於三伉，支孫氏焉。'然此乃晋公族，不當列此。"〇覺按：此當從王説。《姓纂》之論當本於《潛夫論》，故此文"三伉"當爲"三伉"之誤，"三伉"與"三抗"通。

〔27〕汪繼培曰："'王'疑是'壬'，《春秋·襄元年》有楚公子壬夫，此其比也。"〇覺按：此説僅供參考。

〔28〕汪繼培初稿曰：▲"'宜'疑'宣'，宋宣公之後，見《氏族畧四》。"〇彭鐸曰："秦嘉謨據《姓氏急就篇》《氏族略四》引《風俗通》改'宜'爲'宣'，云：'宋宣公後，以謚爲氏。'"〇覺按："宜"字恐不誤。春秋時宋國司馬華費遂之侍人叫"宜僚"（見《左傳·昭公二十一年》），則宋國有宜氏。

〔29〕汪繼培初稿曰：▲"'徵'疑'微'，微仲之後，見《氏族畧四》。"〇覺按："徵"字或不誤，三國時吴有徵崇（見《三國志·吴書·程秉傳》），然不知是否出於宋國。又，此"徵"字或爲"衍"字之訛。《風俗通義·佚文》："（衍氏），宋微仲衍之後。"

〔30〕汪繼培曰："昭廿一年《左傳》宋有鄭翩。"

〔31〕汪繼培曰："《廣韻·六脂》'夷'字注云：'宋公子目夷之後。'詳上魚氏注。"〇王紹蘭曰："《史記·殷本紀》：'太史公曰：契爲子姓，其後分封，以國爲姓，有目夷氏。'此氏於國者。而《姓氏急就篇》注引《世本》：'宋襄公子墨夷須爲大司馬，其後有墨夷皋。'《路史》引《世本》作'目夷'，是宋又有氏於字之目夷也。"

〔32〕汪繼培曰："文七年《左傳》：'鱹睢（覺按：當作"鱗矔"）爲司徒。'疏引《世本》云：'桓公生公子鱗，鱗生東鄉矔。'成十五年《傳》'鱗朱爲少司寇'，杜注：'鱗矔孫。'"

〔33〕汪繼培曰：▲"'黑'疑'墨'，見《氏族畧四》。"〇彭鐸曰："昭廿二年《左傳》宋有臧士平（石經'士'訛'氏'）。文十六年《傳》宋有蕩虺，杜注：'意諸之弟。'秦云：'疑以爲氏。'沙氏，秦據《姓氏書辨證·十二齊》改泥氏。黑氏，秦據成五年《傳》改靈氏。"

〔34〕汪繼培曰："宋文公子圍龜字子靈，見成十五年《左傳》。"〇彭鐸曰："見成五年《傳》，秦氏《世本輯補》亦衍'十'字。"

〔35〕既氏：《風俗通義·佚文》："（既氏），吴夫槩王之後，子孫因避仇改爲既氏。漢有安南長史既凉。"據此，則此文之"既"字或有誤，未詳所當作。

〔36〕彭鐸曰："據氏，秦據《姓纂·二十一麥》改獲氏，云：'宋大夫猛獲之後。'"〇

覺按：秦改未必可從。《左傳·昭公二十年》有齊大夫“梁丘據”。《通志·氏族略三》：“梁邱氏，齊大夫，食采梁邱。”據《春秋·莊公三十二年》“宋公、齊侯遇于梁丘”杜預注，梁丘原爲宋邑，在今山東省成武縣東北，則梁丘據原來應該是宋國大夫，爲子姓，其後代或以“據”爲氏，也出於宋國而屬子姓。還有戰國時宋國莊周所著《莊子·大宗師》中提到力士據梁，可能也是宋國的據氏。因此，此“據”字未必有誤。

〔37〕王紹蘭曰：“‘碑’蓋‘石甫’二字之譌。《檀弓》疏引《世本》：‘戴公生樂甫術，術生石甫原繹。’《左氏·文七年、十八年》疏引《世本》竝作‘碩甫澤’。‘碩甫澤’即‘石甫原繹’也。澤爲戴公孫，其後爲石甫氏。”〇覺按：“石甫氏”未聞，王説恐非。此“碑氏”當爲“備氏”之訛。《風俗通義·佚文》：“備氏，宋封人備之後。”

〔38〕汪繼培曰：“哀十三年《左傳》宋有成讙。”

〔39〕汪繼培曰：“昭廿二年《左傳》：‘宋邊卬爲大司徒。’杜注：‘卬，平公曾孫。’《廣韻·一先》‘邊’字注：‘邊姓，《陳畱風俗傳》云：“祖於宋平公。”’《氏族畧三》云：‘宋公子城之後，城字子邊。或言宋平公子御戎字子邊，子孫以王父字爲氏。’”

〔40〕汪繼培曰：“襄十九年《左傳》：‘齊靈公諸子仲子、戎子。’杜注：‘諸子，諸妾姓子者。二子皆宋女。戎子即戎氏女也。’”

〔41〕尾氏：《莊子·盜跖》有“尾生”，《釋文》云：“一本作‘微生’。《戰國策》作‘尾生高’。”《漢書·古今人表》也作“尾生高”，《漢書·東方朔傳》“信若尾生”顏師古注：“尾生，古之信士，與女子期於梁下，待之不至，遇水而死。一曰即微生高也。”可見古代“尾”“微”音近字通，“尾氏”當即“微氏”，爲宋微子之後。《後漢書·劉虞列傳》有尾敦。

〔42〕汪繼培曰：“《急就篇》顏師古注云：‘宋桓公孫鱗矔爲宋司徒，號曰桓子，因爲氏焉。’《唐書·宰相世系表》云：‘宋桓公之後向魋亦號桓氏。’按桓魋見哀十三年《左傳》。”

〔43〕汪繼培曰：“《急就篇》顏師古注云：‘宋戴公生公子文遂，稱戴氏。’按昭八年《左傳》宋有戴惡。”〇覺按：《韓非子·内儲説下》有宋太宰戴驩。

〔44〕汪繼培曰：“成十五年《左傳》：‘華元使向戌爲左師。’杜注：‘向戌，桓公曾孫。’疏引《世本》云：‘桓公生向父肸，肸生司城訾守，守生小司寇鱣及合左師。左師即向戌也。’《廣韻·四十一漾》‘向’字注云：‘戌以王父字爲氏。’”

〔45〕汪繼培曰：“哀十四年《左傳》宋桓魋弟司馬牛。《史記·仲尼弟子傳》《索隱》云：‘以魋爲宋司馬，故牛遂以司馬爲氏。’”

35.7.2

閔公●〔1〕子弗父何●生宋父【1】〔2〕，宋父生世子〔3〕，世子生正考父〔4〕，正考父生孔父嘉〔5〕，孔父嘉生子木金父——木金父降爲士〔6〕，故曰“滅於宋”●〔7〕。金父生祁父〔8〕，祁父生防叔——防叔爲華氏所偪【2】〔9〕，出奔魯，爲防大夫〔10〕，故曰防叔。防叔生伯夏〔11〕，伯夏生●叔梁紇——爲鄹大夫【3】〔12〕，故曰鄹叔紇。生孔子●〔13〕。

【校記】

【1】何：邵本、陳本同，仿宋本、馮本、魁本、程本、何本、四庫本作“河”。

【2】偪：仿宋本、馮本、魁本、程本、邵本、陳本同，四庫本作“逼”。

【3】生：四庫本、邵本、陳本同，仿宋本、馮本、魁本、程本、何本無“生”字。

【箋注】

〔1〕汪繼培曰：▲“《史記·宋世家》作‘湣公’，昭七年《左傳》杜預注亦作‘閔公’。”○覺按：閔公：又作“湣公”“愍公”“緡公”，古字音近相通。周代宋國有兩個湣公，此指西周時的宋湣公，名共，是微仲（微子啓之弟）的曾孫。見《史記·宋微子世家》。

〔2〕汪繼培曰：“舊作‘河’。”○覺按：弗父何：《左傳·昭公七年》也作“弗父何”，《詩經·商頌·那·序》“有正考甫者”孔穎達疏引《世本》作“弗甫何”，音同相通。其名爲何，字弗父，宋湣公的嫡長子，宋厲公之兄。他本來可以繼承君位，但湣公死後，君位被湣公之弟煬公篡奪。厲公殺煬公而欲立弗父何，弗父何將君位讓給了厲公，故被後人稱爲“聖人”。參見《左傳·昭公七年》、《詩經·商頌·那》“有正考甫者”孔穎達疏。宋父：弗父何之子，一作“送父”，名周，見《孔子家語·本姓解》《新唐書·宰相世系表五下》。

〔3〕世子：宋父之子，名勝，也稱“世父勝”，見《孔子家語·本姓解》《新唐書·宰相世系表五下》。《漢書·古今人表》作“宋世子士”。

〔4〕正考父：《詩經·商頌·那·序》作“正考甫”，弗父何的曾孫，曾輔佐宋戴公、武公、宣公，位於上卿而更加恭敬從事，故被後人稱爲“聖人”。見《左傳·昭公七年》。

〔5〕孔父嘉：名嘉，字孔父，正考父之子，孔子六世祖，宋穆公、殤公時爲大司馬。宋殤公九年（公元前 711 年）冬，其妻外出，因貌美而被華父督看中。次年春，華父督便攻殺了孔父嘉而取其妻。參見《左傳》隱公三年、桓公元年、二年及《史記·宋微子世家》。

〔6〕子：衍文。木金父：也稱“金父”，《漢書·古今人表》作“宋大金”，孔子五世祖，清朝雍正元年被追封爲肇聖王（見《闕里文獻考·祀典一》）。士：古代下級官吏，位居大夫之下，士以下爲平民和奴隸。參見《左傳·昭公七年》。

〔7〕汪繼培曰：“昭七年《左傳》孟僖子曰：‘孔子，聖人之後也，而滅於宋。’”○覺按：“滅於宋”是孟僖子的話（見《左傳·昭公七年》），所以此文説“故曰”。《世本·卿大夫世本》云：“正考甫生孔父嘉，爲宋司馬華督殺之而絶其世，其子木金父降爲士。”可見所謂“降爲士”，是指“絶其世”（被廢除了卿大夫的世襲權）而喪失了封地，所以説“滅於宋”。

〔8〕祁父：一作“皋夷父”，孔子高祖，清雍正元年被追封爲裕聖王。

〔9〕防叔：孔子曾祖，祁父次子，因到魯國後爲防大夫，故稱防叔。華氏：華氏家族，指華父督的後代。華父督（？—公元前 682 年）是宋戴公（公元前 799～公元前 766 年在位）的孫子，也稱宋督，名督，字華父，宋殤公至宋湣公捷時爲太宰，其事蹟可參見《左傳》桓公元年至莊公十二年。據《世本·卿大夫世本》，華督生世子家，世子家生秀老，秀老生司徒鄭，司徒鄭生司徒喜；世子家生華孫御事，華孫御事生華元。據《左傳》，華督殺孔父嘉，而此文之防叔爲孔父嘉的曾孫，則此文之華氏當指華督的孫子或曾孫。

〔10〕防：春秋時魯國有兩個防邑，一在今山東省費縣東北，另一個原爲宋邑，魯隱公十年（公元前 713 年）被魯攻取，在今山東省金鄉縣西南，爲了與原有的防邑區別，也稱“西防”。防叔在哪一個防邑做大夫，史未明言，據《史記·孔子世家》，孔子之父葬於魯（今山東省曲阜市）東之防山，則防叔之防，當爲費縣東北之防。有的文獻説魯國有三個防邑，除上述兩個外，還有一個在今山東省曲阜市東，即《左傳·僖公十四年》“遇于

防而使來朝”之“防”。此説若能成立，則防叔之邑當即此邑。但一般人都認爲《左傳·僖公十四年》的“防”即今費縣東北之防，故此説或誤以“防山”爲“防邑”，今述之僅供參考。防大夫：即防邑之宰，相當於現在的縣級市市長。

〔11〕伯夏：防叔長子，孔子祖父，清雍正元年被追封爲昌聖王。

〔12〕汪繼培曰：“舊脱。”〇覺按：叔梁紇（hé 盒）：孔子之父，名紇，字叔梁，爲魯國郰邑大夫，故又稱郰人紇（見《左傳·襄公十年》）或郰叔紇（見《左傳·襄公十七年》）。他武力絶倫，先娶魯國的施氏，生九女。年老以後求婚於顔氏，得其小女徵在而生孔子。孔子三歲時（公元前 549 年）卒，葬於防山（在今山東省曲阜市東）。參見《史記·孔子世家》“紇與顔氏女野合而生孔子”《索隱》。郰（zōu 鄒）：又作“鄹”或“陬”，春秋時魯邑，孔子故鄉，在今山東省曲阜市東南。郰大夫：郰邑之宰，相當於現在的縣級市市長。

〔13〕汪繼培曰：“‘閔公’以下本《世本》，《詩·那》疏引之，‘閔’作‘湣’，彼云：‘宋父生正考父。’文有脱滅。王肅撰《家語·本姓解》與此同，亦用《世本》也。”

35.8

周靈王之太子晋〔1〕，幼有成德，聰明博達●〔2〕，温恭敦敏。穀、雒●水鬭【1】〔3〕，將毁王宫。王●欲壅之【2】〔4〕，太子晋諫，以爲不順天心，不若脩政●【3】〔5〕。晋平公使叔譽聘於周【4】〔6〕，見太子，與之言，五稱而三窮，逡廵而退【5】〔7〕，歸告平公曰：“太子晋行年十五【6】〔8〕，而譽弗能與言〔9〕。君請事之！”平公遣師曠見太子晋【7】。太子晋與語【8】，師曠服德，深相結也。乃問曠曰：“吾聞太師能知人年之長短。”師曠對曰【9】：“女色赤白，女聲清汗●【10】〔10〕。火色不壽。”晋曰：“然。吾後三年將上賓于帝【11】。女慎無言【12】，殃將及女。”其後三年，而太子死●〔11〕。孔子聞之，曰：“惜夫！殺吾君也。”世人以其豫自知去期【13】，故傳稱王子喬仙●〔12〕。仙之後，其嗣避周難於晋【14】，家于平陽【15】〔13〕，因●〔14〕氏王氏●【16】〔15〕。其後子孫世喜養性神仙之術●〔16〕。

【校記】

【1】雒：仿宋本、馮本、程本、邵本、陳本同，魁本作“雒”，四庫本作“洛”。

【2】王：陳本同，仿宋本、馮本、魁本、程本、四庫本、邵本無“王”字。

【3】脩：仿宋本、馮本、魁本、程本、邵本同，四庫本、陳本作“修”。

【4】聘：何本、四庫本、邵本、陳本同，仿宋本、馮本、程本作“娉”，魁本作“躬”。於：仿宋本、馮本、魁本、程本、邵本、陳本同，四庫本作“于”。

【5】廵：仿宋本、馮本、魁本、程本、邵本同，四庫本、陳本作“巡”。

【6】子：馮本、四庫本、邵本、陳本同，仿宋本、魁本、程本作“平”。五：仿宋本、馮本、魁本、陳本同，程本、四庫本、邵本作“取”。

【7】遣：四庫本、邵本、陳本同，仿宋本、馮本、魁本、程本、何本作“遺”。
【8】語：仿宋本、馮本、魁本、陳本同，程本、四庫本、邵本作“言”。
【9】曰：仿宋本、馮本、魁本、四庫本、邵本、陳本同，程本、何本作“白”。
【10】女：仿宋本、馮本、魁本、程本、邵本、陳本同，四庫本作“汝”。
【11】于：仿宋本、馮本、魁本、程本、四庫本、邵本同，陳本作“於”。
【12】女：仿宋本、馮本、魁本、程本、邵本、陳本同，四庫本作“汝”。
【13】自知：陳本同，仿宋本、馮本、魁本、程本、邵本作“自”，四庫本作“白”。
【14】於：仿宋本、馮本、魁本、程本、邵本、陳本同，四庫本作“于”。
【15】于：仿宋本、馮本、魁本、程本、邵本同，四庫本、陳本作“於”。
【16】因：陳本同，仿宋本、馮本、魁本、程本、四庫本、邵本作“田”。

【箋注】

〔1〕周靈王：東周王朝的天子，周簡王之子，姓姬，名泄心，公元前571—公元前545年在位。太子晉：周靈王的太子，名晉，也稱“王子晉”，年少而死，但很有德才，《國語·周語下》載其長篇諫詞可見一斑。其事蹟還可參見《逸周書·太子晉解》。

〔2〕汪繼培曰：“《風俗通·正失篇》云：‘《周書》稱靈王太子晉幼有盛德，聰明博達。’今《逸周書·太子晉解》不載此文，蓋脱佚也。”○彭鐸曰：“‘成德’即《風俗通》‘盛德’。宣二年《左傳》‘盛服將朝’，《釋文》：‘音成，本或作“成”。’是‘成’‘盛’古通之證。”○覺按：彭説可通，但此文“成”與“幼”相對，似不當解爲“盛”，而應理解爲“成人的”或“成熟的”。《儀禮·士冠禮》：“棄爾幼志，順爾成德。”是其證。博：《荀子·修身篇》：“多聞曰博。”

〔3〕汪繼培初稿曰：▲“《周語》作‘洛’。”○覺按：穀：河名，發源於今河南省澠池縣，東流經今河南省洛陽市北，再向東流入洛河。見《水經注·卷十六·穀水》。雒：指洛河，見34.4.3注〔4〕。穀、雒水鬬：穀水原流經東周王城（今河南省洛陽市）之北，洛河在王城之南。周靈王二十二年（公元前550年），穀水水盛，在王城之西溢出而向南流入洛河，與南來的洛河之水對面撞擊，有如相鬬，所以説“鬬”。當時兩水合流後已沖毀了王城西南角，將毀及王宮。見《國語·周語下》及韋昭注。

〔4〕汪繼培曰：“舊脱，▲孫侍御補。”○覺按：壅：築堤堵住。《國語·周語下》“王欲壅之”韋昭注：“欲壅防穀水，使北出也。”

〔5〕汪繼培曰：“以上本《周語》。”

〔6〕叔譽：即晉國大夫叔嚮，見4.4注〔6〕。聘：古代諸侯之間或諸侯與天子之間派使節問候叫聘。

〔7〕逡（qūn囷）巡：有所顧慮而徘徊不前。

〔8〕行：經歷。行年：經歷的年歲。

〔9〕彭鐸曰：“臣對君不得自稱其字，‘譽’當從《周書》作‘臣’。”

〔10〕汪繼培曰：“《逸周書》二語互轉，《風俗通》與此同。”○覺按：《逸周書》孔晁注：“清，角也。言音汗洈木，木生火，色赤，知聲者則色亦然。”朱右曾《逸周書集訓校釋》則云：“聲散而不收，如汗之出而不返。清爲金，汗爲火，故知其色赤白。金不勝火，則火爲主，火必附木以炎，今無木，故不壽。”這兩種説法恐怕都不當。因爲古代將宮、商、角、徵、羽五音分别與五行中的土、金、木、火、水相配，“角”音配五行之木，“金”則配商音，與“火色不壽”不相關。此“清”當指清徵（zhǐ旨），清徵配五行之火，所以與“火色”爲一類。古代樂律中有所謂“五聲”“四清”，合稱“九聲”。毛奇齡《聖

論樂本解説》卷二曰：“聲止有五，五之外無聲，而高于五聲者，則仍以五聲周之，第六聲即第一聲，第七聲即第二聲，第八聲即第三聲，第九聲即第四聲。自一至五，所謂宫、商、角、徵、羽者；而自六至九，則所謂宫清、商清、角清、徵清（凡清樂，有清宫、清商、清角、清徵而無清羽）。獨羽以至高而聲不能上，遂無清聲。所謂清者，即本聲之高字而聲稍清也，猶笛色四、上、尺、工、六五字之外又有高伵、高仩、高伬、高仜四高字也（無高伩字者，以無羽清也）。此九聲也。”毛氏所謂“四、上、尺、工、六”，乃工尺譜之用字，相當於現在簡譜中的$\underset{\cdot}{6}$、1、2、3、5。“五聲”即宫、商、角、徵、羽五個音級，相當於現在簡譜中的1、2、3、5、6。“四清”即清宫、清商、清角、清徵四個高音，相當於現在簡譜中的$\dot{1}$、$\dot{2}$、$\dot{3}$、$\dot{5}$。所謂“清”，指本聲之高音而顯得較爲清越悠揚。由此可見，清徵是一種很高的音，此文用來形容其聲音較尖，《廣雅·釋詁一》：“清，急也。”即其義。至於“汗”字，孔晁注解爲“沆”，朱右曾如字解，恐怕也不當。此“汗”當通“旱”，指聲音乾啞。中醫認爲，這是一種火症，所以與“火色”爲一類。又，《逸周書》“女聲清汗”在“女色赤白”之上，所以前人的注解都將“女色赤白”當作是由“女聲清汗”類推出來的現象，不當。“女聲清汗”爲聽覺所得，“女色赤白”爲視覺所得，兩者並列，並無因果關係。

〔11〕汪繼培曰：“以上本《逸周書》。”

〔12〕汪繼培曰：“‘孔子聞之’以下亦見《風俗通》。‘知’字舊脱，据《風俗通》補。《列仙傳》云：‘王子喬者，周靈王太子晋也。’《漢書·梅福傳》云：‘至今傳以爲仙。’”〇覺按：豫：通“預”。王子喬：傳説中的仙人，據説是太子晋升天后的化身，“喬”可能是太子晋的字。

〔13〕平陽：在今山西省臨汾市西南，戰國初爲韓國都城。

〔14〕汪繼培曰：“舊作‘田’。”

〔15〕汪繼培曰：“《唐書·宰相世系表》云：‘周靈王太子晋，以直諫廢爲庶人，其子宗敬爲司徒，時人號曰王家，因以爲氏。’”

〔16〕汪繼培曰：“《梅福傳》云：‘福居家，嘗以讀書養性爲事。’”

35.9

魯之公族【1】，有蟜氏●〔1〕、后氏●〔2〕、衆氏●〔3〕、臧氏●〔4〕、施氏●〔5〕、孟氏●〔6〕、仲孫氏●〔7〕、服氏●〔8〕、公山氏●〔9〕、南宫氏●〔10〕、叔孫氏●〔11〕、叔仲氏●【2】〔12〕、子我氏●〔13〕、子士氏●〔14〕、季氏●〔15〕、公鉏氏●〔16〕、公巫氏●〔17〕、公之氏●〔18〕、子干氏、華氏●〔19〕、子言氏●〔20〕、子駒氏●【3】〔21〕、子雅氏〔22〕、子陽氏●〔23〕、東門氏●〔24〕、公析氏●【4】〔25〕、公石氏●〔26〕、叔氏●〔27〕、子家氏●〔28〕、榮氏●〔29〕、展氏●〔30〕、乙氏●〔31〕，皆魯姬姓也。

【校記】

【1】族：仿宋本、魁本、程本、四庫本、邵本、陳本同，抄補本、馮本作“故”。

【2】仲：仿宋本、馮本、魁本、邵本、陳本同，程本、何本、四庫本作“伸”。

【3】騶：仿宋本、馮本、魁本、程本、四庫本、邵本同，陳本作“騊”。
【4】析：邵本、陳本同，仿宋本、馮本、魁本、程本、何本、四庫本作“折”。

【箋注】

〔1〕汪繼培曰：“《禮記·檀弓》云：‘季武子寢疾，蟜固不説齊衰而入見。’固蓋魯公族。”〇彭鐸曰：“《史記·仲尼弟子傳》有蟜疵，《正義》：‘《漢書》云：“魯人。”’”

〔2〕汪繼培曰：“《禮記·檀弓》‘后木’鄭注：‘后木，魯孝公子惠伯鞏之後。’疏引《世本》作‘孝公生惠伯革，其後爲厚氏’。《吕氏春秋·察微篇》‘郈昭伯’高誘注：‘郈氏，魯孝公子惠伯華之後也，以字爲氏。’華、革、鞏，字形相近之誤。郈昭伯見昭廿五年《左傳》。《漢書·古今人表》作厚昭伯，《五行志》又作后氏。襄十四年《左傳》厚成叔，《釋文》云：‘厚，本或作“郈”。’《風俗通·過譽篇》亦作‘后’。后、厚、郈，並通。”〇王引之曰：“昭二十五年《傳》言季郈者一，言郈氏者二，言郈昭伯者二，言郈孫者四，‘郈’字皆當作‘后’。‘后’者，‘厚’之借字也。(《説文》：‘厚，古文作“垕”。’‘垕’與‘后’同。)《潛夫論·志氏姓篇》曰：‘魯之公族，有后氏。’《檀弓》‘后木’鄭注曰：‘后木，魯孝公子惠伯鞏之後。’《正義》曰：‘《世本》：“孝公生惠伯革，其後爲厚氏。”’《世本》云‘革’，此云‘鞏’；《世本》云‘厚’，此云‘后’，其字異耳。《吕氏春秋·察微篇》：‘魯季氏與后氏鬬雞。’（今本‘后’作‘郈’，後人依俗本《左傳》改之也。據注，以字爲氏，則作‘后’明矣。）高注曰：‘后氏，魯孝公子惠伯革之後也，以字爲氏，因曰后氏。’蓋惠伯革字厚，‘厚’與‘后’通。惠伯革之孫以王父字爲氏，故其後爲后氏。又謂之‘后孫’，猶公子彄字子臧（見隱五年《傳》《正義》），而其後爲臧孫；公子督字華父，而其後爲華孫也（華孫見文十五年《經》）。襄十四年《傳》：‘公使厚成叔弔于衞。厚孫歸，復命。’厚孫，即后孫也。厚成叔，亦惠伯革之後，(《吕氏春秋·觀表篇》高注曰：‘后成子，魯大夫也，后敬子國之子。’《魯語》韋注曰：‘后敬子，魯大夫后惠伯之元孫。’）故稱‘后孫’、‘厚成叔’。《風俗通義·過譽篇》作‘后成叔’，《文選·幽憤詩》注引《左傳》同。后昭伯，《漢書·古今人表》作‘厚昭伯’，《史記·魯周公世家》《索隱》曰：‘《系本》：“昭伯名惡，魯孝公之後，稱厚氏。”’《五行志》：‘昭公二十五年，劉歆以爲時后氏與季氏有隙。’或書其本字，或書其借字，皆是也。若郈，則叔孫氏之邑，而非惠伯革之字，不得爲昭伯所受之氏。臧孫之‘臧’，華孫之‘華’，豈可以爲邑名乎？‘后’旁加‘邑’，蓋傳寫者之誤也。（襄十四年‘厚成叔’《釋文》：‘厚，本或作“郈”。’案‘郈’亦當作‘后’。）而《元和姓纂》引《風俗通》曰：‘魯大夫郈昭伯食采於郈，因氏焉。’已誤以后孫之‘后’爲郈邑之‘郈’。食采於郈者，叔孫氏，非后氏也。”（見《經義述聞》卷十九“季郈　郈氏　郈昭伯　郈孫”條）

〔3〕汪繼培曰：“隱元年《左傳》公子益師衆父之後。《世族譜》云：‘衆父，孝公子。’”

〔4〕汪繼培曰：“隱五年《左傳》臧僖伯之後。疏云：‘僖伯名彄，字子臧。《世本》云：“孝公之子。”’”

〔5〕汪繼培曰：“《氏族畧三》云：‘魯惠公之子公子尾字施父，其子因以爲氏。’《古今姓氏書辨證》云：‘施父生施伯，伯孫頃叔生孝叔，始以王父字爲氏。’按施父見桓九年《左傳》；孝叔見成十一年《傳》，杜注：‘魯惠公五世孫。’”

〔6〕汪繼培曰：“文十五年《左傳》：‘齊人或爲孟氏謀。’杜注：‘慶父爲長庶，故或稱孟氏。’”〇覺按：參見27.4注〔10〕。

〔7〕汪繼培曰：“《左傳》桓公子慶父之後。《古今姓氏書辨證》云：‘魯桓公四子，次曰慶父。慶父生穆伯公孫敖，敖生文伯穀、惠叔難，穀生孟獻子蔑，始以仲孫爲氏。’”〇

覺按：参見27.4注〔9〕。

〔8〕汪繼培曰："當是子服氏，▲見《左傳》。《後紀十》《氏族畧三》並作'子服氏'。《古今姓氏書辨證》云：'仲孫蔑之子佗，别爲子服氏。'按孟獻子子仲孫它子服見《魯語》。襄廿三年《左傳》孟椒，杜注：'孟獻子之孫子服惠伯，即它子。'昭三年《傳》稱子服椒，其後有子服回、子服何。"〇覺按：見35.0.1注〔26〕。

〔9〕汪繼培曰："定五年《左傳》魯有公山不狃。"

〔10〕汪繼培曰："《元和姓纂》云：'魯孟僖子生閲，號南宫敬叔，叔生路，路生會，會生虔，爲南宫氏。見《世本》。'按南宫敬叔見昭七年《左傳》，'閲'作'説'。"

〔11〕汪繼培曰："莊卅二年《左傳》：成季酖叔牙，立叔孫氏。僖四年《傳》公孫兹稱叔孫戴伯，杜注：'叔牙之子。'"〇覺按：見35.0.1注〔26〕。

〔12〕汪繼培曰："《禮記·檀弓》叔仲皮，鄭注：'叔仲皮，魯叔孫氏之族。'疏引《世本》云：'桓公生僖叔牙，叔牙生武仲休，休生惠伯彭，彭生皮爲叔仲氏。'按彭當作彭生，文七年《左傳》稱叔仲惠伯。十八年《傳》云：'襄仲殺惠伯，公冉務人奉其帑以奔蔡，既而復叔仲氏。'"

〔13〕汪繼培曰："《元和姓纂》云：'魯叔孫成子生申，爲子我氏。'《氏族畧三》云：'申字子我。'按叔孫成子名不敢，見定元年《左傳》。"

〔14〕汪繼培曰："《古今姓氏書辨證》引《世本》云：'魯叔孫成子生齊季，爲子士氏。'"

〔15〕汪繼培曰："《左傳》桓公子季友之後，亦曰季孫氏。"〇覺按：從季文子開始纔稱季孫氏，見25.4注〔7〕。

〔16〕汪繼培曰："襄廿三年《左傳》季武子子公彌稱公鉏氏。定八年《傳》公鉏極，杜注：'公彌曾孫。'"

〔17〕汪繼培曰："襄廿九年《左傳》魯有公巫召伯。"〇彭鐸曰："公巫召伯，魯文公子叔肸曾孫，見《世族譜》。"

〔18〕汪繼培曰："《元和姓纂》云：'季悼子生惠伯鞅，鞅生懿伯拊，爲公之氏。'《氏族畧三》云：'鞅字公之。'按季平子弟公之見昭廿五年《左傳》。"〇王紹蘭曰："《廣韵·一東》引《世本》：'魯有大夫公之文。'"

〔19〕汪繼培曰："當是子革氏。《元和姓纂》引《世本》云：'季平子支孫爲子革氏。'"〇彭鐸曰："秦氏《輯補世本》子士氏下注云：'《潛夫論》誤作子干氏。'又華氏下注云：'《史記·孔子世家》："季孫使公華、公賓、公林迎孔子。"王符以華氏次公之氏後，則華氏當即公華氏。'此疑當作'子革氏、華氏'。"〇覺按："子干氏"當爲"子革氏"之壞誤。"華氏"當作"公華氏"，《史記·孔子世家》云"會季康子逐公華、公賓、公林"，即其證。或當作"子華氏"，《史記·仲尼弟子列傳》："公西赤，字子華。"《集解》："鄭玄曰：'魯人。'"則有可能爲魯之公族。此文作"華氏"則誤，因"華氏"爲宋國公族，見35.7.1，故彭説非。

〔20〕汪繼培曰："《元和姓纂》云：'季平子生昭伯寤之後。'《氏族畧三》云：'昭伯字子言。'按季寤子言見定八年《左傳》，杜注：'季桓子之弟。'"

〔21〕汪繼培改"騔"爲"駒"曰："'駒'舊作'騔'，据《後紀十》改。昭廿五年《左傳》子家羈，《公羊傳》作子家駒。《荀子·大畧篇》楊倞注云：'名羈，駒其字。'子駒氏蓋其後也。"〇覺按：《廣韻·入聲·三燭》："騔，馬立不定。"即馬受到局限的意思，其義與"羈"（馬籠頭）相應，則子家羈之字或當作"騔"，他書作"駒"，可能爲"騔"之訛誤。《左傳·昭公五年》"有子家羈"杜預注："羈，莊公玄孫懿伯也。"則其爲魯之公族，其後

代以其字爲氏，故爲“子駟氏”。

〔22〕彭鐸曰：“《姓纂·六止》引《英賢傳》：‘季桓子生武叔竈，爲子雅氏。’昭三年《左傳》齊有公孫竈，亦字子雅。”〇覺按：齊之子雅氏爲姜姓，與此不同，見35.2注〔30〕。彭鐸混爲一談，不當。

〔23〕汪繼培曰：“《元和姓纂》云：‘魯公族有子陽者，其後以王父字爲氏。’又有子揚氏，引《世本》云：‘季桓子生穆叔，其後爲子揚氏。’按‘陽’‘揚’古通用，疑本一氏。”

〔24〕汪繼培曰：“僖廿六年《左傳》東門襄仲，杜注：‘襄仲居東門，故以爲氏。’”〇彭鐸曰：“此本服虔説，見《史記集解》引。《檀弓》注：‘仲遂，魯襄公之子東門襄仲。’疏云：‘《世本》及《左傳》文也。’”〇覺按：彭氏引文有誤，其中之“魯襄公”當作“魯莊公”。仲遂爲魯莊公之子（見《禮記·檀弓下》“仲遂卒于垂”鄭玄注及孔穎達疏），卒於魯宣公八年（見《春秋·宣公八年》），早於襄公。又，《周禮·夏官·大司馬》：“辨號名之用，帥以門名。”鄭玄注：“軍將皆命卿。古者軍將蓋爲營治於國門，魯有東門襄仲，宋有桐門右師，皆上卿爲軍將者也。”與杜注不同，可備一説。

〔25〕汪繼培曰：“《史記·仲尼弟子傳》有公晳哀，本書《遏利篇》作‘公析’，‘晳’‘析’古通用。哀蓋魯公族，《集解》引《家語》云‘齊人’，殆非也。”

〔26〕汪繼培曰：“《元和姓纂》云：‘魯僖公生共叔堅，堅生惠叔、子叔爲公石氏。’《氏族畧三》又云：‘悼公子堅字公石之後。’”

〔27〕汪繼培曰：“《春秋·襄十四年》叔老，杜注：‘聲伯子也。’疏云：‘叔老，聲伯子，叔肹孫，故以叔爲氏。’《禮記·檀弓》疏引《世本》云：‘叔肹生聲伯嬰齊，齊生叔老。’”

〔28〕汪繼培曰：“《氏族畧三》云：‘魯莊公之孫公孫歸父字子家，其後爲子家氏。’按公孫歸父子家見宣十年《左傳》，昭五年《傳》有子家羈。”

〔29〕汪繼培曰：“定元年《左傳》榮駕鵝，杜注：‘魯大夫榮成伯也。’《魯語》榮成伯，韋昭注：‘聲伯之子也，名欒。’《世族譜》云：‘叔肹曾孫。’”

〔30〕汪繼培曰：“隱八年《左傳》云：‘無駭卒，羽父請謚於族，公命以字爲展氏。’杜注：‘無駭，公子展之孫，故爲展氏。’《廣韻·二十八獮》‘展’字注云：‘魯孝公之子子展之後。’”

〔31〕汪繼培曰：“僖廿六年《左傳》：‘公使展喜犒師。’《魯語》作乙喜。”

35.10

衛之公族，石氏●〔1〕、世叔氏●〔2〕、孫氏●〔3〕、甯氏●【1】〔4〕、子齊氏●〔5〕、司徒氏●〔6〕、公文氏●〔7〕、析龜氏●【2】〔8〕、公叔氏●〔9〕、公南氏●〔10〕、公上氏●〔11〕、公孟氏●〔12〕、將軍氏●【3】〔13〕、子彊氏●〔14〕、強梁氏●〔15〕、卷氏●〔16〕、會氏雅氏●〔17〕、孔氏●〔18〕、趙陽氏●【4】〔19〕、田章氏〔20〕、孤氏●〔21〕、王孫氏●〔22〕、史鼂氏●〔23〕、羌氏【5】〔24〕、羌憲氏●〔25〕、邃氏●【6】〔26〕，皆衛姬姓也。

【校記】

【1】甯：仿宋本、馮本、魁本、程本、邵本同，四庫本、陳本作“寗”。

【2】析：陳本同，仿宋本、馮本、魁本、程本、四庫本、邵本作“折”。

【3】“將”字下仿宋本、馮本、魁本、程本、四庫本、邵本有“者亦常在權寵”至“軒氏”一段，今依陳本移入35.12～35.14。參見35.12校記【3】。

【4】趙陽氏：陳本同，仿宋本、馮本、魁本、程本、四庫本、邵本作“趙陽”。

【5】羌：魁本、陳本同，仿宋本、馮本作“羌”，程本、四庫本、邵本作“危”。

【6】邃：陳本同，仿宋本、馮本、魁本、程本、四庫本、邵本作“邃”。

【箋注】

〔1〕汪繼培曰：“隱四年《左傳》石錯（覺按：當作“石碏”，下同）之後。《世族譜》云：‘石錯，靖伯孫。’”

〔2〕汪繼培曰：“《春秋》世叔儀、世叔申、世叔齊，《左傳》並作太叔。桓九年《傳》疏云：‘古者“世”之與“大”，字義通也。’《世族譜》云：‘太叔儀，僖侯八世孫。’”

〔3〕汪繼培曰：“成十四年《左傳》疏引《世本》云：‘孫氏出於衛武公。’《唐書・宰相世系表》云：‘衛武公和生公子惠孫，惠孫生耳，爲衛上卿，生武仲乙，以王父字爲氏。’”

〔4〕汪繼培曰：“襄廿五年《左傳》杜注：‘甯氏出自衛武公。’《氏族畧三》云：‘衛武公生季亹，食采於甯，因以爲氏。’”

〔5〕汪繼培曰：“蓋即齊氏。昭元年《左傳》衛齊惡，《世族譜》云：‘昭伯子齊子無子，戴公以其子惡爲之後。’廿年《傳》齊豹稱齊子氏，杜注：‘惡之子。’”

〔6〕汪繼培曰：“《禮記・檀弓》衛司徒敬子，鄭注：‘司徒，官氏，公子許之後。’《元和姓纂》云：‘衛文公生公子其許之後爲司徒氏。’”

〔7〕汪繼培曰：“襄廿五年《左傳》衛有公文要。”

〔8〕汪繼培曰：“‘黿’字疑衍。昭廿年《左傳》衛有析朱鉏，杜注：‘朱鉏，成子，黑背孫。’《氏族畧三》有公析氏，衛公子黑背字子析之後。”

〔9〕汪繼培曰：“《禮記・檀弓》公叔文子，疏引《世本》云：‘獻公生成子尚田，田生文子拔，拔生朱，爲公叔氏。’”〇彭鐸曰：“《檀弓上篇》鄭注：‘文子，獻公之孫，名拔。’疏引《世本》：‘獻公生成子當，當生文子拔。’箋誤分‘當’爲‘尚田’二字。”

〔10〕汪繼培曰：“《氏族畧三》云：‘衛獻公之子楚字公南，生子牟，爲公南氏。’按公南楚見昭廿年《左傳》。”

〔11〕汪繼培曰：“《廣韻・一東》‘公’字注云：‘衛大夫有公上王。’”

〔12〕汪繼培曰：“昭廿年《左傳》衛公孟縶，杜注：‘靈公兄。’定十二年《傳》衛公孟彄，杜注：‘彄，孟縶子。’疏云：‘縶字公孟，故即以公孟爲氏。劉炫謂公孟生得賜族。’”〇彭鐸曰：“此引杜注在定十二年《春秋經》。”

〔13〕汪繼培曰：“《禮記・檀弓》疏引《世本》云：‘靈公生昭子郢，郢生文子木，文子生簡子瑕，瑕生衛將軍文氏。’《古今姓氏書辨證》引《世本》作：‘郢生文子彌牟，爲將軍氏。’”〇彭鐸曰：“《檀弓》疏引《世本》‘氏’上有脱文，當云‘瑕生衛將軍文子，爲將軍氏’。上文‘蘭生虎，爲司寇氏’，即其例。”

〔14〕汪繼培曰：“《元和姓纂》云：‘昭子郢之後。’”

〔15〕汪繼培曰：“《元和姓纂》引《世本》云：‘衛將軍文子生慎子會，會生強梁，因氏焉。’”

〔16〕汪繼培曰：“當作‘卷子氏’。《古今姓氏書辨證》‘卷子氏’引《世本》云：‘衛文公後卷子，子州氏焉。’《後紀十》：‘衛後有卷子氏。’”

〔17〕汪繼培曰："當作'會雅氏'。《元和姓纂》云：'衞靈公子郋生竈，爲會庌氏。'《氏族畧四》：'庌，音"雅"。'《後紀十》：'衞後有會庌氏。'"

〔18〕汪繼培曰："梁氏履繩云：'哀十一年《傳》，孔文子以孔姞妻太叔疾，是孔乃姞姓，故《禮記・祭統》《正義》謂孔悝是異姓大夫。《潛夫論》以爲姬姓，誤也。'"

〔19〕汪繼培曰："舊脱'氏'字。《廣韻・十陽》'陽'字注云：'衞公子趙陽之後，以名爲氏。'按《春秋・定十四年》：'衞趙陽出奔宋。'杜注：'陽，趙黶孫。'疏引《世本》云：'懿子兼生昭子舉，舉生趙陽。'兼即黶也。黶見昭九年。《世族譜》：'以趙爲氏。'"

〔20〕田章氏：《韓非子・外儲説右下》有"田章"，衞之田章氏或即其後。

〔21〕汪繼培曰："'孤'疑是'狐'。哀十五年《左傳》衞孟黶，《漢書・古今人表》作狐黶。"○覺按："孤"當作"狐"。但是，《左傳・哀公十五年》作"盂黶"而不作"孟黶"，《史記・仲尼弟子列傳》作"壺黶"。"狐""壺""盂"古音同，均屬魚部匣母平聲，故得相借通用，作"孟"字者爲"盂"之形訛。

〔22〕汪繼培曰："定八年《左傳》衞有王孫賈。哀廿六年《傳》有王孫齊，杜注：'賈之子昭子也。'"

〔23〕汪繼培曰："'鼂'當爲'鼂'，《氏族畧五》'史晁氏'引《世本》云：'衞史晁之後。'按史晁即昭七年《左傳》史朝，《漢書・古今人表》作'史鼂'。《廣韻・四宵》'鼂'字注引《風俗通》云：'鼂姓，衞大夫史鼂之後。''鼂''鼂'字形相近而誤。"

〔24〕王紹蘭曰："'羌'下奪'師'字，《姓氏書辨證》引《世本》：'衞公族有羌師氏。'"○覺按：王説可從。

〔25〕汪繼培曰："《古今姓氏書辨證》引《世本》云：'衞公族羌之孫憲，爲羌憲氏。'"

〔26〕汪繼培初稿曰：▲"'邃'疑'蘧'，衞有蘧伯玉。"○彭鐸曰："秦氏《輯補世本》出蘧氏，云：'《潛夫論》誤作邃氏。'衞大夫有蘧瑗，字伯玉，孔子弟子。"○覺按：蘧（qú渠）氏爲蘧瑗之後，但蘧瑗非孔子弟子。孔子稱蘧瑗爲"夫子"（見《論語・憲問》），到衞國時以蘧瑗爲主人（見《史記・孔子世家》），顯然非師生關係。唐、宋以後將蘧瑗從祀孔廟，實誤，故明代嘉靖九年改祭於其鄉。

35.11

晉之公族郤氏●〔1〕，又班爲呂●【1】〔2〕。郤芮又從邑氏爲冀●〔3〕，後有呂錡，號駒伯●〔4〕。郤犫食采於苦【2】〔5〕，號苦成叔；郤至食采於温，號曰温季●〔6〕：各以爲氏。郤氏之班有州氏●【3】〔7〕、祁氏●〔8〕。伯宗以直見殺〔9〕，其子州犁奔楚●【4】〔10〕。又●以郤宛直而和【5】〔11〕，故爲子常所妬，受誅●〔12〕。其子嚭奔吴，爲大宰●【6】〔13〕，懲祖禰之行仍正直遇禍也【7】〔14〕，乃爲諂諛而亡吴●〔15〕。凡郤氏之班，有冀氏、呂氏、苦成氏、温氏、伯氏【8】〔16〕，靖侯之孫欒賓●〔17〕，及富氏●〔18〕、游氏●〔19〕、賈氏●〔20〕、狐氏●〔21〕、羊舌氏●〔22〕、季夙氏●〔23〕、籍氏——及襄公之孫孫黶●〔24〕，皆晉姬姓也。

【校記】

【1】班：何本、四庫本、邵本、陳本同，仿宋本、馮本、魁本、程本作“斑”。

【2】犨：仿宋本、馮本、魁本同，程本、四庫本作“犫”，何本、邵本作“讐”，陳本作“犨”。

【3】郄：仿宋本、馮本、魁本、程本、四庫本、邵本同，陳本作“郤”。

【4】犁奔楚：陳本同，仿宋本、馮本、魁本、程本、邵本作“黎奔又”，四庫本作“黎奔又”。

【5】又：陳本同，仿宋本、馮本、魁本、程本、四庫本、邵本作“楚”。

【6】大：仿宋本、馮本、魁本同，程本、四庫本、邵本、陳本作“太”。

【7】禰：仿宋本、馮本、魁本、陳本同，程本、四庫本、邵本作“彌”。

【8】苦成氏：邵本、陳本同，仿宋本、馮本、魁本、程本、四庫本作“苦成也”。

【箋注】

〔1〕汪繼培曰：“《廣韻·二十陌》‘郤’字注云：‘郤，姓，俗從炱。’《氏族畧三》云：‘晉大夫郄文子食邑於郄，以邑爲氏。’按郤文子即《晉語》郤叔虎，韋昭注：‘郤芮之父郤豹也。’”〇覺按：郤邑在今山西省沁水下游一帶。《説文·邑部》：“郤，晉大夫叔虎邑也。”

〔2〕汪繼培曰：“按僖十年《左傳》：‘丕鄭言於秦伯曰：“吕甥、郤稱、冀芮實爲不從。”’三人疑皆同族。吕甥，十五年《傳》稱‘瑕吕貽甥’，又稱‘陰貽甥’。陰、吕皆邑名。班，别也。”〇覺按：吕邑在今山西省霍州市西南。其稱“瑕吕”，“瑕”也是邑名（在今山西省臨猗縣）。又，吕甥名“飴”，見《左傳·僖公十五年》，陳本所刊汪箋之“瑕吕貽甥”“陰貽甥”之“貽”，皆爲“飴”字之訛。

〔3〕汪繼培曰：“成二年《左傳》疏引《世本》云：‘郤豹生冀芮，芮生缺。’按僖十年《左傳》郤芮亦稱冀芮。卅三年《傳》云：‘臼季使，過冀，見冀缺耨。’又云：‘以一命命郤缺爲卿，復與之冀。’杜注：‘還其父故邑。’”〇覺按：郄芮：晉國大夫，郄豹之子（見《世本·卿大夫世本》），字子公（《國語·周語上》“秦人殺子金、子公”韋昭注：“子公，郤芮之字也。”），因謀弑晉文公而被秦人所殺（見《左傳·僖公二十四年》）。他以冀爲氏而稱冀芮，見 35.5 注〔30〕。

〔4〕汪繼培曰：“‘吕’當作‘郄’。郄錡號駒伯，見成十七年《左傳》。吕錡見成十六年，即宣十二年魏錡，《世族譜》云：‘魏錡，魏犨子，爲吕氏。’”〇覺按：郄錡爲晉卿，郄獻子郄克之子，郄芮的曾孫。郄克號駒伯（見《左傳·宣公十二年》“駒伯曰”杜預注），郄錡也號駒伯，蓋父子同食邑於駒，故同號。公元前 574 年爲長魚矯所殺。其事蹟可參見《左傳》成公十三年至十七年、《國語》之《周語下》和《晉語六》。

〔5〕郄犨：晉卿，一作“郤州”，又稱叔子。《世本·卿大夫世本》：“郤豹生冀芮，芮生缺，缺生克。豹生義，義生揚，揚生州。”可見他是郄克的從祖兄弟。因食邑於苦成，故號苦成叔。公元前 574 年與郄錡同時爲長魚矯所殺。其事蹟可參見《左傳》成公十一年至十七年、《國語》之《周語下》和《魯語上》。苦：當作“苦成”，《廣韻·下平聲·十四清》“成”字注：“《國語》：晉郤犨食采苦成，後因以爲氏。”是其證。《國語·魯語上》稱“苦成氏”或“苦成叔”，《左傳·成公十四年》稱“苦成叔”或“苦成家”，二書均不單稱“苦氏”或“苦叔”，也可佐證其食邑爲“苦成”而非“苦”。苦成，見 35.20.1 注〔1〕。

〔6〕汪繼培曰：“竝見成十七年《左傳》。”〇覺按：郄至：晉卿，又稱季子。因食邑於温，故又稱温季。謚昭，故又稱郤昭子（見《國語·晉語八》）。《世本·卿大夫世本》：“豹生義，義生步揚，揚生蒲城鵲居，居生至。”可見他是郄犨的侄子。公元前 574 年爲長魚

矯所殺。其事蹟可參見《左傳》成公二年至十七年、《國語》之《周語中》《周語下》《晋語六》。温：原爲己姓之國國都（參見 35.4.3 注〔10〕），春秋時爲晋邑而封給郄至，地在今河南省温縣西南。

〔7〕汪繼培曰："昭三年《左傳》杜注云：'郤稱，晋大夫，始受州。'州氏蓋以邑爲氏者。《元和姓纂》引《風俗通》云：'晋州綽，其先食采於州，因氏焉。'按州綽見襄十八年《左傳》。"〇王紹蘭曰："《氏族略》引《世本》：'郤州氏：晋郤豹孫步揚生郤州，因氏焉。'是始爲郤州氏，後乃爲州氏。"〇覺按：州爲春秋時晋邑，地在今河南省温縣東北。

〔8〕汪繼培曰："襄廿一年《左傳》祁大夫，杜注：'祁奚也。食邑於祁，因以爲氏。'《氏族畧三》云：'晋獻侯四世孫。'"〇覺按：祁邑即今山西省祁縣東南祁城。

〔9〕伯宗：見 5.4 注〔10〕。

〔10〕汪繼培曰："成十五年《左傳》。"〇覺按：州犁：又稱"伯州犁"，伯宗之子。公元前 576 年，伯宗被殺，他在畢陽的保護下逃到楚國，任楚國太宰。公元前 541 年被公子圍所殺。其事蹟可參見《左傳》成公十五年至昭公元年、《國語·晋語五》。

〔11〕汪繼培曰："舊在'楚'上。"〇覺按：郄宛：見 5.4 注〔11〕。

〔12〕汪繼培曰："昭廿七年《左傳》。"〇覺按：子常：見 6.6 注〔4〕。其實，妒忌郄宛的是費無極而不是令尹子常。《韓非子·内儲説下》云："郄宛新事令尹，令尹甚愛之。"是其證。衹是由於費無極的陷害，纔使子常發兵攻殺郄宛。此文説郄宛爲子常所妬，誤。

〔13〕汪繼培曰："定四年《左傳》云：'楚之殺郤宛也，伯氏之族出。伯州犁之孫嚭爲吴太宰以謀楚。'《史記·楚世家》以嚭爲'宛之宗姓伯氏子'。《伍子胥傳》《集解》引徐廣云：'伯州犁者，晋伯宗之子也。伯州犁之子曰郤宛，郤宛之子曰伯嚭。宛亦姓伯，又别氏郤。'蓋即本此書。然此書之意，本謂州犁奔楚後，其子又遇禍出奔。兩言'其子'，文意相貫，並未嘗以嚭爲宛子也。唯《傳》云：'伯州犁之孫嚭。'此稱'其子'，殊誤，而高誘注《吕氏春秋·當染篇、重言篇》，韋昭注《越語》，並云：'嚭，州犁之子。'則古有此説矣。"〇覺按：下句云"祖禰"，可見王符把伯州犁看作伯嚭之祖父，而把郄宛看作伯嚭之父，所謂"其子嚭"意爲"郄宛之子"而非"州犁之子"，汪氏之理解有誤。關於郄宛與伯州犁、伯嚭的關係，最早將他們聯繫起來的是《史記·楚世家》所説的"宛之宗姓伯氏子嚭"，但衹是把伯嚭看作郄宛的同族人伯氏的兒子。《左傳·定公四年》"伯氏之族出"杜預注："郤宛黨。"則認爲伯氏爲郄宛之同黨，並非同族，當然更不存在父子關係。所以，本文將伯嚭説成是郄宛的兒子，將郄宛看成是伯州犁的兒子，雖爲徐廣所認可而徵引，卻未必合乎史實，故爲清代考據學家所懷疑。如梁玉繩《人表考》卷八"楚郄宛"條云："案《史·伍子胥傳》徐廣注本《潛夫·志氏姓》，以郤宛爲伯州犁之子。《吴越春秋·闔閭内傳》言郤宛即伯州犁，皆不可信。州犁是晋伯宗之子，爲楚靈王所殺，在昭元年。郤宛之難在昭廿七年。州犁之子無考。定四年《傳》曰：'楚殺郤宛，伯氏之族出。'則伯氏乃郤氏之黨，不但非父子，并非同族。徐廣謂宛亦姓伯，别氏郤，恐不然也。"嚭（pǐ 匹）：即伯嚭，又作帛喜、白喜，字子餘，春秋時楚國大夫伯州犁之孫，出亡奔吴，以功任爲太宰，故又稱太宰嚭。他善於逢迎，深得吴王夫差寵信。吴國破越，他受越國賄賂，許越媾和，並屢進讒言，譖殺伍子胥。公元前 473 年，吴國滅亡，他被越王所殺，一説他降越爲臣。其事蹟可參見《左傳》定公四年至哀公二十四年、《史記》的《吴太伯世家》《伍子胥列傳》、《吴越春秋》。大（tài 太）宰：即太宰（"大"乃"太"之古字），古代官名。吴國的太宰與宋國的太宰相似，權位甚重，相當於後世的宰相，是輔佐君主治理國家的高官。楚國的太宰則在令尹（相當於宰相）之下，衹相當於卿。

〔14〕懲：因受到打擊而引起警戒或不再幹。祖：祖父。禰（nǐ 擬）：父親死後在宗廟中所立的神主叫“禰”，故用來指稱死去的父親。《公羊傳·隱公元年》“隱之考也”何休注：“生稱父，死稱考，入廟稱禰。”仍：因襲。

〔15〕汪繼培曰：“《史記·吴世家》云：‘越王滅吴，誅太宰嚭，以爲不忠。’”

〔16〕王紹蘭曰：“伯宗氏：《氏族略》引《世本》：‘伯宗氏：晋孫伯起生伯宗，因氏焉。’”〇覺按：王紹蘭以此文“伯氏”爲“伯宗氏”，非。《世本·氏姓篇》所謂“晋孫伯起生伯宗，因氏焉”，應該理解爲伯宗因其父之字而氏伯（參見 5.4 注〔10〕），而不應該將“伯宗”理解爲複姓。

〔17〕汪繼培曰：“桓二年《左傳》。”〇覺按：靖侯：西周時晋國的第六代君主，是晋國開國君主唐叔虞的五代孫，名宜臼，公元前 858—公元前 841 年在位。見《史記·晋世家》。欒賓：欒氏，字賓，《世本·卿大夫世本》稱爲“欒叔賓父”，靖侯庶孫，爲曲沃桓叔之相。見《左傳·桓公二年》、《史記·晋世家》“靖侯庶孫欒賓相桓叔”《正義》。“欒”作爲氏，當得名於其封邑。《通志·氏族略三·晋邑》：“欒氏，姬姓。晋靖侯孫欒賓食邑，趙州平棘西北十六里古欒城是其地，以邑爲氏。”欒邑在今河北省趙縣西。《左傳·桓公二年》“靖侯之孫欒賓傅之”孔穎達疏：“此人之後遂爲欒氏，蓋其父字欒。”此僅爲推測之詞，恐不當。

〔18〕汪繼培曰：“按莊廿三年《左傳》云：‘晋桓、莊之族偪，獻公患之。士蔿曰：“去富子，則羣公子可謀已（覺按：“已”當作“也已”）。”’杜注：‘富子，二族之富強者。’此以‘富’爲氏，非也。”〇王紹蘭曰：“《左氏·莊二十三年傳》‘去富子’，杜解‘富’爲‘富强’。據《傳》下云‘譖富子而去之’，明富子爲一人，非‘桓、莊’‘二族之富强者’，故節信本此爲説。又《昭十六年傳》鄭有富子，杜注：‘富子，鄭大夫。’然則晋之富子猶是矣。”〇彭鐸曰：“秦氏《輯補世本》既據此文及杜注出富氏，又引《廣韻·十五灰》‘槐’字注‘晋大夫富槐之後’以證之。然《廣韻》本説槐氏，不謂‘富’爲氏。考富氏爲周室世卿，見本篇下文，《氏族略》亦謂‘富爲周大夫富辰之後’，秦氏不檢，而又援據失實，其誣甚矣！”〇覺按：汪、彭之説皆非，王説是。《左傳·莊公二十三年》下文云：“士蔿與羣公子謀，譖富子而去之。”據此，則“富子”當指一人。《左傳·昭公十六年》“富子諫曰”杜預注：“富子，鄭大夫，諫子産也。”鄭國有大夫名富子，據此推測，則此文之“富子”也當爲晋國大夫之名。古彝器有富子登（見方濬益《綴遺齋彝器款識攷釋》卷二十五，方氏認爲《左傳》之富子“與此銘之富子同，蓋皆氏族之偁”），也可證“富子”爲姓名，故杜預之注實爲望文生訓的誤解，不可據以證此文爲非。至於周室世卿之富氏，見 35.19，但周有富氏，未必可以證明晋國無富氏，故王符此文不誤。

〔19〕汪繼培曰：“莊廿四年《左傳》云：‘晋士蔿又與羣公子謀，使殺游氏之二子。’杜注：‘游氏二子亦桓、莊之族。’”

〔20〕汪繼培曰：“《晋語》云：‘賈佗，公族也。’韋昭注：‘賈佗，狐偃之子射姑太師賈季也。食邑於賈。’《古今姓氏書辨證》云：‘晋唐叔虞少子公明，周康王封之於賈爲附庸，謂之賈伯。曲沃武公取晋并賈，因以其子孫爲大夫。’”〇覺按：公明所封之賈國後爲晋邑，其地在今山西省襄汾縣西南。

〔21〕汪繼培曰：“《晋語》云：‘狐氏出自唐叔。’”〇王紹蘭曰：“《氏族略》引《世本》：‘晋大夫大狐伯生突、生饒，爲大狐氏。其後大狐容爲晋大夫。’《路史》注引《世本》：‘有大狐氏、小狐氏，溱爲大狐氏，射姑爲小狐氏。’”

〔22〕汪繼培曰：“昭三年《左傳》：‘叔向曰：“肸之宗十一族，惟羊舌氏在而已。”’疏

引《世族譜》云：‘羊舌，其所食邑名。’”〇覺按：羊舌氏：《左傳·閔公二年》“羊舌大夫爲尉”杜預注：“羊舌大夫，叔向祖父也。”孔穎達疏：“羊舌，氏也，爵爲大夫，號曰‘羊舌大夫’，不知其如何也。此人生羊舌職，職生叔向，故爲叔向祖父。《譜》云：‘羊舌氏，晋之公族。羊舌，其所食邑也。’”但羊舌今在何地則不詳。《新唐書·宰相世系表一下》：“一云晋武公子伯僑生文，文生突，羊舌大夫也。又云晋之公族食邑於羊舌，凡三縣：一曰銅鞮，二曰楊氏，三曰平陽。”銅鞮在今山西省沁縣南，楊氏在今山西省洪洞縣東南，平陽在今山西省臨汾市西南，則羊舌當在今山西省浮山縣一帶。《左傳》有羊舌大夫（見《閔公二年》）、羊舌職（見《宣公十五年》）、羊舌赤（見《襄公三年》）、羊舌肸（見《襄公十六年》）、羊舌虎（見《襄公二十一年》）、羊舌鮒（見《昭公十三年》）。

〔23〕汪繼培曰：“昭五年《左傳》疏云：‘《世本》：叔向兄弟有季夙。’《元和姓纂》引此書，以季夙氏爲晋靖公孫季夙之後，誤。”〇王紹蘭曰：“《氏族略》引《世本》：‘季夙氏，晋靖矦孫季夙之後。’《姓纂》引《世本》：‘羊舌職生叔夙，爲叔夙氏。’姬姓。是晋又有叔夙氏。”〇覺按：《新唐書·宰相世系表一下》：“（羊舌）職五子：赤、肸、鮒、虎、季夙。”

〔24〕汪繼培曰：“昭十五年《左傳》云：‘孫伯黶司晋之典籍，以爲大政，故曰籍氏。’”〇覺按：據《左傳》之文，“孫黶”與“籍氏”當爲同位語，則此文之“及”當作“乃”；且上文已言“及”，則此處不當再有“及”字，故此“及”字當爲“乃”字之形訛無疑。至於“襄公之孫”，當爲王符誤記。據《左傳·昭公十五年》，孫黶爲籍氏之始祖。杜預注：“孫伯黶，晋正卿，籍談九世祖。”孔穎達疏引《世本》云：“黶生司空頡，頡生南里叔子，子生叔正官伯，伯生司徒公，公生曲沃正少襄，襄生司功大伯，伯生侯季子，子生籍游，游生談，談生秦。”籍談見於《左傳·昭公十五年》，即公元前527年。若以三十年爲一世（《説文·卅部》：“世，三十年爲一世。”），則孫黶約生活於公元前800年；即以二十年爲一代，孫黶也當生活在公元前700年之前；而晋襄公於公元前627—公元前621年在位（見35.5注〔14〕），故孫黶不可能爲襄公之孫。至於《通志·氏族略四》“籍氏”條謂伯黶爲荀林父之孫，亦誤，因爲荀林父見於《左傳·僖公二十七年》，即公元前633年，也在伯黶之後。總之，此文當依35.16.3之文訂正爲：“籍氏——乃晋大夫孫黶。”

35.12

晋穆侯生桓叔〔1〕，桓叔生韓萬，傅晋大夫●〔2〕，十世而爲韓武侯，五世爲韓惠王，五世而亡國●〔3〕。襄王之孽孫信〔4〕，俗人謂之韓信都●〔5〕。高祖以信爲韓王孫，以信爲韓王，後徙王代【1】〔6〕，爲匈奴所攻，自降之●〔7〕。漢遣柴將軍擊之〔8〕，斬信於參合〔9〕。信妻子亡入匈奴中。至景帝●〔10〕，信子穨當及孫赤●來降〔11〕，漢封穨當爲弓高侯〔12〕，赤爲襄城侯〔13〕。及韓嫣〔14〕，武帝時爲侍中〔15〕，貴幸無比。案道侯韓説〔16〕，前將軍韓曾●【2】〔17〕，皆顯於漢●〔18〕。子孫各隨時帝分陽陵、茂陵、杜陵●〔19〕。及漢陽、金城諸韓〔20〕，皆其後也。信子孫餘留匈奴中●者【3】〔21〕，亦常在權寵，爲貴臣。及留侯張良〔22〕，韓公族姬姓也。秦始皇滅韓，良弟死，不葬。良●散家貲千萬〔23〕，爲韓報讎，擊始皇於博浪沙中〔24〕，誤椎副車【4】。秦索賊急，良乃變姓爲張●〔25〕，匿於下邳〔26〕，遇神人黄石公【5】〔27〕，遺之《兵法》〔28〕。及沛公之起也〔29〕，良往屬焉。沛公使與韓信略定韓地〔30〕，立横陽君城●爲韓王〔31〕，而拜良爲韓信都●〔32〕。信都者●【6】〔33〕，司徒也〔34〕。俗前●音不正〔35〕，曰信都，或曰申徒●【7】〔36〕，或勝屠●〔37〕，然其本共一司徒耳【8】。後作傳者不知"信都"何因，彊妄生意，以爲此乃代王爲信都也●〔38〕。凡桓叔之後，有韓氏、言氏●〔39〕、嬰氏●〔40〕、禍餘氏●〔41〕、公族氏●〔42〕、張氏，此皆韓後姬姓也。昔周宣王亦有韓侯〔43〕，其國也●近燕〔44〕，故《詩》云："普彼韓城，燕師所完●〔45〕。"其後韓西亦姓韓，爲衛滿所伐，遷居海中●〔46〕。

【校記】

【1】徒：馮本、魁本、程本、四庫本、邵本、陳本同，仿宋本作"徒"。

【2】曾：陳本同，仿宋本、馮本、魁本、程本、四庫本、邵本作"魯"。

【3】此"者"字至35.14"軒氏"一段，仿宋本、馮本、魁本、程本、四庫本、邵本在35.10"將"字下，今依陳本移正。參見35.10校記【3】。

【4】椎：馮本、四庫本、陳本同，仿宋本、魁本、程本、邵本作"推"。

【5】人：仿宋本、馮本、魁本、陳本同，程本、四庫本、邵本作"仙"。

【6】信都者：陳本同，仿宋本、馮本、魁本、程本、四庫本、邵本作"者"。

【7】申：陳本同，仿宋本、馮本、魁本、程本、四庫本、邵本作"司"。

【8】其本共：仿宋本、馮本、魁本、程本、四庫本、陳本同，邵本作"共本其"。

【箋注】

〔1〕晉穆侯：西周時晉國國君，名費（bì 毖）生，一作弗生，公元前811—公元前785年在位，見《史記・十二諸侯年表》。桓叔（公元前802—公元前731年）：晉穆侯少子，晉文侯之弟，晉昭侯的叔父，名成師。晉昭侯元年（公元前745年），成師受封於曲沃（在今山西省聞喜縣東北），號桓叔。見《史記・晉世家》。

〔2〕汪繼培曰："《史記・韓世家》《索隱》云：'《系本》及《左傳》舊説，皆謂韓萬是曲沃桓叔之子。'《晉語》韋昭注：'桓叔生子萬，受韓以爲大夫，是爲韓萬。''傅'疑'仕'，上云'趙夙仕晉卿大夫'，是其證。"〇覺按：韓萬：曲沃桓叔之子，曲沃莊伯之弟，曲沃武公（後更號晉武公）的叔父，曾與武公一起攻晉俘獲晉哀侯，接着又受武公之使而殺死晉哀侯，被封於韓，爲戰國時韓國的始祖。參見34.1.4注〔16〕、《左傳・桓公三年》、《史記・晉世家》"曲沃武公使韓萬殺所虜晉哀侯"《集解》。傅：輔助。傅晉：指輔佐晉國的曲沃莊伯、武公。"傅"字未必有誤，汪説非。

〔3〕汪繼培曰："武侯，《韓世家》作武子，自武子至宣惠王凡八世。《漢書・地理志》云：'韓自武子後，七世稱侯，六世稱王，五世而爲秦所滅。'"〇覺按：十世：據《史記・韓世家》及"武子後三世有韓厥""貞子徙居平陽""子簡子代""子康子代""子武子

代"《索隱》，其十世爲：武子韓萬之子賕伯→定伯韓簡→韓輿→獻子韓厥→宣子韓起→平子韓頃→簡子韓不信→莊子韓庚→康子韓虎→武子韓啓章。但此文說"韓武侯"，則可能據《世本》而來。據《史記·韓世家》及"子景侯立""子列侯取立"《索隱》所引《世本》，武子後還有二世，即：武子韓啓章之子景子韓虔→武侯韓取。如此，則應作"十二世"。此文作"十世"，當脱"二"字。韓武侯：汪繼培謂"《韓世家》作武子"，其説實似是而非。韓武子名啓章，公元前424—公元前409年在位。但據《史記》之《韓世家》《六國年表》《魏世家》及《魏世家》"與韓武子、趙桓子、周威王同時"《索隱》所引《世本》，韓武子概不稱"侯"，至其子韓虔纔稱"侯"，所以此文之"武侯"不應該是《韓世家》的"武子"。據《史記·韓世家》"子景侯立""子列侯取立"《索隱》，可知《世本》稱《史記》的"景侯"爲"景子"，稱《史記》的"列侯"爲"武侯"，則《世本》認爲韓國之稱侯始於"武侯"而不自"景侯"，與《史記》不同。王符本篇都衹標明始稱"侯"或"王"者（參見35.4.14、35.13），故此文當據《世本》而來。因此，此文之"韓武侯"當即《韓世家》之"列侯"，姓韓，名取，公元前399—公元前387年在位。至於汪氏所謂"八世"，乃據《史記·韓世家》爲説，其世系爲：武子韓啓章→景侯韓虔→列侯韓取→文侯→哀侯→懿侯→昭侯→宣惠王。但是，此文説"五世"，則當根據《世本》而來，即以《史記·韓世家》的"列侯"爲"武侯"，故其五世爲：武侯韓取之子文侯→哀侯→懿侯→昭侯→惠王。韓惠王：即《史記·六國年表》的"韓宣惠王"，《漢書·古今人表》作"韓宣王"，韓昭侯之子，戰國時韓國國君，公元前332—公元前312年在位。公元前323年（宣惠王十年）始稱王，見《史記·六國年表》。五世而亡國：據《史記·韓世家》，五世爲：韓宣惠王→韓襄王→韓釐王→韓桓惠王→韓王安。王安九年（公元前230年），被秦所俘，韓國亡。

〔4〕襄王：指韓襄王，戰國時韓國國君，宣惠王之子，名倉，公元前311—公元前296年在位。孽孫：庶孫。信：韓襄王的庶孫，秦末率兵隨從沛公。漢王二年（公元前205年），他被立爲韓王。高祖五年（公元前202年），正式封他於潁川郡，轄有今河南省登封市以東、葉縣以北、尉氏縣以西、新密市以南地區。高祖六年（公元前201年），將他的封邑改在太原一帶，以晉陽（在今山西省太原市西南）爲都城，以抵禦匈奴。後又遷都馬邑（在今山西省朔州市）。這年秋季，匈奴圍攻他，他派使者求和，引起高祖懷疑，於是他投降匈奴。高祖十一年（公元前196年）春，他被漢軍攻殺。見《史記·韓王信盧綰列傳》。

〔5〕汪繼培曰："《史記·韓王信傳》《集解》引徐廣曰：'一云信都。'《索隱》以爲出《楚漢春秋》。"〇覺按：《史記·韓王信盧綰列傳》"韓王信者"《索隱》："《楚漢春秋》云'韓王信都'，恐謬也。諸書不言有韓信都。案韓王信，初爲韓司徒，後説云申徒，因誤以爲韓王名耳。"《楚漢春秋》爲西漢陸賈所撰，王符此説可能也採自該書，但有所懷疑，故云"俗人"（參見下文）。

〔6〕代：趙武靈王置代郡（參見24.3注〔6〕），秦承之，漢初爲代國，治所在桑乾（今河北省蔚縣東北）。高祖元年（公元前206年），趙歇爲代王。二年，陳餘爲代王。三年，陳餘被斬，劉喜爲代王。七年，劉如意爲代王，陳豨爲相。九年，如意徙王趙，代地皆入郡。十年，陳豨反於代地。十一年（公元前196年），周勃平定代地，高祖將太原等地均劃入代國，封子劉恒（即後來的漢文帝）爲代王，都晉陽（在今山西省太原市西南）。文帝即位後，代國又分爲代、太原二國。元鼎三年（公元前114年），代國被除而復爲郡（見《西漢會要·方域一·郡國沿革》）。可見，韓王信從未做過代王。韓王信"王太原"在高祖六年，當時太原未劃入代國；而代郡雖轄有馬城縣，其地也在今河北省懷安縣西，非韓

王信所都之馬邑。漢代馬邑屬鴈門郡（見《漢書·地理志下》《後漢書·郡國志五》），至晉朝永嘉五年纔入於代郡（見《大清一統志·朔平府》）。此文説“王代”，蓋涉下文“参合”而誤，當參照《史記·韓王信盧綰列傳》之“迺詔徙韓王信王太原”與“上許之，信乃徙泊（覺按：當作“治”）馬邑”而改作“後徙王太原，又徙治馬邑”。下文“代王”同此。

〔7〕汪繼培曰：“王先生云：‘“自”字疑衍，或“信”字之誤。’”〇彭鐸曰：“‘自’疑‘因’，‘因’俗作‘囙’，故誤。”〇覺按：王、彭之説皆非。此“自”字是“自行”的意思，指韓王信主動去投降。據《史記·韓王信盧綰列傳》，匈奴圍攻信時，他派使者求和而未降。當時漢曾發兵解救了他。衹是高祖疑其有二心，派人責問他，他怕高祖誅之，纔主動與匈奴相約而投降了匈奴。

〔8〕柴將軍：指柴武（見《漢書·高帝紀下》），又姓陳而稱“陳武”。高祖時爲將軍，因有戰功而在高祖六年（公元前 201 年）封爲棘蒲侯。文帝時爲大將軍。文帝後元年（公元前 163 年）卒，謚剛侯。見《漢書》之《文帝紀》和《高惠高后文功臣表》。

〔9〕參（sān 三）合：西漢所置縣，屬代郡，治所即今山西省陽高縣南白登堡。東漢末廢。

〔10〕汪繼培曰：“降漢在孝文十四年，非景帝時。”〇覺按：景帝：見 5.5 注〔15〕。但此文當作“文帝”。此句《史記·韓王信盧綰列傳》作“至孝文十四年”，《漢書·韓王信傳》作“至孝文時”。

〔11〕汪繼培曰：“《傳》作‘嬰’。”〇覺按：頽當（公元前 200—公元前 124 年）：韓王信之次子，因他出生於匈奴頽當城，故名“頽當”，一作“韓隤當”，曾爲匈奴相國，漢文帝十四年（公元前 166 年）投降漢朝，十六年（公元前 164 年）六月封爲弓高侯。漢景帝時吴楚七國舉兵叛亂，他在平叛中功冠諸將。漢武帝元朔五年（公元前 124 年）卒，謚壯侯。其事蹟見《史記·韓王信盧綰列傳》《漢書·荆燕吴傳》。其卒年依《漢書·高惠高后文功臣表》而定。《史記·惠景間侯者年表》記其卒於文帝後七年（公元前 157 年），與《史記·韓王信盧綰列傳》所説的“吴楚軍時弓高侯功冠諸將”及《漢書》的記載不合，誤。赤（公元前 200—公元前 158 年）：韓王信太子之子，《史記·韓王信盧綰列傳》作“嬰”。初生之嬰兒爲赤子，故本文之“赤”當爲其字。他與頽當同時降漢，文帝十六年（公元前 164 年）六月封爲襄城侯，文帝後六年（公元前 158 年）卒，謚哀侯。其事蹟見《史記》之《惠景間侯者年表》《韓王信盧綰列傳》。

〔12〕弓高侯食邑弓高縣，治所在今河北省阜城縣南，當時有一千二百三十七户。見《史記·惠景間侯者年表》。

〔13〕襄城侯食邑襄城縣，即今河南省襄城縣，當時有一千四百三十二户。見《史記·惠景間侯者年表》。

〔14〕韓嫣：字王孫，韓頽當之庶孫。漢武帝爲膠東王時，他與武帝一起學書而相愛。武帝即位後，他更受寵倖，官至上大夫，與武帝同睡同起，自由出入宫禁，其貴幸聞名於世。後引起太后發怒，被賜死。見《史記·佞幸列傳》《漢書·佞幸傳》。

〔15〕侍中：見 7.3 注〔12〕。

〔16〕韓説（yuè 悦）：韓嫣之弟，韓頽當之庶孫。元朔五年（公元前 124 年）以都尉跟隨大將軍衛青擊匈奴，擒獲匈奴右賢王，被封爲龍頟侯。元鼎五年（公元前 112 年），因酎金（見 17.2.2 注〔4〕）不合法失侯。元封元年（公元前 110 年），又爲横海將軍，擊破東越而封爲案道侯（一作“按道侯”）。後爲游擊將軍、光禄勳。征和二年（公元前 91 年）被戾太子所殺。參見《史記·建元以來侯者年表》及《漢書》之《韓王信傳》《衛青傳》《武

五子傳》。

〔17〕汪繼培曰："舊作'魯'，▲据《史記》改。《漢書》作'增'。曾爲前將軍，見《漢書·韓王信傳》。"〇覺按：前將軍：武官名，周末始置，秦漢沿置，東漢光武帝建武七年（公元31年）省，魏以後復置（見《宋書·百官志上》)。兩漢時的前、後、左、右將軍爲重號將軍，是顯貴之職，其官有軍府，可辟署僚屬。魏晋以後則職掌宿衛，屬於中領軍，不得居外任，也無僚屬機構。參見《文獻通考·職官考十三》。韓曾：一作韓增，韓説的兒子，字季君，年輕時曾爲諸曹侍中光禄大夫。武帝後元元年（公元前88年）被續封爲龍頟侯。昭帝元平元年（公元前74年）爲前將軍，與大將軍霍光一起策立宣帝，加封千户。宣帝神爵元年（公元前61年)，爲大司馬車騎將軍，領尚書事。他出身富貴，自幼爲忠臣，侍奉三帝，重於朝廷。五鳳二年（公元前56年）卒，謚爲安侯。見《漢書》之《高惠高后文功臣表》《百官公卿表下》《韓王信傳》。其卒年今依《漢書》之《宣帝紀》《百官公卿表下》《韓王信傳》而定，《高惠高后文功臣表》記其卒年爲五鳳元年（公元前57年)，誤。

〔18〕汪繼培曰："見《史記》《漢書》。"

〔19〕汪繼培曰："謂隨所事帝徙居其陵。"〇覺按：當指諸陵及其縣之地。陽陵：漢左馮翊有弋陽縣，景帝前四年（公元前153年）預先在此建陵，稱陽陵，並更改縣名爲陽陵縣，其地在今陝西省高陵縣西南。茂陵：漢初右扶風槐里縣有茂鄉，武帝在此建陵，稱茂陵，並置茂陵縣，在今陝西省興平市東北。杜陵：古爲杜伯之國（見35.5注〔5〕)，秦置杜縣，漢宣帝在此築陵，改名杜陵，並於元康元年（公元前65年）置杜陵縣，在今陝西省西安市東南。

〔20〕漢陽：郡名，東漢永平十七年（公元74年）以天水郡改名，治所在冀縣（今甘肅省甘穀縣東)。三國魏仍改名爲天水郡。金城：郡名，西漢始元六年（公元前81年）置，治所在允吾縣（今甘肅省永靖縣西北湟水南岸)。

〔21〕汪繼培曰："'軍氏'至此，舊錯入後'軒氏'下。宋本蓋已如此，故《後紀十》所載衛、鄭公族往往淆亂。"

〔22〕張良：漢初大臣，字子房，出身於戰國末韓國世家，祖父開地與父親平相繼爲韓昭侯、韓宣惠王等五世之相。秦滅韓後，他圖謀報仇，結交刺客，在博浪沙（今河南省原陽縣東南）椎擊秦始皇未中，便改名换姓，逃亡到下邳（今江蘇省睢寧縣西北)，遇黄石公，得《太公兵法》。秦末聚衆歸劉邦，不久遊説項梁立韓貴族韓成爲韓王，他任韓司徒。後韓王爲項羽所殺，他復歸劉邦，爲其重要謀士。楚漢戰争期間，他提出不立六國後代，聯結英布、彭越，重用韓信等策略，又主張追擊項羽，殲滅楚軍，都爲劉邦所採納。高祖六年（公元前201年）封侯，他雖無戰功，但因其"運籌策帷帳中，决勝千里外"而被封爲留侯。高后二年（公元前186年）卒，謚文成侯。見《史記》之《高祖功臣侯年表》《留侯世家》，《漢書》也有傳。按《史記》《漢書》衹説張良是"韓人"而並未説他是"韓公族"，只説後來"更名姓"而未説"變姓爲張"，均與本文不同，因爲"韓人"也可能本姓張，"更名姓"可能是把"張良"二字改去（衹是其化名未載於史)。《新唐書·宰相世系表二下》云："張氏出自姬姓。黄帝子少昊青陽氏第五子揮爲弓正，始制弓矢，子孫賜姓張氏。周宣王時有卿士張仲，其後裔事晋爲大夫。張侯生老，老生趯，趯生骼。至三卿分晋，張氏仕韓。韓相張開地，生平，凡相五君。平生良，字子房。"以爲張良本姓張，與本文所述不同。孰是孰非，已難考定。總而言之，不必以本文爲定論也。

〔23〕汪繼培曰："疑衍。"〇覺按："良"字未必衍。

〔24〕博浪沙：一作博狼沙，地名。今河南省原陽縣東南有秦陽武故城，博浪沙在其南。張良曾使力士操鐵錐在此狙擊秦始皇。

〔25〕汪繼培曰："孫侍御云：'"張"當作"長"。張良易姓爲長，見《高士傳》。'繼培按：作'張'是也。《史記·留侯世家》《索隱》云：'王符、皇甫謐（覺按：當作"謐"）並以良爲韓之公族姬姓也。秦索賊急，乃改姓名，而韓先有張去疾及張譴，恐非良之先代也。'是《潛夫》本作'張'矣。"

〔26〕下邳：縣名，秦置，治所在今江蘇省睢寧縣西北故邳鎮東。

〔27〕黄石公：秦時隱士。相傳張良逃亡下邳（今江蘇省睢寧縣西北），於圯（橋）上遇一老人，授以《太公兵法》，説："讀此，則爲王者師矣。後十年興。十三年，孺子見我濟北，穀城山下黄石，即我矣。"十三年後，張良跟隨漢高祖過濟北，果然在穀城山下見到黄石，便取而祠之。世稱此圯上老人爲黄石公。見《史記·留侯世家》。後代傳有兵書《黄石公三略》三卷。

〔28〕《兵法》：即《史記·留侯世家》所説的《太公兵法》，相傳爲姜太公吕尚所作，論述用兵之法。《史記·留侯世家》"乃太公兵法也"《正義》："《七録》云：'《太公兵法》一袠，三卷。'"今已佚。有人以爲即今傳之《六韜》，恐非，因爲《説苑·指武》曾引述《太公兵法》，其言不見於《六韜》，可見兩者非一書。

〔29〕沛公：即劉邦，見4.6注〔13〕。

〔30〕與韓信略定韓地：《史記》《漢書》無此文，當爲王符誤記。秦末漢初有兩個韓信。一是韓王信（見注〔4〕），但韓王信是張良任韓司徒後去降服韓地時發現的，横陽君韓成立爲韓王前韓王信尚未爲沛公之將。見《史記·韓王信盧綰列傳》。一是淮陰侯韓信（見4.6注〔11〕），但韓信初從項梁、項羽，到劉邦封爲漢王（在漢王元年二月，即公元前206年，見《漢書·高帝紀上》）以後纔歸漢，張良略韓地時（在秦二世三年二月，即公元前207年，見《漢書·高帝紀上》）韓信尚未爲沛公之將。見《史記·淮陰侯列傳》。據《史記·留侯世家》，與張良一起略韓地的是韓王成，而非韓信。此文或爲王符據民間野史而來，但不合史實。

〔31〕汪繼培曰："《路史·發揮五》、羅壁《識遺》並引作'成'，與《史》合。"〇覺按：横陽君城：《史記》之《留侯世家》《韓王信盧綰列傳》及《漢書》"城"作"成"，韓氏，名成，戰國時韓國公子，因他原來被封在横城（在今河南省商邱市睢陽區西），所以稱爲横陽君。秦二世二年（公元前208年），由於張良的勸説，項梁立韓成爲韓王，讓張良當韓司徒。漢王元年（公元前206年），項羽封諸王，因韓王成未前往，所以被改封爲穰侯，不久又被項羽所殺。見《史記》之《留侯世家》《韓王信盧綰列傳》及《漢書·韓王信傳》。立韓成爲韓王、使張良爲司徒的是項梁，此文説成是沛公，誤。

〔32〕汪繼培曰："見《史記·留侯世家》。按《世家》：'項梁使良求韓成，立以爲韓王，以良爲韓申徒，與韓王將千餘人西略韓地。'《韓王信傳》云：'張良以韓司徒降下韓故地，得信以爲韓將。'此云'沛公使與韓信略地'，又以其事在拜司徒前，並誤。信都，《漢書·功臣表》又作'申都'，顔師古曰：'《楚漢春秋》作'信都'。"

〔33〕汪繼培曰："舊不重'信都'，据《路史識遺》補。"

〔34〕司徒：見34.4.1注〔16〕。

〔35〕汪繼培曰："疑'閒'。《禮記·檀弓》'馬鬣封之謂也'，鄭注：'俗閒名。'《王制》：'東方曰寄，南方曰象，西方曰狄鞮，北方曰譯。'鄭注：'皆俗閒之名。'亦見《論衡·訂鬼篇》。"〇覺按：汪説是。

〔36〕汪繼培曰："'申'舊作'司'。《元和姓纂》引《風俗通》云：'申徒，本申屠氏，隨音改爲申徒。'"○覺按：《史記》之《高祖功臣侯年表》《留侯世家》均作"申徒"，王符可能即指彼而言。《史記》"以良爲韓申徒"《集解》："徐廣曰：'即司徒耳。但語音訛轉，故字亦隨改。'"

〔37〕汪繼培曰："《史記·酷吏傳》：'周陽由爲河東都（覺按：陳本無"都"，今據汪稿）尉時，與其守勝屠公爭權，相告言罪。'《索隱》引《風俗通》云：'勝屠即申屠也。'"

〔38〕汪繼培初稿曰：▲"蓋以'信都'爲代王名。"

〔39〕汪繼培曰："當作'韓言氏'。《元和姓纂》引《世本》云：'晉韓厥生無忌，無忌生襄，襄生魯爲韓言氏。'《氏族畧五》'魯'作'子魚'。按無忌、襄並見《左傳》。"○覺按：上文云"桓叔生韓萬"，則此文不當無"韓氏"，故此文並非衍"氏"字。又，"韓言氏"可能是"韓國的言氏"之意，故此文衹稱"言氏"（參見注〔41〕）。下"嬰氏"與此同。

〔40〕汪繼培曰："當作'韓嬰氏'。《元和姓纂》云：'晉韓宣子玄孫韓嬰爲韓嬰氏。'"

〔41〕汪繼培曰："《元和姓纂》《氏族畧四》並引作'褐餘氏'。按當作'褐氏、餘氏'，即韓褐氏、韓餘氏。《廣韻·九魚》'餘'字注云：'晉卿韓宣子之後有名餘子者，奔於齊，號韓餘氏。'《古今姓氏書辨證》云：'韓餘，《世本》："韓宣子子餘之後氏焉。"'又云：'韓褐，《英賢傳》曰："韓厥後。"'韓褐、韓餘，此稱褐氏、餘氏，亦猶韓言、韓嬰之不言'韓'也。宣二年《左傳》晉有餘子之官，韓氏蓋嘗有爲此官者。《廣韻》'名餘子'，'名'當是'爲'。《世本》'子餘'，亦'餘子'之誤。《氏族畧》引《世本》正作'餘子'。《説苑·修文篇》有韓褐子。"

〔42〕汪繼培曰："宣二年《左傳》云：'晉成公即位，乃宦卿之嫡子而爲之田，以爲公族。'成十八年《傳》云：'韓無忌爲公族大夫。'襄七年《傳》云：'晉侯謂韓無忌仁，使掌公族大夫。'十六年《傳》云：'韓襄爲公族大夫。'杜注：'無忌子。'公族氏蓋公族大夫之後也。"○王紹蘭曰："《後漢書·黨錮傳》注引《風俗通》：'公族氏，晉成公立嫡子爲公族大夫，韓無忌號公族穆子。'"

〔43〕韓侯：見17.2.2注〔16〕。

〔44〕汪繼培曰："疑當作'地'。"○覺按："也"爲句中語氣詞。汪説非。

〔45〕汪繼培曰："《韓奕》。'普'今作'溥'。鄭箋：'燕，安也。大矣彼韓國之城！乃古平安時衆民之所築完。'《釋文》云：'王肅、孫毓並云"此燕國"（覺按：當作"北燕國"）。'"○彭鐸曰："《詩·韓奕》之梁山、韓城乃燕地之梁山、韓城，在今河北固安縣，非今陝西之梁山、韓城。顧炎武《日知録》卷三、江永《春秋地理考實》卷二並據此文及《水經·聖水注》《濕水注》辨之，《經義述聞》卷廿五王引之説同。説《詩》者習知陝西有古韓國，乃以之當燕地之韓侯城，皆未考地理故也。"○覺按：顧、江、王之説誤，彭氏失考，因爲他們立説的根據並不可靠。其根據一爲本書所述，但王符在此衹是根據《詩經·大雅·韓奕》中的"韓城"爲"燕師所完"而作的推測，其實並不可靠，因爲燕國之衆可以在近處築城，也可在遠處築城，古代築長城從遠處調發民工便是其證，所以憑這兩句詩來斷定"韓國近燕"並不妥當，故王符此説不足取。其根據二是《水經注·卷十二·聖水》，今録其文於下："聖水又東南逕韓城東，《詩·韓奕章》曰：'溥彼韓城，燕師所完。王錫韓侯，其追其貊，奄受北國。'鄭玄曰：'周封韓侯，居韓城爲侯伯，言爲獫夷所逼，稍稍東遷也。'王肅曰：'今涿郡方城縣有韓侯城，世謂之寒號城，非也。'"這是將詩中的"燕"理解爲北燕國，《詩經·大雅·韓奕》"燕師所完"《釋文》也云："王肅、孫毓並烏賢反，云：'北燕國。'"其實，如果這韓國真是在今河北省固安縣，那就在北燕

國（見 14.10 注〔1〕）國境之中了。（《漢書・地理志下》云：“燕地，……南得涿郡之易、容城、范陽、北新城、故安、涿縣、良鄉、新昌，及勃海之安次，皆燕分也。”）但古代並無燕國滅韓的記載，所以這涿郡方城縣的寒號城，當是後代一個縣屬小城，並不是古代韓侯國的都城（《漢書・地理志上・涿郡》《後漢書・郡國志五・涿郡》均未載韓城，可見其微），王肅之説實誤。鄭玄説韓伯爲獫夷（今本《詩經・大雅・韓奕》“其追其貊”鄭玄箋作“玁狁”）所逼而東遷。考周宣王時玁狁在今甘肅省環縣東南一帶活動（參見 22.8 注〔8〕、34.1.4 注〔11〕），則此韓國當在今陝西省韓城而絶不會在今河北省固安，故酈道元之引詩以證其地實失當，不足據。至於第三個根據是《水經注・卷十三・㶟水》所説的：“㶟水又東南逕良鄉縣之北界，歷梁山南，高梁水出焉。”這其實衹能説明北燕國也有梁山，而並不能説明它一定是韓國的梁山，因爲這梁山在良鄉之北，即在今北京市房山區良鄉鎮之北，它離北燕國都薊（在今北京市大興區）近而離固安縣遠，所以它不會屬於韓侯城。總之，顧氏等説不足取。此“韓城”，當爲韓國都城，在今陝西省韓城市（參見 17.2.2 注〔16〕）。至於“燕”，當指南燕（見 35.3 注〔9〕）。該詩上文説韓侯娶卿士蹶父的女兒“韓姞”爲妻，“韓”是丈夫之姓，“姞”是其父之姓（見《詩經・大雅・韓奕》“爲韓姞相攸”毛傳），則其父當爲南燕國之宗族。由此可以推知，此文的“燕”乃指姞姓之南燕，而絶不是指姬姓之北燕。南燕與韓國相距不很遥遠，蹶父讓其民衆幫助女兒之國築城是有可能的。顧炎武等理解爲北燕，實未深考該詩而誤。而王符此文，似乎也理解爲北燕，不當。至於鄭玄箋將此“燕”字解爲“安”和“古平安時”，可備一説。普：今本《詩經・大雅・韓奕》作“溥”，二字音同相通。鄭玄箋：“溥，大。”師：《詩經・大雅・韓奕》“燕師所完”毛傳：“師，衆也。”

〔46〕汪繼培曰：“案‘韓西’蓋即朝鮮。‘朝’誤爲‘韓’，‘西’即‘鮮’之轉，故《尚書大傳》以‘西方’爲‘鮮方’。《史記・朝鮮傳》云：‘朝鮮王滿者，故燕人也。自始全燕時，嘗畧屬真番、朝鮮。’《索隱》云：‘按《漢書》，滿姓衞，擊破朝鮮王而自王之。’”〇覺按：《漢書・朝鮮傳》與《史記》一樣，衹記有使者“衞山”，並未説“滿姓衞”，司馬貞之説蓋本於此文，而王符之説蓋本於他書。

35.13

畢公高與周同姓，封於畢，因爲氏●〔1〕。周公之薨也【1】，高繼職焉●〔2〕。其後子孫失守，爲庶世●〔3〕。及畢萬佐晉獻公——十六年〔4〕，使趙夙御戎，畢萬爲右〔5〕——以滅耿、滅魏〔6〕。封萬●〔7〕，今之河北縣是也●〔8〕。魏顆又氏令狐●〔9〕。自萬後九世爲魏文侯●〔10〕，文侯孫罃爲魏惠王〔11〕，五世而亡●〔12〕。畢陽之孫豫讓事智伯〔13〕，智伯國士待之，豫讓亦以見知之恩報智伯〔14〕，天下紀其義●〔15〕。魏氏●〔16〕、令狐氏、不雨氏〔17〕、葉大夫氏【2】、伯夏氏〔18〕、魏強氏●〔19〕、豫氏，皆畢氏，本姬姓也。

【校記】

【1】公：仿宋本、馮本、魁本、程本、四庫本、陳本同，何本、邵本作“氏”。

【2】葉：仿宋本、馮本、魁本、陳本同，程本、四庫本、邵本作“業”。

【箋注】

〔1〕汪繼培曰：“《史記·魏世家》。”○覺按：畢公高：周文王第十五子，武王之弟，姓姬，名高，武王滅商後把他封於畢（見12.9注〔1〕），所以稱畢公高。周王朝宗族爲姬姓，所以説與周同姓。周康王時，命畢公治理東郊而作《畢命》。其事蹟可參見《尚書·畢命》《史記·魏世家》。

〔2〕汪繼培曰：“《書·康王之誥》‘畢公率東方諸侯’疏引王肅云：‘畢公代周公爲東伯，故率東方諸侯。’”

〔3〕汪繼培曰：“《魏世家》作‘庶人’。”

〔4〕畢萬：春秋時晉國大夫，畢公高的後裔。晉獻公十六年（公元前661年），設置二軍，獻公統帥上軍，畢萬爲獻公車右，滅耿國、魏國，獻公將魏國賜給他，以爲大夫，是晉卿魏氏的始祖。參見《左傳·閔公元年》《史記·魏世家》。

〔5〕右：車右，古時位居車子右邊的衛士，常以有力的武士充當。古代車乘，尊者居左，御者居中，另有一武士居右稱車右，以備非常之時使用，如車子傾側難以前行，車右便下來推車。車右在戰時也稱“戎右”（戰車之右），在平時則稱“驂乘”（乘車之第三人）。參見《穀梁傳·成公五年》“使車右下而鞭之”范甯注、《漢書·文帝紀》“乃令宋昌驂乘”顔師古注。

〔6〕耿：古國名，公元前661年被晉獻公所滅而賜給了趙夙（見《左傳·閔公元年》），其地在今山西省河津市南汾水南岸。魏：此指西周時分封的諸侯國，姬姓，在今山西省芮城縣北，公元前661年被晉獻公所滅而賜給畢萬作爲封邑。至於戰國時的魏國，則始於畢萬的後代魏文侯，他於公元前403年被周威烈王承認爲諸侯，都城在安邑（今山西省夏縣西北，文侯五世祖魏絳始遷於此），爲戰國七雄之一。公元前376年，其子魏武侯與趙、韓一起瓜分了晉國。公元前340年，魏惠王遷都大梁（在今河南省開封市），因而魏也被稱爲梁。公元前225年爲秦所滅。

〔7〕汪繼培曰：“以上本《魏世家》。《世家》云：‘趙夙爲御，畢萬爲右，以伐霍、耿、魏，滅之。以耿封趙夙，以魏封畢萬。’此文有脱誤。閔元年《左傳》云：‘滅耿，滅霍，滅魏，賜趙夙耿，賜畢萬魏。’”

〔8〕汪繼培曰：“《漢書·地理志·河東郡》‘河北’（覺按：此下當有“注”字）：‘《詩》魏國，晉獻公滅之，以封大夫畢萬。’”○覺按：河北縣：西漢置，治所在今山西省芮城縣西。

〔9〕汪繼培曰：“《晉語》令狐文子，韋昭注：‘魏顆之子魏頡也。’襄三年《左傳》疏云：‘《世族譜》：“魏顆、魏絳俱是魏犨之子，顆別爲令狐氏，絳爲魏氏。”’《唐書·宰相世系表》云：‘顆以獲秦將杜回功封令狐，生文子頡，因以爲氏。’”○覺按：魏顆：武子魏犨（武仲州）之庶子，畢萬之曾孫（參見注〔10〕）。他曾於公元前594年打敗秦軍的入侵，俘獲了秦國的力士杜回，故受封。其事見《左傳·宣公十五年》《國語·晉語七》。令（líng零）狐：春秋時晉邑，在今山西省臨猗縣西南。魏顆食采令狐，其後爲令狐氏。東漢有令狐略，唐有令狐德棻。

〔10〕汪繼培曰：“▲按《魏世家》，自萬至文侯七世（覺按：當作“八世”，見下文），《索隱》引《世本》代數與《世家》不同，此書盖据《世本》。《禮記·樂記》疏引《世本》云：‘萬生芒，芒生季，季生武仲州，州生莊子絳，絳生獻子荼（覺按：當作“荼”，下同），荼生簡子取，取生襄子多，多生桓子駒，駒生文侯。’”○覺按：今本《禮記·樂記》“魏

文侯問於子夏曰”孔穎達疏引《世本》“絳”作“降”。又，魏之世系史籍傳寫多誤。《左傳·閔公元年》“畢萬爲右”杜預注：“畢萬，魏犨祖父。”孔穎達疏：“《世本》：‘畢萬生芒季，季生武仲州。’州即犨也。”與《禮記》疏引《世本》異。今按《左傳》，閔公元年（公元前 661 年）畢萬爲右；而武子魏犨於僖公五年（公元前 655 年）已跟隨重耳出亡（見《左傳·僖公二十三年》），到宣公十五年（公元前 594 年）魏犨早已病故，其活動年代與畢萬相近，所以不可能是畢萬的曾孫而應該是畢萬的孫子。《禮記》疏所引《世本》當加訂正。至於《史記·魏世家》及《漢書·古今人表》説魏犨爲畢萬之子，可備一説。又，《史記·魏世家》説魏武子生魏悼子，悼子生魏絳。《索隱》引《世本·居篇》云：“悼子徙霍。”據《左傳》，魏犨的活動時期爲公元前 656—公元前 600 年（見上文），而魏絳則見於《成公十八年》至《襄公十八年》，即公元前 573—公元前 555 年，二者相距約六十年，所以魏絳當爲魏犨之孫，《禮記》疏所引《世本》脱“悼子”一代，《世族譜》所云（見注〔9〕）也誤。總之，“畢萬後九世”應爲：畢萬之子芒季→武子魏犨（一作“武仲州”）→悼子→莊子（一作“昭子”）魏絳→獻子魏荼（一作“舒”）→簡子魏取→襄子魏多（又作“魏曼多”或“魏侈”）→桓子魏駒→文侯魏斯。若按《史記·魏世家》，則畢萬後八世爲魏文侯，即：畢萬之子武子魏犨→悼子（魏犨之子）→昭子魏絳（悼子之子）→魏嬴（魏絳之子）→獻子（魏嬴之子）→魏侈（獻子之子）→桓子（魏侈之孫）→文侯魏都（桓子之孫）。魏文侯：名斯，戰國時魏國的建立者，公元前 424—公元前 387 年在位（此據《史記·六國年表》。《史記·魏世家》“文侯卒”《索隱》云：“《紀年》云：‘五十年卒。’”又“魏武侯元年”《索隱》：“《紀年》云：‘魏武侯元年，當趙烈侯之十四年。’”所以現在一般辭書都將魏文侯在位年代定爲公元前 445—公元前 396 年，與《史記》不同）。周威烈王二十三年（即魏文侯二十二年，公元前 403 年）命（即承認）魏斯爲諸侯。他任用李悝爲相、吴起爲將、西門豹爲鄴令，奬勵耕戰，曾攻取秦之河西與中山國之地，使魏國成爲戰國七强之一。

〔11〕魏惠王（公元前 400—公元前 319 年）：魏文侯之孫，魏武侯之子，名罃，一作“瑩”（見《莊子·則陽》），又作“嬰”（見《戰國策·魏策二》“梁王魏嬰觴諸侯於范臺”章），戰國時魏國君主，公元前 370—公元前 319 年在位（據《史記·六國年表》，其在位時代爲公元前 370—公元前 335 年。此則據《史記·魏世家》“子哀王立”《集解》，見注〔12〕）。公元前 342 年（魏惠王二十九年，秦孝公二十年），與秦國等會盟於逢澤（今河南省開封市東南），他自稱爲“夏王”（魏之稱王始於此，故此文記之）。公元前 341 年被齊軍大敗於馬陵（見 5.5 注〔6〕），國勢漸衰。公元前 340 年（魏惠王三十一年）遷都大梁（今河南省開封市），所以又稱爲“梁惠王”（見《孟子》）。參見《戰國策·秦策四》“或爲六國説秦王”章、《史記》之《六國年表》《魏世家》。

〔12〕汪繼培曰：“《漢書·地理志》云：‘自畢萬後十世稱侯，至孫稱王，七世爲秦所滅。’按《魏世家》自惠王至王假被虜凡七世。”〇彭鐸曰：“《六國表》同。此云‘五世而亡’，蓋獨數襄、哀、昭、安釐、景湣五王耳。若並惠王、王假計之，則爲七世。”〇覺按：此文云“五世”，當别有所本。《史記·魏世家》“子哀王立”《集解》：“案《太史公書》‘惠成王’但言‘惠王’，惠王子曰‘襄王’，襄王子曰‘哀王’。惠王三十六年卒，襄王立十六年卒，并惠、襄爲五十二年。今案《古文》：‘惠成王立三十六年，改元稱一年，改元後十七年卒。’《太史公書》爲誤分惠成之世以爲二王之年數也。《世本》：‘惠王生襄王。’而無哀王。”《索隱》：“《系本》：‘襄王生昭王。’而無哀王。”據此，則此文説“五世”，當據《世本》而來，故惠王之後五世應爲：惠王之子襄王魏嗣→昭王魏遬→安釐王魏圉→景湣王魏午→王假。

〔13〕畢陽：畢萬的後代，春秋時晉國的俠義之士，曾幫助伯宗把伯州犁護送至楚國（見35.11注〔10〕和《國語·晉語五》《戰國策·趙策一》）。豫讓：見30.7注〔10〕。智伯：又作“知伯”（“知”通“智”），荀氏，名瑶，謚襄子，荀首的後代，智文子荀躒的孫子。荀首封於智（晉邑，位於今山西省永濟市北），故其後代又以智爲氏（見35.16.2注〔3〕）；因爲他是晉國六卿（范氏、中行氏、智氏、趙氏、韓氏、魏氏）之一，所以稱“智伯”。春秋末年，他的勢力在晉國六卿中最強。公元前458年，他與趙、韓、魏三家滅掉了范氏、中行（háng杭）氏，瓜分了他們的土地。公元前455年起，他又聯合韓、魏攻打趙襄子。公元前453年，趙臣張孟談説服韓、魏與趙聯合，決水灌智伯軍，擒殺智伯，以其頭爲飲器，三分其地。其事蹟可參見《國語·晉語九》《戰國策·趙策一》及《韓非子》的《十過》《喻老》《難三》和《史記》的《六國年表》《晉世家》《趙世家》。

〔14〕《戰國策·趙策一》：“豫讓曰：‘臣事范、中行氏，范、中行氏以衆人遇臣，臣故衆人報之；知伯以國士遇臣，臣故國士報之。’”

〔15〕汪繼培曰：“《趙策》。”〇覺按：天下紀其義：《戰國策·趙策一》：“於是襄子義之……死之日，趙國之士聞之，皆爲涕泣。”司馬遷《史記·刺客列傳》載其事，也讚歎其“立意較然，不欺其志”。但也有人不以爲然，如《韓非子·姦劫弑臣》云：“若夫豫讓爲智伯臣也，上不能説人主使之明法術度數之理以避禍難之患，下不能領御其衆以安其國。及襄子之殺智伯也，豫讓乃自黔劓，敗其形容，以爲智伯報襄子之仇。是雖有殘形殺身以爲人主之名，而實無益於智伯若秋毫之末。此吾之所下也，而世主以爲忠而高之。”

〔16〕汪繼培曰：“《史記·魏世家》云：‘從其國名爲魏氏。’”

〔17〕王紹蘭曰：“‘雨’當作‘叓’。‘叓’爛爲‘丙’，又譌‘雨’也。《姓纂》《路史》竝引《潛夫論》‘不叓氏’，是唐宋時猶未誤。”〇覺按：王説備考。

〔18〕伯夏氏：魯國有“伯夏”，是孔子的祖父（見35.7.2）。此文“伯夏氏”或爲“伯陽氏”之誤。《史記·趙世家》：“（惠文王）十七年，樂毅將趙師攻魏伯陽。”可見魏有伯陽邑，其地在今河南省安陽市西北。“伯陽氏”或以其邑名爲氏。

〔19〕汪繼培曰：“《元和姓纂》云：‘魏武子支孫莊子快生強，爲魏強氏。’”

35.14

周厲王之子友封於鄭●〔1〕。鄭恭叔之後●〔2〕，爲公文氏●〔3〕。軒氏●【1】〔4〕、駟氏●〔5〕、豐氏●〔6〕、游氏●【2】〔7〕、國氏●〔8〕、然氏●〔9〕、孔氏●〔10〕、羽氏●〔11〕、良氏●〔12〕、大季氏●【3】〔13〕，十族之祖，穆公之子也〔14〕，各以字爲姓。及伯有氏●〔15〕、馬師氏●〔16〕、褚師氏●〔17〕，皆鄭姬姓也。

【校記】

【1】從35.12此“者亦常在權寵”至“軒氏”，仿宋本、馮本、魁本、程本、四庫本、邵本在35.10“將”字下，今依陳本移正。參見35.10校記【3】。

【2】豐氏游氏：陳本同，仿宋本、馮本、魁本、程本、四庫本、邵本作“豐將氏”。

【3】季：陳本同，仿宋本、馮本、魁本、程本、四庫本、邵本作“李”。

【箋注】

〔1〕汪繼培曰:“《史記・鄭世家》。”○覺按:友:即鄭桓公,姓姬,名友,周厲王之少子,周宣王之同母弟。周宣王二十二年(公元前806年)把他封在鄭(今陝西省渭南市華州區東),是鄭國的開國君主。周幽王八年(公元前774年)任周朝司徒,受人愛戴。次年(公元前773年),他見王室不安定,便將財産、部族、家屬等遷到東虢(見26.2注〔2〕)和鄶國(見35.4.7注〔1〕)一帶。周幽王十一年(公元前771年),他和幽王同時被犬戎所殺。見《國語・鄭語》及韋昭注、《史記・鄭世家》。鄭:古國名,姬姓,伯爵,始封之君是鄭桓公,初封於公元前806年,地在今陝西省渭南市華州區東。鄭桓公被殺後,鄭武公即位,先後攻滅鄶和東虢(見35.4.7注〔1〕、26.2注〔2〕),建都新鄭(今河南省新鄭市)。鄭武公與莊公相繼爲周平王卿士,在春秋初年爲强國。後漸衰弱,公元前375年爲韓所滅。

〔2〕汪繼培曰:“隱元年《左傳》‘共叔段’杜注:‘段出奔共,故曰共叔,猶晋侯在鄂,謂之鄂侯。’疏云:‘賈、服以共爲謚。’此作‘恭叔’,義與賈、服同。”○覺按:恭叔(公元前754~?):《左傳・隱公元年》稱“共(gōng恭)叔段”,《國語・楚語上》稱“叔段”。“叔”是排行,“段”是名。至於“共”,當從杜預注,賈逵、服虔之説恐不當。《左傳・隱公元年》“生莊公及共叔段”《釋文》:“共,音恭。共,地名。”孔穎達疏:“賈、服以‘共’爲謚。《謚法》:‘敬長事上曰共。’作亂而出,非有共德可稱;餬口四方,無人與之爲謚。故知段出奔共,故稱共。”叔段是鄭武公的次子,鄭莊公之弟。公元前722年,他想襲擊莊公,被莊公打敗而逃往共邑(即今河南省輝縣市)。參見《左傳・隱公元年》《史記・十二諸侯年表》。

〔3〕汪繼培曰:“‘文’當作‘父’。莊十六年《左傳》公父定叔,杜注:‘共叔段之孫。’”

〔4〕汪繼培曰:“《左傳》鄭穆公子喜子罕,其後爲罕氏。‘軒’與‘罕’通,昭元年《左傳》罕虎,《公羊傳》作軒虎。”○覺按:參見35.7.1注〔20〕。《左傳・定公十五年》“鄭罕達”,《公羊傳・定公十五年》作“鄭軒達”。《左傳・昭公七年》有“罕朔”和“罕魋”,都是子罕之孫。

〔5〕汪繼培曰:“《左傳》鄭穆公子騑子駟,其後爲駟氏。”○覺按:《左傳・襄公三十年》有“駟帶”,《昭公十九年》有“駟偃”,《定公八年》有“駟歂”,《哀公二十七年》有“駟弘”,都是子駟的後代。

〔6〕汪繼培曰:“舊脱‘氏’字。《左傳》鄭穆公子子豐,其後爲豐氏。《世族譜》云:‘子豐,公子平。’”○覺按:《左傳・襄公三十年》有“豐”(公孫段)、“豐卷”,《昭公七年》有“豐施”,都是子豐的後代。

〔7〕汪繼培曰:“‘游’舊作‘將’。《左傳》鄭穆公子偃子游,其後爲游氏。”○覺按:《左傳・襄公二十二年》有“游眅”(覺按:《十三經注疏》本“眅”作“販”,據阮元校勘記訂正),《襄公二十八年》有“游吉”,都是子游之孫。《昭公元年》有“游楚”,是子游之子。

〔8〕汪繼培曰:“《左傳》鄭穆公子發子國,其後爲國氏。”○王紹蘭曰:“《姓氏書辨證》引《世本》:‘子國氏,鄭穆公生子國發,發生子産僑成子,僑生子思參,參生子玉珍,珍生子樂卑顯莊子,爲子國氏’”○覺按:《春秋・昭公三十二年》有“國參”,即子國之孫、子産之子。

〔9〕汪繼培曰:“《左傳》鄭穆公子子然,其後爲然氏。昭四年有然丹。”○覺按:然丹

爲子然之子。《左傳·襄公二十四年》有“然明”，也當爲子然之子，程公説認爲是然丹之子（見《春秋分記·世譜七·世譜叙篇考異下·鄭公族》），恐不當。

〔10〕汪繼培曰：“《左傳》鄭穆公子嘉子孔，其後爲孔氏。”〇覺按：《左傳·僖公三年》有鄭大夫“孔叔”，《僖公二十四年》有鄭大夫“孔將鉏”，則穆公之前鄭國已有孔氏。至於公子嘉子孔之後，《左傳·昭公十六年》有“孔張”，爲子孔之孫。

〔11〕汪繼培曰：“《左傳》鄭穆公子子羽，其後爲羽氏。襄卅年有羽頡。《世族譜》云：‘子羽，名翬。’”〇彭鐸曰：“公孫揮，字子羽，見襄廿四年《傳》。”〇覺按：彭氏徵引失當。公孫揮並不是穆公之子子羽。穆公之子子羽見於《左傳·成公十三年》，已於該年（公元前 578 年）被殺，魯襄公二十四年（公元前 549 年）不可能復活；且穆公之子當稱“公子”，不當稱“公孫”。杜預《世族譜》以公孫揮爲雜人（見《左傳·襄公二十六年》“鄭七穆”孔穎達疏），彭氏失考。至於“羽頡”，是公子子羽之孫。

〔12〕汪繼培曰：“《左傳》鄭穆公子去疾子良，其後爲良氏。”〇王紹蘭曰：“《氏族略》引《世本》：‘去疾氏：鄭穆公子去疾之後。去疾字子良，又有良氏，所以別族。’”〇覺按：《春秋·襄公十一年》有“良霄”，爲子良之孫。《左傳·昭公七年》有“良止”，爲良霄之子。

〔13〕汪繼培曰：“《元和姓纂》引《世本》云：‘鄭穆公生大季子孔志父之後。’按襄十九年《左傳》士子孔，杜注：‘子良父。’《世族譜》‘志父’作‘公子志’，以大季爲子良名，與《世本》異。”〇覺按：鄭穆公生公子嘉與公子志，兩人爲同父異母兄弟，均字子孔。爲了加以區別，故加上官名，稱公子嘉爲司徒孔，稱公子志爲士子孔（見《左傳·襄公十九年》）。士子孔生子良（並不是注〔12〕中的公子去疾），名大季。《世本》爲了將其父與公子嘉相别，因未冠以官名，故冠以“大季”。因此，《世本》與《世族譜》其實並不牴牾。衹是“大季”是名而不是字，本文説“以字爲姓”，則與《世族譜》不同。但是，古人行文不嫌疏略（參見俞樾《古書疑義舉例》卷二《古人行文不嫌疏略例》），故不必苛究。

〔14〕穆公：指鄭穆公，見 35.3 注〔18〕。穆公之子有十一人，即：子良（公子去疾）、子罕（公子喜）、子駟（公子騑）、子國（公子發）、子孔（公子嘉）、子游（公子偃）、子豐、子印、子羽、子然、士子孔（公子志）。到魯襄公二十六年（公元前 547 年），其子孫當政者有七大家族，稱“七穆”，即子展（公孫舍之）爲罕氏，子西（公孫夏）爲駟氏，子石（公孫段）爲豐氏，子大叔（游吉）爲游氏，子産（公孫僑）爲國氏，伯有（良霄）爲良氏，伯石（印段）爲印氏（見《左傳·襄公二十六年》“鄭七穆”《釋文》），所以《左傳》中有“罕氏”“駟氏”“印氏”等稱呼。此文漏收“印氏”，宜補。

〔15〕汪繼培曰：“襄廿九年《左傳》：‘鄭大夫盟於伯有氏。’亦見卅年《傳》。伯有即子良孫良霄字。”〇覺按：參見 13.5 注〔3〕。

〔16〕汪繼培曰：“昭七年《左傳》云：‘馬師氏與子皮氏有惡。’杜注：‘馬師氏，公孫鉏之子罕朔也。’襄三十年，馬師頡出奔，公孫鉏代之爲馬師，與子皮俱同一族。”〇覺按：馬師原爲春秋時鄭國武官名，掌管兵甲，地位與大夫大致相當，故“馬師氏”是以官爲氏。開始時馬師由子羽之孫羽頡擔任，故《左傳·襄公三十年》稱之爲“馬師頡”。羽頡出奔後，子皮以子罕之子公孫鉏任馬師，其後爲馬師氏。他們都是鄭穆公的後代，故爲鄭之姬姓。

〔17〕汪繼培曰：“昭二年《左傳》：‘鄭公孫黑請以子印爲褚師。’杜注：‘褚師，市官。’”〇覺按：褚師是春秋時鄭、衛、宋等國設置的市官，掌管市場貿易。“褚師氏”是

以官爲氏。《左傳・襄公二十年》的"褚師段"、《哀公八年》的"褚師子肥"，是宋國的褚師氏；《左傳・昭公二十年》的"褚師圃"、《哀公十五年》的"褚師比"（《哀公二十五年》稱"褚師聲子"），是衛國的褚師氏。至於鄭國的褚師，僅見於《左傳・昭公二年》。

35.15

太伯君吴〔1〕，端垂衣裳●〔2〕，以治周禮【1】〔3〕。仲雍嗣立〔4〕，斷髮文身〔5〕，倮以爲飾●〔6〕。武王克殷，分封其後於吴，令大賜北吴●【2】〔7〕。季札居延州來【3】，故氏延陵季子●〔8〕。闔閭之弟夫槩王奔楚堂谿〔9〕，因以爲氏●〔10〕。此皆姬姓也。

【校記】

【1】治：仿宋本、馮本、魁本、四庫本、邵本、陳本同，程本、何本作"洽"。

【2】北：魁本、何本、邵本、陳本同，仿宋本、馮本、程本作"北"，四庫本作"比"。

【3】札：陳本同，仿宋本、馮本、魁本、程本、四庫本、邵本作"扎"。

【箋注】

〔1〕太伯：一作"泰伯"，"太"爲周武王追加的尊號，"伯"是排行。太伯是周代吴國的始祖，周太王古公亶父的長子。因太王想立少子季歷（見35.3注〔5〕），所以他與弟仲雍逃避到江南，開發吴地，創建了吴國。見《史記・吴太伯世家》《吴越春秋・吴太伯傳》。

〔2〕汪繼培曰："王先生云：'"垂"疑"委"。'"〇彭鐸曰："當從哀七年《左傳》作'端委'。"〇覺按：王、彭之説非。《左傳・哀公七年》云："太伯端委以治周禮。"《左傳》之"端委"是指禮服，而此文已加"衣裳"二字，顯然是王符有意識地作了改寫，故不能以彼律此。此"端"字當表示端正，"垂"表示下掛。《周易・繫辭下》："黄帝、堯、舜垂衣裳而天下治。"即此文所本。周代禮服寬大而長，穿着時猶如布帛掛在身上，所以説"垂"。

〔3〕太伯剛到吴地，仍然保持周部族的服飾，所以説"治周禮"。

〔4〕仲雍：又稱虞仲、吴仲，周太王之次子，太伯之弟。因太王想立少子季歷，所以他和太伯一起逃避到江南。太伯死後，他繼立爲吴君。見《史記・吴太伯世家》《吴越春秋・吴太伯傳》。

〔5〕斷髮文身：吴、越一帶爲適應漁獵生活而形成的習俗。《左傳・哀公七年》"斷髮文身"孔穎達疏："《漢書・地理志》云：'越人文身斷髮以辟蛟龍之害。'應劭曰：'常在水中，故斷其髮、文其身以象龍子，故不見傷害。'"

〔6〕汪繼培曰："哀七年《左傳》。'倮'今作'贏'。"〇覺按：《左傳・哀公七年》"贏以爲飾"孔穎達疏："贏其身體以文身爲飾也。"

〔7〕汪繼培曰："《漢書・地理志》云：'太伯卒，仲雍立，至曾孫周章，而武王克殷，因而封之。又封周章弟中於河北，是謂北吴，後世謂之虞。'"〇覺按：《左傳》《戰國策》《史記》等皆無"北吴"之稱，把這虞國稱爲"北吴"，恐怕是東漢人的俗稱。因爲在周武王克殷之前就有虞國（見34.1.4注〔4〕）。至於周武王克殷之後封周章之弟於虞，恐怕始封時就稱"虞"，故史稱"虞仲"（見《史記・吴太伯世家》）。所以，事實可能與《漢書》

所説相反，即虞仲之國始稱“虞”，後來有人爲了將它與古代的虞國相區别，纔稱爲“北吴”。其地參見3.3注〔10〕。其始封之君爲周章之弟，史失其名，故用排行“仲”（或作“中”）來稱呼，稱虞仲。

〔8〕汪繼培曰：“《史記·吴世家》云：‘季札封於延陵，故號曰延陵季子。’《禮記·檀弓》：‘延陵季子適齊。’鄭注：‘季子讓國居延陵，因號焉。《春秋傳》謂延陵延州來。’昭廿七年《左傳》：‘吴子使延州來季子聘於上國。’杜注：‘季子本封延陵，後復封州來，故曰延州來。’按此以延陵即延州來，與鄭説同。”〇覺按：季札：名札，春秋時吴王壽夢之季子（少子），所以稱“季札”或“季子”，也稱“公子札”。因封於延陵，而延陵又稱延州來，所以又稱“延陵季子”或“延州來季子”。季札賢能，壽夢想把君位傳給他，他多次推讓不受。魯襄公二十九年（公元前544年），他到魯、齊、鄭、衛、晋等國訪問，以博見卓識聞名於世。其事蹟可參見《左傳》襄公十四年至哀公十年、《史記·吴太伯世家》。延州來：究竟是一地還是兩地，自漢至今未有定論。我以爲“延州來”即“延陵”。因爲：一、秦漢以前的史籍並没有封季札於州來的記載。説季札封於州來，大概始於東漢服虔，《左傳·襄公三十一年》“延州來季子”孔穎達疏：“服虔云：‘延，延陵也。州來，邑名。季子讓王位，升延陵爲大夫，食邑州來。傳家通言之。’”顯然，這衹是訓詁家對《左傳》之文的附會，而不是史家之實録，故不可輕信。史籍從來不稱“州來季子”，也可佐證季札並未復封州來。二、州來在今安徽省鳳臺縣，爲吴、楚交界處的城邑，時而屬楚，時而屬吴。據《左傳》，成公七年（公元前584年）“吴入州來”。後又爲楚所有，故昭公四年（公元前538年），“然丹城州來”；昭公十二年（公元前530年），“楚子狩于州來”。至昭公十三年（公元前529年），“吴滅州來”，但楚靈王説：“州來在吴，猶在楚也。”可見吴國實難征服州來，故不久又爲楚所有，昭公十九年（公元前523年），“楚人城州來”。至昭公二十三年（公元前519年），“吴人伐州來”，得之。至哀公二年（公元前493年），吴遷蔡於州來。由此可見，州來爲吴、楚反復争奪之地。所以，吴國恐怕不會將這動亂不止之地封給季札。而且，如果已將州來復封季札，就不會在季札或季札之族未亡之前遷蔡於此（《左傳·哀公十年》還提及“延州來季子”）。此也可佐證季札未封於州來。三、《左傳》衹説“延州來季子”（凡三次，見《襄公三十一年》《昭公二十七年》《哀公十年》）而不説“延陵季子”，《公羊傳》《穀梁傳》《史記》《漢書》《禮記》衹説“延陵”或“延陵季子”而從不説“延州來”或“延州來季子”，可見“延州來”和“延陵”衹是因作者用語不同而造成的異稱，並無實質性的差異。四、如果季札後來封在州來，則死後當葬於州來，但其墓卻在昆陵縣（見《史記·吴太伯世家·贊》“延陵季子之仁心”《集解》），即延陵。凡此種種，可證《左傳》之“延州來”即他書之“延陵”，其地即今江蘇省常州市南淹城遺址。

〔9〕闔閭：一作“闔廬”（hélǘ 河驢，古代“廬”“閭”同音），春秋末年吴國國君，名光。吴王諸樊之子（一説是夷末之子），故稱公子光。他用專諸刺殺吴王僚而自立爲王，闔閭是他立爲吴王后的號。公元前514—公元前496年在位。他任用伍子胥、孫武，攻破楚國，一度佔領楚都郢（今湖北省荆州市荆州區西北之紀南城），因秦兵來救及其弟夫槩反叛而受挫回師。後在對越作戰中被越國大夫擊傷而死。參見《左傳》昭公二十七年至定公十四年、《史記·吴太伯世家》及《吴越春秋·闔閭内傳》。夫槩王：名夫槩，吴王闔閭之弟。公元前506年，他隨闔閭伐楚時獨自行動而大敗楚軍。次年，他偷偷回國而自立爲吴王，故稱夫槩王。後被闔閭打敗而逃往楚國，楚昭王把他封在堂谿，爲堂谿氏。參見《左傳》定公四年及定公五年、《史記·吴太伯世家》。堂谿：一作“棠谿”，春秋時屬楚，戰國時屬韓，故址在今河南省遂平縣西北。

〔10〕汪繼培曰："定五年《左傳》。"〇覺按：夫槩之後爲堂谿氏，戰國時韓國有堂谿公（見《韓非子·外儲説右上》)，西漢潁川郡有堂谿惠（見《漢書·儒林傳》)，東漢有堂谿典（見《後漢書·蔡邕列傳》)。

35.16.1

鄭大夫有馮簡子●〔1〕。後韓有馮亭〔2〕，爲上黨守〔3〕，嫁禍于趙【1】，以致長平之變●〔4〕。秦有將軍馮劫，與李斯俱誅●〔5〕。●有馮唐【2】〔6〕，與文帝論將帥●〔7〕。後有馮奉世〔8〕，上黨人也，位至將軍，女爲元帝昭儀〔9〕，因家于京師●【3】〔10〕。其孫衍●〔11〕，字敬通，篤學重義，諸儒號之曰："德行雍雍——馮敬通〔12〕。"著書數十篇，孝章皇帝愛重其文●〔13〕。

【校記】

【1】于：仿宋本、馮本、魁本、程本、四庫本、邵本同，陳本作"於"。

【2】有馮唐：仿宋本、馮本、魁本、程本、四庫本、邵本同，陳本作"漢興有馮唐"。

【3】于：仿宋本、馮本、程本、四庫本、邵本同，魁本作"干"，陳本作"於"。

【箋注】

〔1〕汪繼培曰："襄卅一年《左傳》。"〇覺按：此節述馮氏，按《後漢書·馮魴列傳》："其先魏之支别，食菜馮城，因以氏焉。"李賢等注："《東觀記》曰：'其先魏之别封曰華侯，華侯孫長卿食菜馮城，因以氏焉。'"據此，則馮氏爲魏氏之後，宜附於35.13之後。又，春秋時馮邑在今河南省滎陽市西，在晉、鄭之際，故馮氏的後代或在鄭，或在韓。馮簡子：春秋時鄭國大夫，名字已佚，"簡子"是其謚號，以善於決斷大事而聞名。見《左傳·襄公三十一年》。

〔2〕馮亭：戰國時韓國大夫，韓桓惠王時任上黨郡太守。公元前262年，他見上黨郡即將被秦奪取，於是將它獻給趙國。趙豹對趙孝成王説："這平白無故的利益實爲禍殃，這是韓國想嫁禍於趙。"但趙王還是接受了上黨郡。結果秦軍攻趙，在長平大敗趙軍，並活埋俘虜四十餘萬。見《史記·趙世家》。

〔3〕上黨：郡名，戰國時韓置，位於今山西省東南部，當時轄有今長子、屯留、壺關等十七個城邑。西漢沿置，轄長子等十四個縣。

〔4〕汪繼培曰："《史記·趙世家》。"〇覺按：長平：戰國時趙邑，在今山西省高平市西北。公元前260年，趙國中了秦國的反間計，以紙上談兵的趙括代替廉頗爲將駐守長平，被秦將白起打敗，趙軍四十多萬人被俘活埋。變：非同尋常的事件。

〔5〕汪繼培曰："《史記·秦始皇紀》。"〇覺按：馮劫：秦朝大臣，秦統一天下時（公元前221年）任秦王朝御史大夫，秦二世時爲將軍。秦二世二年（公元前208年），他和左丞相李斯等一起勸二世停止阿房宫工程以緩和當時的局勢，二世反將他們逮捕問罪，馮劫不願受辱而自殺，李斯被處腰斬滅族。見《史記·秦始皇本紀》。一説馮劫爲馮亭的後代，見《漢書·馮奉世傳》。

〔6〕汪繼培於"有馮唐"上補"漢興"二字後曰："二字舊脱，据《漢書·馮奉世傳》

補。此言馮氏，俱本《奉世傳》。”〇覺按：汪補恐不合王符本意，因爲據《史記·張釋之馮唐列傳》，馮唐在漢武帝即位時（公元前 140 年）已九十多歲，則馮唐生於秦王政十六年（公元前 231 年）之前，可見馮唐生於戰國時代，長於秦朝，所以不能簡單地説“漢興有馮唐”，因而王符略之。至於《漢書·馮奉世傳》云：“漢興，文帝時馮唐顯名。”與此文文義不同，不可類比。馮唐：原爲戰國時趙國人，漢初遷居安陵（今陝西省咸陽市東北）。據説是馮亭的後代（見《漢書·馮奉世傳》）。漢文帝時已五十多歲，爲中郎署長。文帝詢問他趙將李齊之賢，他説李齊不及廉頗與李牧，並以此諷喻文帝，爲雲中郡太守魏尚辯解，指明文帝任用將帥有失，對將帥獎賞太輕、刑罰太重。文帝便赦免了魏尚，任命馮唐爲車騎都尉。漢景帝時，他曾任楚相。見《史記·張釋之馮唐列傳》。

〔7〕汪繼培曰：“《史記》。”

〔8〕馮奉世（？—公元前 39 年）：字子明，西漢上黨郡潞縣（今山西省潞城市東北）人，後遷居杜陵（今陝西省西安市東南），是戰國時馮亭的後代，曾出使大宛，當時莎車叛漢，他率兵擊破莎車，宣帝任他爲光禄大夫、水衡都尉。元帝初元元年（公元前 48 年）任執金吾，兩年後爲右將軍。後率兵擊破隴西之羌，於永光三年（公元前 41 年）改任左將軍光禄勳，其功名僅次於趙充國。見《漢書》之《百官公卿表下》《馮奉世傳》。

〔9〕女：女兒。馮奉世有九個兒子、四個女兒。長女馮媛，是奉世次子馮野王之妹，元帝即位二年（公元前 47 年）選入宫中。後五年，爲婕妤。建昭年間（公元前 38—公元前 34 年），元帝遊虎圈，有熊逃出欲上殿，她以身擋熊，保護元帝，爲帝所重，次年立爲昭儀。她生中山孝王，元帝死後，她爲中山孝王太后。因素爲傅太后所怨，於公元前 6 年遭誣陷而自殺。中山孝王之子後即位爲帝，即漢平帝，所以她是漢平帝的祖母。其事蹟見《漢書》之《哀帝紀》《馮奉世傳》《外戚傳下》。昭儀：是皇帝加給妃嬪的封號之一，始自漢元帝。《漢書·外戚傳上》：“至武帝制倢伃……而元帝加昭儀之號，凡十四等云。昭儀位視丞相，爵比諸侯王。倢伃視上卿，比列侯。”又《外戚傳下》：“元帝既重傅倢伃，及馮倢伃亦幸，生中山孝王，上欲殊之於後宫，以二人皆有子爲王，上尚在，未得稱太后，乃更號曰昭儀，賜以印綬，在倢伃上。昭其儀，尊之也。”

〔10〕汪繼培曰：“《漢書》。”〇覺按：京師：西漢都城在長安（今陝西省西安市）。馮奉世後遷居京兆尹杜陵（今西安市東南）。

〔11〕汪繼培曰：“當云‘曾孫’。”〇覺按：衍：馮衍，字敬通，京兆尹杜陵縣（今陝西省西安市東南）人，是馮奉世的曾孫，馮野王的孫子。九歲時已能背誦《詩經》，到二十歲時博通羣書。王莽時有很多大臣推薦他，他都拒絶而不肯出仕。公元 22 年，王莽派更始將軍廉丹討伐赤眉軍，廉丹讓他當副官，他曾勸廉丹反莽。光武帝時他曾屢次上疏而未得任用，後居貧年老而卒於家。他著有各種文章五十篇，漢章帝很看重他的文章。《後漢書·馮衍列傳》載其事蹟，但未採録此文。

〔12〕雍雍：和諧得當的樣子。“雍”與“通”押韻。

〔13〕汪繼培曰：“《後漢書》。按《▲馮衍傳》云：‘子豹，字仲文，長好儒學，鄉里爲之語曰：“道德彬彬——馮仲文。”’而不載敬通之號。”〇覺按：“道德彬彬——馮仲文”之“彬”與“文”押韻。孝章皇帝：即漢章帝（公元 57—88 年），“孝章”是其謚號，姓劉，名炟（dá 達），漢明帝第五子，公元 75 年即位時纔十九歲，在位十三年，以寬厚著稱，死後廟號爲“肅宗”。見《後漢書·肅宗孝章帝紀》。

35.16.2

晋大夫郇息事獻公●〔1〕。後世將中軍，故氏中行●〔2〕；食采於智●〔3〕。智果諫智伯而不見聽〔4〕，乃别族于大史爲輔氏●【1】〔5〕。

【校記】

【1】于大：仿宋本、馮本、魁本同，程本、四庫本、邵本作“于太”，陳本作“於太”。

【箋注】

〔1〕汪繼培曰：“《左傳》‘郇’作‘荀’。《廣韻·十八諄》‘荀’字注云：‘荀，姓，本姓郇，後去“邑”爲“荀”。’”○覺按：《廣韻·上平聲·十八諄》“郇”字注：“郇，地名，在河東解縣，周文王子封於郇，後以爲氏。王莽時有郇越。”文王之子封於郇，可參見34.1.4注〔9〕，但郇息非其後代。郇息：晋國大夫。《漢書·地理志上·右扶風》“栒邑”顔師古注引臣瓚曰：“《汲郡古文》：‘晋武公滅荀，以賜大夫原氏黯，是爲荀叔。’”《左傳·僖公二年》“晋荀息請以屈産之乘與垂棘之璧假道於虞以伐虢”杜預注：“荀息，荀叔也。”《左傳·僖公九年》“荀叔曰”杜預注：“荀叔，荀息也。”由此可知，荀息本氏原，名黯，字息，叔是其排行；因封於荀，所以改氏荀，成爲晋國荀氏的始祖（晋國别有郇氏，見35.5）。他曾事奉晋獻公，設計向虞國借路去攻打虢國而滅虢、虞。後爲相，受獻公囑託輔助驪姬之子奚齊。公元前651年獻公死後，奚齊被里克所殺，他立奚齊之弟公子卓。卓又被里克所殺，他爲之殉身，故以忠信著名。事見《左傳·僖公二年、九年》《史記·晋世家》。獻公：晋獻公。

〔2〕汪繼培曰：“文十三年《左傳》中行桓子，杜注：‘荀林父也。僖二十八年始將中行，故以爲氏。’《史記·趙世家》《索隱》引《世本》云：‘晋大夫逝敖生桓伯林父。’”○覺按：中軍：軍隊編制名。古代諸侯常置左、中、右三軍，主帥居中軍，號令三軍。但此文之“中軍”當作“中行”。《左傳·僖公二十八年》：“晋侯作三行以禦狄，荀林父將中行。”杜預注：“晋置上、中、下三軍，今復增置三行，以辟天子六軍之名。”可見“中行”與“中軍”是不同的，王符混爲一談，誤。《史記·趙世家》“荀寅、范吉射與午善”《索隱》引《世本》云：“晋大夫逝遨生桓伯林父，林父生宣伯庚，庚生獻伯偃，偃生穆伯吴，吴生寅。本姓荀，自荀偃將中軍，晋改中軍曰中行，因氏焉。”王符大概據此誤説而致誤。誠然，據《左傳》，最早以中行爲氏的不是荀偃，而是荀林父（見35.0.1注〔24〕），而除了荀林父稱“中行伯”（見《左傳·宣公十五年、成公二年》）外，荀偃之父荀庚也已稱爲“中行伯”（見《左傳·成公三年》）。《左傳·文公十三年》“中行桓子曰”杜預注：“中行桓子，荀林父也。僖二十八年始將中行，故以爲氏。”《史記·齊太公世家》“晋使中行獻子伐齊”《索隱》：“荀偃祖林父代爲中行，後改姓爲中行氏。”可見《世本》之説實誤。據《世本》，荀林父爲逝遨之子；據本文，荀林父爲荀息的後代，則荀林父當爲荀息之孫。因爲荀林父見於《左傳》僖公二十七年（公元前633年）至成公十六年（公元前575年），與荀息的活動年代相差五十年左右，可知是孫輩。梁玉繩《人表考》卷三“荀息”條懷疑王符之説而認爲荀息與荀林父異族，恐不當。

〔3〕汪繼培曰：“下當云‘故氏智’。宣十二年《左傳》知莊子，杜注：‘莊子，荀首。’‘智’與‘知’同。《趙世家》《索隱》引《世本》云：‘逝敖生莊子首。’”○覺按：此文當作：“後世或食采於智，故氏智。”因爲食采於智的並非中行氏。智氏與中行氏爲荀氏之後互相並行的兩大氏族。《史記·趙世家》“荀躒言於晋侯曰”《索隱》引《世本》云：“逝

遨生莊子首，首生武子罃，罃生莊子朔，朔生悼子盈，盈生文子櫟（覺按：通“躒”），櫟生宣子申，申生智伯瑤。”據《左傳·成公二年》，荀首爲荀林父之季弟，可見荀首是荀息的小孫子。荀首封於知（與“智”通），故其後以知（智）爲氏。《左傳》中出現的有：“知季”（即荀首，見《宣公十二年》）、“知罃”（即荀罃，見《襄公九年》）、“知朔”（見《襄公十四年》）、“知盈”（見《昭公五年》）、“知躒”（見《昭公二十六年》）、“知伯”（分别指荀罃、荀盈、荀躒、荀瑤）等等。智：春秋時晋邑，在今山西省永濟市北。

〔4〕智果：又作“知過”或“智過”，後改爲輔氏，又稱“輔果”，晋國大夫，智氏同族。智伯瑶與韓氏、魏氏攻打趙襄子，趙臣張孟談説服了韓、魏之君，準備三家聯合攻打智伯。韓、魏之君與張孟談成約後再去見智伯時，智過發現其臉色異常，勸智伯殺之，智伯不聽，智過便出走了，並將自己的家族改爲輔氏。智伯滅亡後，衹有輔果尚存。事見《戰國策·趙策一》《韓非子·十過》《國語·晋語九》。智伯：指智伯瑶，見35.13注〔13〕。

〔5〕汪繼培曰：“《晋語》。”○覺按：大（tài太）史：即太史，古代史官之長，商末、西周時爲三公之一，又稱“尹氏”，地位甚高（見35.4.1注〔17〕），掌理冊命、制禄、圖籍、禮制、占卜、祭祀以及天文曆法、記録歷史等等。春秋以後太史地位下降，位在下大夫。《國語·晋語九》“智果别族于太史爲輔氏”韋昭注：“太史掌氏姓。”

35.16.3

晋大夫孫伯黶寔司典籍【1】〔1〕，故姓籍氏〔2〕。辛有二子董之〔3〕，故氏董氏●〔4〕。

【校記】

【1】寔：仿宋本、馮本、魁本、程本、四庫本、邵本同，陳本作“實”。

【箋注】

〔1〕孫伯黶：西周時晋國大夫，主管晋國典籍，成爲晋國籍氏的始祖。參見35.11注〔24〕。寔：通“實”。

〔2〕王紹蘭曰：“《左氏·昭十五年》疏引《世本》：‘孫伯黶生司空頡，頡生南里叔子，子生叔正官伯，伯生司徒公，公生曲沃正少襄，襄生司功大伯，伯生矦季子，子生籍游，游生談，談生秦。’”

〔3〕辛有：周平王時周王朝太史。見《左傳·僖公二十二年》及《國語·晋語四》“董因迎公於河”韋昭注。

〔4〕汪繼培曰：“昭十五年《左傳》。”○覺按：《左傳·昭公十五年》作：“及辛有之二子董之晋，於是乎有董史。”可知此“董氏”是周代晋國的董氏，其後代見於《左傳》《國語》的有“董因”（《晋語四》）、“董狐”（《宣公二年》）、“董伯”（《晋語八》）、“董叔”（《襄公十八年》《晋語九》）、“董安于”（《定公十三年》《晋語九》）等等。35.4.3也有董氏，與此文之“董氏”非同族。

35.16.4

《詩》頌宣王〔1〕，始有“張仲孝友”●〔2〕。至春秋時，宋有張

白，蔑矣●【1】〔3〕；唯晋張侯●〔4〕、張老●〔5〕【2】，寔爲大家【3】。張孟談相趙襄子以滅智伯〔6〕，遂逃功賞，耕於肙山●【4】〔7〕。後魏有張儀、張丑●【5】〔8〕。至漢，張姓滋多。常山王張耳〔9〕，梁人〔10〕。丞相張蒼，陽武人也●〔11〕。東陽侯張相如●〔12〕。御史大夫張湯●〔13〕，增定律令，以防姦惡【6】，有利於民，又好薦賢達士〔14〕，故受福祐●〔15〕：子安世●〔16〕，爲車騎將軍〔17〕，封富平侯〔18〕，敦仁儉約〔19〕，矜遂權●〔20〕，而好陰德●〔21〕，是以子孫昌熾●【7】〔22〕，世有賢胤【8】，更封武始〔23〕——遭王莽亂，享國不絶●〔24〕——家凡四公【9】，世著忠孝行義●〔25〕。前有丞相張禹●〔26〕，御史大夫張忠●〔27〕。後有太尉張酺〔28〕，汝南人；太傅張禹〔29〕，趙國人●〔30〕。司邑閭里●〔31〕，無不有張者。河東解邑有張城，有西張城●〔32〕，豈晋張之祖所出邪〔33〕？

【校記】

【1】矣：仿宋本、馮本、魁本、陳本同，程本、四庫本、邵本作“實”。

【2】唯：仿宋本、馮本、魁本、程本、四庫本、邵本同，陳本作“惟”。

【3】寔：仿宋本、馮本、魁本、程本、四庫本、邵本同，陳本作“實”。

【4】肙：四庫本同，仿宋本、馮本、魁本、程本、邵本、陳本作“肓”。

【5】丑：仿宋本、馮本、魁本、何本、四庫本、邵本、陳本同，程本作“五”。

【6】防：仿宋本、馮本、魁本、陳本同，程本、四庫本、邵本作“妨”。

【7】熾：仿宋本、馮本、魁本、何本、四庫本、邵本、陳本同，程本作“熾”。

【8】胤：仿宋本作“亂”，抄補本、馮本、魁本、程本、何本作“亂”，四庫本、陳本作“肎”，邵本作“嗣”，今從仿宋本而用正體字“胤”。

【9】公：仿宋本、馮本、魁本、陳本同，程本、四庫本、邵本作“於”。

【箋注】

〔1〕《詩》:《詩經》，此指《詩經·小雅·六月》，它是一首歌頌周宣王北伐玁狁的詩篇。

〔2〕汪繼培曰：“《六月》。”〇覺按：《詩經·小雅·六月》“張仲孝友”毛傳：“張仲，賢臣也。善父母爲孝，善兄弟爲友。”鄭玄箋：“張仲，吉甫之友，其性孝友。”孔穎達疏：“《爾雅》李巡注云：‘張，姓；仲，字。其人孝，故稱孝友。’”又，古代文獻所載張姓之人，始見於《詩經·小雅·六月》的“張仲”，故此文説“始有”，但張姓並不始於此。《廣韻·下平聲·十陽》“張”字注：“本自軒轅第五子揮，始造弦，寔張網羅，世掌其職，後因氏焉。《風俗傳》云：‘張、王、李、趙，黄帝賜姓也。’”

〔3〕汪繼培曰：“‘白’當作‘匄’，張匄見昭廿一年《左傳》。《史記·建元以來王子侯表》距陽侯劉白，《漢·表》作‘匄’，誤與此同。‘蔑’字衍，與下行‘滅’字相並而誤。▲《升菴外集》五十七以‘蔑’字帶上讀，云‘宋有張白蔑’，非也。”〇覺按：“白”爲“匄”（gài 丐）字之形訛。張匄（？～公元前 521 年），春秋時宋國少司馬華貙的家臣，參與華氏反叛，被公子城射中而死。見《左傳·昭公二十一年》。“蔑”字非衍，汪説非。“蔑”與下文“大家”相對，是微小的意思。《方言》卷二：“木細枝謂之杪。江淮陳楚之内謂之

蔑。”郭璞注:“蔑,小貌也。”

〔4〕汪繼培曰:“成二年《左傳》。即解張。”○覺按:張侯:春秋時晉國大夫,氏解(xiè 懈),字張,名侯,所以或稱“解張”,或稱“張侯”(古人名字連稱,往往先字後名),見《左傳·成公二年》。“侯”的意思是張掛起來的布製箭靶,《小爾雅·廣器》:“射有張布謂之侯。”所以他名侯而字張。王符將此“張”字看作姓,誤。解張爲解氏,當與《左傳·文公八年》的“解揚”、《左傳·襄公三年》的“解狐”同族,而不與以往的張氏同族。至於其後代姓張,則是以父字爲姓,那又當别論。《新唐書·宰相世系表二下》:“張氏出自姬姓。黄帝子少昊青陽氏第五子揮爲弓正,始制弓矢,子孫賜姓張氏。周宣王時有卿士張仲,其後裔事晉爲大夫,張侯生老,老生趯,趯生骼。”以張侯爲張仲之後,蓋誤從此文所致。

〔5〕汪繼培曰:“成十八年《左傳》。”○覺按:張老:春秋時晉國大夫,姓張,名老,字孟,所以又稱“張孟”。公元前573年,晉悼公即位,委任他爲中軍候奄(主管偵察諜報的官),公元前570年升任中軍司馬。公元前557年,晉平公即位,其子張君臣爲中軍司馬,他爲上軍之將。見《左傳·成公十八年、襄公三年、襄公十六年》及《國語·晉語六、晉語七、晉語八》韋昭注。一説張老是解張之子(見注〔4〕所引《新唐書》),如果此説爲實,則此人出於解氏而以父字爲姓。

〔6〕張孟談:戰國時趙襄子家臣,很有謀略。公元前455年,智伯聯合韓、魏攻打趙襄子,他勸襄子定居晉陽。趙襄子被困於晉陽城中,他出謀劃策而堅守三年之久。結果智伯決晉水灌城而晉陽危在旦夕,他出城説服韓、魏之君與趙聯合,從而消滅了智伯。然後他又辭去高官厚禄到負親之邱種田度日。見《戰國策》之《秦策一》《趙策一》。趙襄子:趙簡子(趙鞅)的兒子,名毋卹(一作“無恤”),戰國初期晉國大夫,公元前457—公元前425年在位。見《史記》之《六國年表》《趙世家》。

〔7〕汪繼培曰:“《趙策》‘肙山’作‘負親之邱’。”○彭鐸曰:“‘肙’疑當作‘負’,負山即負丘。《爾雅·釋丘》:‘丘背有丘爲負丘’,是此丘所由得名也。《趙策一》作‘負親之邱’,‘親之’二字蓋涉下文‘韓、魏、齊、燕負親以謀趙’而衍。”○覺按:《爾雅·釋丘》之“負丘”,乃解説“宛丘”之詞,其地當在古之宛丘,即在今河南省周口市淮陽區東南,與晉陽相距遥遠,故“肙山”不應該是負丘。此“肙山”當爲“介山”之誤。介山在今山西省介休市東南,離晉陽(今山西省太原市西南)不遠。相傳春秋時介子推逃避晉文公之賞而與其母隱居於此山,晉文公求之不得,乃封此山爲介子推之田,並命名此山爲介山。事見《史記·晉世家》。《戰國策·趙策一》作“負親之丘”也可能不誤,其意爲介子推負(背)其母親一起隱居的山丘,即指此介山。戰國秦漢時附會張孟談逃賞,很可能將他與介子推比附。

〔8〕汪繼培曰:“《魏策》。”○覺按:張儀:見4.5注〔12〕。張丑:戰國時魏國人,始爲齊國靖郭君田嬰的門客,爲田嬰遊説過楚威王;後來又爲魏國之臣。見《戰國策》的《齊策一》《魏策一》《魏策二》《韓策三》《燕策三》《中山策》與《史記》的《楚世家》《孟嘗君列傳》。

〔9〕常山:漢初國名,秦亡後項羽封張耳所置,都襄國(今河北省邢臺市),轄常山、邯鄲、鉅鹿三郡,相當於今河北省南部以及山東省平原、高唐二縣以西地區。後張耳降劉邦,改立趙王歇,未久復爲劉邦所滅。張耳:見30.9注〔9〕。

〔10〕“梁”字上宜有“大”字。因爲戰國時雖稱“大梁”爲“梁”,但漢高祖五年(公元前202年)改秦之碭郡置梁國,在今河南省夏邑縣一帶,爲了與此梁國相區别,所以

《史記·張耳陳餘列傳》《漢書·張耳傳》均作“大梁”，王符簡稱爲“梁”，易引起誤解，故應補“大”字。大梁位於今河南省開封市。

〔11〕汪繼培曰：“並見《史記》。”〇覺按：張蒼（公元前256—公元前152年）：西漢陽武縣（今河南省原陽縣東南）人，秦時曾爲御史，因罪逃亡回家。後來跟隨劉邦，有功而封北平侯。他是著名的天文、算學家，精通律曆，通曉圖書計籍，任計相，以列侯居相府，主管郡國上計事宜。高后八年（公元前180年）升爲御史大夫。文帝四年（公元前176年）起任丞相十五年，曾改定音律曆法。參見《史記》之《張丞相列傳》《漢興以來將相名臣年表》。

〔12〕汪繼培曰：“《史記·文帝紀》十四年。”〇覺按：東陽：《史記·高祖功臣侯年表》“東陽”《索隱》：“縣名，屬臨淮。”此説實誤。漢臨淮郡有東陽縣（見《漢書·地理志上·臨淮郡》），治所在今江蘇省盱眙縣東南東陽城，但此縣並非是東陽侯之國。此“東陽”爲漢高祖所置侯國，屬清河郡（見《漢書·地理志上·清河郡》），治所在今山東省武城縣東北。張相如（？—公元前165年）：西漢初人，漢高祖六年（公元前201年）爲中大夫，後來攻戰陳豨有功，於高祖十一年（公元前196年）封爲東陽侯。文帝時曾爲太子太傅，文帝十四年（公元前166年）爲大將軍前往征伐匈奴。死後謚武侯。見《史記》之《高祖功臣侯年表》《萬石張叔列傳》《孝文本紀》。

〔13〕汪繼培曰：“《漢書·張湯傳·贊》云：‘馮商稱張湯之先與留侯同祖，而司馬遷不言，故闕焉。’”〇覺按：御史大夫：見9.4注〔2〕。張湯（？—公元前115年）：西漢杜陵（今陝西省西安市東南）人，武帝時拜太中大夫，與趙禹共定律令，制定了有關“見知故縱”（知人犯法而不檢舉揭發、故意放走罪犯的，將受嚴厲制裁）、“監臨部主”（負責監督地方治安的鄉部、亭部之官如果失責，將與罪犯一起受到懲處）、“吏傳得相監司”（官吏遞相監督，有罪未告則上下級監督者同受處罰）等法令。元朔三年（公元前126年）爲廷尉，治獄嚴峻。元狩二年（公元前121年）升任御史大夫，建議造白金及五銖錢，由國家壟斷鹽鐵經營來限制富商大賈，制定“告緡令”（削弱富豪的法令。規定商賈自報資産以納税，誰隱瞞不報而逃税，别人可告發，從而没收其資産，並以其半獎賞給告發的人）。後來被丞相莊青翟及丞相長史朱買臣等共謀陷害而自殺。其死後家産所值不過五百金，都是俸禄所得及皇上所賜，而無其他的産業。見《史記》之《漢興以來將相名臣年表》《酷吏列傳》和《漢書·刑法志》。

〔14〕達：與《漢書·張安世傳》“舉賢達能”之“達”用法相同，是“使……顯貴”的意思。

〔15〕汪繼培曰：“疑‘祜’。《詩·信南山、桑扈、下武》並云‘受天之祜’，鄭箋：‘祜，福也。’▲《儀禮·士冠禮》‘承天之祜’鄭注云：‘祜，福也。’《尒疋·釋詁》：‘祜，福也。’《漢書·揚雄傳·長楊賦》云：‘受神人之福祜。’”〇彭鐸曰：“《長楊賦》‘祜’與虞、舞、胥、雅爲韻，或作‘祐’，非。然《楚辭·天問》：‘驚女采薇鹿何祐？’與‘喜’爲韻，則非‘祜’之誤。王逸注：‘祐，福也。’是‘福祜’亦可言‘福祐’，非必字誤。《漢書·王嘉傳》：‘宜思正萬事，順天人之心，以求福祐。’尤其明證矣。”〇覺按：“祐”指保祐，未必有誤，汪説非。《漢書·張湯傳·贊》曰：“湯雖酷烈，及身蒙咎，其推賢揚善，固宜有後。”此文的“受福祐”即指其“有後”，指張湯被陷害而自殺後，漢武帝覺察其情，於是懲辦丞相長史，丞相莊青翟畏罪自殺，武帝提拔張湯之子張安世。見《史記·酷吏列傳》。

〔16〕汪繼培曰：“《漢書》附《湯傳》。”〇覺按：安世：張安世（？—公元前62年），西漢杜陵（今陝西省西安市東南）人，張湯之子，字子孺，漢武帝時爲尚書令，漢昭帝始

元元年（公元前 86 年）爲光禄勳，元鳳元年（公元前 80 年）爲右將軍，元鳳六年（公元前 75 年）因輔政勤勞而封爲富平侯。元平元年（公元前 74 年）爲車騎將軍光禄勳，與大將軍霍光定策廢昌邑王，立宣帝，因而於地節三年（公元前 67 年）升爲大司馬車騎將軍，三個月後又改任大司馬衛將軍。死後謚敬侯。見《漢書》之《張湯傳》所附《張安世傳》及《外戚恩澤侯表》《百官公卿表下》。

〔17〕車騎將軍：西漢重號將軍，地位甚高。

〔18〕富平：西漢時侯國，屬平原郡，原爲秦之厭次縣，漢明帝時復名厭次，治所在今山東省陵縣東北神頭鎮。見《漢書·地理志上》。

〔19〕儉約：節儉。據《漢書·張安世傳》，安世雖貴爲公侯，食邑萬户，但穿着樸素，夫人自己紡織，七百個家僮都有手藝，主僕勤儉節約，一點一滴地積蓄，結果比大將軍霍光還要富裕。

〔20〕汪繼培曰："當作'務遠權'，《漢書》稱其'欲匿名迹，遠權勢'。按《史記·貨殖傳》：'▲鄭、衛俗與趙相類，然近梁、魯，微重而矜節。'徐廣曰：'矜，一作"務"。'此'務''矜'相涉之證。"〇覺按：汪説是。據《漢書·張安世傳》，安世推薦了人而不接受其私謝，從不以權謀私，所以説他"遠權勢"。

〔21〕汪繼培曰："按《漢書·張湯傳·贊》云：'湯雖酷烈，及身蒙咎，其推賢揚善，固宜有後；安世履道，滿而不溢；賀之陰德，亦有助云。'賀，安世兄也。陰德，謂賀爲掖庭令時，視養宣帝有恩。此以'好陰德'屬安世，蓋誤。"〇覺按：陰德：暗中施德於人。據《漢書·張安世傳》，安世爲光禄勳時，常常袒護别人的過錯，如有個郎官酒醉後小便於殿上，主事要求懲處他，安世便説："他可能是把水打翻了，不能根據這小小的過錯來定罪。"此也可謂是"好陰德"，故此文未必有誤。

〔22〕汪繼培曰：▲"《後漢書·西南夷傳》：永平中，益州刺史朱輔上《遠夷樂德歌詩》云：'子孫昌熾。'《詩·閟宫》云：'俾尔昌尔（覺按：當作"而"）熾。'"

〔23〕武始：漢時縣名，屬魏郡，在今河北省邯鄲市西南。

〔24〕汪繼培曰："按《漢書》云：'安世五世孫純嗣侯，恭儉自修，王莽時不失爵，建武中，更封富平之别鄉爲武始侯。'此敍封武始於王莽前，誤也。"〇覺按：汪説似是而非。"遭王莽亂，享國不絶"是補充説明"更封武始"的，若倒之，反而會使讀者誤解爲"王莽時更封武始"。據《漢書》之《外戚恩澤侯表》《張湯傳》，宣帝元康四年（公元前 62 年）安世死，其子張延壽嗣。甘露三年（公元前 51 年）延壽死，其子張勃（《漢書·外戚恩澤侯表》作"敞"）嗣。元帝初元二年（公元前 47 年）勃死，其子張臨嗣。成帝建始元年（公元前 32 年）臨死，其子張放嗣。哀帝建平元年（公元前 6 年）放死，其子張純嗣。王莽建國四年（公元 12 年），張純被改封爲張鄉侯；光武帝建武年間，張純改封爲武始侯。此即所謂"世有賢胤，更封武始——遭王莽亂，享國不絶"也。

〔25〕汪繼培曰："湯爲御史大夫，安世爲大司馬，純爲大司空，純子奮亦爲司空，見《後漢書·純傳》。"〇覺按："公"指三公，見 4.1 注〔5〕。

〔26〕汪繼培曰："《漢書》。"〇覺按：張禹（？—公元前 5 年）：西漢河内郡軹縣（今河南省濟源市南）人，字子文，精通《易經》《論語》，應試爲博士。元帝初元年間給太子講授《論語》，遷光禄大夫。成帝即位後，他因爲是皇帝的師傅而賜爵關内侯。河平四年（公元前 25 年）任丞相，封安昌侯。鴻嘉元年（公元前 20 年）他因老病而辭職，但仍然享受丞相的待遇。他爲人謹厚，家中極富。見《漢書》之《張禹傳》《外戚恩澤侯表》。

〔27〕汪繼培曰："《漢書·成帝紀》陽朔二年。"〇覺按：張忠（？—公元前 23 年）：

西漢大臣，始爲少府，成帝建始四年（公元前 29 年）爲御史大夫，六年後逝世。見《漢書·百官公卿表下》。

〔28〕太尉：官名，秦統一全國後爲最高軍事長官，與掌政務的丞相、掌監察的御史大夫合稱三公，其尊與丞相等。漢武帝建元二年（公元前 139 年）撤銷太尉；元狩四年（公元前 119 年）改稱大司馬（參見 4.6 注〔16〕），其實際權力在丞相之上。東漢光武帝建武二十七年（公元 51 年）復改大司馬爲太尉，常與太傅一起參録尚書事，綜理軍政，與司徒、司空合稱三公。自東漢中葉以後，三公職權漸爲尚書侵奪，太尉若不領尚書事，則在皇帝左右備參謀、顧問。張酺（？—公元 104 年）：字孟侯，東漢汝南郡細陽縣（今安徽省太和縣東南）人，張耳之子張敖的後代，精通《尚書》，曾爲漢明帝及太子講授。章帝即位後提拔他爲侍中、虎賁中郎將，數月後爲東郡太守。和帝永元五年（公元 93 年）爲太尉，十二年（公元 100 年）被罷免。見《後漢書》之《張酺列傳》《孝和孝殤帝紀》。

〔29〕太傅：帝王輔政之官。周代已設，與太師、太保合稱三公。後廢置不常。東漢時多爲重臣之職，生前授之，死後即省，與太尉、司徒、司空、大將軍合稱五府。張禹（？—公元 113 年）：字伯達，趙國襄國縣（今河北省邢臺市）人，漢章帝時曾任揚州刺史、兗州刺史，漢和帝永元六年（公元 94 年）爲大司農，永元十二年（公元 100 年）太尉張酺被罷免，張禹任太尉。漢殤帝延平元年（公元 106 年）遷爲太傅，録尚書事。安帝永初元年（公元 107 年）封安鄉侯，不久改任太尉。永初五年（公元 111 年）被免職。兩年後卒於家。見《後漢書》之《張禹列傳》《孝和孝殤帝紀》。

〔30〕汪繼培曰："並見《後漢書》。前、後，謂東、西京也。"○覺按：趙國：見 21.7 注〔11〕。

〔31〕汪繼培曰："司邑，謂司隸所部邑。"○覺按：汪説似不當。因爲張姓所居並不局限於司隸校尉部，上文提到的"汝南""趙國"等都不屬於司隸校尉部；而司隸校尉部之城鎮居民也並非都姓張。此文"司邑閭里"並稱，"司"字當與"邑""閭""里"並列，指官府。邑：市鎮。閭：周代以二十五家爲一閭，泛指里巷。

〔32〕汪繼培曰："▲《續漢書·郡國志》解邑下不載張城、西張城。《漢書·曹參傳》云：'别與韓信東攻魏將孫遬東張。'蘇林注：'東張屬河東。'《水經·涑水篇》：'又南過解縣東，又西南注於張陽池。'注云：'又西南逕張陽城。《竹書紀年》齊師逐鄭太子齒奔張城南鄭者也，《漢書》之所謂東張矣。'"○覺按：河東：漢代郡名，見 35.3 注〔25〕。解（xiè 懈）邑：戰國時魏邑，漢代爲解縣治所，在今山西省臨猗縣臨晋鎮東南城東、城西二村之間。漢代解縣屬河東郡，轄有今山西省運城市及臨猗縣、永濟市的部分地區。張城：春秋時晋地，秦、漢時又稱"東張"，即今山西省臨猗縣西南東張村。秦漢之際曹參與韓信攻魏國將軍孫遬於東張（見《史記·曹相國世家》），即此。西張城：《史記·張儀列傳》"張儀者魏人也"《索隱》："晋有大夫張老。又河東有西張城。"其地當在張城之西。

〔33〕晋張之祖：據上文，則指張侯。張侯即解張，原爲解氏；而張城在解邑附近，所以這張城很可能是因爲解張所居而得名。據此，則應該説張城出於晋張之祖。王符以爲晋張之祖出於張城，恐不當。

35.17.1

偃姓：舒庸、舒鳩、舒龍、舒共[1]、止龍、鄘、淫[2]、參、會、六、院、蓼[3]、高國●〔1〕。

慶姓：樊〔2〕、尹〔3〕、駱〔4〕。

曼姓【4】：鄧、優●〔5〕。

歸姓：胡、有何●〔6〕。

葴姓【5】：滑、齊●〔7〕。

掎姓：棲、疏●【6】〔8〕。

御姓【7】：著●、番、湯【8】〔9〕。

嵬姓【9】：饒、攘、殺●【10】〔10〕。

隗姓：赤狄●〔11〕。

姮姓【11】：白狄●〔12〕。

此皆大吉之姓●〔13〕。

【校記】

【1】偃姓舒庸舒鳩舒龍舒共：陳本同，仿宋本、馮本、魁本、程本、邵本作"優性舒唐鳩舒龍舒其"，四庫本作"優姓舒唐鳩舒龍舒共"。

【2】酈淫：仿宋本、馮本、魁本、陳本同，程本、四庫本、邵本作"酈深"。

【3】棐：仿宋本、馮本、魁本、陳本同，程本、四庫本、邵本作"築"。

【4】曼：陳本同，仿宋本、馮本、魁本、程本、四庫本、邵本作"嫚"。

【5】葴：仿宋本、馮本、魁本、陳本同，程本作"藏"，何本、四庫本、邵本作"藏"。

【6】棲：程本、四庫本、邵本、陳本同，仿宋本、馮本、魁本作"捿"。

【7】御：仿宋本、馮本、魁本、陳本同，程本、四庫本作"卸"，邵本作"郘"。

【8】著：程本、四庫本、邵本同，仿宋本、馮本、魁本、陳本作"署"。

【9】嵬：仿宋本、馮本、魁本、陳本同，程本、四庫本、邵本作"萬"。

【10】攘：仿宋本、馮本、魁本、陳本同，程本空一字，四庫本作"闕"（爲小字注文），邵本無字。殺：仿宋本、馮本、魁本、程本、四庫本同，邵本無字，陳本作"刹"。

【11】姮：陳本同，仿宋本、馮本、魁本作"妬"，程本、四庫本、邵本作"媎"。

【箋注】

〔1〕汪繼培曰："'偃姓舒庸、舒鳩、舒龍、舒共'舊作'優姓舒唐、鳩、舒龍、舒其'，据《後紀七》注引改。文出《世本》，見文十二年《左傳》疏。《後紀》'止'下無'龍'字。按'止龍'當爲'舒鮑'，《左傳》疏引《世本》有'舒鮑'，此下列鮑姓在酈上可證。'共'《世本》作'龔'，又别有'舒蓼'，'参'疑即'蓼'之誤。'淫'《後紀》作'謡'，按當爲'繇'，《後漢書·郅惲傳》有西部督郵繇延，章懷注：'繇姓，咎繇之後。'「院'《後紀》作'阮'，當爲'皖'，《漢書·地理志·廬江郡》皖縣在舒與龍舒之後，《國名紀二》引《地記》：'皖，偃姓，皐陶後。'「白'與'自'，偏旁形近之誤。'高'當爲'鬲'，即《漢·志·平原郡》之鬲，《國名紀》引《郡國縣道記》云：'古鬲國，偃姓，皐陶後，漢爲縣。'亦見《國名紀六》。'棐'《後紀》作'棐'，王侍郎云：'疑是"裴"。《廣韻·十五灰》"裴"字注云："裴姓，伯益之後，封於䨣鄉，因以爲氏。後徙封解邑，乃去邑从衣。"'"○彭鐸曰："'蓼'誤作'参'，秦嘉謨説同。其上當據《世本》六舒補'舒'字，而移至'酈'

上。'葉'程本作'築'，秦氏據僖十七年《春秋》'齊人、徐人伐英氏'，及《史記·陳杞世家》'皋陶之後，或封英、六'，謂'築'當爲'英'。考英即今湖北英山，六即今安徽六安，壤地相接；若伯益乃嬴姓，而解邑在今山西，去偃姓諸國彌遠，則知王説謬而秦説是矣。"〇覺按：汪繼培據《路史·後紀七》注引文改爲"偃姓舒庸、舒鳩、舒龍、舒共"，甚是。《左傳·文公十二年》"羣舒叛楚"孔穎達疏引《世本》云："偃姓：舒庸、舒蓼、舒鳩、舒龍、舒鮑、舒龔。"是其證。舒庸：周代國名，羣舒之一，偃姓，在今安徽省舒城縣西南，公元前 574 年滅於楚，見《春秋·成公十七年》。舒鳩：周代國名，羣舒之一，偃姓，在今安徽省舒城縣東南，公元前 548 年滅於楚，見《春秋·襄公二十五年》。舒龍、舒共（gōng 公）：周代偃姓國，羣舒之屬，在今安徽省舒城縣與廬江縣一帶。止龍：當爲"舒鮑"之誤，舒鮑爲周代偃姓之國，羣舒之一，在今安徽省舒城縣附近。酈：戰國時楚邑，在今河南省南陽市西北，秦置爲縣，古代或爲封國。淫：當爲"繇"之誤，爲咎繇（皋陶）之後，故爲偃姓（參見 9.3 注〔3〕）。此文上下都爲古代國名，則淫（繇）也當爲古代封國之名，但其地今難詳考。参：當爲"蓼"之誤。蓼爲皋陶之後偃姓之國，見 35.4.15 注〔6〕。汪繼培、彭鐸認爲"蓼"即《世本》之"舒蓼"，也通。舒蓼爲羣舒之一，在今安徽省舒城縣與廬江縣之間，公元前 601 年滅於楚，見《春秋·宣公八年》。會：妘姓之國（見 35.4.7 注〔1〕），故此"會"字當作"英"，35.4.15"蓼、六、英"連言可證，英國見 35.4.15 注〔6〕。六：見 35.4.15 注〔6〕。院：當爲"皖"字之誤，皖爲皋陶之後偃姓之國，地在今安徽省潛山市。葉：王説謬，秦説亦非，因爲"築"與"英"形、音相差較大，不易致誤。此"葉"字當爲"巢"字之形訛。《左傳·文公十二年》："羣舒叛楚。夏，子孔執舒子平及宗子，遂圍巢。"杜預注："宗、巢二國，羣舒之屬。"《水經注·卷二十九·沔水》："巢，羣舒國也。"可見巢爲偃姓之國，其地在今安徽省巢湖市東北。高：當爲"鬲"之誤，皋陶之後偃姓之國，秦漢時爲鬲縣，治所在今山東省平原縣北。

〔2〕樊：古國名，西周封置，即周宣王給仲山甫的封國。至於其封地在何處，後世異説頗多。《左傳·隱公十一年》有"樊"，即《左傳·僖公二十五年》的"陽樊"，在今河南省濟源市南，相傳即仲山甫的封地（見《詩經·大雅·烝民》"生仲山甫"孔穎達疏）。一説仲山甫爲周宣王卿士，封於樊，在王畿之内，其都城爲樊鄉（在今陝西省西安市長安區東南）；平王東遷，樊國也跟着遷都於東周王畿之内的陽邑（在今河南省濟源市南），所以又稱爲陽樊。一説仲山甫的封地在樊城（即今湖北省襄陽市之樊城，我認爲它爲殷民所居，見 35.18 注〔1〕），後來樊氏遷居於湖陽（今河南省唐河縣西南湖陽鎮）。《水經注·卷二十八·沔水》："東對樊城，樊，仲山甫所封也。"《水經注·卷二十九·比水》："司馬彪曰：'仲山甫封于樊，因氏國焉。爰自宅陽，徙居湖陽。"一説仲山甫受封之樊國即漢代的樊縣，在兖州瑕丘縣西南（今山東省濟寧市兖州區西南），見《史記·周本紀》"仲山甫諫曰"《正義》。當以第一説或第二説爲是。

〔3〕尹：35.19 有"尹氏"，王符認爲是以官爲氏者。此文之"尹"，與"樊"並言，當爲以地名爲氏者。"尹"爲春秋時周邑，在今河南省宜陽縣西北，見《左傳·昭公二十三年》。在古代可能是封國。

〔4〕駱：一説"駱"爲姜姓，齊太公之後有公子駱，子孫以其名爲氏，見《通志·氏族略四》。此文云慶姓，與"樊"並言，則當爲以地爲氏者。西漢定襄郡有駱縣（見《漢書·地理志下》），在今内蒙古自治區清水河縣南，古代可能也是封國。

〔5〕汪繼培曰："'曼'舊作'嫚'。桓七年《左傳》疏引《世本》云：'鄧爲曼姓。'九年《傳》：'鄧南鄙鄾人。'此作'優'，當誤。"〇覺按：鄧：古國名，曼姓，在今湖北省襄

陽市西北鄧城鎮（一説在今河南省鄧州市一帶，恐非，見35.17.2注〔11〕），公元前678年爲楚文王所滅，見《史記》之《楚世家》《十二諸侯年表》。優：當作“鄾”，古國名，在今湖北省襄陽市東北，後滅於楚，成爲楚邑，見《左傳·桓公九年、哀公十八年》。

〔6〕汪繼培曰：“▲《穀梁傳·昭十一年》：‘夫人歸氏薨。’范甯注：‘昭公母，胡女，歸姓。’《國名紀六》云：‘《世本》：“胡子國，歸姓。”’又云：‘有，本一作“洧”。’”○覺按：梁玉繩《人表考》卷八“胡子髡”條、楊伯峻《春秋左傳注·襄公二十八年》注認爲周代胡國有二：一爲姬姓之國，在今河南省漯河市東，春秋初年爲鄭武公所滅，其證據是《韓非子·説難》鄭武公謂胡爲兄弟之國，《左傳·哀公八年》有“胡姬”。另一爲歸姓之國，《左傳·襄公三十一年》言“胡女敬歸”可證，其故城在今安徽省阜陽市，魯定公十五年爲楚所滅。有的辭典也吸取了這種説法，但恐怕不當。因爲周代同姓者不婚（參見35.0.2注〔1〕），而據《韓非子·説難》，鄭武公嫁女於胡君，鄭爲姬姓（見35.14注〔1〕），則胡不當爲姬姓。至於鄭武公説胡爲“兄弟之國”，並不等於説“同姓之國”。《周禮·地官·大司徒》“三曰聯兄弟”鄭玄注：“兄弟，昏姻嫁娶也。”鄭武公嫁女於胡，所以纔説胡爲兄弟之國。至於《左傳·哀公八年》的胡姬，恐非此胡國之女，因爲鄭武公卒於公元前744年，而胡姬見於魯哀公八年（公元前487年），那時該胡國已亡二百多年。我認爲，周代衹有一個歸姓的胡國，所以《世本》纔只説胡是歸姓之國而不説是姬姓之國。該胡國原在河南省郾城縣東南。春秋初年鄭武公取其地（《韓非子·説難》僅説“取之”，而未説“滅之”），胡國即向東南遷居今安徽省阜陽市，魯定公十五年（公元前495年）爲楚所滅。參見《春秋·定公十五年》、《史記·老莊申韓列傳》“鄭武公欲伐胡”《正義》、《水經注·卷二十二·潁水》。有何：未詳。洧國也未聞。這“有何”當爲“有仍”之形訛。“有仍”見34.4.4注〔6〕。

〔7〕汪繼培曰：“《後紀五》《國名紀一》‘葴’作‘箴’、‘齊’作‘濟’。”○覺按：滑：春秋時之滑國爲姬姓諸侯國，見34.1.4注〔14〕。此云葴姓，當爲西周以前之古國。但葴姓出於姬姓（見35.3注〔1〕），故滑國或爲葴姓，或爲姬姓，亦不牴牾。齊：或當作“濟”，指濟水發源處，即今河南省濟源市一帶。

〔8〕汪繼培曰：“掎，《後紀十四·寒浞傳》注、《國名紀六》作‘猗’。按上云‘黄帝之子’有葴氏、拘氏，此在葴姓下，疑‘掎’即‘拘’之誤。”○覺按：“掎”當爲“猗”字之誤。春秋末年魯國有“猗頓”，見《史記·貨殖列傳》《孔叢子·陳士義》。棲：當通“郪”。《春秋·文公十六年》有“郪丘”，在今山東省東阿縣境，一説在今山東省淄博市臨淄區北，當即古郪國之地。疏：當爲“虒”（xiāo 肖）字之形訛。《漢書·地理志上·濟南郡》有虒國，在今山東省章丘市西北，當即古虒國之地。

〔9〕陳本“著”作“署”，汪稿作“著”，汪繼培曰：▲“《後紀》《國名紀》並作‘署’。”○覺按：御姓：《左傳·莊公二十四年》有魯大夫“御孫”，《左傳·襄公二十二年》有魯大夫“御叔”。著：作“署”者當爲“著”之形訛。《漢書·地理志上·濟南郡》有著縣，在今山東省濟南市濟陽區西，當即古著國之地。番（pó 婆）：通“鄱”（pó 婆）。《史記·伍子胥列傳》“取番”《索隱》：“蓋鄱陽也。”在今江西省鄱陽縣東北。湯：通“蕩”。《戰國策·趙策三》有蕩陰邑，《漢書·地理志上·河内郡》有蕩陰縣，即今河南省湯陰縣，當即古湯國之地。

〔10〕汪繼培改“殺”爲“剎”曰：“舊作‘殺’，据《前紀三》《國名紀六》改。《國名紀》‘剎’一作‘利’。”○彭鐸曰：“‘嬛姓饒、穰、縠’，秦氏據《路史》《左傳》訂如此。”○覺按：嵬：未詳，疑“崔”字之誤。饒：《史記·趙世家》有“饒”，爲長安君封邑，西

漢置爲饒陽縣，在今河北省饒陽縣東北，當即古饒國之地。攘：當爲“穰”字之形訛。穰邑見《史記·穰侯列傳》，爲魏冉封邑，在今河南省鄧州市。殺：當爲“穀”之形訛，穀邑見《春秋·莊公二十三年》，在今山東省東阿縣南東阿鎮，當即古之穀國之地。

〔11〕汪繼培曰：“《周語》：‘富辰曰：“狄，隗姓也。”’韋昭注：‘隗姓，赤狄也。’”〇覺按：“隗”有二讀，一讀 kuí（魁），一讀 wěi（偉）。赤狄：春秋時我國北方地區狄族的一部，其衣服尚赤，故稱“赤狄”。其居地在今山西省長治市北、黎城縣西，後滅於晉。其事蹟見《春秋》《左傳》宣公三年至成公三年。

〔12〕汪繼培曰：“昭十二年《穀梁傳》范甯注：‘鮮虞，姬姓白狄也。’疏云：‘《世本》文。’此‘姮’字疑‘姬’之誤。”〇覺按：35.17.2 說“短（姮）”“本出黄帝”，則姮姓當與葴姓一樣出自姬姓（見注〔7〕），故或稱姬姓，或稱姮姓，並不牴牾，所以此“姮”字未必是“姬”字之誤。白狄：春秋時我國北方地區狄族的一部，其衣服尚白，故稱“白狄”。其居地在今陝西省安塞縣、清澗縣至黄龍縣之間。其事蹟見《左傳》僖公三十三年至襄公二十八年。

〔13〕汪繼培曰：“孫侍御云：‘“大吉”疑“太古”。’”

35.17.2

齊有鮑叔〔1〕，世爲卿大夫●〔2〕。晋有鮑癸●〔3〕。漢有鮑宣，累世忠直，漢名臣●【1】〔4〕。

漢酈生爲使者【2】，弟商爲將軍●〔5〕，今高陽諸酈爲著姓〔6〕。

昔仲山甫亦姓樊，謚穆仲●〔7〕，封於南陽。南陽者，在今河内●【3】〔8〕。後有樊傾子●【4】〔9〕。

曼姓封於鄧，後因●氏焉【5】〔10〕。南陽鄧縣，上蔡北有古鄧城，新蔡北有古鄧城●〔11〕。春秋時，楚文王滅鄧●〔12〕。至漢，有鄧通●〔13〕、鄧廣●漢〔14〕。後新野鄧●禹【6】〔15〕，以佐命元功封高密侯●〔16〕。孫太后天●性慈仁嚴明【7】〔17〕，約勑諸家莫得權【8】〔18〕，京師清浄【9】，若無貴戚●〔19〕；勤思憂民〔20〕，晝夜不怠。是以遭羌兵叛〔21〕、大水饑饋●【10】〔22〕，而能復之，整平豐穰●〔23〕。太后崩後【11】，羣姦相參，競加譖潤●〔24〕，破壞鄧氏【12】，天下痛之●【13】〔25〕。

魯昭公母家姓歸氏●〔26〕。

漢有隗囂季孟●〔27〕。

短即犬戎氏【14】，其先本出黄帝●〔28〕。

【校記】

【1】漢：仿宋本、馮本、魁本、程本、邵本、陳本同，四庫本作“為漢”。

【2】生爲：仿宋本、魁本、陳本同，馮本作“生為”，程本、邵本作“上爲”，四庫本

作“上”。

【3】内：仿宋本、馮本、魁本、程本、四庫本、邵本、陳本同，抄補本作“南”。

【4】傾：仿宋本、馮本、魁本、陳本同，程本、四庫本、邵本作“伯”。

【5】因：陳本同，仿宋本、馮本、魁本、程本、四庫本、邵本作“田”。

【6】漢後：七本皆作“後漢”，本書他處無“後漢”連文者，可知此文“後漢”有誤。35.16.4 云“至漢……後有太尉張酺”，現據 35.16.4 文例改。鄧禹：陳本同，仿宋本、馮本、魁本、程本、四庫本、邵本作“禹”。

【7】天：馮本、程本、四庫本、邵本同，仿宋本空一字，魁本作“■”，陳本作“□”。

【8】勑：仿宋本、馮本、魁本、程本、邵本同，四庫本、陳本作“勅”。

【9】京：仿宋本、馮本、魁本、四庫本、陳本同，程本、邵本作“東”。

【10】饋：仿宋本、馮本、魁本、程本、四庫本、邵本同，陳本作“匱”。

【11】太：仿宋本、馮本、程本、四庫本、邵本、陳本同，魁本作“大”。

【12】氏：仿宋本、馮本、魁本、四庫本、陳本同，程本、邵本作“反”。

【13】天下：仿宋本、馮本、魁本、陳本同，程本、邵本作“入今”，四庫本作“人今”。

【14】犬：四庫本、陳本同，仿宋本、馮本、魁本、程本、邵本作“大”。

【箋注】

〔1〕本節疏證上一節的內容。鮑叔：即鮑叔牙，春秋時齊國大夫，少時與管仲友善。齊襄公十二年（公元前 686 年），齊將亂，爲了避難，管仲、召忽奉公子糾出奔魯國，鮑叔牙奉公子小白出奔莒國。這一年襄公被殺後，小白於次年先入齊國立爲桓公，大敗魯軍，魯國被迫按桓公的要求殺了公子糾，把管仲交還齊國。桓公讓鮑叔當相國，他辭謝而推薦管仲。管仲任齊相後使齊國國力大振，齊桓公因而成爲霸主，鮑叔也以知人薦賢而著稱於世。見《左傳・莊公八年、九年》《國語・齊語》《韓非子・説林下》《史記・齊世家、管晏列傳》。《國語・齊語》“使鮑叔爲宰”韋昭注：“鮑叔，齊大夫，姒姓之後、鮑敬叔之子叔牙也。”《廣韻・上聲・三十一巧》“鮑”字注：“姓，出東海、泰山、河南三望。本自夏禹之裔，因封爲氏。”據此，則鮑氏爲夏禹的後代，姒姓，因封於鮑邑（在今山東省濟南市歷城區東），故以鮑爲氏。觀本節文字，實在疏證上一節，則此鮑氏乃與上節舒鮑相應。以此鮑氏爲舒鮑之後，將它看作偃姓，實誤。

〔2〕汪繼培曰：“見《左傳》。按《齊語》韋昭注云：‘鮑叔，姒姓之後。’”〇覺按：《左傳・成公十七年》有“鮑牽”“鮑國”兄弟，杜預注“鮑牽見之”曰：“鮑牽，鮑叔牙曾孫。”其説與鮑叔之年代不合，誤。《國語・魯語上》“鮑國謂之曰”韋昭注：“鮑國，鮑叔牙之玄孫鮑文子也。”其説當是。《左傳・哀公六年》有“鮑牧”，杜預注：“牧，鮑國孫。”則當爲鮑國的曾孫。其中間之數世則不可考見。此文説“世爲卿大夫”，於史無徵。

〔3〕汪繼培曰：“宣十二年《左傳》。”〇覺按：鮑癸：春秋時晉景公的大夫，見《左傳・宣公十二年》。

〔4〕汪繼培曰：“宣見《漢書》。宣子永，永子昱，見《後漢書》。‘漢名臣’上當脱‘爲’字。”〇覺按：鮑宣（？—公元 3 年）：西漢渤海高城（今河北省鹽山縣東南）人，字子都，漢哀帝時爲諫大夫，對哀帝寵信外戚子弟及幸臣董賢等，諫諍甚切，其言少文多實。後任司隸，因摧辱丞相，差一點被殺。平帝即位，王莽執政，他因不附王莽，被下獄，自殺。見《漢書》之《鮑宣傳》《何武傳》。鮑宣的兒子鮑永爲郡功曹時屢次向太守陳説除滅王莽之策，後事更始帝，盡忠不忘。光武帝建武十一年（公元 35 年）任司隸校尉

後，曾彈劾光武帝的叔父，故以忠直著稱。鮑永的兒子鮑昱，光武帝因其爲忠臣之子而於中元元年（公元 56 年）任命他爲司隸校尉。漢明帝永平十七年（公元 74 年）任司徒，漢章帝建初四年（公元 79 年）任太尉。鮑昱的兒子鮑德也有名節，曾爲南陽太守、大司農。見《後漢書・鮑永列傳》。

〔5〕汪繼培曰："《史記・酈食其傳》。"〇覺按：酈生：名食其（yìjī 義基），秦、漢之際陳留縣高陽鄉（今河南省杞縣西）人。本爲里監門吏，人稱之爲狂生。劉邦至高陽，他獻計劉邦，爲劉邦使者，前往陳留勸説縣令投降，因而封爲廣野君。漢王三年（公元前 204 年）九月，他又爲劉邦使者説服齊王田廣歸漢，田廣因而不加守備。十月（漢以十月爲歲首，故屬漢王四年），韓信從蒯通之計乘機襲齊，田廣以爲是酈生出賣了自己，便烹殺了他。見《史記・酈生陸賈列傳》《漢書・高帝紀上》。商：酈商（？—公元前 180 年），秦、漢之際陳留縣高陽鄉（今河南省杞縣西）人，酈食其之弟。劉邦兵至陳留，他率衆四千歸附劉邦，因有戰功而封爲信成君，爲將軍。劉邦即位後，他因戰功而升爲右丞相，封曲周侯。死後謚景侯。見《史記・樊酈滕灌列傳》。

〔6〕高陽：城邑名。上古顓頊高陽氏輔佐少昊有功，封於此。秦、漢時也稱高陽鄉、高陽亭，屬陳留縣，地在今河南省杞縣西。著姓：望族，有顯赫名聲的氏族。

〔7〕汪繼培曰："見《周語》，▲'樊穆仲'韋昭解云：'穆仲，仲山父之謚，猶魯叔孫穆子謂之穆叔。'按《後漢書・樊宏傳》云：'其先周仲山甫封於樊，因爲氏焉。'"

〔8〕汪繼培曰："《續漢書・郡國志・河内郡》：'修武，故南陽，秦始皇更名。有南陽城、陽樊、攢茅田。'劉昭注引服虔曰：'樊仲山之所居，故名陽樊。'▲《晋語》：'賜公南陽陽樊、温、原、州、陘、絺、組、攢茅之田。陽人不服，公圍之，倉葛呼曰："陽人有夏、商之嗣典，有周室之師旅，樊仲之官守焉。"'韋昭注云：'樊仲，宣王臣仲山甫，食采於樊。'"〇覺按：《後漢書・郡國志一》認爲東漢時的修武縣（今河南省獲嘉縣）即古代的南陽。《史記・秦本紀》"魏入南陽以和"《集解》引徐廣曰："河内修武，古曰南陽。"《正義》："《括地志》云：'懷（州）獲嘉縣，即古之南陽。'"其説與《後漢書》同。這些説法恐不當。《左傳・僖公二十五年》："與之陽樊、温、原、欑茅之田，晋於是始起南陽。"杜預注："在晋山南、河北，故曰南陽。"《左傳・文公元年》"及南陽"杜預注："今河内地。"可見古之南陽當指陽樊（今河南省濟源市南）至欑茅（今河南省輝縣市西南）一帶，即古代河内郡的南部地區，修武（今河南省獲嘉縣）祇是其一部分。因爲該地區在太行山之南、黄河之陽，所以稱爲南陽。仲山甫的封地在陽樊（見 35.17.1 注〔2〕），包括在這南陽地區中，所以此文説他"封於南陽"。河内：漢代郡名，轄十八縣，其地相當於今河南省黄河以北的西半部，治所在懷縣（今河南省武陟縣西南）。見《漢書・地理志上》《後漢書・郡國志一》。

〔9〕汪繼培曰："昭廿二年《左傳》'傾'作'頃'。"〇覺按：樊傾子：《左傳・昭公二十二年》《漢書・古今人表》均作"樊頃子"，即樊齊，仲山甫的後代，周朝大夫，劉狄、單旗的同黨。其事蹟見《左傳》昭公二十二年至昭公二十三年。

〔10〕汪繼培曰："舊作'田'。"

〔11〕汪繼培曰："按《漢書・地理志》南陽郡'鄧'注：'故國。'汝南郡'上蔡'注：'故蔡國。''新蔡'注：'蔡平侯自蔡徙此。'《春秋・桓二年》：'蔡侯、鄭伯會於鄧。'杜注：'潁川召陵縣西南有鄧城。'疏云：'賈、服以鄧爲國，言蔡、鄭會於鄧之國都。《釋例》以此潁川鄧城爲蔡地，以鄧是小國，去蔡路遠，蔡、鄭不宜遠會其都。'昭十三年《左傳》：'蔡公召二子而盟於鄧。'杜注亦云：'潁川召陵縣西南有鄧城。'召陵，漢屬汝南，杜云潁

川，据當時言之。按《漢·志》及《左傳》注，鄧縣是鄧國，其上蔡、新蔡之鄧城，即在召陵西南者，乃蔡地。此合二地爲一，蓋誤。”〇覺按：此文蓋羅列以“鄧”爲名的城邑“待士合揖損”（35.0.2），而並非合二地爲一，所以無所謂正誤，汪氏蓋誤會其意。又，“南陽”下當有“有”字，今無“有”字，所以彭鐸將“南陽鄧縣上蔡”連讀，誤。南陽：見35.2 注〔12〕，非上文“河内”之“南陽”。鄧縣：漢代縣名。據《漢書·地理志上》，屬南陽郡，即古代鄧國之地。其治所在今湖北省襄陽市西北鄧城鎮。有人認爲古鄧國在今河南省鄧州市，恐非，因爲今鄧州市在漢代爲穰縣，而非漢代的鄧縣。《後漢書·郡國志四·南陽郡》：“鄧有鄾聚。”可見漢代的鄧縣當在古鄾國（見 35.17.1 注〔5〕）附近。上蔡：西周爲蔡國，周武王封弟叔度於蔡，即此。公元前 529 年楚平王立蔡平侯，遷都新蔡。公元前 493 年，吴遷蔡昭侯於州來（今安徽省鳳台縣），稱下蔡，所以將此稱爲上蔡。漢置上蔡縣，屬汝南都，縣治在今河南省上蔡縣西南。上蔡北有古鄧城：此“鄧城”即《春秋·桓公二年》提到的“鄧”，當時爲蔡國之地，其地在今河南省郾城縣東鄧城。新蔡：春秋時邑名，公元前 529 年楚平王即位後復蔡國，立蔡平侯，遷蔡都於此。秦、漢時置新蔡縣，屬汝南郡，其地即今河南省新蔡縣。新蔡北有古鄧城：古代新蔡北無鄧城，汪繼培認爲即上蔡北之鄧城（見上所引），可備一説。

〔12〕汪繼培曰：“莊六年《左傳》。”〇覺按：楚文王：即熊貲（zī 資），楚武王的兒子，公元前 689—公元前 677 年在位。楚文王十二年（公元前 678 年），滅鄧。見《左傳·莊公六年》《史記·十二諸侯年表》。

〔13〕汪繼培曰：“《史記·佞幸傳》。”〇覺按：鄧通：見 3.2 注〔4〕。

〔14〕汪繼培曰：“‘廣’下脱‘漢’字。鄧廣漢，霍光女壻，見《漢書·霍光傳》及《宣帝紀》地節四年。”〇彭鐸曰：“此當作‘至漢有鄧通、鄧廣漢。後新野鄧禹’，‘漢後’二字誤倒耳。汪以爲脱‘漢’字，非。”〇覺按：彭説是。“漢”字原在下句“後”字下。35.16.4 云“至漢……後有太尉張酺”，可知此文不當説“後漢”，今據 35.16.4 文例將“後漢”改爲“漢後”。鄧廣漢：霍光長女婿，曾任長樂宫衛尉，霍光死後任少府。地節四年（公元前 66 年），霍氏陰謀廢宣帝，事泄，被誅。見《漢書》之《宣帝紀》《霍光傳》。

〔15〕汪繼培曰：“舊脱。”〇覺按：新野：縣名，即今河南省新野縣。鄧禹：見 14.9 注〔10〕。

〔16〕汪繼培曰：“《後漢書》。”〇覺按：佐命：古代帝王建立王朝，自謂承天受命，所以稱輔佐帝王建立王朝爲“佐命”。元：首。《後漢書·顯宗孝明帝紀》載漢明帝詔曰：“高密侯禹元功之首。”封高密侯：《後漢書·鄧禹列傳》：“十三年（覺按：建武十三年，即公元 37 年），天下平定，諸功臣皆增户邑，定封禹爲高密侯，食高密（覺按：在今山東省高密市西南）、昌安（覺按：在今山東省安邱市東南）、夷安（覺按：在今山東省高密市）、淳于（覺按：在今山東省安邱市東北）四縣。”

〔17〕陳本“天”作“□”，汪繼培曰：“程本作‘天’。”〇覺按：太后：指鄧太后（公元 81～121 年），南陽郡新野縣（今河南省新野縣）人，鄧禹第六個兒子鄧訓的女兒，名綏，漢和帝的皇后，死後謚熹，故稱和熹鄧皇后。她從小仁慈好學。五歲時祖母給她剪髮而誤傷其後額，她爲了不傷老人之心而忍痛不言。十二歲時已通曉《詩經》《論語》。當時父親死了，她守喪三年，號泣哀毁，瘦得親人也認不出她。十五歲入宫，十六歲爲貴人，恭肅小心，動有法度，受到和帝寵倖。永元十四年（公元 102 年）立爲皇后。和帝想提拔鄧氏家族，她常哀請謙讓。公元 105 年和帝死後，她先後迎立殤帝、安帝，臨朝執政。見《後漢書·皇后紀上》。

〔18〕勑（chì 赤）：同“敕”，告誡。約勑諸家：《後漢書·鄧騭列傳》：“自祖父禹，教訓子孫，皆遵法度，深戒竇氏，檢勑宗族，闔門静居。”據《後漢書·皇后紀上》載，鄧太后臨朝執政後，詔告司隸校尉等説：“鑒於前代外戚賓客常憑藉威權而横行不法，爲人患苦。現在車騎將軍鄧騭等雖懷敬順之志，但宗門廣大，親戚不少，賓客姦猾，所以必須明加檢勑，不得包庇袒護。”從此親屬犯罪，也嚴懲不貸。

〔19〕汪繼培曰：“▲《後漢書·和熹鄧皇后紀》云：‘詔告司隸校尉、河南尹、南陽太守曰：“車騎將軍騭等宗門廣大，姻戚不少，賔客姦猾，多干禁憲。其明加檢敕，勿相容護。”自是親屬犯罪，無所假貸。’”

〔20〕勤思：苦思，念念不忘。

〔21〕羌兵叛：公元 105 年和帝死後，鄧太后臨朝執政。永初元年（公元 107 年）西羌起兵反叛，以後直至鄧太后死，一直有羌亂。見《後漢書·孝安帝紀》。

〔22〕汪繼培改“饋”爲“匱”曰：“舊作‘饋’。”〇覺按：大水饑饋：公元 105 年鄧太后執政後，屢有水災，屢廩（官方供給糧食）饑民。據《後漢書》之《孝和孝殤帝紀》及《孝安帝紀》記載，延平元年（公元 106 年）六月，“郡國三十七雨水”，敕令根據災情減除田租。九月，“六州大水”，派人核實災情，“賑乏絶”。十月，“四州大水”，下詔“賑賜貧人”。永初元年（公元 107 年），郡國“四十一雨水，或山水暴至”。永初二年正月，“稟河南、下邳、東萊、河内貧民”。六月，“京師及郡國四十大水”。十月，“稟濟陰、山陽、玄菟貧民”。十二月，“稟東郡、鉅鹿、廣陽、安定、定襄、沛國貧民”。永初三年，“京師及郡國四十一雨水雹”。永初四年正月，“稟上郡貧民”。二月，“稟九江貧民”。七月，“三郡大水”。永初五年，“郡國八雨水”。永初七年，調租米“賑給南陽、廣陵、下邳、彭城、山陽、廬江、九江飢民”。元初四年（公元 117 年），“京師及郡國十雨水”，下詔“賑護寡獨”。此文的“饋”是供給糧食的意思。“饑饋”，指對遭受饑荒的災民進行救濟，供給糧食，即《後漢書》所説的“賑賜貧人”“稟貧民”“賑給飢民”之類。汪繼培將“饋”改爲“匱”，恐不當。

〔23〕汪繼培曰：“《後漢書·和熹鄧皇后紀》▲云：‘自太后臨朝，水旱十載，四夷外侵，盜賊内起。每聞人飢，或達旦不寐，而躬自減徹，以救災阸，故天下復平，歲還豐穰。’”〇覺按：整：整齊，有秩序。穰：莊稼豐收。

〔24〕汪繼培曰：“《論語》云：‘浸潤之譖。’”〇覺按：譖（zèn 怎去聲）潤：《論語·顔淵》：“浸潤之譖。”指像水一樣逐漸進行滲透的讒毁，後因以“譖潤”指具有影響力的誣陷。

〔25〕汪繼培曰：“《續漢書·五行志▲四》云：‘安帝不能明察，信宫人及阿母聖等讒言，破壞鄧太后家。’事詳《後漢書·鄧騭傳》。”〇覺按：破壞鄧氏，天下痛之：建光元年（公元 121 年），鄧太后死後，漢安帝親政。安帝聽信乳母王聖、中黄門李閏等，怨鄧太后。過去曾受罰的宫人誣告鄧氏曾謀劃廢去安帝，安帝令有司奏鄧悝等大逆無道，結果鄧氏宗族皆免官，鄧騭等七人都自殺。大司農朱寵痛鄧騭無罪遇禍而冒死上疏爲鄧氏申冤，“衆庶多爲騭稱枉”，“公卿皆會喪，莫不悲傷之”。見《後漢書》之《鄧騭列傳》《孝安帝紀》。

〔26〕汪繼培曰：“襄卅一年《左傳》。”〇覺按：魯昭公的母親是齊歸（見《左傳·襄公三十一年》），故知其母家姓歸。

〔27〕汪繼培曰：“《後漢書》。”〇覺按：隗囂：東漢初天水郡成紀縣（今甘肅省静寧縣西南）人，字季孟。王莽末年，他據隴西起兵，一度依附劉玄，任御史大夫。不久自稱

西州上將軍。後稱臣於公孫述，爲朔寧王。建武九年（公元 33 年）憂憤而死。見《後漢書·隗囂列傳》。

〔28〕汪繼培曰："'短'當爲'姮'。上云'姮姓白狄'是也。《山海經·大荒北經》云：'黄帝生苗龍，苗龍生融吾，融吾生弄明，弄明生白犬。白犬有牝牡，是爲犬戎。'"○覺按：汪説是。犬戎氏：古代戎族的一支，在殷、周時散居於我國甘肅省東部、陝西省中部一帶。其事蹟見於《左傳·閔公二年》《史記·周本紀》。

35.18

及徐氏、蕭氏、索氏、長勺氏【1】、陶氏、繁氏、騎氏、飢氏【2】、樊氏、荼氏，皆殷氏舊姓也●〔1〕。

漢興，相國蕭何封酇侯，本沛人●【3】〔2〕；今長陵蕭〔3〕，其後也。前將軍蕭望之，東海、杜陵蕭，其後也●〔4〕。

御史大夫有繁延壽，南郡襄陽人也●【4】〔5〕；杜陵、新豐繁〔6〕，其後也。

【校記】

【1】勺：仿宋本、馮本、魁本、陳本同，程本、四庫本、邵本作"勻"。

【2】飢：仿宋本、馮本、魁本、陳本同，程本、四庫本、邵本作"饑"。

【3】本：仿宋本、馮本、魁本、程本、邵本、陳本同，四庫本作"何"。

【4】郡：陳本同，仿宋本、馮本、魁本、程本、四庫本、邵本作"陵"。

【箋注】

〔1〕汪繼培曰："定四年《左傳》'騎'作'錡'，'荼'作'終葵'，又有條氏、尾勺氏、施氏。'殷氏'《傳》作'殷民'。按《續漢書·五行志》注載杜林疏亦作'殷氏'。《漢書·高惠高后文功臣表·序》：'杜業云："湯法三聖，殷氏太平。"'"○覺按：徐氏：據《世本·氏姓篇》，當爲嬴姓，見 35.4.14 注〔4〕。蕭氏：見 34.5.6 注〔1〕。索氏：有人認爲其祖爲製造繩索之工（見楊伯峻《春秋左傳注·定公四年》注），則其子孫乃以其事爲氏；但也可能是以地名爲氏，《左傳·昭公五年》有地名"索氏"，在今河南省滎陽市，或即殷民索氏之所出。姓索者，東漢時有敦煌長史索班、校尉索頵，見《後漢書·西域傳》。長勺氏：有人認爲出於酒器之工（見楊伯峻《春秋左傳注·定公四年》注）；但也可能是以地名爲氏，《春秋·莊公十年》有地名"長勺"，在今山東省曲阜市北境，或即殷民長勺氏所居之地。陶氏：其祖先爲製造陶器之工，子孫以其事爲氏（見 35.0.1 及《風俗通義·佚文》）；但也可能是以地名爲氏，春秋時有陶邑，在今山東省菏澤市定陶區西北，范蠡曾居於此，號陶朱公，見《史記·貨殖列傳》。至於《廣韻·下平聲·六豪》"陶"字注認爲出於陶唐氏，恐非。繁（pó 婆）氏：古代馬腹帶飾叫"繁（pán 鞶）纓"，所以有人認爲繁氏出於製造馬纓之工（見楊伯峻《春秋左傳注·定公四年》注）；但也可能是以地名爲氏，《水經注·卷二十一·汝水》有"繁丘城"，在今河南省舞陽縣西北，或即古代殷民繁氏所居之地。姓繁者見下文。騎氏：《左傳·定公四年》作"錡氏"，有人認爲出於銼刀工或釜工（見楊伯峻《春秋左傳注·定公四年》注），恐誤。漢代有雒陽人"錡華"（見《漢書·藝

文志・詩賦略》），戰國時燕將有“騎劫”（見《史記・燕召公世家》），故“騎”“錡”二者未知孰是。《水經注・卷二十八・沔水》有“騎城”，一名“騎亭”，在邔縣東，即在今湖北省宜城市東北，可能即古代殷民騎氏之居地。飢氏：未詳。樊氏：有人認爲出於籬笆工（見楊伯峻《春秋左傳注・定公四年》注），恐非。樊氏當爲以地爲氏，樊城在今湖北省襄陽市（參見 35.17.1 注〔2〕），與騎城相去不遠，當即古代殷民樊氏之居地。荼氏：《左傳・定公四年》作“終葵氏”，未詳所當作。

〔2〕汪繼培曰：“▲《史記》、《漢書》。按《廣韻・三蕭》‘蕭’字注引《風俗通》云：‘宋樂叔以討南宮萬、立御説之功，受封於蕭，例附庸之國。漢相國蕭何即其後氏也。’”〇覺按：以討南宮萬、立御説之功而受封於蕭的是蕭叔大心（見《左傳・莊公十二年》），《廣韻》所引《風俗通》以爲是樂叔，蓋將蕭叔大心與樂大心（見《左傳・昭公七年》《春秋・定公十一年》）視爲一人，誤。蕭何：見 14.9 注〔8〕。酇（zàn 贊）：秦、漢時縣名，屬南陽郡。高祖六年（公元前 201 年）蕭何封爲酇侯，以此爲封國，治所在今湖北省老河口市西北。一説蕭何所封在沛郡之酇（cuó 嵯，古作“鄌”），在今河南省永城市西酇（cuó 嵯）城鎮，其後嗣移封於南陽郡之酇。此後一説恐誤。參見《史記・蕭相國世家》“封爲酇侯”《集解》《索隱》、《史記・高祖功臣侯年表》“酇”《索隱》、《漢書》之《地理志上》《高帝紀下》《蕭何傳》及顔師古注。沛：秦漢時縣名，即今江蘇省沛縣。

〔3〕長陵：漢縣名。漢高祖十二年（公元前 195 年）在此建陵並葬於此，同時置縣，屬左馮翊，故城在今陝西省咸陽市東北。見《漢書・地理志上》。

〔4〕汪繼培曰：“《漢書・蕭望之傳》云：‘東海蘭陵人，徙杜陵。’《廣韻》‘蕭’字注云：‘本自宋支子，食采於蕭，後因爲氏。漢侍中蕭彪始居蘭陵，彪玄孫望之居杜陵，望之孫紹復還蘭陵。’”〇覺按：前將軍：見 35.12 注〔17〕。蕭望之（約公元前 108～公元前 47 年）：字長倩，西漢東海郡蘭陵縣（今山東省蘭陵縣西南蘭陵鎮）人，後徙杜陵縣（今陝西省西安市東南）。農家出身，好學而以儒生著名。宣帝時歷任諫大夫、少府、左馮翊、大鴻臚、御史大夫。後因忤宣帝意而左遷太子太傅。黄龍元年（公元前 49 年），宣帝病重，拜他爲前將軍，受遺詔輔政。元帝即位後，他以師傅的身份而甚受尊重。後遭宦官弘恭、石顯等排擠，被迫飲鴆自殺，享年六十餘。見《漢書》之《蕭望之傳》《元帝紀》《百官公卿表下》。東海：見 22.3 注〔9〕。杜陵：見 35.12 注〔19〕。

〔5〕汪繼培曰：“‘郡’舊作‘陵’。《漢書・百官公卿表》：‘初元三年，丞相司直南郡李延壽子惠爲執金吾，建昭二年爲衛尉，三年爲御史大夫，一姓繁。’按《馮奉世》後《野王傳》作‘李’，《谷永、陳湯、蕭望之傳》作‘繁’。▲《谷永傳》‘建昭中，御史大夫繁延壽’，顔師古注云：‘即李延壽也。一姓繁，音蒲何反。’《廣韻・八戈》：‘繁，姓也。《左傳》殷人七族有繁氏。漢有御史大夫繁延壽。又音煩。’”〇覺按：御史大夫：見 9.4 注〔2〕。繁（pó 婆）延壽（？—公元前 33 年）：字子惠，西漢南郡襄陽縣（今湖北省襄陽市）人，漢元帝時歷任丞相司直、執金吾、衛尉、御史大夫。他姓李，一姓繁（又作“緐”）。其事蹟見《漢書》之《元帝紀》《百官公卿表下》《陳湯傳》《蕭望之傳》《馮野王傳》《谷永傳》。南郡：見 16.11 注〔7〕。襄陽：秦、漢縣名，屬南郡，即今湖北省襄陽市。見《漢書・地理志上》。

〔6〕新豐：漢縣名，西漢高帝十年（公元前 197 年）以驪邑縣改名，治所在今陝西省西安市臨潼區東北陰盤城，東漢靈帝末以後治所有所遷徙。

35.19

周氏、邵氏、畢氏、榮氏【1】、單氏、尹氏、鏐氏【2】、富氏、鞏氏、萇氏●〔1〕，此皆周室之世公卿家也〔2〕。

周、召者，周公、召公之庶子【3】，食二公之采【4】〔3〕，以爲王吏【5】，故世有周公、召公不絶也●【6】〔4〕。

尹者【7】，本官名也●〔5〕，若宋有太師●〔6〕，楚有令尹、左尹矣●〔7〕。尹吉甫，相宣王，有大功績●【8】〔8〕，《詩》云"尹氏大師【9】，維周之底"也●【10】〔9〕。

單穆公、襄公、頃●公、靖公【11】〔10〕，世有明德，次聖之才●〔11〕，故叔嚮美之以後必繁昌●〔12〕。

【校記】

【1】畢氏榮氏：仿宋本、馮本、魁本、程本、四庫本、陳本同，邵本作"榮氏畢氏"。

【2】鏐：陳本同，仿宋本、馮本、魁本、程本、四庫本、邵本作"鏐"。

【3】召公：仿宋本、馮本、魁本、四庫本、陳本同，程本、邵本作"邵公"。

【4】公：仿宋本、馮本、程本、四庫本、邵本、陳本同，魁本作"■"。

【5】王：程本、四庫本、邵本、陳本同，仿宋本、馮本、魁本作"主"。

【6】召公：仿宋本、馮本、魁本陳本同，程本、邵本作"邵公之"，四庫本作"召公之"。

【7】尹：仿宋本、馮本、程本、四庫本、邵本、陳本同，魁本作"■"。

【8】有：四庫本同，仿宋本、馮本、魁本、程本、何本、陳本作"者"，邵本作"著"。

【9】大：仿宋本、馮本、魁本、程本、邵本同，四庫本、陳本作"太"。

【10】底：仿宋本、馮本、程本、四庫本、邵本、陳本同，魁本作"底"。

【11】頃：陳本同，仿宋本、馮本、魁本、程本、四庫本、邵本作"頎"。

【箋注】

〔1〕汪繼培曰："並見《左傳》。'鏐'舊作'鏐'。按'鏐'與'劉'同，宣十年：'天王使王季子來聘。'《傳》稱'劉康公'，杜注：'王季子，其後食采於劉。'襄十五年《公羊傳》云：'劉夏者何？天子之大夫也。劉者何？邑也。其稱劉何？以邑氏也。'"〇覺按：周氏、邵氏、畢氏、榮氏：分别是周公旦、邵公奭、畢公高、榮伯息慎之後，見34.1.4注〔10〕〔9〕〔14〕。單（shàn善）氏："單"一作"檀"，爲西周、春秋時期東都王畿内的封國，在今河南省濟源市東南。據説周成王封幼子臻於單（見《路史》之《後紀十》《國名紀五》），是爲單國，伯爵。單氏即其後代，世爲周王朝卿士。《春秋·莊公元年、十四年》及《春秋·文公十四年、十五年》記載的"單伯"，是其後代。《左傳》除了《莊公十四年》《文公十四年、十五年》稱"單伯"，都稱"單子"。具體人物有單襄公（見《左傳·成公元年》）、單頃公（見《左傳·襄公三年》）、單靖公（見《左傳·襄公十年》）、單獻公（見《左傳·昭公七年》）、單成公（見《左傳·昭公十一年》）、單穆公（見《左傳·昭公二十二年》）、單武公（見《左傳·定公七年》）、單平公（見《左傳·哀公十三年》）等。

尹氏：非35.17.1 慶姓之“尹”，而是以官爲氏的“尹”（見下文）。以尹爲氏的，西周有尹吉甫（見《詩經·大雅·崧高·序》），東周有尹公佗（見《左傳·襄公十四年》）、尹武公（見《左傳·成公十六年》）、尹文公（見《左傳·昭公二十五年》）等。鎦：即“劉”之古文。此“劉氏”非35.5 劉累之後的“劉氏”，而是劉康公之後的“劉氏”。劉康公，《春秋·宣公十年》稱“王季子”，是周定王的同母弟（見《公羊傳·宣公十年》），周頃王之少子，周定王把他封在劉（一作“留”，在今河南省偃師市南），其後代以封邑爲氏。《左傳·襄公十四年》有劉定公（劉夏），《左傳·昭公十二年》有劉獻公（劉摯），《左傳·昭公二十三年》有劉文公（劉卷），《左傳·定公七年》有劉桓公，均爲周朝大夫。富氏：此“富氏”爲周室世卿，非35.11 之“富氏”。周朝大夫有富辰（見《左傳·僖公二十二年》）、富辛（見《左傳·昭公三十二年》）。鞏氏：《辭源》（修訂本）“鞏”字條說：“周卿士鞏簡公食采於鞏，其後以鞏爲姓。周有鞏成，晋有鞏朔，漢有鞏攸。”但據《左傳》，鞏簡公見於《昭公二十二年》（公元前520 年），而周大夫鞏成見於《襄公三十年》（公元前543 年），晋大夫鞏朔見於《文公十七年》（公元前610 年），則鞏氏並非出於鞏簡公，而應該始於其祖先，衹是史載不詳，現已難以考見。此文說“世公卿家”，或有所本。萇氏：周大夫有萇弘，見《左傳·昭公十一年》。

〔2〕周室：見15.8 注〔1〕。

〔3〕采：見35.5 注〔12〕。

〔4〕汪繼培曰：“鄭康成《詩譜》云：‘文王受命，作邑於豐，乃分岐邦周、召之地爲周公旦、召公奭之采地。周公封魯，死謚曰文公；召公封燕，死謚曰康公。元子世之，其次子亦世守采地，在王官，春秋時周公、召公是也。’《詩》疏云：‘平王以西都賜秦，則春秋時周公、召公別於東都受采，存本周、召之名也，非復岐周之地。《晋書地道記》云：“河東郡垣縣有召亭。”周則未聞。’按隱六年《左傳》周桓公，杜注：‘周，采地。扶風雍縣東北有周城。’僖廿四年《傳》召穆公，杜注：‘召，采地。扶風雍縣東南有召亭。’《水經注·渭水篇》云：‘雍水又東逕召亭南，亭，故召公之采邑也。京相璠曰：“亭在周城南五十里。”’此西都時周、召采邑之可考者也。‘王吏’舊作‘主吏’，据程本改。昭卅年《左傳》：‘王吏不討。’《周語》：‘其貴國之賓至，則以班加一等，益虔；至於王吏，則皆官正莅事。’皆‘王吏’之證。”○覺按：周王朝之卿士，《左傳·桓公五年》有“周公黑肩”（即周桓公），《左傳·莊公十六年》有“周公忌父”，《左傳·僖公三十年》有“周公閱”，《左傳·成公十一年》有“周公楚”；《左傳·僖公二十四年》有“召穆公”，《左傳·僖公十一年》有“召武公”（召穆公之後），《左傳·文公五年》有“召昭公”，《左傳·宣公六年》有“召桓公”，《左傳·宣公十五年》有“召戴公”，《左傳·昭公二十二年》有“召莊公”，《左傳·昭公二十四年》有“召簡公”；所以此文說“世有周公、召公不絶”。至於東遷之召國，在今山西省垣曲縣東南。

〔5〕汪繼培曰：“《毛詩·崧高·序》鄭箋：‘尹吉甫，周之卿士也。尹，官氏。’《元和姓纂》引《風俗通》云：‘師、尹，三公官也。以官爲姓。’”○覺按：見35.4.1 注〔17〕。

〔6〕汪繼培曰：“‘師’當作‘宰’。《左傳》宋有太宰，無太師。”○覺按：太宰見35.11 注〔13〕。不過，此乃疏證“尹者本官名也”之文，故“太師”不當作“太宰”，而應爲“大尹”之誤，下句“楚有令尹、左尹”亦可佐證此文當作“大尹”。“大尹”爲春秋戰國時宋國的官名，見於《左傳》《戰國策》。《左傳·哀公二十六年》“因大尹以達”杜預注：“大尹，近官有寵者。”《戰國策·宋策》“謂大尹曰”鮑彪注：“大尹，宋卿。”此文作“太師”，蓋涉下行“尹氏大師”而誤。

〔7〕汪繼培曰："並見《左傳》。"〇覺按：令尹：見3.3注〔14〕。左尹：春秋戰國時楚國最高長官令尹的副職。

〔8〕陳本"有"作"者"，汪繼培曰："'者'疑當作'著'，或'有'字之誤。"〇覺按：今據四庫本改爲"有"。

〔9〕汪繼培曰："《節南山》。'底'今作'氐'。"〇覺按：引詩見《詩經·小雅·節南山》。大（tài太）師：同"太師"，西周所置卿事寮（官署名）的長官，爲三公之一，是輔佐君主掌握軍政大權的最高長官。西周中期以後改由太師、太史（見35.4.1注〔17〕）同秉國政，分別統率卿事寮、太史寮實行兩寮行政制。底：與"柢""氐"同源，指下面的根基。

〔10〕汪繼培曰："舊作'頎'。"〇覺按：單（shàn善）穆公：單氏，名旗，謚穆，單靖公的曾孫，周景王、周敬王時爲周王朝卿士，見《左傳》昭公二十二年至二十六年、《國語·周語下》"單穆公曰"韋昭注。襄公：見27.4注〔15〕、《左傳》成公元年至十七年、《國語·周語中》韋昭注。頃公：單襄公之子，單氏，謚頃，周靈王時周王朝卿士，見《左傳·襄公三年》和《國語·周語下》"發幣於大夫及單靖公"韋昭注。靖公：單頃公之子，單氏，謚靖，周靈王時周王朝卿士，見《左傳·襄公十年》和《國語·周語下》"發幣於大夫及單靖公"韋昭注。

〔11〕汪繼培曰："王先生云：'"次"疑"叡"之誤。'"〇彭鐸曰："'次聖'即'齊聖'，僞《書·冏命》：'昔在文、武，聰明齊聖。'《詩·小宛》'人之齊聖'，文二年《左傳》'子雖齊聖'，本書《五德志篇》'齊聖廣淵'，皆是也。'次''齊'古同聲，《説文》'資'或作'饙'，'齋'或作'粢'；《爾雅·釋草》：'茨，蒺藜。'《説文》作'薺'，引《詩》'牆有薺'，今《詩》作'茨'；又《小雅·楚茨》，《禮記·玉藻》注作'楚薺'，並二字通用之證。王説失之。又《勸將篇》'次聖繼之'，對'上聖'言，與此義別。"〇覺按：彭説雖可通，恐不當。班固《漢書·古今人表》將"單襄公"列於中等偏上一類而不列於上等之聖人、仁人、智人之列，可以反映出東漢學者對他們的評價。王符説"次聖"，與班固的看法相同，可知此"次"字當如字解，與《勸將》之"次聖"義同。又，"齊聖"見34.5.1注〔12〕。

〔12〕汪繼培曰："並見《周語》。按穆公爲靖公曾孫，此列於襄公上，誤也。"〇覺按：據《國語·周語下》記載，叔嚮到周王朝訪問，見單靖公節儉、恭敬、謙讓、謹慎，臨行時對單靖公的家臣説："單（覺按：指單靖公）若不興，子孫必蕃。"

35.20.1

苦成●【1】〔1〕，城名也，在鹽池東北●〔2〕。後人書之，或爲"枯"●〔3〕；齊人聞其音，則書之曰"車"●【2】〔4〕；燉煌見其字，呼之曰"車成"●〔5〕；其在漢陽者〔6〕，不喜"枯""苦"之字，則更書之曰"古成氏"●〔7〕。堂谿，谿谷名也，在汝南西平●〔8〕。禹字子"啓"者〔9〕，啓開之字也●【3】〔10〕。前人書"堂谿"誤作"啓"，後人變之，則又作"開"。古漆彫開、公冶長●【4】〔11〕，前人書"彫"從易，湝作"周"●【5】〔12〕；書"冶"復誤作"蠱"●【6】〔13〕，後人又傳●作

“古”〔14〕。或復分爲古氏、成氏，堂●氏【7】〔15〕、開氏，公氏、治氏，漆氏●【8】〔16〕、周氏。此數氏者，皆本同末異【9】。凡姓之離合變分，固多此類，可以一況〔17〕，難勝載也〔18〕。

【校記】

【1】成：陳本同，仿宋本、馮本、魁本、程本、四庫本、邵本作“城”。下二處同。

【2】車：仿宋本、馮本、魁本、程本、四庫本、邵本同，陳本作“庫成”。

【3】字：仿宋本、馮本、魁本、程本、邵本、陳本同，四庫本作“子”。

【4】彫：仿宋本、馮本、魁本、程本、四庫本、邵本同，陳本作“雕”。下句同。

【5】湝：陳本同，仿宋本、馮本、魁本、程本、四庫本、邵本作“洦”。

【6】冶復誤作蠱：陳本同，仿宋本、馮本、魁本、程本、四庫本、邵本作“冶漢誤作蠹”。

【7】堂：陳本同，仿宋本、馮本、魁本、程本、四庫本、邵本作“常”。

【8】漆：陳本同，仿宋本、馮本、魁本、程本、四庫本、邵本作“梁”。

【9】異：仿宋本、馮本、魁本、何本、四庫本、邵本、陳本同，程本作“意”。

【箋注】

〔1〕汪繼培曰：“舊作‘城’，据《元和姓纂》《氏族畧五》《國名紀五》引改。《左傳》《魯語》《晉語》並作‘苦成’。”〇覺按：苦成：春秋時晉邑，在今山西省運城市東北，參見35.11注〔5〕。

〔2〕汪繼培曰：“《漢書·地理志·河東郡》‘安邑’注：‘鹽池在西南。’”〇覺按：安邑在今山西省夏縣西北，可知鹽池在今山西省運城市附近。

〔3〕汪繼培曰：“▲《國名紀》作‘楛’。按‘苦’‘枯’古通用，《儀禮·士虞禮》：‘鉶用苄苦。’鄭注：‘古文“苦”爲“枯”。’”

〔4〕汪繼培將“車”改爲“庫成”曰：“舊作‘車’一字。按《氏族畧五》引《風俗通》云：‘苦成，方言音變爲“庫成”。’▲今据改。《後紀十》有‘庫成’。”〇覺按：古代“枯”“車”同屬魚部平聲，韻母相同。至於聲母，“車”古屬見母（如今還有 jū 音），“枯”古屬溪母，十分接近。因此，齊人聞“枯”字之音會寫成“車”。汪繼培將“車”改成“庫成”，與下文“燉煌見其字，呼之曰車成”不合，誤。

〔5〕汪繼培曰：“舊作‘城’。按《廣韻·九麻》‘車’字注云：‘《世本》有車成氏。’《十四清》‘成’字注云：‘晉戊己校尉燉煌車成將，古成氏之後。’《後紀十》有車成。《吴語》越大夫苦成，《春秋繁露·對膠西王問篇》作‘車成’，亦‘苦’‘車’音近之證。”

〔6〕漢陽：見35.12注〔20〕。

〔7〕汪繼培曰：“‘成’舊作‘城’。按下云‘或分爲古氏、成氏’。《氏族畧五》引《風俗通》云：‘古成，苦成之後，隨音改焉。’《後紀十》有古成，《廣韻·十四清》‘成’字注云：‘漢有廣漢太守古成雲。古，音枯。’”

〔8〕汪繼培曰：“‘西平’當作‘吴房’。《漢書·地理志·汝南郡》吴房，孟康曰：‘本房子國，楚靈王遷房於楚。吴王闔閭弟夫槩奔楚，楚封於此，爲堂谿氏。以封吴，故曰吴房。今吴房城堂谿亭是。’”〇覺按：汪説可從，但王符約略言之，也可。漢代西平縣在今河南省西平縣西，堂谿即在其西南。至於漢代吴房縣，即今河南省遂平縣，堂谿在其西北。堂谿在兩縣交界處而屬吴房縣，故《後漢書·郡國志二》云：“吴房有棠谿亭。”夫槩

爲堂谿氏而不爲吴房氏，也可證吴房與堂谿並非同一城。孟康將吴房城與堂谿亭混爲一地，説夫槩封於吴房，失之於籠統。

〔9〕字：用作動詞，給……取字。

〔10〕汪繼培曰："文有脱誤。《漢書·景帝紀》注：'荀悦曰："諱啓之字曰開。"'▲鄭康成注《儀禮》云：'今文啓作開。'閔元年《左傳》疏云：'漢景帝諱啓，啓、開因是而亂。'"

〔11〕汪繼培曰："並見《論語》。"〇覺按：漆彫開：姓漆彫，字子開，孔子的弟子。公冶長：齊國人，姓公冶，字子長，孔子的弟子，孔子還把女兒嫁給了他。並見《史記·仲尼弟子列傳》。

〔12〕汪繼培曰："'湝'舊作'洎'。按《説文》云：'湝，少减也。'"

〔13〕汪繼培曰："舊作'書治漢誤作蠱'。按'蠱''冶'古字通。《史記·貨殖傳》：'作巧姦冶。'徐廣曰：'一作"蠱"。'《後漢書·馬融傳》'田開、古蠱'，章懷注：'蠱，音冶。《晏子春秋》曰："公孫捷、田開疆、古冶子，事景公以勇。""蠱"與"冶"通。'▲《周易·繫辭》'冶容誨淫'《釋文》：'鄭、陸、虞、姚、王肅作"野"。'《一切經音義》七云：'蠱狐，書中多作"野狐"，古字通用。'是'冶''野'與'蠱'又轉相通也。"〇覺按：古代"冶"屬喻母魚部上聲，"蠱"屬見母魚部上聲，讀音相近。

〔14〕汪繼培曰："與'轉'同。"〇覺按："蠱""古"同音，故轉作"古"。

〔15〕汪繼培曰："舊作'常'。"

〔16〕汪繼培曰："'漆'舊作'梁'。按《廣韻·五質》：'漆，俗作"柒"。''柒''梁'形近之誤。"

〔17〕況：譬，比方，指用個别的情況來説明全部的情況。

〔18〕勝：盡。

35.20.2

《易》曰："君子以類族辯物●〔1〕。""多識前言往行以蓄其德●〔2〕。""學以聚之，問以辯之●〔3〕。"故略觀世記〔4〕，采經書●〔5〕，依國土及有明文【1】〔6〕，以贊賢聖之後●〔7〕，班●族類之祖〔8〕，言氏姓之出。序此假意二篇〔9〕，以貽後賢今之焉也●【2】〔10〕。

【校記】

【1】土：陳本同，仿宋本、馮本、魁本、程本、四庫本、邵本作"士"。

【2】今之焉：仿宋本、馮本、魁本、程本、陳本同，何本、四庫本、邵本無此三字。

【箋注】

〔1〕汪繼培曰："《同人·象詞》。'辯'《敍録》作'變'。本書'辯'多爲'變'，此蓋後人据王《易》改之。"〇覺按：引文見《周易·同人·象》。"以"字下省略了賓語"《同人》"。類：種類，這裏用作動詞，表示"將……分類"。族：族類，指同族的人或同類的事物，即具有某種内在聯繫的人或事物的羣體，此文指家族，與下面的"族類"同義。辯：通"辨"。今本《周易》作"辨"。

〔2〕汪繼培曰："見《讚學篇》。彼文'識'作'志'，'蓄'作'畜'。"〇覺按：引文

見《周易·大畜·象》。識（zhì 志）：記，記住。本書 1.2 引作“志”，可參見。

〔3〕汪繼培曰：“《乾·文言》。”〇覺按：引文見《周易·乾·文言》。辯：通“辨”。

〔4〕世記：也作“世紀”，記録帝王貴族世系的書。

〔5〕汪繼培曰：“《漢書·元帝紀》初元二年詔云：‘道以經書。’”

〔6〕明文：明確的文字記載。

〔7〕汪繼培曰：“《漢書·敍傳》云：‘總百氏，贊篇章。’顔師古注：‘贊，明也。’”

〔8〕汪繼培曰：“别也。”

〔9〕序：通“叙”，記述。假：憑藉，根據。二篇：指《五德志》和《志氏姓》。

〔10〕汪繼培曰：“按‘今之焉’三字有誤，‘今’或是‘合’。此二語與前‘署紀顯者，以待士合挹損’意指相同。《淮南子·修務訓》云：‘通士者，不必孔、墨之類，曉然意有所通於物，故作書以喻意，以爲知者也。’‘假意’蓋即‘喻意’之義。”〇覺按：汪説是。“今”當作“合”，參見 35.0.2 注〔17〕。何本、四庫本、邵本删“今之焉”三字，未當。

潛夫論卷第九【1】

【校記】

【1】潛夫論卷第九：仿宋本、馮本、魁本同，程本、何本、邵本無字，四庫本作“潛夫論卷九”，陳本作“潛夫論卷第九終”。

潛夫論卷第十[1]　　　王符[2]

【校記】

【1】卷第十：仿宋本、馮本、魁本、程本、陳本同，何本、四庫本、邵本作“卷十”。

【2】王符：仿宋本、魁本同，抄補本、馮本、程本、何本、四庫本、邵本、陳本此行下端無字，但程本在此行後有“漢　安定王符著”“明　新安程榮校”兩行字，四庫本在此行後有“漢　王符　撰”一行字，陳本在此行後有“蕭山汪繼培箋”一行字。

叙録第三十六

【提要】

叙：同“序”，序言，即介紹本書的文字。録：綱領性的著録。《後漢書·孝和帝紀》“録尚書事”李賢等注：“録謂總領之也。”《文心雕龍·書記》：“録者，領也。古史《世本》編以簡策，領其名數，故曰録也。”漢成帝時，命劉向等校書，每書校完，劉向便條列篇目，概括指意，録而奏之（見《漢書·藝文志》），稱爲“書録”（後人也稱爲“叙録”）。凡此種種，皆可明此“録”字之義。叙録：就是介紹本書的提要。文章概括地叙述了全書各篇的主旨，是本書的一個序言。

後代的序言，往往放在書首。漢代人寫書，則往往把序言置於書末，如《淮南子·要略》《史記·太史公自序》《法言·法言序》《漢書·敍傳》等都是這樣。特别像《漢書·敍傳下》，在列敘各篇旨意時不但押韻，而且用四字句成文。本文顯然繼承了這種做法。

由於瞭解本篇的押韻情況不但有利於對東漢時代音韻的研究，而且有利於糾正本篇的文字訛誤，所以本篇注釋根據唐作藩編著的《上古音手冊》分别標明其韻腳所屬的上古韻部，供大家參考。其中“通轉”“對轉”“旁轉”等術語則依王力《同源字典》所述，可參見。當然，東漢時代的語音已與先秦、西漢有所差異，對其中一些值得注意的音變現象，也略作説明，供研究古音者參考。

本篇説邊地“今又丘荒”，所以可能寫成於公元 141 年以後，見 36.24 注〔5〕。

36.0

夫生於當世，貴能成大功。

太上有立德，其下有立言●【1】〔1〕。
闒茸而不才●〔2〕，先●〔3〕器能當官●〔4〕。
未嘗服斯役●〔5〕，無所効其勛【2】〔6〕。
中心時有感，援筆紀數文●〔7〕。
字以綴愚情，財令不忽忘●〔8〕。
芻蕘雖微陋，先聖亦咨詢●〔9〕。
草創●叙先賢〔10〕，三十六篇●〔11〕。
以繼前訓●〔12〕——左丘明五經●〔13〕。

【校記】

【1】下：仿宋本、馮本、魁本、陳本同，程本、四庫本、邵本作“次”。
【2】効：仿宋本、馮本、魁本、程本、四庫本、邵本同，陳本作“效”。

【箋注】

〔1〕汪繼培曰：“襄廿四年《左傳》。”〇覺按：《左傳·襄公二十四年》：“大上有立德，其次有立功，其次有立言。雖久不廢，此之謂不朽。”孔穎達疏：“大上，謂人之最上者，上聖之人也。其次，次聖者，謂大賢之人也。其次，又次大賢者也。立德，謂創制垂法，博施濟衆，聖德立於上代，惠澤被於無窮。……立言，謂言得其要，理足可傳。……老、莊、荀、孟、管、晏、楊、墨、孫、吴之徒制作子書，屈原、宋玉、賈誼（覺按：《十三經注疏》本“賈誼”作“賈逵”，據阮元校勘記改）、楊雄、馬遷、班固以後撰集史傳及制作文章，使後世學習，皆是立言者也。”

〔2〕汪繼培曰：“《史記·賈誼傳》云：‘闒茸尊顯’，《索隱》引胡廣云：‘闒茸，不才之人。’”〇覺按：闒茸：見5.10注〔9〕。此文“闒茸而不才”不衹是謙辭，實際上又是憤詞，有懷才不遇之意。下句同。

〔3〕汪繼培曰：“疑‘无’。”〇覺按：汪説是。

〔4〕汪繼培曰：“文十年《左傳》云：‘當官而行。’”〇覺按：器：才能。

〔5〕汪繼培曰：“《新書·官人篇》云：‘王者官人有六等，六曰廝役。’‘斯’‘廝’古今字。哀二年《左傳》‘人臣隸圉免’杜注：‘去廝役。’《釋文》：‘“廝”字又作“斯”。’引韋昭注《漢書》云：‘析薪曰廝。’按《詩》：‘墓門有棘，斧以斯之。’毛傳：‘斯，析也。’《説文》無‘廝’字，依義當作‘斯’。宣十二年《公羊傳》：‘廝役扈養’，▲何注：‘艾草為防者曰廝，汲水漿者曰役。’《新序·雜事四》亦作‘斯役’。▲錢宫詹云：‘韋昭注《漢書》謂析薪爲廝，即“斯”字。按《鹽鐵論·殊路篇》亦作“斯”。’《漢書·食貨志》云：‘服役者不下二人’，顔師古注：‘服，事也。’”〇覺按：服：從事，擔任。斯：本義是用斧（斤）劈柴，用作名詞便指劈柴的人，再引申指幹粗雜活的奴僕。爲了與動詞“斯”相區别，用作名詞的“斯”在後代常常寫作“廝”。《漢書·嚴助傳》“廝輿之卒”顔師古注：“廝，析薪者。輿，主駕車者。此皆言賤役之人。”役：供人役使的奴僕。斯役：原指供人役使的奴僕，引申指衙門中的差役或地位最爲卑微的地方小官吏。

〔6〕効：呈獻，獻出。効其勛：獻上自己的功勞，指爲國家作出貢獻。17.2.2云：“且人情，莫不以己爲賢而效其能者。”上文也説：“夫生於當世，貴能成大功。”可見王符是想

有所作爲的。此文説“無所効其勛”，是其理想不能實現後的憤詞。

〔7〕汪繼培曰：“《初學記》廿一引《尚書中候》云：‘元龜負圖出，周公援筆以時文寫之。’”

〔8〕汪繼培曰：“‘財’與‘纔’同。《説文》云：‘忽，忘也。忘，不識也。’二字連文。《漢書·翟方進傳》：‘陳慶云：“前我爲尚書時，嘗有所奏事，忽忘之，留月餘。”’”○覺按：“忘”字不入韻，此句當在“字以綴愚情”之上。

〔9〕汪繼培曰：“《詩·板》云：‘先民有言，詢于芻蕘。’按《漢書·藝文志》論小説家云：‘閭里小知者之所及，亦使綴而不忘，如或一言可采，此亦芻蕘狂夫之議也。’此文本於彼。”○覺按：芻蕘：見6.1注〔7〕。微：卑微，地位低。陋：鄙陋，見識少。

〔10〕汪繼培曰：“《論語》云：‘裨諶草創之。’”

〔11〕汪繼培曰：“‘先賢’二字疑誤。”○彭鐸曰：“‘先賢’與‘前訓’當互易。此節通爲五言，‘六’上疑脱‘有’字。”○覺按：既爲“草創”，則不應該是“叙前訓”，故彭説未當。“先賢”二字恐不誤，而“叙”字當爲“效”之形誤。“效先賢”指寫作時效法前賢。至於彭謂“六”上脱“有”字，是。

〔12〕汪繼培曰：“《周語》云：‘咨之前訓。’”○覺按：“以”下當脱“此”字。

〔13〕汪繼培曰：“《白虎通·五經篇》云：‘五經何謂?《易》《尚書》《詩》《禮》《春秋》也。’《左傳序》疏：‘沈氏云：“《嚴氏春秋》引《觀周篇》云：‘孔子將修《春秋》，與左邱明乘如周，觀書於周史，歸而修《春秋》之經，邱明爲之傳，共爲表裏。’”’《漢書·藝文志》注：‘左邱明，魯太史。’按‘草創’下數語，疑有脱誤。”○覺按：“左丘明五經”爲“前訓”的同位語。左丘明：孔子同時代的人，曾任魯國的太史，著有《左傳》《國語》（見《漢書·藝文志·六藝略·春秋家》），此指代左丘明寫的《左傳》《國語》。五經：見8.3注〔6〕。本節韻脚：言、官，元部。勛、文，文部。以上或元文旁轉合韻。情、詢、賢、篇、經，耕真通轉合韻（“情”“經”屬耕部，其餘屬真部）。

36.1

先聖遺業，莫大教訓。

博學多識〔1〕，疑則思問●【1】〔2〕，

智明所成〔3〕，德義所建。

夫子好學，誨人不倦●〔4〕。

故叙《讚學》第一〔5〕。

【校記】

【1】問：仿宋本、魁本、程本、四庫本、邵本、陳本同，馮本作“間”。

【箋注】

〔1〕識（zhì志）：記住。

〔2〕汪繼培曰：“《論語》。凡經書已注本篇者，此不重出。”

〔3〕所：等於説“所以”，參見1.1注〔3〕。下句同。這句是説：（博學多識，疑則思問，）是造成智明的原因。

〔4〕汪繼培曰："《論語》。"〇覺按：夫子：指孔子。《論語·述而》："子曰：'默而識之，學而不厭，誨人不倦，何有於我哉？'"所以説孔子既好學，又誨人不倦。

〔5〕本節韻腳：訓、問，文部。建、倦，元部。此節或文元旁轉合韻。

36.2

凡士之學，貴本賤末。

大人不華，君子務寔●【1】〔1〕。

禮雖媒紹●〔2〕，必載於贄●〔3〕。

時俗趨末，懼毀行術●【2】〔4〕。

故叙《務本》第二〔5〕。

【校記】

【1】寔：仿宋本、馮本、魁本、程本、四庫本、邵本同，陳本作"實"。

【2】行：程本、四庫本、邵本同，仿宋本、馮本、魁本、陳本無"行"字。

【箋注】

〔1〕汪繼培曰："文五年《左傳》云：'華而不實，怨之所聚也。'"

〔2〕汪繼培曰："《儀禮·聘禮》云：'士爲紹擯。'"

〔3〕汪繼培曰："《孟子》云：'出疆必載質。''贄'與'質'同。《白虎通·瑞贄章（覺按：陳本作"文質篇"，此據汪稿）》云：'贄者，質也；質己之誠，致己之悃愊也。'"〇覺按：贄（zhì 志）：古代初次拜見尊長時所送的禮品。

〔4〕陳本無"行"字，汪繼培曰："句脱一字。程本作'行術'。"

〔5〕本節韻腳：末、寔、贄、術，月質物旁轉合韻（"末"屬月部，"術"屬物部，其餘屬質部）。

36.3

人皆智德，苦爲利昏●〔1〕。

行汙求榮●【1】〔2〕，戴盆望天●〔3〕。

爲仁不富，爲富不仁●〔4〕。

將脩德行【2】，必慎其原。

故叙《遏利》第三〔5〕。

【校記】

【1】汙：仿宋本、馮本、魁本、何本、四庫本、邵本、陳本同，程本作"汗"。

【2】脩：魁本、程本、四庫本、邵本同，仿宋本、馮本、陳本作"修"。

【箋注】

〔1〕汪繼培曰:“《史記·平原君傳·論》云:‘鄙語曰:“利令智昏。”’《説苑·貴德篇》云:‘凡人之性,莫不欲善其德,然而不能爲善德者,利敗之也。’”

〔2〕汪繼培曰:“《漢書·楚元王傳》劉向封事云:‘行汙而寄治,身私而託公。’”

〔3〕汪繼培曰:“《漢書·司馬遷傳·答任安書》云:‘僕以爲戴盆何以望天。’《後漢書·第五倫傳》云:‘戴盆望天,事不兩施。’”〇覺按:戴盆望天:頭頂盆子去望天。比喻手段和目的相反,不可能達到目的。

〔4〕汪繼培曰:“《孟子》。”〇覺按:這兩句原是陽虎的話。《孟子·滕文公上》:“陽虎曰:‘爲富不仁矣,爲仁不富矣。’”

〔5〕本節韻腳:昏、天、仁、原,文真元旁轉合韻(“昏”屬文部,“原”屬元部,其餘屬真部)。

36.4

世不識論,以士卒化●【1】〔1〕,

弗問志行,官爵是紀〔2〕。

不義富貴,仲尼所恥●〔3〕。

傷俗陵遲●〔4〕,遂遠聖述●【2】〔5〕。

故叙《論榮》第四〔6〕。

【校記】

【1】化:仿宋本、馮本、魁本、程本、邵本、陳本同,四庫本作“比”。

【2】述:仿宋本、馮本、魁本、程本、邵本、陳本同,四庫本作“軌”。

【箋注】

〔1〕汪繼培曰:“字誤。王侍郎云:‘“卒化”當作“族位”。《論榮篇》云:“今觀俗士之論也,以族舉德,以位命賢。”下文又以“族”“位”對文,是其證。’”〇覺按:王説是。“卒”爲“族”之音誤,“化”爲“位”之形訛。“化”古屬歌部,與“紀”“耻”等不叶韻,顯然是誤字。又,王紹蘭加於汪稿上的批語,原作“紹蘭案:‘世不識論以士卒化’當作‘士不識論世以族位’。《論榮篇》云……”。蓋汪繼培不以“世”“士”爲誤,故祇取“卒化”當作“族位”之論,其説較王氏爲當。

〔2〕紀:法度,準則,此指衡量評價人的標準。

〔3〕汪繼培曰:“《論語》。”〇覺按:孔子説過:“不義而富且貴,於我如浮雲。”(見《論語·述而》)所以説:不義富貴,是仲尼感到恥辱的事。

〔4〕汪繼培曰:“《荀子·宥坐篇》云:‘世之陵遲亦久矣。’《漢書·于定國傳》云:‘俗化陵夷。’顔師古注:‘言頽替也。’‘陵夷’與‘陵遲’同,《説文》作‘夌偓’。”〇覺按:陵遲:漸漸衰落。

〔5〕汪繼培曰:“‘述’字誤。”〇俞樾曰:“述,讀爲‘術’。《詩·日月篇》‘報我不述’,《釋文》曰:‘述,本亦作術。’‘述’‘術’古通用,非誤也。”〇彭鐸曰:“俞説是也。下敍《本政》云:‘述在於君’,亦以‘述’爲‘術’。”

〔6〕本節韻腳：位（今誤作“化”）、紀、恥、述，之物通轉合韻（“位”“述”屬物部，其餘屬之部）。

36.5

惟賢所苦●〔1〕，察妬所患，
皆嫉過己，以爲深怨●〔2〕。
或因類舋●【1】〔3〕，或空造端●〔4〕。
痛君不察【2】，而信讒言●〔5〕。
故叙《賢難》第五〔6〕。

【校記】

【1】類：仿宋本、程本、四庫本、邵本同，抄補本、馮本、魁本作“類”，陳本作“纇”。舋：仿宋本、馮本、魁本同，程本、四庫本、邵本作“亹”，陳本作“釁”。

【2】痛：仿宋本、馮本、程本、四庫本、邵本、陳本同，魁本作“痛”。

【箋注】

〔1〕汪繼培曰：“《方言》云：‘惟，凡思也。’”

〔2〕汪繼培曰：“《燕策》云：‘我有深怨積怒於齊，而欲報之。’”

〔3〕汪繼培將“類舋”改爲“纇釁”曰：“舊作‘類舋’。《淮南子·氾論訓》云：‘夏后氏之璜，不能無考；明月之珠，不能無纇。’高誘注：‘考，瑕釁也。纇，磐若絲之結纇也。’”〇覺按：古書用字自有不同，不煩改字。類：通“纇”（lèi 類）。《左傳·昭公十六年》“刑之頗類”孔穎達疏：“服虔讀‘類’爲‘纇’。”是其證。纇，絲上的結，引申指缺點毛病。舋（xìn 信）：同“釁”，縫隙，引申指缺點過失。

〔4〕汪繼培曰：“《漢書·楚元王》後《劉向傳》元帝詔云：‘俗人乃造端作基，非議詆欺。’”

〔5〕汪繼培曰：“《詩·沔水》云：‘讒言其興。’毛傳：‘疾王不能察讒也。’《青蠅》云：‘無信讒言。’”

〔6〕本節韻腳：患、怨、端、言，元部。

36.6

原明所起〔1〕，述暗所生〔2〕，
距諫所敗●〔3〕，禍亂所成，
當塗之人〔4〕，咸●〔5〕欲專君●【1】〔6〕，
壅蔽賢士，以擅主權●【2】〔7〕。
故叙《明暗》第六〔8〕。

【校記】

【1】咸：四庫本、陳本同，仿宋本、馮本、魁本、程本、邵本作“成”。
【2】主：仿宋本、馮本、魁本、四庫本、陳本同，程本、邵本作“生”。

【箋注】

〔1〕原：見23.3注〔7〕。。

〔2〕彭鐸曰：“ ‘述’疑當作‘迹’。《漢書·高惠高后文功臣表》：‘迹漢功臣，亦皆剖符世爵。’《賈誼傳》‘竊跡前事’，師古注：‘尋前事之蹤跡。’跡、迹同。漢《三老趙寬碑》‘追迹前勳’，本書《本政篇》‘遠迹漢元以來’，皆其義。”〇覺按：“述”爲“迹”之形訛，“迹”與“原”同義，見9.5注〔1〕。

〔3〕汪繼培曰：“《史記·殷本紀》云：‘知足以拒諫。’‘距’與‘拒’通。”

〔4〕塗：通“途”。當塗：當途，當道，指掌握政權。

〔5〕汪繼培曰：“舊作‘成’。”

〔6〕汪繼培曰：“《治要》載《申子·大體篇》云：‘一臣專君，羣臣皆蔽。’《晏子春秋·諫下》云：‘臣專其君，謂之不忠。’”

〔7〕汪繼培曰：“《管子·明法解》云：‘臣有擅主者，則主令不得行，而下情不上通。’”

〔8〕本節韻腳：生、成，耕部。君、權，文元旁轉合韻（“君”屬文部，“權”屬元部）。

36.7

上覽先王，所以致太平●【1】〔1〕，
考績黜陟，著在五經〔2〕。
罰賞之寔【2】，不以虛名。
明豫德音●〔3〕，焉問揚庭●〔4〕。
故叙《考績》第七〔5〕。

【校記】

【1】太：仿宋本、馮本、魁本、四庫本、邵本、陳本同，程本作“大”。
【2】寔：仿宋本、馮本、魁本、程本、四庫本、邵本同，陳本作“實”。

【箋注】

〔1〕汪繼培曰：“‘太’字衍，本篇‘致平’凡四見。《法言·寡見篇》云：‘因秦之法，清而行之，亦可以致平乎？’《漢書·王莽傳》：‘輔翼於帝，期於致平。’顔師古注：‘致太平。’《後漢紀·明帝紀》：‘宋均曰：“治皆致平。”’《後漢書·崔駰》後《實傳·政論》云：‘以嚴致平，非以寬致平也。’《馬融傳·廣成頌》云：‘致平（覺按：中華書局1965年版《後漢書》作“致獲”）於仁義之淵。’《中論·審大臣篇》云：‘其術誠合乎致平之道。’又云：‘治國致平之術。’皆其證。▲《荀子·榮辱篇》云：‘士大夫以上至于公侯莫不以仁厚知能盡官職，夫是之謂至平。’《漢書·元帝紀》永光元年詔曰：‘五帝三王任賢使能，以登

至平。'按'至平'猶言'至治','致'與'至'亦通用,顏氏以爲'致太平',疑非也。"〇覺按:將"致平"解爲"至平"雖通,然7.5云"三代於世皆致太平",可證此文之"致平"當解爲"致太平",故顏師古之説不誤。同樣,15.10云"然後乃能協和氣而致太平"亦可證36.15之"致平"當解爲"致太平",故下文之"致平"皆不應解爲"至平"。

〔2〕五經:見36.0注〔13〕。此指《書經》,參見7.2注〔15〕。

〔3〕汪繼培曰:"'豫'疑當作'務'。昭四年《左傳》云:'先王務修德音。'"〇覺按:古代"豫""務"常互混,如《史記·酈生陸賈列傳》的"士務附",《漢書·陸賈傳》作"士豫附",但可隨文作解,不煩改字。此"豫"字恐也不誤。《爾雅·釋詁》:"豫,樂也。"此指喜歡。《論語·子路》:"上好禮,則民莫敢不敬;上好義,則民莫敢不服;上好信,則民莫敢不用情。"所以此文主張"豫德音"。德音:有德之音,指推薦賢人的善言。明豫德音:明白地愛好(推薦賢人的)有德之言。這是爲了鼓勵大臣"貢士"(見7.5),以便"賦納以言"(見7.6)。

〔4〕汪繼培曰:"《易·夬》:'揚于王庭。'"〇彭鐸曰:"'焉'猶'乃'也,'於是'也。説見《經傳釋詞》二。揚庭,謂大公無私。"〇覺按:"焉"當解爲"於是",但此"揚庭"恐非指大公無私。《禮記·文王世子》:"或以德進,或以事舉,或以言揚。"孔穎達疏:"揚,亦'進''舉'之類,互言之。雖無德、無事而能言語應對堪爲使命,亦舉用之。""揚庭",即"舉用於朝廷",此文與36.8的"掊克"一樣用來指人,指舉用於朝廷的大臣,即7.5所説的"在上位"者。"問揚庭",當即7.5所説的"審名實"及7.6所説的"覈其實",指對朝廷大臣的薦賢之言進行查問審核,也就是考其績。

〔5〕本節韻腳:平、經、名、庭,耕部。

36.8

人君選士〔1〕,咸求賢能。

羣●司貢薦【1】〔2〕,競進下材●〔3〕。

憎是掊克●〔4〕,何官能治?

買藥得鴈●〔5〕,難以爲醫。

故叙《思賢》第八〔6〕。

【校記】

【1】羣:陳本同,仿宋本、馮本、魁本、程本、四庫本、邵本作"君"。

【箋注】

〔1〕士:泛指官吏。

〔2〕汪繼培曰:"舊作'君'。"

〔3〕汪繼培曰:"《史記·儒林傳》云:'即有秀才異等,輒以名聞,其不事學若下材及不能通一藝,輒罷之。'《漢書·王嘉傳》云:'下材懷危内顧。'"

〔4〕汪繼培曰:"《詩·蕩》。'憎'今作'曾'。"〇覺按:掊克:搜刮民財、壓迫人民的人。參見21.9注〔8〕。

〔5〕汪繼培曰:"《廣韻·三十諫》:'贗,僞物。''鴈''贗',古今字。《韓非子·説林

下》云：‘齊伐魯，索讒鼎。魯以其鴈往。齊人曰：“鴈也。”魯人曰：“真也。”’”

〔6〕本節韻脚：士、能、材、治、醫，之部。

36.9

原本天人〔1〕，參連相因●〔2〕。

致和平機●〔3〕，述●在於君〔4〕。

奉法選賢，國自我身●〔5〕。

姦門竊位●〔6〕，將誰督察●〔7〕？

故叙《本政》第九〔8〕。

【箋注】

〔1〕“原”與“本”都是推究其根本的意思。

〔2〕汪繼培曰：“《春秋繁露·王道通三篇》云：‘古之造文者，三畫而連其中謂之王。三畫者，天、地與人也；而連其中者，通其道也。取天、地與人之中以爲貫而參通之，非王者孰能當？’”〇覺按：“參”（sān 三）通“叁”或“三”，但此文説“天人”，則此“參”字並非指天、地、人，而應該是指天、君、民三者，參見 9.1。因：依靠。相因：即 9.1 所説的“相輔至”。

〔3〕汪繼培曰：“《毛詩·芣苢·序》云：‘和平，則婦人樂有子矣。’鄭箋：‘天下和，政教平也。’《史記·秦始皇紀》琅邪臺刻石辭云：‘天下和平。’”

〔4〕汪繼培曰：“當作‘術’。”〇覺按：參見 36.4 注〔5〕。

〔5〕汪繼培曰：“《淮南子·泰族訓》云：‘身者，國之本也。’”

〔6〕汪繼培曰：“注見《賢難篇》。”

〔7〕汪繼培曰：“失韻。”〇彭鐸曰：“《爾雅·釋詁》：‘存，察也。’察、存雙聲，察，讀爲‘存’，即以‘存’與人、因、君、身爲韻。猶《詩·小雅·小旻》：‘是用不集’，毛傳：‘集，就也。’集、就雙聲，集，讀爲‘就’，即以‘就’與猶、咎、道爲韻；《大雅·常武》：‘以脩我戎’，戎、汝雙聲，戎，讀爲‘汝’，即以‘汝’與祖、父爲韻；《易·剥·象傳》：‘終不可用也’，用、以雙聲，用，讀爲‘以’，即以‘以’與‘載’爲韻（《豐·象傳》用、事叶，亦同）。此皆古人變文叶韻之例，説見《經義述聞》卷二、《古書疑義舉例》一、三。汪以‘察’字失韻，蓋偶疏耳。”〇覺按：古代“存”有“察”義，但“察”並不讀爲“存”。疑此“察”字本作“存”而旁注“察”字，後代抄書或刻書者未顧及用韻情況而誤删“存”字，因而僅存“察”字。但彭説也通，故詳録之以供參考。

〔8〕本節韻脚：人、因、君、身、存（今作“察”），真文旁轉合韻（“君”“存”屬文部，其餘屬真部）。

36.10

覽觀古今，爰暨書傳●〔1〕。

君皆欲治，臣恒樂亂。

忠佞溷淆●〔2〕，各以類進。

常苦不明【1】〔3〕，而信姦論●〔4〕。

故叙《潛歎》第十【2】〔5〕。

【校記】

【1】苦：仿宋本、魁本、程本、四庫本、邵本、陳本同，馮本作“若”。

【2】歎：仿宋本、馮本、魁本、四庫本、邵本、陳本同，程本、何本作“欵”。

【箋注】

〔1〕汪繼培曰：“《漢書・成帝紀・贊》云：‘博覽古今。’《異姓諸侯王表・序》云：‘書傳所記，未嘗有焉。’《律歷志》云：‘稽之於古今，考之於經傳。’”〇覺按：爰（yuán 援）：及。暨（jì 季）：及。

〔2〕汪繼培曰：“《漢書・董仲舒傳》云：‘賢不肖渾殽。’顔師古注：‘渾殽，雜也。’‘渾殽’與‘溷淆’同。《五行志》又作‘溷肴’。”

〔3〕彭鐸曰：“‘常’當作‘帝’。本篇云：‘人君之取士也，不能參聽民氓，斷之聰明，反徒信亂臣之説，獨用污吏之言’，又云：‘或君則不然，苟眩於愛，惟言是從’，即此所謂‘帝苦不明，而信姦論’也。常、帝形近多相亂，《述赦篇》：‘其文常曰’，‘常’訛作‘帝’，猶此‘帝’訛作‘常’矣。”〇覺按：“不明”的主語纔是“帝”，“苦”的主語是王符自己。“常苦不明而信姦論”與36.5的“痛君不察而信讒言”同義。彭説非。

〔4〕汪繼培曰：“《漢書・京房傳》云：‘房嘗宴見，問上曰：“幽、厲之君何以危？所任者何人也？”上曰：“君不明而所任者巧佞。”’”

〔5〕本節韻腳：傳、亂，元部。進、論，真文旁轉合韻（“進”屬真部，“論”屬文部）。此節或元真文旁轉合韻。

36.11

夫位以德興，德貴忠立，

社稷所賴，安危是繫。

非夫讜直貞亮【1】〔1〕、仁慈惠和●〔2〕、

事君如天●〔3〕、視民如子●〔4〕，

則莫保爵位而全令名。

故叙《忠貴》第十一〔5〕。

【校記】

【1】貞：仿宋本、馮本、魁本、陳本同，程本、四庫本、邵本作“真”。

【箋注】

〔1〕讜（dǎng 黨）：正直。亮：正直坦白，誠信。

〔2〕汪繼培曰：“文十八年《左傳》云：‘宣慈惠和。’”〇覺按：惠和：見34.1.2注

〔12〕。

〔3〕汪繼培曰:“宣四年《左傳》云:‘君，天也。’”

〔4〕汪繼培曰:“注見《救邊篇》。”

〔5〕本節不押韻，而且句子長短不一，又比他節多兩句，與本篇體例不同，可能有竄亂。

36.12

先王理財，禁民爲非●〔1〕。

《洪範》憂民●〔2〕，《詩》刺末資●【1】〔3〕。

浮僞者衆，本農必衰。

節以制度，如何弗議?

故叙《浮侈》第十二〔4〕。

【校記】

【1】末：仿宋本、馮本、魁本、陳本同，程本、四庫本、邵本作“未”。

【箋注】

〔1〕汪繼培曰:“《易·繫辭下傳》。”○覺按:《周易·繫辭下》:“理財正辭、禁民爲非曰義。”可見這是先王之事。

〔2〕汪繼培曰:“《漢書·食貨志》云:‘《洪範》八政：一曰食，二曰貨。二者，生民之本。’”○覺按:《洪範》：見1.4注〔2〕。

〔3〕汪繼培曰:“《詩·板》云:‘喪亂蔑資。’毛傳:‘蔑，無；資，財也。’鄭箋云:‘其遭喪禍，又素以賦斂空虚，無財貨以共其事，窮困如此。’《説苑·政理篇》又云:‘“相亂蔑資，曾莫惠我師”，此傷奢侈不節以爲亂者也。’‘末資’即‘蔑資’，‘蔑’‘末’古通用。《漢書·韋玄成傳》云:‘於蔑小子’，即《書·顧命》‘眇眇予末小子’也。”○覺按:“蔑”“末”上古同音。刺：斥責，指責。《詩經·大雅·板》指責説:“喪亂蔑資，曾（竟然）莫惠（救濟）我師（衆人）!”《詩經·大雅·桑柔》也説:“國步滅（通“蔑”）資，天不我將（天不養我）。”

〔4〕本節韻脚：非、資、衰、議，微脂（歌）旁轉合韻（“資”屬脂部，“議”在上古屬歌部而東漢時屬脂部，其餘屬微部）。從本篇押韻情況來看，一些在《廣韻》中屬寘韻開口呼的上古歌部字，如“議”“義”，在東漢時似已轉入了脂部，所以與脂部、質部字相叶（見36.16）。至於《廣韻》中屬寘韻合口呼的上古歌部字，如“僞”，在東漢時似已轉入支部，所以與支部字相叶（見36.14）。

36.13

積微傷行，懷安敗名●〔1〕。

明莫恣欲●【1】〔2〕，而無惰容●〔3〕。

足以愎諫●〔4〕，聞善不從【2】。

微安召辱，終必有凶。

故叙《愼微》第十三〔5〕。

【校記】

【1】明莫恣欲：仿宋本、馮本、魁本、陳本同，程本、邵本作“明莫恣歡”，四庫本作“愼莫恣歡”。

【2】聞：仿宋本、馮本、魁本、何本、四庫本、邵本、陳本同，程本作“間”。

【箋注】

〔1〕汪繼培曰：“僖廿三年《左傳》云：‘懷與安實敗名。’”○覺按：“懷”指留戀妻室，“安”指貪圖安逸。

〔2〕汪繼培曰：“‘明莫’猶言‘晨昏’，或‘明’爲‘朝’之壞。”○覺按：明：明亮，指白天，與《楚辭·九章·抽思》“何晦明之若歲”之“明”用法相同。汪繼培解爲“晨”，或以爲是“朝”字之壞誤，均不當。莫：古“暮”字，指黑夜。

〔3〕汪繼培曰：“襄八年《左傳》云：‘亦無悛容。’”○覺按：悛（quān 圈）：悔改。容：面容，表情。

〔4〕汪繼培曰：“僖十五年《左傳》云：‘愎諫違卜。’”○覺按：愎（bì 畢）：任性，固執。愎諫：一意孤行而不聽規勸。

〔5〕本節韻腳：名、容、從、凶，耕東旁轉合韻（“名”屬耕部，其餘屬東部）。又，36.35 以“行”、“姓”相叶，則東漢時“行”已由陽部轉入耕部，所以本節首句之“行”，也可認爲是韻腳。

36.14

明主思良，勞精賢知●〔1〕。

百寮阿黨●【1】〔2〕，不覈真僞。

苟崇虛譽●【2】〔3〕，以相詎曜。

居官任職●〔4〕，則無功効●【3】〔5〕。

故叙《寔貢》第十四【4】〔6〕。

【校記】

【1】寮：仿宋本、馮本、魁本、程本、四庫本、陳本同，何本、邵本作“僚”。

【2】譽：仿宋本、馮本、魁本、陳本同，程本、四庫本、邵本作“舉”。

【3】効：仿宋本、馮本同，魁本、程本、四庫本、邵本、陳本作“效”。

【4】寔：仿宋本、馮本、魁本、程本、邵本同，四庫本、陳本作“實”。

【箋注】

〔1〕汪繼培曰：“《漢書·匡衡傳》云：‘卑體勞心，以求賢爲務。’《韓非子·難二》：‘桓公曰：“吾聞君人者，勞於索人，佚於使人。”’‘勞精’注見《愼微篇》。”○覺按：勞：

使……勞苦，操勞。精：精神，心思。賢：《廣雅·釋詁一》："賢，勞也。"知：通"智"。賢知：與"勞精"同義，指爲了求得忠良而費盡心思。

〔2〕汪繼培曰："《禮記·月令》云：'是察阿黨。'"○覺按：寮：通"僚"。阿（ē 婀）：偏袒，袒護。黨：偏袒，袒護。

〔3〕汪繼培曰："舊作'舉'，盧學士改。"○覺按：據汪校，則其所用舊本爲程本，蓋其始校《潛夫論》時用程本，後改用魁本之底本時未加覆覈，故有此校語。

〔4〕汪繼培曰："《史記·汲黯傳》：'莊助曰："使黯任職居官，無以踰人。"'"

〔5〕汪繼培曰："《漢書·朱博傳》云：'分職授政，以考功效。'《翟方進傳》云：'陳咸內自知行辟亡功效。'"

〔6〕本節韻腳：知、僞，叶韻（"知"上古屬支部，"僞"上古屬歌部，但從此文來看，東漢時"僞"似乎已轉入支部，見 36.12 注〔4〕，所以現稱之爲叶韻，不再當作合韻）。曜、効，藥宵對轉合韻（"曜"屬藥部，"効"屬宵部）。

36.15

"聖人養賢，以及萬民〔1〕。"

先王之制，皆足代耕〔2〕。

增爵損禄【1】，必程以傾●〔3〕。

先益吏俸【2】，乃可致平【3】。

故敘《班禄》第十五〔4〕。

【校記】

【1】增：仿宋本、馮本、魁本、四庫本、陳本同，程本、邵本作"憎"。

【2】益：仿宋本、馮本、魁本、陳本同，程本、四庫本、邵本作"王"。

【3】平：仿宋本、馮本、魁本、四庫本、陳本同，程本、邵本作"不"。

【箋注】

〔1〕聖人養賢，以及萬民：見 15.10 注〔8〕。

〔2〕皆足代耕：指聖君供養賢臣時的俸禄都足够用來代替他們親自去耕作所得的收入（見 15.4）。王符認爲，衹有這樣，官吏纔能因爲給養充足而安心於政事，不再去謀求私利（見 15.5）。下文他主張"先益吏俸"，也是這個道理。

〔3〕汪繼培曰："《逸周書·史記解》云：'昔有畢程氏，損禄增爵，羣臣貌匱，比而戾民，畢程氏以亡。''畢''必'，古字通。"

〔4〕本節韻腳：賢、民、耕、傾、平，真耕通轉合韻（"賢""民"屬真部，其餘屬耕部）。

36.16

君憂臣勞●〔1〕，古今通義●〔2〕。

上思致平，下宜竭惠●〔3〕。

貞良信士，咸痛數赦〔4〕。
姦宄繁興〔5〕，但以赦故。
乃叙《述赦》第十六●〔6〕。

【箋注】

〔1〕汪繼培曰："《越語》：'范蠡曰："爲人臣者，君憂臣勞。"'"〇覺按：《淮南子·精神訓》"竭力而勞萬民"高誘注："勞，憂也。"

〔2〕汪繼培曰："《漢書·董仲舒傳》：'天地之常經，古今之通義。'"

〔3〕汪繼培曰："'惠'疑'慮'之誤。《考績篇》云：'羣臣所當盡情竭慮稱君詔也。'"〇彭鐸曰："'惠''慧'古字通，《論語·衛靈公篇》：'好行小慧'，鄭注：'魯讀"慧"爲"惠"。'即其證。'竭慧'猶言'竭知'。義、惠，支、脂合韻，與上敍《浮侈》同。本篇用韻之例，或通章隔句韻，或四句一换韻。如汪説，則後六句有韻，而'義'字失韻矣。"〇覺按：彭説是。

〔4〕數（shuò 朔）：屢次。

〔5〕姦宄：見 12.1 注〔12〕。

〔6〕汪繼培曰："前後文俱云'故敍'，此作'乃'，變文使與上相避。"〇覺按：本節韻腳：義、惠，叶韻（"義"上古屬歌部，但東漢時似已轉入了脂部，見 36.12 注〔4〕；"惠"上古屬質部，但東漢時可能也轉入了脂部。因此，現稱之爲叶韻，不再當作合韻）。赦、故，鐸魚對轉合韻（"赦"屬鐸部，"故"屬魚部）。

36.17

先王御世，兼秉威德〔1〕。
賞有建侯，罰有刑渥〔2〕。
賞重禁嚴●【1】〔3〕，臣乃敬職。
將脩太平【2】，必循此法●【3】〔4〕。
故叙《三式》第十七〔5〕。

【校記】

【1】禁嚴：四庫本、陳本同，仿宋本、馮本、魁本、程本、邵本作"嚴禁"。
【2】脩：仿宋本、馮本、魁本、程本、邵本同，四庫本、陳本作"修"。
【3】循：陳本同，仿宋本、馮本、魁本、程本、邵本作"媚"，四庫本作"始"。

【箋注】

〔1〕秉：掌握。威德：見 11.9 注〔4〕。

〔2〕渥：見 17.1.3 注〔1〕。刑渥：即 17.1.3 的"渥刑"，因押韻而倒。

〔3〕汪繼培曰："二字舊倒。"

〔4〕汪繼培曰："'循'舊作'媚'。按《考績篇》云：'世主不循考功，而思太平。'今據改。"〇覺按：循此法：遵行這種辦法。

〔5〕本節韻腳：德、渥、職、法，職屋葉通轉合韻（“渥”屬屋部，“法”屬葉部，其餘屬職部）。

36.18

民爲國基，穀爲民命●〔1〕。

日力不暇〔2〕，穀何由盛？

公卿師尹【1】〔3〕，卒勞百姓●〔4〕。

輕奪民時，誠可憤諍。

故叙《愛日》第十八〔5〕。

【校記】

【1】師尹：仿宋本、馮本、魁本、程本、四庫本、陳本同，邵本作“尹師”。

【箋注】

〔1〕汪繼培曰：“《管子·山權數篇》云：‘穀者，民之司命也。’《初學記》廿七引《范子》：‘計然云：“五穀者，萬民之命，國之重寶。”’”

〔2〕日力：見18.1注〔4〕。18.10作“民力”。

〔3〕公卿師尹：見22.3注〔1〕。此文泛指羣臣百官，相當於31.2的“公卿”“百僚”，也即18.4的“萬官”。

〔4〕汪繼培曰：“《詩·節南山》。”〇覺按：《詩經·小雅·節南山》“卒勞百姓”鄭玄箋：“卒，終也。”

〔5〕本節韻腳：命、盛、姓、諍，耕部。

36.19

觀吏所治，鬬訟居多。

原禍所起，詐欺所爲。

將絶其末，必塞其原。

民無欺紿【1】，世乃平安●〔1〕。

故叙《斷訟》第十九〔2〕。

【校記】

【1】紿：仿宋本、馮本、魁本、四庫本同，程本、邵本、陳本作“詒”。

【箋注】

〔1〕汪繼培曰：“《論衡·宣漢篇》云：‘聖主治世，期於平安。’”

〔2〕本節韻腳：多、爲，歌部。原、安，元部。此節或歌元對轉合韻。

36.20

五帝三王〔1〕，優劣有情●【1】〔2〕。

雖欲超皇〔3〕，當先致平●〔4〕。

必世後仁●〔5〕，仲尼之經〔6〕。

遭衰姦牧〔7〕，得不用刑？

故叙《衰制》第二十〔8〕。

【校記】

【1】優：仿宋本、馮本、魁本、陳本同，程本、四庫本、邵本作"復"。

【箋注】

〔1〕五帝三王：見19.1注〔1〕〔2〕。

〔2〕汪繼培曰："《白虎通·號篇》云：'德合天地者稱帝，仁義合者稱王，别優劣也。'《後漢書·曹褒傳》肅宗元和二年詔云：'三五步驟，優劣殊軌。'章懷注引《孝經鉤命決》云：'三皇步，五帝驟，三王馳。'"〇覺按：情：實情。

〔3〕皇：指三皇，見20.1注〔2〕。

〔4〕汪繼培曰："《白虎通》云：'號之爲皇者，煌煌人莫違也。煩一夫擾一士以勞天下，不爲皇也。不擾匹夫匹婦，故爲皇。'"

〔5〕汪繼培曰："《論語》。"〇覺按：世：三十年。仁：指仁政，即仁愛的政治措施，包括減省刑罰，減少税收，使人民安居樂業，又通過德教使人們孝悌忠信來侍奉父母君長（見《孟子·梁惠王上》）。必世後仁：孔子説："如有王者，必世而後仁。"（見《論語·子路》）意思是説："如果有奉行王道的聖君，也一定要三十年以後纔能徹底實行仁政。"本文引用此語，意謂即使有了聖王，但在相當長的一段歷史時期内也不能實行不用刑罰的仁德之政，而應該使用刑罰。

〔6〕經：經久不廢之道。

〔7〕牧：州一級的長官稱爲"牧"，此泛指官吏。

〔8〕本節韻腳：情、平、經、刑，耕部。

36.21

聖王憂勤●〔1〕，選練將帥●【1】〔2〕，

授以鈇鉞●〔3〕，假以權貴〔4〕。

誠多蔽暗，不識變勢，

賞罰不明，安得不敗？

故叙《勸將》第二十一〔5〕。

【校記】

【1】帥：仿宋本、馮本、程本、四庫本、邵本、陳本同，魁本作"師"。

【箋注】

〔1〕汪繼培曰:“《毛詩·魚麗·序》云:‘始於憂勤,終於逸樂。’《漢書·司馬相如傳》云:‘王者固未有不始於憂勤,而終於佚樂者也。’”

〔2〕汪繼培曰:“《史記·趙世家》云:‘選練舉賢,任官使能。’”〇覺按:練:見17.3.1注〔1〕。

〔3〕汪繼培曰:“《淮南子·兵畧訓》云:‘凡國有難,君自宫召將,詔之。將軍受命,卜吉日以受鼓旗。君入廟門,西面而立。將入廟門,趨至堂下,北面而立。主親摻(覺按:當作“操”)鉞,持頭,授將軍其柄,曰:“從此上至天者,將軍制之。”復操斧,持頭,授將軍其柄,曰:“從此下至淵者,將軍制之。”’‘鈇’與‘斧’同。”〇覺按:鉞(yuè越):用於斫殺的一種古代兵器,狀如大斧,裝有長柄。鈇、鉞都是古代刑戮之具。《禮記·王制》:“諸侯賜弓矢,然後征;賜鈇鉞,然後殺。”“授以鈇鉞”指授以生殺之權。

〔4〕假:借。假以權貴:與《韓非子·説疑》“假之以輿馬”的句法相同,“假”下省“之”字,指給他們權力和高貴的地位來使他們有所憑藉。

〔5〕本節韻腳:帥、貴,物部。勢、敗,月部。此節或物月旁轉合韻。

36.22

蠻夷猾夏●〔1〕,古今所患。

堯、舜憂民●〔2〕,皋陶御叛●【1】〔3〕。

宣王中興●〔4〕,南仲征邊●〔5〕。

今民日死,如何弗蓄●〔6〕?

故叙《救邊》第二十二【2】〔7〕。

【校記】

【1】御:陳本同,仿宋本、馮本、魁本、程本、邵本作“術”,四庫本作“除”。

【2】救:仿宋本、馮本、魁本、程本、邵本、陳本同,四庫本作“捄”。

【箋注】

〔1〕汪繼培曰:“《志氏姓篇》‘猾’作‘滑’。”〇覺按:見35.4.12注〔2〕。

〔2〕汪繼培曰:“《孟子》云:‘聖人之憂民如此。’”〇覺按:《孟子·滕文公上》:“當堯之時,天下猶未平,洪水横流,氾濫於天下,草木暢茂,禽獸繁殖,五穀不登,禽獸偪人,獸蹄鳥迹之道交於中國。堯獨憂之,舉舜而敷治焉。舜使益掌火,……聖人之憂民如此。”

〔3〕汪繼培曰:“‘御’舊作‘術’。按‘御’與‘禦’同。”〇覺按:皋陶御叛:指皋陶做士官執掌刑罰來抵禦外患内亂。見35.4.12注〔2〕及《尚書·舜典》。

〔4〕汪繼培曰:“《毛詩序》云:‘《烝民》,尹吉甫美宣王也。任賢使能,周室中興焉。’”〇覺按:中興:見33.7注〔9〕。

〔5〕汪繼培曰:“《詩·常武》。”〇覺按:南仲:《漢書·古今人表》作“南中”。《詩經·大雅·常武·序》:“《常武》,召穆公美宣王也。”該詩云:“王命卿士,南仲大祖,大師皇父。”毛傳:“王命南仲於大祖。”這是説宣王在太祖之廟冊命南仲。據此,則南仲爲宣王時大將。《漢書·古今人表》依毛傳而將南中列於周宣王時。本文也依此説,故云:“宣

王中興，南仲征邊。”但毛傳實爲誤解。南仲，應是周文王的武臣，是皇父的遠祖。《常武》所云，是指周宣王任命以南仲爲太祖的皇父做大將。見《詩經·大雅·常武》“王命卿士，南仲大祖，大師皇父”鄭玄箋、孔穎達疏，以及《詩經·小雅·出車》“王命南仲”毛傳。故此文當作：“宣王中興，皇父征邊。”征邊：據《詩經·大雅·常武》，皇父所征伐的爲“南國”。

〔6〕汪繼培曰：“▲謂蕃衛也。《詩·崧高》云：‘四國于蕃。’鄭箋：‘四國有難，則往扞禦之，爲之蕃屏。’哀十六年《左傳》：‘子西曰：“吾聞勝也，信而勇，不爲不利，舍諸邊竟，使衛藩焉。”’杜注：‘使爲藩屏之衛。’‘蕃’與‘藩’通。”〇覺按：蕃（fān 翻）：通“藩”，屏障，捍衛。

〔7〕本節韻腳：患、叛、邊、蕃，元部。

36.23

凡民之情〔1〕，與君殊戾〔2〕。

不能遠慮●〔3〕，督取一制●【1】〔4〕。

苟挾●〔5〕私議●【2】〔6〕，以爲國計。

宜尋其言〔7〕，以詰所謂●〔8〕。

故叙《邊議》第二十三〔9〕。

【校記】

【1】督：魁本、程本、四庫本、邵本同，仿宋本、馮本作“督”，陳本作“各”。

【2】挾：四庫本、陳本同，仿宋本、馮本、魁本、程本、邵本作“扶”。

【箋注】

〔1〕凡民：平庸之人，指23.2所説的“癡兒騃子”和“奴怯畏偄”的“太守令長”以及23.3所説的“不慮久兵之禍”的“公卿”。

〔2〕戾（lì 立）：違背。

〔3〕汪繼培曰：“《論語》云：‘人無遠慮。’”

〔4〕汪繼培改“督”爲“各”曰：“‘各’舊作‘督’。按▲《邊議篇》本文云：‘各取一閿。’今据改。”〇覺按：汪改恐不當。此“督”承上句“不能遠慮”而言，當爲“瞀”（mào 茂）之形訛。“瞀”是糊塗昏亂的意思。制：見1.9注〔3〕。一制：與“遠慮”相對，跟23.3“各懷一切”與“不慮久兵之禍”相對類似（參見23.3注〔4〕），可知此“一制”與“一切”的意義相似，指偏於一隅的裁斷，即衹考慮到一時利益的偏見。

〔5〕汪繼培曰：“舊作‘扶’。”

〔6〕汪繼培曰：“《管子·法法篇》云：‘明君在上位，民毋敢立私議自貴者。’”

〔7〕尋：即“尋根究底”之“尋”，是推究的意思。

〔8〕汪繼培曰：“《漢書·賈誼傳》云：‘聽言之道，必以其事觀之，則言者莫敢妄言。’”〇覺按：詰：責問，查清。所謂：所説的，指其言之實質。

〔9〕本節韻腳：戾、制、計、謂，月質物旁轉合韻（“計”屬質部，“謂”屬物部，其餘屬月部）。

36.24

邊既遠門●【1】〔1〕，太守擅權。

臺閣不察●【2】〔2〕，信其姦言。

令壞●郡縣【3】〔3〕，毆民内遷【4】〔4〕。

今又丘荒【5】〔5〕，慮必生心●〔6〕。

故叙《寔邊》第二十四【6】〔7〕。

【校記】

【1】門：馮本、魁本、陳本同，仿宋本作“闁”，程本、四庫本、邵本作“問”。

【2】閣：仿宋本、馮本、魁本、程本、邵本、陳本同，四庫本作“閤”。

【3】令壞：陳本同，仿宋本、馮本、魁本、程本、邵本作“今懷”，四庫本作“令外”。

【4】毆：仿宋本、馮本、魁本、程本、四庫本、陳本同，何本、邵本作“敺”。

【5】丘：仿宋本、馮本、魁本、程本同，四庫本作“兵”，邵本作“工”，陳本作“㠪”。

【6】寔：仿宋本、馮本、魁本、程本、邵本同，四庫本、陳本作“實”。

【箋注】

〔1〕汪繼培曰：“王先生云：‘“門”疑“闕”。’繼培按：作‘闕’是也。本篇云：‘小民謹劣，不能自達闕廷。’《後漢書·南蠻·板楯蠻夷傳》云：‘雖陳冤州郡，而牧守不爲通理，闕庭悠遠，不能自聞。’亦一證。”

〔2〕汪繼培曰：“《後漢書·仲長統傳·昌言·法誡篇》云：‘光武皇帝矯枉過直，政不任下，雖置三公，事歸臺閣。’章懷注：‘臺閣，謂尚書也。’▲按《黄瓊傳》云：‘稍遷尚書僕射。初，瓊隨父在臺閣，習見故事。及後居職，達練官曹，争議朝堂，莫能抗奪。’崔寔《政論》云：‘臺閣之職，尤宜簡習，先帝時尚書，但厚加賞賜，希得外補，是以機事周密，莫有漏泄。’是臺閣爲尚書也。”〇覺按：臺閣是漢代尚書臺的别稱。“尚書”可參見7.4注〔6〕。又，汪稿以下脱去，其撰稿之心血因未刊佈而前功盡棄，甚可痛惜。惺惺惜惺惺，此余所以收羅汪稿之未刊佈者入此書者也。

〔3〕汪繼培曰：“舊作‘今懷’。”〇覺按：令壞郡縣：詳見24.3。

〔4〕毆：通“敺”（qū驅），“敺”同“驅”。

〔5〕丘荒：見24.3注〔27〕。今又丘荒：據《後漢書·孝安帝紀》載，由於羌亂，公元110年、111年曾將金城郡、安定郡等内遷（見21.7注〔14〕）。據《後漢書·孝順帝紀》，永建四年（公元129年）九月，將安定郡、北地郡、上郡遷回舊地。永和六年（公元141年），因羌人進犯，又於十月遷安定郡治於扶風，遷北地郡治於馮翊。此文云“今又丘荒”，則此句當寫於第二次郡治内遷以後。然考《實邊》之文，則寫於公元116年（見該篇提要）。大概《實邊》寫成於前，而此《叙録》則寫於公元141年以後，所以此文纔説“今又”。

〔6〕汪繼培曰：“王先生云：‘“必”疑“戎”之誤。莊廿八年《左傳》云：“戎之生心。”’”〇彭鐸曰：“‘慮’當作‘虜’，二字形音俱近，故訛。本篇云：‘誠不可久荒，以開敵心。’又云：‘西羌、北虜，必生闚欲。’是其明證矣。王説失之。”〇覺按：彭説是。

〔7〕本節韻脚：權、言、遷、心，元侵通轉合韻（“心”屬侵部，其餘屬元部）。

36.25

天生神物，聖人則之●〔1〕。

蓍龜卜筮【1】〔2〕，以定嫌疑●〔3〕。

俗工淺源〔4〕，莫盡其才〔5〕。

自大非賢●【2】〔6〕，何足信哉？

故叙《卜列》第二十五【3】〔7〕。

【校記】

【1】卜：仿宋本、馮本、魁本、何本、四庫本、邵本、陳本同，程本作“十”。

【2】大非：仿宋本、馮本、魁本、程本、邵本、陳本同，四庫本作“非大”。

【3】卜：仿宋本、馮本、魁本、何本、四庫本、邵本、陳本同，程本作“十”。

【箋注】

〔1〕汪繼培曰：“《易·繫辭下傳》。”〇覺按：汪説誤，“繫辭下”當作“繫辭上”。《周易·繫辭上》：“天生神物，聖人則之。”孔穎達疏：“謂天生蓍、龜，聖人法則之，以爲卜筮也。”

〔2〕蓍：見25.1注〔8〕。卜筮：見25.1注〔6〕。

〔3〕汪繼培曰：“《禮記·曲禮》云：‘卜筮者，先聖王之所以使民決嫌疑，定猶與也。’”〇覺按：嫌：疑惑。

〔4〕彭鐸曰：“‘源’疑當作‘頑’，聲之誤也。《廣雅·釋詁一》：‘頑，愚也。’本篇云：‘世俗小人，淺陋愚戇。’是其義。”〇覺按：25.9的“淺陋愚戇”指“世俗小人、醜妾婢婦”而言，非指“俗工”而言，彭説恐不當。此“源”字當爲“薄”之形訛。《荀子·非相篇》：“知行淺薄。”即此文“淺薄”之義，指知識淺陋、德行不厚。25.2説“凡卜筮者”，應該“令人脩身慎行以迎福”，可見卜筮者應該有德。而俗工卻“妄傳姓於五音”（25.5），拿鬼嚇唬世人（25.9），使人們處於“邪淫詿惑之中”（25.10），可見其無德，故知此“源”當爲“薄”字之誤，指其德行之薄。下文説他們“自大非賢”，也可證此字當作“薄”。

〔5〕才：通“材”。《禮記·學記》“教人不盡其材”鄭玄注：“材，道也。”

〔6〕汪繼培曰：“句有誤字。”〇覺按：自大：妄自尊大。即25.5所説的“妄”以及25.9所説的自命爲“通士”。《孔叢子·居衛》：“子思謂孟軻曰：‘自大而不修其所以大，不大矣。’”即此文“自大非賢”之義。汪繼培認爲句有誤字，未當。

〔7〕本節韻腳：之、疑、才、哉，之部。

36.26

《易》有“史巫”●〔1〕，《詩》有“工祝”●〔2〕。

聖人先成民，後致力●〔3〕。

兆黎勸樂●【1】〔4〕，神乃授福●〔5〕。

孔子不祈，以明在德●〔6〕。

故敘《巫列》第二十六〔7〕。

【校記】

【1】兆黎：四庫本、陳本同，仿宋本、馮本、魁本作“𠀤黎”，程本、邵本作“兆黎”。

【箋注】

〔1〕汪繼培曰：“《巽・九二》。”〇覺按：“史巫”見《周易・巽・九二》，他們都是掌管祭祀的人，見26.1注〔5〕。

〔2〕汪繼培曰：“《楚茨》。”〇覺按：“工祝”見《詩經・小雅・楚茨》。工：官。工祝：等於説“祝官”，是掌管祭祀祈禱的官。

〔3〕汪繼培曰：“桓六年《左傳》云：‘聖王先成民，而後致力於神。’”〇覺按：王符爲了押韻而任加刪改，致使文義缺失。此文宜作：“聖先成民，神後致力。”

〔4〕汪繼培曰：“王侍郎云：‘《孟子》：“而民歡樂之”，音義：“歡樂，本亦作勸樂。”臧氏玉琳《經義雜記》引《左氏・昭九年》注疏，謂晉、唐時本皆作“勸樂”，又引《中庸》“子庶民則百姓勸”及《漢書・王莽傳》注，以證“歡”爲“勸”之誤。今按《靈臺篇》“不日成之”鄭箋云：“言説文王之德，勸其事，忘己勞也。”《綿篇》“鼛鼓弗勝”毛傳云：“言勸事樂功也。”孔疏云：“是其勸樂之甚也。”“勸事樂功”即解“勸樂”之義。’”〇覺按：兆黎：見14.10注〔3〕。勸：《吕氏春秋・爲欲》“則是三者不足以勸”高誘注：“勸，樂也。”指受到激勵而高興。

〔5〕汪繼培曰：“桓六年《左傳》云：‘民和而神降之福。’”

〔6〕汪繼培曰：“即本篇子路請禱事也。《禮記・禮器》云：‘君子曰：“祭祀不祈。”’鄭注：‘祈，求也。祭祀不爲求福也。《詩》云：“自求多福。”福由己耳。’在‘孔子曰“我戰則克，祭則受福”’之後，古本或有‘君子’作‘孔子’者。”〇覺按：《禮記・禮器》“君子曰‘祭祀不祈’”一節在“孔子曰‘我戰則克，祭則受福’”與“孔子曰‘臧文仲安知禮’”兩節之間，故此“君子曰”也當爲孔子之言，所以汪繼培用來疏證此文。至於孔子不祈之事，參見26.1注〔13〕。

〔7〕本節韻腳：祝、力、福、德，覺職旁轉合韻（“祝”屬覺部，其餘屬職部）。

36.27

五行八卦〔1〕，陰陽所生〔2〕。

稟氣薄厚，以著其形●〔3〕。

天題厥象●〔4〕，人寔奉成●【1】〔5〕。

弗修其行【2】，福禄不臻。

故敘《相列》第二十七〔6〕。

【校記】

【1】寔：仿宋本、馮本、魁本、程本、邵本同，四庫本、陳本作“實”。

【2】修：仿宋本、馮本、魁本、四庫本、陳本同，程本、邵本作“脩”。

【箋注】

〔1〕五行：見25.5注〔3〕。八卦：見25.1注〔9〕。

〔2〕陰陽：見7.3注〔10〕。

〔3〕汪繼培曰："《論衡·無形篇》云：'人稟氣於天，氣成而形立。'"〇覺按：稟氣：承受天地自然之氣。

〔4〕汪繼培曰："《詩·麟之趾》疏引《中候握河記》云：'帝軒題象，麒麟在囿。'《後漢書·曹褒傳》章懷注引《帝命驗》曰：'順堯考德，題期立象。'宋均注云：'題五德之期，立將起之象。''題象'蓋用彼文。"〇覺按：汪箋"握河記"應改爲"握河紀"。"《後漢書·曹褒傳》章懷注引《帝命驗》曰：'順堯考德，題期立象。'宋均注云：'題五德之期，立將起之象。'"應改爲"《後漢書·曹褒傳》載元和二年詔引《帝命驗》曰：'順堯考德，題期立象。'章懷注引宋均注云：'題五德之期，立將起之象。'"此《帝命驗》之文爲《後漢書·曹褒傳》所載肅宗元和二年詔之引文而非章懷注引文（見中華書局1965年版《後漢書》第一二〇二頁）。此漢章帝元和二年詔又見於《後漢書·律曆志中》，其中也引有《帝命驗》之文（見中華書局版《後漢書》第三〇二六頁），可證此乃《後漢書》之文而非章懷注引文。題：《左傳·襄公十年》"舞師題以旌夏"杜預注："題，識也。"即標識、標明的意思。厥：其。

〔5〕汪繼培曰："《白虎通·三正篇》云：'王者當奉順而成之。'"〇覺按：此文指人應該遵循天意根據其形相而成就其德行。

〔6〕本節韻腳：生、形、成、臻，耕真通轉合韻（"臻"屬真部，其餘屬耕部）。

36.28

《詩》稱"吉夢"●〔1〕，書傳亦多。

觀察行事，占驗不虛【1】。

福從善來，禍由德痛●〔2〕。

吉凶之應，與行相須●〔3〕。

故叙《夢列》第二十八〔4〕。

【校記】

【1】占：何本、四庫本、邵本、陳本同，仿宋本、馮本、魁本、程本作"古"。

【箋注】

〔1〕汪繼培曰："《斯干》。"〇覺按：見28.2注〔7〕。

〔2〕汪繼培曰："《爾雅·釋詁》云：'痡，病也。'"

〔3〕汪繼培曰："《説苑·敬慎篇》：'《老子》曰："人爲善者，天報以福；人爲不善者，天報以禍。"'《新書·大政上篇》云：'行之善也，粹以爲福已矣；行之惡也，粹以爲菑已矣。故受天之福者，天不功焉；被天之菑，則亦無怨天矣，行自爲取之也。'"〇覺按：須：待，指對應。但"須"古屬侯部，與"多""虛""痡"之韻不甚協調，疑此"須"字爲"傅"之形訛。"傅"通"附"，是靠近的意思。

〔4〕本節韻腳：多、虛、痡、傅（今作"須"），歌魚通轉合韻（"多"屬歌部，其餘

屬魚部）。

36.29

論難橫發〔1〕，令道不通。

後進疑惑，不知所從●〔2〕。

自昔庚子【1】，而有責●云【2】〔3〕。

予豈好辯●〔4〕？將以明真。

故敘《釋難》第二十九〔5〕。

【校記】

【1】庚：仿宋本、馮本、魁本、程本、邵本、陳本同，四庫本作“孟”。

【2】責：馮本、陳本同，仿宋本、魁本、程本、邵本作“貴”，四庫本作“遺”。

【箋注】

〔1〕橫（hèng 恒去聲）：蠻橫，不順理。

〔2〕汪繼培曰：“《論語》云：‘後進於禮樂。’何晏注：‘先進、後進，謂士先、後輩也。’《漢書·游俠·陳遵傳》云：‘爲後進冠。’《馮奉世傳》杜欽疏云：‘臣聞功同賞異，則勞臣疑；罪鈞刑殊，則百姓惑。疑生亡常，惑生不知。所從亡常，則節趨不立；不知所從，則百姓亡所錯手足。’”〇覺按：後進：泛指後輩。

〔3〕汪繼培曰：“舊作‘貴’。”

〔4〕汪繼培曰：“《孟子》。”〇覺按：《孟子·滕文公下》：“公都子曰：‘外人皆稱夫子好辯，敢問何也？’孟子曰：‘予豈好辯哉？予不得已也。’”

〔5〕本節韻腳：通、從，東部。云、真，文真旁轉合韻（“云”屬文部，“真”屬真部）。

36.30

朋友之際，義存六紀●〔1〕。

攝以威儀●〔2〕，講習王道●〔3〕。

善其久要〔4〕，貴賤不改。

今民遷久●〔5〕，莫之能奉●〔6〕。

故敘《交際》第三十〔7〕。

【箋注】

〔1〕汪繼培曰：“《白虎通·三綱六紀篇》云：‘六紀者，謂諸父、兄弟、族人、諸舅、師長、朋友也。’”〇覺按：義：合宜的道德準則或道理。紀：法度準則。六紀：指六種與人交往時的道德準則。《白虎通·三綱六紀》：“六紀者，謂諸父（覺按：叔父伯父）、兄弟、族人（覺按：同一宗族的人）、諸舅、師長、朋友也。……敬諸父兄，六紀道行，諸舅有義，

族人有序，昆弟有親，師長有尊，朋友有舊。”朋友之間的交往原則爲六紀之一，所以説“義存六紀”。

〔2〕汪繼培曰：“《詩·既醉》。”〇覺按：攝：維持，引申爲輔佐，在旁相陪。《詩經·大雅·既醉》：“朋友攸攝，攝以威儀。”毛傳：“言相攝佐者以威儀也。”威儀：威嚴的儀表，嚴肅的容貌和莊重的舉止。

〔3〕汪繼培曰：“《易·兑·象》曰：‘君子以朋友講習。’《漢書·揚雄傳·長楊賦》云：‘士有不談王道者，則樵夫笑之。’又《法言·吾子篇序》云：‘降周迄孔，成於王道。’顏師古注：‘言自周公以降，至於孔子，設教垂法，皆帝王之道。’或云：‘王’當爲‘至’。”〇彭鐸曰：“朋友交際，豈皆講習王道？至道所包者廣，當是也。”〇覺按：“王”當爲“正”字之形訛。32.7“三王”，仿宋本、馮本、魁本、程本訛爲“三正”，是“王”“正”互訛之證。“正道”即正確的道理準則（參見10.8注〔1〕）。《文選》卷第一載班固《東都賦》云：“既聞正道，請終身而誦之。”

〔4〕久要：見30.1注〔6〕。

〔5〕汪繼培曰：“《論語》云：‘民散久矣。’‘遷’‘散’同義，《周語》云：‘猶有散遷懈慢，而著在刑辟，流在裔土。’”

〔6〕汪繼培曰：“當作‘矣’，與上韻協。”

〔7〕本節韻腳：紀、道、改、矣（今誤作“奉”），之幽旁轉合韻（“道”屬幽部，其餘屬之部）。

36.31

君有美稱，臣有令名〔1〕。

二人同心〔2〕，所願乃成。

寶權神術〔3〕，勿示下情●【1】〔4〕。

治勢一定〔5〕，終莫能傾。

故叙《明忠》第三十一〔6〕。

【校記】

【1】勿：陳本同，仿宋本、馮本、魁本、程本、四庫本、邵本作“勾”。

【箋注】

〔1〕美稱：指“明”。令名：指“忠”。參見31.1。

〔2〕二人同心：見31.2注〔1〕。

〔3〕寶：以……爲珍寶。神：使……神妙莫測。

〔4〕汪繼培曰：“‘勿’舊作‘勾’。按《韓非子·二柄篇》云：‘人主不掩其情，不匿其端，而使人臣有緣以侵其主。’《難三》云：‘術者，藏之於胷中，以偶衆端而潛御羣臣者也。’《主道篇》云：‘君無見其所欲，君見其所欲，臣將自雕琢。君無見其意，君見其意，臣將自表異。’皆‘勿示下情’之義。”

〔5〕參見31.9。

〔6〕本節韻腳：名、成、情、傾，耕部。

36.32

人天情通，氣感相和〔1〕。
善惡相徵〔2〕，異端變化●〔3〕。
聖人運之，若御舟車〔4〕。
作民精神，莫能●含嘉〔5〕？
故敘《本訓》第三十二〔6〕。

【箋注】

〔1〕氣：見32.1注〔2〕。感：感應，感動。參見32.3注〔2〕、32.6注〔1〕、34.1.4注〔1〕。和：見33.3注〔3〕。

〔2〕徵：《漢書·五行志上》"次八曰念用庶徵"顔師古注："徵，應也。"

〔3〕汪繼培曰："《淮南子·泰族訓》云：'聖人者，懷天心聲，然能動化天下者也。故精誠感於内，形氣動於天，則景星見，黄龍下，祥風至，醴泉出，嘉穀生，河不滿溢，海不溶波。逆天暴物，則日月薄蝕，五星失行，四時干乖，晝冥宵光，山崩川涸，各（覺按：當作"冬"）雷夏霜。天之與人，有以相通也。'"〇覺按：異端：不同的方面，指天地與人。異端變化：指天地與人雖然不同，但它們的變化卻相輔相成。即32.2所説的"三才異務，相待而成"。

〔4〕參見32.3。

〔5〕汪繼培曰："疑'不'。"〇覺按：汪説可通，但此句讀爲反問句也通，不煩改字。參見32.6。

〔6〕本節韻腳：和、化、車、嘉，歌魚通轉合韻（"車"屬魚部，其餘屬歌部）。

36.33

明王統治，莫大身化●〔1〕。
道德爲本，仁義爲佐●〔2〕。
思心順政〔3〕，責民務廣。
四海治焉，何有消長〔4〕？
故敘《德化》第三十三〔5〕。

【箋注】

〔1〕汪繼培曰："《管子·權修篇》云：'身者，治之本也。'《君臣上篇》云：'身立而民化。'《淮南子·主術訓》云：'人主之立法，先自爲檢式儀表，故令行於天下。孔子曰："其身正，不令而行；其身不正，雖令不從。"故禁勝於身，則令行於民矣。'《道應訓》：'詹何曰："臣未嘗聞身治而國亂者也，未嘗聞身亂而國治者也。"'"〇覺按：莫大身化：没有比用自身來感化民衆更重要的了。

〔2〕汪繼培曰："《淮南子·覽冥訓》云：'持以道德，輔以仁義。'《説苑·説叢篇》云：

‘萬物得其本者生，百事得其道者成。道之所在，天下歸之；德之所在，天下貴之；仁之所在，天下愛之；義之所在，天下畏之。’”

〔3〕思心：考慮人心，指注重於教育人們的思想（參見33.1與33.4）。順政：理順政策，指建立德政，寬厚治民（參見33.2與33.7）。

〔4〕消長：等於説“興衰”。

〔5〕本節韻腳：化、佐，歌部。廣、長，陽部。

36.34

上觀太古【1】，五行之運。

咨之《詩》《書》，考之前訓●〔1〕。

氣終度盡〔2〕，後代復進【2】。

雖未必正，可依傳問●【3】〔3〕。

故叙《五德志》第三十四〔4〕。

【校記】

【1】太：仿宋本、馮本、魁本、四庫本同，程本、邵本、陳本作“大”。

【2】進：仿宋本、馮本、魁本、陳本同，程本、四庫本、邵本作“運”。

【3】問：仿宋本、馮本、魁本、何本、四庫本、邵本、陳本同，程本作“間”。

【箋注】

〔1〕汪繼培曰：“《周語》云：‘必問於遺訓，而咨於故實。’《後漢書·胡廣傳》云：‘必議之於前訓，咨之於故老。’”

〔2〕度：猶“歷”，指歷數。參見34.3.2注〔3〕。

〔3〕汪繼培曰：“‘問’當作‘聞’。哀十四年《公羊傳》云：‘所傳聞異辭。’《白虎通·禮樂篇》云：‘聖人之道，猶有文質，所以擬其説，述所聞者，亦各傳其所受而已。’”○覺按：問：通“聞”。

〔4〕本節韻腳：運、訓、進、問，文真旁轉合韻（“進”屬真部，其餘屬文部）。

36.35

君子多識，前言往行。

類族變物【1】〔1〕，古有斯姓。

博見同□〔2〕，□□□□。

□□□□，□□□□【2】〔3〕。

故叙《志氏姓》第三十五【3】〔4〕。

【校記】

【1】變：何本、邵本、陳本同，仿宋本、馮本、魁本、程本作“變”，四庫本作“辯”。

【2】□□□□□□□□□□□□□：陳本同，仿宋本、魁本作“[redacted]”（占十三字的長墨條），馮本空十三字，程本、四庫本、邵本作“缺十三字”（小字注）。

【3】氏：四庫本、邵本、陳本同，仿宋本、馮本、魁本、程本、何本作“民”。

【箋注】

〔1〕變：通“辨”。參見35.20.2注〔1〕。

〔2〕35.0.2説：“有同祖而異姓，有同姓而異祖。”35.20.1説：“此數氏者，皆本同末異。”由此推測，此句“同”字下當脱“異”字。

〔3〕據35.0.2及35.20.2之文，以上所脱十二字當爲：“雜采記經。略紀顯者，以贊賢聖。”

〔4〕本節韻腳：行、姓、經（今脱）、聖（今脱），陽耕旁轉合韻（“行”屬陽部，其餘屬耕部）。

潛夫論卷第十　終【1】

【校記】

【1】潛夫論卷第十終：仿宋本、馮本、魁本、程本同，何本作“潛夫論卷十終”，四庫本作“潛夫論卷十”，邵本作“潛夫論卷十”，陳本作“潛夫論卷第十終”。

【附録一】

《潛夫論》佚文

【説明】

王符所著《潛夫論》共十卷，在流傳過程中雖有錯亂，但並無多大散佚，所以各種古書中所引《潛夫論》之文，大多見於今本。王仁俊《玉函山房輯佚書續編三種》僅輯有一條佚文。今把不見於該書又難以補入該書原文的文字列於下，供參考。至於已補入原文的文字，在此不再重列，請參閲 2.5 校記【6】，6.3 校記【5】，28.3 校記【1】【2】。

【王仁俊所輯佚文】（見上海古籍出版社 1989 年 9 月版《玉函山房輯佚書續編三種》第 456 頁）

仁義不能月昇，財帛而欲日增，余所惡也。（《意林》三。俊按：周君注：“此節元書無，疑《正論》之錯簡。”覺按：此爲《意林》卷三所引《潛夫論十卷》第一條。根據其引文次序及文義，此條或當爲《讚學》之佚文，當緊接於原文 1.4“邁其德也”之後。王仁俊之按語可備一説。）

【張覺所輯佚文】（第二條爲新輯，其他見貴州人民出版社 1999 年版《潛夫論全譯》）

黄帝夢大風吹天下塵土，得風后以爲相。（覺按:《太平御覽》卷九引《潛夫論》，此當爲 1.1“黄帝師風后”的自注之文。）

天作道，皇作極，臣作輔，人作基。（覺按:《太平御覽》卷七十七引《潛夫論》，此當爲 9.1 或 9.2 之佚文。）

諺曰：“痛不着身，言忍之；錢不出家，言與之。”（覺按：以上見原文 22.6）猶見朝廷有寇而言不足憂也。（覺按:《太平御覽》卷八百三十六引《潛夫論》。）

太上皇名煓。（覺按:《史記·高祖本紀》“父曰太公”《索隱》引王符之言，此當爲 34.2.3 之佚文。）

楚公族有舒堅文叔，爲大夫。（覺按:《元和姓纂·卷二·九魚》引《潛夫論》，此當爲 35.4.10 之佚文。）

【附録二】

本書《潛夫論》原文所據文獻及文字取捨略例

校正勘定《潛夫論》的原文是《潛夫論》研究的前提與基礎，所以我首先在《潛夫論》的原文彙校方面花了極大的精力。

我的校勘工作可分爲兩類：一類是全息彙校，其結果是把現存的《潛夫論》重要版本的文字差異全部寫入校勘記；另一類相對於前一類而言，可稱爲古籍非全息彙校，其結果是僅僅把某些《潛夫論》版本以及古籍引文與異文中有助於校訂《潛夫論》原文的文字差異寫入校勘記。

我取作全息彙校的重要版本有七種，它們已囊括了現存《潛夫論》原文的所有源頭。其他各種版本的《潛夫論》原文，其實都出自這些版本；即使其間的文字有所不同，也不過是在這些版本的基礎上稍作校改而已。因此，這七種版本基本上可以涵蓋《潛夫論》現存文本的情況。

爲了節約篇幅，我在校勘記中使用了簡稱。這七種用作全息彙校的版本簡稱如下：

●仿宋本——明代仿宋刻本《潛夫論》十卷，今用上海圖書館藏本（索書號：善 830669-73）。該本原有缺葉而經後人抄補，這些抄補之葉無校勘價值，故另據國家圖書館藏本（索書號：3457）進行校勘。【附：抄補本——指上海圖書館藏本之抄補文字，校記中酌情採録以見其異。】

●馮本——清代馮舒順治五年（公元 1648 年）命人印抄的《潛夫論十卷》，今據上海涵芬樓 1919 年影印本，見《四部叢刊·初編·子部》。【附：《四部叢刊》本——由於馮本之葉碼全書連續編排而有錯亂，《四部叢刊》影印本每卷重新編葉而正確易見，所以校記中酌情採用《四部叢刊》本來説明其葉碼。】

●魁本——明代原一魁萬曆十年（公元 1582 年）所刊《兩京遺編》中的《潛夫論》十卷，今據上海商務印書館 1937 年影印本，見《景印元明善本叢書十種》。

●程本——明代程榮萬曆壬辰（公元 1592 年）以後校刊的《漢魏叢書》中的《潛夫論》十卷，今據上海涵芬樓 1925 年影印的《漢魏叢書》。

●四庫本——清代乾隆四十四年（公元 1779 年）抄校的《文淵閣四庫全書》中的《潛夫論》十卷，今據臺灣商務印書館 1986 年影印本，見《景印文淵閣四庫全書》第 696 册。

●邵本——清代乾隆辛亥（公元 1791 年）王謨輯刊的《增訂漢魏叢書》中邵孟遴所校的《潛夫論》十卷，今用復旦大學圖書館藏本（索書號：600033）。【附：何本——明何允中崇禎年間刊刻的《漢魏叢書》中的《潛夫論》十卷。何本之文字繼承了程本而又有所校改，但由於它又爲邵本之底本，故其校改處多爲邵本所吸取，今酌情列出其文字異同，以便看出程本與邵本之間的過渡情況。】

●陳本——清代陳春於嘉慶丁丑（公元 1817 年）開雕、嘉慶己卯（公元 1819 年）刻成的《潛夫論汪氏箋》十卷，在《湖海樓叢書》中。【附：汪稿——上海圖書館所藏汪繼培《潛夫論箋》第二稿之稿本（索書號：善 T09522）。陳本應該是根據汪繼培的定稿刊刻的，此汪稿之文字有不同於陳本的，今在校記中酌情列出其不同的文字以供參考。】

●七本——指上述七種版本。

至於這些版本的詳細情況，可參閲附録三。

當然，我所謂的全息彙校，實際上是就校勘過程來説的，如果着眼於校勘記，它就衹是一個相對的概念了，因而不宜作絶對的理解。就是説，從校勘過程來説，所謂“全息彙校”，是將上述這七種版本作一次全面的校對，以觀察其文字之異同；但其間完全相同的文字，顯然没有必要把它們寫進校勘記；而所謂把這些版本的文字差異全部寫入校勘記，也衹是指音義不同的文字而言；至於音義完全相同而僅在字形上有點畫之差的俗字（如“被”“褐”“裨”“補”“初”“裙”“褲”等字的“衤”作“礻”、“卑”作“𤰞”，“畢”字作“畢”，“廚”作“廚”“厨”，“穀”作“穀”，“轂”作“轂”，“縠”作“縠”，“涉”作“涉”之類）、楷化古字（習稱“隸古定”，即用隸書或楷書的筆畫體態來寫篆字等古文字，如“華”作“蕐”、“眉”作“睂”之類）、避諱缺筆字（如“匡”“恒”缺下面一横，“胤”作“胤”，“弘”作“弘”，“玄”作“玄”，“丘”作“丘”之類）以及真正的異體字，除了異文之處涉及這些字，一般就不寫入校勘記了。這樣處理，並不是説這些文字差異不重要。應該説，它們對於我們研究明、清時代的用字狀況和漢字的流變都具有非常重要的意義；或者説，它們在文字學與版本學的研究方面都具有極大的價值。但是，如果從哲學、文學、史學等角度去研究《潛夫論》，這種文字差異就没有什麽重要的價值了；而且，從現在的漢字信息處理與印刷情況來看，處理那麽多的俗字、楷化古字、避諱缺筆字以及異體字也有較大的困難，把它們全部寫入校勘記不過是在做一種繁雜而又無多大成效的工作。有鑒於此，我決定放棄過於苛細的方法，而採取既注重實效又不失爲精細的方法，在校勘記中對這種衹有點畫之差的俗字、楷化古字、避諱缺筆字以及真正的異體字加以忽略而不出校記。

忽略俗字、楷化古字、避諱缺筆字以及真正的異體字這一校勘原則貫徹到《潛夫論》原文的釐定上，則主要體現爲使用通用字。所謂使用通用字，其中包含兩層意思："常用"與"從宋"。也就是説，我在校定《潛夫論》原文時，以"常用"與"從宋"爲基本原則。

所謂常用，即我所校定的《潛夫論》原文一律選用上述版本中已使用而現在仍然普遍使用的文字，而不選用現在不常用的文字。例如：選用四庫本、陳本所使用的"讚"字而不選用仿宋本、馮本、魁本、程本、何本、邵本所使用的"讃"字，選用仿宋本、馮本、魁本、程本、四庫本、陳本所使用的"侯"字而不選用何本、邵本所使用的"矦"字，選用程本、四庫本、邵本、陳本所使用的"聽"字而不選用仿宋本、馮本、魁本所使用的"聴""聼"，如此等等。

所謂從宋，是指：如果上述版本中所使用的異體字現在都通用，如"潜"和"潛"、"凖"和"準"、"叙"和"敘""敍"之類，就首先選用較能反映宋本面貌的仿宋本、馮本、魁本等所使用的"潜""凖""叙"等文字而不選用其他版本中的"潛""準""敘""敍"等文字。而且，也不强求字形的劃一，衹是隨文而定，所以我校定的《潛夫論》原文中會有"耻"和"恥"、"強"和"彊"、"歎"和"嘆"、"迹"和"跡"等交相使用的情況，這是因爲它們在仿宋本、馮本等版本中本來就存在着交相使用的情況。

顯然，貫徹"常用"的原則是爲了便於今用，而貫徹"從宋"的原則雖是爲了利於存古卻也並不妨礙今用。我之所以不一味"從宋"，並非不想存古，而是考慮到存古也應該利於今用。

在本書的原文校定中，"常用"與"從宋"的原則不但貫徹於對俗字、楷化古字、避諱缺筆字、異體字的處理工作中，而且也往往影響到對其他文字的取捨；或者説，我在校定本書原文時，並不一味"從宋"，而是採取了因文制宜的原則。錢大昕於乾隆庚戌（1790 年）所寫的《羣書拾補》序云[①]："顔之推有言曰：'校定書籍，亦何容易？自揚雄、劉向，方稱此職耳。觀天下書未徧，不得妄下雌黄。'予每誦其言，未嘗不心善之。海內文人學士衆矣，能

① 該序文見北京直隸書局民國十二年影印的《抱經堂叢書》第七函第 61 册《羣書拾補》書首。

藏書者十不得一，藏書之家能讀者十不得一，讀書之家能校者十不得一。金根白芨之徒，日從事於丹鉛而翻爲本書之累，此固不足道；其有得宋、元槧本，奉爲枕中祕，謂舊本必是，今本必非，專己守殘，不復別白，則亦信古而失之固者也。"我觀此言，也心善之而施之於本書的校定中。

爲了使讀者對本書《潛夫論》原文的文字取捨有所瞭解，給有志於研究明、清時代用字狀況和漢字流變情況的學者提供一些綫索，現將上述版本中所存在的而不列入校勘記的一些文字差異編成《本書〈潛夫論〉原文文字取捨舉例》列於後。"←"之前的文字、偏旁、部件是本書原文所選用的，"←"之後的文字、偏旁、部件是本書原文所不選用的異體、俗體。"═"之前後的文字爲交相使用的選用字。之所以列出一些偏旁與部件，完全是爲了簡便。如果不用這些偏旁與部件來描述這些版本中的用字情況，而一一列出其完整的漢字，則需要在電腦上造更多的字，徒增本附録的篇幅。當然，還有不少俗字、楷化古字、避諱缺筆字未列入，但即使如此，我想讀者也不難看出，如果把這些使用頻率不低的文字差異全部寫入校勘記將會是多麽地繁雜而毫無成效。

當然，要圓滿地釐定《潛夫論》的原文，僅僅依靠上述七種版本顯然是不够的。所以，我進一步選取了一些文獻作爲非全息彙校的材料。或者説，爲了使本書的原文更加完善，所以本書在確定原文時還酌情依照了一些其他的《潛夫論》選本（其詳細情況可參閲附録三）以及古書引文和古籍異文。當然，爲了避免濫改古書之弊，我在依據這些文獻校改本書時採取了審慎的態度而所取不多，校記中所録入的某些古書引文，衹是爲了供研究者參考，而没有據以改易原文。今將這些文獻列於下，並注明其簡稱、版本情況及本書取資之處（與上述七種版本文字相同的取資之處也一併列出），以便讀者查考。

◎《後漢書》引文——〔南朝·宋〕范曄所撰《後漢書》卷四十九《王充王符仲長統列傳》中引録的《潛夫論》之文，據中華書局 1965 年排印本《後漢書》。引據處：11.2【1】，11.5【1】，11.8【2】【3】，12.1【3】，12.3【12】，12.8【1】，14.5【1】，14.9【3】，16.5【3】，16.10【1】，18.3【1】【3】，18.4【2】，18.5【2】，18.6【5】，18.8【1】。

◎《藝文類聚》引文——〔唐〕歐陽詢等所輯《藝文類聚》中引録的《潛夫論》之文，據上海古籍出版社 1982 年新 1 版校點本《藝文類聚》。引據處：18.2【1】【2】。

◎《羣書治要》引文——〔唐〕魏徵等所輯《羣書治要》卷四十四所引

録的《潛夫論》之文，據上海古籍出版社 2002 年版《續修四庫全書》第 1187 冊之影印本。引據處：1.2【4】【6】，2.1【1】，2.3【2】，2.5【1】【2】【6】【7】，2.6【1】【3】【6】【7】，6.1【1】【3】，6.2【5】，6.3【6】，6.5【7】，6.6【2】【4】【7】，8.1【3】【4】【5】【6】，8.3【5】【6】，8.5【2】【3】，10.1【2】，10.2【2】，10.3【4】，10.8【1】【3】，10.9【3】，21.3【3】【4】【6】【7】，21.5【1】【2】【3】，21.8【2】【3】【4】，31.2【1】，31.3【2】，31.6【1】【2】【3】，31.9【2】【4】，33.1【2】【3】，33.4【2】【3】，33.5【1】，33.6【3】【4】【5】【6】，33.8【2】【3】。

◎《意林》引文——〔唐〕馬總編集的《意林》卷三所引録的《潛夫論》之文，據上海涵芬樓景印武英殿聚珍版本，見《四部叢刊·初編·子部》。引據處：8.4【2】，22.9【4】，24.4【1】【2】，25.7【3】【4】【5】，30.1【2】，30.2【3】，30.3【2】，33.1【1】，34.0.2【1】，35.0.1【11】【14】。

◎《元和姓纂》引文——〔唐〕林寶所撰《元和姓纂》中引録的《潛夫論》之文，據臺灣商務印書館 1986 年影印本，見《景印文淵閣四庫全書》第 890 冊。引據處：35.4.10【2】，附録一。

◎《太平御覽》引文——〔宋〕李昉等所編《太平御覽》中引録的《潛夫論》之文，據中華書局 1960 年影印本《太平御覽》。引據處：5.9【2】，8.4【4】【6】，12.3【3】【9】，12.4【2】，12.5【7】，12.8【5】，12.9【1】【2】，16.11【4】【5】，16.14【5】，22.6【2】，22.9【3】，24.2【2】【3】，30.2【1】，32.3【2】。

◎《古今姓氏書辯證》引文——〔宋〕鄧名世所撰《古今姓氏書辯證》中引録的《潛夫論》之文，據臺灣商務印書館 1986 年影印本，見《景印文淵閣四庫全書》第 922 冊。引據處：35.7.1【3】。

◎《天中記》引文——〔明〕陳耀文所輯《天中記》中引録的《潛夫論》之文，據臺灣商務印書館 1986 年影印本，見《景印文淵閣四庫全書》第 966 冊中的《天中記》。引據處：35.0.1【6】【9】。

◎《夢占逸旨》引文——〔明〕陳士元所撰《夢占逸旨》卷二所引録的《潛夫論》之文，據清道光癸巳年（公元 1833 年）吴玉坪寶善堂初鐫、咸豐十年（公元 1860 年）楊國楝重刊之《歸雲别集》卷二十七。引據處：28.2【9】【11】，28.3【1】【2】【4】【5】，28.4【2】，28.5【2】【3】【4】【5】【7】。28.6【2】【3】，28.8【1】【2】【3】，28.10【1】【2】【3】【4】【7】【8】【10】。

◎《諸子品節》引文——〔明〕陳深萬曆庚寅（公元 1590 年）輯刊的《諸子品節》卷四十七所節録的《潛夫論》之文。引據處：5.1【2】，5.5【7】，16.10【2】，16.11【2】，16.12【1】，30.5【1】【2】【4】。30.7【3】，30.8【1】，

30.9【1】【3】, 31.4【1】, 31.5【2】【6】。

◎《周易》——據中華書局1980年影印本《十三經注疏》。引據處：13.2【1】。

◎《儀禮》——所據同上。引據處：12.9【4】【5】。

◎《左傳》——所據同上。引據處：34.4.6【2】【3】【5】, 35.4.10【4】。

◎《論語》——所據同上。引據處：31.10【2】。

◎《國語》——據上海古籍出版社1982年出版的排印本。引據處：35.4.11【1】, 35.4.12【3】。

◎《史記》——〔漢〕司馬遷所撰《史記》, 據世界書局1935年影印本《四史》。引據處：19.5【3】【4】【5】, 34.4.9【2】, 34.5.6【1】。

◎《路史》——〔宋〕羅泌所撰《路史》, 據臺灣商務印書館1986年影印本, 見《景印文淵閣四庫全書》第383冊。引據處：35.4.9【4】【5】【7】。

本書《潛夫論》原文文字取捨舉例

艾（程本、四庫本、邵本、陳本）←艾（仿宋本、馮本、魁本）

拔（仿宋本、馮本、魁本、四庫本、陳本）←抜（仿宋本、馮本、魁本、程本、四庫本、邵本）

霸（仿宋本、馮本、魁本、何本、四庫本、邵本、陳本）←覇（仿宋本、馮本、魁本、程本）

褒（仿宋本、馮本、魁本、陳本）←褎（程本、何本、四庫本、邵本）

寳（仿宋本、馮本、魁本、程本、四庫本、邵本）←寶（程本、何本、邵本、陳本）

卑（包括"俾""稗"的偏旁）（四庫本、陳本）←卑（仿宋本、馮本、魁本、程本、四庫本、邵本）

北（包括"背"的偏旁）（仿宋本、馮本、何本、四庫本、邵本、陳本）←北（仿宋本、馮本、魁本、程本）

備（仿宋本、馮本、魁本、程本、四庫本、邵本、陳本）←俻（魁本）

畢（魁本、四庫本、陳本）←畢（仿宋本、馮本、魁本、程本、四庫本、邵本）

弊（仿宋本、馮本、魁本、程本、何本、四庫本、邵本、陳本）←獘（仿宋本、馮本、魁本、四庫本）

邊（仿宋本、馮本、程本、何本、四庫本、邵本、陳本）←邉（仿宋本、馮本、魁本、何本、四庫本、邵本）

變（仿宋本、馮本、魁本、何本、邵本、陳本）←變（仿宋本、馮本、魁本、程本、何本、四庫本、邵本）

賓（包括“臏”“濱”的偏旁）（仿宋本、馮本、魁本、何本、四庫本、邵本、陳本）←賔（仿宋本、馮本、魁本、程本、四庫本、邵本）

冰（陳本）←氷（仿宋本、馮本、魁本、程本、四庫本、邵本）

稟（仿宋本、馮本、魁本、四庫本、陳本）←禀（程本、邵本）

並（仿宋本、馮本、魁本、程本、何本、四庫本、邵本、陳本）←竝（程本、何本、四庫本、邵本、陳本）

博（仿宋本、程本、何本、四庫本、邵本、陳本）←愽（馮本、魁本、程本、何本、邵本）、慱（馮本、魁本）、愽（馮本、陳本）、博（仿宋本、魁本）

駁（仿宋本、馮本、魁本、程本、四庫本、邵本）←駮（四庫本、陳本）

補（仿宋本、馮本、何本、四庫本、邵本、陳本）←補（仿宋本、馮本、魁本、程本）

步（包括“陟”“涉”的偏旁）（何本、四庫本、邵本、陳本）←歩（仿宋本、馮本、魁本、程本、邵本）

采（仿宋本、馮本、魁本、何本、四庫本、邵本、陳本）←采（魁本、程本、邵本）

參（包括“慘”的偏旁）（仿宋本、馮本、魁本、程本、四庫本、邵本、陳本）←叅（仿宋本、馮本、魁本、程本、四庫本、邵本）、叅（四庫本）、叅（馮本）

餐（四庫本、陳本）←餐（仿宋本、馮本、魁本、程本、邵本）

藏（仿宋本、馮本、何本、四庫本、邵本、陳本）←藏（仿宋本、馮本、魁本、程本）

曹（仿宋本、馮本、魁本、程本、四庫本、邵本、陳本）←曺（仿宋本、馮本、魁本）

策（何本、四庫本、邵本、陳本）←筞（仿宋本、馮本、魁本、程本）、筞（仿宋本、馮本、魁本、四庫本、邵本、陳本）

曾（包括“橧”“增”“繒”“憎”的偏旁）（程本、四庫本、邵本、陳本）←曽（仿宋本、馮本、魁本、程本、四庫本）

讒（何本、四庫本、邵本、陳本）←讒（仿宋本、馮本、魁本、程本）

嘗（程本、何本、四庫本、邵本、陳本）←甞（仿宋本、馮本、魁本、程本）

晁（仿宋本、馮本、魁本）←晁（程本、四庫本、邵本、陳本）

乘（仿宋本、馮本、魁本、程本、陳本）←乗（仿宋本、馮本、魁本、程本、何本、四庫本、邵本）

遲（何本、四庫本、邵本、陳本）←遅（仿宋本、馮本、魁本、程本）

豉（馮本、魁本、何本、四庫本、邵本、陳本）←豉（仿宋本、魁本、程本、何本）

讎（仿宋本、馮本、魁本、程本、四庫本、邵本、陳本）←讐（魁本、何本、四庫本、邵本、陳本）、讎（馮本）

初（仿宋本、馮本、何本、四庫本、邵本、陳本）←初（仿宋本、魁本、程本）、初（仿宋本、魁本、程本）、初（仿宋本、馮本、魁本、程本）

廚（據仿宋本等而改用《説文》之正字）←厨（仿宋本、程本、陳本）、厨（馮本、魁本、何本、四庫本、邵本）

褚（何本、四庫本、邵本、陳本）←褚（仿宋本、馮本、魁本、程本）

處（仿宋本、馮本、魁本、程本、何本、四庫本、邵本、陳本）←處（馮本、魁本）、處（馮本、魁本）

垂（包括"倕""捶""陲""郵""箠"偏旁）（仿宋本、馮本、魁本、程本、何本、四庫本、邵本、陳本）←垂（仿宋本、馮本、魁本、程本、四庫本、邵本）

脣（仿宋本、馮本、魁本）←唇（程本、何本、四庫本、邵本、陳本）

刺（何本、邵本、陳本）←刺（仿宋本、馮本、魁本、程本、四庫本）

聰（程本、四庫本、邵本、陳本）←聡（仿宋本、馮本、魁本）、聦（仿宋本、馮本、魁本）

達（何本、四庫本、邵本、陳本）←逹（仿宋本、馮本、魁本、程本、邵本）

帶（何本、邵本、陳本）←帯（仿宋本、馮本、魁本、程本）、帶（四庫本）

耼（仿宋本、馮本、魁本、程本、何本、邵本）←聃（四庫本、陳本）

德（仿宋本、馮本、魁本、程本、何本、邵本、陳本）←徳（魁本、程本、四庫本）

登（仿宋本、馮本、魁本、程本、四庫本、邵本、陳本）←登（程本）

燈（仿宋本、馮本、魁本、程本、四庫本、邵本）←鐙（陳本）

鼎（仿宋本、馮本、魁本、四庫本、陳本）←鼑（程本、邵本）

鬭（四庫本、陳本）←鬪（仿宋本、馮本、魁本、程本）、鬬（仿宋本、馮本、魁本、程本）、鬭（何本、四庫本、邵本）

督（仿宋本、馮本、魁本、程本、四庫本、邵本、陳本）←督（仿宋本、馮本）

妬（仿宋本、馮本、魁本、程本、四庫本、邵本、陳本）←妒（陳本）

斷（仿宋本、馮本、魁本、四庫本、邵本、陳本）←斷（馮本、魁本、程本）

奪（仿宋本、馮本、魁本、程本、四庫本、邵本、陳本）←奪（仿宋本、馮本、魁本）

惡（仿宋本、馮本、魁本、程本、四庫本、邵本、陳本）←悪（仿宋本、馮本、魁本）

發（包括“廢”的偏旁）（仿宋本、馮本、魁本、何本、邵本、陳本）←發（仿宋本、馮本）、發（魁本、程本、何本、四庫本、邵本）

罰（仿宋本、馮本、魁本、程本、四庫本、陳本）←罸（何本、邵本、陳本）

番（包括“審”“播”“幡”“翻”“潘”“藩”的偏旁）（魁本、程本、何本、四庫本、邵本、陳本）←番（仿宋本、馮本、魁本、程本、四庫本、邵本）

凡（仿宋本、馮本、魁本、何本、四庫本、邵本、陳本）←凢（仿宋本、馮本、魁本、程本）

範（仿宋本、馮本、魁本、程本、四庫本、邵本、陳本）←範（仿宋本、馮本、魁本）

奮（程本、四庫本、邵本、陳本）←奮（仿宋本、馮本、魁本、陳本）

豐（包括“酆”的偏旁）（仿宋本、馮本、程本、何本、四庫本、邵本、陳本）←豊（馮本、魁本、程本）

鳳（馮本、程本、何本、四庫本、邵本、陳本）←鳯（仿宋本、馮本、魁本、程本、四庫本）

富（仿宋本、馮本、魁本、程本、何本、四庫本、邵本、陳本）←冨（仿宋本、馮本、程本、何本、邵本）

蓋（仿宋本、馮本、魁本、程本、邵本）←葢（程本、何本、四庫本、邵本、陳本）、盖（四庫本）

高（包括“鄗”“槁”“鎬”“蒿”“嵩”的偏旁）（程本、何本、邵本、陳本）←髙（仿宋本、馮本、魁本、程本、四庫本）

臯（仿宋本、馮本、魁本、程本、四庫本、邵本、陳本）←皐（仿宋本、馮本、魁本、邵本）、皋（四庫本）

共（仿宋本、馮本、魁本、程本、四庫本、邵本）←共（陳本）

鈎（仿宋本、馮本、魁本、程本）←鉤（何本、四庫本、邵本、陳本）

穀（何本、四庫本、邵本、陳本）←穀（仿宋本、馮本、魁本、程本、何本、四

庫本、邵本)、縠(仿宋本、馮本、魁本、程本、邵本)

鼓(仿宋本、馮本、魁本、程本、何本、四庫本、邵本、陳本)←皷(魁本)、鼔(程本、四庫本)

顧(仿宋本、馮本、魁本、程本、何本、邵本、陳本)←頋(仿宋本、馮本、魁本、程本、四庫本)

乖(仿宋本、馮本、魁本、程本、四庫本、陳本)←乗(何本、邵本)、乗(馮本)

恠(仿宋本、馮本、魁本、程本、四庫本、邵本)←怪(何本、四庫本、邵本、陳本)

關(陳本)←関(仿宋本、馮本、魁本、程本、邵本)、関(仿宋本、馮本、魁本)、闗(四庫本)、関(四庫本)

規(仿宋本、馮本、魁本、程本、何本、四庫本、邵本、陳本)←規(程本、邵本)

歸(仿宋本、馮本、魁本、程本、何本、四庫本、邵本、陳本)←歸(仿宋本、馮本、程本、四庫本)、歸(魁本)、帰(四庫本)

皡(仿宋本、馮本、魁本、程本、)←皞(馮本、何本、四庫本、邵本、陳本)

黑(包括"擺""黶"的偏旁)(何本、邵本、陳本)←黒(仿宋本、馮本、魁本、程本、四庫本)

恒(何本、四庫本、邵本、陳本)←恒(仿宋本、馮本、魁本、程本、邵本)、恆(四庫本)

横(仿宋本、馮本、魁本、程本、何本、四庫本、邵本、陳本)←撗(仿宋本、馮本、魁本)

衡(仿宋本、馮本、魁本、程本、何本、四庫本、邵本、陳本)←衜(魁本、程本)

候(仿宋本、馮本、魁本、程本、何本、四庫本、邵本、陳本)←矦(何本、邵本)

厚(程本、四庫本、陳本)←厚(仿宋本、馮本、魁本、程本、何本、四庫本、邵本)

華(仿宋本、馮本、魁本、程本、四庫本、陳本)←華(程本、何本、邵本)、華(何本、邵本)

畫(四庫本、陳本)←畫(仿宋本、馮本、魁本)、畫(程本、邵本)

懷(仿宋本、魁本、何本、邵本、陳本)←懐(仿宋本、馮本、魁本、程本、四庫本)

壞(何本、邵本、陳本)←壊(仿宋本、馮本、魁本、程本、四庫本)

桓（程本、四庫本、邵本、陳本）←桓（仿宋本、馮本、魁本）

荒（仿宋本、馮本、魁本、程本、四庫本、邵本、陳本）←荒（魁本）

回（包括“佪”“徊”的偏旁和“稟”的部件）（仿宋本、馮本、魁本、程本、四庫本、陳本）←囬（仿宋本、馮本、魁本、程本、邵本）、囘（何本、四庫本、邵本）

迴（仿宋本、馮本、魁本、程本）←逥（四庫本、陳本）、廻（何本、邵本）

惠（仿宋本、馮本、魁本、程本、四庫本、邵本、陳本）←恵（程本）

昏（程本、何本、邵本、陳本）←昬（仿宋本、馮本、魁本、程本、四庫本）

婚（程本、四庫本、邵本、陳本）←婚（仿宋本、馮本、魁本、程本、邵本）

或（包括“國”的偏旁）（仿宋本、馮本、魁本、程本、何本、四庫本、邵本、陳本）←或（魁本、程本）

姬（四庫本、邵本、陳本）←姫（仿宋本、馮本、魁本、程本、何本）

幾（包括“機”“饑”“譏”“璣”的偏旁）（程本、何本、四庫本、邵本、陳本）←幾（仿宋本、馮本、魁本、程本、四庫本）

羈（仿宋本、馮本、魁本、程本、四庫本、邵本）←覊（陳本）

羇（仿宋本、馮本、魁本、程本、四庫本、邵本）←覉（四庫本、陳本）

祭（包括“際”“察”“蔡”的偏旁）（仿宋本、馮本、魁本、程本、四庫本、邵本、陳本）←祭（仿宋本、馮本、魁本、程本、邵本）

繼（仿宋本、馮本、魁本、程本、何本、四庫本、邵本、陳本）←継（馮本、程本）

冀（仿宋本、馮本、魁本、程本、何本、四庫本、邵本、陳本）←兾（仿宋本、馮本、魁本、程本、何本、邵本）

姦（仿宋本、馮本、魁本、程本、四庫本、邵本、陳本）←姧（仿宋本、馮本、魁本）、奸（程本、四庫本、邵本）

殲（陳本）←殱（仿宋本、馮本、魁本、程本、四庫本、邵本）

兼（包括“謙”“嫌”的偏旁）（仿宋本、馮本、魁本、程本、何本、四庫本、邵本、陳本）←無（魁本、程本、四庫本、邵本）

減（仿宋本、馮本、魁本、程本、四庫本、邵本、陳本）←减（程本、邵本）

簡（仿宋本、馮本、魁本、程本、四庫本、邵本）←蕳（陳本）

健（仿宋本、馮本、魁本、程本、邵本）←徤（四庫本、邵本、陳本）

僭（何本、四庫本、邵本、陳本）←僣（仿宋本、馮本、魁本、程本、四庫本、邵本）

劒（仿宋本、馮本、魁本、陳本）←劍（程本、四庫本、邵本）

降（仿宋本、馮本、魁本、程本、四庫本、邵本、陳本）←降（魁本）

膠（仿宋本、馮本、魁本、程本、何本、四庫本、邵本、陳本）←膠（仿宋本、馮本、魁本、程本）

角（仿宋本、馮本、魁本、程本、四庫本、陳本）←角（何本、邵本）

叫（仿宋本、馮本、四庫本、陳本）←叫（魁本、程本、邵本）

劫（仿宋本、馮本、魁本、程本、邵本、陳本）←刧（四庫本、陳本）

潔（魁本、四庫本、邵本、陳本）←潔（仿宋本、馮本、程本）

解（包括“懈”的偏旁）（仿宋本、馮本、程本、四庫本、邵本、陳本）←觧（仿宋本、馮本、魁本、程本）

盡（程本、四庫本、邵本、陳本）←盡（仿宋本、馮本、魁本）、盡（仿宋本、馮本、魁本）

京（包括“掠”的偏旁）（仿宋本、馮本、魁本、程本、四庫本、邵本、陳本）←亰（仿宋本、馮本、魁本）

久（何本、四庫本、邵本、陳本）←夂（仿宋本、馮本、魁本、程本、四庫本）

據（仿宋本、馮本、魁本、何本、邵本、陳本）←摅（魁本、程本、四庫本、邵本）

劇（仿宋本、馮本、魁本、程本、何本、四庫本、邵本、陳本）←劇（仿宋本、馮本、程本）

厥（仿宋本、馮本、魁本、程本、何本、四庫本、邵本、陳本）←厥（何本、邵本）

決（仿宋本、馮本、魁本、程本、四庫本、邵本、陳本）←决（仿宋本、馮本、魁本、程本、邵本）

肯（仿宋本、馮本、魁本、程本、何本、四庫本、邵本、陳本）←肎（仿宋本、馮本、魁本、程本）

恐（何本、四庫本、邵本、陳本）←恐（仿宋本、馮本、魁本、程本）、忈（魁本）

寇（陳本）←寇（四庫本、何本、邵本）、寇（仿宋本、馮本、魁本、程本、四庫本）、冦（陳本）

寬（陳本）←寛（仿宋本、馮本、魁本、程本、何本、四庫本、邵本、陳本）、寛（馮本、程本、四庫本）

匡（魁本、程本、四庫本、邵本、陳本）←匡（仿宋本、馮本、魁本）

虧（陳本）←虧（仿宋本、馮本、魁本、陳本）、虧（程本）、虧（何本、邵本）、

䖒（馮本、何本、邵本）、䖒（四庫本）、䖒（四庫本）

來（仿宋本、馮本、魁本、程本、四庫本、邵本、陳本）←来（魁本）

賴（仿宋本、馮本、魁本、程本、四庫本、邵本、陳本）←頼（仿宋本、馮本、魁本、程本、四庫本、邵本）

類（仿宋本、程本、何本、四庫本、邵本、陳本）←類（仿宋本、馮本、魁本）

犂（仿宋本、馮本、魁本、陳本）←犁（程本、四庫本、邵本）

曆（仿宋本、馮本、魁本、程本）←暦（仿宋本、馮本、魁本）

歷（包括“瀝”的偏旁）（仿宋本、馮本、魁本、程本、何本、四庫本、邵本）←歴（仿宋本、馮本、魁本、四庫本、邵本、陳本）、歴（魁本）、歴（四庫本）

涖（仿宋本、馮本、魁本）←蒞（程本、四庫本）、莅（何本、邵本、陳本）

隸（陳本）←隷（仿宋本、馮本、魁本）、隷（程本）、隷（程本、何本、四庫本、邵本）

廉（仿宋本、馮本、魁本、何本、四庫本、邵本、陳本）←亷（馮本、魁本、程本、四庫本）、亷（魁本、四庫本）、亷（魁本、程本、何本、四庫本、邵本）

斂（仿宋本、馮本、魁本、程本、邵本、陳本）←斂（四庫本）

涼（仿宋本、馮本、魁本、程本、四庫本、邵本）←凉（陳本）

粮（仿宋本、馮本、魁本）←糧（程本、四庫本、邵本、陳本）

蓼（程本、四庫本、邵本、陳本）←蓼（仿宋本、馮本、魁本）

鄰（仿宋本、馮本、魁本、陳本）←隣（程本、四庫本、邵本）

留（包括“鎦”的偏旁）（魁本、程本、四庫本、邵本）←畱（仿宋本、馮本）、畱（陳本）

隆（仿宋本、馮本、魁本、程本、四庫本、邵本、陳本）←隆（馮本）

履（仿宋本、馮本、魁本、何本、四庫本、邵本、陳本）←履（仿宋本、馮本、魁本、程本、何本、邵本）

略（仿宋本、馮本、魁本、程本、何本、四庫本、邵本）←畧（何本、邵本、陳本）

脉（仿宋本、馮本、魁本、程本、何本、四庫本、邵本、陳本）←脈（陳本）

滿（仿宋本、馮本、魁本、何本、邵本、陳本）←滿（仿宋本、馮本、魁本、何本、邵本）、蒲（仿宋本、馮本、程本）、滿（魁本、程本、四庫本）、滿（魁本、程本、邵本、四庫本）、満（程本）

曼（何本、邵本、陳本）←曼（仿宋本、馮本、魁本、程本、四庫本）

嫚（四庫本）←嫚（仿宋本、馮本、魁本、程本、邵本、陳本）

慢（程本、何本、四庫本、邵本、陳本）←慢（仿宋本、馮本、魁本、程本）

莽（何本、四庫本、邵本、陳本）←莾（仿宋本、馮本、魁本、程本）

茆（仿宋本、馮本、程本、四庫本、陳本）←茒（仿宋本、馮本、魁本）、茒（魁本、何本、邵本）

冒（包括“瑁”的偏旁）（仿宋本、馮本、魁本、四庫本、陳本）←冐（馮本、魁本、程本、四庫本、邵本）

眉（包括“媚”的偏旁）（仿宋本、馮本、魁本、程本、四庫本、邵本）←睂（何本、邵本、陳本）

美（仿宋本、馮本、魁本、程本、何本、四庫本、邵本、陳本）←羙（仿宋本、馮本、魁本）

寐（仿宋本、馮本、魁本、何本、四庫本、邵本、陳本）←寐（仿宋本、馮本、魁本、程本）

蒙（仿宋本、馮本、魁本、程本、何本、四庫本、邵本、陳本）←䝉（馮本、魁本）、蒙（馮本、魁本、程本、何本、邵本）、䝉（馮本、何本、邵本）

夢（仿宋本、馮本、魁本、何本、四庫本、邵本、陳本）←夢（仿宋本、馮本、魁本）、夣（仿宋本、馮本、魁本、程本）

密（仿宋本、馮本、魁本、何本、邵本、陳本）←宻（仿宋本、馮本、魁本、程本、四庫本、邵本）

蜜（何本、邵本）←蜜（仿宋本、馮本、魁本、程本、四庫本、陳本）

面（包括“湎”的偏旁）（仿宋本、馮本、魁本、何本、四庫本、邵本、陳本）←靣（魁本、程本）

眇（仿宋本、馮本、魁本、四庫本、邵本、陳本）←眇（程本）

蔑（仿宋本、馮本、魁本、程本、何本、四庫本、邵本、陳本）←蔑（仿宋本、馮本、魁本、程本、何本）

滅（仿宋本、馮本、魁本、程本、何本、四庫本、邵本、陳本）←滅（馮本）、滅（仿宋本、馮本、魁本、程本）

冥（包括“瞑”的偏旁）（四庫本、陳本）←㝠（馮本、程本、四庫本）、㝠（仿宋本、魁本）、冥（仿宋本、馮本、魁本）、冥（魁本、程本）、㝠（何本、四庫本、邵本）、㝠（四庫本）

明（仿宋本、馮本、魁本、程本、四庫本、陳本）←朙（何本、邵本）、眀（四庫本）

没（仿宋本、馮本、魁本、程本、邵本、陳本）←沒（魁本、四庫本、陳本）

黙（仿宋本、馮本、魁本、程本、四庫本、邵本）←默（陳本）

畝（仿宋本、馮本、魁本）←畞（何本、四庫本、邵本、陳本）、畆（魁本、程本、邵本）

穆（陳本）←穆（仿宋本、馮本、魁本、程本）、穆（仿宋本、何本、四庫本、邵本）

奈（仿宋本、馮本、魁本、何本、四庫本、邵本、陳本）←柰（魁本、程本）

南（仿宋本、馮本、魁本、程本、何本、四庫本、邵本、陳本）←南（程本）

囊（仿宋本、馮本、魁本、程本、何本、四庫本、邵本、陳本）←囊（仿宋本、馮本、魁本、四庫本）、囊（程本）、囊（何本、邵本）

能（包括“態”的偏旁）（仿宋本、馮本、程本、何本、四庫本、邵本、陳本）←䏻（魁本、程本）

尼（包括“泥”的偏旁）（仿宋本、馮本、魁本、程本、四庫本、邵本、陳本）←𡰥（仿宋本、馮本、魁本）

孽（仿宋本、馮本、魁本、程本、四庫本、邵本、陳本）←孼（仿宋本、馮本、魁本）

寧（仿宋本、馮本、魁本、程本、四庫本、邵本、陳本）←寕（四庫本）

龐（仿宋本、馮本、魁本、陳本）←龎（程本、四庫本、邵本）

鵬（仿宋本、馮本、魁本、陳本）←鵬（程本、四庫本、邵本）

迫（仿宋本、馮本、魁本、程本、四庫本、邵本、陳本）←廹（陳本）

漆（何本、四庫本、邵本、陳本）←漆（仿宋本、馮本、魁本、程本）

奇（包括“倚”“騎”“崎”“綺”“寄”“錡”“掎”的偏旁）（仿宋本、馮本、何本、四庫本、邵本、陳本）←竒（仿宋本、馮本、魁本、程本、四庫本、邵本）

祁（仿宋本、馮本、魁本、程本、四庫本、邵本、陳本）←祁（仿宋本、馮本、魁本）

啓（仿宋本、馮本、魁本、程本、何本、邵本、陳本）←啟（程本、四庫本）

契（仿宋本、馮本、何本、四庫本、邵本、陳本）←㓞（仿宋本、馮本、魁本、程本）

器（仿宋本、馮本、魁本、四庫本、邵本、陳本）←噐（程本、何本、四庫本）、𡃨（程本）、𡃨（四庫本）

潛（仿宋本、馮本、魁本、程本、何本、邵本）←潜（四庫本）、潜（程本、何本、邵本、陳本）、潜（魁本）

羌（仿宋本、馮本、魁本、四庫本、陳本）←羗（程本、邵本）、羗（仿宋本、馮本、何本、四庫本、邵本）

墻（仿宋本、馮本、魁本、程本、四庫本、邵本）←牆（四庫本、陳本）

強、彊（仿宋本、馮本、魁本、程本）←强（程本、何本、四庫本、邵本、陳本）、疆（仿宋本、馮本、魁本）

且（包括“阻”“祖”“沮”的偏旁）（仿宋本、馮本、魁本、程本、四庫本、邵本、陳本）←且（仿宋本、馮本、魁本）

竊（馮本、何本、四庫本、邵本、陳本）←竊（仿宋本、馮本、魁本、程本、邵本）、竊（魁本、程本、四庫本）

寢（仿宋本、馮本、魁本、何本、四庫本、邵本、陳本）←寢（仿宋本、馮本、魁本、程本）

輕（仿宋本、馮本、魁本、程本、何本、四庫本、邵本、陳本）←軽（馮本）

丘（仿宋本、馮本、魁本、程本、何本、四庫本）←丠（邵本）、𠀉（陳本）

趣（魁本、程本、四庫本、陳本）←趣（仿宋本、馮本、魁本、何本、邵本）

畎（仿宋本、馮本、魁本）←畎（程本、何本、四庫本、邵本、陳本）

羣（仿宋本、馮本、魁本、程本、何本、四庫本、邵本、陳本）←群（魁本、程本、何本、四庫本、邵本）

却（仿宋本、馮本、魁本、程本、四庫本、陳本）←卻（陳本）、刧（魁本、程本、何本、四庫本、邵本）

柔（包括“揉”的偏旁）（仿宋本、馮本、魁本、四庫本、陳本）←柔（仿宋本、馮本、魁本、程本、何本、四庫本、邵本）

偄（四庫本、陳本）←偄（仿宋本、馮本、魁本、程本、邵本）

桑（仿宋本、馮本、魁本、程本、何本、四庫本、邵本、陳本）←桒（仿宋本、馮本、魁本、程本）

喪（仿宋本、馮本、魁本、何本、邵本、陳本）←丧（仿宋本、馮本、魁本、程本、四庫本）

善（仿宋本、魁本、程本、何本、四庫本、邵本、陳本）←善（仿宋本、馮本、魁本、邵本）

商（仿宋本、馮本、程本、四庫本、邵本、陳本）←商（仿宋本、馮本、魁本）

石（包括“拓”“跖”的偏旁）（仿宋本、馮本、魁本、何本、四庫本、邵本、陳本）←石（程本）

世（包括“葉”的部件）（仿宋本、馮本、魁本、程本、何本、四庫本、邵本、陳本）←丗（仿宋本、馮本、魁本）、丗（魁本）

勢（仿宋本、馮本、魁本、程本、何本、四庫本、邵本、陳本）←勢（仿宋本、馮本、程本、邵本）

謚（仿宋本、馮本、魁本、程本、邵本）←諡（四庫本、陳本）

釋（仿宋本、馮本、魁本、程本、何本、四庫本、邵本、陳本）←釋（程本、何本、邵本）

收（魁本、何本、邵本、陳本）←収（仿宋本、馮本）、收（仿宋本、馮本、魁本、程本、四庫本）、収（馮本、魁本）

壽（包括“儔”“擣”的偏旁）（仿宋本、馮本、魁本、程本、四庫本、邵本、陳本）←壽（仿宋本、馮本、魁本）

踈（仿宋本、馮本、魁本、程本、邵本）←疎（何本、四庫本、邵本、陳本）

疏（何本、四庫本、邵本、陳本）←䟽（仿宋本、馮本、魁本、程本）

庶（仿宋本、馮本、魁本、程本、何本、四庫本、邵本、陳本）←庻（仿宋本、馮本、魁本、程本、四庫本）

竪（仿宋本、馮本、魁本、程本、邵本、陳本）←豎（四庫本）

樹（仿宋本、馮本、何本、四庫本、邵本、陳本）←樹（仿宋本、馮本、魁本、程本、邵本）、樹（何本、邵本）

爽（陳本）←爽（仿宋本、馮本、魁本、程本、四庫本、邵本）

私（仿宋本、馮本、魁本、程本、四庫本、邵本、陳本）←私（魁本）

絲（仿宋本、魁本、何本、四庫本、邵本、陳本）←絲（仿宋本、馮本、魁本、程本）

死（仿宋本、馮本、魁本、程本、四庫本、陳本）←𣦸（何本、邵本）

蘇（仿宋本、馮本、魁本、程本、何本、四庫本、邵本、陳本）←蘓（程本）

宿（魁本、程本、何本、四庫本、邵本、陳本）←宿（仿宋本、馮本、魁本、程本）

雖（仿宋本、馮本、魁本、程本、何本、四庫本、邵本、陳本）←錐（程本）

隨（仿宋本、馮本、魁本、程本、何本、四庫本、邵本、陳本）←随（魁本、程本）

歲（包括“穢”的偏旁）（仿宋本、馮本、魁本、程本、何本、四庫本、邵本、陳本）←嵗（馮本、魁本、程本、四庫本）

所（仿宋本、馮本、魁本、程本、四庫本、邵本、陳本）←所（馮本、魁本）

聽（何本、邵本、陳本）←聽（仿宋本、馮本、魁本、何本、邵本）、聽（仿宋本、馮本）、聴（魁本）、聽（程本、四庫本）

塗（仿宋本、馮本、魁本、何本、四庫本、邵本、陳本）←塗（魁本、程本）

土（包括“杜”“牡”“社”的偏旁）（仿宋本、馮本、魁本、程本、何本、四庫本、邵本、陳本）←土（仿宋本、馮本、魁本、程本）

往（何本、四庫本、邵本、陳本）←徃（仿宋本、馮本、魁本、程本、陳本）

亡（仿宋本、馮本、魁本、程本、四庫本、邵本、陳本）←亾（仿宋本、馮本、魁本）

微（包括“薇”的偏旁）（仿宋本、馮本、魁本、何本、四庫本、邵本、陳本）←微（魁本、程本、四庫本）、微（四庫本）

爲（包括“僞”“嫣”“蔿”的偏旁）（仿宋本、馮本、魁本、程本、何本、邵本、陳本）←為（仿宋本、馮本、魁本、四庫本）

穩（陳本）←穏（仿宋本、馮本、魁本、程本、四庫本、邵本）

卧（仿宋本、馮本、魁本、程本、四庫本、邵本）←臥（陳本）

巫（包括“誣”“覡”“毉”的偏旁）（仿宋本、馮本、程本、四庫本、邵本、陳本）←巠（仿宋本、馮本、魁本）

吴（包括“虞”的偏旁）（仿宋本、馮本、程本、何本、四庫本、邵本、陳本）←吳（仿宋本、馮本、魁本、程本）

熙（四庫本、陳本）←凞（仿宋本、馮本、魁本、程本、四庫本、邵本）

義（仿宋本、何本、四庫本、邵本、陳本）←義（仿宋本、馮本、魁本、程本、邵本）

戲（仿宋本、馮本、魁本、程本、何本、四庫本、邵本、陳本）←戯（仿宋本、馮本、魁本、程本、四庫本）、戲（仿宋本、程本）

纖（陳本）←纎（仿宋本、馮本、魁本、程本、四庫本、邵本）

銜（仿宋本、馮本、魁本、程本、四庫本、邵本、陳本）←銜（程本、四庫本、

邵本）

賢（仿宋本、馮本、魁本、程本、何本、四庫本、邵本、陳本）←贒（程本）

顯（仿宋本、馮本、魁本、何本、四庫本、邵本、陳本）←顕（馮本、程本）

襄（包括“讓”“攘”“穰”“禳”“壤”的偏旁）（仿宋本、馮本、魁本、何本、四庫本、邵本、陳本）←襃（仿宋本、馮本、魁本、程本）

象（仿宋本、馮本、魁本、程本、四庫本）←象（何本、邵本、陳本）

囂（何本、四庫本、邵本、陳本）←嚚（仿宋本、馮本、魁本、程本）

傚（仿宋本、馮本、魁本、程本、四庫本、邵本、陳本）←効（仿宋本、馮本、魁本）

笑（程本、邵本、陳本）←笶（仿宋本、馮本、魁本、四庫本）

携（仿宋本、馮本、魁本、程本、四庫本）←攜（邵本）、攜（陳本）

脅（仿宋本、馮本、魁本、程本、四庫本、邵本、陳本）←脇（四庫本）

凶（仿宋本、馮本、魁本、程本、四庫本、邵本、陳本）←亾（仿宋本、馮本、魁本、四庫本）、亾（仿宋本、馮本、魁本）

匈（程本、何本、四庫本、邵本、陳本）←匃（仿宋本、馮本、魁本、程本）

胷（仿宋本、馮本、魁本、程本、邵本、陳本）←胸（四庫本）

須（仿宋本、馮本、魁本、程本、四庫本、邵本、陳本）←湏（仿宋本、馮本、魁本）

虚（包括“墟”的偏旁）（仿宋本、馮本、魁本、程本、何本、四庫本、邵本、陳本）←虗（仿宋本、馮本、魁本、程本、何本）、虛（邵本）

卹←邺（仿宋本、馮本、魁本、程本、四庫本、邵本、陳本）、恤（四庫本）

壻（仿宋本、馮本、魁本、四庫本、陳本）←婿（程本、邵本）

叙（仿宋本、馮本、魁本、程本、何本、四庫本、邵本）←敘（何本、邵本）、敍（陳本）

玄（包括“眩”的偏旁）（仿宋本、馮本、魁本、程本、何本）←𤣥（四庫本、邵本、陳本）

選（仿宋本、馮本、魁本、程本、何本、四庫本、邵本、陳本）←選（仿宋本、馮本、魁本、四庫本）

薛（邵本、陳本）←薛（仿宋本、馮本、魁本、程本、何本、四庫本）

穴（程本、四庫本、邵本、陳本）←宂（仿宋本、馮本、魁本）

勳（何本、邵本、陳本）←勲（仿宋本、馮本、魁本、程本、四庫本、邵本）

尋（陳本）←尋（仿宋本、馮本、魁本、程本、何本、四庫本、邵本）

鹽（仿宋本、馮本、魁本、程本、四庫本、邵本、陳本）←塩（仿宋本、馮本、魁本）

巖（仿宋本、馮本、魁本、程本、四庫本、邵本、陳本）←巗（四庫本）

猒（仿宋本、馮本、程本、魁本、四庫本、邵本、陳本）←猒（仿宋本、馮本、魁本）

鴈（仿宋本、馮本、魁本、程本、四庫本、邵本）←鴈（陳本）

養（仿宋本、馮本、魁本、何本、四庫本、邵本、陳本）←養（魁本、程本、四庫本）

堯（包括"僥""澆""撓""曉""繞""鐃""蕘"的偏旁）（仿宋本、馮本、魁本、程本、四庫本、邵本、陳本）←尭（仿宋本、馮本、魁本、程本、四庫本、邵本）、尭（馮本、魁本）、尭（馮本）

傜（四庫本）←傜（仿宋本、馮本、魁本）、傜（陳本）、徭（程本、邵本）

宜（包括"誼"的偏旁）（仿宋本、馮本、魁本、程本、何本、四庫本、邵本、陳本）←冝（仿宋本、馮本、魁本、程本、四庫本）、宜（魁本）、冝（魁本）、宐（何本、邵本）、宐（陳本）

夷（仿宋本、馮本、魁本、程本、邵本、陳本）←夷（四庫本）

頤（四庫本）←頥（仿宋本、馮本、魁本、程本、邵本、陳本）

以（仿宋本、馮本、魁本、程本、何本、四庫本、邵本、陳本）←㠯（程本）

役（仿宋本、馮本、魁本、程本、四庫本、邵本、陳本）←伇（仿宋本、馮本、魁本、陳本）

般（仿宋本、馮本、魁本、程本、何本、四庫本、邵本、陳本）←骰（程本）

陰（包括"蔭"的偏旁）（何本、邵本、陳本）←隂（仿宋本、馮本、魁本、程本、四庫本）

淫（仿宋本、馮本、魁本、程本、何本、四庫本、邵本、陳本）←滛（仿宋本、馮本、魁本）、徑（魁本、程本）

隱（仿宋本、馮本、魁本、何本、邵本、陳本）←隠（仿宋本、馮本、魁本、程本、四庫本）、隠（馮本、四庫本）、隐（四庫本）

游（仿宋本、馮本、魁本、何本、邵本、陳本）←斿（仿宋本、馮本、魁本、程

本、何本、四庫本、邵本）

幼（何本、四庫本、邵本、陳本）←㓜（仿宋本、馮本、魁本、程本、邵本）

御（包括“禦”的偏旁）（仿宋本、馮本、魁本、程本、四庫本、邵本、陳本）←御（仿宋本、馮本、魁本）、御（魁本、何本、四庫本、邵本）

於（仿宋本、馮本、魁本、程本、何本、四庫本、邵本、陳本）←扵（魁本）

臾（何本、四庫本、邵本、陳本）←史（仿宋本、馮本、魁本、程本、四庫本、邵本）

諛（何本、四庫本、邵本、陳本）←諛（仿宋本、馮本、魁本、程本、四庫本、邵本）

豫（仿宋本、馮本、魁本、程本、何本、四庫本、邵本、陳本）←豫（仿宋本、馮本）

冤（陳本）←寃（仿宋本、馮本、魁本、程本、四庫本、邵本、陳本）、寃（陳本）

原（包括“嫄”“源”的偏旁）（仿宋本、馮本、魁本、程本、何本、四庫本、邵本、陳本）←原（馮本、程本）

緣（何本、四庫本、邵本、陳本）←縁（仿宋本、馮本、魁本、程本）

遠（何本、四庫本、邵本、陳本）←遠（仿宋本、馮本、魁本、程本、何本、四庫本、邵本）

願（仿宋本、馮本、魁本、程本、何本、四庫本、邵本、陳本）←顚（程本）

災（仿宋本、馮本、魁本、程本、四庫本、邵本、陳本）←灾（程本、四庫本、邵本）、災（魁本）

簪（仿宋本、馮本、程本、四庫本、邵本、陳本）←簪（魁本）

讚（四庫本、陳本）←讃（仿宋本、馮本、魁本、程本、何本、邵本）

鄭（陳本）←鄭（仿宋本、馮本、魁本、程本、四庫本、邵本）

臧（仿宋本、馮本、魁本、何本、四庫本、邵本、陳本）←臧（程本）

賾（四庫本、邵本、陳本）←賾（仿宋本、馮本、魁本、程本）

譖（陳本）←譛（仿宋本、馮本、魁本、程本、四庫本、邵本）

章（包括“彰”“麞”“戇”的偏旁）（仿宋本、馮本、魁本、何本、四庫本、邵本、陳本）←章（仿宋本、馮本、魁本、程本、四庫本）

丈（包括“杖”的偏旁）（仿宋本、馮本、魁本、何本、四庫本、邵本、陳本）←丈（馮本、魁本、程本）

輒（仿宋本、馮本、魁本、何本、四庫本、邵本、陳本）←輙（程本）

徵（包括“懲”的偏旁）（程本、何本、邵本、陳本）←徴（仿宋本、馮本、魁本、程本、四庫本）

枝（馮本、程本、四庫本、邵本、陳本）←枝（仿宋本、馮本、魁本、邵本）

職（仿宋本、馮本、魁本、程本、何本、四庫本、邵本、陳本）←軄（仿宋本、馮本、魁本、程本、何本、四庫本、邵本）

旨（包括“詣”的偏旁）（陳本）←㫖（仿宋本、馮本、魁本）、𣅀（仿宋本、馮本、程本、四庫本、邵本）

贊（馮本、程本、四庫本、邵本、陳本）←賛（仿宋本、馮本、魁本、何本、邵本、陳本）

舟（仿宋本、馮本、魁本、程本、何本、四庫本、邵本、陳本）←舟（仿宋本、馮本、魁本）

助（仿宋本、馮本、魁本、何本、四庫本、邵本、陳本）←助（程本、何本、邵本）

撰（魁本、程本、四庫本、邵本、陳本）←撰（仿宋本、馮本）

饌（仿宋本、馮本、程本、四庫本、邵本、陳本）←饌（魁本）

狀（仿宋本、馮本、魁本、程本、四庫本、邵本、陳本）←状（魁本、程本）

戇（仿宋本、馮本、魁本、程本、四庫本、邵本、陳本）←戅（程本、四庫本、邵本）

凖（仿宋本、馮本、魁本、程本、四庫本、邵本）←準（陳本）

斷（仿宋本、馮本、魁本、程本、四庫本、邵本）←斷（陳本）

走（包括“起”“赴”“越”“趨”的偏旁）（仿宋本、馮本、魁本、程本、四庫本、陳本）←赱（魁本）、𧺆（何本、邵本）

鑽（陳本）←鑚（仿宋本、馮本、魁本、程本、四庫本、邵本）

纘（仿宋本、馮本、魁本、陳本）←纉（程本、四庫本、邵本）

最（馮本、魁本、程本、何本、四庫本、邵本、陳本）←冣（仿宋本、馮本、魁本、程本）、㝡（仿宋本、馮本、魁本）、𡨥（程本）

耻=恥

盗=盜

迹=跡

况=況

踈=疏

歎=嘆

衛=衞

効=效

瑿=醫

臽（“陷”“諂”“閻”等字的偏旁）（仿宋本、馮本、魁本、何本、四庫本、邵本、陳本）←臽（仿宋本、馮本、魁本、程本、何本、四庫本、邵本、陳本）

虫（“蝗”“蛇”“蚡”“融”“虹”“蟜”等字的偏旁）（仿宋本、馮本、魁本、程本、何本、四庫本、邵本、陳本）←虫（仿宋本、馮本、魁本、程本）

歹（“列”“殊”的偏旁）（仿宋本、馮本、魁本、程本、何本、四庫本、邵本、陳本）←歺（何本、邵本）

啇（“適”“謫”等字的偏旁）（仿宋本、馮本、魁本、程本、何本、四庫本、邵本、陳本）←商（仿宋本、馮本、魁本、邵本）

缶（“罄”“陶”的偏旁和部件）（魁本、何本、四庫本、邵本、陳本）←缶（仿宋本、馮本、魁本、程本、四庫本、邵本）

尃（“縛”“髆”的偏旁）（何本、四庫本、邵本、陳本）←専（仿宋本、馮本、魁本、程本、邵本）

廾（“葬”的偏旁）（仿宋本、馮本、程本、何本、邵本、陳本）←廾（仿宋本、馮本、魁本）、大（魁本、程本、四庫本）、土（程本）

瓜（“孤”“狐”“觚”的偏旁）（仿宋本、陳本）←瓜（仿宋本、馮本、魁本、程本、何本、四庫本、邵本）、瓜（仿宋本、馮本、程本）

虎（“號”的偏旁）（仿宋本、馮本、程本、四庫本、邵本、陳本）←乕（魁本）

雚（“勸”“觀”“權”“歡”“灌”等字的偏旁）（仿宋本、馮本、魁本、程本、何本、四庫本、邵本、陳本）←雈（馮本、程本）

今（“貪”“含”的偏旁）（程本、何本、四庫本、邵本、陳本）←令（仿宋本、馮本、魁本、程本、何本、四庫本、邵本）

九（“軌”“仇”“宄”的偏旁）（仿宋本、馮本、魁本、程本、四庫本、陳本）←丸（馮本、魁本、程本、邵本）

幵（“刑”“形”“邢”“汧”“開”的偏旁）（仿宋本、馮本、魁本、程本、四庫本、邵本）←开（四庫本、陳本）

口（“肙”“員”“捐”“絹”“損”“涓”“隕”“勛”“圓”“圖”“兌”“稅”“鋭”“説”“脱”“悦”“朐”“勸”“觀”“權”“歡”“彈”“禪”“殫”“憚”“戰”“獸”“囊”“襄”“讓”“壤”“攘”“櫰”“禳”的部件）（仿宋本、馮本、魁本、程本、何本、四庫本、邵本、陳本）←厶（仿宋本、馮本、魁本、程本、何本、四庫本、邵本）

口（“亭”“烹”“享”“豪”“郭”“孰”“熟”“敦”“燉”“惇”“淳”“鶉”“鬲”“隔”“融”“鬻”等字的部件）（仿宋本、馮本、魁本、程本、何本、四庫本、邵本、陳本）←日（仿宋本、馮本、魁本、程本、四庫本）

婁（“數”“屢”“螻”的偏旁）（仿宋本、馮本、魁本、程本、四庫本、陳本）←婁（仿宋本、馮本、魁本、程本、何本、四庫本、邵本）、娄（程本）

卯（“聊”的偏旁）（仿宋本、馮本、四庫本、邵本、陳本）←夘（仿宋本、馮本、魁本）、印（程本、何本、邵本）、邜（魁本）

矢（“矩”“矣”“俟”“族”“侯”“候”的偏旁或部件）（魁本、程本、何本、四庫本、邵本、陳本）←夫（仿宋本、馮本、魁本、程本）

氺（“暴”“泰”“漆”“黎”“藜”“滕”等字的部件）（仿宋本、馮本、程本、何本、四庫本、邵本、陳本）←小（仿宋本、馮本、魁本、程本、四庫本、邵本）

昜（“陽”“揚”“楊”“暢”“湯”“蕩”“盪”“碭”“傷”等字的偏旁）（何本、四庫本、邵本、陳本）←易（仿宋本、馮本、魁本、程本、四庫本）、昜（魁本）

魚（“鮮”“鯀”“鮒”“鱄”“鱗”等字的偏旁）（仿宋本、馮本、魁本、程本、四庫本、邵本、陳本）←臭（仿宋本、馮本、魁本）

叟（“膄”的偏旁）（仿宋本、馮本、魁本、陳本）←叜（仿宋本、馮本、程本、四庫本、邵本）

亡（“羸”“嬴”的部件）（四庫本、陳本）←亠（仿宋本、馮本、魁本、程本、何本、邵本）、亠（仿宋本、馮本、魁本、程本、四庫本、邵本）

注：《潛夫論》舊刊本中“己”“已”不分而皆作“巳”，今根據文義區分而不出校記，也不列入本表。

【附録三】

《潛夫論》版本考述及其序跋題識輯録

進行善本彙校是一項既花錢又費力，而結果也很可能得不到如今學術評價者所推崇的創新性成果的古籍整理工作，但大概是由於我被黄丕烈、顧廣圻等校勘家那種珍視古代善本、忠誠地保護文化遺産的精神所感染的緣故吧，我一直認爲這是一件十分有益於學術界而尤其有益於傳統文化研究者的基礎性工作。身爲炎黄子孫，我們不但有責任而且也有義務爲中華文化的傳承作出自己應有的貢獻，所以我早就想從事這項工作了。不過，由於種種原因，一直到 2003 年年底我的《韓非子校疏》獲准列爲 2003 年度全國高等院校古籍整理研究工作委員會直接資助項目後，我纔開始投入大量的精力、財力去從事這一工作。

如今，繼我的《潛夫論校箋注疏》獲准列爲 2014 年度上海市教育委員會科研創新重點項目之後，我的《〈潛夫論〉彙校集注》又批准爲 2017 年度國家社會科學基金一般項目，於是我將《潛夫論》的善本進行了彙校。現在這一工作已告一段落，爲了讓廣大讀者瞭解我的這項工作，同時也爲了給學者們提供一些可靠的研究綫索與材料，我覺得有必要介紹一下《潛夫論》的現存版本及其序跋題識。應該説，這些内容對學術研究的開展還是很有用的。

要説明的是，對於所録之序跋題識文字，皆用楷體以與拙文相區别，其中的繁體字、簡體字、異體字、俗字也儘量維持原狀。其文大多没有標點符號，有些有標點符號的也不一定妥當，今均根據我的理解重新加以標點，故其正誤，應由我負責，不宜怪罪前賢。所録資料之自注，加用括號以與正文相區别。我的注，則冠“覺按”以别之。

第一節　明代仿宋元刻本及其翻刻影抄本

明代仿宋元刻本及其翻刻本、影抄本屬於同一版本系統，由於我們按照版本系統進行歸類論述，所以不管是明是清都將它們放在一起介紹。

此類版本主要有三種：一爲刻書年代不明的明代仿宋元刻本，二爲萬曆十年（公元 1582 年）原一魁輯刊的《兩京遺編》本，三爲清順治五年（公元 1648 年）馮舒叫人影抄的抄本。

這三種版本的共同之處是：楷體；無目録；每卷第一行上題“潛夫論卷

第×”（“潛”不作“潜”），下題“王符”（馮抄本卷第五、卷第八、卷第十下無“王符”，蓋所據底本使然，詳下文）；每卷第二行以下都列有本卷篇目（卷九、卷十因衹有一篇而除外）。

這三種本子的不同之處主要有二：（一）明代仿宋元刻本和馮抄本爲十行十八字，仿宋元刻本左右雙邊，馮抄本無界行（《四部叢刊》影印馮本時加了界行）；原一魁刻本爲九行十七字，四周雙邊。（二）三者文字以及葉次錯亂程度有所不同。

現在我們將這三種本子分別介紹如下，同時也涉及另一種明刻本。

一、明代仿宋元刻本（本書簡稱“仿宋本”）

現存最早的《潛夫論》全刻本是明代仿宋元刻本[①]。該本十行十八字，白口，左右雙邊。其字體爲楷體，遒勁有力，猶有宋元刻本遺風。其葉碼連排，共“百卅八”葉。應該説明的是，雖然其書葉的裝訂順序未誤，但葉碼有誤，其葉碼“八六”下接“八九”“八八”“九一”“九二”“九一”“九二”“九五”“九六”“九五”“九八”“九七”“一百”“九九”“百”“百一”“百二”[②]，即其葉碼缺了

① 汪繼培在嘉慶十九年寫的《潛夫論箋》序中説：“別有舊本，與《白虎通德論》《風俗通義》合刻。《風俗通義》卷首題云‘大德新刊’，三書出於同時，蓋元刻也。”（其序詳見下文所録）據此，則嘉慶十九年（公元1814年）時似乎尚有元刻本傳世。但是，王國維《傳書堂藏書志》卷三在著録《潛夫論十卷》（明刊本）後云：“明嘉、隆間刊本。與大德刊《白虎通》《風俗通》行款同，蓋亦影元本也。”（上海古籍出版社2014年8月版第488頁）比較這兩種推測之詞，似乎後者更爲穩妥，即汪繼培所見爲嘉靖時影元刻本而非元大德原刻本。可作類比的是，元大德十年（公元1306年）紹興路儒學所刻《吴越春秋》也爲白口，左右雙邊，其正文之行款仿照宋本而爲九行十八字，全書葉碼連續編排，與這種明刻影元本《潛夫論》相似。不過，瞿鏞《鐵琴銅劍樓藏書目録》卷十三在著録《潛夫論》十卷（明刊本）後則説：“此本出明初重刻宋本。”該本刊刻時所據底本究竟是元刻仿宋本還是宋刻本實已難以考定，所以今姑且稱爲“仿宋元刻本”。但無論如何，這種明刻本應該是現存最能體現古本面貌的善本。

② 以上葉碼見國家圖書館所藏刻本（索書號：3457）。上海圖書館所藏刻本（索書號：善830669-73）因有抄補或塗改，所以其原刻之葉碼已難以確定。馮抄本（國家圖書館藏，索書號：10101）則據上海圖書館藏本影抄，其葉碼“八六”下接“八九”“八八”“九一”“九二”“九三”“九四”“九五”“九六”“九七”“九十八”“九九”“一百”“百一”“百一”“百二”“百二”，缺了“八七”“九十”而多了“百一”“百二”。看上去似乎馮抄本的葉碼錯誤較少，而實際上其葉碼的錯誤多於原刻，因爲原刻僅七葉葉碼有誤，即“八七”誤爲“八九”，“八九”誤爲“九一”，“九十”誤爲“九二”，“九三”誤爲“九五”，“九四”誤爲“九六”，“九六”誤爲“九八”，“九八”誤爲“一百”，而馮抄本則除了“八七”誤爲“八九”外，自“九一”至第一個“百二”皆誤（共十四個葉碼有誤），由此也可見原刻之可貴。

“八七”“九十”“九三”“九四”而多了“九一”“九二”“九五”“一百”，所以實際上衹是葉碼有誤刻而葉數未少。根據這些葉碼推測，該本應該是根據一部葉碼有錯亂的宋刻本或元刻仿宋本翻刻而成的，但其誤刻的葉碼卻誤人不淺，原一魁輯刊的《兩京遺編》本即因其誤而誤（詳見下文及本書校記）。該本刻於何時已難判定，所以一般圖書館的書目均衹標“明刻本”，它可能刻於正德、嘉靖年間（公元 1506—1566 年）①。

北京國家圖書館藏有兩部明刻本《潛夫論》十卷。據北京圖書館所編《北京圖書館古籍善本書目》，這兩部書均爲十行十八字、白口、左右雙邊②，好像是相同的版本，但其實並不相同，現分述如下。

其中一部索書號爲 3457，是現存最早的《潛夫論》全刻本，即明代仿宋元刻本。該書曾爲清代黃丕烈所藏③，故其卷一首葉有“士礼居臧”陽文印，其末有黃丕烈嘉慶丙寅年（公元 1806 年）所作的跋和道光甲申年（公元 1824 年）所作的題識，以及費士璣道光二年（公元 1822 年）所作的跋。今將這些跋文、題識録於此以供參考④。

> 《潛夫論》以此本爲最古，明人藏弆率用此。余舊藏本爲沈与文、吴岫所藏；馮己蒼所藏，即從此出；中有缺葉，出馮抄之後所補，故取馮抄校之，已多歧异。頃從坊間購此，首尾完好，適五柳主人應他人之求，遂留此輟彼。丙寅夏蕘翁識

---

① 静嘉堂文庫所編《静嘉堂文庫漢籍分類目録》於“《潛夫論》一〇卷”後標“明正德刊”（臺北市大立出版社 1980 年 6 月影印本第 421 頁）。王國維《傳書堂藏書志》卷三著録《潛夫論十卷》（明刊本）云：“明嘉、隆間刊本。與大德刊《白虎通》《風俗通》行款同，蓋亦影元本也。”（上海古籍出版社 2014 年 8 月版第 488 頁）據此推測，我國所藏的這種明刻本可能刻於正德、嘉靖年間。究竟刻於何時，恐怕難以論定了。

② 見北京圖書館編《北京圖書館古籍善本書目》，書目文獻出版社版（其版權頁未標出版年月）第 1192 ~ 1193 頁。

③ 該書後來又爲瞿鏞鐵琴銅劍樓所藏，故在卷一首葉蓋有“鐵琴銅劍樓”陰文印。瞿鏞《鐵琴銅劍樓藏書目録》卷十三“子部·儒家類”載：“《潛夫論》十卷（明刊本）：漢王符撰。此本出明初重刻宋本。今以新安程本相校，勝處甚多。如《三式篇》‘稷禼’不誤‘稷禹’；《德化篇》‘砥夭’不誤‘砥礪’；《氏姓篇》‘賜禹姓姒氏’不誤‘似氏’，‘則不能故也’不誤‘改也’，‘王孫氏’不誤‘五孫’，‘蓋須朐之女也’不誤‘言也’。略舉什一，足徵舊本之可貴矣。（卷首尾有‘璜川吴氏收臧圖書’‘士禮居臧’‘海甯陳鱣觀’諸朱記）”

④ 黃丕烈的跋和題識又載《士禮居藏書題跋記》卷三，文字略異。

道光甲申四月，命長孙美鎣手校一過，不僅如在軒大令所摘録之佳字也。余家向藏一本，已易出；今又去刻留校，鄙人心事可知。幸我好友如月、霄二兄視明刻如宋本，物得其所，於心稍安焉。蕘夫

予讀《潛夫論》數周，所讀係程榮刻本，中間譌謬不少，輒以意簽拎上方，惜無善本可證。今假　蕘翁所藏此本校之，淂十之二三："稷契"作"稷卨"，"卨"即"离"字也，程刻误作"稷禹"。"砥天"者，"砥矢"也。天，古"矢"字，即《诗》"周道如砥，其直如矢"，程刻改作"砥勵"。又按此本竝無缺葉，板心八十九者，即八十七也，係誤刻；其九十頁雖缺，仍不缺，文理皆貫，特误空一葉葉數耳。道光二年十二月十二日震澤費士璣記

"稷卨"見《三式篇》，"砥天"見《德化篇》。

其中另一部索書號爲11319，應該是明代仿宋元刻本的翻刻本，其中有不少改動，如增加了目録，每卷卷首無子目而使正文前移，卷十不分節，書末還附有《後漢書·列傳》。據王國維《傳書堂藏書志》卷三的著録[①]，此本當刊於嘉靖時。該本校勘甚疏，如第一葉將仿宋元刻本的"加五色而制之以機杼則皆成宗廟之器黼黻之"刻成一行而使此行有十九字，以後爲了恢復每行十八字並與原本相合，又在"明之以春秋"後衍"其"字。其用字也不按原本，如把"賢難""思賢"之"賢"改成了"贀"。因此，該本没有什麽校勘價值。

據上海古籍出版社1994年12月版《中國古籍善本書目·子部》卷十五，浙江圖書館、南京圖書館、北京大學圖書館、中共中央黨校圖書館、吉林省圖書館都藏有明刻本《潛夫論》十卷。因未一一閱覽，所以不知這些"明刻本"究竟是什麽樣的版本，不知其中是否還有類似前者的具有珍貴價值的仿宋元刻本。

我在上海圖書館見到的明代仿宋元刻本爲五冊（索書號：善830669-73），每冊二卷，在每冊第一行（即卷第一、卷第三、卷第五、卷第七、卷第九的第一行）下部蓋有"靖昜亭長"陰文印，在第一冊卷第一的第一行中部蓋有

---

① 王國維《傳書堂藏書志》卷三著録《潛夫論十卷》（明刊本）時云："此嘉靖刊本。後附《後漢書·列傳》。有'馮氏三餘堂收藏''强學齋圖書''茅齋玩賞''長樂'諸印。"（上海古籍出版社2014年8月版第489頁）

"徐乃昌讀"陽文印，在卷第五、卷第十末行下部蓋有"姑餘山人""沈与文印"陰文印，在卷第五、卷第十末行外之下部蓋有"姑蘇吴岫家臧"陽文印，在卷第六的第一行下部還蓋有"緐露堂圖書印"。由此可知，該本即黄丕烈的舊藏本，原爲沈与文、吴岫所藏，後又爲徐乃昌所藏，最後入藏上海圖書館。誠如黄丕烈所説，該本"有缺葉"[①]，其缺葉處"取馮抄校之，已多歧异"，所以其補抄部分毫無校勘價值。至於黄丕烈説這些缺葉"出馮抄之後所補"恐怕不符合事實，這些補抄文字應該在馮抄之前所補，馮抄之所以"已多歧异"，應該是馮本在抄寫時另據他本校訂而造成的（見下文）。

二、萬曆原一魁刻《兩京遺編》本及其影印本（本書簡稱"魁本"）

萬曆十年（公元1582年）魏縣知事原一魁輯刊的《兩京遺編》中收有《潛夫論》十卷[②]。由於上海圖書館所編《中國叢書綜録》在著録《兩京遺編》時題"（明）胡維新輯"[③]，所以此後原一魁就被人們忽略了。其實，胡維新雖然爲該書寫了序，但衹是個策劃者而並没有從事輯刊工作。這一點胡維新、原一魁在萬曆十年寫的序中都説得很明白，而他們的序對王符之文也有很高的評價，今將其序文録於此，以便讀者對該書的輯刊情況與王符之文的歷史影響有更爲全面深入的瞭解，不再以訛傳訛。

刻《兩京遺編》序

余讀漢人書，輒津津艷慕焉。然史自馬、班外，文自《文選》外，不能概見，則又咨嗟，嘆曰："豈以寥寥數百祀，而著述僅爾爾耶？"既通朝籍，乃始稍稍搆得之，然或剞劂尠工，或字句失真，讀未卒篇而心已厭謝矣，令修古之士將安倣焉？余往憲趙、魏。趙、魏，故文學地也。會

① 該本共缺二十七葉，約佔全書五分之一。其所缺之葉相當於《四部叢刊》本卷一第六、第七、第九、第十葉，卷二第六葉，卷三第八、第十一、第十三葉，卷四第四、第九葉，卷五第一、第六、第八、第十二葉，卷七第一、第三、第四、第六葉，卷八第一、第四、第五、第十九葉，卷九第二、第六、第九、第十三葉，卷十第一葉。

② 該本爲十卷本，王寧主編的《評析本白話鹽鐵論·潛夫論》（北京廣播學院出版社1992年12月版）第164頁説該本爲四卷，誤。

③ 見上海圖書館編《中國叢書綜録》（一），中華書局1959年12月版第39頁。上海圖書館藏有兩部《兩京遺編》（索書號爲：善791896-915，善750670-83），均脱原一魁的《〈兩京遺編〉後序》，故其館藏書目著録爲"（明）胡維新輯，令原氏明萬曆十年（1582）刻本"。衹要看一下胡維新、原一魁的序我們就不難發現，該著録實爲編目者未見原一魁《〈兩京遺編〉後序》而衹見到胡維新《刻〈兩京遺編〉序》所造成的誤録，乃至把胡維新序中的"洹水令/原君"誤讀成了"洹水/令原君"，而誤録爲"令原氏"。

洹水令原君興學好文[1]，遂命鳩工聚材，即其縣刻之。凡十餘種，始陸賈《新語》，終劉勰《文心雕龍》。《新語》二卷，《賈子》十卷，《春秋繁露》八卷，《鹽鐵論》十卷，《白虎通》二卷，《潛夫論》二卷，仲長統一卷，《風俗通》十卷，《中論》二卷，《人物志》三卷，《申鑒》五卷，《文心雕龍》十卷，揔之曰《兩京遺編》云。余按：陸賈，習短長者也，然當斲雕破觚之初，氣輪屯而不流，詞莽欝而不炫。賈誼，用世之才乎！其文雄而確，矯矯而有風神。仲舒，以匡君為主，剖析經義，每扵一篇之中三致意焉。桓寬，辨士也，反覆攻擊，不遺餘力，可佐《鹽鐵》一籌。固，當明、章之盛，愽採嚴議，儻亦有禮樂之思乎？應卲，矯枉過正，語神語怪，而終質之以禮。仲長統、王符、徐幹，憤世嫉邪士也，慷慨沈毅，有味乎其言之矣！荀《鑒》、劉《志》，多所襮明，調浸浸弱也，唐、宋之襮源乎？勰，文藻翩翩，讀之千古如掌，晋、魏之濫觴乎？此諸家之大較也。客曰："劉向《説苑》、王充《論衡》，不亦兩京著述哉？胡遺也？"曰："《説苑》灝汗，《論衡》蕪穢，各不下數十萬言。且是編也如碎玉，安所用之耶？"客曰："徐、荀、二劉，不魏、梁人哉？胡稱兩京？果爾，則勰以下亦可及矣。"曰："其人非漢也，其文漢也。夫西京如崑崙，東京如華、衡，魏、梁如會稽、武夷，均之元氣所流洩也。陳、隋之間，日本、安南矣，胡及也？"客曰："唯唯。"讀者乃兹集以盡兩京文，而兩京文盡扵此。

萬曆十年，歲次壬午，夏季

賜進士第、大中大夫、廣西右叅政、前大名道兵備副使、勾餘胡維新書

《兩京遺編》後序

明興，因沿勝國之陋，調靡而不振，詞采而不新，蓋扵觀無當焉。弘、正之間，異人並出，玄搆綺綴，希步作者，迄于今百餘年，而家家以東西京為鵠矢矣。然自《史》《漢》《文選》而外，世不能概覩；即覩之，不能得善本也。惟是

觀察胡公寔用慨焉。一日命余曰："陸賈、賈誼輩，業已著書名世，成一家言矣。若能檢付剞劂，與《史》《漢》《文選》並行于世乎，則此數子為不朽矣。"余因退而搜輯，得十一（覺按：當作"十二"）種，曰《新

[1] 魏縣在金大定後移治洹水鎮（今河北省魏縣西南舊魏縣），明洪武初移治五姓店，即今河北省魏縣。胡維新稱魏縣知事爲"洹水令"，乃用魏縣古稱。

語》，曰《賈子》，曰《春秋繁露》，曰《鹽鐵論》，曰《白虎通》，曰《潛夫論》，曰《昌言》，曰《風俗通》，曰《申鑒》，曰《中論》，曰《人物志》，曰《文心雕龍》。終焉捐金償梓，約二載餘，殺青始就。

雲屏胡公業有序，序其首揆諸家之要矣。余不佞，竊謂此數家者時不相偶而才各至，文不相沿而意各至。夫其苞孕元氣，不琢不雕，陸、賈、董三子似為西京之冠；而羡衍推廣，洞折秋毫，則寬亦後來之英也。雍容儒雅，高議廟堂，班、應二子似為東京之傑；而繫心睠顧，反復時政，則仲、王亦先達之匹也。實而不浮，雅而不俳，荀、徐、劉三子似猶兩都之遺；而陶冶萬彙，組織千秋，則勰亦六朝之高品也。譬彼群芳，均屬造物；譬彼洪鍾，均無細響。昔李献吉有言："修古屬辭，開元以下不必旁及，恐一入胷竅，驅斥為難。"余竊謂梁、陳以下，不必旁及。但於是編，朝夕把玩，亦足以快心神而給筆札矣。諺曰"登山登華，觀水觀海"，謂是乎？謂是乎？

萬曆十年，歲次壬午，夏季

賜進士第、文林郎、知魏縣事、東萊原一魁謹序

值得説明的是，雖然胡維新、原一魁在序中都以讀不到善本爲憾，但《兩京遺編》中的《潛夫論》文本實不足稱善。該本脱去了仿宋本第七七葉（《四部叢刊》本卷五第十五葉），其卷六、卷七、卷八的文字也有錯亂，而其錯亂的文字起訖與仿宋本、馮舒影抄本之葉相合（詳見本書校記），由此可以推知，該本是根據一本有錯亂脱葉的仿宋本翻刻而成的。由於它没有仿照仿宋本十行十八字的版式刊刻，而刻成了九行十七字，所以這些錯亂使原文更爲混亂難讀。若進一步比勘文字，則其缺文又多於國家圖書館所藏之仿宋本，由此可見其所據底本之劣。

1937年上海商務印書館出版《景印元明善本叢書十種》時影印了《兩京遺編》，可見該本已被學術界視爲善本。除了上海商務印書館的影印本可以利用外，甘肅省古籍文獻整理編譯中心所編的《中國華北文獻叢書》之第二輯《華北稀見叢書文獻》（学苑出版社2012年4月版）也收録了《兩京遺編》，該本雖然脱去了開頭部分，但其縮印的《潛夫論》（在《中國華北文獻叢書》第52册）毫無缺損，所以也可利用。

三、清初馮舒影抄本及其影印本（本書簡稱"馮本"）

明末清初，明刻仿宋元本已不多見。馮舒（字已蒼，號默菴）在順治戊子年（公元1648年）六月見到沈与文所藏的這種明刻仿宋元本，便視爲珍本，

叫人影抄了一部，並在書後跋云：

戊子六月，得沈与文所藏宋板翻刻本，因命工印抄。此書繆誤頗多，無從改定。借筆點定一次，殊失句讀，後之讀者勿哂。

七月初三日㸃菴老人書

由此可知，該抄本的底本爲沈与文藏本，也就是如今上海圖書館所藏的黄丕烈之舊藏本。今上海圖書館藏本的卷第五、卷第八、卷第十的第一葉均爲補抄，其第一行下部都漏寫了“王符”二字，馮本之卷第五、卷第八、卷第十的第一行下部也無“王符”二字，還有馮本的一些文字也與其抄補文字相同而與他本不同[①]，由此可證其所據底本即今上海圖書館藏本。因此，黄丕烈認爲其舊藏本中的缺葉“出馮抄之後所補”（見上文），恐爲臆斷，這些缺葉應該在馮抄之前所補。至於黄丕烈説這些缺葉中的文字與馮抄“多歧异”，應該是馮本在抄寫時另據他本校訂而造成的。當然，對於沈与文藏本中的這些缺葉，馮本究竟據何種版本校訂，已經難以詳考了。

該抄本後爲錢曾（字遵王）述古堂所藏[②]，錢氏在該抄本之卷一子目下題曰[③]：

《潛夫論》時本不可讀。此乃印抄宋本者，馮已蒼詳識於其末，校對亦精，須珍之。

其實，馮舒明明説他“命工印抄”的是“宋板翻刻本”，錢氏卻説成“印抄宋本”，殊失謹嚴；而 1919 年上海涵芬樓輯印《四部叢刊》影印此抄本時竟題“上海涵芬樓借江南圖書館藏述古堂景宋寫本印行”[④]，不但承襲了錢氏的誤説，而且還容易使人誤解爲此本乃述古堂所影抄。於是，後人便往往稱之爲“影宋寫本”“述古堂本”[⑤]，或稱之爲“影宋鈔本”而認爲它是“現存最早之本”[⑥]。此種傳訛，實當澄清。

當然，該本雖非影抄自宋刻本而影抄自明刻仿宋元本，且與明刻仿宋元

---

① 可參見本書 13.7 校記【1】、22.7 校記【5】【7】、28.2 校記【7】、29.3.2 校記【2】、29.3.3 校記【4】、30.9 校記【4】、30.17 校記【1】、35.9 校記【1】。

② 此抄本後又藏於江南圖書館，今藏中國國家圖書館（索書號：10101）。

③ 錢曾此文原題於卷一子目之下（見中國國家圖書館所藏抄本，索書號：10101），《四部叢刊·初編·子部》影印本將此文移於書末，不當。

④ 見《四部叢刊·初編·子部·潛夫論十卷》。

⑤ 見中華書局 1979 年 4 月版《潛夫論箋·凡例》，中華書局 1985 年 9 月版《潛夫論箋校正·凡例》。

⑥ 見北京廣播學院出版社 1992 年 12 月版《評析本白話鹽鐵論·潛夫論》第 164 頁。

本的文字也有所差異，但它基本上與明刻仿宋元本相同，較好地保留了宋本的面貌，所以值得珍視。涵芬樓的影印，又大大地便利了人們的使用，可謂功德無量。上海書店於 1989 年 3 月又據商務印書館 1926 年版重印了此本而裝訂於《四部叢刊·初編》第 59 冊，所以該本現在很容易見到。

應該説明的是，馮抄本原無界行，《四部叢刊》影印馮本時則增加了界行；馮抄本之全書葉碼連續編排而與仿宋元本相似，《四部叢刊》影印則每卷重新編葉。由此可見，《四部叢刊》本的版式已與原抄本有所不同。

還應補充説明的是，商務印書館於 1936 年出版了《四部叢刊》縮印本，上海古籍出版社在 1990 年出版《諸子百家叢書》時又影印了這種縮印本①。這種縮印本雖然很容易見到，但在縮印過程中有個别文字的筆畫又産生了缺損②，與非縮印本已有所差異，不可一視同仁。

第二節　明代程榮校本及其翻刻校訂本

一、萬曆程榮刻《漢魏叢書》本（本書簡稱“程本”）

程榮萬曆時校刊的《漢魏叢書》中有《潛夫論》十卷。該書前有“潛夫論目録”，次爲正文。其正文每卷第一行題“潛夫論卷第 ×”，第二、第三行題“漢　安定王符著”“明　新安程榮校”，所以該本甚易識别。該書無序跋，衹在最後有個附録，節録了《後漢書》中的《王符傳》。

程榮本的文字與明刻仿宋本、魁本、馮本有同又有異，更值得注意的是仿宋本、魁本之葉次錯亂處它没有錯亂（詳見本書校記），所以其底本應該與上述仿宋本之底本不同，可能是根據另一部葉次未錯亂的宋刻本或元刻仿宋本翻刻而成的，所以其校勘價值較高。當然，其中的文字也可能被程榮校改過了。更别致的是，其版式也改成了九行二十字，這不但不同於明刻仿宋本的十行十八字，而且也不同於魁本的九行十七字。程本的版式影響很大，後來何允中和王謨刻《漢魏叢書》時均沿襲了這種行款。至於其文字，不但影響到何允中、王謨所刻的《漢魏叢書》，而且影響到《四庫全書》本以及汪繼培的《潛夫論箋》。可以説，程本開創了明代以後《潛夫論》的另一版本系統，與明刻仿宋本具有不相上下的版本價值。

---

① 上海古籍出版社《諸子百家叢書·出版説明》謂其影印的《潛夫論》是“述古堂影宋寫本”，這種説法不符合實際。因爲該本承襲了《四部叢刊》縮印本中新産生的筆畫缺損字，所以該本實是《四部叢刊》縮印本的影印本。

② 如 25.6 的“卯”誤爲“卬”，30.13 的“夭”誤爲“天”。

上海涵芬樓在乙丑年（1925 年）八月影印了程榮校刊的《漢魏叢書》，所以該本已不難看到。吉林大學出版社 1992 年 12 月出版了《漢魏叢書》影印本的縮印本，也可利用。

二、崇禎何允中刻《漢魏叢書》本（本書簡稱“何本”）

何允中於崇禎年間刊刻的《漢魏叢書》，顯然是在程榮本的基礎有所增廣而成，所以清代嘉慶年間（公元 1796—1820 年）重刊時改題“廣漢魏叢書”①，後世因此把何允中原刊本也改稱爲《廣漢魏叢書》，以便與程榮的《漢魏叢書》相區别，這其實是一種不很嚴謹的説法。

汪繼培將何允中本當作“何鏜本”，因而説“王符《潛夫論》行於今者，有明程榮本、何鏜本”②；後人未審而承襲其誤，説“汪氏据元大德新刊，校以《漢魏叢書》程榮、何鏜二本”③，或説“明代有程榮、何鏜兩種《漢魏叢書》本”④。這些誤説均當予以澄清，因爲何鏜衹編輯過《漢魏叢書》而未曾刊刻過，在程榮以後刊刻《漢魏叢書》的是何允中而非何鏜（見下文）。

至於《中國古籍總目・叢書部・雜纂類》著録何允中本時題“廣漢魏叢書九十六種　明何允中編　明刻本”，并注明北大、復旦等均藏有此書⑤，也顯然有誤。還有中國社會科學院歷史研究所文化研究室古風所撰的《〈漢魏叢書〉的編纂與增訂》對《漢魏叢書》的介紹也多有疏誤，如説：“目前存世有三種《漢魏叢書》，即明程榮輯《漢魏叢書》、何允中輯《廣漢魏叢書》、清王謨輯《增訂漢魏叢書》。……何鏜編輯《漢魏叢書》原稿時，分爲經、史、子、集四籍，收有萬種左右文獻目録。明萬曆二十年（一五九二），歙縣程榮獲得其部分原稿，刊刻之時，集籍已缺，實有經籍十一種，史籍四種，子籍二十三種，共子目三十八種，計二百五十一卷。……萬曆間，武林人何允中補刻集籍，又增爲七十六種，題名爲《廣漢魏叢書》，有明萬曆二十年刊本、清嘉慶中刊本。清乾隆五十六年（一七九一），江西建昌王謨以程、何《漢魏叢

---

① 上海圖書館既藏有何允中所刻的《漢魏叢書》（索書號：長 84920−79），也藏有嘉慶重刊的《廣漢魏叢書》（索書號：313098−193）。

② 見下文所録汪繼培《潛夫論箋序》。

③ 見中華書局 1979 年 4 月版《潛夫論箋・凡例》，中華書局 1985 年 9 月版《潛夫論箋校正・凡例》。

④ 見北京廣播學院出版社 1992 年 12 月版《評析本白話鹽鐵論・潛夫論》第 164 頁。

⑤ 見陽海清主编《中國古籍總目・叢書部》“叢 10100074”條，中華書局、上海古籍出版社 2009 年 10 月版第 155 頁。該條著録叢書子目有九十七種，與其標示之總數“九十六種”不相一致，可見該總目的編著工作甚爲粗疏。

書》義例未善，乃輯刻《增訂漢魏叢書》八十六種……王謨又自撰《凡例》九條……《增訂漢魏叢書》有清乾隆五十六年（一七九一）金谿王氏刊本……清宣統三年（一九一一）上海大通書局石印本，其中大通書局本增為九十四種，然為石印本，已失本來面貌。……今以清乾隆五十六年（一七九一）金谿王氏刊本影印……以為學術研究提供重要參考資料。”[①]這種種説法，均有糾謬之必要。

爲此，我們對《漢魏叢書》進行了一些考察，雖然因資料有限而使我們的考察還處於不完全狀態，但即使如此，也足够用來糾正當今學術界對《漢魏叢書》的各種錯誤看法。現將我們的不完全考察結果陳述於下，以免讀者再爲各種誤説所誤。

關於《漢魏叢書》，上海古籍書店1960年據商務印書館解放前所編的《叢書集成初編目録》而重新編印的《叢書百部提要》有所考證，只是較爲疏略，但也很有參考價值，所以先轉録於此。其文云[②]：

《漢魏叢書》86種448卷　明程榮、何允中、清王謨輯刊

《漢魏叢書》，先後三刻，首程榮本，次何允中，又次王謨。此即王本。按王序：“是書輯自括蒼何鏜，舊目原有百種，新安程氏版行，僅梓三十七種。（按程本實三十八種，王本總目缺《商子》，故誤。）武林何氏允中，又搜益其半，合七十六種，而前序則東海屠隆撰。按何氏原跋云：‘往見緯真别本，分典雅、奇古、閎肆、藻豔四家，以類相從，殊爲鉅觀。’緯真即隆字也，則似緯真又自有叢書行世。《明史·藝文志·類書門》載有‘屠隆《漢魏叢書》六十卷’，必即何氏所見緯真别本，但不應何本又冠以屠序也。”屠本今不可見。王氏增訂《凡例》亦言：“二百餘年，何本原書亦僅有存者，坊間所鬻，多以建陽書林所刻漢魏名文乘冒充。”今惟程本尚存，其前亦有屠序，總目經籍十一種，史籍四種，子籍二十三種，獨集籍僅存一行，下無書名，頗疑程氏即覆刻屠本，改其所謂典雅、奇古、閎肆、藻豔四家，易爲經籍、史籍、子籍等類。其集籍一門，尚未付刊，戛然中止，故行世者僅存三十八種，雖迭經何、王二氏增補，然以視何鏜原編，尚缺十四種，其目不存，無可考矣。何鏜字

---

① 見西南師範大學出版社、東方出版社2011年9月版《增訂漢魏叢書　漢魏遺書鈔》第一册第1～3頁。

② 此文據復旦大學圖書館教師閱覽室藏本轉録。其文也見於中華書局2012年3月版《叢書集成初編總目索引》第19頁。

振卿，號賓巖，處州衞人，嘉靖二十六年進士，官至江西提學僉事。屠隆字長卿，一字緯真，鄞縣人，萬曆五年進士，官至禮部主事。程榮字伯仁，歙縣人。何允中，仁和人，天啓二年進士。王謨字仁甫，一字汝上，金谿人，乾隆四十三年進士。

當然，該考證尚欠周全，也有所疏漏。如以爲《漢魏叢書》衹有“三刻”，就不符合事實；又如推測程榮本衹是“覆刻屠本”也欠當，因爲此二書之卷帙相差甚巨，所以不可能是簡單的“覆刻”。

爲了説明問題，我們不妨再將何允中輯刊的《漢魏叢書》中“漢魏叢書總目”後的何允中按語輯録於此。其文云：

叢書彙自括蒼何先生鏜[①]，版行則新安程氏[②]。漢魏去古未遠，典雅閎博咸足羽翼經史，代自爲論，人自名家，非稗官瑣説可擬。何氏舊目百種，程氏僅梓三十七[③]。兹搜益其半，内如《三墳》《周書》，雖病不類似，以魏晋注收，《序》謂見漢承秦之遺風，論亦當矣。往見緯真氏别本，分典雅、奇古、閎肆、藻豔四家，以類從，殊爲鉅觀。恐失作者意，兹仍何氏經、史、子、籍舊目云。武林何允中識[④]。

根據上面這兩則材料，再結合《明史·藝文志三·類書類》所著録的“屠隆《漢魏叢書》六十卷”[⑤]、王謨所撰的“增訂漢魏叢書凡例”和“增訂漢魏叢書目次”後的按語（見下文所録），以及其他的書目著録與上海圖書館、復旦大學圖書館所收藏的《漢魏叢書》版本，我們可以將《漢魏叢書》的發展脈絡和刊刻情況概括如下：

《漢魏叢書》，開始由嘉靖二十六年（公元1547年）進士麗水（今浙江省麗水市）人何鏜（字振卿）彙輯一百種古籍而成，分爲經、史、子、籍四類，明末何允中曾見其書目，但後來其書目就亡佚而不可考見了。至於説何鏜“收有萬種左右文獻目録”“分爲經、史、子、集四籍”和“程榮獲得其部分原稿”

---

① 括蒼：隋開皇九年（公元589年）所置縣名，爲處州治所，在今浙江省麗水市東南，唐大曆十四年（公元779年）改名麗水縣，唐末移治今麗水市西，元代至元二十七年（公元1290年）移治今麗水市。明代麗水縣爲處州府治，在今浙江省麗水市。何允中稱“括蒼”，乃用麗水古稱。

② 新安：指明代洪武時所置的新安衛，治所在今安徽省歙縣。

③ 三十七：當作“三十八”。

④ 此下還有“何允中印”陰文印和“文開”陽文印各一。武林：杭州古稱，因杭州市西之武林山（即今靈隱、天竺諸山）得名，明代爲仁和縣治所。

⑤ 見《明史》，中華書局1974年版，第2451頁。

云云[①]，實爲無稽之談。

萬曆二十年（公元1592年），由萬曆五年（公元1577年）進士鄞縣（今浙江省寧波市）人屠隆（字緯真）初次刊出《漢魏叢書》六十卷，分爲典雅、奇古、閎肆、藻豔四類。該書早已亡佚，但明代程榮、何允中都見到過，并在輯刊《漢魏叢書》時轉刻了屠隆的《漢魏叢書序》，《明史·藝文志三·類書類》也有著録。

萬曆壬辰（公元1592年）之後，新安（今安徽省歙縣）人程榮（字伯仁）校刊的《漢魏叢書》重新分爲經籍、史籍、子籍、集籍四類，刊有經籍十一種、史籍四種、子籍二十三種，集籍僅在其"漢魏叢書總目録"中留有"集籍"類目而無書目，共計刻書三十八種，二百五十卷，規模遠遠超過了屠隆刻本。據其中的"漢魏叢書總目録"以及叢書中各書的分卷，該叢書中各書後之附録不管篇幅大小，均不在正卷之列。上海圖書館所編的《中國叢書綜録》(一）在著録該叢書時，不但對其中的書名有所改易，而且在"新書十卷"後加題了"附録一卷"[②]，以致後來有人説該書"計二百五十一卷"[③]。如此以訛傳訛之説，實應糾正。實際上，《新書》之附録雖然篇幅較大（共二十四葉），但其性質與其他短小的附録相同，衹是《漢魏叢書》之"附録"而不是其"卷"(其版心也衹標"附録"而不標"卷"），所以不能計於該叢書卷數之中[④]；如果將該叢書中各書的附録都計爲卷數，則該叢書之卷數又遠不止"二百五十一卷"。此外，該書之首雖然刊有"萬曆壬辰蜡月東海屠隆緯真甫"所纂的《漢魏叢書序》，但這不過是轉刻而已。屠隆的序應該是爲其本人輯刊的叢書所寫而並非爲程榮所寫，所以有人認爲程榮本刊於萬曆二十年(公元1592年，即壬辰年）[⑤]，也爲誤斷。程榮本的校刊年代應該稍後於屠序之時。程榮本現存尚多，而上海涵芬樓又在1925年影印過，吉林大學出版社1992年還進一步縮印了該書，所以該書文字現在甚易見到。

崇禎年間(公元1628—1643年)，天啓二年(公元1622年)進士仁和(今

① 見古風所撰《〈漢魏叢書〉的編纂與增訂》，西南師範大學出版社、東方出版社2011年9月版《增訂漢魏叢書　漢魏遺書鈔》第一册，第1頁。

② 見上海圖書館所編的《中國叢書綜録》(一)，中華書局1959年12月版第42頁。

③ 見古風所撰《〈漢魏叢書〉的編纂與增訂》，西南師範大學出版社、東方出版社2011年9月版《增訂漢魏叢書　漢魏遺書鈔》第一册，第1頁。

④ 《新書》之"附録"後還有"後跋"(共兩葉)，其版心也衹標"後跋"而不標"卷"。

⑤ 見陽海清編撰、蔣孝達校訂《中國叢書綜録補正》，江蘇廣陵古籍刻印社1984年8月版，第8頁。

浙江省杭州市）人何允中（字文開）又輯刊《漢魏叢書》，他根據何鏜所輯舊目，分爲經、史、子、籍四類，刊有經翼十七種、別史十四種、子餘十八種、載籍二十七種，共計刻書七十六種[①]。《中國古籍總目·叢書部》著録何允中本時題“廣漢魏叢書九十六種　明何允中編　明刻本”，顯然有誤，因爲九十六種本是晚清的産物，何允中所編的《漢魏叢書》根本不足此數，而《漢魏叢書》之明刻本也無九十六種本傳世。何允中刻本現無影印本，所以其面目較難見到，上海圖書館藏有這種刻本（索書號：長 84920–79）。該書原題“漢魏叢書”，祇是清代嘉慶重刊本纔改題“廣漢魏叢書”，有人説何允中在“萬曆間”將它“題名爲《廣漢魏叢書》”[②]，實爲臆説。該書雖然也在書首刊有萬曆壬辰（公元 1592 年）屠隆的《漢魏叢書序》，但它顯然襲自程榮的《漢魏叢書》（祇是將程榮本的楷體改成了宋體），所以該序祇能説明程榮的《漢魏叢書》刻於萬曆壬辰（公元 1592 年）之後，而不能説明何允中本刻於萬曆壬辰。有人認爲該書刊於萬曆二十年（即壬辰年，公元 1592 年）[③]，實爲囿於屠序而導致的誤説。何允中，仁和（今杭州市）人，天啓二年（公元 1622 年）進士，故其書應該刊於天啓二年之後。天啓僅七年，由此推測，其書應該刊於崇禎年間。施廷鏞《中國叢書知見録》在何允中所刊的《漢魏叢書》下題“明崇禎”“刊本”[④]，當無誤。

何允中刻本問世一百年之後已難覓見，所以雍正、乾隆時（公元 1723～1795 年）書坊又刻有冒牌雜配的《漢魏叢書》。誠如王謨“增訂漢魏叢書凡例”中所言，當時書坊“多以建陽書林所刻漢魏名文乘冒充”何允中輯刊的《漢魏叢書》來兜售。復旦大學圖書館就藏有這種冒牌的書（索書號：200014），該書首葉題“漢魏叢書”，據其首册的“漢魏叢書總目”，可知它有

① 施廷鏞編著的《中國叢書知見録》著録了這七十六種書目（北京圖書館出版社 2005 年 11 月版第一册，第 244 ～ 250 頁）。静嘉堂文庫所編的《静嘉堂文庫漢籍分類目録》也著録了何允中所編的明刊本《漢魏叢書》書目而題“七十六種本”（臺北市大立出版社 1980 年 6 月影印本第 932 頁），祇是由於它將《孔叢》所附的《詰墨》分列，所以其子目看上去成了七十七種。

② 見古風所撰《〈漢魏叢書〉的編纂與增訂》，西南師範大學出版社、東方出版社 2011 年 9 月版《增訂漢魏叢書　漢魏遺書鈔》第一册，第 2 頁。

③ 見上海圖書館編《中國叢書綜録》（一），中華書局 1959 年 12 月版第 42 頁；古風所撰《〈漢魏叢書〉的編纂與增訂》，西南師範大學出版社、東方出版社 2011 年 9 月版《增訂漢魏叢書　漢魏遺書鈔》第一册，第 2 頁。

④ 見施廷鏞編著《中國叢書知見録》，北京圖書館出版社 2005 年 11 月版第一册，第 244 頁。

經翼十七種、别史十四種、子餘十八種、載籍二十一種，共計七十種而不足七十六種，但在其“漢魏叢書總目”後卻仍然刊有何允中的按語，衹是該按語後僅刻有陰文印“何允中印”而没有陽文印“文開”。

乾隆辛亥（公元 1791 年），乾隆四十三年（公元 1778 年）進士金谿（今江西省金溪縣）人王謨（字仁甫）在其所藏何允中之原刻本的基礎上輯刊《增訂漢魏叢書》。該叢書收書八十六種，包括經翼二十種、别史十六種、子餘二十二種、載籍二十八種。值得指出的是，王謨在乾隆辛亥（公元 1791 年）輯刊《增訂漢魏叢書》時并不是一蹴而就的，而有一個過程。他先翻刻了何允中本，然後再增入十種圖書、調整書目次序、撰寫跋文。他開始翻刻何允中本時的初印本現在已經罕見，如今能見到的大都是後來的重印本（詳下文）。西南師範大學出版社、東方出版社 2011 年 9 月影印出版的《增訂漢魏叢書》其實是有錯亂的重印本而非乾隆辛亥（公元 1791 年）的初印本，古風在書首説“今以清乾隆五十六年（一七九一）金谿王氏刊本影印”①，其實也是不實之詞，不可輕信。

王謨輯刊的《漢魏叢書》問世後，後代又有多種《漢魏叢書》重刊本。就我們閲覽到的版本而言，即有如下幾種：

一是嘉慶年間（公元 1796—1820 年）重刊的《廣漢魏叢書》。上海圖書館藏有這種版本（索書號：313098-193）。該書題“廣漢魏叢書”，其前也有屠隆的《漢魏叢書序》（宋體字），其次爲“漢魏叢書總目”，“漢魏叢書總目”後也刊有何允中的按語。據其總目，可知該叢書收書八十種（比何允中刊本多四種），包括經翼十七種、别史十五種（比何允中刊本多出《鄴中記》）、子餘二十一種（比何允中刊本多出《孫子》《抱朴子》《枕中書》）、載籍二十七種。

二是雜湊的嘉慶本《廣漢魏叢書》。復旦大學圖書館就藏有這種所謂的嘉慶本《廣漢魏叢書》（索書號：200015）。該本之首題“廣漢魏叢書”，其“漢魏叢書總目”也收書八十種而與嘉慶本《廣漢魏叢書》相同。但是，其“漢魏叢書總目”後的何允中按語不但與總目不緊接而處於兩葉，且有誤字（“三墳”誤爲“三填”），這與何氏原刻本和嘉慶本均不同（該本“藻豔”兩字與何允中本作“藻豔”不同但與嘉慶本相同）。還有，該叢書中的《吴越春秋》在卷一第一葉第二行有“武林錢敬臣閲”字樣，這與何氏原刻本相同而與嘉慶本不同（嘉慶本無“武林錢敬臣閲”字樣）；其中的《潛夫論》在卷一第一

① 見西南師範大學出版社、東方出版社 2011 年 9 月版《增訂漢魏叢書　漢魏遺書鈔》第一册，第 3 頁。

葉第二行有“都昌邵孟遴校”且有王謨之跋，這又與王謨所刻《增訂漢魏叢書》本相同而與何允中本、嘉慶本不同（何本、嘉慶本無“都昌邵孟遴校”字樣，也無王謨之跋，但何本有“黄嘉惠閲”字樣）。由此推測，這應該是書坊在嘉慶以後搜集何允中刻本和王謨刻本後翻刻的本子。

三是光緒二年（公元 1876 年）紅杏山房據王謨本重刻的《漢魏叢書》八十六種。上海圖書館藏有民國四年（公元 1915 年）盧樹枏補修過的紅杏山房本（索書號：長 640895-994，長 632805-923，長 26123）。其版記題“板存四川宜賓縣，盧氏家藏，中華民國乙卯年仲夏月蜀南馬湖盧樹枏梓卿補修”。其内封第一行題“光緒丙子弍年重鐫”，第二行題“漢魏藂書”，第三行題“經龔二十種　别史十六種”，第四行題“子餘廿二種　載籍廿八種”，第五行題“紅杏山房藏版”。該書前除了王謨本的屠隆敘、陳蘭森敘、“增訂漢魏叢書凡例”、“增訂漢魏叢書目次”，還有“光緒三年仲夏月蜀南馬湖盧秉鈞識於紅杏山房”的“重刻漢魏叢書小引”、盧樹枏民國四年所作的“修補漢魏叢書小序”。從盧秉鈞的“小引”中可知，該叢書“開雕於同治癸酉”（公元 1873 年），“告竣於光緒丁丑”（公元 1877 年）。由此可見，其内封所題“光緒丙子弍年重鐫”實爲折中之言。該本版式與王謨本一致，即九行二十字。在王謨跋之後往往有“重校”字樣，如《吴越春秋》末王謨跋之後有“光緒三年歲次丁丑馬湖盧秉鈞重校”一行，《潛夫論》末王謨跋之後有“馬湖盧秉鈞重校刊”一行。

四是光緒甲午年（公元 1894 年）湖南藝文書局校刊的《漢魏叢書》。復旦大學圖書館藏有這種版本（索書號：200006）。該書前有屠隆《漢魏叢書序》、光緒甲午楊廷瑞《重刻漢魏叢書敘》、光緒十七年（公元 1891 年）王先謙的《後序》、王謨的“增訂漢魏叢書凡例”和“增訂漢魏叢書目次”。該書雖然基本上按照王謨本翻刻，收書八十六種，即經翼二十種、别史十六種、子餘二十二種、載籍二十八種，但校刊時置换了一些版本，如其中的《潛夫論》就改用了汪繼培的《潛夫論箋》（汪繼培和王紹蘭的序也刻入）而並非根據王謨本翻刻，衹是其末仍刊有王謨的跋，所以該叢書實際上是王謨本的重訂本。當然，該書也有粗疏之處，如其中的《吴越春秋》就衹翻刻了王謨本的一半（前三卷），誤字也多，體現出了書商牟利的傾向。

五是宣統辛亥（公元 1911 年）孟秋育文書局石印的《漢魏叢書》，該書共四函三十二册，由震東學社發行。復旦大學圖書館藏有這種版本（索書號：200011）。該書前有張謇於宣統三年（公元 1911 年）夏月重寫的序，其次爲“增訂漢魏叢書目次”。該書大體承襲了王謨本，但又有所增益，共收書九十六種，包括經翼二十種、别史十七種、子餘二十六種、載籍三十三種，所以實際上是王謨本的增訂本。據施廷鏞編著的《中國叢書知見録》，光緒乙未（公元 1895 年）紹興黄元壽增訂的石印本《增訂漢魏叢書》就已收書九十六種，包括經翼二十種、别史十七種、子餘二十六種、載籍三十三種[①]，與育文書局石印本同。據此推測，則育文書局石印本當即承此而來。

六是宣統三年（公元 1911 年）上海大通書局印行的石印本《漢魏藂書九十六種》，該書共四函三十二册，由上海大通書局發行。上海圖書館藏有這種版本（索書號：長 646281–312）。該書前也有張謇於宣統三年（公元 1911 年）夏月重寫的序，其次爲“增訂漢魏叢書目次”。誠然，該書即育文書局石印本的重印本，衹是改了書局名稱而已。應該説明的是，有人説“大通書局本增為九十四種”[②]，實爲誤説，應加糾正。

綜上所述，《漢魏叢書》遠不止三刻，據我們的不完全考察，自嘉靖何鏜始輯一百種古籍，萬曆時屠隆第一刻爲六十卷，萬曆時程榮第二刻爲三十八種二百五十卷，崇禎時何允中第三刻爲七十六種，雍正、乾隆年間書坊第四刻爲七十種，乾隆時王謨第五刻爲八十六種，嘉慶年间第六刻爲八十種，嘉慶後書坊雜湊諸本之第七刻也爲八十種，光緒初紅杏山房據王謨本翻刻的第八刻爲八十六種，光緒時蕂文書局第九刻爲八十六種而版本較王謨本有所更新，宣統時育文書局、上海大通書局印行的九十六種本至少已是第十版了。其中除了嘉慶年間的兩種刻本題“廣漢魏叢書”，其他均題“漢魏叢書”。由此可見，《漢魏叢書》影響久遠，但其版刻複雜，使用其版本時應該仔細審覈，而不可草率判定。前人之所以出現種種誤判，就是由於對其複雜性重視不够。我們在此略作考述，希望引起古籍校勘者的注意。

何允中本《潛夫論》[③]，其版式與程榮本大體一致，即九行二十字，白口，左右雙邊。其不同之處主要有如下幾點：一是將程榮本的“潛夫論目録”改題爲“潛夫論總目”，將程榮本目録中的“第 × 卷”改成了“卷 ×”，並將其中的篇第刪去，其中的文字也有改動，如“明”被改爲“朙”，“微”被改爲“微”，“夢”被改爲“夢”，但將程本目録中的“讃學第一”和“五德第

① 見施廷鏞編著《中國叢書知見録》，北京圖書館出版社 2005 年 11 月版第一册，第 268—276 頁。

② 見古風所撰《〈漢魏叢書〉的編纂與增訂》，西南師範大學出版社、東方出版社 2011 年 9 月版《增訂漢魏叢書　漢魏遺書鈔》第一册，第 2 頁。

③ 上海圖書館藏有這種版本（索書號：長 84953），復旦大學圖書館藏有這種刻本的殘本（殘存卷四、卷五，索書號：600033:2）。

三十四”改成“諸學”和“五美志”顯然是失誤了。二是刪去了程榮本每卷卷首“漢　安定王符著”“明　新安程榮校”兩行字，而在卷一第二行標“漢安定王符著　黄嘉惠閲”。三是將程榮本中的一些俗體字、古體字改成了正體字，也有一些文字被校改了，這説明何允中刊刻時由黄嘉惠作了認真的修訂，但也有失誤之處，而這些文字方面的修改又大多爲邵孟遴校本所承襲。四是在某些文句右側加有圈點或句讀，在天頭加有少許批語[①]。至於嘉慶年間（公元 1796—1820 年）重刊的《廣漢魏叢書》中的《潛夫論》，則對何允中刊本中的目録有所訂正，如將何本的“諸學”“五美志”改成了“讚學”“五德志”；此外還刪去了何本中的“黄嘉惠閲”和天頭的批語。我們可以據此來辨别何氏崇禎原刻本與嘉慶翻刻本。

三、乾隆張鎮、方恆刻本及其翻印本

乾隆甲戌（公元 1754 年）鎮原張鎮、方恆等據《漢魏叢書》本重刊了《潛夫論》。如今《漢魏叢書》尚存，所以這種本子似乎没有什麼校勘價值，因而不爲藏書家所重，乃至如今消失殆盡而很難見到了。其實，正如張鎮、方恆所撰的“刻《潛夫論》例言”第二條所説：“原刻文字多差訛，魯魚亥豕莫可悉數。至其《交際》《明忠》《德化》三篇，每篇中各有數段與本篇意義無涉、文理不貫，乃三篇互相柔錯；而《慎微》《志氏姓》二篇，各本篇中又多顛倒紊亂。邑侯江左周父師暨幕賓廣川孟祥劉先生悉心校讎，差訛者正之，錯亂者序之。其餘猶有不協之處，既乏善本可覈，又非紬繹能明，姑仍其舊，或留空格，以俟高明酌訂。”應該説，該本經過周泰元、劉孟祥的校勘，移正了一部分錯亂的原文，打破了程本、何本等衹校改個别文字的格局，其校讎之功還是值得稱道的。如該本將舊本《慎微》中“小人以小善謂無益而不爲也”至“致死亡非一也”一段移於上文“惡不積不足以滅身”之下，並刪去“小人以小善謂無益而不爲也”之上的“足以滅身”四字和“致死亡非一也”之下的“世品人遂”四字，就和汪繼培的移正相合而刪字略有不同（汪繼培未刪去“世品人遂”四字）。又如該本將舊本《德化》中的“己之所無不以責下”至“競於驕僭貪樂慢傲”一段移於《交際》“所謂恕者”之下，其後再緊接《交際》的“治買一倍以相高”，也與汪繼培的移正大體相合。如此校正，實開《潛夫論》校勘史上移正文字之先河，其初創之功誠不可没。衹是從總體

① 如在卷一第一葉《讚學》“人之有學也”上批“此與《顔氏家訓》皆以《勸學篇》首”，在卷二第三葉《考績》“弓不試則勁撓誣”上批“詞氣茂密，猶是漢人之語”，在卷四第六葉《述赦》“常先遣馬分行市里”上批“亦備故事”。

上看，其勘正之處未超出或未優於汪繼培的《潛夫論箋》，所以我們没有取用其校勘成果。

此外，該本序跋文字頗多，依次有：賜進士出身、翰林院庶吉士李方泰乾隆甲戌（公元 1754 年）端月所作的《刻潛夫論序》，周泰元《序》，賜進士出身、文林郎、知鎮原縣事謝閶祚乾隆十七年（公元 1752 年）秋七月所作的《序》，路于兗《刻潛夫論序》，賜進士出身、候選知縣張士育乾隆十九年（公元 1754 年）清和月所作的《刻潛夫論序》，方承統（方恆之父）乾隆十九年閏四月所作的《刻潛夫論序》，張鎮、方恆乾隆十九年夏五月所作的《刻潛夫論跋》。今録其較有價值者三篇以供參考。由於我未能見到原刻本，所以這些序跋文字是根據 1937 年翻刻本轉録的。應該説明的是，中華書局 1979 年出版的《潛夫論箋》和 1985 年出版的《潛夫論箋校正》也附録了這三篇序跋，但其轉録的文字頗多任意删改之處，今照録其原文而不加删改，以便讀者見其全文。

刻潛夫論序

余自蚤歲受讀《昌黎文集》，即識後漢三賢名；迨讀范史，始得詳其里居世次及其著述文章；而潛夫先生者，尤（覺按：當作“又”）吾鄰邑臨涇人，其景慕尤甚焉。臨涇在今鎮原縣，縣治之北百數十步有潛夫山，山上有亭曰思潛亭，山後有墓曰潛夫墓。余以躬養之暇，蓋嘗至其地，登其亭，訪其事，悠然想見其爲人，未嘗不流連志之。夫先生一布衣耳，而又丁漢室之衰，非有豐功偉烈足以耀當時而垂後世也。而度遼一迎，榮流當代；昌黎一贊，名炳儒林。夫豈無所修爲而令人愛慕一至此歟？然吾猶疑爲一代所推許而或非百世人心之所寤思也，猶疑爲儒林所推尊而或非百世帝王之所引重也。至辛未，捷南宫，當今試士於保和殿，賦以後漢三賢制題，即以泰之不敏，亦嘗備數而獻賦焉，則其所重，不從可知乎？嗚呼！先生志節文章可謂昭千古矣，名足以倒皇甫之屣而不足以解時人之輕，詣足以光退之之筆而不足以綰半通之綬，學足以動千百世聖天子之謳思而不足以邀當時庸君妒相之一盼。蓋先生之所能爲者，天也；而所不能爲者，人也；人能困潛夫以潛者，其時也；而不能困潛夫以潛者，其文其德也。甲戌夏，原人將刻其全論若干篇，友人張子洛西、方子月如、張子定侯祈序於余。余曰：“吁！是余之責也夫。”余職列詞館，凡有關國家政治之大、人物風俗之美者，分宜修明而表章之，矧以斯論之鐫，一事而三善備焉，敢以學殖譾陋而自諉不能歟？我皇上崇儒重道，微顯闡幽，使千百年久晦遺書燦然復明於世，則文治之洽也。

宰是邑者，能體天子之心以爲心，勸農課士之暇，首舉其鄉之先達者以爲多士法，則邑令之明也。邑士人能不吝其所有，赴義捐金，急所先務，使先賢著作不至消蝕殆盡，則儒風之盛也。嗟乎！覩斯刻者，其必不以余三善之言爲少謬矣，又寧至望古遥集、疑范史五篇爲未備、昌黎一贊爲虚文也哉？余因具述幼之所聞與長之所見而歷歷可據者以著於篇端。旹乾隆甲戌端月上浣之吉　賜進士出身、翰林院庶吉士加一級、北地李方泰序

序

《易》曰："潛之爲言也，隱而未見，行而未成，是以君子弗用也。"然觀樂行憂違，則知龍德而隱，必其器識百倍於流俗，雖終其身不求聞達，而本立德以立言，自可與立功者並垂於不朽。潛夫王先生，安定臨涇人也。其本傳載於《後漢書》，其論三十餘篇，僅傳其五，而其全編則見於《漢魏叢書》。余向讀其論，見其剴切詳明，奥衍宏深，道德經術無所不備，未嘗不掩卷太息，而想見夫潛之所以爲潛也。夫世之潛者多矣，其真能潛者抑又難矣。彼夫懷鉛握槧，閉門作賦，術同獺祭，技類雕虫者，姑不具論。他如洗耳沉淵，枕流漱石，理亂則委於不知，時事則置若罔聞，儉德括囊，無咎無譽；又或汲引無人，鬱鬱不得志，敢爲排擊横議，徒以自鳴其不平；如是以爲潛，潛豈有當哉！壬申冬，余筮仕鎮原，抵任，閲邑乘，知鎮邑即古之臨涇，署之北爲潛夫山，山之原有潛夫墓，余以時陟其山，拜其墓，見其祠宇就傾，略爲補葺。竊以先生之學、先生之才之識，其在漢也，詎不足以獵通顯、博富貴？乃遯世無悶，遺佚長終，迄於今，苗裔無徵，書缺有間，千秋萬歲，古人所以深嘆於寂寞也。歲甲戌，諸生出其全編，謀授梓人，余閲之，知其爲《叢書》本也。其中陰陶、帝虎、魚魯、亥豕所在過多，余孤陋募（覺按：當作"寡"）聞，與文學劉君（弘興孟祥氏，廣川人），各以所知者訂其一二，其餘一仍舊編，付之剞劂，凡三閲月而工竣。且以問序於余。余謂先生往矣，非夫世家舊族不能藏其書，非夫好學深思者不能知其義。今諸生闡揚前徽，壽諸梨棗，豈或阿其所好、僅以是爲桑梓光己者？亦以先生立德立言、功實不朽、必有默相是書之成者，則《易》所稱"龍德而隱者也"。微斯人，其誰與歸？抑吾聞之，讀其書者友其人，以潛夫爲鄉先生，沒而祭於社也。諸生快讀其書，其亦有聞風興起、好學立志、耿介不同於俗者乎？余既喜是書之重刊，且於諸生有厚望焉。祝其魯堂周泰元

刻潛夫論跋

吾鄉潛夫先生，後漢懿士也。本傳稱其著論三十餘篇，而邑乘僅載其五，思欲搆其全集，而山陬僻壤，家鮮藏書，每興文獻無徵之感。丙寅冬，應試平郡，偶得之於市肆殘編中，急購致之，如獲琪璧，蓋不啻當年皇甫度遼聞先生至而屣履出迎也。因思秉懿之好，人有同心，鎮邑之人無不欲讀先生之書，且欲讀先生之書者猶不止於鎮邑之人也，非重刊何以廣同好？進而謀諸鄉先達，亦僉曰“可”。前邑侯謝父師爲之序，但集中字多舛訛，弗克校讎，未敢冒昧從事。今邑侯祝其周父師暨廣川孟祥劉先生詳加參訂，多所更正。於是邑之紳士踴躍醵資，遠徵梓人而剞劂之。始事於甲戌三月，至閏四月而告竣。自是鎮邑之人無不獲讀先生之書，而獲讀先生之書者，且不僅在鎮邑之人矣。與衆共之，快孰大焉！雖然，讀其文當思其人。苟争自濯磨，仰潛山而景行之，將人人懷士君子之行，後之視今，亦何異今之視昔。是則予兩人之志也夫。

旹乾隆十九年，歲次甲戌，夏五月吉旦

同里後學張鎮 方恆謹跋

乾隆甲戌刻本之原版已燬於同治年間（公元1862～1874年）之兵燹。1937年，甘肅第六區行政督察專員、武威縣長袁耀廷見慕壽祺有舊刻本，恐其失傳，便重付鉛印數百部，於是該本又稍得流傳。上海圖書館藏有該翻印本（索書號：長023112）。該本前有慕壽祺民國二十六年寫的《重印潛夫論序》，陸軍騎兵第五軍軍長、甘新公路督辦馬步青於“抗戰建國之二年”寫的《潛夫論跋語》，袁耀廷於“國紀二十有六年重陽節後”寫的《重印潛夫論序》；然後是上文介紹的乾隆甲戌刻本中的七篇序跋；再次爲“潛夫論總目”，張鎮、方恆寫的“刻潛夫論例言”，范蔚宗《後漢書·潛夫本傳》，唐韓退之《後漢三賢贊》之一。由於該翻印本已不多見，故今録慕壽祺之序文於下，以便讀者觀覽。

重印潛夫論序

《潛夫論》十卷，鄉先正王節信譔。自《讚學》《務本》而訖乎《五德》《姓氏》，終之以《叙録》，爲篇三十有六，都六萬餘言，體大思精而言近旨遠，允可謂萬物畢羅矣。祺之少也，

先府君授此篇而詔之曰：“小子識之，是爲鄉先正之鉅著，名以‘潛夫’，有遭時不偶、遵養時晦、寓悲憫於隱逸之中、深得好學守道之訓者也。”

長而研索其義，乃愈識其深造以道，獨有千秋矣。漢之季世，威柄下移於奄宦，貂璫刑餘之徒，挾城狐社鼠之威，手握王章，口含天憲，囚戮正士，朝廊爲空。當此之時，漢幾亡。賴清流諸賢，同矢忠貞，共伸義憤，正道直言，於鉤黨禁錮三木囊頭之下，可生可殺，而志不可奪，節不可貶，浩然之氣塞於天地，小人道長而君子義伸，東漢節義之風洵可與日月争光。然標榜君顧除及之名，互相引重，由君子之好名激而成小人之嗜殺，人之云亡，邦國殄瘁，責備賢者，實不能曲爲諸賢諱。以節信之才之氣，使當時揚於王庭，危言正誼，固足以褫羣奄之魂而奪其魄；處亂世而好多言，亦足以觸羣奄之怒而賈之禍；其不與李固、杜喬、范滂、李膺、馮緄、劉祐諸正士同陷於權奄網罟之下者，蓋已難矣。倘不幸而移於習俗，破觚爲圜，又將與馬融、班固墮落於梁、竇之門，爲清流所共棄，不更危哉？幸而終老山林，隱淪以終其身，深閟固藏，邈焉窮處，目擊夫時事之日非也，主聽之不聰也，讒慝之蔽明也，邪曲之害公也，方正之不容也，大廈之將傾非一木之能支也，隱憂竊歎，追原亂本，隱痛黨人標榜之習，雅不願以超然物外之身投諸塵垢粃糠、自困於羿之彀中，其身長遯，其名長寂，並其學亦藏之名山，不肯自衒於亂世，荒山草屋，矻矻窮年，藉保全其淡定之天求，所謂育物之仁，經邦之禮，以明乎上下古今興亡得失之故、制作輕重之原，大而體國經野、尊主庇民之道，小而立心制行、明禮達用之學，無不探本窮原，言之有物，示後人共由之坦途。生乎君子道消之時，獨能善道以自守，既不以危言危其身，尤能以立言垂不朽。《乾》之“初九”曰：“潛龍，勿用。”孔子繫之曰：“龍，德而隱者也。不易乎世，不成乎名，遯世旡悶，不見是而旡悶。樂則行之，憂則違之，確乎其不可拔，潛龍也。”潛夫以之，此潛夫之所以爲潛而以名其論者也。船山王氏曰：“天下之言道者，激俗而故反之，則不見；偶見而樂持之，則不經；鑿慧而數揚之，則不祥。三者之蔽，爲先秦諸子所共受。”雖文章之變化莫妙於《南華》，而詞賦之源流莫高於屈、宋，但《外篇》《雜篇》既多詆呵聖賢之言，《九歌》《九章》率多指斥君國之語，君子弗道也。此編則平正淵雅，博洽精密，較賈誼之經制而進於醇，無劉向之激憤而祛其諷。至於《釋難》本（覺按：當作“《務本》”）諸篇，又有似乎揚雄而無劇秦美新之嫌。正氣勁節，磅礴而作爲文章，粹然立醇儒之名，去三蔽而言成一家，卓然爲秦、漢以來篤論，不其偉乎？老子曰：“學不學，復衆人之所過。”莊子曰：“以無用爲有用，故能全其天年。”潛夫此論，其庶乎得儒者之大體，兼老、莊之妙用，而善處濁世，皭然泥而不滓者也。祺生也晚，未獲親承謦欬奉教，於鄉賢之堂讀其遺書於千載下，藉慰私淑之忱悃，亦云幸矣。蓋以先生之名，潛於當世而不能潛於後世者，獨賴此編之存，以之信今而傳後。邑人袁君耀廷，以原板零落，恐遂湮沒，重印若干部，公諸同好，俾後之讀者有所觀感而興起焉。保存文獻，或可以告無咎於先正。重印告成，祺述其原委於端，非敢僭以爲序，抑以寓高山仰止之意焉耳。先民是式，而父書勉讀，回首趨庭之訓，爲之悠然神往矣。

中華民國二十六年丁丑秋七月　同里後學慕壽祺謹序

四、乾隆文淵閣《四庫全書》本（本書簡稱“四庫本”）及摛藻堂本

乾隆三十七年（公元 1772 年）敕輯的《欽定四庫全書》是抄本。現在容易見到的《四庫全書》中的《潛夫論》有兩種：

一是于敏中等乾隆三十八年（公元 1773 年）所輯的《摛藻堂四庫全書薈要》本，其中的《潛夫論》抄校於乾隆四十一年（公元 1776 年），今藏臺北故宫博物院。臺北世界書局於 1988 年出版了《景印摛藻堂四庫全書薈要》，《潛夫論》裝訂於第 277 册（子部第 32 册），列於雜家類而位於《淮南鴻烈解》《論衡》之後。

二是抄校於乾隆四十四年（公元 1779 年）的《文淵閣四庫全書》本。該抄本今藏臺北故宫博物院，臺灣商務印書館於 1986 年出版了《景印文淵閣四庫全書》，《潛夫論》裝訂於第 696 册，列於子部儒家類。上海古籍出版社又在 1987 年將臺灣商務印書館的十六開影印本縮印成三十二開本出版，故該本現在流傳甚廣。該本雖不無臆改之處，但其中有些文字與程榮本、馮舒本不同而與陳深本等相同，且與後來的邵孟遴本、陳春本相合，可見該本也頗費了一番校勘功夫，具有較高的參考價值。

《四庫全書》的編纂者在《提要》中對《潛夫論》有所考證和評論，這種考證和評論對後來的學術界影響不小，所以現將其《提要》録於下。要説明的是，其提要實有兩種：一種是《潛夫論》書前的提要，現在容易見到的既有抄校於乾隆四十一年（公元 1776 年）的《摛藻堂四庫全書薈要》本，又有抄校於乾隆四十四年（公元 1779 年）的《文淵閣四庫全書》本。兩者文字大體相同而以後者爲優。另一種是後來排印的《四庫全書總目》中的提要，現在容易見到的既有臺灣商務印書館 1986 年版《景印文淵閣四庫全書》本（載

於第3冊），又有中華書局1965年影印的浙江本，兩者均有刪改與誤字，僅個別字的訂正可取。今據《景印文淵閣四庫全書》第696冊將《潛夫論》書前的提要録於下以供參考，其中訂正之處另加注説明之。

臣等謹案：《潛夫論》十卷，漢王符撰。符，字節信，安定臨涇人。《後漢書》本傳稱："和、安之後，世務游宦，當途者更相薦引，而符獨耿介不同于俗，以此遂不得升進，志意蘊憤，乃隱居著書三十餘篇①，以譏當時得失，不欲章顯其名，故號曰《潛夫論》。"今本凡三十五篇，合《敘録》為三十六篇，葢猶舊本。卷首《讚學》一篇，論勵志勤修之旨；其中《五德志篇》，述帝王之世次；《志氏姓篇》，考譜牒之源流；以及《卜列》《正列》《相列》《夢列》四篇②，亦皆雜論方技；不盡指陳時政。范曄所云，舉其著書大旨爾。符生卒年月不可考。本傳之末，載度遼將軍皇甫規解官歸里符往謁見事。規解官歸里，據本傳在延熹五年，則符之著書在桓帝時，故所説多切漢末獘政。惟桓帝時，皇甫規、段熲、張奐諸人屢與羌戰，而其《救邊》《邊議》二篇乃以避冦為憾③，殆以安帝永初五年嘗徙安定、北地郡，順帝永建四年始還舊治，至永和六年又内徙。符，安定人，故就其一鄉言之耶？然其謂"失凉州則三輔為邊，三輔内入則弘農為邊，弘農内入則洛陽為邊，推此以相況，雖盡東海猶有邊"，則灼然名論，足為輕棄邊地之炯鑒也。范曄録其《忠貴》《浮侈》《實貢》《愛日》《述赦》五篇入本傳，而字句與今本多不同，晁公武《讀書志》謂曄有所損益，理或然歟？曄以符與王充、仲長統同傳，韓愈因作《後漢三賢贊》。今以三家之書相較，符書洞悉政體似《昌言》，而明切過之；辨別是非似《論衡》，而醇正過之。前史列之儒家，斯為不愧。惟《賢難篇》中稱鄧通吮癰為忠於文帝，又稱其欲昭景帝之孝反以結怨，則紕繆最甚，是其發憤著書，立言矯激之過，亦不必曲為之諱矣。乾隆四十四年五月，恭校上。

總纂官臣紀昀、臣陸錫熊、臣孫士毅
總 校 官 臣 陸　費　墀

---

① 隱：《景印文淵閣四庫全書》第696冊作"隠"，據《景印摛藻堂四庫全書薈要》第277冊之文改。

② 正列：當作"巫列"。

③ 邊議：《景印文淵閣四庫全書》第696冊作"議"，據《景印文淵閣四庫全書》第3冊《四庫全書總目》之文改。

此外，清永瑢等《欽定四庫全書簡明目録》卷九所載之《潛夫論》提要雖然簡略得多，也可資參考，故今據臺灣商務印書館1986年版《景印文淵閣四庫全書》第6冊將其文録於下。

《潛夫論》十卷

漢王符撰。凡三十五篇，又《叙録》一篇。符遭逢亂世，以耿介忤俗，發憤著書。然明達治體，所敷陳多切中得失，非迂儒矯激、務為高論之比也。

五、乾隆王謨刊《增訂漢魏叢書》之邵孟遴校本（本書簡稱"邵本"）

王謨乾隆辛亥（公元1791年）輯刊的《增訂漢魏叢書》，如今能見到的大都是後來重印的收書八十六種的本子。這種重印本，其封面第一行題"乾隆辛亥重鐫"，第二行題"漢魏藂書"（隸書），第三行題"經翼二十種　别史十六種"，第四行題"子餘廿二種　載籍廿八種"，第五行題"本衙藏版"。其書首除了乾隆壬子（公元1792年）孟秋陳蘭森的《重刻漢魏藂書叙》（楷體）和萬曆壬辰（公元1592年）屠隆的《漢魏叢書序》（宋體），又有王謨所撰的"增訂漢魏叢書凡例""增訂漢魏叢書參閲姓氏""增訂漢魏叢書目次"（其版心仍題"漢魏叢書"）。該叢書是在其所藏何允中所刻的《漢魏叢書》七十六種本的基礎上增加十種並調整其書目次序重鐫而成的。

王謨所撰"增訂漢魏叢書凡例"共有八條[①]，其前七條以及"增訂漢魏叢書目次"後的按語對我們瞭解《漢魏叢書》的編纂與增訂很有好處，故今輯録於此。

增訂漢魏叢書凡例

一、《漢魏叢書》輯自括蒼何鏜，舊目原有百種，新安程氏板行，僅梓三十七種[②]。武林何氏允中又搜益其半，合七十六種，而前序則東海屠隆撰。按何氏原跋云："往見緯真氏别本，分典雅、奇古、閎肆、藻豔四家，以類從，殊爲鉅觀。"緯真即隆字也，則似緯真又自有叢書行世。《明史·藝文志·類書門》載有"屠隆《漢魏叢書》六十

① 古風所撰《〈漢魏叢書〉的編纂與增訂》説"王謨又自撰《凡例》九條"（見西南師範大學出版社、東方出版社2011年9月版《增訂漢魏叢書　漢魏遺書鈔》第一册，第2頁），顯然是未認真瀏覽《增訂漢魏叢書》所導致的誤説。將這種介紹文字刊於《增訂漢魏叢書》影印本之前，顯然欠妥。

② 三十七種：當作"三十八種"。

卷”，必即何氏所見緯真别本，但不應何本又冠以屠序也。今据武林何氏原本重鐫，而仍以屠序列諸卷端，從其朔也。

一、括蒼何氏初輯叢書百種，本未板行，惟新安程氏、武林何氏二本並行於世，而何本流傳較廣。據屠隆作序年月在萬歷壬辰蜡月，則此書或即刻於是時[①]。於今二百餘年，何本原書亦僅有存者，坊間所鬻，多以建陽書林所刻漢魏名文乘冒充。由原板久已漫漶，後又未有重刻者，所以真本難得而可貴也。謨癖愛是書，因家藏真本頗爲完善，故謀鏤板以公同好。

一、何氏叢書原刻衹七十六種，此外二十四種未見書目，無憑采補，而唐宋叢書中尚載有漢魏人書，書板字體俱相彷彿，因掇取十種增入，一同編次。至如揚雄《太元經》、劉向《列女傳》、郭璞注《山海經》、葛洪《抱朴子》等書，俱有全本，似應在原輯數内。又如《津逮秘書》中賈思勰《齊民要術》、劉義慶《幽明録》數種，亦可采入。尚當次第，續成百種，庶無遺憾。

一、凡四部書，經、史、子、集皆載籍也。何氏叢書因不列文集而别列載籍一門，以收羅稗官小説，於義例原有不安。玆既未便更張，承用其目，但其中部分編次多有不倫，今悉從《隋》《唐》二《志》、《文獻通考》門類分别訂正，另爲目次。仍存原書總目於前以資參攷。

一、漢魏古書流傳已久，本多魚魯、亥豕之訛，何氏叢書校刊亦不甚精，且多脱誤。如《竹譜》内所脱去六節已據《説郛》本刊入。至王通《元經》第八卷直脱去宋元嘉後八年經傳，《華陽國志》第十卷直脱去巴、蜀、廣漢、犍爲四郡，《士女志》則未能别求足本補正。又如《大戴禮記》《春秋繁露》等書，近時俱有校正善本，今亦未能參訂。以此書衹就何氏原板翻刻，未另繕藁付梓，故不免有沿謬承訛之病。且昔人謂“校書如掃落葉，旋掃旋生”，又謂“讀書未遍，不敢妄下雌黄”。謨誠寡陋，無能讐校，然不敢輕易改字，亦惟　高明諒諸。

一、何本叢書於各書卷首有采録原序及諸家評論者，然去取不一，多有遺漏。謨竊按晁公武《讀書志》、陳振孫《書録解題》於漢魏古書門户源流蒐討略備，俱已載入馬氏《文獻通考》，其所未備，贋書、短書數種而已。今故悉據《通考》所引晁、陳二家之説，檃括大意，

① 程本當刻於萬曆壬辰之後，何本當刻於崇禎年間（見上文之考述）。

翦截浮詞，爲之總跋，附各卷尾；而於其所未備者，又復參以《玉海》《通志》《經義考》所論列。於漢魏古書大略，亦有可得而言者矣。此則區區重訂是書微意，或亦不無小補云。

一、重鐫是書，殫費千金。謨本貧士，焉能辦此？緣自己酉初刻西漢四大家，書成，會屆秋闈，赴垣執事，間以此書贈送學者。於是好古之士聞聲相應，願覯全書，各任一卷，醵金襄事，而侍御鄒公西麓、中憲謝公藴山實爲之唱導，乃得次第開雕。比至辛亥，尚未卒業。又以移署南昌縣學，得賴南昌顧東田明府、廬陵張古腴明府雅志同好，大爲佽助，而建昌、南昌兩學諸生亦復先後同心，左右協力，然後全書得以告竣。雖衆擎易舉，非獨將伯之功；而飲水思源，敢忘挹注之力？爲開列參校名氏，并述其緣起如此。[1]

至於“增訂漢魏叢書目次”後的按語，其文如下：

以上《增訂漢魏叢書》八十六種，一仍何氏經、史、子、籍舊目。惟是何氏創立載籍一門，原取便收羅稗官小説，而乃以史部之《西京雜記》《華陽國志》、子部之《鹽鐵論》《風俗通》《人物志》《家訓》並入載籍，則已自亂其例。又各卷書目，前後亦無倫次。如京房本受《易》焦貢，乃以京房《易傳》爲首，《易林》次之；《新序》《説苑》本劉向一人書，乃以《新序》次《新語》《新書》後，而以《説苑》次《中論》《中説》後；又以道家《參同契》等書冠於儒家諸子書前，亦有未安。今皆分别訂正。所有增補十種，仍依原書次第歸各部帙。惟天禄閣《外史》一種實屬贋書，於史、子、載籍俱無可附，以何氏叢書原本行世已久，未便割棄，姑以是殿焉。

該叢書所收《潛夫論》在卷一第一葉第二行題“漢　安定王符著　都昌邵孟遴校”。該本之行款、用字與何允中本基本相同而與程榮本不同，可知其出於何本，但其刊刻比何本精良，且加了句讀。從文字來看，邵孟遴也有不少校改，而大多數的校改衹是在何本的基礎上剜補而成，僅卷七、卷八少數幾葉因增補文字之後其换行與何本有異。

要注意的是，該書刻於乾隆之時，故避“玄”“弘”“曆”等字，其“玄”

① 此下尚有凡例一條述其定價之事，今略。

字被改爲“元”[1]，而作爲偏旁或部件的“玄”則缺其末筆的一點[2]，其“弘”字被改爲“宏”[3]，其“曆”字被改爲“歷”或“歴”[4]，這顯然是爲了避康熙玄燁和乾隆弘曆的諱而改，不足爲憑。

特别應該説明的是，邵孟遴校本的初印本現已罕見，如今能見到的大都是後來重印而有錯版的《增訂漢魏叢書》本。鑒别重印本與初印本最容易的辦法是：看《潛夫論》中卷五第七葉和第八葉是否有錯版。其初印本第七葉、第八葉的上面六字和下面十四字不錯（如第七葉第一行“矢戈兵用戒作”與“則用逖蠻方”相連而不錯，第八葉第一行“此其所以人懷”與“沮懈不肯復死也”相連而不錯），重印本則由於該兩葉斷版後拼版拼錯了，所以將其第八葉上面六字和第七葉下面十四字合成了第七葉（如第七葉第一行成了“此其所以人懷”與“則用逖蠻方”相連），又將其第七葉上面六字和第八葉下面十四字合成了第八葉（如第八葉第一行成了“矢戈兵用戒作”與“沮懈不肯復死也”相連）。我們衹要看一下這兩葉，就可以判定它是否爲初印本。

我所用的邵孟遴校本爲復旦大學圖書館藏本（索書號：600033）。該本爲單行本，兩冊，印製甚爲精良，但無王謨之跋，所以我過去認爲該本和《增訂漢魏叢書》本是兩種不同的版本[5]。今見上海圖書館所藏《增訂漢魏叢書》（索書號：322781-830）中的《潛夫論》一冊（索書號：322812），與復旦大學圖書館所藏該單行本相同，既無錯版，又無王謨之跋，因而知邵本即《增訂漢魏叢書》之初印本。

在此，我們不妨將上海圖書館所藏的這種《增訂漢魏叢書》初印本再介紹一下，因爲該本具有極其珍貴的文獻價值，從中我們可以窺見《增訂漢魏叢書》初刊時的情景，使我們對《增訂漢魏叢書》的編輯刊刻過程有一個更爲完整的瞭解。

---

① 如其卷八第十八葉“玄鳥”“玄冥”“玄珪”之“玄”均被改爲“元”。

② 如其卷一第六葉之“衒”，卷二第十三葉之“眩”、第十四葉之“炫”，卷三第七葉之“畜”，卷四第四葉之“蓄”、第十四葉之“衒”，卷五第八葉、第十二葉、第十四葉、第十八葉之“蓄”，卷八第十一葉之“蓄”、第二十葉之“眩”，卷九第六葉、第十五葉之“蓄”，其中的“玄”均無末筆的一點。

③ 如其卷一第十三葉“公孫弘”之“弘”、卷四第七葉“可弘”之“弘”、卷五第十葉“弘農”之“弘”均被改作“宏”。

④ 如其卷六第六葉“曆數”之“曆”、卷八第十八葉“曆數”“曆正”和第二十葉“曆象”之“曆”均被改作“歷”，其卷九第一葉“命曆”之“曆”被改作“歴”。

⑤ 參見貴州人民出版社 1999 年版《潛夫論全譯》之前言及其附録三。

上海圖書館所藏這《增訂漢魏叢書》初印本，封面也題有“乾隆辛亥重鐫”、“漢魏𦼮書”（隸書）、“本衙藏版”等三行字（其中文字的寫法與重印本略有不同），但無重印本的“經㢧二十種 别史十六種”“子餘廿二種 載籍廿八種”兩行字。其書首除了重印本的陳蘭森《重刻漢魏䕺書叙》、屠隆《漢魏叢書序》、王謨“增訂漢魏叢書凡例”，另有重印本所無的何允中本之“漢魏叢書總目”以及何允中加在“總目”後的識語①，但無重印本的“增訂漢魏叢書參閲姓氏”和“增訂漢魏叢書目次”。其後所刊何允中本的七十六種書印刷較好而無王謨之跋，其先後次序也與“漢魏叢書總目”相同而與重印本“增訂漢魏叢書目次”不同②；另外十種有些附有王謨之跋，所用紙質不同，顯然是後來用重印本插進去的，其插入的次序大致參照“增訂漢魏叢書目次”③，但也有個别例外④。以上種種情況表明，王謨初刻《漢魏叢書》時衹是翻刻了何允中的《漢魏叢書》七十六種，至於另外再增入十種圖書以及調整目次、撰寫跋文之類，都是以後完成的事，這可能就是其“凡例”所謂“比至辛亥，尚未卒業”之真實情形。

值得説明的是，與程榮刻《漢魏叢書》時衹題“明 新安程榮校”不同，王謨翻刻何允中本時，採取了何允中的辦法而延請了很多學者爲他校勘。這些校勘者大都爲江西籍，如南豐、豐城、都昌、金谿、南昌、南城、宜黄、奉新之類⑤，而且都在其所校之書的卷一第一葉第二行標明其籍貫姓名，如《續齊諧記》下題“梁 吴均著 臨川張上冲校”。值得進一步説明的是，其初印本所標明的校勘者與重印本有下列不同處:《方言》初印本爲“新城江元

① 該“漢魏叢書總目”雖然列有七十六種書目，其書目的先後次序也與何允中本一樣，但與何允中本所題不完全相同，如《越絶書》不題“漢袁康撰”而題“漢亡名氏補”，《新論》不題“北齊劉晝撰”而題“梁劉勰著”，“續齊諧記 梁吴均撰”又誤爲“齊諧記 梁沈約撰”（後面所收之書作“續齊諧記 梁吴均著”不誤）。王謨“增訂漢魏叢書凡例”説“今据武林何氏原本重鐫”而“仍存原書總目於前以資參攷”，由此可知這種印有“漢魏叢書總目”的版本應該是王謨的初印本。

② 如據“漢魏叢書總目”的排列次序以京房《易傳》爲首而次以《焦氏易林》等等。“增訂漢魏叢書目次”則以《焦氏易林》爲首而次以京房《易傳》。

③ 如《關氏易傳》插在京房《易傳》與《焦氏易林》之間。

④ 如陸璣的《毛詩草木鳥獸蟲魚疏》插在載籍《南方草木狀》與《竹譜》之間而未按“增訂漢魏叢書目次”插在經翼《韓詩外傳》與《大戴禮記》之間。

⑤ 該初印本中非江西籍的衹有四位，依次爲蕭山任如棠校《吴越春秋》（今屬浙江省）、温縣任昌寧校《竹書紀年》（今屬河南省）、江寧顧汝璉校《論衡》（今屬江蘇省）、應山陳嘉猷校《風俗通義》（今屬湖北省）。至於重印本，就衹有後兩位了。

勳校”，重印本改爲“南豐趙秉裕校”；《吴越春秋》由“蕭山任如棠校”改爲“臨川游　桂校”；《竹書紀年》由“温縣任昌寧校”改爲“金谿王賢喈校”；《素書》由“寧都廖述謨校”改爲“南豐趙秉裕校”；《越絶書》原爲“臨川游　桂校”，《飛燕外傳》原爲“南豐趙秉裕校”，《雜事秘辛》原爲“南豐聶　汝校”，重印本皆删去了校者姓名。我們也可以據此來辨别初印本和重印本。

重印本《增訂漢魏叢書》中的《潛夫論》有王謨所撰的跋，該跋另葉印製[①]，今將其文録於此（原無標題）以供參考。

> 右王符《潛夫論》十卷。符，字節信，安定臨涇人。《後漢書》以王充、王符、仲長統三人合傳而論之曰：“百家之言政者尚矣。數子之言當世失得究矣，然多謬通方之訓，好申一隅之説。貴清淨者，以席上爲腐談；束名實者，以柱下爲誕辭。或推前王之風，可行於當年；有引救敝之規，宜流於長世。稽之篤論，將爲敝矣。”因取符書《貴忠》、《浮僞》（覺按：當作《浮侈》）、《真實》（覺按：當作《實貢》）、《愛日》、《述赦》等五篇，以爲足以觀見當時風政，頗潤益其文。符以在安、和之世，耿介不同於俗，遂不得進，隱居著書三十六篇，以譏當世得失，不欲彰顯其名，故號曰《潛夫論》。今考全書，篇目具在，亦不專論時政。如《卜列》、《正列》（覺按：當作《巫列》）、《相列》、《夢列》諸篇，亦如《論衡》之有《書虚》、《變虚》、《龍虚》、《雷虚》等篇；其《五德志》、《志氏族》（覺按：當作《志氏姓》），又如《大戴禮記》之有《五帝德》、《帝繫姓》；洵通儒博雅之書也。本傳雖不言符治何經，但考其所引《詩》，如“聽我敖敖”，“維葉握握”，“用戒作則”，“王薦之事，于邑于序，南國爲式”；以《行葦》爲公劉仁德廣被，仲山甫“城彼東方”謂“山甫文德致昇平而王封以樂土”，《檜風·羔裘》爲閔其痛悼，《匪風》爲冀君先教；又云“忽養賢而《鹿鳴》思，背宗族而《采蘩》怨”，多與《毛詩》文義有異，而於三家《詩》中與《韓詩》爲近，然則符亦治《韓詩》者也。汝上王謨識。

王謨輯刊的《增訂漢魏叢書》甚爲後人所重，所以後來又有一些重刊本，如光緒二年（公元 1876 年）紅杏山房刊本，宣統三年（公元 1911 年）上海育文書局石印本、大通書局石印本等（參見上文）。如今王謨本尚存，所以這些重刊本就毫無校勘價值可言了。

西南師範大學出版社、東方出版社於 2011 年 9 月出版了王謨所輯的《增

① 有的翻刻本將其跋裝訂於《潛夫論總目》之前。但其文云：“右王符《潛夫論》十卷……”可見此爲跋而非序。

訂漢魏叢書　漢魏遺書鈔》，由於該本爲影印本，所以也可以利用。其不足之處是所選底本爲重印本，故字跡不清，且《潛夫論》卷五第七葉與第八葉的錯版也未能移正（參見上文）。

六、光緒崇文書局刻《子書百家》本及其翻刻本

光緒紀元（公元 1875 年）夏月湖北崇文書局所刻的《子書百家》中也有《潛夫論》十卷，該本既無序跋又無注，其文字出入於何本、邵本之間，其錯亂與明清時期的白文本相同，所以没有什麽價值。不過，其流傳也頗廣。民國元年（公元 1912 年）湖北官書處出版的《潛夫論》，就是用崇文書局的刻板進行重印的，其不同之處衹是將原來的隸書版記“光緒紀元夏月湖北崇文書局開雕”剜改成了新的隸書版記“中華民國元年鄂官書處重刊”，由此也可看出當時政治局勢對出版業的影響。

此外，民國八年（公元 1919 年）上海掃葉山房石印的《百子全書》中的《潛夫論》十卷，是崇文書局本的翻刻本，其不同之處是將崇文書局本的宋體字都改成了手寫楷體字。浙江人民出版社於 1984 年、2013 年影印過掃葉山房石印本，所以該本如今甚易見到，衹是其毫無價值可言。

第三節　歷代節選本

自南朝范曄撰《後漢書》摘録《潛夫論》之文開始，出現了一些節選《潛夫論》篇章的著作。現將我見到的一些節選本介紹於下。

一、南朝范曄所撰《後漢書》

南朝宋范曄所撰《後漢書》卷四十九《王充王符仲長統列傳》在記述王符事蹟的同時，節録了《貴忠篇》《浮侈篇》《實貢篇》《愛日篇》《述赦篇》中的文字（參見本書附録四），其篇目的名稱和排序都和今本稍異，而其中文句則與今本差異較大，晁公武《郡齋讀書志》認爲范曄在節録《潛夫論》時“頗潤益其文”，當爲事實。因此，其引文可作爲校勘材料，但不宜將它與《潛夫論》原稿一視同仁。

二、唐代魏徵等所輯《羣書治要》

唐代魏徵等所輯的《羣書治要》卷四十四節録了《潛夫論》之文。其引文雖然不題篇名，但引自不同篇的文字各自爲段，所以其篇目條理仍然清晰可見。其引文涉及《讚學》《務本》《明闇》《思賢》《潛歎》《勸將》《明忠》《德化》等八篇，次序與今本同。其中文句與今本頗有差異，可以用作校勘的資料。特别珍貴的是其《明忠》的引文尚未錯亂，可用來訂正上述明、清刻

本中的錯亂[1]。這種現象説明,《羣書治要》所據底本是較爲完善的,《潛夫論》在唐代尚未錯亂。

現在容易見到的《羣書治要》善本有上海涵芬樓影印的日本尾張藩刻本,見《四部叢刊·初編·子部》。上海古籍出版社 2002 年版《續修四庫全書》第 1187 冊有《羣書治要》縮印本，也可利用。

三、唐代馬總所編《意林》

唐代馬總編集的《意林》卷三引有《潛夫論》之文，衹是其引文大都爲簡短的摘句，且多删改，所以其校勘價值不如其他的節選本，但由於其引文集中編排，與《藝文類聚》《太平御覽》等分散編排的類書有所不同，所以仍然可歸入節選本之列。其引文涉及面甚廣，也從另一側面很好地反映了《潛夫論》在唐代的流傳情況。

《意林》的引文有二十一條，涉及十七篇：第一條不見於今本，故今輯入附録一之佚文中，是頗具價值的珍貴資料，它説明唐代流傳的《潛夫論》較爲完善而尚無缺損。第二條引自《賢難》(見本書 5.9)，第三條引自《明闇》(6.1)，第四條引自《考績》(7.1、7.5)，第五條引自《思賢》(8.2、8.4)，第六條引自《忠貴》(11.6)，第七條引自《實貢》(14.2)，第八條引自《實貢》(14.7)，第九條引自《述赦》(16.9)，第十條引自《愛日》(18.9)，第十一條引自《救邊》(22.1、22.9)，第十二條引自《實邊》(24.4)，第十三條引自《卜列》(25.7)，第十四條引自《相列》(27.1)，第十五條引自《交際》(30.1)，第十六條引自《交際》(30.1～30.3)，第十七條引自《交際》(30.20)，第十八條引自《德化》(33.1)，第十九條引自《五德志》(34.2)，第二十條引自《志氏姓》(35.1)，第二十一條引自《志氏姓》(35.19)。由此可見，其引文雖然不題篇名，但其所據底本的篇目次序是與今本相同的。這説明《潛夫論》在流傳過程中並没有多大的變故發生。

現在容易見到的《意林》善本有上海涵芬樓影印的武英殿聚珍版本，見《四部叢刊·初編·子部》。

四、明代隆慶沈津所輯《百家類纂》

明清時期除《潛夫論》全刻本外，還有一些節選諸子百家之文的選本也有其文。這些選本往往是作爲普通的文學讀本問世的，所以一般來説，在古籍考校方面並没有多少價值。但是，其中有些本子由於刊刻較早，現在也往

① 《羣書治要》所引《明忠》之文，有些文字在上述明、清刻本中被錯入了《德化》《交際》中。

往被視爲善本；更由於其選文雖大都出入於《後漢書》引文和其他明刻本之間，但某些本子（如《諸子品節》）也有獨特之處而具有一定的參考價值。因此，我們在此擇要介紹幾種，以便讀者大致瞭解其是非優劣。

隆慶元年（公元 1567 年）含山縣儒學所刻的沈津《百家類纂》卷九選有《潛夫論》。選文前的《〈潛夫論〉題辭》雖云"晁氏曰"，但其文與今傳晁公武《郡齋讀書志》之文（參見附録四）不甚一致，故今録於下以供參考。

《潛夫論》題辭

晁氏曰：後漢王符撰。符，字節信，少好學，有志操，與馬融、張衡、崔瑗輩友善。自安、和之後，世務游宦，當塗者更相薦引，而符獨耿介不同於俗，遂不得進，乃隱居著書三十餘篇，以譏當時失得，不欲章顯其名，故號曰"潛夫"。范曄取其五篇著之漢史，以爲足以觀見當時風政，頗潤益其文。後韓愈亦贊其《述赦》旨意甚明云。

其後的選文在"潛夫論"書名之上題"儒家類"，而其所選文字即《後漢書》所節録的《貴忠篇》《浮侈篇》《實貢篇》《愛日篇》《述赦篇》之文，其中祇有個别文字與今本《後漢書》不同。因此，該選本的校勘價值不大。齊魯書社 1995 年將《百家類纂》收入《四庫全書存目叢書》子部第 127—128 册影印出版，所以此書現在容易見到。

選輯《後漢書》所引《潛夫論》之文的現象在明代常見，如焦竑所輯《兩漢萃寶評林》下卷、陳繼儒所選《先秦兩漢文膾》卷五都選輯了《後漢書》中的《貴忠篇》《實貢篇》。這種選本對於研究《潛夫論》而言没有什麽價值，所以不再另行介紹。

五、明代萬曆陳深所刻《諸子品節》

明代陳深（字子淵）所刻的《諸子品節》，書前有陳深所撰之《諸子品節序》，該序末所署的時間因印本的不同而有差異。上海圖書館所藏之本〔索書號爲 13468〕署"萬曆庚寅孟夏日"，復旦大學圖書館所藏之本〔索書號：善（1874）〕署"萬曆辛卯孟春日"。蓋此書初版於萬曆庚寅（公元 1590 年），而在萬曆辛卯（公元 1591 年）重印時又將日期剜改過。

該書之"凡例"論及王符《潛夫論》時頗有微詞，與同時代胡維新、原一魁的褒揚（見上文）大相徑庭，體現出不同的文學觀，現將其"凡例"中的相關文字摘録於下，供讀者參考。

劉向《説苑》《新序》、徐幹《中論》、王符《潛夫論》、王充《論衡》，此四子者，卑卑乎無足味焉，乃亦有嗜之者。兹掇其微語以供小品，亦楚人之芰、先賢之棗，姑以適趣焉已耳。

該書卷四十七“小品”類節録了《潛夫論》之《賢難》《貴忠》《實貢》《愛日》《述赦》《交際》《明忠》等七篇的片段。其中《賢難》《交際》《明忠》之文字雖有刪節，但大體與明刻本同。特别是《明忠》中的錯亂，也與明刻本同而與《羣書治要》引文不同，可見這三篇所據底本當爲當時流行的明刻本。至於《貴忠》《實貢》《愛日》《述赦》四篇，其文乃雜取明刻本與《後漢書》引文而成，不可將它與《潛夫論》原稿一視同仁。還有，其文中的雙行小字注也與《後漢書》注相同，可見其深受《後漢書》的影響。

齊魯書社 1995 年將《諸子品節》收入《四庫全書存目叢書》子部第 122—123 册影印出版，所以此書現在容易見到。可惜的是，其影印時所選的底本是辛卯以後的重印本，而該重印本又有多處字跡不清，讀者使用時還得尋覓精印本加以補足。

六、明代天啓文震孟所刻《諸子彙函》

文震孟天啓乙丑（公元 1625 年）叅訂校刊的《諸子彙函》，託名歸有光蒐輯，但早已有人認爲此書並非出自歸有光之手。

該書卷二十二節録了《實貢》《貴忠》《愛日》《述赦》《明忠》等五篇的片段，其引文及雙行小字注多與《諸子品節》相同，故未足珍貴。但是，該書將《潛夫論》改題爲“冋中子”①，可謂别具一格。其改題的原委，可由其書名下的小字注中明之，今不妨録於此。

冋中子

姓王名符，號潛夫，和帝時世務游宧，而符耿介絶俗，隱冋中山，著書譏時得失。

此後爲《冋中子》原文與評注。其所録每篇文字除了在正文天頭輯有各家評語外，篇末輯有每篇之總評。今將其五篇之篇末評語録於此，以見明人評論思路之多樣。

《實貢篇》

茅鹿門曰：“取其不激不詭，縷縷當實。”

王鳳洲曰：“此篇與《責（覺按：當作“貴”）忠篇》，俱富實文字。”

《貴忠篇》

① 須説明的是，題《冋中子》的僅見於此選本。潘富恩主編的《中國學術名著提要·哲學卷》（復旦大學出版社 1992 年 10 月版）第 200 頁將《回中子》説成是十卷本《潛夫論》的别名，並將《諸子彙函》本列爲《潛夫論》十卷的通行本之一，失當。

余同麓曰："抑揚反覆，曲盡人情，可爲人臣箴規，尤足爲貴臣永鑒。"

何燕泉曰："通篇以天立論，而'尊敬者天''爱育者人'幾語，提綱挈領，便見責（覺按：當作"貴"）忠處。"

《愛日篇》

王子充曰："國家興廢，皆由主德。誠能留心民瘼，使正直之士常伸，無辜之民不害，力作之時不違于農畝，雖欲不長不可得也。"

余同麓曰："一篇有關國計文字。"

《述赦篇》

邵國賢曰："爲國如理身。人身氣脉流通，而後可以無患；國家本根淳固，而後可以郅隆。故固國本之道，惟除奸猾以保良民。若數赦，則蓄惡養奸也。若鄭子産、子太叔之爲治，可驗矣。"

《明忠篇》

王鳳洲曰："君明臣忠，盛世之風也。此論始終條理，最詳最懇而大意專責之君。其明君操術權句，乃一篇根柢。"

倫白山曰："逐段（覺按：當作"段"）歸重于君，而上之情下通，下之情上達，斯明良一心，如人身渾然元氣相流通，何至聰明壅塞哉？"

齊魯書社1995年將《諸子彙函》收入《四庫全書存目叢書》子部第126冊影印出版，所以此書現在容易見到。

七、明代天啓陳仁錫所編《諸子奇賞》

陳仁錫（字明卿）天啓丙寅（1626年）所編的《諸子奇賞》分爲前、後兩集，有武林好生館藏板。上海圖書館藏有完整的《諸子奇賞》，其中的善本（索書號：善850407-12）爲六冊，包括完整的《諸子奇賞前集》四冊和不完整的《諸子奇賞後集》兩冊，脱去了所節録的《潛夫論》之文；其中的普本（索書號：長012730）爲三十冊，既有《諸子奇賞前集》，又有完整的《諸子奇賞後集》，有節録的《潛夫論》之文。

陳仁錫在"天啓丙寅孟冬朔日""書於燕邸"的《諸子奇賞後集序》中對《潛夫論》稍有評價，其言云："孔叢子、小荀子、王潛夫，雅士亦莊語，嫌其神不澹遠。"

《諸子奇賞後集》卷四十一爲《王子》，共二十二葉（每半葉九行，每行二十字），依次有"諸子奇賞卷之四十一目次"、節録自《後漢書》的王符簡介，以及節録自《潛夫論》的正文，其選文涉及《讚學》《遏利》《賢難》《考績》《思賢》《本政》《忠貴》《浮侈》《實貢》《述赦》《三式》《愛日》《斷訟》

《衰制》《勸將》《救邊》《邊議》《實邊》《釋難》《交際》《德化》等二十一篇[①]，可謂是《潛夫論》選本中涉及篇目最廣的本子了。其所録《德化》中的第一條文字爲："必有其根，其氣乃生；必有其使，變化乃成。是故道之爲物也，至神以妙；其爲功也，至彊以大。"第二條文字爲："所謂恭者：内不敢傲於室家，外不敢慢於於士大夫；見賤如貴，視少如長；其禮先入，其言後出；恩意無不荅，禮敬無不報，覩賢不居其上，與人推讓；事處其勞，居從其德，位安其卑，養甘其薄。"這些其實是錯入《德化》中的《本訓》《交際》之文。由此可見，該選本之底本，是一般的明刻本，加之其節録的文字多爲片言隻語，僅有少許文評，故不足觀覽。

八、明代崇禎黄澍、葉紹泰所編《漢魏别解》

崇禎時香谷山房所刊古杭黄澍、檇李葉紹泰仝選的《漢魏别解》卷七選録了《潛夫論》中的文字，其文涉及《讚學》《貴忠》《實貢》《述赦》《夢列》《交際》《明忠》等七篇。其中《貴忠》《實貢》《述赦》三篇據《後漢書》節選，而其"讚學"之"讚"又誤爲"譖"，所引《明忠》之脱文也與舊本同，可知其選文又源自何允中本，所以該書毫無校勘價值。黄澍在《漢魏别解》序言中説陳明卿"《奇賞》一編，傾動天下"，其書天頭又附有陳明卿、黄澍、葉紹泰、林尚熙、何元朗、何燕泉、茅鹿門、王鳳洲、李卓吾等十幾個文人的文評，可見該書衹是一種受到《諸子奇賞》影響而編選的文學讀本而已。

九、清代光緒李寶洤所纂《諸子文粹》

商務印書館 1917 年 12 月出版了清代光緒時武進李寶洤編纂的《諸子文粹》，該書卷十八選録了《潛夫論》中的文字，其文涉及《讚學》《賢難》《考績》《思賢》《忠貴》《浮侈》《慎微》《實貢》《班禄》《述赦》《愛日》《勸將》《救邊》《夢列》《釋難》《交際》《德化》等十七篇。其中《忠貴》《浮侈》《實貢》《述赦》《愛日》《救邊》《夢列》《釋難》《交際》諸篇有李寶洤的校注，但這些校語或注釋，除了説明與《後漢書》引文的異同外，均取自汪繼培的《潛夫論箋》，而其中還有因誤讀而誤録之處[②]，所以没什麽價值。

---

① 《諸子奇賞後集》"卷之四十一目次"將"實貢"誤爲"寶貢"（其正文作"實貢"不誤），但有《思賢》《衰制》兩篇篇目（其正文則漏刻這兩篇篇目）。

② 如《交際》"平議無埻的"之汪箋作"後漢書樊宏後准傳云願以臣言下公卿平議埻的舊作惇均"，其文顯然當於"平議"後點斷，李寶洤卻注爲"後漢書樊准傳云願以臣言下公卿平議埻的"。

十、明清語録本

明代還有一些僅摘録少數語録的選本。如諸燮編輯的《諸子選粹》卷上僅引《潛夫論》語録兩條①，這種選本顯然可置而不論。

不過，這種語録式的選本似乎也有市場，所以後世仍然有人編輯此類書籍。如清代道光丙午（公元 1846 年）頤志齋刊刻的丁晏於道光丙戌（公元 1826 年）所編的《諸子粹言》就是這樣的書。該書摘録《潛夫論》中《讚學篇》《務本篇》《慎微篇》《實貢篇》《述赦篇》《愛日篇》《正列篇》之語録共八條②。從其“正列”兩字即可看出，編者尚未見到嘉慶己卯（公元 1819 年）刊成的湖海樓本《潛夫論汪氏箋》。對於此類語録本，顯然不足一觀，故在此不再贅述了。

第四節　清代汪繼培校箋本及其翻刻點校本

一、嘉慶汪繼培所撰《潛夫論箋》稿本（本書簡稱“汪稿”）

清代汪繼培（字因可，號蘇潭）於嘉慶己巳（公元 1809 年）開始校勘箋注《潛夫論》，於嘉慶十九年（公元 1814 年）完稿。其《潛夫論箋》是《潛夫論》問世以後的第一個校正箋注本。其校勘根據古書文句、類書引文以及上下文義移正了舊刻本中錯亂的原文，又廣採各種典籍對原文作了箋注。其校正基本上消滅了舊刻本中的錯亂訛誤，其箋注又極爲精博而便於讀者深入理解原文的義理，故該書被學術界公認爲是《潛夫論》詮釋研究史上的一部里程碑式的權威著作。

上海圖書館藏有汪繼培的《潛夫論箋》稿本（索書號：善 T09522）。由於該本是上海圖書館的特級藏品，過去閱覽甚爲不便，加之陳春輯刊的《湖海樓叢書》中又收有《潛夫論汪氏箋》而甚便閱覽，所以該稿本一直未被《潛夫論》校注者利用。如今該稿本雖然有了掃描件可在該圖書館的電腦上閱覽，但要複製的話，其費用又很昂貴，致使其利用率不高。

瀏覽其內容，可知該稿本爲汪繼培校箋的第二稿。它以謄清的第一稿（十行二十字，無格）爲基礎，先由王宗炎、王紹蘭校閲並在天頭加了些批語，再由汪繼培修改補正。其第一稿原在每卷之下題“蕭山汪繼培校”，可知汪繼培始撰此書時的主旨在校正原文，故箋注不很多，其注文以雙行小字寫於正

① 上海圖書館藏有該書，索書號：長 415321。

② 《務本篇》兩條，其餘每篇一條。上海圖書館藏有該書，索書號：長 90118。

文之中，文字規正而易讀。此第二稿則在第一稿的天頭、地腳、行間增加了不少箋注，並把"蕭山汪繼培校"之"校"字改成了"箋"字，由此可見其撰稿的側重點轉成了箋注。汪繼培在此稿上另加的箋注，文字稍爲潦草，勾畫雜亂而閱覽起來甚爲費力。

與湖海樓本《潛夫論汪氏箋》（下簡稱"湖海樓本"）相比，該稿没有汪繼培的自序和王紹蘭的序，而湖海樓本很多箋注也不見於該稿，這表明湖海樓本是根據汪繼培以後的第三稿刊刻的。值得我們注意的是，該稿不少箋注不見於湖海樓本。這些不見於湖海樓本的箋注，有些有汪繼培的删除符號，顯然是他有意删去的，但有不少顯然是謄稿的寫手漏抄以致漏刻了。

如《實貢》"茂才孝廉且二百員"之注文，湖海樓本卷三第二十八葉、中華書局 1985 年版《潛夫論箋校正》（下簡稱《校正》）第一五二頁注〔二〕作："《通典》十三云：'後漢光武十二年，詔三公舉茂才各一人，廉吏各一人；左右將軍歲察廉吏各二人；光禄歲舉郎、茂才、四行各一人，察廉吏三人；中二千石歲舉廉吏各一人，廷尉、大司農各二人；將兵將軍歲察廉吏各二人；監御史、司隸、州牧歲舉茂才各一人。'《續漢書·百官志》劉昭注載此詔稱《漢官目録》云。按《後漢書·章帝紀》建初元年詔云：'茂才、孝廉，歲以百數。'《丁鴻傳》載和帝時定郡舉孝廉之數，《通典》引之，注云：'推核當時户口，一歲所貢，不過二百餘人。'《鴻傳》語詳《實邊篇》注。"而此第二稿則在其卷三第十四葉天頭另有批語："《續漢書·百官志》劉昭注引《漢官目録》曰，在二卷五頁，寫于此下。"我們翻到該稿第二卷第五葉，即可看到加於頁邊而用紅筆劃去的《續漢書·百官志》劉昭注引《漢官目録》曰："建武十二年八月乙未詔書，三公舉茂才各一人，廉吏各二人；光禄歲舉茂才、四行各一人，察廉吏三人；中二千石歲察廉吏各一人，廷尉、大司農各二人；將兵將軍歲察廉吏各二人；監察御史、司隸、州牧歲舉茂才各一人。"大概由於此稿卷面雜亂而不清晰，謄稿的寫手没有注意汪繼培在卷三第十四葉所寫的"在二卷五頁，寫于此下"的眉批或看不清第二卷第五葉上用紅筆劃去的《續漢書·百官志》劉昭注所引《漢官目録》之文，於是就漏抄了該文，湖海樓本也因此漏刻了這些文字，《校正》也無從是正而衹能承襲其疏漏，以致"《續漢書·百官志》劉昭注載此詔稱《漢官目録》云"一句在注中既顯得突兀而令人不可思議，又於文義未安（因爲《漢官目録》之文與《通典》之文並不相同）。如果用該稿本補足此條箋注，其文就顯得文從字順了。

又如《考績》"名理者必效於實"之注文，湖海樓本卷二第七葉、《校正》第六六頁注〔四〕都衹引有《六韜》之文，而該稿則在卷二第四葉有批語曰：

"《六韜》云云，在六頁後，移寫此。"在卷二第六葉則有批語曰:"《六韜》《漢書》二段，寫入四頁注。"并録有《六韜·舉賢篇》《漢書·循吏傳·序》之文。大概也是謄稿寫手的疏忽，因此湖海樓本衹刊出了《六韜·舉賢篇》之文而漏刻了《漢書·循吏傳·序》之文。

像這種漏抄漏刻的文字在該稿本中數量不少，今已輯入本書，故不再煩列。這裏還要説明的是，該稿本中有些文字没錯，但湖海樓本及其翻印本卻錯了，我們可以憑此稿本來訂正其訛誤。例如:

《讃學》"雖有至聖，不生而智"，該稿本不誤（與諸明刻本同），湖海樓本卷一第一葉、《校正》第一頁將"智"誤爲"知"，可據此稿本訂正。

《遏利》"蚌以珠剖體"，該稿本不誤（與諸明刻本同），湖海樓本卷一第十四葉將"蚌"誤爲"蜂"，《校正》第二四頁臆該爲"蜯"，均可據此稿本訂正。

《思賢》"先王之制，官民必論其材"，該稿本不誤（與諸明刻本同），湖海樓本卷二第十九葉、《校正》第八六頁均將"王"誤爲"主"，可據此稿本訂正。

《浮侈》"西至燉煌"，該稿本不誤（與諸明刻本同），湖海樓本卷三第十九葉、《校正》第一三四頁將"燉"誤爲"敦"，可據此稿本訂正。

《實貢》"則敗俗傷化"，該稿本不誤（與諸明刻本同），湖海樓本卷三第三十二葉、《校正》第一五七頁均將"化"誤爲"風"，可據此稿本訂正。

《務本》"此亂孝悌之真行而誤後生之痛者也"之注文，湖海樓本卷一第十二葉、《校正》第二二頁注〔二四〕所引《後漢書·趙咨傳》作:"廢事生而榮終亡，替所養而爲厚葬，豈云聖人制禮之意乎？"該稿本"榮"作"營"，與中華書局1965年版《後漢書》卷三十九之文相同，可用來正其訛誤。

《賢難》"燎獵中野"之注文，湖海樓本卷一第二十八葉、《校正》第五〇頁注〔四〕作:"《爾雅·釋天》云:'宵田爲燎'，郭注:'即今夜獵載鑪照也。''燎'與'獠'通。"該稿本所引《爾雅》作"宵田爲獠"，與中華書局1980年影印本《十三經注疏》同，可用來正其訛誤。湖海樓本和《校正》誤爲"燎"，便使汪箋之"'燎'與'獠'通"一句無着落了。

《潛歎》"使三公至於列士獻典"之注文，湖海樓本卷二第三十葉、《校正》第一〇六頁注〔二〕所引《周語》作"使公卿列士獻詩"，該稿本作"使公卿至於列士獻詩"，與上海古籍出版社1978年版《國語》同，可用來補其缺文。

《班禄》"班禄頗而傾甫刺"之注文，湖海樓本卷四第五葉、《校正》第一六九頁注〔五〕作:"繼培按:《志氏姓篇》以單傾公爲頎公，誤正類此。"

該稿本“傾”作“頃”，與其《志氏姓篇》（湖海樓本卷九第三十三葉、《校正》第四六一頁）相同，可用來正其訛誤。

《述赦》“故姦可塞國可安矣”之注文，湖海樓本卷四第八葉、《校正》第一七四頁注〔六〕所引《墨子·兼愛篇》之“譬如醫之攻人之疾者然”，該稿本作“譬之如醫之攻人之疾者然”，與中華書局 1986 年版《墨子閒詁》同，可用來補其缺文。

《愛日》“非意氣不得見”之注文，湖海樓本卷四第三十二葉、《校正》第二一五頁注〔五〕作：“《漢書·宣帝紀》元康二年詔曰：‘或擅興繇役，飾廚傳，稱過使客。’韋昭曰：‘廚謂飲食，傳謂傳食。言修飾意氣以稱過使而已。’”該稿本“傳食”作“傳舍”，與中華書局 1962 年版《漢書》卷八之文相同，可用來正其訛誤。

限於篇幅，在此不再煩列其例。由上述種種即可明瞭，湖海樓本及其翻印本有不少地方值得據此稿本補充校正，而這些例子也足以證明周中孚《鄭堂讀書記》所謂湖海樓本《潛夫論箋》“未經釐訂”的話是符合事實的[①]。汪繼培爲《潛夫論箋》所寫的序作於嘉慶十九年（公元 1814 年），此時該書應該已經完稿，但其定稿由寫手謄清還需要一段時間，可能其稿謄清後他忙於其他事情，而等到陳春嘉慶丁丑（公元 1817 年）仲夏開始刊刻此書時他可能已得病[②]，所以未及仔細“釐訂”該書，這不免爲《潛夫論箋》留下了難以彌補的缺憾，但由此也更讓我們認識到上海圖書館所藏稿本的珍貴。該稿本中那麼多珍貴的資料未被採入湖海樓本及其翻刻本之中，無疑令人遺憾。

由於該稿本爲第二稿而非定稿，所以本書引用其箋注時還是以湖海樓本爲主。但是，此稿本中不少不見於湖海樓本的箋注其實很值得參考，而某些箋注的行文也比湖海樓本爲周詳，爲了不埋没汪繼培撰寫此稿時付出的心血，我們儘量將此稿的内容採入本書，以彌補湖海樓本及其翻刻本的缺憾。

二、嘉慶陳春刻《潛夫論汪氏箋》（本書簡稱“陳本”）

陳春（字東爲）輯刊的《湖海樓叢書》中有《潛夫論汪氏箋》十卷，這是汪繼培《潛夫論箋》的第一個刊本，習稱湖海樓本。該書封面題“嘉慶丁丑仲夏”“蕭山湖海樓陳氏雕版”，所以有人認爲它刊於嘉慶二十二年（即丁

① 見《鄭堂讀書記·補逸·子部·儒家類》“潛夫論箋”條，今已輯入本書附録四。

② 汪繼培之友王紹蘭於嘉慶己卯（公元 1819 年）秋七月爲《潛夫論箋》所寫的序中説，他於嘉慶辛未（公元 1811 年）與汪繼培分别，七八年後汪繼培已“墓有宿草”（見下文所引），由此可知汪繼培卒於公元 1818 年。

丑年，公元 1817 年）[1]。但是，其中所刊王紹蘭序卻作於嘉慶己卯（公元 1819 年）秋，可見該本雖開雕於 1817 年，實刊成於 1819 年之後。

該書前刊有王紹蘭（字畹馨，號南陔）嘉慶己卯（公元 1819 年）秋寫的序（無標題）[2]，對汪繼培的箋注有所介紹評價，今附於此以便參考。

《潛夫論》三十五篇，行世本譌奪錯簡，棼如散絲。范史所載僅五篇，又經蔚宗刪改。《元和姓纂》《太平御覽》《路史》諸書每有徵引，淮別滋多。唐、宋以來，久無善本，求是去非，葢其難也。昔者吾友汪主事因可，績學超奇，通心而敏，會萃舊刻，網羅佚聞，宏晵雅言，審定文讀，草創於嘉慶己巳、庚午閒。時紹蘭讀《禮》家居，晨夕化我，耳剽緒言頗詳。辛未服闋，握手河梁，方諄諄以《鹽鐵論》託其校勘，答言繡就是書，續行屬草，鄭重而別。江關閒闊，忽忽者七八年，紹蘭奉職無狀，罷官歸而因可墓有宿草。鍵户省愆，故人長往，庭蒿門雀，不復聞空谷足音矣。一日，陳子東爲告以因可書久成，已爲代謀剞劂，因眎之書而屬之敘。受而讀之，竊悲因可豐於學、嗇於年，又喜其能以書自延其年；東爲愛因可，莫能助之年，而能行其書以延其年；皆可貴也。

它日徧讀之，歎其解謬達怡，傳信闕疑，博訪通人，致精極數，且能規節信之過而理董之，自偁曰箋，宗鄭申毛之義，意在斯乎？惟采及芻言，是謂狐裘羔褎。即如《斷訟篇》"誅率"，《公羊·隱五年》"衛師入盛"傳："君將不言率師，書其重者也。"何休注云："分别之者，責元率。"當時未舉以相告。又如《志氏姓篇》"棐'，疑是"裴"，尚有《風俗通》"裴氏，伯益之後"，見《後漢書·桓帝紀》注，亦未引證，則紹蘭之疏略可知。今索居多暇，温尋舊文，又得如干條，要皆諓説讕言，無裨百一，九原不作，質正末由。紹蘭竊自惟質鈍學荒，罕問揚雄奇字之亭，莫窺蔡邕異書之帳，又無西州漆簡之授，徒諷南閣篆文之遺，深慕禮堂寫定之勤，殊媿任城墨守之陋，是以瑟縮經年，不能下筆。東爲敦迫不已，重其嗜古籍、竺故交，迺略書原委，坿録鄙説於後，勉副盛心焉。嘉慶己卯秋七月王紹蘭序

其次爲汪繼培嘉慶甲戌（公元 1814 年）三月寫的序（無標題），今也附

[1] 見上海圖書館編《中國叢書綜録》（一），中華書局 1959 年 12 月版第 164 頁。

[2] 臺北市聯經出版事業公司 1976 年據國立中央圖書館所藏王紹蘭稿本影印的《潛夫論校記》也載此序，文字略有不同。陳本於此序下附載王紹蘭有關《浮侈篇》之校證兩條，此兩條校證也見於王紹蘭《潛夫論校記》稿本，今輯入本書箋注，在此不再贅録。

於此以便參考。

王符《潛夫論》行於今者，有明程榮本、何鏜本（覺按：當爲何允中本，參見上文）。何本出於程，不爲異同（覺按：何本與程本實有不同處，參見本書校記）。别有舊本，與《白虎通德論》《風俗通義》合刻。《風俗通義》卷首題云"大德新刊"，三書出於同時，蓋元刻也[①]。元刻文字視程本爲勝，《邊議》《巫列》《相列》《夢列》《釋難》諸篇，簡編脱亂，不如程本；其《務本》《遏利》《慎微》《交際》《明忠》《本訓》《德化》《志氏姓》諸篇，各本脱亂並同。以意屬讀，得其端緒，因復是正文字，疏證事辭，依採經書，爲之箋註。謹案：王氏精習經術，而達於當世之務。其言用人行政諸大端，皆按切時勢，令今可行，不爲卓絶詭激之論。其學折中孔子，而復涉獵於申商刑名、韓子雜説，未爲醇儒。然符以邊隅一縫掖，閔俗陵替，發憤增歎，未能涉大廷與論議以感動人主，又不得典司治民以效其能，獨蓄大道，托之空言，斯賈生所爲太息、次公以之畧觀者已。是本以元刻爲据，其以别本及他書所引改補者，曰"舊作某，据某本某書改"，"舊脱某，据某本某書補"。其以己意改補者，止曰"舊脱某"，"舊作某"。采獲衆説，各稱名以别之。嘉慶十有九年，歲在甲戌三月，汪繼培序

再次爲《潛夫論》目録和正文校箋十卷，今已散入本書，可參見。

在此應該指出的是，汪繼培雖説其所見"舊本""蓋元刻"，但從陳本與汪繼培稿本來看，其原文文字或其箋注中所謂的"舊作某"云云，除了少數與程本相同而與魁本不同，大多與魁本相同（參見本書之【校記】和【箋注】）。據此推測，汪氏始校《潛夫論》時所用之底本爲程本，後來則以魁本之底本（即缺文多於中國國家圖書館所藏之仿宋本的一種仿宋本）作爲底本，所以其校語中大多數的"舊作某"與魁本相同[②]，但由於他改用底本後未一一加以覆

---

① 王國維《傳書堂藏書志》卷三在著録《潛夫論十卷》（明刊本）後云："明嘉、隆間刊本。與大德刊《白虎通》《風俗通》行款同，蓋亦影元本也。"（上海古籍出版社2014年8月版第488頁）比較而言，此説似乎更爲穩妥，即汪繼培所見爲嘉靖時影元刻本而非元大德原刻本。

② 參見3.1注〔15〕、3.5注〔9〕、4.3注〔5〕、6.2注〔10〕〔22〕〔23〕、6.3注〔3〕、11.6注〔2〕、14.2注〔5〕、14.10注〔3〕、16.8注〔1〕、19.5注〔6〕、23.4注〔15〕、30.2注〔12〕、30.6注〔1〕、35.2注〔23〕〔24〕〔25〕。

覈，所以某些校語中的"舊作某"便與程本相同而與魁本不同①。總之，其所用底本先爲程本，後來則以他所説的"舊本"爲底本，將程本、何本作爲對校本②，而其所謂的"舊本"恐非"元刻"③，其缺文還多於中國國家圖書館所藏之仿宋本，故不足稱善。另外，陳春在刊刻過程中又產生了不少訛誤，所以陳本文字其實並不理想，應該重新詳加校訂。

上海古籍出版社 2002 年出版《續修四庫全書》時，影印了湖海樓本《潛夫論汪氏箋》（見《續修四庫全書》第 933 冊），所以此本現在較易見到，但該影印本未收録書前的王紹蘭序及其校證，有些字也模糊不清，不免令人遺憾。

三、《湖海樓叢書》本之翻刻翻印本

汪繼培的《潛夫論箋》由於其校箋之精博而一鳴驚人，故一向爲人所重。思賢講舍於光緒十七年辛卯（公元 1891 年）孟冬月重雕了湖海樓本《潛夫論箋十卷》（版式改爲十一行二十四字）。湖南菽文書局於光緒甲午（公元 1894 年）重刻王謨所輯的《漢魏叢書》，其中的《潛夫論》也改用了《湖海樓叢書》本（版式也依《湖海樓叢書》本爲十行二十字）。此後，汪繼培的《潛夫論箋》更是不斷地被翻印而成了最通行的《潛夫論》讀本。1926 年上海中華書局出版的《四部備要》本、1935 年上海世界書局出版的國學整理社所編的《諸子集成》本、1937 年上海商務印書館出版的《叢書集成初編》本，均取此箋注本重排而成。北京中華書局、中華書局香港分局、上海書店等都重印過《諸子集成》，臺北新文豐出版公司 1985 年編印《叢書集成新編》時又影印了《叢書集成初編》本④。如今湖海樓本尚存，又有了《續修四庫全書》中的影印本，這些翻刻翻印本的價值就不大了。

第五節　現代版本

清亡以來，《潛夫論》流傳日廣，但大多是影印、重刊或重印明清時期的版本。上述原一魁本、馮舒本、程榮本、《摛藻堂四庫全書薈要》本、《文淵

---

① 參見 2.8 注〔3〕、14.3 注〔8〕、14.5 注〔7〕、21.7 注〔15〕、23.5 注〔5〕、27.4 注〔8〕、30.5 注〔1〕、31.1 注〔3〕、33.6 注〔22〕、35.4.9 注〔8〕、36.14 注〔3〕。

② 其據何本者，可參見 8.2 注〔14〕、8.4 注〔1〕〔2〕、12.4 注〔7〕、19.12 注〔6〕、28.5 注〔16〕、31.7 注〔2〕。

③ 其中恐怕也不乏誤校處，參見 1.2 注〔22〕、17.2.2 注〔4〕。

④ 見《叢書集成新編》第 19 冊。

閣四庫全書》本、《增訂漢魏叢書》本等都有影印本问世，張鎮、方恆刻本有翻印本，《子書百家》本則有重印、重刊本，陳春本有影印本和多種重刊本。選本中，除了《後漢書》有多種版本而不必贅述外，《羣書治要》《意林》《百家類纂》《諸子品節》《諸子彙函》等都有影印本。其具體情況上文已作介紹，故不再複述。

這裏再簡要地提一下具有新内容的現代《潛夫論》校釋本。這樣的著作主要有如下幾種：

一是上海古籍出版社 1978 年 4 月出版的《潛夫論》點校本。該書不但爲汪繼培的《潛夫論箋》加了新式標點，還在第 435 頁加了一個附注，説明汪繼培對《本訓篇》的改補有誤。雖然該附注衹是片言隻語，也未必正確，但該書無疑是《潛夫論》最早的新式標點整理本。

二是彭鐸校正的《潛夫論箋》（中華書局 1979 年 4 月版）、《潛夫論箋校正》（中華書局 1985 年 9 月版）。此二書對湖海樓本有所校正，所以成了當今流傳最廣、影響最大的《潛夫論》校釋本。但是，無論是湖海樓刊本，還是中華書局版《潛夫論箋校正》，在校刊過程中都産生了一些錯誤[①]，這也是值得我們注意的。

三是胡大浚、李仲立、李德奇譯注的《王符〈潛夫論〉譯注》（甘肅人民出版社 1991 年 9 月版）。該書僅印行了 1300 册，影響有限，我撰寫《潛夫論全譯》時還不知有此書，是責任編輯在我的前言中加入了該書書名，然後纔發現我之孤陋寡聞。該書在《潛夫論箋校正》的基礎上作了較爲通俗的今注今譯，其説多本自《潛夫論箋校正》而缺乏深入的研討（對“何鏜本”之類的錯誤説法也沿襲而不作考辨），衹是一般的普及性讀物。

四是王寧主編的《評析本白話鹽鐵論·潛夫論》（北京廣播學院出版社 1992 年 12 月版），其中的《潛夫論》由晏午評析翻譯，是該叢書中的一種。該叢書誤譯不少而被國家新聞出版署宣佈爲不合格産品，未經修訂不得再版[②]，所以印了一次就絶版了。

五是我的《潛夫論全譯》（貴州人民出版社 1999 年 10 月版）和《潛夫論校注》（岳麓書社 2008 年 5 月版）。此二書的不同衹在於譯文之有無，後者衹

① 中華書局 1985 年版《潛夫論箋校正》對 1979 年版《潛夫論箋》的誤字有所刊正，但仍然有不少失誤，見本書附録七。

② 見國家古籍整理出版規劃小組辦公室所編《古籍整理出版情況簡報》1994 年第 9 期，國家新聞出版署主辦的《新聞出版報》1994 年 9 月 9 日第 1 版。

是在前者的基礎上删除譯文重新排版而成。此二書的譯注雖然使全書通俗可讀，但由於用簡體字印刷，未能體現善本面貌，故未足爲典要。爲了便於讀者瞭解我當時的研究狀況，今將其後記附於此。

後　記

范史既云“世務游宦，當塗者更相薦引，而符獨耿介不同於俗，以此遂不得升進，志意藴憤，乃隱居著書三十餘篇，以譏當時失得”，然又謂符“不欲章顯其名，故號曰《潛夫論》”。何蔚宗之有史才而無史識若此其甚邪？其固不欲章顯，何著書爲？余竊悲世人不察其苦衷也。試觀昔者聖賢著述，大抵舒憤以自見。仲尼困窮，因修《春秋》；屈原放逐，乃賦《離騷》；韓非不用，遂作《孤憤》；馬遷鬱積，故述舊聞。然則君闇臣汙，乃有潛夫；耿介不俗，方有是書。其自號“潛夫”，實乃憤詞，憤其不欲潛而潛之也，故著書以自見。其《叙録》云：“字以綴愚情，財令不忽忘。芻蕘雖微陋，先聖亦咨詢。”其自見用世之情溢於言表，可謂不欲章顯邪？余嘗竊賦其書曰：嗚呼哀哉！逢時不祥。賢才伏竄，讒諛翱翔。權貴横行，方正遭殃。世代如此，能不痛傷！潛夫撰論，非不欲彰。志才鬱積，遂爲絶唱。同病相憐，始知其創。讀者諸君，宜深思量。此余之所以傾心於此書者也。

余自己巳以還，漂泊滬上六年，時傷節信之懷才不遇而仰其發憤著書也，故欲彰其文而舒其意。甲戌季夏，承蒙李立樸先生熱情支持，遂有此書之撰寫；而復旦大學圖書館劉一萍諸君、上海財經大學圖書館以及錢振民友等熱情提供各種圖書資料，亦大有益於拙著之撰寫，在此謹爲志謝。

前儒校釋，恒守多聞闕疑之則，故汪箋雖博，而猶未周遍；今人譯注，則有一步到位之求，故拙著雖淺，而欲盡其詳。然節信碩儒，學富五車，非廣聞博識則不能盡釋其文；加之其書訛脱甚夥，故譯注該書，困難寔多。不佞嘗奢望拙著成爲汪箋後又一豐碑以不朽於世，故不惜時日，焚膏繼晷，苦心經營，用力頗勤，春秋四易，始克蕆事。然汪氏博學之士，區區不才，實望其後塵而莫及，竊攀方駕，非曰能之，願學焉之意耳。孤陋寡聞，管窺蠡測，疏漏紕繆，在所難免，誠望海内外博雅君子教而正之。

太倉張覺戊寅五月初四於五角場寓舍

【附録四】

《潛夫論》研究資料輯録

【説明】

爲了給研究者提供方便，今輯録一些研究資料於此。其輯録的原則和方法是:

收集資料以古代爲主，各種刻本或校注本上的序跋題識已輯入附録三的，在此不再重複。

爲了節省篇幅，所輯資料多爲節録。其文前後有删削者，不再注明；其文中有删削者，則用省略號表示之。

爲了便於讀者進一步查考閲讀，對於所輯資料，均詳細注明出處。

所輯録的文字，皆用楷體以與我的説明文字相區别，其中的繁體字、簡體字、異體字、俗字也儘量維持原狀。其文中自注，原本都用小字，現爲了避免與正文混淆，故不但仍用小字，且加括號以區别之。我的注，則冠“覺按”以别之。

其文有些没有標點符號，有些有標點符號的也不一定妥當，今均根據我的理解重新加以標點，故其正誤，應由我負責，不宜怪罪前賢；至於其文之分段亦然。

1.【南朝·宋·范曄《後漢書·卷四十九·王充王符仲長統列傳第三十九》及李賢等注】(據中華書局1965年版《後漢書》)

王符，字節信，安定臨涇人也。少好學，有志操，與馬融、竇章、張衡、崔瑗等友善。安定俗鄙庶孽[1]，而符無外家，爲鄉人所賤。自和、安之後，世務游宦，當塗者更相薦引，而符獨耿介不同於俗，以此遂不得升進。志意藴憤，乃隱居著書三十餘篇，以譏當時失得，不欲章顯其名，故號曰《潛夫論》。其指訐時短，討讁物情[2]，足以觀見當時風政，著其五篇云爾。

《貴忠篇》曰:

夫帝王之所尊敬者，天也；皇天之所愛育者，人也。今人臣受君之重位，牧天之所愛，焉可以不安而利之、養而濟之哉？是以君子任職則思利人，達上則思進賢，故居上而下不怨，在前而後不恨也。《書》稱:“天工，人其代之。”王者法天而建官[3]，故明主不敢以私授，忠臣不敢以虚受。竊人之財猶謂之盜，況偷天官以私己乎[4]！以罪犯人，必加誅罰；況乃犯天，得無咎乎？

夫五（世）〔代〕之臣，以道事君[5]，澤及草木，仁被率土，是以福祚流衍，本支百世[6]。季世之臣，以諂媚主，不思順天，專杖殺伐。白起、蒙恬，秦以爲功，天以爲賊[7]；息夫、董賢，主以爲忠，天以爲盜[8]。《易》曰："德薄而位尊，智小而謀大，鮮不及矣[9]。"是故德不稱，其禍必酷；能不稱，其殃必大。

夫竊位之人，天奪其鑒[10]。雖有明察之資、仁義之志，一旦富貴，則背親捐舊，喪其本心，踈骨肉而親便辟，薄知友而厚犬馬，寧見朽貫千萬而不忍貸人一錢，情知積粟腐倉而不忍貸人一斗，骨肉怨望於家，細人謗讟於道。前人以敗，後爭襲之，誠可傷也。

歷觀前政貴人之用心也，與嬰兒子其何異哉？嬰兒有常病，貴臣有常禍；父母有常失，人君有常過。嬰兒常病，傷於飽也；貴臣常禍，傷於寵也。哺乳多則生癎病，富貴盛而致驕疾。愛子而賊之、驕臣而滅之者，非一也。極其罰者，乃有仆死深牢，銜刀都市[11]，豈非無功於天、有害於人者乎？

夫鳥以山爲埤而增巢其上，魚以泉爲淺而穿穴其中，卒所以得者，餌也[12]。貴戚願其宅吉而制爲令名，欲其門堅而造作鐵樞，卒其所以敗者，非苦禁忌少而門樞朽也，常苦崇財貨而行驕僭耳。

不上順天心、下育人物，而欲任其私智、竊弄君威、反戾天地、欺誣神明，居累卵之危而圖太山之安，爲朝露之行而思傳世之功[13]，豈不惑哉？豈不惑哉？

《浮侈篇》曰：

王者以四海爲家，兆人爲子。一夫不耕，天下受其飢；一婦不織，天下受其寒[14]。今舉俗舍本農，趨商賈，牛馬車輿，填塞道路；游手爲巧，充盈都邑[15]；務本者少，浮食者衆。"商邑翼翼，四方是極[16]。"今察洛陽，資末業者什於農夫，虚僞游手什於末業。是則一夫耕，百人食之；一婦桑，百人衣之。以一奉百，孰能供之？天下百郡千縣，市邑萬數，類皆如此，本末不足相供，則民安得不飢寒？飢寒並至，則民安能無姦軌？姦軌繁多，則吏安能無嚴酷？嚴酷數加，則下安能無愁怨？愁怨者多，則咎徵並臻。下民無聊，而上天降災，則國危矣。

夫貧生於富，弱生於彊，亂生於化，危生於安[17]。是故明王之養民，憂之勞之，教之誨之，慎微防萌，以斷其邪。故《易》美"節以制度，不傷財，不害民”[18]；《七月》之詩，大小教之，終而復始。由此觀之，人固不可恣也[19]。

今人奢衣服，侈飲食，事口舌而習調欺。或以謀姦合任爲業[20]，或以游博持掩爲事[21]。丁夫不扶犁鋤，而懷丸挾彈，攜手上山遨遊；或好取土，作丸賣之；外不足禦寇盜，内不足禁鼠雀。或作泥車瓦狗諸戲弄之具，以巧詐小兒，此皆無益也。

《詩》刺“不績其麻，市也婆娑”[22]。又婦人不修中饋，休其蠶織[23]，而起學巫祝，鼓舞事神，以欺誣細民，熒惑百姓。妻女羸弱、疾病之家，懷憂憒憒，易爲恐懼。至使奔走便時，去離正宅，崎嶇路側，風寒所傷，姦人所利，盜賊所中。或增禍重祟，至於死亡，而不知巫所欺誤，反恨事神之晚，此妖妄之甚者也。

或刻畫好繒，以書祝辭；或虚飾巧言，希致福祚；或糜折金綵，令廣分寸；或斷截衆縷，繞帶手腕；或裁切綺穀，縫紩成幡：皆單費百縑，用功千倍，破牢爲僞，以易就難，坐食嘉穀，消損白日[24]。夫山林不能給野火，江海不能實漏卮，皆所宜禁也。

昔孝文皇帝躬衣弋綈[25]，革舃韋帶。而今京師貴戚，衣服、飲食、車輿、廬第，奢過王制，固亦甚矣。且其徒御僕妾，皆服文組綵牒[26]，錦繡綺紈，葛子升越，筩中女布[27]。犀象珠玉，虎魄瑇瑁，石山隱飾，金銀錯鏤[28]，窮極麗靡，轉相誇咤[29]。其嫁娶者，車軿數里，緹帷竟道[30]，騎奴侍童夾轂並引。富者競欲相過，貧者恥其不逮，一饗之所費，破終身之業。古者必有命，然後乃得衣繒絲而乘車馬[31]。今雖不能復古，宜令細民略用孝文之制。

“古之葬者，厚衣之以薪，葬之中野，不封不樹，喪期無數。後世聖人易之以棺槨[32]。”桐木爲棺，葛采爲緘[33]；下不及泉，上不泄臭。中世以後，轉用楸梓槐柏杶樗之屬，各因方土，裁用膠漆，使其堅足恃，其用足任，如此而已。今者京師貴戚，必欲江南櫄梓豫章之木[34]。邊遠下土，亦競相放効。夫櫄梓豫章，所出殊遠，伐之高山，引之窮谷，入海乘淮，逆河泝洛，工匠彫刻，連累日月，會衆而後動，多牛而後致，重且千斤，功將萬夫，而東至樂浪，西達敦煌，費力傷農於萬里之地。古者墓而不墳，中世墳而不崇。仲尼喪母，冢高四尺，遇雨而崩，弟子請修之，夫子泣曰：“古不修墓[35]。”及鯉也死，有棺無椁。文帝葬芷陽[36]，明帝葬洛南，皆不臧珠寶，不起山陵，墓雖卑而德最高。今京師貴戚、郡縣豪家，生不極養，死乃崇喪。或至金縷玉匣，櫄梓楩柟，多埋珍寶偶人車馬，造起大冢，廣種松柏，廬舍祠堂，務崇華侈。

案鄗畢之陵，南城之冢[37]，周公非不忠，曾子非不孝，以爲褒君愛父，不在於聚財；揚名顯親，無取於車馬。昔晋靈公多賦以雕牆，春秋以爲（非）〔不〕君[38]；華元、樂舉厚葬文公，君子以爲不臣[39]。況於羣司士庶，乃可僭侈主上、過天道乎[40]？

《實貢篇》曰：

國以賢興，以諂衰；君以忠安，以佞危。此古今之常論，而時所共知也。然衰國危君繼踵不絶者，豈時無忠信正直之士哉？誠苦其道不得行耳。

夫十步之閒，必有茂草；十室之邑，必有忠信[41]。是故亂殷有三仁，小衛多君子[42]。今以大漢之廣土，士民之繁庶，朝廷之清明，上下之脩正，而官無善吏，位無良臣。此豈時之無賢？諒由取之乖實。

夫志道者少與，逐俗者多疇。是以朋黨用私，背實趨華。其貢士者，不復依其質幹、準其才行，但虚造聲譽，妄生羽毛。略計所舉，歲且二百。覽察其狀，則德侔顔、冉；詳覈厥能，則鮮及中人：皆總務升官，自相推達。

夫士者貴其用也，不必求備。故四友雖美，能不相兼[43]；三仁齊致，事不一節。高祖佐命，出自亡秦；光武得士，亦資暴莽。況太平之時，而云無士乎？

夫明君之詔也若聲，忠臣之和也如響，長短、大小、清濁、疾徐必相應也。

且攻玉以石，洗金以鹽[44]，濯錦以魚，浣布以灰。夫物固有以賤理貴、以醜化好者矣。智者弃短取長以致其功。

今使貢士必覈以實，其有小疵，勿彊衣飾[45]。出處默語，各因其方，則蕭、曹、周、韓之倫，何足不致？吴、鄧、梁、竇之屬，企踵可待。孔子曰："未之思也，夫何遠之有？"

《愛日篇》曰：

國之所以爲國者，以有民也；民之所以爲民者，以有穀也；穀之所以豐殖者，以有民功也；功之所以能建者，以日力也。化國之日舒以長，故其民閑暇而力有餘；亂國之日促以短，故其民困務而力不足。舒長者，非謂羲和安行[46]，乃君明民静而力有餘也。促短者，非謂分度損減[47]，乃上闇下亂，力不足也。

孔子稱既庶則富之，既富乃教之。是故禮義生於富足，盜竊起於貧窮；富足生於寬暇，貧窮起於無日。聖人深知，力者民之本、國之基也，故務省徭役，使之愛日。是以堯勑羲和，欽若昊天，敬授民時。

明帝時，公車以反支日不受章奏[48]，帝聞而怪曰："民廢農桑，遠來詣闕，而復拘以禁忌，豈爲政之意乎？"於是遂蠲其制。

(令)〔今〕冤民仰希申訴，而令長以神自畜[49]，百姓廢農桑而趨府廷者，相續道路，非朝餔不得通，非意氣不得見[50]。或連日累月，更相瞻視；或轉請鄰里，饋糧應對。歲功既虧，天下豈無受其飢者乎？

孔子曰："聽訟，吾猶人也。"從此言之，中才以上，足議曲直。鄉亭部吏，亦有任決斷者，而類多枉曲，蓋有故焉。

夫理直，則恃正而不橈；事曲，則諂意以行賕。不橈，故無恩於吏；行賕，故見私於法。若事有反覆，吏應坐之，吏以應坐之故，不得不枉之於庭。以羸民之少黨，而與豪吏對訟，其埶得無屈乎？縣承吏言，故與之同。若事有反覆，縣亦應坐之，縣以應坐之故，而排之於郡。以一民之輕，而與一縣爲訟，其理豈得申乎？事有反覆，郡亦坐之，郡以共坐之故，而排之於州。以一民之輕，與一郡爲訟，其事豈獲勝乎？既不肯理，故乃遠詣公府。公府復不能察，而當延以日月。貧弱者無以曠旬，彊富者可盈千日。理訟若此，何枉之能理乎？正士懷怨結而不見信[51]，猾吏崇姦軌而不被坐，此小民所以易侵苦，而天下所以多困窮也。

且除上天感痛致灾，但以人功見事言之。自三府州郡，至于鄉縣典司之吏、辭訟之民，官事相連更相檢對者，日可有十萬人。一人有事，二人經營，是爲日三十萬人廢其業也。以中農率之，則是歲三百萬人受其飢者也。然則盜賊何從而銷、太平何由而作乎？《詩》云："莫肯念亂，誰無父母[52]？"百姓不足，君誰與足？可無思哉？可無思哉？

《述赦篇》曰：

凡療病者，必知脈之虛實、氣之所結，然後爲之方，故疾可愈而壽可長也。爲國者，必先知民之所苦、禍之所起，然後爲之禁，故姦可塞而國可安也。

今日賊良民之甚者，莫大於數赦贖。赦贖數，則惡人昌而善人傷矣。何以明之哉？夫謹勑之人，身不蹈非，又有爲吏正直，不避彊禦。而姦猾之黨横加誣言者，皆知赦之不久故也。善人君子，被侵怨而能至闕庭自明者，萬無數人；數人之中得省問者，百不過一；既對尚書而空遣去者，復什六七矣。

其輕薄姦軌既陷罪法，怨毒之家冀其辜戮以解畜憤，而反一槩悉蒙赦釋，令惡人高會而誇咤，老盜服臧而過門，孝子見讎而不得討，遭盜者覩物而不敢取，痛莫甚焉！

夫養稂莠者傷禾稼，惠姦軌者賊良民[53]。《書》曰："文王作罰，刑茲無赦[54]。"先王之制刑法也，非好傷人肌膚、斷人壽命也；貴威姦、懲惡、除人害也。故經稱："天命有德，五服五章哉！天討有罪，五刑五用哉！"《詩》刺"彼宜有罪，汝反脱之"[55]。古者唯始受命之君，承大亂之極，寇賊姦軌，難爲法禁，故不得不有一赦，與之更新，頤育萬民以成大化，非以養姦活罪、放縱天賊也。

夫性惡之民，民之豺狼，雖得放宥之澤，終無改悔之心，旦脱重梏，夕還囹圄。嚴明令尹不能使其斷絶。何也？凡敢爲大姦者，才必有過於衆而能自媚於上者也。多散誕得之財，奉以諂諛之辭，以轉相驅[56]，非有第五公之廉直，孰不爲顧哉[57]？

論者多曰："久不赦，則姦軌熾而吏不制。宜數肆眚以解散之。"此未昭政亂之本源、不察禍福之所生也。

後度遼將軍皇甫規解官歸安定，鄉人有以貨得鴈門太守者，亦去職還家，書刺謁規，規卧不迎。既入而問："卿前在郡食鴈美乎？"有頃，又白王符在門，規素聞符名，乃驚遽而起，衣不及帶，屣履出迎，援符手而還，與同坐，極歡。時人爲之語曰："徒見二千石，不如一縫掖[58]。"言書生道義之爲貴也。符竟不仕，終於家。

…………

論曰：百家之言政者尚矣[59]。大略歸乎寧固根柢，革易時敝也。夫遭運無恆，意見偏雜，故是非之論，紛然相乖。嘗試妄論之[60]，以爲世非胥、庭，人乖鷇飲，化迹萬肇，情故萌生[61]。雖周物之智，不能研其推變；山川之奥，未足況其紆險[62]。則應俗適事，難以常條。如使用審其道，則殊塗同會；才爽其分，則一豪以乖[63]。何以言之？若夫玄聖御世，則天同極，施舍之道，宜無殊典[64]。而損益異運，文朴遞行[65]。用明居晦，回洸於曩時；興戈陳俎，參差於上世[66]。及至戴黄屋，服絺衣，豐薄不齊，而致化則一[67]；亦有宥公族，黥國儲，寬慘巨隔，而防非必同。此其分波而共源，百慮而一致者也[68]。若乃偏情矯用，則枉直必過[69]。故葛屨履霜，敝由崇儉[70]；楚楚衣服，戒在窮賒[71]；疎禁厚下，以尾大陵弱[72]；斂威峻罰，以苛薄分崩[73]。斯《曹》《魏》之刺，所以明乎國風；周、秦末軌，所以彰於微滅。故用舍之端，興敗資焉。是以繁簡唯時，寬猛相濟。刑書鐫鼎，事有可詳；三章在令，取貴能約[74]。太叔致猛政之褒，國子流遺愛之涕[75]，宣孟改冬日之和，平陽循晝一之法。斯實弛張之弘致，可以徵其統乎〔76〕！數子之言當世失得皆究矣，然多謬通方之訓，好申一隅之説〔77〕。貴清静者，以席上爲腐議；束名實者，以柱下爲誕辭〔78〕。或推前王之風，可行於當年；有引救敝之規，宜流於長世。稽之篤論，將爲敝矣。如以舟無推陸之分，瑟非常調之音〔79〕，不限局以疑遠，不拘玄以妨素，則化樞各管其極，理略可得而言與〔80〕？

贊曰：管視好偏，羣言難一。救朴雖文，矯遲必疾。舉端自理，滯隅則失。詳觀時蠹，成昭政術〔81〕。

〔1〕何休注《公羊傳》云："孽，賤也。"

〔2〕訐，攻也。謫，責也。

〔3〕《尚書·咎繇謨》曰："亡曠庶官，天工，人其代之。"孔安國注云："言人代天理官，不可以天官私非其才也。"又曰："明王奉若天道，建邦設都。"孔安國注云："天有日、月、北斗、五星二十八宿，皆有尊卑相正之法。言明王奉順此道，以立國設都也。"

〔4〕《左傳》："介之推曰：'竊人之財猶謂之盜，況貪天功以爲己力乎？'"

〔5〕五代，謂唐、虞、夏、殷、周也。

〔6〕《詩·大雅》曰："文王孫子，本支百世。"

〔7〕《史記》曰："白起爲秦將，與趙戰於長平，阬趙卒四十五萬人。蒙恬爲秦將，北逐戎翟，築長城，起臨洮至遼東，延袤萬餘里。"此爲虐於人也。

〔8〕息夫躬，字子微，哀帝時，告東平王雲事，封宜陵侯。董賢，字聖卿，得幸哀帝，爲賢起大第於北闕下，封爲高安侯。

〔9〕《易·繫辭》之言。

〔10〕《論語》："孔子曰：'臧文仲其竊位者歟？'"《左傳》："晋卜偃曰：'虢必亡矣，天奪之鑒而益其疾也。'"杜預注云："鑒，所以自照也。"

〔11〕趙將李牧爲韓倉所譖，賜死。將自誅，臂短不能及，銜刀於柱以自殺。見《戰國策》。

〔12〕曾子之文也。亦見《大戴禮》。

〔13〕朝露，言易盡也。蘇子曰："人生一世，若朝露之託於桐葉耳，其與幾何！"

〔14〕《文子》曰："神農之法曰：'丈夫丁壯不耕，天下有受其飢者；婦人當年不織，天下有受其寒者。故其耕不強者，無以養生；其織不力者，無以衣形。'"

〔15〕遊手爲巧，謂彫鏤之屬也。

〔16〕《詩·商頌》文也。鄭玄注云："極，中也。翼翼然可則効，乃四方之中正也。"

〔17〕富而不節則貧，强而驕人則弱，居理而不修德則亂，恃安而不慎微則危矣。

〔18〕"節以制度"以下，並《節卦·彖辭》也。鄭玄注云："空府臧則傷財，力役繁則害人，二者奢泰之所致。"

〔19〕《七月》，《詩·豳風》也。大謂耕桑之法，小謂索綯之類。自春及冬，終而復始也。

〔20〕合任，謂相合爲任俠也。

〔21〕博，謂六博；掩，謂意錢也。《前書·貨殖傳》曰“又況掘冢搏掩犯姦成富”也。

〔22〕《詩·陳風》也。婆娑，舞皃，謂婦人於市中歌舞以事神也。

〔23〕《易·家人卦·六二》曰：“在中饋，貞吉。”鄭玄注云：“中饋，酒食也。”《詩·大雅》曰：“婦無公事，休其蠶織。”

〔24〕損：或作“捐”。

〔25〕《前書音義》曰：“弋，皁也。綈，繒也。”

〔26〕牒，即今疊布也。

〔27〕《説文》曰：“綺，文繒也。”《前書》曰：“齊俗作冰紈。”子，細稱也。沈懷遠《南越志》曰：“蕉布之品有三：有蕉布，有竹子布，又有葛焉。雖精麤之殊，皆同出而異名。”楊雄《蜀都賦》曰：“布則蜘蛛作絲，不可見風，筩中黄潤，一端數金。”盛弘之《荆州記》曰：“秭歸縣室多幽閑，其女盡織布至數十升。”今永州俗猶呼貢布爲女子布也。

〔28〕《廣雅》曰：“虎魄，珠也。生地中，其上及旁不生草，深者八九尺。初時如桃膠，凝堅乃成。其方人以爲枕。出罽賓及大秦國。”《吴録》曰：“瑇瑁似龜而大，出南海。”山石，謂隱起爲山石之文也。

〔29〕郭景純注《子虛賦》曰：“詫，誇也。”“咤”與“詫”通也。

〔30〕《蒼頡篇》曰：“軿，衣車。”軿，音薄丁反，又步田反。

〔31〕《尚書大傳》曰：“古之帝王者必有命。人能敬長矜孤，取舍好讓者，命於其君，得乘飾車軿馬，衣文錦。未有命者，不得衣，不得乘，乘衣者有罰。”

〔32〕《易·繫辭》之言也。

〔33〕《尸子》曰：“禹之喪法，死於陵者葬於陵，死於澤者葬於澤，桐棺三寸，制喪三日。”《墨子》曰：“舜西教乎七戎，道死，葬南巴之中，衣衾三領，款木之棺，葛以緘之。”采，猶蔓也。緘，束也。

〔34〕檽，音乃豆反，見《埤蒼》。《爾雅》曰：“栭，檽。”音而，注云“檽，似槲樕而痺小”，恐非棺槨之用。豫章，即樟木也。

〔35〕孔子合葬母於防，曰：“吾聞之，古也墓而不墳。”於是封之，崇四尺。孔子先反，門人後。雨甚，至。孔子曰：“爾來何遲也？”曰：“防墓崩。”孔子泫然流涕曰：“吾聞之，古不修墓。”見《禮記》也。

〔36〕縣名，屬京兆，文帝後改曰霸陵。

〔37〕畢，周文王、武王葬地也。司馬遷云“在鄗東南杜中”，無墳隴，在今咸陽縣西北。孔安國注《尚書》云：“在長安西北。”南城山，曾子父所葬，在今沂州費縣西南也。

〔38〕《左傳》:“晋靈公不君，厚斂以雕牆。”杜預注云:“不君，失君道也。雕，畫也。”

〔39〕《左傳》:“宋文公卒，始厚葬，用蜃炭，益車馬，始用殉，椁有四阿，棺有翰檜。君子謂華元、樂舉於是不臣，是弃君於惡也。”

〔40〕《前書》:“貢禹曰:‘今大夫僭諸侯，諸侯僭天子，天子過天道，其日久矣。’”

〔41〕《説苑》曰:“十步之澤，必有芳草。”《論語》曰:“十室之邑，必有忠信也。”

〔42〕亂殷，謂紂時也。三仁，箕子、微子、比干也。《左傳》:“吴季札適衛，悦蘧瑗、史狗、史鰌、公子荆、公叔發、公子朝，曰:‘衛多君子，未有患也。’”又“臧宣叔曰:‘衛之於晋，不得爲次國。’”杜預注云:“春秋之時，以彊弱爲大小，衛雖侯爵，猶爲小國。”

〔43〕《尚書大傳》:“孔子曰:‘文王得四臣，丘亦得四友。’謂回也爲胥附，賜也爲奔走，師也爲先後，由也爲禦侮，其能各不同也。”

〔44〕《詩·小雅》曰:“它山之石，可以攻玉。”今之金工發金色者，皆淬之於鹽水焉。

〔45〕衣飾，謂裝飾以成其過也。衣，音於氣反。

〔46〕羲和，日也。《山海經》曰:“東南海之外，甘水之閒，有羲和之國。有女子曰羲和，方浴日於甘泉。羲和者，帝俊之妻，是生十日。”郭璞注曰:“羲和，蓋天地始生日月者也。”

〔47〕《洛書甄耀度》曰:“凡周天三百六十五度四分度之一,一度爲千九百三十二里。日一日行一度，月一日行十三度十九分度之一也。”

〔48〕凡反支日，用月朔爲正。戌、亥朔，一日反支；申、酉朔，二日反支；午、未朔，三日反支；辰、巳朔，四日反支；寅、卯朔，五日反支；子、丑朔，六日反支。見《陰陽書》也。

〔49〕難見如神也。

〔50〕《説文》曰:“餔，謂日加申時也。”今爲“晡”字也。

〔51〕信，讀曰伸。

〔52〕《詩·小雅》也。

〔53〕《爾雅》曰:“稂，童粱。”郭璞注云:“莠類也。”《詩》曰:“不稂不莠。”稂，音郎。

〔54〕《康誥》之言也。

〔55〕《詩·大雅》也。“此宜無罪，汝反收之；彼宜有罪，汝反脱之。”毛萇注云:“脱，赦也。”

〔56〕誕，猶虚也。

〔57〕謂第五倫也。爲司空，性廉直也。

〔58〕《禮記·儒行》:“孔子曰:‘丘少居魯，衣逢掖之衣。”鄭玄注曰:“逢，猶大也。大掖之衣，大袂單衣也。”

〔59〕尚，猶遠也。

〔60〕謙不敢正言也。

〔61〕赫胥氏、大庭氏並古之帝號。《莊子》曰："夫聖人鶉居而鷇飲。"言鶉鳥無常居，鷇飲不假物，並淳朴時也。肇，始也。

〔62〕《易·繫辭》曰："知周乎萬物而道濟天下。"推，遷也。《莊子》曰："凡人心險於山川，難知於天也。"

〔63〕用得其人，審其道也。授非其才，爽其分也。《易·繫辭》曰："天下同歸而殊塗，一致而百慮。"《易緯》曰："差以毫釐，失之千里。"

〔64〕《莊子》曰："玄聖，素王道也。"極，猶致也。言法天之道，同其致也。施舍，猶興廢也。

〔65〕《論語》"孔子曰：'殷因於夏禮，所損益可知也。'"朴，質也。《禮記》曰："文質再而復也。"

〔66〕回泬，猶攜互不齊一也。泬音穴。

〔67〕《前書音義》曰："天子車以黄繒爲蓋裏，故曰黄屋。"《韓子》曰："堯之王天下也，冬日鹿裘，夏日葛衣。"絺，葛也。

〔68〕《禮記》曰："公族有死罪，獄成，有司讞于公曰：'某之罪在大辟。'公曰：'宥之。'有司又曰：'在大辟。'公又曰：'宥之。'"《史記》曰："秦孝公太子犯法，衛鞅曰：'太子，君嗣也，不可施刑。刑其傅公子虔，黥其師公孫賈也。'"

〔69〕《孟子》曰："矯枉過直。"矯，正也。枉，曲也。言正曲者過於直，以喻爲政者懲奢則太儉，患寬則傷猛，不能折衷也。

〔70〕《詩·魏風·序》曰："葛屨，刺褊也。其君儉嗇褊急，而無德以將之。"《詩》曰："糾糾葛屨，可以履霜。"鄭玄注云："葛屨賤，皮屨貴，魏俗至冬猶葛屨，可用履霜，利其賤也。"

〔71〕《詩·曹風·序》曰："蜉蝣，刺奢也。"《詩》曰："蜉蝣之羽，衣裳楚楚。"毛萇注云："蜉蝣，渠略也。朝生夕死，猶有羽翼以自飾。楚楚，鮮皃也。喻曹朝羣臣皆小人也。徒飾其衣裳，不知死亡之無日。""賖""奢"同。

〔72〕疎禁，謂防制太寬；厚下，謂封建太廣。言周室微弱而諸侯強盛，如尾大然。《左傳》："楚申無宇曰：'末大必折，尾大不掉也。'"

〔73〕斂，聚也。言秦酷法，以至分崩也。

〔74〕《左傳》曰："鄭人鑄刑書。"杜預注云："鑄刑書於鼎，以爲國之常法也。"高祖初入關，除秦苛法，約法三章。言其詳約不同。

〔75〕《左傳》曰："鄭子産有疾，謂子大叔曰：'我死，子必爲政。唯有德者能以寬服人，其次莫如猛。'"又曰："子産卒，仲尼聞之，出涕曰：'古之遺愛也。'"國子即子産也，鄭穆公子國之子，因以爲姓也。

〔76〕宣孟，晋大夫趙盾也。《左傳》："賈季對酆舒曰：'趙衰，冬日之日也。趙盾，夏日之日也。'"注云："冬日可愛，夏日可畏。"《前書》："平陽侯曹參爲相國，百姓歌之曰：'蕭何爲法，講若畫一。曹參代之，守而勿失。載其清静，人以寧一。'"

〔77〕一隅，謂一方偏見也。

〔78〕清静，謂道家也。席上，謂儒也。腐，朽也。《禮記·儒行》曰："儒有席上之珍。"高祖折隨何曰："安用腐儒哉？"名實，名家也。柱下，老子也。誕，虚也。言志各不同也。

〔79〕古法不施於今，猶舟不可行之於陸也。今法有合於時，如瑟可移柱而調也。《莊子》曰："是推舟於陸，勞而無功也。"《前書》："董仲舒曰：'琴瑟不調，甚者必解而更張之，乃可鼓也。爲政不行，甚者必變而更化之，乃可理也。"

〔80〕音余。

〔81〕滯隅，謂偏執一隅也。《淮南子》曰："非循一跡之路，守一隅之指，而不與俗推移也。"

2.【唐·魏徵等《隋書·卷三十四·志第二十九·經籍三·子·儒者》】（據中華書局1973年版《隋書》）

《潛夫論》十卷（後漢處士王符撰）

3.【唐·韓愈《後漢三賢贊》三首之二】（據上海古籍出版社1997年版《韩愈全集》）

王符節信，安定臨涇。好學有志，爲鄉人所輕。憤世著論，《潛夫》是名。《述赦》之篇，以赦爲賊良民之甚，其旨甚明。皇甫度遼，聞至乃驚，衣不及帶，屣履出迎。豈若鴈門，問鴈呼卿？不仕終家，吁嗟先生！

4.【後晋·劉昫等《舊唐書·卷四十七·志第二十七·經籍下·丙部子録·儒家類》】（據中華書局1975年版《舊唐書》）

《潛夫論》十卷（王符撰）

5.【宋·歐陽修、宋祁《唐書·卷五十九·志第四十九·藝文三·丙部子録·儒家類》】（據中華書局1975年版《新唐書》）

王符《潛夫論》十卷

6.【宋·王堯臣、王洙、歐陽修等《崇文總目·卷五·儒家類》】（據臺灣

商務印書館 1986 年版《景印文淵閣四庫全書》674 冊之《崇文總目》)

《潛夫論》十卷

7.【宋・鄭樵《通志・卷六十六・藝文略第四・諸子類第六・儒術》】(據商務印書館 1935 年版《萬有文庫》第二集《通志》)

《潛夫論》十卷(後漢處士王符撰)

8.【宋・晁公武《郡齋讀書志・卷第十・儒家類》】(據上海古籍出版社 1990 年版《郡齋讀書志校證》)

《潛夫論》十卷

右後漢王符節信撰。在和、安之世,耿介不同於俗,遂不得進,隱居著書三十六篇,以譏當時失得,不欲彰顯其名,故號曰"潛夫"。范曄取其《貴忠》《浮侈》《實貢》《愛日》《述赦》等五篇,以爲足以觀見當時風政,頗潤益其文。後韓愈亦贊其《述赦》旨意甚明云。

9.【宋・陳振孫《直齋書録解題・卷十・雜家類》】(據臺灣商務印書館 1986 年版《景印文淵閣四庫全書》第 674 冊之《直齋書録解題》)

《潛夫論》十卷

漢安定王符節信撰。

10.【元・馬端臨《文獻通考・卷二百九・經籍考三十六・子・儒家》】(據商務印書館 1936 年版《萬有文庫》第二集《文獻通考》)

《潛夫論》十卷

> 鼂氏曰:後漢王符節信撰。在安、和之世,耿介不同於俗,遂不得進,隱居著書三十六篇,以譏當時失得,不欲彰顯其名,故號曰"潛夫"。范曄取其《貴忠》《浮僞(覺按:當作"浮侈")》《真實(覺按:當作"實貢")》《愛日》《述赦》等五篇,以爲足以觀見當時風政,頗潤益其文。後韓愈亦贊其《述赦》旨意甚明云。

11.【元・脱脱等《宋史・卷二百五・志第一百五十八・藝文四・儒家類》】(據中華書局 1977 年版《宋史》)

王符《潛夫論》十卷

12. **【清·周中孚《鄭堂讀書記·卷三十六·子部·儒家類》】**（據上海古籍出版社 2002 年版《續修四庫全書》第 924 冊影印民國十年刻《吴興叢書》本）

《潛夫論》十卷（《漢魏叢書》本）

漢王符撰（符字節信，安定臨涇人）《四庫全書》著録，《隋·志》《新、舊唐·志》《崇文目》《讀書志》《通攷》《宋·志》俱載之。晁氏稱其“在和、安之世，耿介不同於俗，遂不得進，隱居著書三十六篇，以譏當時得失，不欲彰顯其名，故號曰‘潛夫’。范蔚宗取其《貴忠》《浮侈》《實貢》《愛日》《述赦》五篇，以爲足以觀見當時風俗，頗潤益其文。後韓愈亦贊其《述赦》旨意甚明云”。今案末卷敘録，自《讚學》以迄《志氏姓》，本三十五篇，稱三十六篇者，連《敘録》在内也。以其本傳攷之，節信之著書，當在桓帝之世。雖以耿介忤時，發憤著書，然明達治體，所敷陳多切中漢末弊政，非迂儒矯激務爲高論比也。所以蔚宗作傳，并録入《貴忠》以下五篇，與《王充、仲長統傳》合爲一卷而統論之，亦取其皆以著書名世耳。其實是書兼有《論衡》《昌言》之長，故唐、宋人著録皆列之儒家云。

13. **【清·周中孚《鄭堂讀書記·補逸·卷二十·子部·儒家類》】**（據中華書局 1993 年版《鄭堂讀書記》）

《潛夫論箋》十卷（《湖海樓叢書》本）

國朝汪繼培箋（仕履見史部正史類） 蘇潭（覺按：汪繼培號蘇潭）績學淵博，考證極精，嘗箋釋《鹽鐵》《潛夫》二論，陳東爲（春）稱其“鈎稽乙注，眇極繭絲”。惜年未中壽而没，其《鹽鐵論箋》未有成書。此編亦僅初稿，未經釐訂，然引證詳覈，深得旨趣。又所據者，爲元時《白虎通德論》《風俗通義》及此書合刊本，參校明程榮、何鏜諸本及他書所引，或改補，或存疑，俱詳註於下，真善本也。其前自序，作於嘉慶甲戌，至己卯秋，東爲得其遺書，屬王晚聞（紹蘭）（覺按：王紹蘭號南陔，王宗炎號晚聞，此以晚聞爲紹蘭號，誤）審定而付之梓。晚聞爲序，并以編中所未及者，條列百餘條，繫所作序後，以爲之補焉。

14. **【清·劉熙載《藝槩·文槩》】**（據上海古籍出版社 2002 年版《續修四庫全書》第 1714 冊《藝槩》卷一）

王充、王符、仲長統三家文，皆東京之矯矯者。分按之：大抵《論衡》

奇創，略近《淮南子》;《潛夫論》醇厚，略近董廣川（覺按：董仲舒爲廣川人）;《昌言》俊發，略近賈長沙（覺按：賈誼曾爲長沙王太傅）。范史譏三子“好申一隅之説”，然無害爲各自成家。

…………

《潛夫論》皆貴德義、抑榮利之旨，雖論卜、論夢亦然。

【附録五】

《潛夫論全譯》前言

【説明】

拙著《潛夫論全譯》於 1999 年 10 月由貴州人民出版社出版，其《前言》對《潛夫論》的有關問題作了概括的論述。該文曾分爲兩篇以"王符《潛夫論》考"與"試論王符《潛夫論》的文化價值"爲題分别發表於《古籍整理研究學刊》1998 年第 4 期、《孔孟月刊》1997 年 12 月第 36 卷第 4 期，由於發表時各位編輯的删改有所不同，所以其文不盡相同。今將原稿修改後附於此，以供讀者參考。

東漢王符以區區布衣而成爲享譽古今的思想家、政論家，並没有其他的緣故，而主要在於他所著的《潛夫論》博見卓識，具有相當高的文化價值。該書不但對東漢時期的政治、經濟、軍事、教化等各個方面作了真實的揭示與深刻的批判，而且對政治策略、文教德化、經濟方針、邊防建設、人才選用、修學立身、交際處世、宇宙本原、人類起源、遠古帝系、姓氏源流、上古制度、卜筮祝咒、看相占夢等都作了頗有價值的探討與剖析。應該説，《潛夫論》不但是一面真實地反映東漢社會的鏡子，而且是一座豐富多彩、包羅萬象的學術寶庫。所以，它不但是研究東漢時代的學者所必須關注的一部要籍，而且是每一個想瞭解和研究中國古代文化的人所必須閱讀的一部小百科全書。

一、王符的生平事蹟及其所處的時代

古代關於王符生平事蹟的記載很有限，現在所能看到的有關他的原始材料，除《潛夫論》中的一部分内容外，衹有《後漢書》卷四十九的《王符列傳》[①]。根據這些材料，可知王符字節信，東漢安定郡臨涇縣（今甘肅省鎮原縣）人。雖然他因爲庶出而受到鄉里之人的鄙視，但他從小就很有志氣，勤奮好學，與馬融、竇章、張衡、崔瑗等有節操的著名學者都有友好的交往。從他所寫的文章來看，他不但精通儒家經典（如《論語》《周易》《詩經》《尚書》《孝經》《左傳》《孟子》等），而且也通曉諸子百家及各種史籍（如《老子》《孫子》《商君書》《荀子》《韓非子》《國語》《周書》《世本》《戰國策》《史記》等），甚至還精通各種方術雜占之書，並能將各家著作融會貫通且結合社會實際而形成一家之言。應該説，他既是一位博學多識的鴻儒，同時也是一位對社會現實具有清醒認識的思想家。但由於東漢和帝、安帝以後官場日益腐敗，仕進得依靠奉承巴結當權者，而王符秉性正直，偏偏不同於流俗，不會隨風轉舵、奉承拍馬，所以他即使才高學深，也一直没有做上官而閒居在家。對此，他是很憤慨的。爲了實現自己的抱負而使自己不朽於世，他便在不能立德、立功的境遇下發憤著書，寫了很多指責時弊、研討學術的文章。他自號“潛夫”，將其著作定名爲《潛夫論》，以此來表示他對世俗社會的不滿以及與黑暗官場的徹底決裂[②]。不過，他雖然終生未仕，但他的高風亮節及其學術造詣早已使他頗有名望。皇甫規免官回安定後，同鄉中有個曾靠賄賂得任雁門太守的去求見他，他躺着不去迎接；一會兒聽説王符在門口，他便匆忙起床去迎接，攜手進屋，促膝相叙，極爲高興。此事一方面表現出皇甫規對名節之士的尊重，但另一方面也反映出了王符在當時的名望。

至於王符的生卒年，史籍上没有明確記載，人們祇能根據《後漢書》的有關材料作一些間接的推測。現在學術界較爲一致的意見是：王符約生於公

---

① 范曄《後漢書》卷四十九《王充王符仲長統列傳》：“王符，字節信，安定臨涇人也。少好學，有志操，與馬融、竇章、張衡、崔瑗等友善。安定俗鄙庶孽，而符無外家，爲鄉人所賤。自和、安之後，世務游宦，當塗者更相薦引，而符獨耿介不同於俗，以此遂不得升進。志意藴憤，乃隱居著書三十餘篇，以譏當時失得，不欲章顯其名，故號曰《潛夫論》。其指訐時短，討讁物情，足以觀見當時風政……後度遼將軍皇甫規解官歸安定，鄉人有以貨得鴈門太守者，亦去職還家，書刺謁規，規卧不迎。既入而問：‘卿前在郡食鴈美乎？’有頃，又白王符在門，規素聞符名，乃驚遽而起，衣不及帶，屣履出迎，援符手而還，與同坐，極歡。時人爲之語曰：‘徒見二千石，不如一縫掖。’言書生道義之爲貴也。符竟不仕，終於家。”（中華書局 1965 年版《後漢書》第 1630—1643 頁）

② 范曄《後漢書·王符列傳》説他“不欲章顯其名，故號曰《潛夫論》”。我認爲這種説法不當。從《潛夫論·叙録》來看，他是追求功名、想立言以不朽的，而並不是“不欲章顯其名”纔寫《潛夫論》的。即從《後漢書·王符列傳》的記載來看，他著書之後也已經名聲卓著，所以皇甫規才十分敬重他。參見本書附録三所附《潛夫論全譯·後記》。

元85年而卒於公元162年[①]。但也有一些其他的説法，如有人認爲他約生於公元85年而卒於公元163年[②]，有人認爲他約生於和、安之際而卒於桓、靈之際[③]，有人認爲他約生於公元108年而卒於公元174年[④]，還有人認爲他約生於漢章帝建初七年（公元82年）而卒於桓帝、靈帝之際（公元167年左右）[⑤]。究竟哪一種説法較爲合乎實際呢?

《後漢書·王符列傳》説：王符"少好學，有志操，與馬融、竇章、張衡、崔瑗等友善"[⑥]。據《後漢書·馬融列傳》，馬融於延熹九年卒於家，年八十八[⑦]，則其生卒年爲公元79至166年。據《後漢書·張衡列傳》，張衡於永和四年卒，年六十二[⑧]，則其生卒年爲公元78至139年。據《後漢書·崔駰列傳》，漢順帝漢安初，大司農胡廣、少府竇章曾推薦崔瑗任濟北相，歲餘，病卒，年六十六[⑨]，則其生卒年當爲公元78至143年。據《後漢書·竇融列傳》，竇章於建康元年（公元144年）卒於家[⑩]，其生年則無從推知。從馬融、張衡、崔瑗的生年僅差一歲的情況來看，青少年時互相友善的人，其年齡是很接近的，這也合乎我們現在的情況。依這種人之常情推測，則王符、竇章也當生於公元78年或79年。所以，没有其他佐證而説王符生於公元85年，

① 見上海辭書出版社1980年7月版《辭海·哲學分冊》第175頁；馮契著《中國古代哲學的邏輯發展》中冊，上海人民出版社1984年10月版第470頁；高清海主編《文史哲百科辭典》，吉林大學出版社1988年5月版第90頁；趙吉惠、郭厚安主編《中國儒學辭典》，遼寧人民出版1988年12月版第27頁；丁守和主編《中華文化辭典》，廣東人民出版社1989年5月版第965頁；中國百科大辭典編委會編《中國百科大辭典》，華夏出版社1990年9月版第14頁；張岱年主編《中華思想大辭典》，吉林人民出版社1991年2月版第13頁；馮契主編《哲學大辭典》，上海辭書出版社1992年10月版第114頁；《中國小百科全書》編纂委員會編《中國小百科全書》，團結出版社1994年4月版第七卷第102頁；劉冠才等主編《諸子百家大辭典》，華齡出版社1994年12月版第140頁。

② 見上海古籍出版社1978年4月版標點本《潛夫論》"出版説明"；《辭源》（修訂本）第三冊，北京商務印書館1981年12月修訂第1版第2045頁。

③ 見侯外廬等著《中國思想通史》（第二卷），人民出版社1957年4月版第423頁；中華書局編輯部《潛夫論箋·出版説明》，中華書局1979年4月版。

④ 見李學勤、吕文郁主編《四庫大辭典》，吉林大學出版社1996年1月版第1546頁。

⑤ 見劉文英《王符評傳》，南京大學出版社1993年9月版第2頁。

⑥ 見中華書局版《後漢書》第1630頁。

⑦ 見中華書局版《後漢書》第1972頁。

⑧ 見中華書局版《後漢書》第1939頁。

⑨ 見中華書局版《後漢書》第1724頁。

⑩ 見中華書局版《後漢書》第822頁。

雖然還不能貿然斷言其誤，但我認爲是不妥當的。

至於認爲他生於和、安之際（公元 106 年）或公元 108 年，則顯然是未詳考《潛夫論》而導致的誤説。據《潛夫論》本文，可知《勸將》作於公元 111 年,《救邊》作於公元 115 年,《邊議》《實邊》作於公元 116 年[①]，這些文章顯然不是一個兒童所能寫成的。

至於説王符生於建初七年（公元 82 年），其理由是：據古書上的古注，“符”有符瑞、瑞應的意思；王符字節信，而《周禮・春官》注云：“瑞，節信也。”這注解正可證明王符的“符”是符瑞的意思。另一方面，建初七年，岐山出現了銅罇、白鹿等符瑞，王符取名“符”，很可能與此有關。所以，他應該出生於建初七年[②]。這種説法似乎有理有據，但我認爲它是出於一種誤解，因爲王符的“符”並非是符瑞的意思。從《潛夫論》之文來看,《思賢》“稽節合符”、《本政》“千里合符”、《三式》“剖符受策”、《交際》“掩若同符”等等,“符”均是符節、信符的意思。至於符瑞,《潛夫論》中往往説成“祥”(見《務本》)、“符瑞”“瑞應”(見《三式》)、“應瑞”(見《巫列》)、“休徵”(見《相列》)、“珍異”(見《本訓》)等，單言“符”者極少。由此可見,“符”在古代雖然有時用來表示符瑞，但王符之“符”應該是符節、信符的意思。至於《周禮・春官・序官》“典瑞”鄭注云:“瑞，節信也。”其實也不能證成其説，因爲這“節信”之“瑞”是指瑞玉，即玉製的信物，所以《周禮・春官・典瑞》“掌玉瑞玉器之藏”鄭注云:“人執以見曰瑞，禮神曰器。瑞，符信也。”可見，王符字“節信”，正好可以用來證明其“符”字是符節、信符的意思，而根本不能用來證明其“符”字爲符瑞之意。誠然，即使王符之“符”爲符瑞之義，但章帝時的符瑞也並非衹出現在建初七年。據《後漢書・肅宗孝章帝紀》，建初四年(公元 79 年),“甘露降泉陵、洮陽二縣”[③]。而《禮記・仲尼燕居》“萬物服體”《釋文》云:“符，謂甘露醴泉之屬。”據此，我們似乎也可説他因降甘露之符瑞而取名，從而證明他生於公元 79 年。當然，誤解其名字來推測其生年的做法，我認爲是不可取的。

《後漢書・王符列傳》載,“皇甫規解官歸安定”後王符曾去拜訪他[④]。《四庫全書・潛夫論・提要》説:“規解官歸里，據本傳在延熹五年。”所以現在的

---

① 見各篇【提要】之考證。

② 見劉文英《王符評傳》，南京大學出版社 1993 年 9 月版第 4—6 頁。

③ 見中華書局版《後漢書》第 139 頁。

④ 見中華書局版《後漢書》第 1643 頁。

學者大都將王符卒年定在公元 162 年（即延熹五年）。其實，這衹是一種不求甚解的誤斷。據《後漢書・皇甫規列傳》，皇甫規爲安定郡朝那人，延熹四年冬，他被舉爲中郎將，破零吾；明年冬，徵還拜議郎，遭徐璜等陷害而下獄；會赦，歸家①。據《後漢書・孝桓帝紀》，延熹四年十一月，中郎將皇甫規破羌；延熹六年三月，大赦天下②。由此可知，皇甫規解官歸安定應在桓帝延熹六年（公元 163 年）三月以後。既然他回安定後王符去拜訪過他，則王符至少應該活到公元 163 年 4 月，而不可能死於公元 162 年。至於他究竟死在哪一年，因爲没有確實的材料而難下定論。

總上所述，我認爲王符的生卒年大致與馬融相似，即約生於公元 79 年（或公元 78 年），卒於公元 163 年夏季以後，可能卒於公元 165 年。他的成人活動期是在東漢和帝至桓帝之時③。

這一時期，是東漢王朝日益衰落的時期。公元 88 年和帝即位時纔十歲，由竇太后臨朝，竇憲執政。後來和帝與宦官收竇憲大將軍印綬，又迫使其自殺④。公元 105 年和帝死，殤帝即位時纔生下百餘日，由鄧太后臨朝⑤，太后兄鄧騭爲車騎將軍、儀同三司⑥。公元 106 年殤帝死，安帝即位時纔十三歲，仍由鄧太后臨朝⑦。公元 121 年，鄧太后死，安帝親政，便剷除諸鄧⑧，諸宦官及安帝乳母王聖母女用事，狼狽爲姦，作惡多端⑨，氣勢淩人。如王聖之女伯榮奉使出外，王、侯都得拜於車下，所到之處，便得修路供物，花費甚巨⑩。宦官如樊豐等也與王聖一樣，肆無忌憚，詐作詔書，調發錢穀、木材、徒士，

---

① 見中華書局版《後漢書》第 2129、2133、2135 頁。

② 見中華書局版《後漢書》第 309、311 頁。

③ 上海人民出版社 1980 年 8 月出版的孫叔平《中國哲學史稿》上册第 342 頁、吉林人民出版社 1990 年 9 月出版的吴楓主編的《中華思想寶庫》第 2477 頁都説王符的活動年月在東漢桓、靈二帝時期，似未確。

④ 見《後漢書・孝和孝殤帝紀》，中華書局 1965 年版第 165—173 頁。

⑤ 見《後漢書・孝和孝殤帝紀》，中華書局 1965 年版第 195 頁。

⑥ 見《後漢書・鄧寇列傳》所附鄧騭傳（中華書局 1965 年版第 612 頁）。太尉（大司馬）、司空、司徒這三公之名均有“司”字，故稱“三司”。“儀同三司”，説明其權位極貴。

⑦ 見《後漢書・孝安帝紀》，中華書局 1965 年版第 204 頁。

⑧ 見《後漢書》中的《孝安帝紀》及《鄧寇列傳》所附鄧騭傳（中華書局 1965 年版第 232、616 頁）。

⑨ 見《後漢書・來歷列傳》，中華書局 1965 年版第 591 頁。

⑩ 見《後漢書・陳忠列傳》，中華書局 1965 年版第 1563 頁。

各自建造家舍、園池等，役費無數[①]。公元 125 年安帝死，閻后立北鄉侯而自己臨朝，以閻顯爲車騎將軍、儀同三司[②]。當年北鄉侯死，宦官孫程等立順帝，殺閻顯，幽禁閻太后，當時順帝纔十一歲[③]，大權實爲宦官所掌。宦官權勢日重，不但被封侯，而且得以養子襲爵。後來梁氏漸漸得勢，公元 144 年，順帝死，沖帝即位纔二歲，梁太后臨朝[④]。公元 145 年，沖帝死，質帝即位纔八歲，大將軍梁冀更爲驕橫，質帝稱他爲"跋扈將軍"，便馬上被梁冀毒死了[⑤]。公元 146 年，桓帝即位時纔十五歲，仍由梁太后臨朝[⑥]，梁冀更爲橫行跋扈。他妻略婦女，亂殺無辜；對街起宅，臺閣周通；廣拓園林，起菟苑數十里，傷其兔者罪至死[⑦]。公元 159 年，桓帝與宦官定謀剷除梁冀[⑧]，以後權勢便又落入宦官手中。由此可見，這時期的皇帝即位時都年幼，不能理事，而外戚、宦官爭權奪利，鬬爭十分激烈，所以朝中大臣往往不能正常地行使職權，因而導致了政局的混亂。而在朝得勢的外戚或宦官肆意揮霍民脂民膏，也助長了地方官吏的貪汙腐敗。順帝漢安元年（公元 142 年）命杜喬、張綱等八人巡視州郡，查究吏治，張綱説："豺狼當路，安問狐狸！"[⑨]由此可以想見當時官場之腐敗。官逼則民反，所以起兵反抗者不絶。如和帝永元十三年（公元 101 年），南郡巫縣（今重慶市巫山縣北）許聖等以收税不公聚衆反叛[⑩]。安帝永初元年（公元 107 年），金城、隴西諸郡羌人因徭役繁重、被派遣遠征西域而起兵反抗；次年，滇零等還自稱"天子"，勢力甚強，以致漢王朝衹得將隴西、安定等郡内遷以避其禍[⑪]；元初五年（公元 118 年），越巂夷封離等因賦斂繁多而反叛；次年，永昌、益州、蜀郡之夷皆反叛以響應封離[⑫]。順帝永建

① 見《後漢書·楊震列傳》，中華書局 1965 年版第 1764 頁。
② 見《後漢書》之《孝安帝紀》《皇后紀下》，中華書局 1965 年版第 241、436 頁。
③ 見《後漢書》之《孝順帝紀》《皇后紀下》，中華書局 1965 年版第 249、437 頁。
④ 見《後漢書·孝沖帝紀》，中華書局 1965 年版第 275 頁。
⑤ 見《後漢書》之《孝質帝紀》《梁冀列傳》，中華書局 1965 年版第 276、282、1179 頁。
⑥ 見《後漢書·孝桓帝紀》，中華書局 1965 年版第 287 頁。
⑦ 見《後漢書·梁冀列傳》，中華書局 1965 年版第 1181、1182 頁。
⑧ 見《後漢書·梁冀列傳》，中華書局 1965 年版第 1186 頁。
⑨ 見《後漢書》之《孝順帝紀》《張綱列傳》，中華書局 1965 年版第 272、1817 頁。
⑩ 見《後漢書·南蠻西南夷列傳》，中華書局 1965 年版第 2841 頁。
⑪ 見《後漢書·西羌傳》，中華書局 1965 年版第 2886、2888 頁。
⑫ 見《後漢書·南蠻西南夷列傳》，中華書局 1965 年版第 2853 頁。

七年（公元 132 年），揚州章何等稱將軍，攻略範圍涉及四十九縣[①]；永和元年（公元 136 年），武陵郡之蠻也因官方增加租賦而反叛[②]；永和三年（公元 138 年），九江郡蔡伯流攻至廣陵，殺江都長；此後揚州、徐州、九江等地起義不斷，如張嬰、范容、周生、徐鳳、馬勉、黄虎等聲勢均大[③]。桓帝時則有陳留人李堅起兵；而太山、琅邪一帶起義軍公孫舉等攻及青州、兖州、徐州，規模更大；其後太山、琅邪一帶勞丙、叔孫無忌等又相繼起事；長沙郡、零陵郡的起義軍也攻佔桂陽、蒼梧、南海等地[④]。東漢王朝就這樣在朝野動亂中日益衰微了。

追求建立“當世”“大功”而滿懷激情、思想深刻的王符面對這種衰世，當然不會無動於衷，而是“中心時有感”。但是，他由於未能當官而“無所効其勛”，所以就效法古代聖賢，總結歷史教訓，針對時弊，研討學術，將自己的滿腔熱血和憤懣熔鑄成了光耀千古的不朽篇章，以寄託他的“愚情”[⑤]。王符的“愚情”，實是一番救國救民的苦心與癡情。他在《潜夫論》中對種種社會弊端的分析與批判，無非是想拯救這衰微的時勢而爲民造福。當然，我們閱讀《潜夫論》，總會感覺到字裏行間缺乏一種雄壯勃發之氣，而充滿着沉悶抑鬱之情，這顯然是當時社會日益衰敗的情勢在意識形態中的一種自然流露，是不能苛責於王符的。雖然史籍未詳載王符在當時的活動情況，但可以設想，在東漢王朝的衰敗中，在隴西諸郡的羌亂中，在安定郡的兩次遷徙中[⑥]，王符必定倍遭衰世流離之苦。他特地寫了《勸將》《實邊》等主張擊羌救邊的專論，更從一個側面真切地反映了時勢對他的影響。

總之，我們在閱讀其文章之前，祇有首先知其人、明其世，纔能更真切更透徹地領會文中的無限深意與殷殷深情。

二、《潜夫論》的寫作、編定及流傳情況

《潜夫論》一書的寫作時間較難確定。

有人認爲該書寫於東漢桓帝之時[⑦]，恐不當。因爲：（一）桓帝即位在公元

---

① 見《後漢書·天文志中》，中華書局 1965 年版第 3244 頁。

② 見《後漢書·南蠻西南夷列傳》，中華書局 1965 年版第 2833 頁。

③ 見《後漢書·孝順孝沖孝質帝紀》，中華書局 1965 年版第 267、272、274、276 頁。

④ 見《後漢書·孝桓帝紀》，中華書局 1965 年版第 291、302、307、310 頁。

⑤ 参見《潜夫論·敘録》。

⑥ 見 36.24 注〔5〕。

⑦ 見《四庫全書·濳夫論·提要》。

146年，那時王符已近古稀。我們很難想象，一個有抱負而不得志、有政見想“立言”以供當世“咨詢”的有識之士[①]，會在壯年志高才盛之時沉默不言，而到晚年精力衰竭之時纔將其見識發諸筆端，寫出這些頗具激情的文章來。（二）書中可以考見其寫作時間的諸篇大都作於安帝之時或順帝之時[②]，則其他篇章恐怕也不會寫成於桓帝之時。據此，我認爲《潛夫論》當作於安帝至順帝之時，是他壯年時的作品，而非其晚年所作。

另外，從《潛夫論·敘録》所説的“中心時有感，援筆紀數文”來看，全書的文章肯定是斷斷續續寫成的，是經歷了相當一些年頭的。有人認爲，該書始撰於安帝元初二年（公元115年）左右而成於順帝永建四年（公元129年）[③]。這種説法恐也不當。因爲:（一）《勸將》作於公元111年[④]，可見元初二年之前王符早已開始寫作了。（二）永建四年王符纔五十周歲，我們很難想象一個想“立言”以不朽於世的學者會在精力尚盛、筆力尚健之時洗筆而休；而從《敘録》“今又丘荒”一語來看，其《敘録》很可能寫於公元141年以後[⑤]。所以，我認爲該書的三十五篇正文可能寫成於安帝永初元年（公元107年）至順帝永和五年（公元140年）之間，是他二十九歲到六十三歲之間的作品。

《潛夫論》最後一篇《敘録》是對全書的介紹，由此可以推見，《潛夫論》一書是王符親自編定的。至於其編定的時間，當在公元141年以後[⑥]。

《潛夫論》編定之後，可能即有抄本流傳，所以皇甫規纔會“素聞符名”[⑦]。

南朝宋代范曄所撰《後漢書·王符列傳》節録了《潛夫論》之《貴忠篇》（今本作《忠貴》)、《浮侈篇》、《實貢篇》、《愛日篇》、《述赦篇》的一些片段，但已經過刪改潤色，很多文字與今之傳本不同，恐非王著之原貌。

《隋書·經籍志三》《舊唐書·經籍志下》《新唐書·藝文志三》均在儒家類著録了王符撰《潛夫論》十卷；而唐代撰輯的《羣書治要》《意林》所引《潛

① 參見《潛夫論·敘録》。

② 參見《考績》《勸將》《救邊》《邊議》《實邊》《志氏姓》諸篇【提要】。

③ 見潘富恩主編《中國學術名著提要·哲學卷》，復旦大學出版社1992年10月版第200頁。

④ 見《勸將》【提要】。

⑤ 見36.24注〔5〕。

⑥ 見36.24注〔5〕。

⑦ 見《後漢書·王符列傳》，中華書局1965年版第1643頁。

夫論》之文有些不見於明、清諸本,《羣書治要》所引《德化》篇文字也無他篇文字竄入。由此可以想見,隋唐時該書較爲完好,尚無竄亂。

《郡齋讀書志·子部·儒家類》《宋史·藝文志四》均著録《潛夫論》十卷,可見該書在宋代也有流傳,但宋版《潛夫論》現已不傳。從現存的宋版翻刻本來看,《潛夫論》在宋代已有脱誤與錯亂。然從宋代的類書《太平御覽》的引文來看,有些誤字在宋代尚未訛誤。

清代嘉慶年間,汪繼培説自己所見"舊本與《白虎通德論》《風俗通義》合刻,《風俗通義》卷首題云'大德新刊',三書出於同時,蓋元刻也"①。於是有人説如今有元刻本傳世②,這種説法其實是錯誤的。王國維《傳書堂藏書志》卷三著録《濳夫論十卷》(明刊本)時説③:"明嘉、隆間刊本。與大德刊《白虎通》《風俗通》行款同,蓋亦影元本也。"由此可見,汪繼培所見到的可能衹是嘉靖刻本而非元刻本。從汪繼培的《濳夫論箋》原文來看,其文字往往出入于《兩京遺編》本和程榮、何允中所刻《漢魏叢書》本之間,所以其校箋時所用的底本究竟是什麼本子,已經很難論定了。

現傳最早的《潛夫論》版本是明刻本。中國國家圖書館藏有黄丕烈所跋的明刻本《潛夫論》十卷,據黄丕烈的跋④,可知這是現存最早的《潛夫論》刻本。據馮舒的跋⑤,可知其影抄本的底本爲宋版翻刻本。由此推知,這種明刻本是一種仿宋刻本,值得珍視。

除上述這種明刻本外⑥,明代還有一些刻本均被人們視爲善本。

一是原一魁萬曆十年(公元 1582 年)輯刊的《兩京遺編》本⑦。該本脱去了明刻仿宋本第七七葉(即《四部叢刊》本之卷五第十五葉),其卷六、卷七、卷八的文字也有錯亂,而其錯亂的文字起訖與明刻仿宋本、馮舒影抄本

---

① 見本書附録三所録汪繼培《濳夫論箋序》。

② 潘富恩主編《中國學術名著提要·哲學卷》,復旦大學出版社 1992 年 10 月版第 200 頁説《濳夫論》的"通行本有:元大德間刻本",不可信從。

③ 王國維《傳書堂藏書志》,上海古籍出版社 2014 年 8 月版第 488 頁。

④ 見本書附録三。

⑤ 見本書附録三。

⑥ 據上海古籍出版社 1994 年 12 月版《中國古籍善本書目·子部》,浙江圖書館、南京圖書館、北京大學圖書館、吉林省圖書館、中共中央黨校圖書館都藏有明刻本《濳夫論》十卷,不知是否與此本相同。

⑦ 該本爲十卷本,王寧主編的《評析本白話鹽鐵論·潜夫論》(北京廣播學院出版社 1992 年 12 月版)第 164 頁説該本爲四卷,誤。

之葉相合。由此可以推知，它是根據一本有錯亂脱葉的明刻仿宋本翻刻而成的。由於它没有仿照仿宋本的版式刊刻，所以這些錯亂使原文更爲混亂難讀。1937年上海商務印書館影印了《兩京遺編》①，所以該本不難看到。

二是程榮於萬曆年間校刊的《漢魏叢書》本，該本每卷均標明"明 新安程榮校"，故習稱程榮本②。據説《漢魏叢書》原爲何鏜所輯，但未刊行，至程榮纔刊行了一部分。《漢魏叢書》的序是屠隆於萬曆壬辰（公元1592年）寫的，所以現在有人認爲該書刊於萬曆二十年（公元1592年）③。但《明史·藝文志三·類書類》著録了"屠隆《漢魏叢書》六十卷"④，程榮刊本當即源於屠氏輯本，故載其序，則其校刊年代，可能要稍後於屠序之時。程榮本有很多誤字與明刻仿宋本、馮舒影抄本一致，但其版式已完全不同了。1925年上海涵芬樓影印了程榮校刊的《漢魏叢書》，所以該本也不難看到。1992年吉林大學出版社出版了《漢魏叢書》影印本的縮印本，也可利用。

三是何允中崇禎年間刊刻的《漢魏叢書》本⑤。該本版式與程榮本大體一致，不同的衹是删去了程榮本每卷卷首"漢 安定王符著""明 新安程榮校"兩行字，而在卷一第二行標"漢 安定王符著 黄嘉惠閲"。該本文字與程榮本大體相同，但也有不同的地方。何允中，仁和人，天啓二年（公元1622年）進士，故其書應該刊於天啓二年之後。雖然該書之首刊有"萬曆壬辰蜡月東海屠隆緯真甫纂"的《漢魏叢書序》，但該序也見於程榮萬曆時校刊的《漢魏叢書》，所以這衹能説明程榮的《漢魏叢書》刻於萬曆壬辰之後，何允中的《漢魏叢書》因爲在程榮本的基礎有所增廣而過録了此序。有人認爲該書刊於萬曆二十年（公元1592年）⑥，實不當。此外，有人將該本當作"何

① 該《兩京遺編》爲《景印元明善本叢書十種》之一種。

② 中國國家圖書館藏有清代黄廷鑑校過的程榮本，齊齊哈爾市圖書館藏有清代丁紹基跋的程榮本。

③ 見陽海清編撰、蔣孝達校訂《中國叢書綜録補正》，江蘇廣陵古籍刻印社1984年8月版第8頁。

④ 見《明史》，中華書局1974年版第2451頁。

⑤ 上海圖書館藏有這種版本。復旦大學圖書館藏有這種刻本的殘本。

⑥ 見上海圖書館編《中國叢書綜録》（一），中華書局1959年12月版第42頁。

鏜本"[①]，後人未審而承襲其説[②]，實誤[③]。何允中的《漢魏叢書》在嘉慶年間（公元1796—1820年）重刊過而改題爲"廣漢魏叢書"，後世就把何允中原刊本也改稱爲《廣漢魏叢書》，以便與程榮的《漢魏叢書》相區別。

明代除全本外，還有些選本。如陳深萬曆庚寅（公元1590年）輯刊的《諸子品節》卷四十七節録了《賢難》《貴忠》《實貢》《愛日》《述赦》《交際》《明忠》等七篇的片段[④]。文震孟天啓乙丑（公元1625年）參訂校刊而託名歸有光蒐輯的《諸子彙函》卷二十二節録了《實貢》《貴忠》《愛日》《述赦》《明

---

① 見本書附録三所録汪繼培《潛夫論箋序》。

② 見中華書局1979年4月版《潛夫論箋·凡例》，中華書局1985年9月版《潛夫論箋校正·凡例》，北京廣播學院出版社1992年12月版《評析本白話鹽鐵論·潛夫論》第164頁。

③ 關於《漢魏叢書》，上海古籍書店據商務印書館解放前所編的《叢書集成初編目録》而重新編印的《叢書百部提要》有所考證，很有參考價值，今録於下，供參考。

《漢魏叢書》86種448卷　明程榮、何允中、清王謨輯刊

《漢魏叢書》，先後三刻，首程榮本，次何允中，又次王謨。此即王本。按王序："是書輯自括蒼何鏜，舊目原有百種，新安程氏版行，僅梓三十七種。（按程本實三十八種，王本總目缺《商子》，故誤。）武林何氏允中，又搜益其半，合七十六種，而前序則東海屠隆撰。按何氏原跋云：'往見緯真別本，分典雅、奇古、閎肆、藻豔四家，以類相從，殊爲鉅觀。'緯真即隆字也，則似緯真又自有叢書行世。《明史·藝文志·類書門》載有'屠隆《漢魏叢書》六十卷'，必即何氏所見緯真別本，但不應何本又冠以屠序也。"屠本今不可見。王氏增訂《凡例》亦言："二百餘年，何本原書亦僅有存者，坊間所鬻，多以建陽書林所刻漢魏名文乘冒充。"今惟程本尚存，其前亦有屠序，總目經籍十一種，史籍四種，子籍二十三種，獨集籍僅存一行，下無書名，頗疑程氏即覆刻屠本，改其所謂典雅、奇古、閎肆、藻豔四家，易爲經籍、史籍、子籍等類。其集籍一門，尚未付刊，戛然中止，故行世者僅存三十八種，雖迭經何、王二氏增補，然以視何鏜原編，尚缺十四種，其目不存，無可考矣。何鏜字振卿，號賓巖，處州衛人，嘉靖二十六年進士，官至江西提學僉事。屠隆字長卿，一字緯真，鄞縣人，萬曆五年進士，官至禮部主事。程榮字伯仁，歙縣人。何允中，仁和人，天啓二年進士。王謨字仁甫，一字汝上，金谿人，乾隆四十三年進士。

④ 《諸子品節》書前有陳深所撰之《諸子品節序》，該序末所署的時間因印本的不同而有差異，上海圖書館藏本題"萬曆庚寅孟夏日"，復旦大學圖書館藏本題"萬曆辛卯孟春日"，可見此書初版於萬曆庚寅（公元1590年），而在萬曆辛卯（公元1591年）重印時又將日期剜改過。《貴忠》，與《後漢書》引文同，今本作《忠貴》。

忠》等五篇的片段①，還將《潛夫論》改題爲《回中子》②。這些選本的文字雖大都出入於明刻本與《後漢書》引文之間，但也有獨特之處。

明末清初，明刻仿宋本已不多見。馮舒（字已蒼，號默菴）在戊子年（順治五年，公元 1648 年）六月得到沈與文所藏的明代宋板翻刻本，便視爲珍本，叫人影抄了一部③。該抄本後爲錢曾（字遵王）述古堂所藏④，錢氏跋此書云："此乃印抄宋本者，馮已蒼詳識於其末，校對亦精，須珍之。"其實，馮舒明明説他"命工印抄"的是"宋板翻刻本"，錢氏卻説成"印抄宋本"，殊失謹嚴；而 1919 年上海涵芬樓輯印《四部叢刊》影印此抄本時竟題"上海涵芬樓借江南圖書館藏述古堂景宋寫本印行"⑤，不但承襲了錢氏的誤説，而且還容易使人誤解爲此本乃述古堂所影抄。於是，後人便往往稱之爲"影宋寫本""述古堂本""影宋鈔本"而認爲它是"現存最早之本"⑥。此種傳訛，實當澄清。當然，該本雖非影抄自宋刻本，而是影抄自宋板翻刻本，但還是較好地保留了宋本的面貌，值得珍視。涵芬樓的影印，大大地便利了人們的使用，可謂功德無量。1936 年，商務印書館又出版了《四部叢刊》縮印本，可惜的是《潛夫論》在縮印過程中產生了個別誤字。上海古籍出版社 1990 年出版《諸子百家叢書》時於 9 月影印了這種縮印本⑦，所以這種本子現在很容易見到。

《潛夫論》在清代流傳日廣，除馮舒影抄本外，可考見的還有以下幾種：

一是乾隆甲戌（公元 1754 年）鎮原張鎮、方恆等據《漢魏叢書》本重刊的本子⑧。

---

① 《貴忠》，與《後漢書》引文同，今本作《忠貴》。

② 須説明的是，題《回中子》的僅見於此選本。潘富恩主編的《中國學術名著提要·哲學卷》（復旦大學出版社 1992 年 10 月版）第 200 頁將《回中子》説成是十卷本《潛夫論》的别名，並將《諸子彙函》本列爲《潛夫論》十卷的通行本之一，失當。

③ 見本書附録三所載馮舒跋。

④ 此抄本後又藏於江南圖書館，今藏中國國家圖書館。

⑤ 見《四部叢刊·子部·潛夫論十卷》。

⑥ 見中華書局 1979 年 4 月版《潛夫論箋·凡例》，中華書局 1985 年 9 月版《潛夫論箋校正·凡例》，北京廣播學院出版社 1992 年 12 月版《評析本白話鹽鐵論·潛夫論》第 164 頁。

⑦ 上海古籍出版社《諸子百家叢書·出版説明》謂其影印的《潛夫論》是"述古堂影宋寫本"，這種説法不符合實際。因爲該本承襲了《四部叢刊》縮印本中新產生的誤字，所以該本實是《四部叢刊》縮印本的影印本。

⑧ 詳情可參見附録三。

二是于敏中等乾隆三十八年（公元 1773 年）所輯的《摛藻堂四庫全書薈要》本。該本爲鈔本，今藏臺灣故宫博物院。臺北世界書局於 1988 年出版了《景印摛藻堂四庫全書薈要》，所以該本現在也比較容易見到了。

三是抄校於乾隆四十四年（公元 1779 年）的《文淵閣四庫全書》本。臺灣商務印書館於 1986 年出版了《景印文淵閣四庫全書》，上海古籍出版社又於 1987 年縮印了它，所以此本現在甚易見到。該本顯然有許多臆改之處，但是，其中有些文字雖與程榮本、馮舒本不同，卻與《諸子品節》本等相同，且與後來的王謨本、湖海樓刊汪箋本相合，可見該本也頗費了一番校勘功夫，具有較高的參考價值。

四是乾隆五十六年（公元 1791 年）王謨輯刊的《增訂漢魏叢書》本，王謨還撰有一篇《潛夫論》跋[①]。該本卷一下題："漢　安定王符著　都昌邵孟遴校。"其版式和文字大都與何允中本相同而與程榮本不同，可知其出於何本，但其文字也有不少校改，且加了句讀。該書後來又有一些翻刻本，如光緒二年（公元 1876 年）紅杏山房刊本，光緒六年（公元 1880 年）三餘堂刊本，宣統三年（公元 1911 年）上海大通書局石印本等。不過，有些翻刻修補本又兼取何允中本爲底本，所以其文字與王謨本並不一致。

五是陳春輯刊的《湖海樓叢書》中的《潛夫論汪氏箋》。該書書首題明"嘉慶丁丑仲夏""蕭山湖海樓陳氏雕版"，所以有人認爲它刊於嘉慶二十二年（即丁丑年，公元 1817 年）[②]。但是，其中所刊王紹蘭序卻作於嘉慶己卯（公元 1819 年）秋，可見該本雖開雕於 1817 年，實刊成於 1819 年之後。該本是《潛夫論》十卷的第一個箋注本[③]，其箋注極其精博，雖不免有所失誤，但至今尚未有其他的注本能與之媲美，所以成了二十世紀最通行的《潜夫論》讀本而不斷被翻刻重刊。1935 年世界書局出版的國學整理社所編的《諸子集成》本、1936 年上海中華書局出版的《四部備要》本、1937 年上海商務印書館出版的《叢書集成初編》本，均取此箋注本重排而成；北京中華書局、中華書局香港分局、上海書店等都重印過《諸子集成》，上海古籍出版社 1978 年出版了《潛夫論》汪箋標點本，北京中華書局於 1979 年、1985 年出版了彭鐸校正的《潛夫論箋》、《潛夫論箋校正》。由此足見汪箋本流布之廣。

---

① 有的翻刻本將此跋裝訂於《潛夫論總目》之前。但其文云："右王符《潛夫論》十卷……"可見此爲跋而非序。

② 見上海圖書館編《中國叢書綜録》（一），中華書局 1959 年 12 月版第 164 頁。

③ 上海圖書館藏有汪繼培稿本。

六是光緒元年（公元1875年）湖北崇文書局所刊的《子書百家》本。與其他明清刻本相比，此本乏善可陳。

清亡以來，《潛夫論》的流傳極廣。其版本大致有兩類：一是影印明、清善本，如《兩京遺編》本、《漢魏叢書》本、馮舒影抄本、《摛藻堂四庫全書薈要》本、《文淵閣四庫全書》本等都有影印本問世（見上文）。二是重刊本，如1919年上海掃葉山房所刊的石印本《百子全書》（此書浙江人民出版社1984年又影印過），即是《子書百家》的重刊本；再如湖海樓所刊汪箋本，重刊者就更多了（見上文）。

由上述種種可知，《潛夫論》的流傳是越來越廣了，但對該書的校注詮釋卻甚爲薄弱。自汪繼培吸收盧文弨、王宗炎、孫志祖、王紹蘭之説並作了全面的校箋之後，近二百年來還未有新的彙校注釋本問世。校釋該書較著者衹有俞樾的《讀潛夫論》一卷[①]，孫詒讓《札迻》卷八的三條札記，以及彭鐸的校正[②]。這些校釋，都衹是對汪箋的零星補正，其説雖有發明之處，但成就顯然不能與汪箋相比。此外，對《潛夫論》作注譯的有甘肅人民出版社1991年9月出版的《王符〈潛夫論〉譯注》和北京廣播學院出版社1992年12月出版的《評析本白話鹽鐵論·潛夫論》，但前者僅爲一般的普及讀物，後者誤譯不少而被國家新聞出版署宣佈爲不合格產品[③]，所以參考價值不大。總之，當今《潛夫論》的校注詮釋工作相對於該書的歷史地位及文化價值而言，顯然是遠遠地落後了。以往的學者，特别是汪繼培，雖然解決了該書不少疑難問題，但要正確地讀通全書，僅依靠他們的注釋顯然是不行的。今人之所以有很多誤譯，原因即在於此。所以，該書的校注全譯，還得花很大的力氣。

三、《潛夫論》的基本内容及文化價值

（一）《潛夫論》的思想價值

中國古代的文化是傾向於現實的。綜觀古代聖哲賢智博達之士的著述，

① 此卷即《曲園雜纂》卷二十二，後來又被録入《諸子平議補録》卷八。潘富恩主編的《中國學術名著提要·哲學卷》（復旦大學出版社1992年10月版）第204頁説《潛夫論》的研究著作有"俞樾《讀潛夫論》一卷、《潛夫論平議》"，王寧主編的《評析本白話鹽鐵論·潛夫論》（北京廣播學院出版社1992年12月版）第165頁説"俞樾著有《讀潛夫論》一卷和《潛夫論平議補録》"，把俞樾的一卷校釋看成爲兩種著作，實是未查閲其書而盲從《中國叢書綜録》第二册（中華書局1961年7月版）的著録而導致的誤説。

② 見中華書局1979年4月版《潛夫論箋》或1985年9月版《潛夫論箋校正》。

③ 見國家古籍整理出版規劃小組辦公室所編《古籍整理出版情況簡報》1994年第9期，或國家新聞出版署主辦的《新聞出版報》1994年9月9日第1版。

可以很明顯地感覺到，它們大多圍繞着一個主題，即治亂興廢與世道人心。王符所著的《潛夫論》，其主旨也無非如此。所以，該書的文化價值，首先就體現在書中蘊含着豐富而又深刻的思想内容。

該書的大部分論述，都是圍繞著當時社會中的現實問題展開的。其内容涉及文治武功、刑法賞罰、經濟策略、倫理道德、社會習俗、學習修身、看相占卜等方面，其中研討最多、最爲重要的則是作者所提出的一整套經世治國的方略。

王符認爲，治國的關鍵，首先在端正民心，其次纔是端正其行爲，“是以上君撫世，先其本而後其末，慎其心而理其行”（33.1）[①]。

要端正人心，首先得“富民”，因爲“民貧則背善”，“民富乃可教”（2.2）。其次，當然還要施行教化（33.1），以造成良好的社會風氣。衹有這樣，纔能孕育出“敦厖之民”（32.7）。

一方面，要“富民”，必須“以農桑爲本”，將工商業放在次要的地位（2.3）。當然，王符雖然強調了農業的基礎作用，但並不完全排斥工商業。如果百工“以致用爲本，以巧飾爲末”，商賈“以通貨爲本，以鬻奇爲末”，也同樣可以富民（2.3）。另一方面，要真正使農業發展起來，還必須保證人民有充足的勞動時間，必須“務省役而爲民愛日”（18.3）。衹有這樣，纔能真正使人民富足起來。人民富足，“則樂而可教”（2.3）。

人民富足，衹是進行教育的一個基礎。人民富足了不進行教育是不行的。因爲“民蒙善化”，纔會有“士君子之心”；如果“被惡政，則人有懷姦亂之慮”（33.6）。因此，王符特別強調教化的重要性。如何進行教化呢？那就是君主必須“務正己以爲表，明禮義以爲教，和德氣於未生之前，正表義於咳笑之後”（33.3）。當然，君主要做到以身作則、明禮義以教育别人，就有個學習的問題。因爲即使是黄帝、顓頊、堯、舜、禹等“上聖”，也都虚心師從别人（1.1），所以“王欲宣其義，必先讀（續）其智”（1.2）。而君主在學習之前，還有一個“正學”的問題。因爲“學正乃得義”，“學淫則詐僞”（2.2），所以君主治國進行教化，還必須“以正學爲基”（2.2），“以道義爲本”（2.4）。

當然，王符雖然“甚尊德禮而卑刑罰”（33.5），認爲以德化來端正民心是治國的根本措施，但他也看到，在衰微混亂的東漢時代，單靠德化是無濟於事的。如果“以爲刑殺當不用而德化可獨任”，那就衹是一種迂腐之論，而

---

① 爲了節約篇幅及便利查檢，以下引文不再一一標出篇名，而依本書的篇章號標出其數碼。

絶“非變通者之論”，也“非叔（救）世者之言”（20.4）。“治世者，若登丘矣，必先躡其卑者，然後乃得履其高。”（20.5）因此，刑罰雖卑，在目前衹能先用它來治理好天下，然後纔談得上施行教化，所以他竭力反對“數赦”，認爲赦免罪犯衹能使“惡人昌而善人傷”（16.2）。如果要使民“不亂”、吏“無姦”，别無其他選擇，衹能實行法治（20.2）。衹有做到“政令必行，憲禁必從”，纔能真正把國家治好（20.6）。而要做到令行禁止，關鍵在於君主“明操法術，自握權秉”（31.2），堅決實行厚賞重罰，“張重利以誘民，操大威以驅之”（31.3）。因爲在此衰亂之世，“賞不隆則善不勸，罰不重則惡不懲”，所以君主對有功者，應該“無愛金帛封侯之費”；對姦惡者，必須“圖鈇鑕鉞之决”（17.11）。衹有這樣，纔能“變風改俗”（17.11），拯救亂世。

總之，王符認爲德化是政治的最高境界，但在此亂世，必須先“明法禁”、“行賞罰”（20.1），把國家治理好，然後纔可行“五帝之化”、“三皇之道”（20.5）。這種既有高尚的理想境界，又對現實保持着清醒認識的政治學説，無疑是對儒、法兩家學説的綜合改造和利用，它使王符的政治學説顯得更爲合理、更爲周密。

當然，無論是以德化端正民心，還是以法禁止亂防姦，治國的關鍵全在於君主是否奉行道義。君主“有義”，就能使自己“位尊”而法“順行”、吏“無姦”而民“不亂”（20.2）。如果君主“身處汙而放情，怠民事而急酒樂，近頑童而遠賢才，親諂諛而踈正直，重賦税以賞無功，妄加喜怒以傷無辜”，那就衹能“亂其政以敗其民，弊其身以喪其國”（33.7）。因此，王符進一步指出：“國之所以治者，君明也；其所以亂者，君闇也。君之所以明者，兼聽也；其所以闇者，偏信也。”（6.1）君主衹有廣開言路，“尊賢任能，信忠納諫”（8.2），纔能身“安”而國“興”（14.1）。

由此可見，王符在重視明君的重要作用時，又十分重視賢臣的重要作用，所以他説：“凡南面之大務，莫急於知賢。”（7.1）那麽如何纔能發現賢才呢？他認爲：“知賢之近途，莫急於考功。功誠考……則直賢不得見障蔽而佞巧不得竄其姦矣。”（7.1）“考覈其清素”，“量才授任，則庶官無曠，興功可成，太平可致”（14.9）。

以上所述，就是其政治思想之大概。他生活在東漢時期，其政治思想的哲學基礎雖然帶有當時流行的“天人感應”觀念，認爲“三才異務，相待而成”（32.2），“民神異業精氣通”（25.1），強調“人君之治”是“以天爲本”（9.1），但歸根結底，他還是從人民的利益出發的，是以人民爲本位的，所以他説：“國以民爲基，貴以賤爲本。”（23.5）“王者”要“以兆民爲通計”（12.1）。

他甚至還説“天以民爲心”（9.1），認爲天意取決於民意。這雖然是繼承了先秦儒家的民本思想，但無疑爲他的政治學説增添了光輝。

王符的政治學説，一方面雖然是以往各種思想成果在他頭腦中經過深刻反思後的産物，但另一方面我們也應看到，他的這些主張，並不祇是爲了一種理論上的建樹，同時也是他對當時社會政治狀況進行尖鋭批判的産物。例如，他的德化主張，是批判當時“惡政”的産物。他的法治主張，是批判當時“數赦”的産物。再如“富民”“愛日”“正學”“兼聽”“尊賢”“信忠”“考績”等主張，也無不如此。

當然，他對當時社會的批判是深刻而廣泛的，並不局限於以上所述，其他像《務本》對捨本務末的批判，《遏利》對貪圖財利的批判，《論榮》對以家世論人的批判，《浮侈》對奢侈之風的批判，《卜列》等篇對虚妄的迷信思想的批判，《交際》對重利輕義、趨富棄貧的批判，諸如此類，使《潛夫論》一書成爲譏評當時得失的批判性傑作，從而産生了巨大的影響。

在閲讀這些批判文章時，我們應該明瞭貫穿其中的一個思想原則——以德行道義爲本。就是那些帶有迷信成分的篇章，如《相列》《夢列》之類，也無不如此。我們祇有把握了這一基本的思想原則，纔能深刻領會這些批判文章的主旨。大概也是因爲這個原因，所以自古以來，《潛夫論》都被列爲儒家著作。誠然，王符學識淵博，絶非一般腐儒所可比擬。從《潛夫論》一書可以看出，他的學説，不但吸取了儒家學説的精華，同時也深受法家、道家、兵家、五行家、雜占家的影響。因此，他的書雖因其主旨而被歸入儒家，但對他的學説及其思想淵源，我們是不能簡單地用“儒家”二字來概括的。這也是我們閲讀此書時應該明瞭的一個原則。

王符的政治思想，對後代的影響頗爲深遠。唐初魏徵奉命編撰《羣書治要》以供唐太宗觀見治道政術，便採摭了《潛夫論》中的很多内容。人們都知道魏徵回答唐太宗時的警句“兼聽則明，偏信則闇”，殊不知這完全是引用了王符的話[①]。還有像清初唐甄的《潛書》，我們也不難從中看出《潛夫論》的政論對他的影響。乾隆時周泰元説：王符論政“剴切詳明，奥衍宏深，道德

---

① 《貞觀政要·君道》：“貞觀二年，太宗問魏徵曰：‘何謂爲明君、暗君？’徵曰：‘君之所以明者，兼聽也；其所以暗者，偏信也。《詩》云：“先民有言，詢於芻蕘。”昔唐、虞之理，闢四門，明四目，達四聰，是以聖無不照。故共、鯀之徒，不能塞也；靖言庸回，不能惑也。秦二世則隱藏其身，捐隔疎賤而偏信趙高，及天下潰叛，不得聞也。……是故人君兼聽納下，則貴臣不得壅蔽，而下情必得上通也。’太宗甚善其言。”很明顯，魏徵所言，即是《潛夫論·明闇》中開頭的一些話。

經術無所不備”，“本立德以立言，自可與立功者並垂於不朽”[①]。可以預言，他的政論將永遠與世並存。

除了論述政治方略之外，由於王符家住安定，親身經歷並目睹了廣大人民所受到的羌人反叛之禍害及朝廷驅民内遷之苦難，所以他還寫了《勸將》《救邊》等四篇文章，猛烈抨擊太守、將帥的無能與公卿、大夫的棄邊主張，竭力主張“救邊”“實邊”。在這些文章中，有不少軍事國防方面的論述也值得我們重視。如他回顧了戰争的起源後，認爲自古以來，“國未嘗不以德昌而以兵彊也”（21.1）；認爲將帥應該“明變勢”（21.5），應該以“榮名”“厚實”來鼓勵士兵拼死作戰（21.4）；君主應該“脩己之備，無恃於人”（23.1），體恤民衆疾苦，從國家利益出發，援救邊境，充實邊境，而不能讓邊境“久荒以開敵心”（24.4）。當然，這些光輝的軍事國防思想，也同樣是他批判現實的産物。

除了這些在批判現實時所反映出來的政治、軍事思想外，王符在論述中也涉及哲學問題。雖然《潛夫論》中專談哲學問題的文字不多，卻受到了當代哲學史研究者的高度重視。其中最引人注目的是《本訓》中所表述的宇宙觀。他認爲，天地萬物的本原是“元氣”（32.1），而“氣”的本原是“道”（32.4）。“道”是一種“至神以妙”的東西，它的功用雖然“至彊以大”，但它本身卻不能直接産生作用，必須通過“氣”纔能發揮其作用（32.4）。這實際上是把“氣”看作爲“道”的物質外殼，從而使道家那玄而又玄的“道”有了一種物質載體。在王符的觀念中，“道”和“氣”兩者實際上是對立的統一體的兩個方面，它們之間實際上是一種内在法則和物質外殼的對立統一。以往有些哲學研究者對此不甚了了，因而説王符是“氣”一元論者，這其實是一種誤解。因爲從總體上來考察，他在其他篇章涉及哲學問題時，這種一方面“至神以妙”不可知，另一方面具體可知的觀念也往往貫穿其中。例如，他認爲取決於上天的“命”是“不可知”的，而取決於自己的“行”是“可爲”的，而人的吉凶，“以行爲主，以命爲決”（26.1）。可見在王符的觀念中，“命”和“行”也是對立的統一體的兩個方面，“命”雖然是個決定性因素，但人的命運吉凶也還得由“行”來主宰。這種二元論思想，與他解釋宇宙本原時的觀念是相通的。由此我們可以看到，王符生活在迷信神學思想盛行的東漢時代，其哲學觀是徘徊於“天”“人”之間的。這種觀念在《潛夫論》中經常可以看到。當然，“天”“人”之間，他的側重點還是在“人”，認爲“人行”能

---

① 其言詳見附録三。

"動天地"（32.3）。他反復引用《尚書》中的"天工，人其代之"（8.8，11.2，16.10，32.3），其實也是這個道理。

（二）《潛夫論》的史學價值

《潛夫論》的文化價值，當然不局限於思想方面。由於它全面而深刻地批判了當時的社會現實，當時的政治狀況、軍事形勢、社會風氣等在書中均有真切的反映，所以它實際上是當時社會的一面鏡子。從這種意義上來説，它又具有相當高的史學價值，它實際上也是我們瞭解東漢社會的珍貴史料。

《潛夫論》的史料價值，早已爲史家所重視。范曄在《後漢書・王符列傳》中指出[①]："其指訐時短，討讁物情，足以觀見當時風政。"所以他不但在該傳中摘録了《潛夫論》中的一些片段，就是在寫作其他篇章時，也採摭了《潛夫論》中的材料。如《後漢書・西羌傳》[②]："時羌歸附既久，無復器甲，或持竹竿木枝以代戈矛，或負板案以爲楯，或執銅鏡以象兵，郡縣畏懦不能制。……羌既轉盛，而二千石、令、長多内郡人，並無守戰意，皆争上徙郡縣以避寇難。……百姓戀土，不樂去舊，遂乃刈其禾稼，發徹室屋，夷營壁，破積聚。時連旱蝗飢荒，而驅蹙劫略，流離分散，隨道死亡，或弃捐老弱，或爲人僕妾，喪其太半。"這些記載，顯然脱胎於本書《實邊》（24.2—24.3）。

對於那些史書未採入的資料，其史料價值就更顯得珍貴了。如西漢時御史大夫繁延壽，據《漢書》中的記載，我們衹知道他是南郡人；據本書，我們就可以進一步知道他是"南郡襄陽人"（35.18），這無疑可補《漢書》記載之不足。又如《後漢書・馮衍列傳》記載馮衍之事甚詳，卻未載諸儒對馮衍的稱譽，衹載有鄉人對其子馮豹的稱譽[③]："道德彬彬——馮仲文。"而本書則載馮衍事蹟云："篤學重義，諸儒號之曰：'德行雍雍——馮敬通。'"（35.16.1）這顯然可補《後漢書》記載之不足。再如《浮侈》載："明帝時，桑民摐陽侯坐冢過制髠削。"（12.9）此也不見於史載，可補《後漢書》記載之不足。

總之，本書實爲研究漢代歷史的珍貴資料，其他如書中所載"詔書法令"（24.6）以及論及"今"的地方（如5.10，7.4，9.8，12.1，12.3—12.8，14.2……所載），皆可作如是觀。

當然，王符學識淵博，從其書中記載可以看出，他在當時還看到了不少記載古代歷史事蹟的典籍，而其中有些典籍如今已經亡佚。所以，《潛夫論》

---

① 見《後漢書・王符列傳》，中華書局1965年版第1630頁。

② 見《後漢書・西羌傳》，中華書局1965年版第2886—2888頁。

③ 見《後漢書・馮衍傳下》，中華書局1965年版第1004頁。

對研究先秦史也具有相當高的史料價值。其中《志氏姓》一篇，是我國較早研究姓氏及家族系統的專著，早已爲研究譜牒及古史者所重視，唐代林寶撰《元和姓纂》、宋代羅泌撰《路史》，都吸取了其中的成果。即使是《五德志》，因王符深受當時陰陽五行學説的影響而採録了不少荒誕不經的緯書之説，故不足全信，但它對於我們研究上古傳説時代來説，還是具有一定的參考價值。這一點，早已得到了學者們的肯定，如錢大昕認爲它"可以正《史記》之謬"①，梁玉繩撰《人表考》時也對其中的材料多所引用，所以我們也不可等閒視之。

《潛夫論》一書除了具有史料價值以外，其中反映出來的歷史觀也值得重視。雖然《五德志》中反映出來的五德終始的歷史循環論不足取，但在其他政論中所反映出來的歷史變化論還是不宜一筆抹殺的。如《斷訟》説："五代不同禮，三家不同教，非其苟相反也，蓋世推移而俗化異也。"（19.1）《邊議》説："物有盛衰，時有推移。"（23.6）《述赦》也説："國無常治，又無常亂。"（16.11）這種歷史變化論在《班禄》《衰制》《勸將》中均有所反映，它無疑是合理地繼承了商鞅、韓非的歷史進化論，具有進步意義。

（三）《潛夫論》的文學價值

《潛夫論》除了具有思想價值與史料價值之外，還具有相當高的文學價值。劉熙載《藝槩·文槩》云②："王充、王符、仲長統三家文，皆東京之矯矯者。"現代的文學史研究者也認爲其文章"結構嚴密，語言質實，並常常用歷史故實和生動的譬喻來加强文章的説服力量。由於辭賦的影響，這些政論文也有善於鋪陳，多用排偶的特點"③。這些論述，雖未展開，但對其文學成就的重視與評價無疑是正確的。我們不妨將其文學成就作進一步的具體展示。歸納起來，《潛夫論》的文章至少有以下幾個特點。

1．議論質樸踏實，現實性强。

《務本》云："教訓者，以道義爲本，以巧辯爲末。……今學問之士，好語虚無之事，争著彫麗之文，以求見異於世……此傷道德之實而惑矇夫之大者也。"王符的政論，無不體現了這種觀念。他的議論，都是針對現實而發，質樸踏實，以闡明道義爲己任。這種例子，書中比比皆是，在此不必再加煩舉。

---

① 参見 34.1.2 注〔1〕。

② 見上海古籍出版社 2002 年版《續修四庫全書》第 1714 册第 480 頁。

③ 見游國恩等主編《中國文學史》（一），人民文學出版社 1963 年 7 月第 1 版，1979 年 7 月第 7 次印本第 151 頁。

2．論據豐富多樣，説服力強。

俗話説：事實勝於雄辯。王符的政論，常常用當時鐵的事實作論據。如《浮侈》批判"京師貴戚"生活奢侈（12.6）、喪葬過度（12.7）的風氣，便列數其種種令人髮指的"僭上"之行（12.6），讀來如何不令人"痛心"（12.7）？又如《實邊》抨擊"太守令長"不顧民衆死活的罪惡，以"不可勝數"、能"愁鬼神"的血淋淋的事實作論據（24.2—24.3），讀來如何不令人震驚？

除了以現實爲論據外，王符還常常引用歷史故實作爲論據。如《賢難》論證"國不乏於妬男"的一段，舉了"范雎絀白起"等一系列歷史事蹟從各個方面反復進行論述，讀來如何不令人信服？再如《交際》論證世道人情時，也舉了"魏其之客""長平之吏"等歷史故實（30.6），使其文更具有説服力。

當然，爲了增強其文章的説服力，王符的論據並不局限於現實或史實。其中引經據典以證其説也司空見慣，如引《詩》、引《書》、引《易》、引孔子之言隨處可見。像13.7一節，竟連續引用經典以成文，可謂是文學史上罕見的奇章。至於其他的書傳言論，衹要有助於其論説，也都在其引用之列。如1.1引"故志"，8.2引韓非、老子之言，8.7引子產之言，21.6引孫子之言，24.4引《周書》之言，30.7引鄒陽之言，均其例。而書中引諺語格言的地方也很多，如5.9："一犬吠形，百犬吠聲。"14.2："十步之間，必有茂草；十室之邑，必有俊士。"12.6："山林不能給野火，江海不能灌漏卮。"23.9："何以服很？莫若聽之。"24.3："代馬望北，狐死首丘。"如此等等，舉不勝舉。

此外，他還經常使用比喻來説明問題。如5.9用"司原之佃"來喻説"宰司之取士"。又如7.2論證考績的重要性時，也設置了一系列的比喻："夫劍不試，則利鈍闇；弓不試，則勁撓誣；鷹不試，則巧拙惑；馬不試，則良駑疑。"再如8.4將"治世不得真賢"比作"治疾不得良醫"，16.1、24.4也都用治病的道理來喻説治國之道。這些生動的比喻，不但增強了文章的趣味性與吸引力，而且也大大地加強了文章的説服力。

3．結構縝密井然，條理性強。

《潛夫論》中的文章，細加體會，往往可以窺見其藝術構思之巧妙。如《務本》篇採用一種總分式樹狀結構，開頭先總提"抑末而務本"的主題，猶如樹之根本；然後提出"爲國者，以富民爲本，以正學爲基"的主張，猶如樹之主幹；接著再從"富民者""教訓者"兩個方面分別展開論述，而其中又有一些分支，這猶如樹之分枝與末梢。如此由本到末慢慢展開，雖然分支衆多，也不顯得雜亂。又如《交際》篇論述"世有大男者"時，也採用了這種總分式，顯得條理井然，因而明清一些刻本雖然將其中的一些段落錯入了《德化》篇，我們還是能够根據其結構上的條理將它移正。再如《五德志》，先爲序言，然後根據五德相生之次第列叙五德之君，也有條而不紊。至於《志氏姓》，所記姓氏極其繁多，如何編排實爲一大難題，王符依帝王、諸侯、大夫爲先後次第，再以各個家族爲系統分述之，較之後代以平水韻排列的姓氏書結構，實更具科學性，因爲它更合乎姓氏本身的性質，更有利於研討姓氏隨家族的興衰而流變的情况。凡此種種，足見王符在構思其文章時是頗下過一番苦心的。其實，如果我們再仔細讀一讀各篇文章的開頭，就會發現其起句往往一鼓足氣，甚有霹靂之聲、雷霆之勢，由此也可見其藝術構思之匠心。

4. 語言平中見奇，感染力强。

王符"以巧辯爲末"(2.4)，主要是否定那些"語虚無之事"的"彫麗之文"(2.6)，而並非完全不重視文采。我們可以明顯地看到，其行文的基本風格雖然是質樸踏實，不事雕琢，但很多篇章還是文采斐然的。特别是排比、對偶的使用，隨處可見，如《讚學》《論榮》《明闇》等篇的開頭就是這樣。又如1.2"攝之以良朋，教之以明師，文之以《禮》《樂》，導之以《詩》《書》，讚之以《周易》，明之以《春秋》"，這如數家珍般的排比，我們很難説他未經過一番推敲。再如7.4寫"羣僚舉士"時云："或以頑魯應茂才，以桀逆應至孝，以貪饕應廉吏，以狡猾應方正，以諛諂應直言，以輕薄應敦厚，以空虚應有道，以嚚闇應明經，以殘酷應寬博，以怯弱應武猛，以愚頑應治劇。"一連用十一個排比句條陳其名實不副之狀，其氣激越，甚有檄文之勢，不可謂之不奇。

值得指出的是，王符在排比對偶的運用中還常常穿插以頂針，如7.1："凡南面之大務，莫急於知賢；知賢之近途，莫急於考功。"30.5："有利生親，積親生愛，積愛生是，積是生賢，情苟賢之，則不自覺心之親之、口之譽之也；無利生踈，積踈生憎，積憎生非，積非生惡，情苟惡之，則不自覺心之外之、口之毁之也。"如此寫法，其文筆更顯得遒勁，其節奏更顯得緊密。

爲了增强其節奏感，王符往往在排比對偶中使用韻文。如9.7："方以類聚，物以羣分；同明相見，同聽相聞；唯聖知聖，唯賢知賢。"不但句式整齊，而且以"分""聞""賢"押韻，讀上去朗朗上口，富有音樂美。又如30.3一節，一連串的對偶排比之中又以"適""厄""責""食""貸""德""酷"等入聲字爲韻，如果我們用短促的入聲讀之，則其淒淒戚戚的情感溢於言表，如此聲情並茂之文，怎能謂之不奇？再如30.16："其輕如毛，其重如山；君子以爲易，小人以爲難。"既是對偶，又是對比，且用比喻，再加上"山""難"押韻，出語雖平易，卻不可不謂之平中見奇。當然，即使没有用排比對偶的地方，王符也時用韻語來增強其文章的音樂美，如29.2.4：“大義滅親，尊王之義也。立弊之天爲？周公之德因斯也。過此而往者，未之或知。”以“義”“爲”“斯”“知”押韻。在駢散交錯的文句中，也是如此，像30.10“人心不同好”至“曠旬不食”一段，先以“億”“職”“食”爲韻，又以“游”“休”“茆”爲韻，次以“飛”“離”“池”爲韻，再以“中”“容”爲韻，最後又以“得”“翼”“極”“食”爲韻，可謂文隨意轉而音隨文變，别有一番風姿。至於《叙録》，句式整齊，通篇用韻，當然更見其文學功底之深厚，在此也不必詳加剖析了。

總之，《潜夫論》也是我國古代文學寶庫中的一顆明珠，認真地學習揣摩其藝術技巧，必將有助於自己的寫作。

《潜夫論》一書内容富贍，無論是其政論，還是其占夢、氏姓諸篇，對後世影響都頗大。明代陳士元自命爲“江漢潛夫”而撰述《姓滙》《姓觿》《夢占逸旨》等書[①]，清初唐甄將其政論之作《衡書》改名爲《潛書》，可見《潜夫論》的價值與影響是多方面的。今限於篇幅，衹能略述如上，不當處尚祈讀者批評指正。

張覺1998年5月20日撰於滬上流水齋

2016年5月20日修改於白金院邸

① 見陳士元《歸雲别集》。

【附録六】

《夢占逸旨》所引《潛夫論・夢列篇》

【説明】

自《後漢書》摘録《潛夫論》之後，不少古籍都節引過《潛夫論》，但轉録其全篇者卻極爲少見。明代陳士元在嘉靖壬戌（公元1562年）所撰的《夢占逸旨》卷之二引録了《潛夫論》之《夢列篇》全篇作爲其《感變篇第十》的注文。引文用於附注，不可謂之選本，所以不宜在附録三進行介紹。該引文與傳世的其他刻本差異頗大，雖然有可能被引録者刪改過了，但其引録年代較早，所以也有可能源於較早的刻本而具有較珍貴的資料價值。本書雖然取用了其中一些文字以補正其他刻本的缺漏與錯誤，但未取用部分也值得瀏覽。今據道光癸巳年（公元1833年）吴玉坪寶善堂初鐫、咸豐十年（公元1860年）楊國楝重刊之《歸雲别集》卷二十七將該文轉録於此，以便讀者見其全貌。《夢占逸旨》之引文不分段，今爲了便於讀者與本書之《夢列》對照閲讀，所以依本書之段落進行分段。

潛夫論・夢列篇

夢：有直，有象，有精，有想，有人，有感，有時，有反，有病，有性。

昔武王邑姜娠太叔，夢帝謂己："命爾子虞，而與之唐。"及生，手文曰"虞"，因以爲名。成王滅唐，遂以封之。此直夢也。

《詩》曰："維熊維羆，男子之祥。"此象夢也。

孔子思周公，夜即夢之。此精夢也。

人有思，即夢其至；有憂，即夢其事。此想夢也。

今事，貴人夢之爲祥，賤人夢之爲殃；君子夢之爲榮，小人夢之爲辱。此人夢也。

陰雨之夢使人厭迷，陽旱之夢使人亂離，大寒之夢使人怨悲，大風之夢使人飄飛。此感夢也。

春夢發生，夏夢高明，秋冬夢熟藏。此時夢也。

晋文公城濮之戰，夢楚子伏己而鹽其腦，本大惡也。及戰，乃大勝。此反夢也。

陰病夢寒，陽病夢熱；内病夢亂，外病夢衍發；百病之夢，或散或集。

此病夢也。

人之心情惡好不同，或以此吉，或以此凶。當各有察，當占所從。此性夢也。

故先有所夢，后無差忒，謂之直。比擬相肖，謂之象。凝念注神，謂之精。晝有所思，夜夢其事；乍凶乍吉，善惡不信，謂之想。貴賤賢愚，男女長少，謂之人。風雨寒暑，謂之感。五行王相，謂之時。陰極則吉，陽極則凶，謂之反。觀其所疾，察其所夢，謂之病。心情好惡，於事有驗，謂之性。此十者，占夢之大畧也。

而决吉凶者，多失其類，豈覺爲陽，寐爲陰，陰陽之務相反故耶？此亦謂其不慎者耳。如使夢吉事而已亦大喜樂，則真吉矣。夢凶事而已亦大憂懼，則真凶矣。所謂"春夏夢生長，秋冬夢死傷"也。

凡察夢者：清潔鮮好，貌堅體健，竹木茂美，宫室器械新成方正，開通光明，温和升上，向興之象，皆爲吉喜，謀從事成。穢臭汚濁，腐爛枯槁，傾倚欹邪，剿刖不安，閉塞幽昧，解落墜下，向衰之象，皆爲計謀不從，舉事不成。妖孽怪異，可憎可惡之事，皆爲憂患。圖畫胎卵，刻鏤非真，瓦器虚空，皆爲欺紿。倡優俳儛，併小兒戲弄之物，皆爲觀笑。此其大都也。

夢，或甚顯而無占，或甚微而有應，何也？曰：所夢，不察而懵憒冒名也，故亦不專信以斷事。人相對計事，尚有不從，况慌忽雜夢，亦何必乎？惟有精誠所感、神靈所告者，乃可占耳。

故君子之異夢，非妄也，必有事故焉。小人之異夢，非榮也，必有真機焉。

今一寢之夢，或屢遷化，百物代至，而其主不能究通之，故占者有不中。此非占之罪也，乃夢者過也。或其夢審矣，而占者不能連類博觀，故其夢有不驗。非此書之陋，乃説之過也。故占夢之難者，讀其書爲難也。

夫占夢，必審其變故，審其徵候，内考情意，外考王相，則吉凶之符可見矣。

且人之見瑞而脩德者，福必成；見瑞而縱恣者，福轉爲禍；見妖而驕侮者，禍必成；見妖而戒懼者，禍轉爲福。故太姒有吉夢，文王不敢康吉，祀於羣神，然後占於明堂，並拜吉夢，脩省戒慎；聞喜若憂，故能成吉以有天下。虢公夢見蓐收賜之土田，自以爲有吉，史嚚令國人賀夢；聞憂而喜，故能成凶以滅其封。

《易》曰："使知懼，又明於憂患與故。"凡有異夢感心，無問善惡，常恐懼脩省，以德迎之，乃能逢吉。

【附録七】

中華書局版《潛夫論箋校正》勘誤

【説明】

中華書局 1985 年 9 月出版的《新編諸子集成》（第一輯）中的《潛夫論箋校正》，其實就是 1979 年 4 月出版的彭鐸校正的《潛夫論箋》之重印本，祇是稍有剜改而已（現在我們僅發現剜改了三個字和調整了一個標點符號）。由於中華書局之聲譽，所以該書成了數十年來學術界公認的《潛夫論》權威校注本，其影響之大不言而喻。

該書《凡例》曰："汪箋本正文偶有《湖海樓叢書》誤刻者，亦有《四部備要》《諸子集成》誤排者，如《讚學篇》'捐家出身'家、身互易之類，於始見時説明之，他皆徑改。""注文之顯誤者……改同上例。"彭鐸校正之功有目共睹，毋庸贅述。其徑改原書之誤，雖未一一注明，也未爲大病，惜其校正尚未周到，當改而仍有未改者。更令人遺憾的是，許多湖海樓本未誤之處，該書亦任意徑改，此則不免有好改古書之弊。至於該書補引的校釋及附録中所輯資料，也有徑改不當之處。

爲了減少和避免其貽誤，我們在從事 2014 年度上海市教育委員會科研創新重點項目《潛夫論校箋注疏》（批准號：14ZS079）研究時曾將《潛夫論箋校正》中的部分失誤列爲五十四條而撰成《中華書局版〈潛夫論箋校正〉勘誤》一文，發表於《圖書館雜誌》2017 年第 5 期。2017 年 6 月，我們申請的國家社會科學基金項目《潛夫論彙校集注》獲准立項（批准號：17BZW014），於是我們開展了進一步的研究，又發現了不少其未校正的地方和不應該徑改的文字。

考慮到購置上述二書的讀者甚多，爲了使大家更好地利用其書而不爲其所誤，今將我們發現的應改之處（我們未發現之失誤應該還有，但汪繼培有意校改之處即使不當也不收入）全部羅列於下供讀者參考。每條先列出其書原文，然後加按語進行勘正。其中 1979 年版《潛夫論箋》有誤而《潛夫論箋校正》已剜改訂正的三個文字和一處標點符號，也一併列出，並在其後加標"【㊣】"，供《潛夫論箋》的讀者參考。讀者若據本文將其書訂正一遍，則無疑可使原書更加完善而避免以訛傳訛之弊。

1.《凡例》第一頁:“汪氏据元大德新刊,校以《漢魏叢書》程榮、何鏜二本,幾復舊觀,厥功尤偉。”〇覺按:“何鏜”應改爲“何允中”。汪繼培《潛夫論箋》序云:“王符《潛夫論》行於今者,有明程榮本、何鏜本。”彭鐸蓋爲其所誤。參見本書附録三第二節對何允中所刻《漢魏叢書》的介紹。

2.《凡例》第一頁:“今取北京圖書館所藏黄丕烈士禮居舊藏明刻本、馮舒校影宋寫本(即《四部叢刊》所收述古堂本)及明刻《兩京遺編》本,并諸類書舊注所引覆校之,附識箋末,從汪後例,不改正文。”〇覺按:“影宋寫本”應改爲“影抄明仿宋刻本”,“述古堂本”應改爲“述古堂藏本”。馮舒跋此本云:“戊子六月,得沈与文所藏宋板翻刻本,因命工印抄。”可見此影抄本之底本爲明代“宋板翻刻本”而非宋本,爲馮舒“命工印抄”而非述古堂所抄。此本後爲錢曾述古堂所藏,錢氏跋此本云:“此乃印抄宋本者。”上海涵芬樓輯印《四部叢刊》影印此本時題:“上海涵芬樓借江南圖書館藏述古堂景宋寫本印行。”彭鐸蓋爲其所誤。參見本書附録三第一節對馮舒影抄本的介紹。

3. 第一頁正文:“雖有至聖,不生而知。”〇覺按:彭鐸《凡例》云:“今取北京圖書館所藏黄丕烈士禮居舊藏明刻本、馮舒校影宋寫本(即《四部叢刊》所收述古堂本)及明刻《兩京遺編》本,并諸類書舊注所引覆校之,附識箋末,從汪後例,不改正文。”又云:“汪箋本正文偶有《湖海樓叢書》誤刻者,亦有《四部備要》《諸子集成》誤排者,如《讃學篇》‘捐家出身’家、身互易之類,於始見時説明之,他皆徑改。”據此,則此正文之“知”如果不徑改爲“智”,也應“附識箋末”。明代仿宋元刻本(即彭鐸《凡例》所説的“北京圖書館所藏黄丕烈士禮居舊藏明刻本”,下簡稱“仿宋本”)、馮舒校影抄本(下簡稱“馮本”)、原一魁刻《兩京遺編》本(下簡稱“魁本”)、程榮刻《漢魏叢書》本(下簡稱“程本”)、上海圖書館所藏汪繼培《潛夫論箋》稿本(下簡稱“汪稿”)均作“智”,陳春所刊《湖海樓叢書》中的《潛夫論汪氏箋》(下簡稱“陳本”)誤爲“知”,應加以訂正。彭鐸既取黄丕烈士禮居舊藏明刻本、馮舒影寫本及《兩京遺編》本覆校之,卻未訂正,又未“附識箋末”,顯爲失校。

4. 第一頁注〔二〕所引《荀子·王制篇》云:“人有氣,有生,有知,亦且有義,故最爲天下貴者也。”〇覺按:“者”字衍,應刪。陳本無“者”字,中華書局1988年版《荀子集解》第一六四頁也無“者”字。

5. 第三頁注〔二〕所引俞樾《曲園雜纂》云:“《治要》作‘必先讀其書’,此不達其義而臆改,不可從也。”〇覺按:“《治要》作”三字,光緒二十五年(1899)刻《春在堂全書》本《曲園雜纂》原文作“《羣書治要》改作”。彭鐸删改之，有失嚴謹。

6. 第六頁正文："乃將以底其道而邁其德也。"〇覺按："底"應改爲"厎"或"厎"。仿宋本作"厎"，汪稿作"厎"，陳本誤作"底"。彭鐸未見汪稿而無以正作"厎"，亦當依仿宋本訂正爲"厎"。

7. 第六頁注〔七〕所引孫侍御志祖云："'底'與'致'同。"〇覺按："底"應改爲"厎"。汪稿作"厎"，陳本誤作"底"，當依汪稿訂正。彭鐸未見汪稿，故無以正之。

8. 第八頁注〔一二〕所引俞樾云："《議兵篇》：'已朞三年，然後民可信也。'《宥坐篇》：'綦三年而百姓往矣。'兩篇文義正同，是'朞'與'期'通也。"〇覺按：後一"朞"字應改爲"綦"。俞樾《曲園雜纂》原作"是'綦'與'期'通也"，彭鐸徑改爲"是'朞'與'期'通也"，致使其上下文義不能貫通，顯然不當。

9. 第一〇頁注〔三〕："愈樾云：'如此則舳即舟楫矣。"軸"仍當讀"車軸"之本字。'"〇覺按："愈樾"應改爲"俞樾"。俞樾《曲園雜纂》"仍當"作"當仍"，其文可通，不煩改作。

10. 第一一頁注〔八〕："《荀子·儒效篇》云：'鄉也效門室之辨，混然曾不能決也。俄而原仁義，分是非，圖回天下於掌上而辨白黑，豈不愚而智矣哉！'"〇覺按："智"應改爲"知"。陳本作"知"，中華書局版《荀子集解》第一二六頁也作"知"。

11. 第一三頁注〔二〕："《淮南子·繆稱訓》云：'懷清抱質。'"〇覺按："清"應改爲"情"。陳本作"情"，中華書局1989年版《淮南鴻烈集解》第三二六頁也作"情"。

12. 第一四頁正文："日就月將，學有緝熙於光明。"〇覺按："於"應改爲"于"。仿宋本、馮本、魁本、程本等皆作"于"，《詩經·周頌·敬之》之原文也作"于"（見中華書局1980年影印本《十三經注疏》第五九九頁），唯陳本作"於"，不可從。

13. 第一五頁注〔六〕所引《説苑·建本篇》云："孔子曰：富之，即富乃教之也。"〇覺按："即"應改爲"既"。陳本作"既富，乃教之也"，中華書局1987年版《説苑校證》第七三頁作"既富，乃教之也"。

14. 第一五頁注〔九〕所引俞樾云："'教'誤作'學'，因臆改作'入學'耳。"〇覺按：俞樾《曲園雜纂》"改作"作"改爲"，其文可通，不煩改字。

15. 第一七頁正文："今工好造彫琢之器巧僞飭之，以欺民取賄。"〇覺按："飭"應改爲"餝"。仿宋本、馮本作"餝"，魁本、程本作"餙"，皆爲

"飾"之異體字。如果説上文仿宋本、馮本之"以巧餝爲末"被陳本改爲"以巧飾爲末"不算誤改，則此文陳本作"飭"應屬誤改，不可從。彭鐸既取黄丕烈藏明刻本、馮舒校影寫本、《兩京遺編》本覆校，理應改爲"餝"，不知何故仍因襲陳本之誤。

16. 第二〇頁正文："終没之後，乃崇飭喪紀以言孝。"〇覺按："飭"應改爲"餝"。仿宋本、馮本作"餝"，魁本、程本作"餙"，皆爲"飾"之異體字，唯陳本誤作"飭"，不可從（參見上一條）。

17. 第二一頁注〔一一〕："《説文》云：'誖，亂也。'或從心作'悖'。"〇覺按："從"應改爲"从"。陳本作"从"，中華書局1963年影印同治十二年（1873）刻本《説文解字》第五四頁也作"从"。此乃《説文》用字之慣例，不煩改字。

18. 第二二頁注〔二四〕："《羣書治要》載崔實《政論》云：'送終之家，亦無法度，至用檽梓黄腸，多埋寶貨，烹牛作倡，高墳大寢。是可忍也，孰不可忍？而俗人多之，咸曰健子，天下企慕，恥不相逮。念親將終，無以奉遣，乃約其供養，豫修亡殁之備，老親之飢寒，以事淫佚之華稱。竭家盡業，甘心而不恨。'《後漢書·趙咨傳》云：'廢事生而榮終亡，替所養而爲厚葬，豈云聖人制禮之意乎？'"〇覺按："崔實"應依汪稿或上海古籍出版社2002年版《續修四庫全書》第1187册第三頁《羣書治要目録》改爲"崔寔"，不應依陳本作"崔實"。"埋"應改爲"藏"，陳本作"藏"，《羣書治要》卷四十五也作"藏"（見《續修四庫全書》第1187册第五九三頁，下同）。"企"應改爲"跂"，陳本、《羣書治要》卷四十五均作"跂"。"佚"應依汪稿改爲"泆"（《羣書治要》卷四十五作"法"，乃"泆"字之誤），不應依陳本作"佚"。"榮"應改爲"營"，汪稿作"營"，《後漢書》卷三十九也作"營"（見中華書局1965年版《後漢書》第一三一五頁），不應承陳本之誤而作"榮"。

19. 第二二頁注〔二八〕："鐸按：'徒'與'從'隸書形近而脱。中國国家圖書館藏黄丕烈士禮居舊藏明刊本正作'苟得之徒，從而賢之'。"〇覺按：北京國家圖書館藏黄丕烈士禮居舊藏明刊本、馮本皆無"徒"字而作"苟得之，從而賢之"。

20. 第二四頁正文："象以齒焚身，蜯以珠剖體。"〇覺按："蜯"應依仿宋本、馮本、魁本、程本、汪稿等改爲"蚌"。陳本作"蜂"固誤，但改爲"蜯"也不當。彭鐸既取黄丕烈舊藏明刻本、馮舒校影寫本及《兩京遺編》本覆校之（見其《凡例》），不知爲什麼不從舊本改爲"蚌"。

21. 第二五頁注〔九〕："《本經訓》云：'擿蜯蜃。'"〇覺按："蜯"應依中華書局版《淮南鴻烈集解》第二四五頁改爲“蚌”。陳本作“蜂”固誤，但改爲“蜯”也不當。

22. 第二七頁正文：“顔、原、公析因饉於郊野。”○覺按：“因”應改爲“困”。仿宋本、馮本、魁本、程本、汪稿皆作“困”。陳本誤作“因”，不可從。彭鐸既取黄丕烈藏明刻本、馮舒校影寫本、《兩京遺編》本覆校，理應改爲“困”，不知何故仍因襲陳本之誤。

23. 第二八頁正文：“守志於□廬之内，而義溢乎九州之外，信立乎千載之上，而名傳乎百世之際。”○覺按：“立乎”應改爲“立於”。仿宋本、馮本、魁本、程本皆作“立於”，唯陳本誤作“立乎”（從上下之對文也可判其誤），不可從。彭鐸既取黄丕烈藏明刻本、馮舒校影寫本、《兩京遺編》本覆校，理應改爲“立於”，不知何故仍因襲陳本之誤。

24. 第三一頁注〔六〕：“《廣韻》九魚‘疏’字注云：‘疏姓，漢有太子太傅東海疏廣，俗作“踈”。’按《晋書·束晳傳》云：‘漢太子太傅踈廣之後也。王莽末，廣曾孫孟達避難，自東海徙居沙鹿山南，因去“踈”之“足”，遂改姓焉。’是漢時已以‘踈’爲‘疏’矣。”○覺按：“以‘踈’爲‘疏’”應改爲“以‘疏’爲‘踈’”。陳本作“以‘疏’爲‘踈’”，意爲“將‘疏’字寫作‘踈’”，其文不誤，不當隨意徑改。

25. 第三一頁注〔四〕：“《周禮》大司徒：‘以保息六安萬民。’”○覺按：“安”應改爲“養”。《周禮·地官·大司徒》作“以保息六養萬民”（見中華書局影印本《十三經注疏》第七〇六頁）。陳本誤作“安”，不可從。

26. 第三四頁注〔一〕所引俞樾云：“下文‘君子未必富貴，小人未必貧賤’，富貴、貧賤，此即所謂‘二命’。”○覺按：俞樾《曲園雜纂》作：“下云‘故君子未必富貴，小人未必貧賤’，富貴、貧賤，此即天所降之‘二命’。”其文與所解之文更爲切合，不當隨意删改。

27. 第三六頁注〔一〕：“《桑柔》鄭箋云：‘“蔑”猶“輕”也。’”○覺按：“桑柔”上應加“詩”字。陳本作“《詩·桑柔》鄭箋云”，依汪箋之例，此不當徑删“詩”字。

28. 第三六頁正文：“昔自周公不求備於一人，況乎其德義既舉，乃可以它故而弗之采乎？”○覺按：“它”應改爲“宅”。仿宋本、馮本、魁本、程本等皆作“宅”，唯陳本誤作“它”，應改正。彭鐸既取黄丕烈藏明刻本、馮舒校影寫本、《兩京遺編》本覆校，理應改爲“宅”，不知何故仍因襲陳本之誤。

29. 第三七頁注〔九〕所引俞樾云：“《詩·防有鵲巢》傳：‘中，中庭也。唐，堂塗也。’此即用其語。‘負’當作‘萯’，《説文》：‘萯，王萯也。’‘苞，草也。南陽以爲麤履。'"〇覺按:"草也"應改爲"艸也"。俞樾《曲園雜纂》原文作:"《詩·防有鵲巢篇》'中唐有甓'傳曰:'中,中庭也。唐,堂塗也。'此即用其語。'負'當作'萯',《説文·艸部》:'萯,王萯也。''苞,艸也。南陽以爲麤履。'"彭鐸將俞樾之上文加以删改雖然有失嚴謹,猶無大礙,但將"艸也"改爲"草也"則不當。中華書局影印本《説文解字》第一九頁也作"艸也",與俞樾引文同。

30. 第三八頁正文:"惟其任也,何卑遠之有?"〇覺按:"惟"應改爲"唯"。仿宋本、馮本、魁本、程本皆作"唯",唯陳本作"惟",故應從舊本改爲"唯"。

31. 第四三頁注〔三〕彭鐸所引《金石録》云:"案《後漢書·百官志》注,河南尹官屬有循行一百三十人。"〇覺按:"一百三十人"應改爲"二百三十人"。《後漢書志第二十八·百官五》注引《漢官》作"二百三十人"(見中華書局版《後漢書》第三六二二頁)。

32. 第四四頁正文:"予以惟兩賢爲宜不相害乎?然也,范睢絀白起。"〇覺按:"惟"應改爲"唯"。仿宋本、馮本、魁本、程本皆作"唯",唯陳本作"惟",故應從舊本改爲"唯"。又,"睢"應改爲"雎",陳本作"睢"不可從,參見下面第43條、第44條所述。

33. 第四四頁正文:"惟殊邦異途利害不干者爲可以免乎?"〇覺按:"惟"應改爲"唯"。仿宋本、馮本、魁本、程本皆作"唯",唯陳本作"惟",故應從舊本改爲"唯"。下文"惟見知爲可以將信乎"和"惟大聖爲能無累乎"之"惟"也應改爲"唯",與此同例,不再贅述。

34. 第四四頁正文:"叔嚮縲絏。"〇覺按:"絏"應改爲"紲"。仿宋本、馮本、魁本、程本皆作"紲",唯陳本作"絏",故應從舊本改爲"紲"。

35. 第四七頁注〔四〕:"《説文》云:'夙,早敬也。㐹,亦古文夙,從人、西。宿從此。'"〇覺按:兩"從"字應改爲"从"。陳本作"从",中華書局影印本《説文解字》第一四二頁也作"从"。此乃《説文》用字之慣例,不煩改字。

36. 第四九頁注〔七〕所引《漢書·貢禹傳》云:"謂居官而致富者爲雄桀,處姦而得利者爲壯士。"〇覺按:"致"應改爲"置"。陳本作"置",《漢書》卷七十二也作"置"(見中華書局1962年版《漢書》第三〇七七頁),不當隨己意改爲"致"。

37. 第四九頁注〔一二〕:"《漢書·鄒陽傳·上吴王書》云:'徐衍負石入海。'"〇覺按:"上吴王書"應改爲"上梁孝王書"。陳本作"上吴王書",誤,應糾正。《漢書》卷五十一“徐衍負石入海”之上文云：“孝王怒，下陽吏，將殺之。陽……乃從獄中上書曰”（見中華書局版《漢書》第二三四三頁、第二三四六頁），可見此乃上梁孝王書中之語。

38. 第五〇頁注〔四〕：“《爾雅·釋天》云：‘宵田爲燎。’”〇覺按：“燎”應改爲“獠”。陳本誤作“燎”，不可從。汪稿作“獠”，《爾雅·釋天》也作“獠”（見中華書局影印本《十三經注疏》第二六一〇頁）。

39. 第五二頁注〔三〕：“《説文》：‘麟，大牝鹿也。’”〇覺按：“《説文》”應改爲“《説文》云”。陳本作“《説文》云”，依汪箋之例，此不當徑删“云”字。

40. 第五四頁注〔二〕：“《漢書·梅福傳》云：‘博覽兼聽，謀及疏賤，令深者不隱，遠者不塞，所謂闢四門，明四目也。’”〇覺按：“闢”應改爲“辟”。陳本作“辟”，《漢書》卷六十七也作“辟”（中華書局版第二九二二頁）。

41. 第五六頁注〔一三〕：“‘故人君’三字舊脱，據《治要》補。”〇覺按：此處即使爲了使汪箋明瞭而欲增益其注文，“‘故人君’三字”也應改爲“‘君’字”。陳本於“故人君兼聽納下”之“君”字下之注文原作：“舊脱，据《治要》補。”所謂“舊脱”，衹是指舊本脱“君”字，非謂脱“故人君”三字。彭鐸既取黄丕烈藏明刻本、馮舒校影寫本、《兩京遺編》本覆校（見其《凡例》），理應知舊本僅脱“君”字，再臆增“‘故人君’三字”，顯然不當。

42. 第五八頁正文：“趙高亂政，恐惡聞上，乃豫要二世曰”。〇覺按：“豫”應改爲“預”。仿宋本、馮本、魁本、程本等皆作“預”，唯陳本誤作“豫”，應改正。彭鐸既取黄丕烈藏明刻本、馮舒校影寫本、《兩京遺編》本覆校，理應改爲“預”，不知何故仍因襲陳本之誤。

43. 第五八頁注〔一〕：“見《史記·范睢傳》。”〇覺按：“范睢”應改爲“范雎”。陳本作“范雎”不誤，不當徑改。吴鼒嘉慶二十三年刊《乾道本韓非子廿卷》本之《韓非子·難言》作“范雎”，《韓非子·外儲説左上》作“范且”，也可證其名作“雎”。今俗本《史記》作“睢”實誤而不可從。

44. 第五八頁注〔五〕：“《漢書·杜周》後《欽傳》云：‘毋使范睢之徒得間其説。’”〇覺按：“范睢”應改爲“范雎”。陳本作“范雎”，《漢書》卷六十也作“范雎”（中華書局版第二六七六頁），不當徑改爲“范睢”。

45. 第六一頁注〔七〕所引俞樾云：“《淮南·覽冥訓》：‘鳳凰之翔至德也，雷霆不作，風雨不興，川谷不澹，草木不摇，而燕雀佼之，以爲不能與之争於宇宙之間。’‘佼’蓋輕慢之意。上文云：‘赤螭、青虬之遊冀州也，蛇鱓輕之，以爲不能與之争於江海之中。’”〇覺按：“遊”應改爲“游”。俞樾《曲園雜纂》原作“游”，中華書局版《淮南鴻烈集解》第二〇一頁也作“游”。

46. 第六三頁注〔三〕:“《漢書・疏廣傳》:‘廣云:“顧自有舊田廬，令子孫勤力其中，足以共衣食，與凡人齊。今復增益之，以爲贏餘，但教子孫怠墮耳。”’《賈山傳》云:‘臣恐朝廷之解弛，百官之墮於事也。諸侯聞之，又必怠於政矣。’顔師古注:‘“解”讀爲“懈”。’”〇覺按:“怠墮”應改爲“怠墯”。陳本作“怠墯”,《漢書》卷七十一也作“怠墯”（中華書局版第三〇四〇頁）。“讀爲”應改爲“讀曰”。陳本作“讀曰”,《漢書》卷五十一也作“讀曰”（中華書局版《漢書》第二三三五頁）。

47. 第六四頁注〔七〕:“《史記・刺客傳》云:‘嚴仲子奉黄金百鎰，前爲聶政母壽，曰:“將爲大人麤糲之費。”’”〇覺按:“糲”應改爲“糲”。陳本作“糲”，世界書局 1935 年影印本《四史》中的《史記》第四三三頁也作“糲”。

48. 第六四頁注〔七〕:“《後漢書・黨錮傳》:‘范滂白母曰:“惟大人割不忍之恩。”’”〇覺按:“不忍”應改爲“不可忍”。陳本作“不可忍”,《後漢書》卷六十七也作“不可忍”（中華書局版第二二〇七頁）。

49. 第六四頁注〔七〕:“《後漢書・馬援傳》:‘援嘗有疾，梁松來候之，獨拜牀下。援不答。松去後，諸子問曰:“梁伯孫帝壻，貴重朝廷，公卿以下莫不憚之，大人奈何獨不爲禮？”’”〇覺按:“以下”應改爲“已下”。陳本作“已下”,《後漢書》卷二十四也作“已下”（中華書局版第八四二頁）。

50. 第六五頁注〔三〕所引《春秋繁露・深察名號篇》云:“民者，暝也。”〇覺按:“暝”應改爲“瞑”。陳本作“瞑”，中華書局 1992 年版《春秋繁露義證》第二八六頁也作“瞑”。

51. 第六六頁注〔一〇〕:“《詩・江漢》云:‘對揚王休。’〇俞樾云:‘……然《論衡・難歲篇》云:“立春，艮王，震相，巽胎，離没，坤死，兑囚，乾廢，坎休。”則東漢時固已有此説。自王而相，而胎，而死，而囚，而廢，而休，故此文即用“王休”二字以寓進賢、退不肖之意。汪箋引《詩》“王休”釋之，未得其義。’”〇覺按:“而胎”應改爲“而胎，而没”。俞樾《曲園雜纂》原有“而没”二字，此乃承《論衡》而言，不應徑删“而没”二字。“汪箋引《詩》‘王休’釋之”應改爲“汪箋引《詩》‘對揚王休’釋之”。俞樾《曲園雜纂》原有“對揚”二字，與汪箋合，不應徑删。

52. 第六八頁注〔二〇〕:“按《漢書・武帝紀》:‘元延元年，詔北邊二十二郡舉勇猛知兵法者。’”〇覺按:“武帝紀”應改爲“成帝紀”。“元延”爲漢成帝年號，陳本作“武帝紀”，誤，當據《漢書》訂正。

53. 第六八頁正文:“以囂闇應明經。”〇覺按:“囂”應改爲“嚚”【㊣】。

仿宋本、馮本、陳本等皆作“嚚”。

54. 第七〇頁注〔二一〕所引《漢書·貢禹傳》云:“何以孝悌爲? 財多而光榮。”〇覺按:“悌”應改爲“弟”。陳本作“弟”,《漢書》卷七十二也作“弟”(中華書局版第三〇七七頁)。

55. 第七三頁注〔四〕:“《文選》王褒《四子講德論》”〇覺按:“褒”應改爲“褎”。陳本作“褎”,中華書局1977年影印本《文選》第七一一頁也作“褎”。

56. 第七八頁注〔三〕:“《韓詩外傳》三:‘傳曰:太平之時,無瘖、聾、跛、眇、尪蹇、侏儒、短折。’”〇覺按:“聾”應改爲“瓏”,“尪”應改爲“尫”,“短折”應改爲“折短”。陳本作“瓏”“尫”“折短”,中華書局版1980年版《韓詩外傳集釋》第九三頁也作“瓏”“尫”“折短”。

57. 第七九頁注〔七〕所引《素問·血氣形志篇》云:“形樂志苦,病生於脈,治之以灸刺。形苦志樂,病生於肉,治之以鍼石。”〇覺按:“形苦志樂”應改爲“形樂志樂”。陳本作“形樂志樂”,《四部叢刊》本《重廣補注黄帝内經素問·血氣形志篇第二十四》也作“形樂志樂”(卷七第十二頁)。此蓋不知下句另有“形苦志樂”之文而誤以爲此文與上文“形樂志苦”相對而臆改,其校改之輕率由此可見一斑。

58. 第七九頁注〔七〕:“《八正神明論》:‘凡刺之法,必候日月星辰四時八正之氣,氣定乃刺之。’”〇覺按:“《八正神明論》”應改爲“《八正神明論》云”。陳本有“云”字,依汪箋之例,此不當徑刪“云”字。

59. 第八一頁注〔一三〕彭鐸按語:“《續漢書·百官志》:‘舊列侯奉朝請在長安者,位次三公。中興以來,唯以功德賜位特直者,次車騎將軍;賜位朝廷侯,次五校尉;賜位侍祠侯,次大夫。其餘以肺腑及公主子孫奉祠墓於京都者,亦隨時見會,位在博士、議郎下。’劉昭注引胡廣《制度》曰:‘是爲猥諸侯。’”〇覺按:據中華書局版《後漢書》第三六三〇頁,“特直”應改爲“特進”,“朝廷侯”應改爲“朝侯”,“祠墓”應改爲“墳墓”,“猥諸侯”應改爲“猥諸侯”。

60. 第八五頁注〔七〕:“《漢書·李廣傳》云:‘諸妄校尉以下,材能不及中,以軍功取侯者數十人。’”〇覺按:“以下”應改爲“已下”。陳本作“已下”,《漢書》卷五十四也作“已下”(中華書局版第二四四六頁)。

61. 第八五頁注〔八〕所引《獨斷》云:“漢興,以王子封爲王者得茅土。其他功臣及鄉亭她姓公侯,各以其户數租入爲限,不受茅土,亦不立社也。”〇覺按:“王子”應改爲“皇子”。陳本作“皇子”,《獨斷》卷下也作“皇子”

（見臺灣商務印書館 1986 年版《景印文淵閣四庫全書》第 850 册第九〇頁）。“她”應改爲“他”【㊣】，陳本作“他”，《四庫全書》本《獨斷》卷下也作“他”。

62. 第八五頁注〔一〇〕所引《史記・漢興以來諸侯年表・序》云：“諸侯或驕奢忲，邪臣計謀爲淫亂，大者叛逆，小者不軌於法，以危其命，殞身亡國。”〇覺按：“忲”應改爲“忕”或“忲”，屬下讀。陳本作“怵”固誤，但改爲“忲”也不當。世界書局影印本《史記》第一四三頁作“忕”。《索隱》云：“‘忕’音誓。‘忕’訓習，言習於邪臣之謀計，故《爾雅》云‘忕猶狃’也。‘狃’亦訓習。”可見此文之“忕”同“忲”，表示習慣而不表示奢侈，故不應改爲“忲”。

63. 第八六頁注〔七〕：“《後漢書・馮衍傳》：‘社稷顛隕。’”〇覺按：“《後漢書・馮衍傳》”應改爲“《後漢書・馮衍傳》云”。陳本有“云”字，依汪箋之例，此不當徑删“云”字。

64. 第八六頁正文：“先主之制，官民必論其材。”〇覺按：“主”應改爲“王”。仿宋本、馮本、魁本、程本、汪稿等皆作“王”，唯陳本誤作“主”，應改正。彭鐸既取黄丕烈藏明刻本、馮舒校影寫本、《兩京遺編》本覆校，理應改爲“王”，不知何故仍因襲陳本之誤。

65. 第八九頁注〔三〕：“《漢書・鮑宣傳》云：‘天人同心，人心悦，則天意解矣。’”〇覺按：“悦”應改爲“説”。陳本作“説”，《漢書》卷七十二也作“説”（中華書局版第三〇九二頁），不當徑改。

66. 第八九頁注〔八〕所引《漢書・魏相傳》云：“三者得敍，則災害不生，五穀熟，絲麻遂，草木茂，鳥獸蕃，民不夭疾，衣食有餘。”〇覺按：“草”應改爲“艸”。《漢書》卷七十四作“屮”（中華書局版第三一三九頁），陳本作“艸”猶可，彭鐸徑改爲“草”，則與古本差距更大了。

67. 第九二頁注〔一〕所引《漢書・律曆志》云：“黄帝調律曆，漢元以來用之。”〇覺按：“漢元”應改爲“漢元年”。陳本作“漢元年”，《漢書》卷二十一上也作“漢元年”（中華書局版第九七八頁）。

68. 第九二頁正文：“惟安衆侯劉崇、東郡太守翟義思事君之禮。”〇覺按：“惟”應改爲“唯”。仿宋本、馮本、魁本、程本皆作“唯”，唯陳本作“惟”，故應從舊本改爲“唯”。

69. 第九三頁正文：“惟聖知聖，惟賢知賢。”〇覺按：兩個“惟”字應改爲“唯”。仿宋本、馮本、魁本、程本皆作“唯”，唯陳本作“惟”，故應從舊本改爲“唯”。

70. 第九三頁正文："脅以權勢之屬託。"○覺按："屬"應改爲"囑"。仿宋本、馮本、魁本、程本等皆作"囑"，唯陳本誤作"屬"，應改正。彭鐸既取黄丕烈藏明刻本、馮舒校影寫本、《兩京遺編》本覆校，理應改爲"囑"，不知何故仍因襲陳本之誤。

71. 第九四頁注〔三〕："'卻'當爲'劫'，'劫'與下'脅'字同義。《禮記·儒行》云：'劫之以衆'，鄭注：'劫，劫脅也。''劫'亦作'刦'。劫、刦、却字形相近，《莊子·田子方篇》'盜人不得刦'，《釋文》：'元嘉本作"却"。'誤正類此。"○覺按："卻"應改爲"却"。陳本作"郄"，即"却"之俗字，彭鐸改爲"卻"，其字形便與"劫"不相近，與汪箋之下文不合，故不當。

72. 第九六頁注〔五〕："《荀子·解蔽篇》云：'鮑叔、甯戚、隰朋仁智且不蔽，故能持管仲，而名利福禄與管仲齊。'"○覺按："智"應改爲"知"。陳本作"知"，中華書局版《荀子集解》第三九一頁也作"知"。

73. 第九九頁注〔九〕："《孟子》云：'暴君汙吏。'"○覺按："云"應改爲"曰"。陳本作"曰"可通，不煩改字。

74. 第一〇〇頁正文："惟恐紂之聞也。"○覺按："惟"應改爲"唯"。仿宋本、馮本、魁本、程本皆作"唯"，唯陳本作"惟"，故應從舊本改爲"唯"。

75. 第一〇一頁注〔八〕："王侍郎云：'"收目"當作"拉目"，"拉"即《説文》"揩"字。'"○覺按：兩個"拉"字應改爲"抆"。陳本作"抆"，與"收"形近，可明其訛誤之由，不當徑改爲"拉"。

76. 第一一〇頁注〔四〕："《史記·商君傳》《集解》引《新序》云：'昔周、召施善政，及其死也，後世思之，"蔽芾甘棠"之詩是也。嘗舍於樹下，後世思其德，不忍伐其樹，況其身乎？'"○覺按："其身"應改爲"害其身"。陳本有"害"字，世界書局影印本《史記》第三八二頁也有"害"字。

77. 第一一二頁注〔一二〕："《三國志·王修傳》"○覺按："修"應改爲"脩"。陳本作"修"不可從，汪稿作"脩"，《三國志》卷十一也作"脩"（中華書局1959年版第三四五頁）。

78. 第一一四頁注〔一三〕："《毛詩·角弓·序》云：'骨肉相怨。'鄭玄《詩》箋云：'骨肉之親相疎遠，則以親親之望，易以生怨。'"○覺按："生"應改爲"成"。陳本作"生"不可從。《毛詩·小雅·角弓》鄭玄箋作"成"（見中華書局影印本《十三經注疏》第四九二頁校勘記），應據以訂正。

79. 第一一七頁注〔一九〕："《史記·平原君傳》云：'秦之圍邯鄲，趙使平原君求救合縱於楚。'"○覺按："縱"應改爲"從"。陳本作"從"，世界書局影印本《史記》第四〇五頁也作"從"。

80. 第一一九頁注〔六〕:“《漢書·貢禹傳》云:‘守相崇財利。’”○覺按:“守相”應改爲“相守”。陳本作“相守”,《漢書》卷七十二也作“相守”(中華書局版第三〇七七頁)。

81. 第一二〇頁注〔四〕:“《管子·揆度篇》云:‘農有常業,女有常事。一農不耕,民有爲之饑者;一女不織,民有受其寒者。’”○覺按:“饑”應改爲“飢”。陳本作“饑”,不可從。汪稿作“飢”,上海古籍出版社1989年影印浙江書局本《管子》第二一七頁也作“飢”。

82. 第一二一頁注〔五〕:“《後漢書·章帝紀》元和三年詔曰:‘務盡地力,勿令游手。’”○覺按:“詔”應改爲“告”。陳本作“告”,《後漢書》卷三也作“告”(中華書局版第一五四頁)。

83. 第一二二頁注〔一〇〕所引《漢書·景帝紀》後二年詔曰:“農事傷,則饑之本也;女工害,則寒之原也。”○覺按:“饑”應改爲“飢”。陳本作“饑”,不可從。汪稿作“飢”,《漢書》卷五也作“飢”(中華書局版第一五一頁)。“工”應改爲“紅”。陳本作“紅”,《漢書》卷五也作“紅”(中華書局版第一五一頁)。

84. 第一二三頁正文:“惟無心之人。”○覺按:“惟”應改爲“唯”。仿宋本、馮本、魁本、程本皆作“唯”,唯陳本作“惟”,故應從舊本改爲“唯”。

85. 第一二六頁注〔四〕:“《説文》:‘巫,祝也。女能事無形,以舞降神也。’”○覺按:“《説文》”應改爲“《説文》云”。陳本作“《説文》云”,依汪箋之例,此不當徑删“云”字。

86. 第一二六頁注〔一一〕:“《素問·玉機真藏論》云:‘風者,百病之長也。今風寒客於人,使人豪毛畢直,皮膚閉而爲熱。’”○覺按:“豪”應改爲“毫”。陳本作“毫”,《四部叢刊》本《重廣補注黄帝内經素問·玉機真藏論篇第十九》也作“毫”(卷六第五頁)。

87. 第一二七頁注〔一三〕:“《史記·扁鵲傳》云:‘信巫不信醫,不治也。’”○覺按:“不治”應改爲“六不治”。陳本無“六”字,不可從。汪稿有“六”字,世界書局影印本《史記》第四八一頁也有“六”字。

88. 第一三〇頁正文:“文組綵緤。”○覺按:“緤”應改爲“褋”。陳本作“褋”不誤,不可徑改。

89. 第一三二頁注〔二一〕:“《後漢書·明帝紀》永平十二年詔曰:‘麋破積世之業,以供終朝之費。’”○覺按:“麋”應改爲“糜”。陳本作“麋”,誤而不可從。《後漢書》卷二作“糜”(見中華書局版《後漢書》第一一五頁),下文“乃能變風易俗以致太平”汪繼培箋引《明帝紀》永平十二年詔也作

“糜”（見彭鐸校正本第一四一頁注〔二〕），應據以訂正。

90. 第一三三頁注〔七〕：“賊，謂蟊賊。”〇覺按：“蟊”應改爲“蝥”。陳本作“蝥”不誤，不煩改字。

91. 第一三四頁正文：“後世以楸梓槐柏杶樗。”〇覺按：“柏”應改爲“栢”。仿宋本、馮本、魁本、程本皆作“栢”，唯陳本作“柏”，故應從舊本改爲“栢”。

92. 第一三四頁正文：“膠漆所致。”〇覺按：“所”應改爲“分”。仿宋本、馮本、魁本、程本等皆作“分”，唯陳本誤作“所”，應改正。彭鐸既取黄丕烈藏明刻本、馮舒校影寫本、《兩京遺編》本覆校，理應改爲“分”，不知何故仍因襲陳本之誤。

93. 第一三四頁正文：“工匠雕治。”〇覺按：“雕”應改爲“彫”。仿宋本、馮本、魁本、程本皆作“彫”，唯陳本作“雕”，故應從舊本改爲“彫”。

94. 第一三四頁正文：“西至敦煌。”〇覺按：“敦”應改爲“燉”。仿宋本、馮本、魁本、程本等皆作“燉”，汪稿也作“燉”，可見其原文應作“燉”，唯陳本作“敦”，實不可從。

95. 第一三五頁注〔五〕：“《江淹集·銅劍讚》云：‘往古之事，棺皆不用釘，悉用細腰。其細腰之法，長七寸，廣三寸，厚二寸五分，狀如木枰，兩頭大而中央小，仍鑿棺際而安之，因普漆其外。一棺凡用細腰五十四枚。大略如此。’按‘細要’亦作‘小要’，《禮記·檀弓》云：‘棺束縮二横三，衽每束一。’鄭注：‘衽，今小要。’”〇覺按：“細要”應改爲“細腰”，陳本作“細腰”，與上文相承，不當徑改。

96. 第一三六頁注〔一六〕：“《論衡·效力篇》云：‘任車上坂，强牛引前。’”〇覺按：“坂”應改爲“阪”。陳本作“阪”，中華書局1979年版《論衡注釋》第七四二頁也作“阪”。

97. 第一三六頁注〔一七〕：“《後漢書·班彪》後《固傳·西都賦》云：‘通溝大漕，潰渭洞河。’章懷注引《蒼頡篇》云：‘潰，旁決也。’”〇覺按：“旁”應改爲“傍”。陳本作“傍”，《後漢書》卷四十上也作“傍”（中華書局版第一三四〇頁）。

98. 第一三六頁注〔一八〕：“《孟子》：‘從流上而亡反謂之連’，此‘連淮’之訓。”〇覺按：“亡”應改爲“忘”。陳本作“亡”，誤而不可從。此應依《孟子·梁惠王下》改爲“忘”（見中華書局影印本《十三經注疏》第二六七五頁）。

99. 第一三七頁正文：“廣種松柏。”〇覺按：“柏”應改爲“栢”。仿宋本、馮本、魁本、程本皆作“栢”，唯陳本作“柏”，故應從舊本改爲“栢”。

100. 第一三八頁注〔九〕:"《續漢書·禮儀志》劉昭注引《漢舊儀》云:'帝崩,以玉爲襦,如鎧狀,連縫之,以黄金爲鏤,腰以下以玉爲札,長一尺二寸,半爲柙,下至足,亦縫以黄金縷。'"〇覺按:"鏤"應改爲"縷"。陳本作"縷",《後漢書志第六·禮儀下》也作"縷"(見中華書局版《後漢書》第三一四二頁)。又,"半"字當從上讀。

101. 第一三九頁正文:"晉靈厚賦以雕墻。"〇覺按:"雕"應改爲"彫"。仿宋本、馮本、魁本、程本皆作"彫",唯陳本作"雕",故應從舊本改爲"彫"。

102. 第一三九頁注〔一〕:"崔實《政論》:'文、武之兆,與平地齊。'"〇覺按:"《政論》"應改爲"《政論》云"。陳本有"云"字,依汪箋之例,此不當徑删"云"字。

103. 第一四二頁注〔二〕:"《文選》作'倔起',李善注云:'《埤蒼》曰:"倔,特起也。"''崛'與'倔'同。"〇覺按:"倔,特起也"應改爲"崛,特起也"。陳本作"崛,特起也",中華書局影印本《文選》第七一八頁也作"崛,特起也"。又"'崛'與'倔'同"也爲李善注文,應該括在李善注文之引號内。

104. 第一四五頁正文:"武王夙夜敬止。"〇覺按:"武"應改爲"成"。仿宋本、馮本、魁本、程本等皆作"成",唯陳本誤作"武",應改正。彭鐸既取黄丕烈藏明刻本、馮舒校影寫本、《兩京遺編》本覆校,理應知此"武"字非明刻本所固有而爲陳本之誤,卻加按語云:"匡衡以此詩爲武王畢喪。衡學《齊詩》,則是《齊詩》説也。節信引詩多本三家,'武'字必不可改。"殊爲不當。

105. 第一四六頁注〔三〕所引《漢書·董仲舒傳》云:"是以堯發於諸侯,舜興乎深山,非一日而顯也,蓋有漸以致之矣。"〇覺按:"乎"應改爲"虖"。陳本作"虖",《漢書》卷五十六也作"虖"(中華書局版第二五一七頁)。

106. 第一四七頁正文:"夫聖賢卑革,則登其福。"〇覺按:"聖賢"應改爲"賢聖"。仿宋本、馮本、魁本、程本皆作"賢聖",唯陳本作"聖賢",故應從舊本改爲"賢聖"。

107. 第一四九頁正文:"不遵履五常,順養性命,以保南山之壽,松柏之茂也?"〇覺按:"柏"應改爲"栢"。仿宋本、馮本、魁本、程本皆作"栢",唯陳本作"柏",故應從舊本改爲"栢"。

108. 第一五〇頁正文:"禍福無門,惟人所召。"〇覺按:"惟"應改爲"唯"。仿宋本、馮本、魁本、程本皆作"唯",唯陳本作"惟",故應從舊本改爲“唯”。

109. 第一五一頁注〔一〕:“《說苑·談叢篇》云:‘十步之澤，必有香草，十室之邑，必有忠士。’”〇覺按:“談叢篇”應改爲“説叢篇”。陳本作“説叢篇”，蓋汪繼培所據版本不同所致，不煩改字。彭鐸於此文改爲“談叢篇”，而於第三二頁注〔六〕、第一五六頁注〔一〕保留了陳本之“説叢篇”，前後不一，顯然不當。

110. 第一五一頁注〔四〕:“‘多’字舊空，據程本補。”〇覺按:“補”字應删。陳本無“補”字，不煩臆增。值得注意的是，其第一六〇頁注〔二〕:“‘苦’字舊空，據程本。”汪氏類似之校語，彭鐸於一處增“補”字，另一處不增“補”字，其“校正”自亂其例，顯然不當。

111. 第一五二頁注〔二〕所引《通典》十三云:“中二千石歲舉廉吏各一人。”〇覺按:“舉”應改爲“察”。陳本作“察”，商務印書館1935年版《通典》(《萬有文庫》第二集)第七四頁也作“察”。

112. 第一五三頁正文:“夫説粱飯食肉，有好於面目。”〇覺按:“飯”應改爲“飰”。仿宋本、馮本、魁本、程本皆作“飰”，陳本作“飯”非古本之舊，故應改爲“飰”。

113. 第一五四頁注〔一三〕:“《列子·説符篇》云:‘爰旌目餓於道，狐父之盜下壺餐以哺之。’”〇覺按:“哺”應改爲“餔”。陳本作“餔”，中華書局1979年版《列子集釋》第二六三頁也作“餔”。

114. 第一五六頁注〔一〕:“《荀子·彊國篇》云:‘下之和上，譬之若響之應聲，影之象形也。’”〇覺按:“若”應改爲“猶”，陳本作“猶”，中華書局版《荀子集解》第三〇五頁也作“猶”。

115. 第一五六頁注〔二〕:“此駹、驪並舉之證。”〇覺按:“證”應改爲“証”。陳本作“証”不誤，不煩改字。

116. 第一五七頁注〔三〕:“《儀禮·喪服傳》云:‘冠六升外畢，鍛而弗灰。’《士喪禮》云‘冪奠用功布’，鄭注:‘功布，鍛濯灰治之布也。’”〇覺按:“《儀禮·喪服傳》云”應改爲“《儀禮·喪服》傳云”。陳本無標點符號，彭鐸加上標點符號無可厚非，但將“喪服傳”與“士喪禮”等而視之，顯然不當(參見中華書局影印本《十三經注疏》第一〇九七頁)。

117. 第一五七頁正文:“詐静以惑衆，則敗俗傷風。”〇覺按:“風”應改爲“化”。仿宋本、馮本、魁本、程本、汪稿等都作“化”，陳本誤作“風”，不可從。彭鐸既取黄丕烈舊藏明刻本、馮舒校影寫本及《兩京遺編》本覆校之，理應改爲“化”，不知何故仍因襲陳本之誤。

118. 第一五八頁注〔一〕:“《治要》載《尸子·分篇》云:‘違情見素,則是非不蔽。’”○覺按:“違”應改爲“達”。陳本作“達”,《羣書治要》卷三十六載《尸子》也作“達”(見《續修四庫全書》第1187冊第四七三頁)。

119. 第一六二頁注〔七〕:“《陳勝項藉傳贊》云:‘甿隸之人’,如淳曰:‘甿,古文萌字。萌,民也。’”○覺按:“藉”應改爲“籍”。陳本作“籍”,《漢書》卷三十一也作“籍”(中華書局版第一七八五頁)。又,《漢書》卷三十一載如淳曰:“甿,古文萌字。甿,民也。”(中華書局版第一八二四頁)可見“萌,民也”爲汪箋而非如淳之注文,不應視爲如淳之注文括在引號内。

120. 第一六三頁注〔四〕:“《後漢書·循吏傳序》:‘廣求民瘼。’”○覺按:“《後漢書·循吏傳序》”應改爲“《後漢書·循吏傳》序云”。陳本有“云”字,依汪箋之例,此不當徑刪“云”字。又,“廣求民瘼”爲《後漢書》卷七十六《循吏列傳》序文之語,其文之前無“序”字作爲標題(見中華書局版《後漢書》第二四五七頁),故“序”字不應該括在書名號内。

121. 第一六五頁正文:“貴賤親疏。”○覺按:“疏”應改爲“踈”。仿宋本、馮本、魁本、程本皆作“踈”,陳本作“疏”非古本之舊,故應改爲“踈”。

122. 第一六五頁注〔五〕:“鐸按:‘秩’與‘豑’同,《説文》:‘豑,爵之次弟也。’”○覺按:兩“豑”字應改爲“豑”。《説文·豊部》作“豑”(見中華書局影印本《説文解字》第一〇二頁)。

123. 第一六八頁正文:“行人定而《綿蠻》諷。”○覺按:“綿”應改爲“緜”。仿宋本、馮本、魁本、程本等皆作“緜”,《詩經·小雅·緜蠻》之原文也作“緜”(見中華書局影印本《十三經注疏》第四九八頁),唯陳本作“綿”,實不可從。彭鐸既取黄丕烈藏明刻本、馮舒校影寫本、《兩京遺編》本覆校,理應改爲“緜”,不知何故仍因襲陳本之“綿”字。

124. 第一六九頁注〔五〕:“繼培按:《志氏姓篇》以單傾公爲頎公,誤正類此。”○覺按:“傾”應改爲“頃”。陳本誤作“傾”,不可從。汪稿作“頃”,《潛夫論箋·志氏姓》也作“頃”(見彭鐸校正本第四六一頁)。彭鐸雖然未見汪稿而不能據汪稿進行訂正,也應該據《志氏姓》之文加以訂正,而不應該沿襲陳本之誤。

125. 第一七〇頁注〔三〕:“《漢書·公孫弘傳》封弘詔云:‘古者任賢以序位,量能以授官。’”○覺按:“以序位”應改爲“而序位”。陳本作“而”,《漢書》卷五十八也作“而”(中華書局版第二六二〇頁)。

126. 第一七一頁正文:“惟恐不中而道於邪。”○覺按:“惟”應改爲“唯”。仿宋本、馮本、魁本、程本皆作“唯”,唯陳本作“惟”,故應從舊本改爲“唯”。

127. 第一七一頁注〔二〕:“《漢書·魏相傳》云:‘飢寒在身則亡廉恥,寇賊姦軌所由生也。’”○覺按:“由”應改爲“繇”。陳本作“繇”,《漢書》卷七十四也作“繇”(中華書局版第三一三九頁)。

128. 第一七一頁注〔八〕:“《詩·抑》云:‘誨爾諄諄。’按《禮記·中庸》:‘肫肫其仁’,鄭注:‘“肫肫”讀如“誨爾忳忳”之“忳”。忳忳,懇誠貌也。’《春秋繁露·相生篇》云:‘孔子爲魯司寇,斷獄屯屯,與衆共之。’《説苑·至公篇》作‘敦敦’。敦敦、諄諄、屯屯、忳忳,義並同。”○覺按:“敦敦、諄諄”應改爲“諄諄、敦敦”。陳本作“諄諄、敦敦”,乃承上文而言,不應徑改而倒其文。

129. 第一七二頁注〔八〕:“《鹽鐵論·未通篇》云:‘築城者先厚其基而後求其高,畜民者先厚其業而後求其贍。’《考工記》云:‘匠人,牆厚三尺,崇三之。’”○覺按:“而後求其高”應改爲“而求其高”。陳本無“後”字,《鹽鐵論》卷三也無“後”字(見《四部叢刊·初編·子部·鹽鐵論》,上海商務印書館1936年縮印本第二五頁)。“《考工記》云:‘匠人,牆厚三尺,崇三之。’”應改爲“《考工記·匠人》:‘牆厚三尺,崇三之。’”陳本衍“云”字,應删。汪稿無“云”字,中華書局影印本《十三經注疏》第九三三頁之文也可證此文不當有“云”字。此“匠人”也不當與“牆厚三尺,崇三之”連讀,而應作爲篇題括在書名號内。

130. 第一七四頁注〔六〕:“《墨子·兼愛篇》云:‘聖人以治天下爲事者也。必知亂之所自起,焉能治之;不知亂之所自起,則不能治。譬如醫之攻人之疾者然,必知疾之所自起,焉能攻之;不知疾之所自起,則弗能攻。’”○覺按:“譬如”應改爲“譬之如”。陳本脱“之”字,不可從。汪稿有“之”字,中華書局1986年版《墨子閒詁》第九一頁也有“之”字。

131. 第一七四頁正文:“今主上妄行刑辟。”○覺按:“今”應改爲“令”。仿宋本、馮本、魁本、程本等都作“令”,唯陳本誤作“今”,不可從。彭鐸既取黄丕烈舊藏明刻本、馮舒校影寫本及《兩京遺編》本覆校之,理應改爲“令”,不知何故仍因襲陳本之誤。

132. 第一七五頁注〔八〕:“辭,謂辭謁。”○覺按:“辭謁”應改爲“謁辭”。陳本作“謁辭”不誤,汪稿還引《漢書·蓋寬饒傳》“以令詣官府門上謁辭”作爲例證,可見其原文本作“謁辭”,不煩改作。

133. 第一七六頁注〔一五〕所引孫詒讓《札迻》:“‘淪寃’疑當爲‘論免’,皆形之誤。此言誣奏良吏,令上失刑,重者至死,輕者亦論罪免官(上文云：'正直之士之爲吏也。'故此云'論免'）。今本作'淪寃'，則與'死徙'高下無別，蓋涉上文'横枉侵寃'，下文'被寃之家'而誤。"〇覺按："重者至死"應改爲"重者至死徙"，光緒廿年（1894）瑞安孫氏籀高刊本《札迻》有"徙"字，與所解正文合，不當徑刪。又，"下文'被寃之家'而誤"應改爲"及下文'被寃之家'而誤"，《札迻》原有"及"字，其文不誤，不煩刪削。

134. 第一七七頁注〔五〕："《漢書・王嘉傳》云：'内外顧望。'"〇覺按："内外"應改爲"外内"。陳本作"外内"，《漢書》卷八十六也作"外内"（中華書局版第三四九九頁）。

135. 第一七七頁注〔六〕："按《漢書・西域大宛傳》云'不敢留苦'，顔師古注：'不敢留連及困苦之也。'《易林・咸之豫、萃之咸、巽之井、未濟之需》並云：'稽難行旅，流連愁苦。'"〇覺按："流"應改爲"留"。陳本作"畱"，《易林》作"留"（分別見卷三《咸之第三十一》"豫"下、卷四《萃之第四十五》"咸"下、《巽之第五十七》"井"下、《未濟之第六十四》"需"下，臺灣商務印書館 1986 年版《景印文淵閣四庫全書》第 808 冊第三五一頁、第三八八頁、第四一九頁、第四三六頁）。《易林》之文，除了《咸之豫》作"稽旅難行，留連愁苦"，其他均作"稽難行旅，留連愁苦"。汪箋云"並云"，蓋籠統言之也。其實，彭鐸將"留連"徑改爲"流連"，則與所解之文不合，其誤顯然。

136. 第一七八頁注〔四〕："崔實《政論》云：'競擿微短，吹毛求疵，重案深詆，以中傷忠良。'"〇覺按："忠良"應改爲"貞良"。陳本作"貞良"，《羣書治要》卷四十五也作"貞良"（見《續修四庫全書》第 1187 冊第五九五頁）。

137. 第一八〇頁正文："古者惟始受命之君。"〇覺按："惟"應改爲"唯"。仿宋本、馮本、魁本、程本皆作"唯"，唯陳本作"惟"，故應從舊本改爲"唯"。

138. 第一八〇頁正文："順育萬物以成大功。"〇覺按："物"應改爲"民"。汪箋曰："舊無'物'字，据本《傳》補。"今按《後漢書》卷四十九《王符列傳》作"民"（中華書局版《後漢書》第一六四二頁）而不作"物"，故應改爲"民"。

139. 第一八〇頁注〔一〕："《韓非子・難一》云：'夫惜草茅者耗禾穗，惠盜賊者傷良民。今緩刑罰，行寬惠，是利姦邪而害善人也。'"〇覺按："難一"應改爲"難二"。陳本作"難一"，誤而不可從。其語出自《韓非子・難二》，見知識産權出版社 2018 年第 3 版《韓非子校疏析論》37.1.2 節。

140. 第一八二頁注〔四〕:"《李尋傳》"〇覺按:"《李尋傳》"應改爲"《李尋傳》云"。陳本有"云"字，依汪箋之例，此不當徑删"云"字。

141. 第一八三頁注〔二〕:"《漢書》作'儈'，顔師古注:'儈者，會合二家交易者也。'"〇覺按:"會合"應改爲"合會"。陳本作"合會",《漢書》卷九十一也作"合會"(中華書局版第三六八九頁)。

142. 第一八四頁注〔四〕:"顔師古注:'盤互，盤結而交互也。字或作"牙"，言如豕牙之盤曲、犬牙之相入也。'"〇覺按:"字或作'牙'"應改爲"'互'字或作'牙'"，陳本有"互"字,《漢書》卷八十五也有"互"字(中華書局版第三四五二頁)。

143. 第一八五頁注〔五〕:"《易緯是類謀》云"〇覺按:"《易緯是類謀》"應改爲"《易是類謀》"。陳本無"緯"，其文不誤，不煩增字。

144. 第一八六頁正文:"前世贖赦稀疏。"〇覺按:"疏"應改爲"踈"。仿宋本、馮本、魁本、程本皆作"踈"，陳本作"疏"非古本之舊，故應改爲"踈"。

145. 第一八七頁注〔七〕所引崔實《政論》云:"每迫春節徼幸之會，犯惡尤多。"〇覺按:"幸"應改爲"倖"。陳本作"倖",《羣書治要》卷四十五也作"倖"(見《續修四庫全書》第1187册第五九七頁)。

146. 第一九一頁注〔二〕所引《御覽》六百五十二之《漢舊儀》云:"郡國各分遣使傳厩車馬，行屬縣，解囚徒。"〇覺按:"使"應改爲"吏"。陳本誤作"使"，不可從。汪稿作"吏",《太平御覽》卷六百五十二引《漢舊儀》也作"吏"(見中華書局1960年影印本第二九一五頁)。

147. 第一九二頁注〔三〕:"'老'蓋'放'字，與'攷'字形相近，'攷'通'考'，轉誤爲'老'。"〇覺按:"與'攷'字形相近"應改爲"'放'與'攷'字形相近"。陳本作"'放'與'攷'字形相近"，其文不誤，删"放"字反而使其義不明，故不當徑删。

148. 第一九五頁正文:"金作贖形，赦作宥罪。"〇覺按:"形"應改爲"刑"。陳本誤作"形"，不可從。仿宋本、馮本、魁本、程本等皆作"刑"。彭鐸既取黄丕烈藏明刻本、馮舒校影寫本、《兩京遺編》本覆校，理應改爲"刑"，不知何故仍因襲陳本之誤。

149. 第一九六頁注〔一四〕:"襄廿一年《左傳》:'人謂向叔曰:"子離於罪，其爲不知乎!"'"〇覺按:"向叔"應改爲"叔向"。陳本作"叔向",《左傳·襄公二十一年》也作"叔向"(見中華書局影印本《十三經注疏》第一九七一頁)。

150. 第一九七頁注〔一〕:“《説文》云:‘瀱者，議辠也。’”○覺按:“瀱者”應改爲“瀱”。陳本衍“者”字，不可從。汪稿無“者”字，中華書局影印本《説文解字》第二三七頁也無“者”字。

151. 第二〇一頁注〔九〕:“‘酎’舊作‘酧’。”○覺按:“酧”應改爲“酎”。此字仿宋本、馮本、魁本等均作“酎”，彭鐸既取黄丕烈藏明刻本、馮舒校影寫本、《兩京遺編》本覆校，理應知此字舊不作“酧”。汪云“‘酎’舊作‘酧’”，當爲誤校，蓋其始校《潛夫論》時以程本爲底本，程本作“酎”，而汪氏將“酎”字誤爲“酧”耳。

152. 第二〇二頁正文:“今列侯年卉以來。”○覺按:“卉”應改爲“卅”。陳本誤作“卉”，不可從。仿宋本、馮本、魁本皆作“卅”。彭鐸既取黄丕烈藏明刻本、馮舒校影寫本、《兩京遺編》本覆校，理應改爲“卅”，不知何故仍因襲陳本之誤。

153. 第二〇三頁注〔五〕:“《隸釋·堂邑令費鳳碑》云:‘退已進弟，不營榮禄，棲遲歷稔，項領滯畜。’”○覺按:“棲”應改爲“栖”。陳本作“栖”，《隸釋》卷九《堂邑令費鳳碑》也作“栖”(見中華書局 1986 年版《隸釋·隸續》第一〇七頁)。

154. 第二〇四頁注〔一〕:“《釋名·釋書契》云:‘漢制，約勑諸侯曰冊。’”○覺按:“諸”應改爲“封”。陳本作“封”,《釋名·釋書契》也作“封”(見上海古籍出版社 1984 年影印光緒丙申刻本《釋名疏證補》第三〇二頁)。

155. 第二〇四頁〔三〕所引俞樾云:“言宜舉智賢以佐天子也。”○覺按:“智賢”應改爲“智賢之人”。俞樾《曲園雜纂》原作“言宜舉智賢之人以佐天子也”，不當徑刪“之人”二字。

156. 第二〇六頁注〔七〕:“按‘刺’乃‘剌’字之誤。《説文》云:‘剌，裁也。從刀，從未。’”○覺按:“‘刺’乃‘剌’字之誤”應改爲“‘刺’乃‘剌’之誤”。陳本無“字”字可通，不煩增字。兩“從”字應改爲“从”。陳本作“从”，中華書局影印本《説文解字》第九二頁也作“从”。此乃《説文》用字之慣例，不煩改字。

157. 第二〇七頁注〔七〕所引《鹽鐵論·除狹篇》云:“猶以爲一人之身，明不能照，聽不能達，故立卿大夫士以佐之，而政治乃備。”○覺按:“聽不能達”應改爲“聽不得達”。陳本作“得”,《鹽鐵論》卷六也作“得”(見上海商務印書館 1936 年縮印《四部叢刊》本《鹽鐵論》第五一頁)。

158. 第二〇八頁注〔七〕所引《後漢書·光武帝紀》:“蓋以感致神祇，表章德信。”○覺按:“章”應改爲“彰”。陳本作“彰”,《後漢書》卷一下也作“彰”(中華書局版第八三頁)。

159. 第二〇九頁正文:“圖鐵鑕鉞之决。”〇覺按:“鐵”應改爲“鈇”。仿宋本、馮本、魁本、程本等皆作“鈇”,唯陳本誤作“鐵”,不可從。彭鐸既取黄丕烈藏明刻本、馮舒校影寫本、《兩京遺編》本覆校,理應改爲“鈇”,不知何故仍因襲陳本之誤。

160. 第二一〇頁注〔四〕:“《京房傳》:‘古帝王以功舉賢,則萬化成,瑞應著。’”〇覺按:“《京房傳》”應改爲“《京房傳》云”。陳本有“云”字,依汪箋之例,此不當徑删“云”字。

161. 第二一一頁注〔三〕:“《周禮》絜壺氏鄭注:‘漏之箭,晝夜共百刻,冬夏之閒,有長短焉。太史立成法,有四十八箭。’”〇覺按:“絜”應改爲“挈”,“太”應改爲“大”。陳本作“挈”和“大”,《周禮》也作“挈”和“大”(見中華書局影印本《十三經注疏》第八四四頁)。

162. 第二一三頁正文:“是以堯勅羲和。”〇覺按:“勅”應改爲“敕”。仿宋本、馮本、魁本、程本等皆作“敕”,陳本作“勅”非古本之舊,故應改爲“敕”。

163. 第二一四頁注〔二〕:“按《説文》云:‘衒,行且賣也。或從玄作衒。’”〇覺按:“從”應改爲“从”。陳本作“从”,中華書局影印本《説文解字》第四四頁也作“从”。此乃《説文》用字之慣例,不煩改字。

164. 第二一五頁注〔四〕:“‘晡’舊作‘餔’。”〇覺按:“舊”應改爲“《傳》”。陳本作“晡,《傳》作‘餔’”,意爲“晡”字在《後漢書》卷四十九《王符列傳》引文中作“餔”(見中華書局版《後漢書》第一六四〇頁),其“傳”字不誤,不當徑改。其實,仿宋本、馮本、魁本均作“晡”而不作“餔”,彭鐸既取黄丕烈藏明刻本、馮舒校影寫本、《兩京遺編》本覆校,理應知此字舊不作“餔”,不知何故再將陳本之“傳”誤改爲“舊”。

165. 第二一五頁注〔五〕:“《漢書·宣帝紀》元康二年詔曰:‘或擅興繇役,飾廚傳,稱過使客。’韋昭曰:‘廚謂飲食,傳謂傳食。言修飾意氣以稱過使而已。’《後漢書·仲長統傳·昌言·法誡篇》云:‘近臣外戚宦豎,請托不行,意氣不滿,立能陷入於不測之禍。’”〇覺按:“傳食”應改爲“傳舍”。陳本作“傳食”,誤而不可從。汪稿作“傳舍”,《漢書》卷八也作“傳舍”(見中華書局版《漢書》第二五六頁)。“近臣”應改爲“近世”。陳本作“近臣”,誤而不可從。《後漢書》卷四十九作“近世”(見中華書局版《後漢書》第一六五七頁),應據以訂正。“陷入”應改爲“陷人”。陳本作“陷人”,《後漢書》卷四十九也作“陷人”(見中華書局版《後漢書》第一六五七頁)。

166. 第二一五頁注〔七〕:“《漢書·元帝紀》建昭五年詔曰:‘不良之吏，覆按小罪，徵召證案，興不急之事，以妨百姓。’”〇覺按:“按”應改爲“案”。陳本作“案”,《漢書》卷九也作“案”(中華書局版第二九六頁)。

167. 第二一七頁注〔二〕:“按《説文》云:‘橈，曲木。’後世‘橈曲’字皆從手。”〇覺按:“從”應改爲“从”。陳本作“从”，乃依從《説文》用字之慣例，不煩改字。

168. 第二一九頁注〔一六〕:“《漢書·酷吏·嚴延年傳》云:‘其治務在摧折豪强，扶助貧弱。’”〇覺按:“强”應改爲“彊”。陳本作“彊”,《漢書》卷九十也作“彊”(中華書局版第三六六九頁)。

169. 第二二〇頁注〔一〕:“《漢書·成帝紀》鴻嘉四年詔曰:‘一人有辜，舉家拘繫，農民失業，怨恨者衆，傷害和氣，水旱爲災。’”〇覺按:“家”應改爲“宗”，陳本作“宗”,《漢書》卷十也作“宗”(中華書局版第三一八頁)。

170. 第二二〇頁注〔四〕:“《説文》云:‘訴，告也。或從朔、心作愬。’”〇覺按:“從”應改爲“从”。陳本作“从”，中華書局影印本《説文解字》第五六頁也作“从”。此乃《説文》用字之慣例，不煩改字。

171. 第二二一頁正文:“乃勑公車受章。”〇覺按:“勑”應改爲“敕”。仿宋本、馮本、魁本、程本等皆作“敕”，陳本作“勑”非古本之舊，故應改爲“敕”。

172. 第二二一頁注〔一〕:“本傳注云”〇覺按:“本傳注云”應改爲“《傳》注云”。陳本作“《傳》注云”，即指“《後漢書·王符傳》注云”，不煩增字。

173. 第二二一頁注〔三〕:“當作‘上聖明主’。”〇覺按:“主”應改爲“王”。陳本作“王”，在無根據的情況下，不宜代爲汪氏修改按語。

174. 第二二一頁注〔四〕所引《漢舊儀》云:“計室掾史一人大音者讀勑畢。”〇覺按:“計室”應改爲“記室”。陳本誤作“計室”，不可從。《後漢書志第二十四·百官一》注引《漢舊儀》作“記室”(見中華書局版《後漢書》第三五六一頁)，應據以訂正。

175. 第二二一頁注〔五〕:“‘有君無臣’，僖二年《公羊傳》文。”〇覺按:“二”應改爲“二十二”。陳本作“二”，誤而不可從。“有君無臣”實本自《公羊傳·僖公二十二年》的“有君而無臣”，見中華書局影印本《十三經注疏》第二二五九頁。

176. 第二二四頁正文:“是故自非殺傷盗臧。”〇覺按:“臧”應改爲“贓”。仿宋本、魁本作“臓”，顯然爲“贓”字之訛；馮本作“贓”，無疑可從。彭鐸既取黄丕烈藏明刻本、馮舒校影寫本、《兩京遺編》本覆校，理應改爲“贓”，不知何故仍因襲陳本作“臧”。

177. 第二二五頁注〔八〕所引《漢書・循吏・黄霸傳》張敞云：“漢家承敝通變，造起律令，即以勸善禁姦，條貫詳備，不可復加。”〇覺按：“即”應改爲“所”。陳本誤作“即”，不可從。《漢書》卷八十九作“所”（中華書局版第三六三三頁），應據以訂正。

178. 第二二九頁注〔五〕：“《文選・長笛賦》李善注引《蒼頡篇》：‘啾，衆聲也。’”〇覺按：“《蒼頡篇》”應改爲“《蒼頡篇》云”。陳本有“云”字，依汪箋之例，此不當徑刪“云”字。

179. 第二二九頁注〔一〕：“《後漢書・孔融傳》云：‘漢律，與罪人交關三日以上，皆應知情。’”〇覺按：“以”應改爲“已”。陳本作“已”，《後漢書》卷七十也作“已”（中華書局版第二二六五頁）。

180. 第二三一頁注〔六〕：“《後漢書・孝明八王傳》云：‘梁節王暢少驕貴，頗不尊法度。’”〇覺按：“驕貴”應改爲“貴驕”，“尊”應改爲“遵”。陳本作“貴驕”和“遵”，《後漢書》卷五十也作“貴驕”和“遵”（中華書局版第一六七六頁）。

181. 第二三一頁注〔八〕：“《史記・絳侯世家》《索隱》云：‘縣官，謂天子也。所以謂國家爲縣官者，夏家王畿内縣即國都也。王者官天下，故曰官也。’”〇覺按：“夏家”應改爲“夏官”，“故曰官”應改爲“故曰縣官”。陳本作“夏家”和“故曰官”，誤而不可從。《史記》卷五十七作“夏官”和“故曰縣官”（見世界書局影印本《史記》第三五六頁），當據以訂正。

182. 第二三三頁注〔八〕所引《漢書・刑法志》云：“民多貧窮，豪傑務私。”〇覺按：“傑”應改爲“桀”。陳本作“桀”，《漢書》卷二十三也作“桀”（中華書局版第一一〇九頁）。

183. 第二四五頁注〔二〕：“《禮記・樂記》云：‘車甲釁而藏之府庫。’”〇覺按：“釁”應改爲“衅”。陳本作“衅”，《禮記・樂記》也作“衅”（見中華書局影印本《十三經注疏》第一五四二頁）。

184. 第二四八頁注〔一三〕：“《商子・賞刑篇》云：‘所謂壹賞者，利禄官爵，摶出於兵，無有異施也。夫故知愚貴賤勇怯賢不肖，皆盡其胸臆之知，竭其股肱之力，出死而爲上用也。’”〇覺按：“壹”應改爲“一”，“知愚”應改爲“愚知”。陳本作“一”和“愚知”，《四部叢刊》本《商子・賞刑篇》也作“一”和“愚知”（見商務印書館縮印天一閣本《商子》第二一頁至二二頁），其文可通，不煩改字。

185. 第二四八頁注〔一六〕:“《説苑・談叢篇》云:‘人激於名,不毁爲聲。’”〇覺按:“談叢篇”應改爲“説叢篇”。陳本作“説叢篇”,蓋汪繼培所據版本不同所致,不煩改字(參見第109條)。

186. 第二五〇頁正文:“威令一則惟將所使。”〇覺按:“惟”應改爲“唯”。仿宋本、馮本、魁本、程本皆作“唯”,唯陳本作“惟”,故應從舊本改爲“唯”。

187. 第二五四頁注〔一〕:“《六韜・軍略篇》云:‘凡帥師將軍,慮不先設,器械不備,教不精信,士卒不習,若此不可以爲王者之兵也。’”〇覺按:“將軍”應改爲“將衆”。陳本誤作“將軍”,不可從。汪稿作“將衆”,《六韜・虎韜・軍略》也作“將衆”(見臺灣商務印書館1986年版《景印文淵閣四庫全書》第726册第三一頁)。

188. 第二五四頁注〔三〕:“《漢書・食貨志》云:‘今弘羊令吏坐市列。’顔師古注:‘市列謂市肆。’”〇覺按:“市肆”應改爲“列肆”。陳本作“列肆”,《漢書》卷二十四下也作“列肆”(中華書局版第一一七六頁)。

189. 第二五六頁注〔三〕:“《説苑・談叢篇》云:‘德以純厚故能豪。’”〇覺按:“談叢篇”應改爲“説叢篇”。陳本作“説叢篇”,蓋汪繼培所據版本不同所致,不煩改字(參見第109條)。

190. 第二五七頁注〔二〕:“《説文》云:‘爨,火所傷也。或省作焦。焦,火餘也。’”〇覺按:“焦,火餘也”應改爲“聿,火餘也”。陳本作“聿”,中華書局影印本《説文解字》第二〇九頁也作“聿”。

191. 第二六〇頁注〔一〕:“《後漢書・西域傳》,延光二年,敦煌太守張璫上書陳三策,其下計謂‘宜棄交河城,收鄯善等悉入塞’。”〇覺按:“入塞”應改爲“使入塞”。陳本有“使”字,《後漢書》卷八十八也有“使”字(中華書局版第二九一一頁)。

192. 第二六一頁注〔二〕:“‘析’舊從手作。”〇覺按:“從”應改爲“从”。陳本作“从”,乃依《説文》用字慣例,不煩改字。

193. 第二六二頁注〔三〕:“按《説文》云:‘猋,犬走貌,從三犬。’”〇覺按:“從”應改爲“从”。陳本作“从”,中華書局影印本《説文解字》第二〇六頁也作“从”。此乃《説文》用字之慣例,不煩改字。

194. 第二六四頁注〔一一〕:“《後漢書・鄧騭傳》云:‘其有大議,皆詣朝堂,與公卿參謀。’”〇覺按:“皆”應改爲“乃”。陳本作“乃”,《後漢書》卷十六也作“乃”(中華書局版第六一五頁)。

195. 第二六五頁注〔一三〕:“《後漢書・郅惲・子壽傳》云:‘違衆正議,

以安宗廟。'"〇覺按："《後漢書・郅惲・子壽傳》"應改爲"《後漢書・郅惲》後《壽傳》"。陳本作"《後漢書・郅惲》後《壽傳》"，乃汪箋引史傳時之慣用格式，其例舉不勝舉（上面第44條所引彭著第五八頁之文、第97條所引彭著第一三六頁之文，即其例），其文實不誤。彭鐸將"後"徑改爲"子"，將"子"作爲篇名之一部分，顯然不當。

196. 第二六五頁注〔一五〕："《漢書・食貸志》"〇覺按："貸"應改爲"貨"。陳本作"貨"，《漢書》卷二十四上也作"貨"（中華書局版第一一一七頁）。

197. 第二六六頁正文："玁狁於攘。"〇覺按："於"應改爲"于"。仿宋本、馮本、魁本、程本等皆作"于"，《詩經・小雅・出車》之原文也作"于"（見中華書局影印本《十三經注疏》第四一六頁），汪稿也作"于"，説明其原稿本作"于"，故陳本作"於"不可從。彭鐸既取黄丕烈藏明刻本、馮舒校影寫本、《兩京遺編》本覆校，理應改爲"于"，不知何故仍因襲陳本之誤。

198. 第二七二頁注〔四〕："《後漢紀》和帝永元十三年班超上書曰：'公卿大夫，咸懷一切，而莫肯遠慮。'"〇覺按："班超"應改爲"班昭"。陳本誤作"班超"，不可從。汪稿作"班昭"，《後漢紀》也作"班昭"（《後漢紀》卷十四《孝和皇帝紀下》"公卿大夫，咸懷一切，而莫肯遠慮"之上文云"超妹昭懼超遂死於邊，上書曰"，可見此爲班昭之上書，見臺灣商務印書館1986年版《景印文淵閣四庫全書》第303冊第六五三頁）。

199. 第二七四頁注〔三〕："《御覽》一引《尚書中侯》云：'天地開闢。'"〇覺按："侯"應改爲"候"。陳本作"候"，《太平御覽》卷一也作"候"（中華書局影印本第五頁）。

200. 第二七五頁正文："而不知未見之待民先也。"〇覺按："未"應改爲"末"。仿宋本、馮本、程本等皆作"末"，陳本作"未"當爲譌誤之字，故應改從舊本。

201. 第二七七頁正文："今言不欲動民以煩可也。"〇覺按："以"應改爲"與"。仿宋本、馮本、程本等皆作"與"，陳本作"以"當爲臆改之字，故應改從舊本。

202. 第二七八頁正文："何以服很？"〇覺按："很"應改爲"佷"。仿宋本、馮本作"佷"，陳本作"很"當爲臆改之字，故應改從舊本。

203. 第二七八頁正文："救邊乃無患。"〇覺按："救"應改爲"捄"。仿宋本、馮本、魁本、程本等皆作"捄"，陳本作"救"當爲臆改之字，故應改從舊本。

204. 第二八一頁注〔三〕:"《後漢書·南蠻傳》"〇覺按:"《後漢書·南蠻傳》"應改爲"《後漢書·南蠻傳》云"。陳本有"云"字,依汪箋之例,此不當徑刪"云"字。

205. 第二八二頁正文:"不能自達闕廷。"〇覺按:"廷"應改爲"庭"。仿宋本、馮本、魁本、程本等皆作"庭",陳本作"廷"當爲臆改之字,故應改從舊本。

206. 第二八三頁注〔一一〕彭鐸按語引《後漢書·西羌傳》:"乃遂刈其禾稼,發徹室屋。"〇覺按:"乃遂"應改爲"遂乃"。"遂乃"與"乃遂"雖然同義,《後漢書》中兩者也均有用例,但《後漢書》用"乃遂"者少且多用於連接上下義相順者,用"遂乃"者多且使用場合較廣。如《後漢書·李通列傳》(中華書局版《後漢書》第五七四頁):"光武既深知通意,乃遂相約結,定謀議。"《後漢書·皇后紀上·論》(中華書局版《後漢書》第四三〇頁):"然而建光之後,王柄有歸,遂乃名賢戮辱,便孽黨進。"由此可見,《後漢書·西羌傳》"百姓戀土,不樂去舊,遂乃刈其禾稼,發徹室屋,夷營壁,破積聚"(見中華書局版《後漢書》第二八八八頁)之"遂乃"不誤,下文"原禍所起,皆吏過爾"汪繼培箋引《後漢書·西羌傳》之文也作"遂乃"(見彭鐸校正本第二八四頁注〔二三〕),彭鐸徑改爲"乃遂"反而有誤,當改正。

207. 第二八四頁注〔二一〕:"《後漢書·馮衍傳》云:'四垂之人,肝腦塗地,死亡之數,不啻大半。'"〇覺按:"大"應改爲"太"。陳本作"太",《後漢書》卷二十八上也作"太"(中華書局版第九六六頁)。

208. 第二八五頁注〔六〕:"《管子·地數篇》云:'昔日桀霸有天下而用不足。'"〇覺按:"日"應改爲"者"。陳本誤作"日",應據上海古籍出版社影印浙江書局本《管子》第二一三頁改爲"者"。

209. 第二八六頁注〔一四〕:"《管子·禁藏篇》云:'户籍田結者,所以知貧富之不貲也。'"〇覺按:"貲"應改爲"訾"。陳本作"訾",上海古籍出版社影印浙江書局本《管子》第一六六頁也作"訾"。

210. 第二八七頁注〔二〕所引《商子·來民篇》云:"其藪澤谿谷名山大川之財物貨寶,又不盡爲用。"〇覺按:"財"應改爲"材"。陳本作"材",《四部叢刊》本《商子·來民篇》也作"材"(見商務印書館縮印天一閣本《商子》第二〇頁)。

211. 第二八九頁注〔一〕所引俞樾云:"是漢制舉孝廉,内郡與邊地不同。此文則合併言之。'詔書法令,二十萬口',此以内地言也;'邊郡十萬',此以邊地言也;其下云'歲舉孝廉一人',則合内地邊地而言也。"〇覺按:

"内郡"應改爲"内地","併"應改爲"并"。俞樾《曲園雜纂》原作"内地"和"并"。觀其下文,均言"内地",彭鐸徑改爲"内郡",反與下文不貫,其誤顯然。

212. 第二九〇頁注〔一二〕:"'可'疑'其'之誤。"〇覺按:"疑"應改爲"蓋"。陳本作"蓋"不誤,不煩改字。

213. 第二九二頁注〔四〕所引《春秋繁露·重政篇》云:"政不齊,則人有忿怒之志,若將施危難之中而時有遭隨者,神明之所接絶屬之符也。"〇覺按:"遭隨"應改爲"隨遭"。陳本作"遭隨",中華書局版《春秋繁露義證》第一四九頁作"隨遭",當據以改正。

214. 第二九二頁注〔八〕所引《六韜·文師篇》云:"文王乃齋三日,田於渭陽,卒見太公坐茅以漁,乃載與俱歸,立以爲師。"〇覺按:"以爲"應改爲"爲"。陳本無"以"字,《六韜·文韜·文師》也無"以"字(見臺灣商務印書館 1986 年版《景印文淵閣四庫全書》第 726 册第一一頁)。

215. 第二九六頁注〔九〕:"《論語》:'非其鬼而祭之,諂也。'"〇覺按:"《論語》"應改爲"《論語》云"。陳本有"云"字,依汪箋之例,此不當徑删"云"字。

216. 第二九八頁注〔五〕:"《説文》云:'西,鳥在巢上。或從木、妻作棲。'"〇覺按:"從"應改爲"从"。陳本作"从",中華書局影印本《説文解字》第二四七頁也作"从"。此乃《説文》用字之慣例,不煩改字。

217. 第二九九頁注〔二〕:"《説文》云:'利,裁也。從刀,從未。'"〇覺按:兩個"從"字應改爲"从"。陳本作"从",中華書局影印本《説文解字》第九二頁也作"从"。此乃《説文》用字之慣例,不煩改字。

218. 第三〇一頁正文:"惟王者能變之。"〇覺按:"惟"應改爲"唯"。仿宋本、馮本、魁本、程本等皆作"唯",唯陳本作"惟",故應從舊本改爲"唯"。

219. 第三〇四頁注〔一〕:"《史記·殷本紀》:'伊涉曰:"臣聞妖不勝德。"'"〇覺按:"涉"應改爲"陟"【㊣】。陳本作"陟",世界書局影印本《史記》第二九頁也作"陟"。

220. 第三〇五頁注〔六〕:"《續漢書·五行志》云:'桓帝之初,京師童謡曰:"游平賣印自有平,不辟賢豪及大姓。"'"〇覺按:"師"應改爲"都"。陳本作"都",《後漢書志第十三·五行一》也作"都"(中華書局版《後漢書》第三二八二頁)。

221. 第三〇五頁注〔七〕:"《説文》云:'𧦝,相訹呼也。或從言、秀。'"

○覺按:“從”字應改爲“从”。陳本作“从”，中華書局影印本《説文解字》第一八九頁也作“从”。此乃《説文》用字之慣例，不煩改字。

222. 第三一〇頁注〔九〕:“《繫辭下傳》。”○覺按:“繫辭下傳”應改爲“繫辭上傳”。陳本誤作“繫辭下傳”，不可從。其正文“聖人有見天下之至賾，而擬諸形容，象其物宜”出自《周易·繫辭上》(其文稍異，見中華書局影印本《十三經注疏》第七九頁、第八三頁)。

223. 第三一三頁注〔六〕:“《易·無妄》六二:‘不耕穫。’”○覺按:“無”應改爲“无”。陳本作“无”,《周易》也作“无”(見中華書局影印本《十三經注疏》第三九頁)。

224. 第三一四頁注〔五〕:“《盡數篇》云:‘射而不中，反修於招，何益於中？’《别類篇》云:‘射招者欲其中小也’，高注並云:‘招，準蓺也。’”○覺按:“準”應改爲“埻”。陳本作“埻”,《吕氏春秋·盡數篇》及《别類篇》高誘注均作“埻”(見學林出版社1984年版《吕氏春秋校釋》第一四三頁、第一六四八頁)。

225. 第三一六頁〔三〕:“鐸按:《左傳》作‘有文在手曰虞’。”○覺按:“手”應改爲“其手”。《左傳·昭公元年》作“有文在其手曰虞”(見中華書局影印本《十三經注疏》第二〇二三頁)。

226. 第三一八頁注〔四〕:“《五行大義》云:‘五行體休王者。’”○覺按:“五行體”應改爲“五行”。陳本衍“體”字，應删。中華書局1994年版《白虎通疏證》第一八八頁注引《五行大義》無“體”字，可據以訂正。

227. 第三二〇頁正文:“惟其時有精誠之所感薄，神靈之所告者，乃有占爾。”○覺按:“惟”應改爲“唯”。仿宋本、馮本、魁本、程本等皆作“唯”，唯陳本作“惟”，故應從舊本改爲“唯”。

228. 第三二一頁注〔五〕:“《禮記·祭義》云:‘夫何慌忽之有！’”○覺按:“忽”應改爲“惚”。陳本作“忽”，汪稿作“惚”，中華書局影印本《十三經注疏》第一五九三頁也作“惚”，可知其原文應作“惚”。

229. 第三二一頁注〔五〕:“《漢書·司馬相如傳》云‘軋物荒忽。’”○覺按:“物”應改爲“沕”。陳本誤作“物”，不可從。汪稿作“沕”,《漢書》卷五十七下《大人賦》也作“沕”(中華書局版第二五九六頁)。

230. 第三二二頁注〔三〕:“《楚語》。”○覺按:“《楚語》”應改爲“《史記·殷本紀》”。陳本作“《楚語》”，其意爲正文之“武丁夢獲聖而得傅説”本於《楚語》，此説實未當。此文既云“武丁夢獲聖而得傅説”，則其語當本於《史記·殷本紀》之“武丁夜夢得聖人，名曰説”(世界書局影印本《史記》

第二九頁），而非本於《國語·楚語上》之"如是而又使以象夢旁求四方之賢，得傳説以來，升以爲公"（上海古籍出版社1978年版《國語》第五五四頁）。

231. 第三二二頁正文："虢公夢見蓐收賜之上田。"○覺按："上"應改爲"土"。仿宋本、馮本、魁本、程本等皆作"土"，唯陳本作"上"，顯然有誤而不可從。彭鐸既取黄丕烈藏明刻本、馮舒校影寫本及《兩京遺編》本覆校，理應將此"上"字改爲"土"，不知何故仍因襲陳本之誤。

232. 第三二三頁注〔六〕："鐸按：《晋語》二無'賜上田'語。神賜虢公上田，事在周惠王十五年，即魯莊公三十二年，《周語》、莊三十二年《左傳》並載之。"○覺按：兩個"上"字應改爲"土"。《周語上》於周惠王十五年一節僅載"虢公亦使祝、史請土焉"（見上海古籍出版社版《國語》第三三頁）而無神賜虢公上田之事，《左傳·莊公三十二年》亦衹載"神賜之土田"（見中華書局影印本《十三經注疏》第一七八三頁）而不作"神賜之上田"。彭鐸蓋囿於陳本之誤文（見上一條）而附會之，故任意篡改史書以成其説。

233. 第三二五頁注〔七〕："《抱朴子·廣喻篇》云：'六翮之輕勁。'"○覺按："喻"應改爲"譬"。陳本作"譬"，中華書局1997年版《抱朴子外篇校箋》（下）第三二〇頁也作"譬"（"六翮之輕勁"一句在該書第三五二頁）。

234. 第三二六頁注〔一〕："《史記·管蔡世家》云：'二人相紂子武庚、禄父，治殷遺民。'"○覺按：武庚即禄父，並非二人，不當用頓號點開。

235. 第三二七頁正文："故天任之而勿憂，誅之而勿哀。"○覺按：兩個"勿"應改爲"弗"。仿宋本、馮本、魁本、程本等皆作"弗"，唯陳本作"勿"，故應從舊本改爲"弗"。

236. 第三二八頁注〔一〕："僖六年《左傳》引《周書》。"○覺按："六年"應改爲"五年"。正文"皇天無親"爲《左傳·僖公五年》所引《周書》之文，見中華書局影印本《十三經注疏》第一七九五頁。陳本誤作"六年"，當徑改。

237. 第三二九頁正文："宜處此位者，惟仁義人。"○覺按："惟"應改爲"唯"。仿宋本、馮本、魁本、程本等皆作"唯"，唯陳本作"惟"，故應從舊本改爲"唯"。

238. 第三三〇頁正文："棟折榱崩，懼有厥患。"○覺按："厥"應改爲"厭"。仿宋本、馮本、魁本、程本等均作"厭"，唯陳本誤作"厥"，當徑改。彭鐸既取黄丕烈藏明刻本、馮舒校影寫本及《兩京遺編》本覆校之，理應將此"厥"字改爲"厭"，不知何故仍因襲陳本之誤。

239. 第三三一頁注〔四〕："鐸按：滿，讀爲'漫'。《方言》十三：'漫，敗也。溼敝爲漫。'郭注：'漫，謂水潦漫泐壞屋也。'"○覺按："屋"應改爲“物”。《方言》卷十三郭注作“皆謂水潦漫澇壞物也”（見上海古籍出版社1984年影印本《方言箋疏》卷十三第八頁）。

240. 第三三八頁正文：“惟有古烈之風，志義之士，爲不然爾。”〇覺按：“惟”應改爲“唯”。陳本作“惟”，但仿宋本、馮本、魁本、程本等皆作“唯”，故應從舊本改爲“唯”。

241. 第三三八頁正文：“故歲寒然後知松柏之後彫。”〇覺按：“柏”應改爲“栢”，“彫”應改爲“凋”。仿宋本、馮本、魁本、程本等皆作“栢”和“凋”，唯陳本作“柏”和“彫”，故應從舊本改爲“栢”和“凋”。

242. 第三四〇頁注〔三〕：“《史記·春申君傳》：‘應侯曰：“歇爲人臣，出身以殉其主。”’”〇覺按：“殉”應改爲“徇”。陳本作“徇”，世界書局影印本《史記》第四一〇頁也作“徇”。

243. 第三四〇頁注〔六〕：“按《後漢書·朱穆傳·論》云：‘至乃田、竇、衛、霍之游客，廉頗、翟公之門賓，進由勢合，退由衰異；又專諸、荊卿之感激，侯生、豫子之投身，情爲恩死，命緣義輕。’”〇覺按：“勢”應改爲“埶”。陳本作“埶”，《後漢書》卷四十三也作“埶”（中華書局版第一四七四頁）。又，中華書局版《後漢書》“退由衰異”作“退因衰異”，“情爲恩死”作“情爲恩使”，也宜據改。

244. 第三四八頁注〔一〕：“《詩·鳲鳩》毛傳云：‘鳲鳩之養其子，朝從上下，暮從下上，平均如一。’”〇覺按：“暮”应改爲“莫”。陳本作“莫”，《毛詩正義》也作“莫”（見中華書局影印本《十三經注疏》第三八五頁）。

245. 第三四九頁注〔一四〕：“《史記·貨殖傳》云：‘凡編户之民，富相什則卑下之，佰則畏憚之，千則役，萬則僕。”〇覺按：“佰”應改爲“伯”。陳本作“伯”，世界書局影印本《史記》第五六五頁也作“伯”。

246. 第三五一頁注〔一四〕：“《詩·氓》：‘二三其德。’”〇覺按：“《詩·氓》”應改爲“《詩·氓》云”。陳本有“云”字，依汪箋之例，此不當徑刪“云”字。

247. 第三五二頁注〔一〕：“《楚策》云：‘國權輕如鴻毛，而積禍重於邱山。’”〇覺按：“如”應改爲“於”。陳本作“於”，《戰國策·楚策四》也作“於”（見江蘇古籍出版社1985年版《戰國策集注彙考》第八一四頁）。

248. 第三五三頁注〔二〕：“《後漢書·獨行傳》：‘范式，字巨卿，山陽金鄉人。去遊太學爲諸生，與汝南張劭爲友。劭字元伯。二人並告歸鄉里，式謂元伯曰：“後二年當還，將過拜尊親，見孺子焉。”乃共尅期日。……’‘尅’即‘克’字，與‘刻’通。”〇覺按：“去”應改爲“少”。陳本作“去”，誤而不可從。《後漢書》卷八十一作“少”(中華書局版第二六七六頁),當據以改正。“剋”應改爲“尅”。陳本作“尅”,承上文“共尅期日”而言,不應徑改爲“剋”。

249. 第三五四頁注〔二〕:“《漢書·翟方進傳》云:‘胡常與方進同經,心害其能,議論不右方進。’”○覺按:“議論”應改爲“論議”。陳本作“論議”,《漢書》卷八十四也作“論議”(中華書局版第三四一一頁)。

250. 第三五四頁正文:“孔子恂恂,似不能言者,又稱‘誾誾言,惟謹也’。”○覺按:“惟”應改爲“唯”。仿宋本、馮本、魁本、程本等皆作“唯”,《論語·鄉黨》也作“唯”(見中華書局影印本《十三經注疏》第二四九三頁),唯陳本作“惟”,故應從舊本改爲“唯”。

251. 第三五五頁注〔六〕:“《論語》作‘便便言,惟謹爾’。”○覺按:“惟”應改爲“唯”。《論語·鄉黨》作“唯”(見中華書局影印本《十三經注疏》第二四九三頁),陳本作“惟”不可從,應從《論語》改爲“唯”。

252. 第三五六頁注〔四〕:“《史記·高祖功臣侯年表序》云:‘明其等曰伐,積功曰閲。’”○覺按:“功”應改爲“日”。陳本作“功”,誤而不可從。世界書局影印本《史記》第一五四頁作“日”,當據以改正。

253. 第三五八頁注〔四〕:“《説文》云:‘柄,或從秉。’”○覺按:“從”應改爲“从”。陳本作“从”,中華書局影印本《説文解字》第一二三頁也作“从”。此乃《説文》用字之慣例,不煩改字。

254. 第三六一頁正文:“忠信未達,而爲左右所鞠按。”○覺按:“鞠”應改爲“鞫”。陳本作“鞠”,誤而不可從,應訂正(參見下一條)。

255. 第三六二頁注〔三〕:“‘鞠’舊作‘掬’,據《治要》改。”○覺按:“鞠”應改爲“鞫”。陳本作“鞠”,誤而不可從。《羣書治要》卷四十四載《潛夫論》作“鞫”(見《續修四庫全書》第1187冊第五八九頁),當據以改正。

256. 第三六六頁注〔一〕:“以上本《易·乾鑿度》。”○覺按:“以”應改爲“已”。陳本作“已”,古代“已”同“以”,不煩改字。

257. 第三六六頁正文:“人行之動天地,譬猶車上御馳馬,蓬中擢舟船矣。”○覺按:“馳”應改爲“駟”。陳本作“馳”,誤而不可從。仿宋本、馮本、魁本、程本等皆作“駟”,汪稿也作“駟”,説明其原本作“駟”。彭鐸既取黄丕烈藏明刻本、馮舒校影寫本、《兩京遺編》本覆校,理應改爲“駟”,不知何故仍因襲陳本之誤。

258. 第三六八頁注〔七〕所引《漢書·楚元王傳》顔師古注:“僖十五年‘九月己卯晦,震伯夷之廟’。”○覺按:“伯夷”應改爲“夷伯”。陳本作“夷伯”,《漢書》卷三十六也作“夷伯”(見中華書局版第一九三九頁),不當徑改爲“伯夷”。

259. 第三六九頁注〔一〇〕:“《漢書·谷永傳》云:‘暴風之縢,拔樹折木。’”〇覺按:“之”應改爲“三”。陳本作“之”,誤而不可從。《漢書》卷八十五作“三”(中華書局版第三四五一頁),應據以訂正。“縢”應改爲“溱”。陳本作“溱”不誤,《漢書》也作“溱”(見中華書局版第三四五一頁),不當徑改爲“縢”。

260. 第三七〇頁注〔三〕所引昭廿一年《左傳》泠州鳩曰:“天子省風以作樂,器以鐘之,輿以行之。”〇覺按:“鐘”應改爲“鍾”。陳本作“鍾”,不誤,不當徑改爲“鐘”(見中華書局影印本《十三經注疏》第二一〇三頁校勘記)。

261. 第三七一頁正文:“以淳粹之氣,生敦龐之民。”〇覺按:“龐”應改爲“庬”。陳本作“龐”,誤而不可從。仿宋本、馮本、魁本皆作“庬”,應據以訂正。彭鐸既取黄丕烈藏明刻本、馮舒校影寫本、《兩京遺編》本覆校,理應改爲“庬”,不知何故仍因襲陳本之誤。

262. 第三七一頁注〔五〕:“成十六年《左傳》云:‘民生敦龐。’”〇覺按:“龐”應改爲“庬”或“厖”。陳本作“龐”,誤而不可從。《左傳》作“厖”(見中華書局影印本《十三經注疏》第一九一七頁),與“庬”同。

263. 第三七二頁注〔二〕:“《韓詩外傳》五云:‘德也者,苞天地之美。’”〇覺按:“苞”應改爲“包”。陳本作“包”,中華書局版《韓詩外傳集釋》第一九六頁也作“包”,不當徑改爲“苞”。

264. 第三七三頁正文引《詩》云:“鳶飛厲天,魚躍於淵。”〇覺按:“於”應改爲“于”。陳本作“于”,《詩經·大雅·旱麓》也作“于”(見中華書局影印本《十三經注疏》第五一六頁)。

265. 第三七三頁注〔二〕:“《説文》云:‘尣,尳曲脛也。古文從王作尪。’”〇覺按:“從”應改爲“从”。陳本作“从”,中華書局影印本《説文解字》第二一四頁也作“从”。此乃《説文》用字之慣例,不煩改字。

266. 第三七四頁注〔一一〕:“《列女傳·晋弓工妻》曰:‘君聞昔者公劉之行乎?羊牛踐葭葦,惻然爲民痛之。’”〇覺按:“民”字應删。陳本有“民”字,誤而不可從。此文意爲公劉之仁,見葭葦爲羊牛所踐而痛之,非爲民痛之也。上海商務印書館1936年縮印長沙葉氏觀古堂藏明刊本《古列女傳》(《四部叢刊·初編·史部》)第七六頁無“民”字,可據以訂正。

267. 第三七八頁正文:“從篤變化,惟冶所爲。”〇覺按:“惟”應改爲

“唯”。仿宋本、馮本、魁本、程本皆作“唯”，唯陳本作“惟”，故應從舊本改爲“唯”。

268. 第三七八頁注〔六〕：“《説文》云：‘籟，酒母也。或作鞠。’‘麴’與籟、鞠同。”〇覺按：兩個“鞠”字應改爲“鞫”。陳本作“鞫”，中華書局影印本《説文解字》第一四七頁也作“鞫”，不當徑改爲“鞠”。

269. 第三七八頁注〔九〕：“《齊民要術》云：‘作豉法，先作暖蔭屋，坎地深三二尺，密泥塞屋牖，勿令風及蟲泉入也。’”〇覺按：“暖”應改爲“煖”。陳本作“煖”，《齊民要術》卷八也作“煖”（見臺灣商務印書館1986年版《景印文淵閣四庫全書》第730冊第一〇五頁，或上海商務印書館1936年縮印《四部叢刊》本第九一頁），陳本與舊本同，不煩改字。“泉”應改爲“鼠”。陳本作“泉”，誤而不可從，應據《四庫全書》本或《四部叢刊》本（所據同上）訂正。

270. 第三七九頁注〔一九〕：“《論語》云：‘唯上智與下愚不移。’”〇覺按：“智”應改爲“知”。陳本作“知”，《論語·陽貨》也作“知”（見中華書局影印本《十三經注疏》第二五二四頁）。

271. 第三八一頁正文：“《詩》美‘宜鑒於殷，自求多福’。”〇覺按：“於”應改爲“于”。陳本作“於”，未當。《詩經·大雅·文王》作“于”（見中華書局影印本《十三經注疏》第五〇五頁），當據以訂正。

272. 第三八六頁注〔八〕：“《禮記·祭法》云：‘帝嚳能敍星辰以著衆。’”〇覺按：“敍”應改爲“序”。陳本作“序”，《禮記·祭法》也作“序”（見中華書局影印本《十三經注疏》第一五九〇頁）。

273. 第三八七頁注〔三〕：“《詩·閟宫》鄭箋云：‘后稷生而名棄，長大，堯登用之，使居稷官，民賴其功。後雖作司馬，天下猶以后稷稱焉。’疏引《尚書刑德放》云：‘稷爲司馬，契爲司徒。’”〇覺按：“放”應改爲“故”。陳本作“放”，未可從。《詩經·魯頌·閟宫》疏作“故”（見中華書局影印本《十三經注疏》第六一五頁及第六一八頁校勘記）。

274. 第三八七頁正文：“凡、蔣、邗、茆、祚、祭，周公之胤也。”〇覺按：“邗”應改爲“邢”。陳本作“邢”，與程本同。仿宋本、馮本、魁本等均不作“邗”，他本未見作“邗”者，此當爲彭鐸臆改。

275. 第三八八頁注〔二〕：“《御覽》引《春秋元命苞》云：‘文王四乳，是謂含良。蓋法酒旗，布恩施惠。’”〇覺按：“施”應改爲“舒”。陳本作“施”，誤而不可從。汪稿作“舒”，《太平御覽》卷八十四也作“舒”（見中華書局影印本第三九六頁），當據以訂正。

276. 第三八八頁注〔三〕:"《説文》云:'郊,周文王所封。或從山作"岐",因岐山以名之也。'"〇覺按:"從"應改爲"从"。陳本作"从",中華書局影印本《説文解字》第一三二頁也作"从"。此乃《説文》用字之慣例,不煩改字。

277. 第三八八頁注〔八〕:"'邗'作'邢'。"〇覺按:"邗"應改爲"邘"。陳本作"邘",彭鐸徑改爲"邗",不當(參見第274條)。

278. 第三八八頁注〔一二〕:"此'楊'字當從手。"〇覺按:"從"應改爲"从"。陳本作"从",乃依《説文》用字之慣例,不煩改字。

279. 第三九〇頁注〔六〕:"《續漢書·郡國志》:'濟北郡蛇邱有鑄鄉城。'"〇覺按:"濟北郡"應改爲"濟北國"。陳本作"濟北郡",誤而不可從。《後漢書志第二十一·郡國三》"有鑄鄉城"之文在"濟北國"之"蛇丘"下(見中華書局版《後漢書》第三四五四頁),故此"郡"字應改爲"國"。

280. 第三九一頁正文:"乃受終於文祖。"〇覺按:"於"應改爲"于"。仿宋本、馮本、魁本、程本等皆作"于",唯陳本作"於",而《尚書·舜典》也作"于"(見中華書局影印本《十三經注疏》第一二六頁),故應依舊本改爲"于"。

281. 第三九一頁注〔五〕:"《漢書·律曆志》云:'帝舜處虞之嬀汭,堯禪以天下。'"〇覺按:"禪"應改爲"嬗"。陳本作"嬗",《漢書》卷二十一下也作"嬗"(中華書局版第一〇一三頁)。

282. 第三九二頁正文:"代皇帝氏,都於曲阜。"〇覺按:"皇"應改爲"黄"。仿宋本、馮本、魁本皆作"黄",陳本作"黄",不誤,不當徑改。

283. 第三九二頁正文:"有才子四人,曰重,曰該,曰修,曰熙,實能金木及水,故重爲勾芒,該爲蓐收,修及熙爲玄冥。"〇覺按:兩個"修"應改爲"脩"。仿宋本、馮本、魁本、程本等皆作"脩",《左傳·昭公二十九年》也作"脩"(見中華書局影印本《十三經注疏》第二一二四頁),唯陳本作"修",故應據舊本改作"脩"。

284. 第三九三頁正文:"後嗣修紀,見流星。"〇覺按:"修"應改爲"脩"。仿宋本、馮本、魁本、程本等皆作"脩",唯陳本作"修",故應據舊本改作"脩"。

285. 第三九三頁正文:"以告勳於天。"〇覺按:"於"應改爲"于"。仿宋本、馮本、魁本、程本等皆作"于",唯陳本作"於",故應據舊本改作"于"。

286. 第三九三頁注〔五〕:"《説文》云:'古文圭從玉。'"〇覺按:"從"

應改爲“从”。陳本作“从”，中華書局影印本《説文解字》第二八九頁也作“从”。此乃《説文》用字之慣例，不煩改字。

287. 第三九四頁正文：“於是后羿自鉏遷於窮石。”〇覺按：“於”應改爲“于”。仿宋本、馮本、魁本、程本等皆作“于”，《左傳·襄公四年》也作“于”（見中華書局影印本《十三經注疏》第一九三三頁），唯陳本作“於”，故應據舊本改作“于”。

288. 第三九四頁正文：“妃后緡方娠，逃出自竇，奔於有仍。”〇覺按：“於”應改爲“于”。仿宋本、馮本、魁本、程本等皆作“于”，《左傳·哀公元年》也作“于”（見中華書局影印本《十三經注疏》第二一五四頁），唯陳本作“於”，故應據舊本改作“于”。

289. 第三九四頁正文：“羿恃己射也，不修民事，而淫於原獸；棄武羅、伯因、熊髡、龙圉，而用寒浞。浞，柏明氏讒子弟也，柏明氏惡而棄之。”〇覺按：“修”應改爲“脩”。仿宋本、馮本、魁本、程本等皆作“脩”，《左傳·襄公四年》也作“脩”（見中華書局影印本《十三經注疏》第一九三三頁），唯陳本作“修”，故應據舊本改作“脩”。“於”應改爲“于”。仿宋本、馮本、魁本、程本等皆作“于”，《左傳·襄公四年》也作“于”（見中華書局影印本《十三經注疏》第一九三三頁），唯陳本作“於”，故應據舊本改作“于”。下文“浞行媚於内，施賂於外，愚弄於民”，“虞羿於田”，“死於窮門”，其五個“於”字仿宋本等都作“于”，《左傳》除“愚弄於民”之“於”作“其”，其他四個“於”也作“于”，唯陳本作“於”，所以這五個“於”也應據舊本改爲“于”。兩個“柏”字應改爲“栢”。仿宋本、馮本、魁本、程本等皆作“栢”，唯陳本作“柏”，故應據舊本改作“栢”。

290. 第三九五頁正文：“靡奔於有鬲氏。浞因羿室生澆及豷，恃其讒慝詐僞，而不德於民，使澆用師，滅斟灌及斟尋氏，處澆於過，處豷於戈。”〇覺按：四個“於”字應改爲“于”。仿宋本、馮本、魁本、程本等皆作“于”，《左傳·襄公四年》除第一句無“於”字而作“靡奔有鬲氏”，其他三個“於”皆作“于”（見中華書局影印本《十三經注疏》第一九三三頁），唯陳本作“於”，故這四個“於”應據舊本改作“于”。

291. 第三九五頁注〔四〕：“《禮記·祭統》云：‘夫祭有畀煇胞翟閽者。’”〇覺按：“畀”應改爲“畀”。《禮記·祭統》作“畀”（見中華書局影印本《十三經注疏》第一六〇六頁），汪稿也作“畀”，可見其原文應作“畀”，陳本作“畀”不可從。

292. 第四〇一頁正文：“探命歷之去就，省羣臣之德業，而賜姓命氏，因彰德功。”〇覺按：“歷”應改爲“曆”。仿宋本、馮本作“曆”，魁本、程本作“厤”，説明古本原作“曆”或“厤”。陳本作“歷”，乃避乾隆帝諱而改。彭鐸將汪箋中的“律歷志”統一改爲“律曆志”（如上文第67條所涉其第九二頁注〔一〕、第281條所涉其第三九一頁注〔五〕等皆其例），雖然有失汪箋之舊貌而不够嚴謹，然猶無大礙，但他既取黄丕烈藏明刻本、馮舒校影寫本、《兩京遺編》本覆校，理應將陳本此文之“歷”改爲“曆”或“厤”，卻例外地保留了此處的避諱字，僅將陳本之“歷”字改成了“歷”，其校勘之粗疏由此可見一斑。此外，“臣”應改爲“后”。仿宋本、馮本、魁本、程本等皆作“后”，唯陳本作“臣”，蓋臆改或疏誤所致。彭鐸既取黄丕烈藏明刻本、馮舒校影寫本、《兩京遺編》本覆校，理應依舊本改爲“后”，不知何故仍因襲陳本之誤。

293. 第四〇三頁注〔一九〕：“青牛先生見《魏略》，《魏志·管甯傳》裴松之注引之。”〇覺按：“甯”應改爲“寧”。陳本作“寧”，《三國志》卷十一也作“寧”（見中華書局版《三國志》第三五四頁），不當徑改爲“甯”。

294. 第四〇四頁正文：“夫吹律定姓，惟聖能之。”〇覺按：“惟”應改爲“唯”。仿宋本、馮本、魁本、程本皆作“唯”，唯陳本作“惟”，故應從舊本改爲“唯”。

295. 第四〇四頁注〔六〕：“《漢書·地理志》云：‘五方雜厝’，晋灼云：‘厝，古“錯”字。’”〇覺按：“晋灼云”應改爲“晋灼曰”。陳本作“曰”，《漢書》卷二十八下也作“曰”（中華書局版第一六四三頁）。

296. 第四〇五頁注〔九〕：“《白虎通·姓名篇》云：‘古者，聖人吹律定姓，以記其族。’”〇覺按：“記”應改爲“紀”。陳本作“記”，誤而不可從，當據中華書局版《白虎通疏證》第四〇一頁改爲“紀”。

297. 第四〇五頁注〔一三〕：“《後漢書·文苑·邊韶傳》云：‘檢括參合。’”〇覺按：“韶”應改爲“讓”。陳本作“讓”，《後漢書》卷八十下也作“讓”（中華書局版《後漢書》第二六四〇頁云“邊讓字文禮”，第二六四六頁云：“議郎蔡邕深敬之，以爲讓宜處高任，乃薦於何進曰：‘……撿括參合……’”，可見汪繼培之引文出自《邊讓傳》），不應徑改爲“韶”。

298. 第四〇七頁注〔一七〕：“二襄皆齊公族。”〇覺按：“皆”應改爲“蓋”。陳本作“蓋”，爲推測之詞，不可徑改爲“皆”。

299. 第四〇九頁正文：“後遷於邳。”〇覺按：“於”應改爲“于”。仿宋本、馮本、魁本、程本等皆作“于”，《左傳·定公元年》也作“于”（見中華書局影印本《十三經注疏》第二一三一頁），唯陳本作“於”，故應據舊本改作"于"。

300. 第四〇九頁正文:"余爾祖也。"〇覺按:"爾"應改爲"而"。仿宋本、馮本、魁本、程本等皆作"而",《左傳・宣公三年》也作"而"(見中華書局影印本《十三經注疏》第一八六八頁),唯陳本作"爾",故應據舊本改作"而"。

301. 第四〇九頁正文:"是以有國香。"〇覺按:"是以"應改爲"以是"。陳本作"以是",仿宋本、馮本、魁本、程本等皆作"以是",《左傳・宣公三年》也作"以是"(見中華書局影印本《十三經注疏》第一八六八頁),不知彭鐸何故要徑改爲"是以"。

302. 第四〇九頁注〔一〕:"按拘、苟並從句得聲。"〇覺按:"從"應改爲"从"。陳本作"从",乃依《説文》用字之慣例,不煩改字。

303. 第四〇九頁注〔一〕所引《經義述聞》卷廿一:"《廣韻》'衣'字云:'姓,出《姓苑》。'而'依'字不以爲姓,則《國語》之本作'衣'明矣。"〇覺按:"明"應改爲"益明"。其原文有"益"字(見江蘇古籍出版社1985年影印道光七年重刊本《經義述聞》第五〇三頁),不當徑删。

304. 第四一〇頁注〔六〕:"惟'狂大'不載《世本》,《後紀》五、《國名紀》一並作'狂犬',疑即太戎氏,見下。"〇覺按:"太戎氏"應改爲"犬戎氏"。陳本作"犬戎氏",不誤,不當徑改。

305. 第四一四頁注〔一〕:"按韋昭注《周語》云:'鄢,妘姓之國。'"〇覺按:"鄢"應改爲"隔"。陳本作"隔",上海古籍出版社版《國語》第四九頁也作"隔"。

306. 第四一四頁注〔二〕:"《周語》云:'鄢之亡也,由仲任。'"〇覺按:"鄢"應改爲"隔"。陳本作"隔",上海古籍出版社版《國語》第四八頁也作"隔"。

307. 第四一五頁注〔三〕:"《逸周書・史記解》云:'昔有鄶君,嗇儉,減爵損禄,羣臣卑讓,上下不臨,後□小弱,禁伐不行,重氏伐之,鄶君以亡。'"〇覺按:"禁伐"應改爲"禁罰"。陳本作"禁罰",不但與正文相同,而且與《逸周書》卷八《史記解》之文(見臺灣商務印書館1986年版《景印文淵閣四庫全書》第370册第五三頁)相同,故不當徑改。

308. 第四一六頁注〔一〕:"按《史記・楚世家》,鬻融子事文王,蚤卒,成王封其曾孫熊繹於楚。"〇覺按:"鬻融"應改爲"鬻熊"。陳本作"鬻融",誤而不可從。《史記・楚世家》作"鬻熊"(見世界書局影印本《史記》第二八九頁),當據以訂正。

309. 第四一七頁注〔一六〕:“《離騷序》云:‘三閭之職，掌王族三姓曰屈、昭、景。’”〇覺按:“屈、昭、景”應改爲“昭、屈、景”。《離騷序》原作“昭、屈、景”(見中華書局版《楚辭補注》第一頁)，陳本作“昭、屈、景”，不誤，不當徑改。

310. 第四二二頁正文:“修魚、白冥、飛廉、密如、東灌、良、時、白、巴、公巴公巴、剡、復、蒲，皆嬴姓也。”〇覺按:“修”應改爲“脩”。仿宋本、馮本、魁本、程本等皆作“脩”，唯陳本作“修”，當爲臆改，應據舊本訂正。“剡”應改爲“郯”。陳本作“郯”，仿宋本、馮本、魁本也作“郯”，其文不誤，不當徑改爲“剡”。

311. 第四二二頁注〔一〕所引《秦紀》云:“於是復予秦仲後及其先大駱地犬邱并有之，爲西垂大夫。”〇覺按:“邱”應改爲“丘”。《史記・秦本紀》作“丘”(見世界書局影印本《史記》第四二頁)，汪稿作“ 丠”，可見陳本作“邱”並非汪箋之舊，故應改爲“丘”。

312. 第四二三頁正文:“晋國之盜逃奔於秦。”〇覺按:“於”應改爲“于”。仿宋本、馮本、魁本、程本等皆作“于”,《左傳・宣公十六年》也作“于”(見中華書局影印本《十三經注疏》第一八八八頁)，唯陳本作“於”，故應據舊本改作“于”。

313. 第四二七頁注〔二〕:“《廣韻》二十二元‘袁’字注云:‘袁姓本自胡公之後，或作爰。’”〇覺按:此注應改爲:“《廣韻・二十二元》‘袁’字注云:‘袁姓本自胡公之後。’或作‘爰’。”“或作爰”非《廣韻》“袁”字注文(見北京市中國書店1982年影印張氏澤存堂本《宋本廣韻》第九十三頁)，故不應放在《廣韻》注文之引號中。

314. 第四三三頁注〔一八〕:“《氏族略》四教氏引《風俗通》云:‘宋左師教之後。’按左師教，宋繆公子，見隱三年《公羊傳》。‘教’與‘勃’同。”〇覺按:兩個“左師教”應改爲“左師勃”。《通志》卷二十八《氏族略第四》“勃氏”下引《風俗通》作“左師勃”(見商務印書館1935年版《萬有文庫》第二集之《通志》第四七〇頁),《公羊傳・隱公三年》也作“左師勃”(見中華書局影印本《十三經注疏》第二二〇四頁)。陳本作“左師勃”，不誤，不可徑改爲“左師教”。彭鐸徑改爲“左師教”，則汪箋之“‘教’與‘勃’同”便成贅語，故其徑改顯然不當。

315. 第四三九頁注〔二四〕:“鐸按:此本服虔説，見《史記集解》引。《檀弓》注:‘仲遂，魯襄公之子東門襄仲。’疏云:‘《世本》及《左傳》文也。’”〇覺按:“魯襄公”應改爲“魯莊公”。《禮記・檀弓下》“仲遂卒于垂”

鄭玄注:“仲遂，魯莊公之子東門襄仲。”孔穎達疏:“云‘仲遂，魯莊公之子東門襄仲’者,《世本》及《左傳》文也。”(見中華書局影印本《十三經注疏》第一三一〇頁)據《春秋》，仲遂卒於魯宣公八年(見中華書局影印本《十三經注疏》第一八七三頁)，即公元前601年；魯襄公卒於襄公三十一年(見中華書局影印本《十三經注疏》第二〇一四頁)，即公元前542年。因此,《禮記》注疏不誤，不當徑改。

316. 第四四一頁注〔八〕:“昭廿年《左傳》衛有析朱，杜鉏注:‘朱鉏，成子黑背孫。’”〇覺按:“析朱，杜鉏注”應改爲“析朱鉏，杜注”【㊣】。陳本作“析朱鉏，杜注”，不誤(析朱鉏，見中華書局影印本《十三經注疏》第二〇九一頁《左傳·昭公二十年》文)，不當徑改。又“成子黑背孫”應改爲“成子，黑背孫”。《左傳·昭公二十年》下文云:“賜析朱鉏謚曰成子”(《十三經注疏》第二〇九二頁)，可見“成子”爲析朱鉏之謚號，應與“黑背”讀斷。

317. 第四四二頁注〔一一〕:“《廣韻》一東‘公’字注云:‘衛大夫有公上玉。’”〇覺按:“玉”應改爲“王”。陳本作“王”,《廣韻》也作“王”(見北京市中國書店影印張氏澤存堂本《宋本廣韻》第八頁)，故不當徑改而衹宜加注。

318. 第四四二頁注〔二〇〕:“哀十五年《左傳》衛孟黶,《漢書·古今人表》作狐黶。”〇覺按:“孟黶”應改爲“盂黶”。《左傳·哀公十五年》作“盂黶”(見中華書局影印本《十三經注疏》第二一七五頁),《史記·仲尼弟子列傳》作“壺黶”(見世界書局影印本《史記》第三七六頁)，“盂”與“壺”及“狐”古音均屬魚部匣母，故得相借通用。陳本作“孟黶”，乃“盂黶”之訛，應據《左傳·哀公十五年》之文訂正。

319. 第四四三頁注〔二一〕:“定八年《左傳》魏有王孫賈。”〇覺按:“魏”應改爲“衛”。陳本作“衛”,《左傳·定公八年》也作“衛”(見中華書局影印本《十三經注疏》第二一四二頁)，杜預注曰:“賈，衛大夫。”彭鐸徑改爲“魏”，顯然不當。

320. 第四四三頁注〔二〕:“吕甥，十五年《傳》稱瑕吕貽甥，又稱陰貽甥。”〇覺按：兩個“貽”應改爲“飴”。《左傳·僖公十五年》作“瑕吕飴甥”和“陰飴甥”(見中華書局影印本《十三經注疏》第一八〇六頁、第一八〇八頁)，陳本作“貽”，皆爲“飴”字之訛，當據《左傳》訂正。

321. 第四四五頁注〔一四〕:“按莊廿三年《左傳》云:‘晉桓、莊之族偪，獻公患之。士蔿曰:“去富子，則羣公子可謀已。”’”〇覺按:“已”應改爲“也已”。《左傳·莊公二十三年》作“也已”(見中華書局影印本《十三經注疏》

第一七七九頁)。陳本作“已”而脱“也”字，僅失之毫釐。彭鐸徑改爲“己”，則差之千里矣。

322. 第四四六頁正文:“其後韓西亦姓韓，爲魏滿所伐，遷居海中。”〇覺按:“魏”應改爲“衛”。仿宋本、馮本、魁本、程本等皆作“衛”，陳本作“衞”也不能算誤字，汪箋還引《史記索隱》云:“按《漢書》，滿姓衞，擊破朝鮮王而自王之。”不知彭鐸何故要將陳本之“衞”徑改爲“魏”。

323. 第四四八頁注〔二一〕:“《説宛·修文篇》有韓褐子。”〇覺按:“説宛”應改爲“説苑”。“韓褐子”見《説苑·修文篇》(中華書局版《説苑校證》第四九七頁)。陳本作“説苑”，不誤，不當徑改。

324. 第四四八頁注〔二四〕所引《韓奕》之《釋文》云:“王肅、孫毓並云此燕國。”〇覺按:“此”應改爲“北”。《毛詩正義》引《釋文》云:“王肅、孫毓並烏賢反，云：北燕國。”(見中華書局影印本《十三經注疏》第五七二頁)陳本誤作“此燕國”，當徑改，彭鐸失檢。

325. 第四四九頁注〔二五〕:“按韓西蓋即朝鮮。”〇覺按:“按”應改爲“案”。陳本作“案”，可通，不煩改字。

326. 第四五四頁正文:“惟晋張侯、張老，實爲大家。”〇覺按:“惟”應改爲“唯”，“實”應改爲“寔”。仿宋本、馮本、魁本、程本等皆作“唯”和“寔”，唯陳本作“惟”和“實”，故應從舊本改爲“唯”和“寔”。

327. 第四五八頁注〔六〕:“《續漢書·郡國志》:‘河内郡修武，故南陽，秦始皇更名。有南陽城、陽樊，攢茅田。’劉昭注引服虔曰:‘樊，仲山之所居，故曰陽樊。’”〇覺按:“故曰陽樊”應改爲“故名陽樊”。陳本作“名”，《後漢書志第十九·郡國一》也作“名”(中華書局版第三三九六頁)，不當徑改爲“曰”。又“樊，仲山之所居”當標點爲“樊仲山之所居”。

328. 第四六〇頁注〔一八〕:“《論語》云:‘侵潤之譖。’”〇覺按:“侵”應改爲“浸”。陳本作“浸”，《論語·顔淵》也作“浸”(見中華書局影印本《十三經注疏》第二五〇三頁)，不應徑改爲“侵”。

329. 第四六一頁注〔二〕:“晋書地道記”〇覺按:“晋書地道記”應改爲“晋書地道記”。《晋書地道記》爲一書之書名，《地道記》並非《晋書》之篇名，故書名號不應斷開。

330. 第四六二頁正文:“古漆雕開、公冶長，前人書‘雕’從易，涓作‘周’。”〇覺按：兩個“雕”應改爲“彫”。仿宋本、馮本、魁本、程本等皆作“彫”，《論語·公冶長》也作“彫”(見中華書局影印本《十三經注疏》第二四七三頁)，唯陳本作“雕”，故應從舊本改爲“彫”。

331. 第四六四頁注〔七〕:“此二語與前‘略記顯者，以待士合挹損’意恉相同。”○覺按:“記”應改爲“紀”。陳本作“紀”，與本篇前文“略紀顯者”相合，故不當徑改爲“記”。

332. 第四六五頁注〔六〕:“哀二年《左傳》:‘人臣奴隸圉免’，杜注:‘去廝役。’《釋文》:‘“廝”字又作“斯”。’引韋昭注《漢書》云:‘析薪曰斯。’按《詩》:‘墓門有棘，斧以斯之。’毛傳:‘斯，析也。’《説文》無‘廝’字，依音義當作‘斯’。”○覺按:“析薪曰斯”應改爲“析薪曰廝”。中華書局影印本《十三經注疏》第二一五六頁作“析薪曰廝”，可見陳本作“析薪曰廝”不誤，故不當徑改爲“析薪曰斯”。“音義”應改爲“義”。《説文》云:“斯，析也。从斤其聲。”（見中華書局影印本《説文解字》第三〇〇頁）由此可見，陳本無“音”字而僅説“依義當作‘斯’”，甚爲確當，故不應徑加“音”字。

333. 第四六七頁注〔三〕:“《白虎通·文質篇》云:‘贄者質也；質己之誠，致己之悃愊也。”○覺按:“文質篇”應改爲“瑞贄章”。“贄者，質也”云云出自《白虎通·瑞贄章》（見中華書局版《白虎通疏證》第三五五頁）。該篇名舊作“文質”，其實不當（參見中華書局版《白虎通疏證》第三四八頁題解）。汪稿作“瑞贄章”，較陳本作“文質篇”爲優，故應據以訂正。

334. 第四七五頁注〔六〕:“哀十六年《左傳》:‘子西曰:“吾聞勝也信而勇，不爲不利，舍諸邊竟，使衛藩焉。”’杜注:‘使爲屏藩之衛。’”○覺按:“屏藩”應改爲“藩屏”。陳本作“藩屏”，《左傳·哀公十六年》杜注也作“藩屏”（見中華書局影印本《十三經注疏》第二一七八頁）。

335. 第四七七頁注〔一〕:“《易·繫辭下傳》。”○覺按:“下”應改爲“上”。正文“天生神物，聖人則之”出自《周易·繫辭上》（見中華書局影印本《十三經注疏》第八二頁），而非出自《周易·繫辭下》，陳本作“《易·繫辭下傳》”，顯然有誤，當徑改，彭鐸失檢。

336. 第四七八頁注〔二〕:“《後漢書·曹褒傳》章懷注引《帝命驗》曰:‘順堯考德，題期立象。’宋均注云:‘題五德之期，立將起之象。’”○覺按:此注文應改爲“《後漢書·曹褒傳》載元和二年詔引《帝命驗》曰:‘順堯考德，題期立象。’章懷注引宋均注云:‘題五德之期，立將起之象。’”陳本原作“曹褒”，中華書局版《後漢書》第一二〇一頁也作“曹褒”，故不宜徑改爲“曹褒”。至於《帝命驗》之文，乃《後漢書·曹褒傳》所載肅宗元和二年詔之引文而非章懷注引文（見中華書局 1965 年版《後漢書》第一二〇二頁）。此漢章帝元和二年詔又見於《後漢書·律曆志中》，其中也引有《帝命驗》之文（見中華書局版《後漢書》第三〇二六頁），也可證此乃《後漢書》之文而非章懷注引文。

337. 第四七八頁注〔三〕:"《新書·大政上篇》云:'行之善也，粹以爲福已矣；行之惡也，粹以爲菑已矣。故受天之福者，天不功焉；被天之菑，則亦無怨天矣，行自爲取之也。'"〇覺按：兩個"已"應改爲"己"。古書"巳""已""己"不分，故整理古籍時應根據其義定奪。陳本作"巳"，人民文學出版社 1996 年版《賈誼集校注》第三三三頁作"己"，從《新書·大政上》"行自爲取之也"一語來看，宜從後者，故應改爲"己"。

338. 第四七九頁注〔三〕:"《法言·吾子篇序》云:'降周及孔，成於王道。'"〇覺按:"及"應改爲"迄"。陳本作"迄",《法言序》也作"迄"（見中華書局 1987 年版《法言義疏》第五六六頁），不當徑改爲"及"。

339. 第四八一頁注〔二〕:"《説苑·談叢篇》云:'萬物得其本者生，百事得其道者成。'"〇覺按:"談叢篇"應改爲"説叢篇"。陳本作"説叢篇"，蓋汪繼培所據版本不同所致，不煩改字（參見第 109 條）。

340. 第四八二頁所引《後漢書·王符傳》:"鄉人有以貨得雁門太守者，亦去職還家，書刺謁規，規卧不迎。既入而問:'卿前在郡食雁美乎？'"〇覺按：兩個"雁"應改爲"鴈"。《後漢書》卷四十九作"鴈"（中華書局版第一六四三頁），不煩改字。

341. 第四八二頁所引《後漢書·王符傳》:"徒見二千石，不如一逢掖。"〇覺按:"逢"應改爲"縫"。《後漢書》卷四十九作"縫"（中華書局版第一六四三頁），不當徑改。

342. 第四八二頁引《後漢三賢贊》:"豈若雁門，問雁呼卿？"〇覺按：兩個"雁"應改爲"鴈"。《後漢三賢贊》作"鴈"（見上海商務印書館 1936 年縮印《四部叢刊》本《朱文公校昌黎先生文集》第一〇五頁）。

343. 第四八四頁所引周泰元《重刊潛夫論序》:"然觀樂行憂危，則知龍德而隱，必其器識百倍於流俗。"〇覺按:"危"應改爲"違"。周泰元序本作"違"（此據乾隆甲戌鎮原重刊本之 1937 年翻刻本），是用了成語"樂行憂違"（本自《周易·乾·文言》之"樂則行之，憂則違之"，語見中華書局影印本《十三經注疏》第一五頁），其文不誤，不當徑改。彭鐸在附録中節録乾隆甲戌鎮原重刊之《潛夫論》序跋三篇，删改頗多，其文與 1937 年翻刻的乾隆甲戌鎮原重刊本頗多歧異，因我未見原刻，故無以一一正之，僅舉此一例以見其端倪耳。

344. 第四八五頁所引王紹蘭《潛夫論箋序》:"受而讀之，竊悲因可豐於學，嗇於年，又喜其能以書自延其年；東爲愛因可，莫能助其年，而能行其書以延其年，誠可貴也。”○覺按：陳本“莫能助其年”作“莫能助之年”，“誠可貴也”作“皆可貴也”。其“之”“皆”二字切合此文之語法、文義，不當徑改。

345. 第四八六頁所引王紹蘭《潛夫論箋序》：“九原不作，質正莫由。”○覺按：陳本“莫由”作“末由”。“末由”表示“無由”或“莫由”，乃古文常語（參見商務印書館2003年版《古訓匯纂》第一〇六六頁），不當徑改。

346. 第四八六頁所引王紹蘭《潛夫論箋序》：“校飾車馬，多畜奴婢。”○覺按：陳本“校”作“挍”，與《浮侈篇》正文同，不當徑改。

347. 第四八七頁所引汪繼培《潛夫論箋自序》：“以意屬讀，得其端緒，因復是正文字，疏通事辭，依采經書，爲之箋注。”○覺按：陳本“疏通”作“疏證”，“采”作“採”，“注”作“註”，皆不誤，不當徑改。

348. 第四八七頁所引汪繼培《潛夫論箋自序》：“然符以邊隅一縫掖，閔俗陵替，發憤增歎，未能涉大庭與論議，以感動人主。”○覺按：陳本“大庭”作“大廷”，不當徑改。

349. 第四八七頁所引汪繼培《潛夫論箋自序》：“其以己意改補者，止曰‘舊作某’，‘舊脱某’。”○覺按：陳本“‘舊作某’，‘舊脱某’”作“‘舊脱某’，‘舊作某’”，其文可通，不當徑改。

350. 第四八七頁所引黄丕烈士禮居藏明刻本《潛夫論》跋：“余舊藏本爲沈與文、吴岫所藏。”○覺按：“與”應改爲“与”。黄丕烈原文本作“沈与文”（據中國國家圖書館藏本，索書號：3457）。黄丕烈舊藏本今藏上海圖書館（索書號：善830669-73），該書在卷五、卷十末行下部蓋有“沈与文印”陰文印，在卷五、卷十末行外之下部蓋有“姑蘇吴岫家臧”陽文印，可見黄丕烈作“沈与文”不誤，不當徑改爲“沈與文”。

351. 第四八八頁所引黄丕烈士禮居藏明刻本《潛夫論》跋：“丙寅夏蕘圃識”○覺按：“圃”應改爲“翁”。黄丕烈原文作“丙寅夏蕘翁識”，不當徑改。

352. 第四八八頁所引費士璣跋：“‘稷契’作‘稷卨’，‘卨’即‘契’字也，程本誤作‘稷禹’。”○覺按：費士璣跋原文作“‘稷契’作‘稷卨’，‘卨’即‘离’字也，程刻误作‘稷禹’”（據中國國家圖書館藏本，索書號：3457），不當徑改。

353. 第四八九頁所引《四庫全書總目提要》：“乃隱居著書二十餘篇，以議當時得失。”○覺按：“二十”應改爲“三十”，“議”應改爲“譏”。臺灣商務印書館1986年版《景印文淵閣四庫全書》第696册第三五七頁之提要作“乃隱居著書三十餘篇，以譏當時得失”。除此之外，其所引《四庫全書總目提要》與《景印文淵閣四庫全書》本歧異頗多，此不再一一煩列。

354. 第四九〇頁所引《鄭堂讀書記》:“隱居著書三十六篇，以譏當時失得，不欲彰顯其名，故號曰‘潛夫’。范蔚宗取其《忠貴》《浮侈》《實貢》《愛日》《述赦》五篇，以爲足以觀見當時風俗，頗潤益其文。”〇覺按:“失得”應改爲“得失”，“忠貴”應改爲“貴忠”。《鄭堂讀書記》原文作“得失”和“貴忠”（見上海古籍出版社 2002 年版《續修四庫全書》第 924 冊第四一六頁），不當徑改。且《後漢書》卷四十九引王符之文本作“貴忠”（中華書局版《後漢書》第一六三〇頁），也可證《鄭堂讀書記》説“范蔚宗取其《貴忠》”云云實不誤。

355. 第四九一頁所引《鄭堂讀書記》:“所以蔚宗作傳，并録入《忠貴》以下五篇，與《王充、仲長統傳》合爲一卷，而統論之，亦取其皆以著書名世耳。”〇覺按:“忠貴”應改爲“貴忠”。《鄭堂讀書記》原文作“貴忠”（見上海古籍出版社 2002 年版《續修四庫全書》第 924 冊第四一六頁），與《後漢書》合（參見上一條），不當徑改。

以上所列，僅爲校勘之失誤。至於其校正之説，也有可商之處，因在本文主旨之外，故不再詳論。總之，此書既以“校正”爲名，全書 389 千字（此爲版權頁上所標的版面字數）之中有約千分之一的失誤（上述有些條目中有不止一處的失誤），實屬不該，故宜在校勘刊正上再下一番功夫，修訂後再版。今取中華書局 2010 年第 3 次印刷本《潛夫論箋校正》校之，除了定價提高之外，其誤一仍其舊，如此簡單地重印以貽誤讀者，不免令人遺憾。

【附録八】

《潛夫論》人名、族名索引

【説明】

本書原文中有些人名反復出現，如果在注釋中逐一注明，則内容重複而徒耗篇幅，但不一一注釋，又不便讀者閱覽。即使採用參見法，若非贅詞，亦多不周。爲了既節約篇幅，又便利讀者，除了在本書注釋中酌情使用參見法外，今再將其編爲索引附録於此，以爲本書注釋之補充。同時，此舉也是爲了更好地發揮本書的史料作用。

本索引收録《潛夫論》中的人名、種族名、部落名及其簡稱。至於“隋氏”“隋侯”“莒子”“夔子”“齊人”“周史”之類所指不明者，則作爲國名、朝代名處理而将“隋”“莒”“夔”“齊”“周”等收入附録九。

各名稱以全稱或常用者爲主條，以音序排列。異稱歸併於全稱或常用名稱之下，但也酌情列爲字條（聲母相近的不再列爲字條，以節約篇幅），並採用參見法（標以“→”）。

主條下詳列同一人或同一族的不同名稱及所在的篇、節（以本書原文之編碼爲代號）。其篇節號碼上有“⋆”者，表示該處有注釋，可參閱。有需要説明的人名、族名，則在括號內加上簡略的提示。

D

E

F

G

H

J

K

L

M

N

Z

【附録九】

《潛夫論》地名、國名、朝代名索引

【説明】

本索引的編制目的、體例與《附録八》相同，請參見其【説明】，此不再贅述。

【附録十】

本書採摭文獻要目

【説明】

爲了節約篇幅及行文方便，本書在引用文獻時往往不注明版本，僅標出作者姓名或文獻簡稱，有時還作了刪節或轉述。爲了便於讀者在深入研究時進行查考，現大致以作者生年先後爲序詳列其作者、著作全稱及其版本，有時還稍作必要的説明。當然，本書寫作時所參考的文獻不止於此，但對未加徵引的文獻（如《諸子平議補録》及各種索引）、引用時不便標名的文獻（如某些辭書、地圖等）則從略。

本書的原文及校勘時所據文獻，已在附録二、附録三中作了詳細介紹，在此不再全部著録。在序文、前言或其他附録中偶爾引用已詳細注明其出處的，也衹著録其中的一部分，其餘的可參閱其注釋。

本書所用文獻，除了我的個人藏書外，其餘均見於上海財經大學圖書館、復旦大學圖書館、上海圖書館、國家圖書館。讀者如果想作進一步的查考而有資料匱乏之苦，可求助於上述諸館。

1.《周易》及王弼注、孔穎達疏、陸德明《釋文》、阮元校勘記，據阮元校刻的《十三經注疏》，中華書局 1980 年影印第 1 版。

2.《尚書》及孔安國傳和《尚書序》、孔穎達疏、陸德明《釋文》，據《十三經注疏》，版本同上。

3.《詩經》及毛公傳、鄭玄箋、鄭玄詩譜、孔穎達疏，據《十三經注疏》，版本同上。

4.《儀禮》及鄭玄注，據《十三經注疏》，版本同上。

5.《周禮》及鄭玄注、賈公彦疏，據《十三經注疏》，版本同上。

6.《老子》，據南京大學出版社 2021 年版《老子古本探賾正解》。

7.《論語》及何晏《集解》和《論語注疏解經序》、邢昺疏，據《十三經注疏》，版本同上。

8.《春秋》《左傳》及杜預注和《春秋序》、孔穎達疏、陸德明《釋文》、阮元校勘記，據《十三經注疏》，版本同上。

9.《公羊傳》及何休注，據《十三經注疏》，版本同上。

10.《穀梁傳》及范甯注、陸德明《釋文》，據《十三經注疏》，版本同上。

11.《逸周書》及孔晁注，據臺灣商務印書館 1986 年版《景印文淵閣四庫全書》第 370 册。

12.《國語》及韋昭注，據上海古籍出版社 1978 年版《國語》。

13.《世本》及宋衷注，據商務印書館 1937 年排印的清茆泮林所輯《世本》，見《叢書集成初編》第3700冊。

14.《竹書紀年》及注，據上海古籍出版社1981年版《古本竹書紀年輯證》中的《今本竹書紀年疏證》。

15.《竹書紀年》沈約注，據臺灣商務印書館1986年版《景印文淵閣四庫全書》第303冊。

16.《穆天子傳》，據貴州人民出版社1997年版《穆天子傳全譯》。

17.《孫子》，據上海古籍出版社2002年版《續修四庫全書》第959冊《十一家註孫子》。

18.銀雀山漢墓竹簡《孫子兵法》，據齊魯書社2001年版《孫子兵法新譯》附録三《銀雀山漢墓竹簡〈孫子兵法〉摹本》。

19.《管子》及注，據上海古籍出版社1989年影印的浙江書局本《管子》。其注釋者舊題"唐房玄齡"，或以爲注者是唐尹知章。

20.《晏子春秋》，據中華書局1962年版《晏子春秋集釋》。

21.《墨子》及孫詒讓《閒詁》，據中華書局1986年版《墨子閒詁》。

22.《列子》及張湛注、殷敬順《釋文》，據中華書局1979年版《列子集釋》。

23.《山海經》，據貴州人民出版社1991年版《山海經全譯》。

24.《商君書》，據知識産權出版社2012年版《商君書校疏》。

25.《孫臏兵法》，文物出版社1975年版。

26.《孟子》及趙岐注和《孟子題辭》、孫奭疏、阮元校勘記，據《十三經注疏》，中華書局1980年影印第1版。

27.《莊子》及成玄英疏、陸德明《釋文》，據中華書局1961年版《莊子集釋》。

28.《鶡冠子》，據臺灣商務印書館1986年版《景印文淵閣四庫全書》第848冊。

29.《慎子》，據知識産權出版社2012年版《商君書校疏》。

30.《公孫龍子》，據中國社會科學出版社1983年版《中國古名家言》。

31.《孝經》及唐玄宗注、邢昺疏，據《十三經注疏》，中華書局1980年影印第1版。

32.《孝經》鄭玄注，據商務印書館1939年版1959年補印《孝經鄭註補證》，見《叢書集成初編》第0731冊。

33.甘公、石申《星經》，據商務印書館1936年影印本，見《叢書集成初編》第1308冊。

34.《楚辭》及王逸注，據中華書局1983年版《楚辭補注》。

35.《荀子》及楊倞注、王先謙《集解》，據中華書局1988年版《荀子集解》。

36.《戰國策》及高誘注、鮑彪注、吴師道注、張琦注，據江蘇古籍出版社1985年版《戰國策集注彙考》。

37.《韓非子》，據知識産權出版社2018年第3版《韓非子校疏析論》。

38.《韓非子》張敦仁抄本，據上海圖書館藏本，索書號：828712-15。

39.《吕氏春秋》及高誘注，據學林出版社1984年版《吕氏春秋校釋》。

40.《爾雅》及郭璞注和《爾雅序》、邢昺疏，據《十三經注疏》，中華書局1980年影印第1版。

41.《孔叢子》，據臺灣商務印書館1986年版《景印文淵閣四庫全書》第695冊。

42.《小爾雅》，見臺灣商務印書館1986年版《景印文淵閣四庫全書》第695冊《孔叢子》。

43.《孔子家語》及王肅注，據臺灣商務印書館 1986 年版《景印文淵閣四庫全書》第 695 冊。

44.《素問》及王冰注，據上海涵芬樓景印明顧氏翻宋本《重廣補注黄帝内經素問》，見《四部叢刊・初編・子部》。

45. 陸賈《新語》，據中華書局 1986 年版《新語校注》。

46. 賈誼《新書》，據人民文學出版社 1996 年版《賈誼集校注》。

47. 韓嬰《韓詩外傳》，據中華書局 1980 年版《韓詩外傳集釋》。

48. 劉安等《淮南子》及高誘注，據中華書局 1989 年版《淮南鴻烈集解》。

49. 董仲舒《春秋繁露》，據中華書局 1992 年版《春秋繁露義證》。

50.《元光元年曆譜》，據文物出版社 1985 年版《銀雀山漢簡釋文》。

51. 司馬遷《史記》及裴駰《集解》、司馬貞《索隱》、張守節《正義》，據世界書局 1935 年影印本《四史》。

52. 桓寬《鹽鐵論》及張之象注，據上海商務印書館 1936 年縮印《四部叢刊》本及臺灣商務印書館 1986 年版《景印文淵閣四庫全書》第 695 冊。

53. 戴德編《大戴禮記》及王聘珍《解詁》，據中華書局 1983 年版《大戴禮記解詁》。

54. 戴聖編《禮記》及鄭玄注、孔穎達疏、陸德明《釋文》、阮元校勘記，據《十三經注疏》，中華書局 1980 年影印第 1 版。

55. 劉向《新序》，據臺灣商務印書館 1986 年版《景印文淵閣四庫全書》第 696 冊。

56. 劉向《説苑》，據中華書局 1987 年版《説苑校證》。

57. 劉向《列女傳》，據上海商務印書館 1936 年縮印長沙葉氏觀古堂藏明刊本《古列女傳》，見《四部叢刊・初編・史部》。

58. 劉向《列仙傳》，據中國社會科學出版社 1996 年版《列仙傳今譯》。

59. 揚雄《法言》及李軌注，據中華書局 1987 年版《法言義疏》。

60. 揚雄《方言》及郭璞注，據上海古籍出版社 1984 年影印光緒庚寅（1890 年）紅蝠山房刻本《方言箋疏》。

61. 劉歆《遂初賦》及章樵註，據臺灣商務印書館 1986 年版《景印文淵閣四庫全書》第 1332 冊《古文苑》卷五。

62. 劉歆撰、葛洪輯《西京雜記》，據臺灣商務印書館 1986 年版《景印文淵閣四庫全書》第 1035 冊。

63. 王充《論衡》及北京大學歷史系《論衡》注釋小組《論衡注釋》，據中華書局 1979 年版《論衡注釋》。

64. 班固《白虎通》及陳立《白虎通疏證》，據中華書局 1994 年版《白虎通疏證》。

65. 班固《漢書》及顔師古注，據中華書局 1962 年版《漢書》。

66. 袁康、吴平《越絶書》，據貴州人民出版社 1996 年版《越絶書全譯》。

67. 趙曄《吴越春秋》，據岳麓書社 2019 年版《吴越春秋校證注疏》（增訂本）。

68. 許慎《五經異義》，據上海古籍出版社 2002 年版《續修四庫全書》第 171 冊《五經異義疏證》。

69. 許慎《説文》及徐鍇注，據中華書局 1963 年影印陳昌治同治十二年（1873 年）刻本《説文解字》。

70. 崔寔《政論》，據上海古籍出版社 2002 年版《續修四庫全書》第 1187 冊《羣書治要》卷四十五。

71. 蔡邕《獨斷》，據臺灣商務印書館 1986 年版《景印文淵閣四庫全書》第 850 冊。

72. 應劭《風俗通義》，據天津人民出版社 1980 年版《風俗通義校釋》。

73. 劉熙《釋名》，據上海古籍出版社 1984 年影印光緒丙申（1896 年）刻本《釋名疏證補》。

74. 王粲《浮淮賦》，據中華書局 1962 年版校點本《初學記》卷第六。

75. 曹丕《典論・論文》，據中華書局 1977 年影印本《文選》。

76. 張揖《廣雅》，據江蘇古籍出版社 1984 年影印清嘉慶王氏家刻本《廣雅疏證》。

77. 皇甫謐《帝王世紀》，據中華書局 1964 年版《帝王世紀輯存》。

78. 劉徽《九章算術序》，據臺灣商務印書館 1986 年版《景印文淵閣四庫全書》第 797 冊。

79. 陳壽《三國志》，中華書局 1959 年版。

80. 司馬彪《後漢書志》及劉昭注補，據中華書局 1965 年版《後漢書》。

81. 干寶《搜神記》，岳麓書社 2020 年版。

82. 葛洪《抱朴子》，據中華書局 1991 年版《抱朴子外篇校箋》上冊。

83. 葛洪《神仙傳》，據中國社會科學出版社 1996 年版《神仙傳今譯》。

84. 袁宏《後漢紀》，據臺灣商務印書館 1986 年版《景印文淵閣四庫全書》第 303 冊。

85. 范曄《後漢書》及李賢等注，據中華書局 1965 年版《後漢書》。

86. 沈約《宋書》，中華書局 1974 年版點校本。

87. 酈道元《水經注》，上海古籍出版社 1990 年版點校本。

88. 皇侃《論語義疏》，中華書局 2013 年版。

89. 蕭統編《文選》及李善注，據中華書局 1977 年影印嘉慶十四年（1809 年）胡克家重刻宋淳熙本《文選》。

90. 顏之推《顏氏家訓》，據上海古籍出版社 1980 年版《顏氏家訓集解》。

91. 姚思廉《梁書》，中華書局 1973 年版點校本。

92. 歐陽詢等《藝文類聚》，上海古籍出版社 1982 年新 1 版校點本。

93. 房玄齡等《晋書》，中華書局 1974 年版點校本。

94. 魏徵等《羣書治要》，據上海古籍出版社 2002 年版《續修四庫全書》第 1187 冊。

95. 魏徵等《隋書》，中華書局 1973 年版點校本。

96. 李延壽《南史》，中華書局 1975 年版點校本。

97. 李延壽《北史》，中華書局 1974 年版點校本。

98. 徐堅等《初學記》引文及注，據中華書局 1962 年版校點本《初學記》。

99. 劉知幾《史通》，據上海古籍出版社 1978 年版《史通通釋》。

100. 吴兢《貞觀政要》，上海古籍出版社 1978 年版。

101. 司馬貞補《史記・三皇本紀》，據世界書局 1935 年影印本《四史》。

102. 玄應《一切經音義》，商務印書館 1936 年影印本，見《叢書集成初編》第 0739—0744 冊。

103. 李鼎祚《周易集解》，據臺灣商務印書館 1986 年版《景印文淵閣四庫全書》第 7 冊。

104. 杜佑《通典》，商務印書館 1935 年版（《萬有文庫》第二集）。

105. 林寶《元和姓纂》，據臺灣商務印書館 1986 年版《景印文淵閣四庫全書》第 890 冊。

106. 馬總《意林》，上海涵芬樓景印武英殿聚珍版本，見《四部叢刊・初編・子部》。
107. 韓愈《韩愈全集》，上海古籍出版社 1997 年版。
108. 白居易《太原白氏家狀》，據上海古籍出版社 1999 年版《白居易全集》。
109. 陸廣微《吴地記》，據臺灣商務印書館 1986 年版《景印文淵閣四庫全書》第 587 冊。
110. 劉昫等《舊唐書》，中華書局 1975 年版點校本。
111. 李昉等編《太平御覽》，中華書局 1960 年版影印本。
112. 樂史《太平寰宇記》，據臺灣商務印書館 1986 年版《景印文淵閣四庫全書》第 469 冊。
113. 陳彭年等《廣韻》，據北京市中國書店 1982 年影印的張氏澤存堂本《宋本廣韻》。
114. 王堯臣等《崇文總目》，據臺灣商務印書館 1986 年版《景印文淵閣四庫全書》第 674 冊。
115. 歐陽修、宋祁等《新唐書》，中華書局 1975 年排印本。
116. 歐陽修《易童子問》，據中華書局 2001 年版《歐陽修全集》卷七十八。
117. 司馬光等《類篇》，中華書局 1984 年影印“姚刊三韵”本。
118. 司馬光《資治通鑑》，據臺灣商務印書館 1986 年版《景印文淵閣四庫全書》第 304 冊。
119. 曾鞏《墨池記》，據東方出版中心 1998 年版《曾鞏散文精選》。
120. 蘇軾《赤壁賦》，據高等教育出版社 2010 年版《中國古代文學作品選》第四卷。
121. 唐慎微《證類本草》，據臺灣商務印書館 1986 年版《景印文淵閣四庫全書》第 740 冊。
122. 鄭樵《通志》，商務印書館 1935 年版（《萬有文庫》第二集）。
123. 鄧名世《古今姓氏書辯證》，據臺灣商務印書館 1986 年版《景印文淵閣四庫全書》第 922 冊。
124. 洪适《隸釋》，據中華書局 1986 年版《隸釋・隸續》。
125. 晁公武《郡齋讀書志》，據上海古籍出版社 1990 年版《郡齋讀書志校證》。
126. 朱熹《詩集傳》，上海古籍出版社 1980 年新 1 版。
127. 羅泌《路史》，據臺灣商務印書館 1986 年版《景印文淵閣四庫全書》第 383 冊。
128. 吕祖謙《左氏博議》，據臺灣商務印書館 1986 年版《景印文淵閣四庫全書》第 152 冊。
129. 蔡沉《書集傳》，中華書局 2018 年版。
130. 程公説《春秋分記》，據臺灣商務印書館 1986 年版《景印文淵閣四庫全書》第 154 冊。
131. 徐天麟《西漢會要》，上海人民出版社 1977 年排印本。
132. 陳振孫《直齋書録解題》，據臺灣商務印書館 1986 年版《景印文淵閣四庫全書》第 674 冊。
133. 黄公紹、熊忠《古今韻會》，據中華書局 2000 年版《古今韻會舉要》。
134. 馬端臨《文獻通考》，商務印書館 1936 年版（《萬有文庫》第二集）。
135. 脱脱等《宋史》，中華書局 1977 年排印本。
136. 楊慎《升菴經説》，商務印書館 1936 年版，見《叢書集成初編》第 0250 冊。
137. 楊慎《希姓録》，商務印書館 1936 年版，見《叢書集成初編》第 3304 冊。

138. 陳耀文《天中記》，據臺灣商務印書館1986年版《景印文淵閣四庫全書》第966冊。

139. 陳士元《夢占逸旨》，據道光癸巳年（1833年）吴玉坪寶善堂初鐫、咸豐十年（1860年）楊國棟重刊本《歸雲别集》。

140. 李時珍《本草綱目》，據臺灣商務印書館1986年版《景印文淵閣四庫全書》第772—774冊。

141. 沈津《百家類纂》，據齊魯書社1995年版《四庫全書存目叢書》子部第127冊。

142. 焦竑等《兩漢萃寶評林》，據北京出版社1998年版《四庫未收書輯刊》壹輯第21冊。

143. 陳深《諸子品節》，萬曆庚寅（1590年）刊本。

144. 陳繼儒《先秦兩漢文膾》，據齊魯書社1997年版《四庫全書存目叢書》集部第352冊。

145. 文震孟（託名歸有光）《諸子彙函》，據齊魯書社1995年版《四庫全書存目叢書》子部第126冊。

146. 陳仁錫《諸子奇賞》，天啓丙寅（1626年）武林好生館刻本。

147. 黄澍、葉紹泰《漢魏别解》，崇禎十一年（1638年）香谷山房刊本。

148. 顧炎武《日知録》，據上海古籍出版社1985年影印本《日知録集釋》。

149. 毛奇齡《聖諭樂本解説》，據臺灣商務印書館1986年版《景印文淵閣四庫全書》第220冊。

150. 毛奇齡《經問》，據臺灣商務印書館1986年版《景印文淵閣四庫全書》第191冊。

151. 毛奇齡《四書索解》，據齊魯書社1997年版《四庫全書存目叢書》經部第173冊。

152. 顧祖禹《讀史方輿紀要》，中華書局2005年版。

153. 張廷玉等《明史》，中華書局1974年版。

154. 劉淇《助字辨略》，中華書局1954年版。

155. 惠棟《儀禮古義》，據上海書店1994年版《叢書集成續編》第8冊。

156. 梁玉繩《人表考》，據中華書局1982年版《史記漢書諸表訂補十種》。

157. 孔繼汾《闕里文獻考》，據上海古籍出版社2002年版《續修四庫全書》第512冊。

158. 紀昀等《欽定四庫全書・潛夫論・提要》，據臺灣商務印書館1986年版《景印文淵閣四庫全書》第696冊。

159. 紀昀等《欽定四庫全書簡明目録》，據臺灣商務印書館1986年版《景印文淵閣四庫全書》第6冊。

160. 胡匡衷《儀禮釋官》，據上海古籍出版社2002年版《續修四庫全書》第89冊。

161. 錢大昕《十駕齋養新録》，據上海古籍出版社2002年版《續修四庫全書》第1151冊。

162. 王謨輯《增訂漢魏叢書；漢魏遺書鈔》，西南師範大學出版社、東方出版社2011年版。

163. 段玉裁《説文解字注》，上海古籍出版社1981年影印經韻樓臧版。

164. 王念孫《廣雅疏證》，江蘇古籍出版社1984年影印清嘉慶王氏家刻本。

165. 汪繼培《潛夫論箋》，據清嘉慶丁丑（1817年）陳春湖海樓所刻《潛夫論汪氏箋》及上海圖書館所藏汪繼培稿本。

166. 郝懿行《爾雅義疏》，上海古籍出版社1983年影印同治四年（1865年）郝氏家刻本。

167. 王宗炎曰：指王宗炎寫於汪繼培所箋《潛夫論》稿本（上海圖書館藏）上的案語，原題“宗炎案”，今改題“王宗炎曰”。至於汪箋所採王宗炎之説題“王先生云”，今一仍其舊而不從汪箋中析出。

168. 王紹蘭曰：①王紹蘭寫於汪繼培所箋《潛夫論》稿本（上海圖書館藏）上的案語，原題“紹蘭案”，今改題“王紹蘭曰”。至於汪箋所採王紹蘭之説題“王侍郎云”“王方伯云”（稿本題“王廉訪云”），今一仍其舊而不從汪箋中析出。②《潛夫論校記》，據臺北市聯經出版事業公司1976年據國立“中央”圖書館所藏稿本影印的《蕭山王氏所著書》第三册。

169. 王引之《經義述聞》，江蘇古籍出版社1985年影印道光七年（1827年）重刊本。

170. 王引之《經傳釋詞》，岳麓書社1985年版。

171. 周中孚《鄭堂讀書記》，據上海古籍出版社2002年版《續修四庫全書》第924册及中華書局1993年版。

172. 張澍《養素堂文集》，據上海古籍出版社2002年版《續修四庫全書》第1506册。

173. 馬瑞辰《毛詩傳箋通釋》，中華書局1989年版。

174. 穆彰阿、潘錫恩《大清一統志》，據上海古籍出版社2002年版《續修四庫全書》第615册。

175. 朱駿聲《説文通訓定聲》，武漢市古籍書店1983年影印臨嘯閣藏版。

176. 瞿鏞《鐵琴銅劍樓藏書目録》，據上海古籍出版社2002年版《續修四庫全書》第926册。

177. 吴昌瑩《經詞衍釋》，中華書局1956年版。

178. 朱右曾《逸周書集訓校釋》，商務印書館1937年版，見《萬有文庫》第二集第683册。

179. 劉熙載《藝槩》，據上海古籍出版社2002年版《續修四庫全書》第1714册。

180. 成蓉鏡《禹貢班義述》，廣雅書局光緒十四年（1888年）刊本。

181. 俞樾《曲園雜纂》卷二十二《讀潛夫論》，光緒二十五年（1899年）刊《春在堂全書》本。

182. 俞樾《古書疑義舉例》，據中華書局1956年版《古書疑義舉例五種》。

183. 方濬益編録《綴遺齋彝器款識攷釋》，商務印書館1934年石印本。

184. 孫詒讓《札迻》，光緒廿年（1894年）瑞安孫氏籀廎刊本。

185. 李寶洤《諸子文粹》，商務印書館1917年版。

186. 王仁俊《玉函山房輯佚書續編三種》，上海古籍出版社1989年版。

187. 王國維《傳書堂藏書志》，上海古籍出版社2014年版。

188. 王國維《觀堂别集·書作册詩尹氏説》，據中華書局1959年版《觀堂集林》。

189. 静嘉堂文庫編《静嘉堂文庫漢籍分類目録》，臺北大立出版社1980年影印昭和四年（1929年）排印本。

190. 楊樹達《漢文文言修辭學》，中華書局1980年新1版。

191. 施廷鏞《中國叢書知見録》，北京圖書館出版社2005年版。

192. 裴學海《古書虚字集釋》，中華書局1954年版。

193. 游國恩等主編《中國文學史》，人民文学出版社1963年版。

194. 高亨《周易大傳今注》，齊魯書社1979年版。

195. 王力《同源字典》，商務印書館1982年版。

196. 侯外廬等著《中國思想通史》第二卷，人民出版社 1957 年版。
197. 上海圖書館編《中國叢書綜録》(一)，中華書局 1959 年版。
198. 上海古籍書店編《叢書百部提要》，1960 年印行。
199. 上海古籍出版社標點本《潛夫論》，上海古籍出版社 1978 年版。
200. 中華書局編輯部《潜夫論箋·出版説明》，據中華書局 1979 年版《潛夫論箋》。
201.《辭源》(修訂本)，北京商務印書館 1979—1983 年修訂第 1 版
202.《辭海·哲學分冊》，上海辭書出版社 1980 年版。
203. 北京圖書館編《北京圖書館古籍善本書目》，書目文獻出版社版，出版年代不詳(其版權頁未標出版年月)。
204. 孫叔平《中國哲學史稿》上冊，上海人民出版社 1980 年版。
205. 楊伯峻《春秋左傳注》，中華書局 1981 年版。
206. 張岱年主編《中華思想大辭典》，吉林人民出版社 1991 年版。
207. 周振甫《周易譯注》，中華書局 1991 年版。
208. 彭鐸《潛夫論箋校正》，中華書局 1985 年版。
209. 沈起煒《中國歷史大事年表》，上海辭書出版社 1983 年版。
210. 馮契《中國古代哲學的邏輯發展》中冊，上海人民出版社 1984 年版。
211. 馮契主編《哲學大辭典》，上海辭書出版社 1992 年版。
212. 丁守和主編《中華文化辭典》，廣東人民出版社 1989 年版。
213. 吴楓主編《中華思想寶庫》，吉林人民出版社 1990 年版。
214. 唐作藩編著《上古音手冊》，江蘇人民出版社 1982 年版。
215. 高清海主編《文史哲百科辭典》，吉林大學出版社 1988 年版。
216. 李學勤、吕文郁主編《四庫大辭典》，吉林大學出版社 1996 年版。
217. 潘富恩主編《中國學術名著提要·哲學卷》，復旦大學出版社 1992 年版。
218. 趙吉惠、郭厚安主編《中國儒學辭典》，遼寧人民出版 1988 年版。
219.《諸子百家叢書·潛夫論》，上海古籍出版社在 1990 年版。
220. 中國百科大辭典編委會編《中國百科大辭典》，華夏出版社 1990 年版。
221. 王寧主編《評析本白話鹽鐵論·潜夫論》，北京廣播學院出版社 1992 年版。
222. 陽海清編撰、蔣孝達校訂《中國叢書綜録補正》，江蘇廣陵古籍刻印社 1984 年版。
223. 陽海清主编《中國古籍總目·叢書部》，中華書局、上海古籍出版社 2009 年版。
224. 劉文英《王符評傳》，南京大學出版社 1993 年版。
225.《中國小百科全書》編纂委員會編《中國小百科全書》，團結出版社 1994 年版。
226.《中國古籍善本書目·子部》，上海古籍出版社 1994 年版。
227. 張覺《從文獻和文物看古代的“策”》，載《貴州文史叢刊》1987 年第 3 期。
228. 張覺《潜夫論全譯》，貴州人民出版社 1999 年版。
229. 張覺《商君書校疏》，知識産權出版社 2012 年版。
230. 張覺《韓非子校疏析論》，知識産權出版社 2018 年第 3 版。
231. 張覺《吴越春秋校證注疏》(增訂本)，岳麓書社 2019 年版。
232. 劉冠才等主編《諸子百家大辭典》，華齡出版社 1994 年版。
233. 甘肅省古籍文獻整理編譯中心編《中國華北文獻叢書》，学苑出版社 2012 年版。

後記

在二十八年前，我根本没有料到自己會去研究《潛夫論》。我曾在《潛夫論全譯》的後記中説王符“自號‘潛夫’，實乃憤詞，憤其不欲潛而潛之也”。現在回顧我研究《潛夫論》的歷程，實亦肇始於自己不欲潛而潛之之時，大概就是這潛而不用、發憤著書之相同境遇在冥冥之中將我與《潛夫論》維繫在一起的吧！

1989 年我下崗待業在家，先後得到貴州人民出版社李立樸、倪臘松先生的熱情幫助，於 1990 年 9 月 10 日至 1991 年 10 月 13 日撰寫了《韓非子全譯》（1992 年 3 月第 1 版），於 1991 年 11 月 3 日至 1992 年 5 月 28 日撰寫了《商君書全譯》（1993 年 10 月第 1 版），於 1992 年 5 月 30 日至 12 月 1 日撰寫了《吴越春秋全譯》（1993 年 9 月第 1 版）。在這賣文爲生時期，我必須事先找米下鍋纔能維持生計，所以即使 1992 年 10 月 15 日上海古籍出版社已將《荀子譯注》列入了其發稿計劃而讓我投身於《荀子譯注》的寫作之中（該書於 1994 年 2 月 10 日完稿），我仍然不斷與各出版社聯繫寫書事宜。1994 年經倪臘松先生推薦，貴州人民出版社方家常先生於 6 月 3 日來信囑我寫一萬字《潛夫論全譯》樣稿，於是我在 6 月 23 日至 7 月 3 日寫了《讚學》前四節寄了去。樣稿通過，我便於 9 月 5 日與李立樸、方家常先生簽了約稿合同，約定於 1996 年 6 月 30 日交稿。按照《韓非子全譯》等的寫作速度，準時交稿是毫無疑問的。1994 年 9 月 12 日，我編寫完《中小學生實用成語詞典》（宇航出版社 1996 年 11 月第 1 版），便於 9 月 26 日開始撰寫《潛夫論全譯》。由於我 1995 年 4 月轉業至上海財經大學後忙於教學工作，加之《潛夫論》疑難之處頗多，所以此書至 1996 年 12 月 19 日纔寫完初稿，至謄清交稿更是在 1997 年 9 月 25 日，前後花了三年時間，是除了《韓非子校疏》之外我寫稿時間最長且唯一逾期交稿的著作。李立樸先生審讀書稿後，我們於 1998 年 5 月 11 日簽訂了出版合同。該書於 1999 年 10 月出版，僅印了 3000 冊，是我古籍譯注之作中印數最少的一種，恐怕是我費力最多而影響最小的古籍譯注本。

此後，我便忙於撰寫其他著作而不再研究《潛夫論》，岳麓書社 2008 年 5 月出版的《潛夫論校注》，不過是在 1999 年版《潛夫論全譯》的基礎上删去譯文重新排版而成，並没有什麼新内容。

《潛夫論全譯》的譯注雖然使全書通俗可讀，但由於用簡體字印刷，未能體現善本面貌，故未足爲典要，所以我一直想進行修訂。於是，我按照原來研究《韓非子》的思路於 2012 年申請了國家社會科學基金一般項目（中國哲學史學科）“《潛夫論》校疏析論”、上海市哲學社會科學規劃一般課題（哲學－宗教學學科）和全國高等院校古籍整理研究工作委員會重點科研項目“《潛夫論》校疏”，但均未成功。2013 年，我再次申請了上海市哲學社會科學規劃一般課題（文學－中國古代文學學科）和 2014 年度上海市教育委員會科研創新重點項目“《潛夫論》校箋注疏”。可能也是我非得潛而不用之時纔能去研究《潛夫論》吧，我準備於 2014 年退休以後完成的上海市教育委員會科研創新重點項目獲得了批准（批准號：14ZS079）。在此，我要對陳昌來先生等專家的大力支持表示由衷的感謝。

根據上海市教育委員會立項通知，該項目完成時限爲 2016 年 12 月，但我直到 2017 年 4 月纔得到岳麓書社曾德明、劉文等先生的大力支持而簽訂了《潛夫論校箋注疏》出版合同，結果憑這出版合同及書稿校樣得以在 2017 年 11 月順利結項。

上海市教育委員會科研創新重點項目《潛夫論校箋注疏》基本上是《潛夫論全譯》的繁體字補正本。我在研究過程中發現，無論是《湖海樓叢書》本《潛夫論汪氏箋》，還是中華書局版《潛夫論箋校正》，都未彙校善本來徹底訂正《潛夫論》中的訛誤，也未將上海圖書館所藏汪繼培《潛夫論箋》稿本中的汪繼培箋注和王宗炎、王紹蘭的案語全面刊出，至於頗具學術價值的王紹蘭的稿本《潛夫論校記》也未輯入。這些資料，很值得整理刊出以彌補湖海樓本和中華書局本之缺憾。於是，我在 2017 年申報了國家社會科學基金重點項目“《潛夫論》彙校集注”，結果被降級立爲 2017 年度國家社會科學基金一般項目（批准號：17BZW014）。

國家社科基金項目的最終成果《潛夫論彙校集注》與上海市教委項目的最終成果《潛夫論校箋注疏》相比有很多不同的地方，它既有全面反映七種重要版本異同的校勘記，又全面地整理收録了清代汪繼培的箋注（包括湖海樓本及《潛夫論箋校正》等未刊出的汪繼培稿本中的箋注）以及王宗炎、王紹蘭、俞樾、孫詒讓等人的校注，其注文也有諸多修改，還增加了附録五至附録九，但《潛夫論校箋注疏》中的義疏則爲《潛夫論彙校集注》所無。《潛夫論校箋注疏》既已排版，原擬作爲《張覺述作集》之一種先行出版，但由於岳麓書社編輯任務繁重，進展甚慢，2017 年 4 月 18 日與我簽約的 8 部著作，至 2019 年 12 月纔勉强出版了一部《吴越春秋校證注疏》（增訂本）。爲了減少編輯工作量，避免不必要的重複出版，我在 2020 年初想按照出版《吴越春秋校證注疏》(增訂本)的思路，等國家社科基金項目《潛夫論彙校集注》結項後將兩書合併出版，即在《潛夫論彙校集注》的基礎上加入《潛夫論校箋注疏》中的義疏後以“潛夫論校箋注疏”之名出版(因爲“潛夫論彙校集注”之名難以囊括“義疏”，而“潛夫論校箋注疏”之名可以包括“彙校集注”)。

2020 年 5 月 8 日，我申報的《老子古本探賾正解》獲准立爲“2020 年度上海財經大學學術著作培育項目”，25 日便與南京大學出版社簽訂了出版合同，該書作爲《張覺述作集》中的第八種著作於 2021 年 1 月出版。回顧十年來《述作集》的出版過程，我認識到過去熔考校注譯於一爐的編著原則實不利於《述作集》的流佈，因爲一般讀者衹需瞭解古代典籍的大致内容，篇幅甚大的彙校與學術考辨衹適合研究者而不適合爲數衆多的一般讀者。爲了使《述作集》擁有更多的讀者以利出版，我必須調整編著原則與出版書目，在注重學術性的前提下，將有助於學術研究的彙校考辨之作與有助於典籍普及的譯注之作分别出版。這樣，既能滿足學術研究者和一般讀者的不同需要，又能用譯注之作的收益來支撑彙校考辨之作的出版。於是，我將 2011 年出版的《張覺述作集·韓非子校疏析論》分成了繁體字本《韓非子彙校集解》(將由上海古籍出版社出版)與簡體字本《韓非子譯注評》(崇文書局 2022 年)，將 2012 年出版的《張覺述作集·商君書校疏》分成了繁體字本《商君書彙校集解》(將由上海古籍出版社出版)與簡體字本《商君書譯注》(將由上海古籍出版社出版)。

根據這一思路，我漸漸打消了將《潛夫論彙校集注》與《潛夫論校箋注疏》合併出版的想法。更由於《潛夫論彙校集注》在 2021 年 8 月結項時鑒定等級爲優秀，如果將它併入《潛夫論校箋注疏》出版，就會埋没匿名評審專家對該書的高度評價，於是我决定將《潛夫論彙校集注》單獨出版(由岳麓書社出版)，然後再在《潛夫論彙校集注》與《潛夫論校箋注疏》的基礎上深入淺出地撰寫一部供普及用的《潛夫論譯注》(將由上海古籍出版社出版)。

《潛夫論彙校集注》與《潛夫論譯注》基本上可以視爲我研究《潛夫論》的最終成果了。儘管如此，它們的出版並不意味着《潛夫論》的研究已達止境，所以我還是重複一句老話：我雖然自信這兩部書的錯誤已經不多，但校勘煩雜難免紕漏，一得之愚更易失誤，故尚祈讀者不吝指正。

在本書出版過程中，岳麓書社决定申報 2022 年度國家古籍整理出版資助項目，讓我找兩位專家推薦，我和嚴佐之、鄭傑文兩位教授一聯繫就得到他們熱情而無私的支持，他們的高尚風範我將永志不忘，在此請允許我向他們致以崇高的敬意和誠摯的謝意。

我研究《潛夫論》，始於潛而不用、忙於著述之時，又終於潛而不用、忙於著述之時。遥想王符當年潛而不用、忙於著述之情景，不禁感慨萬端。人各有志，命運多異，但爲什麼王符之耿介不俗、懷才不遇而發憤著書之命運會傳至我輩呢？大概耿介不俗必會招致懷才不遇而發憤著書之運途吧！

最後，我要感謝國家社會科學基金項目各位評審專家的支持，因爲如果没有他們的支持，我在百忙之中不可能再花那麼多時間去進一步研究《潛夫論》，這部比上海市教委項目成果更爲豐富、更爲翔實、更爲正確的著作也就不可能誕生了。此外，我要感謝復旦大學圖書館古籍閲覽室席永春女士、羊凱江先生在古籍閲覽方面提供的熱情幫助，以及岳麓書社曾德明、馬美著、劉文、陳文韜等先生在出版方面的鼎力支持，尤其要感謝陳文韜先生在編輯時的巨大付出，他認真細緻的審校進一步完善了本書。我想，讀者如果從本書中有所獲益，應當感恩於他們。還要説明的是，本書出版時按照出版規範不能使用舊字形，這就給原稿的校勘打了個折扣，所以本書所用新字形的地方不一定能反映古籍善本的原貌，希望廣大讀者不要將此視爲我的誤校。

張覺

2021 年 11 月 20 日記於南翔白金院邸